LEXIKON
DER
PÄDAGOGIK

LEXIKON DER PÄDAGOGIK
Neue Ausgabe in vier Bänden

Herausgegeben vom Willmann-Institut München-Wien
Leitung der Herausgabe: Prof. Dr. Heinrich Rombach

Fachleiter:

Prof. Dr. Karl Abraham, Frankfurt a. M.
Wirtschaftspädagogik

Prof. Dr. Oskar Anweiler, Bochum
Vergleichende Erziehungswissenschaft

Regierungsdirektor Dr. Walter Becker, Hamburg
Schulrecht, Jugendrecht, Allgemeine Rechtsfragen

Prof. Dr. Dr. Helmut von Bracken, Marburg
Heilpädagogik und Medizin

Prof. Dr. Karl Erlinghagen, Regensburg
Bildungswesen, -politik, -planung, -ökonomie

Prof. Dr. Otto Ewert, Bochum
Psychologie

Prof. Dr. Erich Feifel, München
Kath. Religionspädagogik und Theologie der Erziehung

Prof. Dr. Klaus Kippert, Frankfurt a. M.
Soziologie und Soziologie der Erziehung

Prof. Dr. Werner Küchenhoff, Hannover
Sozialpädagogik

Prof. Ilse Lichtenstein-Rother, Münster
Schulpädagogik

Prof. Dr. Franz Pöggeler, Aachen
Lehrerbildung, Erwachsenenbildung, Familienpädagogik

Prof. Dr. Albert Reble, Würzburg
Geschichte der Pädagogik

Prof. Dr. Heinrich Rombach, Würzburg
Philosophie, Wissenschaftstheorie, Ethik, Hochschulwesen

Prof. Dr. Klaus Schaller, Bochum
Allgemeine Pädagogik

Prof. D. Martin Stallmann, Göttingen
Evang. Religionspädagogik und Theologie der Erziehung

Schriftleitung:
Dr. Waldemar Andresen

LEXIKON DER PÄDAGOGIK

NEUE AUSGABE

VIERTER BAND

SCHULBÜCHEREI
BIS
ZYPERN

HERDER
FREIBURG BASEL WIEN

ZWEITE AUFLAGE

Alle Rechte vorbehalten – Printed in Germany
© Verlag Herder KG Freiburg im Breisgau 1971
Herder Druck Freiburg im Breisgau 1973
ISBN 3-451-01044-5

Mitarbeiter des vierten Bandes

Abraham, Karl, Prof. Dr., Frankfurt a. M.
Achtenhagen, Frank, Dr., Dozent, Münster i. W.
Adams, Hans, Dipl.-Volkswirt, Wiesbaden
Agoston, György, Prof. Dr., Szeged, Ungarn
Alphéus, Karl, Dr., Dozent, Freiburg i. Br.
Amrath, Willi, Dr. rer. pol., Ministerialrat, Düsseldorf
Andresen, Waldemar, Dr., Schriftleiter, Freiburg i. Br.
Andresen-Nicolussi, Erika, Dr., Dozentin, Freiburg i. Br.
Anweiler, Oskar, Prof. Dr., Bochum
Apel, Karl-Otto, Prof. Dr., Saarbrücken
Arndt, Hans-Jürgen, Päd. Mitarbeiter, Marburg
Ascher, Paul, Prof. Dr., Trier/Koblenz
Aschersleben, Karl, Dr., Dozent, Hannover

Bach, Heinz, Prof. Dr., Mainz
Bartels, Gunther, Dipl.-Psych., Oldenburg
Barth, Alfred, Dr., Dozent, München
Baske, Siegfried, Prof. Dr., Berlin
Baumgardt, Johannes, Prof. Dr., München
Baumgart, Fj., Wiss. Assistent, Bochum
Beck, Heinrich, Prof. Dr., Bamberg / Salzburg
Beck, Johannes, Päd. Mitarbeiter, Frankfurt a. M.
Beckel, Albrecht, Dr., Münster i. W.
Becker, Gertraud, Prof. Dr., Duisburg
Becker, Heinz, Oberkirchenrat, Hannover
Becker, Walter, Dr., Ltd. Reg.-Dir. a. D., Hamburg
Behler, Wolfgang, Prof. Dr., Freiburg i. Br.
Beiler, Alfons, Prof. Dr., Dortmund
Berg, Adolf, Oberstudienrat, Trier
Berke, Rolf, Prof. Dr., Erlangen / Nürnberg
Bernett, Hajo, Prof. Dr., Bonn
Beschel, Erich, Prof. Dr., Dortmund
Bister, Wolfgang, Prof. Dr., Gießen
Blecks, Günter H., Akad. Oberrat, Bonn / Düsseldorf
Bleidick, Ulrich, Prof. Dr., Hamburg
Böckle, Franz, Prof. Dr., Bonn
Bödeker, Eberhard, Studiendir., Solingen
Böhm, Winfried, Dr., Wiss. Assistent, Würzburg
Borinski, Fritz, Prof. Dr., Berlin
Bothe, G., Dr., Braunschweig
Bozek, Karl, Prof. Dr., Bonn
Bracken, Helmut von, Prof. Dr. Dr., Marburg
Braun, Hans, M. A., Dozent, Brilon
Braun, Marianne, Dipl.-Psych., Bochum
Brengelmann, Johannes C., Dr. Dr., Ph. D., München
Brickman, William W., Prof. Dr., Philadelphia/USA
Brockard, Hans, Dr., Dozent, München
Brücher, Bodo, Düsseldorf
Brüggemann, Theodor, Prof. Dr., Köln
Brüning, Werner, Dr., Frankfurt a. M.

Claußen, Horst, Wiss. Assistent, Oldenburg
Cremer, Franz, Dr., Düsseldorf

Dauzenroth, Erich, Dr., Dozent, Gießen
Degenhardt, Annette, Dr., Bochum
Denig, Friedrich, Dr., Bochum
Desaing, Maria-Petra, Ahrweiler
Dichanz, Horst, Dr., Nehren
Dickopp, Karl-Heinz, Dr., Dozent, Bochum
Dietrich, Theo, Prof. Dr., Bremen
Dilger, Bernhard, Dr., Akad. Rat, Bochum
Dolch, Josef †, Prof. Dr., Saarbrücken
Dreißen, Josef, Prof. Dr., Aachen
Drescher, H.-G., Prof. Dr., Bochum
Duhm, Erna, Prof. Dr., Göttingen
Dumoulin, Heinrich, Prof. Dr., Tokyo

Dünninger, Hans, Dr., Würzburg
Duvernell, H., Prof. Dr., Dortmund

Eckey, Wilfried, Prof. Dr., Wuppertal
Egger, Eugen Joseph, Prof. Dr., Genf
Erlinghagen, Karl, Prof. Dr., Regensburg
Eßer, Albert, Dr., Freiburg
Ester, Lothar, Schulrat, Warendorf
Ewert, Otto, Prof. Dr., Bochum

Feifel, Erich, Prof. Dr., München
Feißt, Werner, Redakteur, Baden-Baden
Fend, Helmut, Dr., Konstanz
Feyerabend, Paul K., Prof. Dr., Dr. h. c., Berkeley/USA
Fippinger, Franz, Prof. Dr., Landau

Fischer, Wolfgang, Prof. Dr., Nürnberg
Flosdorf, Peter, Dr., Dipl.-Psych., Würzburg
Fries, Heinrich, Prof. Dr., München
Fritschi, Werner, Prof. Dr., Luzern/Schweiz
Frohn, Robert, Dr., Oberstudiendir., Köln
Frommberger, Herbert, Prof., Dortmund

Gail, Anton, Prof. Dr., Köln
Galino Carillo, Angeles, Prof. Dr., Madrid/Spanien
Gambke, Gotthard, Dr. Ing. e. h., Dipl.-Ing., Hannover
Gärtner, Marlene, Dr., Berlin
Geck, Wilhelm Karl, Prof. Dr., M. A., Saarbrücken
Geibig, Johannes, Oberstudiendir., Abtei Marienstatt
Gerner, Berthold, Dr., Dozent, Reutlingen
Gies, Heinz, Dr., Akad. Oberrat, Aachen
Glöckel, Hans, Prof. Dr., Nürnberg
Glombek, Gerhard, Prof. Dr., Neuss
Goldbrunner, Josef, Prof. Dr., Regensburg
Gönner, Rudolf, Prof. Dr., Salzburg
Götzl, Herbert, Dipl.-Psych., Werther
Greve, Werner, Dr., Priv.-Dozent, Berlin
Grossmann, Klaus E., Prof. Dr., Bielefeld
Grubitzsch, Siegfried, Dipl.-Psych., Oldenburg
Grujić, Pedrag M., Dr., Freiburg i. Br.,
Gründel, Johannes, Prof. Dr., München
Grüner, Gustav, Prof. Dr., Darmstadt
Grupe, Ommo, Prof. Dr., Tübingen
Günther, Wolfgang, Dr., Rotenburg (Wümme)

Haag, Herbert, Prof. Dr., Gießen
Haara, Adolf, Dipl.-Psych., Mainz
Hagemeister, Ursula, Dozentin, Hamburg
Hajos, Anton, Prof. Dr., Gießen
Hammel, Walter, Prof. Dr., Paderborn
Hansen, Wilhelm, Prof. Dr., Vechta
Harbauer, Hubert, Prof. Dr., Frankfurt a. M.
Hargasser, Franz, Dr., Aachen
Hasemann, Karl-Gotthart, Ministerialdir., Bonn
Hausmann, Gottfried, Prof. Dr., Hamburg
Hedtke, Reinhold, Dr., Landeskirchenrat, Bielefeld
Heichert, Christian, Prof. Dr., Paderborn
Hellbrügge, Theodor, Prof. Dr., Kinderarzt, München
Helmes, Fromund, Direktor, Davos/Schweiz
Henz, Hubert, Prof. Dr., Würzburg
Hettwer, Hubert, Dr., Akad. Oberrat, Mainz
Hillebrand, Max Josef, Prof. Dr., Bonn
Hiller, Gotthilf Gerhard, Dr., Dozent, Tübingen / Reutlingen
Hilligen, Wolfgang, Prof. Dr., Gießen
Hobel, Sigrid, Münster i. W.
Höffe, Wilhelm L., Prof. Dr., Dortmund
Hoffmann, Jens, Dr., Bonn - Bad Godesberg
Hofstätter, Peter R., Prof. Dr., Hamburg

Hoh, Friedrich, Dr., Akad. Rat, Aachen
Hojer, Ernst, Prof. Dr., Köln
Holstein, Hermann, Prof. Dr., Bonn
Holtz, Karl Ludwig, Dipl.-Psych., Dortmund
Holzapfel, Heinrich, Prof. Dr., Düsseldorf
Holzkamp, Klaus, Prof. Dr., Berlin
Hoyos, C. Graf, Prof. Dr., Regensburg
Huber, Ludwig, Dr., ehem. Kultusminister, München
Hudelmayer, Dieter, Dr., Dozent, Heidelberg
Hundertmarck, Gisela, Dr., Kassel
Hunold, Gerfried, Wiss. Assistent, Bonn

Ipfling, Heinz-Jürgen, Prof. Dr., Koblenz
Isbert, Otto Albrecht, Dr., Stuttgart

Jörg, Hans, Prof. Dr., Saarbrücken
Jung, Johanna, Prof. Dr., Karlsruhe
Junker, Helmut, Dr., Gießen

Kalischer, Wolfgang, Dr., Bonn
Kanz, Heinrich, Prof. Dr., Koblenz
Karsten, Anitra, Prof. Dr., Frankfurt a. M.
Keller, Ernst, Oberstudienrat, Marburg
Kern, Peter C., Dr., Akad. Oberrat, Freiburg i. Br.
Kerstiens, Ludwig, Prof. Dr., Weingarten
Kiehn, Ludwig, Prof. Dr., Hamburg
Kiel, Gerhard, Prof. Dr., Berlin
Kieslinger, Adolf, Dr., Dipl.-Kaufmann, Bonn
Kimminich, Otto, Prof. Dr., Regensburg
Kippert, Klaus, Prof. Dr., Frankfurt a. M.
Klauer, Karl Josef, Prof. Dr., Braunschweig
Klein, Friedrich, Prof. Dr., Münster i. W.
Klein, Heribert, Reg.-Dir., Düsseldorf
Klink, Job-Günter, Prof. Dr., Bremen
Klöter, Otto, Sennestadt
Kluge, Norbert, Prof. Dr., Landau
Kluxen, Wolfgang, Prof. Dr., Bonn
Knoll, Joachim H., Prof. Dr., Bochum
Knußmann, Rainer, Prof. Dr., Düsseldorf
Kohl, Günther, Dipl.-Psych., Dortmund
König, Gert, Dr., Priv.-Dozent, Düsseldorf
Kopp, Ferdinand, Prof., München
Kornmann, Reimer, Dr., Akad. Rat, Dortmund
Koschwitz, Hansjürgen, Dr. Dr., Priv.-Dozent, Göttingen
Kossolapow, Line, Dr., Akad. Rätin, Münster i. W.
Kranich, Ernst Michael, Dr., Leiter d. päd. Seminars beim Bund d. freien Waldorfschulen, Stuttgart
Krasensky, Hans, Prof. Dr. Dr. h. c., Wien
Kreutzberg, Bernhard Josef, Dr., Oberstudiendir. Mayen/Eifel
Krumm, Hans-Jürgen, M. A., Tübingen
Küchenhoff, Werner, Prof. Dr., Hannover
Kuebart, Friedrich, Wiss. Assistent, Bochum
Kuhn, Otto, Prof. Dr., Köln
Kuhne, Diethard, Dipl.-Psych., Oldenburg
Künneth, Walter, D. Dr., DD., Erlangen
Kurth, Wolfram, Dr. Dr., Dozent, Wiesbaden

Laeng, Mauro, Dr., Frascati-Roma/Italien
Lampart, Reinhold, Studiendir., Augsburg
Lassahn, Rudolf, Prof. Dr., Münster i. W.
Lattmann, Urs Peter, Lic. phil., Freiburg/Schweiz
Laurien, Hanna-Renate, Dr., Ministerialdirigentin, Mainz
Laurisch, Gerhard, Dr., Dipl.-Kaufmann, Dipl.-Handelslehrer, Rheinhausen
Lauwerys, Josef A., Prof. Dr., Halifax/Kanada
Lenk, Erhard, Dr., Düsseldorf
Leuenberger, Robert, Prof. Dr., Küßnacht/Schweiz
Lichtenstein-Rother, Ilse, Prof., Münster i. W.
Lingnau, Josef, Prof. Dr., Münster i. W.
Loser, Fritz W., Prof. Dr., Münster i. W.
Lowinsky, Leonhard, Prof. Dr., Neuss

Maier, Karl Ernst, Prof. Dr., Regensburg
Marciniak, Alfred, Dipl.-Volkswirt, Freiburg i. Br.

März, Fritz, Prof. Dr., Augsburg
Maskus, Rudi, Prof. Dr., Gießen
Massoth, Karl H., Abteilungsleiter, Brüssel
Matzat, Heinz L., Dr., Wiss. Referent im VHS.-Dienst, Frankfurt a. M.
Mecking, Hans, Dr., Seminarleiter, Freiburg i. Br.
Mehringer, Andreas, Dr., Pullach
Menges, Walter, Dr., Frankfurt a. M.
Menze, Clemens, Prof. Dr., Köln
Mergen, Armand, Prof. Dr. Dr., Mainz
Metzger, Wolfgang, Prof. Dr. Dr. h. c., Münster i. W.
Michler, Helmut, Oberlehrer, Würzburg
Mierke, Karl †, Prof. Dr., Kiel
Mittelstädt, Gerhard, Prof. Dr., Heidelberg
Mitze, Wilhelm, Dr., Ministerialrat, Bonn
Mohr, Konrad, Prof. Dr., Koblenz
Monsheimer, Otto, Prof. Dr., Wiesbaden
Motté, Magdalene, Dr., Aachen
Mühle, Günther, Prof. Dr., Tübingen
Müller, Helmut, Wiss. Mitarbeiter u. Lehrbeauftragter, Frankfurt a. M.
Müller, Hermann, Prof. Dr., Frankfurt a. M.
Müller, Lothar, Ministerialrat i. R., Dortmund
Müller, Richard G. E., Prof. Dr., Hagen i. W.
Müller, Walter, Dr., Staatssekretär a. D., Wiesbaden
Münch, Friedrich, Dozent, Bonn
Muth, Jakob, Prof. Dr., Bochum

Nachbauer, Kurt, Dr., Dir., Freiburg i. Br.
Nastainczyk, Wolfgang, Prof. Dr., Regensburg
Nell-Breuning, Oswald von, Prof. Dr., Frankfurt a. M.
Netzer, Hans, Prof. Dr., Kiel
Neumeister, Hermann, Oberstudiendir., Bonn
Neundörfer, Ludwig, Prof. Dr., Frankfurt a. M.
Nicol, Karl Ludwig, Bibliotheksdir., Freiburg i. Br.
Nosbüsch, Johannes, Prof. Dr., Landau

Odenbach, Karl, Prof., Münster i. W.
Oehme, Johannes, Prof. Dr., Braunschweig
Ögren, Gustaf, Stockholm
Oster, Hans, Dr., Ministerialdir. i. R., Nürnberg

Park, Sung-Jo, Dr., Wiss. Assistent, Bochum
Perschel, Wolfgang, Dr., Gießen
Pieper, Harald, Frankfurt a. M.
Pleiß, Ulrich, Dr., Priv.-Dozent, Bochum
Pöggeler, Franz, Prof. Dr., Aachen
Pohl, Horst-Erich, Päd. Mitarbeiter, Gießen
Potrykus, Gerhard, Dr., Amtsgerichtsdir. a. D., Prien/Chiemsee
Prinzing, Günter, Bochum
Pünder, Marianne, Dr., Berlin
Püttmann, Friedhelm, Dr., Ltd. Ministerialrat, Düsseldorf

Rach, Alfred, Prof. Dr., Heidelberg
Rahn, Gottfried, Prof. Dr., Hannover
Rahn, Hartmut, Dr., Bonn - Bad Godesberg
Reble, Albert, Prof. Dr., Würzburg
Regenbrecht, Aloysius, Prof. Dr., Münster i. W.
Reichert, Liselotte, Prof. Dr., Dortmund
Reinartz, Anton, Prof. Dr., Dortmund
Reiner, Hans, Prof. Dr., Freiburg i. Br.
Risler, Thorwald, Generalsekr. d. Stifterverbandes f. d. Dt. Wissenschaft, Essen
Röhrig, Paul, Prof. Dr., Köln
Röhrs, Hermann, Prof. Dr., Heidelberg
Rombach, Heinrich, Prof. Dr., Würzburg
Ronecker, Karl-Heinz, Pfarrer, Freiburg i. Br.
Rosenthal, Alfred, Prof. Dr., Bochum
Rössner, Lutz, Prof. Dr., Braunschweig
Rother, Ewald Fr., Prof. Dr., Heidelberg
Rüdiger, Dietrich, Prof. Dr., Regensburg
Rühm-Constantin, Emmy, Prof. Dr., Freiburg i. Br.
Ruiz Berrio, J., Madrid/Spanien
Rutenfranz, Joseph, Prof. Dr. Dr., Gießen
Rutt, Theodor, Prof. Dr., Köln

Sacherl, Karl, Prof. Dr., Darmstadt
Sack, Fritz, Prof. Dr., Regensburg
Salzmann. Christian, Prof. Dr., Duisburg
Sanchez, José, Dr., Malaga/Spanien
Saterdag, Hermann, Dipl.-Psych., Saarbrücken
Sauer, Ralph, Prof. Dr., Vechta
Schäfer, Karl-Hermann, Dr., Bochum
Schaller, Klaus, Prof. Dr., Bochum
Scheerer, Eckart, Dr., Bochum
Scheibe, Wolfgang, Prof. Dr., München
Scherer, Georg, Prof. Dr., Essen
Schiff, Wilhelm, Prof. Dr., Marburg
Schilling, Hans, Prof. Dr., München
Schlaak, Gustav, Prof. Dr., Berlin
Schmalohr, Emil, Prof. Dr., Neuss
Schmolke, Anneliese, Dozentin, Köln
Schoelen, Eugen, Prof. Dr., Aachen
Schöllgen, Werner, Prof. DDr., Bonn
Scholz, Günter, Dr., Wiss. Assistent, Aachen
Schönhärl, Elimar, Prof. Dr., Marburg
Schorb, Alfons Otto, Prof. Dr., München
Schraml, Walter J., Prof. Dr. Dr., Freiburg i. Br.
Schriewer, Jürgen, Wiss. Assistent, Würzburg
Schrödter, Hermann, Dr., Frankfurt a. M.
Schüler-Springorum, Horst, Prof. Dr., Göttingen
Schulz, Wolfgang, Prof., Berlin
Schulze, Arno, Kirchhain
Schurr, V., Prof. Dr., Gars
Schwenk, Bernhard, Dr., Priv.-Dozent, Münster i. W.
Schwittmann, Dieter, Dipl.-Psych., Tübingen
Seiler, Karl, Prof. Dr., Erlangen
Singule, Frantisek, Dr., Dozent, Prag/ČSSR
Sislian, Jack Heinz, M. A., Wiss. Oberrat, Hamburg
Sixtl, Franz, Prof. Dr., Konstanz
Sochatzy, Klaus, Dr., Studienrat i. Hochschuldienst, Frankfurt a. M.
Söntgerath, Alfred, Dr., Oberstudienrat, Erlangen
Spatz, Irmingard, Dr., Oberstudienrätin, München
Stallmann, Martin, Prof. D., Göttingen
Stenger, Hermann, Prof. Dr., München / Innsbruck
Stenzel, Arnold, Prof. Dr., Flensburg
Sternschulte, Klaus Peter, M. A., Münster i. W.
Stoffer, Hellmut, Dr., Stud.-Prof., Bochum
Strohmeyer, Georg, Prof. Dr., Marburg
Strzelewicz, Willy, Prof. Dr., Hannover
Sturm, Hermann, Professor, Braunschweig
Surkau, Hans-Werner, Prof. Dr., Marburg

Teumer, Erhard, Sonderschul-Rektor, Hannover
Thomae, Ingeborg, Bonn
Thomas, Klaus, DDr. Dr., Oberstudienrat, Berlin

Tiebel, Siegfried, Ministerialdirigent, Düsseldorf
Trautner, Hanns Martin, Dr., Mainz
Triebold, Karl jun., Dr., M. A., Dortmund
Tymister, Josef, Dr., Akad. Rat, Neuss

Ulrich, Ferdinand, Prof. Dr., Regensburg
Undeutsch, Udo, Prof. Dr., Köln

Vogel, Bernhard, Dr., Kultusminister, Mainz
Vogel, Friedrich-Karl, Wiss. Assistent, Würzburg
Vogel, Gustav L., Prof. Dr. Dr. Dr., Vallendar/Essen
Vopel, Klaus, Wiss. Assistent, Hamburg
Vries, Josef de, Prof. Dr., München
Vukovich, Adolf, Prof. Dr., Regensburg

Wachter, Karl-Heinz, M. A., Hannover
Wagner, Ingeborg, Dr., Dipl.-Psych., Bochum
Waller, Manfred, Dr., Wiss. Assistent, Mannheim
Walrafen, Reiner, Wiss. Assistent, Bochum
Warns, Eberhard, Pastor, Soest
Wasem, Erich, Prof. Dr., München
Wegner, Wilhelm H., Dipl.-Psych., Bochum
Wehnes, Franz-Josef, Prof. Dr., Essen
Weis, Valentin, Prof. Dr., Frankfurt a. M.
Weisgerber, Bernhard, Prof. Dr., Bonn
Welge-Lüßen, Lutz, Dr., Dozent, Marburg
Wellek, Albert, Prof. Dr., Mainz
Welsch, Helmut, Pfarrer, Freiburg i. Br.
Welsch, Wolfgang, Wiss. Assistent, Würzburg
Welzel, Gotthard, Dr., Bonn
Wenzel, Achill, Prof. Dr., Koblenz
Wenzel, Herbert, Dr., Ministerialrat, Düsseldorf
Westermann, Benno, Fachschuldirektor, Heidelberg
Westhoff, Paul, Dr., Köln
Wiedmann, Franz, Prof. Dr., Würzburg
Wildiers, Norbert Max, Prof. Dr., San Francisco
Willnauer, Franz, Dr., Chefdramaturg, Freiburg i. Br.
Wimmer, Raimund, Dr., Osnabrück
Winkel, Gerhard, Biologie-Oberrat, Hannover
Winkmann, Hans, Prof. Dr., Essen
Winter, Helmut, Institutsleiter, München / Düsseldorf
Wleklinski, Heinz-G., Dr., Obermedizinalrat, Offenbach
Wohlfarth, Karl Anton, Dr., Mainz
Wolf, Antonius, Dr., Dozent, Freiburg i. Br.
Wollasch, Hans, Prof., Freiburg i. Br.

Zeit, Franz, Dr., Direktor, Bonn
Zeschky, Wilfried, Dr., Darmstadt
Zifreund, Walther, Prof. Dr., Tübingen
Zinke, Ludger, Dr., Dozent, Weingarten/München

Verzeichnis der Artikel und Verweisungen im vierten Band

Schulbücherei (H. Mecking)	1
Schulbuchinstitut, internationales ↗Institute, pädagogische	
Schulbühne ↗Schulspiel	
Schulchronik (H. Mecking)	1
Schuld, Schuldgefühl, Schuldwahn (W. J. Schraml)	2
Schuldisziplin, Schulordnung (U. Hagemeister)	2
Schuldisziplinen ↗Gefächerter Unterricht	
Schuldruckerei (H. Jörg)	4
Schule (B. Schwenk, J. Beck, K. Erlinghagen, H. Becker)	4
Schulelternvertretung ↗Elternrecht ↗Schulpflege, Schulpflegschaft	
Schulentlassung (H. Mecking)	12
Schüler (W. Perschel, K. Aschersleben)	12
Schülerauslese (D. Rüdiger)	14
Schüleraustausch, internationaler (H. Neumeister)	16
Schülerbeobachtungsbogen (S. Grubitzsch)	17
Schülerbeurteilung (D. Kuhne)	17
Schülerbriefwechsel ↗Schülerkorrespondenz	
Schülerbücherei ↗Schulbücherei ↗Bibliothekswesen	
Schülerfrage ↗Frage im Unterricht	
Schülergespräch ↗Gespräch	
Schülerheime ↗Internat	
Schülerkorrespondenz, internationale (H. Neumeister)	18
Schülerleistung ↗Leistung, Leistungsbeurteilung in der Schule	
Schülerlotsendienst (H. Mecking)	18
Schülermitverantwortung ↗Schülerselbstverwaltung	
Schülerselbstverwaltung, Schülermitverwaltung (SMV) (H. Dichanz)	18
Schülerübungen, Schülerarbeit ↗Gruppenunterricht	
Schülerunfallversicherung, Unfallverhütung, Haftpflicht (S. Tiebel)	19
Schülervereinigungen, -verbindungen (W. Perschel)	20
Schülerzeitungen, -zeitschriften (H. Müller)	20
Schule und Gesellschaft ↗Schule	
Schule und Kirche ↗Schule	
Schule und Polizei (H. Mecking)	21
Schule und Staat ↗Schule	
Schulfächer ↗Gefächerter Unterricht	
Schulfähigkeit ↗Schulreife	
Schulfernsehen (A. O. Schorb)	21
Schulfest, Schulfeier ↗Fest und Feier	
Schulfilm ↗Audio-visuelle Unterrichtsmittel ↗Dokumentarfilm	
Schulform ↗Schulaufbau ↗Schule	
Schulfunk (A. Eßer)	22
Schulgarten (G. Winkel)	23
Schulgebet, Schulgottesdienst (J. Dreißen)	24
Schulgeld und Lernmittelfreiheit (S. Tiebel)	24
Schulgemeinde (E. Schoelen)	25
Schulgesetzgebung ↗Schulrecht	
Schulgestühl ↗Schulmöbel	
Schulgesundheitslehre ↗Schulhygiene	
Schulhaus ↗Schulbau	
Schulhof ↗Schulbau	
Schulhygiene (H. Oster)	25
Schulinternes Fernsehen (A. O. Schorb)	27
Schuljahr, Schuljahrsbeginn (H. Wenzel)	27
Schuljugendberater ↗Schulpsychologie ↗Schullaufbahnberatung, Schullaufbahnberater ↗Schulberufe	
Schulkampf (K. Erlinghagen)	27
Schulkind ↗Hauptphase der Kindheit ↗Schulreife	
Schulkindergarten (G. Hundertmarck)	28
Schulklasse (G. Becker, K. Sochatzy)	29
Schulkollegium (S. Tiebel)	31
Schulkritik (A. O. Schorb)	32
Schulküche ↗Schulbau	
Schullandheim (L. Ester)	32
Schullaufbahnberatung, Schullaufbahnberater (S. Hobel)	33
Schulleben (R. Lassahn)	33
Schulleistung ↗Leistung	
Schulleistungstests (F. Fippinger)	34
Schulleiter (Direktor, Rektor) (H. Wenzel)	34
Schullisten, Klassenbuch (S. Tiebel)	35
Schulmanagement (H. Frommberger)	35
Schulmeister ↗Lehrer	
Schulmöbel (H. Michler)	35
Schulordnungen (A. Reble)	36
Schulpädagogik (I. Lichtenstein-Rother)	37
Schulpatronat ↗Patronat	
Schulpflege, Schulpflegschaft (R. Wimmer)	39
Schulpflicht (S. Tiebel)	39
Schulpforta ↗Fürstenschulen	
Schulpolitik (B. Vogel)	40
Schulpolizei ↗Schule und Polizei	
Schulpraktische Ausbildung des Lehrers (G. Scholz)	41
Schulpsychologie (G. Kohl)	42
Schulrat (H. Wenzel)	42
Schulraum ↗Klassenraum ↗Schulhygiene	
Schulrecht, Schulgesetzgebung (S. Tiebel)	43
Schulreform (L. Kerstiens)	44
Schulreife (D. Schwittmann)	46
Schulreifetests ↗Schulreife	
Schulreifetraining (K. J. Klauer)	47
Schulschwänzen ↗Schulschwierigkeiten	
Schulschwestern ↗Ordensschulen	
Schulschwierigkeiten (H. Bach)	48
Schulspiel, Schultheater (O. Klöter)	49
Schulsport ↗Leibeserziehung	
Schulstaat (E. Schoelen)	50
Schulstatistik ↗Bildungsstatistik	
Schulstrafen ↗Schuldisziplin	
Schulstreik (P. Westhoff, F. Pöggeler)	50
Schulstufen ↗Stufenlehrer ↗Strukturplan	
Schultafel ↗Wandtafel	
Schulträger (S. Tiebel)	51
Schulung (F. Pöggeler)	51
Schulvereine ↗Vereine und Verbände, pädagogische	
Schulversagen ↗Schulschwierigkeiten	
Schulversäumnis (H. Klein)	52
Schulversuche ↗Versuchsschulen	
Schulverwaltung (H. Wenzel)	52
Schulwandern (H. Bernett)	53
Schulweg (H. Klein)	53
Schulwirklichkeit ↗Erziehungswirklichkeit	
Schulwohnstube (G. Becker)	54
Schulzahnarzt (H. G. Wleklinski)	54
Schulze, Johannes (W. Böhm)	54
Schulzeitverlängerung (W. Scheibe)	55
Schulzwang ↗Schulpflicht	
Schundliteratur ↗Jugendgefährdende Schriften und Veranstaltungen	
Schuppius, Johann Balthasar (K. Seiler)	55
Schwachsinn (W. Günther)	56
Schwalbach ↗Gruppenerziehung	

Schwangerschaftsberatung ↗Gesundheitsfürsorge	
Schwänzen ↗Schulschwierigkeiten	
Schweden (G. Ögren)	56
Schweigen (C. Heichert)	59
Schweiz (E. Egger)	60
Schwelle (psychol.) (A. Hajos)	62
Schwererziehbarenpädagogik (R. G. E. Müller)	63
Schwimmen ↗Sport	
Seele (J. de Vries)	64
Seelsorge und Erziehung (R. Leuenberger, E. Feifel)	65
Segnungen ↗Sakramentalien	
Sehbehindertenpädagogik (E. Teumer)	66
Sehstörungen (einschließlich Blindheit) (L. Welge-Lüßen)	67
Sein, Seinslehre ↗Ontologie	
Sekundarstufe, ↗Primarstufe ↗Strukturplan	
Selbst (H. Brockard)	69
Selbständigkeit (F. Pöggeler)	69
Selbstbestimmung ↗Autonomie	
Selbstbild ↗Selbstwahrnehmung	
Selbstbildung ↗Autodidakt	
Selbsterkenntnis des Erziehers (Fj. Baumgart)	70
Selbsterziehung (M. J. Hillebrand)	71
Selbstgefühl ↗Selbstwahrnehmung	
Selbstmord (K. Thomas, W. Kurth)	72
Selbsttätigkeit ↗Spontaneität	
Selbstverwaltung ↗Allgemeiner Studentenausschuß ↗Schülerselbstverwaltung ↗Schulgemeinde	
Selbstwahrnehmung, Selbstreflexion (A. Degenhardt)	73
Semester, Trimester, Studienjahr (W. K. Geck)	74
Seminar für Lehrer ↗Lehrerbildung ↗Studienseminar	
Seminarkurse für Erwachsene (W. Strzelewicz)	75
Semler, Christoph (R. Maskus)	75
Seneca (W. Fischer)	75
Sensitivity-Training (H. Stenger)	76
Setting ↗Differenzierung	
Settlements ↗Nachbarschaft	
Sexuelle Aufklärung ↗Sexualpädagogik	
Sexualethik (F. Böckle)	76
Sexualität (F. Böckle, A. Mergen, H. Bach, M. Waller, L. Rössner)	77
Sexualpädagogik (W. Fischer, J. Gründel)	82
Sganzini, Carlo (U. P. Lattmann)	84
Siegmund-Schultze, Friedrich (E. Rother)	84
Siewerth, Gustav (W. Behler)	84
Signifikanz ↗Statistik	
Silentium (F. Pöggeler)	85
Simmel, Georg (H. Schrödter)	85
Simultanschule ↗Gemeinschaftsschule	
Singapur ↗Südostasien	
Sing-Out (F. Helmes)	85
Singschule (R. Lampart)	86
Sinn, Sinnfrage (F. Ulrich)	86
Sinnesempfindungen ↗Wahrnehmung	
Sinnfreie Silben ↗Gedächtnis	
Sitte (W. Schöllgen)	87
Sittliche Entwicklung (M. Braun)	88
Sittliche Erziehung (W. Hammel)	88
Sittlichkeit (H. Reiner)	90
Sittlichkeitsverbrechen an und von Kindern und Jugendlichen (W. Becker)	92
Situationsethik (W. Schöllgen)	92
Sitzenbleiben ↗Versetzung	
Skalen ↗Messung in der Psychologie	
Skinner, Burrhus Frederic (F. Hoh)	93
Skrofulose ↗Kinderkrankheiten	
SMV (Schülermitverwaltung) ↗Schülerselbstverwaltung	
Sokrates (C. Menze)	94
Solidarität, Solidaritätsprinzip (H. Winkmann)	94
Sonderbegabung (R. Kornmann)	95
Sonderkindergarten (I. Thomae)	96
Sonderpädagogik ↗Heilpädagogik (Sonderpädagogik)	
Sonderschulen (E. Beschel)	96
Sonderschullehrer (A. Reinartz)	97
Sonntagsheiligung (A. Barth)	98
Sophisten (C. Menze)	98
Sorgenkinder (G. L. Vogel)	99
Sowjetunion (F. Kuebart)	99
Sozialakademie (H. Duvernell, F. Pöggeler)	103
Sozialarbeit, Sozialhilfe (A. Marciniak)	103
Sozialberufe, Sozialberufliches Ausbildungswesen (H. Wollasch)	105
Soziale Bildung für Erwachsene (A. Beckel)	107
Soziale Desirabilität ↗Desirabilität, soziale	
Soziale Dienste der Jugend (W. Küchenhoff)	107
Soziale Distanz ↗Gruppendynamik	
Soziale Entwicklung ↗Sozialisation, Sozialisierung	
Soziale Frage ↗Sozialpolitik	
Soziale Gerechtigkeit (K. A. Wohlfarth)	108
Sozial-Enzyklika ↗Soziallehren	
Sozialer Aufstieg ↗Mobilität, soziale	
Soziale Reife ↗Jugendalter	
Sozialer Mensch ↗Persönlichkeitstypen	
Sozialer Status ↗Rolle	
Soziale Seminare (F. Pöggeler)	109
Soziale Sicherheit ↗Sozialpolitik	
Soziales System (H. Saterdag)	109
Sozialethik (G. Hunold)	109
Sozialformen des Unterrichts (Chr. Salzmann)	110
Sozialforschung, empirische (W. Menges)	111
Sozialhilfe ↗Sozialarbeit ↗Bundessozialhilfegesetz	
Sozialisation (Sozialisierung) (H. Fend)	113
Sozialismus (O. v. Nell-Breuning)	114
Sozialismus und Erziehung (O. Anweiler)	116
Sozialistische Jugend (Die Falken) (B. Brücher)	117
Sozialkunde (W. Hilligen)	118
Soziallehren (W. Künneth, H. Winkmann)	119
Sozialleistungen ↗Sozialpolitik	
Sozialpädagoge(in) (G. Hundertmarck)	122
Sozialpädagogik (W. Küchenhoff)	122
Sozialpädiatrie (T. Hellbrügge)	125
Sozialpolitik (O. v. Nell-Breuning)	125
Sozialpraktikum (W. Küchenhoff)	127
Sozialpsychologie (P. R. Hofstätter)	127
Sozialstruktur (F. Sack)	128
Soziodrama ↗Gruppentherapie	
Soziogramm ↗Soziometrie	
Soziographie (L. Neundörfer)	130
Soziologie (K. Kippert)	130
Soziologie der Erziehung (K. Kippert)	131
Soziologie und Pädagogik ↗Gesellschaft und Erziehung ↗Soziologie der Erziehung	
Soziologismus ↗Soziologie	
Soziometrie (E. Schmalohr)	134
Spanien (A. Galino Carillo, J. Ruiz Berrio)	134
Spanischunterricht (I. Spatz)	136
Spartanische Erziehung ↗Griechische Erziehung	
Spastiker ↗Neuropathologie des Kindesalters	
Spätreife (W. Hansen)	136
Spencer, Herbert (W. Zifreund)	137
Spener, Philipp Jacob (W. Böhm)	137
Spiel (E. Duhm, K.-H. Dickopp, W. Andresen)	137
Spielhallen (W. Becker)	140
Spielnachmittage ↗Leibeserziehung	
Spielplatz (A. Wenzel)	140
Spieltherapie (H.-J. Arndt)	141
Spielzeug (A. Wenzel)	142
Spiritualität (W. Nastainczyk)	142
Spontaneität (K.-H. Schäfer)	143
Sport (H. Bernett)	144
Sportformen ↗Sport	
Sporthochschulen (H. Bernett)	147
Sportjugend, Deutsche (DSJ) (H. Pieper)	147

Sportnachmittage ↗Leibeserziehung
Sportphilologe ↗Turn- und Sportlehrer
Sportverletzungen, Sportschäden und Sporterkrankungen (A. Rosenthal) ... 148
Sprachbarrieren ↗Sprache ↗Sprachliches Gestalten
Sprachbehindertenpädagogik (A. Schulze) ... 149
Sprachbildung ↗Sprache
Sprache (K. O. Apel, P. C. Kern, F. Denig, K. Kippert, B. Weisgerber) ... 151
Sprache im Religionsunterricht ↗Religionsunterricht
Sprachentwicklung (W. Hansen) ... 156
Sprachheilkunde ↗Sprachbehindertenpädagogik
Sprachheilpädagogik ↗Sprachbehindertenpädagogik
Sprachlabor (H. J. Krumm) ... 157
Sprachlehre ↗Sprachunterricht
Sprachliches Gestalten, Stilbildung (E. Bödeker) ... 158
Sprachpsychologie ↗Sprache
Sprach- und Stimmstörungen (E. Schönhärl) ... 159
Sprachunterricht, Sprachkunde (E. Bödeker) ... 160
Sprachwissenschaft ↗Sprache
Spranger, Eduard (K.-H. Schäfer) ... 161
Sprecherziehung, Sprechkunde, Sprechwissenschaft (W. L. Höffe) ... 162
Sprechspur (G. Rahn) ... 163
Sprechstunden der Lehrer (H. Mecking) ... 163
Sprichwort (R. Gönner) ... 163
Spur (trace) ↗Gedächtnis
Staat, Erziehung und Schule ↗Elternrecht ↗Schule ↗Schulaufbau ↗Schulrecht
Staatsbürgerliche Erziehung ↗Politische Bildung
Staatsexamen ↗Staatsprüfungen ↗Lehrerbildung
Staatspädagogik (H. Röhrs) ... 164
Staatsprüfungen (W. K. Geck) ... 164
Städtisches Büchereiwesen (K. L. Nicol) ... 165
Stadtschule ↗Landschule und Stadtschule
Staël, Germaine de (J. Schriewer) ... 166
Standardnormen ↗Testkonstruktion
Statistik (F. Sixtl) ... 166
Stegreifspiel (N. Kluge) ... 167
Stein, Karl Reichsfreiherr vom und zum (A. Reble) ... 167
Steiner, Rudolf (E. M. Kranich) ... 168
Stephani, Heinrich (H. J. Ipfling) ... 168
Stereotyp (K. Holzkamp) ... 168
Stern, Erich (W. H. Wegner) ... 168
Stern, William Louis (F. Denig) ... 169
Stetige und unstetige Formen der Erziehung (A. Söntgerath) ... 169
Stichprobe ↗Statistik
Stiefkind (P. Flosdorf) ... 169
Stiehl, Anton Wilhelm Ferdinand (A. Reble) ... 170
Stifter, Adalbert (J. Schriewer) ... 170
Stifterverband für die deutsche Wissenschaft (Th. Risler) ... 170
Stiftung Mitbestimmung (E. Lenk) ... 171
Stiftung Volkswagenwerk (G. Gambke) ... 171
Stil, Stilistik ↗Sprachliches Gestalten und Stilbildung
Stillbeschäftigung, Stillarbeit (Chr. Salzmann) ... 171
Stillen ↗Säuglings- und Kinderpflege
Stimmstörungen ↗Sprach- und Stimmstörungen
Stimulus ↗Reiz
Stipendienwesen ↗Freistellen
Stolz, Alban (H. J. Ipfling) ... 172
Stoy, Karl Volkmar (Th. Dietrich) ... 172
Strafe (W. Scheibe, O. Ewert) ... 172
Streaming ↗Differenzierung ↗Gruppierung
Streunen ↗Verwahrlosung
Streuung ↗Statistik
Strichjungen (W. Becker) ... 175

Struktur (H. Rombach) ... 175
Strukturplan für das Bildungswesen (J. Hoffmann) ... 176
Strukturpsychologie (U. Undeutsch) ... 178
Strümpell, Ludwig von (Th. Dietrich) ... 178
Struwwelpeter (Th. Brüggemann) ... 179
Student, Studentenschaft (W. Welsch) ... 179
Studentenaustausch (W. Kalischer) ... 180
Studentenbühnen (F. K. Vogel) ... 181
Studentengemeinden ↗Studentenseelsorge
Studentenheim ↗Studentenwohnheime
Studentenhilfe ↗Studentenwerk ↗Freistellen, Stipendienwesen ↗Honnefer Modell ↗Förderungswesen
Studentenrecht (O. Kimminich) ... 181
Studentenschaft ↗Student ↗Studentenrecht
Studentenseelsorge, Studentengemeinde (H. Welsch, K.-H. Ronecker) ... 182
Studenten- und Hochschulzeitungen (H. Koschwitz) ... 183
Studentenverbindungen (W. Welsch) ... 184
Studentenwerk (W. Zeschky) ... 184
Studentenwohnheime (H. Dünninger) ... 185
Studienassessor (H. Wenzel) ... 186
Studienberatung (K. Vopel) ... 186
Studiendirektor (R. Frohn) ... 187
Studienförderung ↗Förderungswesen ↗Freistellen ↗Honnefer Modell ↗Erziehungs- und Ausbildungsbeihilfen
Studienjahr ↗Semester, Trimester, Studienjahr
Studienkolleg ↗Ausländerstudium in der Bundesrepublik Deutschland
Studienrat (H. Wenzel) ... 187
Studienseminar (H. Holzapfel) ... 187
Studienstiftung des deutschen Volkes (H. Rahn) ... 188
Studientag (J. Dolch †) ... 189
Studium Generale (K. Vopel) ... 189
Stufenabitur ↗Reifeprüfung
Stufenausbildung ↗Industrielles Bildungswesen
Stufenfolge ↗Entwicklungsstufen, seelische
Stufenlehrer, Schulstufen (A. Regenbrecht) ... 190
Stufenschule ↗Gesamtschule ↗Stufenlehrer
Stummheit ↗Gehörlosenpädagogik
Stundenplan, Stundentafel (I. Lichtenstein-Rother) ... 190
Sturm, Johannes (H. Hettwer) ... 192
Subjektivität (K. Schaller) ... 192
Sublimierung ↗Abwehrmechanismus ↗Psychoanalyse
Subsidiarität(sprinzip) (K. Kippert) ... 192
Substanz (W. Kluxen) ... 193
Suchodolski, Bogdan (S. Baske) ... 193
Sucht, Suchtgefahren (W. Fritschi) ... 193
Suchtkrankenhilfe ↗Gefährdetenhilfe
Südafrika (H. Röhrs) ... 195
Südamerika ↗Lateinamerika
Sudan ↗Arabische Staaten
Südostasien (S. Park, F. Kuebart) ... 196
Suggestion (A. Wellek) ... 199
Suggestivfrage ↗Zeugenaussage
Sulzer, Johann Georg (A. Rach) ... 200
Summerhill ↗Neill, A. S.
Sünde (religionspädagogisch) (J. Gründel) ... 200
Süvern, Johann Wilhelm (W. Böhm) ... 201
Symbol (J. Goldbrunner) ... 201
Symbolum (E. Feifel) ... 202
Synästhesie (O. Ewert) ... 203
Synchronismus (A. Gail) ... 203
Synoptik ↗Synchronismus
Syntax ↗Sprache
Synthetische Methode ↗Lesenlernen
Syrien ↗Arabische Staaten
System, Systematik (G. König) ... 204
Systematische Pädagogik ↗Pädagogik

Tabu (W. Behler)	205
Tadel ↗Lob und Tadel	
Tafel ↗Wandtafel	
Tagebuch ↗Jugendtagebuch	
Tagesheimschule (K. Mohr)	205
Tagore, Rabindranath (P. Ascher)	206
Takt, pädagogischer (J. Muth)	206
Tanzen, Tanzunterricht (A. Schmolke)	207
Tapferkeit (W. Schöllgen)	207
TAT ↗Thematischer Apperzeptionstest	
Tatsachenforschung ↗Empirische Erziehungswissenschaft	
Taubblinden-Pädagogik (D. Hudelmayer, B. Westermann)	208
Taubheit ↗Gehörlosenpädagogik ↗Hörstörungen	
Taufe und Erziehung (E. Warns, M. Stallmann, E. Feifel)	208
Taxonomie von Lernzielen (F. Achtenhagen)	209
Team ↗Gruppe, soziale	
Team-Teaching (I. Lichtenstein-Rother)	210
Technikerschule ↗Industrielles Bildungswesen	
Technik und Bildung (F.-J. Wehnes)	210
Technische Elementarerziehung (G. Grüner)	211
Technische Hochschulen ↗Hochschule	
Technisches Werken (H. Sturm)	212
Technologie der Schule und des Unterrichts (A. O. Schorb)	213
Teenager ↗Jugendalter	
Teilhard de Chardin, Pierre (N. M. Wildiers)	214
Teilzeitschule ↗Vollzeitschule	
Teleclub (H. Gies)	214
Telekinese ↗Parapsychologie	
Telekolleg, Funkkolleg (H. Winter, W. Feißt)	214
Tellurium ↗Planetarium	
Temperament (G. Mühle)	215
Terminologie, pädagogische (K. Schaller)	216
Terrarien ↗Aquarien	
Testkonstruktion (G. Bartels)	217
Tests (D. Kuhne)	218
Tews, Johannes (G. Hausmann)	219
Textilgestalten, Nadelarbeitsunterricht (L. Reichert)	220
Thailand ↗Südostasien	
Theatergemeinden, Bund der (G. Welzel)	221
Theater und Jugend (F. Willnauer)	221
Thematischer Apperzeptionstest (TAT) (H. Götzl)	222
Theologie und Pädagogik (H. W. Surkau, H. Fries, H. Schilling)	222
Theologische Hochschulen ↗Hochschule	
Theologische Seminare in der Erwachsenenbildung (G. Scherer)	225
Theoretischer Mensch ↗Persönlichkeitstypen	
Theorie, Theorienbildung (P. K. Feyerabend)	226
Theorie und Praxis in der Erziehung (K.-H. Schäfer)	227
Therapie ↗Psychotherapie ↗Psychoanalyse	
Thiersch, Friedrich Wilhelm (A. Reble)	228
Thomasius, Christian (A. Reble)	228
Thomas von Aquin (F. März)	229
Thorndike, Edward Lee (G. Mühle)	229
Thüringen (A. Reble)	230
Tiefenpsychologie (H. Junker, J. Goldbrunner)	230
Tierschutz (A. Beiler)	232
Tier und Mensch (O. Kuhn)	232
Tod und Unsterblichkeit (W. Behler)	234
Toleranz (F. Böckle)	234
Tolstoj, Lev Nikolaevič (B. Dilger)	235
Tonband (H. Gies)	235
Tonsillitis ↗Kinderkrankheiten	
Totalitarismus und Erziehung (O. Anweiler)	236
Toynbee, Arnold Joseph (H. Schrödter)	237
Tradition (H. Beck)	237
Trägheit ↗Faulheit	
Transfer (V. Weis)	238
Trapp, Ernst Christian (A. Reble)	238
Trappisten ↗Zisterzienser	
Traum, Traumdeutung (H. Junker)	239
Trauma (H. Junker)	239
Treffermethode ↗Gedächtnis	
Trennschärfe ↗Testkonstruktion	
Trial and error ↗Lernen	
Triebreduktion ↗Konditionierung	
Trieb(theorie) (F. Denig)	240
Trigonometrie ↗Mathematikunterricht	
Trinkerfürsorge ↗Gefährdetenhilfe	
Trivialschulen (A. Reble)	240
Trivium ↗Griechische Erziehung ↗Mittelalterliche Pädagogik ↗Dom- und Klosterschulen	
Trotz, Trotzalter (W. Metzger)	241
Trotzendorf (Trozendorf), Valentin (H. Hettwer)	241
Tschechoslowakische Sozialistische Republik (ČSSR) (F. Singule)	242
Tuberkulose ↗Kinderkrankheiten	
Tuberkulosehilfe ↗Gesundheitsfürsorge	
Tugend (W. Schöllgen)	243
Tunesien ↗Arabische Staaten	
Türk, Wilhelm ↗Pestalozzianer	
Türkei (J. H. Sislian)	244
Turnen (H. Bernett)	246
Turnhalle ↗Schulbau	
Turn- und Sportlehrer (O. Grupe, H. Haag)	247
Tutor (K. Vopel)	248
Tutorial Classes (F. Borinski)	248
Twen ↗Jugendalter	
Typus, Typusforschung (A. Haara)	249
Überbetriebliche Ausbildungsmaßnahmen ↗Handwerkliches Bildungswesen ↗Industrielles Bildungswesen	
Überfachlicher Unterricht (G. Schlaak)	249
Überforderung (J. Rutenfranz, K. Mierke †)	250
Überich ↗Ich-Es-Überich	
Überkompensation ↗Individualpsychologie	
Überlastung ↗Überforderung	
Übersichtstafeln ↗Synchronismus	
Überspringen von Klassen (H. Klein)	251
Übertragung (K. L. Holtz)	252
Übung (S. Grubitzsch, F. Loser, K. Odenbach)	252
Übungsschule ↗Versuchsschule	
Übungswerkstätte ↗Handwerkliches Bildungswesen ↗Industrielles Bildungswesen	
UCR (unconditioned reaction) ↗Konditionierung	
UCS (unconditioned stimulus) ↗Konditionierung	
UdSSR ↗Sowjetunion	
Ulich, Heinrich Gottlob Robert (W. W. Brickman)	254
Umgang (F. Pöggeler)	254
Umgangsformen ↗Anstand	
Umschulung (H. Klein)	255
Umstrukturierung (A. Karsten)	255
Umwelt (K. Bozek)	255
Umweltschäden (H. v. Bracken)	257
Umweltschutz ↗Naturschutz	
Unabhängige Variable ↗Experiment, psychologisches	
Unamuno y Jugo, Miguel de (J. Sánchez)	258
Unbestimmte Verurteilung ↗Jugendstrafe	
Unbewußtes ↗Tiefenpsychologie	
Unda (W. Brüning)	258
Underachievement ↗Leistung	
Unehelichenrecht ↗Nichteheliches Kind	
Unehrlichkeit ↗Lüge	
UNESCO (F. Zeit)	258
Ungarn (G. Ágoston)	260
Ungehorsam (K. Schaller)	261
Ungelernte ↗Industrielles Bildungswesen	
Ungeziefer (W. Schiff)	264
Unglaube (religionspädagogisch) (R. Sauer)	264
UNICEF ↗Kinderhilfswerk	
Universalmethode ↗Jacotot	
Universität (W. Andresen, O. Kimminich)	265
Universitätsausdehnung (F. Borinski)	267

Universitätsfernsehen (K. Vopel)	267
Universitätspädagogik ↗Hochschuldidaktik	
Unlust ↗Gefühl	
Unselbständigkeit ↗Selbständigkeit	
Unsittlichkeit ↗Sittlichkeit	
Unsterblichkeit ↗Tod und Unsterblichkeit	
Unterbringungsrecht (W. Greve)	268
Unterernährung (G. Strohmeyer)	268
Unterhaltspflicht (A. Marciniak)	269
Unterricht (W. Schulz)	269
Unterrichtsdokumentation (A. O. Schorb)	271
Unterrichtseinheit (F. Kopp)	271
Unterrichtsfächer ↗Gefächerter Unterricht	
Unterrichtsformen (Chr. Salzmann)	272
Unterrichtsforschung (W. Schulz)	272
Unterrichtsgespräch ↗Gespräch	
Unterrichtslehre (W. Schulz)	274
Unterrichtsmedien, Unterrichtsmittel ↗Lehr- und Lernmittel ↗Arbeitsmittel ↗Katechetische Arbeitsmittel ↗Audiovisuelle Unterrichtsmittel ↗Schulfunk ↗Schulfernsehen ↗Medienverbund ↗Massenmedien und Erziehung ↗Programmierter Unterricht ↗Lehr- und Lernmaschinen ↗Computer-unterstützter Unterricht	
Unterrichtsmethode (A. Wolf)	274
Unterrichtsmitschau (A. O. Schorb)	274
Unterrichtsmodelle, Unterrichtskonstruktion (G. G. Hiller)	275
Unterrichtsorganisation (W. Schulz)	275
Unterrichtsplanung (Vorbereitung und Nachbesinnung des Lehrers) (Chr. Salzmann)	276
Unterrichtsprinzipien (A. Wolf)	277
Unterrichtsreform (W. Schulz)	277
Unterrichtsstil (K. Aschersleben)	278
Unterrichtsstunde, Unterrichtszeit (I. Lichtenstein-Rother)	278
Unterrichtswissenschaft (W. Schulz)	279
Unterscheidungsalter ↗Religionsmündigkeit	
Unterschiedsschwelle ↗Schwelle	
Untersuchungen, ärztliche ↗Schularzt ↗Schulhygiene	
Ursulinen (M.-P. Desaing)	279
Urteilskraft (K. Alphéus)	279
Uruguay ↗Lateinamerika	
USA ↗Vereinigte Staaten von Amerika	
Uschinskij (Ušinskij), Konstantin Dmitrievič (B. Dilger)	280
Utopie, pädagogische (F. Pöggeler, H. Kanz)	280
Vaganten ↗Fahrende Schüler	
Valenz ↗Aufforderungscharakter	
Validität (Gültigkeit) (H. M. Trautner)	281
Variable ↗Experiment, psychologisches	
Variable Intervallbekräftigung ↗Bekräftigungspläne	
Varianz ↗Statistik	
Vater, Vaterschaft, Väterlichkeit (W. Behler)	282
Vater-Kind-Beziehung ↗Erziehungsstil ↗Vater	
Vaterlandsliebe ↗Patriotismus	
Vaterlosigkeit ↗Halbwaisenkinder	
Venezuela ↗Lateinamerika	
Venia legendi ↗Habilitation ↗Hochschullehrer	
Veranlagung ↗Humangenetik	
Verantwortliche Elternschaft ↗Geburtenregelung	
Verantwortung (H. Beck, K.-H. Schäfer)	283
Verband Deutscher Studentenschaften (vds) (W. Welsch)	284
Verbildungen, konsekutive (H. v. Bracken)	284
Verbot ↗Befehl	
Verbrechertum ↗Jugendkriminalität	
Verdrängung ↗Abwehrmechanismus ↗Kindheitserinnerungen, erste	
Vereine und Verbände, pädagogische (J. Tymister)	285
Vereinfachen, Elementarisieren (Chr. Salzmann)	287
Vereinigte Arabische Republik ↗Arabische Staaten	
Vereinigte Staaten von Amerika (W. W. Brickman)	288
Vereinspädagogik (F. Pöggeler)	292
Verfrühung (J. Jung)	293
Vergessen ↗Gedächtnis	
Vergleichende Erziehungswissenschaft (O. Anweiler)	293
Vergleichende Psychologie (K. E. Grossmann)	296
Vergleichende Wirtschaftspädagogik (K. Abraham)	297
Verhalten (E. Duhm)	298
Verhaltensbeobachtung ↗Psychologie	
Verhaltensforschung (E. Duhm)	299
Verhaltensgestörte Kinder ↗Schwererziehbarenpädagogik	
Verhaltensmuster ↗Verhalten	
Verhaltenstherapie (J. C. Brengelmann)	299
Verhaltenstraining, unterrichtliches (W. Zifreund)	300
Verhaltensweisen, auffällige (H. v. Bracken)	300
Verkehrsethik (W. Schöllgen)	300
Verkehrspsychologie (C. Graf Hoyos)	301
Verkehrsunterricht und Verkehrserziehung (H. Holstein)	302
Verkündigung, indirekte (L. Zinke)	302
Verkündigung und Unterricht (W. Eckey)	303
Vermassung ↗Masse	
Vermeidungsgradient ↗Konflikt	
Vermögenspsychologie (K. P. Sternschulte)	304
Vernunft und Verstand (F. Wiedmann)	304
Verrohende Veranstaltungen ↗Jugendgefährdende Schriften und Veranstaltungen	
Versagung ↗Frustration	
Versäumnis ↗Schulversäumnis	
Verschiebung ↗Abwehrmechanismus	
Versetzung der Schüler (K. E. Maier)	305
Versprechungen (H. Henz)	306
Verstand ↗Vernunft und Verstand	
Verstärkung ↗Bekräftigung	
Verstehen (A. Wellek)	306
Verstehende Psychologie ↗Geisteswissenschaftliche Psychologie	
Versuchsperson ↗Experiment, psychologisches	
Versuchsschule, Schulversuch (W. Scheibe)	307
Versuch und Irrtum ↗Lernen	
Verteilungsfunktion ↗Statistik	
Vertrauen (G. Mittelstädt)	308
Vertretung (H. Wenzel)	309
Verwahrlosung (H. Schüler-Springorum)	309
Verwahrung Jugendlicher (W. Becker)	311
Verwaltungsakademien (F. Klein)	311
Verwöhnung ↗Verziehen und Erziehen	
Verzeihung, Vergebung, Versöhnung (H. Reiner)	312
Verziehen und Erziehen (J. Nosbüsch)	312
Verzweigte Programme ↗Programmierter Unterricht	
Victor-Gollancz-Stiftung (K. Nachbauer)	313
Vielseitigkeit ↗Herbart	
Vietnam ↗Südostasien	
Vigilanz ↗Aufmerksamkeit	
Villaume, Peter (W. Böhm)	313
Villigst ↗Evangelisches Studienwerk Villigst	
Vinzenz von Beauvais (E. Schoelen)	313
Vinzenz von Paul (W. Andresen)	314
Visköś ↗Persönlichkeitstypen	
Visueller Typ ↗Vorstellung	
Vitalität (U. Bleidick)	314
Vittorino da Feltre ↗Feltre	
Vives, Johannes Ludovicus (E. Schoelen)	314
Vocatio (H.-G. Drescher)	315
Volk ↗Nation	
Völkerpsychologie (K. Sacherl)	315
Völkerverständigung ↗Internationale Erziehung	
Volk Gottes (F. G. Cremer, E. Feifel)	315
Volksbildung (F. Pöggeler)	316
Volksbildungswerk (F. Pöggeler)	317
Volksbuch (M. Motté)	318

Volksbücherei ↗Städtisches Büchereiwesen
↗Ländliches Büchereiwesen
Volksbühnenbewegung (M. Gärtner) 318
Volkshochschule (P. Röhrig) 318
Volkslied (A. Berg) 320
Volksmission (V. Schurr) 321
Volksschule (E. Rühm-Constantin) 321
Volksschullehrer(in) (J. Lingnau) 324
Volksschuloberstufe, Reform der (K. Mohr) 324
Volkstanz (A. Schmolke) 325
Volkstum, Volkstümliche Bildung (H. Glöckel) 326
Volksverein für das katholische Deutschland (F. Pöggeler) 326
Vollanstalt (R. Frohn) 327
Volljährigkeit ↗Altersstufen im Recht
Vollzeitschule (K. Erlinghagen) 327
Volpicelli, Luigi (M. Laeng) 327
Vorbereitung des Lehrers ↗Unterrichtsplanung
Vorbeugende Erziehung (G. Mittelstädt) 327
Vorbild (R. Walrafen) 328
Vorgeburtliche Einflüsse (J. Oehme) 328
Vorhaben (Projekt) (Chr. Salzmann) 329
Vorklassen ↗Vorschulische Erziehung ↗Schulkindergarten
Vormundschaft, Vormundschaftsgericht (G. Potrykus) 329
Vorsatz ↗Willenspsychologie
Vorschulische Erziehung (M. Braun, L. Kossolapow) 330
Vorstellung (K. P. Sternschulte) 332
Vorstellungstypen ↗Vorstellung
Vortrag als Bildungsform (F. Pöggeler) 332
Vorurteil ↗Kritik
Vorurteil, soziales (H. Müller) 333

Wachsenlassen, ↗Litt, Theodor
Wachstumsbeschleunigung ↗Akzeleration
Wagnis (J. Muth) 335
Wahlfächer, Wahlkurse in der Schule (I. Lichtenstein-Rother) 335
Wahlfach in der Lehrerbildung (Th. Rutt) 336
Wahlfreiheit der Unterrichtsfächer ↗Auflockerung der Oberstufe
Wahrheit (H. Rombach) 336
Wahrnehmung (A. Vukovich) 337
Wahrscheinlichkeit ↗Statistik
Waisenpflege (A. Mehringer) 339
Waitz, Theodor (Th. Dietrich) 340
Walahfrid Strabo (E. Schoelen) 340
Waldorfschule, freie (E.-M. Kranich) 340
Waldschule (K. Triebold, jun.) 341
Wandel, sozialer (J. Beck) 341
Wander, Karl Friedrich Wilhelm (A. Reble) 343
Wandererfürsorge ↗Gefährdetenhilfe
Wandern und Reisen (A. Stenzel) 343
Wandervogel ↗Jugendbewegung
Wandkarten ↗Erdkundeunterricht
Wandtafel (H. Michler) 344
Warenautomaten (W. Becker) 344
Washburne, Carleton Wolsey (W. W. Brickman) 344
Wassersport ↗Sport
Watson, John Broadus (F. Denig) 345
Weber, Ernst (W. Böhm) 345
Weber, Helene (M. Pünder) 345
Weber, Max (H. Braun) 345
Weber-Fechnersches Gesetz (E. Scheerer) 346
Wehrli, Johann Jakob (H. J. Ipfling) 346
Wehrpsychologie (W. Mitze) 346
Weigel, Erhard (K. Seiler) 347
Weihen ↗Sakramentalien
Weihnachten ↗Kirchenjahr
Weinstock, Heinrich (E. Hojer) 347
Weise, Christian (H. J. Ipfling) 347
Weisgerber, Johannes Leo (Th. Rutt) 347
Weiterbildung ↗Erwachsenenbildung ↗Fortbildung
Weitsch, Eduard (H. L. Matzat) 347

Weizsäcker, Carl-Friedrich v. (G. König) 348
Weizsäcker, Viktor v. (W. Bister) 348
Wells, Herbert George (J. A. Lauwerys) 348
Weltanschauung (C. Menze) 348
Weltbund für die Erneuerung der Erziehung ↗Internationale pädagogische Vereinigungen
Weltbund für Erwachsenenbildung (F. Borinski) 349
Welterziehungsbewegung ↗Internationale pädagogische Vereinigungen ↗Reformpädagogik
Weltliche Schule ↗Gemeinschaftsschule
Weltverständnis, theologisches (E. Feifel) 350
Weltverständnis im Glauben ↗Weltverständnis, theologisches
Wendung gegen die eigene Person ↗Abwehrmechanismus
Weniger, Erich (K.-H. Schäfer) 351
Weniggegliederte Schule (K. Erlinghagen) 351
Werkakademie, Hochschule für Gestaltung (G. H. Blecks) 351
Werkberufsschule (G. Laurisch) 352
Werkbund und Jugendstil (W. Böhm) 352
Werken (F. Münch) 353
Werken, künstlerisches ↗Kunstunterricht ↗Technisches Werken
Werkschule (G. Laurisch) 353
Wert, Wertphilosophie, Wertpädagogik (P. M. Grujić, K.-H. Schäfer) 353
Wertheimer, Max (E. Scheerer) 354
Wessenberg, Ignaz Heinrich Karl von (H. J. Ipfling) 354
Wetteifer, Wettstreit (H. Netzer) 354
Wichern, Johann Hinrich (J.-G. Kiink) 355
Widersetzlichkeit ↗Ungehorsam
Widerstände ↗Psychoanalyse
Wiedererkennen, Methoden des Wiedererkennens ↗Gedächtnis
Wiederholung ↗Übung
Wiener, Norbert (F. Hoh) 356
Wiesbadener Plan ↗Bremer Plan
Wiese, Ludwig (H. Mecking) 356
Wiese und Kaiserswaldau Leopold v. (H. Braun) 356
Wiget, Heinrich Theodor (Th. Dietrich) 356
Willensbildung (C. Heichert) 356
Willenspsychologie (U. Bleidick) 357
Willensschwäche (U. Bleidick) 358
Willmann, Otto (B. Gerner) 359
Willmann-Institut (H. J. Ipfling) 360
Wimpfeling, Jakob (E. Schoelen) 360
Windpocken ↗Kinderkrankheiten
Winkelschulen (A. Reble) 360
Winnefeld, Friedrich (W. Andresen) 361
Winnetka-Plan ↗Reformpädagogik
Wintersport ↗Sport
Wirtschaftsakademie ↗Verwaltungsakademien
Wirtschaftsberufliches Bildungswesen (K. Abraham, F. Püttmann, W. Amrath, H. Adams, G. Bothe, K. H. Massoth, O. Monsheimer) 361
Wirtschaftserziehung, internationale ↗Wirtschaftspädagogik
Wirtschaftsethik (W. Schöllgen) 368
Wirtschaftsfachschule, Höhere ↗Kaufmännisches Bildungswesen
Wirtschaftsgymnasium ↗Kaufmännisches Bildungswesen
Wirtschaftslehre (G. Kiel) 369
Wirtschaftsoberschule ↗Kaufmännisches Bildungswesen
Wirtschaftspädagogik, Wirtschaftserziehung (K. Abraham, U. Pleiß, L. Kiehn, J. Baumgardt, R. Berke, W. Müller, H. Krasensky, A. Kieslinger) 370
Wirtschaft und Gesellschaft (L. Lowinski) 378
Wißbegierde ↗Neugier
Wissenschaft (H. Rombach) 380
Wissenschaftliche Akademien ↗Akademien
Wissenschaftlicher Rat (W. Kalischer) 380

XIII

Wissenschaftliches Arbeiten in der gymnasialen Oberstufe (B. J. Kreuzberg)	381
Wissenschaftspolitik ↗Forschungswesen	
Wissenschaftsrat (K.-G. Hasemann)	381
Wissenschaftstheorie (P. K. Feyerabend)	382
Wissenssoziologie (K. Kippert)	384
Wittgenstein, Ludwig (G. König)	385
Witz (A. Wellek)	385
Wohlfahrtspflege(r) ↗Sozialarbeit ↗Sozialberufe	
Wohlstand ↗Sozialpolitik ↗Wirtschaft und Gesellschaft ↗Konsumerziehung	
Wohnung und Erziehung (F. Pöggeler)	386
Wolf, Friedrich August (J. Schriewer)	387
Wolf, Hieronymus (A. Reble)	387
Wolgast, Heinrich (F. Hargasser)	387
Wolke, Christian Heinrich (A. Reble)	387
Wöllnersches Religionsedikt (A. Reble)	388
Wörterbuch ↗Rechtschreibung	
Wunderberichte ↗Gattungen und Formen biblischer Überlieferung im Religionsunterricht	
Wunderglaube, Wunderkritik (E. Keller)	388
Wundt, Wilhelm (O. Ewert)	389
Wurmkrankheiten ↗Kinderkrankheiten	
Württemberg ↗Baden-Württemberg	
Würzburger Schule ↗Denkpsychologie	
Wust, Peter (H. Beck)	390
Wychgram, Jakob (E. Dauzenroth)	390
Wyneken, Gustav (H. Claußen)	390
Xenophon (C. Menze)	390
Yoga (O. A. Isbert)	391
Zahlbegriff, seine Entwicklung (V. Weis)	391
Zahnpflege (H.-G. Wleklinski)	392
Zedlitz, Karl Abraham von ↗Preußen	
Zeigende Lehrform ↗Lehrformen	
Zeiterleben, seine Entwicklung (I. Wagner)	393
Zeitgeistforschung und Erziehungswissenschaft (J. H. Knoll)	394
Zeitintervall-Bekräftigung ↗Bekräftigungspläne	
Zeitschriften, pädagogische (J. Tymister)	394
Zeitungslektüre in Schule und Familie (E. Wasem)	397
Zeller, Carl August (J.-G. Klink)	397
Zeltlager (K.-H. Wachter)	397
Zen (H. Dumoulin)	398
Zensur ↗Psychoanalyse	
Zensuren, Vorhersagekraft von (M. Braun)	399
Zentralabitur ↗Reifeprüfung	
Zentralismus und Föderalismus in Erziehung und Schulverwaltung (L. Huber)	399
Zentralschule (K. Erlinghagen)	400
Zertifikate in der Erwachsenenbildung (J. H. Knoll)	401
Zeugenaussagen, kindliche (W. Becker)	401
Zeugnis, Zensuren (J.-G. Klink)	402
Ziegenpeter ↗Kinderkrankheiten	
Ziegler, Theobald (A. Reble)	402
Ziller, Tuiskon (H.-E. Pohl)	403
Zinzendorf, Nikolaus Ludwig von ↗Herrnhutisches Erziehungswesen	
Zisterzienser (J. Geibig)	403
Zivilcourage ↗Mut	
Zögling ↗Pädagogischer Bezug	
Zollinger, Max (E. Egger)	404
Zoologischer Garten (Zoo) (G. Glombek, A. Beiler)	404
Zubringerschulen (H.-R. Laurien)	405
Zucht (H. Netzer)	405
Züchtigung, körperliche ↗Strafe	
Zufallsexperiment ↗Statistik	
Zulliger, Hans (H. Bach)	406
Zuneigung ↗Gefühl	
Zunfterziehung (A. Reble)	406
Zunftordnung ↗Handwerkliches Bildungswesen	
Zurechnungsfähigkeit (H. Harbauer)	406
Zurechtweisung (H. Stoffer)	407
Zuverlässigkeit ↗Reliabilität	
Zwang ↗Gewalt ↗Repression	
Zwänge (W. J. Schraml)	407
Zweiter Bildungsweg (L. Müller, W. Müller)	407
Zwillinge, Zwillingsforschung (R. Knußmann)	409
Zwingli, Ulrich (Huldrych) (R. Hedtke)	410
Zwischenprüfung (K. Vopel)	411
Zyklothym ↗Persönlichkeitstypen	
Zypern (G. Prinzing)	411
REGISTER (E. Andresen-Nicolussi)	413

S

FORTSETZUNG

Schulbücherei
1. *Begriff und Aufgabe.* Nach den Empfehlungen des Dt. Städtetages vom 2. 6. 1961 ist die S. eine zentrale (bibliothekar.) Einrichtung mit Freihandausleihe. Der Name wurde von den skandinav. und ags. Ländern übernommen. Von den Lehrern aller Schularten wird in den Empfehlungen der auch heute noch gebräuchl. und bekanntere Begriff *Schülerbücherei* vermißt. Eine einheitl. Terminologie fehlt.
Die Frage nach der Notwendigkeit der S. wird eindeutig bejaht, denn hier wird die Schule und ihre Bücherei gleichwertig und gleichrangig neben die öff. Bücherei gestellt. Beide haben die Aufgabe, „die Jugend frühzeitig zur guten Lit. hinzuführen, sie im Gebrauch des Schrifttums zu unterweisen und ihr kritische Maßstäbe zu vermitteln" (Dt. Städtetag). Zur S. gehört auch eine *Lehrerbücherei* und evtl. eine Abteilung für *Eltern*.
2. *Einrichtung und Organisation.* Bei der Einrichtung einer S. ist zu beachten, daß die literar. Betreuung bereits in der Schule mit dem ersten Lesealter des Kindes (nicht erst mit dem 10. Lj.) beginnt. Daher erscheint es angebracht, neben der Schulfibel eine Auswahl geeigneter ↗Bilderbücher, Erzählungen, Dichtung, Kinderreime, ↗Rätsel, ↗Kinderlieder, ↗Märchen, ↗Sagen, Schwänke und ↗Legenden bereitzuhalten. Diese Bücher gehören als *Klassenbücherei* in den Klassenraum zur ständigen Präsenz. Der Bestand der S. muß Lebensalter der Schüler, Art und Mannigfaltigkeit der Leseinteressen und Lit.-gattungen berücksichtigen.
Zur Gliederung des Buchbestandes halten die „Empfehlungen" ein Mengenverhältnis von 60 zu 40 in bezug auf „Unterhaltungsbuch" und „Sachbuch" für erstrebenswert. Das moderne ↗Sachbuch wird bes. herausgestellt. Handbücher, Nachschlagewerke, Lexika, Bildbände, Atlanten usw., die für eine neuzeitl. Unterrichtung unentbehrlich sind, werden hervorgehoben. Bezüglich der Buchauswahl sind von der Jugendschriftkommission der Lehrerschaft und der Bibliothekare **Gesichtspunkte** erarbeitet worden.
Bei Auf- und Ausbau von Schulen sollten die Lehrer in Arbeitsgemeinschaften unter Hinzuziehung von Bibliothekaren zusammenwirken. Normalerweise wird ein Raum in der Größe eines Klassenzimmers benötigt. Bei Neu- und Umbauten sollte ein Raum für die Freihandausleihe und ein Raum für das Freizeitlesen vorgesehen werden. Bei Büchereistunden und buchpfleger. Arbeiten können Jgdl. mithelfen. Durch Einrichtung besonderer „Lesestunden", in denen die Schüler „schmökern" können, sowie durch „Büchereistunden", in denen sie über die Welt des Buches und seinen Gebrauch unterrichtet werden, kann der Umgang mit Büchern und die Erziehung zum selbständigen verständigen Lesen wesentlich gefördert werden.
☐ Jugendbuch. Leseerziehung. Buch

Lit.: H. Schmidt, Schulbuch u. S., in: Neue Wege 11 (1956); R. Schmidt, Die S., in: Päd. Rsch. 8 (1958); –, Über die S., in: ebd. 11 (1962); A. Krüger, Kinder- u. Jugendbücher als Klassenlektüre (1963); E. Schindler - F. Zolondek, Theorie u. Praxis der S., in: Arbeitskreis: Das gute Jugendbuch 1/3 (1963), 1/3 (1964); Harms Päd. Reihe, H. 95: Die Schulbibliotheken (1965); I. Lichtenstein-Rother (Hrsg.), Jugend u. Buch in Europa (1967); –, Beiträge zur Literaturpäd. (1968). *Zschr.:* Jugendschriftenwarte, 23. Jhg. (1971).

H. Mecking

Schulbuchinstitut, internationales ↗ Institute, pädagogische

Schulbühne ↗ Schulspiel

Schulchronik
Eine Verpflichtung, S.en zu führen, gibt es in der BRD nur in seltenen Fällen, z. B. in Schleswig-Holstein. Der S. kommt auch heute Bedeutung zu. Sie soll über die *äußere* und über die *innere* Entwicklung einer Schule berichten. Zur *äußeren* Entwicklung gehört alles, was sich auf das Schulgebäude und -gelände, deren Unterhaltung, Verwaltung, den Schulträger und die Lehrer bezieht. Zur *inneren* Entwicklung gehören Lehr- und Lernmittel, jährliche Schulstatistiken: Ab- und Zugänge der Schüler, Übergang in weiterführende Schulen und Gesamtschulen, Zusammensetzung der Klassen, Schulfeiern, Wahl der Elternbeiräte und der SMV, Konferenzen, Elternabende, besondere Erziehungs- und Unterrichtsprobleme, Schule und PH., Programmierter Unterricht, Schüler-Arbeitsgemeinschaften, Schulversuche, Massenmedien und ihre Bewältigung in veränderter Umwelt. – Auch ↗ Schülerzeitungen haben hier ihren Platz und sind, wenn sie von Ereignissen ihrer

Schule und ihres Dorfes berichten, selbst S. Die S. sollte auch die Geschichte des Ortes und das noch vorhandene Brauchtum aufzeichnen. Auf den Lehrer als örtl. Forscher und Sammler kann hierbei nicht verzichtet werden.

Lit.: P. Ingwersen, S., Anleitung u. Formulare (1926); H. Schüßler, S.en, in: Päd. Provinz, H. 12 (1949); K. Diedrich, S. in Leitung u. Verwaltung einer Schule (1962).

H. Mecking

Schuld, Schuldgefühl, Schuldwahn
S. = Schuld

Die drei Begriffe gehören drei verschiedenen wiss. Bereichen an.

1. *Schuld* ist ein normativer Begriff und wird in der Ethik, Moraltheol., Rechtswiss. und unter anderem Aspekt in der Soziol. abgehandelt; entwicklungspsychologisch relevant ist nur die Fragestellung, ab welchem Alter ein Kind oder Jgdl. in der Lage ist, eine objektive S., d. h. eine normativ gesetzte, als solche zu erkennen und anzuerkennen. Das dt. Jugendstrafrecht (JGG § 3) nimmt das vollendete 14. Lj. als Zeitpunkt an. Die Untersuchungen PIAGETs über das „moralische Urteil beim Kinde", die er vor allem in Spielsituationen durchführte, bestätigen die Annahme des Gesetzgebers. Konsequenterweise kann daher die moralpäd. Erziehung dem Kinde schuldhaftes Verhalten nur in bezug auf andere Personen verständlich und erlebnisfähig machen. Das Gewissen als individuelle, innerseelische Instanz der Entscheidung über den Wert oder Unwert von Handlung, Denken und Erleben ist nach übereinstimmender Ansicht der psychol. und soziol. Richtungen durch die jeweilige Kultur und Gesellschaft geprägt. Es spricht viel für FREUDs These, das Kind übernehme und verinnerliche Gebote und Verbote der Eltern etwa zwischen dem 4. und 6. Lj. Gewissensbildung ist daher eine Angelegenheit der Vorschulzeit und durch spätere intellektuelle Unterweisung nur sehr begrenzt beeinflußbar.

2. Die Bezeichnung *Schuldgefühl* wird in zwei Versionen gebraucht. a) S.gefühl = *Schulderlebnis* ist das Erleben, Gebote oder Normen der Gesellschaft oder Religion übertreten zu haben. Subjektives Erleben und objektive Bewertung durch die normativen Instanzen sind hier weitgehend gleich. b) Das S.gefühl als Äußerung des durch die Erziehung, durch die Art der Eltern und durch die von ihnen repräsentierte Kultur gewordenen *Gewissens* oder Überichs (FREUD) ist sehr viel nuancierter. Man kann hier unterscheiden: (1) ein S.gefühl für bewußt gedachte und geplante, aber nicht ausgeführte Handlungen; (2) ein S.gefühl für unbewußte, nicht bewußt erlebte Handlungsimpulse; das Gefühl der S. für eine bewußt erlebte und ausgeführte Handlung steht für eine unbewußte, vielleicht nur intendierte oder auch durchgeführte Handlung; dies kann sogar so weit gehen, daß das Gewissen das Individuum zu einer Handlung nötigt, welche mit Wahrscheinlichkeit Strafe nach sich zieht, da eine andere vom Gewissen als Unrecht empfundene Tat unbestraft blieb. Man spricht hier in der Tiefenpsychol. von einem *Strafbedürfnis* oder Strafzwang. Eine moderne Moralphil. und S.lehre wird daher die sehr viel kompliziertere psychol. und psychoanalyt. Erfahrung von S.gefühl in Betracht ziehen müssen.

3. *Schuldwahn*, im engeren psychopatholog. Sinne, kommt eigentlich wenig bei Kindern, selten bei Jgdl.n, meist bei Erwachsenen in depressiven Zuständen vor. Diese wähnen sich oftmals an Sachverhalten schuldig, an welchen sie aufgrund räumlicher oder zeitlicher Entfernung mit Sicherheit nicht schuld sein können. Ebenso messen sie sich oft bezüglich der Erkrankung oder des Todes Nächstangehöriger schuldhaftes Versagen zu. Zwischen den Verschuldigungsgefühlen der Depressiven und der S.angst und den S.-gefühlen als dynamischer Basis der ↗Neurosen besteht eine enge Verwandtschaft. – In der als ↗Psychohygiene, d. h. als Vorbeugung und Vermeidung psychischer Störungen verstandenen Erziehung sollte niemals mit dem S.gefühl oder der S.angst als päd. Mittel gearbeitet werden; es könnten dadurch schwere seelische Schädigungen entstehen. Die beste Hilfe für die moral. Entwicklung kann der Erzieher dadurch dem Kinde und Jgdl.n vermitteln, daß er in Fortführung der Elternfiguren den Heranwachsenden eine Identifikationsmöglichkeit gibt.

☐ Ich-Es-Überich. Gewissen. Sünde. Verantwortung

Lit.: I. Klug, Die Tiefen der Seele (1926), ¹⁸1960); J. Piaget, Das moral. Urteil beim Kinde (1954); R. Egenter - P. Matussek, Ideologie, Glaube u. Gewissen (1965); H. Zulliger, Die Angst unserer Kinder (1966); –, Umgang mit dem kindl. Gewissen (⁸1968); W. J. Revers, Frustrierte Jugend (1969).

W. Schraml

Schuldisziplin, Schulordnung
S. = Schuldisziplin

1. *Begriff.* Die Frage nach der Herkunft des Begriffes *Disziplin* verweist auf die Schule; im römischen Sprachgebrauch heißt Schule selbst *disciplina*. Schule wird als der Ort verstanden, an dem die Lehre als Übermittlung der objektiven Disziplinen stattfindet; die unterrichtl. Erschließung der sachl. Gesetzlichkeiten soll den Schüler disziplinieren. Die disziplinierende Wirkung des Lernens, der Arbeit steht damit im Vordergrund. Der Be-

deutungswandel des Begriffes S. zeigt sich in den histor. päd. Theorien deutlich. Unter S. wird heute in erster Linie die Voraussetzung verstanden, die gewährleistet sein muß für eine ungestörte methodische Erarbeitung der objektiven Disziplinen.

2. *Organisatorischer Aspekt.* Wie jedes andere Sozialgebilde, so muß auch die Schule ihre Existenz dadurch sichern, daß sie Lehrer und Schüler einer verbindlichen Ordnung verpflichtet. Diese muß nicht bis in alle Einzelheiten in Form von Gesetzen und Vorschriften fixiert sein; Sitten und Gebräuche haben eine wichtige ordnende Funktion. Disziplin meint in diesem Sinne aktualisierte Ordnung, sie ist Mittel zum Zweck: diszipliniertes Verhalten macht eine ungestörte Zusammenarbeit in der Schule möglich.

Da die Forderung nach Disziplin dem Schutz und der Sicherung des einzelnen Schülers als auch der Integrität der Klassen- und Schulgemeinschaft dienen soll, enthalten in der Regel die von den zuständigen Ministerien erlassenen Schulordnungen Richtlinien für das Verhalten der Lehrer und Schüler in der Schule. Sie werden ergänzt durch Hinweise auf mögliche Maßnahmen bei groben Verstößen gegen die Schulordnung (Schulrecht). Detailliertere Verhaltensregeln geben die Haus- und Klassenordnungen, die teilweise vom Kollegium erstellt, teilweise mit den Schülern erarbeitet werden. – Die organisatorisch notwendige Ordnung muß sich der jeweiligen Situation anpassen, die sich durch den Erziehungsauftrag der Schule, bes. der einzelnen Schulstufen, ergibt.

3. *Pädagogischer Aspekt.* Im Unterschied zu anderen Disziplinformen (Straßenverkehr, Betrieb usw.) gewinnt die Schuldisziplin ihre Eigenart durch eine zweiseitige Orientierung: Maßnahmen der Disziplinierung haben hier eine rechtlich-organisator. und eine päd. Komponente. Da diszipliniertes Verhalten der Schüler *Voraussetzung* für Unterricht und Schulleben ist, zugleich aber nicht ohne weiteres von Kindern und Jgdl.n erwartet werden kann, wird die *Erziehung zur Disziplin* zu einem zentralen Anliegen der Schule. Aus dieser Spannung – Voraussetzung und Aufgabe – entstehen die verschiedenartigen Probleme der S. Die Erziehung darf sich jedoch nicht darauf beschränken, Verhaltensweisen aufzubauen, die sich nur im Schulalltag als günstig erweisen. Die Gesch. der Schulerziehung zeigt, daß eine derart verengte Sicht Selbständigkeit und Verantwortungsbereitschaft zu unterbinden vermag. Deshalb muß die Erziehung zur Disziplin von dem Gedanken geleitet sein, die Schüler zu befähigen, sich selbständig und verantwortlich in den verschiedenartigen sozialen Gruppen der Gesellschaft zu bewähren. In dieser Hinsicht ist Erziehung zur Disziplin wesentlicher Bestandteil der ↗Politischen Bildung. Trotz aller Einschränkungen, die durch die Struktur unserer Schulorganisation bedingt sind, muß die Schule sich als ein erstes Übungsfeld verstehen, in dem die Schüler lernen, die „Spielregeln" der Gemeinschaft zu erkennen, zu befolgen und neuen Situationen anzupassen. Die Praxis der Disziplinierung steht seit jeher in engem Zusammenhang mit der jeweiligen Staats- und Gesellschaftsform (A. FISCHER). Die Art und Weise, das Problem der S. heute zu lösen, ist über den Schulbereich hinaus von großer Bedeutung.

4. *Voraussetzungen.* Eine gute S. setzt voraus, daß das Lehrerkollegium die Allgemeingültigkeit der einzelnen Ordnungsvorschriften anerkennt, befolgt und zu einem Konsensus kommt sowohl über Wege der Disziplinierung als auch über das päd. Verhalten bei Disziplinverstößen. Die häufig auftretenden neuartigen Disziplinschwierigkeiten bes. in den Anfängerklassen und die zunehmende Anzahl von Disziplinkonflikten fordern vom Lehrer päd. und psychol. Kenntnisse, die sich heute weniger denn je auf persönl. Erfahrungen beschränken dürfen. Einen Beitrag zur Frage der Disziplinierung hat in den letzten Jahren die Diskussion um ↗Erziehungsstile erbracht.

Entscheidend ist weiterhin, daß die Schüler wissen, welche Verhaltensweisen von ihnen erwartet werden. Die Ordnungsvorschriften müssen verständlich formuliert und einsichtig sein. Veraltete Regeln verlieren ihren päd. Wert und müssen den neuen Gegebenheiten angepaßt werden.

5. *Erziehung zur Disziplin.* Alle Maßnahmen der Disziplinierung haben sich nach dem Ziel auszurichten, die Schüler zu einem Verhalten zu führen, das von der Einsicht in die Notwendigkeit eines störungsfreien Gemeinschaftslebens diktiert wird. Daher kann sich die Disziplinierung nicht in repressiven Maßnahmen (z. B. Strafen, früher sogar Einsperren) erschöpfen. *Disziplinarstrafen* sind päd. nur dann zu rechtfertigen, wenn sie zum Schutz des Mitschülers und der Schulgemeinschaft geboten sind. Um eine sachlich motivierte Disziplin zu erreichen, ist bei der Wahl der einzelnen Maßnahmen die besondere Erziehungssituation, das Alter und die Individualität des Schülers zu berücksichtigen. Das Einüben von Verhaltensweisen, die Gewöhnung und die unaufdringliche Aufsicht haben bes. in den ersten Schuljahren eine unterstützende und verhütende Funktion. Die zunächst vorwiegend passiv entstehen-

den Gewöhnungen an ein legales Verhalten müssen durch weitere Erziehung motiviert werden, um dadurch den Schülern die Möglichkeit zu geben, sie zu bejahen oder zu verbessern. Wichtig ist es, die Ordnungsanforderungen zu *begründen* und ihr Recht im Klassengespräch zu klären. In päd. Hinsicht bietet dafür ein Disziplinverstoß eine günstige Gelegenheit. Wichtig ist schließlich auch, daß die Schüler zur Mitwirkung bei der Gesetzgebung und Verwaltung herangezogen werden; selbstgegebene Regeln setzen sich konfliktloser durch und fördern die Verantwortungsbereitschaft. Unser gegenwärtiges Schulsystem räumt dieser Mitbestimmung nur einen kleinen Raum ein. Reformtendenzen zielen daraufhin, für die Schüler den Entscheidungsraum zu erweitern.

☐ Schülerselbstverwaltung. Verantwortung. Schulrecht. Strafe

Lit.: A. Fischer, Der Begriff der Disziplin (1930); W. Patzschke, Über die Disziplin, in: Die Slg., H. 7/8 (1955); W. Gmurman, Disziplin in der Schule (1961); V. A. Kruteckij - N. Lukin, Die Erziehung der Elf- bis Fünfzehnjährigen zur Diszipliniertheit (1962); W. Horney - H. A. Müller, Schule u. Disziplin (1964); E. Ell, Disziplin in der Schule (1966); G. Wunberg, Autorität u. Schule (1966); W. Dietrich, Der junge Lehrer u. die Schulzucht (1967); U. Hagemeister, Die S. (1968); H. Röhrs (Hrsg.), Die Disziplin in ihrem Verhältnis zu Lohn u. Strafe (1968); E. Züghart, Disziplinkonflikte in der Schule (⁴1970); R. u. A. M. Tausch, Erziehungspsychol. (⁵1970).

U. Hagemeister

Schuldisziplinen ↗ Gefächerter Unterricht

Schuldruckerei
Die S. wurde 1924 von C. FREINET an der Schule von St. Paul bei Cannes eingeführt. FREINET ließ die gesamte Druckarbeit von den Schülern selbständig durchführen; dies blieb bis heute Prinzip der Arbeit in der S. Gegenwärtig wird in vielen Ländern die S. im Sprachunterricht eingesetzt. In Frk. z. B. werden jährlich über 15 000 verschiedene Schülerzeitungen gedruckt. In der BRD gibt es in allen Bundesländern S.en in Grund-, Haupt- und Sonderschulen. Die dt. Schuldrucker haben sich zu einer Arbeitsgemeinschaft mit Sitz in Rastatt zusammengeschlossen und geben eine Zschr. *Der Schuldrucker* heraus.
1. Im Unterricht der *Grundstufe* bietet Schuldruck gute Möglichkeiten, die Rechtschreibefähigkeit zu fördern. Bes. Rechtschreibeschwächen wie Legasthenie können durch die intensive Beschäftigung mit dem Wortmaterial, zu der Drucken nötigt, abgebaut werden. Da die Arbeitstechniken vor allem solche Kinder fördern, die vorwiegend „praktisch" begabt sind, also vor allem aus dem Umgang mit Sachen lernen, ist die S. für Vorschulen, Sonderschulen und Anfangsklassen bes. wertvoll. Methodisch muß in der Grundstufe vom Sinnganzen (Wort oder Satz) ausgegangen werden. Die Schüler sollen selbst den Text verfassen, der als Tafelanschrift festgehalten wird. Der Lehrer korrigiert Sprache und Inhalt. Es folgen: Satz, Probedruck, Zweitkorrektur, Druck, Lesen, Textabbau und Zurücklegen der Lettern, Satz um Satz und Wort um Wort in den Setzkasten. Das Setzen bietet methodisch einen Übergang von der Ganzwort- zur analytischsynthet. Methode. Für die Grundstufe gibt es neuerdings auch Lesedruckspiele.
2. In der *Sekundarstufe* werden in der S. vor allem Schülerzeitungen sowie Texte, Linolund andere Spezialdrucke für alle Fächer in größerer Auflage hergestellt. Hier bietet der Schuldruck reichhaltige Möglichkeiten für freie Textgestaltung. Zur Schulung der Rechtschreibfähigkeit eignet sich die Arbeit in der S. auch auf dieser Stufe. Als Arbeitslehre verstanden, bereitet sie direkt auf Berufe des graph. Gewerbes vor.
3. *Materialien.* Für eine S. werden allg. folgende Materialien benötigt: a) Eine DIN A 5 Klappflügelpresse für Vor- und Grundschule; für die Sekundarstufe eine DIN A 4 Abziehpresse mit verstellbarer Walze; b) 4-6 Setzkästen, 12-15 Setzrahmen oder 6-8 Winkelhaken; c) Lettern, 2-3 Minima von 12-36 Punkt Größe; d) 2 Einfärbwalzen (10-15 cm breit), Druckfarben und anderes Zubehör (z. B. Pinzetten und Linolschnittbestecke).

Lit.: C. Freinet, Die moderne frz. Schule (1965); –, L'imprimerie à l'école (Cannes 1965); H. Jörg, Die S., in: Westermanns Päd. Beiträge 9 (1967); –, Von der Eigenfibel zur Arbeitslehre. Einführung in die S. (1970).

H. Jörg

Schule

A. Schule und Schulerziehung

Das Wort „Schule" geht über lat. *schola* auf griech. *scholé* zurück und bedeutet urspr. „Freisein von Geschäften", die Muße des freien Mannes (in einer Sklavenhaltergesellschaft) zur geist. Selbstbildung. Aus der Bedeutung: Beschäftigung während der Muße (philos. oder wiss. Gespräch, Vortrag, Vorlesung) ergibt sich „scholé" auch als der Ort, wo man solcher Muße lebte. Lateinisch „schola" bekam zudem die Bedeutung: Anhängerschaft eines Lehrers, Sekte; bis heute wirkt diese Bedeutung nach, wenn etwa von der Hegelschule gesprochen wird. Das deutsche Wort S., ein klösterliches Lehnwort, wurde vermutlich im 6. Jh. zugleich mit „Kloster", „Mönch" und „Nonne" entlehnt.

I. Zur Geschichte des Schulwesens

S. im Sinne einer zumindest teilweisen Ausgliederung unterrichtlich-edukativer Prozesse aus einem vorausgesetzten, urspr. ganzheitl. Lebenszusammenhang bei gleichzeitiger Institutionalisierung wird notwendig, „wenn sich über der durch Brauch und Sitte, Vorbild und Nachfolge, Zucht und Gewöhnung lebendigen Volkskultur eine rational verfestigte Schicht von objektivierten, repräsentativen Kulturgütern abgehoben hat", die nicht mehr auf dem Wege des Mitlebens, des Vor- und Nachtuns, sondern nur noch durch planmäßigen Unterricht zu vermitteln ist (E. LICHTENSTEIN).

1. *Die Entstehung eines Schulwesens im europäischen Bereich*, zuerst in Athen, d. h. die Ablösung der alten Adelserziehung durch die Einrichtung eines der Allgemeinbildung des freien Bürgers dienenden syst. Unterrichts hat wesentlich die Demokratisierung Athens und die Lehrtätigkeit der Sophisten in der 2. Hälfte des 5. Jh. sowie die Entwicklung der ersten Bildungsfächer (vor allem der Rhetorik) zum Hintergrund. Aus diesen Anfängen entwickelte sich in den folgenden Jahrhunderten die klass., hellenist. Schulbildung (enkyklios paideia), die für die weitere Entwicklung des abendländ. Schulwesens grundlegend blieb. Als ein solcher Kanon bildete sich gegen Ende des 1. Jh. vor Christus die Reihe der septem artes liberales heraus: Grammatik, Rhetorik, Dialektik (trivium), Geometrie, Arithmetik, Astronomie und Musiktheorie (quadrivium).
2. Im Unterschied zu dem antiken Bildungswesen entstand *das abendländische Bildungswesen* bereits im Frühmittelalter (7. Jh.) als kirchliches, in erster Linie für den geistl. Nachwuchs bestimmtes Schulwesen (Kloster-, Dom- und Stiftsschulen). Im Gegensatz zu der mehr ästhet. als gelehrten, mehr sportl. als intellektuellen griech. Bildung handelte es sich hier um gelehrte, fremdsprachl. Bildung, in deren Mittelpunkt das Buchwissen stand, verbunden mit einem starken Traditionalismus und Autoritätenglauben, bedingt durch die zunächst kritiklose Übernahme der christlich-spätantiken Überlieferung. Auch die für das abendländische Bildungswesen bis heute charakteristische Kluft zwischen „gebildet" und „ungebildet" erklärt sich aus der ehemaligen Monopolstellung der Klerikerbildung.
3. Zu Anfang des *13. Jh.* fand das ma. Bildungswesen seine *Erweiterung* durch die Univ.en, urspr. freie Korporationen von Lehrenden und Lernenden, sowie fast gleichzeitig durch Schulen städtischer Trägerschaft, die sich als (zunächst privatunternehmerische) „deutsche", d. h. lateinlose Schulen dem elementaren Bedürfnis der Handwerkerschichten öffneten (Lese-, Schreib- und Rechenschulen), sich im übrigen jedoch in ihrem Unterricht von den kirchl. Schulen nicht wesentlich unterschieden.
4. Erst die humanistisch reformierten anspruchsvolleren *Gelehrtenschulen* der Reformation und Gegenreformation (hier die erfolgreichen Schulgründungen der ↗ Jesuiten) berücksichtigten auch die gehobenen Bildungsansprüche der weltl. Berufe (Ärzte, Juristen, Staatsdiener). Zwischen S.n und Univ.en gab es auf lange Zeit keine feste inhaltliche Abgrenzung. Neugründungen von S.n und Univ.en sowie Zwischenformen von beiden (akademische Gymnasien) und erste Landesschulordnungen lassen erst seit dem 16. Jh. von einem Schulwesen sprechen.
5. Im 17. und 18. Jh. begannen *die modernen Unterrichtsstoffe* (neue Sprachen, Muttersprache, Natur- und Gesellschaftswiss.en) in die Lehrpläne der S.n einzudringen („nützliche" Bildungsinhalte), und im Verlauf des 19. Jh. gelang es unter dem Druck der Bedürfnisse der Industrialisierung, neben der traditionellen Gelehrtenschule, dem inzwischen durch den Neuhumanismus in feste Formen gebrachten Gymnasium, gleichberechtigte Realgymnasien und Oberrealschulen durchzusetzen. Gleichzeitig schob sich zwischen die der Vollzeitschulpflicht genügende VS. und die erweiterte „höhere" Schule eine ältere Traditionen aufnehmende „Mittelschule" (zuerst 1872 in Preußen), die den Bedürfnissen des gewerbl. Mittelstandes entgegenkam.

Der Klassencharakter des damit fertig ausgebildeten *dreigliedrigen Schulsystems* ist erst gegenwärtig durch bildungssoziol. Forschungen allg. zum Bewußtsein gekommen. Seine Überwindung, möglicherweise durch die „Gesamtschulen", wird weitgehend als bildungspolitische Aufgabe erkannt. Daneben bahnt sich gegenwärtig die institutionelle Überwindung des theoretisch schon weitgehend aufgelösten, aber in der Herkunft des Schulwesens aus geistl. Wurzeln tief verankerten Gegensatzes von Allgemeinbildung und Berufsbildung, „Bildung" und „Ausbildung" an.

II. Aspekte einer Theorie der Schule

Eine *allgemeine Theorie* der S. existiert nicht. Die ältere Päd. hat dieses Thema nur vereinzelt direkt aufgenommen (vgl. W. KRAMP). Eine den gegenwärt. wiss. Ansprüchen genügende allgemeine, deskriptiv-analyt. Theorie ist nur mit den Fragestellungen und Methoden einzelner Wiss.en möglich. Die Vereinigung der sich dabei ergebenden unterschiedlichen Aspekte zu einer in sich geschlossenen, widerspruchsfreien Gesamttheorie erscheint wegen der prinzipiellen Unvereinbarkeit der jeweiligen Ansätze nicht denkbar.

1. *Anthropologisch* erscheint S. als in Jahrhunderten entstandener Weg der Menschwerdung; sie verhilft zur „zweiten, erworbenen Natur" (M. J. LANGEVELD). S. wird von einem antizipierten Menschenbild aus gestaltet: in der S. beantwortet die Gemeinschaft konkret die Frage, was zum Menschsein gehört an Kenntnissen, Fertigkeiten, Haltung und Gesinnung. Ihre wichtigste Aufgabe ist die „Intellektualisierung" des Kindes. Ähnlich geht TH. WILHELM von der Angewiesenheit des Menschen auf permanentes Lernen aus; dieses bedarf zu seiner Realisierung gesellschaftlicher Institutionen. S. ist der Ort, wo unter dem Gesetz der Ökonomie und mit Hilfe eines Lehrplans „die rationale Vorstellung der Welt in dem gebotenen Kontinuitätszusammenhang gelehrt und gelernt wird"; mit dieser spezif. Aufgabe nimmt sie eine Sonderstellung ein gegenüber dem außerschul. Jugendleben, das sich wesentlich

auf sozialisierende Prägungsvorgänge beschränkt.

2. *Bildungssoziologisch* gesehen, dominiert der institutionelle Aspekt. S. ist Sicherstellung des Vollzugs der um der Erhaltung der Gesellschaft willen erforderlichen edukativen Funktionen, vornehmlich des Unterrichts. Sie kann in doppelter Weise Instrument der Gesellschaft sein: konsekutiv oder als bewußt eingesetztes Mittel zur vorausgeplanten Steuerung der gesellschaftl. Entwicklung (W. SCHULENBERG). Die vorindustrielle S. war die S. kleiner, funktionsentlasteter Gruppen; sie vermittelte keine Allgemeinerziehung, sondern nur Akzidentien zur funktionalen Prägung in Familie, Gemeinde, Kirche, Staat und Beruf. Erst die Industrialisierung führte mit der Durchsetzung der allg. ↗Schulpflicht zur umfassenden Institutionalisierung des öff. Bildungswesens und damit zu seiner weitgehenden Herauslösung aus den übrigen Gesellschaftsbereichen, parallel zur betriebl. Institutionalisierung der Arbeit und zur Bürokratisierung (J. KOB). Wie allen ↗Institutionen wohnt der S. eine Tendenz zur Verfestigung inne; z. B. führt die Internalisierung der institutionell gesicherten Zuteilung von Unterricht an bestimmte Sozialschichten oder Altersgruppen dazu, daß nur noch diese jeweils Berechtigten als von Natur für die Zuteilung geeignet angesehen werden (SCHULENBERG). So ist die S. durch ihre Traditionen weitgehend Mittelstandsinstitution geblieben, durch Sprache und Werthaltung der Mittelschichten geprägt, was zur Benachteiligung der Angehörigen der unteren Sozialschichten führt: S. ist sozial interessegebundene Vermittlungsinstanz von Sozialchancen (H. SCHELSKY, J. FELDHOFF).

3. *Organisationssoziologisch* gesehen, ist die S. insofern in einer besonderen Lage, als sie nicht nur die Mehrzahl ihrer Mitglieder, die Kinder, erst in organisationskonformes Verhalten einführen muß, sondern auch genötigt ist, gleichzeitig zwei verschiedene Organisationsziele zu verfolgen, das kustodiale der Bewahrung und Behütung und das edukativkorrektive. Beide stehen in Spannung zueinander, woraus sich Dysfunktionalitäten und Krisen ergeben, die strukturbedingt sind (P. FÜRSTENAU).

4. *Sozialpsychologisch* erscheint S. als umfassendes soziales Interaktionssystem; Forschungsgegenstand ist jedoch vorwiegend der „interne Raum der Schule" (J. P. RUPPERT), speziell die ↗Schulklasse, mit spezif. Kommunikationsformen und Konflikten (päd. Kontakt, ↗Erziehungs- und ↗Unterrichtsstil u. a. m.).

5. Unter *didaktischem* Aspekt ist S. „Sicherungssystem für Unterricht" (W. SCHULZ) bzw. optimale Organisation der lenk- und steuerbaren Lernprozesse in einer sich wechselseitig beeinflussenden Gemeinschaft von Lehrenden und Lernenden (H. ROTH). Ob sich aus einer primär didakt. Theorie der S. eine erziehungswiss. Theorie der S. gewinnen läßt, wie Schulz vorschlägt, läßt sich bezweifeln; möglicherweise wird man auf eine spezifisch erziehungswiss. Theorie der S. überhaupt verzichten und sich mit einer – auch für die S. relevanten – allg. Theorie der Erziehung begnügen müssen (W. KRAMP).

6. *Wirtschaftswissenschaftlich* (↗Bildungsökonomie) läßt sich S. als Betrieb verstehen: Produktionsfaktoren *(Input)* sind: (1) Arbeitsleistung des Lehrers, (2) ↗Arbeitsmittel, z. B. ↗Lehrmittel und Betriebsmittel, ↗Schulbauten u. a., (3) ↗Schüler und (4) Gesetzgeber und Schulbehörde (↗Schulaufsicht). Der schulische *Output* sind die geplanten, meßbaren, als Ergebnis des Unterrichts nachweisbaren kognitiven, affektiven und psychomotor. Dispositionen im Schüler (POSCH). Besteht zwischen Input und Output ein kausaler Zusammenhang, so läßt sich die S. rationalisieren, wenn Produktionsfaktoren durch andere substituiert werden können, z. B. die Lehrerleistung durch Lehrmittel oder Hilfskräfte.

7. *Juristisch* kommt die S. innerhalb der geltenden rechtsstaatl., sozialstaatl., demokrat. und föderalist. Ordnung in den Blick; das ↗Schulrecht ist „gewissermaßen die äußere Hülle der Schule" (H. HECKEL). Dazu gehören die Schulgesetze sowie Rechtssätze aus anderen Bereichen, z. B. Beamtenrecht u. a. m. Zentrales Gegenwartsproblem ist die Durchsetzung des Rechtsstaats in der S., bes. die Abgrenzung der Rechtspositionen von ↗Schülern und Eltern gegenüber der S., somit Umwandlung der S. aus einer Veranstaltung der Verwaltung in ein gesetzlich geordnetes Rechtsverhältnis.

III. Schulerziehung

1. Schulerziehung beschränkte sich zunächst auf Zucht und Disziplin zur Aufrechterhaltung eines im wesentl. elementaren Unterrichts, während Erziehung und Berufsausbildung in der jeweiligen Lebensgemeinschaft verblieb, z. B. der klösterl. Lebensordnung. Neben der Erweiterung der Unterrichtsinhalte nahm die S. nach und nach auch nichtunterrichtliche Momente auf, z. B. ↗Schul(Theater)spiel (Jesuitenschulen), Leibesübungen, Wandern, geselliges Leben, Spiel und Kunstausübung aller Art, schließlich Schülermitverwaltung und -mitverantwortung (↗Schülerselbstverwaltung).

Ob dies ↗Schulleben die eigentlich erzieher. Wirkung der S. ausmacht, wie zuletzt verschiedene Richtungen der ↗Reformpäd. zu Beginn des 20. Jh. annehmen, ist umstritten. Gegenwärtig gewinnt unter der Einwirkung der neueren lerntheoret. Ansätze die schon von der Aufklärung und von der HERBARTschule artikulierte Auffassung an Gewicht, daß die wesentlicheren erzieher. Möglichkeiten in einem auf Verhaltensänderung zielenden, auf Einsicht in Gründe und Zusammenhänge aufbauenden Unterricht liegen, zumal wenn eine entsprechende Reform des Curriculum (↗Lehrplan) gelingt. Allerdings ist eine allein durch Lerninhalte bewerkstelligte, von jedem personalen Interaktionsgeschehen abgelöste Erziehung nicht denkbar. Unterricht selbst bedarf zu seiner Ermöglichung eines den Besonderheiten der jeweiligen Unterrichtsaufgabe angemessenen Lehrerverhaltens, das als personaler Faktor im Instruktionsprozeß (H. THIERSCH) begriffen werden muß, rudimentär selbst da, wo er durch ↗Lehrmaschinen erteilt wird. Darüber hinaus haben ↗Psychoanalyse und Erforschung der ↗Gruppendynamik deutlich gemacht, daß Erziehung sich weder unter individuellem noch unter kollektivem Aspekt auf Bewußtseinsprozesse, also nicht auf die Vermittlung von Lerninhalten als solchen beschränken kann, sondern daß dem affektiven Interaktionsgeschehen von ↗Gruppen ebenso wie den emotionalen Entwicklungsbedürfnissen des einzelnen Rechnung getragen werden muß, auch im Unterricht. Die Bereitstellung entsprechender schulischer Arbeitsverfahren, wie z. B. Gruppenarbeit (↗Gruppenerziehung) steht erst in den Anfängen, bes. hinsichtlich ihrer institutionellen Ermöglichung, ebenso der Berücksichtigung in der Lehrerbildung.

2. Die zunehmende Tendenz, der S. nichtunterrichtliche kustodiale und edukative Aufgaben einschließlich des „freien Raums" zuzuweisen (vgl. z. B. die Diskussion der „Ganztagsschule"), wird meist mit einem Schwund erzieherischer Funktionen im außerschul. Bereich erklärt. Die S. muß Anschauungen und Erfahrungen vermitteln, die wegen der Verstädterung nicht wie früher vorausgesetzt werden können; Familie und Gesellschaft versagen erzieherisch, es gibt keine verpflichtenden Sitten mehr (G. GEISSLER). Diese Auffassung wird durch die wachsende Einsicht in den schichtspezif. Charakter der Sozialisationsprozesse problematisch. J. KOB macht geltend, daß der Fortfall der Traditionsbestimmtheit der Gesellschaft eine strukturelle Kluft schafft zwischen dem angeborenen Gesellschaftsraum und der Umwelt, auf die hin erzogen werden muß, so daß der Zwang zur Institutionalisierung einer die Umweltprägung übersteigenden Erziehung als Folge der Industrialisierung begriffen werden muß. Mit dem Wandel der S. zu einem relativ abgetrennten Lebens- und Erziehungsraum entsteht erst das Problem ihres Verhältnisses zum übrigen Lebensraum und den dort edukative Funktionen wahrnehmenden Institutionen, wie Familie, öff. Medien u. a. m.

□ Griechische Erziehung. Römische Erziehung. Mittelalterliche Pädagogik. Humanismus. Klassisch-idealistische Epoche. Volksschule. Grundschule. Hauptschule. Realschule. Höheres Schulwesen. Tagesheimschule. Gesamtschule. Wirtschaftsberufliches Bildungswesen. Hochschule. Universität. Familie und Schule. Schüler. Schulleben. – Vgl. auch die mit „Schule" zusammengesetzten Stichwörter.

Lit.: F. Paulsen, Das dt. Bildungswesen in seiner geschichtl. Entwicklung (³1912); --, Gesch. des gelehrten Unterrichts, 2 Bde. (³1919, Neudr. 1965); E. Weniger, Das dt. Bildungswesen im Früh-MA., in: Histor. Vjschr. (1935); W. Flitner, Die vier Quellen des VS.-gedankens (²1954); H.-I. Marrou, Gesch. der Erziehung im klass. Altertum (1957); E. Lichtenstein, Die S. im Wandel der Gesellschaft (1957); F. Winnefeld u. a., Päd. Kontakt u. päd. Feld (1957); P. Heintz (Hrsg.), Soziol. der S., Sonderh. 4 der Kölner Zschr. für Soziol. u. Sozialpsychol. (1959); H. Schelsky, S. u. Erziehung in der industriellen Gesellschaft (⁴1959); F. Blättner, Das Gymnasium (1960); M. J. Langeveld, Die S. als Weg des Kindes (²1963); J. Kob, Erziehung in Elternhaus u. S. Eine soziol. Studie (1963); P. Fürstenau, Zur Psychoanalyse der S. als Institution, in: Das Argument, Nr. 29 (1964); –, Neuere Entwicklung der Bürokratieforschung und das S.wesen, in: Neue Slg. (1967); J. P. Ruppert, Die seel. Grundlagen der Erziehung, III.: Der interne Raum der S. (1965); Ch. E. Bidwell, The School as a Formal Organization, in: Handbook of Organization, ed. by J. G. March (Chicago 1965); P. Posch, Die S. als Betrieb, in: –, Der Lehrermangel (1967); C. Weiss, Soziol. u. Sozialpsychol. der S.klasse (⁶1967); R. Tausch - A.-M. Tausch, Erziehungspsychol. (²1968); G. Geißler, Die Situation der S. in der Gegenwart, in: H. Röhrs (Hrsg.), Theorie der S. (1968); H. Blankertz, Bildung im Zeitalter der großen Industrie (1969); H. Thiersch, Lehrerverhalten und kognitive Lernleistung, in: Begabung u. Lernen, hrsg. v. H. Roth (⁶1969); H. Roth, S. als optimale Organisation von Lernprozessen, in: Die Dt. S. (1969); W. Schulz, Umriß einer didakt. Theorie der S., in: ebd.; J. Feldhoff, S. u. soziale Selektion, in: ebd.; Th. Wilhelm, Theorie der S. (²1969); W. Kramp, Theorie der S., in: Hdb. der päd. Grundbegriffe, hrsg. v. J. Speck u. G. Wehle, Bd. II (1970, Bibliogr.); W. Schulenberg, S. als Institution der Gesellschaft (a. a. O., Bibliogr.); G. Wehle, Schulwesen (a. a. O., Bibliogr.); K. Bartels, Päd. Bezug (a. a. O.); H. Heckel, Rechtsgrundlagen der Schule (a. a. O.); H. Heckel - P. Seipp, Schulrechtskunde (⁴1969).

B. Schwenk

B. Schule und Gesellschaft
G. = Gesellschaft

Der interdependente Zusammenhang zwischen S. und G. kann in einer Verbaldefinition nicht erfaßt werden. Er ist am ehesten unter den Kategorien des Interesses und der gesellschaftl. Funktion zu entwickeln.

I. Schule und gesellschaftliches Interesse

1. Jede G. hat ein Interesse daran, die Heranwachsenden soweit an die bestehenden Lebens- und Arbeitsbedingungen anzupassen, daß ihre materielle Reproduktion gewährleistet ist. Die dazu institutionalisierten Erziehungs- und Sozialisationsprozesse vollziehen sich nicht im abgeschirmten Raum päd. Provinz, sondern unter dem massiven Einfluß sozialer ↗Normen und Zwänge, in denen sich das herrschende Interesse einer G. widerspiegelt, das Anpassung – auch über das notwendige Maß hinaus – fordert. Dieses Interesse ist auf Systemerhaltung gerichtet und hat damit sozialkonservativen Charakter. Für den Entwicklungsstand der abhäng. Institution, z. B. der Schule, bedeutet das heute ein Nachhinken hinter dem tatsächl. Stand der polit.-ökonom. Möglichkeiten der G. (↗Wandel, sozialer) und damit die Notwendigkeit einer demokrat. ↗Schulreform im Interesse der Emanzipation.

2. In der vorindustriellen G. mit vorwiegend feudalagrar. Produktionsverhältnissen vollzogen sich Erziehung und Sozialisation vor allem in der Familie, die als patriarchalisch geleiteter „Betrieb" in der Lage war, die zur Sicherung von Produktion und Herrschaft notwend. Fertigkeiten und Verhaltensmuster zu vermitteln. S.n blieben aufgrund der feudal-gesellschaftl. Arbeitsteilung vorwiegend Institutionen der privilegierten Klassen. – Erst mit der Entwicklung differenzierterer Produktionsverfahren und mit dem Einfluß des um seine Emanzipation kämpfenden aufgeklärten Bürgertums entwickelte sich im 18. Jh. ein außerfamiliäres schul. Bildungssystem für alle Bevölkerungsschichten, dessen hierarchische Struktur die Realisierung der fortschrittl. Intentionen der frühbürgerl. Päd. (Chancengleichheit, Mündigkeit u. a.) allerdings erschwert hat. – In Umkehrung dieser Intentionen, unter dem Druck der sozialen, techn. Folgen der Industrialisierung, der neuen Militärtechnik und der polit. Situation richtete sich im 19. Jh. das Interesse des etablierten Bürgertums und führenden Adels auf die S. des unruhigen „niederen Volkes". Die auf Bildung gerichteten Emanzipationsbestrebungen des Proletariats sollten durch die Intensivierung der S.-bildung befriedigt werden, deren Inhalt und Organisation sich jedoch gegen diese Bestrebungen selbst richteten. Im Gegensatz zur „höheren" statusbestätigenden Gymnasialbildung der Privilegierten ging es bei der „volkstümlichen Bildung" der Unterschichtenkinder lediglich um die Einübung von Lesen, Schreiben und Rechnen, um Handarbeit, Körperertüchtigung und Disziplinierung, d. h. „vaterländische Gesinnung". Indem die bestehende Privilegienordnung als Kulturgemeinschaft verabsolutiert und damit scheinbar legitimiert wurde, konnten pseudoreligiös verbrämte, auf die Repräsentanten des Staates zugeschnittene „ewige Werte" und Tugenden, wie Gehorsam, Unterordnung, Opfermut, Dienst am Ganzen und Liebe zum „Landesvater", den Schülern mit Hilfe autoritärer schulischer Erziehungspraktiken zur Verinnerlichung angeboten werden. Das hinter dieser Schulerziehung stehende Interesse ist von der traditionellen Päd. nie kritisch reflektiert worden, weshalb sie von der bürgerl. Schulpolitik auch in Dienst genommen werden konnte und so die für eine demokrat. G. notwend. Kritikfähigkeit und Selbstreflexion unterentwickelt blieb, was sich spätestens im Faschismus katastrophal auswirkte.

II. Die Funktion der Schule in der gegenwärtigen Gesellschaft

Die Qualität der tatsächl. Funktion der S. kann verbindlich nur an der demokrat. Intention emanzipatorischer Päd. gemessen werden, deren vermeintliche Realisierung nicht einfach unterstellt werden darf.

1. Die bekannte These H. SCHELSKYs, die besagt, daß die S. eine *Verteilerstelle* von Berechtigungsscheinen zur Einnahme zukünftiger sozialer Positionen, also eine „bürokratische Zuteilungsapparatur von Lebenschancen" sei, erklärt die Eltern- und Schülererwartung zur tatsächl. Funktion der S. und setzt eine Chancengleichheit vor dem *Ausleseprozeß* voraus, die nach neueren Untersuchungen über den Zusammenhang von sozialer Herkunft, Sprache, Begabung und Schulerfolg nicht besteht (BERNSTEIN, OEVERMANN, ROEDER, ROLFF). Die Lebenschancen der Kinder sind demnach durch die soziale Herkunft (Funktion des sprachl. Milieus) weitgehend vorbestimmt und werden von der S. selten korrigiert, meist aber durch Zertifikate bestätigt, die dann die berufl. Startplätze markieren. Die Tatsache, daß in der BRD z. B. nur ca. 6 % aller Studenten aus Arbeiterfamilien kommen, obwohl diese 50 % der Bevölkerung ausmachen, während die weniger als 2 % Akademikerfamilien 35 % der Studenten stellen, bestätigt in Verbindung mit den Ergebnissen der Begabungsforschung (vgl. H. ROTH) und dem Vergleich mit anderen Ländern die These, daß in der BRD entgegen der formell garantierten Chancengleichheit eine Auslese stattfindet, die Ober- und Mittelschichtenkinder bevorzugt. Die Ursache dafür liegt zum einen in der wirtschaftl. Lage und in der geringen Motivation der Eltern aus der Unterschicht, vor allem aber in spezifisch mittelständischen Verhaltenserwartungen, Leistungsnormen, Auslesekriterien, Unterrichtsinhalten und im Sprachstil der Gymnasien und VS.n, denen sich Mittelschichtkinder – aufgrund der häusl. Sprache, Normen und Erziehungspraktiken – leichter anpassen können (was mit guten Noten honoriert wird) als Unterschichtenkinder, die aufgrund der gleichen Umstände die geforderte Anpassung nicht so leicht leisten können und folglich von den meist aus der Mittelschicht kommenden Lehrern als „unbegabt" negativ ausgelesen werden. – Aber nicht nur in den Verhaltenserwartungen und Auslesekriterien reproduziert die „Schule als Mittelklasseninstitution" (CH. LÜTKENS) die soziale Schichtung der G., sondern auch im *organisatorischen Aufbau* des Schulsystems, dessen drei Säulen (Volks-, Real-, Oberschule) noch weitgehend Einbahnstraßen sozialer

Schichten ohne durchlässige Querstraßen sind (↗Förderstufe), wodurch die obengenannte Form der Auslese mit ihren Folgen überhaupt erst produziert wird.
Von einer demokrat. S. in einer ebensolchen G. muß im Konjunktiv gesprochen werden, solange die „Schule als Herrschaftsinstrument" (H. v. HENTIG) den partikularen ideolog. Interessen der Ober- und Mittelschicht unterworfen ist und damit die demokrat. Emanzipation der Unterschicht verhindert. Ausgehend vom bürgerl. Grundrecht auf freie Entfaltung der Persönlichkeit, dem Gleichheitsgrundsatz sowie den objektiven Möglichkeiten und der polit. Notwendigkeit seiner Verwirklichung ist nicht zu rechtfertigen, daß sich die Volksschüler (faktisch die Unterschicht) mit 8–9 J. Schulbildung entfalten sollen, während die Gymnasiasten (faktisch Mittel- und Oberschicht) zu diesem Zweck 13. J., plus 4 J. Hochschule, plus bessere Sozialchancen gewährt bekommen. – Unter den Modellen zur organisator. Reform der S. scheinen die Möglichkeiten der fortgeschrittenen Industrie-G. am ehesten in der horizontal gegliederten, differenzierten und integrierten ↗Gesamtschule mit gleich langer Schulzeit für alle Kinder realisierbar zu sein.
2. Das Verhältnis von S. und G. wird bes. unter dem Aspekt der ↗Schulreform als Anpassung der S. an die soziale und ökonom. Entwicklung der G. diskutiert. Dabei geht es vor allem um den Wandel der *Ausbildungsfunktionen* der S., von deren Erfüllung die Sicherung des techn. und sozialen Fortschritts und die Produktion des Reichtums der G. abhängen. – Die Verwirklichung gesellschaftlich notwendiger lebenslanger Lernprozesse (Automation, häufiger Berufswechsel, mehr freie Zeit, ständige Veränderung der Produktionstechnik und der Konsummöglichkeiten, Bildungsurlaub und Ausweitung der Selbstbestimmung) wird die S. strukturell nachhaltig verändern. Neue Fachgebiete (wie ↗Arbeitslehre oder Lernen-lernen) und neue Lehr- und Lernformen werden die bisherige aus dem 19. Jh. stammende Unterrichtsorganisation ablösen, was sowohl gesellschaftlich bedingt ist als auch gesellschaftliche Folgen haben wird. Schon jetzt ist eine zunehmende Differenzierung und Verlagerung der Ausbildungsprozesse zu beobachten (Fernlehrinstitute, Funk, Fernsehen, Zeitschriften, VHS.n u.a.). – Bedenklich ist, daß die Reformen meist einseitig auf Effizienz ausgerichtet sind, die – so wichtig sie ist – nicht das einzige Kriterium in der S. mobilisierter Anpassungs- und Lernprozesse sein darf. Die Funktion dieser Prozesse muß im Rahmen kritischer politischer Bildung von den Lernenden selbst reflektiert werden, damit sie die Selbstbestimmung nicht verhindern, deren Verwirklichung allein sie legitimieren kann.
3. In dem von ihr verwalteten Teil des *Sozialisations- und Erziehungsprozesses* erfüllt die S. – ähnlich der Familie – die Funktion einer „Agentur der Gesellschaft" (M. HORKHEIMER). Nach wie vor werden von ihr Normen und Wertvorstellungen vermittelt, die vom Lernenden verinnerlicht werden müssen, weil die Nichterfüllung der mit ihnen verbundenen Rollenerwartungen mit zukunftsbestimmenden negativen Sanktionen verbunden sein kann (↗Rolle; ↗Autorität). Die autoritäre oder die sozialtechnisch raffiniertere sozialintegrative Einübung funktionalen Rollenverhaltens ist die Vorwegnahme entfremdeten Verhaltens und zugleich die Verhinderung seiner Reflexion. Verstärkt werden diese Prozesse durch die Konfrontation der Schüler mit den weitgehend undurchschauten und auch von den Pädagogen kaum erforschten gesellschaftl. Implikationen der Unterrichtsstoffe, ihrer Auswahl und Vermittlungstechnik. – Trotz aller Effizienzsteigerung und organisator. Verbesserung wird sich die S. von ihrer Funktion als Umschlagplatz für partikulare Interessen und vom Übungsplatz undurchschauter Herrschaftsausübung und autoritären Verhaltens erst dann emanzipieren können, wenn die Beteiligten den Prozeß kritischer Selbstreflektion in Gang bringen, der die Voraussetzung emanzipierten Handelns ist.

☐ Gesellschaft. Gesellschaft und Erziehung. Norm. Emanzipation. Schülerauslese. Bildungspolitik. Bildungsdefizit. Begabtenförderung. Lehrerbildung. Lehrer. Schulaufbau. Schulrecht

Lit.: P. Heintz (Hrsg.), Soziol. der S. [darin bes. Ch. Lütkens, J. Floud, B. Bernstein, W. B. Brookover] (1959); H. König, Zur Gesch. der Nationalerziehung in Dtl. (1960); L. Froese, S. u. G. (1962); H. Schelsky, S. u. Erziehung in der industriellen G. (1962, ⁵1965); O. Brim, Soziol. des Erziehungswesens (1963); Das Argument, Nr. 29 + 31 + 54 (1964–70); R. Dahrendorf, Bildung ist Bürgerrecht (1965); W. Strzelewicz - H.-D. Raapke - W. Schulenberg, Bildung u. gesellschaftl. Bewußtsein (1966); H. Rolff, Sozialisation u. Auslese durch die S. (1967, ²1969); H. v. Hentig, Systemzwang u. Selbstbestimmung (1968); M. Teschner, Politik u. G. im Unterricht (1968); Päd. Zentrum (Hrsg.), Zur Theorie der S. (1969); J. Beck - L. Schmidt, Schulreform oder Der sog. Fortschritt (1970); H.-J. Gamm, Krit. Schule (1970).

J. Beck

C. Schule und Kirche
K. = Kirche

I. Katholische Auffassung

1. *Geschichte.* Obwohl die K. von Anfang an – zunächst für ihre Mitglieder, später für die gesamte abendländ. Kultur und über diese für die heutige moderne Welt – zu einer Er-

ziehungsmacht von einmaliger Bedeutung geworden ist, hat sie ihren erzieher. Einfluß erst relativ spät über schul. Institutionen geltend gemacht. Während der ma. und nachreformator. Hochblüte ihres Schulwesens lag der Schwerpunkt eindeutig beim „gelehrten Unterricht", d. h. dem „höheren" Schulwesen, und darin bei den Univ.en.

a) *Altertum.* Das relativ geringe anfängl. Interesse der K. an schul. Bildung im engeren Sinne ist in der von Paulus herrührenden Vorstellung einer christl. Erziehung als einer ausschließlich religiösen begründet, die – jüdischer Tradition folgend – ganz in der Verantwortung von Familie und Gemeinde zu erfolgen hatte. Auch die ↗Katechetenschulen dienten der rel. Bildung, während die Profanbildung im existierenden heidn. Bildungswesen erworben wurde. Christen waren in diesem auch als Lehrer tätig. Die Maßnahmen JULIANs, der die Christen als Lehrer aus den öff. S.n ausschließen und sie am Erwerb gelehrter Bildung hindern wollte, zwang diese vorübergehend, den Anfang mit dem – bald wieder aufgegebenen – Aufbau eines eigenen Schulwesens zu machen. Christliche S.n im engeren Sinne waren nur die Hoch-S.n für Theol.
b) *Mittelalter.* Das MA. ist die Zeit der Hochblüte kirchlicher Schulgründungen. Das gelehrte Schulwesen, noch nicht gegliedert in „Höhere Schule" und Univ., (die schul. Bildung der breiten Masse in der „Volksschule" entwickelt sich erst in der Neuzeit) stand ganz in der Regie oder wenigstens unter dem Einfluß der K. Ohne ihre Billigung konnten keine S.n gegründet werden, Kleriker, vorwiegend Mönche, waren die Lehrer; das Bildungsgut wurde von daher entscheidend geprägt. Durch den Zusammenbruch des röm. Imperiums und das Eindringen der Germanen fiel der Kirche neben ihrer missionar. Rolle auch die der Bildungsvermittlerin zu. Daraus entwickelte sich (bis zur Reformation) das Selbstverständnis, daß die S. Sache der K. sei.
c) *Neuzeit.* Seit der Reformation befindet sich die K. in einem Rückzugskampf der Verteidigung ihres schul. Besitzstandes. Zwar erlebt sie noch einmal in der Gegenreformation (Jesuiten, Benediktiner, Kapuziner, Säkularkleriker; Gründung zahlreicher Schulorden) ein Aufblühen ihres Schulwesens (das entscheidend für die Erfolge der Gegenreformation wurde), aber seit der Entwicklung des modernen, pluralist., weltanschaulich neutralen Staates, auf den das gesamte Bildungswesen allmählich übergeht, verliert die K. ihre beherrschende Stellung zunächst in den Univ.en, dann in der höheren Schule, schließlich auf der Basis des ↗Elternrechts) in die volle Verantwortung der Erziehungsberechtigten gestellt werden. Der K. obliegt die Aufgabe, kath. Eltern auf ihre schwere Gewissensverpflichtung, ihre Kinder katholisch zu erziehen, aufmerksam zu machen. Auch ein solches kath. Schulwesen muß die Begegnung mit der pluralen Welt suchen und in ihr und für sie erziehen. Andererseits müssen die pluralist. Gesellschaft und der sie repräsentierende Staat das Recht auf ein freies, gleichberechtigtes Schulwesen auf allen Stufen und in allen Schularten als notwendigen integrierenden Bestandteil des gesamten Schulwesens anerkennen und fördern. Ein so organisiertes freies kath. Schulwesen (in offizieller kirchl. oder freier Trägerschaft) wäre in ihren Anfängen durch fast zwei Jahrhunderte konfessionellen VS. Die bis 1919 andauernde *geistliche Schulaufsicht* führte mit der kirchlich-staatl. Doppelautorität der Geistlichen zu lange anhaltenden Ressentiments der Lehrerschaft.
d) *Gegenwart.* Die in ihrem konfessionellen Charakter staatlich garantierte VS. wird von der K. bis in die Gegenwart (vorwiegend mit dem Argument des ↗Elternrechts) mit schwindendem Erfolg verteidigt. Die öff. Meinung, auch eines Großteils der kath. Bevölkerung, steht dieser Form von konfessioneller Schule ablehnend gegenüber. In jüngerer Zeit ist die K. unter dem Zwang der gesellschaftl. Entwicklung dazu übergegangen, ↗Freie Schulen zu fordern und zu gründen.

2. *Internationaler Vergleich.* Dieser ist aufgrund der verschiedenen histor. und gesellschaftl. Voraussetzungen schwer möglich. Die staatl. Konfessionsschule ist eine dt. Einmaligkeit; Freie Schulen in kirchl. Verantwortung sind im Ausland der vorherrschende Typ (z. B. USA, ↗Niederlande, ↗Frankreich, ↗Großbritannien, ↗Missionen). Das Ausland kennt neben einem umfangreichen kirchl. VS.wesen (z. B. USA) vorwiegend kirchliche höhere Schulen (z. B. Frk., USA, England, Schweiz, Mission), aber auch berufliche Bildungsinstitutionen (z. B. USA, Holland, Spanien, Lateinamerika, Japan). Die großen Unterhaltskosten, die Bindung zahlreicher Priester und Ordensleute an Unterricht und Verwaltung und die befürchtete mangelhafte Offenheit gegenüber der pluralist. Welt haben allenthalben auch zu Kritik am kirchl. freien Schulwesen geführt.
3. *Juristisch-politischer Aspekt.* Ihr im Schulwesen historisch ersessenes Recht begründet die K. theologisch aus ihrer „übernatürlichen Mutterschaft" und dem Recht, das Evangelium zu verkünden (↗Erziehungsenzyklika, ↗Konzil, Zweites Vatikanisches). Sie hat es vor allem in den letzten 2 Jahrhunderten durch Staatsverträge zu sichern gesucht (↗Konkordate). Die rechtl. und institutionelle Sicherung der rel. Erziehung der Kinder durch die Festlegung des konfessionellen Charakters der Schule (zuletzt nur noch der VS. und in ihr schließlich nur noch der Grundschule) ist pädagogisch, bildungs- und kirchenpolitisch umstritten. Sie droht die K. unglaubwürdig zu machen und überschätzt weit den Einfluß der S. auf die rel. Erziehung.
4. *Pädagogischer Aspekt.* Ein konfessionelles Bildungswesen auf allen Schulstufen – einschließl. der Univ.en – ist in sich als päd. utopisch anzusehen, angesichts der pluralist. Gesellschaft nicht genügend differenziert und in der Wirklichkeit (unter stillschweigender oder ausdrücklicher Billigung der Kirche) so gut wie nie durchgeführt worden. Das kath. Schulwesen muß auf der Basis des ↗Elternrechts unter Wahrung berechtigter Interessen anderer organisiert (↗Freie Schule) und in die

zwar klein, aber pädagogisch wirksam, glaubwürdig und modellhaft.

II. Evangelische Auffassung

1. *Geschichtliches.* a) *S. und K.* blieben *nach der Reformation* in enger Beziehung zueinander. Nach dem Fortfall zahlreicher Kloster- und ↗Domschulen regte LUTHER bald (Sendschreiben 1524) die Einrichtung neuer S.n an, in denen alle Kinder eine elementare Bildung erhalten sollten. Er gab wohl den Anstoß zur Loslösung der S. von der K., indem er an die weltl. Obrigkeit appellierte, aber er ging auch davon aus, daß geistliche und weltliche Institutionen weitgehend ungeschieden waren. Wie K. und Erziehung im allgemeinen, so blieben auch K. und S. im besonderen eng miteinander verflochten. Noch der Westfälische Friede bezeichnete die S. als „annexum religionis". Die Verstaatlichung des S.wesens begann mit der Aufklärung, aber durch die bleibende Verbindung von Staats- und Kirchenpolitik dauerte auch die Verbundenheit zwischen S. und K. weiter
b) *Bis 1918* betraute der Staat kirchliche Stellen mit schul. Aufgaben („geistliche Schulaufsicht") und ließ in den „Kultusministerien" die Sorge für Heil und Bildung seiner Bürger gemeinsam wahrnehmen. Das Ende des landesherrl. Kirchenregiments ließ die rechtl. Beziehungen zwischen S. und K. fast ganz fortfallen, doch wurde in der Weimarer Reichsverfassung (WRV) 1919 der RU. als ordentliches Lehrfach verankert. Der NS-Staat verdrängte die K.n aus dem gesamten S.wesen. c) *Nach 1945* konnte in der BRD die kirchl. Mitverantwortung im öff. wie im ↗Privatschulwesen wieder zur Geltung kommen. Im Gegensatz dazu wurde die S. der DDR als Weltanschauungs-S. des marxistisch-leninist. Sozialismus ausgestaltet, die keine unmittelbaren Beziehungen zur K. hat. In der BRD erhielten die Bundesländer mit der „Kulturhoheit" die Verantwortung für das S.wesen. Im GG (Art. 7), in Länderverfassungen u. -schulgesetzen wie in den S.artikeln der in einigen Bundesländern mit den ev. K.n abgeschlossenen Staatskirchenverträgen wurden Bestimmungen aufgenommen, die sowohl die direkte Mitwirkung der K.n betreffen, z. B. hinsichtlich des RU.s, wie ihre Mitverantwortung, so bezügl. der S.formen und der Einrichtungen von Privat-S.n.
d) In der ev. K. waren die *Meinungen über die Schulform* geteilt: Einerseits hielt man an der ↗Bekenntnisschule fest, in der Kinder eines Bekenntnisses von Lehrern ihres Bekenntnisses im Geiste ihres Bekenntnisses bzw. Glaubens unterrichtet werden sollten. Andererseits trat man für die Simultan- oder ↗Gemeinschaftsschule als gemeinsame S. für Kinder verschiedenen Bekenntnisses mit getrenntem RU. ein. Diese S.form, zuerst (1817) in Nassau verwirklicht, wurde 1919 in der WRV (Art. 146) zur Regel-S. erklärt, jedoch nicht allg. durchgesetzt, da ein Reichsschulgesetz nicht zustande kam. Der Stuttgarter Kirchentag 1921 sprach sich für die Bekenntnis-S. aus. Im Kampf mit dem totalitären Staat erfolgte in der Bekennenden K. ein Umdenken: 1943 verzichtete ihre S.kammer in einem Dokument, das die Neuordnung des S.wesens für die Zeit nach dem Krieg vorausentwarf, auf die staatl. Bekenntnis-S. Dementsprechend rieten die ev. Stellungnahmen vom August 1945 von der Wiederaufnahme der Konfessionspolitik der Weimarer Zeit ab. Und die Synode der EKD erklärte 1958, „daß über Schule und Lehrer keinerlei kirchliche Bevormundung ausgeübt werden darf... Die Kirche ist zu einem freien Dienst an einer freien Schule bereit." Das bedeutete die Freigabe der S.form. Als in den 60er J., ausgelöst durch die Landschulreform, ein heftig umstrittener „Entkonfessionalisierungsprozeß" in den fünf Bundesländern begann, die bisher die Bekenntnis-S. als Regel-S. oder als bevorzugte S. hatten, sprachen sich die meisten ev. K.n mehr oder weniger eindeutig für die Gemeinschafts-S. aus und trugen damit wesentlich dazu bei, daß diese Form sich immer mehr durchsetzte (Baden-Württemberg, Bayern, NRW., Rhld.-Pfalz und Saarland).

2. *Grundsätzliches und gegenwärtige Probleme.* Der Überblick zeigt, daß es in der ev. K. *keine festgelegte Anschauung* über die S., ihre Ziele und Organisation gegeben hat. Zwar kann man „die evangelische Schuldoktrin" darstellen (v. CAMPENHAUSEN), aber ein geschlossenes Bildungssystem, ein christl. S.programm mit christl. Stoffplänen kennt die ev. K. nicht, auch nicht in ihren freien (Privat-) S.n. Diese Zurückhaltung ist in sich differenziert, beachtet u. a. die geschichtl. Wandelbarkeit aller menschl. Lebensbedingungen und beruht auf z. T. gegensätzl. Denkweisen. Grundsätzlich stimmt man darin überein, daß die ev. K. nicht so sehr auf Rechte pochen und in Institutionen denken, als vielmehr ihre Verantwortung wahrnehmen und dem Menschen dienen sollte. Übereinstimmend tritt man für die Würde des Menschen und die sich daraus ergebenden Konsequenzen, etwa die „Chancengleichheit", ein. Aber man kann sie verschieden begründen: entweder mit der Korrespondenz von „Verkündigung" und „Erziehung" oder mit der „Selbstentäußerung" [der K.] im Eintreten für das eine Humanum, das zusammen mit der säkularen Pädagogik verantwortet werden muß" (NIPKOW). Im ersten Fall bezeugt die K. die Würde des Menschen, „die darin gründet, daß er von Gott geschaffen und durch Jesus Christus erlöst wird" (Schulwort 1958). Tritt die K. für das „Humanum" ein, so führt sie in krit. Solidarität einen offenen Dialog mit den selbständig gewordenen Wiss.en vom Menschen und mit der pluralist. Gesellschaft. In der „Schule für alle" sollten „Christen als Lehrer und Schüler neben anderen und mit anderen verantwortlich leben" (NIPKOW 1969). Die ev. K. ist für diese S. gefragt, ob und wie sie der Konzeption des ↗Strukturplans des ↗Dt. Bildungsrats gegenüber offen sein will. Sie kann die drei Grundmotive: Wiss.orientierung der Bildung, Integrationsgedanken und Forderung der Differenzierung bejahen; ebenso daß die S. die „Förderung" aller anstatt der „Auslese" und daß sie „das Lernen lernen" anstrebt. Die ev. K. sollte sich dafür einsetzen, daß ein offenes Gespräch über den weiteren Weg der S.reform geführt wird. Sie muß sich dabei vor einer Ideologisierung bewahren. Deshalb kann sie auch kritisch rückfragen, z. B. ob die neue Konzeption in manchem einseitig ist: etwa indem der Strukturplan aufgrund der Entscheidung für eine bestimmte Psychol. die kognitiven Fähigkeiten der Schüler überbetont und die

affektiven Kräfte, die Entbindung der Phantasie und die Gewissensbildung unterschätzt.

☐ Bekenntnisschule. Erziehungsenzyklika. Kirchenrecht und Erziehung. Kirchliches Schulwesen. Konkordate. Dom- und Klosterschulen. Lehrer. Mission. Religionsunterricht. Evangelische Pädagogik. Katholische Pädagogik. Erziehung in der Bibel

Lit. zu I. (Histor.): H. Denifle, Die Univ.en des MA. bis 1400, 2 Bde. (1885 f.); F. A. Specht, Gesch. des Unterrichtswesens in Dtl. von den ältesten Zeiten bis zur Mitte des 13. Jh. (1885); H. Rashdall, The Universities of Europe in the Middle Ages (Oxford ²1936); J. v. d. Driesch - J. Esterhues, Gesch. der Erziehung u. Bildung, 2 Bde. (²1951-52); H. J. Marrou, Gesch. der Erziehung im klass. Altertum (1957); E. Garin, Gesch. u. Dokumente der abendländ. Päd., Bd. I: MA. (1964). *(Jurist.):* A. Mercati, Raccolta di Concordati (Roma 1919); H. Heckel, Dt. Privatschulrecht (1955). *(Syst.):* K. Erlinghagen, Grundfragen kath. Päd. (1963); –, S. in der pluralist. Gesellschaft (1964); A. Heuser, Die kath. S. (1962); G. Schulz-Benesch, Zum Stil kath. S. heute (1964). *Zu II.:* A. v. Campenhausen, Erziehungsauftrag u. staatl. Schulträgerschaft (1967, Lit.); K. E. Nipkow, Christl. Bildungstheorie u. Schulpolitik (1969, Lit.); Dt. Bildungsrat (Hrsg.), Strukturplan für das Bildungswesen (1970); H. Kittel, Ev. Religionspäd. (1970).

I. K. Erlinghagen, II. H. Becker

Schulelternvertretung ↗Elternrecht ↗Schulpflege, Schulpflegschaft

Schulentlassung

Alljährlich werden in der BRD Tausende von Jgdl.n entlassen, die ihre neunjähr. Vollzeitschulpflicht (4 J. Grund- und 5 J. Hauptschule) beendet haben. Für Jgdl., die das Ziel der Hauptschule nicht erreichen, kann die Schulaufsichtsbehörde die Schulpflicht um ein J. verlängern (Schulabkommen der Länder v. 24. 5. 1967). Die Berufsberater besuchen bereits die Klassen des 8. Schj. zu einer ersten allg. Beratung, später zu einer persönl. Aussprache in den Schulen.

Abgesehen von dem Übergang in Berufs- oder Wirtschaftsschule (Handelsschule), werden die Jgdl.n nun in das öff. Leben, jenseits von Familie und Schule, immer stärker hineingezogen. Die geistige Reife hinkt der körperlichen Reife z. T. nach. Hier liegt die Aufgabe eines Abschlußjahres: den Jgdl.n bes. in der ↗Reifezeit erzieherisch zu helfen, sie auf das Leben im Beruf vorzubereiten, ihnen Lebenshilfe zu gewähren, bei ihnen Verständnis für die gegenwärtige Gesellschaft zu wecken, sie in die Arbeitswelt und das soziale, kulturelle und polit. Leben unserer Zeit einzuführen und sie mit den Bildungsmitteln der Erwachsenen vertraut zu machen. Zu berücksichtigen ist, daß ein Teil der 14-15jähr. Entlaßschüler keine echten Neuntkläßler, sondern durch die Kurzschuljahre eigentlich Achtkläßler sind. Im Zusammenhang mit gegenwärtigen Reformbestrebungen (↗Strukturplan) ist auch der Haupt-

schulabschluß neu zu durchdenken. Ein Abitur I (Abschluß der Grundausbildung nach der 10. Kl.) wäre sowohl dem Hauptschulabschluß als auch „mittleren" Abschlüssen überlegen.

Schulabgänger* in der BRD nach Beendigung der Vollzeitschulpflicht (vorläufiger Stand 1969):

insgesamt	375 825	(181 035)
davon an		
Volksschulen	317 756	(157 266)
Sonderschulen	28 154	(11 296)
Realschulklassen an VS.n		
(ohne Abschluß)	13 454	(6 080)
Gymnasien		
(ohne Versetzung ins 11. Schj.)	16 461	(6 393)

* Die Zahlen in Klammern beziehen sich auf die weibl. Schulabgänger.

☐ Fest und Feier. Schulleben

Lit.: A. O. Schorb, Hauptschule in einer techn. Welt, in: Unsere VS. 7 (1964); G. Kapfhammer, Die Entlaßschüler u. ihr Weg in das Berufsleben, in: Die Scholle 8 (1956); B. Linke, Das neunte VS.jahr, in: Kamps päd. Taschenbücher, Nr. 11 (1962); R. Sieber, Die Praxis des 9. Schj. (1960); E. Bornemann, Das 9. Schj. unter sozialpäd. Aspekt, in: Päd. Rsch., H. 1, 2 (1961); E. Schmalohr, Über die psych. Situation der Schüler(innen) im 9. Schj., in: Päd. Rsch., H. 5/6 (1968); Dt. Bildungsrat, Strukturplan f. d. Bildungswesen (1970).

H. Mecking

Schüler

I. Rechtsstellung

Die Rechtsstellung des S.s in der Schule ist durch das Verfassungssystem vorgezeichnet: Sozialstaats-, Rechtsstaats- und Demokratiegebot finden ihre Entsprechungen im *Recht auf Bildung,* in *individuellen Freiheitsrechten* und in *kollektiven Mitwirkungsrechten.* Als Person mit dem *Grundrecht auf freie Selbstentfaltung* ist der S. niemals – weder in der Schule noch in der Familie – rechtloses Objekt erzieherischer Willkür, auch soweit er als Minderjähriger bei der Wahrnehmung eigener Rechte auf die Mitwirkung seiner Erziehungsberechtigten angewiesen ist: dem fiduziarischen Charakter des Elternrechts entsprechen staatl. Wächterfunktionen (Art. 6 Abs. 2 und 3 GG), die letztlich vor allem den Vormundschaftsgerichten obliegen, aber schon in der Gestaltung des Schulsystems ihren Ausdruck finden müssen.

1. Das *Recht auf Bildung* ist im GG nicht ausdrücklich erwähnt, aber aus Sozialstaats- und Demokratieprinzip, aus Ausbildungs- und Berufsfreiheit, vor allem aus dem Selbstentfaltungsrecht des Kindes zu erschließen. (Art. 2, Abs. 1; 12, Abs. 1; 20, Abs. 1 GG).

Ausdrücklich garantiert ist es schon seit 1922 im ↗Jugendwohlfahrtsgesetz, nach 1945 auch in einigen westdt. Landesverfassungen und Schulgesetzen sowie in internat. Deklarationen (UN-Menschenrechtsdeklaration 1948; UN-Deklaration der Rechte des Kindes 1959)

u. Verträgen (Zusatzprotokoll zur Europäischen Menschenrechtskonvention 1952; Europäische Sozialcharta 1961; Übereinkommen gegen Diskriminierung im Unterrichtswesen 1960), wobei die Emphase nicht allein auf dem Selbstentfaltungs-, sondern vor allem auch auf dem *Gleichheitsgedanken* liegt. Die Neuordnung des Bildungswesens durch Schaffung integrierter ↗Gesamtschulen mit einem durchlässigen System von Eignungs- u. Leistungskursen sowie mit wirksamen Vorkehrungen zur Kompensation von Milieubenachteiligungen erscheint im Lichte dieses für alle gleichen Rechts auf eignungsgemäße Bildung geradezu als rechtliches Gebot.

2. Zahlreiche Konflikte entstehen im Bereich der *individuellen Freiheitsrechte*. Die überkommene, sich als Gewohnheitsrecht verstehende, in Schulgesetzen und Ministerialerlassen fortwirkende Doktrin einer besonderen „Schulgewalt", der die S. „unterworfen" sein sollen, stößt auf die von einer neuen Schülergeneration teils als ungenügend kritisierten, jedenfalls aber ernst genommenen und deshalb auch praktizierten Verfassungspositionen.

a) Das Recht der *Schülerzeitungen*, neuerdings auch der *Flugblattverteilung*, gehört zu den seit Jahren bes. heftig umstrittenen Fragen. An die Stelle früher offen geübter Zensur, deren Nichtvereinbarkeit mit Art. 5 GG offenkundig ist, sind zunehmend indirekte Einflußnahmen getreten (Vertriebsverbote auf dem Schulgelände; Einwirkung auf Eltern u. Inserenten). Hier wie auch bei Fragen der *Demonstrations-* u. der *Vereinigungsfreiheit* ist Umfang u. Ausgestaltung des ↗Hausrechts problematisch (↗Öffentlichkeit der Schule u. des Unterrichts, ↗Schülervereinigungen).
b) Der (allerdings nicht durch Art. 9 Abs. 3 GG garantierte) *Schulstreik* wird von den Unterrichtsverwaltungen durchweg für rechtswidrig gehalten; die bei nicht mehr Vollzeitschulpflichtigen gelockerte Anwesenheitspflicht läßt aber hier wie bei ungenehmigter Abwesenheit aus anderen Gründen schon nach geltendem Recht gewisse streikähnliche Formen zu. Das Korrelat zum Schulstreik – *Aussperrung* in der Form zeitweisen *Ausschlusses vom Schulbesuch* – wird hingegen neuerdings verstärkt praktiziert und von den zentralen Unterrichtsverwaltungen gebilligt.
c) Die pädagogisch längst obsolete *Züchtigung in der Schule* ist bisher durch die Strafgerichte noch für gewohnheitsrechtlich gerechtfertigt erklärt worden, soweit sie „maßvoll, aus hinreichendem Anlaß und zu Erziehungszwecken" geschieht. Diese (schon formalrechtlich im Hinblick auf Art. 2 Abs. 2 GG höchst problematische) Rechtsprechung wird kaum noch länger aufrechterhalten werden können, nachdem im J. 1970 schließlich auch in den Ländern Bayern, Baden-Württemberg u. Rheinland-Pfalz ministerielle Verbote der Prügelstrafe ergangen sind. Entsprechende, bereits in den ersten Nachkriegsjahren erlassene Verbote in anderen Bundesländern sind allerdings bisher von der Rechtsprechung unter Berufung auf das Gewohnheitsrecht für straf- u. haftungsrechtlich unbeachtlich erklärt worden; ihre Mißachtung konnte danach nur disziplinarische Folgen für den Lehrer haben.

3. *Mitwirkungsrechte* der S., wie sie dem durch GG und Landesverfassungen gebotenen Bilde einer demokrat. Schule entsprächen, sind bisher nur rudimentär entwickelt (Schülermitverwaltung [SMV] ↗Schülerselbstverwaltung). Der engbegrenzte Aufgabenkreis, aber auch Verbote überörtlicher Zusammenschlüsse, Bestätigungs- und Absetzungsvorbehalte bei der Wahl der S.-Vertreter u. andere Beschränkungen haben erheblich zum Scheitern der SMV beigetragen. Ein Beschluß der KMK v. 3. 10. 1968, dem in den meisten Ländern unverzüglich neue MinErl.e gefolgt sind, erkennt inzwischen jedenfalls die Legitimität einer *Interessenvertretung* der S. an und rückt damit von dem reform-päd. Harmoniemodell ab. Die Probleme einer verbindlichen *Schülermitbestimmung*, zu der auch die *Konferenzteilnahme* gehört, sind aber nach wie vor umstritten. In einigen Bundesländern sind neuerdings beachtliche Weiterentwicklungen in dieser Richtung zu verzeichnen, teilweise sogar durch formelle Gesetze und Rechtsverordnungen (Hessen 1969 und 1970).

II. Der Schüler als Gegenstand psychologischer Forschung

Wenn man als S. den Menschen in einer institutionalisierten Lernsituation definiert, dann läßt sich der Begriff des S.s psychol. unter verschiedenen Gesichtspunkten sehen. Als wichtigste Aspekte sind zu unterscheiden: der lernpsychol., der differentialpsychol., der persönlichkeitspsychol., der sozialpsychol. und der entwicklungspsychol. Aspekt. – Damit wird der S. stärker zum wiss. Formalobjekt und die traditionelle ganzheitl. Betrachtungsweise durch eine mehr an Einzelfragen orientierte Betrachtungsweise abgelöst, die eher eine empirisch quantifizierende Erforschung ihrer Gegenstände erlaubt. Diese Forschung steht noch in ihren Anfängen und läßt nur erste Erkenntnisse und damit Rückschlüsse auf Einzelaspekte des Materialobjekts „Schüler" zu.

1. *Beitrag der Lernpsychologie*. Folgt man WEINERT, so steht im Mittelpunkt der päd. Psychol. die Erforschung des schul. Lernens. Die bisherige lernpsychol. Forschung legt eine kaum noch überschaubare Fülle von Einzeluntersuchungen vor. Eine Systematik der päd. Lernpsychol., die die Einzelergebnisse der bisherigen Forschung zu einer päd. Lerntheorie zusammenfaßt, steht noch aus (↗Lernen).
2. *Differentialpsychologischer Aspekt*. Differentialpsycholog. Fragestellungen spielen insofern eine Rolle, als sie Vergleiche zwischen psychol. verschiedenen Subgruppen erlauben. Hierzu gehören vor allem Vergleiche zwischen den Geschlechtern, zwischen verschiedenen Altersstufen, Schularten und zwischen verschiedenen sozialen ↗Schichtungen.
3. *Persönlichkeitspsychologischer Aspekt*. Im Unterschied zur traditionellen geisteswiss.

Persönlichkeitsforschung, welche die ↗Person „als einmaliges, unvertauschbares und unverwechselbares Sonderwesen Mensch" (LERSCH) und Persönlichkeit als das So-Sein der Person verstanden wissen wollte, geht es in der Erforschung der S.persönlichkeit mit empirisch-quantifizierenden Methoden um ein Gefüge von Grundeigenschaften, das im Sinne der Konstruktvalidierung ständig revidiert werden muß. Die Frage, inwieweit sich beispielsweise EYSENCKs oder CATTELLs Persönlichkeitstheorien auf den S. übertragen lassen, bleibt vorläufig unbeantwortet (↗Persönlichkeitstheorie).
4. *Sozialpsychologischer Aspekt.* Den S. unter sozialpsychol. Gesichtspunkten sehen bedeutet zweierlei: ihn als lernenden Einzelnen *in* der Gruppe und ihn als Lernenden *mit* der Gruppe zu erforschen. Im ersten Fall geht es um Fragestellungen, die sich für das Verhalten des einzelnen S.s ohne bewußten Einsatz sozialpsychol. fundierter Einflüsse ergeben (HÖHN). Im zweiten Fall geht es um den bewußten Einsatz sozialpsychol. Erkenntnisse für die „Gruppe im Lehr- und Lernprozeß" (MEYER) und betrifft Fragen des ↗Gruppenunterrichts, der Gemeinschaftsarbeit u. a. (↗Gruppe ↗Gruppendynamik ↗Gruppenerziehung).
5. *Entwicklungspsychologischer Aspekt.* Wie in den vorangegangenen Abschnitten impliziert wurde, lassen sich Aussagen über den S. nicht ohne Bezüge zur ↗Entwicklungspsychologie machen. Dabei treten Längsschnittuntersuchungen an psychischen Merkmalen stärker als bisher in den Vordergrund und verdrängen die eher globale Sichtweise der traditionellen Phasenlehren (siehe OERTER).
6. *Schülerkunde.* Im Begriff der S.kunde lassen sich jene Bemühungen zusammenfassen, die Forschungsergebnisse der Psychol. unter nachwiss. Gesichtspunkten (DIEMER) auf ihre Verwendbarkeit für eine Psychol. des S.s zu überprüfen, den Pädagogen mit den so ausgewählten Erkenntnissen bekanntzumachen und ihn zu einer sachgemäßen und sachkrit. Anwendung dieser Erkenntnisse zu führen. Damit ist im Begriff der S.kunde der unmittelbare Bezug von der Päd. zur Psychol. als einer ihrer wichtigsten Hilfswiss.en gegeben.

☐ Recht des Kindes. Menschenrechte. Schuldisziplin. Schülerzeitungen. Schulstreik. Schülervereinigungen. Strafe. Kind. Hauptphase der Kindheit. Reifezeit. Jugendalter. Entwicklungsstufen

Lit. zu I.: P. A. Doering-S. Schneider, Der S. als Staatsbürger. Eine Bibliogr. zu S.mitverantwortung u. S.presse mit Rechtsvorschriften u. Anschriften (1967); E. Stein, Das Recht des Kindes auf Selbstentfaltung in der Schule (1967); W. Perschel, Demonstrationsrecht u. Schulbesuchspflicht, in: Recht der Jugend u. des Bildungswesens 16 (1968); –, Die Rolle des Rechts bei der Demokratisierung der Schule, in: ebd. 17 (1969); H. Heckel-P. Seipp, Schulrechtskunde (⁴1969); F. Klein-F. Fabricius, Das Recht auf Bildung u. seine Verwirklichung im Ballungsraum (1969); H.-J. Gamm, Krit. Schule (1970); Th. Wilhelm (Hrsg.), Demokratie in der Schule (1970); V. Lenhart (Hrsg.), Demokratisierung der Schule (1971).
Zu II.: L. J. Cronbach, Educational Psychology (New York ³1963); N. L. Gage (Hrsg.), Handbook of Research on Teaching (Chicago ⁴1965); E. Höhn, Der schlechte S. (1967); F. Weinert (Hrsg.), Päd. Psychol. (1967, ⁵1970); E. Meyer (Hrsg.), Die Gruppe im Lehr- u. Lernprozeß (1970); R. Oerter, Moderne Entwicklungspsychol. (⁷1970); C. Weiß, Abriß der päd. Soziol., Bd. IV: Soziol. u. Sozialpsychol. der Schulklasse (⁴1970).
I. *W. Perschel*, II. *K. Aschersleben*

Schülerauslese
A. = Auslese

1. *Begriff.* Jede weiterführende Bildung schließt eine A. der Geeigneten ein. Maß und Umfang dieser A. hängen nicht nur vom bisher erreichten individuellen Begabungsniveau und vom künft. Bildungsgang, sondern auch von Qualität und Intensität päd.-didakt. Lenkung ab. Unterschieden wird *punktuelle* (auch Übertritts-)A. von *permanenter* (auch Versetzungs-)A.
2. *Gegenwärtiger Wandel des Ausleseproblems.* Die besondere Aktualität des A.problems gründet auf einem im gesellschaftl. Bewußtsein vollzogenen mehrfachen Bedeutungswandel der weiterführenden Schule, bes. des Gymnasiums: *soziologisch* von der schichtenkongruenten Hochbegabtenschule einer Standesgesellschaft zur zentralen Zuteilungsinstanz sozialer Chancen einer nivellierten, mobilen Leistungsgesellschaft, *volkswirtschaftlich* von einem Qualifikationsverteiler für wenige Führungspositionen zum Satuierfaktor des wachsenden Bedarfs an qualifizierten Führungskräften einer modernen Industriegesellschaft, *pädagogisch-psychologisch* von einer Institution zur Weiterförderung vermeintlich erblich bevorzugt ausgestatteter Schüler zu einer Bildungsinstitution für junge Menschen, deren Entwicklung wesentlich von der sozio-kulturellen und päd. Umwelt und Eigenaktivität des Individuums bestimmt wird. Dieser Bedeutungswandel zeigt sich auch in neueren dt. Verfassungen, nach welchen nicht nur die *Eignung* (ab 1919) maßgebend für den Zugang zu weiterführenden Schulen sein soll, sondern darüber hinaus ein *Rechtsanspruch* auf optimale Ausbildung besteht (etwa seit 1950). – Nach wie vor versteht sich das Gymnasium allerdings als A.institution für Hochschulen: über 90% aller Abiturienten besuchen Hochschulen.
3. *Herkömmliche Schülerauslese.* Die bisherigen A.effekte sind weit vom Idealfall

(= ausnahmslose A. aller Geeigneten, Eliminierung aller Ungeeigneten) entfernt; der Nichterfassung oder Eliminierung vieler geistig aktiver, initiativereicher und kritikfähiger Höherbegabter stehen Schulerfolge zahlreicher nur mittelmäßig und mehr rezeptiv begabter Schüler gegenüber. Über die Hälfte der *Übertrittsempfehlungen* der Grundschule erweisen sich als unzutreffend; der A.erfolg bei *Aufnahmeprüfung oder Probeunterricht* korreliert mit der späteren Schulbewährung z. T. befriedigend positiv, z. T. aber negativ, er ist in jedem Falle zum Zeitpunkt der A. ungewiß. Die Zuverlässigkeit des *Elternurteils* ist bei ca. 75% Begabungsüber- und -unterschätzungen sehr begrenzt. – Das Abitur erreichen nach der permanenten A. ca. 40% der Aufgenommenen, davon nur die Hälfte *ohne* Zwischenversagen. Bei durchschnittlich 20% Übertritten zum Gymnasium ergibt das gegenwärtig eine Abiturientenquote von ca. 9% eines Altersjahrganges, je nach Bildungspolitik eines Bundeslandes zwischen 6 und 12% schwankend. Mit dieser Abiturientenquote liegt die BRD im *internationalen Vergleich* relativ ungünstig. Dabei führt die Schärfe der A. nicht unbedingt zu höheren Leistungseffekten auf der weiterführenden Schule: Nach einem 12-Länder-Vergleich von Mathematikleistungen auf der Oberstufe des Gymnasiums liegt die BRD trotz der Schärfe ihres A.systems im unteren Mittelbereich. Schulsysteme mit höheren Schülerquoten am Gymnasium erreichen hier Spitzenleistungen. Bei abgemilderter A.schärfe steigen offenbar die Chancen der bes. begabbaren Schüler. Unter den *Versagern* an Gymnasien befinden sich etwa 25% hochbegabte, jedoch weniger belastbare Schüler. – Zu den *soziologischen Varianten* des A.problems gehört die – wenngleich heute reduzierte – Unterrepräsentiertheit der sozialen Unterschicht (weniger Übertritte, höhere Versagerquote; „Milieuschranke", „Sprachbarriere"), der ländl. Bevölkerung, des kath. Bevölkerungsteils und des weibl. Geschlechts (weniger Übertritte und häufigere freiwillige Abgänge trotz besserer Schulleistungen) auf dem Gymnasium. Die mit ca. 5% angegebene „offene" (d. h. durch Tests ermittelte) gymnasiale *Begabungsreserve* unter den Hauptschülern dürfte sich bevorzugt aus diesen Sozialgruppen zusammensetzen. „Gleichheit der Bildungschancen" besteht gegenwärtig noch nicht. – An den *Realschulen,* an welche – je nach der Zahl der errichteten Schulen – in den dt. Bundesländern 5 bis 30% eines Schülerjahrganges übertreten, stellt sich das A.problem nicht in der an Gymnasien üblichen Schärfe.

4. *Möglichkeiten der Verbesserung.* (1) Zwar sind Bewährungsvorhersagen stets nur in begrenztem Umfang möglich und mit den herkömml. Methoden nicht mehr wesentlich zu verbessern, jedoch haben *qualifizierte Testverfahren* – am günstigsten eine Kombination aus Arbeitsprobe, Begabungs- und Schulleistungstests – unter Mitberücksichtigung der Schülergesamtpersönlichkeit und des Elternurteils bisher in jedem Vergleichsfall die höchste Vorhersagerichtigkeit (z. T. bis zum Abitur), d. h. den besten A.erfolg erbracht. (2) Das Übertrittsverfahren sollte *liberalisiert* werden, wobei Gutachten nur noch empfehlenden Charakter tragen. (3) *Informationskampagnen,* bes. bei den auf weiterführenden Schulen unterrepräsentierten Gruppen, sollten zu weiteren Begabungserschließungen führen (wozu auch die Errichtung neuer weiterführender Schulen und die Verbesserung von Transportbedingungen in ländl. Wohngebieten gehört). (4) Eine intensivierte *Vorschulerziehung* für alle Kinder – bes. als Sprachbildung – vermag Milieu- und Sprachbarrieren in der Schule zu reduzieren. (5) Eine bessere Schüler-A. verspricht sich vor allem von der weiteren *Pädagogisierung der Bildungsarbeit* der weiterführenden Schule. Durch Ermutigungspäd. und sozialintegrative Lehrer-Schüler-Kontakte, durch didakt. Neuorientierung (sachlogisch-operational definierte, zugleich auf exemplar. und Transferwirkungen ausgerichtete Bildungsinhalte), durch Aufbau gegenstandsspezifischer Lernmotivationen und durch Leistungsdifferenzierungen. (6) Die Einführung einer *Orientierungsstufe* (5./6. Schj.) und die gegenseitige *Abstimmung der Bildungspläne* aller anschließenden Sekundarschulen (z. B. erste Fremdsprache) könnte zur Erhöhung der vertikalen und horizontalen ↗Durchlässigkeit, zu einer Verringerung von Schülerkonflikten und damit zu einer begabungsangemesseneren Schüler-A. führen. (7) Bessere Informationen und Anreize für den Zweiten Bildungsweg sollten zur beträchtl. Erhöhung der Besucherquoten von Abend-Gymnasien unter der berufstätigen Jugend führen. (8) Schließlich sei hingewiesen auf eine Reihe weiterer Modellversuche und Einzelmaßnahmen zur Steigerung der A.effizienz: *Ganztagsschulen, Gesamtschulmodelle, F-Gymnasien* (fachgebundene Hochschulreife, in der Regel für Realschulabsolventen), *Förderzüge* zum Überspringen einzelner Klassen, *Sommerschulen, Nachholprüfungen* für Sitzenbleiber, Aktion „Studenten helfen Schülern" u. a. (9) Die sich aus einer solchen Verbesserung der Schüler-A. abzeichnende Erhöhung der Schülerzahlen auf weiterführenden Schulen sowie der Abiturientenquoten weist auf *Folgeprobleme*

hin, deren gravierendste der Lehrermangel und der Mangel an Studienplätzen sind.

☐ Begabung. Begabtenförderung. Elite. Bildungsdefizit. Bildungsplanung. Bildungsökonomie

Lit.: A. Busemann, Höhere Begabung (1949, ²1955); K. Mierke (Hrsg.), Die A. für die gehobenen Schulen (1953); U. Undeutsch, A. für u. durch die Höheren Schulen, in: Bericht über den XXII. Kongreß der Dt. Gesellschaft für Psychol. (1960); R. Burger, Liegt die Höhere Schule richtig? (1963); –, Begabte Versager auf der Höheren Schule, in: K. Ingenkamp (Hrsg.), Schulkonflikt u. Schülerhilfe (1965); –, Über die Faktorenstruktur der Gymnasialnoten, in: W. Siersleben (Hrsg.), Lernen heute (1969); K. Ingenkamp, Päd.-psychol. Untersuchungen zum Übergang auf weiterführende Schulen (1963); Wissenschaftsrat, Abiturienten u. Studenten 1950–1980 (1964); W. Schultze, Über den Voraussagewert der A.kriterien für den Schulerfolg am Gymnasium (1964); J. Hitpaß, Abiturientendefizit: Versagt unser Schulsystem? (1964); –, Verlaufsanalyse des schul. Schicksals eines Sextanerjahrganges von der Aufnahme bis zur Reifeprüfung, in: Schule u. Psychol. (1967); G. Picht, Die dt. Bildungskatastrophe (1965); K. Erlinghagen, Kath. Bildungsdefizit (1965); D. Rüdiger, Oberschuleignung (1966); E. Geißler u. a., Fördern u. Auslesen (1967, ²1969); H. G. Rolff, Sozialisation u. A. durch die Schule (1967, ²1969); L. Tent, Die A. von Schülern für weiterführende Schulen (1969); A. O. Schorb - M. Schmidbauer, Bildungsbewegung u. Raumstruktur (1969). – Ferner Einzelbeiträge in: H. Roth (Hrsg.), Begabung u. Lernen (³1969); H. R. Lückert u. a., Begabungsforschung u. Bildungsförderung als Gegenwartsaufgabe (1969).

D. Rüdiger

Schüleraustausch, internationaler

S. = Schüleraustausch

1. *Geschichte und Ziel.* Der IS. ist ein wesentl. Teil des internat. Jugendaustausches. Zu seinen Anfängen gehören die 1904 in Paris gegr. „Société d'échanges internationaux des enfants et des jeunens pour l'étude des langues étrangères" und deren „Berliner Komitee" (1910). Einen ersten großen Aufschwung nahm der S. nach 1918, in Dtl. vor allem nach der Gründung der „Pädagogischen Auslandsstelle" in Berlin 1929. Eine besondere Rolle spielte hierbei der S. mit der nord. Ländern, der auf das schwed. Hilfswerk zurückging, das „deutsche Kriegskinder" bald nach Kriegsende nach Schweden einlud. Heute ist S. weltweit verbreitet, namentlich in den europ. Ländern, zu deren Integration er einen wichtigen Beitrag leistet. In der BRD liegt die Durchführung des IS.es bei den KM bzw. von diesen beauftragten Stellen. Mit koordinierenden u. vermittelnden Aufgaben ist der ↗Pädagogische Austauschdienst (PAD) im Sekretariat der KMK beauftragt. Eine internat. Dachorganisation bildet die „Fédération internationale des organisations de correspondances et d'échanges scolaires" (FIOCES, gegr. 1929 in Paris).

S. im eigentl. Sinn hat immer Schulbesuch im anderen Land – ganz oder teilweise – mit zum Inhalt. Neben der Förderung der Beherrschung lebender Fremdsprachen hat er sich zum Ziel gesetzt, Verständnis für andere Völker, für ihre Kultur und Gesch., Sitten und Gewohnheiten sowie Achtung vor ihrer Eigenart zu wecken und den Umgang mit Vertretern anderer Nationen zur Selbstverständlichkeit werden zu lassen. Zur europ. Integration leistet er einen wesentl. Beitrag.

2. *Formen und Möglichkeiten.* Dazu gehören: Einzelaustausch von Familie zu Familie von unterschiedl. Dauer; langfristiger S. für ein Trimester oder ein ganzes Schuljahr zum Schulbesuch; Austausch von Schülergruppen oder ganzen Klassen mit Lehrern für 14 Tage bis 6 Wochen; Aufenthalt von Schülern als „paying guests" oder unentgeltlich in ausländ. Familien; S. im Rahmen von internat. Schul- oder Klassenpartnerschaften; gemeinsame Aufenthalte dt. und ausländ. Schüler in Schullandheimen, Skilagern, colonies de vacances u. ä.; Studienfahrten ins Ausland mit Begegnung ausländischer Schüler; Austausch von Schülersport- und -musikgruppen.

Eine besondere Form des IS.es sind *Sprachkurse* für ausländ. Schüler, die während der letzten 4 Wochen vor oder der ersten 4 Wochen nach den dt. Sommerferien an Gymnasien und Realschulen in der BRD stattfinden. Wesentlich ist dabei die enge Verbindung von wöchentlich 15 Stunden intensivem Sprachunterricht in der Schule mit Einzelunterbringung in dt. Familien (mit gleichaltrigen Kindern) und einigen gemeinsamen Exkursionen.

Zahlenmäßig den größten Umfang hat heute der dt.-frz. S., der auch vom *Deutsch-Französischen Jugendwerk* gefördert wird. Der dt.-brit. S. steht ihm kaum nach. In bescheideneren Grenzen hält sich der S. mit den skandinav. Ländern sowie mit Spanien, Italien, Belgien, den Niederlanden, der Schweiz, Israel, den USA, Kanada u. Australien. Um den S. mit Übersee nehmen sich einige private Organisationen an.

Eine vielversprechende Form des IS.es entwickelte sich in den letzten Jahren durch die Teilnahme von Schülergruppen verschiedener Nationen an gemeinsamen Seereisen auf großen Fahrgastschiffen, wie denen der British India Line, die eigens zu diesem Zweck umgebaut und mit bes. geschultem Personal besetzt sind. – Zum IS. gehört auch das „Prämienprogramm zur Förderung der Ausbildung ausländischer Schüler in der deutschen Sprache", das vom Auswärtigen Amt finanziert und vom PAD betreut wird und in dessen Rahmen 1970 aus 32 Nationen Schüler für je 4 Wochen in die BRD kamen.

Welche Form auch immer der IS. annimmt, stets ist die ↗Schülerkorrespondenz das beste Hilfsmittel bei der Vorbereitung, Auswertung und Weiterführung.

☐ Internationale Jugendarbeit. Studentenaustausch. Lehreraustausch

Lit.: G. Böhme, Der päd. Austausch in Hessen, in: Bildung u. Erziehung 7/8 (1953); G. Neumann, Dt.-nord. S., in: Ausblick, Mitteilungsbl. der Dt. Auslandsgesellschaft, H. 4 (1959); –, Die internat. Austausch- u. Auslandsbeziehungen der dt. Schule, in: Internat. Aufgaben in Erziehung u. Unterricht, hrsg. v. der Dt. Atlant. Gesellschaft (1959); H. Schober, Internat. Beziehungen im Wirkungsbereich unserer höheren

Schule, in: Die Höhere Schule, H. 3 (1966); K. D. Urban, Möglichkeiten u. Grenzen eines S., in: ebd.; H. Hahnemann, 40 Jahre dt.-finn. S., in: Die Realschule, H. 3 (1967); G. Seitter, Der internat. S. Ziele, Formen, Ergebnisse, Aufgaben, in: Die Schulwarte, H. 2/3 (1967); K. Jaensch, Ein Überblick über Entstehung u. Ausbau der Schulbeziehungen, insbes. zu Großbritannien, in: School Linking News, hrsg. v. Central Bureau for Educational Visits and Exchanges, No. 3 (London 1967); R. Ihle, Australisch-dt. S., in: Zschr. für Kulturaustausch, hrsg. v. Inst. für Auslandsbeziehungen, H. 4 (1968); H. Neumeister, Der Austausch von Lehrern u. Schülern mit dem Ausland, in: Auswärtige Kulturbeziehungen, Bd. 4 (1967); –, Dt.-skandinav. S., in: Die Höhere Schule, H. 2 (1969); M. Clémans, Boardingschool Afloat, in: Trends in Education, Nr. 4 (London 1969); K. Taudien, Internat. Lehrer- u. S. der Landeshauptstadt München, in: Päd. Welt, H. 8 (1969).

H. Neumeister

Schülerbeobachtungsbogen

Der S. ist ein schematisiertes Formblatt, das dem Lehrer als Handlungsanweisung bei der Beobachtung von bestimmten *Verhaltensweisen* eines Schülers dient und eine ökonom. und übersichtl. Registrierung der beobachteten Sachverhalte ermöglicht (syst. Beobachtung). Der S. sollte eindeutig vom herkömml. Schülerbeschreibungsbogen (HERBART, MUCHOW, REBHUHN u. a.) unterschieden werden. Wesentlich ist, daß nur tatsächlich *beobachtbare* Verhaltensweisen des Schülers über einen langen Zeitraum hinweg erfaßt werden, die im Hinblick auf die angestrebte ↗Schülerbeurteilung als zusätzliche Informationen herangezogen werden können. Dazu werden die das beobachtbare Verhalten bedingenden psych. Sachverhalte an Hand von bestimmten Interpretationsregeln erschlossen. Dieses Vorgehen ermöglicht die angemessene Berücksichtigung der gesamten Persönlichkeit des Schülers und ist eine wertvolle Ergänzung der üblichen quantitativen Leistungseinstufung (↗Zensuren, ↗Tests). Die *Problematik* des S.s liegt in der leichten Umdeutbarkeit der Beobachtungsdaten in Richtung auf eine bestimmte Vorannahme, die ein Lehrer hinsichtlich einer Schülerpersönlichkeit hat.

☐ Schülerbeurteilung

Lit.: H. Thomae, Beobachtung u. Beurteilung von Kindern u. Jgdl.n (1962, ⁴1970); R. Kienzle, Schülerbeobachtung u. Schülerbeurteilung (⁴1969).

S. Grubitzsch

Schülerbeurteilung

1. *Begriff.* Unter S. ist ein komplexer Vorgang zu verstehen, bei dem eine bestimmte Person oder Personengruppe (Lehrer, Ausbilder) die bewertende Beschreibung eines Schülers hinsichtlich des Ausprägungsgrades von Persönlichkeitsmerkmalen nach bestimmten Kriterien vollzieht.
2. *Aufgaben.* Die S. ist von Bedeutung wegen der Erfordernisse des Schulsystems, wobei mehrere Aufgaben erfüllt werden müssen: a) Aus der S. ergeben sich Konsequenzen für die Gestaltung des Unterrichts und die Wahl angemessener Erziehungsmittel, wie z. B. Lob und Strafe. b) Die vom jeweiligen Ausbilder vorgenommene S. hat Entscheidungswert für den weiteren Bildungsgang eines Schülers (Auslesecharakter). c) Auch den gesellschaftl. Interessen muß die S. gerecht werden, da sie als Kriterium für die Aufnahme in einen späteren Beruf gilt. d) Zudem hat die S. die Funktion, dem Schüler eine Kontrollmöglichkeit seiner selbst zu sein.
3. *Problematik.* Diese Aufgaben stellen an die Güte der S. kaum zu erfüllende Anforderungen, die z. B. darin bestehen, daß weitgehende *Objektivität* als Voraussetzung für zufriedenstellende prognost. Valenz gesichert werden muß, d. h., der Einfluß der beurteilenden Lehrer- bzw. Ausbilderpersönlichkeit auf die S. sollte auf ein Minimum reduziert werden. Die einschläg. Befunde auf dem Gebiet der „social perception" innerhalb der Sozialpsychol. zeigen jedoch, daß die Objektivität der Beurteilung äußerst begrenzt ist. Eine auf den päd. Bereich abgestimmte Untersuchung von HOFER weist auf, daß subjektive Ordnungsschemata in Form von impliziten Persönlichkeitsmodellen dem Lehrer die S. erleichtern. Diese Tatsache steht im Zusammenhang damit, daß die Anzahl der zu beurteilenden Schüler meist so groß ist, daß es die Informationsverarbeitungskapazität eines Lehrers übersteige, sich jedem individuell und extensiv zuzuwenden. Daher werden Persönlichkeitsmerkmale, die objektiv keine Beziehung zueinander haben, in engerem Zusammenhang gesehen. Diese Tendenz zur Kategorisierung aufgrund vermuteter Korrelationen zeigt an, daß die beurteilende Person sehr stark der Gefahr zu stereotypisieren ausgesetzt ist: Nicht mehr die Schülerpersönlichkeit spiegelt sich in der Beurteilung wider, sondern das Kategorisierungsschema des Ausbilders.

☐ Schülerauslese. Schülerbeobachtungsbogen. Leistung, Leistungsbeurteilung in der Schule

Lit.: M. Hofer, Die Schülerpersönlichkeit im Urteil des Lehrers (1969); L. Tent, Die Auslese von Schülern für weiterführende Schulen (1969).

D. Kuhne

Schülerbriefwechsel ↗Schülerkorrespondenz

Schülerbücherei ↗Schulbücherei ↗Bibliothekswesen

Schülerfrage ↗Frage im Unterricht

Schülergespräch ↗Gespräch

Schülerheime ↗Internat

Schülerkorrespondenz, internationale
1. *Aufgabe.* Die IS. bietet jungen Menschen ein ausgezeichnetes Mittel, mit Gleichaltrigen in fremden Ländern zum Gedankenaustausch in Verbindung zu treten. Sie ist ein wesentl. Beitrag zur internat. Jugendbewegung und zur ↗Internationalen Erziehung und kann den internat. ↗Schüleraustausch anbahnen, vorbereiten und vertiefen. Die IS. ist ein wirksames Mittel zur Völkerverständigung und Erziehung zu Toleranz und Weltoffenheit.
2. *Durchführung und Organisation.* In ihren Anfängen wurde die IS. ausschließlich von Schülern einzeln geführt. Heute kennt sie zwei Grundformen, die beide auch ein wesentl. Bestandteil der Pflege einer Schulpartnerschaft sind: Die *Schülereinzelkorrespondenz* verbindet zwei Schüler verschiedener Nation namentlich, die unter Berücksichtigung von Alter, sozialem Milieu und persönl. Neigung eines jeden ausgewählt wurden. Nach Entstehen eines dauerhaften Briefaustausches führt eine solche Partnerschaft häufig zu gegenseit. Familienbesuchen. Eine gewisse Leitung durch den Lehrer, vor allem zu Beginn, empfiehlt sich. Die Vielgestaltigkeit eines fremden Landes wird bes. gut erkannt, wenn die Schüler einer Klasse mit Schülern aus verschiedenen Gegenden des anderen Landes Briefwechsel pflegen. Bei der *Schülergruppenkorrespondenz* von Klasse zu Klasse tun sich zwei Lehrer verschiedener Nation zusammen, um den Austausch von Sammelbriefen zwischen ihren gleichaltr. Klassen anzuregen und zu organisieren. Gerade diese Sammelbriefe können durch den Austausch von Berichten, Bildern, Filmen, Tonbandaufnahmen u. ä. ergänzt werden. IS. kann *zweisprachig* geführt werden, wenn jeder Partner die Sprache des anderen lernt, oder *einsprachig*, wenn die Partner sich auf eine Sprache einigen, die u. U. für beide eine Fremdsprache ist.

Die Reformbewegung des neusprachl. Unterrichts zu Ende des 19. Jh. brachte einen besonderen Auftrieb für die IS. Bereits 1897 führte eine organisierte Initiative für Schülerbriefwechsel zwischen frz., engl., it. u. dt. Schülern zu greifbaren Erfolgen. Nach 1919 wurde die IS. wieder aufgenommen, zunächst zwischen Frk. u. den USA. In beiden Ländern entstanden nat. Büros für IS., denen weitere in anderen Ländern folgten. 1929 kam es zum ersten internat. Zusammenschluß dieser Büros im „Comité permanent de la correspondence scolaire internationale" (dem auch die 1929 gegr. „Deutsche Pädagogische Auslandsstelle" angehörte), im Rahmen des ehemal. „Institut de coopération intellectuelle de la Société des Nations". Nach dem 2. Weltkrieg gestaltete sich 1946 das „Comité permanent" in die umfassendere *Fédération internationale des organisations de correspondences et d'échanges scolaires* (FIOCES) um, die moralische u. finanzielle Hilfe von der UNESCO erhält – mit Sitz im Institut Pédagogique National zu Paris – der IS. eine feste Organisation gibt.

In der BRD liegt die Betreuung der IS. bei den KM der Länder oder bei den von diesen beauftragten Zentralstellen. Ihre Koordinierung ist Aufgabe des ↗Päd. Austauschdienstes im Sekretariat der KMK (Bonn), der auch Mitglied der FIOCES (Adr.: 29, rue d'Ulm, Paris 5e) ist.

☐ Schüleraustausch. Pädagogischer Austauschdienst. Internationale Jugendarbeit. Internationale Erziehung

Lit.: FIOCES (Hrsg.), La Correspondence Scolaire Internationale (Paris 1949); –, La Correspondence Scolaire Internationale moyen de connaissance et de compréhension (Paris 1969).
Zschr.en (hrsg. v. FIOCES): Cahier (bes. Nr. 1); Bulletin (bes. Jhg. 1950 u. 1952).

H. Neumeister

Schülerleistung ↗Leistung, Leistungsbeurteilung in der Schule

Schülerlotsendienst
Schülerlotsen haben die Aufgabe, ihre Mitschüler zu den von der Schule bestimmten Zeiten sicher über die Straße zu geleiten.

In den ersten Jahren nach dem 2. Weltkrieg gab es bereits in sechs Städten, darunter Karlsruhe, Köln u. Düsseldorf, S.e. Mit Unterstützung des Generaldirektors der Ford-AG VITGER erhielt im Januar 1953 die Dt. Verkehrswacht auf 3 J. dreimal 100 000 DM für einheitl. Ausrüstung der Lotsen. 1959 übernahm das Bundesverkehrsministerium die Bereitstellung der Mittel. Nach wie vor unterstützten die Fordwerke den S., finanzieren die Jahrestreffen, stiften Stipendien u. Sachpreise.

Die ehrenamtl. Lotsen werden durch bes. beauftragte Verkehrspolizeibeamte in den wichtigsten Bestimmungen der StVO und im Verhalten im Straßenverkehr ausgebildet. In einer Prüfung sollen sie ihre Befähigung nachweisen. Nach bestandener Prüfung werden sie endgültig verpflichtet und erhalten ihre weißen Koppel mit Schulterriemen, Winkerkelle, Schirmmütze bzw. Schiffchen für Mädchen, Regenmantel und Lotsenbuch. Die ersten Einsätze beaufsichtigt noch die Polizei. Die Lotsen sind unfall- und haftpflichtversichert. Die Eltern müssen zum S. ihrer Kinder eine schriftl. Einverständniserklärung abgeben. 1968 gab es 66 000 Schülerlotsen in der BRD.

☐ Verkehrsunterricht und Verkehrserziehung. Verkehrspsychologie

Lit.: Schülerlotsenbuch, hrsg. v. d. Dt. Verkehrswacht Bonn (1970); Gib acht [Illustrierte Jugendzschr.], 21. Jhg. (1970).

H. Mecking

Schülermitverantwortung ↗Schülerselbstverwaltung

Schülerselbstverwaltung, Schülermitverwaltung (SMV)
1. *Begriff.* S. (auch Schülermitgestaltung, -mitverantwortung, -selbstregierung, -vertretung,

SMV) ist der Versuch, Schüler über den Unterricht hinaus an der Gestaltung und Verwaltung des gesamten Schullebens zu beteiligen. *Ziel* dieses Versuches ist es, a) durch Förderung der Eigenaktivität zur Charakterbildung beizutragen, b) Bewährung in überschaubaren Ernstsituationen zu üben, c) durch Möglichkeiten der Mitbestimmung zusätzliche Lernmotivationen zu gewinnen, d) Übungsfelder für (vor)polit. Verhaltensweisen aufzubauen.

2. *Geschichte.* Vorformen der S. finden sich bereits im 16. Jh. TROTZENDORF baute im Internat Goldberg (Schlesien) ein ↗Helfersystem mit Schülern auf. In Internaten u. ↗Landerziehungsheimen (LIETZ, WYNEKEN, GEHEEB, HAHN) wurden durch die S. Schüler zur aktiven u. eigenverantwortl. Mitarbeit bei vielen Aufgaben herangezogen. In besonderen päd. Vorhaben, wie den *Junior Republics* in den USA, den *Gorki-Kolonien* in Rußland oder Langermanns *Erziehungsstaat* an einer Hilfsschule, kam die Übertragung wichtiger Aufgaben an die Jgdl.n entscheidende Grundlage zur Bewältigung schwieriger Erziehungsaufgaben. Um 1900 brachten Kontakte mit dem engl. Prefect-system der Public Schools und dem Selfgovernment im amerikan. School-city-system neue Impulse für Dtl. Diese wurden vor allem von KERSCHENSTEINER und FOERSTER aufgegriffen. – Ersterer wollte durch die S. eine gemeinschaftsbezogene Haltung begründen, die sich aus der Schule als „Staat im Kleinen" auf den Verfassungsstaat übertragen läßt und Merkmal des loyalen Bürgers sein soll. – Für letzteren geht staatsbürgerliche Erziehung über Sozialerziehung hinaus: S. dient zur Reifung des sittl. Urteils und zur Charakterstärkung; ihr kommt vor allem die Aufgabe der Selbstdisziplinierung und Erziehung zu Verantwortungsbewußtsein zu.

3. Aus der Diskussion über S. gingen 1918 *erste Erlasse des Preuß. und Bayer.* KM zur Errichtung von Schülerausschüssen, 1920 eine Proklamation der ↗Reichsschulkonferenz zur Einführung der S. hervor. – Bis 1933 kam die S. im allgemeinbildenden Schulwesen über Ansätze nicht hinaus. Diese wurden nach 1933 im Sinne des NS-Regimes gleichgeschaltet.

In Verbindung mit den Reeducation-Maßnahmen der Alliierten tauchten nach 1945 Überlegungen zur S. wieder auf (G. O. = Government Organization als Vorbild spielte dabei keine Rolle mehr). Die S. wurde aufgrund von Erlassen der Länder-KM zunehmend fester *Bestandteil der politischen Bildungsarbeit* an den Schulen. Sie war konzipiert als praktische Ergänzung der politisch-institutionellen Lehre (Sozialkunde o. ä.) und als Vorübungs- und Bewährungsfeld für polit. Fähigkeiten und Verhaltensweisen, wie sie von einem demokratisch münd. Bürger erwartet wurden. Durch gewählte Klassensprecher, Schülerversammlung, -konvent, -rat, Schulsprecher und Vereinigungen überschulischer Art sollte den Schülern Mitsprache und Mitarbeit bei Hilfs- und Ordnerdiensten, bei der Durchführung von Arbeitsgemeinschaften, Festen, Wanderfahrten usw., selten bei der Gestaltung des Unterrichts oder bei Konferenzen gewährt werden. –

Trotz zwanzigjähriger Praxis hat diese traditionelle Form der S. die in sie gesetzten Hoffnungen nicht erfüllt (↗Schülerpresse).

4. *Gegenwärtige Situation.* Seit 1967 sind an verschiedenen Stellen der BRD *politische Schülergruppen* entstanden, welche die S. als scheindemokratische Hilfsorganisation der Schulleitungen ablehnen und den Aufbau politisch engagierter Schülergruppen vertreten. Ihre Aktivität, so unterschiedlich sie im einzelnen zu bewerten ist, hat zur polit. Bewußtseinsbildung bei Schülern, Lehrern und Eltern beigetragen und die Analyse der gesellschaftl. Funktion der Schule belebt. Seitdem die gesellschaftlich-polit. Funktion der Schule als Institution erkannt und z. T. von ihr selbst thematisiert wird, ergibt sich auch für die Schülerrolle eine neue Interpretation. In ihr dürften in Verbindung mit einer neuen Theorie der Schule Anknüpfungspunkte für die päd. und polit. Absichten der traditionellen S. liegen, deren Stellung z. Z. umstritten ist.

Organisation: Deutscher Arbeitskreis für SMV (6301 Krofdorf-Gleiberg).

5. *Kritik.* Diese wurde an der S. (als Mittel der Erziehung zur Selbständigkeit und Eigenverantwortung) geübt, weil die zu verantwortenden Bereiche stets von untergeordneter Bedeutung waren und die Schüler nicht wirklich betrafen. Auch der Vorübungseffekt für polit. Verhaltensweisen fand nur innerhalb des gegebenen Schulsystems statt und hatte deswegen häufig Anpassungscharakter. In diesen Mängeln liegen die entscheidenden Ursachen für den bisher geringen Erfolg der S.

☐ Schüler. Öffentlichkeit der Schule. Schülervereinigungen

Lit.: F. W. Foerster, Schule u. Charakter (1908); G. Kerschensteiner, Der Begriff der staatsbürgerl. Erziehung (1910, ¹⁸1966); J. Langermann, Der Erziehungsstaat (1910); F. Pöggeler, Die Verwirklichung politischer Lebensformen (1954); SMV in den dt. Landerziehungsheimen, in: Aus den dt. Landerziehungsheimen, H. 5 (o. J.); W. Scheibe, Schülermitverantwortung (1959); K. Wagner, Schülermitverantwortung in neuer Sicht, in: Die Dt. Schule (1963); Kinderkreuzzug, hrsg. v. G. Amendt (1968); M. Liebelt – F. Wellendorf, Schülerselbstbefreiung (1969); J. H. Maug – H. Maessen, Was wollen die Schüler? (1969).

H. Dichanz

Schülerübungen, Schülerarbeit ↗Gruppenunterricht

Schülerunfallversicherung, Unfallverhütung, Haftpflicht

1. *Schülerunfallversicherung.* Eine Vereinheitlichung und Verbesserung des Versicherungsschutzes hat das Ges. über die Unfallversicherung für Schüler und Studenten sowie Kinder

in Kindergärten v. 18. 3. 1971 (BGBl. I, S. 237) gebracht. Danach sind nach den Grundsätzen der RVO versichert: Kinder während des Besuchs von Kindergärten (auch Schulkindergärten), Schüler während des Besuchs allgemeinbildender Schulen, Lernende während der berufl. Aus- und Fortbildung (z. B. in berufsbildenden Schulen) sowie ehrenamtlich Lehrende in Betriebsstätten, Lehrwerkstätten, berufsbildenden Schulen, Schulungskursen und ähnl. Einrichtungen, soweit sie nicht bereits nach § 539 Nr. 1–3, 5–8 RVO versichert sind.

Wer von diesem Personenkreis einen Unfall erleidet, hat Anspruch auf Heilbehandlung und Eingliederung in Beruf und Gesellschaft sowie bei Dauerschäden auf Rentenleistungen. Der Unfall muß in ursächl. Zusammenhang mit dem Besuch der Bildungsstätte stehen. – Versicherungsträger sind für staatl. Schulen, private Ersatz- und Ergänzungsschulen sowie für private Kindergärten das Land, für kommunale Schulen die Gemeinden. Schülerunfälle sind dem Träger der Unfallversicherung durch den Schulleiter auf besonderen Formularen binnen 3 Tagen anzuzeigen.

2. *Unfallverhütung.* In jeder Bildungsstätte mit mehr als 20 Versicherten ist ein Sicherheitsbeauftragter zu bestellen. Es soll alles getan werden, um Unfälle (z. B. beim Sport, Baden, Wandern, im naturwiss. Unterricht, in den Pausen usw.) zu verhüten.

3. *Haftpflicht.* Lehrer haften für Schäden, die durch Verletzung ihrer Aufsichtspflicht entstanden sind (§ 839 BGB). Nach Art. 34 GG haftet jedoch für den Lehrer grundsätzlich der Staat oder die Körperschaft, in deren Dienst der Lehrer steht, mit der Möglichkeit des Rückgriffs auf den Lehrer bei grober Fahrlässigkeit oder Vorsatz. Nach dem neuen Bundesges. wird die Haftung des Schulträgers, Lehrers und der Schüler untereinander ausgeschlossen, sofern der Unfall nicht vorsätzlich herbeigeführt worden ist. Es besteht jedoch kein Schutz des Versicherten gegen Schadensersatzforderungen Dritter und bei Sachschäden. Deshalb ist der Abschluß einer entsprechenden Versicherung anzuraten.

S. Tiebel

Schülervereinigungen, -verbindungen
Vereinigungen von Schülern sind (schon infolge der beschränkten Geschäftsfähigkeit Minderjähriger) in aller Regel durch eine *rechtlich* nur wenig formalisierte Organisation gekennzeichnet. Das schließt eine feste Struktur im *soziologischen* Sinne, veranlaßt durch intensive Hingabe an den gemeinsamen Zweck, nicht aus (Jugendgruppen). Unter den vielfachen Vereinigungszwecken, die sowohl innerschulisch wie außerschulisch verfolgt werden können, sind bes. die *politischen* hervorzuheben.

Bereits in der Weimarer Republik spielten politische Schülergruppen eine hervorragende Rolle; sie wurden von der Schulverwaltung meist mit Argwohn beobachtet und unterlagen vielfältigen Behinderungen, Genehmigungsvorbehalten und Verboten.
In der BRD entstanden seit 1966 im Anschluß an die Studentenbewegung zahlreiche Arbeitsgemeinschaften und Aktionsgruppen von Schülern („Unabhängige", „Liberale" oder „Sozialistische" Schülergruppen), sehr locker zusammenarbeitend im „Aktionszentrum unabhängiger und sozialistischer Schüler" (AUSS), die der in den Schulen institutionalisierten Schülermitverwaltung mindestens kritisch, meist völlig ablehnend gegenüberstehen. Auch Vereinigungen, die urspr. nur der Pflege staatsbürgerlicher Bildung gedacht waren, verstehen sich neuerdings vor allem als „Schülergewerkschaften" (so der Politische Arbeitskreis Oberschulen, PAO).

S. stehen unter dem verfassungsrechtl. Schutz der Vereinigungsfreiheit (Art. 9 GG); ihre Gründung und Betätigung ist frei und darf nicht behindert werden, soweit die Schranken des Art. 9 Abs. 2 GG gewahrt sind („Vereinigungen, deren Zwecke oder deren Tätigkeit den Strafgesetzen zuwiderlaufen oder die sich gegen die verfassungsmäßige Ordnung oder gegen den Gedanken der Völkerverständigung richten, sind verboten"). Versuche, gerade die polit. Schülergruppen aus den Schulen zu verdrängen (innerschulische Betätigungsverbote, Vorenthaltung von Räumen), sind daher schon rechtlich problematisch (↗Öffentlichkeit der Schule), darüber hinaus aber auch politisch-päd. fragwürdig, weil hier Möglichkeiten zu polit. Engagement bestehen, das weit effektiver als eine nur rezeptive „Staatsbürgerkunde" auf den Aktivbürgerstatus vorbereiten kann.

Lit.: ↗Öffentlichkeit der Schule, ↗Schüler.

W. Perschel

Schülerzeitungen, -zeitschriften
1. *Begriff und Entwicklung.* S. im publizist. Sinne sind Zeitschriften, die von Schülern ganz bestimmter Schulen in weitgehender Selbständigkeit redigiert und herausgegeben werden.

Vor 1945 waren S. in Dtl. Einzelerscheinungen, wie etwa die S. „Walhalla" des Magdeburger Domgymnasiums, die in der Mitte des 19. Jh. herauskam und mit einer Auflage von 3000 Exemplaren weit über dem Durchschnitt heutiger Auflagen von ca. 200–1000 Exemplare. Die vor 1945 häufigen Bier-, Abitur- oder Klassenzeitungen waren ebensowenig echte S. wie die heute noch anzutreffenden ↗Schulchroniken. Erst nach 1945 begannen S. im Zusammenhang mit der SMV (Schülermitverwaltung, heute auch Schülermitverantwortung) eine Rolle zu spielen.

Da S. auf Dauer an eine bestimmte Schule gebunden sind, ändern sie oft ihre Gestalt bzw. ihre Konzeption aufgrund des ständigen Wechsels der gestaltenden Schüler. Dies führt dazu, daß sie häufig den Namen wechseln und hinsichtlich der Erscheinungsweise und Auflagenhöhe großen Schwankungen unterworfen sind. Eine genaue Erfassung aller in der BRD herausgegebenen S. ist aus diesem Grund schwierig.

Nach einer Statistik der UNESCO gab es 1968 in der BRD rd. 900 S. Außer den USA, wo die Arbeit an den S. als ordentliches Schulfach anerkannt wird und 5 Wochenstunden Journalistik im Lehrplan dafür vorgesehen sind, wird die Häufigkeit der in der BRD anzutreffenden S. in keinem anderen Land erreicht. In vielen Ländern Europas, vor allem in den roman. Staaten, sind S. kaum oder nur vereinzelt anzutreffen. Die überwiegende Mehrzahl der S. in der BRD werden an Gymnasien herausgegeben, nur etwa 15 % aller S. existieren an Real- oder Volksschulen (Grund- und Hauptschulen).

2. *Aufgabe und Tendenz.* Urspr. als Mitteilungsblatt gedacht, sollte die S. als selbständige und verantwortliche Schüleraufgabe im Rahmen der SMV verstanden werden und mit Beratung und Einverständnis der Lehrerschaft über Arbeit und Veranstaltungen der Schule informieren, die Schüler, Eltern, Lehrer und Ehemaligen gleichermaßen ansprechen und so zur Festigung der ↗Schulgemeinde beitragen. In den letzten Jahren zeigte sich im Zuge einer Verselbständigung der Schülerschaft immer mehr die Tendenz, von der oft als Bevormundung und Zensur empfundenen Beratung durch Lehrer loszukommen und die S. als Mittel der Kritik an den bestehenden Schulverhältnissen und zur Durchsetzung eines größeren Mitspracherechts im Schulleben und größerer Handlungsfreiheit allg. zu benutzen. Die Propagierung gelegentlich extremer Auffassungen und Angriffe auf Sexualtabus in S. führten zu erhebl. Spannungen zwischen Redaktionsteams und Schulverwaltungen, die in Presseberichten und Gerichtsverhandlungen ihren Niederschlag fanden. Die Rechtslage hinsichtlich der S. ist unklar und wird in den verschiedenen Bundesländern sehr unterschiedlich gehandhabt. Lediglich Hessen hat eine gesetzl. Regelung getroffen, die den Schüler-Redakteuren weitgehende Selbständigkeit und Unabhängigkeit zuerkennt.

☐ Öffentlichkeit der Schule. Schülerselbstverwaltung. Schüler. Schuldruckerei. Jugend- und Kinderzeitschriften

Lit.: H. Adamietz, Die Schulzeitschrift. Aufgaben, Bedeutung u. techn. Voraussetzungen (1951); D. Cramer, Die Zensur bei Schüler u. Studentenzeitungen (1964); A. Leuschner, Das Recht der S. (1966).

H. Müller

Schule und Gesellschaft ↗Schule

Schule und Kirche ↗Schule

Schule und Polizei
S. = Schul(e), P. = Polizei

Die Zusammenarbeit von S. und P. in ↗Verkehrserziehung und ↗Schülerlotsendienst hat sich bewährt. – Auch in rechtl. Hinsicht ist die S. auf die Mitwirkung der P. angewiesen. Schüler, die ihrer S.pflicht nicht genügen (S.-schwänzer), können nach Ausschöpfung aller Ordnungsmittel der S., der Verwaltungs-, Buß- und Strafmaßnahmen zwangsweise auf Anordnung der P.behörde vorgeführt werden. Für Baden-Württ., Rheinl.-Pfalz, Saarland u. Schleswig-Holstein ist die P. zuständig. In den anderen Ländern ist S.zwang Maßnahme der S.verwaltung. Die P. hat auf Ersuchen der S.verwaltung den mit der Vorführung des S.-pflichtigen beauftragten Hausmeister Amtshilfe zu leisten. Bei Milieugeschädigten ist Nachricht an das ↗Jugendamt angezeigt. Die P. ist aufgrund der Generalklausel befugt, Störaktionen und Angriffe gegen S.en abzuwehren. Die Zusammenarbeit von S. und P. ist im *strafrechtlichen* und polizeil. Bereich erforderlich, weil die P. im Ermittlungsverfahren von den S.en oft Auskünfte anfordern muß, die ihr nur bei Vorliegen einer Ausnahmegenehmigung (Dienstvorstand) gegeben werden kann. Bei Vernehmungen in der S. muß der S.leiter vorher benachrichtigt werden. Eine etwaige Abholung aus der S. soll rücksichtsvoll und möglichst durch einen Beamten in Zivil erfolgen. Bei Strafsachen gegen Jgdl. sollte psychol. geschulte weibl. Polizei hinzugezogen werden. Eine eigene *Schulpolizei* als Rechtsinstitution gibt es nicht.

Lit.: P. Seipp, Die Schulpflichtbestimmungen, in: Recht u. Wirtschaft der Schule (1964); H. Heckel - P. Seipp, Schulrechtskunde (⁴1969); A. v. Campenhausen, Dt. Schulrecht (1970); I. v. Münch (Hrsg.), Bes. Verwaltungsrecht, in: Lehrbücher des öff. Rechts, Bd. 4 (²1970).

H. Mecking

Schule und Staat ↗Schule

Schulfächer ↗Gefächerter Unterricht

Schulfähigkeit ↗Schulreife

Schulfernsehen

Das S. ist – nach dem Schulfunk – der jüngere, auch die Bildübertragung einbeziehende Beitrag der öff. Rundfunkanstalten zum Schulunterricht. In Dtl. hat sich das S. etwa gegenüber den ags. Ländern spät und zögernd durchgesetzt. Ein regelmäßiges öff. S. richtete nach Versuchen des Norddt. Rundfunks 1961/62 zuerst der Bayer. Rundfunk 1964 ein. Ihm folgten 5. J. später weitere Anstalten.

1. Die *Erfahrungen* der ersten Halbdekade ergaben zunehmende Bereitschaft und wachsende Fähigkeit der Lehrer, sich vom Medium in der Schularbeit unterstützen zu lassen. Dabei hat sich die Einschätzung seines Einflusses auf die Lehrerrolle gewandelt. Wurde es zunächst als Konkurrent angesehen, so gilt es, zum Kontextmodell erweitert, zu-

nehmend als Instrument eines normalen Unterrichtsvollzugs. Dabei bleibt das Fernsehen nicht allein; es treten gedruckte Begleitmaterialien (Schülerheft, Arbeitsbogen, Informationen für Lehrer, Testbogen u. ä.) hinzu, die sich im Idealfall zusammen mit der Aktivität des Lehrers zu einem durchgeplanten ↗Medienverbund ergänzen. Das S. dürfte dabei das Leitmedium darstellen, auf das die übrigen Teile abgestimmt sind.

2. Weithin ist das S. form- und problemgleich mit den didaktisch eingesetzten übrigen Medien. Nur dem S. *eigene Effekte* sind z. B. die Möglichkeit, die Schüler an aktuelle Ereignisse direkt oder zumindest ohne nennenswerten Zeitverzug anzuschließen (Life-Effekt), sowie das Verhältnis der Bekanntheit, das zwischen Schülern und Rundfunkanstalt allmählich entsteht und das eine didakt. Kontinuität und Zentriertheit entstehen läßt, die anderen Medien fehlt.

3. Die *Sendungsformen* des S.s unterscheiden sich in verschiedener Hinsicht. Dem Unterrichtsumfang nach ist die Einzelsendung abgesetzt von Kurzreihen und Lehrgängen, die ganze Schuljahre umspannen können. Den didakt. Intentionen nach müssen die Zusatzprogramme, die den Unterricht erweitern und ergänzen, vom Direktunterricht unterschieden werden, bei dem der Lehrer entweder fehlen oder aber in definierten Leistungen ersetzt werden kann (z. B. Einsatz eines halbdirekt arbeitenden Schulfernsehkurses in Neuer Mathematik oder einer Fremdsprache beim Nichtvorhandensein entsprechender Fachlehrer). Diese Kurse müssen für ganze Schulsysteme entwickelt werden, sind also auf die Bildungsplanung abgestimmt.

4. *Probleme* bringt die Zentralität von Produktion und Ausstrahlung mit sich. Was organisatorisch und ökonomisch zunächst ein Vorteil ist, bedeutet inhaltlich in einer pluralist. und demokrat. Gesellschaft eine empfindl. Einschränkung. Festlegung der Aufgaben, Auswahl der Inhalte und Definition der Ziele können daher den Rundfunkanstalten nicht allein zugemutet werden.

5. Eine *Veränderung der Situation* wird sich ergeben, wenn das S. nicht mehr allein an starre, mit den örtl. Stundenplänen oft schwer zu vereinbarende Sendezeiten gebunden ist, sondern in *Kassettenform* zum zeitlich freien Einsatz zur Verfügung steht. S. wird dann aus der Dimension des Klassenunterrichts in die des differenzierten und individualisierten Unterrichts rücken. In dieser Form wird es in produktive Konkurrenz zu kommerziellen Angeboten treten. Sein Charakteristikum dürfte dann sein, daß es die Qualitätsmaßstäbe und die Abstimmung auf die Bedürfnisse und Grundsätze des öff. Schulwesens beispielgebend bestimmt.

6. Im erweiterten Sinne gehört zum S. auch die Ausdehnung der Sendungen vom Bereich der Schüler auf die Bedürfnisse der Lehrer (z. B. Lehrerkolleg in Bayern seit 1969). Lehrerkurse können Begleitveranstaltungen zu laufenden Schulfernsehreihen für Schüler sein (z. B. Parallelkolleg zum Schülerkurs Mathematik und Englisch) oder direkt die Technik der Arbeit mit dem S. u. ä. zum Gegenstand haben.

☐ Massenmedien und Erziehung. Medienverbund. Bildungsfernsehen. Fernstudium. Fernsehpädagogik.

Lit.: H. Heinrichs, Schulfernsehdidaktik (o. J.); R. Mörking, Techn. Fragen des Schulfernsehempfangs, in: Film, Bild, Ton 14 (1964); Heimann - Schulz, Zur Bildungsrelevanz des Fernsehens – Schul- und Studienfernsehen (1967); W. Schulz, S., in: Film, Bild, Ton 17 (1967); A. O. Schorb, Das S. u. die dt. Schule, in: Jugend, Film, Fernsehen 12 (1968); E. Bergmann, Schulfernsehen (1969); Bayer. Rundfunk (Hrsg.), Fünf Jahre S. (1970).

A. O. Schorb

Schulfest, Schulfeier ↗Fest und Feier

Schulfilm ↗Audio-visuelle Unterrichtsmittel ↗Dokumentarfilm

Schulform ↗Schulaufbau ↗Schule

Schulfunk

1. *Begriff und Entwicklung*. S. ist ein freies Programmangebot der öff. Rundfunkanstalten für Unterrichtszwecke.

Mit dem S. wurde bereits 1924 begonnen. Seinen eigentl. Aufschwung in Dtl. nahm er jedoch nach 1945. Seit 1953 ist er eine feste Einrichtung aller Landesrundfunkanstalten. Es gibt kaum Fächer, für die nicht Sendungen angeboten würden; allerdings mit deutl. Schwerpunktbildung, einmal im Bereich *politischer Bildung,* zum anderen in Fächern, deren Gegenstände besondere akustische Vermittlung ermöglichen bzw. erfordern (Sprache, Musik u. ä.).

Von Anfang an hat der S. die Schulen des Sendebereichs mit *Programmheften* versorgt, die neben einer Beschreibung der Sendungen auch Hinweise zu ihrer prakt. Verwendung im Unterricht liefern. Zunächst auf den Direktempfang in der Klasse angewiesen, ist der Einsatz des S. heute durch eine entsprechende *Mitschneideregelung* sowie die allg. Verbreitung von *Tonbandgeräten* und die Speicherung bei den *Bildstellen* frei disponibel. Über die tatsächl. Abnahme und Verwendung gibt es – abgesehen von den Verkaufszahlen der Begleitmaterialien zu einzelnen Sendereihen – wenig exakte Angaben.

2. *Gegenwärtiger Trend*. Curriculare und or-

ganisatorische *Reform des Schulwesens* sowie die quantitativ und qualitativ stark veränderte *Marktlage der Unterrichtsmittel* haben zu einer deutl. Differenzierung des Selbstverständnisses der einzelnen S.redaktionen in der ARD beigetragen. Es zeichnet sich ein Trend ab, der sich mit Berufung auf die wachsende Bedeutung der *Unterrichtstechnologie* so zusammenfassen läßt: Abgesehen von bleibenden funkspezif. Aufgaben (z. B. Hörerziehung), sieht der S. vor allem seine *bildungspolitische* Aufgabe in Beiträgen zur ⁊Innovation des Unterrichts. Insofern dieses an solchen Stellen geschieht, wo ein Mangel an Fachlehrern bzw. an geeigneten Unterrichtshilfen und Unterrichtsmitteln besteht, werden hier vor allem Sendereihen bzw. Kurse angeboten (z. B. ⁊Arbeitslehre, ⁊Sozialkunde, ⁊Rechtskunde, Sexualkunde, ⁊Vorschulische Erziehung u. ä.), meistens im ⁊Medienverbund mit schriftl. Begleitmaterial (zum Teil auch schon mit Fernsehsendungen), konzipiert und entwickelt in enger Kooperation mit der päd. Fach- und Berufswelt sowie den Unterrichtsbehörden.

Grundsätzlich bedient sich der S. nahezu aller radiophonen Darbietungsformen (Hörspiel, Feature, Reportage, Interview, Diskussion u. a.). Seit etwa 1967 treten mit der Entwicklung von Lernprogrammen neue Formen auf, die nach modernen lerntheoret. Erkenntnissen strukturiert sind (Aufbau nach Lernschritten, rhythmischer Wechsel von Darbietungs- und Aktivitätsphasen, Lösungsbestätigungen). Im Verbund mit anderen Medien haben die Sendungen vor allem die Funktion der Motivation.

Neben einem stärker stufen- und lehrplanbezogenen *Unterrichtsfunk* zeigen sich Ansätze zu einem *Lehrerfunk*, der eine Vermittlung von moderner Unterrichtstheorie und Unterrichtspraxis versucht und damit sich zugleich (z. T. ausdrücklich) an *Eltern* wendet (Schwerpunkt: Grundschule). In einzelnen – meistens aktuellen – Beiträgen wendet sich der S. auch an *Schüler* direkt (Schülerfunk). 3. *Erweitertes Interesse.* Im Verhältnis zu dem im Ausbau befindl. ⁊Schulfernsehen wird der S. auch in Zukunft sehr viel rascher, flexibler und billiger produzieren können. Nicht Konkurrenz, sondern Aufgabenteilung und Ergänzung werden die Arbeitsmaxime sein. Die hohe Zahl der „Zaungäste" (z. B. Hausfrauen), die der S. immer schon zu verzeichnen hatte, beweist nicht nur den Multiplikationscharakter des Funks auch auf diesem Sektor, sondern zugleich die Bedeutung des *Öffentlichkeitscharakters* dieser Sendungen auch da, wo sie vielleicht an Unterhaltsamkeit einbüßen, um eine höhere Lerneffizienz zu erreichen. Wichtige Funktion des S. ist damit nach wie vor, der Öffentlichkeit die Möglichkeit zu eröffnen, an Schule und Unterricht teilzunehmen.

☐ Hörfunk. Jugendfunk. Telekolleg, Funkkolleg, Massenmedien und Erziehung

Lit.: H. Heinrichs, Die Praxis des S.s (1958); Bibliogr. des S.s, hrsg. v. S. des Hess. Rundfunks (1960 u. 1965); G. Kadelbach, Der S. Aufgaben, Sendeformen, Resonanz, in: Päd. Rsch., H. 11 (1966); T. Rutt, Der S. Charakteristik eines Unterrichtsmediums in Leitsätzen, in: Neue Unterrichtspraxis, H. 6 (1969); Bedeutung des S.s angesichts konkurrierender audio-visueller Medien, in: Film Bild Ton, H. 6 (1971).

A. Eßer

Schulgarten
S. = Schulgarten, -gärten

S. sind Gartenanlagen, die im Aufgabenbereich der allgemeinbildenden Schulen päd. wirksam werden.

1. *Geschichte:* S. entstanden unter ähnlichen Bedingungen wie die Botanischen Gärten. Im weitesten Sinne waren die Gärten der Klosterschulen bereits S., da die Internatsinsassen in ihnen im Gartenbau unterwiesen wurden. Der erste Plan eines „Schul- und Paradeißgärtlins" (1663) von J. FURTTENBACH ist erhalten geblieben. Er enthält schon zahlreiche Hinweise zur Freilufterziehung und zur Erziehung durch den S. Unbekannt ist, ob der Garten selbst überhaupt bestanden hat. In der Päd. A. H. FRANCKEs tauchte der S. als wichtige Einrichtung auf (Halle, 1685), die von den Philantropen BASEDOW, TRAPP und SALZMANN weiter ausgebaut wurde. Die Zöglinge sollten Pflanzenarten kennenlernen und in „Gartenbau und Baumzucht" „nützliche Kenntnisse" erwerben. Der Wiss.sentwicklung entsprechend kam Anfang des 19. Jh. der Aspekt des Artenreichtums in syst. Anordnung hinzu. Die S.idee entfaltete sich in Dtl. im 19. Jh. stark. Etwa seit 1900 entstanden einige S. mit ökolog. Charakter (Teich, Alpinum, Trockenmauer), oder sie wurden anderen Aufgaben untergeordnet (Kletterpflanzen, Faserpflanzen, Bienenstand, morphologische Gesichtspunkte). Mit der Arbeitsschulbewegung, zu deren Grundprinzipien das „Lernen durch die Hand" gehörte, entfalteten die S. ihre stärkste Wirksamkeit.

Durch die zunehmende Intellektualisierung der Schule verlor der S. mehr und mehr an Bedeutung, obgleich sein päd. Wert von allen Didaktikern und Methodikern der Schulbiologie hervorgehoben wird. Der befriedigende Einbau eines S.s gelingt in unserer modernen, komplizierten Schulorganisation nur selten.

2. *Aufgaben, Zwecke.* S. müssen den allg. päd. Aufgaben zugeordnet sein. Sie sollten die Beziehung der Schüler zur Natur vertiefen. Man kann mehrere Typen unterscheiden. Im Garten für *Einzelarbeit* wird von jedem Schüler ein Beet angelegt, das vorwiegend die pfleger. Kräfte des Kindes entwickeln soll. Im *Versuchsgarten* wird unter verschiedener Fragestellung experimentiert. Der *Nutzgarten* ist dem Ernten und meistens dem Hauswirtschaftsunterricht zugeordnet. Vorwiegend ästhetische Bedeutung hat der *Schmuckgarten*, während viele Typen von *Sondergärten* (Alpengarten, Obstgarten, Heilpflanzengarten usw.) speziellen Interessen

dienen. Ein allgemeingült. Plan läßt sich nicht geben. Auch muß die Nutzung als *Liefergarten, Lehrgarten* oder *Arbeitsgarten* jeweils der besonderen päd. Lage überlassen bleiben. Ist der S. Zentrale des ↗ Biologieunterrichtes, werden alle Gebiete dieses Faches bereichert.

Lit.: F. Steinecke, Der S. (1951, Bibliogr.).

G. Winkel

Schulgebet, Schulgottesdienst
S. = Schulgebet, SG. = Schulgottesdienst

1. *Schulgebet.* Das S. ist juristisch in Art. 4,1,2 GG verankert, der „die ungestörte Religionsausübung" gewährleistet. Religionspäd. ist es Ausdruck des Glaubens als der dialog. Grundhaltung des Christen. Wo nicht geglaubt wird, kann nicht gebetet werden. Das S. hat darum den Glauben bzw. den Unglauben einer Schulklasse zu beachten. Einem gläub. Schüler darf das Gebet nicht versagt, einem ungläub. Schüler nicht aufgezwungen werden. Das S. als gemeinsames Klassengebet aller Schüler ist nur möglich in einer gläub. Klasse. Das stereotype Gebet vor und nach dem Unterricht kann formelhaft Routine werden. Wird der Schultag mit dem Wort Gottes begonnen, das nach einer Meditationsstille mit einem freien Gebet beantwortet wird, begegnet der Lehrer der Routine und wird beiden Konfessionen gerecht. Anders verhält es sich mit dem S. im RU. Die ↗ Gebetserziehung ist ein dem RU. immanentes und permanentes Anliegen. Hier sollte es die abschließende Antwort auf den RU. unter Einbeziehung der Schüler (Vorbeter, Fürbitten, Liedrufe, Litaneien) sein, kann aber auch spontan während des RU. erfolgen.

2. *Schulgottesdienst.* Gottesdienst ist ein Genusbegriff und umschließt die „sacra liturgia" (Eucharistiefeier und Wortgottesdienste) und „pia exercitia" (Andachtsübungen). Der SG. muß den rel. und konfessionellen Pluralismus der konkreten Schule berücksichtigen. Alle Formen des SG.es tragen die Gefahr der Verkoppelung eines schulischen mit ein kult. Geschehen in sich. Der Kult wird schulisch belastet. Darum sollte der SG. nicht schulplanmäßig festgelegt sein.

Die *Schulmesse* vor Schulbeginn gehört faktisch der Vergangenheit an. Während der Schulzeit – vgl. die diesbezügl. Erlasse der KM von NRW und Baden-Württemberg – kann sie als Klassenmesse in einem kirchl. Raum (Kirche, Kapelle, Krypta, Pfarrheim), aber auch in einem Schulraum (Aula, Klassenzimmer, Pausenhalle) gestaltet werden. Die *Schulmesse* kann sinnvoll nur getrennt für Grund- und Hauptschule gefeiert werden.

Alle Meßfeiern sollten als Höhepunkte selten sein und die wichtigsten Themen des RU. in ihren Lesungen und Gebeten aktualisieren. Auf die christl. Gemeinschaftsschulen mit dem Trend zu einem ökumen. RU. antworten gemeinsame *Wortgottesdienste*. Grundelemente: Lesung, Ansprache, Meditationsstille, responsorialer Psalm, Fürbitten, abschließende Oration des Vorstehers. Bei der Vorbereitung und Durchführung muß der Grundsatz der Gleichberechtigung (par cum pari) beachtet werden.

Die *Schulandacht* ist in ihrer Gestaltung freier als der Wortgottesdienst. Zu ihren Elementen zählen alle kult. Formen. Sie wird gehalten anläßlich gemeinsamer Anliegen beider Konfessionen: Förderung des Weltfriedens, der sozialen Gerechtigkeit, der Würde der Familie, Nationalfeste, Volkstrauertag, Einheit Dtl.s, Einheit der Kirche.

☐ Gebetserziehung. Katechetische Feier. Kindergottesdienst. Liturgie. Ökumenische Erziehung. Schule

Lit. zu 1.: E.-W. Böckenförde, Religionsfreiheit u. öff. S. [jurist. Begründung des S.s], in: DÖV 19 (1966); M. Eckart, Das S. (1967).

Zu 2.: Liturgiekonstitution, in: Lebendiger Gottesdienst 5/6 (1964); Missionierende Gemeinde, H. 12 (1969).

J. Dreißen

Schulgeld- und Lernmittelfreiheit

S. und L. stehen im Zusammenhang mit der grundsätzl. Frage der Lastenverteilung in der Gesellschaft. Es wird die Meinung vertreten, es sei nicht Aufgabe der Allgemeinheit, derjenigen Familie Lasten abzunehmen, die sie selbst tragen könnte; deshalb sollte S. und L. nur für Schüler aus wirtschaftlich schwachen Familien gewährt werden. Dagegen steht die vorherrschende Auffassung, daß jeder Schüler ohne Rücksicht auf seine wirtschaftl. und soziale Lage die Möglichkeit haben soll, eine seinen Anlagen und Fähigkeiten entsprechende kostenlose schul. Ausbildung zu erhalten.

1. *Schulgeld* ist das pauschal festgesetzte Entgelt für den Schulbesuch als Ganzes, nicht die Gegenleistung für eine einzelne Leistung der Schule für den Schüler. Der Gedanke, S. für Schulpflicht. Schüler zu gewähren, hat sich schon sehr früh durchgesetzt (Preuß. Ges. v. 14. 8. 1888; Art. 145 Weim. Reichsverf. v. 11. 8. 1919). Heute wird in allen Ländern der BRD durch Landesrecht S. gewährt, gleichgültig, ob es sich um öff. Pflichtschulen oder öff. weiterführende Schulen handelt (Fachschulen mitunter ausgenommen). Privatschulen, die öff. Schulen gleichstehen, ist es in der Regel freigestellt, auf Schulgeld zu verzichten. Die Kosten der S. tragen das Land oder die Schulträger.

2. *Lernmittel* sind die für die Hand des Schü-

lers bestimmten Arbeitsmittel, zu deren Anschaffung in der Regel die Erziehungsberechtigten oder die Schüler verpflichtet sind (z. B. Schreibmaterial, Schulbücher, Hefte, Rechenschieber). Die L. ist in den einzelnen Bundesländern verschieden geregelt: einerseits als Übereignung oder Leihe, oder beides kombiniert; andererseits werden alle oder nur bestimmte Lernmittel (z. B. Schulbücher) kostenlos zur Verfügung gestellt. Die Kosten trägt das Land oder der Schulträger. – Neben der L. gibt es in allen Ländern der BRD ↗Erziehungs- und Ausbildungsbeihilfen nach Landes- und Bundesrecht; so können in Ländern ohne Lernmittelfreiheit (Niedersachsen, Rheinl.-Pfalz, Saarland) wenigstens wirtschaftlich und sozial bedürftigen Schülern die Kosten für Lernmittel ganz oder teilweise ersetzt werden. *S. Tiebel*

Schulgemeinde
1. S. bezeichnet den *Zusammenschluß* von Vertretern der *Eltern*, der *Lehrer* und *Schüler* zur gemeinsamen Regelung schulischer Belange. Der Begriff hat seit 100 J.n bis heute aufgrund des gesellschaftl. Wandels verschiedene Ausprägungen erfahren: a) Die Idee der freien Schulgemeinde entwickelte F. W. DÖRPFELD. „Gleichgesinnte Familien" bildeten die Institution der *Schulgemeindeschulen* (bes. am Niederrhein und in Ostfriesland), um diese vor staatl. und kirchl. Behörden zu sichern. b) Eine Lebens- und Arbeitsgemeinschaft in partnerschaftl. Gleichberechtigung unter Ausschluß der Eltern erstrebte WYNEKEN in der *freien Schulgemeinde Wickersdorf*. Seine Anregungen in „Schule und Jugendkultur" (1913) beeinflußten andere ↗Landerziehungsheime und ↗Schulstaaten. c) Die *freie allgemeine Lebensgemeinschaftsschule*, von PETERSEN nach Hamburger Vorbild in Jena begründet, blieb das Modell schulischer Selbstverwaltung in Kooperation mit den Eltern. d) Nach dem 2. Weltkrieg wurden die *Schulpflegschaft* und die *Schülermitverantwortung* gesetzlich verankert.
2. Die meisten S.konzeptionen und -modifikationen waren ideologisch geprägt vom Gedanken der Gemeinschaft als einem *Staat im Kleinen*. Radikale päd. Strömungen fordern heute die Ablösung der SMV durch „Schülerkollektive", da jene vielfach in ihrer nur beratenden Funktion als systemstützend gilt. Der ↗Strukturplan (1970) regt die „demokratische Mitwirkung der Lernenden" an. Eine weitere Empfehlung ist die Kooperation aller Beteiligten bei der Erstellung der Curricula (↗Lehrplan) und der Festlegung der verschiedenen Schullaufbahnen.
3. Künftig sollten außer den frei gewählten Gremien von Eltern, Lehrern und Schülern der einzelnen Schulen aufgrund unserer demokrat. Rechtsordnung auch auf kommunaler Ebene wie im Bereich des Bundes und der Länder *Organe schulischer Mitbestimmung* geschaffen werden, ähnlich den Lösungen in den ags. Ländern (local authorities), in Belgien, den Niederlanden und der Schweiz. Das Bestreben nach stärkerer demokrat. Mitverantwortung der Eltern- und Schülervertretung bei der Gestaltung der Schulreform und des ↗Schullebens gewinnt in der BRD an Bedeutung. Die Schulgesetzgebung sieht u. a. die Gründung von „Schulen in freier Trägerschaft" vor.

☐ Freie Schule. Schulpflege. Jenaplan. Landerziehungsheim. Öffentlichkeit der Schule. Schülerselbstverwaltung

Lit.: F. W. Dörpfeld, Die freie S. u. ihre Anstalten auf dem Boden der freien Kirche im freien Staat (1863); G. Wyneken, Der Gedankenkreis der freien S. (1913); E. Neuendorff (Hrsg.), Die S., Gedanken über ihr Wesen u. Anregungen zu ihrem Aufbau (1921); H. Kloss, Lehrer, Eltern u. S.n (1949); P. Heintz (Hrsg.), Soziol. der Schule (1959, ⁸1970); R. Lassahn (Hrsg.), Das Schulleben [mit Lit.angaben u. Quellentexten von Wyneken, Petersen u. a.] (1969); H. J. Gamm, Krit. Schule (1970). *E. Schoelen*

Schulgesetzgebung ↗Schulrecht

Schulgestühl ↗Schulmöbel

Schulgesundheitslehre ↗Schulhygiene

Schulhaus ↗Schulbau

Schulhof ↗Schulbau

Schulhygiene
1. Da der Staat Schulpflicht fordert, muß er auch *Schulen und Schüler gesundheitlich überwachen*. Verantwortlich hierfür ist ihm sein Beauftragter, der ↗Schularzt. Schon bei der Planung eines ↗Schulbaues muß dieser zugezogen werden. Der Platz der Schule muß günstig im Schulbezirk liegen. *Schulwege* sollten 3 km für ältere Kinder (jüngere Kinder weniger) nicht überschreiten; sonst ist für besondere Beförderungsmittel (Schulbusse) zu sorgen. Für „Fahrschüler" sind ausreichende Aufenthaltsräume vorzusehen. Die Schule sollte weder durch Verkehr noch durch Lärm oder Geruch beeinträchtigt werden. Der *Platz der Schule* muß groß genug sein, man rechnet pro Schüler 5–10 qm (in Städten notfalls etwas weniger). Neben dem Schulgebäude muß Raum für einen Schulhof, eine *Turnhalle* (14×18 m, Höhe 6 m, Temperatur 14 Grad), einen Sportplatz (30×80 m), eine überdachte *Pausenhalle* vorhanden sein. Ein ↗Schulgarten sollte nicht vergessen werden, ein *Lehrschwimmbecken* bzw. *Brausebäder*

sind sehr erwünscht. Grünflächen und Bäume gestalten die Schulumgebung freundlich, spenden Schatten und filtern den Staub. Außer einem Platz mit hartem Bodenbelag (Asphalt), ist ein Platz mit durchlässiger Decke für Sport und Spiel zweckmäßig. Die Schulgebäude müssen hygienisch einwandfrei sein, alle 5 J. hat eine Schulbesichtigung durch den Amtsarzt stattzufinden.

2. Die *Klassenzimmer* sollen rechteckig bzw. quadratisch sein (7 × 9 m, oder 8 × 10 m). Pro Kind rechnet man 2–2,5 qm. Die Zimmerhöhe soll 3,3–3,5 m betragen. 4–5 cbm Luftraum wird für 1 Kind benötigt. Jedes Klassenzimmer sollte 1 Waschbecken besitzen. Die Schulräume sollen nach Süden bis 15 Grad nach Südosten orientiert sein, Sonnenschutz (Lamellenjalousien) sind unerläßlich. Fußbodenbeheizung ist bei fehlender Unterkellerung ratsam. Die Fenstergröße muß mindestens ¹/₅, besser ¹/₃ der Bodenfläche betragen. Fußböden müssen fugenlos sein, um leichter gereinigt werden zu können. Eine Warmwasserheizung sollte bei Schulbeginn mindestens 17 Grad Wärme liefern. Günstig ist Querlüftung durch Kippflügel oder Schiebefenster. Zweiseitige Belichtung ist zu empfehlen mit nördl., hohem Fensterband gegenüber der Fensterwand. Bei künstl. Beleuchtung ist indirektes Licht mit Leuchtstoffröhren vorzuziehen. Die Klassenzimmer sollen hell gestrichen werden, das Mobiliar – bewegliche ↗Schulmöbel verschiedener Größe – soll freundlich sein. Abschließbare, heizbare *Garderobenräume* bzw. -schränke mit Entlüftungsvorrichtungen sind vom Klassenraum zu trennen. Die Wandtafel ist grün und wird mit gelber Kreide, oder mattschwarz und wird mit weißer Kreide beschrieben.

3. *Gänge* der Schule müssen mindestens 2 m breit sein. *Trinkwasserbrunnen* sind mit Druckautomatik, Schrägstrahl und Mundschutz auszustatten. *Treppenstufen* sollen 15 cm hoch und 30 cm tief sein. Neben Lehreraborten rechnet man auf 15 Mädchen bzw. 30 Knaben 1 Abortschüssel, für Knaben außerdem 2 Pissoirstände. Geschlechtertrennung in den *Toiletten* ist selbstverständlich. Im Vorraum der Aborte sind Handwaschbecken mit Seifenspendern und Papierhandtüchern bzw. Föhneinrichtungen anzubringen. Ein Zugang zu den Toiletten vom Gang und vom Hof ist erwünscht.

4. Zu je 2 Klassenzimmern gehört 1 Gruppenraum. *Nebenräume* dürfen in einer Schule nie vergessen werden. Jedes Schulhaus benötigt 1 *Schularztzimmer* mit Warteraum. Die Länge soll 6 m betragen, um Seh- und Gehörprüfungen vornehmen zu können (Waschbecken). Auch ein heizbarer Raum zur Einnahme des Schulfrühstückes sollte nicht vergessen werden. Das Schulhaustor muß sich nach außen öffnen. Die *Ankleideräume* der Turnhalle sind mit Waschbecken zu versehen. Brausebäder sollen nicht zugleich von Erwachsenen benützt werden. Ihre Wassertemperatur soll 2 Minuten 30, dann 24 Grad betragen. Durch Hartholz- oder Kunststoffroste und laufende Desinfektion ist der Gefahr der Übertragung von Fußpilzen entgegenzuwirken (genügende Wassererneuerung!). Chemiesäle brauchen Abzugsschächte.

5. Für Unterklassen bewähren sich eingeschossige *Pavillonschulen;* ältere Schüler bzw. Gymnasiasten können in mehrgeschossigen Schulen untergebracht werden. Trink- und Abwasserprobleme sind bes. auf dem Lande von Bedeutung. 4mal jährlich ist eine Generalreinigung des Schulhauses erforderlich. Bei der Reinigung müssen nicht nur die Böden, sondern auch die Bankoberflächen und jene der Heizkörper berücksichtigt werden (feucht).

6. Da das Kind Bewegung dringend nötig hat, muß der Unterricht durch *Pausen, Turn-* und *Spielstunden* aufgelockert werden. Die tägl. Turnstunden und der wöchentl. Spielnachmittag sind anzustreben. Breitenarbeit ist beim Turnunterricht wichtiger als Spitzenleistungen. Bei der Schulentlassung sollten möglichst alle schwimmen können. Gegen den Haltungsverfall vorbeugende Übungen sollten in die normalen Turnstunden eingebaut werden. Völlig abzulehnen ist der Schichtunterricht, die Überbelegung von Klassen; anzustreben ist die Klasse von 30–35 Schülern. Jede Klasse benötigt ein eigenes Klassenzimmer. Zu berücksichtigen ist der natürl. Tagesrhythmus eines Kindes (in den Nachmittagsstunden zwischen 12 und 16 Uhr ist die Arbeitsfähigkeit deutlich gemindert) und sein *Schlafbedürfnis,* das von 11 Stunden beim 6jährigen auf 8–9 Stunden beim 18jährigen absinkt. Junge Schüler sollen 5 Stunden, Jgdl. 2½ Stunden zu Spiel und Freizeit übrig haben. Für Schule und ↗Hausaufgaben sollten junge Kinder 6, ältere 8 Stunden benötigen. Doppelstunden ohne Pause sind zu vermeiden. Die Einzelstunde soll 50 Minuten nicht übersteigen. Die 5-Tage-Woche verlangt die ↗Tagesheimschule. Zwischen den Kurzstunden sind Kurzpausen einzulegen. Die große *Pause* sollte im Freien verbracht werden. Anstrengende Fächer müssen in den letzten Vormittagsstunden vermieden werden. Kurzstunden und kleine Schülerzahlen führen weniger zur Übermüdung. Schüler der 1. Kl. sollen nicht mehr als 3 Stunden täglichen Unterricht haben; Unterrichtsbeginn möglichst 9 Uhr. Vor 8 Uhr sollte für alle kein Unterricht beginnen, damit die Schüler ausgeschlafen und

nach nicht hastig eingenommenem Frühstück in die Schule kommen.

7. Eine *Einschulung* vor dem vollendeten 6. Lj. ist, auch bei begabten Kindern, strittig; dagegen spricht, daß auch begabte Kinder in der Kleinkindzeit ausreichende Zeit zum Spielen brauchen. Einschulung mit 5 J. bedeutet eine Änderung des Lehrplans, der vom Spiel zum Lernen übergeht. Die Erfahrung lehrt. daß auch hochbegabte Kinder – früh eingeschult – später oft Schulschwierigkeiten haben.

☐ Schulbau. Schulmöbel. Schulleben. Gesundheitserziehung. Hygiene. Pause. Schularzt

Lit.: A. Roth, Das neue Schulhaus (1950, ⁴1966); W. Berger, Schulbau von heute für morgen (1960); U. Köttgen - K. Hartung - E. Mansfeld (Hrsg.), Leitfaden für den Schularzt (1966).

H. Oster

Schulinternes Fernsehen

Das SF. ist im Gegensatz zum öff. ↗Schulfernsehen, das von der Bundespost lizenzierte drahtlose Programmübertragung benutzt, der Einsatz von Bild- und Tonübertragungsanlagen innerhalb des Schulhauses bzw. benachbarter Schuleinrichtungen. Technisch werden dazu meist Kabelverbindungen benutzt. Die einfachste Form ist ein *klasseninternes Fernsehen*, das meist aus einer Ein-Kamera-Aufnahmeapparatur, einem oder wenigen Wiedergabebildschirmen und einem Videorecorder (Magnetbildaufzeichnungs- und -wiedergabegerät) besteht. Diese Kombination wird für verschiedene, eng an den Unterricht angelehnte Zwecke eingesetzt, z. B. vorausgeteilte Diktate für eine Gruppe im Deutschunterricht, Aufzeichnung von naturwiss. Versuchsabläufen zur nachträgl. Wiederholung, wobei Beschreibungen erstellt werden, Vergrößerung schwer betrachtbarer Objekte u. ä. Kernstück größerer schulinterner Fernsehanlagen ist ein schuleigenes Studio, in dem Unterrichtseinheiten oder Unterrichtsteile hergestellt und je nach den Stundenplänen in die angeschlossenen Schulklassen eingespielt werden können. Theoretisch könnten alle Funktionen eines Schulfernsehens von der Intensivierung und Anreicherung des Unterrichts bis zur Ausweitung der Kursangebote und dem Ersatz von Lehrertätigkeit durch schulinterne Systeme geleistet werden. Im Gegensatz zu den kommunal getragenen Schulen im ags. Raum fehlt aber im staatl. öff. Schulsystem Dtl.s die rechte Grundlage für eine Anwendung, die über das bloße Anreichern des Unterrichts hinausführt. Das SF. ist daher über einige Experimente und wenige längerfristige Anwendungsfälle nicht hinausgekommen. Der Schulstruktur entspricht besser ein öff. ↗Schulfernsehen.

☐ Schulfernsehen. Universitätsfernsehen. Unterrichtsmitschau. Massenmedien und Erziehung

Lit.: H. Heinrichs, Unterrichtsfernsehen (o. J.); P. Heimann - E. Frister - W. Schulz, Fernsehen schulintern (1965); H. Jensen, Hochschulinternes Fernsehen – Fernsehen in der Schule (1966); J. Zielinski, Fernsehen in der Schule (1966); W. Hill jr., ITV & CATV: a natural marriage, in: Audiovisual Instruction 13 (1968).

A. O. Schorb

Schuljahr, Schuljahrsbeginn

S. = Schuljahr(es), SB. = Schuljahrbeginn(s)

Das S. ist von Bedeutung für den Schulbetrieb, die ↗Schulpflicht und die Einstellung und ↗Pensionierung der ↗Lehrer. Die Lehrpläne der Klassen sind auf das S. abgestellt. Am Ende des S. werden die Schüler versetzt oder aus der Schule entlassen. Die Pflicht zum Schulbesuch richtet sich nach dem Anfang des S.

Im Interesse eines geordneten Schulbetriebs und zur Vermeidung eines Lehrerwechsels im Laufe des S. sind der Beginn der ↗Schulpraktischen Ausbildung des Lehrers und die anschließende Übernahme in den Schuldienst auf das SB. abgestellt, der Eintritt in den Ruhestand auf den Ablauf des S.

Erste Bemühungen um einen einheitl. SB. gehen auf die ↗Reichsschulkonferenz von 1921 zurück. Vor der Einführung des einheitl. Herbstbeginns im J. 1941 begann das S. in Süd-Dtl. im Herbst, in den übrigen Ländern zu Ostern. Mit Ausnahme von Bayern, der DDR und dem Saarland wurde nach 1945 der Ostertermin wieder eingeführt. Von diesem Termin geht auch das „Düsseldorfer Abkommen" der Ministerpräsidenten der Bundesländer von 1955 aus. Eine erneute Überprüfung ergab sich im Zusammenhang mit einer einheitl. Ferienordnung (↗Ferien) und mit dem Ziel einer Anpassung an den SB. in den europ. Ländern. Die Umstellung auf den Herbsttermin wurde 1964 in dem ↗Hamburger Abkommen vereinbart und 1966/67 durchgeführt, teilweise zusammen mit der Einführung des 9. S. Seit 1967 beginnt das S. einheitlich am 1. August und endet am 31. Juli des folgenden Jahres.

Lit.: J. P. Vogel, Die Umstellung des SB. Rückblick u. Übersicht, in: Recht der Jugend (1966).

H. Wenzel

Schuljugendberater ↗Schulpsychologie ↗Schullaufbahnberatung, Schullaufbahnberater

Schulkampf

1. *Begriff.* S. ist der Kampf gesellschaftlicher oder politischer Gruppen um den Einfluß auf die Schule. Seine Ursache ist die Meinung die-

ser Gruppen, die Schule sei für das gegenwärt. oder zukünft. Wohl dieser Gruppe entscheidend. Je nach dem Einfluß, den man der Schule beimißt und der Bedeutung der Werte, die man in ihr glaubt verteidigen zu müssen, nimmt der S. mehr oder minder heftige Formen an.
2. *Beteiligte und Ziele.* Von allen Beteiligten wird der S. deswegen für notwendig erachtet, weil sie glauben, die von ihnen als berechtigt angesehenen Ziele seien sonst nicht durchzusetzen. So kämpfen oder kämpften z. B. die Kirchen für die Erhaltung konfessioneller Schulen und Lehrerbildung, gewisse Lehrergruppen für die ↗Einheitsschule, die ↗Gesamtschule, den Ausbau der ↗Hauptschule, akademische ↗Lehrerbildung, bessere Besoldung, andere für die Beibehaltung selbständiger höherer Schulen usw. Da polit. Parteien sich diese Ziele meist zu eigen machten, kam es auch zu heftigen kulturpolit. Auseinandersetzungen (↗Bildungspolitik), die oft zur radikalen Majorisierung der Minderheiten führten. Im *engeren Sinn* ist der S. der Kampf um den konfessionellen Charakter der Schule, für dessen Erhaltung sich heute fast nur noch die kath. Kirche, und hier insbesondere in der Frage der ↗Freien Schule einsetzt. Sie sucht den Bekenntnischarakter der Schule vornehmlich durch ↗Konkordate zu sichern.
3. *Geschichte.* S. in seiner allgemeinen Form hat es immer gegeben, in seiner speziell konfessionellen Form ist er eine Spielart des Säkularisierungsprozesses unserer Gesellschaft seit dem Beginn der Neuzeit. Für die ev. Kirche ist er in dem Sinne zum Abschluß gekommen, daß diese praktisch und theoretisch auf die konfessionelle Schule und Lehrerbildung verzichtet hat, während die kath. noch daran festhält. Der S. richtete sich zunächst gegen die *geistliche Schulaufsicht* (d. i. die Aufsicht des Geistlichen in staatl. Funktion über das Gesamtleben der staatl. VS.; nach 1918 in Dtl. abgeschafft), dann gegen den *konfessionellen Charakter der Schule* und teilweise auch gegen die christl. Substanz des Bildungsgutes. Im gegenwärt. Zeitpunkt geben sich die meisten Gruppen aus takt. Gründen oder aus Überzeugung mit der ↗Gemeinschaftsschule auf gemeinchristl. Grundlage zufrieden. S.e hat es vorwiegend in gemischtkonfessionellen Ländern gegeben. Eine zufriedenstellende Lösung der S.e setzt die Respektierung der Gewissensfreiheit, des Elternrechts und des Minderheitenrechts voraus, Rechte, die im Prinzip von allen Kulturstaaten anerkannt und in den Verfassungen verankert werden, aber nicht immer zu eindeut. Lösungen führen.
□ Schule

Lit.: Der Kampf um das Reichsschulgesetz, hrsg. v. W. Offenstein, Bd. II (1928); G. Goetz, Konkordate u. Schulrechte (1936); Th. Ellwein, Klerikalismus in der dt. Politik (²1955).

K. Erlinghagen

Schulkind ↗Hauptphase der Kindheit ↗Schulreife

Schulkindergarten
1. *Begriff und Geschichte.* Der S. (in Hessen: *Vorklasse*) ist eine Einrichtung für schulpflichtige, aber noch nicht schulreife Kinder. In den meisten Bundesländern sind die S. im Schulverwaltungsges. verankert; die Schulträger sind zu ihrer Einrichtung verpflichtet. Die S. sind Bestandteile der jeweiligen Schulen. Es gibt auch einige S. mit privatem Träger. Mit der Leitung sind ↗Jugendleiterinnen (↗Sozialpädagogen) betraut; in einigen Bundesländern auch ↗Kindergärtnerinnen (Erzieher), für die vielfach spezielle Fortbildungsveranstaltungen geschaffen werden. Die Leiterinnen gehören dem Lehrerkollegium an. – In verschiedenen Bundesländern ist auch die Einrichtung von *Schulkindergärten an Sonderschulen* gesetzlich geregelt.

1906 wurde in Berlin die erste Einrichtung für schulunreife Kinder geschaffen. Bis zum 1. Weltkrieg entstanden in mehreren Großstädten S. (Vermittlungsklasse, Fröbelklasse usw.); ihre Zahl nahm bis etwa 1930 stetig zu, bis im Zuge von Sparmaßnahmen S. aufgelöst, weitere während der NS-Zeit geschlossen wurden. Erst nach 1945 wurde der S. wieder gefördert. 1949 wurde er in Hamburg systematisch auf freiwill. Grundlage eingeführt. Als erstes Bundesland nahm Niedersachsen den S. 1954 in das Schulgesetz auf.

2. *Aufgaben.* Den S. besuchen Kinder, deren Entwicklung verzögert oder beeinträchtigt ist, z. B. infolge mangelnder Anregungen durch die Umwelt, Krankheit, langsamen individuellen Entwicklungstempos, oder die wegen ihrer umwelt-, krankheits- oder anlagebedingten Erziehungsschwierigkeiten eine besondere Hilfe und Förderung brauchen. Häufig liegen Kombinationen verschiedener Störungen und Fehlhaltungen vor. Die Leiterin muß sich daher mit den möglichen Ursachen der mangelnden Schulreife eines jeden Kindes befassen und sich ein umfassendes Persönlichkeitsbild verschaffen; ggf. kann sie den Schulpsychologen u. a. als Berater (oder auch Mitarbeiter für spezielle therapeut. Maßnahmen, z. B. Sprachheiltherapie) hinzuziehen. Unbedingt erforderlich ist der Erfahrungsaustausch mit dem Elternhaus, der sich fortsetzt in einer kontinuierl. Elternarbeit. Ziel der Erziehungs- und Bildungsarbeit ist es, einem jeden Kind in seiner besonderen Situation verständnisvoll zu helfen und es so zu fördern, daß es nach Besuch

des S.s in der Anfangsklasse der Grundschule erfolgreich mitarbeiten kann. Im Umgang miteinander, im Spiel und durch die Beschäftigungen werden vielfältige Erfahrungen vermittelt, Interessen geweckt, Auffassungs- und Gestaltungskräfte und das entdeckende Denken angeregt und entfaltet. Wichtige Gebiete dieser intensiven Bildungsarbeit sind Spielpflege, soziale Erziehung, Sprachpflege, Natur- und Sachbegegnung, bildnerisches Gestalten, rhythmisch-musikalische und Bewegungserziehung.

3. *Ausblick.* Obwohl der weitere Ausbau der S. ein wichtiges Nahziel ist, müßte das Fernziel ihre Auflösung oder Umwandlung sein. Das ist möglich, wenn für jedes Kleinkind ein Platz im ↗Kindergarten bereitsteht und alle 5jährigen dort die Vermittlungsgruppe oder eine der z. Z. in verschiedenen Formen erprobten Einrichtungen der Schule (Eingangsstufe, Vorschulklasse usw.) besuchen. Damit setzt die allg. päd. Förderung, die gerade für Kinder aus soziokulturell benachteiligten Familien von besonderer Bedeutung ist, nicht erst relativ spät beim Schuleintritt ein. Durch einen in dieser Weise veränderten Beginn des Bildungsweges, der von der Einstellung auf das Kind und nicht von den Anforderungen der Schule ausgeht, würde das Problem der „Schulreife" weitgehend gelöst. Im S. könnte dann eine spezielle heilpäd. Arbeit mit Kindern durchgeführt werden, die besondere Hilfen brauchen, für die aber Sonderkindergärten und -schulen nicht in Frage kommen.

☐ Schulreife. Kindergarten. Vorschulische Erziehung. Sonderkindergarten. Nachbarschaftswerk.

Lit.: L. Corvinus, Sonderkindergärten für körperlich u. geistig zurückgebliebene u. schwer erziehbare Kleinkinder, in: Sächsische Wohlfahrtspflege, Nr. 6 (1922); Hilde Nohl, Der S., in: H. Nohl - L. Pallat, Hdb. d. Päd., Bd. IV (1928); Dt. Ausschuß für das Erziehungs- u. Bildungswesen (Hrsg.), Schulreife u. S. (1957); E. Baar, Schulreife-Entwicklungshilfe (1958); Blätter des Pestalozzi-Fröbel-Verbandes, H. 2, 3, 4 (1963), H. 4 (1966); K. Schüttler-Janikulla, Einschulungsalter u. Vorklassenbetreuung (1968).

G. Hundertmarck

Schulklasse

U. = Unterrichtsverband

I. Schulpädagogischer Aspekt

1. Unter S. versteht man allg. einen während des Schuljahrs relativ konstanten *Unterrichtsverband,* dessen Zusammensetzung und Stärke von administrativen und schulorganisator. Gesichtspunkten bestimmt werden. Davon kann man U.e auf kürzere Zeit bzw. mit flexiblerer Zusammensetzung unterscheiden, die zur Leistungs- oder Interessendifferenzierung eingerichtet werden.

2. Die Wahrnehmung *pädagogischer Aufgaben* setzt voraus, daß der Lehrer jeden U. als eine Schülergruppe versteht, d. h., sein Unterrichten und Verhalten ist ein Handeln in einem sozialen und päd. Feld. Darum muß es gesteuert sein von sozialpsychol. Wissen und päd. Zielen. Danach sollte die S. – aber auch ein anderer U. – ein Bereich für den Schüler sein, dessen Atmosphäre ihm das Lernen ermöglicht und erleichtert und in dem er Gelegenheit und Hilfen erhält, Fortschritte in seiner sozialen Integration sowie in seiner persönl. Verselbständigung zu machen. Im Gefolge der Reformpäd. haben Lehrer versucht, die S. zu einer kind- und jugendgemäßen Lebensgemeinschaft zu gestalten, entweder unter dem Leitbild der Familie oder der Jugendgruppe. Das gelang vielfach durch die Suggestivkraft einzelner Pädagogen und unter besonderen Voraussetzungen, wie ↗Gesamtunterricht, ↗Klassenlehrer(prinzip), kleine Schulen und altersheterogene Klassen, deren Angemessenheit heute angefochten ist. Außerdem wurde dabei der Charakter der Institution Schule und deren Aufgabe verkannt, Weg des Schülers aus der Intimgruppe in die Öffentlichkeit zu sein. In der Schule können und sollen die Schüler erfahren und lernen, was es heißt, in einer Gruppe, die im Hinblick auf Aufgaben gebildet worden ist (wie die S.), und in Kleingruppen darin sachbezogen mit andern zusammenzuarbeiten, sich auseinanderzusetzen, Rücksicht zu nehmen, zu helfen, aber auch Konflikte auszutragen und an Selbständigkeit gegenüber Mitschülern und Lehrern zu gewinnen. Aufgabe des Lehrers dafür ist es, den Schülern dafür Anreiz, Spielraum, Hilfen und Schutz zu gewähren und Geschehen und Entwicklungen in der Lerngruppe so zu beeinflussen, daß für den einzelnen immer mehr Anreize und Hilfen davon ausgehen.

3. Dabei spielen neben dem ↗Unterrichts- und ↗Erziehungsstil sowie den Arbeits- bzw. ↗Sozialformen die *Gestaltung und Regelung der Kommunikations- und Verhaltensformen* in der Gruppe eine Rolle. Eine *Klassenordnung* kann von Schülern aus der Erfahrung und Einsicht heraus mitgestaltet werden, daß sie dem Miteinanderleben und der Aufgabenbewältigung dient und daß nur das hierzu Notwendige Berechtigung hat. Der Lehrer hat darauf zu achten, daß die Ordnung durch Deutlichkeit hilft und zugleich plastisch und weitmaschig bleibt, um der Verhaltensphantasie und der Entscheidung Spielraum zu lassen. Das bedeutet konkret: nur wenige Rahmengesetze; das meiste wird mit Hilfe von – nicht verschulten – Umgangsformen, von Übereinkunft

und Spielregeln bewältigt. Sofern einzelne Verhaltensformen nicht zur Verfügung stehen, kann spielendes Einüben dazu verhelfen.

4. Für solche päd. Aufgaben in der S. sind *homogene Gruppierungen* und gleichschrittiges Vorgehen *eher hinderlich*, ebenso die Rolleneinengung und -verfestigung, die Schülern droht, wenn sie nur einer Gruppe gleichbleibend zugehören. Wo man aus diesen und anderen Gründen den herkömml. Klassenunterricht einschränkt oder aufgibt, ist aber zu bedenken, daß Sozialintegration und Emanzipation nur ermöglicht werden können, wenn die Schüler, bes. die jüngeren, neben den wechselnden Lerngruppen schwerpunktmäßig doch einer relativ konstanten Gruppe angehören.

II. Soziologischer Aspekt

1. Da sich die Schule auf den ersten Blick als monopolistische, staatlich sanktionierte Institution darstellt, die auf gesetzl. Basis (Schulpflicht) ein vorgeschriebenes Maß an Wissen und Fertigkeiten vermittelt und über die Zuteilung von Sozialchancen befindet (Berechtigungswesen), kann die S. dementsprechend nur als künstliches Aggregat und Zweckgebilde innerhalb einer Organisation bezeichnet werden, an deren Zielverwirklichung sie in gegebenem Umfang beteiligt ist. Weil die Schule jedoch als intermediäres Sozialgebilde in zunehmendem Maße einen gesamtgesellschaftl. Erziehungsauftrag zu erfüllen hat, den Primärgruppen aus strukturellen Gründen nur unvollkommen realisieren können, wird sie zum Ein- und Vorübungsfeld von Verhaltensformen, die von der Bedeutungsausweitung des Sekundärbereichs (Öffentlichkeit) her als diesem adäquat gefordert werden. Von da aus betrachtet, ist die *Schulklasse* eine soziale Gruppe, die als formelle Gruppe Teil einer Großgruppe (Schule) ist, zugleich aber auch Strukturelemente der Kleingruppe in sich birgt (↗Gruppe, soziale); diese Tatsache ist die strukturelle Voraussetzung für die Erfüllung jenes gesamtgesellschaftl. Erziehungsauftrages.

2. *Schulanfängerklassen* sind altershomogene soziale Zwangsaggregate, bei deren Zusammenstellung höchstens regionale Gesichtspunkte (Elternwohnsitz) eine bestimmende Rolle spielen, wenn nicht noch auf Geschlecht und Konfession Rücksicht genommen wird, während späterhin (weiterführende Schulen) eine Differenzierung nach sozialer Herkunft faktisch hinzutritt, obwohl dies nicht der demokrat. Intention der Schule entspricht. Doch ist dieses Schülerkonglomerat informell gegliedert durch Versuche zur Aufrechterhaltung bereits bestehender sozialer Beziehungen, die im außerschul. Bereich auch noch Geltung behalten. Außerdem setzt ein Strukturierungsprozeß ein, der durch Dominanzverhalten einzelner Schüler ausgelöst wird; ihm schließt sich ein zweiter an, dessen Ursache die unterschiedl. Erfüllung der schul. Leistungs- und Sozialforderungen ist. Da letztere aus der Sicht der Schüler von der „Amtsautorität Lehrer" ausgehen, ist sein Führungsstil entscheidend für den weiteren Strukturierungsverlauf und das Klima einer S., denn die Schülerleistungen sind gegenüber dem Lehrer im Sinne der Komplementarität bestimmt.

Man unterscheidet, im Anschluß an LEWIN, folgende Führungsstile:

a) *den autoritären (autoritativen) Stil*, bei dem der Lehrer alleinige Entscheidungsinstanz ist; Ziel- und Wegbestimmung, Funktionszuweisung und Gruppenbildung werden nur von ihm vorgenommen. Er steht über den Gruppen und unterbindet informelle Kontaktbildungen der Schüler, die in rivalitätsbetonter, ich-bezogenen Isolation verharren. Die Unmöglichkeit für die Schüler, das starke Ranggefälle zwischen ihnen und dem Lehrer durch Bewährung an Sachforderungen zu reduzieren, führt zur Ausbildung eines informellen Ranggefälles durch Zusammenschluß der Schüler gegenüber Mitschülern in Außenseiterpositionen. Abwesenheit des Lehrers verursacht Normenzerfall, Gruppenauflösung und Aggressionsentbindung, die eine neue Rangbildung anzielt;

b) *den Laisser-faire-Stil*, bei dem Gruppen- und Einzelentscheidungen anstelle der Lehrerweisung treten. Hohe Schüleraggressivität, geringe Gruppenmoral und das Vorhandensein vieler Außenseiter kennzeichnen die S.nsituation;

c) *den demokratischen Stil*, der als einziger der obengenannten Sozialisierungsfunktion der Schule gerecht wird und dazu führt, daß die Schüler, die ihre in Primärgruppen übernommenen Haltungen in der Schule beibehalten wollen, zu den sozialraumadäquaten Neueinstellungen gelangen. Da der Lehrer nicht alleiniger Zentralpunkt ist, ergibt sich bei hoher Kontaktdichte mit vertikal und horizontal verlaufenden Interaktionsprozessen eine relativ variable Rangskala mit geringem Abstand zwischen Lehrer und Schüler. Normenaufstellung und -kontrolle sind Sache der gesamten S. Der Gruppendruck führt bei anomischem Verhalten zu Sanktionen, die Ansehensverlust bewirken. Daraus resultiert eine Selbstdisziplinierung, die die Erhaltung des Normensystems nicht an die Lehrerautorität bindet, zumal Ziel- und Verfahrensbestimmung zum großen Teil Sache der Schüleraktivität sind und die Gruppenbildung spontan erfolgt.

3. Die *Struktur der S.* ist geprägt durch das Maß der Übereinstimmung von formeller (Stunden-, Lehrplan und -verfahren, Sitzordnung) und informeller Ordnung, die dem sozialen Eigenleben der Schüler entspringt. So können sich etwa gegenüberstehen: eine Rangordnung gemäß schul. Leistung und eine solche aufgrund sozialdominanter Verhaltensweisen; eine Gruppenbildung gemäß schul. Weisung (Arbeits-, Kurs- und Leistungsgruppe) und eine solche aufgrund von Schü-

lerspontaneität; eine (vom Führungsstil abhängige) institutionell determinierte Klassenmoral und eine solche, die dem Solidaritätsgefühl der Schüler entspringt. *Die Binnenstrukturierung der S.* basiert auf dynam. (anfangs sehr variablen) sozialen Beziehungen, die ein Beziehungsgeflecht ergeben, das vertikale und horizontale Distanzverhältnisse widerspiegelt. Sie lassen sich durch Tests (MORENO) sichtbar machen, die die soziometr. Positionen der Schüler ausweisen. S.n mit hohem Integrationsgrad zeigen einen dichten Binnenkontakt bei geringer Ablehnungsquote, wenigen Marginalexistenzen und schwacher Cliquenbildung (Innengruppe). Die Schülerposition ist eine Resultante aus Sympathiebeziehungen, Milieufaktoren und vor allem schul. Leistung. *Strukturänderungen* sind abhängig vom Schulalter und dem sozialen Reifungsgrad.

MORENO konstatiert die Existenz von 3 Entwicklungsstufen: einer Phase hoher Strukturinkonstanz bei den 7- bis 9jährigen (viele Außenseiter, geringe Paarbildung, Beziehungsgeflecht deckt sich nicht mit der S.) folgt eine Stufe beginnender Gruppenbildung (bis zum 13./14. Lj.) mit einer Zunahme von Paar- und Dreiecksbeziehungen sowie einer zahlenmäß. Erhöhung der Ketten, der sich eine weitere Phase anschließt, in der neben zahlreichen komplexen Strukturen eine besondere Erhöhung der Paarbeziehungen und eine weitere Reduzierung der Zahl der Isolierten auffällt.

4. Außer der formellen *Rangordnung der S.*, die Spiegelbild fachlicher Leistung ist, gibt es eine solche informellen Charakters. Beide werden durch Rivalisieren festgestellt, das sich auf der Besitz-, Leistungs-, Gunst- und Gewaltebene (WEISS) vollzieht. Die Wahl zwischen diesen Ebenen ist abhängig von der Situation, dem Rangabstand der Rivalisierenden, dem ↗Anspruchsniveau der Schüler und den in der S. herrschenden Normen, von denen der Prestigewert bestimmter Rivalitätsebenen abhängt. Hoher Binnenkontakt verhindert neidvolles, konkurrenzhaftes Rivalisieren und setzt an dessen Stelle den von Fairneß getragenen Wettbewerb, bei dem sich Träger von Führungsrollen herauskristallisieren, zwischen denen meist eine veranlagungsbedingte Funktionsteilung erfolgt (Initiatoren, Mobilisatoren, Organisatoren), die von großer Wichtigkeit für die Gruppenaktionsfähigkeit, die Integration der S. und den in ihr herrschenden Geist ist.

5. Durch einen *Gruppenunterricht* im demokrat. Führungsstil kann die optimale, konkrete Verschränkung der formellen und der informellen Gruppenbildung sowie der formellen und der informellen Rangordnung erreicht werden. Er gestattet die Einübung partnerschaftlichen Verhaltens, übt Team-Arbeit vor, verbessert das Binnenklima der S. und fördert die Herausbildung einer variablen Struktur, die vor allem auch soziale Begabungen berücksichtigt. Die S. kann sich an der Erfüllung der intermediären Funktion der Schule bes. intensiv beteiligen, wenn sie Teil einer differenzierten Gesamtschule ist. Die optimale Praxis einer ernst genommenen ↗Schülerselbst- und -mitverwaltung und eine Erziehung zur Grundgesellungsform „Gesellschaft" (PIEPER), die eine „sozialhygienische" Bedingung für die Wahrung des personalen Eigenlebens des einzelnen in der S. und des Verkehrs der einzelnen S.n untereinander darstellt, sind unverzichtbar.

☐ Klasseneinteilung. Klassenfrequenz. Klassenraum. Klassenlehrer. Gruppe. Gruppendynamik. Gruppenerziehung. Gruppenunterricht. Differenzierung des Unterrichts. Gespräch. Partnerschaft. Erziehungsstil. Unterrichtsstil. Schulleben

Lit. zu I.: W. Horney - W. Schultze (Hrsg.), Hdb. für Lehrer, Bd. 3 (1963); O. Engelmayer, Menschenführung im Raume der S. (1968); M. J. Langeveld, Die Schule als Weg des Kindes (⁴1968); J. P. Ruppert, Die seel. Grundlagen der sozialen Erziehung, Bd. 2 (⁴1969), Bd. 3 (⁴1969); T. Wilhelm, Theorie der Schule (²1969). *Zu II.:* C. Weiß, Abriß der päd. Soziol., Bd. 2; Soziol. u. Sozialpsychol. der S. (1955); U. Walz, Soziale Reifung in der Schule (1960); K. Sochatzy, Über bildende Funktionen des sozialkundl. Situationsspiels in der VS., in: Gedanken zur Soziol. u. Päd., hrsg. v. K. Kippert (1967); W. Cappel, Das Kind in der S. (¹1968); J. P. Ruppert, Die seel. Grundlagen der Erziehung, Bd. 2: Sozialpsychol. im Raum der Schule (⁴1969), Bd. 3: Der interne Raum der Schule (⁴1969); P. Heintz (Hrsg.), Soziol. der Schule, Sonderh. 4 der Kölner Zschr. für Soziol. u. Sozialpsychol. (⁴1970).

I. *G. Becker,* II. *K. Sochatzy*

Schulkollegium
SK. = Schulkollegium, R. = Regierungspräsident(en)

Das SK. beim R. in Düsseldorf (zuständig für die Reg.-Bezirke Düsseldorf, Köln, Aachen) und das SK. beim R. in Münster (zuständig für die Reg.-Bezirke Münster, Arnsberg, Detmold) sind obere und untere Schulaufsichtsbehörden für die Gymnasien und als selbständige unmittelbar dem KM unterstellte Sonderbehörden dem R. nur angegliedert und dem R. als Person unterstellt (Koordinierung mit der Schulabteilung des R.). Die Gymnasien im ehemal. Lande Lippe unterstehen nicht dem SK. beim R. in Münster, sondern dem R. Detmold. SK.ien gibt es nur in NRW. Es handelt sich um Schulaufsichtsbehörden mit fast 150jähriger Tradition (Kabinettsordre v. 21. 12. 1825), die aus den preuß. Provinzialschulkollegien hervorgegangen sind. 1932 wurden diese durch Notverordnung als selbständige Behörden aufgegeben und unter Beseitigung ihres kollegialen Charakters als „Abteilungen für höheres Schulwesen" in die Oberpräsidien eingegliedert. Die SK.ien sind auch heute keine Kollegialbehörden, sondern

Präsidialbehörden. Jedoch zur Festlegung „innerdienstlicher Grundsätze für die schulfachlichen Entscheidungen des Schulkollegiums" können unbeschadet des Weisungsrechts des KM Kollegialbeschlüsse gefaßt werden. Hier liegt die Besonderheit dieser Behörden. Von den für das SK. intern geltenden Grundsätzen, die das kollegiale Beschlußorgan – bestehend aus R., Abteilungsleitern und Dezernenten – des SK. festlegt, sind die nach außen wirksamen Willenserklärungen (Verwaltungsakte usw.) zu unterscheiden, die vom SK. als Präsidialbehörde abgegeben werden. – Ein SK. ist gegliedert in: Schulabteilung und Verwaltungsabteilung; diese bestehen aus Dezernaten (Schulaufsichts-, Fachdezernate). Der Leiter der Schulabteilung ist Vertreter des R. als Leiter des SK. Die schulfachl. Dezernenten haben den Vorsitz bei Reifeprüfungen an den Gymnasien. Sie können dem Schulleiter diese Funktion übertragen. Jedem SK. sind Prüfungsämter für die Lehrerausbildung (Gymnasium) zugeordnet.

Lit.: S. Tiebel, Schulverwaltungsges., Schulfinanzges. NRW (1960); Meyerhoff - Pünder - Schäfer, Schulverwaltungsges. u. Schulfinanzges. in NRW (²1968).

S. Tiebel

Schulkritik
1. *Kritik an der Schule.* Da die Tätigkeit der Schule sich direkt und indirekt mit Positionen und Interessen von Gruppen, Institutionen und einzelnen berührt, ist Kritik an der Schule eine ständige Erscheinung. Den polit. Charakter des Systems Schule macht wesentlich seine Strittigkeit aus. Die Ziele sind vielfach gegenläufig und heben sich zum Teil auf. Die Kritik an der Schule zeigt spezifische epochale Konfigurationen. Gegenwärtig stehen mangelnde Modernität der Inhalte, Fehlen klarer Zielkataloge, mangelnde Individualisierung, fehlende Objektivierung, zu geringe Gesellschaftsbezogenheit und unangemessene soziale Auslese im Vordergrund. Da die jeweilige Schule mit ihren Lehrern einer konzentr. Kritik gegenüber hilflos ist, muß ihr eine zulängl. Theorie der Schule die feste Position verschaffen, von der aus die erfolgreiche Annahme berechtigter Ansprüche und die Abwehr unangemessener Forderungen möglich wird.
2. *Kritik als Ziel der Schule.* Zu den Zielen der Schulen gehört unbestritten die Fähigkeit der Schüler, sich den Sachverhalten der kulturellen, gesellschaftl. und polit. Welt gegenüber kritisch zu verhalten. In der Fähigkeit zur krit. Auseinandersetzung gipfelt die Schularbeit insofern, als sich in ihr zureichendes und geordnetes Sachwissen, angemessenes Verstehen und Fähigkeit sowie Entschlossenheit zum Engagement verbinden. Besondere Ansätze ergeben sich in der ↗ Politischen und sozialen Bildung. Ob es zu einer Kritik, die sich von bloßer Scheinkritik ebensoweit entfernt hält wie von kraftloser überhitzter Kritiksucht, kommt, hängt von der Unbefangenheit ab, mit der die päd. Autorität gehandhabt wird.
3. *Kritische Schule.* In Anlehnung an die „Kritische Universität" oppositioneller Studentengruppen entstand das Verständnis von Schule als Instrument militanter Gesellschaftskritik. Dabei wird die Kritik der Gesellschaft an der Schule in ihrer Richtung umgekehrt. Zugrunde liegt die sozialist. Interpretation gesellschaftlicher Vorgänge und Erscheinungen, nach der die Schultätigkeit als Ausfluß bürgerlichen Kapitalinteressen gilt. Lehrer und Schüler rücken als Ausgebeutete zusammen und wenden sich polemisch gegen die zeitgenöss. Gesellschaft. Abgewehrt werden bes. die Leistungsorientiertheit gegenwärtiger Schulen und der traditionelle Begriff der Begabung.
☐ Schule

Lit.: G. Bittner, Für u. wider die Leitbilder (1964, ²1968); G. Picht, Die dt. Bildungskatastrophe (1964); R. Dahrendorf, Bildung ist Bürgerrecht (1968); H. v. Hentig, Systemzwang u. Selbstbestimmung (1968, ²1969); H. Roth (Hrsg.), Begabung u. Lernen (²1969); H. J. Gamm, Krit. Schule (1970).

A. O. Schorb

Schulküche ↗ Schulbau

Schullandheim
1. S.e ermöglichen mehrwöchige *Aufenthalte* von Schulklassen mit ihren Lehrern in *ländlicher Umwelt* (bevorzugt Gebirge und See). Schulträger, meist Städte oder Verbände, bauen eigene Heime, pachten Häuser oder Trakte von Jugendherbergen (↗ Jugendherbergswesen). Der Unterricht wird in aufgelockerter Form weitergeführt, bes. auf Gegenstände aus der Umwelt konzentriert und soweit als möglich im Freien abgehalten (Freiluftunterricht, Exkursionen, Erkundungen, bes. sportl. Betätigungen). S.aufenthalte dauern höchstens 3 Wochen und kommen in der Regel erst von der 5. Kl. an in Betracht (Erlaß KM NRW: Schulwanderungen und Schulfahrten, 1967).
2. Die S.bewegung steht im *Zusammenhang mit* verschiedenen *anderen Bewegungen* der ↗ Reformpädagogik, bes. der ↗ Jugendbewegung, den ↗ Landerziehungsheimen von LIETZ und WYNEKEN, der ↗ Waldschul- und Freilufterziehungsbewegung (↗ Freiluftschule). Bei dem Zusammenschluß der S.e im „Reichsbund deutscher Schullandheime e. V." 1925 existierten bereits 100 Schuleigenheime, 1933 etwa 400. Nach 1933 wurden viele S.e enteignet oder zweckentfremdet,

im Krieg weitere vernichtet. 1953 erfolgte die Neugründung des „Verbandes der deutschen Schullandheime", dem heute über 350 S.e angehören.
3. Die pädagogische *Bedeutung* der S.e liegt bes. im Bereich des Sozial-Lernens (Kooperation in verschiedenen Situationen, z. T. mit Ernstcharakter-Gruppenarbeit, Gruppenprojekte, Mitbestimmung, Kommunikation mit Lehrern, Schülern, verschiedenen Berufsgruppen bei Erkundungen und Projekten u. ä.), des Erfassens neuer Sachzusammenhänge (standortgebundene Erfahrungen, intensive Auseinandersetzung mit konkreten Umweltgegebenheiten), des Gewinnens von Anregungen für sinnerfüllte Muße und im Bereich der ↗Gesundheitserziehung. Das Zusammenleben erfordert auch die Auseinandersetzung mit Konfliktsituationen.

Lit.: H. Sahrhage, S.e in der BRD (1953); W. Berger, Unterrichtserleben im S. (1961) –, Gesunde Jugendarbeit durch das S. (1965); W. Schütze, Planspiel S.-aufenthalt, in: M. Schwab, Erziehung u. Unterricht im Wandel der Zeiten (1969).
Zschr.: Das S., Mitteilungsbl. des Verbandes Dt. S.e (1952 ff.); Schulamt für den Kreis Warendorf, H. 5 u. 10 der Schr.reihe, S.aufenthalte in Mellau/Vorarlberg (1968).

L. Ester

Schullaufbahnberatung, Schullaufbahnberater

B. = Beratung(s), SB. = Schullaufbahnberatung

Mit zunehmender Offenheit der Bildungswege und ↗Durchlässigkeit zwischen den Schularten sowie wachsender ↗Differenzierung des Lernangebots, bes. aber in Gesamtschulsystemen, wird SB. notwendig.
1. *Aufgaben und Funktionen.* a): Information von Schülergruppen und Eltern über Schul- und Unterrichtsorganisation im Zusammenhang mit schul. Wahlmöglichkeiten und Berufsbildungswegen; b) individuelle B., die sich auf Gespräche mit dem Schüler, seinen Eltern und Lehrern, auf Testergebnisse und schul. Leistungen gründet. – Die SB. soll dem einzelnen Schüler helfen, einen seinen Fähigkeiten und seinem Anspruch adäquaten Bildungsgang zu wählen. Bes. wichtig ist sie bei Ein- und ↗Umschulung, bei Entscheidungen zwischen Schulzweigen, Fachrichtungen, Kursen und Wahlfächern sowie bei Lernschwierigkeiten.
2. *Organisation.* SB. wird in den dt. Bundesländern bisher nur in Ansätzen und von Personen mit unterschiedlicher Vorbildung wahrgenommen (Schulpsychol. Dienste, Erziehungsberatungsstellen, speziell weitergebildete Lehrer). In Baden-Württ., Bayern und Hamburg übernehmen Lehrer – nach einer drei- bzw. viersemestrigen psychol. Zusatzausbildung (Beratungslehrer, Schuljugendberater) – neben ihrem (reduzierten) Unterricht eine B.funktion. – SB. ist Teilgebiet der Bildungs-B. (neben Berufsbildungs-B., individualpsychol. B., Eltern- und Lehrer-B.). Intendiert (Strukturplan) wird ein von der Bildungsverwaltung getragenes B.system, in dem verschiedene Spezialistengruppen in zentralen und schul. Einrichtungen kooperieren.

☐ Beratung. Begabtenförderung. Berufsberatung. Durchlässigkeit. Erziehungsberatung. Jugendberatung. Schulbahnlenkung. Schulberufe. Schülerauslese. Schulschwierigkeiten. Schulpsychologie

Lit.: H.-R. Lückert (Hrsg.), Hdb. der Erziehungsberatung, Bd. II (1964); L. Brem-Gräser - H. Reichenbecher, Die Schul- u. Bildungs-B., in: Päd. Psychol. der Bildungsinstitutionen, Bd. II, hrsg. v. K. Brem (1968); Dt. Bildungsrat, Strukturplan für das Bildungswesen (1970).

S. Hobel

Schulleben

1. Für die Pädagogen des Altertums bildeten Erziehung und Wissensvermittlung einen einheitl. Vorgang; als während der Aufklärung Wissensvermittlung (Unterricht) in den Vordergrund rückte, gestalteten sich Erziehung (Zucht) und Unterricht (Didaktik) zu zwei selbständ. Formen. Für alle päd. Maßnahmen, die nicht unmittelbar aus dem Unterricht hervorgingen, wurde bald der Begriff S. verwendet; in diesem Verständnis bereits bei C. SALZMANN und F. FRÖBEL. Zum S. gehörten bei diesen gemeinsame Veranstaltungen, Spiele, Feiern, Schulreisen und gemeinsame Arbeiten. Eine besondere Form erhielt das S. bei PESTALOZZI, der die Wohnstubensituation der Familie in der öff. Erziehung als S. gestalten wollte.

Im 19. Jh. verkümmerte unter dem Einfluß der HERBARTschen Päd. das S. Nach Herbart hatte in erster Linie der Unterricht die päd. Funktionen zu erfüllen. Zucht (und damit verbunden das S.) wurde zu einem Appendix des Unterrichts mit der Maßgabe, „den Gedankenkreis in Handeln umzusetzen". Pädagogen im 19. Jh. verstanden unter S. meist Nachahmung der Familienerziehung im Sinne PESTALOZZIs, keine eigenständ. Form der öff. Schulerziehung. – Das änderte sich seit C. G. SCHEIBERTs *Das Wesen und die Stellung der höheren Bürgerschule* (1848). Er leitete die Aufgaben des S.s nicht von der Familie, sondern von Gesellschaft und Staat ab. Darauf baute die Reformpäd. auf, deren Hauptvertreter Gedanken zu einem reichhalt., eigenständ. Schulleben entwickelten (H. GAUDIG, G. KERSCHENSTEINER, H. LIETZ, M. MONTESSORI, P. PETERSEN, B. OTTO, A. REICHWEIN). Der alten Schule wurde vorgeworfen, daß sie zwar viele Möglichkeiten zum Wissenserwerb biete, aber wenig Gelegenheit zum Handeln. Dahinter stand die Erkenntnis, daß Wissen und Handeln getrennte Funktionen sind. Eine Änderung der Erkenntnis bewirkt nicht von selbst eine Änderung des Charakters. Soziale Verhaltensformen stellen sich in dieser Sicht nicht als Produkte von Wissen, sondern von Handeln und Gewöhnung dar.

2. S. wurde immer als im Dienste der Erziehung stehend gesehen, mit der Möglichkeit, den Schüler sittlich zu bilden. Zu den mannigfalt. Aspekten gehörten die festen

oder im Wechsel wiederkehrenden Ordnungsformen, mit denen der Tages-, Wochen- oder Jahresrhythmus gestaltet wird (Veranstaltungen der Schule mit Eltern oder der interessierten Öffentlichkeit, Fahrten, Schulreisen, Landschulheimaufenthalte, Ausgestaltung der Klassenzimmer usw.). – Nach 1945 wurden die Gedanken der Reformpädagogen zum S. in Richtlinien und Schulartikel der Bundesländer aufgenommen. Seither gehört S. zum festen Bestandteil der Erziehungsaufgabe der Schule. Die geänderte gesellschaftl. Situation bereicherte das S. durch neue Formen. Schüleraustausch mit dem Ausland, Schülerlotsen und Schülermitverwaltung und -verantwortung kamen hinzu. Mit den neuen Formen des Zusammenlebens, die im Anschluß an die Gedanken der antiautoritären Erziehung gefunden wurden, erhält das S. erneut größere Aktualität.

☐ Schule

Lit.: E. Schmack, Modernes S. (1966); I. Lichtenstein-Rother, Schulanfang (⁷1969); R. Lassahn (Hrsg.), Das S. (1969).

R. *Lassahn*

Schulleistung ↗ Leistung

Schulleistungstests
S. sind Untersuchungsverfahren, die Ergebnisse schulischen Lernens gültig (↗Validität) und zuverlässig (↗Reliabilität) erfassen. Sie ermöglichen eine Leistungsdiagnose für einzelne Schüler (Individualtest) wie für eine ganze Klasse (Gruppentest). S. gestatten somit dem Lehrer eine objektiv vergleichbare Interpretation der Schulleistungen seiner Schüler und indizieren Hinweise für verschiedenartige lernpsychol. sowie methodisch-didakt. Maßnahmen. Sie sind bes. gekennzeichnet durch standardisierte Aufgabenstellung, ausführl. Anleitung, Vorübung und objektive Auswertung (Normen). Es ist zu unterscheiden zwischen *allgemeinen* – sie erfassen alle unterrichtsfachbezogenen Leistungsbereiche einer Schulstufe – und *besonderen* S., die spezifische Leistungen eines bestimmten Unterrichtsgebietes (z. B. Rechtschreiben) prüfen.
Die dt. S. gehen auf die amerikan. „achievement-tests" zurück. HYLLA und BOBERTAG entwickelten 1932 den ersten dt. Schulleistungstest, der 1947/48 von HYLLA und INGENKAMP (Leistungsmessung HI 19) überarbeitet wurde. Erst während der 50er und vor allem 60er J. dieses Jh. widmete man sich in der BRD dem S. in höherem Maße. Sie sind, um möglichem Mißbrauch vorzubeugen, nicht über Buchhandlungen, sondern nur von Lehrern und Experten direkt vom Verlag zu beziehen. Die Bedeutung der S. im Hinblick auf Schuleintritt, ↗Schullaufbahnberatung, Schulleistungsbeurteilung, „Schulbegabung", Effektivität neuer Lehrmethoden, methodisch-didaktische Maßnahmen u. a. ist heute unbestritten.

☐ Leistung. Schullaufbahnberatung. Schülerbeurteilung

Lit.: K. Ingenkamp, Die dt. Schulleistungstests (1962); J. R. Gerberich - H. A. Greene - A. N. Jorgensen, Measurement and Evaluation in the Modern School (New York ³1964); A. Anastasi (ed.), Testing Problems in Perspective (Washington 1966); K. Ingenkamp - T. Marsolek, Möglichkeiten u. Grenzen der Testanwendung in der Schule (1968).

F. *Fippinger*

Schulleiter (Direktor, Rektor)
Jede öff. oder private Schule wird durch einen S. verantwortlich geleitet, der zugleich ↗Lehrer der Schule ist. Soweit noch einklassige Grundschulen bestehen, ist der einzige Lehrer dieser Schule zugleich ihr Leiter. Die Amtsbezeichnung des S.s ist nach den Schulformen verschieden: an Gymnasien, berufsbildenden Schulen und Realschulen heißt der S. *Direktor* – teilweise mit einem auf die Schulform bezogenen Zusatz (↗Oberstudiendirektor, Realschuldirektor) –, an Grund- und Hauptschulen *Rektor*.
1. *Voraussetzung* für die Übertragung des Amtes ist die Befähigung zum Lehramt der betreffenden Schulform sowie Bewährung im prakt. Schuldienst. Nach den ↗Laufbahnbestimmungen der einzelnen Länder bestehen teilweise Wartezeiten und Altersvorschriften für die Ernennung. Grundsätzlich ist der S. Beamter.
2. Die *Form* der Schulleitung hat sich in den Ländern und auch bei den verschiedenen Schulformen unterschiedlich entwickelt. Neben der historisch älteren Form der *direktorialen Schulleitung* steht die jüngere Form der *kollegialen Schulleitung*, bei der der S. für die ↗Lehrerkonferenz seiner Schule handelt. Beide Formen sind heute nicht mehr in einer extremen Form ausgebildet. Bei allen Schulformen ist die Beteiligung der Lehrer im Rahmen der Lehrerkonferenzen durch Konferenzordnungen geregelt, wobei teilweise auch ein Anregungsrecht für die Besetzung der S.stelle eingeräumt ist. Reformbestrebungen zielen auf den S. auf Zeit, der ohne förml. beamtenrechtl. Ernennung für eine bestimmte Zeitdauer berufen werden und neben seinen Lehrerdienstbezügen lediglich eine Amtszulage erhalten soll. Angestrebt wird dabei eine stärkere Beteiligung der Lehrer – aber auch ein Hinzuziehen der Schüler und Eltern – bei der Auswahl des S.s. Diese Bestrebungen finden ihre Grenze in der Personalhoheit des Dienstherrn des Leh-

rers, die nach Rechtsprechung des BVG eine letztliche Entscheidungsbefugnis und -verantwortung der Anstellungsbehörde notwendig macht.

3. Zu den *Aufgaben* der Schulleitung gehören die schulfachl. Angelegenheiten des Unterrichts und der Erziehung, die verwaltungsmäßigen und schulrechtl. Aufgaben sowie die Vertretung der Schule nach außen. Für die Vertretung der Schule sowie für die Erledigung der Verwaltungsangelegenheiten ist der S. allein verantwortlich. Er ist Vorgesetzter der Lehrer der Schule sowie der Angestellten und Arbeiter des Schulträgers, z. B. der Schulsekretärin und des Hausmeisters. Nach Weisung des Schulträgers führt er die Aufsicht über die Schulanlage. Außerdem übt er das Hausrecht aus.

4. In Angelegenheiten der *Erziehung* und des *Unterrichts* gehört die Schulleitung zur gemeinsamen Aufgabe des S.s und der ↗Lehrerkonferenz. Diese steht dem S. als mitberatendes und mitentscheidendes Gremium zur Seite.

Lit.: H. Heckel - P. Seipp, Schulrechtskunde (⁴1969).

H. Wenzel

Schullisten, Klassenbuch

In einer geordneten Schulverwaltung kann aus Vereinfachungsgründen, für Zwecke der Statistik, zur besseren Übersicht und zur Beschleunigung des Schriftverkehrs auf Verzeichnisse und period. Aufzeichnungen nicht verzichtet werden (z. B. Schülerverzeichnis, -kartei, -versäumnisliste oder Schulbesuchsliste, Schulchronik, Stoffverteilungsplan, Zeugnisliste, Versetzungsliste, Gesundheitsbogen, Strafverzeichnis, Inventarverzeichnis, Schülerbeobachtungsbogen, Niederschriften über Konferenzen oder Prüfungen, Liste vorzeitig entlassener Schüler, Abiturientenliste, Verzeichnisse zur Abwicklung der Lernmittelfreiheit und der Schülerfahrkosten, Lehrerverzeichnis). Welche Listen verbindlich vorgeschrieben sind, ist in den einzelnen Bundesländern und nach Schulformen unterschiedlich geregelt. S. können öff. Urkunden sein (z. B. Schulbesuchsliste). Das *Klassenbuch* ersetzt einige Verzeichnisse. Es sollte in allen Schulen eingeführt werden. – Im Hinblick auf die zunehmende Verwaltungsarbeit und zur Koordinierung wird in Zukunft auch im Schulwesen die elektron. Datenverarbeitung genützt werden. *S. Tiebel*

Schulmanagement

Jeder Pädagoge muß im heutigen „Großbetrieb Schule" neben seiner unterrichtl. Tätigkeit ein Management leisten: als Verwaltungsfachmann, Organisator, Statistiker, Planer, Baufachmann, Techniker, Ernährungswissenschaftler, Betriebswirtschaftler. Darüber hinaus sollte er auch die Anforderungen an die Schule der Zukunft kennen, die heute geplant werden muß. S. ist nicht Technokratie, sondern demokratisches Zusammenspiel, in dem neue Formen der Kooperation entwickelt werden. An Planung und Entscheidung müssen Lehrer, Schüler, Studenten und Eltern teilhaben. S. soll nicht den Bildungsprozeß reglementieren, wohl aber die Voraussetzungen seines Gelingens perfektionieren. Durch Entlastung der Hochschullehrer, Lehrer, Studenten und Schüler sollen die verschütteten Freiheitsspielräume geschaffen werden, in denen Bildung sich vollziehen kann. S. soll dazu dienen, die Erneuerung und Demokratisierung des Bildungswesens durch Planung, Organisation und Kooperation so voranzutreiben, daß aus dem Reizwort „Schulmanagement" ein ebenso etablierter Begriff wird, wie ↗Bildungsökonomie, ↗Unterrichtsplanung, „Schule als Betrieb", „Pädagogisches Planspiel" oder ↗Medienverbund.

Lit.: R. Mayntz, Bürokrat. Organisation (1968); R. Höhn, Verwaltung heute (1970); B. Krommweh, Datenverarbeitung im Schulwesen (1970); G. Hartkopf, Modernes Management im öff. Dienst (1971).

Zschr.: S., hrsg. v. H. Becker - F. Edding - C.-H. Evers - H. Frommberger - D. Ranft, H.-G. Rolff (1970).

H. Frommberger

Schulmeister ↗ Lehrer

Schulmöbel

1. *Allgemeines.* Früher saßen 8–10 Kinder in einer Schulbank. Um ihnen das Aufstehen zu erleichtern, waren Sitze oder Tischplatten zum Hochklappen mit Scharnieren versehen. Um 1890 gab es etwa 170 Schulbanksysteme. Die vom Münchener Stadtbaurat W. RETTIG entwickelte Schulbank galt lange als mustergültig. Die Einsichten der ↗Schulhygiene und neue Unterrichtsformen verlangen bewegliche S. Die Qualität der S. ist durch die *Gütebedingungen für Schulmöbel* (1961) gewährleistet. Die im Fachverband der Dt. Schulmöbelindustrie e. V. zusammengeschlossenen Schulmöbelfabriken haben sich verpflichtet, sich diesen Bestimmungen zu unterwerfen.

2. *Stühle und Tische.* Diese werden aus Holz oder Stahl in 4 verschiedenen Größen hergestellt. Eine 5. Stuhlgröße wurde für Schüler mit Größen von 113 bis 127 cm entwickelt.

Normenmaße für Schulgestühl

Körpergrößen	Stühle, Sitzhöhe	Tische, Gesamthöhe	Lichte Höhe d. Bücherfaches
bis 130 cm	34 cm	58 cm	11 cm
131–145 cm	38 cm	64 cm	11 cm
146–160 cm	42 cm	70 cm	11 cm
über 160 cm	46 cm	76 cm	10 cm

Größenverteilungsplan (bei Anwendung von 2 Größen in einem Schuljahr)

Schuljahr	Größenklassen			
	I	II	III	IV
1.	50 %	50 %		
2.	30 %	70 %		
3.		70 %	30 %	
4.		50 %	50 %	
5.		30 %	70 %	
6.			70 %	30 %
7.			50 %	50 %
8.			30 %	70 %
9.–13.				100 %

Bei Einführung des Fachraumsystems müssen die S. verstellbar sein, damit sie der ständig wechselnden Körpergröße der Benutzer dieser Räume entsprechen. *Schülertische* gibt es in rechteckiger Form als Einer- und Zweiertische, *Schülerstühle* als Kufenstühle, vierbeinige Stühle und Drehstühle.
Bei richtiger *Tischbreite* kann sich der rechte Ellenbogen des Schülers ungestört auflegen.
Bei richtiger *Tischhöhe* können die Unterarme waagrecht auf der Tischplatte liegen und bequem an den Oberkörper herangezogen werden, ohne daß sich die Schultern heben. Unter dem Tisch muß für die Beine ausreichend Spielraum hinsichtlich Höhen- und Seitenbegrenzung vorhanden sein.
Bei richtiger *Sitzhöhe* stehen die Füße bei senkrecht gestellten Unterschenkeln mit dem Absatz voll auf dem Fußboden, so daß die Unterseite der Oberschenkel druckfrei auf dem Sitz liegen. Unruhiges Sitzen ist häufig durch verminderte Blutzirkulation verursacht.
Bei richtiger *Sitztiefe* bleibt zwischen Kniekehle und Vorderkante der Sitzfläche ein Freiraum. Der Rücken hat sowohl in Hör- als auch in Schreibhaltung Kontakt mit der Lehne, so daß das Becken am oberen Rand wirksam abgestützt wird. In Hörhaltung sollen die Schulterblätter frei bleiben. In Schreibhaltung muß das Gesäß unter der Kontaktlinie mit der Lehne durchrutschen können. Zumindest nach einem halben Jahr müßte der Lehrer überprüfen, ob seine Schüler noch richtig sitzen. Im Zweifelsfalle sollte er einen niedrigeren Stuhl anbieten. Jede Schule braucht deshalb Reserve-S. von 10 bis 15 %.
3. *Schränke und Schreibtisch.* An die Stelle der Klassenschränke (für Lern- und Arbeitsmittel u. a.) treten mehr und mehr *Einbauschränke*, die vorhandene Mauernischen ausfüllen oder als Raumteiler von Wand zu Wand reichen und so den Bewegungsraum im Klassenzimmer nicht einschränken. Raumtüren können in solche Schrankwände einbezogen werden. Konstruktiv ausgereifte Schranksysteme lassen den individuellen Gestaltungswünschen weiten Spielraum durch den Wechsel von offenen und geschlossenen Flächen, Holztüren und Glasschiebetüren, Klapptüren und Schubkästen. Die Schränke oder *Regale* können mit verstellbaren Einlegeböden und Schrägablagen eingerichtet werden. Die Gebrauchsfähigkeit einer Schrankwand wird erhöht durch eine kratz-, stoß- und säurefeste, blend- und reflektionsfreie Oberfläche.
Der *Schreibtisch* des Lehrers sollte Teleskopzüge für Einhängeordner, Karteien und Formulare enthalten. Sicherheitsschlösser sind notwendig, ein eingebautes Tonbandgerät wäre wünschenswert.
☐ Wandtafel. Schulbau. Schulbücherei

Lit.: W. Rettig, Die neue Schulbank (1895); KMK u. a. (Hrsg.), Gütebedingungen für S. (1961); Schulen u. deren zeitgemäße Einrichtung, in: moderne gemeinde, H. 12 (1966).

H. Michler

Schulordnungen
Mit S. sind im allg. die Vorläufer der modernen Schulgesetze gemeint: rechtliche, organisatorische und päd. Bestimmungen über Schule, Unterricht, Lehrer usw. Sie entstanden – nach älteren Ansätzen, Bildungsforderungen und -bestimmungen von seiten des Staates und der Kirche (z. B. der Orden) – im ausgehenden MA., als das Schulwesen sich breiter entwickelte und die Obrigkeit auf stärkere Regulierung drängte, u. U. um neue Bildungsziele durchzusetzen. Das zeigte sich zunächst bei einigen Städten (Wien, Nürnberg u. a.), wo im 15./16. Jh., bereits vor der Reformation, S. im Geist des Humanismus erlassen wurden. In größerer Zahl entstanden S. dann durch die Reformation, im Zusammenhang mit dem in den ev. Gebieten notwendigen Neuaufbau des Schulwesens, mit der Ausbildung des ev. Landeskirchenregiments und mit der Verfestigung der Glaubenslehre (z. B. Stralsund 1525, Halle 1526, Braunschweig und Kursachsen 1528, kurz danach Hamburg, Lübeck, Pommern, Minden, Osnabrück, Göttingen usw.). Sie betrafen also Städte wie auch größere Territorien, waren im 16. Jh. meistens noch Teile von *Kirchenordnungen* und bezogen sich vielfach nur oder hauptsächlich auf Lateinschulen. An ihrer Gestaltung hatten Ph. MELANCHTHON und J. BUGENHAGEN bedeutenden Anteil, in Einzelfällen waren sie stark von einzelnen Schulleitern bestimmt (z. B. J. STURM in Straßburg, V. TROTZENDORF in Goldberg, H. WOLF in Augsburg, P. VINCENTIUS in Breslau). Die einflußreiche Württembergische S. von 1559 erstrebte bereits eine einheitliche, klar abgestufte Gesamtordnung

der Schulen im Lande, von den niederen Schulen über die städt. Lateinschulen und die „Landesschulen" bis zur Universität. Auch auf kath. Seite wurden im 16. Jh. S. von Landesfürsten erlassen (weltlichen und geistlichen, z. B. Bayern 1569, Salzburg 1594). Daß sich in den S. jeweils die epochalen päd. Tendenzen, gerade auch päd. Reformbestrebungen, ebenso zentrale staatl. Regulierungsabsichten artikulierten, tritt bes. klar in den zahlreichen, z. T. recht umfangreichen (nun verselbständigten, manchmal jetzt „Schulreglements" genannten) S. des 17. und 18. Jh. zutage, mit ihren vielfach sehr detaillierten Bestimmungen über Schulpflicht und Schulgeld, Errichtung und Unterhaltung der Schulen, Aufnahme und Versetzung der Schüler, Anstellung, Pflichten und Bezüge der Lehrer, Inhalte und Methoden des Unterrichts usw. Dabei machten sich verschieden stark Einflüsse z. B. von RATKE, COMENIUS, ⊅ Pietismus, ⊅ Aufklärung bemerkbar. Bes. wichtig im Zusammenhang der allg. Schulentwicklung waren die Weimarer S. von 1619 (allg. Schulpflicht!), der sog. Schulmethodus ERNSTs d. Frommen v. Gotha (1642), die preuß. ⊅ Generallandschulreglements von 1763 und 1765 sowie die in Süd- und Westdtl. einflußreiche östr. S. MARIA THERESIAs (1774). Wie weit die Bestimmungen von S. damals verwirklicht wurden, ist im einzelnen schwer zu beurteilen.

Lit.: Zahlr. Bde. der MGP (1886–1938); R. Vormbaum, Ev. S., 16.–18. Jh., 3 Bde. (1860–64); J. Müller, Vor- u. frühreformator. S. in dt. u. niederländ. Sprache, 2 Abteilungen (1885–86); F. M. Rendtorff, Die schlesw.-holstein. S. vom 16. bis zum Anfang des 19. Jh. (1902); E. Sehling, Die ev. Kirchenordnungen des 16. Jh., 5 Bde. (1902–13, fortgeführt v. Inst. für ev. Kirchenrecht, Bd. 6–8, 1955–60); Gesch. des humanist. Schulwesens in Württ., hrsg. v. der Württ. Kommission für Landesgesch., 3 Bde. (1912–28); J. Baltzer, Die wichtigsten preuß. S. der letzten 3 Jh.e (1920); Quellen zur schles. Kirchengesch., Bd. I: Schles. Kirchen- u. S. von der Reformation bis ins 18. Jh., hrsg. v. H. Jessen u. W. Schwarz (1938); Zur Gesch. der VS. I, hrsg. v. Th. Dietrich u. J.-G. Klink (1964); J. Dolch, Lehrplan des Abendlandes (²1965); H. Hettwer, Herkunft u. Zusammenhang der S. (1965); Zur Gesch. der Höheren Schule I, hrsg. v. Th. Hülshoff u. A. Reble (1967).

A. Reble

Schulpädagogik
LB. = Lehrerbildung

I. Aspekte schulpädagogischen Denkens und Ansätze schulpädagogischer Theoriebildungen

1. S. als *Begriff* begegnet zuerst im Titel päd. Vorlesungen bei G. SIMMEL 1915/16, die „auf die prinzipielle Gesinnung wirken [sollen], mit der die junge Lehrergeneration an ihre Aufgabe heranzutreten hätte". Als besonderer *Lehr- und Aufgabenbereich* hat sich die S. in den PH.n neben der Allg. Päd. entwickelt. Seit dem in der Päd. Bewegung gewonnenen Selbstverständnis der Päd. als „Theorie in der Praxis", die auch die Verantwortung für die Weiterentwicklung der Schule trägt, erscheint S. als eigenständiges Lehr- und Forschungsgebiet der Erziehungswiss.

2. Geschichtlich begleitet *schulpädagogisches Denken* seit der Renaissance die Reformbestrebungen in der neuzeitl. Schulgeschichte. – Es bezieht sich, angeregt durch den wiederentdeckten QUINTILIAN, in der humanist. Studienreform des 15./16. Jh. zunächst noch auf Einzelfragen von Schulerziehung und -unterricht, es verselbständigt sich zu universaler Didaktik im 17. Jh. und wird zur Schulutopie (COMENIUS' System der „All-Unterweisung"); es entfaltet sich in der geistigen Umbruchsituation von Aufklärung und Neuhumanismus, in der die Grundformen des modernen Erziehungswesens entstehen, in Fragen der LB., der Erziehungs- und Unterrichtsmethode, der Schulplanung und -politik, der Didaktik der Schulwiss.en, zersplittert sich jedoch ohne Bewußtsein eines päd. Gesamtzusammenhangs in Regionalpädagogiken des humanist. Gymnasiums, der Volks-, Real- und Bürgerschule.

3. Erst E. SCHLEIERMACHER ergreift *die erziehungswissenschaftliche Aufgabe einer umfassenden Theorie der Schule und des Bildungswesens* im Unterschied zu einer pragmatischen „Anweisung für die Tätigkeit an öffentlichen Anstalten". Die Erziehungstheorie Schleiermachers und die in ihr geleistete Begründung der Päd. als Handlungswiss. im Raume der gesellschaftlich-geschichtl. Wirklichkeit versteht die „Erziehungslehre" als ein auf eine „Sphäre eigenverantwortlich zu interpretierender Daseinsstrukturen und Realbedingungen (Bildsamkeit, Kulturlage, gesellschaftliche Struktur) bezogenes Führungswissen"; damit ist der *Theorie-Praxis-Zusammenhang,* die Frage nach der prakt. Gültigkeit theoretischer Sätze sowie die Funktion der Theorie für die Reform des Bildungswesens thematisch geworden. – Seit DILTHEY wurde in der hermeneutisch-pragmat. Päd. als Geisteswiss. die Einheit von Theorie und Praxis in Zusammenhang mit päd. Verantwortung immer wieder neu aktualisiert (H. NOHL, W. FLITNER, E. WENIGER, O. F. BOLLNOW, W. KLAFKI).

4. Die „Didaktik als Bildungslehre" hat dann O. WILLMANN ausgeführt und damit die *Didaktik als ein selbständiges Forschungsfeld* begründet, als eine Wiss. von den Bildungsvorgängen und Bildungszuständen.

5. Das Problem der *Methode als Theorie des Lehrens und Lernens* hat J. F. HERBART durch Analyse der geistigen Prozesse im Zusammenhang mit dem Ziel des erziehenden Unterrichts (vom Endzweck der Erziehung) und den Verfahren des Unterrichts syst. geklärt. Wegen der beherrschenden Stellung der positiven Wiss. in der 2. Hälfte des 19. Jh. gewinnt Herbarts Päd., die sich durch ihre wiss. Form, ihre enge Verbindung mit der Psychol., ihren Intellektualismus und ihre method. Handfertigkeit für die prakt. Unterrichtsgestaltung empfahl, zentralen Einfluß auf die LB. und vermittelte über die *wissenschaftlich begründete Unterrichtslehre* der Herbartianer (bes. L. STRÜMPELL, T. ZILLER, K. STOY und W. REIN) der VS.lehrerschaft einen ersten Anschluß an die wiss. Kultur.

6. Die Formalisierung und Mechanisierung aller Lehrverfahren und method. Maßnahmen, die schemat. Gliederung der Unterrichtsstunde, die Formalstufen als methodisches Normalverfahren, der assoziationspsychologisch abgeleitete Methodenzwang lösen die

Kritik der „Pädagogischen Bewegung" aus. Ihr Motiv einer Reform der gesamten Erziehungswirklichkeit unter der päd. Idee der Erneuerung des Menschen durch ein neues Verständnis von Erziehung und Lernen in der „neuen Schule" entwickelt methodisches Denken und Handeln als produktiv-kreatives Gestalten der Lern- und Sozialsituation Schule (vor allem unter der Idee der Selbsttätigkeit und der Gemeinschaft) und führt mit einer Orientierung der Unterrichtsverfahren am Kind und seinen Bedürfnissen, der Unterrichtsformen an den „natürlichen Bildungsformen" (Gespräch, Feier, Spiel, Arbeit) zu einer reich entfalteten *Pädagogik der Schule*. Schule wurde sich als päd. *Eigenform* bewußt.

7. Zu dieser sachl. Selbstklärung der Päd. Bewegung trat die *analysierende und zusammenfassende pädagogische Theorie*, aus den Erfahrungen und Ansätzen der Praxis den bleibenden Gehalt abhebend. Die wiss. Päd. löste sich dabei von einer bloß psych. oder bloß ethisch-normativen Begründung und fand ihr Selbstverständnis als *eigenständige Erziehungswissenschaft*, die nicht mehr ein päd. System als einen nur theoret. Gedankenbau konstruierte, sondern auf das allseitige Verständnis und die kategoriale Durchgliederung und Sinnklärung der „Erziehungswirklichkeit" zielt (WENIGER). Päd. Theorie ist nicht abstrakte Theorie für die Praxis, sondern verantwortliches Denken in der päd. Situation. Daraus resultiert die Selbständigkeit der päd. Frage und des päd. Denkens gegenüber z. B. dem psychol., soziol. und polit. Denken. Die damit wesentlich gestiegenen theoret. Anforderungen an das Päd. Bewußtsein des Lehrers und an dessen „Kulturreife" führen notwendig zur akadem. LB., wenn das vielverzweigte und vielgeschichtete Erziehungsgeschehen in seiner ganzen Breite (zielbestimmtes Erziehungshandeln und Schule als Ausschnitt der Erziehungswirklichkeit) den Bildungs- und Klärungsprozeß des Lehrers zu selbständiger päd. Verantwortung bestimmen sollen.

II. Schulpädagogik in der Lehrerbildung

1. Mit Einrichtung der akadem. LB. wird *Pädagogik die Berufswissenschaft des Lehrers*; da aber auch die akadem. LB. den berufsfähigen Lehrer anstreben muß, ist eine *schulpraktische Ausbildung in hochschulgemäßer Form* zu realisieren.

Diese der S. zufallende Funktion beinhaltet bes.: Einführung in den Formenreichtum päd. Handelns in der Schule (Schulkonzeptionen, -modelle; Bildungs-, Unterrichts-, Lern- und Arbeitsformen); Anleitung zu reflektierter Praxis durch Literatur-Studium, Beobachtung päd. Situationen und Analyse in der Schulwirklichkeit, zugleich als Ausgang für innere Reformen im Zusammenhang mit päd. Modellen und Zielvorstellungen; Umsetzen bes. Einsichten in Planung von Einheiten des Unterrichts und des Schullebens. S. distanziert sich zwar von der „Meisterlehre", von der Einübung früh fixierter Fertigkeiten und unkritischer, isolierter Übernahme vermeintlich bewährter Praktiken, kann aber bestenfalls erreichen, *Theorie als Bedingung verantwortlich durchdachten Handelns und Praxis* als erfahrene Situationen päd. Handlungsbezüge *in ihrer Wechselbezogenheit aufzuschließen*; zusammen mit der Allg. Päd. wirkt S. „auf die pädagogische Gesinnung", leistet aber nur vereinzelt Beiträge zur Schul- und Unterrichtsforschung.

2. Erst die Befreiung aus dem bloß innerpäd. Zirkel und Begründungszusammenhang einer permanenten „Inneren Schulreform" bei ausschließl. Orientierung an päd.-anthropolog. „Wesensbestimmungen" hin zum Erfassen auch der *gesellschaftlichen Bedingtheit und Bedeutung von Schule und Unterricht* macht eine „kritische Theorie" der Schule unter neuen Fragestellungen möglich. Der damit gebotene Schritt von der päd. Tatsachenfeststellung zum Erweis der Praktikabilität päd. Handelns, zur Konkretisierung päd. Modelle, zur Begründung von Konzeptionen hin zur *intersubjektiven Prüfbarkeit pädagogischer Tatsachen und Erfahrungen durch empirische Methoden* (bes. Quantifizierung und Experiment), eröffnet die Möglichkeit, persönlichsubjektive Erfahrungen und „Urteile" auf ihre Reichweite und Gültigkeit, Reformvorschläge und -ansätze auf ihre Bedingungen und Voraussetzungen hin rational zu prüfen und „in action" empirisch zu kontrollieren. Daraus folgt für die S. eine Verbindung von Forschung und Lehre, bezogen auf Veränderung von Schule und Unterricht durch theoretisch gesteuerte und empirisch kontrollierte Projekte. Die Forschung in der Praxis dient zugleich der Veränderung der Praxis und der päd. wie wiss. Aus- und Weiterbildung der Lehrer und versteht Schule und Theorie als Prozeß. Die Erziehungswiss. gewinnt mit diesen Forschungen zu dem pädagogischen nun auch den gesellschaftlichpolit. Verantwortungshorizont.

3. Die damit eingeleitete Professionalisierung des Lehrerverhaltens gliedert die „schulbezogene Ausbildung" (bes. Planung, Organisation und Kontrolle von Lernprozessen und -situationen) wegen der notwendigen Verbindung von Ausbildungszielen (Information, Erkenntnisgewinn, Methodenerwerb, berufsspezifisches Verhaltenstraining) mit Forschungsprojekten so in die Studienphase ein, daß in einem neuen Verständnishorizont *schulpraktische Ausbildung zusammen mit wissenschaftlichen Studien* nun nicht mehr nur von der S., sondern von allen wiss. Disziplinen in der Ausbildung aller Lehrer bei gleichzeitiger Verbindung der z. Z. noch getrennten Phasen realisiert wird.

4. Die Verbindung von Forschung und Ausbildung und die erweiterte Funktion der Erziehungswiss. verlangt eine Konzentration der Erziehungswiss.en auf Teilbereiche. Als Schwerpunktbildungen im *Bereich Schule* – bes. auch wegen des ungeheuren Nachholbedarfs von Schul- und Unterrichtsforschung – bieten sich an: Lehren und Lernen; Unterrichtsorganisation und Schulplanung; Theorie und Päd. der Schule oder schulische Sozialisation; Curriculumentwicklung und Evaluationsverfahren; didaktische Medien und Unterrichtstechnologie; vergleichende S.; Bildungsplanung und -politik, -recht, -statistik.

Die S. und Allg. Didaktik gehen ein in einen sehr differenziert entfalteten Fragenkatalog wiss. aufzuklärender und weiter zu entwickelnder Bereiche, die den Komplex Schule ausmachen. S. sollte sich nicht als erziehungswiss. Disziplin etablieren; denn Schule war und ist zentraler Gegenstand erziehungswiss. Forschung.

☐ Didaktik. Empirisch-analytische Wissenschaftstheorie. Empirische Erziehungswissenschaft. Erziehungswirklichkeit. Erziehungswissenschaft. Fachdidaktik. Geisteswissenschaftliche Pädagogik. Innovation. Kritische Theorie. Kybernetische Pädagogik. Lehren. Lehrer. Lehrerbildung. Lehrgang. Lehrplan. Pädagogik. Positivismus. Rationalisierung. Schulberufe. Schule. Theorie und Praxis in der Erziehung. Unterricht. Unterrichtsforschung. Vergleichende Erziehungswissenschaft

Lit.: Vgl. die Angaben bes. der obigen Artikel

I. Lichtenstein-Rother

Schulpatronat ↗ Patronat

Schulpflege, Schulpflegschaft
Schulpflegschaften und Elternräte sind die Organisationsformen, in denen sich die Mitwirkung der Erziehungsberechtigten am dt. Schulwesen vollzieht.

1. *Rechtsquellen.* Das Verhältnis von Elternhaus und öff. Schule zueinander ist bundesrechtlich nicht ausdrücklich definiert. Einerseits sind Pflege und Erziehung nach Art. 6 (2) GG das natürl. Recht der Eltern und die zuvörderst ihnen obliegende Pflicht. Andererseits enthält Art. 7 (1) GG nach herrschender Meinung ein umfassendes Recht des Staates, Schulen zu haben, zu organisieren und zu betreiben, und ist nach Länderschulrecht der Besuch dieser Schulen in der Regel zwingend vorgeschrieben.
Die Verfassungen der Bundesländer Hessen (Art. 56 Abs. 6), Baden-Württ. (Art. 17 Abs. 4), NRW (Art. 10 Abs. 2) und Saar (Art. 26 Abs. 1) erwähnen ausdrücklich ein Recht der Erziehungsberechtigten auf Mitbestimmung (Hessen) oder Mitwirkung im Schulwesen; alle anderen Landesverfassungen schweigen. Sämtliche Bundesländer haben in Elternvertretungs-, Schul- bzw. Schulverwaltungsgesetzen, Rechtsverordnungen oder Ministerialerlassen Bestimmungen über die elterl. Mitwirkung und deren Organisation getroffen.

2. *Art und Organisationsformen der Mitwirkung.* Eine wirkl. Mitentscheidung über die Gestaltung des öff. Unterrichtswesens sieht nur die hess. Regelung vor. In einigen anderen Ländern sind Einzelmaßnahmen mitbestimmungsbedürftig. Die meisten Länder kennen nur elterliche Mitwirkung, Anhörung und Information ohne die rechtlich gesicherte Möglichkeit, den Elternwillen durchzusetzen oder Maßnahmen der Schulaufsichtsbehörde im Konfliktsfalle zu blockieren. Elternmitwirkung ist überwiegend mehrstufig, nämlich auf Klassen-, Schul-, Orts- (Kreis-) und Landesebene organisiert. In den meisten Bundesländern vollzieht sie sich in Eltern-(bei)räten, die den Trägern der Schulverwaltung als selbständige Einrichtungen gegenübertreten. Einige Bundesländer (z. B. Baden-Württ. und NRW) kennen demgegenüber (ausschließl. oder zusätzlich) *Schulpflegschaften,* in denen Schule und Elternhaus institutionell zusammenwirken.

3. *Grundsätze für künftige Neuregelungen.* Die gegenwärt. Regelungen entsprechen – bis auf Hessen – nach überwiegender Meinung nicht der geltenden Verfassungsrechtslage. Bei richtiger Gewichtung der Art. 6 und 7 GG zueinander ergibt sich ein Erziehungsrecht der Eltern auch in öff. Schulen hinein. Das „pädagogische Elternrecht" (E. STEIN) im Sinne einer wirkl. Mitbestimmung findet seine Grenzen erst in der parlamentar. Schlußentscheidung des Staates; Mitbestimmung darf außerdem den geregelten Schul- und Schulverwaltungsbetrieb nicht nachhaltig beeinträchtigen. Eine Änderung der Länderregelungen auf eine umfassende elterl. Mitbestimmung hin ist anzustreben.

☐ Elternrecht. Familie und Schule

Lit.: K. Liske, Elternrecht u. staatl. Schulerziehungsrecht (Diss. Münster 1966); I. Röbbelen, Zum Problem des Elternrechts (1966); R. Wimmer, Das päd. Elternrecht, in: DVBl. (1967); E. Stein, Das päd. Elternrecht im sozialen Rechtsstaat, in: Politik, Wiss., Erziehung, Festschr. für E. Schütte (1969); L. Dietze, Zur Mitbestimmung in der Schule, hrsg. v. Landeselternbeirat Baden-Württ. (1970).

Zschr.: Elternblatt [offizielles Organ der Landeselternschaften] (1951 ff.).

R. Wimmer

Schulpflicht
S. ist die gesetzl. Verpflichtung des Kindes oder Jgdl.n zum Besuch der für den Wohnsitz (gewöhnlichen Aufenthaltsort) oder Arbeitsort zuständigen (Schulbezirk) Pflichtschule (Grund-, Haupt-, Berufsschule). Die S. erstreckt sich auch auf die Mitarbeit in der Schule und auf die Einhaltung der Schulordnung. Für die ordnungsgemäße Erfüllung der S. sind die Erziehungsberechtigten, Lehr- und Dienstherren verantwortlich, erstere auch für die ordnungsgemäße Ausstattung des Schülers. Die S. ist durch Verfassungsnormen und Gesetze der einzelnen Bundesländer weitgehend einheitlich geregelt. Sie beschränkt die Entscheidungsfreiheit des Kindes, Jgdl.n und der Erziehungsberechtigten (Elternrecht) in verfassungsrechtl. vertretbarer Weise; sie ist Korrelat des Anspruchs junger Menschen auf Bildung und entspricht dem Bildungs- und Erziehungsrecht der staatl. Gemeinschaft.

Die allg. S. (Vollzeit-S.) beginnt für alle bildungsfähigen Kinder, die bis zum 30. Juni (ausnahmsweise, nach ↗Schulreife festgestellt, 31. Dez.) das 6. Lj. vollendet haben, mit dem 1. August desselben Jahres. Zurückstellung vom Schulbesuch ist bei fehlender Schulreife möglich (evtl. Einweisung in den ↗Schulkindergarten). Die allg. S. endet nach 9 Schj. (Hauptschulabschluß); ein 10. Pflichtschj. ist zulässig. Befreiung vom Grundschulbesuch ist nur in ganz besonderen Ausnahmefällen möglich. Der Hauptschulbesuch kann ersetzt werden durch den Besuch öff. oder privater Realschulen, Gymnasien oder Gesamtschulen.

Die *Berufsschulpflicht* (Teilzeit-S.) beginnt

mit der Beendigung der allg. S. und dauert 3 J. oder in der Regel bis zur Beendigung des Ausbildungsverhältnisses oder bis zur amtl. Feststellung, daß der weitere Berufsschulbesuch entbehrlich ist. Berufs-S. besteht nicht (ruht) z. B. während des Besuchs der Realschule, des Gymnasiums, der Gesamt-, Berufsfach-, Fachober-, Fach- oder Hochschule, des Bundeswehrdienstes, eines öff.-rechtl. Ausbildungsverhältnisses sowie vor und nach einer Niederkunft.
Kinder u. Jgdl., die wegen geistiger, körperl. oder sonstiger Mängel in der Normalschule nicht hinreichend gefördert werden können, erfüllen ihre S. in Sonderschulen, Sonderklassen oder durch Sonderunterricht. Heimunterbringung und Verlängerung der S. sind zulässig.
Kinder und Jgdl. können der Schule zwangsweise zugeführt werden. Vorsätzliche oder fahrlässige Schulpflichtverletzungen können geahndet werden.
☐ Wirtschaftsberufliches Bildungswesen. Schulzeitverlängerung

S. Tiebel

Schulpforta ↗Fürstenschulen

Schulpolitik
1. S. ist Teil der *Bildungspolitik* und nur in ihrem größeren Rahmen sinnvoll zu realisieren (↗Bildungspolitik), da alle organisierten Bildungshilfen (Kindergarten, Vorschule, Schule, Hochschule, Erwachsenenbildung) im engen Zusammenhang stufenweiser Lernprozesse zu sehen sind.
2. S. versteht sich heute vornehmlich als *Reformpolitik*, die alle strukturellen, personellen und finanziellen Voraussetzungen zu schaffen sucht, damit Schule dem individuellen Bildungsanspruch (Art. 2 GG) und den gesellschaftl. Bildungsbedürfnissen genügt. Leitlinie ist die Gleichheit der ↗Bildungschancen.
Folgende Zielvorstellungen und Maßnahmen in der schulpolit. Diskussion sind weithin akzeptiert: a) Entwicklung einer breiten, wissenschaftsorientierten *Grundbildung*, die durch früh einsetzende kulturelle Anregungen (↗Vorschulische Erziehung) sozial- oder siedlungsstrukturell bedingte Bildungsbarrieren abbauen hilft, innerhalb des Schulsystems ↗Durchlässigkeit und innerhalb der spezialisierten Arbeitswelt ↗Mobilität sichert; – b) Ausbau *differenzierter Schullaufbahnen* und -methoden, die individuelle Interessen, Lernfähigkeiten und Berufswünsche des Schülers fördern können; – c) Ausreichende Zahl qualifizierter Lehrkräfte, die, analog zur Durchlässigkeit des Schulsystems, stufenbezogen ausgebildet sind (↗Stufenlehrer).

3. S. wird aufgrund des gesamtstaatl. Interesses und der komplexen Koordinierungsaufgabe *primär von staatlichen Organen* (Parlamente, Regierungen) getragen. Diese Verantwortung verlangt, mit Rücksicht auf das ↗Erziehungsrecht der Eltern (↗Elternrecht) und anderer Bildungsträger, Absage an ein staatl. Schulmonopol; ferner die Bemühung, in entscheidenden Fragen einen schulpolit. Konsens herbeizuführen bzw. einen freien Raum schulpolitischer Initiativen zu gewährleisten, der durch eine großzügige Regelung, Schulen in freier Trägerschaft zu gründen (↗Privatschulwesen, ↗Freie Schule), abgestützt ist.
4. S. bedient sich der *Bildungsplanung* und *-forschung*, von der sie eine neue Verdeutlichung ihrer Aufgaben und Probleme erhalten hat. – a) *Strukturfragen*: Die Diskussion, ob die schulpolit. Ziele besser über ein kooperierendes System gegliederter Schularten (↗Schulaufbau, Schulorganisation) oder nur über die integrierte ↗Gesamtschule zu erreichen sind, ist nicht abgeschlossen und in dieser Gegensatzschärfe immer noch ideologisch geprägt. Daher sind, zuletzt gefordert vom ↗Strukturplan des ↗Deutschen Bildungsrates, großangelegte Experimentalprogramme notwendig, die kontrollierte Orientierungshilfen für die polit. Entscheidungsinstanz sein müssen. Vorausschauende S. wird in jedem Fall die Zusammenführung ↗wenig gegliederter Schulen zu größeren Systemen (Schulzentren) fördern, die besser zu differenzieren, in Fachräumen und Medientechnik modern ausgestattet sind und durch flexible Bauweise strukturelle Reformen auffangen können. b) *Bundesstaatliche Kooperation*: S. in der ↗Bundesrepublik hat zu der Koordinierung innerhalb der KMK der Länder durch die GG-Änderung v. 12. 5. 1969 (Art. 91 b) ein zusätzl. Instrument für eine bundeseinheitl. Entwicklung erhalten. Aufgabe der „Bund/Länder-Kommission für Bildungsplanung" ist es, einen gemeinsamen langfrist. Rahmenplan für eine abgestimmte Entwicklung des gesamten Bildungswesens, dazu gestufte Realisierungs- und Finanzierungsprogramme, vorzubereiten. Die gesetzl. und verwaltungsmäßige Umsetzung ist Angelegenheit der Länder und ihrer größeren Sachnähe, so daß die unterschiedlichen regionalen Belange, formuliert in mit der Landesplanung abgestimmten „Schulentwicklungsplänen", berücksichtigt werden können. Ziel regionaler Schulplanung und -politik ist dabei: jedem Bürger in einer für sein Alter zumutbaren Entfernung von seinem Wohnsitz aus differenzierte Schulmöglichkeiten zur Verfügung zu stellen. – c) *Finanzielle Fragen*:

Die Bildungsansprüche einer wiss.-techn. Gesellschaft verlangen enorme Ausweitung und qualitative Steigerung des Schulwesens (↗Bildungsökonomie). Seit der Diskussion einer möglichen Bildungskatastrophe (↗Bildungskrise) haben die entsprechenden Ansätze in den öff., vor allem den Länderhaushalten erheblich zugenommen. Diese Priorität ist nur durch einen bevorzugten Anteil an der gesamt-gesellschaftl. Wachstumsrate zu sichern.

☐ Vgl. auch die einzelnen Länderartikel

Lit.: Kulturpolitik der Länder, hrsg. v. der Ständ. Konf. der KM der Länder (Zweijahresberichte 1958 ff.); Dt. Bildungsrat, Gutachten u. Studien der Bildungskommission, Bd. 1–17 (seit 1967); Empfehlungen der Bildungskommission (ab 1968); bes.: Strukturplan für das Bildungswesen (1970); Ch. Führ (Hrsg.), Zur Bildungsreform in der BRD (1969, ausf. Lit.).

B. Vogel

Schulpolizei ↗Schule und Polizei

Schulpraktische Ausbildung des Lehrers
SPA. = Schulprakt. Ausbildung

1. Die Frage nach der *Bedeutung* und dem Ausmaß der SPA. des künft. Lehrers betrifft das Verhältnis von Theorie und Praxis. Heute ist das Bemühen charakteristisch, Praxis so in jeden der Lehrerbildung dienenden Studiengang zu integrieren, daß sie theoretisierbar wird (vgl. Strukturplan). Intendiert ist ein curriculares, d. h. geplantes und zielgerichtetes Vorgehen, das Reflexion des Faktischen aufgrund theoretisch gewonnener Erkenntnisse und erstes Umsetzen dieser Einsichten in die schul. Wirklichkeit ermöglicht.
2. Den *Rahmen* für die Auseinandersetzung mit der Praxis in der ↗Lehrerbildung bilden die Aufgaben des Lehrers, die nach dem ↗Strukturplan Lehren, Erziehen, Beurteilen, Beraten und Innovieren umfassen; und jede dieser Aufgaben, deren theoretische Abklärung im Studium zu erfolgen hat, erfordert die Auseinandersetzung mit dem jeweiligen prakt. Vollzug in Beobachtung und Analyse einerseits und in probierender Eigentätigkeit andererseits. Eine solche Bestimmung des Praxisbezugs ist zeitbedingt. – Das sich anbahnende neue Verständnis der Schule mit den auf unsere Zeit abgestimmten Zielsetzungen und Organisationsformen (↗Gesamtschule, verschiedene Formen des Schulverbundes) impliziert auch eine geänderte Sicht des Lehrerberufs (↗Stufenlehrer) und damit des Ausbildungsganges. Für die SPA. resultiert daraus, daß *Praxisbezug im Studium* für jeden künft. Lehrer als *unabdingbar* anzusetzen ist. Beobachtungen und Tests erfordern den prakt. Umgang. Didaktische und methodische Theoreme wollen veranschaulicht und im Rahmen des Möglichen erprobt sein. Auf diese Weise soll der künft. Lehrer Berufs*fähigkeit* erlangen. Berufs*fertigkeit* hingegen ist Ziel der zweiten Ausbildungsphase, deren augenblickliche Umgestaltung Rückwirkungen auf die Zielsetzungen und das Ausmaß der SPA. im Rahmen des Studienganges haben wird. Inwieweit direkter Praxisbezug erforderlich bzw. rechtens zu beschränken ist, wird auch neu zu bedenken sein angesichts der heute zur Verfügung stehenden medialen Möglichkeiten (↗Unterrichtsmitschau, Film usw.).

3. Auf dem Hintergrund der fakt. Handhabung in den einzelnen Bundesländern und der skizzierten, teilweise prospektiven ↗Innovationen sieht eine sinnvolle Konzeption für die SPA. aller künft. Lehrer etwa so aus: Der Praxisbezug in Form von Beobachtungen und Tests erfolgt in den betroffenen Fachgebieten *studienbegleitend*. Darüber hinaus aber ist am Anfang des Studienganges eine *Einführungshospitation* einzurichten, um den Studierenden einen Einblick in Aufbau und Organisation des gewählten Schultyps zu geben. Ein Praktikum im *Wahlfach* dient der fachdidakt. Auseinandersetzung. Im Anschluß daran soll ein *mehrwöchiges Schulpraktikum* mit eigenen Unterrichtsversuchen vor allem im Rahmen der gewählten Fächer eine erste prakt. Abklärung gewonnener Einsichten erbringen. Das relativ unspezif. *Sozial-* oder *Wahlpraktikum* ist dahingehend zu modifizieren, daß dem angehenden Lehrer der jeweiligen Schulstufe ein intensives Kennenlernen der Schulstufe seiner Wahl benachbarten päd. Institutionen oder des Lebensbereiches ermöglicht wird, zu dem die jeweilige Schullaufbahn hinführt. So soll z. B. der angehende Lehrer im Primarbereich die Kindergartenarbeit, der Lehrer im Sekundarbereich die Arbeitswelt aus eigener Erfahrung kennenlernen.

4. Die SPA. erfordert eine an der Hochschule zu errichtende *Institution,* der nicht nur die Bereitstellung geeigneter Praktikumsplätze an Beispiels-, ↗Versuchs- und Modellschulen obliegt, sondern die darüber hinaus die Kooperation zwischen Schule und Hochschule und – innerhalb der Hochschule – zwischen den verschiedenen Fachbereichen fördert sowie die Studierenden in die prakt. Schularbeit einführt und diese wiss. begleitet.

☐ Lehrer. Lehrerbildung. Schulberufe

Lit.: H. Ruppert, Wiss. u. Wirklichkeit (1955); H. R. Seemann, Die Schulpraxis in der Lehrerbildung (1964); Empfehlungen u. Gutachten des Dt. Ausschusses für das Erziehungs- und Bildungswesen 1953-1965, Gesamtausg. (1966); G. Geißler, Strukturfragen der Schule u. der Lehrerbildung (1969); Strukturplan für das Bildungswesen, hrsg. v. Dt. Bildungsrat (1970).

G. Scholz

Schulpsychologie
S. versteht sich als ↗Angewandte Psychologie im schul. Bereich, auf den sie Erkenntnisse vor allem der ↗Pädagogischen Psychologie überträgt.

Neben der im Zusammenhang mit der British Child Study Association (1893) von C. BURT 1913 beim London County Council geschaffenen Einrichtung gelten als erste schulpsychol. Dienste die „École des Sciences de l'Éducation" von CLAPARÈDE (1912) und die Päd. Beratungsstelle der Stadt Bern (1920). In Dtl. wurde 1922 mit LÄMMERMANN in Mannheim der erste schulpsychol. Berater tätig. Im Unterschied zu der umfassenden Entwicklung im Ausland begann sich in Dtl. jedoch erst nach 1945 ein eigenständ. schulpsychol. Dienst zu formen.

1. Die *Bedeutung* der S. bzw. ihr Aufgabenbereich ist unter dem Aspekt der jeweiligen päd. Bedingungen zu sehen. Vor dem Hintergrund eines mannigfaltig differenzierten Bildungssystems und angesichts einer stärkeren Individualisierung des Unterrichts ist eine optimale Förderung des Kindes bzw. die Berücksichtigung seiner individuellen Bedürfnisse und Fähigkeiten nur noch mit Hilfe eines umfassenden Beratungsdienstes möglich.
2. Die *Individualberatung* ist psychol. Arbeit mit dem einzelnen Schüler, der infolge von Leistungs- und Verhaltensschwierigkeiten in seiner Entfaltung behindert ist und einer Hilfe bedarf. Als ↗Einzel(fall)hilfe bedient sie sich diagnostischer, beratender und behandelnder Methoden. Diese Einzelfallhilfe kann dabei Konfliktquellen im Bildungssystem erfassen und wird demgemäß deren Beseitigung anstreben. Somit wird auch die Individualberatung immer einen über den Einzelfall hinausgehenden Bezug zum Bildungssystem haben.
3. *Bildungsberatung* als schulpsychol. Aufgabe soll dem Schüler helfen, einen ihm gemäßen Bildungsweg zu wählen bzw. ihn nach seinen individuellen Möglichkeiten zu fördern. Neben der Bereitstellung von Informationen über den schul. Bereich ist eine Erfassung der jeweiligen Fähigkeiten des Kindes notwendig, um die vielfält. Angebote eines Bildungssystems optimal nutzen zu können. Zu diesen Aufgaben gehört u. a. die fortlaufende Schullaufbahnberatung. Hier gehen Individual- und Bildungsberatung als Schwerpunkte schulpsychol. Tätigkeit ineinander über. Bildungsberatung schließt außerdem die Arbeit am Bildungssystem selbst mit ein (sozio-kultureller Aspekt). Zu diesem Zweck muß die S. bei Grundlagenforschungen im Raum der Schule sowie bei der Planung und Durchführung von Erziehungs- und Unterrichtsvorhaben mitwirken. Sie soll ihre Mittel einsetzen, um Konfliktquellen im päd. Bereich zu erkennen, ihre Auswirkungen zu mildern oder ihre Entstehung überhaupt zu verhindern. Die S. muß helfen bei der Verbesserung des Lehrmaterials, bei curricularen Veränderungen sowie bei Maßnahmen der allg. Begabungsförderung und Begabungslenkung, u. a. zur Herstellung einer echten Chancengleichheit im Bildungssystem. – Ziel jeder schulpsychol. Tätigkeit ist es, Verhaltens- und Leistungsstörungen abzubauen, eine bessere Einordnung in das Bildungssystem zu erreichen, die Leistungsfähigkeit des Kindes optimal zu nutzen und damit letztlich eine harmon. Persönlichkeitsentfaltung zu ermöglichen.
4. *Träger* der schulpsychol. Tätigkeit ist der hauptamtl. *Schulpsychologe*. Er ist in der Regel Diplompsychologe. Kenntnisse bzw. Erfahrungen aus dem schul. Raum sind wünschenswert.
5. Die *Organisationsform* der S. ist, entsprechend der Bildungshoheit der Länder, unterschiedlich. Grundsätzlich aber kann „den vielfältigen Aufgaben einer Bildungsberatung ... nur ein Beratungssystem gerecht werden, das als eigenständiger Handlungsbereich in das Bildungssystem integriert und von der Bildungsverwaltung getragen wird" (Empfehlung der Dt. Bildungskommission). Die S. bildet demnach einen integrierten Bestandteil des Bildungssystems.

Noch 1956 sprachen die Empfehlungen der UNESCO von zwei Schulpsychologen für 12 000 Kinder. Nach neueren Maßstäben soll für 1000–2000 Kinder ein Schulpsychologe zur Verfügung stehen. Diese Verschiebung zeigt, in welch starkem Maße heute die psychol. Arbeit in der Schule gesehen wird.

☐ Schullaufbahnberatung. Begabung. Begabungsreserven. Begabtenförderung. Bildungschancen

Lit.: W. D. Wall, Die Psychol. im Dienst der Schule (1956); K. Ingenkamp, Die Schulpsychol. Dienste in der BRD (1966, ausführl. Lit.); Dt. Bildungsrat, Empfehlungen der Bildungskommission, Strukturplan für das Bildungswesen (1970).

G. Kohl

Schulrat
S. ist der mit der staatl. Schulaufsicht beauftragte hauptamtl. staatl. Beamte. Nach den Schulgesetzen der Länder können auch schulfachlich vorgebildete Beamte der Gemeinden mit der staatl. Schulaufsicht beauftragt werden. – Die von dem S. ausgeübte Schulaufsicht, die im Schulamt als unterer staatl. Schulaufsichtsbehörde wahrgenommen wird, erstreckt sich in der Regel auf die öffentl. und privaten ↗Grund- und ↗Hauptschulen und teilweise auch auf die ↗Sonderschulen und ↗Realschulen. Der S. hat die schulfachl. Angelegenheiten (innere Schulangelegenheiten) zu erledigen und darüber zu wachen, daß die für das Schulwesen geltenden gesetzl.

Vorschriften sowie die Richtlinien und Verfügungen der Schulaufsichtsbehörden sinnvoll ausgeführt werden. Dazu gehören insbes. die Feststellung der Lehrpläne, Abhaltung von Konferenzen mit Schulleitern und Lehrern, Unterrichtsbesichtigungen, Entscheidung in Fragen des Schulbesuchs und Durchführung der örtl. Lehrerfortbildung. Für besondere Aufgaben kann ein ↗Fachberater hinzugezogen werden.
Oberschulräte sind bei den mittleren (teilweise auch bei den oberen) Schulaufsichtsbehörden tätig.

Lit.: S. Tiebel, Schulverwaltungsgesetz – Schulfinanzgesetz NRW (1960); H. Heckel – P. Seipp, Schulrechtskunde (⁴1969).

H. Wenzel

Schulraum ↗Klassenraum ↗Schulhygiene

Schulrecht, Schulgesetzgebung
SR. = Schulrecht(s), SG. = Schulgesetzgebung

I. Entwicklung

Bis zur Mitte des 16. Jh. war eine staatl. Rechtsordnung für Schulen unbekannt. Sofern es für die wenigen kirchl. und städt. Schulen (freiwilliger Schulbesuch) Vorschriften gab, waren sie vom Kirchenrecht und vom Stadtrecht her geprägt (kirchliche und städtische Schulordnungen). Später entstanden ↗Fürstenschulen (Landesschulen) und ↗Schulordnungen für Länder als Ausgangspunkt staatlichen SR. Mit der Aufklärung setzte ein starkes Interesse des Staates an der Schule ein; der Ausbau des staatl. SR. in den dt. Ländern (z. B. preußisches Edikt von 1717, ↗General-Landschul-Reglement, ↗Allgemeines Landrecht, Bayer. Ges. v. 1802) und der Beginn der Trennung des Schulwesens von der Kirche waren die Folge. Unterrichtspflicht und staatliche Schulherrschaft wurden obrigkeitlich verordnet. Besonderen Einfluß auf das SR. hatte die preuß. Städteordnung (1808), denn sie erklärte das Schulwesen partiell zur Gemeindeangelegenheit und unterschied die Schulangelegenheiten in innere (Staat) und äußere (Schulträger). Der Einfluß der Kirche im SR. wurde zurückgedrängt.

Bis 1918 war das SR. Landessache und verharrte im Geiste des absoluten Staates. Nur in wenigen Ländern (z. B. Hamburg, Sachsen, Thüringen) entstand ein moderneres SR. Die Weimarer Reichsverfassung (WRV) stellte in Art. 143–149 und 174 für das öff. und private Schulwesen Rechtsgrundsätze (z. B. staatliche Schulaufsicht, Schulpflicht, Lehrerbildung, Lehrer, Lehrmittelfreiheit, Schulaufbau, Bekenntnisschule, Erziehungsbeihilfen, Privatschule, Verbot der Vorschule, Religionsunterricht) auf und räumte dem Dt. Reich das Recht zur Grundsatzgesetzgebung für das Schulwesen ein (Art. 10). Im übrigen blieb die Gestaltung des SR. weiterhin Angelegenheit der Länder. Zu einer umfassenden Kodifikation kam es nicht. Die Entwürfe zum Reichsschulgesetz scheiterten.

Eine wesentl. schulrechtl. Vereinheitlichung für die Länder brachten das Reichsschulpflichtges. (1938), das Ges. über Vereinheitlichung im Behördenaufbau (1939) u. a. Neben den Gesetzen, zu denen die einschläg. RechtsVOen gehörten, beruhte das SR. auf Kabinettsinstruktionen, MinErl.en und Anordnungen im Rahmen der Schulaufsicht und Anstaltsgewalt.

Im Gegensatz zur WRV stellt das GG im Hinblick auf das föderalist. Prinzip der BRD die Schulhoheit (↗Kulturhoheit) der Länder wieder her und regelt in Art. 7 lediglich Einzelfragen der ↗Schulaufsicht, des ↗Religionsunterrichts, des ↗Privatschulwesens und verbietet die Vorklassen. Im Rahmen dieser Grundsätze haben die Länder das SR. in Verfassungen, Schulgesetzen und sonstigen Gesetzen in den folgenden Jahren ausgebaut. Gegenstand dieser bisher einmaligen SR.entwicklung waren nicht nur die äußeren, sondern auch die inneren Schulangelegenheiten sowie der Ausbau des Schüler-, Eltern- und Lehrerrechts. Im Rahmen seiner Zuständigkeit enthalten auch Gesetze des Bundes schulrechtliche Vorschriften (z. B. Ausbildungsförderungsges.).

II. Schulrecht

1. Zum SR. gehören alle Rechtssätze, die sich auf die ↗Schule als Stätte der Erziehung und des Unterrichts beziehen. Es wird z. B. in Schulorganisations-, Schulfinanzierungs-, Schulunterhaltungs-, Schulaufsichts-, Lehrerrecht, Recht der sonst. Bediensteten an der Schule, schulbezogenes Elternrecht, Schülerrecht, kirchl. SR. gegliedert. Denkbar ist auch, zwischen Recht der öff. Schule und Privat-SR. zu unterscheiden. Unter SR. *im engeren Sinne* wird das in Schulgesetzen kodifizierte Sonderrecht der Schule, unter SR. *im weiteren Sinne* werden die aus anderen Rechtsgebieten stammenden Rechtssätze verstanden, die im Schulbereich angewandt modifiziert werden (z. B. allg. Verwaltungsrecht, Anstaltsrecht, Beamten-, Angestellten-, Arbeits-, Besoldungs-, Disziplinar-, Haftungs-, Gesundheits-, Kommunal-, Ausbildungsförderungs-, Haushalts-, Finanzausgleichsrecht). Das SR. gehört vorwiegend zum öff. Recht (Verfassungs- und Verwaltungsrecht). Das SR. steht im Spannungsverhältnis zwischen ↗Schulträger, Staat, ↗Lehrer, ↗Schüler, ↗Erziehungsberechtigten, Kirche und sonstigen gesellschaftl. Gruppen (z. B. Organisationen der Wirtschaft und des Handwerks) und unterscheidet sich von dem Recht anderer Verwaltungszweige dadurch, daß der Zwang gegenüber der Freiheit zur Selbstgestaltung und Demokratisierung zwar zurücktreten, aber das rechte Maß an staatl. Einflußnahme zur Wahrung der Einheitlichkeit, Rechtsstaatlichkeit und sozialen Gerechtigkeit gewährleistet sein muß.

2. Das *innere* SR. bezieht sich auf die mit Erziehung und Unterricht zusammenhängenden Rechtsverhältnisse von Schülern, Lehrern und Erziehungsberechtigten untereinander und zur Schule, Schulverwaltung und Schulaufsicht, während die *äußere* SR. die Rechtsverhältnisse umfaßt, die der innere Schulbetrieb voraussetzt (z. B. äußere Schulorganisation, -unterhaltung, -finanzierung, -bau, -einrichtung, Sozialleistungen). In der Regel sind die öff. Schulen staatlich-kommunale, nichtrechtsfähige öff. Anstalten, d. h., die Lehrer sind Landesbedienstete, das Land trägt die Personalkosten und ist für die inneren Schulangelegenheiten verantwortlich; dem Schulträger obliegen die äußeren Schulangelegenheiten (z. B. Errichtung der Schule, Finanzierung des Sachbedarfs, Bereitstellung des Schulgebäudes mit Einrichtung). Die Rechte des konfessionell-weltanschaulich neutralen Staates werden im Wege der ↗Schulaufsicht

wahrgenommen. Dem Land obliegt z. B. die Bestimmung der Schularten, -formen, -gattungen, -typen, der Bildungsziele und -wege, die Festlegung der Zahl der Pflichtstunden für Lehrer, der Klassenstärken, der Voraussetzungen für einen geordneten Schulbetrieb. Die Organe der Schule, ↗Schulleiter, ↗Konferenzen, Prüfungsausschüsse, sind sog. Unterorgane des Schulträgers in äußeren Schulangelegenheiten, des Staates in inneren Schulangelegenheiten.

3. Die *Lehrer* (↗Lehrer) sind an der Leitung der Schule und an ihren Entscheidungen durch Konferenzen und Prüfungsausschüsse beteiligt. Der Ausbau dieser Mitwirkung ist rechtlich zu sichern. Die nicht auf Art. 5 Abs. 3 GG beruhende päd. Freiheit des Lehrers gewährleistet ihm das Recht, die Erziehungs- und Unterrichtsarbeit als menschlichen Grundvorgang im Rahmen der Rechtsordnung und der Richtlinien frei zu gestalten. Versetzungs- und Prüfungsentscheidungen, Aufnahme in die Schule, Schulzuchtmaßnahmen, Einweisung in die Sonderschule u. ä. können verwaltungsgerichtlich nur begrenzt nachgeprüft werden (Willkürverbot), denn es besteht ein nichtüberprüfbarer päd. Beurteilungsspielraum. – Das sich aus dieser Rechtsprechung und -ordnung ergebende *Schülerrecht* wird für unbefriedigend gehalten (↗Schüler). Neben der ↗Schulgeld- und Lernmittelfreiheit sollte die Ausbildungsförderung und die kostenlose Schülerförderung in allen Bundesländern gleichermaßen gewährleistet sein. Mit dem Abschluß eines schul. Ausbildungsganges erhält der Schüler in der Regel eine Qualifikation (Berechtigung). – Das ↗*Elternrecht* ist konfessionell (Bestimmung der Schulart, Entscheidung über Teilnahme am Religionsunterricht) und pädagogisch (Mitwirkung in der Schule) ausgerichtet. Die Beteiligung der *Kirchen* z. B. am RU. und an der Lehrerausbildung ist rechtlich näher bestimmt. Konkordate und Kirchenverträge enthalten manche schulrechtl. Bestimmungen. Insbes. das berufsbildende Schulwesen ist ohne rechtl. Verzahnung mit Wirtschaft, Handwerk und sonstigen Berufsverbänden nicht denkbar.

III. Schulgesetzgebung

SG. ist Rechtssetzung durch Gesetz und Rechtsverordnung auf dem Gebiete des Schulwesens. Zuständig hierfür sind im Rahmen der Normen des GG die Bundesländer. Schulgesetze werden vom Gesetzgeber (Landesparlament) beschlossen. Rechtsverordnungen werden aufgrund einer gesetzl. Ermächtigung von der vollziehenden Gewalt (Ressortminister, -Senator) erlassen. Wirksamkeitsvoraussetzung ist die Verkündung im Gesetz- und VOsblatt. Rechtsstaatl. Erwägungen führen dazu, Maßnahmen der Schule weitgehend gesetzl. oder aufgrund von Gesetzen zu regeln. Die SG. muß mit der ↗Schulreform übereinstimmen und die Demokratisierung des Schulwesens im Rahmen des Möglichen gewährleisten.

☐ Schulaufsicht. Schulverwaltung. Schule

Lit.: W. Landé, Preuss. SR. (1933); H. Heckel - P. Seipp, SR.kunde (1965, ⁴1969); SR., ergänzbare Slg. der Vorschriften für Schule u. Schulverwaltung aller Bundesländer, hrsg. v. P. Seipp u. a. (1969).

S. Tiebel

Schulreform

I. Begriff

Der Begriff S. wurde in die päd. und kulturpolit. Fachsprache erst Ende des 19. Jh. eingeführt. Die geschichtl. Tatsache, daß Schulen reformiert werden, ist jedoch so alt wie die Schule als Institution. S. wird als Aufgabe bewußt, wenn die Schulen durch Tradition oder staatl. Bestimmungen in ihrer Struktur fixiert sind, die wiss. und gesellschaftl. Entwicklungen jedoch ein verändertes Schulwesen erfordern. Die Umwandlung bestehender und die Einrichtung neuer Schulformen ergänzen sich stets.

Man unterscheidet häufig äußere und innere S.: *äußere* S. meint die Änderung der Schulorganisation, der Zahl und Zuordnung der Schulformen, *innere* S. die Wandlungen im Führungsstil, im Schulleben und in der Unterrichtsgestaltung. Beide Reformbestrebungen bedingen einander jedoch vielfältig; außerdem lenkt die Dichotomie den Blick von anderen Aspekten der S. ab: a) Reform im ↗Schulrecht und im System der Schularten und -typen (Einführung staatlicher und Anerkennung ↗freier Schulen, Einrichtung neuer Schularten, Differenzierung bestehender Schulformen, vertikale und horizontale Gliederung, ↗Einheits- und ↗Gesamtschule); b) Reform in der inneren Struktur der ↗Schule (↗Klassen- und Gruppeneinteilung, Auslese- und Förderinstitutionen, Individualunterricht); c) Reform im ↗Schulleben (Mitbestimmung der Schüler, Heim- und ↗Ganztagsschule, außerunterrichtliche Veranstaltungen, Produktionsschulen); d) Reform in der Auswahl des Bildungsgutes und der Lehrinhalte (↗Lehrplan- und Curriculum-Reform); e) Reform im ↗Unterrichts- und ↗Erziehungsstil (↗Arbeitsschule, Selbsttätigkeit, ↗Programmierter Unterricht, ↗Projekt-Methode). Diese Aspekte sind eng miteinander verbunden; die einzelnen S.bestrebungen und -versuche akzentuieren meist einen oder einige davon. Fast alle S.en sind begründet in einer Reform der *Zielsetzung*, die ihrerseits in einem Wandel der anthropolog. Auffassungen gründet.

Bei der Beschreibung der S.en ist zu unterscheiden zwischen einer Darstellung der

Ideen, Vorschläge und Entwürfe, der *Schulordnungen,* Gesetze und Erlasse, der geschichtlich *vollzogenen Reform* der Schulwirklichkeit. Letztere realisiert immer nur einen Teil der Entwürfe, kommt erst Jahre oder Jahrzehnte später und ist von der Theorie häufig schon überholt. Die Verzögerung erweist sich bisweilen sogar als heilsam, da Extreme abgebaut, Einseitigkeiten ausgeglichen und neuere Entwicklungen und Einsichten berücksichtigt werden können.

II. Motivation

Die S. wird in der Regel motiviert durch folgende Faktoren:

1. *Erzieherischer Wille.* In *religiöser* Intention soll für das ewige Heil gesorgt, die Glaubenslehre verbreitet und ein sittl. Leben grundgelegt werden. *Humane* Motive lassen die allseit. Entfaltung, Pflege der Gesundheit und des geist. Lebens fordern. Das Kind soll sich seiner individuellen Anlage entsprechend entwickeln können. In *sozialer* Hinsicht soll es Kommunikationsfähigkeit und Lebenstüchtigkeit erwerben. Andererseits muß es gegen gesellschaftl. Druck und verfrühte Ansprüche gesichert werden, um Eigenständigkeit und Mündigkeit erreichen zu können. Die Freiheit weltanschaulicher Überzeugungen im pluralist. Staat ist zu garantieren. Aufgrund *psychologischer* Einsichten bemüht man sich, die individuelle Begabung zu wecken und zu fördern, das persönl. Arbeitstempo zu berücksichtigen, phasenspezifische Führungs- und Unterrichtsstile zu entwickeln. Die Lernmotivation soll verstärkt, der Lernprozeß verbessert werden. *Politisch* fordert man, das Bürgerrecht auf Bildung (DAHRENDORF) zu realisieren. Möglichkeit und Fähigkeit zur Weiterbildung sichern die gesellschaftl. Mobilität. *Didaktische und methodische* Erkenntnisse sollen in der Praxis wirksam werden, um dem Kind das Erreichen der Lernziele zu erleichtern.

2. *Gesellschaftliche Interessen.* Die junge Generation muß in Lebens- und Arbeitsformen eingeführt (Sozialisation, Anpassung), die Tradition gesichert, der Fortschritt ermöglicht werden. Der Bedarf der Arbeits- und Wirtschaftswelt muß befriedigt werden. Deswegen ist das Begabungspotential auszuschöpfen, die Auslese zu verbessern, allgemeine Leistungsfähigkeit zu steigern, die Ausbildungszeit möglichst zu verkürzen. Die Schule muß sich an gesellschaftl. Lebensformen anpassen (z. B. ↗5-Tage-Woche).

3. *Staatliche Interessen.* Staatspolitisch fordert man den gehorsamen Untertanen, den patriot. Bürger, den demokratisch denkenden und handelnden Mitbürger oder das ideologisch bestimmte Glied des Kollektivs. *Sozialpolitisch* fördert man standesgemäße Ausbildung oder fordert den Abbau sozialer Schranken. Die Schule wird zum Instrument der sozialen Integration. *Nationalpolitisch* will man zum heimat- und vaterlandsliebenden, zum national oder übernational gesinnten Menschen erziehen.

4. *Weitere Einflüsse.* Bildungswille und das ↗Erziehungsrecht der Eltern werden berücksichtigt. Standes- und kulturpolitische Initiativen der Lehrerschaft werden wirksam. Die geschichtlich vorgegebenen Situationen (Schulstruktur, Schulbau, Ausbildung der tätigen Lehrer, Siedlungsstruktur des Landes) beeinflussen die Reformtendenzen. Wählerverhalten und Staatshaushalt werden berücksichtigt. Die vielfält. Motivationen führen in der jeweiligen geschichtl. Situation zu neuen Vorschlägen. Kämpfe um die S. entstehen erst, wenn persönliche Interessen tangiert, bestimmte Motivkomplexe betont und andere vernachlässigt werden oder wenn es zu ideologisch verhärteten Verbindungen bestimmter Motivationen mit einzelnen Reformmaßnahmen kommt.

III. Verlauf

Im *Mittelalter* dienten ↗Latein- und Schreibschulen vornehmlich der Studierfähigkeit bzw. Berufstüchtigkeit. Der *Humanismus* verlangte Menschenbildung durch Sprachbildung; die *Reformation* führte zur Errichtung und Reform von Schulen um der Glaubensverkündigung willen. Die ↗Schulordnungen spiegeln die patriarchal. Sorge der Landesherren um zeitliches und ewiges Heil der Untertanen.
RATKE wollte nicht nur „der Wohlfahrt der Christenheit dienen", die Schulen zum „Pflanzgarten aller Stände" machen, methodisch „den Lauf der Natur" berücksichtigen, sondern durch die dt. Schulsprache die Einheit des Reiches fördern. In ähnlicher Weise verband COMENIUS in seinen Entwürfen rel., pansophische und didaktische Motive.
Im *18. Jahrhundert* setzte sich die Verstaatlichung des Schulwesens durch. Der Landesvater sorgte für sein Volk und erwartete treue und brauchbare Untertanen. Aufklärerische und philanthropische Reformen galten der realist. Lebensnähe in den Schulen und förderten Lebens- und Berufstüchtigkeit.
Zu Beginn des *19. Jahrhunderts* wurden in Reformplänen und S.en die Grundlagen unseres Schulwesens gelegt. FICHTE forderte eine Nationalerziehung für Kinder aller Stände in Verbindung mit Lernen und Arbeit. Schulische Bildung drängte fortschreitend Unterschiede der Geburtsstände in den Hintergrund. HUMBOLDT und NIETHAMMER brachten die Idee der allg. Menschenbildung zur Geltung; daneben behaupteten sich die philanthrop. Forderungen (B. C. L. NATORP). PESTALOZZIs Ideen zur allg. Volkserziehung und HERBARTs didaktische Vorschläge wirkten sich aus.
Die humanist. Gedanken konkretisierten sich im *Gymnasium*, das allein die Univ.sreife verlieh; die aufklärer. Ziele bestimmten stärker die Volks- und Realschulen. Die Durchsetzung der Schulpflicht machte Fortschritte, die innere Ausgestaltung der VS. erlitt auch politisch begründete Rückschläge (STIEHLsche ↗Regulative). Die Realschulen wurden teilweise zu ↗Realgymnasien und ↗Oberrealschulen ausgebaut,

die 1900 die Gleichberechtigung mit den Gymnasien erreichten.
Die *Schulreformbewegung*, deren Höhepunkt zwischen 1900 und 1925 lag, brachte in organisator. Hinsicht den Einheitsschulgedanken zur Geltung; die 4jähr. Grundschule wurde 1920 eingeführt, das Berufsschulwesen aufgebaut. Wichtiger noch waren die Impulse zur Reform des Unterrichts und Schullebens: ↗Arbeitsschule mit Selbsttätigkeit, Gemütsbildung, künstlerische Bildung, ↗Gruppenunterricht, außerunterrichtliche Aktivitäten, Schülermitverwaltung. Die Realisierung der Gedanken war nur begrenzt möglich, teilweise wird sie heute unter neuen Bedingungen fortgesetzt.

Nach 1945 wurden neue Strukturen und Lehrplankonzeptionen entwickelt, um die Schule zu einer christlich-humanen, sozialen und demokrat. Bildungsstätte zu machen; es blieben im allg. die Organisationsformen von 1930; auch die sozialpolitisch geforderte 6jähr. Grundschule konnte sich kaum durchsetzen. In der Periode bis 1960 folgte eine Zeit der didakt. Reformen (exemplarischer Unterricht, das Elementare).
1959 löste der ↗Dt. Ausschuß für das Erziehungs- und Bildungswesen durch den ↗Rahmenplan erneut die Diskussion über die Schulorganisation aus. Politisch verstärkt wurden die Reformvorschläge durch internat. Vergleiche, bildungsökonom. Argumente und parteipolit. Initiativen. Fast alle genannten Motivationen werden heute geltend gemacht; diskutiert und verwirklicht werden vor allem: vertikaler Ausbau und horizontale Gliederung des Schulwesens, differenzierte ↗Gesamtschule, die ↗Ganztagsschule und verschiedene Förderinstitutionen sowie das freie Schulwesen (↗Privatschulwesen). Die Mitbestimmung der Schüler (↗Schülerselbstverwaltung) wird ausgebaut, neue Unterrichtsformen mit technischen Medien werden erprobt; die Curriculum-Reform beginnt (↗Lehrplan). Die Realisierung aller Ansätze steckt noch in den Anfängen.

☐ Schule. Schulaufbau. Strukturplan. Differenzierung. Grundschule. Hauptschule. Förderstufe. Realschule. Höheres Schulwesen

Lit.: Zur Geschichte: F. Paulsen, Gesch. des gelehrten Unterrichts (³1919-21, Neudruck 1965); F. Blättner, Das Gymnasium (1960); W. Flitner, Die vier Quellen des VS.gedankens (⁴1966); J. Dolch, Lehrplan des Abendlandes (²1965); H. Nohl, Die päd. Bewegung in Dtl. (⁷1970).
Zu allen Schularten: Klinkhardts Päd. Quellentexte (1964ff., Lit.).
Zur Situation seit 1945: Dt. Ausschuß für das Bildungs- und Erziehungswesen, Empfehlungen u. Gutachten (1953 ff.); E. Lichtenstein, Probleme einer S. (1959); H. Schelsky, Anpassung oder Widerstand (1961, ⁴1967); Arbeitsgemeinschaft Dt. Lehrerverbände, Plan zur Neugestaltung des Bildungswesens (1962); H. Röhrs, Die Schule u. ihre Reform in der gegenwärt. Gesellschaft (1962, ²1967); F. Edding, Ökonomie des Bildungswesens (1963); G. Picht, Die dt. Bildungskatastrophe (1964); Dt. Inst. für Bildung u. Wissen, Gesamtplan zur Neuordnung des dt. Bildungswesens (1964); K. Erlinghagen, Die Schule in der pluralist. Welt (1964); H. v. Hentig, Die Schule im Regelkreis (1965, ²1969); L. Kerstiens, Die höhere Schule in den Reformplänen der Nachkriegszeit, in: Zschr. f. Päd. (1965); Bildung in neuer Sicht, hrsg. v. KM Baden-Württ. (1965 ff.); Th. Wilhelm, Theorie der Schule (1967, ²1969); Th. Sander u. a., Die demokrat. Leistungsschule (1967); S. B. Robinsohn, Bildungsreform als Revision des Curriculum (1967); K. Schaller (Hrsg.), Schule u. Leben (1967); Dt. Bildungsrat (Hrsg.), Gutachten u. Studien der Bildungskommission, 15 Bde. (1967 ff.); -, Empfehlungen der Bildungskommission (1968 ff.); -, Strukturplan für das Bildungswesen (1970); W. Tröger, Elitenbildung (1968); R. Dahrendorf, Bildung ist Bürgerrecht (³1968); A. Rang - W. Schulz (Hrsg.), Die differenzierte Gesamtschule (1969).

L. Kerstiens

Schulreife
ST. = Schulreifetest, SU. = Schulreifeuntersuchung

1. *Begriff.* Nach STREBEL versteht man unter S. einen „psycho-physischen Entwicklungsstand, der das Kind befähigt, den Anforderungen der Elementarschule erfolgreich zu entsprechen". EWERT weist darauf hin, daß die Wahl des Terminus -*reife* insofern problematisch ist, als die S. somit vorwiegend als Ergebnis eines endogen gesteuerten Entfaltungsprozesses aufgefaßt wird, der nur in geringem Maße durch die Umwelt beeinflußbar erscheint. Ferner wird der Eindruck erweckt, daß es sich bei der S. um eine Eigenschaft von prognost. Wert handle, die eine Klassifikation der Lernanfänger in schulreife, fraglich schulreife und schulunreife rechtfertige. Diese Auffassung von S. hat bisher lediglich dazu geführt, nach Kriterien zur diagnost. Klassifizierung der Lernanfänger zu suchen, da man davon ausgehen kann, daß nicht alle Schulkinder gleichzeitig ihre Schulfähigkeit zu einem gesetzlich fixierten Termin erreichen (dem Schul- bzw. Grundschulalter, in der BRD Vollendung des 6. Lj.).
2. *Kriterien der Untersuchung.* Bei den in der Praxis vorgenommenen *Schulreifeuntersuchungen* werden gewöhnlich drei Kriterien für bedeutsam gehalten: (1) *Körperliche S.;* hierbei handelt es sich um den allg. Gesundheits- und Entwicklungsstand des Lernanfängers. (2) *Soziale und emotionale S.;* hier geht es um „Bildbarkeit in der Gruppe" (HANSEN), altersangemessene Selbständigkeit (HECKHAUSEN - KEMMLER), Verständnis von Regeln und Wettbewerbsverhalten. (3) *Kognitive S.;* dabei handelt es sich um Gestalterfassen und Gliederungsfähigkeit, Kenntnis vorzahliger Mengenbegriffe, Symbolverständnis und willentl. Aufmerksamkeitszuwendung.

Die *körperliche* S. wird gewöhnlich mit Hilfe medizinischer Anamnesebögen ermittelt, die von den Eltern der Lernanfänger auszufüllen sind und als Grundlage für eine anschließende ärztl. Untersuchung dienen. ZELLER hat einen „Untersuchungsbogen zum ersten Gestaltwandel" entwickelt, der häufig bei Untersuchungen der körperl. S. verwendet wird.

Die *soziale und emotionale* S. wird vorwiegend vermittels päd. ANAMNESEBÖGEN (CORDT - WALTER), die von den Eltern ausgefüllt werden, oder durch Beobachtung der Lernanfänger in der psychol. Untersuchung etmittelt („Verhaltensprofil" von HUTH). Die medizin. und päd. Anamnesebögen weisen erhebliche Mängel hinsichtlich Objektivität, ↗Reliabilität und ↗Validität auf, so daß ihre Ergebnisse mit Vorbehalt zu betrachten sind.

Zur Untersuchung der *kognitiven* S. wurden verschiedene *Schulreifetests* entwickelt. Als wichtigste Gruppenverfahren zur Ermittlung der kognitiven. S. sind zu nennen: der Göppinger ST., der Auslesetest für Schulneulinge (Münchener ST.), der Grundleistungstest zur Ermittlung der S. von KERN, der Frankfurter ST. „Komm, spiel mit!", der Kettwiger ST., der Rheinhauser ST. und die Weilburger Testaufgaben zur Gruppenprüfung von Schulanfängern (ausführliche Darstellung bei CORDT - WALTER).

3. *Bewertung.* Die ST.s prüfen vor allem die Gliederungsfähigkeit für opt. Gestalten; sie ist die Voraussetzung für das genaue Erfassen der gegliederten Wortgestalt und damit für das Erlernen des Lesens und Schreibens. Zum zweiten prüfen die ST.s die Auffassung von gegliederten Mengen bzw. Gruppen; sie ist die Grundlage für das Erlernen des Rechnens. Weitere Prüfungen erstrecken sich auf die genaue Unterscheidung von Größen, auf Gedächtnisleistungen und Begriffsbildung.

Bei der Bewertung der Testergebnisse werden gewöhnlich drei Gruppen unterschieden: die *vollschulreifen* Kinder, die *fraglich* oder *bedingt schulreifen* Kinder und die *schulunreifen* Kinder. Mehrere Untersuchungen haben jedoch gezeigt, daß einige der als schulunreif bezeichneten Kinder, die dennoch eingeschult wurden, den Anforderungen des 1. Schj. wider Erwarten durchaus gewachsen waren. Es stellt sich somit die Frage, ob der prognost. Wert der ST.s Individualprognosen von der Tragweite einer Zurückstellung vom Schulbesuch zuläßt.

Darüber hinaus handelt es sich bei der S. wohl weniger um das Ergebnis biologischer Reifungsvorgänge als um das Ergebnis der Auseinandersetzung mit und der Anregung durch die Umwelt. Nach EWERT ist S. nichts anderes als „die Summe dessen, was das Kind in seiner vorschulischen Umwelt zu erwerben Gelegenheit hatte oder nicht. Ein Zurückstellen vom Schulbesuch wäre von hier her gerade nicht als Chance zum ‚Nachreifen' zu verstehen, sondern als ein Zurückverweisen auf eben die Lernumwelt, deren erziehliche Mängel in der Schulreifebeurteilung offenbar geworden sind."

4. *Vorschläge zur Revision.* Anstelle der bisher. Praxis der SU. schlägt EWERT vor, den Zugang zur Grundschule grundsätzlich allen Kindern zu gewähren, die der gesetzl. ↗Schulpflicht unterliegen. Neben einer inneren ↗Differenzierung des ↗Anfangsunterrichts sollten ↗Schulkindergärten für seelisch oder kognitiv zurückgebliebene Kinder eingerichtet und flexible Übergänge vom Schulkindergarten zur ↗Grundschule (und somit ein flexibler ↗Schulanfang) möglich gemacht werden. Für seh-, hör-, sprach-, körperlich oder geistig ↗behinderte Kinder sollten Sonderklassen eingerichtet werden, in denen differenzierend unterrichtet werden kann. Einweisung in eine ↗Sonderschule sollte nur erfolgen, wenn klinisch-diagnostisch eindeutige Befunde vorliegen, die sich nicht nur auf die Ergebnisse eines ↗Intelligenztests, sondern auch auf Schülerbeobachtung, SU., Elterngespräche, Beobachtung im Schulkindergarten und ärztl. Gutachten stützen. Die SU. hätte in diesem Zusammenhang nicht mehr den Charakter einer „Begabtenauslese", sondern diente „der Beratung der Schulanfänger durch Zuweisung zu geeigneten Förderungseinrichtungen oder -maßnahmen".

☐ Schulpflicht. Schulreifetraining. Schulkindergarten. Vorschulische Erziehung

Lit.: G. Strebel, Schulreifetest (³1957); W. K. Cordt - K. Walter, Die SU. (1962); L. Schenk-Danziger, Schuleintrittsalter, Schulfähigkeit, Lesereife (1968); O. Ewert, Zur Frage der S., in: Richtlinien u. Lehrpläne für die Grundschule. Schulversuch in NRW (1969).

D. Schwittmann

Schulreifetests ↗Schulreife

Schulreifetraining

Das S. dient dem Zweck, Kinder mit mangelnder ↗Schulreife so zu fördern, daß sie erfolgreich am ↗Anfangsunterricht teilnehmen können. Kurzfristig kann es beachtliche Erfolge erzielen; wahrscheinlich bedürfen manche Kinder aber einer längerfrist. Zusatzförderung.

Bislang lassen sich drei Trainingskonzepte unterscheiden, die sich in der Praxis vielfach überschneiden: 1. Ausgehend von bewährten *Schulreifetests,* liegt es nahe, die Testaufgaben zu üben, die das Kind noch nicht beherrscht, die aber nachweislich für die Schularbeit von Bedeutung sind. 2. Der Vergleich schulunreifer mit schulreifen Kindern zeigt, in welchen sonstigen Merkmalen schulunreife rückständig sind; so erscheint es zweckmäßig, ein entsprechend gezieltes *Training* vorzusehen (etwa bei sprachlich Rückständigen, legasthenischer Symptomatik, geistig oder körperlich Behinderten). 3. Ein anderes Konzept liegt vor, wo von *Entwicklungsanreizen* ausgegangen wird; manchen Kindern – etwa aus sozio-ökonomisch schwachen Familien – fehlen Stimulationen, die man für förderlich hält; es wird versucht, diese zusätzl. Anreize bereitzustellen („enrichment"- Programme der „Head-Start"-Projekte).

☐ Schulreife

Lit.: E. M. Dowley, Early Childhood Education, in: R. L. Ebel (Hrsg.), Encyclopedia of Educational Research (London ⁴1969).

K. J. *Klauer*

Schulschwänzen ↗ Schulschwierigkeiten

Schulschwestern ↗ Ordensschulen

Schulschwierigkeiten

Die Schule stellt Kinder in eine Forderungssituation – bei gleichzeit. Einschränkung des psychisch-phys. Bewegungsspielraumes. Demgemäß finden sich bei vielen Schülern im Laufe der Schulzeit *Anpassungsprobleme,* die als S., z. T. als Schulversagen, bezeichnet werden.

Sie sind von individuell stark unterschiedl. Ausmaß und treten bevorzugt bei Schuleintritt, bei Lehrer- oder Schulwechsel sowie im Rahmen allgemeiner Entwicklungskrisen auf. Häufig ist die Schule nur auslösendes Moment und Hauptdarstellungsfeld für außerschulisch bedingte und wesentlich umfänglichere Problemlagen des Kindes. Unter S. ist teils ein Verhalten zu verstehen, das den Erwartungen der Eltern und Lehrer nicht entspricht, teils auch eine gelegentlich kaum sichtbare innere Notlage des Kindes angesichts nicht schaffbar erscheinender Aufgaben.

Die beiden Hauptformen von S. sind Lernschwierigkeiten und Einordnungsschwierigkeiten.

1. *Lernschwierigkeiten* werden sichtbar durch langsam oder plötzlich abfallende oder gleichbleibend geringe ↗ Leistungen, die in einem, mehreren oder allen Unterrichtsgebieten auftreten. Auch übergroße Angestrengtheit, ↗ Ermüdung, Gestörtheit oder Trägheit und begleitende Resignation oder unzweckmäßige Kompensationsbemühungen (Scheinleistungen, aggressive Formen der Selbstdarstellung usw.) zeigen sich.

Voraussetzung für gezielte päd. Hilfsmaßnahmen ist eine genaue Kenntnis des Bedingungsgeflechts der jeweils vorliegenden Lernschwierigkeiten. Nur selten handelt es sich um eine einzelne Ursache. Feststellungen wie ↗ Faulheit, Dummheit, Begabungsmangel, Konzentrationsstörung haben allerdings kaum diagnostischen Wert, da sie die entscheidenden Gegebenheiten lediglich umschreiben und durch affektiv getönte Vorurteile eher verdecken.

Folgende Hauptbedingungen für Lernschwierigkeiten sind zu nennen:

a) *Äußere Beeinträchtigungen* in Schule oder Elternhaus: unzweckmäßiger Arbeitsplatz, schlechte Sichtverhältnisse, räumliche Enge, unruhige Raumgestaltung, akustische Störungen, überhöhte ↗ Klassenfrequenz, Schul- oder Lehrerwechsel, inhumanes Pausenreglement, Mangel an ↗ Schlaf, ↗ Reizüberflutung (Fernsehen usw.), unzweckmäßige Ernährung, häusliche Überbelastung, unzuträgliche Wohnverhältnisse, fehlender Auslauf usw.

b) *Didaktische Beeinträchtigungen:* Überforderung durch überhöhte, entwicklungsunangemessene Unterrichtsziele, Planlosigkeit des Vorgehens, Abstraktheit des Unterrichts, fehlende Schüleraktivierung, Nichtbeachtung des kindl. Lerntempos und Spannungsbogens, mangelnde ↗ Übung, unzureichende ↗ Motivation, unsachgemäße häusliche Hilfe usw.

c) *Gruppenmäßige Beeinträchtigungen:* Übersteigerte Konkurrenz- oder Pressionsverhältnisse zwischen Schülern oder ↗ Geschwistern, Zuweisung bzw. Übernahme bestimmter Rollen, die das Lernverhalten negativ prägen usw.

d) *Erzieherische Beeinträchtigungen:* Übersehen von Leistungen, Ungerechtigkeiten der Beurteilung, negative Stellungnahmen der häusl. bzw. schul. Erziehungspartner; Vernachlässigung, Verwöhnung oder Inkonsequenz; Härte, Einengung oder Überbesorgtheit.

e) *Organisch-funktionelle Beeinträchtigungen:* Sinnesschäden (Seh- bzw. Hörbeeinträchtigung), Entwicklungsstörungen, Kränklichkeit, organische Erkrankungen, gehirnorganische Schädigungen, angeborene oder ererbte Intelligenzmängel.

Groß ist die Gefahr, daß ein urspr. geringfügiger Anlaß durch Nichtbeachtung oder Fehlmaßnahmen zu gravierenden Schwierigkeiten führt, indem es zu zusätzl. Verhaltensstörungen kommt, die in der Regel mit gesteigert unzweckmäß. Maßnahmen beantwortet werden (circulus vitiosus).

2. Schulische *Einordnungsschwierigkeiten* reichen von Ängstlichkeit, Isoliertheit, motor. Unruhe, Gefügigkeit, Säumigkeit, Verspätung bis zu Clownerien, Trotz, Eigentumsdelikten, Schulschwänzen, Aggressionen und Sadismus.

Ihre Unterscheidung in *aktive* und *passive* Verhaltensweisen („erziehungsbedrängende und erziehungsbedrängte Schüler") ist für die erforderl. päd. Maßnahmen ebenso unergiebig wie graduelle Einteilungen oder Scheindiagnosen wie Frechheit, Böswilligkeit, familiäre Belastung, Psychopathie usw.

Entscheidend für wirksame päd. Hilfe ist das Verständnis der inneren Situation des Kindes. Dabei erweist sich nicht selten, daß das vermeintl. Fehlverhalten ein durchaus altersangemessenes Normalverhalten ist und daß lediglich der Erzieher überhöhte Ansprüche stellt. – Häufig finden sich auch zum Formfindungsprozeß gehörige reguläre Grenzüberschreitungen aus Gründen der Grenzvergewisserung – teils weil keine hinreichend deutl. Markierungen erfolgt sind, teils weil deren Gültigkeit überprüft werden soll. – Im wesentl. bilden die im Zusammenhang mit den Lernschwierigkeiten genannten Gegebenheiten die Entstehungsbedingungen auch für Einordnungsschwierigkeiten: äußere, didaktische, erzieherische, gruppenmäßige und organisch-funktionelle Beeinträchtigungen. Oft bedarf es neben einer sorgfält. Abklärung des Hintergrundes der jeweiligen Schwierigkeit im Gespräch zwischen Schule und El-

ternhaus spezieller psychol. Untersuchungen, um angemessene päd. oder anderweitige Hilfen bestimmen zu können. Sie reichen von Korrekturen der äußeren Verhältnisse über didakt. und erzieher. Umstellungen bis zur Überweisung zu spezieller ärztl. Therapie.
☐ Erziehungsschwierigkeiten

Lit.: J. Berna, Erziehungsschwierigkeiten u. ihre Überwindung (²1959); H. Bach, Schul. Erziehungsberatung (1960); R. G. E. Müller, Das erziehungsschwier. Schulkind (1962); M. Eyrich, Schulversager (1963); E. Richter, Eltern, Kind, Neurose (²1967); E. Höhn, Der schlechte Schüler (1967); W. Correll, Lernstörungen beim Schulkind (⁵1969); A. Dührssen, Psychogene Erkrankung bei Kindern u. Jgdl.n (⁷1969); L. Kemmler, Erfolg u. Versagen in der Grundschule (⁸.⁻¹⁰. Tsd. 1969); R. u. A. Tausch, Erziehungspsychol. (⁵1970).

H. Bach

Schulspiel, Schultheater
SP. = Schulspiel(s), ST. = Schultheater(s)

I. Schulspiel

1. SP. als ↗Darstellendes Spiel ist *Unterrichtsspiel* und wird zusammen mit anderen nichtprofessionellen Spielgattungen, wie Jugendspiel, ↗Amateurtheater, Freilichtspiel u. a., noch weitgehend als ↗Laienspiel verstanden (R. MIRBT, M. LUSERKE, I. GENTGES, E. J. LUTZ, P. AMTMANN, H. HAVEN u. a.); es wird geprägt durch sozialpsychol. (K. GROOS), psychoanalyt. (S. FREUD), biologisch-anthropolog. (F. J. J. BUYTENDIJK), kulturtheoret. (J. HUIZINGA) und entwicklungspsychol. (K. BÜHLER, H. HETZER, W. HANSEN) Überlegungen. Das SP. entfaltet sich in der reformpäd. Bewegung und wird aufgefaßt als Unterrichtsprinzip, -mittel und -gegenstand.

2. Parallel zu den Phasen der Entwicklungspsychol. werden vier *Spielalter* unterschieden (Ch. BÜHLER, O. KROH; J. M. HEINEN, I. GENTGES): das erste vom 4.–7. Lj., das zweite vom 8.–11./12. Lj., das dritte vom 12.–15./16. Lj. und das vierte vom 17. Lj. ab. Jedem Spielalter werden bestimmte Spielformen zugeordnet (vgl. I. BRAAK, E. J. Lutz, P. AMTMANN, H. HAVEN). Das literar. Drama ist dem vierten Spielalter vorbehalten; für das dritte wird die „An- oder Einspielmethode" empfohlen. Mögliche Stücke sind Einakter von Wilder oder „Wilhelm Tell" und Parallelstücke. – Innerhalb der Spielformen (Scharaden, Stegreifspiel, Pantomime, Masken-, Puppen- und Schattenspiele, Bewegungs- und Tanzspiele, Textspiel, chorisches Spiel) unterscheidet man freie und gebundene, gestaltete und nachgestaltete Spiele.

3. Im Zusammenhang didaktischer Neuorientierung und Veränderungen im Bereich des Theaters ist SP. aktionalisierter, dramatisierter Unterricht als zielorientierter *Lernprozeß*; je nach Akzentuierung kann man unterscheiden: pantomimisches, sprachliches (literarisches), Figuren-, Medienspiel, musikalisches, politisches, katechetisches Spiel. Diese Spielformen sind nicht an die „Spielalter" gebunden; jede Form kann unter Berücksichtigung altersspezifischer Gegebenheiten in jedem Alter realisiert werden (vgl. J. S. Bruners Hypothese). So kann z. B. die dramatisierte Fabel als pantomimisches Spiel, eine Kurzgeschichte als Medienspiel (Hör- und Fernsehspiel, Film) geboten werden, der Geschichtsunterricht als „Interview" (vgl. ARD-Fernsehsendung) oder die Rollen-Debatte im Rahmen der polit. Bildung.

4. Das SP. als Lernangebot kann *Curriculumelement* werden. Es wird fachlich eingegliedert oder als eigenständiger Bereich konzipiert. Eine Realisierung erfolgt in Kursen, Arbeitsgemeinschaften und Lehrgängen durch einen Lehrer oder durch Kooperation eines Lehrerteams in fächerübergreifender und projektorientierter Weise. Zur Zeit ist das SP. nur freies Angebot.

Die differenzierten und anspruchsvollen Formen dieses SP. verlangen Spezialisierung und Schwerpunktbildung für den Lehrer.

II. Schultheater

1. ST. ist die *Realisation eines literarischen Dramas* auf der Schulbühne; Pantomime, Figurentheater, Hörspiel, Film, Fernsehspiel, Kabarett erweitern den Bereich. Das literar. Drama kann auch mit jüngeren Schülern realisiert werden.

2. Zur eigenen Produktion gehört die *Reflexion über Kunstformen des Berufstheaters*: Theaterbesuche, Diskussionen, Theaterkritiken, -zeitschriften. So ergibt sich eine Korrespondenz verschiedener Prozesse: SP. – ST. – Theater (Film, Fernsehen, Kabarett).

Beispiele für verschiedene Zuordnungsmöglichkeiten:
(1) E. ALBEE, Die Zoogeschichte im literar. Unterricht; folgt: Theaterbesuch mit anschließender Diskussion mit den Schauspielern; folgt: E. ALBEE; Der amerikan. Traum als ST.; folgt: Theaterbesuch (E. ALBEE, Alles im Garten). folgt: Abschluß im literar. Unterricht.
(2) Thema: „Drittes Reich" (im Geschichtsunterricht); folgt: B. BRECHT, Furcht und Elend des Dritten Reiches als ST.
(3) „Absurdes Theater" im literar. Unterricht (IONESCO, TARDIEU, BECKETT); folgt: Jean Tardieu: Eine Sitte für die andere und: Ein Wort für das andere als ST.
(4) M. FRISCH: Homo faber im literar. Unterricht; folgt: Theaterbesuch: Andorra.
(5) Figurenspiele (Fingerpuppen, Handpuppen, Tonnenpuppen, Stabmarionette, Fadenmarionette, Stockpuppe, Lichtspiel, Schattenspiel, Maskenfilm; Trickfilm; Happening); folgt: Figurentheater (CONTRYN, DVORAK, JURKOWSKI, OBRASZOW, OFFIK u. a.); folgen: Figurenspiele.
(6) G. EICH: Die Mädchen aus Viterbo (Hörspiel als SP.); folgt: Dichterlesung und Korrespondenz mit G. Eich. – usw.

3. Entscheidend ist *der dramatische Prozeß* im Bereich des *ST.*, nicht die Aufführung. Er ist ein kreativer Prozeß, dessen Ergebnis ein kreatives Produkt ist. Dieser Prozeß korrespondiert mit den (spielerischen) Prozessen

des SP., die den Jgdl.n für das ST. spielfähig machen und ihn zu hoher Spielfertigkeit führen können. ST. steht in Zusammenhang mit allg. und fachlichen Lernzielen.
4. Durch die selbst produktive Auseinandersetzung mit Theater und Medien und krit. Reflexion lernt der Jgdl. Theater und Medien als Teil der sozio-kulturellen Wirklichkeit sowie sein eigenes kulturelles Verhalten rational zu analysieren.
5. Das Teilhaben an den künstler. Prozessen macht den Jgdl.n fähig, Qualität von Banalität zu unterscheiden, ermöglicht ihm die „Öffnung des Weges zur Interpretation" angesichts der „Informationsüberflutung durch die Medien der Massenkommunikation", erzieht ihn zu einem produktiven Kulturverhalten und kann kritikloses Konsumverhalten verhindern. Das Partizipieren an diesen Prozessen bedeutet „Ausstattung zum Verhalten in der Welt" und „Erziehung zur Fähigkeit, Ziele und nicht nur Instrumente zu wählen" (ROBINSOHN).

☐ Darstellendes Spiel. Amateurtheater. Theater u. Jugend. Laienspiel

Lit.: M. Bourges, Jeux dramatiques (Paris 1949); H. Kindermann, Theatergesch. Europas (1957–68); M. Small, L'enfant et le jeu d'expression libre (Paris 1959); K. G. Simon, Pantomime. Ursprung, Wesen, Möglichkeiten (1960); E. Decroux, Paroles sur le mime (Paris 1963); J. Soubeyran, Die wortlose Sprache (1963); H. J. Potratz, Schauspielkunst auf der Schulbühne (1965); E. Bentley, Das lebendige Drama. Eine elementare Dramaturgie (1967); Bibliogr. I der PH Berlin (1970); K. Dorpus, Regie im Schul- u. Jugendtheater (1970); Figurentheater, in: Lex. der Kunstpäd., hrsg. v. W. Ebert (1971).

O. Klöter

Schulsport ↗ Leibeserziehung

Schulstaat
1. S. bezeichnet Idee und Verwirklichung einer *Schulgemeinde,* die als „Staat im Kleinen" geordnet und als „Modell des Staates" Vorformen sozialen und politischen Engagements entwickelt. Demokratisch gewählte Organe, wie z. B. *Schülerparlament* und *Schülergericht,* bieten Möglichkeiten zur Einübung kooperativen und partnerschaftlichen Verhaltens. Die verschiedenen histor., meist ideolog. Konzeptionen sollten die Erneuerung von Schule und Gesellschaft bewirken.

2. In der *Bildungsgeschichte* lassen sich vier Ursprünge nachweisen. (1) TROTZENDORF (gest. 1556) ordnete seine Schule in Goldberg nach dem Muster des röm. Staates. (2) Einen Ansatz stellt FELLENBERGs Inst. in Hofwyl dar, das wohl Goethe zur *Pädagogischen Provinz* (Wilh. Meisters Wanderjahre) anregte. Formen der ↗Schülerselbstverwaltung entwickelte u. a. H. STEPHANI (gest. 1850). (3) Im ags. Bildungswesen gewann das Self-Government der Schüler im Anschluß an das Tutorsystem der Colleges in den *School Cities* und *Junior Republics* wachsende Bedeutung. In den USA entstanden *Boys Towns* (u. a. Father FLANAGANs Gründung 1917) zunächst zur Behebung der Jugendnot. Die demokrat. Idee der Schülermitbestimmung und -selbstverwaltung erhielt in den Schriften J. DEWEYs, F. W. FOERSTERs und G. KERSCHENSTEINERs eine wesentl. päd. Begründung der polit. Bildung. Neue Impulse boten die ↗Landerziehungsheime und der ↗Jenaplan P. PETERSENs. Unter den zahlreichen Modellen übten die *Erziehungsstaat* J. LANGERMANNs bei Elberfeld, die Schulfarm Scharfenberg und A. REICHWEINs Landschule in Tiefensee weitreichenden Einfluß aus. (4) Sozialistische Motive lagen den Ideen einer *Produktionsschule* bei P. OESTREICH und P. BLONSKIJ zugrunde. A. S. MAKARENKOWs Gorki-Kolonie in der Ukraine war Vorbild der Kollektiverziehung der „neuen Menschen" und galt als Muster vieler „Roter Kinderrepubliken".

3. *Heute* ist vom S. nur noch selten die Rede. Extreme Erwartungen radikaler Schulreformer beruhten auf ideolog. Voraussetzungen, die sich später als ↗Utopie erwiesen. Viele S.en wurden durch bes. begabte Jugendführer geprägt, deren gesellschaftliche Idealforderungen auf die Dauer nicht zu verwirklichen waren, auch wegen der Situation gefährdeter Jgdl. Manche Anregungen wirken fort, u. a. in *Pestalozzi-Kinderdörfern* und A. S. NEILLs Schule in Summerhill. Schülermitbestimmung und -selbstverwaltung sind typisch für demokrat. Schulversuche in kommunist. Staaten und Entwicklungsländern.

☐ Partnerschaft. Schulgemeinde. Schülerselbstverwaltung

Lit.: A. Fingerle, Selfgovernment in amerikan. Schulen (1948); F. W. Foerster, Schule u. Charakter (^{15}1953); F. Pöggeler, Die Verwirklichung politischer Lebensformen in der Erziehungsgemeinschaft (1954); W. Scheibe, Die reformpäd. Bewegung 1900–1932 (1969).

E. Schoelen

Schulstatistik ↗ Bildungsstatistik

Schulstrafen ↗ Schuldisziplin

Schulstreik
1. *Rechtlicher Aspekt.* S. ist das Fernhalten einer Anzahl von Schulkindern vom pflichtmäß. Schulbesuch durch die Erziehungsberechtigten auf Verabredung und mit dem Ziel, eine Forderung durchzusetzen. Diese Forderung kann sich auf Erfüllung sachlicher oder persönlicher Wünsche oder auf Abstellung von Mängeln und Mißständen beziehen (bez. Einrichtungen, Schulwege, Lehrkräfte, Mißbrauch politischer, bürokratischer oder persönlicher Gewalt usw.).
Der S. ist juristisch ein Verstoß gegen Gesetze, insbes. gegen die Schulpflichtgesetze, möglicherweise auch gegen die strafrechtl. Vorschriften über den Widerstand gegen die Staatsgewalt (§§ 110 u. 114 StGB). In Ausnahmefällen kann S. unter dem Gesichtspunkt eines gegenwärt., durch andere Mittel nicht abzuwendenden Notstandes vorübergehend gerechtfertigt sein (§ 54 StGB sowie der übergesetzl. Notstand). Beispiele: Gegen-

wärtige Gefahr für Leib oder Leben des Schulkindes durch eine sittlich verdorbene Lehrkraft, Einsturzgefahr in baufäll. Schulgebäude o. ä.).

Der S. oder die Drohung mit ihm haben in den ↗ Schulkämpfen der Vergangenheit gelegentlich eine Rolle gespielt. Daß ggf. auch von staatl. (behördl.) Seite einen echten Notstand bewirkende Maßnahmen ausgehen können, hat zuletzt das weithin rechtswidrige Vorgehen der NS-Schulpolitik in größerem Umfange gezeigt. Unter den heutigen rechtsstaatl. Verhältnissen der Schulgesetzgebung und Schulverwaltung besteht eine so große Zahl von erweiterten Rechtsbehelfen zugunsten der Erziehungsberechtigten (z. B. Verwaltungsklage, Erörterung in Schulpflegschaften und Elternbeiräten), daß ein S. nur sehr selten durch einen auf andere Weise nicht zu beseitigenden Notstand gerechtfertigt sein kann.

2. *Politischer Aspekt.* Als die von Eltern- bzw. Schülergruppen organisierte Fernhaltung der Schüler vom Unterricht ist der S. ein bes. scharfes Kampfmittel zur Durchsetzung bildungspolitischer Forderungen. Obgleich dem Schulpflichtgesetz und den Schulordnungen widersprechend, wird der S. dann angewendet, wenn Eltern bzw. Schüler glauben, vom Schulträger ungerecht behandelt zu werden und bestimmte Ziele (z. B. stärkere Mitbestimmung, Demokratisierung von Schulrecht und -ordnung) erkämpfen zu müssen. Die Erfahrung zeigt, daß die meisten S.s erfolgreich verlaufen. Politisch problematisch ist dabei, daß Forderungen mit illegalen Mitteln durchgesetzt werden, da S. kein Streik im Sinne des Streik*rechts* ist.

☐ Schüler. Schülervereinigungen. Öffentlichkeit des Schulunterrichts

Lit.: E. Schuegraf, Der S. in der geltenden Rechtsordnung, in: Neue Jurist. Wochenschr. (1958) S. 2053 ff.; F. Pöggeler, Der S., in: Lebendige Schule, H. 6 (1963); H. Heckel - P. Seipp, Schulrechtkunde (⁴1969).

1. *P. Westhoff,* 2. *F. Pöggeler*

Schulstufen ↗ Stufenlehrer ↗ Strukturplan

Schultafel ↗ Wandtafel

Schulträger

S. ist, wer für die Errichtung oder Fortführung einer Schule, ihre Organisation und Verwaltungsführung in äußeren Schulangelegenheiten rechtl. unmittelbar die Verantwortung trägt und für ihren Sachbedarf eigene Leistungen erbringt.

Der Begriff ist aus den Begriffen „Unterhaltsträger, Schulunterhaltungsträger, -patronat, Träger des Schulbedarfs, der Schullasten (-kosten)" entwickelt worden. Während früher die Übernahme der Personal- und Sachkosten mit der Möglichkeit der Beteiligung des Staates oder Dritter im Vordergrund stand, kommt es heute begrifflich auf die Verwaltungsführung in äußeren Schulangelegenheiten und die finanziellen Leistungen in bezug auf die Sachkosten an. Die Verpflichtung, die gesamten Personal- und Sachkosten zu leisten (z. B. Land als Träger staatlicher Schulen), oder die Beteiligung des S.s an den Personalkosten des Landes für Lehrer an kommunalen Schulen durch Stellenbeiträge ist nicht ausgeschlossen. Der S. kann auch Dienstherr der Lehrer (z. B. an sog. Kammerschulen) bzw. für innere Schulangelegenheiten zuständig sein (z. B. für Privatschulen). Beteiligung an den Schulkosten im Innenverhältnis genügt für die Schulträgerschaft nicht.

Träger öff. Schulen können Staat, Gemeinden, Landkreise, Zweck-, Schul-, Gemeinde- und Landschaftsverbände, in einigen Ländern berufsständische öff.-rechtl. juristische Personen (z. B. Innungen, Handwerks-, Industrie- und Handels-, Landwirtschaftskammern) sein. Als Träger privater Schulen kommen natürliche Personen, Personenvereinigungen, Vereine, Stiftungen des Privatrechts und Kirchen sowie deren Einrichtungen (z. B. Kirchengemeinden, -kreise, Ordensgesellschaften) in Betracht. Der S. ist für die äußeren Schulangelegenheiten zuständig; das sind die Angelegenheiten, deren Regelung Voraussetzung für die Durchführung des ordnungsgemäßen schul. Unterrichts ist. Der Schulleiter ist insoweit an die Anordnungen des S.s gebunden.

Zum Sachbedarf, für den der S. eigene Leistungen zu erbringen hat, gehören z. B. die einmaligen und laufend wiederkehrenden Ausgaben für Schulgrundstück, -gebäude, -einrichtung, Sportstätte, Lehrmittel, Lehrer-, Schülerbücherei, Instandhaltung, Verwaltungskosten, Personalkosten für nichtunterrichtende Bedienstete (z. B. Schulsekretärin, Hausmeister, Heizer), Schülerunfallversicherung, -fahrkosten. Die Einnahmen der Schule kommen über den Schulhaushalt mittelbar dem S. zugute (z. B. Schulgeld sofern erhoben. Gebühren für Zeugnisabschriften, Entgelt für Vermietung von Schulräumen).

Pflichtschulen (Grund-, Haupt-, Berufsschulen) müssen von den nach Landesgesetz bestimmten S.n errichtet werden (Pflichtaufgabe der Gebietskörperschaften). Im Wege der Daseinsvorsorge errichten die Gemeinden oder Gemeindeverbände freiwillig weiterführende Schulen (z. B. Gymnasien, Real-, Berufsfachschulen). Die für die Schulträgerschaft begrifflich notwendigen Funktionen werden als Selbstverwaltungsangelegenheiten wahrgenommen. Staatliche Genehmigungsvorbehalte und Mitfinanzierung sind möglich, ohne daß der Staat dadurch an der Schulträgerschaft beteiligt wird.

☐ Schulrecht. Schulverwaltung. Schulaufsicht

S. Tiebel

Schulung

In Theorie und Praxis der Bildung ist der Begriff S. vieldeutig: 1. Bildung in schul. Form;

2. möglichst kurzfristige Vermittlung, Übung und Annahme eines für eine bestimmte berufl. und außerberufl. Tätigkeit erforderl. Wissens und Könnens; 3. Vermittlung eines vorgefaßten, lediglich zu referierenden und nicht eigentlich zu diskutierenden Stoffes; 4. mentale „Abrichtung" bestimmter Personengruppen für ideolog. Zwecke; 5. Umschulung als Hilfe zum Wechsel von einer Tätigkeit zur anderen.
Zumindest bei 3 und 4 droht völlige oder partielle Ausschaltung der krit. Einsicht des Lernenden; S. wird hier zur Manipulation, zum Medium der Entmündigung. In totalitären Staaten wird Bildung meist als S. aufgefaßt; daher ist der Begriff in Mißkredit geraten. Gleichwohl wird er heute vor allem in der Berufsbildung häufig verwendet, um den Praxisbezug zu betonen, der im Begriff Bildung nicht hinreichend gegeben zu sein scheint. – Bei Einübung und Ausprägung beruflicher Fertigkeiten kann S. als Spezialform formaler Bildung verstanden werden. *Umschulung* ist ein wesentl. Kriterium beruflicher und gesellschaftlicher ↗Mobilität.

Lit.: H. Riese - H. L. Nieder - U. Müllges, Bildung für den Beruf (1969).

F. Pöggeler

Schulvereine ↗Vereine und Verbände, pädagogische

Schulversagen ↗Schulschwierigkeiten

Schulversäumnis
Schulpflichtige Schüler verstoßen bei unentschuldigtem S. gegen die gesetzl. ↗Schulpflicht. Bei wiederholtem oder längerem S. kommt es zu behördl., evtl. gerichtl. Maßnahmen gegen die Erziehungsberechtigten oder Lehrherren. Einzelheiten regelt das Schulpflichtgesetz. Pflichtschulen verlangen bei mehrtägiger Erkrankung im allg. ein ärztl. Attest. Besondere Vorschriften gelten für S. unmittelbar vor oder nach den Ferien. S.e größeren Umfangs erschweren die Leistungsbewertung. Bes. in der Oberstufe sind versäumte Arbeiten nachzuschreiben. Trotz längeren Fehlens kann die Versetzung erfolgen, wenn erfolgreiche Mitarbeit in der nächsten Kl. zu erwarten ist. Ggf. werden keine Zeugnisse erteilt. In der Oberstufe weiterführender Schulen können sich Schüler mit Zustimmung der Eltern selbst entschuldigen. Häufige unentschuldigte S.e in der weiterführenden Schule können zur Entlassung auf dem Verwaltungsweg führen. Rechtzeitige Hinweise an die Eltern sind erforderlich.

H. Klein

Schulversuche ↗Versuchsschulen

Schulverwaltung
1. Unter dem *Begriff* der S. werden eine Fülle verschiedenartiger Aufgaben und Befugnisse zusammengefaßt, die die Ordnung und Sicherung der Schule betreffen und teils ausführender, teils lenkender und teils aufsichtsrechtlicher Art sind. Die S. *im weitesten Sinne* erstreckt sich dabei auf die ↗Schulaufsicht und auf die Verwaltung im Bereich der einzelnen Schule (↗Schulleiter). In diesem weiten Sinne ist der Begriff der S. umstritten. Das nordrhein-westfäl. Schulverwaltungsgesetz verwendet den Begriff der S. nicht mehr als Oberbegriff, sondern stellt S. und Schulaufsicht nebeneinander. Die Unterscheidung zwischen S. und Schulaufsicht hat vor allem deshalb Bedeutung, weil die S. Aufgabe des ↗Schulträgers ist, während die Schulaufsicht vom Staat ausgeübt wird, der die Gemeinden hieran beteiligen kann.
2. Zur *Abgrenzung der Funktionen* und Rechte der kommunalen Selbstverwaltung von der staatl. Schulaufsicht wird seit der STEINschen Städteordnung von 1808 zwischen inneren und äußeren Schulangelegenheiten unterschieden. Dabei werden den inneren dem Staat vorbehaltenen Schulangelegenheiten alle schulfachl. Angelegenheiten zugeordnet, die Unterricht und Erziehung, Lehrplan und Unterrichtsmethode, Schulbesuch und Schulzucht, daneben aber auch die dienstrechtl. Stellung der ↗Lehrer betreffen. Als äußere – den Schulträgern zugewiesene – Schulangelegenheiten werden diejenigen Angelegenheiten verstanden, die die Voraussetzungen für die innere Arbeit der Schule zu schaffen und zu sichern haben, insbes. die Errichtung, Ausstattung und Unterhaltung der Schulgebäude und -anlagen, die Schulfinanzierung, die Anstellung der Lehrer und die Erledigung der Rechts- und Verwaltungsangelegenheiten. Auch die Unterscheidung in innere und äußere Schulangelegenheiten ist wegen der Schwierigkeit der Abgrenzung übergreifender Bereiche (gemischte Aufgaben) strittig, in Ermangelung einer treffenderen Bezeichnung aber noch weitgehend üblich.
3. Zu den *Aufgaben* der S. im engeren Sinne gehört somit die Erledigung der äußeren Schulangelegenheiten einschließlich der Aufbringung und Bereitstellung der Mittel zur Deckung der Schulkosten. Sie umfassen a) die Errichtung, Organisation und Verwaltungsführung der Schulen einschließlich der Namensgebung, b) die Anstellung der Lehrer sowie die Einstellung des nichtpäd. Personals (z. B. der ↗Hausmeister, Heizer und Schreibkräfte), c) die Schulunterhaltung und Schulfinanzierung, d) die Bereitstellung des Schul-

grundstücks und des Schulgebäudes, die Bereitstellung und Bewirtschaftung der übrigen sächlichen Mittel (z. B. Büchereien, Lehrmittel) sowie die Verwaltung des Schulvermögens und e) die Erledigung von Verwaltungsaufgaben, die sich aus der Sorge für die Schüler und Lehrer ergeben (z. B. Schulgesundheitspflege, Bereitstellung von Dienstwohnungen).

4. Die *Wahrnehmung dieser Aufgaben* ist Sache des ↗Schulträgers. Bei der Regelform der gemeinsamen Schulunterhaltung üben Staat und Gemeinden die Verwaltungsaufgaben in ihren jeweiligen Teilbereichen aus; bei getrennter Schulunterhaltung liegt die Wahrnehmung beim Staat oder bei dem kommunalen Schulträger. Bei den sog. Kammerschulen obliegt die S. den Innungen oder Kammern, bei Privatschulen dem privaten Schulträger. Organe der staatl. Schulverwaltung sind die Schulverwaltungsbehörden, die zugleich Schulaufsichtsbehörden (↗Schulaufsicht) sind. Organe der kommunalen Schulverwaltung sind die gesetzl. Vertretungsorgane (Gemeinderat, Schulausschuß, Schulvorstand, hauptamtliche Gemeindebeamte usw.). Bei gemeinsamer Schulunterhaltung von Staat und Gemeinden bestehen unterschiedliche Formen der kommunalen Mitwirkung, z. B. bei der Auswahl der Lehrer.

5. Die *Mitwirkung* von ↗Eltern, ↗Lehrern und ↗Schülern an der S. vollzieht sich in ↗Schulpflegschaften und Elternbeiräten, ↗Lehrerkonferenzen, Gremien der Schülermitverwaltung (↗Schülerselbstverwaltung).

☐ Schulaufsicht. Schulrecht

Lit.: H. Heckel, S., in: Hdb. der kommunalen Wiss. u. Praxis, Bd. 2 (1957); H. Heckel - P. Seipp, Schulrechtskunde (⁴1969); H. Meyerhoff - T. Pünder - H.-J. Schäfer, S.sges. u. Schulfinanzges. NRW (²1968).

H. Wenzel

Schulwandern

1. *Allgemeine Entwicklung.* Aus dem Geist der Aufklärung bildet sich die Form der Lehrwanderung, praktiziert von den Philanthropisten, z. B. von C. G. SALZMANN in Schnepfenthal. Sehnsüchtiges Naturgefühl und Pantheismus der Romantik wecken eine sentimentale Wanderlust (J. v. EICHENDORFF). Der Wandernde erkennt „anthropologisch und kosmisch" mehr als der Fahrende (G. SEUME). Romantisch motiviert ist auch die „Turnfahrt" F. L. JAHNs, der seine Schüler zur „Land- und Leutekunde" führen will. – Der Aufbruch der dt. ↗Jugendbewegung beruht auf einem neuen Lebensgefühl und bewirkt eine zunehmende Irrationalisierung des ↗Wanderns. In Verbindung mit Lagern und Zelten und den Stützpunkten der Jugendherbergen wird das Wandern bei Wandervögeln und ↗Pfadfindern zur Suche nach dem einfachen Leben, nach Ursprüngen, Urkräften, Urlandschaften. – Als zweckfreie Fortbewegung in der Natur aus eigener Kraft hat sich das Wandern vom Fußwandern zum Radwandern und zur „Fahrt" entwickelt. Bereichert um die Motive des Wagens und Leistens, hat es sich zu Sportformen ausgebildet: Bergwandern, Skiwandern, Wasserwandern.

2. *Schule.* Das S. nimmt nach dem 1. Weltkrieg feste Formen an als monatliche „Ganztagswanderung" (preuß. Erlaß von 1920) oder als mehrtägige „Klassenwanderung". – In den 60er J. setzt ein progressiver Schwund ein, obgleich Richtlinien und Erlasse an den überlieferten Formen festhalten. Die Schule behilft sich mit Varianten der Exkursion oder mit motorisierten „Studienfahrten". Ursachen der Entwicklung liegen in dem veränderten Naturverhältnis, in der Faszination durch Technik und Geschwindigkeit. Ein äußerer Grund des Rückgangs ist die enge jurist. Auslegung der Aufsichtspflicht des Lehrers.

3. *Bildungswert.* In seiner urspr. Intention versteht sich Wandern als Ausbruch aus hemmenden, verfestigten Konventionen, als Ausdruck einer dynam. Lebenshaltung (A. STENZEL). Der überkommene Wertekanon des Wanderns ist mit den Begriffen Natur, Heimat, Vaterland, Kameradschaft zu umschreiben. Die päd. Rechtfertigung beruht auf der traditionellen „Gemütsbildung" und auf Argumenten der Zivilisationskritik. In neuerer Sicht akzentuiert man die bildende Funktion der „Erlebnisfähigkeit", der „Selbstfindung", der „Besinnung" (W. BREZINKA).

☐ Wandern und Reisen. Jugendherbergswesen. Camping. Zeltlager. Freizeit

Lit.: C. Will, Das dt. Jugendwandern (1932); A. Stenzel, Die anthropolog. Funktion des Wanderns u. ihre päd. Bedeutung (Diss. 1955); W. Brezinka, Erziehung durch das Wandern, in: Die Slg. 12 (1957); S. in NRW, Richtlinien, Leitsätze, Erlasse (1957); G. Ziemer - H. Wolf, Wandervogel und Freiheit (²1961).

H. Bernett

Schulweg

S. ist der Weg vom Wohnhaus des Schülers bis zur Schule und zurück. Umwege gelten (insbes. versicherungsrechtlich) nicht als Teile des S.es. Eine Aufsichtspflicht der Schule besteht für den S. nicht, wohl aber für den Weg zwischen zwei Schulveranstaltungen, z. B. vom Schulgottesdienst zur Schule oder von der Schule zum Sportplatz. Verkehrsgefahren auf dem S. – insbes. für jüngere Schüler – erfordern rechtzeitige Verkehrserziehung im Unterricht. Lotsendienste von älteren Schülern (↗Schülerlotsendienst) oder auch von Eltern verringern die Gefahr, ebenso der Einsatz von Schulbussen. Im übrigen liegt der S. außerhalb des Erziehungsbereiches der Schule. So ist z. B. ein Rauchverbot für den S. Sache der Eltern. Diese entscheiden auch, ob der Weg zu Fuß oder mit dem Fahrrad zurückgelegt wird. Für ein Fehlverhalten auf dem Weg sind sie verantwortlich; bei Beschwerden ist an sie zu verweisen. Bei allg. Mißständen kann die Schule Belehrungen erteilen. *H. Klein*

Schulwirklichkeit ↗ Erziehungswirklichkeit

Schulwohnstube
Unter Einfluß der ↗ Reformpäd. entstand das Bestreben, die Schule zur Lebensstätte der Jugend, die Klasse zur Lebensgemeinschaft und den Klassenraum zur S. zu machen. Sofern dabei die Wohnstube der Familie als Vorbild angesehen wurde, lag eine Verkennung der Aufgaben und sozialen Situationen der Schule vor. Folgende päd. Einsichten haben auch heute noch Bedeutung: 1. Die räuml. Faktoren des Unterrichts (Größe, Ausstattung, Farbgebung, Atmosphäre des Raums, Art und Anordnung der Möbel, Sitzordnung, Bewegung im Raum) wirken auf Befinden, Lernmöglichkeiten und Verhalten der Schüler und auf das soziale Geschehen in der Gruppe ein. 2. Schüler müssen Gelegenheit haben, zu lernen, sich selbständig aufgaben- und sozialbezogen im Raum zu bewegen und ihn mitzugestalten.

Lit.: C. Hagener, Schule als gestaltete Lebenswelt des Kindes (1936); P. Petersen, Führungslehre des Unterrichts (⁸1959); R. Schmidt, VS. u. VS.bau (1967); G. Becker, Kinder u. Lehrer im Schulraum (1968).
G. Becker

Schulzahnarzt
SP. = Schulzahnpflege, JP. = Jugendzahnpflege

Dem S. (Jugendzahnarzt) obliegt die zahnärztl. Betreuung der 3–18jähr. Jgdl.n in Kindergärten und Schulen. Bei frühzeit. Erkennen von Zahnkrankheiten können durch Frühbehandlung Gebißverfall und sich daraus ergebende allgemeine Folgeerkrankungen sowie Störungen der Gebißentwicklung als Folge von Extraktionen verhütet werden.

Die Karies hatte sich im 18. und 19. Jh. zu einer auch die Schulkinder befallenden Volksseuche entwickelt, deren Behandlung oft an sozialen Verhältnissen scheiterte. Um Störungen des Unterrichtes durch Zahnkranke auszuschalten, forderte auch die Lehrerschaft die SP. Nach Gründung der ersten Schulzahnklinik der Welt 1902 in Straßburg (96 % der Schüler hatten dort kranke Zähne) fand die SP. bes. in Städten rasche Verbreitung. Nach 1918 entwickelte sich aus der karitativen eine planmäß. SP., die regelmäß. Untersuchungen aller Kinder durch den S. von der Einschulung bis zur Schulentlassung vorsah und die erforderl. Behandlung sicherte. 1934 wurde die SP. gesetzlich verankert und den Gesundheitsämtern zur Durchführung übertragen. 1940 durch Erlaß unter Einbeziehung der weiterführenden und berufsbildenden Schulen zur JP. erweitert. — Nach 1945 erfolgte der Aufbau der JP. in den Bundesländern uneinheitlich. 1949 wurde der Dt. Ausschuß für die JP. gegründet.

Die JP. ist in den Bundesländern durch Ges., ministerielle Erlasse oder Richtlinien geregelt. Die Duldungspflicht der Untersuchungen leitet sich aus der Schulgesetzgebung ab und schränkt die persönl. Freiheit gemäß GG. § 2 ein. Die Durchführung scheitert oft an personellen und finanziellen Möglichkeiten. Sie wird erschwert durch die antiautoritäre Haltung der älteren Schuljahrgänge. Es gibt verschiedene Systeme: Das *Überweisungssystem* überwiegt: Zahnkranke werden an frei praktizierende Zahnärzte überwiesen. Beim kostenintensiven *Behandlungssystem* werden sie vom S. in Jugendzahnkliniken behandelt, z. T. in Klinikwagen, die in zahnärztlich unterbesetzten Gebieten erforderlich sind. Beim *gemischten* System erfolgt Überweisung in die freie Praxis und Behandlung durch den S., meist der nachlässigen und schwer zu behandelnden Jgdl.n.

☐ Zahnpflege. Schularzt

Lit.: H. J. Tholuck, Mitteilungen des dt. Ausschusses für die JP., in: Zahnärztl. Mitteilungen (1954 ff.); A. Dierlamm, Der Zahnarzt des Öff. Gesundheitsdienstes, in: ebd. 23 (1955); P. Hippchen, Sind schulzahnärztl. Untersuchungen „duldungspflichtig"?, in: Das öff. Gesundheitswesen, H. 2 (1970).
H. G. Wleklinski

Schulze, Johannes
S., geb. 15. 1. 1786 in Bruel (Mecklenburg), gest. 20. 2. 1869 in Berlin, war nach Studium (u. a. bei F. A. WOLF, SCHLEIERMACHER, G. HERMANN, bes. HEGEL) ab 1808 Gymnasial-Prof. in Weimar, 1812 Gymnasialdirektor in Hanau, 1816 Schulrat in Koblenz, seit 1818 einflußreicher Sachbearbeiter für Gymnasial- und Hochschulfragen im Preuß. KM als Nachfolger SÜVERNs. — S. strebte nach Vereinheitlichung und Reglementierung. Unter ihm wurde anstelle des Fachsystems das Jahrgangsklassensystem verordnet (gegenüber der Lockerung seit A. H. FRANCKE), 1831 das „examen pro facultate docendi" neu geregelt (zusätzl. päd. Prüfung), 1834 das Gymnasialabitur als Zulassungsprüfung zum Studium verbindlich gemacht und 1837 eine umfassende Lehrordnung festgelegt. — Durch S. drang HEGELsches Bildungsdenken in das preuß. Gymnasium und führte zu einer Umdeutung des HUMBOLDTschen Begriffs der Allgemeinbildung (individuelles Moment) zu einem mehr stofflich-enzyklopäd. Bildungsverständnis. Die hohen Anforderungen (Erweiterung des Fächerkanons: Philos. Propädeutik, Verstärkung des Lateins, Ausdehnung

der Realien) und die folgende Überbürdung der Schüler lösten scharfe Kritik aus.
Lit.: F. Paulsen, Gesch. des gelehrten Unterrichts, 2. Bd. (1885, Neudr. 1960); C. Varrentrapp, J. S. u. das preuß. Unterrichtswesen in seiner Zeit (1889); F. Blättner, Das Gymnasium (1960); W. Roessler, Der Einfluß Hegels auf das Schulwesen des 19. Jh., in: Erkenntnis u. Verantwortung, hrsg. v. J. Derbolav u. F. Nicolin (1960).

W. Böhm

Schulzeitverlängerung
S. ist die Verlängerung des obligator. Schulbesuchs und der Teilnahme an allg. und speziellen Ausbildungsgängen. In der BRD war in den 60er J. die Einführung des 9. VS.jahres ein Kernpunkt schulreformerischer Aktivität. Für die 70er J. ist die 10jähr. Schulpflicht, ggf. im Rahmen der Gesamtschule, zu erwarten.
1. Die im *17. und 18. Jahrhundert* gegen starke Widerstände vor allem der Landbevölkerung eingeführte VS.pflicht galt vom vollendeten 5. Lj. an für 6 J., wobei die allg. Schuldauer und der spezielle Entlaßtermin nicht unbedingt verbindlich festgelegt waren, sondern vom jeweils erreichten individuellen Leistungsstand abhängig gemacht wurden. „Der Schulunterricht muß so lange fortgesetzt werden, bis ein Kind, nach dem Befunde seines Seelsorgers, die einem jeden vernünftigen Menschen seines Standes notwendigen Kenntnisse gefaßt hat" (↗Allgemeines Landrecht, 1794, § 46).
Das Reichsschulpflichtges. v. 1938 legte reichseinheitlich die VS.pflicht für 8 J. fest.
2. Der *Deutsche Ausschuß* für das Erziehungs- und Bildungswesen hielt es 1954 „mit Rücksicht auf die körperliche, geistige und seelische Situation unserer vierzehnjährigen Schüler und Schülerinnen für unbedingt geboten", ein 9. Voll-Schj. einzuführen. In einer neuen Empfehlung von 1957 wurde von ihm das 10. Schj. mit folgender Begründung gefordert: Die derzeitigen Entlaßschüler in Stadt und Land entsprechen nicht den in der industriellen Arbeitswelt an sie gestellten erhöhten gesellschaftl. und berufl. Anforderungen in allgemeingeistiger, in technisch-intellektueller Beziehung und in der Fähigkeit, Verantwortung zu tragen. Sie können auch bis dahin noch nicht die in der Demokratie notwend. ↗Politische Bildung und Erziehung erfahren haben. Sie sind noch nicht genügend vorbereitet, sinnvoll ihre Freizeit zu erfüllen.
Widerstände gegen die S. kamen damals von den Vertretern der Wirtschaft, die wegen des Ausfalls eines Jahrgangs an Arbeitskräften besorgt waren, von Eltern, die mit Unwillen den verspäteten Eintritt ihrer Kinder in das Berufsleben und damit deren verlängerte wirtschaftl. Abhängigkeit registrierten, vom Staate, der erhöhte finanzielle Mittel benötigte und mehr Lehrer bereitstellen mußte. Trotzdem war bis Ende der 60er J. die 9jähr. Schulpflicht in allen Bundesländern eingeführt.

Diese S. fordert, da sie mehr bedeutet als eine einfache Fortsetzung des bisher 8jähr. Unterrichts, besondere didaktische Überlegungen in bezug auf den Bildungsgehalt und die Unterrichtsmethoden. Für das 10. Schj. wird eine Zusammenarbeit mit der Berufsschule zweckmäßig sein. Die ↗Gesamtschule wird neue produktive Lösungen fordern.
3. Eine *besondere Problematik* der S. ergibt sich für die folgenden bildungspolit. Themen: a) Die *Berufsschule,* seit 1938 Pflicht, bedeutet eine berufsbegleitende S. b) Die seit Ende der 60er J. versuchsweise entwickelten *Vorschulen* werden als eine Art S. angesehen werden können. c) Die Probleme der *Studiendauer* (Mindest-, reguläre und tatsächliche Dauer) in den Disziplinen der Univ.en und entsprechenden Institutionen stehen in Analogie zu denen der S. d) Auch die Dauer des Besuchs des *Gymnasiums* ist in dieser Beziehung umstritten.
4. In einer dynam. Gesellschaft tendieren die sich steigernden gesellschaftl. und berufl. Anforderungen zum weiteren Ausbau und zur Verlängerung der Ausbildungswege. Die Frage, ob und inwieweit S. angebracht ist, bedarf ebenso wie die Revision der Bildungsinhalte besonderer päd. Reflexion. Bei jeder S. ergeben sich die Gefahren der *Verschulung* und der „Schulmüdigkeit". Es ist zu prüfen, ob von ihren Vertretern nicht etwa die Bedeutung schulischer Ausbildung überschätzt und die permanente funktionale und institutionelle Weiterbildung im Zusammenhang des Erfahrungs- und Bewährungsraums der Praxis unterschätzt wird. Es kann Situationen geben, in denen Schulzeitverkürzung angebracht ist.
☐ Schulpflicht

Lit.: Empfehlungen u. Gutachten des Dt. Ausschusses für das Erziehungs- u. Bildungswesen 1953–1965, Gesamtausgabe (1966); Dt. Bildungsrat: Strukturplan für das Bildungswesen (1970).

W. Scheibe

Schulzwang ↗Schulpflicht

Schundliteratur ↗Jugendgefährdende Schriften und Veranstaltungen

Schuppius, Johann Balthasar
S., Doctor Theologiae, geb. 1. 3. 1610 in Gießen, gest. 26. 10. 1661 in Hamburg, war Prof. für Beredsamkeit und Gesch.; 1648 Bevollmächtigter für Hessen bei den Friedensverhandlungen in Münster, seit 1649 Pastor in St. Jacobi in Hamburg. – In seiner Päd. kämpft S. gegen die „Knechtschaft der Geister", gegen den „Pennalismus", für die Be-

rücksichtigung der individuellen Begabung, für das Recht der freien Meinungsäußerung.
Werke (Ausw.): Sämtl. lehrreiche Schr.en, 2 Tle. (1719); Der Teutsche Lehrmeister, hrsg. v. P. Stötzner (1891); Vom Schulwesen, hrsg. v. P. Stötzner (1891); Neuausg. seiner Schr.en: Neudrucke dt. Lit.werke des 16. u. 17. Jh., Nr. 222–229 (1910–11).
Lit.: W. W. Zschau, Quellen u. Vorbilder in den „Lehrreichen Schriften" J. B. S.' (Diss. Halle 1906); J. Lühmann, J. B. S. (1907); H. Leube, Die Reformideen in der luther. Kirche z. Z. der Orthodoxie (1924).
K. Seiler

Schwachsinn
Anstelle der negativ wertenden Bezeichnung S. spricht man besser von *geistiger Behinderung* (heute meist nur für Imbezille gebraucht), wissenschaftlich von ↗ Oligophrenie. Medizinisch handelt es sich nicht um eine einheitl. Krankheit, sondern um eine heterogene Gruppe von Zustandsbildern, deren Gemeinsames beschränkte Intelligenz und mangelnde soziale Anpassung ist.

Zahl: etwa 3 % der Gesamtbevölkerung, darunter nach Klassifikation der Welt-Gesundheits-Organisation (W. H. O.):

Grad	Intelligenzalter (IA)	Intelligenzquotient (IQ)	medizin. Bezeichnung
schwerst	0–2	0–19	Idiotie
mittel	3–7	20–49	Imbezillität
leicht	8–12	50–70	Debilität

1. *Ursachen.* a) prä-, peri- postnatale *Hirnschädigungen* mit mehr oder minder irreparablen Folgezuständen, oft Körperschäden (Anfälle, Lähmungen, sensorische Ausfälle), b) *familiär-sozio-kulturelle Formen*, wobei die Frage der Vererbung umstritten ist.
2. *Wichtigste Formen.* a) *Chromosomenanomalien* (CA), autosomal (Nr. 1–22): gröbere körperliche und intellektuelle Schädigungen. Geschlechts-C (X, Y): öfters Verhaltensstörungen. Häufigste CA: Down-Syndrom (früher: „Mongolismus"), beobachtet bei etwa 1 von 600 Geburten. Charakteristisches Bild: oft organische Fehler (z. B. Herz); IQ meist 20–50. – b) *Stoffwechselstörungen* (meist Enzymopathien); bekanntestes Beispiel: Phenylketonurie (PKU). Häufigkeit: etwa 1 : 10 000. Erfassung in frühester Kindheit ermöglicht ursächliche Therapie und Normalentwicklung; unbehandelt entstehen in wenigen Jahren meist schwerste körperl. und seel. Defektzustände. Andere Enzymopathien sind ähnlich. – c) *Körperliche Mißbildungen*: Mikro-, Hydrozephalus, letzterer ist manchmal behandelbar. – d) *Zerebrale Kinderlähmung*: Die Ursachen sind verschieden; oft handelt es sich um Blutgruppendifferenzen, Kernikterus, führen zu Lähmung aller oder einiger Gliedmaßen, oft mit schweren Sprachstörungen verbunden bei nicht sehr reduzierter Intelligenz. Frühbehandlung ist wichtig. – e) *Krankheitsfolgen*: z. B. nach Hirnhaut- oder Hirnentzündung massive Schädigungen oder Mikrobefunde mit geringeren Intelligenzausfällen, häufig Verhaltensstörungen. Wichtig ist genaue neurologische Abklärung. – f) Die *familiär-kulturelle* Gruppe macht mindestens 75 % aller Fälle von S. aus. Schäden sind durch Frühförderung oft vermeidbar.

☐ Behinderte Kinder. Humangenetik. Kinder- und Jugendpsychiatrie. Lernbehinderten-Pädagogik. Lernbehinderten-Psychologie. Neuropathologie des Kindesalters. Praktisch-Bildbaren-Päd. Intelligenzdefekte

Lit.: W. H. O. (Hrsg.), Techn. Ber. Nr. 75, Das geistig behinderte Kind (1954); C. A. Benda, Die Oligophrenien, in: Psychiatrie der Gegenwart, Bd. II (1960); A. Levinson (übers. v. A. Sagi), Das geistig behinderte Kind (1967, ¹1970); R. Kunitsch, Das geistig behinderte Kind (1970); C. Wunderlich, Das mongoloide Kind (1970).
W. Günther

Schwalbach ↗ Gruppenerziehung

Schwangerschaftsberatung ↗ Gesundheitsfürsorge

Schwänzen ↗ Schulschwierigkeiten

Schweden
Fläche 449 793 qkm; Bev. 7,8 Mill.; Bev.sdichte 17,3 Einw. pro qkm.

I. Geschichtliche Entwicklung und Verwaltung des Bildungswesens

Die Entwicklung des schwed. Bildungswesens geht auf die ma. ↗ Dom- und Klosterschulen zurück, die vor allem der Heranbildung des geistl. Nachwuchses dienten. Kirchlicher Initiative entstammen auch verschiedene Formen eines weltl. Elementarunterrichts. Nachdem die Reformation zunächst einen Niedergang des Schulwesens bewirkt hatte, übernahm im 16. Jh. unter Gustav WASA der Staat die Verantwortung für die Volksbildung. Grundlegende Reformen wurden erst zu Beginn des 19. Jh. durchgeführt, die auf eine stärkere Demokratisierung des Schulwesens abzielten. 1842 wurde die allg. Schulpflicht eingeführt und damit der Anstoß zum Ausbau des Schulnetzes auf Gemeindeebene gegeben. 1878 wurde die Schulpflicht auf 6 J., 1936 auf 7 J. festgelegt. Mit dem Abbau des ständischen Charakters des 9jähr. Gymnasiums wurde bereits im 19. Jh. insofern begonnen, als 1884 die ersten 3 J. der VS. (1927 die ersten 4 J.) zur obligator. Grundstufe für alle weiterführenden Schultypen erklärt wurden. Die 1909 eingerichtete 4jähr. Realschule baute auf einer 6jähr. VS.bildung auf. 1927 wurde eine weitere Auflockerung der vertikalen Schulstruktur dadurch erreicht, daß die Dauer des Gymnasiums auf 3–4 J. beschränkt wurde, indem es an die Realschule anschloß, die dadurch zu einem „Mittelbau" des allg.bildenden Schulwesens wurde. Seit 1940 ist eine umfangreiche Reformarbeit geleistet worden, die in drei Perioden eingeteilt werden kann. 1940 wurde mit eingehenden und umfangreichen Erhebungen begonnen. Um 1950 setzte eine umfassende Versuchstätigkeit ein, die auf einer Vorlage der 1946 eingesetzten Schulkommission über die zukünft. Entwicklung des Schulwesens beruhte. Die Erfahrungen mit der 9jähr. Grundschule in diesen Versuchsschulen führten 1962 zu dem Reichstagsbeschluß, die 9jähr. Grundschule als Pflichtschule einzuführen. Die erneute Revision der Lehrpläne (1969) legt es nahe, von einer „fortlaufenden" Schulreform zu sprechen. 1964 wurde die Reform der höheren Schulen beschlossen. Auch in der Erwachsenenbildung und an den Univ.en wurden gleichzeitig Reformen durchgeführt.

Das *Ausbildungsministerium* ist für alle Bereiche des Bildungswesens, mit Ausnahme der Vorschuleinrichtungen, zuständig. Die direkte Verwaltungsarbeit ist jedoch an zwei zentrale Ämter delegiert: Das *Universitätskanzleramt* ist für alle postgymnasialen Ausbildungsformen und die *Staatliche Generaldirektion für das Schulwesen* für Schulen aller Art verantwortlich. In jedem der 24 Regierungsbezirke gibt es ein Bezirksschulamt. In jeder Gemeinde trägt ein kommunales Schulamt die Verantwortung für alle Schulen in der Gemeinde. Die direkte Leitung einer Schule übt ein Rektor aus, bei Schulen mit über 600 Schülern dazu auch ein Studienrektor.

plan bestimmt die Ziele und Richtlinien für den Unterricht in der Grundschule. Er enthält teils Vorschriften, teils päd. Anweisungen und Hilfen für den Lehrer. Auch für das Gymnasium, die Fachschule, die Berufsschule bestehen ähnliche Lehrplan-Handbücher.

Im Sinne der sozialen Erziehung der Schüler wurde u. a. Koedukation auf allen Schulstufen eingeführt; die früher bestehenden Mädchenschulen sind abgebaut worden. Die Schule soll ferner versuchen, die Unterschiede in der Bewertung der verschiedenen Berufe auszugleichen. Sie soll durch ihre Tätigkeit Verständnis dafür wecken, daß jeder Beruf

Aufbau des Bildungswesens

Alter					
	Höhere Examina				
	Universitäten und Hochschulen (3jährige Grundausbildung)		Andere höhere Ausbildung		Erwachsenenbildung
19	← (Gymnasialingenieur)				
18	Gymnasium (5 Züge)		Fachschule (3 Züge)		Berufsschule
17					
16	G y m n a s i a l s c h u l e				
15	2. Fremdsprache	Technik		Kunst	Wirtschaft
14					
13	Oberstufe (mit 4 Wahlfächergruppen)				
12					
11	Mittelstufe				
10	G r u n d s c h u l e				
9					
8	Unterstufe				
7					
6					
5	V o r s c h u l e				
4					
3					

II. Grundsätze und Aufbau des Bildungswesens

Die Herstellung möglichst gleicher Bildungschancen für alle Kinder war das Hauptprinzip, das der Einführung der Grundschule in Gestalt einer 9jähr. Einheitsschule zugrunde lag. Dabei sollten sowohl die individuellen Interessen und Fähigkeiten als auch die Bedürfnisse der Wirtschaft berücksichtigt werden. Ein für das ganze Land geltender Lehr-

ohne Ausnahme gleich wichtig ist. Um allen Schülern eine bessere allg. Ausbildung als früher zu vermitteln und Übergangsmöglichkeiten zu weiterführenden Bildungswegen offenzuhalten, wird die Spezialisierung aufgeschoben und weitgehend eingeschränkt.

1. *Vorschulerziehung.* Für Kinder im Vorschulalter gibt es Kindergärten und Tagesheime. Die Kindergärten stehen für 3–6jähr. Kinder, die Tagesheime für Kinder von 6 Mo-

naten bis zum Beginn der Schulpflicht offen. Beide Formen sind freiwillig, erhalten aber beträchtliche Staatszuschüsse; die Zahl der erfaßten Kinder (1967: 60000 bzw. 16500) steigt ständig.

2. *Die Grundschule.* Die 9jähr. Grundschule nimmt Schüler im Alter von 7 bis 16 J. (= Dauer der Schulpflicht) auf. Die zu Beginn der 60er J. schrittweise eingeführte Grundschule bot zunächst im 9. J. neun verschiedene Kombinationen für Fächerwahl (Linien) an. Die neuen Lehrpläne von 1969 werden vom Schj. 1970/71 an mit den Klassen 1, 4 und 7, also den Anfangsklassen für die Unterstufe, die Mittelstufe und die Oberstufe, eingeführt. 1972/73 wird dieser neue Plan durchgeführt sein.

Der obligator. Englischunterricht wird schon auf das dritte Schj. vorverlegt (bisher ab viertem). In der Oberstufe werden nur noch vier Wahlkombinationen angeboten: zweite Fremdsprache (Deutsch oder Französisch), Technik, Kunst, Wirtschaft. Sämtliche Linien berechtigen zum Eintritt in das Gymnasium und die Fachschule. Die Schülerzahl an der Grundschule betrug im Schj. 1969/70 insges. 931 000.

3. *Weiterführende Schulen.* – a) Das 3jähr. *Gymnasium* bietet 5 Züge: Geisteswiss., Sozialwiss., Wirtschaftswiss., Naturwiss., Ingenieurwiss. Im letzten Zug kann in einem 4. J. die Kompetenz eines Gymnasialingenieurs erworben werden. Das Abschlußzeugnis der anderen Züge berechtigt zum Eintritt in Univ.en und Hochschulen. Kennzeichnend für den *ersten Zug* ist eine umfassende Ausbildung in neuen Sprachen, für den *zweiten Zug* ein umfassender Lehrgang in Sozialkunde, Mathematik, Psychol. und Biologie. Der *dritte Zug* bietet Betriebswirtschaft, Sozialwiss., Maschinenschreiben, Kurzschrift sowie die Zweigwahlfächer Buchhaltung, Handelskunde und Verwaltungskunde, der *vierte Zug* Möglichkeiten zu vertieften Studien in Mathematik, Physik, Chemie und Biologie. Der *technische Zug* gliedert sich im 3. J. und weiterhin im 4. J. in Maschinentechnik, Starkstromtechnik, Fernmeldetechnik, Hochbau, Tiefbau und Chemietechnik. Der gemeinsame Fächerkern in allen Zügen sind Schwedisch, neue Fremdsprachen, Mathematik, Naturwiss., Gesch., Staatsbürgerkunde, Psychol., Religionskunde und Gymnastik.

Das frühere Abitur des Gymnasiums bestand aus einer schriftl. Prüfung in 3–5 Fächern und einer von Zensoren überwachten mündl. Prüfung. Jetzt werden die schriftl. Prüfungen über das 2. und 3. J. verteilt. Die Zensoren sind von fest angestellten Gymnasialinspektoren ersetzt worden. Sie beurteilen laufend den Unterricht und fungieren dazu als Fachleute und Berater während des ganzen Unterrichtsjahres.
In den neuen Gymnasien versucht man den Schülern Gelegenheit zu bieten, soweit wie möglich selbständig zu arbeiten. In den beiden letzten Jahren sind die Aufgaben in längere Zeitabschnitte eingeteilt. In einigen Fächern sollen auch Arbeitsgemeinschaften gebildet werden, wobei die Schüler einige Stoffbereiche selbständig in freier Arbeitsweise lernen. Dieses Verfahren stellt hohe Ansprüche an die Planung, die gemeinsam von Lehrern und Schülern gemacht wird. Die langfrist. Lernaufträge im letzten Gymnasialjahr werden in mindestens zwei Fächern pro Semester in einer Klassenkonferenz festgestellt. Sie stellen das letzte Glied einer konsequent durchgeführten Lern- und Studienerziehung dar, die bereits im ersten Grundschuljahr einsetzt. – Im Schj. 1969/70 betrug die Zahl der Schüler am Gymnasium 107 900. Etwa 30 % der Grundschulabsolventen gehen auf das Gymnasium über.

b) Neben dem Gymnasium besteht die 2jähr., in 3 Züge gegliederte *Fachschule*, die etwa 20 % der Grundschulabsolventen aufnimmt; 25 % der Plätze sind jedoch für junge Menschen reserviert, die eine Zeitlang im Erwerbsleben waren und sich beruflich weiterqualifizieren wollen. Zwischen den beiden Schulformen bestehen Übergangsmöglichkeiten. Im Schj. 1969/70 betrug die Schülerzahl an den Fachschulen 34 000.

c) *Die Berufsschule*, die in Zukunft 30–35 % der Grundschulabsolventen aufnehmen soll, wird ab 1. Juli 1971 mit dem Gymnasium und der Fachschule in eine Gesamtschule, die *Gymnasiumschule*, integriert werden. Für die Ausbildung (für die meisten Berufe zweijährig) ist ein System schrittweiser Spezialisierung in sog. Ausbildungsblöcken, also eine Stufenausbildung, vorgesehen, wobei im untersten Block die Ausbildung für mehrere Berufe zusammengefaßt wird. Im Schj. 1969/70 betrug die Schülerzahl 77 700.

4. *Die Erwachsenenbildung* ist in starkem Ausbau begriffen. Es gibt zwei staatliche Erwachsenenschulen, die Gymnasium und Fachschule umfassen. Daneben gibt es rd. 250 kommunale Abendgymnasien. Auch die seit ca. 100 J. bestehenden Heim-VHS.n (über 100) spielen noch eine wichtige Rolle, indem sie die Bürger aufnehmen, die ihre Allgemeinbildung als Grundlage für berufl. Weiterbildung ergänzen müssen. Die Volksbildungsarbeit zählt rd. 115 000 Arbeitsgemeinschaften jährlich. Bes. die musischen Fächer sowie Fremdsprachen und Weltanschauungsfragen beanspruchen einen großen Raum. Diese Studien sind in den letzten Jahren durch Rundfunk- und Fernsehunterricht ergänzt worden. Auch der *Fernunterricht* ist teilweise damit verbunden, hat aber auch für sich einen bedeutenden und steigenden Anteil an der Erwachsenenausbildung.

5. Die Zahl der staatlich anerkannten und beaufsichtigten *Privatschulen* beträgt lediglich etwa 30. Zumeist sind es Sekundarschulen mit speziellen päd. Zielsetzungen. Ihre Schülerzahl von etwa 11 000 macht weniger als 1 % der Schüler an öff. Schulen aus.

6. *Lehrerbildung.* Sämtliche Klassenlehrer erhalten sowohl eine Fachausbildung als auch eine päd. Ausbildung im Klassenlehrerzug an den PH.n. Diese Ausbildung baut seit dem Herbstsemester 1968 auf die Fachschule oder eine entsprechende Berechtigung auf. – *Gymnasiallehrer* erhalten ihre Fachausbildung an Univ.en. Ihre päd. Ausbildung erwerben sie an einer der PH.n während zwei Semestern, wobei das zweite ganz der Lehrtätigkeit in Schulen unter einem erfahrenen Leiter gewidmet ist. – Die *Berufsschullehrer* erhalten ihre Ausbildung in berufspäd. Instituten. Der Unterricht erstreckt sich über zwei Semester und bietet sowohl eine gewisse Fachausbildung als auch eine psychol.-päd. Ausbildung und päd.-methodische Übungen.
7. *Universitäten und Fachhochschulen.* Von den fünf Univ.en (Stockholm, Uppsala, Lund, Göteborg, Umeå) haben vier ihnen angegliederte Filialen in anderen Städten. Daneben bestehen etwa 20 Fachhochschulen, die in jeder Hinsicht den Univ.en gleichwertig sind. Im Herbstsemester 1968 betrug die Gesamtzahl der Studenten rd. 117 000.

Als erstes Examen können Geistes- und Naturwissenschaftler ein philos. Kandidatexamen ablegen. Die ab Herbstsemester 1969 durchgeführte Reform bietet 17 allgemeine Ausbildungslinien in bestimmten Kombinationen und mit einem festen Studiengang während 3 J., jedoch besteht für den Studenten die Möglichkeit, eine persönl. Kombination zu wählen, die sog. besondere Ausbildungslinie.
Umfang und Inhalt wird für jeden Kursus in Points gezählt. Ein Jahr Studium entspricht 40 Points, die sich meistens auf kleinere Kurse mit 3, 4, 5, 8 oder 10 Points verteilen. An der philos. Fakultät gibt es noch folgende drei Examina: Wirtschaftsexamen, philos.-staatswiss. Examen, Sekretärexamen. An der jurist. Fakultät erhält man ein jurist. Kandidatexamen oder ein juristisch-staatswiss. Examen. Die Theologen können bei der theol. Fakultät das Theol.-Kandidatexamen ablegen. – Nach dieser grundlegenden Ausbildung besteht die Möglichkeit für eine weiterführende wiss. Ausbildung, die nach rd. 4 J. mit einem Doktorexamen beendet wird.
Die neue Studienorganisation enthält auch mehrere kurzfristige Ausbildungskurse, die besonderen Erwerbs- und Berufszielen entgegenkommen. Auch die Fachhochschulen sind in diese Reformen einbezogen worden, um die Studien der zukünftigen Ärzte, Diplomingenieure, Diplomvolkswirte u. a. zu modernisieren.

Bei den Reformen auf allen Stufen des Bildungswesens hat die *pädagogische Forschung* eine hervorragende Rolle gespielt. Der größte Teil der staatl. Mittel für Forschung geht an die Univ.en und Hochschulen. Sechs *Forschungsräte* sind für die Vergabe der Mittel verantwortlich. Eine wichtige Rolle in der auf die Schulreform bezogenen Forschung spielen die *pädagogischen Institute* an den größeren PH.n. Die staatl. Direktion für das Unterrichtswesen hat eine spezielle Abteilung eingerichtet, um diese Forschung zu fördern und zu koordinieren und um u. a. die Ergebnisse für die schul. Praxis nutzbar zu machen.

Lit.: B. Bierschenk, Theorie u. Praxis in der Oberstufe der schwed. Grundschule (1968); T. Husén - G. Boalt, Bildungsforschung u. Schulreform in S. (1968); G. Ögren - K. Opitz, Das Erziehungswesen in Skandinavien u. seine Reformen (1968); J. Orring, Die Schule in S. (1968); S. Marklund - P. Söderberg, Die neunjähr. Grundschule in S. (1969); Zur schwed. Schulreform, hrsg. v. H. Chiout (1969); H. Hörner, Demokratisierung der Schule in S. (1970); E. Jüttner, Der Kampf um die schwed. Schulreform (1970); –, S. – Fakten, Analysen, Tendenzen des Bildungswesens (1970); L. Liegle, S., in: O. Anweiler - F. Kuebart u. a., Europ. Bildungssysteme zwischen Tradition u. Fortschritt (1971).

G. Ögren

Schweigen
S. ist mit Reden und Hören in enger Verknüpfung eine der drei primären sprachl. Verhaltensweisen des Menschen. Schon Hören ist nicht ohne S.; zum Reden aber steht S. in vielgestalt. Komplementarität. Denn mag uns S. zunächst nur als ein „Unterlassen des Redens" erscheinen, so hat es doch einen darin nicht aufgehenden Eigencharakter, der sich in den Situationen des S.s unmittelbar mitteilt. Davon legen Wendungen wie die vom ergriffenen, erwartungsvollen, geheimnisvollen, teilnahmsvollen, seligen, beredten, nachdenklichen, liebenden, aber auch vom eisigen, lastenden, tödlichen, verächtl., ängstl. S. Zeugnis ab.
Pädagogisch spielt S., eben weil es mit Reden und Hören das sprachl. Sein des Menschen und damit auch die Erziehung prägt, eine zwar unauffällige, aber vielgestaltige Rolle. Einige *Aspekte* sind von altersher (u. a. in der Erziehung esoterischer und mönchischer Gemeinschaften) beachtet worden, so (1) der *kontemplative:* S. als Medium geistiger Sammlung und Versenkung; (2) der *religiöse:* S. als Inbegriff von Andacht und Ehrfurcht; (3) der *asketische:* S. als Weg zur Selbstdisziplinierung und Verschwiegenheit; weiterhin sind zu nennen: (4) der *kommunikative:* das erfüllte Miteinander-S. der Kinder, das taktvolle, geduldige, unaufdringlich anteilnehmende S. des Erziehers, sein vertrauendes S. der Freigabe des Jgdl.n, sein mißbilligendes S. usw.; (5) der *didaktische:* S. als Medium produktiven Lernens und unverfälschter Sachzuwendung; (6) der *gegenwartskritische:* S. als Gegenpart zur Übermacht von Gerede und Geschreibe.
Auch über diese Aspekte hinaus ist S. in die Erziehung vielfältig verwoben und sollte in Praxis und Theorie mitbedacht werden.
☐ Gespräch. Dialog

Lit.: M. Heidegger, Sein u. Zeit (1927); K. Jaspers, Philos. II (1932, [11]1967); H. Geissner, Über S., in: Sprechkunde u. Sprecherziehung II (1955); O. F. Bollnow, Sprache u. Erziehung (1966); H. Netzer, Erziehungslehre (*1968); H. Oblinger, S. u. Stille in der Erziehung (1968, ausführl. Lit.).

C. Heichert

Schweiz

Bundesstaat; Fläche: 41 288 qkm; Bev.: 6,25 Mill., davon 52,6 % Reformierte, 45,6 % Röm.-kath.; Sprachen: Dt.: 69,3 %; Frz.: 18,9 %; It.: 9,5 %; Rätoroman. u. a.: 2,3 %.

I. Geschichte, Gesetzgebung, Finanzen, Verwaltung des Bildungswesens

1. Die *Entwicklung des Bildungswesens* begann mit den ma. Klosterschulen, die später zumeist von städt. Schulen abgelöst wurden.

1459 wurde mit der Univ. Basel die erste Hochschule gegründet. Nach der Reformation behielt die Schule in den kath. Kantonen vorwiegend kirchl. Charakter, in den protest. wurde sie bald weitgehend öffentlich. Bis zum 18. Jh. lag das Schwergewicht bei den Lateinschulen, wie sie in Genf von CALVIN und in Freiburg von CANISIUS gegr. worden waren. Ein VS.-wesen auf breiter Basis wurde erst im Gefolge der Frz. Revolution und aufgrund des Wirkens bedeutender Pädagogen, wie PESTALOZZI, FELLENBERG, GIRARD, zu Beginn des 19. Jh. geschaffen. – In jüngerer Zeit haben vor allem die päd.-psychol. Forschungen von CLAPARÈDE, FERRIÈRE, PIAGET, SGANZINI u. a. die Weiterentwicklung und Modernisierung des Schulwesens beeinflußt.

2. Die 25 *Kantone* und Halbkantone der S. sind *in Fragen des Schulwesens autonom.* Diese Schulhoheit ist im allgemeinbildenden Schulwesen fast vollständig, obwohl – vor allem über die finanziellen Förderungsmaßnahmen – der *Einfluß des Bundes* zunimmt. Auf der Stufe der Hochschulvorbereitung hat der Bund, da er den Zugang zum Medizinstudium und zu den Eidgenöss. TH.n regelt, entscheidende Vorschriften erlassen. Die Berufsbildung ist durch Bundes-Ges. geregelt.

Gemäß Bundesverfassung (Art. 27) sind die Kantone verpflichtet, für genügenden Primarunterricht zu sorgen, der in der ganzen S. obligatorisch und in den öff. Schulen kostenfrei ist und von Angehörigen aller Konfessionen besucht wird. Eine rel. Erziehung wird damit nicht ausgeschlossen, doch kann ein Kind auf Begehren des Inhabers der elterl. Gewalt vom eigentl. RU. dispensiert werden.
Die Kantone haben, was die Primarschule anbelangt, manche Kompetenzen an die *Gemeinden* delegiert. Das Mittel-, Berufs- und Hochschulwesen ist dagegen meist kantonal geregelt, sofern nicht Bundesbestimmungen bestehen (Berufsbildung, Maturitätsanerkennungsverordnung). In letzterem Fall erlassen die Kantone nur die Ausführungsvorschriften.
In allen Kantonen sind auf allen Schulstufen *Privatschulen* zugelassen. Einige Kantone lehnen jede Anerkennung oder Unterstützung ab, andere unterstützen sie (Schulen für rel. Minderheiten, für körperl. oder geistig Behinderte usw., z. T. über die Kantonsgrenzen hinaus). Gewisse Privatschulen – bes. Ordensschulen – erfüllen vornehmlich auf dem Mittelschulsektor die Aufgaben öff. Lehranstalten. Sie sind daher von Bund und Kantonen wie die Staatsschulen anerkannt.
Wenn auch der Bundesgesetzgebung unterstellt, wird doch das *Berufsbildungswesen* weitgehend von Privaten getragen (Industrien, Verbände der Arbeitgeber und Arbeitnehmer usw.).

3. Die *Finanzierung des Schulwesens* verteilte sich im J. 1967 wie folgt:

A. Öffentliche Aufwendungen	2820 Mill. sfr.
1. Bund	264,5
2. Kantone	1328,5
3. Gemeinden	1227,0
B. Private Aufwendungen	20 Mill. sfr.
1. Schultaxen	14,6
2. Weitere Leistungen	5,4
	2840 Mill. sfr.*

* Hier nicht inbegriffen sind Aufwendungen von Privaten, für Forschung usw.

4. *Jeder Kanton* verfügt über eine *eigene Schulverwaltung,* die in den Organen und der Kompetenzdelegation von einem Kanton zum anderen variiert. Außerdem werden viele Entscheide durch die Stimmbürger direkt gefällt.

In die *Zuständigkeit des Bundes* fallen: Kulturelles, Maturitätsfragen, Turnen und Sport sowie die Forschung; sie unterstehen dem Eidgenössischen Departement des Innern. Für die Berufsbildung ist das Eidgenöss. Volkswirtschaftsdepartement (Bundesamt für Industrie, Gewerbe und Arbeit sowie Abteilung für Landwirtschaft) zuständig. In den Kantonen ist die oberste Instanz das Erziehungsdepartement (Erziehungsdirektion), mit einem Regierungsrat (Staatsrat) als Erziehungsdirektor an der Spitze. Vielfach steht ihm als konsultatives, oft auch legislatives Organ ein Erziehungsrat zur Seite. Ganz unterschiedlich ist das Schulwesen in den Gemeinden organisiert; als Kontrollorgan wirkt entweder ein Berufs- oder ein Laieninspektorat.

II. Aufbau des Bildungswesens

Infolge der kantonalen Schulautonomie haben sich in der S. 25 *Schulsysteme* entwickelt, die den verschiedenen kulturellen Traditionen, wirtschaftl. Bedürfnissen und geograph. Gegebenheiten der einzelnen Gegenden Rechnung trugen. Das nachfolgende Schema gibt vereinfacht die Schulorganisation wieder.
(1) *Kindergarten.* Der Besuch ist fakultativ. Die Kantone Genf und Basel sind die Träger ihrer Kindergärten. In den übrigen Kantonen sind es die Gemeinden oder private Institutionen. Eintritt zwischen dem 4. und 6. Lj., Austritt mit 6 bis 7 J.n.
(2) (3) *Obligatorische Volksschule.* Sie umfaßt die *Primar*schule einschließlich ihrer Abschlußklassen sowie die *Sekundar- oder Realschule,* die zu den weiterführenden Schultypen hinführt. Träger sind Kantone und Gemeinden. Der Besuch ist obligatorisch und in den öff. Schulen kostenlos. Die Schulpflicht beginnt je nach Kanton mit 6/7 J.n und dauert 7, 8 oder 9 J. Der Übertritt in die Oberstufe erfolgt je nach Kanton nach dem 3., 4., 5., oder 6. Schj.
(4) *Fortbildungsschulen* (allgemeine, nicht be-

Aufbau des Bildungswesens

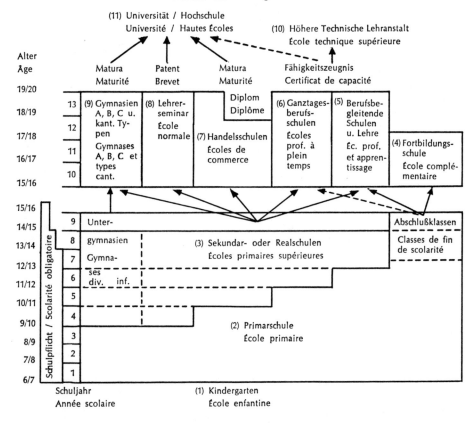

rufliche) sind für Knaben in 17, für Mädchen in 18 Kantonen obligatorisch, sofern keine andere Schule besucht wird. Die Dauer beträgt bei stark unterschiedl. Lehr- und Stundenplan 1–4 J. Die Fortbildungsschule erfaßt etwa 10 % der Absolventen der Pflichtschule.
(5) *Berufsbegleitende Schulen* nehmen als obligator. Schulen die 65 % der Pflichtschulabsolventen auf, die in eine Berufslehre eintreten. Dauer: nach Berufsgattung 1½–4½ J.
(6) *Ganztagsberufsschulen*. Gewisse gewerbliche Berufsausbildungen können auch in Lehrwerkstätten (praktische und theoretische Ausbildung) erworben werden. Ferner gibt es *Fachschulen* für Berufe, die nur in einer solchen erlernt werden können. Sie erfassen ca. 8 % der Pflichtschulabsolventen.
(7) *Handelsschulen* führen entweder zum Handelsdiplom (3 J.) oder zur Handelsmaturität (4 J.) und nehmen ca. 6 % der Pflichtschulabsolventen auf.
(8) *Lehrerseminarien*. Mit Ausnahme von Basel und Genf kennen die meisten Kantone Lehrerseminarien, die bei einer Dauer von 4 bis 5 J. die Allgemein- und die päd. Berufsbildung verbinden. Bisweilen besteht Gliederung in ein Unter- und Oberseminar. U. U. ist der Übergang zur Univ. möglich. Sie nehmen etwa 6 % der Sekundarschulabsolventen auf.
(9) *Gymnasien* führen zur Hochschulreife. Drei Typen sind eidgenössisch anerkannt: Typus A (Latein/Griechisch), Typus B (Latein/ Fremdsprachen), Typus C (Naturwissenschaften/Mathematik). Ferner gibt es mehrere kantonal anerkannte Typen (neusprachlich/musisch). Insges. gehen ca. 15 % der Schüler zum Gymnasium über.
(10) *Höhere Technische Lehranstalten* setzen im allg. eine abgeschlossene Berufslehre voraus. Die Dauer beträgt 3–3½ J.
(11) *Universitäten und Hochschulen* setzen eine abgeschlossene höhere Mittelschulbildung voraus. Es gibt 7 kantonale Univ.en (Basel, Bern, Freiburg, Genf, Lausanne, Neuenburg, Zürich) und zwei Eidgenöss. TH.n (Zürich, Lausanne), ferner die Hochschule St. Gallen für Wirtschafts- und Sozialwiss.en.
(12) Das *Sonderschulwesen* ist nach Kantonen verschieden geregelt, oft von privaten Organisationen getragen und wird vom Bund unterstützt (Invalidenfürsorgegesetz).

Es erfährt einen ständigen Ausbau. Wesentliche Verdienste haben sich darum die Stiftung ↗Pro Infirmis, die Schweizer. Hilfsgesellschaft für Geistesschwache sowie die Schweizer. Arbeitsgemeinschaft zur Eingliederung Behinderter erworben.
(13) Die *außerschulische Erziehung und die Erwachsenenbildung* werden mehr und mehr als ein Bestandteil des öff. Erziehungswesens betrachtet. Einige Kantone haben in diesem Sinne bereits Gesetze erlassen. Jedoch ist diese Erziehung vorwiegend privat organisiert. Auf dem Gebiet der Jugendbildung wirkt die Schweizer. Stiftung ↗Pro Juventute als Koordinationsstelle. Für die Erwachsenenbildung bildet die Schweizer. Vereinigung für Erwachsenenbildung eine Dachorganisation. Auf diesem Gebiet sind noch große Anstrengungen und bedeutende Mittel nötig.
Schülerstatistik nach Schulstufen und Schultypen 1968/69:

		(davon Mädch.)
Primarschule Unterstufe	480 642	(236 749)
Primarschule Oberstufe (ohne besondere Ansprüche)	121 070	(59 669)
Primarschule Oberstufe (mittlere Ansprüche)	114 976	(59 537)
Mittelschule, Unterstufe zum Gymnasium	34 603	(14 172)
Schulen mittlerer Reife	2 266	(2 262)
Gesamtbestand der Lehrverträge (1968)	128 557	(34 757)
Schulen, die zur Maturität führen	23 575	(7 283)
Lehrerseminarien	10 967	(6 315)
Handelsschulen (Diplom und Maturität)	9 937	(5 100)
Höhere techn. Lehranstalten (inkl. Abendtechnika)	7 677	–
Hochschulen	38 148	(8 275)

III. Reformen und Entwicklungstendenzen
Wie ihre Nachbarländer erlebte auch die S. eine eigentl. „Schulrevolution". Um den neuen Bedürfnissen zu entsprechen, werden neue Strukturen erprobt (Orientierungsstufe, Gesamtschule), neue Fächer oder Niveaukurse eingeführt, neue Schultypen geschaffen (Berufsmittelschulen), neue Techniken und Methoden angewandt.
Mehr und mehr ist heute eine Tendenz zu interkantonaler und regionaler Zusammenarbeit festzustellen. Eine Reihe von schweizer. Konferenzen (freie Arbeitsgruppen) arbeiten in diesem Sinne (Erziehungsdirektoren, Sekretäre, Inspektoren, Schuldirektoren, Stipendienverantwortliche usw.). Die *Konferenz der kantonalen Erziehungsdirektoren* arbeitete 1970 ein Konkordat über die Schulkoordination aus. Auf dem Gebiet von Hochschule und Forschung sind der *Schweizerische Wissenschaftsrat* und die *Schweizerische Hochschulkonferenz* um Koordination bemüht (Univ.reform). Starke Impulse hinsichtlich der Reorganisation der Berufsausbildung gehen vom Volkswirtschaftdepartement aus.

Lit.: J. Marschall, Schule u. Konfession (1948); G. Herzfeld, Das S.er Erziehungswesen (1950); B. Weissenrieder, Die Schulhoheit (1953); H. Kloss, Formen der Schulverwaltung in der S. (1964); Die Hochschulen der Schweiz. Ein kleiner Führer, hrsg. v. d. Schweizer. Verkehrszentrale, Zürich (1967); Schulen in der Schweiz, in: Archiv für das Schweizer. Unterrichtswesen, Jhg. 51/52, 1965/66 (1967); E. Egger, Die Schule in der S., in: Schulen in Europa, hrsg. v. W. Schultze, Bd. I (1967); Schweizer. Privatschulen, hrsg. v. d. Schweizer. Verkehrszentrale, Zürich (1968); P. Wildmann, Das Bildungswesen in der S. (Diss. Zürich 1968); Rapport au Conseil suisse de la science et à la Conférence des chefs de départements de l'instruction publique sur l'avenir de la formation en Suisse (Lausanne 1970).
Periodika (Ausw.): Archiv für das schweizer. Unterrichtswesen (Frauenfeld) ; Mitteilungen der schweizer. Informationsstelle für Fragen des Schul- und Erziehungswesens (Genf, ab 1971: Mitteilungen der schweizer. Dokumentationsstelle für Schul- und Bildungsfragen); Die neue Schulpraxis (St. Gallen 1931 ff.); Schweizer. Erziehungsrundschau (St. Gallen); Schweizer Schule (Zug 1913 ff.); Gymnasium Helveticum (Aarau); Schweizer. Lehrerzeitung (Zürich); Schweizer. Hochschulzeitung (Zürich).

E. Egger

Schwelle (psychol.)
In der *Psychologie* ist S. (Bewußtseinsschwelle) die Grenze zwischen Klarbewußtsein, Wachbewußtsein bzw. direktem Erleben einerseits und Unterbewußtsein, Unbewußtem andererseits. In der *Psychophysik* der Sinnesorgane ist sie eine Reizgröße, bei welcher in 50 % der Fälle eine ebenmerkl. Empfindung bzw. ebenmerkl. Unterschiedsempfindung *(Empfindungsunterschied)* auftritt (Reizschwelle, Unterschiedsschwelle). Dabei werden die S.n nach den Eigenschaften der Empfindungen eingeteilt:
1. *Intensitätsschwelle* ist die *absolute* untere bzw. obere S.; z. B. der in 50 % der Fälle als eben hörbar erlebte Schall = untere absolute S.; der in 50 % der Fälle als maximal laut erlebte Schall, der durch weitere Steigerung der Schallstärke zu keiner Steigerung der Lautstärke führt = obere absolute S. S.n zwischen zwei erlebten Reizintensitäten sind *relative* bzw. Differenz-S.n, die ebenfalls als untere und obere S.n in bezug auf den Standardreiz bezeichnet werden; z. B. der in 50 % der Fälle eben hörbare Lautstärkeunterschied bei zwei Schallstärken.
2. *Qualitätsschwelle* ist der eben bemerkbare Qualitätsunterschied zweier Empfindungen, z. B. zwischen Gelb und einem ebenmerklich in orange gefärbtem Gelb, gegeben durch die Wellenlängendifferenz zweier Strahlen.
3. *Extensitätsschwellen* bezeichnen den ebenmerkl. zeitl. oder räuml. Empfindungsunterschied.

A. Hajos

Schwererziehbarenpädagogik

In den Begriff *Schwererziehbarkeit* fließt vom allg. Sprachgebrauch her eine von der Gesellschaft vorgezeichnete Wertung mit ein. Das Kind oder der Jgdl. „machen" Schwierigkeiten und werden deshalb als „schwererziehbar" bezeichnet. An „schweren" Verhaltensstörungen werden u. a. angegeben: Frechheit, Unbotmäßigkeit, Lügenhaftigkeit, Faulheit, Arbeitsscheu, Diebstahlsneigung, Unterschlagung, Entweichen, Herumtreiben, Rohheiten, Gewalttakte. – Folgende Übersicht zeigt die im dt. Sprachraum vorkommenden Begriffe für „Schwererziehbarkeit" auf: a) Unter *bio-psychologischem Aspekt*: Fehlentwickelte, Entwicklungsgestörte, Entwicklungsgehemmte, Entwicklungsgeschädigte; b) unter *erzieherisch-gesellschaftlichem Aspekt*: Schwererziehbare, pädagogisch Abnorme, Verwahrloste, Erziehungsschwierige, Gemeinschaftsschwierige, Gemeinschaftsbedrängende, Schwierige, Auffällige, Ungehorsame, Freche; c) unter *verstehend-psychologischem Aspekt*: Verhaltensgestörte, Kontaktgestörte, Sorgenkinder.

I. Erziehung

1. Die Erziehung „Schwererziehbarer" kann sich zwischen den Polen „autoritär" und „laisser-faire" vollziehen. Beide Erziehungsstile, im Extrem praktiziert, führen aber in die „Unerziehung". RUPPERT hat – in Besinnung über die Experimente von LEWIN – zwei Stile vom autoritären und vom laisser-faire Verhalten des Lehrers abgehoben: den „autoritativen" (in Unterscheidung vom „autoritären") und den „freiheitlichen" Stil (als zutreffenderen Begriff für das, was LEWIN mit „demokratisch" meint). Beim *autoritativen* Führungsstil sucht der Lehrer keine eigensüchtige Machtentfaltung. Er ist Vorbild und Beispiel und der Repräsentant von Werten und Forderungen der Gesellschaft. Bei ihm stehen „Sache" und schulisch-unterrichtliche Aufgaben, Erwerb von Wissen, Können und Fertigkeiten im Vordergrund – und als Voraussetzungen hierzu Respekt, Gehorsam und die Anerkennung von Forderungen. – Beim *freiheitlichen* Führungsstil stehen statt der Sache der mitmenschl. Umgang, Ordnung und Übung der zwischenmenschl. Beziehungen, Herstellung von vertrauensvollen Ich-Du-Verhältnissen, Eigenansprüche des Kindes und seine Selbstentfaltungstendenzen im Vordergrund; hier geht es um ↗Verstehen, ↗Vertrauen und ↗Partnerschaft. Beide Erzieherhaltungen gehören komplementär zusammen, können sich aber zeitweilig akzentuierend ablösen.

2. Aus *psychoanalytischer Sicht* hat AICHHORN (speziell für die Erziehung von „Fürsorge"-Zöglingen in Heimen) im päd. Interaktionsverhältnis und im Verhalten der Schwererziehbaren einen phasenhaften Ablauf gesehen: *erste Phase*: Aggressionsabfuhr, absolute erzieherische Milde und Güte, fortwährende Beschäftigung und viel Spiel, fortgesetzte Aussprachen; *zweite Phase*: Scheinaggressionen und Übersprungsbewegungen (z. B. Wutweinen) auslaufen lassen; im möglichen Erschöpfungszustand beim Zögling ermutigender Zuspruch; *dritte Phase*: Allgemeine Labilität, Wechsel von echten und Scheinaggressionen, Abnahme der Intensität in den Zornausbrüchen; *vierte Phase*: Aufbauphase, Provokation von Affekten der Freude, Konfrontation von Zerstörung und Aufbau, intensive Bindung des einzelnen an den Erzieher (Identifikation).

II. Unterricht

1. *Erziehung zur Sozialität*. Das sozial unangepaßte, schwererziehbare Kind, welches die Vorschriften der Gesellschaft in bezug auf Ein- und Unterordnung nicht anerkennt, soll lernen, seine Beziehungen zum Lehrer, Erzieher, Mitschüler und den Mitmenschen zu harmonisieren und die Forderungen der Schule (des Elternhauses und der Gesellschaft) mit den eigenen Antrieben und Entwicklungsbedürfnissen in Einklang zu bringen. Auf welche „Höhe" der Sozialität ein Kind durch Erziehung und Unterricht gehoben werden kann, hängt von Alter und Persönlichkeitsreife des Kindes (Jgdl.n) und von dem Verfestigungsgrad seiner Verhaltensstörungen ab. Das Kind muß zunächst zur äußeren Einordnung durch Schulung der einfachsten sozialen Umgangsformen gebracht werden. Die Entfaltung einer humanitären Gesinnung – über den Appell an die Vernunft und Einsichtsfähigkeit – ist eigentlich erst bei Kindern des 7.–8. Schj. möglich. – Die Schulfächer, welche Anstoß zur Entfaltung oder Höherentwicklung einer sozialen Gesinnung und Gesittung und der Mitverantwortlichkeit für sozialen Frieden geben können, sind vornehmlich *Religion*, *Deutsch* und *Geschichte*.

Religion: Das Leben Jesu, die Bergpredigt, die 10 Gebote, die Liebeswerke christlicher Missionare, Märtyrer, Reformatoren und Ordensstifter. *Deutsch*: Muttersprachliche Bildung (natürliche und zuchtvolle Sprache in Wort und Schrift), Balladen, lebenskundliche Erzählungen und Novellen, Fabeln und Volksbücher. *Geschichte*: Der Kampf des Menschen mit den Mächten des Bösen, mit seinen und den Egoismen anderer. Leben und Werk großer Erfinder und Entdecker, weltweit wirkender Humanisten und Philanthropen sollten im Vordergrund stehen. – Ebenso kann das Kind in der *Staatsbürger- und Gemeinschaftskunde* Impulse für die Entwicklung einer demokrat. Gruppengesinnung erhalten.

2. *Erziehung zur Ordnung und in Ordnungen.* Im Rahmen der Erziehung zur Ordnung gewinnt der *Rechen- und Raumlehreunterricht* über die fachl. Aufgabe hinaus besondere Bedeutung. Er hält das Kind zu Sorgfalt, Genauigkeit, Sachlichkeit und Gewissenhaftigkeit an. Der Raumlehreunterricht erzieht zum Erkennen der Gesetzmäßigkeiten von elementaren Flächen und Körpern, zur Genauigkeit bei der zeichner. Darstellung sowie beim Umgang mit Meßwerkzeugen. – Für den Erziehungserfolg ist notwendig, daß alle Ordnungen und Anordnungen für das Kind einsichtig, verständlich, über- und durchschaubar sind.
3. *Selbständiges und selbsttätiges Lernen und Erziehung zur Arbeit.* Das selbständige Arbeiten und Erarbeiten läßt nicht nur seelisch-geistige Antriebsenergien, sondern auch individuelle Begabungen zur Auswirkung kommen. Freies geistiges Tun in echter Arbeit fordert eine innere Zucht, die sich aus der Gebundenheit an den Gegenstand ergibt; Voraussetzung für äußere Zucht sind die subtile Einweisung in die Arbeitstechniken und die Festlegung des Arbeitsweges (SCHEIBNER).

Geistige Tätigkeiten bei der Arbeit sind z. B.: Zerlegen und Verbinden, Aufgliedern und Ordnen, Urteilen und Schließen, Auffassen und Darstellen, Betrachten und Beobachten; handwerkliche Tätigkeiten sind z. B.: Biegen, Schneiden, Leimen, Hobeln, Sägen. – Ein werktätig orientierter Arbeitsunterricht (STIEGER) kann bes. in allen naturwiss. Fächern durchgeführt werden, in *Biologie, Zoologie, Geographie, Physik und Chemie.* Hier können auch Beobachtungs- und Konzentrationsfähigkeit bes. gebessert werden.

4. *Gruppenarbeit.* Neben der Arbeitspäd. ist Gruppenarbeit ein generelles Unterrichtsprinzip (↗Gruppenunterricht, ↗Gruppenerziehung). Das methodisch-unterrichtl. Ziel ist die selbständige Erarbeitung der Bildungsgüter in Zusammenarbeit mit anderen; die sozialpäd. Absicht ist die Erziehung zum gegenseit. Helfenwollen, zu Kameradschaftlichkeit und Verantwortungsfreudigkeit.
5. *Spielen, Darstellen und Dramatisieren.* Das planmäßig eingesetzte ↗Spiel bietet eine hervorragende Möglichkeit, dem Kinde *Entwicklungshilfe* zu leisten (Nachholbedarf an Spielbefriedigungen und Überwindung eventueller Regressionen). Ferner kann es zur *seelischen Entlastung*, Enthemmung, Entkrampfung und damit zur allg. Lebenserleichterung beitragen. In Rollenspielen jeglicher Art, in der dramat. Darstellung von verteilten Rollen in Gedichten, Balladen, Märchen und Sagen, im Stegreif- und Theaterspiel, im „Psychodrama" (MORENO) können erwünschte und unerwünschte Rollen ausgelebt und damit pathogene Innen- und Umweltkonflikte gelöst werden. – Alle *Regelspiele* (sportliche Mannschaftsspiele und Wettkämpfe, Gesellschafts-, Brett- und Kartenspiele) tragen bei zur Entfaltung der Soziabilität und der Erziehung zu Kooperation, Toleranz, Ich-Bescheidung, Ein- und Unterordnung. – In den spielerisch-gestaltenden Bereich gehört nicht zuletzt die spezifisch *musikalische Ausdrucksbetätigung* (Lied, Chor, Instrumentalspiel).

☐ Gemeinschaftsschwierige Kinder. Verhaltensweisen, auffällige. Verwahrlosung. Erziehungsschwierigkeiten. Schulschwierigkeiten. Behinderte Kinder. Psychopathie. Kinder- und Jugendpsychiatrie. Beobachtungsheime. Verhaltenstherapie. Heilpädagogik

Lit.: O. Scheibner, Arbeitsschule in Idee u. Gestaltung (1951); K. Stieger, Unterricht auf werktät. Grundlage (1951); H. Zulliger, Heilende Kräfte im kindl. Spiel (1952, ⁵1967); K. Lewin, Die Lösung sozialer Konflikte (1953, ²1968); A. Aichhorn, Verwahrloste Jugend (1957, ⁶1969); J. P. Ruppert, Erzieherpersönlichkeit u. Stilformen der Erziehung, in: Hdb. d. Psychol., Bd. 10 (²1959); J. L. Moreno, Gruppenpsychotherapie u. Psychodrama (1959); R. G. E. Müller, Das erziehungsschwier. Schulkind (1962); –, Die Schule für erziehungsschwier. Kinder u. Jgdl. (1964); –, Verhaltensstörungen bei Schulkindern (1970).

R. G. E. *Müller*

Schwimmen ↗Sport

Seele
1. *Begriff.* ARISTOTELES definiert die S. als „erste Wirklichkeit eines natürlichen, lebensfähigen [d. h. mit Organen ausgestatteten] Körpers" (*Über die Seele,* 2, 1–2), d. h. als jene Wirklichkeit, die letzter innerer Grund dafür ist, daß sich nur *lebensfähige* Körper ein *wirklich* lebender (eben „beseelter") ist. Daß es in einem Lebewesen einen inneren Grund des Lebens geben muß, ist selbstverständlich; für den Materialisten ist die organisierte Materie selbst dieses Etwas; indem ARISTOTELES sie nur als Voraussetzung („Potenz") zum wirkl. Leben (als „Akt") bezeichnet, deutet er an, daß für ihn S. etwas bezeichnet, was zu den leibl. Organen als etwas Neues, nicht auf sie Zurückführbares, hinzukommen muß. In diesem Sinn wird auch heute das Wort S. gewöhnlich verstanden; eben deshalb leugnet der Materialist das Dasein einer S.; für ihn sind die „seelischen" Phänomene, etwa die Empfindung und das Denken, Eigenschaften der organisierten Materie bzw. ihrer Bewegungen: das innere Lebensprinzip ist identisch mit der Materie („Einheit" von S. und Leib als Identität). Dieser Auffassung steht als das andere Extrem jener Dualismus gegenüber, der das Wort S. wohl beibehält, die S. aber in ein nicht nur unkörperliches, sondern vom Leib auch unabhängiges Seiendes umdeutet, das

sich des Körpers nur wie eines äußeren Werkzeugs bedient (Leugnung jeder Seinseinheit von Leib und S.).

2. *Dasein der Seele.* Wir übergehen die Frage, ob schon das unbewußte, bloß vegetative Leben der Pflanze einer S. im definierten Sinn bedarf; tatsächlich werden im heutigen Sprachgebrauch die Wörter „seelisch" („psychisch") und „Seele" auf das bewußte Leben und sein Prinzip eingeschränkt. Das bewußte Leben – zumindest des Menschen – kann aber durch den Leib und seine Organe (etwa das Gehirn) allein nicht erklärt werden. Die „Einheit des Bewußtseins", d. h. die Tatsache, daß alle Wahrnehmungen, Vorstellungen, Gedanken usw. demselben „Ich" bewußt gegenwärtig sind, verlangt einen streng einheitlichen, nicht aus verschiedenen Teilen zusammengesetzten Träger des bewußten Lebens; sonst könnten die verschiedenen „Akte", deren materielle Grundlage eine Vielheit unterschiedener Nervenzellen ist, nur zerstückelt den einzelnen Zellen bewußt gegenwärtig sein, d. h., das bewußte Leben, wie es sich uns tatsächlich darbietet, wäre unmöglich.

3. *Die menschliche Geistseele.* Soweit das Verhalten der Tiere auf ein einheitl. sinnl. Bewußtsein schließen läßt, müssen wir auch ihnen eine S. („Tierseele") zuerkennen. Das sinnl. Wahrnehmen und Streben ist aber nicht ein Wirken der S. allein, sondern die leibl. Organe sind innerlich an ihm beteiligt. Dieses Mitwirken des Leibes offenbart sich dadurch, daß der Ablauf des sinnl. Lebens sich als durch die Gesetzlichkeiten der Materie – seien es streng „kausale" oder nur statistische Gesetze – bestimmt erweist; die Wahrnehmungen sind bestimmt durch die Organe und ihre wechselnden Zustände, das sinnl. Streben ebenso, was Unfreiheit bedeutet. Das geist. Leben des Menschen vermag sich dagegen von der Bindung an materielle Gesetzlichkeiten frei zu machen; das zeigt sich an der Möglichkeit einer krit. Beurteilung der Sinneserfahrung und an der Freiheit des Willens. Daraus ergibt sich, daß die geist. Vollzüge durch materielle Abläufe nicht innerlich *mitbestimmt* sind, wie sehr sie auch von dem sinnl., leibgebundenen Erleben *beeinflußt* werden. – Aus der „Immaterialität" der menschl. Geistseele ergibt sich die grundsätzl. Möglichkeit des Überlebens über den Tod hinaus, aus der Begrenztheit der Immaterialität die vielfache Problematik dieses Überlebens.

4. *Seele und Kybernetik.* Gegen die Notwendigkeit einer S. zur Erklärung des bewußten Lebens macht man heute oft die Erfahrungen der ↗Kybernetik geltend. Denken nicht auch die seelenlosen Maschinen? Aber was ist dieses „Denken"? Es beruht darauf, daß die logisch notwend. Zusammenhänge von Denkinhalten durch den menschl. Erfindungsgeist analog abgebildet werden in physikal. Vorgängen, die technisch bedeutend schneller ablaufen als die menschl. Denkvorgänge. Das Ganze ist ein unbewußtes Geschehen, das nur für den Menschen, der die Daten „einprogrammiert", und den Menschen, der die Ergebnisse abliest, Zeichen eines log. Prozesses bzw. seines Ergebnisses ist.

☐ Geist. Leib. Denken

Lit.: A. Willwoll, S. u. Geist (²1953); G. Strasser, S. u. Beseeltes (1955); –, Geist u. Leib in der menschl. Existenz, in: Naturwiss. u. Theol., H. 4 (1961); J. Pieper, Tod u. Unsterblichkeit (1968); P. Kirschenmann, Kybernetik, Information, Widerspiegelung (1969); J. de Vries, Materie u. Geist (1970).

J. de Vries

Seelsorge und Erziehung

S. = Seelsorge, E. = Erziehung(s)

1. *Evangelischer Aspekt.* Der dem dt. Wort S. zugrunde liegende Begriff der *cura animarum* weist auf den urspr. Zusammenhang von S. und E. hin. Das Wort geht auf stoische Tradition zurück, letztlich auf die platon. *paideia*, meint also urspr. die Befreiung der Seele durch Einsicht in die Ideenwahrheit. Durch GREGOR d. Gr. in den kirchl. Sprachgebrauch eingeführt, bezeichnet *cura animarum* die pastorale Menschenführung im Sinn seelsorgerisch-erzieherischer Ganzheit. Die Verbindung von S. mit E. oder von E. mit S. erscheint spannungsvoll, weil die beiden Begriffe ein ganz verschiedenes, wenn nicht entgegengesetztes Verhalten aufgrund einer unterschiedl. Einstellung zum anderen Menschen bezeichnen. Gleichwohl ist eine antinom. Ganzheit von S. und E. in manchen Lebensformen der Kirche zum Ausdruck gelangt, wie im genuin benediktin. Ordensgedanken, im herrnhut. Gemeindeleben, in der *direction spirituelle* des F. v. SALES, FÉNELONs u. a. – Wo die Kirche mit äußerer Macht versehen war, neigte sie dazu, ihre S. einem päd. Gesetz unterzuordnen, in gewissen Formen der Bußpraxis, der Gemeindezucht, des Unterrichts. – LUTHER hat das Spannungsmoment zwischen S. und E. bes. deutlich erkannt, indem er das im verkündigten Wort zur Wirkung kommende Gnadenhandeln Gottes vom menschl. Werk der E. grundsätzl. unterschied, ohne damit S. und E. voneinander zu trennen. Erst die Neuzeit hat die Trennung vielfach vollzogen, sowohl durch ein rationalist. und zweckgerichtetes E.denken wie durch die Privatisierung und Psychologisierung namentlich der ev. S.pra-

xis. Alle schöpfer. Pädagogen, bes. PESTA-LOZZI, wußten jedoch um die seelsorger. Dimension der E.
Der *heutigen Pädagogik* wurde das Problem erneut deutlich durch die erzieher. Relevanz tiefenpsychol. Entdeckungen, der *Theologie* vor allem durch die sozialeth. Erfordernisse der Industriegesellschaft. Eine krit. Zusammenordnung von S. und E. ist neu zu gewinnen. S. vermag nur soweit zur Befreiung des Menschen beizutragen, als sie dessen seelische Kräfte zur Einsicht in Wahrheit und zur verantwortl. Entscheidung ordnet, also den Mut zur E. auf sich nimmt. Andererseits ist erzieherische Wirkung davon abhängig, daß im Ziel der E. der Weg therapeutischer Begegnung und Befreiung mitgedacht ist. Die so verstandene seelsorger. Dimension der E. verbietet, diese als bloß machbar zu mißdeuten und setzt dem menschl. E.werk die gebotenen Grenzen.
2. *Katholischer Aspekt.* Das kath. Verständnis begreift S. als den im allg. Heilswillen Gottes gründenden *Heilsdienst der Kirche.* Inhaltlich geschieht S. in allen Wirkformen der Kirche (Verkündigung, ↗ Liturgie, ↗ Sakramente, Diszipliṇ, kirchlicher Weltdienst), in denen sie ihr eigenes Wesen als Dienst am Menschen vollzieht. Neben der kirchlicheschatolog. und der personalen Grundstruktur wird jüngst die der S. abverlangte Sachlichkeit betont, d. h. die Orientierung an den anthropolog. und soziokulturellen Voraussetzungen jeglichen Heilsdienstes. Dabei kommen die vielfält. Möglichkeiten, aber auch die Grenzen der S., ihre trotz des Sinn- und Sachzusammenhangs mit der Kirche bestehende Vorläufigkeit, stärker in den Blick.
Die *Zuordnung von Seelsorge und Erziehung* wird dadurch grundgelegt, daß S. zwar in der Welt und an ihren konkreten Problemen geschieht, sich jedoch in Ursprung und Ziel von rein innerweltl. Engagement abhebt. Erziehungsziele im Rahmen seelsorgerlicher Bemühung (Tauf-, Buß-, eucharistische-, Firmerziehung) intendieren päd. Anstrengungen hinsichtlich der Voraussetzungen eines sachgerechten Vollzugs der kirchl. Wirkformen. Seelsorgerliche Funktionen im Raum der (eigengesetzl.) Erziehung geben dieser das Gepräge der Lebenshilfe im Vorfeld des Glaubens als individuelle Bestätigung, als Unterstützung in Grenz- und Notsituationen, als Ausgleichsmaßnahme bei Schulderfahrung und dgl.
Angesichts der sich wandelnden Struktur des ↗ Religionsunterrichts gewinnt die *Schul-Seelsorge* erhöhte Bedeutung. Als freies, die Bereitschaft zum Glaubensvollzug voraussetzendes Angebot an Lehrer, Schüler und Eltern geht es ihr um Formen der Einübung in den christl. Vollzug, wie Schulgottesdienst, soziales Engagement, rel. Freizeiten, Arbeitsgemeinschaften, ↗ Glaubensgespräch.
☐ Jugend und Kirche. Jugendseelsorge. Glaube. Schulgebet. Religion und Erziehung. Rel. Bildung

Lit. zu 1.: W. Jaeger, Paideia I–III (1934–47); I. Herwegen, Sinn u. Geist der Benediktinerregel (1944); M. Buber, Die Schr.en über das dialog. Prinzip (1954, 1965); R. Guardini - O. F. Bollnow, Bildung (1956); R. Ranft, Das Pädagogische im Leben u. Werk des Grafen v. Zinzendorf (1958); J. Asheim, Glaube u. E. bei Luther (1961); M. J. Langeveld, Die Schule als Weg des Kindes (⁴1968).
Zu 2.: W. Jentsch, Hdb. der Jugendseelsorge, 2 Bde. (1963/65); A. Müller, Die neue Kirche und die Erziehung (1966); V. Schurr, S., in: Sacramentum Mundi IV (1969); E. Feifel, Glaube u. Erziehung, in: J. Speck - G. Wehle (Hrsg.), Hdb. päd. Grundbegriffe I (1970); H. Janssen, Schüler, Eltern, Lehrer. Dienst der Kirche in der Schule (1971).

1. *R. Leuenberger,* 2. *E. Feifel*

Segnungen ↗ Sakramentalien

Sehbehindertenpädagogik
SB. = Sehbehinderte(r, n), sb. = sehbehindert

1. *Sehbehinderung.* Ein Kind, das mit Gläserkorrektur ohne weitere optische Hilfsmittel auf dem besseren Auge oder beidäugig eine zentrale Sehschärfe unter ¹/₃ besitzt oder in der Nähe eine Sehschärfe von 0,3 oder weniger bei einem Arbeitsabstand von mindestens 30 cm aufweist, oder bei dem erhebliche Einschränkungen des Gesichtsfeldes bestehen, kann dem Unterricht in der Normalschule nicht mehr in gewünschter Weise folgen. – Im ersten Schj., in dem das Kind vorwiegend große Druckbuchstaben zu lesen hat und größere Schriftformen gebraucht, kann eine schlechtere Sehschärfe noch ausreichende Schulleistungen ermöglichen. Später jedoch treten optische Schwierigkeiten, Leistungsabfall, psychische Störungen und charakterliche Schädigungen auf. Ob ein sb. Kind die SB.-Schule besuchen muß, begutachtet neben dem Augenarzt der Fachpädagoge.
2. *Sehbehindertenschulen.* Diese sind nicht mit medizin. Einrichtungen wie orthoptischen oder pleoptischen Seh-Schulen zu verwechseln; sie sind vielmehr Bildungseinrichtungen, in denen sb. Kinder und Jgdl. nach den Grundsätzen der S. auf die für das allgemeine Schulwesen geltenden Ziele hin gebildet und erzogen werden. Durch eine der Behinderung angepaßte äußere und innere Unterrichtsgestaltung und durch den Einsatz besonderer methodischer und visueller Hilfen werden die Schüler zur Entfaltung ihrer Anlagen gebracht. Die Klassenfrequenz beträgt maximal 12, bei Mehrfachschädigungen noch weniger Schüler.

3. *Unterrichtsanforderungen.* Die unklaren und unvollkommenen Vorstellungen des sb. Schülers müssen durch einen bes. anschaulichen und erlebnisreichen Unterricht korrigiert werden. Ein steter Wechsel der Unterrichtsformen ist erforderlich. Der *musischtechnische Unterricht* ist in einer SB.-Schule bes. bedeutsam. Durch Musikerziehung, bildnerisches und künstlerisches Gestalten, Werken, Töpfern und Weben, Gymnastik, Spiel, Volkstanz, Schwimmen, Hauswerken und Maschinenschreiben werden die bewegungsscheuen, motorisch gehemmten und verkrampften sb. Schüler aufgelockert, entspannt, freier, sicherer und beherrschter in ihren Bewegungen, Handlungen und Arbeiten.

Die Persönlichkeitsstruktur des SB. wird vom Sehen her wesentlich mitbestimmt. Daher gilt für den Unterricht, daß die *Restsehkraft* des Schülers nicht, wie es früher geschah, zu schonen ist, sondern *optimal ausgenutzt* wird. Das Sehschonungsprinzip kann nur noch für einen kleinen Kreis seh*gefährdeter* Kinder gelten. Die *Seherziehung* ist in der SB.-Schule ein sehr gewichtiges Unterrichtsprinzip.

Durch individuelle Anpassung der *Arbeitsbedingungen* an den sb. Schüler tritt eine Verminderung der Belastungsanforderungen in schulhygienischer und unterrichtl.-lehrtechn. Hinsicht ein. Durch *Spezialtische* sowie besondere *Raum- und Arbeitsplatzleuchten* kann, individuell unterschiedlich variiert, eine Verbesserung des Sehens ermöglicht werden. Neben den vielfältigen Sehübungen müssen *Gehör- und Tastsinn* helfend herangezogen werden, um das visuell vorhandene Weltbild des SB. zu ergänzen.

Bei der Gestaltung der *Arbeits- und Lehrmittel* ist die Wahrnehmungssituation des sb. Schülers zu beachten. Das Unterrichtsmaterial muß klar, eindeutig, kontrastreich in Farbe und Helligkeit gegliedert und übersichtlich sein. Die Druckschrift darf nicht zu klein und schwach, der Zwischenraum der Wörter und der Abstand der Zeilen nicht zu weit sein. Zur Verringerung der Blendwirkung wird schwarzer Druck auf gelblichem Papier bevorzugt.

Über den Gebrauch *optischer Hilfsmittel*, wie Fernrohrbrillen und Haftgläser, entscheidet der Facharzt. Um eine zusätzliche Verbesserung der Sehleistung zu erreichen, werden verschiedene Lupen je nach den individuellen Bedürfnissen als Sehhilfen bereitgestellt. Bes. gefragt sind Leuchtlupen und Visolettgläser.

☐ Heilpäd. Blindenpäd. Taubblindenpäd. Mehrfach behinderte Kinder. Sehstörungen.

Lit.: E. Teumer, Das sb. Kind. Beih. 2 der Zschr. Heilpäd. (1960); W. Hathaway, Education and Health of the Partially Seeing Child (New York ⁴1964); G. Gallenkamp, Lit. zur S., in: Heilpäd. Forschg. 1 (1965); U. Beermann, Erziehung von SB. (1966); J. Bischofs, Sehgeschädigtenpäd., in: H. Jussen, Hdb. d. Heilpäd. in Schule u. Jugendhilfe (1967); W. Boldt - O. Wegbrod - E. Teumer - H. Bätz, S., in: G. Heese - H. Wegener, Enzyklopäd. Hdb. der Sonderpäd. III (²1969).

E. Teumer

Sehstörungen (einschließlich Blindheit)

Unter S. werden sämtliche Abweichungen vom normalen Sehen verstanden, welches durch die volle Funktion beider Augäpfel, der Sehbahnen und Sehzentren gewährleistet ist.

Der adäquate Reiz ist Licht des Wellenlängenbereiches von 400 bis 800 Nanometer (nm), das über die bildentwerfenden Medien (dioptrischer Apparat): Hornhaut, Kammerwasser, Linse und Glaskörper in dem bildaufnehmenden Organ, der Netzhaut, photochemische Prozesse innerhalb der Stäbchen und Zapfen auslöst. Die resultierenden nervösen Erregungsmuster werden über den Sehnerven, die Sehnervenkreuzung und die Sehbahnen schließlich der Sehrinde im Hinterhauptslappen des Großhirns mitgeteilt und unter Mitwirkung weiterer Hirnareale als Seheindrücke wahrgenommen.

Veränderungen des dioptr. Apparates sind die *häufigsten Anomalien*, die zu S. führen. Im normalsicht. Auge (Emmetropie) werden im Unendlichen liegende Gegenstände in der Brennebene des Systems, der Netzhaut, scharf abgebildet. Dies ist bei Nahobjekten nur durch Zunahme der Brechkraft mittels Verformung der Linse möglich (Akkommodation). Die Fähigkeit dazu verringert sich mit dem Alter; es kommt zur *Alterssichtigkeit* (Presbyopie), deren Korrektur durch Sammelgläser erfolgt.

1. Bei *Weitsichtigkeit* (Hyperopie) liegt infolge eines Mißverhältnisses zwischen Brechkraft und Augapfelachsenlänge (meist ist diese zu gering) der Brennpunkt hinter der Netzhaut. Ständige Akkommodation beim Fernblick, wie dies beim nichtkorrigierten weitsicht. Auge der Fall ist, verschafft zwar ein scharfes Bild, führt jedoch in der Regel zu Ermüdung, Kopfschmerzen und auch zu Einwärtsschielen. Letzteres entsteht, da eine vom Gehirn gesteuerte Kopplung zwischen Akkommodation und der Einwärtswendung der Augapfelachsen (Konvergenz) besteht. Bei Emmetropie ist dies lediglich beim Nahblick der Fall. Eine Frühbehandlung (Brillenkorrektur) ist bei Weitsichtigkeit ab dem 2. Lj. angebracht.

2. Bei *Kurzsichtigkeit* (Myopie) liegt der Brennpunkt vor der Netzhaut, meist durch anlagebedingten Langbau verursacht, bei dem je nach Grad der Myopie Dehnungsveränderungen der Netzhaut bekannt sind, die zu Degenerationen, Blutungen und so-

gar Netzhautablösungen führen können. Hier ist frühzeitige dauernde Brillenkorrektur nötig, auch beim Nahsehen, um die physiolog. Akkommodation anzuregen.

3. Besteht infolge einer unterschiedl. Brechkraft in verschiedenen Meridianen der Hornhaut und bzw. oder der Linse ein *Astigmatismus,* so wird ein Punkt der Außenwelt in der Netzhautmitte als Strich abgebildet, häufig kombiniert mit Weit- oder Kurzsichtigkeit. Der reguläre Astigmatismus ist mit Brillengläsern korrigierbar, irreguläre Formen nach Hornhautnarben oder bei starker Hornhautvorwölbung (Keratokonus) vielfach nur durch Hornhautkontaktschalen. Weiteres Anwendungsgebiet dieser Sehhilfen sind höhere Brechkraftunterschiede beider Augen *(Anisometropie),* da bei üblicher Brillenkorrektur die unterschiedlich großen Netzhautbilder oft nicht zu einem einheitl. Bild verschmolzen werden können. Die Anisometropie kann angeboren oder erworben sein (z. B. Linsenlosigkeit). Unterbleibt diese Behandlung, resultiert vielfach eine einseitige Sehschwäche (Amblyopie), bei der ein vollwert. räuml. Sehvermögen nicht aufgebaut werden kann.

4. Beim *Schielen* ist es unmöglich, die Gesichtslinien beider Augen auf einen gemeinsamen Fixierpunkt zu richten, z. B. bei der häufigsten Form, dem Begleitschielen (Einwärts- und Auswärtsschielen), und vielfach auch beim Lähmungsschielen. Als Ursache kommen Refraktionsfehler, Augenmuskelanomalien, Hirnnervenstörungen, auch Erbfaktoren, in Frage. Wichtig ist die Früherfassung zwischen dem 1.–3. Lj., da später die Aussichten auf erfolgreiche Behandlung einer Sehschwäche des nichtführenden Auges sinken bzw. eine Anpassung beider Augen an die Schielstellung (anomale Sehrichtungsgemeinschaft) die Entwicklung eines vollwertigen beidäugigen Sehens vereitelt. Angebracht ist frühzeitige Behandlung durch Brillenkorrektur bei Brechungsfehlern und mit Schielklappen sowie ple- und orthoptischen Maßnahmen in Spezialabteilungen.

5. Behinderungen der Hornhauttransparenz als Folge von Entzündungen (Bakterien, Viren) oder Verletzungen rufen starke S. hervor, ebenso der *Graue Star* (Trübung der Linse), der angeboren oder erworben sein kann. Die Behandlung erfolgt operativ und besteht in der Entfernung der getrübten Linse, wenn das Sehvermögen nicht mehr ausreicht. Beim *Grünen Star* (Glaukom), der primär oder auch sekundär bei anderen Augenerkrankungen auftreten kann, ist der Augeninnendruck erhöht. Die akuten wie auch die chron. Formen führen, wenn eine Behandlung (medikamentös oder operativ) unterbleibt, zur Erblindung. Das kindl. Glaukom ist an dem deutlich vergrößerten Augapfel, meist schon kurz nach Geburt, erkennbar und bedarf ebenfalls sofortiger Spezialbehandlung.

6. *Erkrankungen der Netz-Aderhaut* und des *Sehnerven* durch Entzündungen bei bestimmten Infektionskrankheiten, allergischtox. Reaktionen, Netzhautablösungen, Degenerationen (z. B. Pigmentertartung, familiäre amaurotische Idiotie) rufen zentrale oder periphere S. hervor, teilweise mit typ. Gesichtsfeldeinschränkungen, häufig bes. charakteristisch bei Hirntumoren. Die Therapie erfolgt je nach Ausgangssituation medikamentös oder operativ; z. T. ist sie unmöglich.

7. Während der Begriff *Blindheit* (Amaurose) bei Fehlen jeglicher Lichtempfindung klar umrissen ist, sind Diskussionen über die *prakt. Erblindung* auch heute noch nicht abgeschlossen. Die Dt. Ophthalmologische Gesellschaft (DOG) empfiehlt 1967 folgende neue Definition: Blind sind solche Behinderte, die entweder das Augenlicht vollständig verloren haben oder deren Sehschärfe so gering ist, daß sie kein Hilfsmittel bei der Orientierung in fremder Umgebung darstellt. Dies wird im allg. der Fall sein, wenn auf dem besseren Auge bei freiem Sehfeld nur eine Sehschärfe von etwa $1/50$ oder Ausfälle des Sehfeldes von gleichem Schweregrad bestehen.

8. Nicht zu den Blinden gehört der *hochgradig Sehbehinderte,* dessen Sehschärfe wirtschaftlich nicht verwertbar ist. Dies ist im allg. bei einer Sehschärfe auf dem besseren Auge von $1/20$ und weniger bei freiem Sehfeld oder von $5/50$ und weniger bei zusätzl. Einschränkung des Sehfeldes der Fall.

Für *sehbehinderte Kinder* liegt nach Meinung der DOG in Übereinstimmung mit der Auffassung des Bundes zur Förderung sehbehinderter Kinder eine Sonderschulbedürftigkeit vor (bei durchschnittl. Intelligenz), wenn a) die zentrale Sehschärfe auf dem besseren Auge oder beidäugig $1/3$ bis $1/20$ beträgt, b) in der Nähe eine Sehschärfe von 0,3 oder weniger bei einem Arbeitsabstand von mindestens 30 cm vorliegt oder c) erhebliche Einschränkungen des Gesichtsfeldes bestehen.

☐ Behinderte Kinder. Blindenpädagogik. Sehbehindertenpädagogik

Lit.: H. Gasteiger - W. Jaeger - R. Pape, Klin. Monatsblätter für Augenheilkunde (1965); 68. Tagung der DOG (1967); F. Hollwich, Einführung in die Augenheilkunde ([6]1968).

L. Welge-Lüßen

Sein, Seinslehre ↗Ontologie

Sekundarstufe ↗Primarstufe ↗Strukturplan

Selbst

1. S. ist ein vielfach verwendeter *Grundbegriff* der modernen *Anthropologie*. Gemeint ist das menschliche Handlungs- und Entscheidungszentrum, sofern dieses einer eigenen Konstitutionsbemühung („Selbstwerdung", „Individuation") entstammt, also nicht nur naturhaft gegebenes (psychol.) Faktum ist.

In der Denkgeschichte ist S. oft unter dem Problemtitel „Seele" behandelt worden, so zuerst von PLATON (in der Rede von der „Sorge um die Seele" und im Begriff des „daimonion"), sodann gelangte AUGUSTINUS dazu, ausgehend von der Frage nach der „Dauer" einer Gegenwart, als eigentliche Leistung (der Seele) die Synthesis der Zeit in ihren drei Dimensionen zu begreifen.
In die dt. Sprache gelangte das Wort S. erst Anfang des 18. Jh. als Parallelbildung zum engl. „self", das J. LOCKE terminologisch für die Substanzialität des Ich als „bewußt denkenden Wesens" verwendete, das die ontolog. Grundlage für die Einheit der Erkenntnis sowohl als auch die Zurechenbarkeit vergangener Handlungen darstellt.
2. Es lassen sich zunächst *zwei Verwendungen* des Wortes unterscheiden: a) In der *praktischen Philosophie* bezeichnet S. die verstärkte Reflexion auf die Verantwortlichkeit des (aufgeklärten und sich emanzipierenden bürgerl.) Subjekts für seine Handlungen; sie ist zunächst religiös-pietistisch gefärbt („das böse, sündige, verderbte Selbst absagen, verläugnen, tödten" – KRAMER 1702 im Dictionario = erster Beleg des Wortes S.) und meint schließlich nicht mehr hinterfragbare Quelle menschlicher Aktivität (HERDER, vgl. das Gedicht „Selbst") bzw. als „eigentliches" S. den intelligenten Willen, der sich im ↗Kategorischen Imperativ auslegt und die „Würde" des Menschen ausmacht (KANT). S. könnte hier als Steigerungsform des Ich gelten, was der etymologisch nicht haltbaren Deutung als Superlativ – selb, selber, selbst – einen spekulativen Sinn gäbe. b) In der *Erkenntnistheorie* wird ein S. von D. HUME als unnötige Hypothese abgelehnt, weil das „self" keine eigene „perception", sondern nur der Bezugspunkt von solchen ist, und „eher ein grammatisches denn ein philosophisches Problem" darstellt.
Demgegenüber verweist KANT auf die Notwendigkeit eines transzendentalen Horizonts für die Einheit von Vorstellung und Erkenntnis - so ist das S. identisch mit dem transzendentalen Bewußtsein und dem alles Denken begleitenden Ich überhaupt" (vgl. HUSSERLs „Einheit des Bewußtseinsstroms").
3. Im *deutschen Idealismus* gelangt das S. zu spekulativ gesteigerter Bedeutung: das Sichselbstbestimmen des Ich in der reinen „Tathandlung" (FICHTE) als absolutem Akt der sich und die Welt mit sich vermittelnden Freiheit löst Substanzialität auf und behauptet Subjektität als Sinn von Wirklichkeit überhaupt, das S. qua Subjektität besteht nur im Ergreifen seiner als selbstentworfener Möglichkeit. Erkennen als Hereinholen („Aufheben") der Fremdheit des Anderen ist Tat des S., souveräner Willensakt. Dieser reine S.bezug als absolut konstitutiv wird im Nachidealismus von zwei Seiten her aufgelöst: MARX betont die Vorgängigkeit der sozioökonom. Bedingungen, die die prakt. Aneignung des Fremden als eigenen Produkts verhindern und zum Gegenteil der S.entfremdung geführt haben. KIERKEGAARD begreift das S. religiös als „ein Verhältnis, das sich zu sich selbst verhält", das als „gebildet aus Unendlichkeit und Endlichkeit" jedoch *gesetzt* ist, d. h. sein Maß gerade nicht selbst produzieren kann.
4. Im *20. Jahrhundert* diskutiert HEIDEGGER den Begriff des S. neu auf der fundamentalontolog. Ebene einer „Analytik des Daseins", wobei er sowohl den Gedanken der geschichtlich-soziolog. Vorbedingtheit („Geworfenheit") als auch den der urspr. Spontaneität („Entwerfendheit") des S. in phänomenologisch-spekulativer Weise vereinigt. Der Ausdruck S. ist für Heidegger die „Antwort auf die Frage nach dem Wer des Daseins", dieses das durch Seinsverständnis ausgezeichnete Seiende. C. G. JUNG unterscheidet das S. als Totalität des Psychischen vom Ich als dem Zentrum des Bewußtseins.
☐ Person. Selbstwahrnehmung. Selbsterkenntnis. Selbsterziehung

Lit.: S., in: J. Grimm, Dt. Wb.; U. Johansen, Kierkegaard u. Hegel, in: Zschr. für philos. Forschung, Bd. 7 (1953); D. R. Cousin, Kant on the Self, in: Kantstudien, Bd. 49 (1957–58); H. Kuhn, Sokrates (1959); R. Schaeffler, Das Gute als Gegenstand des philos. Fragens, in: Zschr. für philos. Forschung, Bd. 15 (1961); H.-G. Gadamer, Zur Problematik des S.verständnisses, in: Einsichten, Festschr. für G. Krüger (1962); N. Matros, Das S. in seiner Funktion als Gewissen, in: Salzburger Jb. für Philos., Bd. 10/11 (1966–67); H. N. Castaneda, On the Phenomeno-Logic of the I, in: Akten des XIV. Internat. Kongresses für Philos. in Wien 1968, Bd. III (1969).

H. Brockard

Selbständigkeit

1. *Sinn und Funktion* der S. Im päd. Denken von Vergangenheit und Gegenwart erscheint S. als Nichtangewiesensein des individuellen Tuns auf den Beistand anderer. In diesem „radikalen" Sinn ist S. durch Erziehung und Bildung nur annäherungsweise erreichbar. Wird sie als Ziel erstrebt, so geschieht es nicht aus Gründen der Isolation gegenüber der Gesellschaft, sondern aus Rücksicht auf den Mitmenschen: ihm soll nicht diejenige Belastung und Sorge aufgetragen werden, die man selbst tragen kann. Die Erziehung zur S. dient erst sekundär der Sicherung wünschenswerter äußerer und innerer Freiheit. Unabhängigkeit ist primär darauf eingestellt, die Selbstkraft des Individuums maximal zu entfalten. S. ist eher ein dynam. als ein limitativer Begriff.

Meist ging die Erziehung zur S. in den Erziehungssystemen der Vergangenheit vom Bild des „autonomen" Menschen aus. Literarisches Urbild der S. durch Selbsthilfe, verbunden mit einem hohen Maß an Erfindungskraft und starkem Willen, ist D. DEFOEs „Robinson Crusoe" (1719). Die Päd. der ↗Aufklärung variierte das Robinson-Motiv in zahlreichen ethnischen und sozialen Formen. Bes. J. J. ROUSSEAU erhob die Erziehung zur S. zur leitenden päd. Maxime: Gemeinschaftsfähig ist „Émile" erst dann, wenn er seine Selbstkraft voll entfaltet und möglichst viel S. erlangt hat. Erst die S. garantiert ihm die Freiheit der Verantwortung im sozialen Kontakt. – Je unselbständiger der Mensch ist, um so unfreier innerhalb der Gesellschaft ist er; dieser fällt er wegen des Mangels an Selbsthilfefähigkeit zur Last. Die Unselbständigkeit macht zusätzliche soziale Hilfe erforderlich.

Selbst in kollektivist. Formen der Erziehung (z. B. bei A. S. MAKARENKO) spielt die Erziehung zur S. eine große Rolle: Auch das Kollektiv ist nur funktionsfähig, wenn jedes Mitglied so selbständig wie möglich für sein Leben zu sorgen vermag.

Die S. des *Denkens* und *Urteilens* freilich wird in allen konformist. Erziehungssystemen unterdrückt. Konformismus als mentale Haltung ist ja erst gegeben, wenn sich der einzelne in vorgegebene Denkschablonen einfügt und auf krit. Bewußtsein verzichtet. Die Erziehung zur Kritikfähigkeit ist eine wichtige Teilaufgabe der Erziehung zur S.

2. *Erziehung als Prozeß der Verselbständigung.* Die grundlegende Bedeutung, die der S. in der Erziehung zukommt, wird daran erkennbar, daß Erziehung weitgehend als Prozeß der Verselbständigung interpretiert werden muß. Der Satz, Erziehung müsse sich zunehmend mit dem Alter des Edukanden von der Fremd- zur Selbst-Erziehung wandeln, meint nichts anderes als personale Verselbständigung. Diese ist gleichsam als „Trieb" und Telos der menschl. Natur eingegeben, und das nicht erst seit dem Aufkommen des päd. Autonomiedenkens in der Aufklärung. S. wird zum Kriterium der Lebenstauglichkeit des Menschen. Der neuzeitl. Entwicklung eignet nicht nur die Tendenz zur Betonung der individuellen Vernunft, sondern auch der S. als eines Beweises der individuellen Freiheit. Ergebnis der Erziehung zur S. ist die ↗Mündigkeit, die personale Selbstmächtigkeit des Erwachsenen. Erziehung hebt sich auf und macht sich überflüssig dadurch, daß sie S. in dem sich entfaltenden Individuum erreicht. Da dies nie ganz möglich wird, bleibt Erziehung zumindest als ↗Selbst-Erziehung ständig wünschenswert.

3. *Selbständigkeit* in *Heil- und Sonderpädagogik.* Paradoxerweise zeitigt die Erziehung zur S. dort ihre deutlichsten Erfolge, wo die Lebenstauglichkeit des Edukanden *gemindert* ist: So werden z. B. körpergeschädigte Zöglinge durch bes. sorgfältige Methoden der Kompensation darin geübt, den Ausfall eines Organs (Hand, Arm, Auge usw.) durch anormale Entfaltung der Kraft anderer Organe auszugleichen. Querschnittgelähmte Jgdl. z. B. üben sich vom Rollstuhl aus im Kugelstoßen und anderen Sportarten. Beim lernbehinderten Kind wird etwa die Fähigkeit zur Systematik und Kombination, die im intellektuellen Bereich verkümmert ist, sensorisch ausgeprägt. – Gerade der durch Ausfall oder Defekt eines Organs behinderte Mensch bemüht sich bes. nachhaltig um S. und möchte seinen Mitmenschen sowenig wie eben möglich zur Last fallen.

Krasses Gegenteil zu dieser Erziehung zur S. sind *Verwöhnung* und *Hospitalismus,* die – jeweils auf ihre Weise – eine übertriebene Abhängigkeit und Unselbständigkeit des Edukanden hervorrufen. Beide gründen in dem Fehler, die Selbstkraft des Edukanden weitgehend unbeansprucht und damit verkümmern zu lassen. *Hörigkeit* ist das Gegenbild von S.

4. *Relativität* der S. Die Bedeutung und Funktion von S. wird heute vor allem dadurch akut, daß die „sekundären Systeme" direkt oder indirekt Verhaltenszwänge ausüben, denen sich der Mensch nur schwer entziehen kann. So ist seine S. nur relativ verifizierbar. Damit kann jedoch nicht behauptet werden, bei der Erziehung handele es sich (ähnlich wie bei Religion, Sittlichkeit, Politik) um „Herrschafts- und Zuchtsysteme", die auf Konformierung statt auf S. hinausliefen.

☐ Mündigkeit. Erziehung. Subjektivität

Lit.: H. Roth, Erziehen wir zum Denken?, in: Die Slg. 9, 4 (1954); –, Päd. Anthropologie (1966).

F. Pöggeler

Selbstbestimmung ↗Autonomie

Selbstbild ↗Selbstwahrnehmung

Selbstbildung ↗Autodidakt

Selbsterkenntnis des Erziehers

1. *Begriff.* Die S. ist ein von LANGEVELD in die päd. Diskussion eingebrachter Begriff, der nach seiner Ansicht eines der „Grundprobleme der Pädagogik" umschreibt. Langeveld geht dabei von der Erfahrung aus, daß alle Kenntnisse und Aufgaben, die einem Heranwachsenden mitgeteilt werden, immer schon durch die Person des Erziehers ausgewählt und vorgeformt sind. Der Zögling lernt die Welt durch den Erzieher kennen, der Erzieher übernimmt die Rolle eines „Sicherheitsgaranten und eines Mittlers". Diese Aufgabe kann der Erzieher nur dann verantwortungsvoll erfüllen, wenn er Klarheit über sich selbst, sein Verhältnis zur Welt und damit auch zum Kind gefunden hat,

wenn aus der S. ein „Lebensplan" hervorgegangen ist. Erst wenn er im eigenen Denken und Handeln zur „Klarheit und Sicherheit" gefunden hat, ist er in der Lage, dem Zögling einerseits Handlungsentwürfe wirksam nahezubringen und andererseits dessen Eigenarten verständnisvoll zu respektieren. Das Kind lebt bei einer solchen Erziehung in einer „klaren, beseelten, persönlich geformten und gelenkten Welt".
Die S., das Fundament jeder verantwortungsbewußten Erziehung, darf weder als erwerbbare Tugend noch als Anlage des „geborenen Erziehers" im Sinne von SPRANGER oder KERSCHENSTEINER mißverstanden werden (↗Erzieher). Sie entwickelt sich keineswegs aus einer vorgegebenen erzieher. Potenz, sondern wird durch den Umgang mit dem Zögling konstituiert.
2. *Kritik.* LANGEVELD betont zwar die prinzipielle Unabschließbarkeit der S., aber löst sich andererseits nicht konsequent vom Wunschbild eines Erziehers, der über feste Maßstäbe verfügt, der mit sich und der Welt „im reinen" ist. Unter der Hand wird so die S. zur Suche nach einem harmon. Weltbild, das der Schüler weniger durch krit. Auseinandersetzung als durch seine personale Beziehung zum Erzieher übernehmen soll. Demgegenüber muß die Infragestellung des Lehrers und seines „Lebensplanes" durch die rationale Interaktion zwischen Zögling, Erzieher und Gesellschaft betont werden. – Zudem verschiebt Langeveld das Problem der S. auf die Ebene existentieller Erlebnisse, die in der Sphäre der Familie eine gewisse Bedeutung haben, in der tägl. Arbeit des Lehrers angesichts einer immer stärkeren Differenzierung und Spezialisierung des Schulwesens aber ganz zurücktreten. Der Lehrer kann sich heute nicht mehr auf seine Bereitschaft zur Selbstkritik und seinen päd. ↗Takt verlassen, wenn er seine Rolle als Lehrer begreifen und seine persönl. und gesellschaftl. Vorurteile erkennen will. Dazu bedarf er in weit stärkerem Maße, als es noch Langeveld annahm, der wiss. Information über das Rollenverhalten von Lehrern und Schülern, über kulturelle und gesellschaftl. Bedingtheiten von Lehrstilen, Lehrplänen usw.
☐ Selbst. Selbsterziehung

Lit.: J. Kob, Die Rollenproblematik des Lehrerberufes, in: Soziol. der Schule, Kölner Zschr. für Soziol. u. Sozialpsychol., Sonderh. 4 (1959); O. G. Brim, Soziol. des Erziehungswesens (1963); M. J. Langeveld, Einf. in die theoret. Päd. (²1969); K. Mollenhauer, Die Rollenproblematik des Lehrerberufs u. die Bildung, in: Erziehung u. Emanzipation (1968, ³1970); K. Schaller, Die Seele des Erziehers, in: Studien zur syst. Päd. (²1969).

Fj. Baumgart

Selbsterziehung
S. ist die Erziehung des eigenen personalen ↗Selbst durch sich selbst. Sie ist Hauptteil der Gesamterziehung insofern, als alle Fremderziehung Erziehung zur S. sein soll. Was das Selbst aber ist, wird von einer modernen krit. Erziehungswiss., die den Menschen stets im Kontext der gesellschaftl. Verhältnisse und ihres Wandels sieht, sorgfältig zu erörtern sein.
1. Die *anthropologische* Begründung liegt in der Erkenntnis, daß menschliche Entwicklung sich nicht nur im biologisch-psych. Bereich vollzieht, sondern auch einen Prozeß der Selbstverwirklichung darstellt, der sowohl an die ↗Sinnfrage des Daseins als auch an das Problem der persönl. ↗Entscheidung, der ↗Freiheit, der ↗Verantwortung, der Orientierung an Norm- und Richtbildern des Menschseins rührt. Dieser Prozeß beginnt schon in der Kindheit und schreitet dann über die Fortentwicklung des bewußten Wollens, der Selbstbeherrschung weiter zur Freiheit des Über-sich-Entscheidens und zum Bewußtsein eigener Verantwortlichkeit. Unterstützt wird dieser Prozeß durch das der (geistigen) Natur des Menschen innewohnende Selbstwertstreben, das ihn anregt, bestimmte Forderungen, Ziele und Ideale in bezug auf sich selbst vorzustellen, die ihm als eigentliche Erfüllung seiner selbst und als seine Bestimmung gelten.
2. Auch die *Psychologie* zeigt, daß die Entwicklung des Menschen nicht nur von Anlagen, Umwelteinflüssen und Lernen getragen wird, sondern auch als Selbstgestaltung, als „kreative Aufgabe" zu verstehen ist. Schon in dem krisenhaft gefärbten Aufbäumen gegen Fremdbestimmung in der Vorpubertät klingen in dem Streben nach ↗Selbständigkeit Momente der Selbstgestaltung an. Deutlich treten diese in der eigentl. Pubertät in Erscheinung. Wie aus Jugendtagebüchern (auch aus unserer Zeit) zu entnehmen ist, setzt zunächst das Bemühen um Selbsterkenntnis ein, oft verbunden mit schonungsloser Kritik der eigenen Fehler, dann der Vorsatz, diese durch bewußte S. zu überwinden.
☐ Erziehung. Freiheit in der Erziehung

Lit.: M. J. Hillebrand, Die seelisch-geist. Entwicklung in anthropolog. Betrachtung, in: Studium Generale, H. 8 (1954); E. Höhn, Entwicklung als aktive Gestaltung, in: Hdb. d. Psychol., Bd. 3 (²1959); H. Henz, Lb. der syst. Päd. (1964); W. Hansen, Entwicklung des kindl. Weltbildes (⁶1965); K.-H. Schäfer - K. Schaller, Krit. Erziehungswiss. u. kommunikative Didaktik (1971).

M. J. Hillebrand

Selbstgefühl ↗Selbstwahrnehmung

Selbstmord

I. Wesen. Statistik. Verhütung

1. S. ist die einzige vernichtende Handlung, bei der Täter und Opfer identisch sind. Als Täter ist der Selbstmörder (Suicidant) seelisch krank und nicht verantwortlich; als Opfer bedarf er des Schutzes vor sich selbst. – Gegenüber den soziol. (DÜRCKHEIM), psychoanalyt. (FREUD) und den vielen philos. und theol. Theorien hat sich seit RINGEL 1953 die „psychiatrische These" durchgesetzt: „Selbstmord ist das Ende einer langen Krankheit, die rechtzeitig erkannt und wirksam behandelt werden kann."

2. Rd. 1000 Menschen töten sich täglich in der Welt, in der BRD etwa 40; mindestens fünfmal soviel versuchen S. Überall erschweren hohe Dunkelziffern (S.-Tod als Folge von Krankheit, Unfall, bes. Verkehrsunfall getarnt) die Forschung und internat. Vergleiche. Mehr Männer als Frauen begehen S. Berlin hat die höchste, Irland und südeuropäisch-kath. sowie orientalisch-mohammedan. Länder bes. niedrige S.ziffern. (Doch nicht äußere Religionszugehörigkeit, sondern innere Bindung schützt vor S.) Die Ostblockländer veröffentlichen ihre (hohen) S.ziffern nicht.
S.gefahr wächst mit der Größe der Städte und mit dem Alter. Bei Jgdl.n enden rd. 5 % der S.versuche tödlich, bei Alten über 60 %.
S. geschieht in Dtl. meist durch Erhängen, Schlafmittel, Leuchtgas, Ertrinken, seltener durch Sturz in die Tiefe und Erschießen (Männer). Bei S.versuchen (meist Schlaftabletten) erreichen Reanimationszentren eine Rettungsquote bis 99 %. – Amtliche Statistiken über S.-Motive sind wertlos.
RINGELs „präsuicidales Syndrom" mit Einengung, Aggression und Flucht in die Irrealität kündet S.-Gefahr sicher an. Entgegen verbreiteter irriger Ansicht teilen rund 80 % ihren Entschluß zum S. als letztes Alarmzeichen vorher mit. Bloß demonstrative (hysterische) S.handlungen sind (mit etwa 1 %) selten.

3. Das Hauptproblem des S.s ist seine Verhütung. S.verhütung muß drei Ebenen erkennen: a) *seelische Erkrankungen*. Unter 5000 S.gefährdeten fanden sich: rd. 50 % depressiv, 30 % neurotisch, 10 % alkohol- und neuerdings drogenabhängig, 5 % schizophren, 1,5 % körperlich „unheilbar" krank (nur über 70jährige), 3,5 % sonstige seelische Erkrankungen; nur bei 17 lag keine eindeutige schwere Krankheit vor. Nie war ein „Todestrieb", wohl aber bei allen Gesunden der übermächtige Selbsterhaltungstrieb festzustellen. Zuerst muß also psychiatrisch-psychotherapeutische Behandlung einsetzen (Psychopharmaka, Autogenes Training, Gruppentherapie, Selbstanalyse und viele andere Methoden). – b) *Konflikte* liegen zu über 50 % bei Liebe, Ehe und Sexualität, zu je rd. 5 % in berufl., jurist., finanziellen, rel. u. a. Problemen. Vorbeugend wie heilend kommt der Sexualerziehung, Eheberatung, Konfliktbereinigung usw. höchste Bedeutung zu. „Selbstmord ist die Abwesenheit von allen anderen", darum leistet jede tiefere menschl. Gemeinschaft einen Beitrag zur S.verhütung. c) *Fehlende Wertbindung* und -ordnung trägt zur Haltlosigkeit und damit S.gefährdung bei. Echte Frömmigkeit und kundige Seelsorge (auch durch das Telefon mit seiner leichten Kontaktanknüpfung) schützen, wenn Wertbindung, Charakterfestigkeit und Sachkunde zugleich die notwendige erste ärztl. Hilfe gewährleisten.
Syst. S.verhütung, seit 1895 in New York (WARREN), seit 1948 in Wien (RINGEL), seit 1956 in Berlin (THOMAS), hat bewiesen: *Selbstmord läßt sich verhüten*.
Seit etwa einem Jahrzehnt ist durch die Telefonseelsorge von Psychiatern, Psychologen bzw. Psychagogen und Theologen eine neuartige Erfassung der Suicidalen mit Hilfe eines vor allen nächtlichen Telefones geschaffen worden. Die Therapie ist anonym, wenn die Kranken es wollen. Sie haben aber auch die Möglichkeiten, den Telefonseelsorger persönlich aufsuchen zu können, so daß sich eine Psychotherapie anschließen kann.
Alle wesentl. Arbeitszweige in vielen Ländern sind heute in RINGELs Internationaler Gesellschaft für Suicidprophylaxe (IASP) zusammengeschlossen.

II. Schülerselbstmord

1. *Statistisches*. Zwischen 2 und 10 % aller Suicidanten sind *Jugendliche*. Bei Selbstmordversuchen von Kindern und Jgdl.n überwiegen bis zur Pubertät in Europa und Nordamerika die Knaben, von der Pubertät an die Mädchen. ⅕ der Suicidversuche entfällt auf männl. Jgdl.; bei weiblichen ist die Rate der gelungenen Suicide doppelt so hoch. Suicid als Todesursache bei Jgdl.n und jüngeren Erwachsenen steht in den USA an vierter Stelle (GLASER). 75 % der Jgdl.n künden ihre Suicidversuche vorher an, deswegen sind S.drohungen dringend zu beachten. Die Suicidrate hat sich in der Zeit von 1953 bis 1963 in der Welt von 2,3 auf 4,0 pro Hunderttausend erhöht (6. Internat. Kongreß für Jugendpsychiatrie in Edinburg, 1966).

2. *Ursachen*. a) eigentliche *psychische* Ursachen: Meist liegt bei den Jgdl.n ein emotioneller Stress durch Elternhaus und Schule vor; bes. bei guten Schülern besteht in stärkerer Druck als Ansporn zu besserer Leistung (vgl. GOLDBECK, schon 1908). Weiter sind es pubertätsbedingte Verhaltensstörungen, d. h. Trotzreaktionen und depressive Verstimmung bei Mangel an liebevoller Zuwendung. „Liebesentzug löst aggressive Tendenzen aus, die sich primär gegen die richten, die Liebe versagen. Unter dem Einfluß von Schuldgefühlen wenden sich diese aggressiven Tendenzen gegen die eigene Person" (S. FREUD); d. h. Wechsel der Objektbeziehung aufgrund tiefer Erschütterung. – b) *Soziologische* Ursachen liegen in Ungeborgenheit im häusl. Milieu und bei Vorbildern

von Suicidhandlungen im engeren Lebenskreis. Bei weibl. Jgdl.n ist es in erster Linie Liebeskummer (39,2%), danach familiäre Probleme (31,2%). Häufig ist Schwangerschaft Anlaß zu Suicid. – c) *Erbliche* Ursachen: Eine Belastung durch Psychosen, Psychopathie oder andere konstitutionell disponierende Anomalien ist gering. Der einzige endogene Faktor ist die endokrin bedingte Verstimmbarkeit bei weibl. Pubertierenden. – d) *Klimatische* Ursachen: Bei jahreszeitl. Schwankungen liegt die höchste S.rate im November, dann folgen Februar bis März, schließlich Juni bis Juli. Der klimat. Einfluß zeigt Parallelen zu Sittlichkeitsvergehen im Frühjahr; in dieselbe Zeit fällt auch oft die Furcht vor Nichtversetzung beim männl. Jgdl.n. Weibliche Jgdl. sind in den Sommermonaten bes. gefährdet.

3. *Arten* des Suicids. Früher bestand ein deutl. Unterschied in der Wahl der Suicidmittel: Knaben bevorzugten gewaltsame Tötungsarten durch Erschießen und Erhängen, Mädchen passive wie Ertrinken, Vergiften durch Gas oder Tabletten. Seit Jahrzehnten ist eine Nivellierung dieses Gegensatzes durch die Einnahme von Schlaf- und Schmerzmitteln als häufigstem Suicidmittel eingetreten. 87% der Frauen sterben durch Tabletteneinnahme.

4. *Motivierung*. Je jünger der Suicidant, desto relativ bedeutungsloser ist zumeist das direkte Motiv des Versuches und desto seltener führt der Selbstmordversuch zum Tode. Bei Suicidversuchen schwingt oft Mitleiderwecken und Sich-nicht-beachtet-Fühlen beim andern mit. Beim Doppelselbstmord ist häufig das Mädchen der suggerierende Teil, wenn kein anderer Ausweg aus Liebesschwierigkeiten zu finden ist: „Treue bis ins Grab". Der *Selbstmordversuch* ist ein letzter verzweifelter Appell an die Umwelt, diese auf sich aufmerksam zu machen und Hilfe in einer aussichtslosen Situation zu fordern (WAAGE). Dabei besteht nicht die Absicht zu sterben, sondern das Sterben anzudrohen. Der *Selbstmord selbst* ist die Entschlossenheit, dem Leben ein Ende zu machen.

5. *Pädagogische Folgerungen* für Elternhaus und Schule. Eingliederung in die Familie und auch in die Schulgemeinschaft ist zu fordern. Vorbeugende Beobachtung ist notwendig, sowie Aussprache unter Berücksichtigung der speziellen Thematik bei liebevoller Hinneigung und mitfühlendem Verständnis.

Lit. zu I.: E. Ringel, Neue Untersuchungen zum S.-problem (1961); K. Thomas, Handbuch der Selbstmordverhütung (1964, Lit.); –, Menschen vor dem Abgrund (1970).
Zu II.: E. Goldbeck, Der Kampf in unserer Zeit. H. 1: Henker Drill, Schülerselbstmorde, Soldatenselbstmorde (1908); S. Freud, Trauer u. Melancholie (1916); C. Haffter - G. Waage - L. Zumpe, S.versuche bei Kindern u. Jgdl.n (1966).

I. *K. Thomas,* II. *W. Kurth*

Selbsttätigkeit ↗Spontaneität

Selbstverwaltung ↗Allgemeiner Studentenausschuß ↗Schülerselbstverwaltung ↗Schulgemeinde

Selbstwahrnehmung, Selbstreflexion

Die S. wird als integrierter, ganzheitlicher Prozeß verstanden, der sich sowohl auf den eigenen Körper als auf die eigene Psyche beziehen kann. Die S. kann wiederum Gegenstand der eigenen Betrachtung, Wertung und Einstellung sein. Diese *Selbstreflexion* wird häufig als das bedeutendste Unterscheidungskriterium zwischen Mensch und Tier angeführt. *Selbstreflexion* kann sowohl als objektive Prüfung bewußt erlebter Prozesse (Introspektion) verstanden werden als auch als Beobachtung des eigenen Verhaltens, seiner Motive, Gefühle, Einstellungen usw. S. als *Ich-Bewußtsein* oder *Ich-Erleben* wird charakterisiert durch Aktivitätsbewußtsein, Einheitsbewußtsein, Identitätsbewußtsein und Diversitätsbewußtsein.

CALKINS (1915) nennt als Charakteristika des „empirischen" bzw. erfahrbaren Selbst a) das zeitl. Überdauern oder die erlebte Selbst-Identität, b) seine Individualität oder Einmaligkeit und c) die Bezogenheit auf eigene Erfahrungen und auf die soziale Umwelt. In der Psychol. wird die S. als eine Resultante aus der Interaktion zwischen Körper bzw. Körperteilen, Dingen, Personen, Vorstellungen u. ä. verstanden (SARBIN 1952).

1. *Selbstwahrnehmung als Wahrnehmung des eigenen Körpers.* Wie alle anderen Gegenstände der Umwelt eines Menschen wird auch der eigene Körper durch verschiedene Sinne wahrgenommen. Die S. von Kindern vor dem Spiegel ist in einigen Untersuchungen dargestellt worden.

DIXON (1957) konnte in einer Zwillingsstudie zeigen, daß Kinder zwischen dem 6. und 7. Lebensmonat auf ihr Spiegelbild in der Weise reagieren, daß sie bestimmte Aktivitäten (z. B. Mund öffnen und schließen) oft wiederholen und sich dabei intensiv beobachten. Erst einige Monate später kann ein Kind sich wirklich selbst wahrnehmen im Sinne von Selbsterkennen im Spiegel. Neben der Wahrnehmung durch das *Auge* vollzieht sich die S. durch *Hören* eigenproduzierter Laute sowie durch *Geruchswahrnehmung* und *Berührung* des eigenen Körpers. „So befühlen Kinder von 4 und 5 Monaten aufmerksam die eine Hand mit der anderen und unterscheiden sie so von den Dingen rundherum und ordnen sie in das Gefüge des ‚somatischen Selbst' ein" (G. ST. HALL, 1898).

Die Körperwahrnehmung ist so fest und deutlich ausgeprägt, daß selbst drastische Veränderungen nicht sogleich entsprechende Änderungen in der S. zur Folge haben. So haben Arm- und Beinamputierte oft die Vorstellung, daß das fehlende Glied noch da ist; sie verspüren ein Jucken darin oder haben das Gefühl, daß es nach wie vor bewegt werden kann („Phantomglied"). Unter verschiedenen Bedingungen können Ich und Körper für die Wahrnehmung völlig abgetrennte Gegenstände sein, wie etwa bei ↗Yoga, ↗Autogenem Training oder bestimmten ↗Psychosen.

2. *Selbstwahrnehmung im sozialen Bezug.* Nach der *Rollentheorie*, die das Selbst als Produkt interpersonaler Einflüsse sieht, bildet sich durch S. im sozialen Bezug ein *Selbstkonzept* oder *Selbstbild*, das im Laufe der menschl. Entwicklung unterschiedliche Aspekte der S. in den Vordergrund stellt.

Die S. eines Menschen ist z. B. abhängig von den Einstellungen der Eltern, Schulkameraden, Lehrer und anderer Personen ihm gegenüber, welche zu seinem *Selbstgefühl* oder dem *Selbstwertgefühl* mit beitragen. Die erlebte Stellungnahme eines Individuums in bezug zu bedeutsamen Personen seiner Umwelt, aber auch zu den Vorstellungen über sein *Ich-Ideal* sind in verschiedenen Arbeiten über *Selbstbild* und *Selbstakzeptierung* untersucht worden. Es werden insbes. standardisierte Fragebogen, sog. Adjektiv-check-Listen und Semantische Differentiale eingesetzt. Durch diese Verfahren kann die wahrgenommene Distanz oder Nähe zu bedeutsamen Personen der Umwelt, aber auch die Diskrepanz zwischen Selbst und idealem Selbst gemessen werden. Änderungen in der S. werden häufig durch das Verhältnis zwischen Ich und *Ich-Ideal* beschrieben. Solche Messungen sind unerläßlich zur Beobachtung eines psychotherapeut. Prozesses und zur päd. und heilpäd. Beeinflussung insbes. von Kindern und Jgdl.n.

Lit.: G. St. Hall, Some Aspects of the Early Self, in: American Journal of Psychology 9 (1898); M. W. Calkins, The Self in Scientific Psychology, in: ebd. 26 (1915); T. R. Sarbin, A Preface to a Psychological Analysis of the Self, in: Psychol. Rev. 59 (1952); C. R. Rogers - R. F. Dymond (Eds.), Psychotherapy and Personality Change (Chicago 1954); J. C. Dixon, Development of the Self Recognition, in: Journal of Genet. Psychol. 91 (1957); D. J. de Levita, The Concept of Identity (Paris 1965); G. Boulanger-Balleyguier, Les étapes de la reconnaissance de soi devant le miroir, in: Enfance 1 (1967); D. Krech - R. C. Crutchfield, Grundlagen der Psychol., Bd. I (1968).

A. Degenhardt

Semester, Trimester, Studienjahr
1. *Semester.* An den Universitäten des MA. war das Studium nach Jahren geordnet. Im 15. Jh. erfolgte die Aufgliederung des akadem. Jahres in 2 weitgehend voneinander unabhängige Sechsmonatsabschnitte, die S. Diese Aufgliederung setzte sich an den dt. Univ.en, Techn. und Päd. Hochschulen sowie den Höheren Fachschulen durch. Jedenfalls an den wiss. Hochschulen deckt sich die S.-dauer nicht mit der (kürzeren) *Vorlesungszeit* und den längeren (bisher überwiegend einjähr.) *Amtszeiten* in der akadem. Selbstverwaltung. Bei der traditionellen S.einteilung ist das Angebot an Lehrveranstaltungen von Ort zu Ort und Fach zu Fach oder sogar bei den einzelnen Veranstaltungen verschieden. Manche werden jedes S. abgehalten, andere im Jahresturnus.

2. *Trimester.* Auf der KM-Tagung in Bad Boll vom 12. bis 14. 2. 1968 regte der baden-württ. KM Prof. HAHN die Einführung eines T.-systems an, das ähnlich schon im 2. Weltkrieg praktiziert worden war, um die Ausbildung (insbes. der Medizinstudenten) zu beschleunigen. Von den 3 T.n sollten Lehrende und Lernende jedoch nur 2 im Hörsaal verbringen und das 3. für ihre sonstige Arbeit nutzen. Das T. wurde überwiegend abgelehnt. Die Prämisse, die wiss. Hochschulen stünden 5 Monate im J. leer, übersieht, daß zunehmend Praktika u. ä. Veranstaltungen in der vorlesungsfreie Zeit stattfinden und diese im übrigen für die Überarbeitung des Stoffes aus der Vorlesungszeit, für „Ferien"-haus- und Seminararbeiten erforderlich ist. Kritisiert wurde auch die erwartete Steigerung der Verwaltungsarbeit mit jährl. 3 ↗Immatrikulationen usw.

3. *Studienjahr.* KMK und WRK (Westdt. Rektorenkonferenz) befürworteten dagegen die Einführung des St.s zur Intensivierung des Studiums und zur besseren Ausnutzung der Ausbildungskapazitäten. Nach den Vorarbeiten eines Gemeinsamen Ausschusses sollen die Lehrveranstaltungen jedes Jahres eine jeweils am 1. 10. beginnende abgestimmte Einheit bilden. Die Vorlesungszeiten sollen wie bisher von Mitte Okt. bis Mitte Febr. und von Mitte April bis Mitte Juli reichen. Die vorlesungsfreie Zeit soll noch intensiver für die Arbeit in kleinen Gruppen, für Praktika und zu anderweitiger Vorbereitung, Vertiefung und Ergänzung der Vorlesungen usw. genutzt werden. Das St. soll dem Studenten eine umfassende Übersicht über die Lehrveranstaltungen eines längeren Zeitraumes sowie bessere Planung und Studiengestaltung ermöglichen. Der Verwaltungsaufwand würde u. a. durch den Wegfall einer Immatrikulation vermindert. Nachteile würde das St. für die Wehrpflichtigen bringen, die zu einem ungünstigen Zeitpunkt entlassen werden. Für sie erhofft man Hilfe von Parlament und Verteidigungsministerium. Bei den numerus-clausus-Fächern würde sich die Wartezeit u. U. verlängern. Schließlich könnte die Freizügigkeit leiden, da nicht an allen wiss. Hochschulen in allen Fächern der gleiche Studienplan besteht und bestehen kann. Es fragt sich jedoch, ob diese Schwierigkeiten wesentlich größer sind als bei der derzeitigen Semestereinteilung und ob sie die Vorteile des St.s aufwiegen.

Seit dem ↗Hamburger Abkommen beginnt das Schj. für die *Volks-, Berufs-* und *höheren Schulen* in allen Bundesländern einheitlich am 1. 8. Am Ende des Schj. soll bis zum Schulabschluß regelmäßig die Versetzung in

eine höhere Klasse stehen. Eine Zäsur durch Zeugnisse erfolgt überwiegend zwei- oder dreimal im Schj.
Lit.: G. Kaufmann, Die Gesch. der dt. Univ., Bd. 2 (1896); W. Thieme, S. oder St., in: Arbeitskreis für Hochschuldidaktik, Mitteilg. Nr. 6 (1968).

W. K. Geck

Seminar für Lehrer ↗Lehrerbildung ↗Studienseminar

Seminarkurse für Erwachsene
S. = Seminarkurs, E. = Erwachsene(n)

Die 1955/56 an der Univ. Göttingen begonnene Arbeit mit S.en für E. (gelegentlich auch als Univ.skurse bezeichnet) entstand in Zielsetzung und Arbeitsweise teils unter dem Einfluß der seit Anfang des Jh. an engl. Univ.en eingeführten ↗Tutorial- und Sessional Classes, teils in Anknüpfung an Erfahrungen mit der dt. Univ.sausdehnungsbewegung am Anfang des Jh. Die Kurse werden von Einrichtungen der ↗Erwachsenenbildung, wie z. B. VHS.n organisiert und von Lehrkräften der Univ. für E. außerhalb der Univ. durchgeführt. In den S.en wird versucht, akademisch und nichtakademisch Vorgebildete mit der Entwicklung der Wiss. in Kontakt zu bringen. Die ↗Arbeitsgemeinschaft mit Referaten, Diskussion und Textlektüre ermöglicht den Kursusteilnehmern aktive Mitarbeit und schrittweises Eindringen in verschiedene Problembereiche. Die S.e (meist 20–25 Abende) vermitteln anhand exemplar. Themenstellungen Orientierung in fast allen wiss. Sachgebieten. Sie versuchen, kritisches Denken in einer verwissenschaftlichten Welt zu fördern, Klischees und irreführende Popularisierungen aufzulösen.

Diese Art universitärer E.bildung ist – von Göttingen ausgehend – an vielen Univ.en (z. B. Frankfurt, Köln, Marburg, Gießen, Münster, Berlin, Hannover) eingeführt und an mehreren dieser Univ.en offiziell institutionalisiert worden. Die Einrichtungen haben sich seitdem zu einem festen Arbeitskreis universitärer E.bildung zusammengefunden.

Lit.: R. Peers, Adult Education (London 1958); W. Strzelewicz, S.e (1959); – u. H. Plessner, Univ. u. E.bildung, in: VHS. (1961); H. D. Raapke, Univ. u. E.bildung, in: Kulturarbeit, H. 11 (1961); – u. H. Skowronek, S.e (1962); O. Doerry, Die Univ.skurse der FU Berlin, Berliner Arbeitsblätter der dt. VHS., XIX. (1962); E.bildung u. Univ., Beil. 4. zur „VHS. im Westen", H. 4 (1963); F. Borinski, Univ. u. E.bildung, in: Neue Slg., H. 5 (1963); Jährl. Arbeitsberichte der Zentralstelle für ausw. S.e der Univ. Göttingen; H. G. Schindler, Zur Didaktik u. Methodik der Berliner Univ.skurse, in: Hess. Blätter für Volksbildung, H. 4 (1967); H. D. Schmitz, Didakt. u. method. Überlegungen zu einem s. über ein philos. Problem, in: ebd., H. 2 (1968); W. Schneider, Die Ingenieurwiss.en in den S.n, in: ebd.; F. Borinski, Die Hochschule als Ort politischer Bildung, in: ebd., H. 3 (1968).

W. Strzelewicz

Semler, Christoph
S., geb. 2. 10. 1669 in Halle, gest. 8. 3. 1740 ebd.; seit 1699 Prediger und Inspektor der „gemeinen teutschen Schulen" in Halle, forderte 1705, daß die Schüler der dt. Schulen in ihrem letzten Schuljahr am Unterricht einer zu errichtenden Handwerkerschule teilnehmen sollten. Er gründete eine solche Schule 1706, nannte sie „Mathematische und mechanische Realschule" und führte damit erstmalig die Bezeichnung *Realschule* ein. In dieser berufsbezogenen Schule wurden vorwiegend Realien gelehrt. Diese erste „Realschule" hielt sich nur 2 J., wurde 1738 von S. wieder eröffnet, schloß aber mit dem Tode ihres Gründers endgültig ihre Pforten. Von ihr gingen Impulse für ein realist. und berufl. Schulwesen aus.

Werk: Nützliche Vorschläge zur Aufrichtung einer mathemat. Handwerkschule (1705).
Lit.: F. Jonas, S., in: ADB, 33. Bd. (1891).

R. Maskus

Seneca
Lucius Annaeus S. (4 v. – 65 n. Chr.) hat in seinen zahlreichen philos. Schriften vorrangig eine päd. Absicht verfolgt. So wollte er die Römer, darüber hinaus das „gesamte Menschengeschlecht", zur Einsicht in die Verkehrtheit der „primären" menschl. Existenz bringen und sie befähigen, das Leben ausschließlich der Vernunft und einem von ihr bestimmten und auf ihre Vervollkommnung gerichteten Willen zu unterstellen. Das ist gegen die in der Habsucht verursachte Herrschaft der Affekte, der Dinge und der Mitmenschen gerichtet. Durch ein in moral. Erörterungen gipfelndes Lernen und beständiges Ausüben des Erkannten soll der Mensch sich von allem Äußerlichen unabhängig machen. Um das zu erreichen, benötigt er päd. Führung, die mehr leisten muß als Ausstattung mit brauchbaren Kenntnissen und Verhaltensweisen. Beeinflußt durch PLATON, wird der Dialog in das Zentrum des Erziehens gestellt; er dient mit den ihm angemessenen Elementen wie Ansporn, Ermahnung, Beurteilung usw. – eingebettet in eine freundschaftl. Lebensgemeinschaft – der Selbstbetrachtung und -erziehung, ohne die nach S. Lernen seinen Freiheit und Humanität verbürgenden Sinn verfehlt.

In den (unvollständig überlieferten) Briefen an Lucilius hat S. seine päd. Überlegungen am ausführlichsten und reifsten niedergelegt, ohne streng syst. Darstellung, aber mit eigener Konzeption, unter Verarbeitung von Gedanken anderer Philosophen. Trotz des großen Einflusses, den S. bis ins 18. Jh. ausübte, fehlt noch eine angemessene Erforschung seiner Pädagogik.

Werke: Ad Lucilium epistulae morales, ed. A. Beltrami, 2 Bde. (Rom 1927, ²1949).
Lit.: H. Cancik, Untersuchungen zu S.s Epistulae morales (1967); W. Fischer, Einige Anmerkungen zu einer Darstellung der Begründung der Päd. bei L. A. S., in: Vjschr. f. wiss. Päd., 45 (1969, Lit.); I. Hadot, S. u. die griechisch-röm. Tradition der Seelenleitung (1969).

W. Fischer

Sensitivity-Training

ST. ist eine gruppendynam. Methode zur Verbesserung zwischenmenschlicher Beziehungen.

Das Verfahren geht auf die *sozialpsychologische* Schule von K. LEWIN zurück. Der erste Kurs fand 1947 in Bethel (Maine, USA) statt. Bald wurde die Theorie durch *tiefenpsychologische* Aspekte (S. FREUD, C. R. ROGERS) ergänzt. Auch in Europa verbreitete sich das ST. rasch, im dt. Sprachraum jedoch nur zögernd.

Sensitivity bezeichnet die Fähigkeit zur Selbst- und Fremdwahrnehmung im Kraftfeld einer Gruppe und das dadurch sich bildende Vermögen, adäquat zu agieren und zu reagieren. *Training* besagt, daß es sich um ein lernendes Erleben affektiver Gruppenprozesse und um das Einüben evtl. neuer Verhaltensweisen handelt. Die Übungen erfolgen in Gruppen von 6 bis 12 Erwachsenen unter der Leitung eines sog. Trainers, meist auch eines Kotrainers. – Wenn das ST. von qualifizierten Fachkräften durchgeführt wird, kann es einen wesentl. Beitrag zur ↗ Erwachsenenbildung liefern, bes. für den Personenkreis, der beruflich mit Menschenführung zu tun hat.

Lit.: L. P. Bradford - J. R. Gibb - K. D. Benne, Training-Group Theory and Laboratory Method (New York 1964); E. H. Schein - W. G. Bennis, Personal and Organisational Change Through Group Methods (New York 1965); T. Brocher, Gruppendynamik u. Erwachsenenbildung (1967); A. M. Däumling, ST., in: R. Battegay u. a. (Hrsg.), Gruppenpsychotherapie u. Gruppendynamik, Bd. 2 (1968); P. Sbandi, Psychol. Voraussetzungen echter Brüderlichkeit, in: E. Hesse - H. Erharter, Koinonia – Kirche u. Brüderlichkeit (1968); –, Gruppendynamik u. Exerzitien, in: Der Seelsorger, H. 1 (1969); Ph. E. Slater, Mikrokosmos. Eine Studie über Gruppendynamik (1970).

H. Stenger

Setting ↗ Differenzierung

Settlements ↗ Nachbarschaft

Sexuelle Aufklärung ↗ Sexualpädagogik

Sexualethik

S. = Sexualität; SE. = Sexualethik

Da die spezifisch menschl. Art der ↗ Sexualität gerade in der Offenheit zu verantwortl. Gestaltung und Sinngebung besteht, verlangt sie auch nach einer entsprechenden wertenden Reflexion. Den Werthorizont zu klären, Handlungskriterien zu erarbeiten und bei der Ausgestaltung und Entwicklung gesellschaftl. Normen mitzuwirken ist Aufgabe der SE.

I. Werthorizont

1. Die geschlechtl. Prägung umfaßt den Menschen ganzheitlich und in all seinen Schichten. Eine praxisbezogene Sinndeutung läßt sich darum weder ausschließlich von der biolog. Grundlage noch von vorgefundenen Verhaltensmustern, noch von einer abstrakten Definition der menschl. Natur her gewinnen. Es stehen uns dazu keine absoluten Maßstäbe zur Verfügung. Dies soll mit dem Begriff „Werthorizont" zum Ausdruck kommen. Der Horizont ändert sich mit dem Standort und mit der Geschichte. Die wertende Sinndeutung ist hineingebunden in das jeweilige Selbst- und Weltverständnis des Menschen, das einem bedeutenden kulturgeschichtl. Wandel unterworfen ist. Das ist solange kein Problem, als sich eine konkrete Ethik dieser Zeitgebundenheit bewußt ist; die Verabsolutierung zeit- und raumgebundener Deutungen verfremdet die Wirklichkeit.

2. Trotz dieser Bindung in einen kulturgeschichtl. Rahmen lassen sich einzelne Gesichtspunkte herausheben, die als unverzichtbare Voraussetzung für die Sinngebung der S. gelten müssen. So ist es unmöglich, heute noch die S. vornehmlich oder gar ausschließlich als „Mittel zum Zweck" der Zeugung zu sehen, wie dies in der traditionellen Sexualmoral über Jahrhunderte geschehen ist. Der Eigenwert und die umfassende anthropolog. Bedeutung der S. sind erkannt, die Notwendigkeit der Integration empirisch aufgewiesen und manche Erkenntnisse über die sozialen Konsequenzen des Triebverhaltens gefestigt: „Die psychophysische Apparatur der menschlichen Sexualität, die Möglichkeit, sexuelle Lusterfahrung zu machen, Zärtlichkeit und Liebesspiel sind dann bei sich selbst, wenn sie sich von einer bestimmten Weise menschlicher Interpersonalität her verstehen" (G. SCHERER). Eine bestimmte Tendenz, S. rein funktional als Mittel der Lustbefriedigung zu deuten und alles, was „sinnlich affektiv besetzbar und materiell aneigbar" ist, dem „partikulären isolierenden Zugriff unmittelbar erreichbar" zu machen (Konsumaspekt), muß darum als Fehldeutung abgelehnt werden. Eine Reduktion der S. auf die „orgastische Potenz" (W. REICH) und auf die bloße Genitalitätigkeit bedeutet eine neue Form des Dualismus, die raffinierter (und nicht weniger gefährlich) ist als der Manichäismus, von dem wir uns eben erst befreiten. Eine bloße dialektische Umkehrung der Tradition führt nicht in die ersehnte Freiheit.

Glück (auch Lust) ist mehr als „orgasmische Lust". Und wenn jemand frei ist von aggressivem Verlangen, dann der glückliche und nicht der bloß befriedigte Mensch. Die Sinnfrage der S. ist darum unlösbar mit der Sinnfrage menschlichen Daseins überhaupt verknüpft. Die SE. muß es der S. ermöglichen, sich gleichzeitig als Ausdruck des Menschen in seinem Bezug auf das Absolute und als Ausdruck der existentiellen Tiefe zu verstehen, worin die interpersonalen Beziehungen gründen.

3. Auch die Bibel zeigt deutlich die kulturgeschichtl. Entwicklung im Verständnis der S. Dabei wirkt zugleich der Schöpfungsglaube (vgl. Schöpfungsberichte Gn 1,1 – 2,4 bzw. 2, 18 – 25) als bestimmender Faktor mit. Die geschlechtl. Differenzierung ist das Werk Gottes; der ganze Mensch, als Mann oder als Frau ist Gottes Ebenbild. Damit ist die schöpfungsmäßige Güte der S. erwiesen und jeder dualistisch-spiritualist. Deutung der Riegel vorgeschoben. Der Sinn der geschlechtl. Differenz liegt in der gegenseit. Ergänzung zum vollen Menschsein. Der Zeugungsauftrag wird vor der Aussage über die Gottebenbildlichkeit abgehoben und in ein besonderes Segenswort gelegt, wohl um nicht in die Nähe polytheistischer Fruchtbarkeitsmythen zu geraten (G. v. RAD); wie überhaupt die „Abgrenzung als religiös ethisches Prinzip" (J. HEMPEL) den Sexualbereich von früh her entdämonisiert und entdivinisiert. – *Jesus Christus* erhebt durch sein Leben und seine Lehre die Liebe zum Gestaltungsprinzip aller zwischenmenschl. Beziehungen und damit auch der S. Wo immer der andere Mensch im geschlechtl. Geschehen als Mittel zum Zweck mißbraucht wird, ist die Sinngebung der S. radikal verfehlt. Da der Mensch den Sinn seines Daseins nur finden kann, wenn er sich dem Mitmenschen öffnet und für ihn eintritt, gewinnt die monogame und ausschließl. Ehe entscheidende Bedeutung. In ihr ist nach christl. Überzeugung eine Gestalt personaler Menschenwürde gewonnen, die von keiner anderen Form geschlechtlichen Verhaltens erreicht wird und darum von der Gesellschaft auch nicht ohne Schaden wieder preisgegeben werden darf.

II. Gesellschaftliche Normierung

1. Das Sexualverhalten des Menschen unterliegt der Sozialisation. Interkulturelle Vergleiche zeigen denn auch, daß bei aller Verschiedenheit der konkreten Regelungen keine der uns bekannten Gesellschaften die geschlechtl. Beziehungen dem Belieben der Individuen überläßt. Während lange Zeit die ↗Sitte, d. h. ein kollektives Überzeugtsein als Ergebnis von überlieferter Erfahrung und tradierten Wertmaßstäben, das Verhalten in den einzelnen Kulturen bestimmte, ist die tradierte Selbstverständlichkeit der Sitte durch Reflexion und Zweckrationalisierung in unserer Gesellschaft weitgehend erschüttert. Unser Selbstverständnis ist geprägt durch Offenheit für ständig neue Information und eine entsprechende Änderung des Verhaltens, verbunden mit dem Willen zu eigener kritischer Entscheidung. Neuere sozial-psychol. Untersuchungen deuten allerdings darauf hin, daß nur relativ wenige in der Lage sind, die veränderten Informations- und Kommunikationsmöglichkeiten zur Entwicklung eines kritisch und bewußt eigenständigen Verhaltens zu nutzen. Ein aktueller Überbau mit rasch wechselnden Zielvorstellungen und Motiven tritt an die Stelle von Sitte und schafft eine neue Form von „Außenlenkung". Sitte wird nicht durch Sittlichkeit abgelöst, sondern durch eine neue kollektive Legitimationsstruktur (Mode).

2. Die SE. wird dieser Veränderung der Legitimation sexuellen Verhaltens alle Aufmerksamkeit schenken müssen. Da die Wandlung der Norminhalte eng mit der Art der Begründung zusammenhängt, wird die Berufung auf traditionelle Argumente oder (im kirchl. Bereich) auf eine lehramtl. Autorität wenig erreichen. Die Vertreter der Ethik erscheinen in der negativen Figur des Bremsers in einem unaufhaltsamen Entwicklungsprozeß. Eine reale Chance der Beeinflussung besteht für eine Ethik nur, wenn sie sich im Verein mit den Humanwiss.en in den modernen Meinungsbildungsprozeß einläßt und sich kritisch-konstruktiv mit den Zielvorstellungen und Motivationen auseinandersetzt. Sie muß den Einzelnen, der in der Gesellschaft von einer Flut von Motiven gefüttert wird, in seiner Entscheidungssituation unterstützen, indem sie ihm entsprechende Kriterien bereitstellt. Je mehr er im Bewußtsein eigenständiger Entscheidung lebt, kann es kumulativ zu einem echten Gruppenethos faktisch gelebter Überzeugung kommen.

Lit.: F. Böckle, S. in moraltheol. Sicht, in: Formen u. Fehlentwicklungen, hrsg. v. A. Schelkopf (1968); H. Ringeling, Theologie u. S. (1968); R. Affemann, Geschlechtlichkeit u. Geschlechtserziehung in der modernen Welt (1970); Arzt u. Christ, hrsg. v. A. Faller - L. Norpoth - H. Zacherl. H. 2/3 (1970).

F. Böckle

Sexualität

I. Anthropologische Grundlagen

1. Der Mensch erfährt sein ganzes lebendiges *Da-Sein als Mann* oder als *Frau*. In all seinen Erscheinungsweisen: in seiner Offenbarkeit (↗Leib), in seiner Lebendigkeit (↗Seele)

und in seiner Verhaltensbeziehung (↗Geist) kommt die geschlechtsspezifische Prägung zum Ausdruck (F. E. v. GAGERN).

Physiologisch gesehen, ist „das geschlechtsspezifische Verhalten ein Kettenprozeß, der mit dem Vorhandensein des männlichen Chromosomenpaares XY oder des weibl. Chromosomenpaares XX eingeleitet und mit der geschlechtsspezifischen Differenzierung des Gehirns abgeschlossen ist" (A. W. v. EIFF). Soweit die Verhaltensweisen in Stammhirnfunktionen gründen, müssen sie als naturgegeben akzeptiert werden. Das eigentliche Triebverhalten wird aber „durch das Erlernen bedingter emotionaler Reflexe mittels des limbischen Systems und der Aktivierung bestimmter Projektionsfelder der Hirnrinde geprägt, wobei wahrscheinlich dem Frontallappen eine beherrschende Rolle zukommt, also auch der rationalen Beeinflussung. . . . Triebverhalten wird dann letztlich von der Vorstellung entscheidend geprägt, die sich ein Mensch von dessen menschenwürdiger Gestaltung macht" (A. W. v. Eiff).

2. Die in der S. grundgelegte korrelativ-gegensätzliche (inverse) Ausprägung zielt auf eine sich *ergänzende Vereinigung*. „Die verschiedengeschlechtlichen Individuen sind vollständig bezüglich Subsistenz und Wesenheit (für personales Sein und Tun), integrieren sich aber wechselseitig zur Ganzheit der ontologischen Art, sowohl in der Ordnung des Seins als auch der des Tuns" (L. M. WEBER). S. ermöglicht dadurch nicht nur die Arterhaltung im vollen Sinn; vielmehr zeigt sich in ihr in besonderer Deutlichkeit ein Gesetz menschlichen Daseins: der Mensch kann nicht bei sich selbst bleiben, um wirklich Mensch zu sein. S. ist Aufforderung und radikale Möglichkeit, den Menschen über sich hinauszutragen, zu einer Befreiung und Selbstverwirklichung hin oder – falls er sich weigert – zur Isolation und Entfremdung.

3. Die *spezifisch menschliche Art* der S. besteht daher in der Fähigkeit zu verantwortlicher Gestaltung und Sinngebung. Durch die Ablösung einer einseitigen Bindung an die Natur (Fortpflanzung) hat die Kultur der S. einen weiteren Raum freier Entscheidung gefunden (Humanisierung der S.). Entsprechend versucht man sich aus der bisherigen gesellschaftlichen Normierung und deren „einseitigen Institutionalisierung" zu befreien. Viele dieser Bemühungen sind von einem echten Streben nach Gratuität und Authentizität getragen. Man will jeder Gefahr der Entfremdung entgehen und versucht die vitale Assoziationskraft der S. in gesellschaftlicher Hinsicht zu mobilisieren. Man sucht den andern, um gemeinsam die Entdeckung tieferer Schichten menschlichen Daseins zu erleben. S. in diesem Verständnis „will possessiv sein, aber ohne Aneignung", will von verfinsternden Tabus befreit, regelnd und nicht mehr geregelt sein. Es läßt sich aber nicht verkennen, daß sich hinter den Postulaten der „sexuellen Revolution" nicht selten eine „dialektische Umkehrung der Tradition" (G. SCHERER) verbirgt. So wird in gewissen Theorien die traditionelle Funktionalisierung der S. als Mittel zur Zeugung durch ein ebenso rein funktionales Denken abgelöst, das die S. als einfaches Mittel zur Lustbedürfnis-Befriedigung deklariert. Die S. wird zum Konsumgut, die Erotik zur Sparte des Vergnügens und zu einer Art Kompensation für die Enttäuschungen, die durch die Erschütterungen der Gesellschaft hervorgerufen werden. Um eine solche S. wachzuhalten, muß man sie mit allen Mitteln aufpeitschen. Damit aber führt sie zu einer noch radikaleren Enttäuschung. „Was bisher beherrscht, eingeengt und verdrängt wurde, bricht sich Bahn, aber als das, was es bereits unter der Herrschaft der traditionellen Normen geworden war: Eine vom Ganzen des menschlichen Seins losgelöste Funktion, ein isoliertes Bedürfnis, ein abgespaltener Trieb" (G. SCHERER). Das Postulat der Humanisierung heißt darum: ganzmenschliche Integration der S.: Psychotherapie, Gruppenpädagogik und eine intensivierte Sexualerziehung müssen die positiven Impulse der Gratuität und Authentizität aufgreifen und zugleich ein konkretes Urteil über die gesamte Lebenswirklichkeit vermitteln. Das dürfte ohne bestimmte Wertvorstellungen, und d. h. ohne ↗Sexualethik, nicht möglich sein.

II. Ansätze zu einer Psychologie der Sexualität

Die normale Psychologie war nicht Ausgangspunkt der wiss. Erforschung der Sexualität; vordergründig war stets die Beschäftigung mit der *Sexualpathologie*. Sie setzt ein mit der 1886 erschienenen „Psychopathia sexualis" von KRAFFT-EBING, die erst in späteren Auflagen auch die Normalpsychologie am Rande berücksichtigte. Dennoch ist die S. auch Objekt der Psychologie (nicht nur der Anatomie, Physiologie, Soziologie usw.), denn sie liegt einem Verhalten zugrunde, das stets personhaft gebunden ist und weit über nur materielle Kausalbezüge hinausragt. Bei S. FREUD ist sie die „tragende Grundwirklichkeit des humanen Lebens, die repräsentative Bezugsebene alles Lebendigen in uns", also in einem sehr weiten Sinne die Energiequelle einer jeden „impulsiven, affektiv getönten, auf Erfüllung einer Intention gerichteten Handlung" (V. E. v. GEBSATTEL). Freud stellt diesem weiten Begriff der S. den viel engeren der *Genitalität* gegenüber, der auf die Genitalorgane begrenzten S. Die meisten Kritiker Freuds wollen demgegenüber nur dann von S. sprechen, wenn die sexuellen

Handlungen oder Affekte auch bewußt als sexualzugehörig erlebt werden. – H. GIESE weist auf die Körperlichkeit der S. hin, indem er den Körper als Träger des Geschlechts beschreibt. Der Orgasmus ist Funktion des Geschlechtskörpers. Vom Geschlechts*körper* kann der Geschlechts*leib* unterschieden werden, worunter v. GEBSATTEL die in der Vereinigung der Leiber (Et erunt duo in carne una) liegende Begegnung sieht. Zum Geschlechtskörper gehört das im Trieb veranlagte Verlangen nach „Wirbildung".

FREUD erforschte die Sexualität vom Pathologischen her. Für ihn ist das Kleinkind bereits ein sexuell „polymorph-pervers" veranlagtes Wesen, und den Perversionen liegt etwas zugrunde, „was allen Menschen gemeinsam ist". Hierin sieht M. SCHELER einen method. Irrtum und wirft Freud vor, „den normalen Fall aus den Tatsachen des Anomalen verständlich machen zu wollen und damit die Tatsachen auf den Kopf zu stellen". A. KRONFELD meint, Freud habe „die perversen Qualitäten als ursprüngliche Bausteine der Sexualität genommen und aus ihnen die normale Sexualität aufgebaut". Jedenfalls werden bei Freud die späteren sexuellen Perversionen tiefenpsychol. verstehbar dadurch, daß die Perversität in der Frühphase der Entwicklung der Normalität eng verbunden ist.

Mit Akribie beschreibt FREUD die S. des Menschen in den ersten fünf Lebensjahren. In der *oralen* Phase (1. Lj.) ist der Lustgewinn auf den Mund zentriert (Saugen, Lutschen); in der *analen* Phase (2.-3. Lj.) benutzen die Kinder die Fäkalien „gleichsam zur masturbatorischen Reizung der Afterzone". Es treten sado-masochistische Impulse auf. Das 4. Lj. bringt die *genital-phallische* Phase, in der es zu masturbator. Betätigungen kommt mit sexuellen Phantasien und Vorstellungen des gegengeschlechtl. Elternteils. Der Knabe tritt in die Ödipussituation ein; er hat Angst, vom Vater (den er als Rivalen ansieht) kastriert zu werden. Entsprechend kann das Mädchen seine Penislosigkeit als Minderwertigkeit erleben. Für Freud sind alle Neurosen auf unterdrückte infantile sexuelle Regungen der Partialtriebe, welche durch die jeweils libidinös besetzten erogenen Körperzonen (Mund, After, Genitale) bestimmt sind, zurückführbar.

J. ZUTT hat drei Entwicklungsphasen beschrieben, die teleologisch ausgerichtet sind. In der ersten Stufe, der Triebhaftigkeit, wird nur die undifferenzierte Befriedigung des Triebes gesucht. In der zweiten Stufe, der der Sinnlichkeit, wird im anderen das Schöne in Gestalt, Gesicht usw. gesucht, und in der Stufe der personalen Reife wird das Vertrautgewordene und Gewohnte werthaft erlebt. Die moderne anthropolog. Betrachtung sieht den Menschen wegen seiner Geschlechtlichkeit als Teilwesen. Im Zweigeschlechterwesen ist die Gegensätzlichkeit aufgehoben; es fungiert somit als ein Bild des Göttlichen.

„Mit dem Hinweis auf die archetyp. Hintergründe des Liebeslebens wird dem Tatbestand Rechnung getragen, daß die Transformation des Geschlechtskörpers in den Liebesleib weder Sache des Willens noch einer besonderen Einsicht ist..., sondern in der Hauptsache Wirkung einer natürl. Wohlgeratenheit, die sich erklärt aus der unbeirrten Wirksamkeit des androgynen Urbildes, das im Menschen angelegt ist, wie archetypische Urbilder auch sonst" (v. GEBSATTEL). Der Psychol. bleiben die von der S. gestellten Aufgaben als ungelöst überlassen. Sie wird ihre Forschungen auf ein phänomenal begreifendes und genetisch erklärendes Ziel abstellen und, je nach Konzeption, sich wertneutral verhalten oder nach dem Sinn und seinem Gehalt suchen; sie wird sich auf das Beschreiben und Erklären des Beobachtbaren beschränken oder philosophierend nach dem Wesenhaften forschen. Zur Psychol. der S. gehören die Forschungen von Ethnologen und Sozialpsychologen, wie Mead, Kardiner usw. Sie haben vor allem die Formbarkeit der menschl. Geschlechtsrolle und des Sexualverhaltens durch die Umwelt, in der die Menschen aufgewachsen sind und leben, herausgestellt. Dadurch wird eine vorschnelle Fixierung auf ein bestimmtes Modell der S., wie es sich vielleicht aus der Psychol. der S. einer einzelnen Kultur ergibt, verhindert und eine konstruktive Zusammenarbeit aller anthropolog. Wiss. angeregt.

III. Psychosexuelle Entwicklung

1. Während die biosexuelle Entwicklung die körperl. Voraussetzungen und Gegebenheiten betrifft, umfaßt die psychosexuelle Entwicklung die Veränderung der seel.-geist. Einstellungen, Einsichten, Haltungen und Gefühle eines Menschen gegenüber anderen Personen als Geschlechtswesen, gegenüber der eigenen geschlechtl. Entwicklung und gegenüber Gegenständen und Vorstellungen, denen sexueller Bedeutungsgehalt beigemessen wird.

Die psychosexuelle Entwicklung ist mit seelisch-geistigen Prozessen eng verwoben und stellt bisweilen einen besonderen Aspekt anderer Entwicklungsverläufe dar. Obschon durchgängig von biosexuellen Gegebenheiten beeinflußt, verläuft sie jedoch keineswegs zwangsläufig; sie wird vielmehr weitgehend von sozio-kulturellen, ethisch-sozial stark unterschiedenen Einflußnahmen gesteuert; durch offizielle Normen für das Sexualverhalten im erzieher., rel. und staatl. Bereich, durch spezif. Umweltangebote (z. B. Massenmedien), durch statist. Feststellungen (z. B. Sexualreport) usw.

2. Im mitteleurop. Raum finden sich gegen-

wärtig im Zuge der psychosexuellen Entwicklung der Kinder und Jgdl.n folgende *charakteristische Stadien:* Das Neugierverhalten und Lusterleben des Säuglingsalters erstreckt sich auch auf den genitalen Bereich, wird aber nicht selten durch Erzieher unterdrückt. In den folgenden Jahren wird das technische Interesse an Bau und Funktion der Geschlechtsorgane, sofern es nicht tabuiert und in die Heimlichkeit verdrängt wurde, von zärtl. Regungen bes. gegenüber dem anderen Geschlecht begleitet. – Parallel hierzu erfolgt in der Regel eine erziehungsbedingte erste Identifizierung mit der eigenen Geschlechtsrolle bzw. mit dem gleichgeschlechtl. Elternteil. Bei 3–4jährigen zeigen sich (namentlich bei ersten und Einzelkindern) bes. intensive Zuneigungen zum andersgeschlechtl. Elternteil (und teils von diesem stimuliert) mit z. T. entschiedenen und ausschließenden Besitzansprüchen bei gleichzeitiger Eifersucht gegenüber dem gleichgeschlechtl. Elternteil (ödipale Situation).

3. Bei *Schuleintritt* wird durch erweiterte personale Kontakte die Vorstellung von Mann und Frau modifiziert. Nach Jahren relativ distanzierter Beobachtung des anderen Geschlechts finden sich bei 12jährigen erneut Tendenzen zur Vergewisserung der eigenen Geschlechtsrolle. – Mit der *Pubertät* beginnt die Zeit des differenzierten Interesses für das andere Geschlecht, entscheidend durch die Erwachsenenwelt stimuliert (Tanzstundenbesuch, Jugendzeitschriften usw.) – mitunter mit der massiven Suggestion direkter genitaler Bedürfnisse (Kinderkoitus, Kindergruppensex usw.) –, u. U. ergänzt durch forcierte biologist. Aufklärung und techn. Gebrauchsanweisungen für die Genitalorgane.

IV. Seelische Geschlechtsunterschiede

Unter Geschlechtsunterschieden im psychol. Sinne sind Verhaltensdifferenzen zu verstehen, deren phänotypische Ausprägung mit den primären biolog. Geschlechtsmerkmalen kovariiert. Die Feststellung bzw. Beschreibung von Geschlechtsunterschieden ist Aufgabe der ↗Differentiellen Psychologie, die sich dabei der Methode des syst. Vergleichs bedient.

Durch kontrollierte Beobachtung, z. B. durch Anwendung psychol. ↗Tests, wird das Verhalten repräsentativer Gruppen von männl. und weibl. Individuen skaliert und verglichen. Auf diese Weise wurde in einer Vielzahl von Einzelstudien das Bestehen von Geschlechtsunterschieden in den verschiedensten Verhaltensdimensionen untersucht. Reliable Unterschiede bestehen danach im Bereich intellektueller Funktionen sowie in bezug auf Persönlichkeitszüge, die das Sozialverhalten und die allg. Wertorientierung einer Person betreffen. Infolge der großen Varianz innerhalb der Gruppen impliziert eine von diesen Gruppenunterschieden ausgehende Prädiktion auf individuelles Verhalten allerdings einen „ökol. Fehlschluß". Außerdem reflektieren empirisch festgestellte Geschlechtsunterschiede zwangsläufig die Verhältnisse eines spezif. Kulturraumes.

Auf die *soziokulturelle Relativität* von Geschlechtsunterschieden wurde insbes. von Kulturanthropologen aufmerksam gemacht. Die von der kulturanthropolog. Forschung bereitgestellten Daten beeinflußten daher nicht zuletzt theoretische Konzeptionen über die Determination von Geschlechtsunterschieden. Während früher die Auffassung vorherrschte, diese seien eine direkte Auswirkung der biolog. Konstitution der Geschlechter, geht man heute im allg. davon aus, daß die Unterschiede durch die Interdependenz biologischer und sozialer Faktoren bedingt sind. Im Mittelpunkt dieser sozialpsychol. orientierten Auffassung steht das Konzept der *Geschlechtsrolle.* Diese beinhaltet die als Folge der Arbeitsteilung zwischen den Geschlechtern bestehenden spezif. sozialen Erwartungen über das Verhalten von Mann bzw. Frau. Wie die insbes. in hochindustrialisierten Gesellschaften zu beobachtende Angleichung der Geschlechtsrollen zeigt, unterliegen diese Erwartungen intrakulturell einem epochalen Wandel. Die Geschlechtsrollen werden im Verlaufe der Ontogenese von den Heranwachsenden durch die Identifikation mit gleichgeschlechtl. Modellen internalisiert und bilden eine wesentl. Grundlage der Identitätsfindung. Der Prozeß dieser Internalisierung wird sozial kontrolliert und durch die relative Homogenität geschlechtsspezifischer Sozialisationsnormen bzw. -praktiken in primären und sekundären Sozialisationsinstitutionen, wie sie in fast allen Kulturen festzustellen sind, garantiert. Die neuere Sozialisationsforschung bemüht sich einerseits, im interkulturellen Vergleich Unterschiede und/oder Gemeinsamkeiten bzw. Universalien der Geschlechtsrollendefinition festzustellen; andererseits versucht sie, die mit der Geschlechtsrollenidentifikation verbundenen spezif. Sozialisations- und Lernprozesse zu analysieren.

V. Sexualverhalten und gesellschaftliche Normativität

1. *Anthropologische Grundlagen.* Je höher, also differenzierter die Stufe der organ. Entwicklung ist, um so weniger festgelegt ist das Verhalten des jeweiligen Individuums.

Menschliches Verhalten und somit auch sexuelles Verhalten zeichnet sich durch eine hohe „Variabilität und Plastizität angeborener Anlagen und Verhaltenstendenzen" aus (H. SCHELSKY). Der Mensch ist somit auf Lernen von Verhalten angewiesen; er steht unter „Lernzwang". Dies gilt auch für das Sexualverhalten. Es unterliegt der *Sozialisation*, worunter der Prozeß zu verstehen ist, „durch den ein Individuum, das mit einer enormen Variationsbreite von Verhaltensmöglichkeiten geboren wird, zur Ausbildung seines faktischen, weit enger begrenzten Verhaltens geführt wird – wobei die Grenzen des üblichen und akzeptablen Verhaltens durch die Normen der Gruppe, der es angehört, bestimmt werden" (I. L. CHILD).

Das sozialisierte Sexualverhalten ist daher mitbestimmt durch die Normen, die ethischen Wertvorstellungen und das realisierte Normenverhalten der sozialen Umwelt. Je nach sozialer Umwelt und deren Normen- und Wertgefüge, je nach der Kultur wird das Sexualverhalten des Individuums eine andere Ausprägung erfahren. Jedes Individuum wird, um unerträgliche Konflikte mit der sozialen Umwelt zu vermeiden, Anpassungsleistungen vollziehen, die den Anpassungs- oder Sozialisationsforderungen der ich-nahen sozialen Umwelt entsprechen.

2. *Soziologische Grundlagen.* In demokrat. oder sich demokratisierenden Gesellschaften ist festzustellen, daß eine Pluralität oder „Multiformität" (E. ROSENSTOCK-HUESSY) der Normen realisiert ist oder angestrebt wird. Multiformität, der Gegenbegriff zur Uniformität, zeigt an, daß – abgesehen von den Grund- oder Menschenrechten, die die Bedingung für Multiformität sind – keine uniformen Verhaltensvorschriften bestehen, an die sich das Individuum anpassen muß. Es besteht ein breites Normenangebot, so daß das Individuum Verhaltensformen internalisieren kann, die den ethischen Positionen einer Gruppe (Subwelt) der Gesellschaft entsprechen, einer anderen – mit gegensätzl. Normen – nicht. Dies gilt auch für das Sexualverhalten, das aus der Sicht einer Gruppe als „gelungen sozialisiert", aus der Sicht einer anderen Gruppe als „nicht gelungen sozialisiert" (als dissoziales) angesehen werden kann. In einer normenpluralist. Gesellschaft kann daher ein bestimmtes Verhalten und somit auch Sexualverhalten zugleich als sozialisiert und dissozialisiert interpretiert werden – je nach dem ethischen oder normativen Standort der jeweiligen diagnostizierenden Gruppe.

Traditionelle Glaubensinhalte können z. B. als fragwürdig erscheinen. „Es gibt keine einheitliche Sitte mehr, sondern es stehen viele Möglichkeiten offen, zu denken, zu handeln und sich sein Leben einzurichten, wie man will ... In einer offenen Gesellschaft sind die Jugendlichen ebenso wie die Erwachsenen *dauernd in die Situation der Wahl* gestellt. Sie besitzen individuelle Entscheidungsfreiheit in einem Ausmaß, das bisher unbekannt gewesen ist. Sie reicht von der Wahl der Gegenstände, die man kauft, über die Unterhaltungsgelegenheiten und die Art der sexuellen Betätigung bis zur Wahl des Berufes und des Ehepartners" (W. BREZINKA).

3. *Konsequenzen.* Da der Mensch einerseits nicht durch die Natur in seinem sexuellen Verhalten festgelegt ist, und somit kein „natürliches" oder „widernatürliches" Sexualverhalten realisieren kann (anthropolog. Aspekt) und da er andererseits in der demokrat., offenen Gesellschaft einen großen normativen bzw. sozialen Verhaltensspielraum vorfindet, ist der Mensch unserer Gesellschaft zur individuellen, kulturellen Formung seines Sexualverhaltens genötigt. „Die kulturelle Überformung der sexuellen Antriebe gehört sicherlich ebenso zu den ursprünglichen Kulturleistungen und Existenzerfordernissen des Menschen wie Werkzeug und Sprache, ja, es spricht nichts dagegen, in dieser Regelung der Geschlechts- und Fortpflanzungsbeziehungen des Menschen die primäre Sozialform alles menschlichen Verhaltens zu erblicken" (H. SCHELSKY). Daher ist jedes individuelle Sexualverhalten grundsätzlich konflikthaltig; denn die Sozialisation im Hinblick auf eine Norm bedeutet Asymmetrie im Hinblick auf eine von dieser abweichenden Norm. Da zudem der Mensch in der Regel auch noch mehreren Bezugsgruppen angehört, liegen Konflikte sehr nahe (z. B. bei dem Jgdl.n, der einer jugendlichen Subkultur angehört, die voreheliche Geschlechtsverkehr geradezu erwartet, und der zugleich in einem streng katholischen Elternhaus lebt). In eine Konfliktsituation gerät, wer in einer nicht institutionalisierten sexuell-erot. Beziehung lebt, da die Gesellschaft die institutionalisierte (bürgerliche) Ehe als Erwartungs-Regelfall aufgestellt hat. Sehr konflikthaltig ist das Sexualverhalten des Homosexuellen; er darf dieses Verhalten realisieren; es ist juristisch (mit bestimmten Einschränkungen) nicht mehr negativ sanktioniert, aber die gesellschaftl. Norm hat die Heterosexualität zum Regelfall erklärt und interpretiert daher Homosexualität als dissoziales Verhalten. Die das Sexualverhalten nicht auf einen Partner beschränkende Großfamilie ist möglich und erlaubt, jedoch wird zur Zeit von der Mehrzahl der Mitglieder unserer Gesellschaft dieses Verhalten abgelehnt. Auch die „bürgerliche Ehe" repräsentiert ein asymmetr. Verhalten aus der Sicht der Gruppe, die dieser Norm widerspricht.

☐ Sexualethik. Sittlichkeit. Leib. Anthropologie

Lit. zu I.: P. Ricœur (Hrsg.), S. (1960); D. S. Bailey, Mann u. Frau im christl. Denken (1963); G. Scherer, Ehe im Horizont des Seins (1965); K. H. Wrage, Mann u. Frau (1966); A. Auer u. a., Der Mensch u. seine Geschlechtlichkeit (1967), in: Arzt u. Christ, H. 3/4 (1970). *Zu II.:* J. Zutt, Die innere Haltung, Mschr. Psychiatr. Neurol. 73, 52 (1929); –, S., Sinnlichkeit u. Prägung, in: S. u. Sinnlichkeit (1955); A. C. Kinsey u. a., Das sexuelle Verhalten der Frau (1954); –, Das sexuelle Verhalten des Mannes (1955); V. E. v. Gebsattel, Prolegomena einer medizin. Anthropologie (1954); H. Giese (Hrsg.), Die S. des Menschen (1955, ²1968); – (Hrsg.), Psychopathologie der S. (1962); H. Schelsky, Soziol. der S. (1955); M. Mead, Mann u. Weib (1958); A. Gehlen, Der Mensch (⁷1966); M. Boss, Sinn u. Gehalt sexueller Perversionen (1967). *Zu III.:* H. Kentler u. a., Für eine Revision der Sexualpäd. (1967, ⁴1969); H. Hunger, Das Sexualwissen der Jgd. (⁸1967); K. Seelmann, Kind, S. u. Erziehung (⁶1968); H. Hetzer, Kind u. Jgdl. in der Entwicklung (¹¹1969). *Zu IV.:* M. Mead, Sex and Temperament in Three Primitive Societies (New York 1935); A. Anastasi, Differential Psychology (New York ³1958); D. G. Brown, Sex-Role Development in a Changing Culture, in: Psychol. Bull. 55 (Washington 1958); E. E. Maccoby (ed.), The Development of Sex Differences (Stanford 1966); P. H. Mussen, Early Sex-Role Development, in: D. A. Goslin (ed.), Handbook of Socialization Theory and Research (Chicago 1969). *Zu V.:* I. L. Child, Socialization, in: G. Lindzey (Hrsg.), Handbook of Social Psychology (Cambridge, Mass. 1954); H. Schelsky, Soziol. der S. (1955); E. Rosenstock-Huessy, Der unbezahlbare Mensch (1964); W. Brezinka, Der Erzieher u. seine Aufgaben (1966); A. Comfort, Der aufgeklärte Eros (²1966); S. Keil, S. (1966); E. Topitsch, Die Menschenrechte als Problem der Ideologiekritik, in: Sozialphilos. zwischen Ideologie u. Wiss. (²1966); L. Rössner, Kultivierung der Geschlechtsbeziehungen (1968); P. Berger - Th. Luckmann, Die gesellschaftl. Konstruktion der Wirklichkeit (1969); I. Eibl-Eibesfeldt, Liebe und Haß (1970).

I. *F. Böckle,* II. *A. Mergen,* III. *H. Bach,*
IV. *M. Waller,* V. *L. Rössner*

Sexualpädagogik

S. = Sexualität, SP. = Sexualpäd., sex. = sexuell

I. Allgemein-pädagogischer Aspekt

1. Die menschl. S. ist seit alters ein in bestimmter Weise exponierter Gegenstand der „Erziehung". Bereits bei den jüngeren Pythagoreern läßt sich eine spezielle sex.päd. Lehre nachweisen. Ihr Charakter war repressiv, d. h., durch geeignete Maßnahmen sollten sex. Vorstellungen, Wünsche, Erlebnisse und Handlungen der Heranwachsenden verhindert bzw. unterdrückt werden, weil S. im Kindes- und Jugendalter als schädlich und unpassend eingeschätzt wurde.

Dieser repressive *Typus* geschlechtlicher Erziehung zieht sich mit wenigen Ausnahmen durch die europ. *Geschichte.* Auch der sex. Lust – unabhängig vom Fortpflanzungszweck – durchaus nicht unabgeneigte, päd. einflußreiche Gestalten (wie ERASMUS, LUTHER, ROUSSEAU, die Philanthropen) forderten, daß Kinder und Jgdl. sex. enthaltsam gehalten werden müßten. Die Begründungen hierfür differierten so sehr wie die vorgeschlagenen und praktizierten Verfahren. Im 18. Jh. unterstützten Mediziner die herrschende Meinung durch die falsche Lehre von der sex. Betätigung junger Menschen als Quelle schwerster körperlicher und geistiger Erkrankungen. Im Zuge der Aufklärung wurde vorübergehend in das Waffenarsenal zur Bekämpfung der vorehel. S. die zweckorientierte Information über Teile der Biologie und Pathologie der S. nebst expliziter moral. Ausrichtung aufgenommen. Diese direkte Variante repressiver geschlechtlicher Erziehung setzte sich jedoch erst im 20. Jh. gegen den z. T. erbitterten Widerstand der Anhänger der indirekten geschlechtl. Erziehung durch, die mittels instrumentell angesetzter Ein- und Zugriffe der Ablenkung, Abhärtung, Ermüdung, diätetischer Ernährung usw., ohne die S. zu thematisieren, deren „Gefährlichkeit" bannen und „triebbeherrschende" Charaktere züchten wollten.

Es ist unbezweifelbar, daß die traditionelle europ. repressive SP. normativ-verfügend war und daß sie die Deplaziertheit bzw. Unwertigkeit sex. Erlebnisse und Handlungen oder der körperl. Lust überhaupt, in Kindheit und Jugend, voraussetzte. Von ganz anderer Art ist die geschlechtl. Erziehung bei einigen sog. Naturvölkern, bei denen sex. Spiele und Betätigungen der Heranwachsenden bejaht und gefördert werden.

2. Die SP. in der *Gegenwart* unterscheidet sich äußerlich nicht unwesentlich von jener in der Vergangenheit. Durch die zuerst 1905 von S. FREUD aufgestellte psychoanalyt. These veranlaßt, daß die S. nicht erst mit der Pubertät, sondern schon bald nach der Geburt einsetze und daß ihr eine positive Bedeutung für die menschl. Entwicklung zukomme, hat sich die Auffassung generell durchgesetzt, bereits im *Vorschulalter* mit geschlechtl. Erziehung beginnen zu müssen. Die bei Eltern weitgehend registrierte Unfähigkeit zu entsprechender Unterrichtung und Erziehung, verbunden mit der „Enttabuierung" der S. und ihrer zunehmenden Kommerzialisierung, haben es nahegelegt, die *Schulen* mit dieser Aufgabe zu betrauen. In Schweden wurde 1956 damit der Anfang gemacht. Die BRD als Ganzes folgte 1968, als die KM die Einführung der „Sexualerziehung" als Pflichtaufgabe vom 1. Schj. an empfahl. Die „Sexualerziehung" tritt nicht als eigenes Fach auf, sondern soll in den dafür geeigneten Unterrichtsfächern geschehen. Ausdrücklich ist nicht daran gedacht, sich auf biolog. „Aufklärung" zu beschränken. In den verschiedenen Altersstufen sind die jeweils angemessenen seelischen, sozialen, rechtlichen und ethischen Probleme des „Geschlechts- und Familienlebens" zu behandeln; die wichtigsten medizinischen Erscheinungen sollen erwähnt werden. Begünstigend für die abrupte Aufnahme der sex. Thematik in das öff. Bildungswesen dürfte gewesen sein, daß im Rahmen der antiautoritären Studenten- und Schülerbewegung seit ca. 1965 eine beunruhigende Theorie und Praxis der menschl. S. und der geschlechtl.

Erziehung immer mehr Anhänger unter der Jugend zu finden drohte, welcher zuvorzukommen war: in Anknüpfung an W. REICH (Die sex. Revolution [1936–66] u. a.) wird hier die Repression der S. nicht nur für individuell schädlich, sondern als politisches Machtinstrument zur Stabilisierung von Herrschaftsverhältnissen und zur Erzeugung systemergebener, „ichschwacher" Untertanen ausgegeben. Diese Behauptung einer gesellschaftspolit. Relevanz der sex. Unterdrückung zugunsten der Herrschenden gibt der geschlechtl. Erziehung einen völlig neuen Aspekt; sie wird primär zu einem Moment der polit. Bildung; ihr Charakter wird radikal antipressiv. Mit Blick auf das Ziel der Befreiung der Menschen aus polit. Abhängigkeit nennen ihre Anhänger sie auch emanzipative Sexualerziehung. In unvoreingenommener päd. Beurteilung erweist sie sich als sexualaffirmativ: die menschl. S. erscheint als ein von frühester Kindheit an bestehendes Grundbedürfnis, das befriedigt und aufgrund seiner geschichtlich-kulturellen Verflochtenheit „kultiviert" werden muß. Im Zentrum dieser Art geschlechtl. Erziehung stehen daher die affektive Bejahung und Förderung sex. Praxis mit Maßnahmen der sachl. Beratung, der Deutung und Verfeinerung. Alles gipfelt in polit. Schulung und Aktion. Es ist unbezweifelbar, daß eine irrational-normierende Gestalt geschlechtlicher Erziehung vorliegt. Sie konkurriert mit der nicht minder normativ-verfügenden offiziellen geschlechtl. Erziehung, in der das repressive Element gegenüber früher gelockert und durch verbale „Bejahung" der S. gemildert ist.

3. Die *wissenschaftlichen Beiträge* zur SP. sind noch gering an Zahl. Die Mehrzahl der Veröffentlichungen in Geschichte und Gegenwart stehen im Dienste eines bestimmten Sexualethos. Auch päd. erforderliche empirische Untersuchungen, z. B. über Sexualwissen und -verhalten junger Leute, liegen trotz der Arbeiten von HUNGER (^{3}1967), SCHOFIELD (1965), BRÜCKNER (1969), GIESE/SCHMIDT (1968) u. a. nicht in ausreichender Menge vor. Die wenigen auf Didaktik und Methodik bezogenen diskutablen Publikationen leiden oft darunter, daß die syst.-päd. Grundlegung sex. Unterrichtung und Erziehung noch in den Anfängen steckt. Sie wird die Isolation der SP. im Ganzen des Bildungsproblems zu überwinden haben.

II. Religionspädagogischer Aspekt

1. Die SP. der *Vergangenheit* war weithin bestimmt von Prüderie und Tabuierung der S., wozu die *religiös-kasuistische Unterweisung* einen beträchtl. Beitrag leistete. SP. begnügte sich weithin mit dem moralisierenden Aufweis einschlägiger sittl. Normen, mit der Verurteilung fehlerhafter Verhaltensweisen, mit der Warnung vor Geschlechtskrankheiten und vor Verführern Jgdl. Eher eine Verhütungspäd., bot sie dem jungen Menschen für seine Entwicklungsphasen und Reifungsschwierigkeiten nicht die erforderl. Hilfestellung.

2. *Heute* wird eine SP. *gefordert*, die frei ist von Angst, Schuldgefühlen, Tabus und Repression. – In Reaktion auf eine SP. der Vergangenheit bilden sich jedoch innerhalb einer „Sexrevolution" auch fragwürdige Trends heraus: die Zerstörung jeglicher Intimsphäre, Ablehnung rel. und moralischer Aspekte, Verdächtigung der sex. Enthaltsamen, Verallgemeinerungen des Verhaltens einer Minderheit und Herunterspielen der Perversion zum Gleichgültigen, vor allem aber eine zunehmende Ideologisierung der SP. Auf der Grundlage eines weithin kryptogam eingebrachten sozialpolit., neomarxist. Programms (sozialistische Kinderläden u. a.) soll die Sexualerziehung – als „politische Erziehung" – in den Dienst der Veränderung der Gesellschaft, der derzeitigen Herrschaftsstrukturen und der Produktionsverhältnisse gestellt werden. Die Toleranz gegenüber der „Pornowelle" führt eher zu einer zunehmenden (dem Konsum förderlichen) sex. Stimulation und Bedürfnissteigerung, die bei Jgdl.n aber weithin nicht befriedigt werden kann und somit neue Frustrationen und Verdrängungen hervorruft.

3. Geschlechtliche Erziehung läßt sich weder wert- noch weltanschauungsfrei, sondern nur im Rahmen einer sittlich-personalen Gesamterziehung überzeugend verwirklichen. Für den *Christen* gründet eine unbefangene positive Einstellung zum Leib und zur Geschlechtlichkeit im Glauben an den menschgewordenen Sohn Gottes. Die heilsgeschichtl. Aussagen über die ↗Gottesebenbildlichkeit des Menschen, seine Sündigkeit und Erlösungsbedürftigkeit und über die durch Christus angebotene Erlösung und Heiligung verbieten Diskriminierung ebenso wie magische Überbetonung des Geschlechtlichen. Sie weisen auch auf die weiterhin bestehende Gefährdung aller Lebensvollzüge durch menschl. Egoismus hin. Von diesem christl. Verständnis des Menschen her kommt auch im Bereich der Religionspäd. der geschlechtl. Erziehung eine wichtige Funktion zu. SP. kann sich nicht bloß als Vorbereitung des jungen Menschen auf die Ehe verstehen. *Ziel* ist vielmehr die Befähigung zu einem gereiften Umgang mit der eigenen S. und die Einübung einer verantwortungsvollen zwischen-

menschl. Begegnung unter Achtung der Personenwürde des Partners. Dieses Ziel schließt die Hinführung zu einem entsprechenden Werterleben und zu einem vertieften Verständnis der Liebesbeziehungen zwischen Mann und Frau mit ein. Dabei sind die verschiedenen Gehalte eines rein innerweltl. Liebesverständnisses am ntl. Liebesethos kritisch zu prüfen. Weder eine ausgeklügelte Kasuistik noch ein differenziertes Normensystem, sondern eher eine umgreifende Grundeinstellung, Motivierung und Wertung sind in phasengerechter Weise als Orientierungshilfen anzubieten. Dabei sollte auf eine gründlich reflektierte theol. Strukturanalyse geschlechtlichen Lebens und Verhaltens nicht verzichtet werden.

Bloße Wissensvermittlung bleibt jedoch unzureichend. Die Formung der eigenen Triebkräfte und die Erziehung zu recht verstandener Liebe bzw. partnerschaftl. Verhalten verlangen auch eine Einübung (Askese) jener Rücksichtnahme, die erst den Raum für die mitmenschl. Begegnung und für die Liebesbeziehung zwischen Mann und Frau freilegt. Träger der geschlechtl. Erziehung werden zunächst die Eltern, danach – in Fühlungnahme mit ihnen – Schule und außerschulische Gemeinschaften sein.

☐ Sexualität. Leib, Leiblichkeit. Sexualethik. Norm

Lit. zu I.: Päd. Zentrum Berlin, Bibliogr. zur Sexualerziehung (1968, 1970); H. Kentler u. a., Für eine Revision der SP. (⁸1969); H. Scarbath, Geschlechtserziehung (⁸1969); K. Thomas, Sexualerziehung (1969, ⁸1970); H. Hunger (Hrsg.), Zschr. SP. (seit 1969); W. Fischer, Sexualerziehung in unseren Schulen, in: Vjschr. f. wiss. Päd., H. 3 (1969); H. Kentler, Sexualerziehung (1970); W. Fischer u. a. (Hrsg.), Normenprobleme in der SP. (1971).
Zu II.: (*Kath.*): A. Auer - G. Teichtweier - H. u. B. Strätling, Der Mensch u. seine Geschlechtlichkeit (1967); F. Böckle - J. Köhne, Geschlechtl. Beziehungen vor der Ehe (1967); W. Bokler - H. Fleckenstein, Die sex.päd. Richtlinien in der Jugendpastoral (1967); Willmann-Inst. (Hrsg.), SP. in der Volksschule (1967); E. Wiesböck (Hrsg.), Geschlechtl. Erziehung in der Schule (1969); Katechet. Bl. 94, Nr. 7 (1969); W. Braun, Geschlechtl. Erziehung im kath. RU. (1970); W. Burger, S.-Erziehung im Unterricht an weiterführenden Schulen (1970).
(Ev.): H. Thielicke, Sex. Ethik der Geschlechtlichkeit (1966); S. Keil, S., Erkenntnisse u. Maßstäbe (1966); K. H. Wrage, Mann u. Frau. Grundfragen der Geschlechterbeziehung (⁴1969); H. Ringeling, Theol. u. S. (²1969); R. Ruthe (Hrsg.), Sexualerziehung in der Schule (1969); W. Trillhaas, Sexualethik (⁴1970); Denkschr. zu Fragen der Sexualethik, hrsg. v. einer Kommission der Ev. Kirche in Dtl. (1971).
Allgemein: H. Grassel, Jugend, S., Erziehung. Zur psychol. Problematik der Geschlechtserziehung (1967); H. Hunger (Hrsg.), Das Sexualwissen der Jugend (³1967); F. Oertel (Hrsg.), Lieben vor der Ehe? (1969); R. Affemann, Geschlechtlichk. u. Geschlechtserziehung in der modernen Welt (1970); R. Bleistein, Sexualerziehung – das Ende aller Tabus?, in: V. Hertle (Hrsg.), Normen noch aktuell? (1970); R. Burger (Hrsg.), Sexualerziehung im Unterricht an weiterführenden Schulen (1970); C. Rohde-Dachser, Struktur u. Methode der kath. Sexualerziehung, dargestellt am Beispiel kath. Kleinschriften (1970); A. Zittelmann - T. Carl, Didaktik der Sexualerziehung (1970); H. Stenger u. a., Gesellschaft – Geschlecht – Erziehung. Studien zur päd. Praxis (1971).

I. *W. Fischer,* II. *J. Gründel*

Sganzini, Carlo

S., geb. 19. 6. 1881 in Vira Bambarogno (Tessin, Schweiz), gest. 14. 2. 1948 in Bern, war nach Studium der Philos., Psychol. und Päd. in Bern und München Direktor des Lehrerseminars in Locarno; 1923 Nachfolger von P. HÄBERLIN als o. Prof. für Philos. (Psychol. und Päd.) in Bern. – Zentrale Idee seiner Arbeiten ist die Philos. als „Fundamentale Strukturtheorie". Päd. ist „Philosophie der Erziehung", die die urspr. Autonomie der Praxis zu begründen und zu sichern hat. – S. machte sich einen Namen als PESTALOZZI-forscher.

Werke (Auswahl): Philos. u. Päd. (1936); Analyse réflexive et catégories (1937); S. C.: Ursprung u. Wirklichkeit. Slg. der wichtigsten Aufsätze mit Einf. u. Lit.verz., hrsg. v. H. Ryffel u. G. Fankhauser (1951).

U. P. Lattmann

Siegmund-Schultze, Friedrich

F. S.-S., geb. 14. 6. 1888 in Görlitz, gest. 11. 7. 1969 in Soest, gilt als Nestor einer pragmat. Sozialpäd. in ökumen. Funktion. Als Pastor der Friedenskirche Potsdam (1910) begründete er 1914 mit H. HODGKIN den Internat. Versöhnungsbund, 1911 die erste dt. Nachbarschaftssiedlung (Soziale Arbeitsgemeinschaft Berlin-Ost), 1912 den Akademisch-Sozialen Verein Berlin. 1913–1925 war er Vorsitzender der dt. Zentrale für Jugendfürsorge, 1917 Gründer des Jugendamtes Berlin, 1925 Prof. an der Humboldt-Univ. Berlin (Jugendkunde und Jugendwohlfahrt, später: Sozialpäd. und Sozialethik); 1946/47 Honorarprof. und Leiter der Sozialpäd. Abteilung der Sozialforschungsstelle an der Univ. Münster; 1948 Gründer der Jugend-Wohlfahrtsschule Dortmund; 1957 Gründer der Zentralstelle für Recht und Schutz der Kriegsdienstverweigerer aus Gewissensgründen; 1958 Gründer des Ökumenischen Archivs Soest. S.-S. betrieb intensiv den Ausbau der ↗Sozialpädagogik zum akadem. Lehrfach.

Lit.: Inventarverzeichnis des Ökumenischen Archivs Soest (1962, Bibliogr.).

E. Rother

Siewerth, Gustav

Dt. Philosoph und Pädagoge, geb. 28. 5. 1903 in Hofgeismar, gest. 5. 10. 1963 in Trient. S.s Univ.slaufbahn scheiterte aus polit. Gründen in der NS-Zeit. 1945 wurde er Direktor der Päd. Akademie Aachen, 1961 Gründungsrektor der PH. Freiburg i. Br. Nach Kriegsende war er wesentlich am Aufbau der Leh-

rerbildung in der BRD und an einer päd. Neubesinnung beteiligt.
S. bringt das thomistische Seinsdenken in eine Auseinandersetzung mit dem Systembegriff des dt. Idealismus (insbes. HEGELs) und mit dem Denken M. HEIDEGGERs. Der christl. Offenbarung verpflichtet, geht es ihm um die spekulative Erfassung der Zusammengehörigkeit von Gott und Welt in Freiheit. Seine Arbeiten zur Päd. und Päd. Anthropologie zeigen den Entwurf einer metaphys. Grundlegung des Erziehungs- und Bildungsgeschehens. Mitte seine päd. Denkens ist die erzieherische Liebe.

Werke (Auswahl): Thomismus als Identitätssystem (1939, ²1961); Metaphysik der Kindheit (1957); Wagnis u. Bewahrung (1958, ²1964); Das Schicksal der Metaphysik von Thomas zu Heidegger (1959).
Lit.: Innerlichkeit u. Erziehung. Gedenkschr., hrsg. v. F. Pöggeler (1964); M. Cabada Castro, Sein u. Gott bei G. S. (1971).

W. Behler

Signifikanz ↗ Statistik

Silentium
S. (lat. = Stille), war in der Internatspäd. Bezeichnung für obligator. Zeit der Stillarbeit unter Aufsicht von Lehrern bzw. Präfekten. Sachkundige Anleitung der Schüler bei schul. Hausaufgaben ist die Aufgabe der heute außerhalb der Internatsschulen bestehenden S.ien. Dabei handelt es sich um Schularbeitskreise auf meist gemeinnütziger, gelegentlich auch kommerzieller Basis. – Das S. in dieser Form bietet nicht ↗ Nachhilfeunterricht, sondern ein für Schularbeiten günstiges Milieu für Schüler, deren Eltern aufgrund ihrer Vorbildung und häusl. Gegebenheiten nicht in der Lage sind, die Hausaufgaben zu fördern. Anlaß der Gründung des S.s (meist im kirchl. Bereich und auf Anregung der Eltern) war das Bekanntwerden des „Bildungsdefizits" jener Kinder, deren Eltern selbst nicht eine weiterführende Bildung erhielten.

F. Pöggeler

Simmel, Georg
Kulturphilosoph, Literarhistoriker und Geldtheoretiker, geb. 1. 3. 1858 in Berlin, gest. 29. 9. 1918 in Straßburg. Der Kritik eines radikal relativist. Ansatzes in der Lebensphilos. entspricht seine Soziol. Gesellschaft existiert, wo mehrere Individuen durch Triebe und Zwecke geleitet in Wechselwirkung treten. Die dadurch entstehenden *Formen der Vergesellschaftung* bilden den Gegenstand der Soziol. Die soziale Verflechtung des einzelnen führt zur Strukturiertheit der Wechselbeziehungen (Rollen, Rollenkonflikte). Für die Gruppentheorie sind seine Gedanken zur *Symbolidentifikation* (Projizierung von „Gruppenkräften" in Materielles, das damit Symbol wird) und zur „quantitativen Bestimmtheit" der Gruppe mit ihren institutionellen Folgen bes. wichtig. Die Untersuchungen zum „Streit" als Vergesellschaftungsform sind bedeutend für Konflikt- und Pluralismusforschung.

Werke (Ausw.): Die Probleme der Geschichtsphilos. (1892); Philos. des Geldes (1900); Soziol. (1908); Goethe (1913); Brücke u. Tür. Essays ... zur Gesch., Religion, Kunst u. Gesellschaft, hrsg. v. M. Landmann u. M. Susmann (1957); Das individuelle Gesetz. Philos. Exkurse (1968).
Lit.: F. H. Tenbruck, G. S., in: Kölner Zschr. für Soziol. u. Sozialpsychol. 10 (1958); Buch des Dankes an G. S.; Briefe, Erinnerungen, Bibliogr., hrsg. v. K. Gassen - M. Landmann (1958); G. S. 1858–1918. A Collection of Essays, with Transcriptions and a Bibliography, hrsg. v. K. H. Wolff (Ohio, 1959).

H. Schrödter

Simultanschule ↗ Gemeinschaftsschule

Singapur ↗ Südostasien

Sing-Out
1. Ein *Sing-Out* (dt. = *sing es hinaus*) ist eine moderne musikalisch-choreograph. Show, die von jungen Menschen als Ausdruck ihrer gesellschaftl. Wert- und Zielvorstellungen und ihres eigenen Engagements gestaltet wird.

Musikalische Stilmittel sind vor allem Folk-Beat, Blues und Soul. Die S.-Bewegung begann 1965 in Nordamerika und sprang bald auf viele Länder Europas, Asiens, Afrikas und Lateinamerikas über.
Im Gegensatz zu anderen Erscheinungsformen der Jugendunruhe kristallisiert sich das S. nicht um den Protest gegen soziale Mißstände oder bestimmte Gesellschaftsgruppen, sondern um die Möglichkeiten für die Gestaltung einer besseren Welt und um das gesellschaftl. Engagement, das Wachstum des einzelnen an Persönlichkeit, Wissen und polit. Reife.

2. *Themen* international populärer S.-Lieder sind u. a.: Überwindung der Rassenvorurteile, Voraussetzungen der Freiheit, Notwendigkeit weltweiten Denkens, Überwindung des Hasses, Streben nach neuen Horizonten. Aus den Reihen der Gruppen entstehen laufend neue Lieder. Am bekanntesten ist das Themalied aller S.-Gruppen, *Up with People! (Hoch mit den Menschen!)*. Durch Fernseh- und Rundfunksendungen, zahlreiche Großveranstaltungen und eigene Schallplatten wurden die S.-Lieder in vielen Sprachen verbreitet.

3. Die *S.-Bewegung* ist überparteilich und überkonfessionell. Während sie in den ersten Jahren mit der Moralischen Aufrüstung (MRA) verknüpft war, ist sie jetzt organisatorisch und personell unabhängig. In den USA und anderen Ländern haben sich unter dem Namen *Up with People* gemeinnützige Organisationen gebildet, die als Rechtsträger für Tourneen, Publikationen und Bildungsprogramme dienen. In der BRD bildeten sich 1966 die ersten S.-Gruppen.

Bei den *Tourneen* der nat. und internat. Gruppen (oft 100-200 Personen) liegt das Schwergewicht auf der Verbindung von Aktion und Bildung. Durch Zusammenarbeit mit Menschen verschiedenster Rasse, Nationalität und Herkunft, Unterbringung in Familien, Besichtigungen und Diskussionsveranstaltungen, Übernahme selbständiger Organisationsaufgaben (z. B. Pressearbeit, Kontakte mit Behörden, Bühnentechnik, Rundfunk- und Fernsehprogramme, Finanzierung, Gruppenbetreuung) werden in den Teilnehmern Weltoffenheit, Verantwortungsbewußtsein, Eigeninitiative und Lernbereitschaft gefördert.

4. Für *Schulpflichtige* wurden zeitweilig in mehreren Ländern S.-Aktionsgymnasien geschaffen, in denen Schüler der Oberstufe von mitreisenden Lehrern unterrichtet werden. Die amerikan. *Up with People High School* führt bis zum College Entrance Certificate und wird von den Behörden als Modellschule gefördert. In Zusammenarbeit mit der Univ. Hartford (Conn.) führt Up with People außerdem ein *College-Programm* für *Studenten* der ersten Semester durch, wobei die Teilnahme an Tourneen mit Perioden ortsfesten Studiums abwechselt.

S.-Lit.: C. W. Hall, S. in aller Welt, in: Das Beste aus Reader's Digest, Aug. 1967; S.-Weltfestival *Viva la Gente*, Sonderbeil. des Corriere Mercantile (Genua, 26. 7. 1969); Up with People Incorporated (Hrsg.), Annual Report (Tucson, Arizona 1970).
S.-Musik: How to create a S. (Los Angeles ⁷1969); The Up with People Song Book (Los Angeles 1969); S. Deutschland [Langspielplatte CBS S 62 974] (1967).

F. Helmes

Singschule
S.n sind fachschulmäßige Einrichtungen zur Heranbildung guter Sänger und Chorleiter. Verbreitet sind sie bes. in Bayern (63 S.n, u. a. in München, Nürnberg, Regensburg), zusammengeschlossen im Verband Bayer. Sing- und Musikschulen.
Hervorzuheben sind die *Albert-Greiner-Gesangsbildungsstätten* der Stadt Augsburg. Sie umfassen folgende Institutionen:

1. *Singschule* gegr. 1905 v. A. GREINER. Grundprinzip ist die elementare Musikerziehung primär über die menschl. Stimme. Die Ausbildung geschieht in Vorkursen, Grundklassen, Fortbildungs- und Abendkursen. Lehrstoff ist: Stimmbildung, Notensingen und Liedpflege. – 2. *Gemischter Chor*. Erfolgreicher Besuch der Fortbildungs- und Abendkurse ermöglicht den Übertritt in den Konzertchor (als Oberstufe der Schule), der mit jährlich 3 a-capella- oder Oratorienkonzerten an die Öffentlichkeit tritt. – 3. *Deutsches Singschullehrer- und Chorleiterseminar* gegr. von O. JOCHUM durch die Stadt Augsburg und das KM. Hier werden Leiter und Lehrer für öff. Singschulen und Chöre ausgebildet. Das Lehrpraktikum besteht aus S. und Gemischtem Chor, Sologesang, Erziehungs- und Unterrichtslehre, Musiktheorie, Partiturspiel und Dirigieren als Hauptfächer. Abschlußdiplom: „Staatlich geprüfter Singschullehrer und Chorleiter". – 4. *Volksmusikkurse*, 1954 gegr. von J. LAUTENBACHER. Hier wird Gruppenunterricht für alle gängigen Instrumente, auch Orff- und Rhythmische Gymnastik erteilt.

Lit.: A. Greiner, Die Volks-S. in Augsburg (1934); –, Stimmbildung, 5 Bde. (1938-39); J. Lautenbacher, Der S.lehrer, in: Hdb. des Musikunterrichts (1970).

R. Lampart

Sinn, Sinnfrage
SF. = Sinnfrage

1. Die SF. (mhd. „sint" = Weg, Richtung, mhd. „sin" = Sinn, Verstand) *nach dem einen Sinn ist pluralisch strukturiert:* so fragen wir nach dem S. der Worte und Sätze, dem S. eines Kunstwerks usw. (Bedeutungs-S.); nach dem S. unseres Handelns (Handlungs-S.); nach dem S. von Welt, Geschichte und Leben (Daseins-S.).

a) Der *Bedeutungssinn* enthüllt sich im Horizont der *Sprache*. Im Wort ist Welt solchermaßen beim Menschen, daß dieser sie, im Sprechen worthaft darstellend, auch deutet (Deutungs-S.), aber sie zugleich sich zeigen läßt. Daher erstellt nicht der Akt der Erkenntnis den theoret. S. als Bedeutungs-S., vielmehr ist dieser eine „Frucht der Wahrheit" (THOMAS v. AQUIN), die als Wahrheit das Verstehen durch die Differenz von Subjekt und Objekt hindurch gewährt. Der S. der Wahrheit ist also nur aus seiner eigenen Evidenz zu verstehen. Alles S.begreifen der „Konzepte" bleibt in S.empfangen (con-cipere). S.ergriffen lebt aus der S.ergriffenheit. – Da aber alle Erkenntnis in der Form von bloß begrifflich „gehabter" Welt sinn- und bedeutungslos wäre, so spricht sich der Mensch im Wort durch das hindeutende Ausdeuten des anderen immer schöpferisch *handelnd* selbst aus. Seine Armut in der S.erfahrung im und durch das Wort ist zugleich Reichtum praktischer S.-gebung im und durch das Wort.
b) *Sinngebende Praxis des Wollens* heißt: Selbstverwirklichung des Handelnden im anderen, wobei der Ziel-S. des Handelns von jenem S.maß abhängt, das durch den Bedeutungs-S. der Sprache die Praxis bestimmt und auf erkannte Wirklichkeit hin ausrichtet (S.einheit von theoret. und prakt. S.). Handlungs-S. als S.macht bedeutet daher immer Dienst an der S.-erfüllung dessen, über den er so handelnd mächtig wird und also S.einheit von Geben und Nehmen, Bestimmen und Erfüllen.

Die *Einheit von Bedeutungs- und Handlungssinn* vollendet sich im Daseins-S. der *Mitmenschlichkeit*. Ausschließlich auf die gegenständl. Welt bezogen kann der Mensch seinen Daseins-S. nicht entfalten (↗Leib), da die materielle Welt nicht die Freiheit adäquate Empfängnisdimension ist; er erfüllt sich erst dann, wenn er auf eine andere Freiheit hin existiert. Erst in der personalen Andersheit des Du wird „Welt" als das andere und damit von ihrem Welt-S. her offenbar. Indem der Mensch also ein Du erkennt und als erkanntes in sich „zu Worte kommen" läßt, spricht er in einem: den S. seiner „Selbst" als Ich in Welt und des Anderen als Du in Welt aus (dialogischer Wort-S.). Im Raum der Intersubjektivität gewinnt somit die Gegenwart des sich schenkenden S.es in den S.gestalten von Wort und Liebe den angemessenen Ort des Daseins.

2. Im gelebten S. der Mitmenschlichkeit eröffnet sich daher der *Sinn von Sein*, da die individuelle Freiheit als Ich im Bezug zum Du, d. h. im Wir, nicht bloß in materiell beschränkter Perspektivität bzw. „ein-seitig", sondern in „allseitiger Besinnung", d. h. auf die verwirklichte S.totalität ihres Menschseins hin beansprucht wird. Erst hier spricht sich demnach der „Sinn der Sinne" sowohl an ihm selbst als auch in verleibter Gestalt ausdrücklich aus.

Im S. der Mitmenschlichkeit zeigt sich der S. von Sein einerseits in seiner transzendental entfalteten Lebensfülle (Wirklichkeit des Wirklichen: Daseins-S.; Wahrheit; Bedeutungs-S.; Güte; Handlungs-S.) als *Schönheit* (Herrlichkeit), die von keiner Andersheit affizierbar ist: um ihrer selbst willen existiert, also das absolute Worum-willen (absoluter S.) alles Seienden ist und sich „umsonst" gibt. Die S.herrlichkeit bedarf keiner Entäußerung, um sich allererst durch den „Schmerz des Negativen" (HEGEL) als lebendig und sinnvoll zu erweisen. Vielmehr ist ihre Selbstmitteilung Offenbarung dessen, was sie an ihr selbst immer schon ist: der Reichtum ewig weggeschenkter Liebe als S. von Sein.

S. und Sein werden erst dann gegeneinander getrennt, wenn das Sein in der Bedeutung eines indifferenten „Existenzzustandes" vorgestellt wird, in diesem fruchtlos vergegenständlicht oder als „funktionales" Medium in einer in sich geschlossenen Endlichkeit verbraucht wird. Von hier aus muß der die Endlichkeit übersteigende S. *entweder* als eine abstrakte Allgemeinheit jenseits der Welt fixiert bleiben (S. als transzendente Projektion der Ohnmacht menschlicher Freiheit in ihrer Unfähigkeit zu produktiver S.gebung, NIETZSCHE), *oder* der S. wird als jene Instanz gedacht, die der Wider-S. menschlicher Selbstverwirklichung ist, da er sich nicht „ja-sagend" zu verendlichen vermag. Beide S.-formen manifestieren nur die Ohnmacht des S.es, der in der Periode des Nihilismus als „Nichts" „entlarvt" wird.

☐ Metaphysik. Theologie

Lit.: H. Rickert, Die Erkenntnis der intelligiblen Welt u. das Problem der Metaphysik, in: Logos 16 (1927), 18 (1929); G. Siewerth, Die Metaphysik der Erkenntnis nach Thomas v. Aquin (1933); M. Müller, Sein. u. Geist, 4. Untersuchung (1940); H. E. Hengstenberg, Autonomismus u. Transzendentalphilos. (1950); R. Lauth, Die Frage nach dem S. des Daseins (1953); R. Wisser (Hrsg.), S. u. Sein (1960); F. Ulrich, Homo abyssus (1961); –, Der Mensch u. das Wort, in: Mysterium Salutis II (1967).

F. Ulrich

Sinnesempfindungen ↗ Wahrnehmung

Sinnfreie Silben ↗ Gedächtnis

Sitte

S. steht zwischen ↗ Sittlichkeit (Moralität) und ↗ Brauch(tum); mit diesem teilt sie die geschichtl. und soziale Relativität, ja Zufälligkeit, mit jener die menschl. Relevanz.

Die Grußformen sind sehr unterschiedlich, aber jemandem einen ganz außerhalb der jeweiligen S. stehenden Gruß zu entbieten, wirkt als Verhöhnung und Beleidigung. Was S. fordert, ist zwar nicht „sittlich", aber die Verletzung der S. ist „unsittlich", nicht nur „unsittig" (der Sitte und Gesittung nicht entsprechend). Dabei ist zu beachten, daß abweichendes Verhalten innerhalb einer oft sehr schwankenden Toleranzbreite sittlich und auch sittig erlaubt ist.

Außer dieser moral. Bedeutung kommt den S.n eine hohe kulturanthropolog. und -soziol. Bedeutung zu. Mit Hilfe der Sprache kann der Mensch kollektive Erfahrungen auf Dauer stellen, zuerst als ↗ Tabus, bei kultureller Reife in reflektiert entworfenen ↗ Institutionen. S.n haben soziale Entlastungsfunktionen als Spielregeln voraussehbaren Verhaltens (Rollenerwartungen). Ihre Autorität gewinnen sie durch Rückbezug auf respektierte Traditionen, erhalten werden sie durch gesellschaftl. Sanktionen: Ehre, guter Ruf, Prestige. S.n offenbaren nicht nur soziale Kreativität, sondern auch soziale Beschränktheit. Darum sagt NIETZSCHE nicht nur: „Schaffende waren erst Völker und spät erst einzelne; wahrlich, der Einzelne selber ist noch die jüngste Schöpfung", sondern auch: „Nie verstand ein Nachbar den anderen: stets verwunderte sich seine Seele über des Nachbarn Wahn und Bosheit."

Die reflektierte Unterscheidung von S. und Sittlichkeit erfordert kulturelle wie menschliche Reife. Verfrühte Kritik bedroht die sozialisierende Bedeutung von Spielregeln. A. GEHLEN hat gezeigt, daß vorbewußt wirkende geschichtlich-gesellschaftliche Erfahrungen („Hintergrundserfüllungen") in die Zukunft einen schmalen Kegel sinnvoller Initiativen freigeben für Reformen mit Integration des vorgegebenen Kulturguts, während radikale Revolutionen noch immer zu nachträgl. Restaurationen gezwungen waren, weil unentbehrliche Fundamente erschüttert wurden. Die Kulturtheorie der Psychoanalyse, die alle Tabus nach dem Modell von Zwangsneurosen erklären will, wird von der Kultursoziol. eingegrenzt auf Fälle eigentlicher Psychopathie. – Eine Analogie zu S. bietet die ↗ Muttersprache: zuerst mundartlich geprägt, dann päd. der normierten Hochsprache angeglichen, schließlich überhöht und befreit zu künstler. Ausdrucksfähigkeit und allgemeinmenschl. Bedeutung.

☐ Norm. Brauchtum

Lit.: N. Elias, Der Prozeß der Zivilisation (1939); H. Arendt, Die Krise der Erziehung (1958); A. Gehlen, Urmensch u. Spätkultur (1958, ²1964); –, Studien zur Anthropologie u. Soziol. (1963); –, Moral und Hypermoral. Eine pluralist. Ethik (1969, ²1970); W. Schöllgen, Ethos, in: Staatslex. (⁴1959); –, Entlastung oder Entfremdung, in: Hochland 58 (1965); H. Schoeck, Der Neid (1966, ²1968).

W. Schöllgen

Sittliche Entwicklung

Unter SE. werden vom psychol. Aspekt her Erwerb und Veränderungen von kognitiven Urteilskonzepten, von Handlungsformen und Reaktionsweisen gefaßt, die im Einklang stehen mit Wertvorstellungen und Normen einer Gesellschaft bzw. einer Subgruppe der Gesellschaft.

Es liegen drei verschiedene theoret. Ansätze vor, welche die Bedingungen bzw. die Art und Weise des Erwerbs von Wertnormen entsprechenden Verhaltens- und Urteilsformen zu erklären suchen.

1. Der *psychoanalytische* Ansatz (S. FREUD, M. L. HOFFMAN) geht bei der Begründung für die Übernahme von verhaltenssteuernden Wertnormen von der Ödipussituation (↗Ödipuskomplex) bzw. von der ↗Frustration des jungen Kindes durch die Kontrolle der Eltern aus, die zu einer aus Angst vor Liebesverlust der Eltern unterdrückter Aggression führt, wobei diese Situation gelöst wird über Identifikation mit den Eltern durch Übernahme der elterlichen Werte und Gebote, die – introjiziert – das Überich (↗Ich-Es-Überich) bilden (↗Idealbildung ↗Psychoanalyse).

2. Von der *lerntheoretischen* Seite her wird der Erwerb eines den Wertnormen entsprechenden Verhaltens durch ↗Konditionierung erklärt (H. J. EYSENCK): Strafe, die einer nicht normenkonformen Handlung zeitlich unmittelbar gefolgt ist und mit Angst verbunden wird, wird in einer der bestraften Handlungssituation ähnlichen Situation antizipiert, wobei die dann auftretende Angst handlungshemmend wirkt, was dann als Widerstand gegen die Versuchungssituation erfaßt werden kann. Autoren, die die SE. stärker vom Lernen her sehen, sind sich einig, daß die SE. bei den ersten Gelegenheiten beginnt, in denen Eltern unerwünschtes Verhalten der Kinder einschränken.

3. Von der *entwicklungspsychologischen* Seite her wird der Erwerb von wertnormorientierten Urteilen auf der einen Seite (J. PIAGET, L. KOHLBERG) als ein innerlich strukturierter Entwicklungsprozeß, eine Stufenfolge von Konzepten der sozialen Begriffe und Einstellungen betrachtet, auf der anderen Seite (U. BRONFENBRENNER) wird die Modifikation dieser Stufenfolge durch Umweltvariable aufgezeigt. PIAGET unterscheidet zwei Stufen des sittlich-moralischen Urteils: die Stufe der heteronomen Moral und Urteile, auf denen Handlungen vor allem nach den Konsequenzen beurteilt werden, die Autorität Maßstab für die Richtigkeit von Handlungen ist und Regeln von allmächtigen Personen gesetzt sind, sodann die Stufe der autonomen Urteile, auf der Handlungen nach Intentionen beurteilt werden und Regeln als variabel und auf gegenseitiger Absprache beruhend erfaßt werden. Nach Piaget liegt der Übergang von der heteronomen zur autonomen Urteilsstufe zwischen dem 8. und 10. Lj.

Von den für die SE. bedeutsamen Einflußgrößen: Kultur, Sozioökonomischer Status, ↗Erziehungsstil, Geschlechtsrolle, die vor allem auf die Entwicklung der PIAGETschen Urteilsformen einen erheblichen Einfluß haben können, so daß eine zeitliche Fixierung der Stufen nicht sinnvoll erscheint, ist am stärksten diskutiert worden der elterliche Erziehungsstil im Kleinkindalter, wobei sich als Ergebnis die Tendenz andeutet, daß Kinder von Müttern, die zu Hause ein behagliches Klima schaffen und die vorwiegend psychol. ↗Strafen anwenden, am ehesten Versuchungssituationen widerstehen und Vergehen am ehesten gestehen.

☐ Gewissen. Norm. Sittliche Erziehung. Ethik

Lit.: S. Freud, Das Unbehagen in der Kultur, Ges. Werke, Bd. 14 (London ²1946); J. Piaget, Das moralische Urteil (1954); H. J. Eysenck, Symposium: The Development of Moral Values in Children. VII: The Contribution of Learning Theory, in: British Journ. of Educational Psychology 30 (1960); U. Bronfenbrenner, The Role of Age, Sex, Class, and Culture in Studies of Moral Development, in: Research Supplement to Religious Education 57 (1962); R. E. Grinder, Parental Child Rearing Practices, Conscience and Resistance to Temptation of Sixth Grade Children, in: Child Development 33 (1962); M. L. Hoffman, The Role of the Parent in the Child's Moral Growth, in: Research Supplement to Religious Education 57 (1962); L. Kohlberg, The Development of Children's Orientations Toward a Moral Order, in: Vita Humana 6 (1963); H. J. Eysenck, A Note on Some Criticism of the Mowrer-Eysenck Theory of Conscience, in: Brit. Journ. of Psychol. 56 (1965).

M. Braun

Sittliche Erziehung

S. = Sitte, G. = Gewissenhaftigkeit

SE. geschieht als Einfügen in die vorgegebene Ordnung einer S., als Erwecken des je eigenen Gewissens, als Anregen zu „seinsgemäßem" Verhalten in konkreten Lebenssituationen. Das sind jedoch nicht drei scharf voneinander getrennte Erziehungswege, sondern drei verschiedene Schwerpunkte im Vollzug der SE.

I. Einfügen in die vorgegebene Ordnung einer Sitte.

1. Hierbei kommt es darauf an, das Kind so früh und so intensiv wie möglich in die soziale Wirkmacht der bestehenden Daseinsauslegung und S. zu stellen. Es soll in einer sittlich gefügten Lebensform feste Ordnungsgewohnheiten erwerben. Der lebend. Kontakt mit der S. bringt es in jenes Erleben, das

ein Mitleben bewirkt. Schon in früher Kindheit wird so dem Menschen ein Empfinden für den Maßstab und die Grenzen des sittl. Verhaltens eröffnet. Auf dieser Grundlage kann ein sittl. Bewußtsein entwickelt werden.
2. Die SE. besteht primär in der Ausrichtung des Willens auf das sittl. Erziehungsziel. Dabei wird die Ordnung der S. vom Erzieher vertreten. Der Wille des jungen Menschen wird von der durch ihn dargestellten Ordnung angezogen und an den Grenzen dieser Ordnung zurechtgewiesen. Damit der Wille auch dann fest bleibt, wenn nach der Kindheit die sittl. Ordnung nicht mehr vom Erzieher vermittelt werden kann, muß er nach und nach dazu gebracht werden, diese Ordnung selbständig durchzuhalten. Das kann direkt durch ein Willenstraining (Askese) und indirekt durch Einführung in einen der sittl. Ordnung entsprechenden „Gedankenkreis" geschehen.
3. Auf dem *direkten Weg* zur sittl. „Ermächtigung" des Willens wird von dem jungen Menschen verlangt, seine Kräfte einzusetzen, eindeutig und unablässig ein Ziel zu verfolgen. Die Befestigung des Willens wird (in traditioneller Weise) durch Antrieb zur Wiederholung von normgerechten Wertungen oder (aus dem Impuls der Reformpäd.) durch Unterstützung von sittl. Neigungen zu erreichen gesucht. – Auf dem *indirekten Weg* zur sittl. Qualifikation des Willens geschieht SE. (nach HERBART) durch den Unterricht, der jene Vorstellungen und Gedanken bildet, die das sittl. Wollen motivieren. – Beide Wege zielen auf die sittl. ↗Gesinnung, den Charakter, die als kontinuierliches Bewußtsein das künft. Verhalten des Menschen tragen sollen.

II. Erweckung des Gewissens

1. Wenn SE. vorrangig als Erziehung zur G. konzipiert ist, wird verantwortliches Handeln aus persönl. Überzeugung angezielt. Die sittl. Normen und Ordnungen rechtfertigen nicht schon als solche das sittl. Verhalten, sondern erst die sich als ↗Gewissen artikulierende individuelle Bejahung von sittl. Normen und Ordnungen und die ihnen entsprechende persönl. Überzeugung. – Das Gewissen als personale Möglichkeit des Menschen wird durch soziale Anstöße wirklich und wirksam. Innerhalb der gesellschaftlich vermittelten sittl. Ansprüche ist der unmittelbare Gewissensanspruch des einzelnen zu erwecken. Mit der Hinwendung zum Gewissensanspruch wird die Auslegung des Sollens nicht als Anwendung eines allg. Gesetzes oder als Folgerung aus gült. Werten erreicht. Das Gewissen ist vielmehr ein Vernehmen des Sollens auf persönl. Weise und in einmal. Situation.

2. Weil die Unmittelbarkeit des Gewissensanspruchs in Parallele steht zur Unmittelbarkeit des persönl. Gefühls, wird die Erziehung zur G. von einer Pflege des Gefühlslebens beim Kleinkind her unternommen. Der Erzieher versucht, durch seine Reaktionen auf das Verhalten des Kindes ein Normgefühl zu erwecken und damit eine eigene Gewissenserfahrung beim Kind anzuregen. Am wichtigsten bei der Erziehung zur G. ist es, daß beim Kind immer wieder eigene Einsicht in die Angemessenheit oder Unangemessenheit des Verhaltens erweckt wird. Das Kind wird zur Selbstprüfung aufgefordert, d. h. zur Prüfung der Übereinstimmung seines Verhaltens mit dem persönl. und urspr. Regulativ der Sittlichkeit. Erziehung zur G. geht davon aus, daß der je eigene Ursprung des Menschen jeder verfügenden Macht anderer Menschen entzogen ist. Erzieherische Nötigung kann nicht zur G. des jungen Menschen führen, wohl aber die erzieher. Bezeugung von G. Das Zeugnis von G. geschieht nicht in der Weise, daß ein überwältigendes Vorbild Mitmenschen in die Nachfolge zieht. Die Wirkmacht des Zeugnisses dient hier vielmehr dem Aufspringen des je eigenen Ursprungs. Bei der Erziehung zur G. werden alle sittl. Lehren und Vorbilder überstiegen durch den Appell an den je eigenen Ursprung der Person. Der junge Mensch wird angestoßen, um mit sich selbst „ins reine zu kommen", um sich aus seinem geklärten Gewissen zu entscheiden und um im gewissenhaften Leben mit sich selbst übereinzustimmen. Ihm wird zugemutet, die absolute Bindung an sich selbst zu realisieren – notfalls auch gegen öff. Meinung oder geltende Moralauffassung. – Weil sich bei der G. die Unableitbarkeit und Unvertretbarkeit des Selbstseins erweist, ist die Erweckung des Gewissens durch den Erzieher stets ein Risiko.

III. Seinsgemäßes Verhalten

1. Wenn SE. den Hauptakzent auf das seinsgemäße Verhalten in konkreten Situationen legt, so geschieht eine Ausrichtung an dem, was gegeben ist und was sich ins Denken stellt. So gesehen, kommt das Maß menschlichen Handelns nicht aus kollektiver Normierung oder individuellem Erlebnis, sondern aus dem Seienden, wie es von sich her in der Welt im Durchdenken und Durchsprechen der Menschen zur Erscheinung kommt. Diese Wahrheit frei zu vollziehen in Denken und Handeln, macht die Sittlichkeit des Menschen und also das Ziel der SE. aus. Weil Sittlichkeit dem Menschen zukommt, wenn er dem Anspruch des anderen Seienden, wie er je und je im besonnenen Ge-

dankengang ermittelt wird, entspricht, ist SE. die Anleitung, solchen Anspruch zu vernehmen und ihm nachzukommen. Der Erzieher bietet seine Möglichkeiten dafür auf, daß die Sachverhalte der Welt unverstellt zur Erscheinung kommen, daß aus ihnen ihre Strukturen und Tendenzen hervorgehen, daß damit ihre Ansprüche den jungen Menschen so anzugehen vermögen, daß das zunächst Rohe seiner Triebhaftigkeit erschüttert wird, damit er selbst sachgerecht zu entscheiden und zu handeln vermag. Jede unsachl. Normierung soll abgelöst werden durch Sachverständnis und sachlich begründete Kritik.

2. Der junge Mensch soll ins Denken kommen, statt sich feststehenden Mustern oder Lehrsätzen anzupassen. Im Familien- und Schulleben wird ihm die Gelegenheit eröffnet, Aufgaben und Konflikte des gemeinsamen Daseins zu erfahren. Diese Erfahrung führt an das heran, was gemeinsam zu vollbringen ist und was aus dem jeweils Gegebenen und Notwendigen als Ordnung angebracht ist. Der Erzieher verdeutlicht, was erforderlich ist, ohne den Seinsanspruch durch eigenmächtige Forderungen und Zurechtweisungen zu überdecken. Selbständige Verantwortung wird hervorgelockt, und es wird dann jeweils auf den Bereich des Daseins hingewiesen, in dem Fehler und Mängel zu korrigieren sind. Um die selbständige Verantwortung des jungen Menschen zu fördern, werden fertige Kulturergebnisse in Problemfelder zurückgeführt, wird das scheinbar Endgültige ins geschichtlich Bedingte freigesetzt. Während der junge Mensch einbezogen wird in das Denken und die herausfordernde Situation in seine Erfahrung gerückt wird, kann „auf dem Rücken" des seinsentsprechenden Daseins die Sittlichkeit erwartet werden.

Mit der Einfügung in die S., dem Erwecken des Gewissens und der Einführung in die Sachlichkeit sind Akzente – und nicht etwa Trennungsstriche – für verschiedene Vollzugsweisen der SE. verdeutlicht. – Einfügung in die S. braucht nicht mit der sittl. Gewohnheit ihr Ende zu finden. Vielmehr zeichnet sich ein Weg der SE. ab, der von der Eingewöhnung in die S. übergeht zur eigenen Bejahung des Sinngehaltes der S. Gesinnungsbildung und Gewissensbildung rücken somit zusammen. – Gewissensbildung wiederum braucht sich nicht im Gehäuse der Subjektivität zu verschließen. Das Gewissen kann sich prinzipiell für das jeweils neu auftauchende Maß des Seins aufschließen. Gewissensbildung und Bildung durch Seinsentsprechung können sich vereinen.

☐ Gewissen. Norm. Sitte. Sittlichkeit. Ungehorsam. Bildung. Freiheit. Ethik. Gehorsam

Lit.: J. F. Herbart, Allg. Päd. aus dem Zweck der Erziehung abgeleitet (1806, [7]1965); F. W. Foerster, Schule u. Charakter (1907, [15]1953); G. Kerschensteiner, Charakterbegriff u. Charaktererziehung (1912, [4]1924); H. Frankenheim, Die Entwicklung des sittl. Bewußtseins beim Kinde (1933); H. Wittig, Reform der SE. (1947); F. Schleiermacher, Päd. Schr.en I: Die Vorlesungen aus dem J. 1826 (1957, [2]1966); Th. Ballauff, Syst. Päd. (1962, [3]1970); O. Dürr, Probleme der Gewissens- u. Gesinnungsbildung ([2]1962); Aristoteles, Nikomach. Ethik (334–323 v. Chr.), übers. v. F. Dirlmeier ([4]1967); R. Müller, Entwicklung des sozialen Wertbewußtseins (1968); K. Schaller, Prolegomena zu einer Theorie der sittl. Erziehung, in: –, Studien zur systemat. Päd. ([2]1969); K.-H. Schäfer - K. Schaller, Krit. Erziehungswiss. u. kommunikative Didaktik (1971).

W. Hammel

Sittlichkeit

s. = sittlich, subj. = subjektiv, obj. = objektiv

I. Entwicklung und Wesen

S. ist der Grundcharakter des Verhaltens (Handlungen, Unterlassungen, Wollungen, Strebungen, Gesinnungen) freier Wesen, sofern es unter dem Gegensatz von Gut und Böse und der (damit zusammenhängenden) Norm eines schlechthin fordernden Sollens steht.

Die S. hat zwei Seiten, von denen her sie sich auch in der Frühgeschichte der Menschheit entwickelt hat. Einerseits (wie in Ägypten und im AT.) entsteht S., indem der Mensch, sich in die Lage des *Mitmenschen* versetzend, dessen gleiche *Daseinsrechte* erkennt und ihre Achtung allg. fordern, ihre Verletzung ächten lernt. Das Verhalten wird also hier wesentlich nur von den Auswirkungen auf andere he beurteilt. Leitfaden ist s. Forderungen ist dabei Gesetz und Sitte, eigentliche s. Triebfeder das *Verantwortungsgefühl*. Eine andere Entwicklungslinie (z. B. bei den Griechen, Römern, Germanen) geht aus von der allg. menschl. *Tüchtigkeit* (griech. aretē, lat. virtus) und damit von einer Bewertung der *Persönlichkeit* und ihres *Verhaltens an sich*. Dabei ist Tüchtigkeit anfangs vor allem Tapferkeit, später auch Ausdauer, Fleiß, Geduld und ähnliches. Ob sie dem Nutzen anderer oder nur dem eigenen dient (evtl. zum Schaden anderer), ist zunächst nicht wesentlich. Zur S. gehört sie gleichwohl, insofern sie Willensdisziplin, Verzichtbereitschaft und Überwindung der Trägheit, d. h. *Haltung* voraussetzt, deren Mangel als verschuldeter eigener Seins-Unwert angesehen wird. Leitfaden der Wertsetzungen ist hier, was Ansehen oder Schande bringt, eigentliche s. Triebfeder das *Ehrgefühl* als Scheu vor eigenem Unwert oder als Verlangen nach Erhöhung des Eigenwerts.

Diese beiden Seiten der S. erlangen allmählich Verbindung miteinander: Einerseits werden (schon im klass. Griechentum) zum Gegenstand von Ansehen und Ehrgefühl auch Verhaltensweisen, die wesentlich dem Recht und Wohlergehen *anderer* zugute kommen, wie *Gerechtigkeit* und *Freigebigkeit*. Andererseits gelangt die Beachtung fremder Daseinsrechte beim Handeln zu der Entdeckung, daß den eigentl. Wert hierbei schon die *Absicht* (guter Wille) und damit die *Gesinnung* hat, deren Erfolg gering ist oder ausbleibt (ARISTOTELES. Nik. Eth. IV, 2; NT., bes. Mark 12, 41 ff.). So wird die *Haltung* und *Gesinnung* der Persönlichkeit als Kern der S. erkannt. Neben dieser Art der S., jedoch auch mit ihr verbunden, steht die im *Autoritätsgefühl* verankerte. Sie besteht in *Ehrfurcht* und *Gehorsam* gegenüber verehrungswürdigen Personen von überlegener Einsicht (Eltern,

Vorfahren, Gottheit), die ihrerseits namentlich die Achtung fremder Daseinsrechte gebieten. – Die Verpflichtungskraft der s. Forderungen wird verstärkt, indem wir deren Einhaltung andern ständig zumuten und so ihre Verbindlichkeit *selbst anerkennen* (↗Goldene Regel).
Dies sind die Grundformen der „natürlichen" S. und ihrer Normen (lex naturae), deren Existenz schon von der antiken Philos. (bes. Stoa), im späteren nachexil. Judentum (4. Esra, 7, 21) und im NT. (Röm 2, 14 f.) gelehrt wurde. Im christl. Gottesglauben stellt sich indes eine gebietende Autorität als „übernatürlich" dar, so daß der (von diesem Glauben an sich nicht abhängige) Anspruch der S. metaphysisch unterbaut wird. Zugleich erhält dieser in der geschichtl. Offenbarung inhaltlich eine bestimmtere Fassung. – ↗Naturrecht.

II. Philosophische Grundlegung und Systematik

S. beruht darauf, daß es Werte und Unwerte gibt, in Verbindung mit der Macht und Freiheit, sich für oder gegen deren Wirklichkeit einzusetzen. *Wert* hat (bzw. ist), was aufgrund seiner Seinsbeschaffenheit Freude und Bejahung weckt, *Unwert*, was gegenteilige Stellungnahmen begründet. Gewisse Werte erscheinen als in sich ruhend („absolute" Werte, z. B. Leben an sich betrachtet, Recht, charakterliche Haltungen), andere sind nur Werte *für* jemand („relative" Werte, z. B. Angenehmes, Ansehen). Letztere sind „eigenrelativ", wenn sie mir selbst, „fremdrelativ", wenn sie andern zugute kommen. Absolute und fremdrelative Werte sind *objektiv bedeutsam*, eigenrelative nur *subjektiv bedeutsam*. Erstere stellen sich unabhängig von meinen Interessen als seinsollend dar, letztere als nur mich befriedigend. Den Bestand der obj. bedeutsamen Werte soll ich daher achten, ja u. U. mich dafür einsetzen, nach den subj. bedeutsamen verlangt Begehrlichkeit oder Geltungsdrang, aber ich kann auf sie verzichten und soll es, wo die Forderung obj. bedeutsamer es nötig macht. Wer dieser Forderung entspricht, handelt s. gut, wer ihr entgegenhandelt, in grundsätzlichem (weitestem) Sinn böse.
Oft ist zwischen *mehreren objektiv* bedeutsamen Werten zu wählen. Welcher davon dann vorzuziehen sei, ist an sich keine Frage von Gut und Böse, sondern eine des *sittlich Richtigen*. Dieses bestimmt sich teils aus allg. Gesichtspunkten (Werthöhe, -dringlichkeit, -menge), teils aus individuellen (persönliche Befähigung, konkrete Erfolgsaussichten). Das so *sittlich richtig Erscheinende* tut jeder von selbst, solange dabei nicht auch subj. bedeutsame Werte auf dem Spiel stehen. Zu entscheiden aber, was *objektiv sittlich richtig* ist, bedarf oft der Klugheit und Erfahrung. Auch ist Hilfe der Einzelwiss.en (Volkswirtschaftslehre, Medizin, Psychol.) dabei in vielen Fragen nötig, die z. T. in Sonder- und Nachbardisziplinen (wie Wirtschaftsethik, Moralpäd.) und in der eth. ↗Kasuistik zu behandeln sind. Ihre Beantwortung ist, da die dabei vorausgesetzten Zusammenhänge geschichtlich wandelbar sind, von Zeit zu Zeit der Nachprüfung und Erneuerung bedürftig. Auch so bleibt in den individuellen Faktoren des s. Richtigen ein nicht allg. faßbarer Rest, der einer ↗Situationsethik ihr (begrenztes) Recht gibt.
Bei der *Wahl* zwischen mehreren objektiv bedeutsamen Werten ist oft mit *einem* davon auch ein subjektiv bedeutsamer Wert verbunden. So bes. wenn zunächst nur als angenehm Erstrebtes (z. B. Stillung des Hungers oder des Wissensdranges) zugleich der Erhaltung oder Ausbildung des eigenen Lebens dient. Ist nun der subj. bedeutsame Wert mit dem als vorzuziehend gegebenen obj. bedeutsamen verbunden, so ist die Handlung s. gut nur, wenn ich mich für sie um des obj. bedeutsamen Wertes willen entscheide, s. wertlos dagegen (aber doch s. richtig und nicht böse), wenn ich sie nur wegen des subj. bedeutsamen Wertes wähle. Steht dagegen der subj. bedeutsame Wert auf seiten des als nachzusetzend gegebenen obj. bedeutsamen, dann ist die auf ihn abzielende Handlung nicht nur s. falsch, sondern auch böse.

III. Grenzen der sittlichen Freiheit und die Erziehung

Die *Gesinnungen*, denen das s. Handeln entspringt, unterstehen zwar unserer Freiheit, aber keiner schöpferischen. Sie bilden sich unter der Einwirkung von Anlage, Umwelt und Willensanspannung, nicht durch bloßen Entschluß, und ein solcher kann sie weder plötzlich hervorrufen noch zum Verschwinden bringen. Wir können ihnen nur unsere Zustimmung versagen und uns um ihr Verschwinden bemühen oder auch schwache Gesinnungsregungen zu kräftigen suchen. Ferner können wir den letzteren gemäß doch handeln. Aber aus starken Gesinnungen entspringt die Tat leichter.
Hier wird nun sowohl die Möglichkeit besonderer göttlicher Einwirkung verstehbar als auch die der *Erziehung*. Diese geschieht vor allem durch Darbietung guter Vorbilder und Eindämmung der verführer. Wirkung schlechter. Während dies im tägl. Leben nur begrenzt erfolgt, bietet die Kunst, bes. die Dichtung (beginnend mit der kindlichem Verständnis angepaßten Erzählung), hierin weite Möglichkeiten. Das Böse ist dabei in seinem Unwert fühlbar zu machen.
Die s. Erziehung hat im übrigen der Tatsache zu entsprechen, daß das Kind in ein Verständnis der Werte erst allmählich hinein-

wächst. Der erste sich ihm erschließende obj. bedeutsame Wert ist der Personwert von Mutter und Vater. Demgemäß ist die S. des Kindes anfangs autoritativ bestimmt. Sobald aber das Warum-Fragen aufbricht, muß möglichst auch das Verständnis für die Gründe der elterl. Gebote, und d. h. für die dabei jeweils zugrunde liegenden Werte, geweckt und gepflegt werden. Nicht bloß, weil die elterl. Autorität sich sonst nicht halten kann, sondern weil Selbstverantwortlichkeit das Ziel der s. Erziehung sein muß.

☐ Ethik. Gewissen. Norm. Verantwortung

Lit.: M. Scheler, Der Formalismus in der Ethik u. die materiale Wertethik (1916, ⁵1966); D. v. Hildebrand, Die Idee der sittl. Handlung (1916, ³1968); –, Christian Ethics (New York 1952, dt.: Christl. Ethik 1959); N. Hartmann, Ethik (1925, ⁴1962); J. Hessen, Wertlehre (1948); –, Ethik (²1958); H. Reiner, Pflicht u. Neigung. Die Grundlagen der S., dargestellt mit bes. Bezug auf Kant u. Schiller (1951); –, Grundlagen, Grundsätze u. Einzelnormen des Naturrechts (1964); –, Die philos. Ethik, ihre Fragen u. Lehren in Gesch. u. Gegenwart (1964); –, Gut und Böse (1965); O. F. Bollnow, Einfache S. (²1957); H. E. Hengstenberg, Grundlegung der Ethik (1969); R. Lauth, Ethik (1969).

H. Reiner

Sittlichkeitsverbrechen an und von Kindern und Jugendlichen

Man muß davon ausgehen, daß in der BRD täglich etwa 50 Kinder einem S. zum Opfer fallen. 1969 wurden 17 337 derartige Fälle zur Anzeige gebracht und davon 13 107 aufgeklärt (hohe Dunkelziffer). Die Sittlichkeitsdelikte, die für Polizei und Justiz Straftaten sind, machen mit 3,7 % nur einen verhältnismäßig geringen Anteil der Gesamtkriminalität aus.

Kinder und Jugendliche selbst werden vielfach als *Täter* festgestellt. Dabei handelt es sich meist um Konfliktfälle, die aus der Pubertät zu erklären und daher päd. aufzufangen sind.

1. *Schutzverpflichtung der Gesellschaft.* Ein Sexualstrafrecht ist ohne Sexualmoral nicht denkbar. Hier hat die Gesellschaft eine Schutzverpflichtung gegenüber allen Gliedern, bes. gegenüber der Jugend. Bei der erstrebten Liberalisierung des Sexualstrafrechts zieht man kaum in Zweifel, daß die Angriffe auf Jgdl., soweit sie deren Entwicklung beeinträchtigen, nach wie vor strafbar bleiben müssen.

2. *Maßnahmen gegenüber Triebverbrechern.* Die Sittlichkeitsverbrecher, die sich an Kindern vergehen, sind oft echte Triebverbrecher, d. h. Täter, deren Persönlichkeit in einer destruktiv-perversen Weise abgeglitten ist, so daß sie, nur noch von Mechanismen beherrscht, an Reizsituationen gebunden sind. Die Sexualität hat sich bei ihnen von der Gesamtpersönlichkeit derartig gelöst, daß sie zur echten Sucht geworden ist. Unsere Rechtsordnung geht aber von der Willensfreiheit des Menschen aus, nicht von der Zwanghaftigkeit oder Automatisierung deliktischen Verhaltens. – Bei Triebverbrechern wird empfohlen, den Haftgrund der Wiederholungsgefahr anzuerkennen. Außerdem wird für Triebverbrecher ein Sonderstrafvollzug vorgeschlagen, der sozial-therapeutisch ausgerichtet ist. Nach ihrer Entlassung sollten Triebverbrecher unter Sicherungsaufsicht einem Bewährungshelfer unterstellt werden. – Damit Kinder nicht durch mehrfache Vernehmungen geschädigt werden, hat man empfohlen, das Tonband in stärkerem Maße anzuwenden. – Triebverbrecher können sich nach dem Ges. über freiwill. Kastration und andere Behandlungsmethoden kastrieren lassen. Man versteht darunter eine gegen die Auswirkungen eines abnormen Geschlechtstriebes gerichtete Behandlung, durch welche die Keimdrüsen entfernt oder dauernd funktionsunfähig gemacht werden.

3. *Erzieherische Maßnahmen.* Durch zahlreiche Flugblätter und Aufklärungsschriften sind die Eltern auf die Gefahren aufmerksam gemacht worden. Filme, Löschblattaktionen, Vorführungen des Polizeikaspers und ähnliche Veranstaltungen haben die Kinder gewarnt. Entscheidend ist eine kluge Sexualerziehung, welche die Kinder befähigt, in einer Gesellschaft, die auch Triebtäter enthält, zu leben. Zur Verminderung der Zahl dieser Verbrechen ist die Mitarbeit der Öffentlichkeit, namentlich der Presse, von entscheidender Bedeutung.

Lit.: F. G. Stockert, Die Sexualität des Kindes (1956); –, Das sexuell gefährdete Kind, in: Beitr. zur Sexualforschung, H. 33 (1965); E. Geißler, Das sexuell mißbrauchte Kind (1959); A. Friedemann, Seel. Spätfolgen von Sittlichkeitsattentaten auf Kinder u. Jgdl., in: Blätter der Wohlfahrtspflege (1962) S. 145; W. Becker, Der Triebverbrecher in der heutigen Gesellschaft, in: Medizin. Klinik, Nr. 39 (1967); Th. Schönfelder, Die Rolle des Mädchens bei Sexualdelikten (1968); M. u. B. Furian, Erziehung contra S. (1969).

W. Becker

Situationsethik

Die S. reflektiert das Spannungsverhältnis, das zwischen den mit dem Menschsein gesetzten ↗Normen und seiner Geschichtlichkeit und Bedingtheit besteht und sucht nach ethischen Prinzipien für die Bewältigung der je einmaligen Situation.

1. Die materiale Begründung der Ethik des *Neuen Testamentes* auf schöpferisch schenkende Liebe (Agape) (Röm 13, 8–10) fordert nicht etwa den Typ blind sentimentalen Mitleidens (SCHOPENHAUER), sondern den der Liebe, die ihre Hilfe sachlich differenziert

(Gerichtsrede Jesu, Mt 25, 36–46), um dem Nächsten in seiner konkreten Not zu helfen, also Offensein für Situationen und existenziellen Einsatz (1 Kor 13). Heute liegen Hauptaufgaben christlicher S. vor allem darin, die traditionellen Gebote in die sozialen Strukturen unserer industrialen Gesellschaft zu übersetzen.

Gegenüber aller bloß normativen Moral integriert die Ethik JESU alles Handeln auf die Personmitte: auf das „Herz", womit grundsätzlich über die Reichweite eines jeden Gewissensbegriffes (syneidesis) hinausgegangen ist. Christliche Glaubens- und Frömmigkeitstradition hat diese Vertiefung immer begriffen und als den sittl. Quellpunkt der Ethik und damit auch der S. zur Wirkung gebracht. Auch bewahrt die Tradition der christl. Ethik (z. B. AUGUSTINUS, PASCAL, BÉRULLE) unvermindert das Wissen um diesen den Unterschied von Zeitlichkeit und Ewigkeit hintergreifenden Ursprung des menschl. und moral. Verhaltens.

Nach THOMAS konkretisiert sich das Naturgesetz nicht genügend durch log. Schlußfolgerungen, sondern erfordert eine Positivierung (determinatio). Die scholast. Ethik rechnet die Umstände des Handelns zu den konstitutiven Elementen des Sittlichen (fontes moralitatis), von denen her Art und Gewicht moralischer Tatbestände wesentlich modifiziert werden. Man half sich mit „Kasuistik", die das Gewicht der jeweiligen Lage einzubringen suchte. Jedoch reicht der kasuist. Kalkül für die überall ins Gleiten gekommenen sittl. Voraussetzungen der modernen Gesellschaft als Orientierungsmittel nicht mehr aus.

2. Die moderne *Existenzphilosophie* hat gegenüber aller normativen Sittlichkeit das schöpfer. Dasein in „Situationen" und „Grenzsituationen" aufgedeckt und auf seine Gesetzmäßigkeiten hin untersucht. Dabei zeigte sich, daß jede persönl. und geschichtl. Lage den Charakter von „challenge and response" hat (wie ORTEGA Y GASSET in Verbesserung des Ansatzes von A. J. TOYNBEE feststellt) und darum auch moralisch gerade im Hinblick auf ihre Unwiederholbarkeit beantwortet werden kann und muß. So sind auch alle Formen der Ausflucht (in Konformismus, Gedankenlosigkeit, „Man" und „Gerede") selbst schon Entscheidungen mit vollem sittl. Gewicht, und zwar solche, die nicht gegen äußere sittl. Normen, sondern gegen die innere Ansprüchlichkeit des Daseins selber gehen. Die sich aus der Fundamentalontologie ergebenden allgemeinen Forderungen an das Dasein können von keiner Psychol. oder Soziol. her in Frage gestellt werden; der Ansatz der Fundamentalontologie ist unangreifbar, da er der Argumentationsebene dieser Positionen ontologisch vorausliegt. Dieser fundamentale Ansatz bleibt in Geltung und zeigt die formalen Haltungen, wie Echtheit und Eigentlichkeit, von denen her jede Ethik verlebendigt werden muß. Der Ansatz wird allerdings der materialen Fülle geschichtlich immer neuer Situationen nicht gerecht. In größerer geschichtl. Konkretisierung hat J.-P. SARTRE aus dem Erlebnis der frz. résistance seinen Existentialismus entwickelt, der die Essenz des Menschen von seiner Existenz, d. h. von seinem jeweiligen „engagement" her begreift, wobei es ihm um die Entlarvung und Destruktion des modernen gesellschaftl. Lebens als einer Institutionalisierung des „Man" geht (Neomarxismus). Neuerdings hat dieser Dezisionismus einen allerdings ebenso einseit. Gegner im Strukturalismus (C. LÉVI-STRAUSS) gefunden, der in ethnologisch aufweisbaren Strukturen die letzten normativen Gegebenheiten des Menschseins zu entdecken glaubt.

☐ Sittlichkeit. Ethik

Lit.: M. Heidegger, Sein u. Zeit (1927, [11]1967); K. Jaspers, Existenzerhellung. Philosophie II (1932); R. Egenter, Kasuistik als christl. S., in: Münch. Theol. Vjschr. 1 (1950); D. v. Hildebrand, Wahre Sittlichkeit u. S. (1957); –, Christl. Ethik (1959); F. Böckle, Existenzialethik, in: LThK III (1957 ff.); M. Müller, Existenzphilos. im geist. Leben der Gegenwart ([4]1964); J. Ortega y Gasset, Eine Interpretation der Weltgesch. (1964).

W. Schöllgen

Sitzenbleiben ↗ Versetzung

Skalen ↗ Messung in der Psychologie

Skinner, Burrhus Frederic
Prof. für Psychol. an der Harvard University (USA), geb. 20. 3. 1904 in Susquehanna, Penn. Anläßlich eines Schulbesuchs (1954) zur krit. Analyse bisheriger Lehrmethoden angeregt (im Vergleich mit seiner in Tierversuchen entwickelten Methode der operativen Schaffung bedingter Reflexe), gelangte S. zu seiner Idee des *Programmierten Lernens*. Basierend auf behaviorist. Psychol., kommt er zur Entwicklung von „linearen" Programmen, im Gegensatz zu „verzweigten" Programmen nach *Crowder*.

Werke (Ausw.): The Behavior of Organism (New York 1938); Teaching Machines, in: Lumsdaine, Teaching Machines and Programmed Learning (Washington 1960).
Lit.: H. Schiefele, Programmierte Unterweisung (1964); Wb. Programmierter Unterricht (1964).

F. Hoh

Skrofulose ↗ Kinderkrankheiten

SMV (Schülermitverwaltung) ↗ Schülerselbstverwaltung

Sokrates

1. S. (ca. 470–399), Lehrer PLATONs, wegen „Nichtanerkennung der alten und Einführung neuer Götter sowie Verführung der Jugend" hingerichteter griech. Philosoph, hinterließ kein schriftstellerisches Werk. Was von ihm bekannt ist, stützt sich auf sehr unterschiedl. und in ihrer Authentizität umstrittene Aussagen bei ARISTOPHANES, XENOPHON, ARISTOTELES, vor allem aber auf Darlegungen PLATONs. Eine Rekonstruktion des histor. S. ist aus dieser Überlieferung unmöglich; denn die Sokrat. Schriften scheinen nicht eine Wiederholung des S. Gelehrten, sondern ein im Sinne des S. sich vollziehendes selbständiges Philosophieren darzustellen. Trotzdem lassen sich Elementarsätze der Lehre des S. feststellen.

2. S. will kein Wissen übermitteln, sondern selbstverständlich geltendes *Wissen in seinem Scheincharakter aufweisen*. Deshalb kritisiert er die Naturphilosophen und Sophisten, setzt ihnen jedoch keine syst. Lehre entgegen, sondern prüft sie einzeln und stellt ihre ihnen selbst nicht bewußte Unwissenheit fest. S. nimmt für sich lediglich das Wissen des Nichtwissens in Anspruch. Er verstellt den Sophisten den Ausweg, ein und dasselbe zugleich je nach der erforderl. Situation zu bejahen und zu verneinen, und zwingt sie in Streitgesprächen, die Vordergründigkeit ihres Vorgehens einzusehen. Seine Fragen gehen auf Richtung und Sinn des Lebens. Daher ist vorzüglich der *Mensch* Gegenstand seines Philosophierens, und die ethischen Fragen rücken in den Mittelpunkt seines Denkens; denn die das menschl. Leben führenden Begriffe – das Gerechte, das Gute, das Edle – sind für den Menschen strittig und bedürfen eingehender Untersuchung, so daß ARISTOTELES als einen Hauptpunkt dieser Lehre das Aufstellen allgemeingültiger Begriffsdefinitionen angeben und CICERO S. als den bestimmen kann, der die Philos. vom Himmel heruntergeholt und für die Einrichtung des Lebens nutzbar gemacht habe. S. beruft sich nicht auf die Tradition, weil sie gerade über das, was gerecht und ungerecht, gut und böse, edel und gemein ist, nichts Sicheres aussagt. Er stützt sich auf die eigene Erkenntnis gemäß der Einsicht, daß, wer ein begründetes Wissen vom Guten besitzt, auch richtig handelt. *Wissen und Tugend*, ein Kernstück der Sokrat. Lehre, fallen somit in eins zusammen. Der Mensch ist deshalb gezwungen, sich um begründete Einsicht in die sein Handeln bestimmenden Normen zu mühen. Es ist jedoch fraglich, ob der Mensch überhaupt über ein solches Wissen verfügen kann. Zwar fragt S. nach dem Guten, um dem Menschen ein ihm angemessenes Leben einrichten zu können; aber diese Frage führt nicht wie bei PLATON zu fundamentalontolog. Erwägungen, sondern S. beruft sich auf die Winke des Daimonion, das ihm die Sicherheit verbürgt.

3. Wie die Sophisten läßt sich auch S. als *Erzieher* bezeichnen, aber in einem ganz anderen Sinne. In seiner Unterweisung geht es nicht um Techniken zur Überredung des anderen, sondern um *Wahrheit*. Ziel der Erziehung ist es nicht, jemanden mit Regeln auszustatten, damit er über andere herrschen kann, sondern ihn zur Einsicht in die Wahrheit zu befähigen, also ihn zu eigenem Denken anzuregen, Vorurteile auszuschließen und für das Eingesehene einzustehen. Das method. Verfahren ist der streng geführte Dialog. So setzt S. den Logos gegen die Rhetorik, die den einzelnen ermächtigende Paideia gegen die Einpassung in vorgegebene Verhältnisse, die Wahrheitsliebe gegen das situationsbedingte Geltenlassen, den freundschaftl., zum krit. Denken aufrufenden Umgang mit jungen Menschen gegen den bezahlten Unterricht, kurz die „Sokratik" gegen die Sophistik.

4. Eine Einwirkung des S. auf die *Pädagogik* zeigt sich in der an seiner Persönlichkeit sich orientierenden Stilisierung des Lehrerideals, in der Vorgabe wesentlicher, die europ. Erziehung bestimmender Hinsichten (Selbsterkenntnis, Wahrheit, Eigenständigkeit) und nicht zuletzt in der *sokratischen Methode* (Mäeutik, eine geistige „Hebammenkunst"), die, wenngleich umstritten, im 18. Jh. einen Höhepunkt erreicht. Die Wirkungsgeschichte des S. wird selbst zu einem konstitutiven Element des Bildungsdenkens.

☐ Platon. Aristoteles. Griechische Erziehung

Lit.: H. Kuhn, S. Versuch über den Ursprung der Metaphysik (1959); P. Rabbow, Paidagogia. Die Grundlegung der abendländ. Erziehungskunst in der Sokratik (1960); B. Böhm, S. im 18. Jh. (²1966).

C. Menze

Solidarität, Solidaritätsprinzip

S. = Solidarität(s)

1. *Soziologisches Verständnis*. S. ist das Ergebnis von sozialen Interaktionen, das einen auf relativer Dauer beruhenden Zustand menschlicher Verbundenheiten zum Ausdruck bringt.

Die interpersonalen Verbundenheiten müssen einen hohen *Intensitätsgrad* aufweisen, der sich bes. im Innenverhältnis der in diesen Beziehungskomplex (soziales System) einbezogenen Menschen nachweisen läßt. Dieser Intensitätsgrad ist gekennzeichnet: a) durch Identität von innerer Haltung und äußerem Verhalten, b) weitgehende Übereinstimmung der Zielvorstellungen des sozialen Systems und der ihm angehörenden Einzelnen. Das schließt jedoch nicht aus, daß die „Intensität des Solidaritätsgefühls nach außen höchst verschieden stark und wandelbar ist" (M. WEBER).

S. ist institutionalisierte Integration von hoher Intensität, sie rangiert über der Loyalität, die als nicht institutionalisiertes Verhaltensmuster nur Wegbereiter zur S. ist (T. PARSONS), aber sie rangiert unterhalb regulierender Zwangssysteme, da sie personale Freiheit weitgehend gewährt. Damit bietet der Beziehungskomplex S. zugleich einen relativ weiten Aktionsraum zur Erfüllung bekannter sozialer Wunschkategorien (W. THOMAS): Anerkennung, Erwiderung, neue Erfahrungen, Sicherheit – jene als fundamental erkannten Impulse menschlichen Sozialverhaltens schlechthin.

2. *Normative Aussage.* Schon bei M. WEBER wird S. als ein auf Zielverwirklichung angelegtes soziales Handeln definiert. Sie ist einbezogen in ein Ordnungsgefüge und dient gleichzeitig dessen Aufrechterhaltung, wobei die ihr damit zugesprochene Norm in verschieden stark ausgeprägten Handlungsregulativen wirksam wird (bei T. PARSONS wird S. nur darum realisiert, weil sie selbst einen Wert darstellt). S. trachtet danach, eine bestimmten Gesellschaftssystemen innewohnende Verhaltenserwartung zu verwirklichen und zum Richtmaß des sozialen Handelns zu machen. Würde S. für alle Menschen als verbindliche Verhaltensnorm deklariert, so würde sie damit zu einem generellen Gesellschaftsprinzip erhoben. In der Tat wird das S.prinzip in der kath. ↗Soziallehre als das Grundprinzip der Gesellschaftslehre sowohl im Hinblick auf das, was Gesellschaft *ist*, als auch auf das, was sozial sein *soll*, erklärt. Nach soziol. Tatsachenanalyse kann demgegenüber das S.prinzip zwar für die Erklärung bestimmter Sozialgebilde legitime Geltung haben, aber nicht als kardinales Grundprinzip allen gesellschaftl. Seins angesehen werden, denn weder wird S. für alle denkbaren sozialen Gebilde noch wurde sie jemals für eine Gesamtgesellschaft als eine generell verbindl. Verhaltensnorm sanktioniert.

3. *Sozialethische Interpretation.* Solange sozialethische Aussagen von sozialphilos. Denkansätzen abgeleitet werden, statt auch von soziol. Diagnosen begründet zu werden, sind sie immer der Relativität einer Auslegung ausgesetzt. Die sozialethische Aussage „Tue das Gute und meide das Böse" ist absolut gültig – auch in bezug auf das Sozialverhalten. *Welches konkrete Sozialverhalten* allerdings in einer bestimmten Situation „gut" ist und demnach getan werden soll bzw. „böse" ist und demnach gemieden werden soll, wird immer indifferent sein. Das trifft auch für das Phänomen S. zu (↗Sozialethik).

Lit.: H. Pesch, Lb. der Nationalökonomie, Bd. I (1924); O. v. Nell-Breuning, Wb. der Politik, H. 3 u. 5 (1949, 1951); T. Parsons, The Social System (Glencoe, Ill. 1951); G. Gundlach, Solidarismus, in: Hwb. der Sozialwiss. (1953); –, S.prinzip, in: Staatslex. (1962); A. Vierkandt, S., in: Wb. der Soziol. (1969); J. Wössner, Soziol. (1970).

H. Winkmann

Sonderbegabung

1. Unter S. versteht man eine bes. stark ausgeprägte Fähigkeit auf intellektuellen, musisch-künstler., handwerkl., körperlich-sportl. u. a. Gebieten, die den intraindividuellen Leistungsdurchschnitt deutlich überragt. Ein im interindividuellen Vergleich hoher allgemeiner Leistungsstand wird dagegen als ↗Hochbegabung bezeichnet. Die Bezeichnung *Talent* wird im dt. Sprachgebrauch nicht einheitlich gehandhabt; neben synonymer Verwendung mit S. und Hochbegabung sind auch Spezifikationen gemeint: Talent als S., für deren Ausprägung keine peristatischen Einflüsse nachweisbar sind, Talent als S., die, auch absolut genommen, hervorragend ist. Dieser letzten Definition ist auch der Begriff *Genialität* unterzuordnen, dessen wesentlichstes Kennzeichen die ausgesprochen hohe ↗Kreativität ist.

Im Gegensatz zur Hochbegabung liegen über S. nur wenige empir. Untersuchungen vor. Fragen der Genese, des Manifestationszeitpunktes und des Verlaufs stehen dabei im Vordergrund. Die oft beobachtete familiäre Häufung von S.en – lange Zeit als Indiz für die Erblichkeit betrachtet – läßt sich ebensogut milieutheoretisch interpretieren. Eine Konvergenz der Ausprägung von S.en und Interessen auf Grund wechselseitige Beeinflussung ist sehr wahrscheinlich. Die meisten S.en lassen sich bereits im Vorschulalter erkennen (sog. Wunderkinder), oft erfüllen ihre Träger im weiteren Verlauf des Lebens nicht die in sie gesetzten Erwartungen.

2. Im Bereich der *Kinderpsychiatrie* werden S.en bisweilen bei „autistischen Psychopathen" (mit stark ausgeprägten theoret. Fähigkeiten und Interessen bei gleichzeit. Versagen im sozialen und lebenspraki. Bereich) und bei hochgradig Intelligenzgeschädigten („idiot savant" mit besonderem Gedächtnis für Spezialgebiete, wie Fahrpläne, Kalender, oder auch hervorragender manueller Begabung und künstlerischen Fähigkeiten) beobachtet. – Spezielle Konzepte und Lehrmethoden für die *pädagogische bzw. sonderpädagogische Betreuung* der Sonderbegabten sind in Dtl. noch nicht entwickelt worden.

☐ Begabung. Hochbegabung. Intelligenz. Kreativität

Lit.: F. Baumgarten, Wunderkinder (1930); A. Anastasi, Differential Psychology (New York 1937, ³1958); F. Goodenough, Exceptional Children (New York 1956); H. Harbauer, Reifungsverfrühung, in: H. Opitz - H. Schmid, Hdb. der Kinderheilkunde, Bd. 8, Tl. 1 (1969).

R. Kornmann

Sonderkindergarten
Sonderkindergärten geben behinderten Kindern im Vorschulalter die ihnen angemessene Hilfe zur optimalen Entwicklung ihrer Fähigkeiten. Wichtige Voraussetzung ist die so früh als möglich einsetzende Förderung: erkennbare oder vermutete Schädigungen müssen ohne verhängnisvolles „Abwarten" unverzüglich angegangen werden. Anleitung der Eltern in der prakt. Durchführung der Früherziehung und -förderung helfen dem behinderten Kind entscheidend und machen den Eltern das Schicksal erträglicher. Sobald das behinderte Kind sich von der Mutter lösen kann, sollte es dem ihm entsprechenden S. zugeführt werden. Dessen Aufgaben umfassen: Erziehung zur Gemeinschaft, Erziehung zur Selbständigkeit, Entwicklung der Spielfähigkeit, Entwicklung der Aufgabenbereitschaft. Darüber hinaus ist es notwendig, daß die der jeweiligen Behinderung angemessenen Trainings- und Übungsmittel eingesetzt werden (Heil- und Krankengymnastik, Sprachanbildung und Sprachtherapie, rhythmisch-musikalische Erziehung usw.). Im Gegensatz zum allg. ↗ Kindergarten genügt in der Regel das bloße Angebot von ↗ Spiel und Beschäftigung nicht; es bedarf vielmehr der methodisierten Anleitung, des Vor-, Mit- und Nachmachens und der Aufgabengliederung in kleinste Schritte. Bes. geistig behinderte Kinder sind auf sich ständig wiederholende Übungen angewiesen. Sie brauchen das Gerüst klarer und überschaubarer Ordnungen in Tageslauf und Gemeinschaft, die Gewöhnung an gute Sitten und die Einübung von Verhaltensmustern, um sich in eine Gemeinschaft einfügen zu können. Ihr Selbstvertrauen wächst, wenn sie es lernen, schrittweise Aufgaben zu bewältigen und Erfolge ihrer Bemühungen zu erleben; Lust und Freude am jeweiligen Tun muß geweckt und erhalten werden. – Der S. verlangt zwingend die kleine Gruppe (6 Kinder), in die das behinderte Kind nur allmählich eingewöhnt werden kann. Er soll als Tageseinrichtung geführt werden. Die darin tätigen Kindergärtnerinnen bedürfen einer heilpäd. Zusatzausbildung. Eine partnerschaftl. Zusammenarbeit mit dem Elternhaus ist unerläßlich.

☐ Heilpädagogik. Behinderte Kinder. Gehörlosenpädagogik. Praktisch-Bildbaren-Pädagogik. Lernbehindertenpädagogik. Blindenpädagogik. Körperbehindertenpädagogik. Kindergarten

Lit.: A. Löwe, Haus-Spracherziehung für körpergeschädigte Kleinkinder (1962); Empfehlungen der Bundesvereinigung Lebenshilfe: Zur Organisation u. Erziehungsarbeit von Sonderkindergärten für geistig Behinderte (1968), Zur Früherziehung geistig behinderter Kinder (1969); E. Schönhärl, Erfassung von hör- u. sprachgestörten Kindern im Vorschulalter, in: W. Zimmermann (Hrsg.), Neue Ergebnisse der Heil- u. Sonderpäd., Bd. II (1970); -, Das spastisch gelähmte Kind (1971); H. v. Bracken, Entwicklungsgestörte Jgdl. (³1970).

I. Thomae

Sonderpädagogik ↗ Heilpädagogik (Sonderpädagogik)

Sonderschulen
Als S. werden diejenigen Schulen bezeichnet, die deshalb für behinderte Kinder geschaffen werden mußten, weil die „allgemeinen" Schulen nicht der Eigenart dieser Kinder angemessen sind, so daß sie entweder nicht in sie aufgenommen (Einschulung in S.) oder wieder aus ihnen entlassen werden (Umschulung in S.).

1. Die *Behinderung* der Kinder ergibt sich vordergründig zunächst durch einen auch dem Laien u. U. leicht erkennbaren Mangel oder Schaden, wie z. B. Blindheit, Sehbehinderung, Gehörlosigkeit, Schwerhörigkeit, Körperbehinderung und geistige Behinderung. Ein Hörschaden wird jedoch auch heute häufig noch nicht ohne weiteres erkannt, weshalb schwerhörige Kinder leicht als „dumm" angesehen werden und nicht die ihnen gemäße Hilfe erfahren. Daneben gibt es Mängel oder Schäden, die erst in Erscheinung treten, wenn die spezif. Anforderungen des schul. Lernens an das Kind herantreten (Lernbehinderung) oder wenn das Kind durch sein Verhalten auffällig wird (Erziehungsschwierigkeiten verschiedener Genese). Leichtere Sehbehinderungen werden – soweit möglich – durch eine Brille ausgeglichen, wodurch das Kind in seiner bisherigen Schule verbleiben kann. Trotzdem können sich Fehlentwicklungen eines solchen Kindes ergeben, z. B. einseitige Intellektualisierung.

2. An diesem Beispiel werden zwei *grundlegende Sachverhalte* deutlich: a) Nicht *jeder* Mangel oder Schaden des Kindes macht die Ein- oder Umschulung in S. erforderlich. Ist er leichterer Art, dann kann das Kind in der „allgemeinen" Schule verbleiben, bedarf jedoch besonderer Aufmerksamkeit des Lehrers, damit es nicht in Fehlentwicklungen gerät (Sekundärschäden, z. B. durch Außenseiterstellung oder Abhängigkeit von der Hilfe anderer). – b) Es ist nicht der Mangel oder Schaden als solcher, der die Ein- oder Umschulung in S. erfordert, sondern dessen *Auswirkung* auf die Personagenese (LANGEVELD), auf das Werden der menschl. Person. In *dieser* Hinsicht ist das Kind behindert. Der Begriff „Behinderung" ist also päd. zu verstehen als ein Hindernis, eine Erschwerung auf dem Wege der Erziehung.

3. S. haben dementsprechend die *Aufgabe* der Erziehung und Bildung dieser Kinder un-

ter Berücksichtigung ihrer Behinderung. Nur so kann das allg. Ziel, das dem jeder Erziehung entspricht, erreicht werden. Allerdings ist der Weg zum Ziel anders, d. h. aufgrund der Behinderung modifiziert und das Ziel nicht bei jeder Behinderung voll erreichbar. Trotzdem handelt es sich um schul. Erziehung und nicht um fürsorger. Betreuung, und zwar auch bei den S. für geistig Behinderte. In jedem Fall ist das Verhältnis Kind–Erzieher von grundlegender Bedeutung für den Erziehungserfolg. Vertrauen und Mündigkeit werden vorgegeben, um die menschl. Person aufbauen zu können.

4. Die *Lehrgehalte* der S. können heute nicht mehr leichthin durch Auswahl aus den VS.-lehrplänen gewonnen, sondern müssen aufgrund der Bedeutsamkeit für das zukünft. Leben der Behinderten in der Gesellschaft ermittelt werden. Eine entsprechende Curriculumforschung hat allerdings erst eben begonnen.

5. Der *Erfolg* der Erziehung in S. hängt vielfach davon ab, daß die besondere Erziehung so früh wie möglich im Kleinkindalter beginnt. Verschiedene S. haben erfolgreiche Formen der Elternberatung und Früherziehung entwickelt, die des weiteren Ausbaus und der Übertragung auf andere S. bedürfen. In der Gegenwart kann die Weiterentwicklung der S. nicht allein durch Schließung der Lücken im Netz der S. gesichert werden. Vielmehr kommt es zugleich darauf an, die Leistungsfähigkeit der S. im Hinblick auf die gestiegenen Anforderungen des Lebens in der demokrat. und industriellen Gesellschaft zu gewährleisten. Das bedeutet den Aufbau großer, leicht differenzierbarer Schulen, die nicht abseits des gesellschaftl. Lebens, sondern in Verbindung zu ihm bestehen. Außerdem darf den S. die Entwicklung des allg. Schulwesens nicht davonlaufen. Sie werden unter Aufnahme ausländischer Anregungen eigene Formen der Kooperation mit und ohne Einbeziehung in Gesamtschulen entwickeln müssen.

☐ Behinderte Kinder. Gehörlosenpädagogik. Lernbehindertenpädagogik. Körperbehindertenpädagogik. Praktisch-Bildbaren-Pädagogik. Sehbehindertenpädagogik. Sonderschullehrer. Sonderkindergarten. Schule

Lit.: E. Schomburg, Die S. in der BRD (1963); S. Kubale, Die sonderpäd. Einrichtungen in der BRD in␣W.-Berlin (1964); H. v. Bracken, Entwicklungsgestörte Jgdl. (³1970); E. Beschel, S. u. Gesamtschulen, in: Gesamtschulen, Informationsdienst, H. 1 (1970).

E. Beschel

Sonderschullehrer

1. Der S. ist ein Pädagoge, der einen speziellen Auftrag an behinderten Kindern erfüllt. Er muß über spezielles Wissen verfügen, das in einer Sonderausbildung (↗Lehrerbildung) und durch fortdauerndes Selbststudium erworben oder erweitert wird. Vom S. muß erwartet werden, daß er in der Lage ist, „auf seinem Gebiete unter Zuhilfenahme der Hilfswissenschaften selbständige wissenschaftliche Arbeit zu leisten" (SCHEFFLER). Im einzelnen ist zu fordern, daß er die Päd. in Theorie und Praxis beherrscht. Ferner ist er auf „Nachbarwissenschaften" angewiesen, deren sonderpäd. relevante Erkenntnisse er ständig greifbar haben muß. Hier sind gemeint: Psychol., Medizin und Soziol. Außerdem sollte er die sog. mus. Fachgebiete in Theorie und Praxis im Hinblick auf die sonderpäd. Bedeutung kennen.

2. Im Mittelpunkt des Wissens des S.s steht die Sonderpäd. im Hinblick auf die jeweilige Art der Behinderung. Dieses Wissen als „pädagogischer Spezialist" reicht jedoch nicht aus. Vom S. wird ein großes Maß an *Einfühlungsvermögen* verlangt, das die Verhaltensweisen und die inneren Konflikte behinderter Kinder und Jgdl. zu erfassen vermag. Hierbei ist der „Erfolg" aller päd. Bemühungen auf den ersten Blick sehr gering; das bedeutet für den S., daß er nicht allein Geduld haben muß, sondern bewußt und klar die Relativität des „Erfolges" beim einzelnen Schüler erkennen und würdigen muß. Dies setzt voraus, daß er über ein hohes Maß an psych. Belastbarkeit verfügen muß und daß die eigene innere Ausgeglichenheit maßgeblich für den erzieher. Erfolg ist. Dabei ist die Erkenntnis der Bedeutung der Schulbildung für das zukünft. Leben der behinderten Kinder Grundlage der Verantwortung des S.s. Daraus ergibt sich eine persönl. Aufgeschlossenheit des S.s zur Realität des Lebens im Hinblick auf alle Lebensbereiche; denn nur in dieser in die Zukunft weisenden Aufgeschlossenheit ist es möglich, behinderte Kinder und Jgdl. lebenstüchtig zu machen. Diese allg. formulierten Fähigkeiten finden ihre spezif. Ausformung aufgrund der jeweiligen Behinderungsart der Schüler; einmal ist es die „Fähigkeit zu einfacher Darstellung differenzierter Zusammenhänge" (JUSSEN), während es andererseits manchmal einer selektiven Auswahl unter Berücksichtigung der speziellen Behinderung bedarf. Jussen nennt weiterhin „Geschick im Umgang mit technischen Unterrichts- und Behandlungsmitteln", „manuelle Geschicklichkeit" und „technisches Verständnis". Damit wird hervorgehoben, daß der Einsatz neuer Lernmethoden für die Arbeit des S.s von besonderer Bedeutung ist. Die Vielfältigkeit der sonderpäd. Maßnahmen setzt beim S. auch *organisatorische Fähigkeiten* voraus, wenn er seiner Aufgabe gerecht werden will.

3. Jedoch reichen ein ausschließlich wiss. Interesse oder irgendwelche Spezialkenntnisse bzw. -fertigkeiten allein nicht aus, behinderte Kinder päd. zu führen und zu fördern. Grundlage bleibt immer eine *ethische Grundhaltung*, die keineswegs eine Realitätssicht ausschließt, jedoch jederzeit bestimmend bleibt. Diese ethische Haltung des S.s besteht in der permanenten Anerkennung des behinderten Kindes in seiner grundsätzl. menschl. Würde. Dabei ist die Freude an der Entfaltung auch der kleinsten und bescheidensten Potenzen des Personseins des behinderten Kindes eine der wichtigsten Komponenten. Damit verbunden sind die Wesenseigenschaften Optimismus, Heiterkeit, Zuversicht, Geduld und Bescheidenheit, die jedoch keineswegs mögliche und lebensnotwendige Leistungsforderung und -förderung ausschließen.

☐ Behinderte Kinder. Heilpädagogik. Lehrerbildung. Sonderschule

Lit.: G. Scheffler, Der S. als Pädagoge u. Wissenschaftler, in: Zschr. f. Heilpäd. (1955); H. Jussen, S., in: Blätter zur Berufskunde, Bd. 3 (1966, ³1970).

A. Reinartz

Sonntagsheiligung
H. = Heiligung, SH. = Sonntagsheiligung

Die H. des Sonntags beruht auf der Überlieferung der Urkirche. Im AT. galt die H. des Sabbats als Zeichen der Bundestreue des Volkes und der Zusage für eine endgeschichtl. Sabbatruhe. Um der legalist. Erstarrung der Sabbat-H. zu begegnen, wirkte Jesus gerade am Sabbat Zeichen des kommenden Heils. Die SH. der Kirche ist Wort- und Tatgedächtnis der Auferstehung des Herrn und antizipierende Feier der Vollendung des Heils. Durch aktive Mitfeier sollen die Glaubenden die Aktualität des österl. Mysteriums erfahren und zu seiner Verwirklichung bereit werden.

Religionspädagogisch wird die SH. nicht von einem Gebot her autoritativ und deduktiv, sondern von ihrem Sinn, von der Seinsstruktur des Menschen, der Gesellschaft, der christl. Botschaft und der Kirche her erschlossen. Der Mensch braucht Muße, Stille, zweckfreie Begegnung mit der Welt; er muß lernen, über sich selbst hinauszugreifen, für andere dazusein, sich an Höheres hinzugeben. Der RU. soll die SH. als Gabe und Angebot für ein menschenwürdiges Dasein darstellen und schrittweise altersphasengerecht zu bewußtem und richtigem Mitvollzug und zu einer menschl. und christl. Sinndeutung führen. Für die Gestaltung der SH. ist die jeweilige Gruppe (Familie, Freunde, Klasse, Gemeinde) mitbestimmend. Betont der Religionslehrer allzusehr die Pflicht der SH., so kann das Kind vom Sachkonflikt in einen Rollen- und Autoritätskonflikt gedrängt, die Identifikation mit dem Tun der Kirche und die Vertiefung der SH. als Akt und Zeichen des Glaubens verhindert werden.

Lit.: J. Pieper, Zustimmung zur Welt (1963); K. Rudolf (Hrsg.), Der christl. Sonntag (1956); B. Häring, Das Ges. Christi (1956, ⁸1967); F. Pettirsch, SH. (1964); W. Heinen, Liebe als sittliche Grundkraft u. ihre Fehlformen (³1968).
Zschr.: Christ in der Gegenwart (früher: Der christl. Sonntag, seit 1949).

A. Barth

Sophisten

Als S. gelten PROTAGORAS (ca. 480–410), GORGIAS (ca. 485–380), ANTIPHON (spätes 5. Jh.), PRODIKOS (2. Hälfte des 5. Jh.), HIPPIAS (spätes 5. Jh. v. Chr.). Alle entfalten ihre Wirksamkeit in der 2. Hälfte des 5. Jh., bilden aber keine einheitl. Gruppe. Was von ihnen vornehmlich bekannt ist, geht auf die verzerrende Darstellung bei PLATON zurück. Trotz ihrer verschiedenen philos. und wiss. Auffassungen stimmen die S. in einem Grundzug überein: Sie sind *Lehrer*, welche die allg. Bildung der Bürger gegen Bezahlung fördern wollen. Denn die im 5. Jh. in Athen einsetzende demokrat. Entwicklung macht eine über die altgriech. mus. und gymnast. Erziehung hinausgehende Bildung erforderlich, die den einzelnen befähigt, die für die Polis erforderl. Tätigkeiten zu beherrschen und selbst zu einer autarken Persönlichkeit zu werden. Die S. unterweisen deshalb die Bürger in entsprechenden Disziplinen und ergänzen den überlieferten Kanon vor allem durch Grammatik, Rhetorik, Dialektik (Eristik) und die mathemat. Disziplinen. Der *Grammatik* kommt eine Schlüsselstellung zu, weil sie als Wiss. von den Wörtern den anderen Disziplinen logisch vorangeht; denn im polit. Kampf ist die entscheidende Waffe das Wort, die Grammatik eine „sprachliche Waffenkunde" (E. HOFFMANN). Die *Rhetorik* ist die Lehre vom Gebrauch dieser Waffe, die *Dialektik* die vollendete Umgang mit ihr. Die Grundlage eines jeden Unterrichts der an den *politischen* Fragen aktiv teilnehmenden Bürger ist der Grammatikunterricht. Dabei geht es nicht um Einsicht in eine neue Theorie, sondern um Vermittlung von Regeln, die die jungen Menschen zwar nicht zu Erörterungen über das Sein und die Wahrheit, wohl aber zur Beherrschung ihrer polit. Freunde und Gegner befähigen sollen. Neben diese Fächer treten bes. bei HIPPIAS von Elis die mathemat. Disziplinen. So bedarf es lediglich einer Zusammenfassung und Ordnung der verschiedenen mathémata, um das Programm der enkýklios paideía vorzustellen. Hippias gilt deshalb schon in der Antike bei CICERO und QUINTILIAN als Begründer der „artes liberales". Die päd. Lehre der S. ist konservativ, weil in Übereinstimmung mit der Bildungsauffassung des Bürgertums die Menschen für alle erforderl. Vollzüge in Familie und Polis tüchtig gemacht werden sollen. Ihre pragmat. Zielsetzung wird von PLATON wegen der fehlenden Begründung der das Handeln bestimmenden Normen bekämpft.

☐ Griechische Erziehung. Sokrates

Lit.: H. Gomperz, Sophistik u. Rhetorik (1912, Neudr. 1965); M. Untersteiner, I sofisti, 3 Bde. (Turin 1949 bis 1954); E. Hoffmann, Päd. Humanismus (1955).

C. Menze

Sorgenkinder

1. S. sind Kinder, deren Benehmen Anlaß gibt zu besonderer Sorge wegen Verhaltensweisen, die nicht aus der jeweiligen Entwicklungsphase erklärbar sind, aber Abhilfe erfordern.

Zu unterscheiden sind: a) Verhaltensweisen, die nur in einer bestimmten Phase normal, sonst aber bedenklich sind, z. B. Trotz, Weglaufen, „Lügen", „Stehlen"; im organ. Bereich: Daumenlutschen, Bettnässen; b) Verhaltensweisen, die in jedem Alter als abnorm oder krankhaft gelten. *Psychische Symptome:* Das Verhalten des ängstl., scheuen, gehemmten, argwöhn., bedrückten Kindes ist fast stets erlebnisbedingt und heilbar; anders das Schulversagen aus Willens- oder Geistesschwäche, das erbbedingt bzw. hirnorganisch begründet sein kann. *Organische Symptome:* Stottern ist organische Ausdrucksform meist psychischer Schockerlebnisse. Sehschäden, Blindheit, Schwerhörigkeit, Taubheit, Taubstummheit u. a. sind die Schwächen eines großen Teils der S. Dazu kommen viele Arten Körperbehinderter, von den grob Hirngeschädigten bis zu den Extremitätengeschädigten. Mit all diesen befaßt sich die ↗Heilpädagogik.

2. Unberechtigterweise werden von manchen Eltern solche Kinder als S. bezeichnet, die wegen neurot. Fehlausrichtungen – meist im Liebesstreben – eines oder beider Elternteile „Sorgen" machen.

☐ Behinderte Kinder. Verhaltensweisen, auffällige. Neurose. Kinder- und Jugendpsychiatrie

Lit.: ↗Heilpädagogik.

G. L. Vogel

Sowjetunion

Union der sozialistischen Sowjetrepubliken (UdSSR), Bundesstaat, bestehend aus 15 Unionsrepubliken; Fläche: 22,4 Mill. qkm, Bev.: 241,7 Mill. (1970); über 100 Nationalitäten, davon Russen 53 %, Ukrainer 17 %, Usbeken 3,8 %, Weißrussen 3,7 %, Tataren 2,5 %; offizielle Landessprache: Russisch (Recht zum Gebrauch der nat. Sprachen in Verfassung verankert).

I. Geschichtliche Entwicklung

1. Rußland vor 1917. Bis zum Ende des 17. Jh. waren die wenigen Bildungseinrichtungen in Rußland nahezu ausschließlich geistlicher Art. Die Grundlagen für die Entwicklung eines staatl. Bildungssystems wurden unter PETER d. GR. geschaffen. Der Aufbau eines staatl. Volksschulwesens wurde unter dem Einfluß aufklärerischer Ideen 1786 in Angriff genommen. 1802 wurde ein Ministerium für Volksbildung gegründet. Das 19. Jh. war durch eine schleppende Entwicklung des Bildungswesens und eine nur von kurzen liberalen Perioden (so in den 60er J.) unterbrochene reaktionäre staatl. Bildungspolitik gekennzeichnet. Eine wichtige Rolle bei der Verbreitung der Volksbildung, bes. auf dem Lande, spielten die *Zemstva* (ländliche Selbstverwaltungskörperschaften). Um 1900 setzte eine Reformtätigkeit ein, die jedoch den Entwicklungsrückstand Rußlands nur langsam aufhob. Das russ. Schulwesen vor der Revolution von 1917 war geprägt durch den klassenbezogenen Charakter seiner Organisation (3–4jährige Elementarschulen; 6- bzw. 8jährige Real- und Handelsschulen; 8jährige Gymnasien) und den unzureichenden Ausbau des Schulnetzes, der einer gesetzl. Einführung der allg. Schulpflicht entgegenstand. 1915 wurde nur etwa die Hälfte der Kinder im Alter von 8 bis 11 J. in Elementarschulen erfaßt. Das Analphabetentum unter der Bev. über 15 J. betrug etwa 60 %, mit starkem Gefälle zwischen Stadt und Land sowie zwischen den europ. und asiat. Teilen des Reiches.

2. Das sowjetische Bildungswesen seit 1917. Die bildungspolit. Maßnahmen der Sowjetregierung nach der Oktoberrevolution, die von LENIN unter dem Begriff der *Kulturrevolution* zusammengefaßt wurden, galten der Beseitigung des Analphabetentums und der durch Revolution und Krieg verursachten Kinderverwahrlosung, dem Aufbau eines von sozialist. Prinzipien getragenen Einheitsschulsystems (Dekret über die 9jähr. Einheits-Arbeitsschule v. 16. 10. 1918) und der politisch-ideolog. Umerziehung der Bev. Den teilweise radikalen didakt. und method. Experimenten (↗polytechnische Bildung, Komplex-, Projektmethode) lagen bei den führenden Vertretern (LUNACARSKIJ, KRUPSKAJA) Vorstellungen zugrunde, in denen sich Marxismus und Einflüsse der vorrevolutionären russ. und der internat. ↗Reformpäd. verbanden.

Ab 1931 erfolgte eine strikte Ausrichtung des Bildungswesens auf die Heranbildung der für die wirtschaftl. Entwicklung benötigten „Kader". Dazu wurde eine straffe, auf Effektivität bedachte Lernorganisation geschaffen, der polytechn. Unterricht wurde eingeschränkt bzw. aufgegeben (1937), die experimentell ausgerichtete Erziehungswiss. („Pädologie") verboten (1936). Die allgemeinbildende Schule erhielt 1934 eine einheitl. Struktur und gliederte sich in 3 Stufen, die Grundschule, die Siebenjahresschule und die 10jähr. Mittelschule. Die allg. Schulpflicht, 1934 auf 4 J. festgelegt, konnte infolge des Krieges erst 1949 auf 7 J. erweitert werden.

Das Schulreformges. v. 24. 12. 1958, mit einigen Modifikationen bis zur Gegenwart rechtliche Grundlage des Bildungswesens, hob die allg. Schulpflicht auf 8 J. und den Mittelschulkurs auf 11 J. an. Die angestrebte „Verbindung der Schule mit der Produktion" durch Hineinnahme einer spezialisierten Berufsausbildung in die allgemeinbildende Schule bewährte sich jedoch nicht, da sie weder den planökonom. und arbeitskräftepolit. noch den individuellen Bedürfnissen Rechnung trug; sie wurde zwischen 1964

99

und 1966 mit der Rückkehr zur 10jähr. Mittelschule wieder abgebaut. Ab 1966 wurden neue Lehrpläne und Stundentafeln eingeführt, gleichzeitig wurde der Übergang zur allg. 10jähr. Pflichtschulzeit angekündigt. 1970 wurde die Organisation des Schulwesens durch die Statuten für die Mittelschule und die Abend-(Schicht-)Schule rechtlich fixiert.

II. Gesetzliche Grundlagen, Leitungsstruktur und Ökonomie des Bildungswesens

Das Recht auf Bildung ist in der Verfassung garantiert (Art. 121), die auch die Trennung von Kirche und Schule sowie Freiheit der Religionsausübung und der antireligiösen Propaganda (Art. 124) vorsieht. Die ebenfalls in der Verfassung verankerte führende Rolle der kommunist. Partei (Art. 126) äußert sich in deren Einfluß auf bildungspolit. Entscheidungen in ihren Kontroll- und Leitungsfunktionen auf zentraler und lokaler Ebene.

In der *Verwaltung des Bildungswesens*, das ausnahmslos dem Staat untersteht – Privatschulen sind nicht zugelassen, mischen sich zentralistische und föderalistische Elemente. Das allgemeinbildende Schulwesen sowie Vorschulerziehung, Lehrerbildung und außerschulische Erziehungseinrichtungen unterstehen dem erst 1966 eingerichteten Ministerium für das Bildungswesen der UdSSR, dem die entsprechenden Ministerien in den Unionsrepubliken nachgeordnet sind. Die Sowjets (Räte) auf Gebiets-, Rayon- und lokaler Ebene haben jeweils Abteilungen für Volksbildung. Der Kontrolle und der didaktisch-method. Anleitung der Schulen und Lehrer dienen die dem Unionsministerium unterstehenden Schulinspektoren. Den Republikministerien sind jeweils spezielle päd. Forschungsinstitute zugeordnet, während die 1943 gegr. Akademie der päd. Wiss.en der UdSSR (bis 1966: der RSFSR) die zentrale Institution für Bildungsforschung darstellt. Das Hoch- und Fachschulwesen untersteht dem Ministerien für Hoch- und Fachschulbildung auf Unions- und Republikebene. Die Einrichtungen der Berufsausbildung sind Angelegenheit des Staatskomitees beim Ministerrat der UdSSR für beruflich-techn. Bildung. Nichtschulische kulturelle Einrichtungen unterstehen dem Ministerium für Kultur der UdSSR.
Die *Bildungsplanung* ist primär an der staatl. Wirtschaftsplanung orientiert und basiert auf den von der zentralen Planbehörde (Gosplan) erstellten Bedarfsprognosen für Arbeitskräfte nach Anzahl und Qualifikationsniveau, wonach die Zulassungsquoten für die einzelnen Bildungseinrichtungen festgelegt werden. Die finanziellen Aufwendungen für das Bildungswesen betrugen 1969 etwa 12,6 % der gesamten Staatsausgaben. Der Schulbesuch ist von der Grundschule ab kostenlos.

III. Aufbau des Bildungswesens

1. *Vorschulerziehung.* Das einheitl. System der Vorschuleinrichtungen gliedert sich in *Kinderkrippen* für Kleinkinder im Alter von 2 Monaten bis 3 J. und *Kindergärten* für die 3–7jährigen. Hauptaufgaben sind: frühzeitige Sozialisation der Kinder im Sinne des sozialist. Wertsystems, Entlastung der überwiegend berufstät. Mütter, Vorbereitung auf den Schuleintritt. Der Arbeit der Kindergärten liegt ein einheitl. und verbindl. Erziehungsprogramm zugrunde 1970 standen Plätze für 32 % der Kinder im Vorschulalter (in Großstädten bereits für 75 %) zur Verfügung. Bis 1975 soll dieser Anteil auf 40 %, bei den 6–7jährigen auf 60–70 % gesteigert werden.

2. *Das allgemeinbildende Schulwesen.* Die 10jährige *allgemeinbildende polytechnische Arbeits-Mittelschule* (obščeobrazovatel'naja politechničeskaja trudovaja srednjaja škola) ist nach dem Prinzip der ↗ Einheitsschule aufgebaut und gliedert sich in 3 Stufen, die auch teilweise als selbständige Einheiten (jeweils ab 1. Kl.) existieren:

a) Die *Grundschule* (načal'naja škola) umfaßt die 1.–3. Kl. Die Einschulung erfolgt mit vollendetem 7. Lj. Die in den neuen Lehrplänen festgelegte Verkürzung der Grundschuldauer von 4 auf 3 J. geht von höheren Leistungsanforderungen aus und zielt auf schnellere Stoffbewältigung und eine intensive Förderung der kognitiven Entwicklung der Kinder ab.

b) Die *Achtjahresschule* (vos'miletnjaja škola) umfaßt mit der 1.–8. Kl. die Dauer der Schulpflicht. Nunmehr setzt in der 4. Kl. das Fachlehrerprinzip ein, und in der 5. Kl. beginnt der obligatorische Unterricht in einer modernen Fremdsprache.

1970 beendeten 85,5 % der 1962 eingeschulten Kinder die 8. Kl. Von den Absolventen der Achtjahresschule gingen 1970 etwa 82 % auf Bildungswege über, die zum vollen Sekundarabschluß führen (Oberstufe der Mittelschule, mittlere Fachschule, mittlere beruflichtechnische Schule).

c) Die vollständige *Mittelschule* führt in 10 J. (in den balt. Republiken in 11 J.) zur Hochschulreife. Der Übergang von der 8. in die 9. Kl. erfolgt ohne Aufnahmeprüfung (1969: 60,1 %). Die Differenzierung in Form des fakultativen Unterrichts (in der 7. Kl. 2, in der 8. Kl. 4, in der 9. und 10. Kl. je 6 Wochenstunden von insges. 36) soll vorwiegend durch stoffliche „Vertiefung" in einzelnen Fächern die individuellen Interessen und Begabungen fördern. Im Gesamtkurs der Zehnjahresschule beträgt der Anteil der sprachlich-gesellschaftswiss. („humanistischen") Fächer 40 % und der mathematisch-naturwiss. 36,6 %. Der mus. Bereich ist dagegen nur schwach vertreten. Der Arbeitsunterricht wird von der 1. bis zur 10. Kl. mit je 2 Wochenstunden durchgeführt.

d) Neben dem Normaltyp der Mittelschule existieren verschiedene *Spezialformen*. Eine wichtige Ergänzung des allgemeinbildenden Schulwesens sind die *Abend-(Schicht-) und Fernschulen*, in denen die Abschlüsse der Achtjahresschule oder – innerhalb von 3 J. – der vollständigen Mittelschule nachgeholt werden können. Ihre Schülerzahl ist zwar rückläufig, doch kamen 1969 etwa 24 % aller Abiturienten über diesen Weg (600 000 von 2,5 Mill.).
Eine starke Zunahme haben die *Ganztagsschulen und -gruppen* erfahren, die 1970 über 5,2 Mill. Schüler

erfaßten. Sie sind weitgehend an die Stelle der nach 1956 zunächst als neue Form der gesellschaftl. Erziehung stark propagierten *Internatsschulen* getreten. Der Förderung spezieller Begabungen dienen verschiedene Typen von *Spezialschulen*, deren zahlenmäßiger Anteil zwar gering ist, deren Bedeutung aber vor allem in gezielter Nachwuchsentwicklung u. a. für den künstler. und naturwiss. Bereich liegt. Unter den älteren Formen sind zu nennen die *Spezialschulen für Musik, Tanz und bildende Kunst*, die auf vorrevolutionäre Traditionen zurückgehen, sowie die 1944 gegründeten Kadettenschulen *(Nachimov-, Suvorovschulen)*, die an die 8. Kl. anschließen und zum Übertritt auf höhere militär. Lehranstalten vorbereiten. Eine strukturelle Ergänzung der Differenzierungsmaßnahmen der Normalschulen bilden die *Schulen mit verstärktem Fremdsprachenunterricht* (seit 1961), die mit der 2. Kl. einsetzen und in denen ein Teil des Unterrichts in einer Fremdsprache erteilt wird, sowie die *Mittelschulen mit vertieftem theoretischem und praktischem Unterricht in einer Reihe von Fächern*, insbes. in Mathematik und Naturwiss. (Kl. 9 und 10). Beide Formen umfassen etwa 1130 Schulen mit 393 000 Schülern (1970). Eindeutig selektiv sind die *7 Mathematisch-physikalischen Internatsschulen*, die mit Univ.en oder wiss. Forschungszentren verbunden sind.

e) *Sonderschulen* für geistig oder körperlich behinderte Kinder existieren in 7 verschiedenen Formen.

3. *Beruflich-technische Schule* (professional'-no-techničeskoe učilišče). Unter diesem Begriff werden seit 1958 1–3jähr. städtische und landwirtschaftliche Vollzeit-Berufsschulen für die Ausbildung von Facharbeitern zusammengefaßt. Sie nehmen Achtjahresschulabsolventen, aber auch vorzeitige Abgänger aus der 6. oder 7. Kl. auf. Eine besondere Einrichtung für Mittelschulabgänger sind die 1966 wieder eröffneten 1jähr. *Technischen Lehranstalten*. Im Zeichen des angestrebten Übergangs zur vollen Sekundarschulbildung für alle wurde 1969 mit den *mittleren beruflich-technischen Schulen* ein neuer Typ geschaffen, der in 3–4 J. eine Berufsausbildung vor allem für die Sphäre der automatisierten Produktion und zugleich eine vollwertige Mittelschulbildung bietet. Die Zahl dieser Schulen betrug 1970 über 600 mit 170 000 Schülern, bis 1975 soll ihre jährl. Aufnahmekapazität auf 300 000 bis 400 000 gesteigert werden.

Trotz ihrer Absolventenzahl von 1,7 Mill. (1970) können die beruflich-techn. Schulen den Bedarf der Wirtschaft an qualifizierten Arbeitskräften nicht ausreichend befriedigen. Der größere Teil wird immer noch in innerbetriebl. Anlernkursen von bis zu 6 Monaten Dauer ausgebildet. Zusammen mit der berufl. Fortbildung wurden davon 1968 insges. 15,3 Mill. Personen erfaßt.

4. Die *Mittlere Fachschule* (srednee special'-noe učebnoe zavedenie), vielfach auch als *Technikum* bezeichnet, bildet Fachkräfte mittlerer Qualifikation für Industrie und Landwirtschaft sowie den Dienstleistungs- und Kulturbereich, einschließlich verschiedener Erzieherberufe, aus. Sie nimmt nach einer Eingangsprüfung Absolventen der 8. Kl. auf, die in 3–4 J. neben der Fachausbildung eine volle Mittelschulbildung erhalten (1968: 19,5 % der Abiturienten). Der Übergang zur Hochschule ist jedoch, wie auch bei den Absolventen der mittleren beruflich-techn. Schulen, im allg. erst nach 3jähr. Berufspraxis möglich.

Ein weiterer Typ vermittelt in 2–2½ J. Mittelschulabsolventen eine Fachausbildung. Bei Abend- oder Fernunterricht, der für beide Formen verbreitet ist, verlängert sich die Ausbildung jeweils um 1 J. Die Gesamtzahl der Absolventen betrug 1970 etwa 1,04 Mill. Als optimal wird ein Verhältnis der Fachschulabsolventen zu denen der Hochschulen (1970: 660 000) von 3,5 : 1 angestrebt.

5. *Hochschulwesen und Lehrerbildung.* Die Hochschule (vyššee učebnoe zavedenie, abgekürzt: vuz) gliedert sich in *Universitäten* (1970: 50 mit ca. 500 000 Studenten) und zumeist eng spezialisierte *Fachhochschulen*. Das Studium umfaßt je nach Fachrichtung 4–5 J. und wird durch verbindliche Studienpläne geregelt. Bei den Aufnahmeprüfungen kommen durchschnittlich etwa 4 Bewerber auf einen Studienplatz. Studienbewerbern aus der Praxis soll der Zugang durch 10monatige *Vorbereitungskurse*, die seit 1969 an zahlreichen Hochschulen stattfinden, erleichtert werden. Über die Hälfte der Studenten befindet sich im Abend- oder Fernstudium, doch wird wegen der hohen Ausfallquoten nunmehr das Direktstudium bevorzugt ausgebaut. Die Fachhochschulen werden in erster Linie als Stätten der höheren Berufsausbildung aufgefaßt, erst in jüngster Zeit wird ihr wiss. Potential verstärkt für die Forschung genutzt, die im wesentlichen auf spezielle Institute, bes. im Rahmen der Akademie der Wiss.en, verlagert ist. Der wiss. Nachwuchs wird über eine postgraduale Ausbildung („Aspirantur") gefördert. Neuerdings wird auch die wiss. Weiterbildung der Hochschullehrer syst. ausgebaut. Die Hochschulen sind den Staats- und Parteiinstanzen gegenüber weisungsabhängig, ein studentisches Mitspracherecht besteht nur über den Kommunist. Jugendverband.

Die Ausbildung der Lehrer erfolgt an 206 Päd. Hochschulen mit 830 000 Studenten (1970). Die Mehrzahl der Grundschullehrer erhält ihre Ausbildung noch an den 411 Päd. Lehranstalten, mit 292 000 Studierenden (1970), die den mittleren Fachschulen zugerechnet werden. In dem meist 5jähr. Hochschulstudium sind Fachausbildung sowie päd. und schulprakt. Ausbildung zusammengefaßt. Für die Weiterbildung der Lehrer stehen 172 regionale Institute zur Verfügung.

6. *Jugendorganisationen und außerschulische Erziehung.* Der 1918 gegründete *Kommunistische Jugendverband* (Komsomol) besitzt eine Monopolstellung als staatliche Jugend-

101

Statistische Angaben 1969/70		
Schulart	Anstalten	Schüler
Staatl. Vorschuleinrichtungen	80 700	7 835 200
Grundschulen (Kl. 1–4)	80 800	3 100 000
Achtjahresschulen (Kl. 1–8)	54 400	12 800 000
Mittelschulen (Kl. 1–10)	42 900	29 200 000
Abend-(Schicht-) u. Fernschulen	16 971	4 041 000
Sonderschulen	2 000	300 000
Berufl.-techn. Schulen	5 197	2 252 000
Mittlere Fachschulen	4 196	4 302 000
Direktunterricht		2 418 000
Abend- und Fernunterricht		1 884 000
Hochschulen	800	4 550 000
Direktstudium		2 140 000
Abend- und Fernstudium		2 410 000

Quelle: Narodnoe chozjajstvo SSSR v 1969 g. (1970).

organisation und erfaßte 1970 etwa 27 Mill. Jgdl. bis zu 28 J. Seine Hauptaufgabe besteht in der politisch-ideolog. Erziehung der älteren Schüler und schulentlassenen Jugend. Der dem Komsomol unterstehenden *Pionierorganisation* gehören fast alle Schüler im Alter von 10 bis 15 J. an, während die Schüler der Grundschule in Gruppen der *Oktoberkinder* zusammengefaßt werden. Gemeinsam mit der Schule wird von den Jugendorganisationen das mit den Unterrichts- und Erziehungszielen der Schule abgestimmte System der *außerunterrichtl. und außerschul. Erziehungseinrichtungen* getragen, das in Gestalt von Pionierhäusern, Schulklubs usw. 1969 über 6 Mill. Kinder betreute.

7. *Erwachsenenbildung.* In der Erwachsenenbildung stehen ein Nachholen weiterführender Bildungsabschlüsse und die berufl. Weiterqualifizierung im Vordergrund, so daß die Formen des Abend- und Fernunterrichts und der innerbetriebl. Schulung diesem Bereich zuzurechnen sind. Hinzu kommen die 1958 ins Leben gerufenen *Volksuniversitäten* (narodnye universitety), die kulturelle Bildungsarbeit mit polit.-ideolog. Massenpropaganda verbinden, ähnlich wie die Volksbildungsorganisation „Znanie" (Wissen, gegr. 1947).

8. *Schulwesen der nichtrussischen Nationalitäten.* Das Hauptmerkmal der „Nationalen Schulen" in der RSFSR und den übrigen Unionsrepubliken ist der Unterricht in gegenwärtig 56 nichtruss. Muttersprachen. Gewöhnlich ist die Muttersprache die erste Unterrichtssprache, Unterschiede bestehen jedoch im Zeitpunkt des Einsetzens des Russischen als Unterrichtssprache, wobei die Muttersprache als Fach weitergeführt wird. Schulen mit Russisch als Unterrichtssprache werden von vielen Eltern aus Gründen der Chancenverbesserung zunehmend bevorzugt.

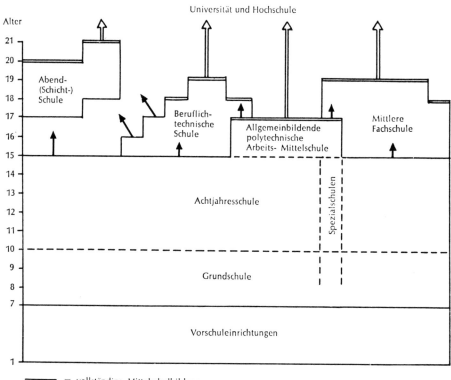

Aufbau des Bildungswesens

═══ = vollständige Mittelschulbildung

IV. Probleme und Entwicklungstendenzen
Die Zielsetzungen des vom XXIV. Parteitag der KPdSU beschlossenen Fünfjahresplans von 1971 bis 1975 sehen die Verwirklichung der 10jähr. Schulpflicht vor. Hatten 1970 bereits 69 % der vor 10 J. Eingeschulten den mittleren Abschluß erreicht, so sollen es 1975 etwa 90 % sein. Damit verändert sich vor allem die Funktion der Mittelschule. Da nur der geringere Teil ihrer Absolventen mit einem Hochschulplatz rechnen kann, obwohl über 90 % ein Studium anstreben, erhält sie eine doppelte Aufgabe, nämlich Vermittlung einer „akademisch" ausgerichteten Bildung und zugleich Vorbereitung auf die Berufspraxis. Die zwischen 1958 und 1964 angestrebten Lösungen erwiesen sich als inadäquat, und es erscheint fraglich, ob die gegenwärtige Curriculumreform, die erst 1974/75 zum Abschluß kommen soll, zukunftsweisende Ergebnisse bringt. Im Vordergrund stehen nunmehr die – bislang nur in Ansätzen aufgegriffene – Differenzierung und die Berufsorientierung, um individuelle Bildungs- und Berufswünsche sowie Arbeitskräftebedarf und Ausbildungskapazitäten zur Deckung zu bringen. Zugleich setzt sich mit der Einführung der mittleren beruflich-techn. Schule die strukturelle Differenzierung des oberen Sekundarbereichs in parallele Bildungswege fort. Schwer lösbare Probleme hinsichtlich der Gleichheit der Bildungschancen geben die Landschulen auf, vor allem durch die Fortexistenz von weniggegliederten Schulen (1968: 69 000). Überlegungen werden auch über die Vorverlegung des Einschulungsalters auf 6 J. angestellt. Rückwirkungen aus der quantitativen Expansion der Sekundarschule ergeben sich auf die Gestaltung des Hochschulübergangs sowie auf die Struktur des Hochschulwesens, dessen künftiger flexiblerer Aufbau gegenwärtig diskutiert wird.

☐ Kommunismus und Erziehung. Marxismus und Erziehung. Polytechnische Bildung

Lit.: Die sowjet. Bildungspolitik seit 1917, hrsg. v. O. Anweiler - K. Meyer (1961); N. DeWitt, Education and Professional Employment in the USSR (Washington 1961); L. Froese, Ideengeschichtl. Triebkräfte der russ. u. sowjet. Päd. (²1963); O. Anweiler, Gesch. der Schule u. Päd. in Rußland vom Ende des Zarenreiches bis zum Beginn der Stalin-Ära (1964); N. Grant, Soviet Education (Harmondsworth 1964, dt.: Schule u. Erziehung in der S., 1966); N. Hans, History of Russian Educational Policy 1701–1917 (New York 1964); Pedagogičeskaja enciklopedija (Päd. Enzyklopädie), hrsg. v. A. I. Kairov u. a., 4 Bde. (Moskau 1964–68); H. J. Noah, Financing Soviet Schools (New York 1966); K. Nozhko u. a., Educational Planning in the USSR, hrsg. v. UNESCO (Paris 1967); H. C. Rudman, The School and State in the USSR (New York, London 1967); Narodnoe obrazovanie v SSSR 1917–1967 (Die Volksbildung in der UdSSR 1917–1967, Moskau 1967); Bildungsreformen in Osteuropa, hrsg. v. O. Anweiler (1969); P. L. Alston, Education and the State in Tsarist Russia (Stanford 1969); D. Glowka, Numerus Clausus. Darstellung eines Problems am sowjet. Beispiel, in: Osteuropa, H. 11 (1970); –, Schulreform und Gesellschaft in der S. 1958–1968, in: S. B. Robinsohn u. a., Schulreform im gesellschaftl. Prozeß, Bd. I (1970); F. Kuebart, Wandlungen der polytechn. Bildung in der sowjet. Schulreform 1958–1968, in: Die dt. Berufs- u. Fachschule, H. 7 (1970); L. Liegle, Familienerziehung u. sozialer Wandel in der S. (1970); W. Mitter (Hrsg.), Das sowjet. Schulwesen (1970); J. H. Knoll - F. Kuebart - K. Schleicher, Art. Polit. Bildung u. Erziehung, in: Sowjetsystem u. demokrat. Gesellschaft, Bd. V (1971).

F. Kuebart

Sozialakademie

1. Die einzige staatl. anerkannte S. ist die S. *Dortmund,* eine wiss. Anstalt des Landes NRW. Sie wurde 1947 als freie Lehr- und Forschungsstätte im Bereich der Sozialwiss.en gegründet. In 9 Monaten können hier Berufstätige in ganztäg. Lehrgängen ihr Allgemeinwissen verbreitern und grundlegende sozialwiss. Kenntnisse erwerben, die sie zu mittleren und höheren Führungsaufgaben in Verbänden, Unternehmen und öff. Körperschaften befähigen. *Voraussetzungen:* Alter zwischen 21 und 35 J., abgeschlossene Berufsausbildung, Bewährung im Beruf, bestandene Aufnahmeprüfung. Die Teilnehmer – 60 bis 70 je Lehrgang – wohnen in einem Internat.

Lehrgebiete sind Volkswirtschaft, Betriebswirtschaft, Rechtswiss., Soziol., Sozialpolitik und Arbeitswiss. Die Lehrgebiete werden wahrgenommen von hauptamtl. Professoren und Lehrbeauftragten. Der Stoff wird unter Beachtung der ↗Arbeitsgemeinschaft in Vorlesungen und Übungen dargeboten. Der Lehrgang endet mit einer Abschlußprüfung. In *Sonderlehrgängen* können sich Führungskräfte der Industrie in den neuen sozialwiss. Erkenntnissen, bes. der Arbeitswiss., weiterbilden. Die *Forschungstätigkeit* umfaßt wiss. Veröffentlichungen, Ergebnisse jährl. durchgeführter internat. Tagungen und empir. Untersuchungen.

2. Als S.n werden auch Einrichtungen sozialer ↗Erwachsenenbildung mit unterschiedl. Zielsetzung und Arbeitsweise bezeichnet.

Als zentrale soziale Bildungsstätte im Bereich der EKD gilt die Ev. S. in *Friedewald* (Westerwald), in der Arbeitnehmer (einschließl. Angestellte) auf Führungsverantwortungen in Berufsvertretung, Gewerkschaft und Politik vorbereitet werden. U. a. werden hier Sozialsekretäre in mehrmonatigen Kursen ausgebildet. – Die Zielsetzung der S. des Bistums *Münster, des Franz-Hitze-Hauses,* umfaßt in ihren Tagungen und Kursen weitere Personenkreise (z. B. Abiturienten und an Sozialfragen in Beruf, Politik und Kirche Interessierte). Eine spezif. Berufsausbildung wie in Friedewald bzw. *Dortmund* findet nicht statt.

Lit.: Amtsbl. des KM in NRW, 6. Jhg., Nr. 6 (1954).

1. *H. Duvernell,* 2. *F. Pöggeler*

Sozialarbeit, Sozialhilfe

SA. = Sozialarbeit, SH. = Sozialhilfe

1. *Begriff.* Der internat. Terminologie folgend, tritt auch im dt. Sprachgebrauch seit Ende des 2. Weltkrieges anstelle des Begriffs

Wohlfahrtspflege jener der *Sozialarbeit* (engl. *social work*, frz. *service social*). Man versteht darunter alle berufl. Tätigkeit im Dienst förderungs- und hilfsbedürftiger Menschen, soweit diese darauf gerichtet ist, den einzelnen oder bestimmte Gruppen zu möglichst selbständiger und selbstverantwortl. Lebensführung dann zu befähigen, wenn die natürl. Lebensgemeinschaften (insbes. die Familie) und allgemeine gesellschaftliche Institutionen dies nicht unmittelbar aus sich zu leisten vermögen. Die Ursachen der Hilfsbedürftigkeit können dabei in der Persönlichkeitsstruktur oder in den Umweltverhältnissen liegen. In der Praxis ist die Notlage oft durch das Zusammenfallen beider Ursachen bedingt. Für die SA. ergeben sich daraus zwei Aufgabenrichtungen: a) die Weckung, Pflege und Förderung der im Klienten angelegten positiven Lebenskräfte und Fähigkeiten; b) die Erschließung der im sozialen Organismus vorhandenen Hilfsmöglichkeiten.

2. *Tätigkeitsbereich*. Gegenüber der Wohlfahrtspflege alten Stils beinhaltet SH. eine Ausweitung und Akzentverschiebung: Nicht nur die polit. und wirtschaftl. Katastrophen der letzten 60 J., sondern vor allem auch die sozialen Umschichtungsprozesse, die veränderten und sich dauernd in Änderung befindl. Lebens- und Verhaltensbedingungen in unserer industriellen und pluralist. Gesellschaft bringen zusätzliche Notstände neuer und komplexer Art, die manchmal schwer erkennbar und durchschaubar sind, weil sie sich insbes. auch im Bereich mitmenschlicher Beziehungen niederschlagen und neue Ansätze der SA. erfordern. Eine sich daraus ergebende Akzentverschiebung zeigt sich im stärkeren Hervortreten päd. Funktionen mit dem Ziel ganzheitlicher Reifungs- und ↗Lebenshilfe in all jenen individuellen und sozialen Konflikt- und Krisensituationen, die nicht durch Maßnahmen der organisierten Risikoabdeckung im Rahmen eines Systems der sozialen Sicherheit erfaßbar sind.

Die *Hauptkennzeichen* dieser SA. sind: Bemühen um eine bessere und heute weitgehend als notwendig anerkannte wiss. Fundierung, Koordination und Integration mit anderen Bestrebungen im sozialen Bereich, Beteiligung und Heranziehung benachbarter Berufe und Disziplinen (Teamarbeit), internat. Zusammenarbeit und vor allem methodenkritische Einstellung. Einer jahrzehntelangen Entwicklung in den USA und ihrem Niederschlag in einer syst. Methodenlehre folgend, hat sich heute auch in der europ. Praxis der SA. immer mehr die Unterscheidung in die drei Gegenstandsbereiche: vertiefte ↗Einzelhilfe (social casework), soziale Gruppenarbeit (social groupwork, ↗Gruppenerziehung) und ↗Gemeinwesenarbeit (community organization, community development) durchgesetzt.

3. *Träger*. SA. erfolgt auftragsgebunden und institutionell von der Gemeinschaft bzw. Gesellschaft aus und unterscheidet sich dadurch von privater Hilfstätigkeit. Ihre Träger sind einerseits die *Verbände der freien Wohlfahrtspflege* (in der BRD: Arbeiterwohlfahrt, Deutscher Caritasverband, Deutsches Rotes Kreuz, Diakonisches Werk, Deutscher Paritätischer Wohlfahrtsverband und Zentralwohlfahrtsstelle der Juden), andererseits sind es die zuständ. *Behörden* von Bund, Ländern und Gemeinden. SH. vollzieht sich vornehmlich in unmittelbarem persönlichem Kontakt zum hilfsbedürftigen Menschen (helfende Beziehung) und unterscheidet sich dadurch von der Sozialpolitik, deren Bestrebungen und Maßnahmen primär darauf gerichtet sind, das Verhältnis der Schichten und Gruppen untereinander nach Maßgabe von Wertvorstellungen zu beeinflussen und zu verbessern.

Seit dem Inkrafttreten des ↗Bundessozialhilfegesetzes (BSHG) am 1. 6. 62 gilt für die in dessen Rahmen aufgrund öff.-rechtlicher Leistungen ablaufende SA. der Terminus *Sozialhilfe*. Er tritt an die Stelle des vorherigen Begriffes der öff. ↗Fürsorge. Dieser war aus der Praxis der Armenpflege heraus mit dem Odium der Deklassierung behaftet und entsprach nicht mehr der Auffassung von der Würde des Menschen, wie sie im GG verankert und für das BSHG bestimmend ist. – SH. schließt dabei die Lücken, die andere soziale Sicherungssysteme offenlassen, weil sie entweder bestimmte Leistungsarten nicht kennen oder bestimmte Personenkreise nicht erfassen.

Spätestens seit dem Bundesverwaltungsgerichtsurteil v. 24. 6. 54 – somit vor dem Inkrafttreten des BSHG – besteht auf die Leistungen der SH. ein Rechtsanspruch, im Grunde, auf einzelne Leistungen auch der Höhe nach. Sie sind sowohl auf Antrag als auch bei Bekanntwerden des Notstandes von Amts wegen zu gewähren. SH. wird nachrangig gewährt, d. h., wenn andere Sicherungssysteme gleichartige Leistungen – mit oder ohne Rechtsanspruch – vorsehen, so kommt diesen der Vorrang zu. Dabei können Kann-Leistungen nach anderen Bestimmungen nicht deshalb versagt werden, weil für die gleiche Notlage ein Rechtsanspruch auf SH. nach dem BSHG gegeben ist. Ein besonderer Vorteil der SH. liegt aber darin, daß sie unmittelbar einsetzt, wenn ein Notstand bekannt wird. Das ist möglich durch die räuml. Nähe und der damit gegebenen Kontaktmöglichkeit der auf der kommunalen Ebene zuständigen Behörden (SH.-Träger) und Organe zum Hilfebedürftigen. Ergibt sich dabei die Zuständigkeit eines anderen Trägers von Sozialleistungen, dann besteht diesem gegenüber ein Ersatzanspruch auf gleichzeitig und gleichartig gewährte Hilfe.

Beim Aufbau des sozialen Sicherungssystems in der BRD ist durch die SH. die Gewähr dafür gegeben, daß jedem Bürger mindestens die für das Leben notwendigen Subsistenzmittel von der Gesellschaft aus zu gewähren sind. Damit ist sie eine entscheidende Voraussetzung bei der Verwirklichung des vom GG geforderten sozialen Rechtsstaates.

☐ Sozialberufe. Jugendsozialarbeit

Lit.: H. Lattke, Soziale Arbeit u. Erziehung (1955); Dt. Verein für öff. u. private Fürsorge (Hrsg.), Industrialisierung u. SA. (1956); Berufsverband Kath. Sozialarbeiter (Hrsg.), Gewandelte Zielsetzungen der sozialen Arbeit (1962); W. A. Friedländer - H. Pfaffenberger, Grundbegriffe u. Methoden der SA. (1966); Bundesminister des Innern, Referat Öffentlichkeitsarbeit (Hrsg.), SA. heute u. morgen, Bd. 2 (1968); A. Hunziker, Die SA. in der dynam. Gesellschaft (1969); Kommentare zum BSHG.

A. Marciniak

Sozialberufe, Sozialberufliches Ausbildungswesen

SA. = Sozialarbeiter(s, in), SB. = Sozialberuf(s, e, en)

I. Sozialberufe

1. *Begriff und Tätigkeitsbereiche*. Es ist gerechtfertigt, vom *Sozialarbeiter* als dem SB. im engeren Sinn auszugehen. Die operationale Definition, wie sie Untersuchungen über die Berufssituation des SA. als Abgrenzungskriterium gebrauchen, ist inhaltlich zu unbestimmt: „Sozialarbeiter sind alle in der Sozialarbeit tätigen Männer und Frauen, die ihre Berufsausbildung an einer Höheren Fachschule für Sozialarbeit (früher Wohlfahrtsschule) absolviert und nach Ableistung eines Berufspraktikums eine staatl. Anerkennung als Sozialarbeiter erworben haben", gleich auf welchem Gebiet und bei welchem Träger sie tätig sind (O. LINGESLEBEN).

Im Bereich der öff. ↗Sozialarbeit sind sie (früher: Wohlfahrts- bzw. Jugendwohlfahrtspfleger) bei den Sozial- und Jugendämtern, Gesundheitsämtern, den Dienststellen der Arbeitsverwaltung, der Polizei, den Jugendgerichten tätig. In der freien Arbeit bieten Wohlfahrtsverbände, aber auch betriebliche Sozialarbeit und Werksfürsorge den SA. ein weites und vielgestaltiges Arbeitsfeld. Auch in geschlossenen Einrichtungen sozialpädagogischer, krankenpflegerischer, fürsorgerischer Art finden sich neben anderen Berufsgruppen SA. Jedoch ergibt auch die Summe aller sozialen Aktivitäten nicht den Begriff SA., aus dem allen Tätigkeiten gemeinsamen Kennzeichen zu gewinnen wäre. So ließe sich Sozialarbeit als ein Regulativ umschreiben, das Hilfe zur sozialen Eingliederung oder Wiedereingliederung des Einzelnen unter Wahrung seiner personalen Würde leistet, wenn der Gesellschaftsbezug aus individuellen oder gesellschaftl. Gründen erschwert ist.

2. *Wandel und Eigenart der Aufgaben*. Früher waren Gegenstand der Hilfe isolierte Bedürfnisse materieller Art. Diese sind zwar auch in der modernen Wohlstandsgesellschaft nicht völlig überwunden. Aber heute dominieren psycho-soziale Nöte, die, Auswirkungen des nicht bewältigten Lebens in der technisch-industriellen Leistungsgesellschaft, von vielen als Orientierungs- und Ratlosigkeit, Überforderung, Verhaltensunsicherheiten, Anpassungskonflikte, Krisen in den mitmenschl. Beziehungen empfunden werden. Die erwartete psycho-soziale Hilfe ist nicht mehr auf eine bestimmte Gesellschaftsschicht beschränkt. Sie ist nicht als Betreuung, sondern als Entwicklung sozialer Prozesse zu verstehen, die, vor allem mit dem Mittel der ↗Beratung, den Hilfesuchenden als selbständigen Partner ernst nimmt. Unter diesem Gesichtspunkt kommt dem *pädagogischen Faktor* in der an sich multidisziplinären Sozialarbeit zentrale Bedeutung zu. Dabei muß das Mißverständnis vermieden werden, als ob für Erziehung ein Abhängigkeitsverhältnis konstitutiv sei. Es geht darum, daß Sozialarbeit unter entsprechenden „Lernbedingungen" Lernprozesse anstößt, die es dem Hilfebedürftigen ermöglichen, sich mit den Lebensverhältnissen auseinanderzusetzen und soziale Lebensdefizite zu überwinden.

Jedoch genügt der Blick des SA. auf den Klienten nicht. Diese Beschränkung setzt Sozialarbeit der gesellschaftspolit. Kritik aus, daß sie an den Symptomen kuriere, statt auf die Beseitigung der gesellschaftl. Ursachen der sozialen Defizite hinzuwirken. Zweifellos muß sich Sozialarbeit zugleich auf die Beeinflussung der Lebensbedingungen des einzelnen beziehen. Die bloße Individualisierung wird als Handlungsprinzip unzulänglich, wenn vom Wirtschaftsentwurf einer Gesellschaft das Individuum nur als homo oeconomicus und, übereinstimmend damit, Resozialisierung nur als Wiedergewinnung der Wirtschaftsfähigkeit, der „Arbeitskraft", eingeschätzt wird, während der Klient in seinen übrigen sozialen und kulturellen Bedürfnissen allein gelassen wird.

Der vollen sozialen Entfaltung der Person muß Sozialarbeit konkret dienen, indem sie die Menschen im Lebensumkreis des Betroffenen (Familie, Arbeitgeber und Hausbewohner usw.) durch Information zu Verständnis und Toleranz, zur Stellungnahme und zum Einsatz ihrer familiären und berufl. Funktionen als *ihrem* Beitrag zur Hilfe bewegt.

3. *Die Stellung des Sozialarbeiters*. Sozialhilfe ist durch die gesamtgesellschaftl. Entwicklung notwendig zu einer berufl. Tätigkeit (unter geregelten Existenzbedingungen) geworden. Die wiss. fundierte Ausbildung begründet die fachl. Kompetenz; sie erfordert und rechtfertigt aber auch eine größere Freiheit, Entscheidungen ohne Weisungsdruck zu treffen und überkommene Praktiken von Berufsvollzügen auf ihre Sachgerechtheit zu prüfen. Ebenso ist der SA. durch die Verantwortung für den sachgemäßen Vollzug seines Auftrags berufsethisch gebunden. Der Erfolg seiner Kompetenz

hängt aber auch davon ab, daß sie nicht monopolistisch mißverstanden und isoliert wahrgenommen wird. Der SA. kann nicht ohne den Rückhalt einer sozial bereiten Bevölkerung arbeiten. Dazu gehört es, geeignete ehrenamtliche Helfer für geeignete Aufgaben zu gewinnen. Darüber hinaus ist in der Gesellschaft durch Öffentlichkeitsarbeit und durch Beratung gesellschaftlicher Probleme und Planungsüberlegungen in Gruppen die Verantwortung zu Hilfe und Selbsthilfe zu erreichen, so daß sich in Gemeinde und Gemeindebezirk „Gemeinwesen" entwickelt. Es gehört auch zur doppelten Blick- und Aktionsrichtung des SA. auf den Einzelnen und die Gesellschaft, sich politisch einzusetzen und seine Erfahrungen an die politisch Verantwortlichen heranzutragen.

Die Tätigkeit des SA. ist zu einem Teil auf das unmittelbare Helfen gerichtet, zum andern ist sie Vermittlung von Hilfe. Das setzt eine intensive Koordinierung und Kooperation mit den benachbarten Fachleuten voraus (z. B. Richter, Arzt), vor allem eine Zusammenarbeit mit den SB. im weiteren Sinn, den sozialpäd. und den sozialpflegerischen.

4. *Sozialberufe im weiteren Sinn.* Die rasche und tiefgreifende Strukturveränderung, die bes. die Familie betroffen hat und sie die Wahrnehmung ihrer Funktionen gegenüber Kindern und Alten als Überforderung erleben läßt, hat neue, auf die Familie gerichtete Berufe, wie ↗Familienpflegerin, Altenpflegerin, Dorfhelferin, entstehen lassen. Die Zunahme der Berufstätigkeit der Mutter und die neue Bildungseinschätzung des Vorschulalters erweitert den *sozialpädagogischen* Berufssektor. Die von Unsicherheit und Unruhe bes. betroffene Jugend kann von der Familie, auch wenn sie intakt ist, allein nicht aufgefangen werden. Außerfamiliäre und außerschulische Erziehungs- und Bildungsbemühungen (↗Sozialpädagoge, ↗Heimerzieher) sind nötig. Heimerziehung und ↗Beratung bedürfen zunehmend des ↗Heilpädagogen.

II. Sozialberufliches Ausbildungswesen

1. Die Bedeutung der Sozialarbeit und die Komplexität ihrer Aufgabe stellen gesteigerte Anforderungen an das systematisierte Wissen zur selbständigen Problemlösung. Die sich daraus ergebende Höherqualifizierung der Ausbildung der SA. wurde schon 1959 durch eine Reform in allen Bundesländern angestrebt. Zu ihren Ergebnissen gehörten: Einheitliche Grundlagenausbildung, Verlängerung auf 4 Jahre unter Einschluß eines 1jährigen Berufspraktikums nach der staatlichen Prüfung, Integration der theoretischen und praktischen Ausbildungsabschnitte unter Zusammenwirken von Schule und Praxisstelle. Die weitgestreuten, um den Menschen, seine Umwelt und die Mittel und Methoden der Hilfe gruppierten *Lehrfächer* (Ethik, Psychol., Päd., medizin. Fächer, Soziol., öff. und privates Recht, Wirtschaftskunde, Sozialpolitik, polit. Bildung, Jugendhilfe, Sozialhilfe, Methodenlehre) müssen didaktisch als verschiedene Aspekte desselben Ausbildungsauftrags verstanden werden.

Im Okt. 1971 soll die bisherige Höhere Fachschul-(HFS-)Ausbildung in den tertiären Bereich des Bildungswesens, die ↗Fachhochschule (FHS), einbezogen werden. Das gleiche gilt für die bisherigen HFSn für ↗Sozialpädagogen und ↗Heilpädagogen. Gesetzliche Grundlagen: Bundes-Hochschulrahmenges. (Kabinettsentwurf v. 18. 12. 70) und die FHS-Gesetze der Länder (1969–1970) mit bisheriger Ausnahme von Niedersachsen und Baden-Württ. (Mai 1971). Welche von den HFSn für Sozialpäd. und Heilpäd. in überwiegend nichtstaatl. Trägerschaft diesen Trägerstatus auch als FHS behalten werden, ist noch nicht sicher zu sagen. Jedoch sehen Bundes-Hochschulrahmenges. und Landesrecht freie Trägerschaft vor.

2. Auf der Ebene der ↗Fachschulen wird die *sozialpflegerische* Ausbildung zur Haus- und Familienpflegerin, Altenpflege und zur Dorfhelferin geleistet. Durch die Vereinbarung der KMK (1967) wurde für die Sozialpäd. der gestufte Zugang über die Fachschule (bisher Kindergärtnerinnenseminar) und die Höhere Fachschule (bisher Jugendleiterinnenseminar) festgelegt. Die zu bejahende Durchlässigkeit der Fachschule für den Besuch der HFS bzw. künftig der FHS darf nicht übersehen lassen, daß die Fachschule für einen Beruf ausbildet und nicht nur als Zubringerschule für die FHS verstanden wird. – Sozialpäd. Fachschulen decken auch einen Teil des Bedarfs an ↗Heimerziehern.

3. *Sozial- und heilpädagogische Vorberufe* werden an den unterschiedlich als Fach- oder Berufsfachschulen anerkannten Schulen für Kinderpflegerinnen und Heilerziehungshelfer (-pfleger) ausgebildet.

Die Schwerpunktbildung in ↗Sozialpädagogik und ↗Sozialarbeit, die in der Rahmenordnung für die Diplomprüfung in Erziehungswiss. (KMK v. 20. 3. 69) im Studium an Univ.en und PH.n ermöglicht worden ist, bedarf einer Abgrenzung zum Studium an den einschläg. FHSn.

☐ Sozialarbeit. Sozialpädagogik. Sozialpädagoge. Sozialpraktikum. Kindergärtnerin. Jugendleiterin. Jugendsozialarbeit. Gemeinwesenarbeit

Lit.: B. Haedrich, Zur Berufsbildung der SA. in Dtl. (1967); C. Becker, Die sozialen Ausbildungsstätten der Dt. Caritas (1968); O. Lingesleben, Die Berufssituation der SA. (1968); Bundesanstalt für Arbeit (Hrsg.), Schulen zur beruf. Bildung (1970); W. Dreier (Hrsg.), Über Ziel u. Methoden der Sozialarbeit (1970); H.-U. Otto - K. Utermann (Hrsg.), Sozialarbeit als Beruf. Auf dem Weg zur Professionalisierung? (1971).

H. Wollasch

Soziale Bildung für Erwachsene

SB. für Erwachsene will den Standort des Menschen im gesellschaftl. Ganzen erhellen und ihm Möglichkeiten eines persongerechten Verhaltens aufzeigen.

1. Begriff und Geschichte. In der Geschichte der SB. wurde der Begriff zunächst mit dem der ↗Arbeiterbildung gleichgesetzt. Unter dem Einfluß des „Volksvereins für das kath. Deutschland" kam das auf alle Volkskreise ausgedehnte Ziel der Erhellung der gesellschaftl. Wirklichkeit und der Vermittlung rechtlicher, volkswirtschaftlicher und soziol. Fachkenntnisse an Laien hinzu, um die demokrat. Rechte in Staat, Betrieb, Gewerkschaften und anderen Selbsthilfeorganisationen wahrnehmen zu können. F. HITZE war bahnbrechend in der prakt. Arbeit. C. SONNENSCHEIN dehnte mit seinem „Sozialen Studenten-Sekretariat" (SSS, gegr. 1908) die SB. auf Studenten und Akademiker aus. Für ihn war SB. auch Überwindung der Klassengesellschaft mit päd. Mitteln.
In der Weimarer Zeit gliederte sich die *staatsbürgerliche Erziehung* als Sonderbereich aus (↗Politische Bildung), so daß als Einzelbereiche vor allem die wirtschaftl., rechtl. und die Familienbildung erkennbar waren.
Nach 1945 trat, unter amerikan. Einfluß, die Lösung der sozialen Konflikte des einzelnen mehr in den Vordergrund des Interesses, daneben die Stärkung der sozialen Persönlichkeitskräfte (bes. der Gemeinschaftsfähigkeit), die schon in den 20er J. die soziale Bildung im Sinne A. HEINEN und A. PIEPER maßgebend bestimmte. – Heute sind alle genannten Wesenselemente in der SB. mit unterschiedl. Schwerpunkten miteinander verschmolzen.

2. Heutiges Erscheinungsbild. Während die SB. für Erwachsene im ↗Deutschen Volkshochschulverband mit der übrigen ↗Erwachsenenbildung institutionell gekoppelt ist, gibt es in der „Arbeitsgemeinschaft katholischer sozialer Bildungswerke", Limburg, eine Dachorganisation solcher kath. Einrichtungen der Erwachsenenbildung, die ausschließlich oder vornehmlich SB. betreiben. Dazu gehören Sozialinstitute, Sozialakademien, als soziale Bildungsstätten wirkende ↗Heimvolkshochschulen und verschiedene Typen offener Bildungswerke, die als Abend- oder Tagesvolkshochschulen wirksam sind. Soziale Seminare gibt es auch auf ev. Seite, ebenso die Sozialakademie in Friedewald, die das heutige Zentrum der ev. SB. genannt werden kann. Die Gewerkschaften des DGB haben sich zusammen mit dem Dt. VHS.verband in der Arbeitsgemeinschaft ↗Arbeit und Leben ein Instrument der SB. geschaffen. Von den Arbeitgeberverbänden und dem Dt. Industrieinstitut in Köln werden vor allem Seminare zur Klärung der typ. Konflikte, die in der Zusammenarbeit des Betriebes auftreten, durchgeführt.

☐ Sozialakademie. Soziale Seminare

Lit.: E. Ritter, Die kath. soziale Bewegung Dtl.s im 19. Jh. u. der Volksverein (1954); G. Brakelmann, Die soziale Frage des 19. Jh., 2 Bde. (1962); E. Bornemann - G. v. Mann-Tiechler (Hrsg.), Hdb. der Sozialerziehung, 3 Bde. (1963); Die Arbeitsgemeinschaft kath.-sozialer Bildungswerke in der BRD, eine Selbstdarstellung ihrer Bildungsarbeit (1965–66).

A. Beckel

Soziale Desirabilität ↗ Desirabilität, soziale

Soziale Dienste der Jugend

1. Ziel. SD. wollen dazu beitragen, individuelle, soziale, regionale, strukturelle, partielle und permanente Notsituationen zu beheben, indem junge Menschen unter weitgehender Ausklammerung ihrer berufl. Pläne und unter Verzicht auf eine angemessene Entlohnung freiwillig in einem begrenzten Zeitraum (2 Wochen bis 2 J.) ihre Arbeitskraft zur Verfügung stellen. Ein Zusammenhang mit der ↗Entwicklungshilfe ist gegeben. Es geht um eine Leistung für das Gemeinwohl mit konstruktiven Mitteln. Über die konkrete Hilfe in ernsthaften Notsituationen hinausgehend, wollen SD. bei Jgdl.n die Bereitschaft stärken, anderen zu helfen, u. a. um dabei zu erfahren, was dies für das Selbstverständnis bedeutet.

2. Geschichte und Formen. Anfänge gab es nach dem 1. Weltkrieg, als der Schweizer P. CERESOLE (1879–1945), ein radikaler Pazifist, im J. 1920 Freiwillige aus verschiedenen Ländern sammelte, um das zerstörte Dorf Esnes bei Verdun wiederaufbauen zu helfen. Aus diesen Anfängen entstand der „Internationale Zivildienst" (IZD), der durch internat. freiwill. Diensteinsätze – insbes. bei Naturkatastrophen – Not lindern helfen und zur Völkerverständigung beitragen will. Weiterhin sind zu nennen die Arbeitslager der Jugendbewegung mit ihren Einsätzen im Grenzland und in Siedlungsgebieten, bei denen neben der Hilfe die gemeinsame Arbeit als Mittel zur persönl. Begegnung und zum Gedankenaustausch angesehen wurde. Ein bedeutender Förderer dieser Bewegung war E. ROSENSTOCK. Der in den 30er J. von der damaligen Reichsregierung geförderte „Freiwillige Arbeitsdienst" ging über die urspr. Ansätze hinaus, weil mit diesem Instrument auch der zunehmenden Arbeitslosigkeit Jgdl. begegnet werden sollte. Der Ausbau zum „Reichsarbeitsdienst" (RAD) für die männl. Jugend und zum Pflichtjahr für die Mädchen ab 1933 hatte mit den SD.n kaum noch Gemeinsamkeiten.
Nach dem 2. Weltkrieg führte die Not der Jugend zu Hilfsmaßnahmen, z. B. der Jugendsozialarbeit, aber auch infolge der allg. Not zu örtlich begrenzten freiwill. Arbeitseinsätzen der Jugend, insbes. zu verschiedenen Formen von sog. Aufbaulagern mit dem Ziel, „junge Menschen auf internationaler Basis zum gemeinsamen Dienst an ausgewählten Projekten zu führen" (MÜLLER-SCHÖLL). Die QUÄKER begründeten zu diesem Zweck die „Nothelfergemeinschaft der Freunde". Weiterhin entstanden der „Mennonite Voluntary Service", die „Brethren Service Commission", die „Aufbauwerke der Jugend" in Tirol und in Dtl. die Initiativen des „Volksbundes Deutscher Kriegsgräberfürsorge", der „Bauorden, der „Internationale Christliche Friedensdienst" und die „Aktion Sühnezeichen" der ev. Kirche. Schließlich sind zu nennen die Aufbaulager der „Internationalen Jugendgemeinschaftsdienste" (IJGD), das „Diakonische Jahr" der ev. Kirche, der „Freiwillige Soziale Werkdienst" im Hedwig-Dransfeld-Haus, der freiwill. Hilfsdienst in den Flüchtlingslagern und der „Freiwillige So-

ziale Jahresdienst" der kath. Kirche (Jahr der Kirche). Ein von der Bundesregierung 1964 verabschiedetes Ges. zur Förderung eines freiwill. sozialen Jahres brachte finanzielle Erleichterungen und Sicherungen für die Freiwilligen und deren Eltern sowie die Gleichstellung des sozialen Jahres mit der Berufsausbildung. – Kurzfristige SD. sind Praktikantenhilfen von ↗Pro Juventute in der Schweiz mit dem Ziel des Einsatzes in Familien, die Sonntagsdienste in Krankenhäusern und Altersheimen, die Arbeitsseminare des Burckhardthauses, ↗Babysitter(dienst), Einsatz in der ↗Bahnhofsmission oder im ↗Schülerlotsendienst, Helferdienste für alte Leute usw.

3. *Motive und Wirkungsgrad.* Man kann sozialpolitische und erzieherische Gründe unterscheiden (LEMAYR). Der katastrophale Arbeitskräftemangel in Pflege- und Hauswirtschafts- sowie in sozialpäd. Berufen hat in den betreffenden Einrichtungen zu schweren Belastungen der dort Tätigen und zu Ausfallerscheinungen in den Tätigkeitsbereichen geführt. Die Hilfe von unausgebildeten oder kaum vorgebildeten Jgdl.n kann zwar die grundlegenden Mängel nicht beheben, aber doch zur Entlastung wesentlich beitragen. Bei Schwerpunkteinsätzen in Notstandsgebieten und bei Naturkatastrophen ist die Hilfe der verschiedenen Dienste unersetzlich geworden. Sie haben einen hohen gesellschaftspolit. Rang.
Zum gleichen Ergebnis führt eine Analyse der päd. Gründe. Die SD. vermitteln soziale Erfahrungen, wecken Initiative, Spontaneität, Verantwortungsbereitschaft, Toleranz und Engagement, d. h. soziale Tugenden und Haltungen, die für eine demokrat. Gesellschaft unentbehrlich sind. SD. sind ein bedeutsames Instrument politischer Erziehung und Bildung geworden, zumal sie den Bedürfnissen junger Menschen nach Erweiterung ihres Erfahrungsbereichs, nach Abwechslung, nach Gemeinschaft mit Gleichaltrigen, nach Anerkennung und persönl. Einsatz entgegenkommen.
Die Zahl der an SD.n beteiligten Jgdl.n ist relativ gering (in Aufbaulagern etwa 15 000), aber man kann davon ausgehen, daß diese Jgdl.n als Multiplikatoren wirken. Sie haben sich z. B. für öff. Angelegenheiten aufgeschlossener gezeigt als andere und sich damit als mündige Staatsbürger erwiesen. Jedoch müssen SD. in einer auf Daseinsvorsorge und Genuß ausgerichteten Gesellschaft eine Randerscheinung bleiben, wenn es nicht gelingt, das öff. Bewußtsein für soziale Fragen zu sensibilisieren.

☐ Caritasverband. Innere Mission

Lit.: D. Claessens - D. Danckwortt, Jugend in Gemeinschaftsdiensten (1957); T. Hauser (Hrsg.), SD. (1961); Jugendbericht der Bundesregierung (1965, 1968); Ch. Lemayr, SD. im Jugendalter (1966).
W. Küchenhoff

Soziale Distanz ↗ Gruppendynamik

Soziale Entwicklung ↗ Sozialisation, Sozialisierung

Soziale Frage ↗ Sozialpolitik

Soziale Gerechtigkeit
1. Die Ethik zählt von alters her die *Gerechtigkeit* unter die vier Kardinaltugenden und definiert sie bündig als die Tugend, die jedem das Seine gibt (suum cuique). Diese Forderung setzt im sozialen Bereich die ontisch fundierte Sozialnatur des Menschen voraus, welche die Grundlage für die Rechte der Gemeinschaft abgibt, auf die wiederum die SG. aufbaut. Förderung der personalen Entfaltung des einzelnen durch die Förderung des ↗ Gemeinwohls definiert als Formalobjekt die SG. Sie zeigt drei Aspekte, welche die konkrete Einheit des individuellen und sozialen Lebens voraussetzen: a) Die Beziehung der einzelnen Menschen untereinander regelt die „iustitia commutativa"; b) die Beziehung des einzelnen zur Gemeinschaft ordnet die „iustitia legalis", c) die Beziehung der Gemeinschaft zum einzelnen vollzieht sich in der „iustitia distributiva".
2. Ihr *Ziel* findet die SG. in der Schaffung und Erhaltung des *Gemeinwohls,* das von einigen kath. Sozialethikern (u. a. J. MESSNER, F. KLÜBER) in der Sache mit der SG. gleichgesetzt wird. Die SG. reguliert das Zusammenspiel der verschiedenen Sozialprinzipien und ist damit „Ausdruck des funktionalen Zusammenhangs zwischen Gliedern und Ganzem in der ständigen Bewegung des gesellschaftlichen Lebensprozesses" (O. v. NELL-BREUNING). Ebenso spiegelt sie als Ergebnis das erreichte Ziel dieser Bewegung und bildet den Kern für den *sozialen Frieden.* So umfaßt SG. sowohl die Dynamik des sozialen Fortschritts, der ständige Aufgabe bedeutet, als auch die stets relative Ruhe des in einer bestimmten Zeitepoche Erreichten.
3. In der *Gegenwart* stellt sich bes. im wirtschaftl. Leben das Problem der SG.: bei der Verteilung der Güter. Hier gilt es, unter Berücksichtigung der naturrechtlich verankerten Pflicht des gemeinwohlbezogenen Gebrauchs aller Güter, die dem geschichtlich gewachsenen Selbstbewußtsein eines Volkes jeweils angemessensten Formen des Eigentums und der Mitbestimmung im Produktionsprozeß zu finden. – Die Päpste betonen in den Sozialenzykliken der jüngsten Zeit eindringlich die Sozialverpflichtung aller wirtschaftlich und rechtlich bedeutsamen Institutionen und unterstreichen in aller Klarheit die Wandelbarkeit ihrer geschichtl. Gestalt, die nicht in

naturrechtlich begründeten, zeitlosen Normen verankert ist. Vor allem den Gewerkschaften und den Unternehmerverbänden kommt die Aufgabe zu, in Zusammenarbeit mit dem Staat wirtschaftliche Krisen durch planvolle Prognose der Zukunft zu verhindern und ständig Modelle zur besseren Gestaltung der Arbeitswelt zu entwerfen. So nimmt das Streben nach SG. einen bevorzugten Platz in dem tiefen Verlangen der Menschheit ein, zu immer höheren Stufen der Vervollkommnung zu gelangen.

☐ Soziale Bildung. Sozialakademie

Lit.: O. v. Nell-Breuning, Iustitia socialis, in: Zur sozialen Frage, Wb. der Politik, Bd. III (²1958); F. Klüber, Kath. Gesellschaftslehre, Bd. I.: Gesch. u. System (1968); J. Messner, Das Gemeinwohl. Idee – Wirklichkeit – Aufgaben (²1968).

K. A. Wohlfarth

Sozial-Enzyklika ↗ Soziallehren

Sozialer Aufstieg ↗ Mobilität, soziale

Soziale Reife ↗ Jugendalter

Sozialer Mensch ↗ Persönlichkeitstypen

Sozialer Status ↗ Rolle

Soziale Seminare

S. = Seminar, soz. = sozial

Als Institutionalform der kirchlichen ↗ Erwachsenenbildung 1950 entstanden (zuerst im Bistum Münster), haben die soz. S.e die Aufgabe, Grundkenntnisse der Politik, Verwaltung, Wirtschaft und Gesellschaft zu vermitteln, um verantwortungsbewußte Laien zu ehrenamtl., meist leitenden Tätigkeiten im Sinne eines modernen „Sozialapostolats" zu ermutigen und zu befähigen.

Die Teilnahme an den ein- oder mehrjähr. Kursen, die einen syst. Lehrplan verfolgen, setzt starken Bildungswillen der Teilnehmer voraus. Da in den regulären schul. Bildungseinrichtungen zuwenig über die Interdependenz von Staat, Gesellschaft und Sozialordnung informiert wird, füllen die soz. S.e ein themat. Vakuum der allg. Bildung aus. Über die wiss. Information und den Erfahrungsaustausch hinaus wird ein gleichzeitiges oder späteres soziales und polit. Engagement der Seminarbesucher erwartet; insofern geht aus Information die Einflußnahme auf Modelle künftigen Handelns hervor. – Prüfung und Diplomverleihung am Schluß eines Kurses betonen das starke Interesse der kath. Kirche als Trägerin der soz. S.e an der Verbindlichkeit und Wichtigkeit dieser Bildungsart. Die seminarist. Arbeitsweise macht ständige Mitarbeit der Teilnehmer nötig; freilich ist häufig ein Teilnehmerschwund von 30 bis 60% während eines Kurses zu registrieren.

Mit der Infragestellung des Naturrechts verlagert sich die Thematik mehr und mehr von der sozialphilos. Sicht der Gesellschaft auf den empirisch-sozialwiss. Aspekt, und es entsteht die Frage, ob die soz. S.e in Zukunft konkret auf Tätigkeiten im unteren und mittleren Management sowie in der Verwaltung vorbereiten sollen.

☐ Soziale Bildung. Sozialakademien

Lit.: Das soz. S., hrsg. v. der Gesamtleitung der soz. S.e durch A. Beckel (1964 ff.).

F. Pöggeler

Soziale Sicherheit ↗ Sozialpolitik

Soziales System

S. = System, soz. = sozial

Unter soz. S. versteht man einen wesentl. Aspekt der *Gruppe* in sozialpsychol. Sinn. Es soll damit ausgedrückt werden, daß eine Gruppe nicht bloß eine Ansammlung von Menschen ist. Charakteristisch für sie sind folgende *System*eigenschaften: 1. das Vorhandensein wechselseitiger Beziehungen zwischen ihren Mitgliedern, 2. die Wirksamkeit von Faktoren, die das Verhalten der Mitglieder, insbes. ihre Beziehungen zu Mitgliedern der eigenen und fremder Gruppen, steuern und 3. das Ziel bzw. Objekt, auf das die Gruppe ausgerichtet ist.

Die Beziehungen innerhalb eines soz. S.s basieren auf Positionen und Rollen, die die einzelnen Mitglieder innehaben. Ein Katalog von Normen reguliert ihr Verhalten. Die Stabilität eines soz. S.s hängt sehr davon ab, wie genau die Positionen definiert sind, wieweit sich die einzelnen Mitglieder gemäß ihrer Rolle verhalten und in welchem Maße die Normen von ihnen als verbindlich angesehen werden. In soz. S.en findet man meist relativ selbständige Einheiten *(Untersysteme)* vor, innerhalb deren eine größere Beziehungsintensität vorherrscht (z. B. Ortsgruppen innerhalb Verbänden, Cliquen innerhalb Schulklassen).

☐ Sozialstruktur

Lit.: T. Parsons, The Social System (Glencoe, Ill. 1952); J. W. McDavid – H. Harari, Social Psychol. (N. Y. 1968).

H. Saterdag

Sozialethik

Zum Basispotential menschl. Seinkönnens gehört die Grundstruktur des *Sozialen;* darum ist alle Ethik immer auch S. Da aber dieses dem sittl. Vollzug inhärente „Soziale" keineswegs eine einfache, sich unmittelbar definierende Größe ist, hängen Selbstverständnis und Leistungsfähigkeit einer S. davon ab, in welchem Verstehenshorizont das Phänomen des Sozialen ausgelegt wird.

1. *Sozialethik als Gerechtigkeitsethik.* Das Phänomen des Sozialen wird hier als Problem des menschl. Miteinanders in seiner personalen und makrostrukturellen Ordnung gefaßt. Es dominiert also ein spezifisch sozialfürsorger. bzw. sozialpolit. Verständnis des Sozialbegriffs, was sich schon in der Tatsache zeigt, daß seit dem Eindringen des Wortes „sozial" in die dt. Sprache seit Mitte des 19. Jh. dieser Begriff nicht mehr nur in der Alternation zum „Individuellen", sondern auch zum „Unsozialen" steht. Das Soziale wird zu einem Epitheton excitans, das mit dem *Gerechten* koinzidiert und sich selbst als moral. Kategorie interpretiert. Aus diesem moral. Verständnis expliziert sich S. als Gerechtigkeitsethik, wobei das Richtmaß von dem neuzeitl. Postulat der Rechts- und Chancengleichheit her gewonnen wird, dessen metaphysisches Fundament im Personprinzip grundgelegt ist, aus dem sich alle andern konstitutiven Prinzipien (Solidarität, Subsidiarität) ableiten.
2. *Die normative Geltungsstruktur des Sozialen.* Die Reduktion des Sozialbegriffs auf eine selektive ethische Kategorie wird vermieden, wenn die soziale Wirklichkeit auf die *Geltung* jener Deutungs- und Ordnungsbestände hin befragt wird, die das Bewußtsein gegebener Gesellschaften bestimmen. Eine solche Auffassung ist nur möglich auf der Basis eines Erkenntnisinteresses, das die in den etablierten Kultursystemen liegende „Wahrheit des Anspruchs" methodisch distanziert. Es müssen dann im Nachweis gegebener sozialer Interdependenzen, Zuordnungen und Abhängigkeiten die konkreten Bedingungsstrukturen sozialkultureller Einheiten erforscht werden. Die moral. Relevanz dieser Verfahren, die nicht normierend sein wollen, liegt einmal in ihrem „Informationswert" als Entscheidungshilfen für die gesellschaftl. Praxis, zum anderen in ihrer „ideologiekritischen Funktion" gegenüber doktrinären Geschichts- und Gesellschaftsdeutungen.
3. *Sozialontologie als Sozialethik.* Eine andere Auffassung liegt dort vor, wo das Soziale wesentlich in den Kategorien des „Mitseins" (Existenzphilosophie) und des „Interpersonalen" (Dialogismus) begriffen wird. Das Soziale wird hier auf ein ontolog. Grundverhältnis des Menschen zum Menschen zurückgeführt, das alles Beziehungsgeschehen und alle menschl. Zusammenordnung erst ermöglicht und in seinen Sinn bringt. In Nachordnung aller überindividuell-ontischen Normierungen und kollektiven Ordnungsinstitutionen findet menschliche Sozialität erst dort ihren moral. Wert, wo sie sich im personal-existentiellen Kräftefeld bewegt. Im Überdenken dieser Strukturen, die nicht mehr aus einer dem Personsein vorausliegenden und von ihm ontologisch unterschiedenen „menschlichen Natur", sondern aus den Vollzugsweisen des Personalen erhoben werden, wird jene Dynamik ansichtig, in der sich das Handeln einer direkten Verfügbarkeit entzieht und die ihm dennoch seine ethische Richtung weist: die „Natur" des Personalen wird zur eigentl. „Natur" des Ethischen.
4. *Sozialethik als Sozialtheologie.* Die Verweisung aller mundanen sozialeth. Entfaltungen auf einen theologalen Zusammenhang hin ergibt sich aus der Tatsache, daß die das menschl. Handeln strukturierenden Faktoren kein schlechthin letztes sinnstiftendes ethisches Richtmaß in sich tragen. Dieses Richtmaß gewinnt menschliches Handeln im Horizont christlicher Offenbarung erst mit jenem Glauben des Menschen an den Menschen, „der sich wesenhaft ... aus der gnadenhaften, freien, erlösenden Zuwendung Gottes zum Menschen konstituiert" (KORFF). Das Wissen um ein solches Richtmaß ersetzt jedoch nicht die rationale Zusammenschau der Strukturelemente des Sozialen und ihre Fundierung in einer übergreifenden sozialeth. Theorie. Denn erst unter der Voraussetzung einer Synthese, der sich das anthropolog. Gefüge so erschließt, daß in ihr der sozialontologisch grundlegende Antagonismus von Unmittelbarkeit und Distanz, von Kommunikation und Konflikt, von Liebe und Gerechtigkeit ebenso gewahrt bleibt wie die funktional-sachhafte Dimension des Sozialen, kann der Glaube als jenes äußerste Richtmaß einsichtig werden, das den Menschen weder in apolitischer Selbstbezüglichkeit und Du-Unmittelbarkeit beläßt noch ihn dem nivellierenden Anspruch funktionaler Systeme ausliefert, noch ihn auch das Geheimnis seiner Transzendenz so verstehen läßt, daß sich darin jeder Impuls zur Weltgestaltung verflüchtigt.

☐ Norm. Sozialllehren. Ethik. Dialog

Lit.: L. Berg, S. (1959, Bibliogr.); G. Wildmann, Personalismus, Solidarismus u. Gesellschaft. Der eth. u. ontolog. Grundcharakter der Gesellschaftslehre der Kirche (1961, Bibliogr.); M. Theunissen, Der Andere. Studien zur Sozialontologie der Gegenwart (1965, Bibliogr.); W. Korff, Empir. Sozialforschung u. Moral, in: Concilium 4 (1968); A. Edmaier, Dialog. Ethik. Perspektiven – Prinzipien (1969); E. Topitsch (Hrsg.), Logik der Sozialwiss.en (⁶1970, Bibliogr.).

G. Hunold

Sozialformen des Unterrichts

S. = Sozialform(en), U. = Unterricht(s)

1. Die Unterscheidung von S. des U. entspricht dem Versuch, U. in der Vielfalt seiner Erscheinungsweisen begriffl. zu fassen

und zu systematisieren. Kriterium ist dabei die unterrichtsrelevante Sozialstruktur der Klasse. Bei Anwendung dieses Kriteriums lassen sich Einzel-U., Partner-U., Gruppen-U. (einschließl. Kurs-U. und U. in Schülerarbeitsgemeinschaften), U. im Wechsel von Groß- und Kleingruppen und U. im ganzen Klassenverband unterscheiden. Die jeweil. S. des U. ist Ausdruck einer bestimmten method. und organisator. Planung des U. Das den S. entsprechende Rollen- und Sozialgefüge ist daher meist nicht „natürlich" vorgegeben, sondern muß sich entwickeln. Ob und wie das geschieht, hängt weitgehend davon ab, welchen Spielraum zur Ausbildung von Interaktionen und zur Übernahme von Rollen im Rahmen gruppenspezif. Kooperation die U.-Führung beläßt. Zwischen Lern- bzw. Arbeitsverhalten der Schüler und der S. des U. besteht ein – im einzelnen noch nicht genügend geklärter – Zusammenhang: Bestimmte U.-Aufgaben lassen sich offenbar bei bestimmten S. des U. besser verwirklichen als bei anderen.
2. Lernen bedeutet immer mindestens zweierlei: Lernen von Sachen und soziales L. (ROTH). In den verschiedenen S. des U. sollten daher Sozialerfahrungen, wie die Erfahrung von Konflikten und ihrer Lösung bzw. Austragung, vermittelt werden, um dadurch zur Sozialkompetenz zu erziehen.
3. Noch nicht genügend erforscht ist, wie sich das Interaktionsgefüge, die Lernbedingungen und die Leistungseffektivität mit der Größe und Zusammensetzung der Gruppen, z. B. deren Homogenität oder Heterogenität, verändert (GOLDBERG, PASSOW, JUSTMANN). Hinsichtl. aller S. des U. sind entsprechende Untersuchungen vonnöten. Grundsätzlich kommt es darauf an, die in der jeweil. S. liegenden Chancen zu erkennen und wahrzunehmen, um die anstehenden U.-Aufgaben der angemessenen S. zuzuordnen. Nur so gelingt es, die einseitige, etwa ideologisch begründete Bevorzugung einer einzigen S. zu verhindern.

Einzel-U. (Einzelarbeit) wurde bisher verwirklicht, wo es um die Individualisierung des Lernens und Übens ging (z. B. im außerschul. Privat-U. und in der traditionellen innerschul. Stillarbeit). Neuerdings erschließt sich dem Einzel-U. im ↗programmierten U. ein weites Feld. *Partner-U.* (Partner-Arbeit) gilt als die bes. der Grundschule angemessene Form der inneren ↗Differenzierung und als Vorform des Gruppen-U. (↗Gruppenunterricht). Dem *Wechsel von Groß- und Kleingruppen-U.* kommt dort Bedeutung zu, wo nach anfängl. Phase gemeinsamer Information (durch Film, Fernsehen, Funk, Vortrag usw.) eine Diskussion in kleinen Gruppen erfolgen soll, die evtl. wieder in der Großgruppe ausgewertet wird. (Dazu kann auch der frühere sog. Block-U. beitragen, der sich über mehrere zusammenhängende Stunden ausdehnt.) *U. im Klassenverband* ist z. B. dann sinnvoll, wenn alle Schüler einer Klasse gleichzeitig mit einem Gegenstand vertraut gemacht werden sollen, etwa bei Neueinführungen und anderen Gelegenheiten gemeinsamer Information oder Aktion.

Die S. des U. erlangen im Zusammenhang mit der ↗Gesamtschule vermehrte Bedeutung.

☐ Unterricht

Lit.: M. L. Goldberg - A. H. Passow - J. Justman, The Effects of Ability Grouping (New York 1966); F. J. Stendenbach, Soziale Interaktion u. Lernprozesse (²1967); G. Dietrich, Bildungswirkungen des Gruppen-U. (1969, Bibliogr.); H. Roth, Das didakt. Prioritätsprinzip, in: Die Dt. Schule, 61. Jhg. (1969); K. Spangenberg, Chancen der Gruppenpäd. – Gruppendynamische Modelle für Erziehung u. Unterricht (1969, ²1970); Dt. Bildungsrat, Strukturplan für das Bildungswesen (1970); K. Stöcker, Neuzeitl. Unterrichtsgestaltung (¹²1970).

Chr. Salzmann

Sozialforschung, empirische

ES. = empirische Sozialforschung, S. = Sozialforschung

I. Begriff und Funktion

Der S. im weiteren Sinne können alle Forschungstätigkeiten subsumiert werden, die sich auf die Erkenntnis gesellschaftlicher Tatbestände beziehen. Da es sich aber allg. eingebürgert hat, unter S. nur die sich empirischer Verfahren bedienende Forschung über soziale Fakten zu verstehen und S. mit *empirischer Soziologie* oder auch *Soziographie* zu identifizieren, wird auch hier von diesem Verständnis ausgegangen. S. wird definiert als die Anwendung systematischer, intersubjektiv kontrollierbarer und nachvollziehbarer Verfahren der Sammlung, Aufbereitung und Interpretation von Daten zum Zwecke des Erkennens sozialer Sachverhalte. Im Wb. der marxistisch-leninist. Soziol. wird ES. definiert als „Phase der gesellschaftlichen Untersuchung der sozialen Wirklichkeit, in der mit Hilfe der verschiedensten Methoden die Erscheinungen des gesellschaftlichen Lebens erfaßt und nach bestimmten Kriterien systematisiert werden".

Funktion und Bedeutung der ES. hängen weitgehend vom Selbstverständnis der Soziologie ab. Eine enzyklopädisch oder sozialphilos. ausgerichtete Soziol. ist in weitaus geringerem Maße – im Extremfall überhaupt nicht – auf die Resultate von ES. angewiesen als eine Soziol., die sich als reine Erfahrungswiss. versteht und nur das als existent gelten lassen will, was empirisch verifiziert ist (R. KÖNIG). – Abgesehen von ihrem Beitrag zum Fonds des soziol. Wissens kommt der ES. aber von ihren Anfängen an auch eine hervorragende instrumentale Bedeutung für die Gesellschaftspolitik zu: sie soll praxisbezogene Informationen über konkrete soziale Zustände und Entwicklungen einholen und damit Daten für die Orientierung gesellschaftspolitischen Handelns liefern. Diese Funktion ist der ES. in besonderem Maße in den sozialist. Gesellschaften zugewiesen: „Die empirische Sozialforschung ist eine Form der Verbindung der Gesellschaftswissenschaften mit dem praktischen gesellschaftlichen Leben, ... sie unterstützt die Orientierung der Gesellschaftswissenschaften auf die Lösung konkreter praktischer Aufgaben" (Wb. der marxistisch-leninist. Soziol.). Der Praxisbezug der ES. kommt auch darin zum Ausdruck, daß sie in großem Umfang als Auftragsforschung für die verschiedensten Interessenten betrieben und in den westl. Ländern zu einem großen Teil außerhalb der Hochschulen und teilweise auf kommerzieller Basis (insbes. *Meinungs-* und *Marktforschung,* Demoskopie) ausgeübt wird.

II. Geschichte

1. *International.* Die *Anfänge* oder auch Vorläufer der ES. können in die Mitte des 17. Jh. datiert und mit den engl. polit. Arithmetikern W. PETTY und J. GRAUNT markiert werden. Diese versuchten, ihre Beobachtungen in Zahl und Maß auszudrücken und dadurch menschliches Verhalten quantifizierend zu beschreiben (vgl. H. MAUS in: Hdb. der ES., Bd. I). Den Gegenstand ihrer Untersuchungen bildeten Familienbudgets und Gesetzmäßigkeiten der Bevölkerungsentwicklung. Solche Studien über Haushaltsbudgets, vornehmlich von Landarbeitern, wurden rd. 100 J. später von A. YOUNG (d. Ä. und J.) erneut durchgeführt; 1795 verwendete D. DAVIES bei den Erhebungen erstmals einen Fragebogen. Etwa zur gleichen Zeit versuchte FR. MORTON anhand früherer Aufzeichnungen die Lebensbedingungen der Arbeiter in England in der histor. Entwicklung darzustellen. – F. ENGELS bediente sich für seine Untersuchung „Die Lage der arbeitenden Klasse in England" (1845) der Materialien der Royal Commissions (Erhebungen von Fabrikinspektoren über die Lebensverhältnisse der Fabrikarbeiter), ergänzt durch Zeitungsberichte und eigene Beobachtungen, und interpretierte diese empir. Materialien in einem gesellschaftskrit. Bezugsrahmen.
Mitte des 19. Jahrhunderts sind Erhebungen über die Lebensbedingungen der Arbeiterschaft auch in Belgien und Frk. unternommen worden. Ihren Höhepunkt fanden diese Forschungen in F. LE PLAYs umfangreichen monograph. Studien über die europ. Arbeiter (1855). Seine Verfahren der Erhebung und Darstellung (detaillierte Ermittlung der Haushaltsbudgets, ergänzende Daten über die beobachteten Familien) haben die Methoden der ES. über Jahrzehnte hinweg entscheidend geprägt. In Frk. lebt die Tradition der LE-PLAY-Schule, insbes. die Intention der unmittelbaren Umsetzung von Resultaten der S. in sozialreformer. Aktionskonzepte, bis in die Gegenwart fort und hat sich nach 1945 vor allem im Zentrum „Economie et Humanisme" (bis zu seinem Tod unter der Leitung von L.-J. LEBRET O. P.) manifestiert.
Gegen Ende des 19. Jahrhunderts hat die ES. wieder in England umfangreiche Untersuchungen unternommen. So legte C. BOOTH von 1889 bis 1902 in 20 Bänden die Resultate seiner Forschungen über die Lebensverhältnisse verschiedener Bevölkerungsgruppen vor; sie wurden zum Vorbild für zahlreiche Gemeindestudien. B. S. ROWNTREE begann 1899 eine Untersuchung über die Lebensbedingungen der ärmeren Bevölkerungsgruppen in der Stadt York und wiederholte seine Erhebungen in den Jahren 1936 und 1951.
Um die Jahrhundertwende setzte auch in den USA die ES. auf breiter Basis ein, und zwar in enger Verbindung mit der theoret. Soziol. und stark auf die Gemeinde (Chicagoer Schule), auf ethnische Gruppen und auf marginale Tatbestände orientiert. Der Umfang an Untersuchungen, die sich schnell auf alle Bereiche des sozialen Lebens ausgedehnt haben, ist in der Zwischenzeit unübersehbar geworden. Eine Koordinierung erfolgt seit 1924 im „Social Science Research Council".

Nach 1945 hat sich die ES. überall in der Welt weiter ausgebreitet oder neu etabliert. Eine neue Entwicklung stellen die Bemühungen um komparative Untersuchungen (international, interkulturell) dar. In den sozialist. Ländern Europas ist eine starke Entfaltung nach 1960 zu beobachten.

2. In *Deutschland* begann die ES. um 1850. Am *Anfang* stehen Enquêten über die Lebensbedingungen der Landarbeiter (A. v. LENGERKE 1847, T. v. d. GOLTZ 1875, M. WEBER 1893 und 1899) und sozialmedizinisch inspirierte Erhebungen über die Lebens- und Arbeitsbedingungen des Industrieproletariats, über Elendsviertel, sanitäre Verhältnisse und über Zustände in Gefängnissen (VIRCHOW und NEUMANN; vgl. A. OBERSCHALL). F. TÖNNIES hat auf statist. Basis und unter der Bezeichnung *Soziographie* empirische Studien über Selbstmorde, Kriminalität und Wahlverhalten unternommen. Methodisch an TÖNNIES anschließend, legte T. GEIGER 1932 seine berühmt gewordene Studie über die soziale Schichtung des dt. Volkes vor.

Unmittelbar nach 1945 nahm die ES. in der BRD einen großen Aufschwung und befaßte sich zunächst vornehmlich mit aktuellen Problemen der Nachkriegssituation (Eingliederung der Vertriebenen und Flüchtlinge, Wandlungen der Familie, Situation der Jugend). Das Forschungsfeld hat sich in der Folgezeit sowohl thematisch als auch hinsichtlich der Zahl der engagierten Institute und des Personals stark ausgeweitet. In den letzten Jahren ist eine große Aktivität auf dem Gebiete der *Bildungsforschung* zu verzeichnen; die ↗Max-Planck-Gesellschaft errichtete 1962 ein eigenes Inst. für Bildungsforschung. – Die ES. in der DDR hat sich bisher vornehmlich mit Fragen der Jugend, des Industriebetriebes und der Verbrauchsforschung beschäftigt.

III. Methoden und Verfahren

1. Fragen der Methoden und der Verfahrenstechniken spielen in der ES. seit Jahrzehnten eine große Rolle und werden immer wieder diskutiert. Sehr bedeutsame Beiträge zur *Entwicklung der Verfahren und Methoden* sind in der neueren Zeit von der amerikan. Forschung eingebracht worden, wobei euro-

112

päische Emigranten einen Großteil beisteuerten (u. a. F. ZNANIECKI, B. MALINOWSKI, K. LEWIN, P. LAZARSFELD, T. W. ADORNO). Neben grundsätzl. method. Fragen um die Erkenntnisziele und die Funktion der ES. geht es in der Diskussion um die Verbesserung der Erhebungs- und Aufbereitungsverfahren.
2. Auf der Ebene der *Datengewinnung* sind insbes. die Fragen der Gültigkeit (tatsächlich die Fakten zu erheben, die eingeholt werden sollen), der Verläßlichkeit (formale Genauigkeit) und der Auswahl der Erhebungseinheiten (in der Regel können nur Stichproben untersucht werden, die für die Gesamtheit repräsentativ sein sollen) von Bedeutung. Im übrigen können die Daten für eine Untersuchung bereits vorhandenen Dokumenten entnommen (statistischen Quellenwerken, Aktenaufzeichnungen, biographischen Dokumenten, allgemeinen Informationsträgern) oder eigens erhoben werden (*Querschnitt*- oder *Längsschnitterhebungen* mittels Fragebogen, *Beobachtung* oder *Experiment*). Vor kurzem wurde das Verfahren der *Sekundäranalyse* entwickelt. Dabei wird auf die Materialien früherer Untersuchungen zurückgegriffen, eine andere Fragestellung formuliert und das Material in modifizierter Form aufbereitet. Dieses Verfahren kann um so stärker zum Zuge kommen, je mehr Erhebungsdaten in Archiven gespeichert werden.
3. In der Phase der *Aufbereitung* geht es im wesentl. darum, wie die gewonnenen Daten am zweckmäßigsten angeordnet und miteinander kombiniert werden sollen, um dem Erkenntnisziel der jeweiligen Untersuchung, wie es in der Problemstellung beschrieben und in der Arbeitshypothese antizipatorisch formuliert wurde, möglichst nahe zu kommen, d. h. konkret, die Arbeitshypothese zu verifizieren oder zu falsifizieren. Man nimmt dazu verschiedenartige Gruppierungen und Rechenoperationen mit den erhobenen Daten vor (Häufigkeitsverteilung von Merkmalen und Merkmalkombinationen, Skalierungen, Regressions- oder Korrelationsrechnungen, Faktorenanalysen, Signifikanzberechnungen). Die Ergebnisse der Datenanordnung und der Berechnung von Zusammenhängen zwischen den Daten bilden die Basis für die Interpretation der Untersuchungsbefunde und das Testen der Ausgangshypothesen.

☐ Soziologie

Lit.: 1. Allg. u. Gesch.: G. A. Lundberg, Social Research (New York 1929); K. Lewin, Field Theory in Social Science (New York 1951, dt.: Feldtheorie in den Sozialwiss.en, 1963); R. König, Prakt. S. (1952); – (Hrsg.), Hdb. der ES., Bd. 1 (1962, ²1967); Bd. 2 (1969); Inst. für S. Hrsg., ES., in: Hwb. der Sozialwiss.en, Bd. 9 (1956); A. Oberschall, Empirical Social Research in Germany 1848–1914 (Paris 1965); E. Topitsch (Hrsg.), Logik der Sozialwiss.en (1965, ⁶1970); W. Mangold, ES. (1967); H. Hartmann, ES. (1970); UNESCO, Tendances principales de la Recherche dans les Sciences Sociales et Humaines, première partie (Paris 1970).
2. Methoden: G. Schnapper-Arndt, Zur Methodologie sozialer Enquêten (1888); W. Siebel, Die Logik des Experiments in den Sozialwiss.en (1965); V. Stoljarow (Hrsg.), Zur Technik u. Methodologie einiger quantifizierender Methoden der soziol. Forschung (1966); P. Atteslander, Methoden der ES. (1969); R. Mayntz - K. Holm - P. Hübner, Einf. in die Methoden der ES. (1969, ²1970).
3. Berühmte Untersuchungen: F. Le Play, Les Ouvriers européens (Paris 1855); G. Schnapper-Arndt, Fünf Dorfgemeinden auf dem Hohen Taunus (1883); E. Durkheim, Le Suicide (Paris 1897); W. I. Thomas - F. Znaniecki, The Polish Peasant in Europe and America (Boston 1918–20); E. Park u. a., The City (Chicago 1925); R. S. u. H. M. Lynd, Middletown (New York 1929); –, Middletown in Transition (New York 1937); Th. Geiger, Die soziale Schichtung des dt. Volkes (1932); W. L. Warner (Hrsg.), The Yankee City Series (New Haven 1941 ff.); P. F. Lazarsfeld u. a., The People's Choice (New York 1941); S. A. Stouffer u. a., Studies in Social Psychology in World War II (Glencoe, Ill. 1949 ff); T. W. Adorno u. a., The Authoritarian Personality (New York 1950); B. S. Rowntree, Poverty (London 1961).

W. Menges

Sozialhilfe ↗ Sozialarbeit ↗ Bundessozialhilfegesetz

Sozialisation (Sozialisierung)

S. bezeichnet den Prozeß der Eingliederung eines Individuums in die Gesellschaft oder in eine ihrer Gruppen über den Prozeß des Lernens der Normen und Werte der jeweiligen Gruppe und Gesellschaft. – Gemäß dieser Definition verkörpert die S.sforschung die Vereinigung von drei Perspektiven. Die S. wird als *Lernprozeß* aufgefaßt (1); als zentrale *Inhalte* dieses Lernprozesses gelten Wert- und Normensysteme (2); das Lernen dieser Inhalte wird immer auf die *sozialen Erwartungen und Beeinflussungen* bezogen (3).
1. Im Rahmen der Anlage-Umwelt-Diskussion unterscheidet man im wesentl. zwei Prozesse der Verhaltensänderung: *Reifungsprozesse* liegen dann vor, wenn eine Verhaltensänderung erfolgt, ohne daß eine (deutliche) Variation der Reaktionen nach Erfahrungen bzw. Übungen festgestellt werden kann. Von *Lernprozessen* wird dann gesprochen, wenn die Verhaltensänderung durch unterschiedl. Erfahrungen (Übungsmöglichkeiten, Belohnungen) erklärbar ist. Die Lernpsychol. beschäftigt sich meist mit formalen Merkmalen des Verhaltens (Anzahl richtiger Lösungen, Sicherheit und Schnelligkeit einer Reaktion, Vielzahl der gelernten Assoziationen). – Wenn der S.sprozeß aus dieser Perspektive analysiert wird, sind die Erfahrungen eines Individuums in seiner soziokultu-

rellen Umwelt (wofür es belohnt und bestraft wird, welche Verhaltensweisen bes. geübt werden) von Interesse.
2. Prozesse der S. können immer als Lernprozesse interpretiert werden. Für die S.sforschung sind jedoch zusätzlich die *Inhalte* des Gelernten wichtig. Zu ihnen können z. B. gehören: Meinungen über die Ursachen von Kriegen, über die Merkmale eines Feindes, über das Leben nach dem Tode sowie Regelsysteme wie das der Mathematik oder der Ethik.
Jene Inhalte, über die in einer Gruppe oder Gesellschaft ein relativer Konsensus besteht, werden mit dem Begriff der *Kultur* zusammengefaßt. Wenn man von S. spricht, konzentriert man sich auf eine besondere Klasse von kulturellen Inhalten: auf Normen und Werte. „Werte" bezeichnen kulturspezifische Präferenz- und Auszeichnungssysteme, d. h., sie charakterisieren die erstrebenswerten Sachverhalte (Tugenden wie Sparen, Keuschheit, Höflichkeit, Leistung). Als „Normen" werden von Wertsystemen abgeleitete Imperative und Handlungsanweisungen angesehen („Wenn ein Gast das Zimmer betritt, dann sollst du aufstehen!"). Im Prozeß der S. werden solche Normen- und Wertsysteme (Sexualmoral, Höflichkeitskodex, polit. Wertsystem, Weltanschauung) gelernt und verinnerlicht.
3. Der S.sprozeß ist immer in einer zweifachen Spannung zu sehen: einmal von den Bedürfnissen und Trieben des Individuums, zum andern von den Anforderungen der Gesellschaft her. – Wenn der Pol der Bedürfnisse und Triebe des Individuums im Vordergrund steht, wird die Notwendigkeit betont, daß der Heranwachsende für sein „Impuls-System" ein „Kontroll-System" erwirbt, das als „Gewissen" fungiert, durch *soziale Beeinflussung* entsteht und die sozial akzeptierten Wege der Bedürfnisbefriedigung repräsentiert. Um etwa sexuelle Bedürfnisse zu befriedigen, muß jemand in unserer Gesellschaft ein kompliziertes Regelsystem befolgen (z. B. voreheliche Enthaltsamkeit, Heirat, Zukunftssicherung), dessen Verletzung (kulturell bedingte) Schuldgefühle produziert. – In einer auf die Anforderungen der Gesellschaft konzentrierten Perspektive wird betont, daß die organ. Gemeinsamkeiten des Menschen keine hinreichenden Bedingungen für soziales Zusammenleben bilden. Es bedarf einer Normierung des Verhaltens, die Voraussagen erlaubt und so *soziale Erwartungen* möglich und realisierbar macht. Die sozialen Normierungen werden im Prozeß der S. durch Sanktionierung und Belehrung verinnerlicht.

In einer krit. Sicht auf S.sprozesse muß gefragt werden, wie Normen- und Wertsysteme zu begründen und zu legitimieren sind und wie das ideale Verhältnis zwischen sozialen Erwartungen und individuellen Bedürfnissen auszusehen hat. Je größer der Konsensus einer Gesellschaft über die geltenden sozialen Normierungen ist, desto weniger bewußt wird dieser Tatbestand und desto reibungsloser kann die Indoktrination und Integration in das bestehende System erfolgen.
☐ Internalisation und Sozialisation. Gewissen. Norm

Lit.: J. Aronfreed, Conduct and Conscience (New York 1968); D. A. Goslin (Hrsg.), Handbook of Socialisation Theory and Research (Chicago 1969); H. Fend, Sozialisierung u. Erziehung (1969); –, Konformität u. Selbstbestimmung (1971).

H. Fend

Sozialismus

I. Begriff

S. ist für Millionen von Menschen die Parole, in der sie zusammenfassen, wie nach ihren Vorstellungen das menschl. Zusammenleben in Brüderlichkeit, Freiheit und Gerechtigkeit gestaltet sein sollte. Im einzelnen gehen diese Vorstellungen weit auseinander, allen gemeinsam ist aber der Gegensatz gegen Selbstherrlichkeit der einzelnen. Hatte der ↗Individualismus einseitig Wert und Würde des Einzelmenschen betont, so sollte nun wieder zur Geltung gebracht werden, daß der Mensch nicht weniger *gesellschaftliches* Wesen als Einzelwesen ist. Wenn in der Frz. Revolution das Bürgertum „liberté, égalité, fraternité" gefordert hatte, aber nur für sich selbst, so sollte das nun für *alle* gelten. Gesellschaftsgestaltende Maßnahmen sollten allen, auch den bisher „Enterbten", die Anerkennung ihrer Menschenwürde und die Teilhabe an allen Gütern des kulturellen, sozialen und polit. Lebens sichern.
Nennt man die *gleich*gewichtige Betonung der Individual- und Sozialnatur des Menschen „sozial", so kann man die *Über*betonung seiner Sozialnatur auf Kosten seiner Individualnatur, des Kollektivs zu Lasten des Individuums „sozialistisch" nennen; beiden entspricht das *eine* Hauptwort „Sozialismus". Ordnungen, die sich in allen nur erdenkl. Abstufungen von ausgewogenem Gleichgewicht und wechselseitiger Verantwortung von Einzelmensch und Gesellschaft bis zu dem Extrem erstrecken, daß die einzelnen nur noch willenlose Rädchen der Riesenmaschine des Kollektivs sind, nennen sich S. Darum könnte man auch die für ausgewogenes Gleichgewicht eintretende christl. ↗Soziallehre „christlichen Sozialismus" nennen; das hat sich jedoch nicht eingebürgert; so

blieb die Bezeichnung S. den Strömungen oder Richtungen vorbehalten, die sich spezifisch gegen die *individualistische* Einseitigkeit kehren.

II. Entwicklungen des Sozialismus

1. *Der totalitär-autoritäre S.* Er unterscheidet terminologisch zwei Stufen seiner Verwirklichung: die in den Ländern des Ostblocks bereits verwirklichte Stufe des S. („jeder nach seinen Fähigkeiten, jedem nach seiner Leistung") und die Endstufe des (Voll-)Kommunismus, in der die Güterknappheit überwunden sein soll und das „jedem nach seiner Leistung" ersetzt wird durch „jedem nach seinen Bedürfnissen". – Da sich bei uns mit „sozialistisch" leicht die Vorstellung eines solchen S. verbindet, bezeichnen die Anhänger eines freiheitlich-demokrat. S. ihre Haltung lieber als „sozialdemokratisch".

2. *Wurzeln des S.* Treffend hat man den S. gekennzeichnet als „verkannte Liebe und verletzte Gerechtigkeit": Die „Enterbten" fühlten sich als Ausgestoßene, wollten aber Mitmenschen sein und als solche angenommen werden; das ist die *ideale* Wurzel des S. Das Aufbegehren gegen die kraß ungleiche, jeder Rechtfertigung entbehrende Verteilung der ird. Güter ist seine *materielle* Komponente. Dem materiell-interessemäßigen Moment verdankt die Bewegung ihre Breite; aber nur die ideale Wurzel, die als ideale Komponente immer noch fortwirkt, ließ den S. für so viele zur „Ersatzreligion" werden. – Für eine Bewegung, die sich an den im gesellschaftl. und wirtschaftl. Leben herrschenden Ungerechtigkeiten, an der extrem ungleichen Verteilung der Güter und der Chancen entzündete, war es verführerisch, im Namen der Gerechtigkeit allgemeine Gleichheit zu fordern, was sie in Konflikt mit ihrer anderen Forderung, der Freiheit, bringen mußte. Extreme Formen des S. sind dieser Gefahr erlegen und haben zu äußerster Unfreiheit geführt, ohne doch die Gleichheit verwirklichen zu können.

Der Gleichklang von S. und *Sozialisierung* hat zur Verwechslung beider geführt; zeitweilig haben selbst führende Sozialisten ihren S. so verstanden. Das ist heute überholt; die Überführung der Produktionsmittel in Gesellschaftsbesitz ist keine Besonderheit des S., und in Programmen des heutigen freiheitlich-demokrat. S. rangiert sie bei weitem nicht an erster Stelle.

Obwohl im bewußten Gegensatz zum *Liberal-Kapitalismus* entstanden, hat der S. so viele liberale Ideen und Wertungen übernommen, daß man ihn als „des Liberalismus natürliches Kind" bezeichnen konnte. Er ist auch nicht schlechthin antikapitalistisch, sondern eine *innerkapitalist.* Gegenbewegung gegen den (liberalen Privat-)Kapitalismus. Dort, wo der S. zur Macht gelangt ist, gleichviel ob im Westen (England, Schweden) oder im Osten, weist die von ihm aufgebaute Wirtschaft weithin (staats-)kapitalist. Züge auf.

3. *Menschenbild im S.* Wie für alle Vorstellungen von einer Ordnung der menschl. Gesellschaft, so ist auch für den S. die Frage grundlegend: *Was ist der Mensch?* Das gilt auch noch für die in unsern Augen ganz und gar unmenschl. Ausprägungen des S. (Stalinismus, Maoismus). Bei K. MARX steht diese Frage vorne an; die Antwort, die seine dialekt. Philos. darauf gibt, ist allerdings der großen Mehrheit seiner Anhänger (und Gegner!) unbekannt und erschließt sich nur einem esoter. Kreis.

Dagegen spielen bei allen Spielarten des S. die Vorstellungen von der *pädagogischen Manipulierbarkeit* des Menschen eine entscheidende Rolle: Der von Hause aus gute Mensch ist nur durch die unseligen gesellschaftl. und wirtschaftl. Verhältnisse verdorben; die heutigen Zustände in Gesellschaft und Wirtschaft bringen mit Notwendigkeit den selbstsücht., eigennütz., fremde Schwäche rücksichtslos ausbeutenden Menschen hervor; man muß nur die Verhältnisse ändern, dann wird der Mensch ganz von selbst wieder selbstlos, hilfsbereit und arbeitsfreudig. – Wenden wir dagegen ein, eine Gesellschaft und Wirtschaft, die überhaupt nicht an das Eigeninteresse appelliert und alles von der selbstlosen Hingabe an die Gemeinschaft erwartet, lasse sich mit Menschen, wie sie nun einmal sind, nicht verwirklichen, so ficht das den S. nicht an: das gälte nur von den durch die kapitalist. Gesellschaft und Wirtschaft korrumpierten Menschen. Darin steckt ein Korn Wahrheit; aus Erfahrung wissen wir, wie in Notzeiten oder Zeiten politischer Unruhe bestimmte Verbrechen sich häufen, die nachher wieder verschwinden. – Die Erwartung jedoch, in einer sozialist. Gesellschaft, in der es keine Macht von Menschen über Menschen, keine Unterdrückung, keine Ausbeutung mehr gäbe, bedürfe es keiner Anreize mehr, um den Menschen zur Erfüllung seiner Pflichten und Einsatz für die Gemeinschaft zu bewegen, der Mensch werde arbeiten, weil er in der Arbeit seine Selbstverwirklichung finde, ja, zufolge seiner „Einsicht in die Notwendigkeit" werde er aus freien Stücken sich jedweder Arbeit unterziehen, die gerade getan werden muß – diese Erwartung scheint uns aller Erfahrung zu widersprechen. Um den Gegenbeweis zu erbringen, müßte der S. zuvor seine Gesellschaft bereits verwirklicht haben. Für *dogmatisch starren S.* wäre das ein Dilemma: eine sozialist. Gesellschaft läßt sich nur mit Sozialisten aufbauen; den sozialist. Menschen kann es aber erst in der sozialist. Gesellschaft geben. *Pragmatische* sozialistische Pädagogen und Kulturpolitiker stoßen sich daran nicht; sie glauben an eine Erziehung nicht nur *im* S. und *durch* den S., sondern auch *zum* S. (sozialist. Bildungswesen und Kulturbewegung).

4. *Soziale und sozialistische Bewegungen.* Sozialbewegungen, ja soziale Revolten hat es immer und überall gegeben, der S. dagegen als Antwort auf den Individualismus und den von ihm geprägten Liberal-Kapitalismus gehört mit ihnen dem europ. (westlichen) Kulturkreis der Neuzeit an. In Dtl. war lange Zeit der von K. MARX sich herleitende und von ihm im Gegensatz zu den „utopischen" Vorgängern als „wissenschaftlich" bezeichnete S. so gut wie alleinherrschend. Das hat uns den Blick auf die in andern Ländern verbreiteten, aus anderen Quellen sich herleitenden und zum Teil sehr viel älteren Formen des S. verstellt. Sowohl der frz. als auch der engl. und skandinav. S. sind von MARX durchaus unabhängig; im Gegensatz zu seiner materialist. Dialektik und seinem ökonom. Determinismus ist namentlich der engl. S. stark mit christl. Gedankengut gespeist. In der BRD hat der S. sich mehr und mehr von der marxist. Dogmatik gelöst, hat auch den Revisionismus bereits hinter sich gelassen und sich im *Godesberger Grundsatzprogramm der SPD* 1959 ein weltanschaulich offenes Programm gegeben. „Es gibt keine sozialistische Weltanschauung, aber ohne festen weltanschaulichen Boden ist man kein Sozialist" (W. EICHLER).

Im Zeitalter des Kolonialismus und der Entkolonialisierung sind in fast allen Ländern *sozialistische Bewegungen* entstanden. Viele von ihnen sind mehr nat. Befreiungsbewegungen und nach Innen mehr Auflehnung gegen feudale Strukturen als gegen die noch in den Anfängen stehende kapitalist. Entwicklung. Zwar gehören auch diese (namentlich afrikanischen und asiatischen) Länder der „Sozialistischen Internationale" von 1951 an, aber der Zusammenhalt ist schwach und das gegenseitige Verständnis gering. Das *Frankfurter Manifest* v. 3. 7. 1951 ist mehr ein Programm der Demokratie als des S., meint aber – ohne es einsichtig zu machen –, echte Demokratie sei nur im S. möglich.

In dem Maße, wie die sozialdemokrat. Parteien sich von Arbeiterparteien zu Volksparteien entwickeln, muß wohl das spezifisch Soziale – wenn man darunter Gerechtigkeit für die *schwachen* Glieder der Gesellschaft versteht – zurücktreten gegenüber dem Demokratischen, der aktiven Gleichberechtigung *aller* im gesellschaftl. und polit. Leben.

☐ Marxismus und Erziehung. Kommunismus und Erziehung. Totalitarismus und Erziehung

Lit. (Lex.-Artikel) in: Hwb. der Sozialwiss.en, Bd. 9 (1956, Lit.); Staatslex., Bd. 6 (⁶1961, Lit.); LThK, Bd. 9 (²1964, Lit.); RGG, Bd. 6 (³1962, Lit.); Ev. Staatslex. (1966, Lit.).
Weitere Lit.: Th. Steinbüchel, Der S. als sittl. Idee (1921); –, S. (1950); Th. Ramm, Die großen Sozialisten als Rechts- u. Sozialphilosophen (1955); W. Eichler - H. Junker - G. Wuthe, Gesellschaftspolit. Ordnungsvorstellungen des demokrat. S., in: Menschenwürdige Gesellschaft, hrsg. v. der Staatsbürgerl. Bildungsstelle NRW (²1963); F. Osterroth-Schuster, Chronik der dt. Sozialdemokratie (1964); Programme der dt. Sozialdemokratie (1964); W. Hildebrand, Der Mensch im Godesberger Programm der SPD (1967).

O. v. Nell-Breuning

Sozialismus und Erziehung

S. = Sozialismus, s. = sozialistisch

1. Als *Gesellschaftsideal* und *Ideenbewegung* läßt sich S. – ähnlich wie Kommunismus – bis in MA. und Antike zurückverfolgen; als polit. Theorie der Arbeiterbewegung entstand er im 19. Jh.; als „wissenschaftlicher" S. entspricht er dem Marxismus; als „religiöser" S. sucht er christl. Gedanken zu integrieren; als „demokratischer" oder „freiheitlicher" S. will er sich gegen den totalitären Kommunismus abgrenzen.

Diese Breite und Vielfalt des S.begriffs in seinen histor. Wurzeln und aktuellen Ausprägungen erschwert es, ihn als geschlossene Weltanschauung zu fassen, wie dies beim Kommunismus dank dessen Eigenschaft als polit. Herrschaftsideologie möglich ist. Während der marxist.-leninist. Gesellschaftstheorie S. als erste Stufe beim Übergang zum Endzustand der klassenlosen kommunist. Gesellschaft definiert, bezeichnet S. im unorthodoxen Verständnis die mittels praktischer Reformen herbeizuführende sozial gerechtere und solidarische Ordnung, welche die demokrat. Freiheitsrechte des einzelnen garantiert. Die für den marxist. S. grundlegende Idee der Aufhebung des Privateigentums an den Produktionsmitteln ist für den demokrat. S. nicht mehr zentral. Dieser Linie folgen die meisten s. bzw. sozialdemokratischen Parteien in Europa.

2. Im *allgemeinen Sprachgebrauch*, aber auch in wiss. Lit. wird s. Erziehung oder Päd. meistens mit marxistischer, häufig auch kommunistischer gleichgesetzt. Bis zur Spaltung der internat. s. Arbeiterbewegung (nach 1917/18) gab es eine gemeinsame Grundauffassung über s. Erziehungsziele und Schulpolitik; sie differenzierte sich zunehmend nach den jeweiligen nat. Bedingungen und polit. Verhältnissen. Dabei kam es zur Annäherung sozialdemokrat. Ziele und Forderungen an bürgerlich-liberale und zur Abgrenzung gegenüber kommunistischen. Aufgrund gemeinsamer historischer Abkunft und einiger grundsätzlicher Postulate bleibt an-

dererseits eine gewisse Verwandtschaft zu letzteren erhalten, mit unterschiedlichen prakt. Konsequenzen in der Schulpolitik einzelner Länder in Europa.

In den päd. Gedanken der Frühsozialisten (SAINT-SIMON, FOURIER, OWEN) finden sich bereits kennzeichnende Forderungen s. Erziehung: internatsähnliche Gemeinschaftserziehung vom frühen Alter an, Verbindung des Unterrichts mit körperlicher Arbeit, Ablehnung kirchl.-religiöser Unterweisung. Für die s. Bewegung waren diese sozialutopischen päd. Vorstellungen jedoch weniger maßgeblich als einige marxist. Grundauffassungen und die polit. Auseinandersetzung um die Schule.

Die dt. Sozialdemokratie im 19. und frühen 20. Jh. (W. LIEBKNECHT, A. BEBEL, H. SCHULZ, Clara ZETKIN) wandte sich vor allem gegen die klassenbedingte Trennung des Volks- und höheren Schulwesens und forderte Einheitlichkeit des Schulwesens vom Kindergarten bis zur Hochschule, völlige Trennung von Schule und Kirche, volle Unentgeltlichkeit des Unterrichts, wiss.-materialist. Fachunterricht („Wissen ist Macht"), Einführung des prakt. Arbeitsunterrichts, zahlreiche soziale Maßnahmen für die Kinder aus dem Proletariat. Diese schulpolit. Forderungen und päd. Reformvorstellungen (z. B. R. SEIDELs Schrift „Arbeitsunterricht", 1885) gingen zum großen Teil in die sozialdemokrat. Schulpolitik der Weimarer Republik ein, meist unter Verzicht auf das ursprüngliche s. Endziel und als Kompromiß mit der gesellschaftl.-polit. Wirklichkeit. Im Bund der ↗Entschiedenen Schulreformer (P. OESTREICH) verbanden sich s. Erziehungsideen und Reformpäd. Der Gedanke der „Einheitlichen Produktionsschule" und der „Elastischen Einheitsschule" konnte sich jedoch nicht einmal in der SPD durchsetzen.

3. Nach 1945 haben die s. Parteien in Europa *pragmatische Bildungspolitik* betrieben (vor allem in Schweden, Großbritannien, den Niederlanden und der BRD), wobei folgende *Prinzipien* in der Regel leitend sind: einheitlicher horizontaler Aufbau des Bildungswesens (Einheits- oder Gesamtschulsystem), Verbesserung der Bildungschancen der sozial schwächeren Schichten durch Lernmittelfreiheit sowie Ausbildungsförderung, Annäherung und Verbindung von Allgemein- und Berufsbildung, breiter Zugang zu den Hochschulen. Die s. Parteien lehnen eine einheitliche ideologische Erziehung der Jugend ab und nehmen zur Frage des Religionsunterrichts in den öff. Schulen eine nach den Gegebenheiten der betreffenden Länder unterschiedliche Stellung ein. Privatschulen wird ebenfalls Raum gewährt. Entsprechend der Grundauffassung, daß S. kein Religionsersatz ist, vertritt der demokratische S. im Gegensatz zum Kommunismus die Freiheit von Wiss. und Unterricht, die er als wesentliche Bedingung der Erziehung ansieht. In der päd. Theorie gehen von dem Gedanken der ↗Emanzipation wichtige Impulse für eine Neufassung s. Erziehungsideale aus, ohne daß bereits von einer modernen s. Erziehungs- und Bildungstheorie als solcher gesprochen werden könnte.

☐ Kommunismus und Erziehung. Marxismus und Erziehung

Lit.: H. Schulz, Sozialdemokratie u. Schule (1907, ³1920); O. Rühle, Erziehung zum S. (1920); M. Adler, Neue Menschen – Gedanken über s. Erziehung (1924); K. Kerlöw-Löwenstein, Das Kind als Träger der werdenden Gesellschaft (²1928); D. Breitenstein, Die s. Erziehungsbewegung (1930); A. Siemsen, Die gesellschaftl. Grundlagen d. Erziehung (1948); L. Knorr, Gedanken zur s. Erziehung (1954, ²1956); Bildungspolit. Leitsätze der SPD (1964); T. Dietrich, S. Päd. (1966); M. Dommanget, Les Grands Socialistes et l'Éducation (Paris 1970).

O. Anweiler

Sozialistische Jugend (Die Falken)

1. *Entstehung.* Die SJ. Dtl.s *(Die Falken),* unabhängiger Jugend- und Erziehungsverband, politisch der SPD nahestehend, entstand nach 1945 aus der früheren sozialist. Arbeiterjugend (SAJ) und der Reichsarbeitsgemeinschaft der Kinderfreunde. Die SAJ (Vorsitzender u. a. E. OLLENHAUER) ging auf die Zentralstelle für die arbeitende Jugend (Mitglieder: EBERT, H. MÜLLER, LEGIEN) zurück, die 1908 die in Berlin 1904 gegr. norddt. Vereine der Lehrlinge und jgdl. Arbeiter und die süddt. Vereine junger Arbeiter zusammenfaßte. Die Kinderfreunde entstanden 1924 unter K. LÖWENSTEIN (Schulrat in Berlin und Mitglied des Reichstages).

2. *Ziele.* Die SJ. will durch sozialist. Erziehung Kinder und Jgdl. zu schöpfer. und gesellschaftlich bewußt handelnden Menschen und für sozialist. Tätigkeit heranbilden. Ihre Erziehungstheorien gehen zurück auf M. ADLER (Neue Menschen), F. KANITZ (Das proletar. Kind in der bürgerl. Gesellschaft), K. LÖWENSTEIN (Das Kind als Träger der werdenden Gesellschaft), Anna SIEMSEN (Selbsterziehung der Jugend), A. TESAREK (Das Kind ist entdeckt). Die SJ. wurde zu einem der führenden Jugendverbände in der BRD. Neben vielfältigen polit. Aufgaben (u. a. im DBJR) nimmt ihre Erziehungsarbeit einen breiten Raum ein.

Die SJ. gliedert sich in *Falken* (6–12 J.), *Rote Falken* (12–16 J.) und *sozialistische Jugend.* Schwerpunkte der Gruppenarbeit sind schöpfer. Erziehung, Pflege des Gemeinschaftslebens, Verantwortungserziehung und praktizierte Selbstverwaltung. Die polit. Bildung umfaßt alle Stufen, bes. aber die Jugendgruppen. In Zeltlagern mit jährl. 30 000 Teilnehmern stehen Entscheidungsfreiheit, Eigenverantwortung, Selbstbestimmung im Vordergrund. Die SJ. lehnt den Zwang als Mittel der Erziehung ab. Repressionsfreie Sexualerziehung ist ein elementarer Faktor ihrer Erziehungsarbeit. Demgemäß will die SJ. einwirken auf eine Demokratisierung aller Erziehungsbereiche (Familie und Schule). Sie fordert strukturelle Änderung des Schulwesens, altersgemäße Schülermitbestimmung, Beseitigung autoritativer Methoden, Veränderung der Bildungsinhalte. Die SJ. ist Mitglied der Internat. Falkenbewegung (Socialist Educational International) und der International Union of Socialist Youth. Sie hat zur Entwicklung internat. sozialist. Jugend- und Erziehungsarbeit erheblich beigetragen.

Lit.: E. Lindstaedt, Mit uns zieht die neue Zeit. Gesch. der Arbeiterjugend (1954); Grundsatzerklärung u. Satzung (1963); B. Brücher, Gesch. der sozialist. Erziehungs-Internationale, in: jg[junge gemeinschaft]-aktuell Nr. 3 u. 4 (1970); –, Mehr Demokratie in der Schule (1971); (o. V.), Grundsätze der Zeltlagerarbeit (1970).

B. Brücher

Sozialkunde

1. *Begriff*. S. ist – neben Gemeinschaftskunde (für die Sekundarstufe II) – die gebräuchlichste Sammelbezeichnung für das Unterrichtsfach, das ausdrücklich der ↗Polit. Bildung dient. Da die Beschränkung auf das Soziale der politischen und die künstliche Erkenntnisschranke des Kundlich-Volkstümlichen einer wiss. Grundlegung der S. widerspricht, wird zunehmend von *Politischem Unterricht, Geschichte und Politik* (NRW) oder von *Gesellschaftslehre* (Hessen) gesprochen. Der Streit um die Benennung des Faches gehört zu der permanenten Zieldiskussion, die zugleich Merkmal polit. Päd. in einer freiheitlich verfaßten Gesellschaft und Voraussetzung für Innovationen ist.

2. *Ziele*. Empirische Untersuchungen und die wissenschaftstheoretische Frage nach dem Zusammenhang von Erkenntnis und Interesse sowie Ergebnisse der Lehrtheorie und Lernpsychol. ließen die Voraussetzungen für die Formulierung konsistenter und erreichbarer Ziele der S. deutlicher werden: Allg. Richtziele der S. sind nicht päd. zu ermitteln, sondern Konsequenz einer polit. Entscheidung (ELLWEIN).

Mit einer Entscheidung für das Bestehende oder für eine Veränderung, für einen formalen oder materialen Demokratiebegriff, für jeweils rechtsstaatl. Mittel oder revolutionäre Gewalt ist vorgegeben, ob z. B. innenpolitische Konflikte unterdrückt, ob sie auf das Parlament als – einzigen – Ort geregelter Auseinandersetzung verwiesen werden, ob sie – bei gleichen Startchancen der gesellschaftl. Gruppen – als notwendige Voraussetzung für eine Entwicklung zu mehr Freiheit und Gleichheit angesehen werden oder als Kampf antagonistischer Klassen, für den nach der Revolution kein Anlaß mehr besteht; ob der Emanzipationsbegriff privatistisch oder kollektivistisch vereinseitigt wird oder ob beide Dimensionen des Emanzipationsprozesses intendiert werden.

Anderseits stellt sich, weil nach Ergebnissen der Sozialisationsforschung die Wandlungs- und Entscheidungsfähigkeit in komplexen Gesellschaften davon abhängt, daß die Handelnden einen geringen Bestand von polit. Normen anerkennen, „über den man nicht abstimmen kann" (MESSERSCHMID), die Frage nach einem *Minimalkonsensus*. Dem Auftrag des GG entsprechen als evaluative Elemente eines allg. Richtziels der S. die folgenden Optionen: für a) Aufrechterhaltung der personalen Grundrechte; b) Herstellung der Voraussetzungen für die Entwicklung der Menschenwürde aller; c) die Notwendigkeit, Spielraum und Institutionen für Alternativen zu erhalten und auszubauen. In vielen bisherigen Curricula kommt die zweite Option zu kurz.

3. *Auswahl kognitiver Lernziele*. Diese – in der vorwiss. Phase der S. mit dem Prinzip ↗konzentrischer Kreise und der Institutionenkunde vorgegeben – kann weder von der Systematik der Fachwiss.en noch von Stoffbereichen wie Staat, Gesellschaft, Wirtschaft, noch von zufälligen Situationen ausgehen. Isolierten Informationen läßt sich nicht entnehmen, worauf es in einer Zeit ankommt, in der das Überleben zum Menschheitsproblem geworden ist. *Auswahlkriterien* können aus einer didakt. Schlüsselfrage abgeleitet werden, die aufs Existentielle zielt: Welche Ergebnisse der Sozialwiss.en müssen ausgewählt werden, wenn die Lernenden qualifiziert werden sollen, Gefahren (Hunger, Unterdrückung, Selbstvernichtung) und Chancen (Bedürfnisbefriedigung, Selbstbestimmung, Selbstverwirklichung) heute und morgen zu erkennen und sich an einer Antwort im Sinne der Optionen zu beteiligen (und zwar ohne didakt. intendierte Beschränkung auf einen Normalbürger mit minderen Möglichkeiten)? Neuere Curricula werden nach *Problemkreisen* strukturiert, in denen fundamentale polit. Entscheidungsfragen (Macht- und Eigentumsverhältnisse, Chancengleichheit, Infrastruktur, Friedensforschung, Umweltverschmutzung) anhand repräsentativer Situationen thematisiert werden.

Die Situationsanalyse verlangt die Operationalisierung konkreter Teilziele (z. B.: Drei Ursachen für die Müll-Lawine nennen können); die Gesamtproblematik ermöglicht Verallgemeinerungen (z. B.: Erkennen, daß die Technik Probleme produziert hat, die nur politisch gelöst werden können. Auf wessen Kosten? Wer befindet darüber?). Verallgemeinerungen und Schlüsselfragen wie diese sind Voraussetzungen für den Transfer und den Auf- und Ausbau einer kognitiven Struktur. Im Sinne der Option „Alternative" (c) sind Probleme vorrangig, die nur mit Hilfe dialektisch zu verstehender Komplementärbegriffe (z. B. Anpassung – Widerstand; Systemzwang – Selbstbestimmung) erschlossen werden können.

4. *Methoden*. Man weiß noch sehr wenig darüber, mit welcher Methodenorganisation Lernziele optimal erreicht werden. Weil strenge Formen der Operationalisierung die

Entwicklung der ↗Kreativität wenig fördern und weil sich auch die wichtigeren allg. Lernziele nicht leicht operationalisieren lassen, werden für die S. problemlösende Verfahren mit Spielraum für Kommunikation und Eigentätigkeit vorgezogen: Situationsanalyse; Formulierung von Hypothesen; Beurteilung der Konsequenzen (dabei Aufdecken der primären Betroffenheiten im scheinbar Sekundären); Versuch von Verallgemeinerungen; Transfer. Diese Schritte, bes. der Zweischritt von Abstraktion und Konkretisierung, sind neben anderen sozialwiss. Methoden (wie Interview, Soziogramm) und Fertigkeiten in der Kommunikation und im Umgang mit Informationen selbst wichtige Lernziele der S. Transparenz des Unterrichtes als eine Voraussetzung für das die Lernenden motivierende Kompetenzgefühl erfordert, daß auch die Kenntnis der Auswahlkriterien und die Begründung polit. Vorentscheidungen zu Lernzielen werden.

5. *Schulalter.* Seit als gesichert angenommen werden kann, daß es keine alterstyp. Grenze für das Erkennen und Beurteilen gesellschaftlicher Fragestellungen gibt, werden polit. Themen, z. B. Sprache und Kommunikation, Bedürfnisse, Werbung, Normen und Rollen, Vorurteile, Regeln und Gesetze, die dem Aufbau einer Begriffsstruktur für einen Spiralenlehrplan dienen können, in den ↗Sachunterricht der Grundschule aufgenommen. Eine wiss. Überprüfung dieser Versuche steht noch aus.

☐ Politische Bildung

Lit.: F. Kopp, Didaktik der S. (1962); Th. Ellwein, Polit. Verhaltenslehre (1964); K. G. Fischer - K. Herrmann - H. Mahrenholz, Der polit. Unterr. (⁴1965); R. Engelhardt, Urteilsbildung im polit. Unterr. (1968); W. Hilligen, Didakt. und method. Handreichungen zur polit. Bildung u. S. (⁴1968); F. Roth, S. (1968); Ch. Lingelbach, Zum Verhältnis der allgemeinen zur besonderen Didaktik. Dargestellt am Beispiel der polit. Bildung, in: Funkkolleg Erziehungs-Wiss., Bd. 4 (1969); H. Drechsler - W. Hilligen - F. Neumann, Gesellschaft u. Staat. Lex. der Politik (1970); K. G. Fischer, Einf. in die polit. Bildung (1970); W. Jaide, Jugend u. Demokratie (1970); W. Mickel, Lehrpläne und polit. Bildung (1971).
Zschr.en u. Schr.enreihen: Gegenwartskunde (1952 ff.); Gesellschaft, Staat, Erziehung (1956 ff); Polit. Bildung (1968 ff.); Lfde. Mitteilungen zum Stand der polit. Bildg., hrsg. v. Fr. Minssen (1964 ff.); Schr.enreihe der Bundeszentrale für polit. Bildung, bes. H. 89 (1970).

W. Hilligen

Soziallehren

se. = sozialethisch

A. Evangelischer Aspekt

I. Prämissen evangelischer Sozialethik

Für das Verständnis der S. ist die Begründung im bibl. Zeugnis von Gottes Offenbarung ausschlaggebend. Aus dem damit gesetzten theonomen Aspekt resultieren drei Grunderkenntnisse:

1. Alle Sozialstrukturen des geschichtl. Lebens sind nicht als autonome Größen zu begreifen, die sich in eigenständiger Gesetzmäßigkeit entwickeln, sondern müssen prinzipiell in *Relation zu Gott* gesehen werden. Die geoffenbarte Wirklichkeit Gottes als Schöpfer, Erhalter und Erlöser des Weltganzen impliziert das Ja Gottes zu einer sinnvollen Gestaltung der sozialen Verhältnisse.

2. Aus derselben Offenbarungserkenntnis resultiert das Wissen um die Zweideutigkeit der durch Apostasie und Sünde depravierten Weltwirklichkeit. Der trotz und in der „gefallenen Schöpfung" aktive Erhaltungswille Gottes manifestiert sich in der *Setzung bestimmter Ordnungen.* Ihre Funktionen bestehen in der Ermöglichung des Lebensvollzuges des Einzelmenschen und ihrer Gemeinschaft und zugleich in der Abwehr der lebenzerstörenden Mächte im Natur- und im Geschichtsbereich. Der bewahrende Schöpferwille Gottes bekundet sich im Ordnungsgefüge der sozialen Relationen in Ehe- und Familienordnung, der Arbeits- und Wirtschaftsordnung sowie in der staatspolit. Ordnung des gesellschaftl. Lebens.

3. Sozialethische Besinnung konzentriert sich demgemäß auf die Verhaltensweise des Menschen innerhalb des vorgegebenen und zu permanenter Neugestaltung aufgegebenen Sozialgefüges. Das als Ebenbild Gottes interpretierte Menschsein ist zu *Verantwortung und Nächstenliebe* verpflichtet. Die kardinale se. These lautet daher: „in talibus ordinationibus caritatem exercere" (Confessio Augustana 16).

II. Sozialethische Konzeptionen

Auf dem Boden dieser bibl. Voraussetzungen haben sich in der Entfaltung ev. S. zwei typische Grundhaltungen geltend gemacht:

1. *Sozialethische Passivität.* Im Mißverständnis der „Zwei-Regimentenlehre" LUTHERs, welche dem Weltreich zwar keine Eigenmächtigkeit, aber Eigenständigkeit unter der Dominanz Gottes zubilligt, ergab sich die se. Indifferenz gegenüber politisch-sozialen Verhältnissen, deren Gestaltung politisch-gesellschaftl. Instanzen (Obrigkeiten) überlassen wurde. Dieser im Gegensatz zu LUTHERs Intention stehende se. Rückzug aus dem Aufgabenbereich der Gesellschaft führt zu einer Lähmung der christl. Verantwortung.

2. *Sozialethischer Aktivismus.* Bei dieser Konzeption wirkten se. Impulse CALVINs und dessen Grundgedanke der alles beherrschenden „Christokratie" (durch K. BARTH neu

modifiziert) mit. Demgemäß müssen von der christl. Gemeinde unmittelbar Kräfte sozialer Neugestaltung auf gesellschaftl. und polit. Strukturen ausgehen. Der damit ausgelöste Pendelausschlag zu einem gesteigerten sozialen Aktivismus proklamiert die Ideen einer christl. Sozialpolitik, einer sozialen Weltreform, eines Weltfriedens auf der Grundlage christlicher Prinzipien bis hin zur Ideologie einer „Theologie der Revolution" mit der Parole einer radikalen Umwandlung politisch-sozialer Strukturen, auch durch Gewalt. Hier droht ein Mißverständnis der bibl. Heilsbotschaft als „Sozialevangelium" sowie der Vermischung von Reich Gottes und den relativen Möglichkeiten sozial-politischer Neugestaltung einer vergehenden Welt.

III. Grundsatzerkenntnisse

Gemäß dem Ansatz der ev. Sozialethik in den beiden Brennpunkten der Willensdokumentation Gottes in Gesetz, Gebot, Erhaltensordnungen einerseits und in der Liebesforderung andererseits ergeben sich bestimmte Grundprinzipien für se. Denken und Handeln.

1. *Sozialethisches Dreieck.* Dieser Begriff besagt das notwendige Zusammenstimmen von drei Komponenten, die für eine se. Entscheidung gleichzeitig berücksichtigt werden müssen. a) Es geht um die Personalbeziehung, welche die Würde (Leben, Freiheit, Gewissen) des Einzelmenschen in das Blickfeld rückt. b) Unlösbar ist damit die Gemeinschaftsbeziehung verbunden, sofern der Mensch stets als soziales Wesen einer Gemeinschaft (Gesellschaft, Volk, Staat) eingegliedert ist (Verantwortung für das Wohl der Gesamtheit). c) Ferner ist die Sachbeziehung zu bedenken, mit welcher das Schicksal des Einzelnen sowie der Gemeinschaft notwendigerweise verknüpft ist. Eine se. Stellungnahme muß daher auf Sachkunde beruhen, will sie nicht einem illusionären Dilettantismus verfallen.

2. *Kritische Funktion.* Die somit dreifach orientierte se. Verantwortung hat kritisch zu prüfen, ob in den jeweiligen ökonom. Systemen Faktoren wirksam sind, welche das Menschsein verletzen. Die anthropologisch-ethische Reflexion bemüht sich, die wirtschaftlich-techn. Sachverhalte in Beziehung zur menschl. Existenz zu klären und deren Gefährdung in der modernen Industriegesellschaft, aufzudecken (Mechanisierung, Rationalisierung, Automatisierung, „Verwertbarkeit" des Menschen, „funktionaler Mensch", Entpersonalisierung, Dingbesessenheit). Zugleich muß die ein Wirtschaftssystem dirigierende Ideologie durchschaut werden. Demgemäß richtet sich das se. „Nein" gegen jede Entartung im Wirtschaftsleben und in den Gesellschaftsstrukturen (Einzel- und Kollektivegoismus).

3. *Das regulative Prinzip.* Angesichts der Komplexität wirtschaftlicher, technischer, soziologischer und sozial-politischer Probleme hat die Sozialethik nicht die Aufgabe, konkrete Lösungen zu bieten, sondern in Sachverantwortung Richtungspunkte zur Bewältigung der sachl. und anthropolog. Aufgabe zu fixieren. Ziel ist die Ermöglichung einer der Zeitsituation gemäßen Neugestaltung, einer relativ besseren Ordnung der Verhältnisse.

4. *Modellfälle sozialethischer Verpflichtung.* Die ev. S. zeigen ein umfassendes Bemühen, die se. Prinzipien in prakt. Beispielen und Denkmodellen zu konkretisieren (vgl. die Denkschriften der EKD). Es handelt sich um se. Entwürfe, Ratschläge und Weisungen, welche Denkanstöße zu einer Sozialgestaltung bewirken sollen (vgl. ev. Akademiearbeit, Erörterung der „Eigentumsbildung", der „Mitbestimmung", der „Freizeit", der „Bodenreform").

☐ Sozialpolitik. Sozialismus

Lit.: W. Künneth, Politik zwischen Dämon u. Gott (1954); –, Moderne Wirtschaft – Christl. Existenz (1959); F. Karrenberg, Gestalt u. Kritik des Westens (1959); F. Rudolf, Ev. Sozialethik, in: Menschenwürdige Gesellschaft (²1963); H.-D. Wendland, Einf. in die Sozialethik (1963); –, Die Kirche in der revolutionären Gesellschaft (1967; ²1968); D. v. Oppen, Das personale Zeitalter (1964; ⁴1965); A. Rich, Christl. Existenz in der industriellen Gesellschaft (²1964); K.-A. Odin, Die Denkschriften der EKD (1966).

W. Künneth

B. Katholischer Aspekt

I. Grundlage

1. Der Ausgangspunkt der kath. S. und deren Zentralproblematik liegen beim *Menschen mit seinen natürlichen Sozialanlagen:* Der Mensch ist zugleich „Glied" der von der Natur aus gegebenen Gesellschaft. Die Naturrechtsphilos. wird als wichtige Erkenntnisquelle der kath. S. sichtbar. Mensch und Gesellschaft sind zwei nicht voneinander isolierbare Phänomene. In der Erkenntnis der Wechselbezogenheit von Einzelmensch und Gesellschaft versteht sich die kath. S. somit als eine Realwissenschaft. Doch beschränkt sie sich nicht auf das Wissen objektiver Erfahrungstatsachen dieser Wechselbezogenheiten, sondern „stößt durch die Oberfläche des Erfahrbaren hindurch in die Tiefe und greift die über das Erfahrbare hinausweisenden Fragen nach Ursprung, Sinn, Zweck, Norm des menschlichen Gesellschaftslebens rückhaltlos an" (O. v. NELL-BREUNING).

2. Kath. S. will jedoch keine „soziale Theologie" sein, sondern bleibt auf dem Boden einer Rationalwiss., die von jedem – auch dem Nichtchristen – kraft seiner Vernunft erfaßt werden kann. Sie ist aber gleichzeitig *Sozialphilosophie* und *Sozialmetaphysik*. In ihr vereinigen sich somit soziale Seinserkenntnis mit normativen sozialen Wertpostulaten, die sich in Übereinstimmung mit der Teleologie ihres theist. Weltbildes ergeben aus dem natürl. Ursprung der menschl. Gesellschaft als einer Ordnungseinheit. Das *theistische Weltbild* realisiert sich in den von der kath. S. zusammengetragenen Erkenntnissen, die sie aus den im sozialen Tatsachenbereich vorliegenden Gegebenheiten gewinnt. Die Frage nach dem Ursprung jener Fakten findet ihre Beantwortung in der Tatsache der Schöpfung. Das Schöpfungswerk Gottes begründet somit jene theist. Weltanschauung, die ein Kernstück der kath. S. darstellt und ebenso die Grundlage für eine kath. Gesellschaftsordnung liefert.

3. Im Mittelpunkt stehen Wert und Würde der menschl. *Persönlichkeit*, die in den Bereich *sozialer Verflechtungen* hineingestellt ist. Zusammenleben und Zusammenwirken mit anderen Menschen ist der Persönlichkeit ebenso eigentümlich wie ihr Eigenständigkeit und Geschlossenheit (Individualität) wesenhaft zuerkannt werden muß. Aus dieser Zweiseitigkeit der Menschennatur, in der sich der göttl. Schöpfungsakt widerspiegelt, leitet die kath. S. für die Menschen die Verpflichtung her, auch das soziale Handeln nach der naturgemäßen Ordnung auszurichten. Sie entwickelt es ein soziales Ordnungsbild, indem „ein normativ gegebener Handlungszusammenhang der Menschen zur dauernden Verwirklichung der objektiven Kulturwerte" (v. NELL-BREUNING) besteht. Aus diesem Ordnungsbild ergeben sich bestimmte soziale Grundsätze menschlichen Verhaltens.

II. Sozialprinzipien

1. Insofern eine wechselseit. Zuordnung von Mensch und Gesellschaft, eine beiderseit. Bindung, besteht, ist dieses Verhältnis ein effektiver Tatbestand des sozialen Seins, der im *Solidaritätsprinzip* seinen Niederschlag erfährt. Gesellschaft läßt sich weder auf Individuen noch auf „vorgegebene" Kollektive ausschließlich zurückführen. Diese Doppelseitigkeit ist somit auch die einzig mögliche Seinsgrundlage der Gesellschaft. Man spricht hier vom ↗Solidaritätsprinzip, das zunächst ein reines Seinsprinzip darstellt. Aus dem seinsmäßigen Verhaftetsein von Mensch und Gesellschaft ergibt sich wesensnotwendig ein sittlich rechtliches, normativ verpflichtendes Verhaftetsein. So macht das Solidaritätsprinzip auch eine Aussage über etwas, was sein soll. Das soziale Ordnungssystem, das auf einem solchen Prinzip basiert, bezeichnet die kath. S. als *Solidarismus*.

2. Dem Solidaritätsprinzip gleichrangig nebengeordnet wird das *Subsidiaritätsprinzip*, wonach den einzelnen Menschen und den kleinen Gemeinschaften ihre Eigengesetzlichkeit gewährt und nur insoweit Grenzen gezogen werden, als sie das ↗Gemeinwohl zu bedrohen trachten. Umgekehrt dürfen die großen Sozialgebilde die kleinen weder aufsaugen noch in ihrer Selbstentfaltung einengen. Sie sollen nur ergänzend tätig werden, wenn Lebensaufgaben und Lebensbewältigung von den nachgeordneten kleineren Gemeinschaften nicht allein erfüllt werden können (↗Subsidiaritätsprinzip).

3. Weitere Sozialprinzipien sind: das Prinzip der *Ordnung*, des *natur- und zielgerechten Handelns*, der *Autorität* und des *Gemeinwohls* bzw. der *Gemeinwohlgerechtigkeit*.

III. Soziale Ordnungssysteme

1. Hier können genannt werden: der *Solidarismus* (H. PESCH), der *Familiarismus* (G. ERMECKE), die *Berufsständische Ordnung* (G. GUNDLACH, O. v. NELL-BREUNING) und in Abwandlung von dieser die *Leistungsgemeinschaftsordnung* (P. BERKENKOPF). Sie alle können als aus der kath. S. herleitbare Gesellschaftsformen verstanden werden. Sie werden nicht von dieser postuliert oder für bestimmte Gesellschaften als prädestiniert erklärt. Wie überhaupt die kath. S. nicht als ein pragmat. System anzustrebender Gesellschaftsordnungen, sondern vielmehr als grundsätzliches und vom kirchlichen Lehramt als allg. gültig erachtetes Aussagesystem gilt. Aus diesem Grunde ist sie jüngst auch zu einem „System offener Sätze" erklärt worden (H. J. WALLRAF).

2. Ihre prägnantesten Formulierungen hat die kath. S. in den päpstl. *Sozialenzykliken* erfahren. Die bedeutendsten sind: *Rerum novarum* von LEO XIII. (1891), *Singulari quadam* von PIUS X. (1912), *Quadragesimo anno* von PIUS XI. (1931), *Mater et magistra* (1961) und *Pacem in terris* (1963) von JOHANNES XXIII. sowie *Populorum progressio* (1967) von PAUL VI.

☐ Sozialethik. Soziale Gerechtigkeit

Lit.: W. Schwer, Kath. Gesellschaftslehre (1928); O. v. Nell-Breuning, Die soziale Enzyklika (1932); J. Messner, Die soziale Frage (⁴1937); F. Müller, Heinrich Pesch and His Theory of Christian Solidarism (St. Paul, Min. 1941); Pius XII., Die S. der Kirche (1947); P. Jostock, Die sozialen Rundschreiben (1948); E. Welty, Herders Sozialkatechismus, 2. Bd. (1953); Johannes XXIII., Mater et magistra, Einf. von E. Welty

(¹1965); Paul VI., Populorum progressio, Einf. von H. Krauss (¹1968); Staatslex. Recht, Wirtschaft, Gesellschaft, 11 Bde. (1957–70).

H. Winkmann

Sozialleistungen ↗ Sozialpolitik

Sozialpädagoge(in)

E. = Erzieher; JL. = Jugendleiterin; K. = Kindergärtnerin

1. *Begriff und Geschichte.* Entsprechend der Rahmenvereinbarung der KMK vom März 1967 über die Neuordnung der sozialpäd. Ausbildungsstätten lösten die Berufsausbildungen zum E. und S.n (ersterer als mitarbeitende, letzterer als selbständig arbeitende Fachkraft) die Ausbildungen zur ↗ Kindergärtnerin und ↗ Jugendleiterin ab.

Der Beruf der K. hat seine ersten Anfänge im Seminar für Kleinkinderlehrerinnen, das TH. FLIEDNER 1836 in Kaiserswerth gründete, vor allem aber in der Arbeit F. FRÖBELs, der seit 1839 Männer, seit 1840 Frauen ausbildete. 1911 erhielt der Beruf der K. vom Staat Preußen Anerkennung und Ausbildungsordnung. Im gleichen Jahr wurde der Beruf der JL., der aufbauender Beruf für die Fortbildung des Berufsnachwuchses und für die Übernahme von leitenden Stellen geschaffen worden war (H. SCHRADER-BREYMANN, 1880), vom Staat anerkannt. Durch die lange Ausbildung bedingt, blieb die Zahl der JL.nen aber stets geringer als der Bedarf. – Vor dem 1. Weltkrieg entwickelte A. v. GIERKE für die Schulkindarbeit eine eigene Hortnerinnenausbildung, die 1928 mit der der K. zusammengelegt wurde.

2. *Ausbildung und Einsatz.* Staatlich anerkannter S. ist der Absolvent einer Höheren Fachschule (HFS) für Sozialpäd. (demnächst ↗ Fachhochschule). Es gibt *zwei Ausbildungswege.* Voraussetzung für die Aufnahme in die HFS in der grundständigen Form sind Realschulabschluß oder ein vergleichbarer mittlerer Bildungsabschluß und 2 J. geeignete prakt. Tätigkeit. Die Ausbildung dauert 4 J., das letzte Jahr ist ein gelenktes Berufspraktikum. Staatlich anerkannte K.nen, E. und Heimerzieher können die HFS in Aufbauform besuchen (Dauer 2 J.). Zu den *Ausbildungsinhalten* gehören in beiden Formen die Grundlagenfächer (u. a. Päd., Psychol., Heilpäd., Soziol.), ferner die Fächer der Kinder- und Jugendbildung (u. a. Spiel- und Programmgestaltung, Medienpäd.) und verschiedene Praktika. Angesichts der breiten Tätigkeitsgebietes des S.n können während des Studiums Schwerpunkte gewählt werden. Der S. wird ausgebildet für eine selbständige Tätigkeit in den Gruppen aller sozialpäd. Einrichtungen, z. B. in ↗ Kindergärten, ↗ Kindertagesstätten, Kinder- und ↗ Jugendheimen, offener ↗ Jugendarbeit. In zunehmendem Maße fallen ihm auch Aufgaben im Bereich der Schule zu, z. B. in ↗ Schulkindergärten, Vorschulklassen, ↗ Sonderschulen, berufl. Schulen. Nach berufl. Erfahrung kann der S. in leitende Stellen aufsteigen; hinzu kommen Aufgaben wie die Anleitung und Fortbildung des Berufsnachwuchses, die Fachberatung in Behörden und freien Verbänden usw.

Angesichts der differenzierten und verantwortungsvollen Aufgaben, die in den verschiedenen sozialpäd. Arbeitsbereichen den Fachkräften zufallen, mußten die Ausbildungen nach Dauer und Qualifikation erweitert und verbessert, außerdem für männl. Absolventen geöffnet werden, da sich die Mitarbeit von Männern als dringend notwendig erwies. Zur weiteren Anhebung der Ausbildung wird gegenwärtig die HFS abgelöst durch die ↗ Fachhochschule (FHS), Fachbereich Sozialpäd. (Die ↗ Fachhochschulreife wird durch den Besuch einer ↗ Fachoberschule erworben). Zugleich mit der Verbesserung der Ausbildung müssen neue Formen der Weiterbildung entwickelt und ergänzende berufl. Ausbildungen (z. B. in Heilpäd.) angeboten werden. Um das Problem des außerordentlich hohen Fehlbestandes an Fachkräften zu lösen, müssen ausreichende Studienplätze geschaffen, Arbeitsbedingungen verbessert und tarifliche Eingruppierungen verbessert und generell das Sozialprestige der sozialpädagog. Fachkräfte gehoben werden. – E./K. und S./JL. sind in verschiedenen Fachverbänden zusammengeschlossen, außerdem als Berufsgruppe in Gewerkschaften (GEW, ÖTV, DAG) organisiert.

☐ Sozialpädagogik. Kindertagesstätte. Kindergarten. Kindergärtnerin (Erzieherin). Jugendleiterin. Sozialberufe, Sozialberufliches Ausbildungswesen. Sozialarbeit, Sozialhilfe. Sozialpraktikum.

Lit.: G. Bäumer, Die sozialpäd. Erzieherschaft u. ihre Ausbildung, in: H. Nohl - L. Pallat, Hdb. d. Päd., Bd. 5 (1929); Ch. Hasenclever, Auf dem Wege zu einer grundlegenden Neuordnung der sozialen u. sozialpäd. Ausbildungen, in: Neues Beginnen 18 (1967); Aus- u. Fortbildung der Mitarbeiter in der Jugendhilfe, 2. Jugendbericht, hrsg. v. Dt. Bundestag, 5. Wahlperiode, Drucks. V/2453 (1968); A. Flitner, Die Lage der sozialpäd. Berufe, in: Brennpunkte gegenwärtiger Päd. (1969).

G. Hundertmarck

Sozialpädagogik

I. Begriff und Geschichte

Der *Begriff* S. trat erstmals 1850 bei DIESTERWEG (1790–1866) in seiner Veröffentlichung „Wegweiser zur Bildung deutscher Lehrer" auf. Dieses Wort wurde für ihn und viele seiner päd. engagierten Zeitgenossen Ausdruck der Hoffnung, mit einer erneuerten, den aufklärer. und individualist. Zeitgeist überwindenden Päd. die desintegrierenden und überkommene soziale Werte und Gebilde auflösenden Folgen des heraufziehenden Industriezeitalters zu überwinden.

Ziel dieser neuen Päd. war es, mit Hilfe einer mit neuen Inhalten und Methoden arbeitenden „Gemeinschaftserziehung" einerseits konkrete Notstände bei der jungen Generation zu beheben, andererseits einen Weg aus den gesellschaftlich-polit. Spannungen jener Zeit (soziale Frage) zu finden. Das Krisenbewußtsein der retrospektiv urteilenden Pädagogen schlug sich in zahlreichen päd. Aktivitäten nieder, mit deren Hilfe man zur Erneuerung des sozialen Lebens beitragen wollte. Hierher gehören der Ausbau der Rettungsanstalten (FALK, WICHERN) und der damit verbundene Versuch, den Problemen der sog. Jugendverwahrlosung zu begegnen, die Anfänge einer ↗Kriminalpädagogik, die Begründung von Jünglings- und Gesellenvereinen (KOLPING) sowie von ↗Kindergärten (FRÖBEL).

Der gesellschaftspolit. Aspekt dieses neuen päd. Bewußtseins wurde von P. NATORP (1854–1924) zu einer päd. Konzeption ausgebaut. In seinem Werk „Sozialpädagogik" (1898) mit dem Untertitel „Theorie der Willenserziehung auf der Grundlage der Gemeinschaft" hat er als Neukantianer Päd. u. S. als Synonyma verwendet und damit sein Verständnis der Päd. als einer Wiss. und Praxis von der Erziehung zur Gemeinschaft verabsolutiert. Die Betonung der sozialen Komponente (sowohl Erziehung im Sinne von Gemeinschaft wie Einwirkungen auf die Bedingungen von Erziehung in der Gesellschaft) war ihm im Gegensatz zu individualisierenden Tendenzen so wichtig, daß die soziale Determinante erzieherischen Handelns für ihn mit Päd. schlechthin identisch war.

In der Nachfolge NATORPs – wenn auch unter Vermeidung der Inanspruchnahme von S. für die gesamte Päd. – wird S. als Lehre von der Erziehung zum sittl. Sozialverhalten verstanden (= Sozialerziehung) und damit als eine Teildisziplin der Päd. (vgl. K. HAASE in LdP. IV, 1955) angesehen.

Demgegenüber hat H. NOHL mit seiner Schule in den 20er J. die konkreten Ansätze der päd. Vorhaben im außerschul. Erziehungsfeld aufgenommen und zu einer Theorie der S. ausgebaut, die nicht als päd. Teildisziplin im Sinne eines Aspektes oder eines allg. Prinzips der Erziehung anzusehen ist, sondern als erziehungswiss. Disziplin im Sinne der Theorie eines bestimmten abgrenzbaren und damit in seiner Eigenständigkeit definierbaren Erziehungsbereichs. Die Berechtigung dafür leitete er nicht nur von den „Ursprüngen der Sozialpädagogik in der industriellen Gesellschaft" (MOLLENHAUER) her, sondern auch von der prakt. und theoret. Konsolidierung des außerschul. Erziehungsbereichs in Gestalt der Jugendwohlfahrt durch das ↗Reichsjugendwohlfahrtsgesetz von 1922, das Reichsjugendgerichtsgesetz von 1923 und die sozialpäd. Bewegung der 20er J.

Im 5. Bd. des Hdb. für Päd. von NOHL und PALLAT mit dem Titel „Sozialpädagogik" hat G. BÄUMER die S. als einen Ausschnitt aus dem Gesamtbereich der Erziehung definiert: „... alles was Erziehung, aber nicht Schule und nicht Familie ist. Sozialpädagogik bedeutet hier den Inbegriff der gesellschaftlichen und staatlichen Erziehungsfürsorge, sofern sie außerhalb der Schule liegt."

II. Ansätze zu einer Theorie der Sozialpädagogik

1. T. WILHELM hat vorgeschlagen, den Begriff S. für das *historische Phänomen* der 20er J. zu reservieren, weil sonst – bedingt durch den unterschiedlich interpretierbaren Begriff „sozial" und seine histor. Entwicklung – die verschiedenen Inhalte mehr zur Verdunklung als zur Verdeutlichung des mit S. gemeinten Sachverhalts beitrügen. Andererseits ist nicht zu übersehen, daß der Begriff in der päd. Diskussion, vor allem in der gegenwärt. Praxis der sozialpäd. Berufe, nach wie vor eine Rolle spielt. Deshalb kommt es darauf an, seinen adäquaten Sachverhalt möglichst deutlich herauszuarbeiten und somit einen Beitrag zur erziehungswiss. Theorie zu liefern.

2. Dies ist mit einer *Weiterentwicklung* der Konzeption von H. NOHL durch K. MOLLENHAUER u. a. geschehen. Man kann davon ausgehen, daß das sozialpäd. Erziehungsfeld der ↗Jugendhilfe, einschließlich der ↗Sozialarbeit und Jugendbildung, wie das von Schule, Beruf, Familie, Erwachsenenbildung eine Systematisierung und Analyse verlangt, die nur eine selbständige erziehungswiss. Disziplin leisten kann. Über eine Beschreibung des Erziehungsfeldes hinaus, so wichtig diese im Hinblick auf das komplexe und z. T. heterogene Konglomerat verschiedenster Intentionen, Praktiken und Bezugsgruppen in diesem Praxisfeld auch ist, wurde von Mollenhauer versucht, neue Ansätze zu einer Theorie der S. zu konzipieren. Er geht davon aus, S. zu verstehen „als Inbegriff einer Gruppe von neuen pädagogischen Maßnahmen und Einrichtungen als Antwort auf typische Probleme der modernen Gesellschaft". Zu den typischen Problemen der Industriegesellschaft gehören eine erhöhte Erziehungsbedürftigkeit oder ein Komplex von im allg. nicht erbrachten, aber für das Bestehen in dieser Gesellschaft unerläßl. Lernleistungen. Solche Bedürfnisse bzw. Lerndefizite resultieren aus dem gesellschaftl. Strukturwandel und den mit ihm verbundenen Folgeerscheinungen, wie Abbau traditioneller Erziehungshilfen z. B. in der Familie, unzureichende Befriedigung von Grundbedürfnissen bei kleinen Kindern, Konflikte im Sozialisationsprozeß, Vernachlässigung von Bildungschancen, Anonymisierung gesellschaftlicher Einwirkungen, Verlust eines normativen Gleichgewichts, zunehmender Freizeitraum, Wohlstandsproblematik, gesellschaftliche Zwänge. Alle päd. Intentionen und Maßnahmen erfahren mit der gesellschaftl. Entwicklung eine Herausforderung, der man auch zu begegnen gewillt ist, wie z. B. Schul- und Hochschulreform zeigen. Aber im sozialpäd. Erziehungsfeld wird diese Herausforderung in besonderer Weise virulent, weil hier die gesellschaftlich bedingten Erziehungsprobleme vom ↗Kindergarten bis zum ↗Jugendstrafvollzug bes. scharf konturiert in Erscheinung treten, wie aus der Diskussion um die ↗Vorschulische Erziehung, die ↗Erziehungsheime,

die Gefangenenerziehung (↗Kriminalpädagogik), den ↗Jugendschutz und die ↗Jugendarbeit ersichtlich ist. Außerdem hat sich gezeigt, daß die traditionellen Erziehungsinstitutionen nicht ausreichen, allen Anforderungen an Erziehung und Bildung gerecht zu werden. Der *dritte Erziehungsraum* neben Familie und Schule hat·also nicht nur subsidiäre Aufgaben, er ist zu einer unentbehrl. und selbständigen dritten Kraft unseres Erziehungs- und Bildungswesens geworden.
3. In allen Feldern sozialpäd. Praxis wird der *Sozialpädagoge* massiv mit gesellschaftlich bedingten Schäden und deren negativen Auswirkungen für die junge Generation konfrontiert und damit zum heftigsten *Kritiker dieser Gesellschaft* (MOLLENHAUER), weil dabei deutlich wird, daß päd. Maßnahmen – welcher Art auch immer – allein nicht ausreichen, um schädliche Auswirkungen zu beheben. Ihre Wirksamkeit ist weitgehend abhängig von gesellschaftspolit. und gesellschaftsverändernden Maßnahmen, z. B. Schaffung gleicher Bildungschancen für alle, Umstrukturierung der Voraussetzungen für Heimerziehung, Abbau von unnötigen Zwängen. Sozialpäd. Praxis erschöpft sich deshalb nicht in den üblichen, die Familie und die Schule ergänzenden und für S. typischen Erziehungshilfen, wie ↗Fürsorge, Schutz, ↗Pflege, ↗Beratung im Sinne von Anpassungshilfen im Sozialisationsprozeß; sie will darüber hinaus zur Entwicklung eines krit. Bewußtseins und damit zur Etablierung eines krit. Potentials beitragen, das Emanzipation des jungen Menschen zu bewirken vermag.
Von daher ist für die sozialpäd. Theorie die Auseinandersetzung mit der ↗Sozialisation(sforschung) zu einem Schwerpunkt geworden, wobei sich die Ergänzung durch psychoanalyt. Forschungsergebnisse als hilfreich erwiesen hat. Darüber hinaus ist S. auf Theorie und Praxis von Sozialhygiene und ↗Sozialpolitik angewiesen.
Mit diesen Ansätzen sind Voraussetzungen geschaffen, die eine Weiterentwicklung der Theorie der S. zu einer Grundlagenwiss. für ↗Jugendhilfe und ↗Sozialarbeit implizieren.

III. Gegenwärtige Lage

S. in Theorie und Praxis erfährt gegenwärtig eine Neubelebung durch folgende Trends:
1. Das *Krisenbewußtsein* im Hinblick auf die gesellschaftlich, strukturell und personell bedingten Mängel im sozialpäd. Erziehungsbereich ist geschärft worden. Der zweite Jugendbericht der Bundesregierung (1969) hat z. B. aufgezeigt, in welchem bestürzenden Ausmaß Mitarbeiter in ↗Kindergärten, Kinderheimen, ↗Erziehungsheimen, Beratungsstellen, Einrichtungen und Maßnahmen der ↗Jugendarbeit, Jugendgefängnissen, außerschulischen Bildungsstätten fehlen. Darüber hinaus ist deutlich geworden, in welchem Ausmaß Bedarf und Bestand an sozialpäd. Einrichtungen auseinanderklaffen. Schließlich muß sich die Praxis selber samt den Bedingungen, unter denen sie ausgeübt wird, harter Kritik stellen. Dies hat z. T. zu einer Verhärtung der Fronten, andererseits aber zu einer Überprüfung grundsätzlicher Konzeptionen, z. B. hinsichtlich der Erziehungspraktiken und -stile geführt. Antiautoritäre ↗Kinderläden, Schülerläden, Jugendkommunen, antikapitalistische Jugendarbeit, Jugendkollektive, Politisierung der Jugendverbände sind eine Herausforderung für die sozialpäd. Praxis und ihre theoret. Grundlagen.
2. In zunehmendem Umfang wird S. *Gegenstand von Lehre und Forschung an wiss. Hochschulen*. In einer Rahmenprüfungsordnung der KMK (1968) für die Ausbildung zum ↗Diplom-Pädagogen sind S. und ↗Sozialarbeit neben Schule, Erwachsenenbildung, Sonderpäd. und Betriebl. Ausbildungswesen als Schwerpunkt in einem 8semestrigen Studium vorgesehen. Damit wird es möglich, in einem wiss. Studium Sozialpädagogen für eine entsprechend qualifizierte Berufstätigkeit auszubilden. Außerdem sind von der Umstellung der Höheren Fachschulen für Sozialpäd. und Sozialarbeit in ↗Fachhochschulen und deren Einbeziehung in Gesamthochschulen kräftige Impulse für Lehre und Forschung zu erwarten. Die sozialpäd. Forschung ist durch das ↗Deutsche Jugendinstitut in München, erziehungswiss. Institute an Univ.en (vor allem Hamburg, Tübingen, Frankfurt, Marburg), Lehrstuhlinhaber für S. an den PH.n, die Initiative von Fachverbänden, die Obersten Jugendbehörden der Länder und das ↗Bundesministerium für Jugend, Familie und Gesundheit wesentlich gefördert worden. Schwerpunkte der Forschung sind gegenwärtig ↗Heimerziehung, ↗Vorschulische Erziehung und ↗Jugendarbeit.

☐ Fürsorgeerziehung. Heimerziehung. Jugendarbeit. Jugendfürsorge. Jugendhilfe. Verwahrlosung. Kriminalpädagogik. Sozialarbeit. Kindergarten. Vorschulische Erziehung. Jugendschutz.

Lit.: H. Lattke, Soziale Arbeit u. Erziehung (1955); K. Mollenhauer, Die Ursprünge der S. in der industriellen Gesellschaft (1959); -, Einf. in die S. (1965, ⁴1968); -, Zur Bestimmung von S. u. Sozialarbeit in der Gegenwart (1966); Th. Wilhelm, Zum Begriff S., in: Zschr. f. Päd. (1961); H. Rünger, Einf. in die S. (1964); F. Schlieper, Sozialerziehung u. S. (1964); G. Bornemann - G. v. Mann, Hdb. der Sozialerziehung, 3 Bde. (1963/64); E. Blochmann (Hrsg.) - H. Nohl, Aufgaben u. Wege der S. (1965); W. Küchenhoff, Zur Begriffsbildung in der Jugendhilfe, in: Mitteilungen der AGJJ, Nr. 45/46 (1966); -, S., in: Enzyklopäd. Hdb. der Sonderpäd., hrsg. v. G. Heese - H. Wegener (³1969); -, S., in: Päd.

Lex., hrsg. v. W. Horney u. a. (1970); H. Röhrs (Hrsg.), Die S. u. ihre Theorie (1968); G. Iben, Die S. u. ihre Theorie, in: Zschr. f. Päd., H. 4 (1969).

W. Küchenhoff

Sozialpädiatrie

Unter *Sozialer Pädiatrie* versteht man alle ärztl. Aufgaben, die sich aus der Beziehung zwischen Kind und Gesellschaft ergeben. Die sozialpädiatr. Forschung sucht z. B. die gesellschaftl. Bedingtheiten von Krankheitshäufigkeit und Sterblichkeit im Kindesalter zu ergründen und stellt umgekehrt fest, welche Einflüsse davon auf die Gesellschaft und ihren Aufbau ausgehen. Aus Erkenntnissen über optimale Entwicklung des Kindes erwachsen konkrete Aufgaben der *prophylaktischen Pädiatrie* (Infektionsprophylaxe durch Impfungen) und der *präventiven Pädiatrie* (Frühdiagnostik durch Vorsorgeuntersuchungen, Frühtherapie angeborener Behinderungen, Prävention von Pseudodebilität und Entwicklungskrankheiten bei Säuglingen und Kleinkindern in Heimen usw.). Von der S. gehen wesentliche Impulse zu einer besseren ärztl. Versorgung und sozialen Eingliederung ↗behinderter Kinder aus.

Es ist das Verdienst vorwiegend der S., daß z. B. die Säuglingssterblichkeit in den letzten 100 J. von ca. 30 % auf 2 % zurückging (vor allem durch die syst. Bekämpfung der Ernährungsstörungen), daß bösartige Zivilisationsseuchen, wie Pocken, Diphtherie, spinale Kinderlähmung usw., praktisch verschwunden sind, daß schwere Krüppelkrankheiten wie die „Englische Krankheit" seit Einführung der Rachitisprophylaxe nicht mehr existieren.

Wesentliche Anstöße der S. kamen aus Dtl. (HEUBNER, CZERNY, TUGENDREICH, v. PFAUNDLER). Während sie im östl. und west. Ausland eine maßgebende Rolle spielt, hat sich die S. in der BRD noch nicht von dem Stillstand erholt, der 1934 eintrat. So entwickelte sich das Schulsystem seitdem praktisch ohne ärztl. Beratung. Das führte zu unhaltbaren Unterrichtsformen, wie z. B. Blockstunden, nicht-kindgerechten Pausenordnungen, Mißachtung kindlichen Bewegungsdranges durch zu lange Sitzzeiten, Einrichtung von fensterlosen, vollklimatisierten Schulen usw. Es ist daher dringend nötig, die S. mehr als bisher in Lehre und Forschung zu etablieren und die einschläg. Erkenntnisse des Auslandes zu berücksichtigen.

☐ Vorgeburtliche Einflüsse. Geburt. Säuglings- und Kinderpflege. Hospitalismus. Kinderkrankheiten. Gesundheitserziehung. Gesundheitsfürsorge. Jugendhilfe. Schularzt. Behinderte Kinder

Lit.: T. Hellbrügge - J. Rutenfranz - O. Graf, Gesundheit u. Leistungsfähigkeit in Kindes- und Jugendalter (1960). Hdb. d. Kinderheilkunde, Bd. 3, Soziale Pädiatrie (1966).

T. Hellbrügge

Sozialpolitik

1. *Begriff.* S. ist der zusammenfassende Name aller (systematischen) Bemühungen um die *Soziale Frage*, vor allem – aber nicht allein – der seitens des Staates unternommenen Maßnahmen. „Soziale Frage" besagt die Frage nach der rechten Ordnung der menschl. Gesellschaft; sie wird in dem Maße brennend, wie Mängel der bestehenden Ordnung bewußt werden.

Im klass. Altertum, in manchen Ländern bis in die neueste Zeit, war die *Sklaverei* die große Wunde der Gesellschaft, aber es gab kaum eine S., die heilend einzugreifen versucht hätte, sondern nur Versuche gewaltsamer Selbsthilfe. – Im 19. Jh. war in den industriell fortgeschrittenen Ländern die Soziale Frage fast gleichbedeutend mit der *Arbeiterfrage*.
Heute steht in manchen Ländern, nicht zuletzt in den USA, die *Rassenfrage* im Vordergrund. In einem etwas abgewandelten Sinn bezeichnet man heute das Mißverhältnis zwischen dem Wohlstand und der Bildungshöhe der fortgeschrittenen Länder und dem Elend und dem bildungsmäßigen Tiefstand (Analphabetismus) der *Entwicklungsländer* als die weltweit gewordene Soziale Frage und die *Entwicklungshilfe*, die dieser Störung der gesamtmenschheitl. Ordnung abhelfen will, als internat. S.

2. *Vorstufen und Anfänge.* Solange man über die bestehenden Zustände gar nicht nachdachte, sie unreflektiert – in diesem Sinne als „selbstverständlich" – hinnahm, solange man sich einen anderen Zustand als den bestehenden gar nicht vorstellen konnte und ihn so als den allein möglichen, ja als „gottgewollt" ansah, so lange konnte den Menschen eine S. gar nicht in den Sinn kommen. Dazu mußte die *Reflexion über die gesellschaftlichen Zustände* einsetzen und erkannt sein, daß die bestehende Art und Weise des menschl. Zusammenlebens etwas geschichtlich Gewordenes und darum Vergängliches, diese Ordnung also keine „ewige", sondern eine historisch-kontingente und darum bis zu einem gewissen Grade etwas „Machbares" sei. Die Unzufriedenheit und die Beschwerden der Menschen auf der Schattenseite des Lebens führten zu gründl. Analyse des bestehenden Zustands; nur so ließen sich die Ursachen der Unzuträglichkeiten und damit die Ansatzpunkte für abhelfende Maßnahmen ermitteln. Von der Hilfsbereitschaft für den leidenden Mitmenschen mußte fortgeschritten werden zum Willen zu vorbeugenden Maßnahmen, durch die man nicht nur einzelne, sondern ganze gesellschaftliche Gruppen davor bewahren konnte, in Armut, Not und Elend zu geraten und „hilfsbedürftig" zu werden.
Hatte ein erster Schritt von der Barmherzigkeit, die sich aus Mitgefühl des leidenden Mitmenschen annimmt, zu institutionellen Maßnahmen geführt, die solche barmherzige

Hilfe an ganze Kategorien Hilfsbedürftiger organisieren (Krankenhäuser, Waisenhäuser usw.), so ging es jetzt um den zweiten und entscheidenden Schritt zum *Gestaltungswillen:* eine gerechte Ordnung aufzubauen, in der es zwar immer Fälle individueller Not geben wird, die aber keine ungerechte Benachteiligung sowohl gesellschaftlicher Gruppen als auch einzelner mehr duldet und in der auch jede individuelle Not rechtlichen Anspruch auf Hilfe hat („Sozialhilfe").

3. *Soziale Sicherheit.* Solange man die polit., soziale und ökonom. Ordnung der bestehenden Gesellschaft nicht *ändern* kann, sei es, weil die an ihrer Erhaltung Interessierten zu mächtig sind, sei es, weil man keine andere Ordnung weiß, die man an ihre Stelle setzen könnte, beschränkt man sich darauf, die bestehende Ordnung für diejenigen, die am meisten unter ihr zu leiden haben, *erträglich* zu machen – vielleicht in der Hoffnung, sie dadurch mit dieser Ordnung zu versöhnen und so deren Fortbestand zu sichern. Genau das war die Konzeption, aus der die für andere Länder vorbildlich gewordene S. des BISMARCK-Reichs entsprang. Eine solche S. kann man abschätzig als Flickwerk werten; gerechterweise muß man aber anerkennen, daß nach dem damaligen Stand der Erkenntnis mehr als solches Flickwerk nicht möglich war und dieses schon einen sehr großen Fortschritt gegenüber dem Fatalismus des Laisser-faire, Laisser-passer bedeutete. Dieser ersten Stufe der S. verdanken wir die von kleinen Anfängen zu ihrem heutigen Umfang ausgebaute *Sozialversicherung,* über die hinaus manche Länder inzwischen bereits zu umfassenden Systemen *sozialer Sicherheit* fortgeschritten sind.

4. *Auswirkungen der Sozialpolitik.* Zunächst war die materielle Not in die Augen gefallen, der Mangel am Lebensnotwendigen, dem sich durch Maßnahmen der *Umverteilung* abhelfen ließ: *interpersonal,* d. h. zwischen reich und arm, und *intertemporal,* d. h. beim gleichen Menschen zwischen Zeiten zureichender und unzureichender Versorgung, z. B. im Erwerb und in Erwerbslosigkeit. Daher das Mißverständnis, S. sei Umverteilung materieller Güter sei primär eine ökonom. Angelegenheit, und die mißbräuchl. Bezeichnung der Sozial*leistungen* als Sozial*lasten,* bis zu der zyn. Redensart, S. sei „die Hand in der Tasche des anderen". – Gemeinsame Aufgabe der S. und der Wirtschaftspolitik ist die produktive Vollbeschäftigung. – Für die S. gilt in hervorragendem Maß: „Der Mensch lebt nicht vom Brot allein"; wichtiger noch als die Umverteilung ist die Beseitigung grober Ungleichheit der *Startchancen,* nicht zuletzt durch ein entsprechend umgestaltetes Bildungswesen mit Durchbrechung des sog. Bildungsmonopols. In den Entwicklungsländern ist die Alphabetisierung breitester Kreise vordringliche Aufgabe der S.

Sollte urspr. die als kleines Flickwerk begonnene S. die bestehende Ordnung durch Abstellen der ärgsten Mängel erhalten und sichern, so hat das unerwartete Ausmaß, das sie annahm, diese Ordnung in unmerkl. Schritten *gewandelt.* Eine Umverteilung in solchen Ausmaßen konnte Ablauf und Aufbau der Wirtschaft nicht unberührt lassen; die bessere Daseinssicherung breiter Volkskreise verbunden mit höherem Bildungsstand (insoweit gilt wirklich „Wissen ist Macht") und Erstarken der Arbeiterbewegung (Gewerkschaften) leitete einen allmählichen, lange Zeit kaum beachteten Umbau des Gesellschaftskörpers ein, dessen Endergebnis noch nicht abzusehen ist.

5. *Sozialplanung.* Inzwischen gestattete die Entfaltung des vielästigen Baumes der theoret. und prakt. Sozialwiss.en, verbunden mit dem angesammelten Schatz an Erfahrungen, den letzten Schritt zum Gestaltungswillen zu tun: den Wandel der Gesellschaft nicht länger als zwar unbeabsichtigte, aber willkommene Folge der S. hinzunehmen, sondern ihn bewußt anzustreben, d. h. zu planen und planvoll ins Werk zu setzen. Um diese neue Stufe der S., die kein Flickwerk am Alten mehr ist, von der „klassischen" S. zu unterscheiden, nennen wir sie *Gesellschaftspolitik* (andere sprechen von *Sozialreform*). Die „klassische" S. verliert dadurch nichts von ihrem Gewicht, ihr Verdienst wird nicht geschmälert, ist doch die Gesellschaftspolitik nur ihre reife Frucht. Wenn uns heute sowohl die erkenntnismäßigen Grundlagen als auch die Realfaktoren zu Gebote stehen, ohne die an planvolle Gestaltung der Gesellschaft nicht zu denken wäre, so verdanken wir es ihr.

Für S. im urspr. Rahmen ließ sich nach überwundenen Anfangsschwierigkeiten verhältnismäßig leicht die Zustimmung weltanschaulich und parteipolitisch divergierender Kreise gewinnen; daß Not behoben werden soll, daß Vorbeugen besser ist als Abhelfen im nachhinein, darüber bestand und besteht über alle Grenzen hinweg Übereinstimmung. Von welchen Grundsätzen aber die gesellschaftl. Ordnung getragen sein sollte, darüber gehen die Meinungen auseinander (Individualismus, Liberalismus, Solidarismus, ↗ Sozialismus u. a. m.). Da hier weltanschauliche und ethische Momente entscheidend mitsprechen, beteiligen sich auch die christl. Kir-

chen, insbes. die römisch-kath. Kirche und die Ökumene („verantwortliche Gesellschaft"), intensiv an der Diskussion, an der ebenso notwend. Gesinnungspflege und im Rahmen ihrer Mittel auch an prakt. Maßnahmen. Je besser die sachl. Probleme und die Zusammenhänge („Sachzwänge") durchschaubar gemacht und durchschaut werden, um so breiter wird der gemeinsame Boden, auf dem man ungeachtet der weltanschaul. Verschiedenheit *zusammenarbeiten* kann.
☐ Sozialiehren

Lit. (Lex. Artikel) in: Hwb. der Sozialwiss.en, Bd. 9 (1956, Lit.); Staatslex., Bd. 7 (⁶1961, Lit.); RGG, Bd. 6 (³1962).
Weitere Lit.: M. Richter, Die Sozialreform. Dokumente u. Stellungnahmen (1955 ff.); W. Auerbach u. a., Sozialplan für Dtl. (1957); H. Achinger, S. als Gesellschaftspolitik (1958); Bundesminister für Arbeit u. Sozialordnung, Die S. in Dtl. [Sammelwerk, 50 Titel] (1961 ff.); E. Liefmann-Keil, Ökonom. Theorie der S. (1961); L. Preller, S., theoret. Ortung (1962) –, Praxis u. Probleme der S. (1970); J. Meßner, Die Soziale Frage im Blickfeld von gestern, die Sozialkämpfe von heute, die Weltentscheidungen von morgen (⁷1964); L. Heyde, Abriß der S. (¹²1966); F. Luber, Dt. Sozialgesetze (²1969).

O. v. Nell-Breuning

Sozialpraktikum
Das S. hat eine Ausbildungsfunktion und die Aufgabe, durch Tätigkeit in einer sozialen oder sozialpäd. Einrichtung den Erfahrungsbereich zu erweitern. Durch mehrwöchigen Umgang mit Kindern oder Jgdl.n in Kindertagesstätten, Kinderheimen, Erziehungsheimen, Jugendfreizeitstätten usw. oder auch in Altenheimen, Krankenhäusern, Betrieben (Betriebspraktikum) und im Rahmen von ↗Sozialen Diensten werden Jgdl. mit Aufgaben und Problemen des Sozialbereichs konfrontiert und bei entsprechender Vorbereitung, Anleitung und Auswertung zur Reflexion über die ihnen begegnende soziale Wirklichkeit veranlaßt. Ein S. wird gelegentlich bereits Schülern aller Schularten angeboten, besonderes Gewicht hat es jedoch in der Ausbildung für soziale und sozialpäd. Berufe, z. B. für Sozialarbeiter (↗Sozialberufe), ↗Sozialpädagogen, Erzieher in Heimen und ↗Kindergärten.
Außerdem ist das S., meist in Gestalt eines sozialpäd. Praktikums, Bestandteil der Lehrerausbildung, zumindest der Ausbildung für Grund- und Hauptschullehrer. Der zukünft. Lehrer soll dadurch Gelegenheit zum Kennenlernen und Überprüfen erzieherischer Grundhaltungen erhalten. Ihm wird ein außerschul. päd. Praxisfeld exemplarisch erschlossen, mit dem Ziel, den Stellenwert der Schule in einem gesamtpäd. Aufgabenfeld besser zu verstehen. Der Praktikant erfährt nicht nur neue Aspekte des Lernens im Sozialbereich, er erhält auch Ansatzpunkte für grundlegende Überlegungen zum Verhältnis von Theorie und Praxis in der Erziehung.

Lit.: W. Küchenhoff - W. Dalibor, Das S. der Studierenden an PH.n (1962); A. Gralla, Zum Schulpraktikum in einer soz. Einrichtung, in: Mädchenbildung (1968).

W. Küchenhoff

Sozialpsychologie
1. *Begriff.* Denken, Erleben und Verhalten des Individuums hängen von Grad und Art seiner Eingliederung in die mitmenschl. Umwelt (z. B. Familie, Gruppe, Klasse, Stamm und Volk) ab. Die Erforschung dieser Relationen ist Gegenstand der S.

Ihre klass., schon bei ARISTOTELES (in den Schriften zur Ethik, Politik und Rhetorik) nachweisbaren Ausgangspunkte sind die tatsächl. oder vermeintl. Unterschiede zwischen den Angehörigen verschiedener Nationen („Völkerpsychologie"; A. BASTIAN, 1881; W. WUNDT, 1902 ff.) und die Beobachtung des bisweilen überaus unzweckmäßigen Handelns vieler Einzelpersonen in den Ausnahmesituationen eines erregten Kollektivs, z. B. bei einer Panik („Massenpsychologie"; G. LE BON, 1895). Die ersten Ansätze zu einer empirisch-method. Gestaltung dieser Fragenkomplexe stammen aus dem J. 1908 von dem Psychologen W. McDOUGALL und dem Soziologen E. A. ROSS. Die Abgrenzung gegenüber der ↗Soziologie ist auch seither unscharf geblieben.

Die *gegenwärtige Forschung* wird vorwiegend durch Begriffsbildungen bestimmt, die aus folgenden Quellen stammen: a) aus der vom Behaviorismus entwickelten ↗Lerntheorie (soziales Verhalten wird danach im wesentl. als gelerntes Verhalten verstanden); b) aus der ↗Psychoanalyse (von außen auferlegte Verhaltensregeln werden schon in der frühen Kindheit auf dem Weg der Identifikation mit einzelnen Erwachsenen zu inneren Motiven, „Introjektion"); c) aus der hauptsächlich von Soziologen (C. H. COOLEY, G. H. MEAD) entworfenen Rollentheorie (↗Rolle = erwartungsgemäßes Verhalten in bestimmten Situationen, das seinerseits auch von Erwartungen bez. des Verhaltens der Partner gesteuert wird); d) aus der vergleichenden Verhaltensbiologie („Ethologie", K. LORENZ, I. EIBL-EIBESFELDT), die angeborenes ↗Verhalten (Instinkte) des Menschen aufgrund entsprechender Erscheinungen bei Tieren nachzuweisen versucht.

2. *Soziale Gruppenbildung.* Jede soziale Gemeinschaft schafft durch Belohnung, Drohung und Strafe sowie – bei längerem Bestehen – durch Erziehung und Propaganda eine gewisse Gleichförmigkeit des Erlebens und Verhaltens ihrer Angehörigen. Auf diese Weise bildet sich die „sozialkulturelle Persönlichkeit" („basic" oder „modal personality" nach A. KARDINER und R. LINTON), die auf „institutionelle Verhaltensweisen" (F. H. ALL-

PORT) festgelegt wird. Die Normen reichen von absoluten Geboten („Du sollst Vater und Mutter ehren") bis zu absoluten Verboten („Tabus", z. B. Inzest), deren Verletzungen entweder als „kriminell" oder als „pathologisch" beurteilt und mit der Versetzung in die Rolle des Außenseiters geahndet werden. Zwischen diesen beiden Extremen liegen Imperative von geringerer Strenge (Sitte und Brauchtum) und von größerer Wandelbarkeit (Moden), sowie Bereiche, innerhalb deren individuell verschiedene Formen des Erlebens und Verhaltens nicht nur gestattet sind („Freizügigkeit"), sondern sogar erwartet bzw. vermißt werden („Schablonenhaftigkeit" als Vorwurf).

Den Zusammenhalt sozialer Gemeinschaften fördert die Errichtung eines kollektiven Selbstbildes (z. B. „wir Deutsche", „wir Studenten"), das nach Maßgabe des jeweiligen Wertsystems mit Charaktereigenschaften und meist auch im Sinne des herrschenden Schönheitskanons mit Erscheinungsmerkmalen ausgestattet wird („Autostereotyp"). Das gemeinsame Selbstbild definiert den Personenkreis, innerhalb dessen Kontaktbeziehungen (Heirat, Freundschaft, Partnerschaft am Arbeitsplatz) als passend empfunden werden. Mit abnehmender Kontaktdichte nimmt in der Regel die „soziale Distanz" (E. S. BOGARDUS) zu; sie wird manchmal durch Beschränkungen des Kontakts (z. B. durch die Kennzeichnung von „Unberührbaren") oder eine Trennung der Lebens- und Wohnbereiche („Getto") gesteigert und kann zur völligen Ausgliederung einzelner Minoritäten, ja sogar zu einer Negation von deren Menschennatur („Untermenschen") führen.

3. *Gruppenkontraste.* Das Selbstbild der eigenen Gemeinschaft steht in einem Kontrastverhältnis zu den Bildern („Heterostereotypen"), die sich deren Angehörige – ebenfalls weitgehend gemeinsam – von den Angehörigen anderer Gemeinschaften machen (z. B. „Barbaren" gegenüber Griechen). Positive Bewertungen erfolgen dabei in der Regel nur hinsichtlich von Eigenschaften, die im Selbstbild nicht bes. ausgeprägt sind (z. B. die Südländern zugeschriebene Begabung für den Lebensgenuß gegenüber der „deutschen" Arbeitsamkeit). Stereotype bedürfen nur einer sehr geringen Wahrheitsbasis, da sie zum größten Teil nicht aus persönl. Erfahrungen stammen, durch die sie auch korrigiert werden könnten, sondern als soziale Klischees tradiert werden. Sie stellen als „Vorurteile" den Rahmen für den individuellen Erfahrungserwerb dar.

4. *Einstellungsmessung.* Am sozialen Problem der Vorurteile wurden die Methoden der Einstellungsmessung (durch Fragebogen und „Skalen" nach den Verfahren von E. S. BOGARDUS, L. L. THURSTONE, R. LIKERT und L. GUTTMAN) entwickelt, die auch zur Erfassung von „Attitüden" bez. von Gegebenheiten verwendet werden, deren soziale Wertigkeit nicht durch allgemeinverbindl. ↗Stereotype festgelegt ist (z. B. politische Parteien, aber auch Markenartikel). Die Einstellungsmessung ist das hauptsächl. Problem der Meinungsforschung (Demoskopie); aus ihr ergeben sich Hinweise auf die Möglichkeiten der Beeinflussung von Werthaltungen (Propaganda, Werbung, Manipulation).

5. *Rollenverteilung.* Der Standort des Individuums innerhalb der sozialen Gemeinschaften, denen es angehört, ist durch ein System der Rollenverteilung charakterisiert, in dem sich fast immer Rangunterschiede ergeben. Diese pflegen unter zwei weitgehend unabhängigen Gesichtspunkten konzipiert zu werden, dem der Beliebtheit und dem der anerkannten bzw. zugeschriebenen Leistungsfähigkeit (Tüchtigkeit). Das gilt schon von relativ kurzdauernden Zusammenschlüssen in kleinen Gruppen (z. B. Diskussionsrunden), deren Funktionsbedingungen (Größe, Zusammensetzung, Kommunikationsmöglichkeiten) experimentell variiert werden können („Gruppendynamik"). Von besonderem Interesse ist dabei die Voraussetzung für die Erlangung und die erfolgreiche Besetzung einer Führungsrolle. „Massen" besitzen (noch) kein System der Rollenverteilung (Organisation).

□ Gruppendynamik. Gruppe, soziale. Masse

Lit.: A. Oldendorff, Grundzüge der S. (1965); E. E. Jones - H. B. Gerard, Foundations of Social Psychology (New York 1967); H. Hiebsch - M. Vorweg, Einf. in die marxist. S. (³1968); G. Lindzey - E. Aronson (Hrsg.), The Handbook of Social Psychology, 5 Bde. (Reading, Mass. 1968 ff.); C. F. Graumann (Hrsg.), S., in: Hdb. d. Psychol., Bd. 7 (1969); P. R. Hofstätter, Einf. in die S. (⁵1970).

P. R. Hofstätter

Sozialstruktur

1. „Der *Begriff* ‚Sozialstruktur' ist paradoxerweise so fundamental für die Sozialwissenschaften, daß es praktisch unmöglich ist, eine unwidersprochene Definition zu geben" (S. J. UDY 1968). Der Grund für Vagheit und Beliebtheit des Begriffs dürfte u. a. in seiner zweifachen Funktion liegen (R. KÖNIG 1967), in seiner kognitiven und in seiner epistemologischen. – Die histor. Einordnung verweist auf die Anfänge der Soziol. im 19. Jh. Die kognitiv bedeutendere Komponente in dem Begriff, das Strukturkonzept, ist den Naturwiss.en entnommen. Die Übernahme in die Soziol. fällt in die Zeit der Organismusanalogien in den Sozialwiss.en (H. SPENCER).

2. Ganz allg. bedeutet *Struktur* die Beziehung von Teilen eines Ganzen untereinander und zum Ganzen selbst. Diese Beziehungen folgen bestimmten Mustern, wiederholen sich in gleicher Weise. Darin manifestiert sich die Struktur eines untersuchten Gegenstandes. Eine solche abstrakte, modellhaft mathemat. Verwendung des Strukturbegriffs findet sich in den Arbeiten des stark linguistisch ausgerichteten frz. Anthropologen C. LÉVI-STRAUSS (1958). Das zweite Element im Begriff S. wirft die Frage nach den Teilen bzw. Einheiten auf, deren Verknüpfung soziale Struktur ergeben. Negativ formuliert und in notwendiger Abgrenzung zu konkurrierenden Wiss.en, läßt sich mit UDY im Anschluß an M. J. LEVY (1952) sagen, daß S. die Totalität der Muster kollektiver menschlicher Phänomene darstellt, die nicht allein auf der Basis menschlicher Vererbung oder der nichtsozialen Umwelt des Menschen erklärbar sind. In dieser Form kommt der Begriff dem der Kultur sehr nahe, wie er in der Anthropologie verwendet wird.

3. Bei der Frage nach den *Komponenten* der S. läßt sich keine erschöpfende Aufzählung beibringen. Hier kommen Präferenzen zur Geltung, die nur eine eklektische Behandlung dieser Frage zulassen. Offenbar wird dabei, daß es „unmöglich ist, von Sozialstruktur im Singular zu sprechen" (S. F. NADEL 1957). Sozialstrukturelle Analyse ist heute weitgehend identisch mit der Theorie ↗Sozialer Systeme, wobei ↗Struktur und ↗System nahezu Synonyme darstellen. Hier sind vor allem die Arbeiten von T. PARSONS zu nennen, der aus den vorbereitenden Arbeiten von E. DURKHEIM, M. WEBER, V. PARETO u. a. (1937) zu einem allg. theoret. Bezugsrahmen für die Analyse sozialer Systeme (1951) zu gelangen suchte. Parsons geht von einem handlungstheoret. Ansatz aus, der als elementare analytische Einheit den Handelnden bzw. das Handeln in den Mittelpunkt rückt. S. wäre danach „ein System von sozialen Beziehungsmustern zwischen Handelnden" (1954). Handelnde sind jedoch nur in sehr unterschiedlicher Weise – nach Intensität, Qualität, Form und Inhalt differenziert – Bestandteil solcher Beziehungsmuster. Nur jeweils Ausschnitte der Aktivitätensumme eines Individuums verbinden sich mit gleichen oder anderen Handlungsausschnitten eines oder mehrerer anderer Individuen zu sozialen Beziehungsmustern. Die vom einzelnen Handelnden abstrahierende analyt. Einheit stellt die der sozialen ↗Rolle dar, die zentrale Kategorie sozialstruktureller Analyse. In der Rolle artikulieren sich die normativen Erwartungen der ↗Gruppe oder ↗Gesellschaft, denen das Individuum angehört. S. kann als ein System von gegenseitigen Rechten und Verpflichtungen, aber nicht (nur) im rechtl. Sinne angesehen werden. Die Struktur eines sozialen Gebildes ist danach Resultante eines Systems aufeinander bezogener Rechte und Verpflichtungen. Handelnde gehen in diese Analyse als Statusinhaber oder Rollenträger ein.

4. Dies ist indessen nur der analyt. Ausgangspunkt. Die Analyse des sozialen Systems ist begrifflich zu verschränken mit der des *Persönlichkeitssystems* und des *kulturellen Systems*. Schlüsselbegriffe sind hier ↗Institution und ↗Sozialisation einerseits, Wertsystem und Integration andererseits. Weiterhin kompliziert sich die strukturelle Analyse durch die interne Differenzierung sozialer Gebilde, in horizontaler wie in vertikaler Richtung. Horizontale Differenzierung führt zur Identifizierung unterschiedlicher Verhaltens- und Aufgabenbereiche des sozialen Systems (↗Arbeitsteilung), die vertikale Differenzierung macht die analyt. Trennung von Systemen und Subsystemen erforderlich.

5. Im Mittelpunkt stehen diese Fragen für die *strukturell-funktionale Theorie*, dem verbreitetsten soziol. Ansatz, zu dem Soziol. wie Anthropologie gleichermaßen beigetragen haben (R. K. MERTON, 1949, H. HARTMANN 1967, M. J. LEVY 1968). Das begriffl. Rüstzeug hierzu ist entscheidend von T. PARSONS bereitgestellt worden, wobei bes. seine „pattern variables" zu nennen sind. Dieses Alternativschema der Handlungsorientierung ist von PARSONS inzwischen zu einem Klassifikationsschema funktionaler Bedürfnisse weiterentwickelt worden, die von jedem sozialen System erfüllt werden müssen: die adaptive Funktion (Wirtschaft); die allokative Funktion (Politik); die integrative Funktion (Konfliktbewältigung zwischen den Subsystemen); die Funktion der Systemerhaltung und Spannungsreduzierung (Sozialisationsinstitutionen); Instanzen sozialer Kontrolle). Die empirisch bislang ertragreichste Ausformulierung des strukturell-funktionalen Ansatzes dürfte die Theorie der Anomie (R. K. MERTON 1949, 1957) darstellen.

Lit.: T. Parsons, The Structure of Social Action (New York 1937); –, The Social System (Glencoe. III. 1951); –, Soziol. Theorie, hrsg. u. eingel. v. D. Rüschemeyer (1964); R. K. Merton, Social Theory and Social Structure (Glencoe, III. 1949, rev. 1957); A. L. Kroeber, Anthropology (New York 1952); M. J. Levy, Jr., The Structure of Society (Princeton, N. J. 1952); Structural-Functional Analysis, in: International Encyclopedia of the Social Sciences (New York 1968); A. R. Radcliffe-Brown, Structure and Function in Primitive Society: Essays and Addresses (London, Glencoe, III. 1952); S. F. Nadel, The Theory of Social Structure (Glencoe, III. 1957); C. Lévi-Strauss, Anthropologie structurale (Paris 1958, dt.: Strukturale Anthropologie, 1967); H.

Hartmann (Hrsg.), Moderne amerikan. Soziol. (1967); R. König, Struktur, in: – (Hrsg.), Soziol. (⁷1968); E. M. Leach, Social Structure I, in: Internat. Encycl. of the Social Sciences (New York 1968); St. J. Udy, Jr., Social Structure II, in: ebd.

F. Sack

Soziodrama ↗ Gruppentherapie

Soziogramm ↗ Soziometrie

Soziographie

1. S. ist die wiss. *Darstellung* von Tatbeständen und Zusammenhängen *menschlichen Zusammenlebens*. Sie ist Teil der empir. ↗ Sozialforschung.

Zwei Beispiele erläutern ihr Anliegen: Im Bereich der *sozialen Sicherung* interessieren nicht nur die Rechtsordnungen, sondern auch die Auswirkungen der Ordnungen auf das Dasein der Menschen im Zusammenhang mit anderen das Dasein der Menschen bestimmenden Faktoren; im Bereich der *Wirtschaft* interessieren sie nicht Organisationsformen, Produktionsvolumen, Umsätze, sondern die Erreichbarkeit von Arbeitsplätzen für die Aktivbevölkerung und der aus dem Arbeitseinkommen in Verbindung mit anderen Faktoren mögliche Lebensstandard.

S. beobachtet den Menschen im Verbund mit seinesgleichen. Vornehmliche Gruppierungen sind: Haushalt, Gemeinde bzw. Siedlungseinheit, Region.

2. Als *Quellen* werden benutzt: a) Statistische Totalerhebungen (Volks- und Wohnungszählungen) in Urmaterial und Auszählungen auf der untersten Stufe (Gemeindestatistik); b) Topographische Karten kleinen Maßstabs mit genauen Angaben über örtl. Gegebenheiten; c) Repräsentative Befragungen mit dem Ziel, Lebensgewohnheiten und Verhaltensweisen zu ermitteln.

3. Zur *Darstellung* bedient man sich vornehmlich thematischer Karten, die sowohl in räuml. Differenzierungen als auch, durch Deckungsmethoden, in den Zusammenhang zwischen verschiedenen Tatbeständen Einsicht geben.

4. Der Name S. wurde von dem Niederländer S. R. STEINMETZ zu Anfang des 20. Jh. in die wiss. Diskussion eingeführt. Gegenstand und Methoden der Forschung reichen bis in das 18. Jh. zurück (Kameralisten) und finden im 19. Jh. in W. H. RIEHL und den Mitarbeitern des Vereins für Sozialpolitik hervorragende Vertreter. In den Niederlanden bildet S. eine eigene Hochschuldisziplin, in Dtl. existiert nur ein einziges wiss. Institut dieses Namens: das Soziograph. Institut an der Univ. Frankfurt. Erst in jüngster Zeit findet der Name größere Verbreitung. Gegenstand und Methode werden von Nachbardisziplinen aufgenommen: angewandte ↗ Soziologie, empirische ↗ Sozialforschung, Sozialgeographie, Raumforschung.

Lit.: S. R. Steinmetz, Die S. in der Reihe der Gesellschaftswiss.en, in: Archiv für Rechts- und Wirtschaftsphilos., Bd. 6 (1913); –, Das Verhältnis von S. u. Soziol., in: Verhandlungen des 5. Dt. Soziologentages in Wien 1926 (1927); R. Heberle, S., in: A. Vierkandt (Hrsg.), Hwb. der Soziol. (1931, ²1959); F. Tönnies, S., in: Einf. in die Soziol. (1931, ²1964); Th. Geiger, Die soziale Schichtung des dt. Volkes – ein soziograph. Versuch auf statist. Grundlage (1932, ²1966); K. Utermann, S., in: W. Bernsdorf - F. Bülow (Hrsg.), Wb. der Soziol. (1955, ²1969); H. D. de Vries-Reilingh, S., in: R. König (Hrsg.): Hdb. der empir. Sozialforschung, Bd. 1 (1962, ²1967).

L. Neundörfer

Soziologie

G. = Gesellschaft(s)

I. Begriff und historische Entwicklung

S. gilt als neue und junge Wiss., was jedoch nur mit Einschränkungen richtig ist. In der abendländ. Wiss.sgeschichte werden schon immer soziol. Probleme im Rahmen anderer Wiss.en (Philos., Jurisprudenz, Nationalökonomie) behandelt. Alle diese Ansätze sind jedoch mehr oder weniger „Gelegenheitssoziologien"; es bleiben „Restprobleme" (TH. GEIGER), die mit den Mitteln dieser Wiss.en nicht geklärt werden können. Hiervon ausgehend, läßt sich S. als Organisierung und Systematisierung dieser Gelegenheitssoziologien und ihrer Restprobleme bestimmen. Sie ist dann die *Wissenschaft von den menschlichen Gesellungen und vom sozialen Handeln der Menschen*.

Trotz der genannten weit zurückreichenden Ansätze soziol. Denkens entsteht S. als eigene Wiss. erst im Zusammenhang mit der Ablösung feudaler G.strukturen durch den Prozeß der *Industrialisierung* im vergangenen Jh. Im Anfang ist S. eng mit der Philos. im Sinne einer Sozialphilos. und „Gesellschaftslehre" verbunden. Sie versteht sich im Rahmen des *Evolutionismus* des 19. Jh. und nimmt teil an dem Versuch, eine „mathesis universalis" für alle Wiss.en zu schaffen. In Analogie zur Naturwiss. wird nach naturnotwendigen Gesetzen der G. gesucht. Die Betrachtungsweise dieser S. fragt nach der Zielrichtung der gesellschaftl. Evolution.

Musterbeispiel einer so verstandenen S. ist die monokausale Dialektik von K. MARX, nach der in dialekt. Antithese und Klassenkampf die menschl. G. auf das Ziel der Klassenlosigkeit hinsteuert. Auch A. COMTE, dem man zuschreibt, als erster das Wort „Soziologie" verwendet zu haben, gehört zu der evolutionist. Richtung der S. Sein *Dreistadiengesetz* versucht, für alle Kulturen und G.en universell nachzuweisen, daß die Entwicklung der menschl. G. von einem mythischen, über ein philos. schließlich zum positivist. Zeitalter führt, welch letzteres den Höhepunkt der Menschheitsentwicklung schlechthin darstellt.

Die skizzierte Entwicklung der S. gilt z. T. noch heute und ist in gewisser Weise Ausgangspunkt eines zweifachen *Soziologismus*: Als systematischer Soziologismus wird S. als Gipfel der Natur- und Kulturwiss.en betrachtet, wobei sie sich teils als Krone dieser Wiss.en, teils enzyklopädisch versteht. *Methodologischer* Soziologismus liegt dort vor, wo die soziol. Betrachtungsweise auf andere Wiss.bereiche übertragen wird und somit eine „metábasis eis állo génos" vorliegt.

II. Gegenstand und Methode

1. *Formalobjekt und Materialobjekt*. Für die S. wurde lange Zeit nur das ihr eigene *Formalobjekt* betont. Man ging davon aus, daß ein eigenes *Materialobjekt* der S. nicht nachgewiesen werden könne, sondern sie dieses

mit anderen Wiss.en teile. So kommt es, daß S. als eine Wiss. vom Menschen definiert wird und lediglich die Besonderheit der Betrachtungsweise, die Heraushebung der „sozialen Modalität" des Menschen, sein „sozialer Daseinsmodus" (TH. GEIGER), das spezifisch Soziologische ergibt. Diese Modalitäten werden als eigenes, analytisch abhebbares Objekt betrachtet. So kommt es dazu, S. als Lehre vom sozialen Handeln des Menschen (M. WEBER) zu verstehen.

Um sich als eigenständige Wiss. zu dokumentieren, bedarf die S. jedoch des Nachweises nicht nur eines eigenen Formalobjektes, sondern auch eines spezifischen *Materialobjektes*. U. a. liegt der Versuch einer solchen Bestimmung bei E. DURKHEIM vor, der unter Aufweis eines eigenen inhaltl. Objektes der S. eine diesem entsprechende soziol. Methode zu entwickeln versucht. Gegenstand sind die *soziologischen Tatbestände* („faits sociaux"). Ihre eigene Abhebbarkeit besteht darin, daß sie als gesellschaftliche ↗ Normen notwendigerweise auf das Individuum wirken und eine möglichst tiefe Internalisierung dieser gesellschaftl. Normen zwecks Integration des Menschen in die G. zu bewirken versuchen. Diese soziol. Tatbestände sind methodisch „wie Dinge" zu betrachten, wobei jedoch von einer Hypostasierung dieser Tatbestände – trotz mancher Unklarheit im Ausdruck DURKHEIMs – keine Rede sein kann.

Aus der so gearteten Bestimmung des eigenen Materialobjektes der S. ergibt sich mit gewissen Einschränkungen eine analytisch begründete Wertfreiheit, die sich am deutlichsten in DURKHEIMs „Regel der Unterscheidung zwischen Normal und Pathologisch" zeigt: Im Unterschied zu normativen Wiss.en (z. B. Ethik, Päd.) gilt als normal, was an durchschnittl. sozialen Verhaltensweisen zu erwarten ist, wobei sowohl die zwangsweise Wirkung des gesellschaftl. Normenkomplexes als auch der Grad der Internalisation dieser Normen zu berücksichtigen sind. Pathologisch (anomisch) sind dann Abweichungen von der zu erwartenden Durchschnittlichkeit, die allerdings ihrerseits Ausgangspunkt für einen sozialen ↗ Wandel zu sein vermögen.

2. *Der Streit um Inhalt und Methoden.* Bes. in den letzten zwei Dezennien ist erneut der Streit um Inhalt, Gegenstand und Methode der S. in Fluß geraten. Er entzündete sich sowohl an der These der Wertfreiheit, wie sie M. WEBER (Idealtypus) vertrat, als auch an der von T. PARSONS und E. DURKHEIM ausgeprägten strukturell-funktionalen Analyse. Die dialektisch-krit. Gesellschaftstheorie, vor allem die *Frankfurter Schule* (HORKHEIMER, ADORNO, HABERMAS) wirft der strukturell-funktionalen Theorie ↗ Positivismus vor, der durch die bloße Analyse gesellschaftlicher Zustände und ihrer Untersuchung auf ein systemimmanentes Funktionieren sozialer Tatsachen zu einer Rechtfertigung und Stabilisierung bestehender gesellschaftl. Verhältnisse beiträgt.

3. *Aufgabe und Gegenstandsbereiche.* Die Bestimmung eines eigenen Materialobjektes der S. verweist diese auf die Untersuchung von Phänomenen, die von anderen Wiss.en noch nicht behandelt wurden (z. B. *Schichtung, Struktur, Familie*). Dieses aber sind Totalphänomene, die nicht losgelöst von einer gesamtgesellschaftl. Struktur verstanden werden können. Gerade hier wird sichtbar, wie sehr die S. nach der Analyse, da sie nicht zuletzt auch eine histor. Wiss. ist, Bewertungen vornehmen muß. Insofern es soziale Phänomene sui generis gibt, erfordern sie eine eigene Wiss. mit dem Streben nach Allgemeingültigkeit. Drei Bereiche der S. liegen damit fest: a) die Gegenüberstellung von G.formen; b) die Bestimmung gesellschaftlicher Phänomene innerhalb einer aktualisierten G.; c) die Ortsbestimmung gesellschaftlicher Verschiedenartigkeit in einem allgemeineren System. In vergleichbarer Weise bestimmen auch M. WEBER und E. DURKHEIM den Forschungsbereich der S. Sie muß das Gesellschaftliche definieren, den gesellschaftl. Konsensus analysieren und die histor. Verschiedenartigkeiten orten. Hierbei muß die soziale Umwelt des Menschen, die als Spielraum seines Handelns selbstverständlich erscheint, fragwürdig gemacht werden. Da das soziale Handeln über das „ego" hinausreicht, erzieht soziol. Denken insofern zu krit. Denken, als es das „geschickt gesponnene Gewebe unseres konventionellen Ichs" (H. BERGSON) entschleiert und den Menschen zur Reflexion zwingt.

☐ Soziologie der Erziehung. Sozialforschung

Lit.: P. J. Bouman, Einf. in die S. (1955); G. Eisermann (Hrsg.), Die Lehre von der G. (1958); A. Cuvillier, Kurzer Abriß der soziol. Denkweise (1960); P. Heintz, Einf. in die soziol. Theorie (1962, ²1968); A. Gehlen - H. Schelsky (Hrsg.), S. Ein Lehr- u. Handbuch (⁶1966); Das Fischer Lex., Bd. 10: S. (²1967, 1969, Lit.); E. K. Francis, Wiss. Grundlagen soziol. Denkens (²1967); R. Dahrendorf, Homo Sociologicus (⁹1970); K. Kippert (Hrsg.), Soziol. der Erziehung (1970).

K. Kippert

Soziologie der Erziehung

S. = Soziologie, SdE. = Soziologie der Erziehung

I. Begriff und geschichtliche Zugänge

Die SdE. ist eine relativ junge Teildisziplin der speziellen S. und müßte eigentlich „Soziologie der Erziehungs- und Bildungsprozesse und der Erziehungs- und Bildungsinstitutionen" heißen. Geläufiger ist auch heute noch in der Lit., von ↗pädagogischer Soziologie zu sprechen. Diese Bezeichnung ist jedoch nicht haltbar und stellt eine falsche Einschätzung der SdE. dar, indem diese als reine Hilfswiss. der Päd. betrachtet wird. Demgegenüber ist die SdE. als spezielle S. legitimer Teilbereich der S. überhaupt. Auch wenn sie besondere Fragestellungen an die Päd. heranträgt, bleibt sie im Rahmen ihrer spezif. wiss. Autonomie. Sie stellt der Päd. in ihrer wiss. Eigenständigkeit völlig neue Fragen und konfrontiert sie mit neuen, sich aus der veränderten und ständig verändernden Situation unserer Gesellschaft ergebenden Problemen. Hierbei ergeben sich Fundamentalprobleme, die neben der Kleingruppenforschung (↗Gruppe, soziale) vor allem die gesellschaftl. Bedingtheit und Vermittlung des Erziehungs- und Bildungsprozesses zum Thema haben und ebenso eine Interpretation der Erziehungs- und Bildungsinstitutionen relevant machen. Auch die Untersuchung der Funktionsgerechtigkeit vorhandener Erziehungs- und Bildungsinstitutionen und deren Tragfähigkeit für eine überschaubare Entwicklung der gegenwärt. Gesellschaft spielen eine bedeutsame Rolle.

Wissenschaftsgeschichtlich kann man als Vorgänger der SdE. die oben erwähnte päd. S. angeben. Allerdings birgt eine zu enge sachl. Verknüpfung zwischen beiden eine Reduktion auf Sozialphilos. und ↗Sozialpädagogik in sich. Die Entwicklung und Analyse moderner gesellschaftl. Strukturen hat den Aspekt eröffnet, daß in gewissem Sinne Päd. in weiten Bereichen nur noch als Sozialwiss. möglich ist. Diesen Gesichtspunkt hob als erster O. WILLMANN 1875/76 in seinen Prager päd. Vorlesungen hervor. Der Niederschlag dieses Denkansatzes findet sich in seiner *Didaktik als Bildungslehre* (⁴1909).
Die schwierige Entwicklung einer eigenständigen SdE. in dem hier umschriebenen Sinn wurde vor allem durch die NS-Zeit behindert, die die soziol. Forschung in Dtl. fast unmöglich machte. So entsteht nach 1945 in dem verständl. Versuch, die außerhalb des NS-Dtl. weitergegangene erziehungssoziol. Forschung zu rezipieren, der Eindruck, daß primär amerikan. und engl. Impulse aufgenommen werden. Das trifft jedoch nur hinsichtlich einer Fülle mikrosoziol. Detailuntersuchungen zu. Wichtige erziehungssoziol. Ansätze zeigen sich in der gegenwärt. S., soweit sie nicht nur quantifizierend ist, auch im frz. Sprachraum, wobei, von der DURKHEIMschule ausgehend, bes. auf GURVITCH verwiesen werden muß.

Von diesem histor. Hintergrund her zeigen sich *gegenwärtig* in der SdE. *zwei extreme Auffassungen:* Einerseits wird Erziehungs-S. als päd. S. verstanden bzw. mißverstanden, wobei die Päd. als normative Wiss. der S. die Normen ihres Denkens und Forschens vorschreibt; andererseits gibt es jene Art eines syst. und methodolog. Soziologismus, der die S. als letztes Maß aller Dinge zur Normwiss. für die Päd. erklärt (L. F. WARD und C. H. ELLWOOD). Im Hintergrund der angedeuteten Problematik steckt der bis heute nicht ausgetragene Streit, ob Philos. und Päd. gegenüber der S. normativ sind oder die S. einen normativen Anspruch gegenüber der Päd. besitzt (TH. GEIGER).

II. Anthropologische Voraussetzungen

Trotz ihrer wiss. Eigenständigkeit kann eine SdE. bestimmte anthropologische Grundvoraussetzungen nicht außer acht lassen. Sie muß diese im Ansatz sichtbar machen, wobei die *personale* Struktur menschlichen Daseins als Ausgangspunkt soziol. Denkens ist (↗Person). Diese Struktur ist nicht nur als anthropologisches Faktum nachweisbar, sondern aus ihr lassen sich auch die seelisch-geist. und leibl. Grundbedürfnisse des Menschen herleiten. Eine SdE. muß sich demnach um die Erfassung des geistig-leibl. Daseins des Menschen in seiner Verwobenheit mit gesellschaftl. Zusammenhängen bemühen. Sie kommt hierbei zu der Erkenntnis, daß das Dasein des Menschen sich nicht in sich geschlossen vollzieht, sondern der Umwelt, des Mit- und Zusammenwirkens von und mit anderen Menschen bedarf. Diese Hilfe ist je nach zivilisator. Status einer Gesellschaft zwar unterschiedlich, als Mittel des Zusammenwirkens sind *Gruppen und Institutionen* jedoch von unverzichtbarer Bedeutung. Somit läßt sich die SdE. „als Wissenschaft von den menschlichen Gesellungen und vom sozialen Handeln des Menschen" (M. WEBER) bezeichnen. Das heißt, daß eine SdE. im päd. Bereich die Aufgabe hat, bewußtzumachen, daß eigentlich täglich S. betrieben wird, weil der Mensch verstehend in einer Umwelt lebt und dabei so tut, als ob es eine natürl. Umwelt sei. Diese scheinbaren Selbstverständlichkeiten sind auf die Stufe eines reflexen Bewußtseins zu heben. Mittels der SdE. soll der Mensch bewußt erfassen, daß und warum er ständig von der Gesellschaft gestellte Aufgaben erfüllt, z. B. Kollektivgebote von Moral, Gewohnheit und Mode, die den Menschen entsprechend handeln lassen. Unter Anwendung der soziol. Kategorien der sozialen ↗Rolle muß die Basis der Selbstverständlichkeiten sozialen Handelns rational erfaßt werden; es muß die Erkenntnis wachsen, daß die angedeuteten Selbstverständlichkeiten über das eigene „ego" hinausreichen und so das „geschickt gesponnene Gewebe unseres konventionellen Ichs" (H. BERGSON), welches einerseits teilweise unser seel. Innenleben verschleiert, durch eine Art Zensur verdrängt wird, andererseits das menschl. Leben als ein Leben in der Gesellschaft erst ermöglicht.

III. Inhalte

1. Nimmt man die erziehungssoziologisch bedeutsamste Erkenntniskategorie, so muß sich eine SdE. primär wissenssoziologisch (↗Wissenssoziologie) verstehen. Dabei geht es um den Aufweis der „Seinsverbundenheit" (K. MANNHEIM) menschlichen Denkens. Pädagogisch muß neben die Darstellung der Erziehungsziele und der Wege, sie zu erreichen, die Frage treten, wieweit diese Ziele und Wege Reflex jeweiliger gesellschaftl. Zustände sind. Die „Schleusenfunktion" (M. Scheler), besser: die Siebfunktion der Gesellschaft, gewinnt also in der SdE. eine ebenso große Bedeutung wie die gleichzeit. Frage nach dem Ideologieverdacht (↗Ideologie) bestimmter Bildungsinhalte und Bildungssysteme. Demnach müssen Lehrplaninhalte und die sie vermittelnden Bildungsinstitutionen wissenssoziologisch analysiert werden. Epochalimmanente Beurteilungskriterien sind zu finden, epochaltranszendente Kriterien der Bildung inhaltlich und institutionell zu gewinnen. SdE. muß also nicht nur die „Wissensformen der Gesellschaft" (M. SCHELER) in ihrem epochalimmanenten Bezug untersuchen, sondern daraus zugleich einen soziologisch begründeten Beitrag zur gegenwärt. Päd. als einer „normativen Wissenschaft" leisten. Die SdE. hilft so der Päd. nicht nur, ihre gesetzten Ziele sachgerecht zu erreichen, sondern stellt ihr neue Probleme, die die Päd. in ihrer wissenschaftsautonomen Besonderheit aufgreifen und in artgemäßer Weise zu lösen hat.

2. Aus dem wissenssoziologisch verstandenen Ansatz der SdE. ergibt sich sowohl deren *Gegenstand* als auch ihre *Einteilung* in einzelne Teilgebiete. Es geht um die Erforschung von Erziehung und Bildung als gesellschaftlicher Tatsachen und Vorgänge und um die Interdependenz zwischen bestehender Gesellschaftsstruktur und Erziehung und Bildung. Der prozessuale und institutionelle Sinngehalt bestimmter Teilgebiete ist sichtbar zu machen, systematisch darzustellen, zu interpretieren. Dadurch nötigt die SdE. die Päd. als normative Wiss., andersgeartete kategoriale Systeme soziol. Denkens zu akzeptieren und in ihren eigenen Topos zu integrieren.

3. Im westeurop. Kulturbereich gewinnt für eine SdE. die Auseinandersetzung mit der ↗Bürgerlichen Gesellschaft, die teils ein Ergebnis der Industrialisierung (↗Industrielle Gesellschaft), teils aber auch durch deren Fortgang weitgehend überwunden ist, besondere Bedeutung. Wichtige Probleme sind hier: die Entwicklung der gegenwärt. Gesellschaft von einer feudalen über die Klassengesellschaft, die nivellierte Mittelschichtsgesellschaft (H. SCHELSKY) zu einer pluralist. Gesellschaft (↗Pluralismus); hierin sind die Gesellschaftsmodelle der Geschlossenheit und Offenheit in ihrer rahmenhaften Grundstruktur anzusprechen. Das Sichtbarmachen pluralist. Gesellschaftsstruktur ist bes. wichtig, weil sie in der Auseinandersetzung mit dem modernen Totalitarismus kriterielle Bedeutung gewinnt. Außerdem liegt in einer SdE. die ihr eigene Relevanz auf der Erforschung und Darstellung der Phänomene, die im Bereich Kleingruppe (↗Gruppe), d. h. Familie, Schulklasse, Jugendgruppe u. ä., bedeutsam sind. In der Darstellung der Strukturen der genannten Sozialgebilde und Gruppen müssen allgemeinsoziol. Grundkategorien sichtbar gemacht und interpretativ angewendet werden. Folgende Bereiche werden dabei wichtig: ↗Internalisierung sozialer ↗Normen – soziale ↗Rolle – Enkulturation – zweite soziokulturelle Geburt – ↗Familie als Sozialisationsfaktor – die soziale Rolle des Jgdl.n (↗Jugendalter) – die gesellschaftl. Funktion der ↗Schule und außerschulischer Bildungsinstitutionen – die Rollenproblematik der einzelnen Berufe. So wird sichtbar, daß im Grunde alle sog. Bindestrich-S.n auf ihre päd. Bedeutsamkeit und ihren soziol. Aussagecharakter hin zu überprüfen sind, wobei sich eine Hierarchie der entsprechenden Rangordnung dieser speziellen S.n nur schwer aufstellen läßt.

Eine SdE. muß stark analytisch und deskriptiv vorgehen, nicht um Wertungen zu vermeiden, sondern um der Päd. als einer normativen Wiss. zu helfen, die je eigene Lösung des gestellten Problems mit deren eigener Methode zu finden. Gesellschaftlicher Funktionalismus mag dabei ein Nebeneffekt der SdE. sein, ist jedoch keineswegs ihre erklärte Absicht.

Lit.: Th. Geiger, Erziehung als Gegenstand der S. (1931); P. Luchtenberg, S. u. Päd., in: Päd. Lex., hrsg. v. H. Schwarz (1931); A. Siemsen, Die gesellschaftl. Grundlagen der Erziehung (1948); M. Keilhacker, Erziehungsformen (1950); –, Päd. Grundprobleme in der gegenwärt. industriellen Gesellschaft (1964, ⁷1968); J. P. Ruppert, Die seel. Grundlagen d. Erziehung, Bd. 1: Sozialpsychol. im Raum der Erziehung (1952); –, Bd. 2: Sozialpsychol. im Raum der Schule (1954); A. Fischer, Päd. S., in: Hwb. der S., hrsg. v. A. Vierkandt (Neudruck 1959); –, Soziol. Päd. (ebd.); D. Claessens, Familie u. Wertsystem (1962); J. A. Whang, Die Entwicklung der päd. S. in Dtl. (1963); G. Wurzbacher, Die Familie als Sozialisationsfaktor (1969); W. Bernsdorf, Päd. S., in: Wb. der S. (²1969, ausführl. Bibliogr.); K. Kippert (Hrsg.), Einf. in die SdE. (1970).

K. Kippert

Soziologie und Pädagogik ↗Gesellschaft und Erziehung ↗Soziologie der Erziehung

Soziologismus ↗Soziologie

Soziometrie
S. ist jede messende (quantitative) Erfassung zwischenmenschlicher Vorgänge. Im engeren Sinne versteht man darunter die von MORENO 1934 begründete Methode der empir. Sozialforschung, spezielle Formen der Interaktionen von Individuen in Gruppen (z. B. Schulklassen) zu messen und in einem *Soziogramm* darzustellen.
Die Daten werden meist im „Test" erhoben, einer schriftl. Befragung der Mitglieder einer Gruppe, welche anderen Mitglieder sie nach einem bestimmten Kriterium (z. B. gemeinsame Arbeit, Sitzordnung, Einladung) wählen. Die Wahlfrage kann sich auch auf Ablehnungen und die Vermutung beziehen, von welchem Mitglied man selbst gewählt oder abgelehnt wird (Wahrnehmungstest). Das Soziogramm stellt durch Zeichen (Kreise, Verbindungslinien) dar, wie oft ein Gruppenmitglied gewählt bzw. abgelehnt wird und von wem die Nennungen kommen. Die Verteilung der Stimmen ergibt den Gruppenrang (z. B. Star, Unbeachteter, Isolierter, Abgelehnter), die „Wer-Wen-Muster" der Nennungen die Wahlkonfigurationen (z. B. Paar, Dreieck, Kette, Stern, Clique). Vorteilhafter als die freie oder kreisförmige Darstellungsform ist die graph. *Soziomatrix*. Diese gestattet auch den Vergleich verschiedener Soziogramme (z. B. Folgesoziogramme in Längsschnittstudien) und die statist. Weiterverarbeitung der Daten (z. B. Vergleich mit sozialen oder Persönlichkeitsmerkmalen).
In der *Pädagogik* dient die S. der Erhellung der ↗Gruppendynamik in der ↗Schulklasse (z. B. Beliebtheits- und Tüchtigkeitsrangordnung; informelle Ordnung; Auffinden Isolierter; Diskriminierung von Minderheiten, etwa Sitzenbleiber) und der vergleichenden Schulklassenforschung. In der von MORENO intendierten Form mündet die S. in Behandlungsmethoden ein (*Psycho-, Soziodrama,* ↗Gruppentherapie).

Lit.: J. L. Moreno, Who Shall Survive? (New York 1934, dt.: Die Grundlagen der S., 1954, ²1967); E. Schmidt, Die graph. Soziomatrix, in: Köln. Zschr. für Soziol. u. Sozialpsychol. (1962); J. P. Ruppert, Die seel. Grundlagen der sozialen Erziehung, Bd. III (1965, ²1969); G. Bastin, Die soziometr. Methoden (1967); J. Nehnevajsa, S., in: R. König (Hrsg.), Hdb. der empir. Sozialforschung (²1967). Zschr.: Sociometry (New York 1937 ff.).

E. Schmalohr

Spanien
Fläche 504 750 km², Bev. 32 685 000 (1969).

I. Geschichtliche Entwicklung und allgemeine Grundlagen

1. Die Grundlagen des modernen span. Schulwesens wurden durch das Erziehungsges. v. 1857 (Ley Moyano) geschaffen, das u. a. Bestimmungen über die Gliederung des Bildungswesens, die Einrichtung öff. Schulen – insbes. Primarschulen – und die Trägerschaft der verschiedenen Institutionen enthielt. Die allgemeinbildenden Sekundarschulen, die zur Reifeprüfung (bachillerato) führten, gingen aus der Tradition der jesuit. Grammatikschulen hervor. Besondere Vorrechte, die erst während der zweiten Republik (1913–1936) abgebaut wurden, besaß das kirchl. Schulwesen. Nach der Machtergreifung der sog. Nationalen Bewegung im span. Bürgerkrieg (1936–1939) wurde die Sonderstellung der kath. Kirche und der rel. Orden im Bildungswesen wiederhergestellt. Seit 1939 wurden Strukturen und Inhalte der einzelnen Stufen des Bildungswesens durch Gesetze neu geregelt. Nach verschiedenen Teilreformen in den Folgejahren wurde eine umfassende Reform des Bildungswesens durch das „Allgemeine Gesetz über die Erziehung und die Finanzierung der Bildungsreform" v. 4. 8. 1970 in Angriff genommen.

2. Dem verfassungsmäßig festgelegten Recht auf Bildung entspricht die Pflicht des Staates, allen Kindern eine kostenlose allg. und berufl. Grundausbildung zu gewährleisten. Zu diesem Zweck werden auch die privaten Grundschulen vom Staat finanziell unterstützt.
Der kath. Kirche ist die rel. und moral. Erziehung in allen Schulen – staatlichen wie privaten – im Sinne der vom Staat zu schützenden „Religionsfreiheit" gesetzlich garantiert. Angehörige anderer Konfessionen sind nicht verpflichtet, an einer bestimmten rel. Unterweisung teilzunehmen.
Die Eltern haben das Recht der Schulwahl, der Staat wacht lediglich über die Einhaltung der Schulpflichtbestimmungen. Die Aufgaben und Rechte des Staates umfassen neben Bildungspolitik und -planung auch die Unterstützung der privaten Initiative auf dem Gebiet des Schulwesens und dessen Schutz vor Einflüssen, die Bildung und Erziehung beeinträchtigen, sowie die Aufsicht über alle Bildungsinstitutionen. Im staatl. Entwicklungsplan steht das Bildungswesen an der Spitze der Prioritäten, und das Budget des Ministeriums für Erziehung und Wiss. nimmt die erste Stelle im Staatshaushalt ein. Mit der Reform des Schulwesens geht eine Reorganisation der Schulverwaltung, insbes. des Ministeriums für Erziehung und Wiss. (Ministerio de Educación y Ciencia) einher, die zu stärkerer Einheitlichkeit und Rationalisierung der Verwaltungsarbeit führen soll. Eine neu geschaffene Abteilung ist speziell für Curricula, Unterrichtsmethoden und Lehrerbildung zuständig (Dirección General de Ordenación Educativa). Ihr untersteht auch das System der Schulinspektion.

II. Aufbau des Bildungswesens

1. Die *Vorschulerziehung* (Educación Preescolar) setzt sich aus Kindergärten (escuelas maternales) für Kinder bis zu 4 J. und Vorschulen (escuelas de párvulos) für die 4–6-

jähr. zusammen. Sie befinden sich teils in staatl., teils in privater Trägerschaft. Die Vorschulen sind vielfach Grundschulen zugeordnet.

2. *Primarschule* (Educación General Básica). Die allg. Schulpflicht erstreckt sich vom 6. bis zum 14. Lj. Die Primarschule gliedert sich in 2 Zyklen. Der erste Zyklus umfaßt 4 J. und wird durch Gesamtunterricht bestimmt. Im 2. Zyklus (ebenfalls 4 J.) findet eine gewisse Aufgliederung des Unterrichts nach Fachgebieten (areas de actividad) statt, die auch eine Fremdsprache einschließen und zugleich der Orientierung und Vorbereitung auf den Übergang in die Sekundarschule bzw. die Berufswelt dienen. Schüler, die diesen Zyklus erfolgreich durchlaufen haben, erhalten ein Abschlußzeugnis, das sie zum Übergang auf die Sekundarschule oder in die Berufsausbildung berechtigt. Die übrigen erhalten ein Entlassungszeugnis, das ihnen den Besuch der Elementarberufsschule gestattet.

3. *Sekundarschule* (Institutos Nacionales de Bachillerato). Die neue Struktur der Sekundarschule umfaßt einen dreijähr. Kurs vom 14. bis zum 16. Lj.; sie wird jedoch erst vom Schuljahr 1972/73 an realisiert werden. Der Unterricht gliedert sich in gemeinsame Pflichtfächer, Wahlfächer und beruflich-techn. Fächer, von denen der Schüler eines zu wählen hat. Die Sekundarschule bereitet auf den Übergang zur Hochschule, in die Mittelstufe der Berufsausbildung oder das Berufsleben vor. Bei Bestehen der Abschlußprüfung wird der Titel eines Bakkalaureus (Bachiller) verliehen.

4. *Hochschule.* Dem eigentl. Hochschulstudium geht ein Vorbereitungskurs (Curso de Orientación Universitaria) voraus, der der Vertiefung der in der Schule erworbenen Kenntnisse sowie der Orientierung auf die Studien- und Berufswahl entsprechend den Fähigkeiten und Neigungen des Schülers dient. Der Zugang ist auch nach erfolgreichem Abschluß der Mittelstufe der Berufsausbildung möglich. Der Kurs wird von den Univ.en durchgeführt, die einzelnen Fakultäten und Hochschulinstitutionen verzichten jedoch nicht auf eigene Aufnahmeprüfungen.

Das Studium an den Fakultäten der Univ.en und an den TH.n umfaßt 3 Stufen: (1) Studium der grundlegenden Fächer (3 J.), Abschluß: Diplom (Diplomado); (2) Spezialisierung (2 J.), Abschluß: Lizentiat (Licenciado); (3) Weiterbildung auf einem Spezialgebiet und Vorbereitung auf wiss. Forschung und Lehre, Abschluß: Doktortitel. Die Ausbildung an den Univ.sschulen (Escuelas Universitarias) besteht nur aus einer Stufe von 3 J. Dauer.

Die Univ.en sollen autonome Körperschaften mit eigenen Statuten werden. Gegenwärtig sind für die Mehrzahl der 20 Univ.en vorläufige Statuten genehmigt worden. Künftig werden die Univ.en nach Abteilungen (Departamentos) als Grundeinheiten für Forschung und Lehre gegliedert.

5. *Lehrerausbildung.* Die Primarschullehrer wurden bisher in Lehrerbildungsanstalten ausgebildet, die nunmehr in „Universitätsschulen" umgewandelt werden, deren Absolventen das Univ.sdiplom erhalten wie auch die Absolventen der ersten Studienstufe. Sekundarschullehrer müssen den Lizentiatentitel erwerben und erhalten darüber hinaus eine päd. Ausbildung an den erziehungswiss. Instituten der Univ.en.

6. *Berufsausbildung und Erwachsenenbildung.* Die Berufsschulen gliedern sich in drei Stufen und sollen jeweils Übergangsmöglichkeiten in die entsprechenden Stufen des allgemeinbildenden Schulwesens bzw. in die Hochschulen bieten. Im Bereich der Erwachsenenbildung stehen Einrichtungen für Fern- und Abendunterricht zur Verfügung, unterstützt durch Rundfunk und Fernsehen.

Statistische Angaben 1966/67 (Struktur des Bildungswesens vor der Reform)

Schulart	Zahl der Schüler
Primarschule (Kl. 1–8)	3 971 803
Sekundarschulen (ab 4. Kl.)	
Allgemeinbildende (Hochschulreife)	913 637
Berufl. (mittlerer Abschluß u. Hochschulreife)	57 711
Berufsausbildung	127 448
Handelsschulen	15 824
Lehrerbildungsanstalten	66 340
Technikerschulen	72 207
Künstler. Fachschulen	40 616
Hochschulen	141 149

(Quelle: International Yearbook of Education 1968, Genf 1969).

III. Pädagogische Forschung und Entwicklungsprobleme des Bildungswesens

Die päd. Forschung ist in den letzten Jahren intensiv gefördert worden, insbes. durch die Gründung des dem Erziehungsministerium zugeordneten „Nationalen Forschungszentrums für die Entwicklung des Bildungswesens" (Centro Nacional de Investigaciones para el Desarollo de la Educación), dessen Aufgaben in der Koordination der Forschungsvorhaben der einzelnen erziehungswiss. Inst.e sowie in der Durchführung übergreifender Projekte liegen. Erziehungswiss. Institute existieren seit 1969 an jeder Univ. Darüber hinaus bestehen verschiedene ältere staatl. und private Forschungsinstitutionen, so das Institut „San José de Calasanz" (seit 1943), das dem Ministerium untersteht, ferner das Erziehungsinstitut des Ordens der „Padres Escolapios" in Madrid und das päd.-psychol. Laboratorium in Salamanca.

Die eingeleitete Schulreform zielt auf die Demokratisierung sowie die Verbindung von

Einheitlichkeit und Flexibilität des Schulwesens ab. Mit der allmähl. Einführung der Kostenfreiheit auch im Sekundarschulwesen ist mit einer rapide steigenden Zahl der Schüler auf dieser Stufe sowie der Studenten in den Hochschuleinrichtungen zu rechnen.

Lit.: Congreso Nacional de Pedagogía (III), El sistema escolar español en función de las necesidades económicas y sociales (Madrid 1965); R. Mazzeti, Società e educazione nella Spagna contemporanea (Firenze 1966); R. Diez Hochleitner, Política y financiación de la educación (Madrid 1967); V. García Hoz, S., in: Schulen in Europa, hrsg. v. W. Schultze, Bd. III (1969); J. Rubio García Mina, La enseñanza superior en España (Madrid 1969); Sociedad Española de Pedagogía, La educación actual. Problemas y técnicas (Madrid 1969).

A. Galino Carillo, J. Ruiz Berrio

Spanischunterricht

1. *Lehrziel.* Spanisch wird an Gymnasien der BRD als Wahlfach (freie Arbeitsgruppen), in der Regel mit 2 Wochenstunden, angeboten. (Für die Kinder der span. Gastarbeiter sind 6–7 Wochenstunden an dt. Grund- und Hauptschulen vorgesehen.) Lehrziel ist: Verstehen und Sprechfertigkeit der span. Sprache, auch Einführung in die Landeskunde.
2. *Zur Didaktik und Methodik.* Nach gründl. Einführung in die besonderen phonet. Schwierigkeiten der span. Sprache steht das gesprochene Wort im Mittelpunkt. Unter Ausnutzung audiovisueller Hilfsmittel (Sprachlabor, Tonband, Schallplatte, Dias und Film) muß so rasch wie möglich das Verstehen und Sprechen erreicht werden. Leseübungen, Konversation, induktive Einführung in grammatikal. Probleme sind Grundlage des S.s. Daneben ergeben sich Einblicke in Lit. und Kunst Spaniens, in einen der bedeutendsten Kulturbereiche roman. Länder.

Die Erfahrung beweist, daß es in zwei aufeinander folgenden Unterrichtsjahren möglich ist, die Schüler an Gymnasien im Spanischen so weit zu fördern, daß sie die nötigen Voraussetzungen für das weitere Studium an Univ., Sprachenschulen oder span. Kulturinst.en haben. – Der Wortschatz bezieht sich einerseits auf den alltägl. Bereich, auf die tourist. Erfordernisse, andererseits auf jugendnahe und aktuelle Diskussionen sowie auf Landeskunde, Lit. und Kunst.

3. *Außerschulische Anregungen.* Die span. Kulturinst.e sowie die Hispan. Gesellschaft vermitteln vielseitige Anregungen. Vorträge über span. Lit. und Kunst sowie über landeskundl. Themen bereichern den Schulunterricht oder bereiten auf Spanienreisen vor.

Lit.: A. A. Andrés, Gesch. der span. Lit. vom 18. Jh. bis zur Gegenwart (1961); F. Eguiagaray, Historia contemporánea de España (1964); C. Heupel, Grund- u. Aufbauwortschatz Spanisch (1966); J. M. Banzo - R. Werner, Einf. in die span. Sprache [Schallplatte, Tonband] (1969); W. Halm - J. Moll Marqués, **Modernes Spanisch** [dazu Lehrerheft, Schallplatte, Übungen für Klasse u. Sprachlabor] (⁴1969); G. Haensch - F. Casero, Dt.-Span. Wirtschaftssprache (²1971).

Lektürevorschläge: M. C. M. Roberts, Un Billete de cien, hrsg. v. B. Weitbrecht (1969); J. R. Jump, El Misterio de la Cueva, hrsg. v. F. Kübler (1969); R. Musman, Don Brazazo de la Carretera, hrsg. v. H. Becher (1970); E. Neville, La Familia Minguez, hrsg. v. M. Szabo (1970).

I. Spatz

Spartanische Erziehung ↗ Griech. Erziehung

Spastiker ↗ Neuropathologie des Kindesalters

Spätreife
R. = Reife, SR. = Spätreife

1. *Reife* ist primär ein *biologischer Begriff.* Man spricht von SR., wenn die körperl. Entwicklung merklich hinter dem Altersdurchschnitt zurückbleibt. Das gilt auch von Kindern und Jgdl.n, die an der ↗ Akzeleration nicht teilhaben. Eine Entwicklungsverzögerung *(Retardierung)* zeigt sich vor allem in geringerer Körperlänge und später erreichter geschlechtl. R. Akzelerierung wie auch Retardierung des Wachstums sind wesentlich in den ersten Lj. zentriert; in den Altersstufen danach weicht das Tempo der Entwicklung von dem früherer Zeiten wenig ab. Ältere Kinder und Jgdl. leiden oft unter ihrer SR., wenn sie deswegen von den Altersgenossen nicht anerkannt werden; das kann ihre Haltung und ihr Verhalten beeinflussen. Im übrigen verläuft die seel. Entwicklung relativ unabhängig von der körperlichen, da sie anderen Bedingungen unterliegt.
2. Im *pädagogischen Sprachgebrauch* wird mit R. auch die Befähigung für die Teilnahme an einem neuen Bildungsabschnitt gekennzeichnet, z. B. Hochschul-R., Schul-R. Beim Fehlen solcher Befähigung handelt es sich jedoch nicht um SR., sondern um Nichterreichen eines Leistungsstandes, der durch Lernen erworben werden muß. Bei der Hochschul-R. ist das stets richtig gesehen worden. Bei mangelnder Schul-R. dagegen wird verfahren, als wäre sie durch SR. verursacht und könne durch Älterwerden behoben werden. Man stellt schulunreife Kinder für ein J. von der Einschulung zurück; einige Länder haben deswegen sogar das gesetzl. Einschulungsalter heraufgesetzt. Dabei ist seit langem nachgewiesen, daß Schulunreife, falls nicht genuine Intelligenzschwäche vorliegt, durch ungünstige Umweltverhältnisse bedingt ist. Die Empfehlung der KMK v. 2. 7. 1970, „Vorklassen einzurichten, die später mit den gegenwärtig ersten Klassen der Grundschule zu einer Eingangsstufe verschmolzen werden sollen", läßt erwarten, daß die Schule in Zukunft dem unterschiedl. Entwicklungsstand ihrer Neulinge durch nachholendes Lernenlassen päd. besser gerecht wird.

☐ Frühreife

Lit.: R. Strickmann, Untersuchungen zur Frage der Beziehung von somat. u. psych. Entwicklung (1957); W. Hansen, Reifen als päd. Problem, in: Westermanns päd. Beitr. (1958); J. M. Tanner, Wachstum u. Reifung des Menschen (1962); W. Lenz - H. Kellner, Die körperl. Akzeleration (1965, Bibliogr.).

W. Hansen

Spencer, Herbert

Engl. Philosoph, geb. 27. 4. 1820 in Derby, gest. 8. 12. 1903 in Brighton; Eisenbahningenieur, freier Schriftsteller, Journalist, Privatgelehrter, bewußter Autodidakt. Vor DARWIN entwickelte S. eine Entwicklungstheorie, die das Evolutionsprinzip auch für den Bereich der menschl. Gesellschaft gelten läßt. Sein philos. Ansatz ist positivistisch, klammert alles Metaphysische als unerkennbar aus und stützt sich allein auf Erfahrung. Werte beurteilt er nach ihrem Nutzen für das Glück der größten Zahl von Menschen. Konsequent verwirft S. gemäß diesem utilitarist. Kriterium humanistische Bildung und stellt naturwiss. Unterricht (dem er auch hohen erzieherischen Wert beimißt) über jede andere Art von Bildung. Erziehungsziele beurteilt er gemäß ihrem biolog. Nutzen danach, ob sie (1) der unmittelbaren, (2) der mittelbaren Selbsterhaltung, (3) der Arterhaltung, (4) der Erhaltung der sozialen Ordnung, (5) der Gestaltung von Mußestunden dienen. Erst wenn den lebenswichtigeren Zielen Genüge getan ist, läßt S. musische und schöngeistige Bildung gelten, dann jedoch uneingeschränkt. Unterricht soll die natürl. Triebe und Erlebnisse der Kinder berücksichtigen und sie vornehmlich durch unaufhörl. Gebrauch der Sinne lernen lassen. S. ist ein entschiedener Gegner autoritativer Erziehungsmaßnahmen, weil Irrtümer und Torheiten besser durch Erleiden ihrer natürl. Konsequenzen erkannt und vermieden werden als durch Verbote. Der Entwicklungsgedanke führt bei S. zum Aufspüren der Eigenart der kindl. Psyche. S. hat auch psychol. Fakten der Kindheit zur Deutung des Seelenlebens beim Erwachsenen herangezogen.

Werke: Works, 19 Vol. (London 1861–1902); Education, Intellectual, Moral and Physical (London 1861, Neuaufl. 1949, dt.: Die Kunst der Erziehung 1874, Neuaufl. 1947); Essays on Education and Kindred Subjects (London 1911).
Lit.: P. Häberlin, S.s Grundlagen der Philos. (1908); G. Compayré, S. et l'éducation scientifique (Paris 1901); M. Geraskoff, Die sittl. Erziehung nach S. (1912); S. Blach, H. S.s Erziehungslehre (1913); A. Züfle, S.s Ansichten über Erziehung (Diss. Köln 1925); S. Abid Husain, Die Bildungstheorie H. S.s (1926); J. Guthmann, Entwicklung u. Selbstentfaltung bei H. S. (Diss. Würzburg 1930); E. Albee, A History of English Utilitarianism (1962); W. Schöler, Gesch. des naturwiss. Unterrichts im 17. bis 19. Jh. (1970).

W. Zifreund

Spener, Philipp Jacob

S., geb. 13. 1. 1635 in Rappoltsweiler, gest. 5. 2. 1705 in Berlin, war ev. Theologe und Begründer des ↗ Pietismus. Ab 1663 Freiprediger in Straßburg, wurde er 1666 Senior der Pfarrerschaft in Frankfurt a. M., 1686 Oberhofprediger in Dresden, 1691 Propst an St. Nikolai in Berlin.

Um einen Mittelweg zwischen erstarrter Orthodoxie und radikalem Spiritualismus bemüht, kämpfte S. für eine Erneuerung der ev. Kirche aus dem Grundsatz, daß das Christentum sich nicht im Wissen, sondern in der Ausübung zeige („lebendiger Glaube"). Kern seiner Theol. ist die Lehre von der Wiedergeburt aus der Gnade Gottes (Betonung des persönlich-individuellen Moments), was einen organolog. Bildungsbegriff ausschließt (eigentlicher Bildner des Menschen ist Gott); nur die Vermittlung natürlich-profaner Kenntnisse ist päd. verfügbar. Den ev. RU. akzentuierte S. in Stoff und Haltung praktisch-persönlich (Betonung des Vorbildes gegenüber bloßem Unterricht, Wertschätzung der päd. Atmosphäre, besonders Internatserziehung). Er erneuerte die Konfirmation und förderte die Bibelarbeit mit der Jugend. Über den hallischen Pietismus (A. H. FRANCKE) wirkte S. mittelbar auf Erziehung, Wirtschaft und christl. Politik.

Werke: Pia desideria (1675; neu hrsg. v. K. Aland 1940, ³1955); Hauptschriften, hrsg. v. P. Grünberg (1889).
Lit.: P. Grünberg, P. J. S., 3 Bde. (1893–1906); M. Peters, P. J. S. (1935); K. Aland, S.-Studien (1943); H. Bruns, P. J. S. (1955); G. Dohmen, Bildung u. Schule, Bd. 1 (1964).

W. Böhm

Spiel

I. Psychologischer Aspekt

1. *Theorien.* Das S. ist ein komplexes, vielgestaltetes Phänomen, das inhaltlich recht unterschiedliche Handlungen umfaßt. Die klass. S.-Theorien interpretieren das S. als Wiederholung der Phylogenese (*Rekapitulations-* oder *Atavismustheorie*, ST. HALL, W. WUNDT), als Folge überschüssiger Energie (*Kraftüberschußtheorie*, H. SPENCER) in seiner *Erholungsfunktion* bei partieller Ermüdung (J. SCHALLER), als Ventil zur Abreaktion von Instinkten, Impulsen oder Gefühlen (*Katharsistheorie*, H. CARR), als Vorübung und zur Selbstausbildung unfertiger Anlagen und Instinkte (*Vorübungstheorie*, K. GROOS). Die kausalen und finalen Interpretationen ergänzen einander. Bei der Analyse des S.s wird der Vergangenheits-, der Gegenwarts- und der Zukunftsbezug des S.s anhand zahlreicher Beiträge diskutiert, magische, symbolische, dynamische und funktionsübende Mo-

mente werden im S. gesehen (W. STERN). – Neuere S.theorien sehen das S. als eine nicht weiter ableitbare Lebenserscheinung, ein Urphänomen, das wesentliche Bedeutung für die Kultur hat, aber letztlich nicht weiter erklärt werden kann (J. HUIZINGA).

2. *Merkmale.* Durch phänomenolog. Betrachtung des S.s wurden folgende generelle Merkmale als charakteristisch herausgearbeitet: (1) Zweckfreiheit, der Zweck liegt im Tun selbst; (2) S. zeichnet sich aus durch seine Dynamik, durch die zirkuläre Reaktion (K. GROOS), durch die Wiederholung (K. BÜHLER), durch das oszillierende Zusammenspiel von Spannung und Lösung, durch die nicht vorhersehbare Reaktion des Gegenübers, S. ist immer ein S. „mit etwas" (F. J. J. BUYTENDIJK), durch die Periodik von Aktivierungszirkeln um einen mittelhohen Aktivierungspegel bei einfacher Zielstruktur und unmittelbarerer Zeitperspektive (H. HECKHAUSEN); (3) Funktionslust und Formwille (K. BÜHLER) charakterisieren das S. wie (4) die Symbolisierung, die Fiktion, das Prinzip des „Als-ob", die „Quasi-Realität" (H. Heckhausen); (5) Ambivalenz, vitale Gefährdung (E. HAIGIS), Konflikt und Ungewißheit werden als weitere Merkmale genannt; Neuigkeit bzw. Wechsel, Überraschung, Verwickeltheit und Ungewißheit bzw. Konflikt kennzeichnen die S.e von Kindern und Erwachsenen (H. HECKHAUSEN). In seinem S. setzt sich das *Kind* mit seiner Umwelt auseinander (H. HETZER). Gesunde Kinder spielen, sie spiegeln ihre Erlebnisse im S. wider, sie probieren und experimentieren, sie passen sich den Regeln des Materials an, sie imitieren den Erwachsenen, und sie geben sich in den Gruppenspielen Regeln. Kranke und verhaltensgestörte Kinder müssen beschäftigt und angeregt werden, sie zeigen auch im S. Störungen und Konflikte, schwachsinnige Kinder sind auch in ihren Spielen retardiert.

3. *Klassifikation.* Die S.e werden verschieden klassifiziert und verschiedenen Entwicklungsstufen zugeordnet. Die Einteilung in *Funktionsspiel* mit dem eigenen Körper und mit Gegenständen, in *Fiktionsspiel* (Illusionsspiel, Deutungsspiel), die eine Darstellungsabsicht voraussetzen und sich von einfachen Sinngebungen zu *Rollenspielen* – auch zum technisierten Rollen-S. – differenzieren. Bei den *Rezeptionsspielen*, den *Herstellungs-* und *Konstruktionsspielen* läßt sich ebenfalls eine Differenzierung nachweisen. Die genannten S.e finden sich auch in späterem Alter auf höherem Niveau wieder, sie sind gekennzeichnet durch bessere Gestaltungs- und Darstellungsfähigkeit und durch kompliziertere Spielregeln (CH. BÜHLER, H. HETZER, A. RÜSSEL). – Auch J. PIAGET sieht das S. unter entwicklungspsychol. Aspekt; durch das Spiel werden die kognitiven Konzepte und Schemata geformt.

In der sensumotor. Phase vollzieht das Kind in seinen S.en eine funktionelle reproduktive Assimilation an Menschen und Objekten seiner Umwelt, im *Symbolspiel* der prälogischen Phase wird die Wirklichkeit an das Ich assimiliert. Das sozialisierte Denken wird durch Assimilation und Akkomodation in den *Regelspielen* der letzten Phase geformt.

4. *Psychoanalyse.* Nach psychoanalyt. Auffassung wird das S. durch das Unbewußte bestimmt; durch das S. kommt das Kind zur Bewältigung der Realität. Das S. dient der Wunschbefriedigung; libidinöse Wünsche werden durch S.phantasien umgeformt und sublimiert (S. FREUD). Im S. kommt das Kind zu einer vorübergehenden Korrektur der Wirklichkeit. Es bewältigt aktiv, statt passiv zu erleiden. Insbes. werden Aggressivität und Ängste durch das S. abreagiert und sublimiert.

In *Diagnostik* (Symbolisierung) und *Therapie* (Katharsis, Sublimierung) wurde das S. durch M. KLEIN und A. FREUD zur Methode der Kinderanalyse entwickelt. M. LÖWENFELD bietet in ihrem Weltspiel neben Sand und Wasser mehr oder minder strukturiertes S.-material, d. h., Menschen, Tiere und Objekte der eigenen und fremder Umwelten werden Kindern und Jgdl.n präsentiert. Es soll eine Welt nach eigenen Vorstellungen, unabhängig von der Realität aufgebaut werden. Aus Konstruktionen und Aktionen sowie aus den sprachl. Äußerungen werden Schlüsse auf Vorstellungen und Phantasien gezogen. Im *Welttest* (CH. BÜHLER) ist das Material hinsichtlich Anzahl und Art der Gegenstände standardisiert, ebenfalls die Testgebung und die Testauswertung, die nach formalen und inhaltl. Kriterien erfolgt. Die Welten verschiedener Gruppen von Kindern (Gruppen normaler und retardierter Kinder, milieugeschädigter und hirnorganisch beeinträchtigter Kinder zeigen formale und inhaltliche Unterschiede), sowie individuelle Probleme können erkannt werden; ebenfalls wirken sich sozio-kulturelle Unterschiede aus. Im *Scenotest* (G. STAABS) ist das Material nach psychoanalyt. Kriterien ausgesucht, Puppen symbolisieren Personen verschiedenen Alters und Geschlechts, so daß Identifizierungen, Abwehr, Ängste oder andere Mechanismen bestimmten Personen gegenüber oder in Symbolfiguren zum Ausdruck gebracht werden können. Bewußte und unbewußte Gestaltung der Szene, Wahl bestimmter Figuren und Verhaltensmerkmale werden nach psychoanalyt. Gesichtspunkten interpretiert. Der Nachteil dieser Verfahren wird in der großen Variationsmöglichkeit des freien S.s mit einer relativ großen Anzahl von S.gegenständen gesehen. Bisher sind keine zufriedenstellenden Untersuchungen über Zuverlässigkeit und Gültigkeit dieser Methoden vorgenommen worden.

5. *Puppenspiel.* In den USA wurde das Puppenspiel als experimentelle Methode systematisch untersucht (H. LEVIN und E. WARDWELL, R. R. SEARS). Ausgehend von der sog. Puppeninterviewmethode, wurden folgende Variablen überprüft: Anzahl der Puppen, Verwendung, schematisierte oder typisierte Puppen, thematisch begrenzte Aufgabenstellung, Interaktion mit dem Beobachter. Bes. gründlich wurden Spielaggressionen untersucht, Identifizierungen mit Elternfiguren, Auswirkungen von Sitzungsdauer und Häufigkeit und Auswirkung bestimmter Erziehungsstile. Alters- und Geschlechtsunterschiede konnten festgestellt werden. Die Reduktion des Materials erleichtert und sichert Beobachtung und Interpretation. Thematisch gezielte Spielanweisungen ermöglichen die Klärung spezifischer Fragestellungen.

II. Pädagogischer Aspekt

Während eine psychol. Erörterung von S. undiskutierterweise von einem vorgegebenen Phänomen S. ausgeht, muß u. E. für eine päd. Sichtweise immer der Standpunkt maßgebend sein, von dem aus das, was S. „ist", ausgelegt wird. Die Päd. ist sich mit der modernen Philosophie und Sprachwiss. (I. HEIDEMANN, W. ENNINGER) darin einig, daß S. nicht konstitutiv auf ein „Phänomen" S. zurückgeführt werden kann, sondern immer als „Interpretation" hingenommen werden muß.

Geht man von der Voraussetzung aus, daß für Wesen und Sinn des S.s der Zusammenhang begründend ist, in dem sich das S. befindet, lassen sich verschiedene Verständnisweisen voneinander abheben.

1. S. hat seit der Antike eine generelle päd. Vermittlungs- und Übungsfunktion, insbes. im polit. und rel. Bereich. Man denke an die Bedeutung der Tragödien und Komödien im kulturellen Leben Athens, an die Olympischen Spiele für das Einheitsbewußtsein Griechenlands, an die Kultspiele in den Religionen, die verschiedenen S.formen der Verwirklichung von Herrschaft, die typ. S.e der verschiedenen Gesellschaftsschichten.

2. Davon sind S.auffassungen abzuheben, die in einer speziellen Weise auf Erziehung und Bildung gerichtet sind. Man sieht im S. eine zweckfreie Form menschlicher Betätigung, die zum Lernen und Üben von notwendigen Fertigkeiten, Kenntnissen und Tugenden „überlistet" werden kann und soll. Dem S. wird darüber hinaus teilweise auch ein charakterformendes Gewicht zuerkannt; so z. B. können bestimmte S.e tapferes und zielbewußtes Handeln fördern oder verhindern (PLATON, ARISTOTELES, CICERO, SENECA).

3. Daß Spiel selbst ein qualifiziertes „natürliches" Geschehen ist, wird bei J. J. ROUSSEAU deutlich; es ist daher als „Erziehungsmittel" bes. dazu geeignet, die Kinder „rechtzeitig daran zu gewöhnen, ihre Wünsche ihren Kräften anzupassen". In der Nachfolge von Rousseau wird S. Bestandteil jeder auf frühkindl. Erziehung bezogenen funktionalen Theorie. Zur Begründung einer solchen Rolle des S.s verweist E. CH. TRAPP auf den „Vater der Natur", der in seiner Güte und Weisheit „Kindern den Spieltrieb darum so reichlich gegeben habe, damit die Kräfte und Anlagen ihres Geistes und Körpers sich desto leichter und schneller entwickeln und sie dabei zugleich das für sie mögliche Maaß von Freuden genießen mögten".

4. Gegen formale und individualistisch-naturalist. S.interpretationen wenden sich Konzeptionen, die, vorwiegend an I. KANT und F. SCHILLER orientiert, in einem ästhetisch-anthropolog. Gedankengang aufgebracht sind. Hier wird S. thematisch für den begründenden Grund von Menschlichkeit. „Spiel ist das reinste geistigste Erzeugnis des Menschen auf dieser Stufe [der frühen Kindheit], und ist zugleich das Vorbild und Nachbild des gesamten Menschenlebens, des Innern, geheimen Naturlebens im Menschen und in allen Dingen; es gebiert darum Freude, Freiheit, Zufriedenheit, Ruhe in sich und außer sich, Frieden mit der Welt" (F. FRÖBEL).

5. Im Zusammenhang hoffnungsvoller Erwartungen von Lösungen päd. Probleme von seiten der Sozialwiss.en dürften heute S.theorien nicht unberücksichtigt bleiben, die von J. v. NEUMANN und O. MORGENSTERN angeregt worden sind. Im soziol., ökonom. und militär. Bereich werden S.theorien als Methoden verstanden, mittels deren man die vom Zufall mitbestimmten strittigen Verhältnisse theoretisch in den Griff zu bekommen versucht. S.theorie wird umschrieben als „mathematische Formulierung idealisierter Konfliktsituationen" (A. RAPOPORT), als „Methode zur Untersuchung von Entscheidungen in Konfliktsituationen" (M. SHUBIK); man erwartet von ihr eine „bessere Erkenntnis der Zusammenhänge, die jenseits von irgendwelchen Idealvorstellungen tatsächlich menschliches Zusammenleben beeinflussen" (M. WOITSCHACH). – Eine solche diagno-

stische und Entscheidungen vorbereitende Funktion des S.s wird in päd. Erörterungen der Gegenwart (z. B. bei H. SCHEUERL) zwar gesehen und in ihren geschichtl. Positionen aufgezeigt, jedoch fehlen die Ansätze, von denen für die Erziehungstheorie und Erziehungspraxis Aufschlüsse erwartet werden könnten.

III. Spiel und Arbeit

S. und Arbeit werden oft als *gegensätzliche* Verhaltensweisen beschrieben. So betont man bezügl. des S.s das zweckfreie, zweckunbewußte, in sich kreisende, nicht „nützliche" Tun als Äußerung der Lebensfreude und stellt demgegenüber die Arbeit als zweckgerichtet, direkt auf Nutzen abzielend, mühevoll, Äußerung schwieriger Lebensfristung heraus (E. E. GEISSLER). Nach R. MEISTER ist die Arbeit „eine Tätigkeit, die mit dem Bewußtsein, eine bestimmte Leistung vollenden zu sollen, verbunden ist, gleichviel ob diese Tätigkeit von dem Gefühl der Lust oder Unlust oder von wechselnden Gefühlen begleitet ist". Die genaue Beschreibung (z. B. Film) einer Arbeits- und einer S.situation würde jedoch eine eindeutige Abgrenzung wahrscheinlich unmöglich machen. Man könnte daher die „Verschiedenheit" beider Phänomene negieren und diese auf verschiedene weltanschaul. Interpretationen zurückführen. Für das Kind hat das S. durchaus *Ernstcharakter*, während das S. des Erwachsenen nach P. MOOR gerade darin S. ist, daß es nicht ernst ist. Aus der Sicht des Erwachsenen kann das Kinder-S. als *Arbeitsersatz* (J. CHATEAU) angesehen werden oder als Kompensation nicht befriedigter Bedürfnisse (Psychoanalyse). Wenn auch bei der Arbeit ähnliche Erlebnisse wie beim S. auftreten können, so haben dennoch die S.theorien – bei aller Verschiedenheit der Ansätze – das S.phänomen als solches sui generis herausgestellt. Eine Arbeit unter äußerem Druck – lediglich als Mittel zum Broterwerb aufgefaßt – kann ihren „Sinn" behalten; ein S. unter Zwang ist jedoch schwer vorstellbar.

Erziehung muß beiden Phänomenen gerecht werden. Eine Erziehung zur Arbeit wird immer wieder (und mit dem Leistungsdruck in zunehmendem Maße) S.elemente enthalten, die Arbeitshaltung des jungen Menschen „spielend" gelernt werden müssen. Erfolgserlebnisse im S. können Mut zur Arbeit geben und Kräfte enthemmen (z. B. die Sprache). Besondere Bedeutung kommt dabei dem ↗ darstellenden S. in der Schule zu.

□ Darstellendes Spiel. Schulspiel. Laienspiel. Lernspiel. Spieltherapie. Kinderspielplatz. Spielplatz. Spielzeug

Lit. zu I.: K. Groos, Die S.e der Menschen (1899); –, Die S.e der Tiere (³1930); K Bühler, Abriß der geist. Entwicklung des Kindes (1918); H. Hetzer, Kind u. Schaffen, in: Quellen u. Studien zur Jugendkunde, Bd. 7 (1931); R. Wälder, Die psychoanalyt. Theorie des S.s, in: Zschr. für psychoanalyt. Päd. 6 (1932); F. J. J. Buytendijk, Wesen u. Sinn des S.s (1934); J. Huizinga, Homo ludens (Amsterdam 1939); S. Freud, Jenseits des Lustprinzips (1920, in: Ges. Werke XIII, London 1940); E. Haigis, Das S. als Begegnung, in: Zschr. f. Psychol. 150 (1941); R. R. Sears, Influence of Methodological Factors in Doll Play Performance, in: Child Development 18 (1947); J. Piaget, Psychol. der Intelligenz (1948, ⁴1970); M. Loewenfeld, The Nature and Use of Lowenfeld World Technique with Children and Adults, in: Journal of Psychol. 30 (1950); Ch. Bühler, Der Welttest (1955); –, Kindheit u. Jugend (³1970); H. Levin - E. Wardwell, The Research Uses of Doll Play, in: Psychol. Bul. 59 (1962); H. Heckhausen, Entwurf einer Psychol. des Spielens, in: Psychol. Forschung 27 (1964); Kinderspiel u. seine Pflege im Kleinkindalter, in: Hdb. der Kinderheilkunde (1966); G. Staabs, Der Sceno-Test (³1969).

Zu II. u. III.: R. Meister, Beiträge z. Theorie d. Erziehung (1946); J. v. Neumann and O. Morgenstern, Theory of Games and Economics (Oxford 1947); Ausschuß Dt. Leibeserzieher (Hrsg.), Das S. – Kongreßbericht (1959); E. Burger, Einf. in die Theorie der S. (1959); E. Fink, Spiel als Weltsymbol (1960); A. Rapoport, Fights, Games and Debates (1960); P. Moor, Die Bedeutung des S.es in der Erziehung (1962); H. Scheuerl, Beitr. zur Theorie des S.s (⁴/⁵1964); –, Das S. (⁸1968); M. Shubik (Hrsg.), S.theorie u. Sozialwiss.en (dt. 1965); G. Bally, Vom Ursprung u. von den Grenzen der Freiheit (²1966); E. E. Geißler, Erziehungsmittel (1967); W. Enninger, Die Erwortung des Sinnbezirks von Spiel im Englischen, in: Essener Päd. Beiträge II, hrsg. v. H. Winkmann (1968); I. Heidemann, Der Begriff des S.es u. das ästhet. Weltbild der Gegenwart (1968); M. Woitschach, Strategie des S.s (1968); J. Château, Das S. des Kindes (1969).

I. *E. Duhm,* II. *K.-H. Dickopp,*
III. *W. Andresen*

Spielhallen

S. sind Räume, die jedermann Gelegenheit zu Glücksspielen oder zum Betrieb dort aufgestellter mechanischer Spielgeräte geben. Nach dem Ges. zum Schutz der Jugend in der Öffentlichkeit darf Kindern und Jgdl.n nicht gestattet weden, in öff. S. oder ähnlichen Räumen anwesend zu sein; ebenso ist es ihnen untersagt, an Glücksspielen teilzunehmen oder öff. aufgestellte Spielgeräte mit mechan. Vorrichtung zu benutzen, wenn sie die Möglichkeit eines Gewinns bieten. Vorschriften über die Zulassung von S. finden sich in der Gewerbeordnung.

Lit.: W. Becker, Kommentar zum Ges. zum Schutz der Jgdl.n in der Öffentlichkeit (1961); –, Kleines Hdb. des Jugendschutzes (⁴1964).

W. Becker

Spielnachmittage ↗ Leibeserziehung

Spielplatz

Ein S. ist ein umgrenzter, ruhiger und freundl. Bezirk in der Wohnung oder im Freien, der dem ungestörten Spielen allein und mit anderen offensteht und dazu anreizt.

1. *Forderungen*. In der *Wohnung* sollte dem Kleinkind ein S. (Teppich, Truhe, übersichtl. Anzahl von Spielzeug) zur Verfügung stehen mit direktem Kontakt zu den Eltern (Anteilnahme, Anerkennung). – Im *Freien* müßte dem Kleinkind der *heimnahe* S. mit Sand, Wasser, Geräten, Trockenplatz, Krabbel- und Schlupfwinkel zugänglich sein, um das Spiel- und Bewegungsbedürfnis zu befriedigen. Für alle Altersstufen (bes. Großkind) ist der *Quartier*-S. einzurichten mit Bau- und Werkplatz für handwerkl. und abenteuerl. Spiele, Hartbelag für Straßen- und Ballspiele. Für alt und jung ist der zum *Spielzentrum* erweiterte S. gedacht mit Park, Tummelwiese, Hartplatz, Freitheater, Spielecken, Freizeithaus. Ein solcher Platz fördert das Zusammensein der Generationen. – *Bodengestalt*, *Grünflächen*, *Sträucher*, *Spielelemente* (Spielzeug, Sand, Wasser, Spielgeräte, -wände, -flächen) sind zu einer anregenden Umgebung abzustimmen, wobei Besonnung und Windexposition zu berücksichtigen ist. *Modelle*: Robinson-, Abenteuer-, Bau-, Indianer-, Geräte-, Verkehrs- und Wasser-S.e. Die Anlage eines S.es erfordert Zusammenarbeit von Architekt, Pädagoge und Raumplaner.
2. *Gegenwärtige Lage*. Gegenüber diesen Forderungen ist die Lage in der BRD unbefriedigend. Natur-S.e (Wald, Bach) fehlen weithin. Vorhandene S.e sind oft zu klein, kindfremd und spielhemmend. Oft fehlen Wartung und päd. Betreuung. Elterliche Selbsthilfe ist notwendig. Um zugerichtete S.e bemüht sich eine „Spielplatzbewegung", die durch nat. und internat. Organe getragen wird: Pestalozzi-Fröbel-Verband, ↗Pro Juventute, International Playground Association (IPA), International Council for Children's Play (ICCP), Weltorganisation für Erziehung im frühen Kindesalter (OMEP).

☐ Kinderspielplatz. Spiel

Lit.: Der Goldene Plan in den Gemeinden, hrsg. v. der Dt. Olymp. Gesellschaft (1962); G. Aick, Die Befreiung des Kindes. Kleine Kulturgesch. des Spiels u. des Kinder-S.es (1963); E. Grassl, Der familiennahe Kinder-S. (1965); Platz zum Spielen, hrsg. v. der OMEP mit Unterstützung der UNESCO (1965); R. Wetje, Öff. Kinder-S.e. Eine Untersuchung der S.-situation in Innsbruck (Diss. Innsbruck 1968).

A. Wenzel

Spieltherapie

S. ist ein Sammelbegriff für bestimmte psychotherapeut. Behandlungsmethoden. Von verschiedenen Schulen werden Möglichkeiten des Spiels in unterschiedl. Form als therapeutisches Mittel oder Hilfsmittel aufgegriffen. Generell sollen durch S. dem Kind Zusammenhänge in ihrer wahren Bedeutung bewußt werden.

1. Melanie KLEIN entwickelte die S. als *kinderanalytische Technik*. Spielverhalten und Spielzeug erhalten dabei symbolische Bedeutungen. Sie machen Phantasien, Wünsche und Erfahrungen der Kinder transparent. Zusammenhänge sollen erkannt und dem Kind in verständl. Form „wertfrei" gedeutet werden. Parallel der FREUDschen Traumdeutung wird so ein Zugang zum Unbewußten des Kindes gesucht. Der Übertragungsprozeß bietet dann Möglichkeiten der Konfliktverarbeitung.
2. H. ZULLIGER weist auf die Schwierigkeiten und *Gefahren der Deutung* hin und empfiehlt, das Kind im Spiel selbst Konfliktlösungen finden und ausprobieren zu lassen. Der Therapeut agiert als lenkender Spielpartner mit. Sein Spielverhalten soll indirekt als Deutung wirken. – Annemarie SÄNGER setzt sich für eine *nicht deutende* S. ein. Das freie Spiel gilt als eine unabdingbare Voraussetzung für die Entwicklung zur Person. Einzelne Konflikte werden nicht mehr vorrangig aufgearbeitet. Das freie Spiel selbst bringt Reifungsprozesse in Gang, macht Energien frei und regt die Entwicklungsdynamik an. Der Therapeut hat nur katalysatorische Funktion. Er vermeidet aktive Maßnahmen, verhält sich neutral-distanziert und freundlich-abwartend. Das Kind soll sich selbst aktivieren und im Sinne des Heilungsprozesses agieren. Diese Methode paßt sich einfühlend der Individualität des Kindes an, was von diesem als seelische Geborgenheit und Freiheit erlebt wird.
3. Virginia M. AXLINE modifizierte die client-centered therapy von ROGERS zu der S. im *nicht-direktiven Verfahren*, basierend auf der Annahme, daß jeder Mensch über die Kraft verfüge, Probleme auf eine ihn befriedigende Weise zu lösen. Der Therapeut muß diese Kraft aufspüren und sich entwickeln lassen. Diesen Prozeß muß das Kind selbst steuern. Der Therapeut hat Bedingungen zu schaffen, die das Kind befähigen, sich selbst kennenzulernen und ggfs. neue Verhaltensformen zu erproben. Dem Kind wird möglichst viel Freiheit gelassen. Der Therapeut greift nie lenkend in den Therapieverlauf ein. Wahrgenommene Gefühle werden dem Kind verbal reflektiert, das im Verlauf der S. selbst Einsicht in sein Verhalten gewinnt. – Im dt. Sprachgebiet wurde die nicht-direktive Kinderpsychotherapie durch Annemarie und R. TAUSCH bekannt.

☐ Psychotherapie. Psychotherapie und Heilerziehung. Heilpädagogik. Spiel. Schulspiel. Schwererziehbarenpädagogik. Geistorthopädische Übungen. Verhaltenstherapie. Kinder- und Jugendpsychiatrie

Lit.: V. M. Axline, Play therapy (Boston 1947); –, Dibs. Die wunderbare Entfaltung eines menschl. Wesens (1970); M. Klein, Das Seelenleben des Kleinkindes

u. a. Beitr. (1962); H. G. Ginott, Gruppenpsychotherapie mit Kindern. Theorie u. Praxis der S. (1964, ²1969); H. Zulliger, Heilende Kräfte im kindl. Spiel (⁵1967); P. Moor, Die Bedeutung d. Spiels in d. Erziehung (²1968); G. Biermann, Hdb. der Kinderpsychotherapie (1969).

H.-J. Arndt

Spielzeug
1. *Begriffliches.* Spielgegenstände sind alle Dinge, welche Mensch und Tier zum Spielen veranlassen. Der Mensch bezieht sie in sein Spiel ein oder verändert sie für sein Spiel (z. B. Zweig zum Stock, Plastillin zur Figur). *Spielzeug* dagegen ist handwerklich oder industriell hergestelltes und dem Kind zum Spielen übergebenes Material.
2. *Pädagogische Bedeutung.* Entspringen Wahl und Prägung des Spielgegenstandes dem Einfall und der Spielsituation, so steht die Formung des S.s dem Planen des Erwachsenen offen. S. für *Kleinkinder* (Rasseln, Nachziehtiere) ist z. B. auf seine Verwendbarkeit und Wirkung für Tasten, Beobachten, Bewegen, auf Haltbarkeit, Zweckmäßigkeit, Schönheit und Farbwirkung hin entworfen. S. für das *mittlere Kindesalter* verfolgt weitere Ziele: z. B. körperliche Koordination, soziale Integration und Förderung der Selbstbestimmung (Dreirad und Roller). Oft schließt S. verschiedene Absichten ein: Bauklötze z. B. ermöglichen die Entdeckung von Kausalität, Gleichgewicht, Statik und lassen die Verwirklichung von Entwürfen (Brücken, Häuser, Straßen, Städte) zu.
S. repräsentiert Umwelt, führt zugleich das Kind in seine Welt ein. Begegnete ihm früher oft kunsthandwerklich angefertigtes S., so findet es heute vorwiegend industriell gefertigte Dinge, bes. aus dem Bereich der Technik, z. B. Kräne, Traktoren, Flugzeuge. S. hilft zur Belehrung des Kindes (Lernspiele, Fröbel-Gaben, Montessori-Material, modernes didakt. Material). Ohne dieses S. wären Kindergarten- und Vorschulerziehung kaum möglich. S. weckt Fragen, bereitet für das Leben vor (Gewinnen und Verlieren beim Würfelspiel), nimmt Zukunft vorweg (Baukasten). Es erlaubt dem Kinde sich darzustellen, sich auszusprechen, Rollen zu übernehmen (Puppen, Kaufladen), sich seine Welt zu erbauen (Bauen), Aggressivität umzusetzen (Indianer-S.). S. vermittelt schließlich Grunderfahrungen (Puppen-Kind, Puppen-Haus), ermöglicht Symbolisieren (Sceno-Test, ↗Spieltherapie).
3. *Einteilung und Maßstäbe.* Die Einteilung in S.kategorien ist nicht eindeutig. Das Handbuch „Gutes Spielzeug" unterscheidet: Baby-S., S. zum Bewegen, S. zum Liebhaben, S. zum Rollenspiel, S. zum Gestalten, Konstruieren, Forschen und Werken, S. zum Miteinanderspiel. Ein anderer Vorschlag unterscheidet: Gesellschaftsspiele, Puppen, Baukästen, Mechanismen. Maßstäbe für die Wahl des S.s ergeben sich aus den Funktionen: es muß aktives Tun ermöglichen, dauerhaft sein, Phantasie anregen usw. (Arbeitsausschuß Gutes Spielzeug: Auszeichnung „spiel gut"). Undurchschaubares, technisiertes und perfektes S. (Roboter) macht das Kind passiv, da es zum Zuschauen verurteilt ist, verfälscht seinen Eindruck von der Umwelt (Donald Duck), spielt seinerseits mit ihm (Tanzpuppen). „Spielwelten" (Barby), wie sie von Produzenten erfunden sind, zielen auf Bedürfnisweckung und Konsumanpassung.
☐ Lernspiele. Bauen. Puppenspiel. Spiel. Kindergarten. Vorschulische Erziehung

Lit.: S. Hirzel, S. u. Spielware (1956); H. Hetzer, Technisches Spiel u. technisches S., in: VDI-Nachrichten (1961); –, Spiel u. S. für jedes Alter (¹⁰1968); J. Metzger, S. damals, heute, anderswo (1964); K. Gröber - J. Metzger, Kinderspielzeug aus alter Zeit (1965); Gutes S. Kleines Hdb. für das richtige Wahl, hrsg. v. Arbeitsausschuß Gutes S. (¹¹1969); A. Rüssel, Das Kinderspiel (²1965); H. S. Herzka, Spielsachen für das gesunde u. das behinderte Kind (¹1966); G. Kietz, Das Bauen des Kindes. Eine Hilfe für Eltern u. Erzieher (1967); G. Bittner, Zur päd. Theorie des S.s, in: Erziehung in der frühen Kindheit, hrsg. v. G. Bittner (1968).

A. Wenzel

Spiritualität
1. *Definition.* Als S. kann jede Idee oder Ideologie bezeichnet werden, sofern sie das Leben von einzelnen, Gruppen oder Epochen bestimmt. Christen verstehen als S. bzw. als Frömmigkeit die spezifischen Motive, Inhalte und Formen des Versuchs, das Evangelium Jesu Christi zu leben.
2. *Charakteristische Merkmale.* Ursprung und Ziel aller christl. S. sind identisch: Es ist (der Glaube an) die Liebe Gottes, der die Menschen zu ihrem Heil anspricht, befähigt und bringt – vor allem in Jesus Christus. Wesensmomente christlicher S. sind deshalb das Hören auf Gottes Wort, die Versöhnung, der Dienst an Menschen, Welt und Heil und die Feier der ↗Eucharistie. Im übrigen aber ist S. Sammelname für eine Fülle von Methoden und Akten, die christlichem Glauben auf je verschiedene Weise Ausdruck verleihen wollen. Insofern gibt es „die" heutige S. nicht. Dreierlei unterscheidet S. *von heute* aber (fast) durchgängig von früher und anderswo gelebter S.: Christen wenden sich „der Welt" als Lebensmöglichkeit und Zukunftsaufgabe zu. Sie sehen sich auf ihre Mitmenschen verwiesen. Kategoriale Gottunmittelbarkeit wird als problematisch erfahren, weil Gott eher in und vor als über der gegenwärtigen Welt glaub-würdig erscheint.
3. *Religionspädagogische Konsequenzen.* Will die Kirche nicht erstarren und von spontanen „underground-churches" ausgezehrt werden,

muß sie sich entsprechend neu orientieren: a) Je stärker sich die S. der einzelnen konzentriert und reduziert, desto mehr sollten Verkündigung und Einübung der S. der Kirche expandieren, jedoch nur wirklich Unverzichtbares auferlegen und Neuschöpfungen Raum gewähren. b) Solidarisierende und welthaltige Ausdrucksformen christlichen Glaubens müßten als heute hilfreichere die streng transzendentalen und kultischen ergänzen. c) Dem „weiblichen" Element gebührt in der Kirche (wieder) mehr Spielraum. d) Gerade „typisch" heutigen Menschen könnte die Kirche aber als Lehrmeisterin der ↗ Meditation, ja des Mystischen dienen.

☐ Christliches Leben. Nachfolge Christi

Lit.: A. Auer, Weltoffener Christ (³1963); W. Nastainczyk, Führung zu geistl. Leben in Schulkatechese u. Jugendpastoral (1966); –, S. morgen, in: Diakonia 3 (1968); J. Sudbrack, S., in: Sacramentum Mundi, Bd. IV (1969, Lit.); –, Probleme – Prognosen einer kommenden S. (1969).

W. Nastainczyk

Spontaneität
1. Unter S. wird in der Begriffsgeschichte des dt. Idealismus seit KANT eine *Wesenseigenschaft des transzendentalen Subjekts* verstanden, wonach dieses im Unterschied zur bloß hinnehmenden Sinnlichkeit und zum bloß erfahrungsverarbeitenden Denken (Rezeptivität), *aus sich heraus* gültige Gehalte zu setzen vermag. Solche sind im Hinblick auf das Erkennen die Formen der Anschauung (Raum und Zeit), die logischen und mathemat. Axiome, die Kategorien und Grundsätze der Natur, die Ideen der Vernunft und die Gebote der Sittlichkeit. Was in diesem Sinne spontan ist, hängt nicht von den Erfahrungen ab, die der Mensch macht, sondern liegt diesen zugrunde oder geht ihnen voraus und gilt „unbedingt", d. h. auch dann, wenn die Erfüllung dieser Gesetze oder Gebote durch keine Erfahrung ausgewiesen ist.

Th. BALLAUFF entwickelt einen *emanzipatorischen Begriff* der S. „Spontaneität meint daher: sich einem Gedankengang überlassen und seiner Bewegung sich anheimgeben, nicht aber von sich als einem Ichselbst aus etwas unternehmen oder veranstalten … *Werktätigkeit* enthebt uns der ‚Sorge-Struktur' des Alltags und macht uns ‚frei'. Auch sie ereignet sich mit uns, sie *entzieht* uns allem Wollen und aller ‚Selbst'-tätigkeit." Der Mensch kann sich dem Denken nur überlassen, wenn sich das Denken von der subjektiven „Willentlichkeit", die es hindert und eingrenzt, emanzipiert.

2. Der Grundgedankengang der Päd. ROUSSEAUs verweist auf die spontane Natur des Zöglings, die zugleich als Grundlage und Ziel der Erziehung aufgefaßt wird. „Die innere Entwicklung unserer Fähigkeiten und Organe ist die Erziehung der Natur." Diese *subjektivistisch* verstandene Natur wird von Rousseau weniger als Substanz als vielmehr als Akt interpretiert, der dem Educandus die Möglichkeit bietet, sich selbst zu finden und zu ergreifen. Der Vollzug dieser Selbstfindung ist ein spontaner, aktiver Prozeß – ein Denken, Fühlen und Handeln *aus sich* –, in dem der Educandus in Übereinstimmung mit sich selbst zum Subjekt wird (Freitätigkeit).

Unter den Philanthropen übernimmt vor allem SALZMANN die subjektivistische These von ROUSSEAU, daß der Mensch von Natur aus gut sei, und versteht infolgedessen unter Erziehung die spontane Entwicklung und Übung der jgdl. Kräfte. – MONTESSORI will von der Beobachtung des Kindes ausgehen und aufgrund seiner „spontanen Äußerungen die richtige Psychologie des Kindes finden". Sie entdeckt eine Kraft der Selbstbildung im Kinde und nennt diese kindliche subjektive S. im Anschluß an den „Stanser Brief" das „Pestalozziphänomen", wobei sie PESTALOZZIs Denken (↗ Pädagogischer Bezug) allerdings schon subjektivistisch umdeutet. Geeignetes Beschäftigungsmaterial veranlaßt das Kind zur Entfaltung des „Betätigungsdranges", den Montessori auf ein dem Kinde immanentes spontanes Gesetz des „Bauplanes" zurückführt.

3. M. BUBER fragt nach der Möglichkeit spontaner menschlicher Handlungen. Um die subjektive Begründung der S. zu überwinden, geht er in der Rede „Über Charaktererziehung" von dem Unterschied zwischen der Persönlichkeit, die ihr Fundament in sich sucht und findet, und dem Charakter aus, verabschiedet die Persönlichkeitspäd. mit dem Hinweis, daß „der große Charakter" nicht „als ein System von Maximen" (KANT–KERSCHENSTEINER) aufgefaßt werden kann, da dieses System den Umkreis der Subjektivität des Menschen nicht verläßt, und erwartet vom großen Charakter, daß er in seinen Handlungen „den Anspruch der Situation aus einer tiefen Bereitschaft der Verantwortung erfüllt".

In der Charaktererziehung findet der Lehrer einen Weg zum Schüler nur über dessen Vertrauen. „Vertrauen bedeutet Durchbruch aus der Verschlossenheit, Sprengung der Klammer", die den Educandus hindert, von sich abzusehen, und „die befreiende Einsicht, daß es eine menschliche Wahrheit gibt", die den Educandus auffordert, aus der Verschlossenheit des Subjekts herauszutreten, d. h. die monologische und isolierte Subjektivität loszulassen, sich zu emanzipieren und sich auf den Anspruch der Situation einzulassen, der im Dialogischen der menschlicherischen Verhältnisse artikuliert, so daß nunmehr aus dem Vernehmen des Anspruchs der dialogischen Wirklichkeit spontane Handlungen entspringen können.

4. Für die *kritische Erziehungswissenschaft* und *kommunikative Didaktik* ist die S. emanzipatorische Selbsttätigkeit von sachgerechten kommunikativen Prozessen, die sich vom autoritären Gebaren einzelner, die den Kommunikationsprozeß hindern, emanzipieren.

Unter ↗ Autorität und dem ihr entsprechenden autoritären Handeln wird jede Machtausübung von Personen und gesellschaftl. Gruppen verstanden, die

Denken, Wollen und Handeln von Menschen binden, bestimmen, Unterordnung verlangen und Menschen in Autoritätsobjekte verwandeln. Das ideologisch verschleierte Motiv dieser autoritären Handlungen hat die Bestandssicherung der Macht der *singulären* Interessen von einzelnen oder Gruppen im Blick und verhindert geradezu die ↗Emanzipation des Menschen.

Eine kommunikative und emanzipatorische Didaktik wird auf die kommunikativen Handlungen aller am Unterricht Beteiligten hinweisen, in die egoistische und subjektivistische Machtansprüche von einzelnen und Untergruppen eingehen und unter dem Anspruch von Rationalität und Emanzipation in Richtung auf *fundamentale* Interessen der Gruppe „aufgehoben" werden. Diese Interessen artikulieren sich kommunikativ in der jeweils neu zu ermittelnden Erwartung der gesamten Gruppe. Als maßgeblich, verbindlich und damit als autoritativ für alle Beteiligten – im Gegensatz zum Autoritären – erweist sich der kommunikative Handlungsprozeß selber, der also auf der Teilnahme aller Mitglieder der Gruppe an der Verhandlung über Sachverhalte beruht und als solcher emanzipatorische S. von Handlungsprozessen freizusetzen vermag.

☐ Autonomie. Freiheit. Kreativität

Lit.: Th. Ballauff - K. Schaller, Pädagogik. Eine Gesch. der Bildung u. Erziehung, 3 Bde. (1969 ff.); K.-H. Schäfer - K. Schaller, Kritische Erziehungswiss. u. kommunikative Didaktik (1971).

K.-H. Schäfer

Sport

I. Begriff und Geschichte

S. (von mittellat. deportare = sich zerstreuen, frz.-engl. substantiviert zu desport bzw. disport = Vergnügen) ist zu definieren als spontane motorische Aktivität aus spielerischem Antrieb, die nach meßbarer Leistung und geregeltem Wettkampf strebt. Im weiteren Sinne ist S. auch die Gesamtheit aller S.arten.

Der S. hat sich aus englischem Gentleman-S. des 18. Jh. entwickelt und sich im Zuge der Demokratisierung von einer Liebhaberei der „leisure-class" zum Massen-S. der engl. Industriegesellschaft erweitert. Er erfuhr eine Pädagogisierung an den public schools (z. B. in Rugby unter Thomas ARNOLD) und Universitäten, mit Ausstrahlung auf den Kontinent und nach den USA.
In der zweiten Hälfte des 19. Jh. breitete sich die Freiluft-Sportbewegung in Dtl. rasch aus, zunächst als Reaktion auf orthodoxes Turnen. Es gab eine jahrzehntelange Auseinandersetzung zwischen nationalautoritärem Turnen und international-liberalistischem Sport. Anfangs maskulin-voluntaristisch geprägt, später auch für die emanzipierte Frau attraktiv, wurde der S. schließlich stilbildend für die gesamte moderne Lebensform. S. ist heute global verbreitet, im Zentrum der Popularität. In der BRD ist er organisiert im Deutschen Sportbund (DSB). Abweichend von der Selbstverwaltung des DSB, wird der DTSB in der DDR durch staatliche Weisungen angeleitet.

II. Phänomenologie

Die uneinheitliche Erscheinungsform des S.s fluktuiert zwischen den Polen des Spiels, des Wettkampfes und der Arbeit. Anfänglich dominiert das Kampfprinzip, im Sinne DARWINs und NIETZSCHEs als Ausdruck des Kampfes ums Dasein. Die agonale Grundhaltung manifestiert sich anschaulich im Kampf mit den Gewalten der Natur, z. B. im Bergsport. Gefahr und Wagnis begleiten das Ringen um die Erstleistung, um Triumph und Sieg. Im Kampf mit Gegnern nimmt der Wettstreit fiktiv-symbolischen Charakter an. Dieser vom Zweck und Druck des Ernst-Daseins gelöste „Wettkampf" gilt als konstituierendes Prinzip des S.s (HIRN). – In der Theorie wird die geregelte, sublimierte Form der kämpferischen Begegnung als gesteigertes Spiel aufgefaßt (DIEM). Bei H. NOHL wird der S. aus der Sicht der Lebensphilosophie als elementare Form zweckfreien Handelns gewürdigt. Diese Deutung überspitzend, feiert ORTEGA Y GASSET den S. als Überschußphänomen, als schöpferischen Ausfluß jgdl. Lebensfülle. Die Kulturphilosophie HUIZINGAs akzentuiert die Spielelemente des S.s: Ritus und Zeremonie, Illusion und Festlichkeit. – Gegenüber diesen Theoremen prätendiert die marxistische S.theorie den genetischen Vorrang der Arbeit; hier gilt der S. als abgeleitetes Sekundärphänomen.

III. Soziologie

Die spannungsreiche Beziehung des S.s zur Arbeitswelt ist von Soziologen als „Ausgleichsreaktion" erklärt worden. Danach schafft sich die industrielle Massengesellschaft im S. die Chance, durch spielerisch-kämpferische Aktivität die drohende körperlich-seelisch-soziale Verkümmerung positiv zu kompensieren (PLESSNER). In sozialpsychologischer Sicht deutet man die sportliche Aktivität auch als Ventil für den gestauten Aggressionstrieb. Diese von Plessner angeregte Ausgleichstheorie wird neuerdings bestritten. Empirische soziol. Untersuchungen legen die These nahe, daß gerade der kompensationsbedürftigste Arbeitnehmer die geringste Freizeitaktivität zeigt (LINDE). – Versteht man den S. aus seiner grundständigen Spielfunktion als Komplementärgebilde zur Arbeitswelt, so überrascht das Paradoxon, daß er sich nicht als reiner Gegentyp ausgebildet, sondern sich vielmehr Charakteristika der Arbeit zu eigen gemacht hat. GEHLEN analysiert diese strukturelle Beziehung und kommt wie SOMBART zu dem Ergebnis, daß der Trend zur „Rechenhaftigkeit" und Quantifizierung aus dem Wirtschaftsdenken in den

S. eingedrungen sei. Die rational-ökonomische Struktur zeigt sich z. B. im Prinzip der Arbeitsteilung (Mannschaftsgliederung nach Funktionen) und in der Bewegungsökonomie, wonach mit minimalem Krafteinsatz und sparsamem Kraftverbrauch der maximale Effekt erreicht werden soll. Diese Merkmale überbewertend, meint man im modernen Spitzensport ein Spiegelbild rationalisierter Arbeit zu erkennen: in Analogie zum Produktionsprozeß beginne der Trainingsprozeß im Forschungslabor, und sein Ergebnis – die sportliche Leistung – sei ebenso kalkulierbar wie herstellbar (HABERMAS). – Die gesellschaftliche Anerkennung des S.s ist in beiden Teile Dtl.s sprungartig gewachsen. In der demokrat. Gesellschaft werden die sozialisierende Funktion des S.s und seine Bedeutung für die Volksgesundheit hoch eingeschätzt. Alle polit. Parteien haben ein spezielles S.förderungsprogramm vorgelegt.

Den anthropologischen Grundmotiven hat sich eine *Vielzahl sekundärer Interessen* angelagert. Vordergründig ist der sensationelle Schau-S., der die Massen fasziniert. Angesichts des anschwellenden Fernsehpublikums wird das Problem des sog. Zuschauer-S.s immer dringlicher: die notwendige Aktivierung der konsumierenden Freizeitgesellschaft. Sekundär ist auch die den S. überlagernde Kommerzialisierung. – Das bedenklichste Sekundärmotiv entstammt dem nationalen Prestigedenken. Nicht nur in totalitären Staaten gilt S. als Politikum, als Fortsetzung der Politik in der Arena. Seit den fünfziger Jahren ist der Kampf um Medaillen eine Modalität des Kalten Krieges und der ideologischen Auseinandersetzung.

IV. Pädagogik

Aus seinem aristokratischen Erbe hat der demokratisierte S. eine ethische Haltung entwickelt, die auf dem Kardinalwert der Ritterlichkeit, dem fair play, beruht. Um diese Werttradition zu neutralisieren, spricht PLESSNER von „Sportivität". Sie ist gekennzeichnet durch das gesellige Miteinander Gleichgesinnter (v. KROCKOW), durch einen „brüderlichen Zug" (MITSCHERLICH). Der Geist des Leistungs-S.s konkretisiert sich im „excelsior!", im „citius, altius, fortius!" des von COUBERTIN erweckten Olympismus. – Sportlicher Inhalt und sportl. Haltung gehören seit den zwanziger Jahren zum gesicherten Programm schulischer Leibeserziehung. In seiner individuellen Ausprägung wird S. als Medium der Persönlichkeitsbildung verstanden (DIEM, NEUMANN). Der Akt des „transfer" positiven sportl. Verhaltens in den privaten und öff. Lebensbereich ist allerdings als Postulat anzusehen. Unter wechselnden gesellschaftl. Vorzeichen wird dem Gruppen-S. als einem Mittel der „Mannschaftsbildung" oder der „Kollektiverziehung" der Vorrang erteilt. Im Rahmen der modernen Leistungsgesellschaft wird das dem S. immanente Leistungsprinzip bes. hervorgehoben. Für den Schul-S. der DDR propagiert man sogar eine permanente leistungsorientierte „Trainingsatmosphäre", die den Forderungen der 2. industriellen Revolution entspricht. Dagegen motiviert eine individualisierende Reformpädagogik das Streben nach „optimaler" Leistung, d. h. nach persönlicher Bestleistung.

Trotz organisatorischer Schwierigkeiten sucht die Schule heute eine Vielfalt von S.arten anzubieten. Jeder soll sich in freier Wahl für einen „lifetime-sport" („carry-over-sport") engagieren; jeder soll das Ideal der körperl. „fitness" und der sportl. Lebensführung bewußt in seine persönl. Sphäre übernehmen.

V. Sportbereiche

1. Der *Breitensport* – in der DDR auch Volks- oder Massen-S. genannt – ist die primäre Aufgabe der Turn- und S.vereine. Er dient der Erhaltung der Volksgesundheit, der Förderung von Aktivität und Beweglichkeit. Daher werden die Ausbildung von Übungsleitern und der Bau von Übungsstätten von staatlicher und kommunaler Seite finanziell unterstützt. Zeitgemäß-attraktiv gestaltet wird der Breiten-S. auf dem „Zweiten Weg" der Vereinsarbeit durch informellen „Jedermann-Sport". Geworben wird durch Massenwettbewerbe wie Volkslauf, Cross-Lauf usw. Das Dt. Sportabzeichen setzt den Maßstab für gute Durchschnittsleistungen.

Mit Rücksicht auf die besonderen biolog. Bedingungen haben sich die Bereiche des *Alterssports* und des *Versehrtensports* ausdifferenziert.

2. Unter dem Aspekt der Freizeitpädagogik ist der Breiten-S. als *Freizeitsport* zu verstehen. Früher wurde er nur als Ausgleich gegenüber dem Berufsalltag gewertet. In einem ständig wachsenden Freizeitraum bietet ein päd. motivierter Freizeit-S. die Chance sinnvoller Freizeitgestaltung. In Anbetracht der zunehmenden Bewegungsarmut und der labilen Volksgesundheit gehört der Ausbau eines Spiel- und Erholungsraumes für alle Gruppen der Bevölkerung zu den vordringlichen kommunalen Aufgaben. Eine entwicklungsfähige Version des Freizeit-S.s ist der *Urlaubssport* an den Ferienorten, wie z. B. der Skilauf.

3. Auf höherem Anspruchsniveau will der *Leistungssport* durch planmäßiges Üben zur optimalen Leistung, d. h. zur persönlichen

Bestleistung, führen. Mit der Bewährung im Wettkampf (Einzel- oder Mannschaftskampf) vermittelt er das Erlebnis gesteigerten und gesicherten Könnens.

4. Aufgabe des *Spitzen- oder Hochleistungssports* ist es, durch systematisches, wiss. fundiertes Training Höchstleistungen (Rekorde) und Meisterschaften zu erreichen. Vorbedingung ist die rechtzeitige Talentauslese und Begabtenförderung. Spitzensportler werden in sportartspezif. Leistungszentren betreut.

5. Als ein Aufgabengebiet sui generis gilt der *Schulsport* mit seinem Programm der ↗ Leibeserziehung.

VI. Sportarten

Den konkreten Inhalt der S.bereiche bilden die S.arten, d. h. historisch entwickelte Leibesübungen mit charakteristischen Bewegungsmustern und Verhaltensregeln. Die ständig wachsende Vielzahl von S.arten läßt sich unter verschiedenen Gesichtspunkten erfassen: z. B. unter dem Aspekt der Tätigkeit (Ringen, Fechten, Schwimmen, Rudern usw.), des Gerätes (Rad-S., Ski-S. usw.) oder des Mediums (Luftsport, Wassersport, Wintersport usw.). Im Hinblick auf päd. Relevanz und materielle Möglichkeiten bevorzugt die Schule eine bestimmte Auswahl von S.arten und S.spielen. Zum Kanon des *Schulsports* gehören folgende Grundsportarten:

1. *Geräteturnen*. Im Zeichen einer effektiven Unterrichtsgestaltung wird heute schon in der Grundschule die Abkehr vom "Tummeln" und vom "Spielturnen" gefordert. Neue Wege der Methodik sind: Üben "rhythmischer Reihen" in Gerätebahnen oder an Gerätekombinationen, Turnen im Stationsbetrieb ("im Strom") zur Schulung von Bewegungsfertigkeiten, Ergänzung durch Zusatzaufgaben zur Förderung der Intensität. Der Unterricht geschieht in ganzheitl. Lehr- und Lerneinheiten, die das Übungsgut in "Bewegungsfamilien" darbieten.

2. Das *Bodenturnen* schließt sich den natürlichen Impulsen des kindl. Bewegungslebens an. In gesteigerter Form führt es zur Raumerschließung durch rhythmische Bewegungsverbindungen.

3. *Gymnastik* des musisch-rhythmischen Typs ist nicht nur als S.art anzusehen, sondern als grundlegende Bewegungserziehung nach dem Maßstab der Bewegungsqualität. Die Bewegungsbildung beginnt mit den Grundformen der gymnast. Bewegung (Gehen, Laufen, Federn, Hüpfen, Springen, Schwingen) und führt zur persönlichen Bewegungsgestaltung.

4. Der *Tanz* ist weitgehend in die Gymnastik einbezogen worden und tritt dort als tänzerisches Bewegungsspiel oder – in szenischer Gestaltung – als Tanzspiel in Erscheinung.

5. Weniger der Bewegungsbildung als der "Fitness" dient der Typ der körperbildenden *Konditionsgymnastik*, der die antiquierte Form der Freiübungen abgelöst hat.

6. Eine rationale Verbindung von Körper- und Bewegungsbildung ist im *Circuit-Training* entwickelt worden: intensives Üben von "Serien" im Rundgang über verschiedene Stationen bei wechselnder Beanspruchung mit dosierter Belastung.

7. *Schwimmen* gehört als jgdl. Brauchform zum traditionellen Übungsgut der Schule. Eine Reform erfolgte durch die Methode des "Natürlichen Schwimmunterrichts": Gewöhnung an Wasserwiderstand und Auftrieb, spielerisches Gleiten und Tauchen. Am Beginn steht die individuelle Erfahrung zweckmäßigen Vorwärtskommens in ganzheitl. Bewegungsvollzügen. Schwimmen hat aktuelle Bedeutung als Korrektiv für zivilisationsbedingte Haltungsschwächen. Zur Ausstattung der modernen Schule gehört ein Lehrschwimmbecken, möglichst mit verstellbarem Boden.

8. Die *Leichtathletik* hat sich von den Normen des Erwachsenen-S.s freigemacht und zu einer natürlich-ganzheitl. Methode gefunden. Im Sinne dieser Unabhängigkeit sind jugendgemäße Formen und Geräte entwickelt worden. Der elementare Ansatz liegt bei den Grundtätigkeiten des Laufens, Springens, Werfens, Stoßens. Den kindl. Entwicklungsphasen entsprechend führt der Weg in artikulierten Lehr- und Lernstufen vom Erwerb vielfältiger Bewegungserfahrungen in methodischen Spielformen – über die Ausprägung der motorischen Grobform in methodischen Übungsformen – zur Sicherung und Bewährung der verfeinerten Koordination in methodischen Leistungs- und Wettkampfformen. *Reformen im Schulsport* zielen dahin, auf der Oberstufe den traditionellen Kanon durch attraktive S.arten zu ergänzen, um vielfältige sportl. Grunderfahrungen zu vermitteln und dem Schüler die aktive Teilhabe am sportl. Leben zu erschließen.

VII. Sportspiele

Im Zusammenhang mit der dt. "Spielbewegung" des ausgehenden 19. Jh. haben die großen Parteispiele an den Schulen Eingang gefunden. Der globalen Entwicklung folgend, hat sich in den letzten Jahrzehnten eine Ablösung des älteren Spielguts vollzogen. Die überlieferten "Turnspiele" oder "Sommerspiele" (Schlagball, Faustball, Korbball) sind S.spielen mit internationalem Charakter gewichen.

Auf der Basis didaktischer Reflexion stellt sich die Aufgabe einer „Spielerziehung", die einen neuen methodischen Ansatz entwickelt. Gemeinsam ist diesen Methoden, daß sie unter phänomenolog. Aspekt sachgerecht das komplexe Spielgeschehen auf seine Grundmuster reduzieren und diese Grundsituationen thematisch aufarbeiten.

1. So wird das *Fußballspiel* aus einfachen Strukturelementen aufgebaut, die aber in ihrer Dramaturgie jeweils den Spielgedanken repräsentieren. Der Sinn des Kampfspiels aktualisiert sich in der geschlossenen Mannschaftsleistung, in der ständigen Integration von Angriff und Abwehr.
2. Analog wird das *Handballspiel* durch kleine Spiele vorbereitet, die das Gesamtgebilde in nuce enthalten. Die Faszination dieses Spiels liegt in der Schnelligkeit des Situationswechsels; daher haben Hallen- und Kleinfeldhandball das Feldhandballspiel abgelöst.
3. Nach dem Kriterium der Sachgemäßheit ist auch die Methodik des *Basketballspiels* entwickelt worden. Der Lehrgang besteht aus methodischen „Spielreihen", einer Folge von kleineren Spielformen, die wesentliche Merkmale des Basketballspiels enthalten und aufsteigend zur schwierigen Technik des perfekten S.spiels hinführen. Das schnelle Spiel auf engem Raum ohne Körperberührung ist von der Idee her auf Fairneß angelegt.
4. Zu einem echten Schulspiel ist auch das *Volleyballspiel* geworden, das sich gleichfalls nach dem die Sinnganzheit erhaltenden Prinzip der „Spielreihe" vermitteln läßt.

☐ Turnen. Leibeserziehung. Gymnastik. Rhythmische Erziehung. Tanzen. Spiel. Sportjugend. Sportverletzungen. Sporthochschulen. Turn- und Sportlehrer.

Lit.: Zu I.–IV.: A. Hirn, Ursprung u. Wesen des S.s (1936); O. Neumann, S. u. Persönlichkeit (1957); C. Diem, Weltgesch. des S.s u. der Leibeserziehung (1960, Neuaufl. 1971); G. Klöhn (Hrsg.), Leibeserziehung u. S. in der modernen Gesellschaft (1961, ²1963); R. Heydenreich, Das Interesse der Jugend am S. (Diss. Heidelberg 1966); S. u. Leibeserziehung, hrsg. v. H. Pleßner u. a. (1967, 6.–9.Tsd. 1970); H. Bernett, Grundformen der Leibeserziehung (²1967); O. Grupe, Grundlagen der S.pädagogik (1969).
Zu V.–VII.: Schriftenreihe zur Praxis der Leibeserziehung u. des S.s, red. v. K. Koch (bisher 34 Bde., 1962 ff.); Sportl. Grundausbildung, Hdb. für Lehrer u. Übungsleiter, hrsg. v. H. Meusel (1966, Neuaufl. 1970).

H. Bernett

Sportformen ↗Sport

Sporthochschulen

Das Fachstudium „Leibeserziehung" für Sportlehrer an Gymnasien wird seit 1926 an den *Instituten für Leibesübungen* der Universitäten durchgeführt. Im Rahmen der gegenwärtigen Hochschulreform werden die bisher eigenständigen Inst.e in Fachbereiche integriert. Dagegen hat sich das Staatl. Hochschulinst. für Leibeserziehung in Mainz, an dem auch Dipl.-Sportlehrer ausgebildet werden, 1966 völlig verselbständigt.

Erstes Modell einer S. zur akademischen Ausbildung von freiberufl. ↗Turn- und Sportlehrern war die 1920 in Berlin gegründete *Deutsche Hochschule für Leibesübungen*, eine staatl. geförderte Einrichtung des Dt. Reichsausschusses für Leibesübungen (DRA), des damaligen Dachverbandes des dt. Sports.
Im Zuge der NS Zentralisierung wurde die private Dt. Hochschule für Leibesübungen 1936 durch dem Reichssportführer unterstellte *Reichsakademie für Leibesübungen* abgelöst. Hier wurde bis 1940 in Lehrgängen eine einheitl., ideologisch-soldatisch geprägte Führerausbildung durchgeführt.

Aus der Tradition der Berliner Hochschule ging 1947 die *Sporthochschule Köln* hervor. Initiator und erster Rektor war Carl DIEM, ehemals Prorektor der Dt. Hochschule für Leibesübungen. Als *Deutsche Sporthochschule Köln* ist sie seit 1965 Einrichtung des Landes NRW und seit 1970 wiss. Hochschule, die z. Z. über folgende Lehrstühle verfügt: Päd., Didaktik-Methodik, Musikpäd., Philos., Psychol., Gesch., Physiologie, Kardiologie, Rehabilitation, Biomechanik. Neben dem Hauptstudium für Diplom-Sportlehrer wird ein Ergänzungsstudium für Lehrer angeboten. Von den ca. 1200 Studierenden (1970) waren 20 % Ausländer aus 50 Nationen.

An der *Bayerischen Sportakademie* Grünwald b. München, die 1946 aus der Bayer. Landesturnanstalt hervorging, werden verschiedene Arten von Turn- und Sportlehrern ausgebildet.

Zentrale Lehr- und Forschungsstätte der DDR ist die 1950 gegr. *Deutsche Hochschule für Körperkultur* (mit 15 Inst.en) in Leipzig, die dem Komitee für Körperkultur und Sport unterstellt ist. Der Schwerpunkt liegt auf der „Kader-Ausbildung" von Diplom-Sportlehrern für den Massen- und Vereinssport und von Trainern für den Spitzensport. Berufstätigen wird ein Fernstudium geboten. Die intensive Forschungsarbeit auf marxistisch-leninistischer Basis richtet sich primär auf die Entwicklung des Hochleistungssports.

☐ Turn- und Sportlehrer. Leibesübungen

Lit.: Carl-Diem-Inst. (Hrsg.), Dokumente zur Gründung und zum Aufbau einer wiss. Hochschule auf dem Gebiete des Sports (1967).

H. Bernett

Sportjugend, Deutsche (DSJ)

Mit 4,1 Mill. Mitgliedern (1970) ist die DSJ die weitaus größte Jugendorganisation der BRD. In den fast 40 000 Vereinen des Dt. Sportbundes (DSB) sind Kinder und Jgdl., nach Altersgruppen gegliedert, vom 6. bis zum 21. Lj. in selbständigen Gruppen und Organisationen auf Orts-, Kreis-, Bezirks-, Landes- und Bundesebene zusammengeschlossen.

Der Erkenntnis, daß der Sport als Bestandteil der Gesellschaft wichtige soziale Funktionen zu erfüllen hat, trägt auch die DSJ Rechnung. Der Grundsatz ihrer Jugendordnung drückt das folgendermaßen aus: „Leibeserziehung gehört zur Gesamterziehung der Jugend, und Bildung und Erziehung sind insgesamt in Frage gestellt, wenn die Leibeserziehung nicht oder nur unzureichend gepflegt wird." Daran orientiert sich auch der umfangreiche Aufgabenkatalog. Neben dem rein sportl. Programm, vom breiten Angebot an Sport und Spiel für die Jgdl.n aller Alters- und Leistungsstufen, der Talentsuche und Talentförderung, Aus- und Weiterbildung von Jugendleitern bis zur Zusammenarbeit mit der Schule, spielen die überfachlichen Aktivitäten eine wichtige Rolle.

Im Juni 1969 trat die DSJ aus dem Bundesjugendring (↗ Jugendringe) aus, weil eine entsprechend ihrer Mitgliederzahl geforderte stärkere Vertretung in den Entscheidungsgremien des Bundesjugendrings abgelehnt worden war. Seitdem bewegt sich die Sportjugend selbständig im jugendpolit. Raum. Damit stellen sich Aufgaben politischer Bildung und sozialen Engagements auf der Ebene nationaler und internationaler Zusammenarbeit.

Lit.: H. Westphal - K. Friesicke, Hdb. der Jugendarbeit (1967); Zschr. „Deutsche Jugend" (1969), S. 289 ff., 329 ff.

H. Pieper

Sportnachmittage ↗ Leibeserziehung

Sportphilologe ↗ Turn- und Sportlehrer

Sportverletzungen, Sportschäden und Sporterkrankungen

S. = Sport, SV. = Sportverletzungen

Bei der S.ausübung treten infolge der besonderen Beanspruchung gesundheitliche Schädigungen vor allem an zwei Organsystemen auf, am Bewegungsapparat und am Kreislauf, vorwiegend am Herzen.

1. *Sportverletzungen.* Muskeln, Sehnen, Bänder und Gelenke sind durch Verletzungen am stärksten gefährdet bei kurzdauernden, kraftvollen Bewegungen (z. B. Sprint, Springen, Gewichtheben, Ringen, Wurf, Slalom). Hierzu gehören die auch teilweise durch mangelnde Koordination hervorgerufenen Weichteilschäden, die als *Zerrungen, Muskel-, Bänder- und Sehnenrisse* bezeichnet werden. Infolge des Mißverhältnisses zwischen Kraftanstrengung und Belastbarkeit des Gewebes können auch größere Sehnen (Kniescheiben-, Achillessehne) reißen. *Quetschungen, Verstauchungen und Verrenkungen* sind meist durch äußere Gewalteinwirkung, u. a. auch durch unzweckmäßige Beschaffenheit der Übungsstätte, verursacht.

Einige SV. gelten als *typisch* für bestimmte Sportarten (z. B. Innenbandriß des Skiläufers, Meniskusverletzung des Fußballers). Am Knochensystem können nen durch Sturz beim Abgang von Geräten (Turnen), durch Zusammenprall im Verlauf von Kampfspielen (Fußball, Handball, Eishockey) oder durch Einwirkung des S.gerätes (Ski, Rodel, Bob) alle Arten von *Knochenbrüchen* auftreten. Im heutigen S.betrieb rechnet man mit 1-3,5 % SV. im Jahr. 70-80 % aller SV. sind leichter Natur und heilen unter zweckmäßiger Behandlung, Schonung und Massage aus. 3-10 % sind schwerwiegend und hinterlassen Sport- und u. U. Berufsunfähigkeit.

Durch Vorkehrungsmaßnahmen, richtiges Training, Hilfestellungen, Herrichtung von Boden und Gerät, durch Änderung der Technik, der S.geräte und Regeln können Häufigkeit und Schweregrad der SV. verringert werden.

2. *Sportschäden und -erkrankungen.* Es handelt sich dabei um die krankhaften Veränderungen, die an den inneren Organen, am Bewegungsapparat und Skelettsystem schleichend, meistens nach jahrelanger S.tätigkeit, durch Überbelastung entstehen. Durch zu schnelle oder zu starke Muskelanspannungen treten an den Ansatzstellen der Sehnen und Bänder am Knochensystem *Reizzustände* und auch Entzündungen auf (z. B. Speerwerfer- und Tennisellenbogen). Hierzu zählen auch die Sehnenbeschwerden (Tendinosen) an den Handgelenken bei Turnern und an der Streckseite des Unterschenkels bei Läufern, Springern, Fechtern und Ballspielern.

Als S.schäden gelten u. a. auch der Rundrücken bei Jgdl. Radfahrern und die ungleichmäßige Entwicklung (Asymmetrie) an Armen und Beinen bei Werfern, Fechtern und Fußballern. Gehäufte Gehirnerschütterungen führen beim Boxsport zu Spätschäden des Gehirns mit Demenz. Die Häufigkeit der bleibenden Verschleißschäden am Bewegungsapparat beträgt bei Sportler 5 %.

Eine zu intensive, unsachgemäße Trainingsbeanspruchung, zu häufige und schwere Wettkämpfe oder auch seelische Überforderung können trotz Fortsetzens des Trainings ein Nachlassen der Leistungsfähigkeit herbeiführen und eine Gesundheitsstörung auslösen, die als *Übertraining* bekannt ist. Die Überforderung des Nervensystems äußert sich in Abnahme der Trainingsfreudigkeit, Unruhe, Reizbarkeit und Schlafstörungen. Als Rückwirkungen auf die Funktion von inneren Organen treten hoher, unregelmäßiger Puls, Blutdruckschwankungen und Verlängerung der Erholungsdauer auf, ferner Appetitlosigkeit, Darmhemmung und Gewichtsverlust sowie Nachlassen der feineren Koordination infolge chronischer Ermüdungsvorgänge. Besonders bei jgdl., übereifrigen und labilen Sportlern müssen Trainer und S.lehrer auf die Gefahr des Übertrainings achten und ihr bei Ankündigung eines solchen Zustandes durch Herabsetzung der Anforderungen begegnen.

Unter den S.schäden oder S.erkrankungen wurde vielfach das „Sportherz", d. h. die *Herzvergrößerung* bzw. *Herzerweiterung*, diskutiert. Heute kann die Auffassung, daß das vergrößerte Herz des Sportlers eine krankhafte Veränderung sei, als widerlegt angesehen werden. Bei jedem Dauersportler, bes.

Hochleistungssportler, findet sich nach einigen Jahren eine Herzvergrößerung, die durch eine Hypertrophie (Vermehrung der Herzmuskelmasse) und physiol. Erweiterung (Vergrößerung der Herzkammern) als Anpassung an die verstärkten Leistungsanforderungen zustande kommt. So erhöht das Herz die bei jedem Schlag geförderte Blutmenge (Schlagvolumen) und durch Steigerung der Schlagzahl das Minutenvolumen. Die größten Herzen sind zu finden bei Langstrecken- und Skidauerläufern, Radrennfahrern, Rennruderern, Schwimmern und Berufsboxern. Die Anpassung soll im Training allmählich unter langsamer Steigerung der Leistungen erworben werden. Ein gesundes und trainiertes Herz kann durch sportl. Belastung organisch nicht geschädigt werden.

Zur Vermeidung von Schäden ist bei allen sportl. Dauerleistungen für ein richtiges Training und gute Kreislaufüberwachung zu sorgen. Nicht oder ungenügend trainierte Jgdl. sind von derartigen sportl. Wettkämpfen auszuschließen.

3. *Ertrinken.* Wegen der Fortbewegung im Wasser in horizontaler Lage ergeben sich beim Baden und Schwimmen neben günstigen Einwirkungen auch besondere Belastungen des Körpers mit der Gefahr tödlicher Zwischenfälle. Die *Überwachung des Schwimmens* erfordert daher besondere Sorgfalt.

Ein nach maximaler Anstrengung auftretender körperl. Zusammenbruch (Kollaps) im Wasser kann infolge Kraftlosigkeit und Benommenheit des Sportlers zum Tod durch Ertrinken führen. Durch spezifische Wassereinwirkung kann außerdem ein Herzstillstand (Wasserschlag) ausgelöst werden, der den Ertrinkungstod zur Folge hat. Für das Zustandekommen des Wasserschlages wirken sich ungünstig aus: Schwimmen mit überfülltem Magen, lange Sonnenbestrahlung und Hineinspringen ins Wasser ohne vorherige Abkühlung, Erschrecken im Wasser. Bei durchlöchertem Trommelfell besteht durch eindringendes Wasser die Gefahr der kalorischen Reizung des Innenohrs und hierdurch verursachter Gleichgewichtsstörungen, an deren Folgen der Schwimmer ertrinken kann (Ohren mit Watte verschließen). Ertrinkungstodesfälle ereignen sich auch durch Auftreten von Krämpfen bei muskulärer Erschöpfung oder durch Unterkühlung (nicht allein lange und weit schwimmen, vor allem nicht in offenen Gewässern).

☐ Sport. Leibeserziehung. Schulhygiene. Gesundheitserziehung. Frauensport. Ermüdung. Erste-Hilfe-Ausbildung

Lit.: H. Mellerowicz - J. Nöcker, in: Lb. der S.medizin (1956, ²1960); H. Groh - E. J. Klaus - L. Prokop, in: S.-medizin (1962); F. Heiss, Praktische S.medizin (1964).

A. Rosenthal

Sprachbarrieren ↗Sprache ↗Sprachliches Gestalten

Sprachbehindertenpädagogik

SB. = Sprachbehinderte(r, n), B. = Behinderung, Behinderte(r,n)

I. Begriff, Ziel, Methoden

S. (auch Sprachgeschädigtenpäd., Sprachheilpäd., Sprachsonderpäd. oder Logopädie) ist die Wiss. von der Erziehung, Unterrichtung und heilpäd. Behandlung Sprachbehinderter.

Unter den Begriff „Sprachbehinderung" fallen z. B. Stammeln, Dysgrammatismus (Agrammatismus), verzögerte Sprachentwicklung, Sprachlosigkeit, Sprachverlust, Näseln, Poltern und Stottern. *Ziel* ist es, nach Beseitigung oder Kompensation der Störungsursachen (in Zusammenarbeit mit anderen Fachdisziplinen, insbes. der Fachmedizin) den gesamten Sprachaufbau zu vollziehen und eine mindestens verständliche Sprechweise anzubilden oder wieder zu ermöglichen. Dabei ist die häufig auch komplex geschädigte Persönlichkeit des SB. zu „entstören" und bestmöglich zu entwickeln; auch der B. mit einer evtl. therapieresistenten Sprachstörung ist zur sozialen Einordnung und zu optimalen Lebensbewältigungstechniken in der modernen Industriegesellschaft zu führen. Der B. soll zur maximalen Leistungsfähigkeit gebracht, und es soll ihm eine angemessene Schulbildung und spätere Berufsausbildung geboten werden (Rehabilitation).

Dazu dienen spezielle Erziehungs-, Übungs- und Behandlungsmethoden (etwa eine kombinierte Psycho- und Übungstherapie nach G. HEESE, H. KRECH, O. LETTMAYER, G. MASCHKA, A. RÖSLER, G. GEISSLER u. a.), bei Kindern unter Einbeziehung von Spielpädagogik und ↗Spieltherapie (A. SCHULZE). Bei Schulpflichtigen ist es oft auch die sprachheilpädagogisch zugerüstete, in Kursen, Sonderklassen oder -schulen durchgeführte gesamte Erziehungs- und Bildungsarbeit. Alle Betreuungsmaßnahmen stehen in Theorie und Praxis unter anthropologischem Aspekt: es liegen biologische, medizin., päd., psychol., soziol., und sprachwiss. Sichtweisen zugrunde.

Da Sprachbehinderungen unter der Bevölkerung sehr häufig sind und mit steigender Tendenz aufzutreten scheinen, gewinnt die S. für die Gesunderhaltung gerade unserer Jugend erhöhte Bedeutung, auch im Sinne der Prophylaxe (nach v. BRACKEN und HAS mußte z. B. im Schj. 1968 allein in den Schuljahrgängen 1 bis 9 mit 1,5 % sonderschulbedürftigen SB. [= 120 465 Schüler] gerechnet werden).

Da bei jeder Sprachbehinderung meist ein sehr verwickeltes Bedingungsgefüge von Verursachungsfaktoren, anderweitigen primären Störungen und „konsekutiven Verbildungen" (v. BRACKEN) vorliegt, ist durch „teamwork" von Fachmedizinern, Psychologen, Heilpädagogen usw. eine mehrdimensionale Diagnostik notwendig, die im Idealfall zur Behandlung durch ein Kollektiv von Fachleuten führen sollte.

II. Organisationsformen des Sprachheilwesens

S. verwirklicht sich in der Praxis der heilpäd. Diagnostik und Behandlung in verschiedenen

Organisationsformen, die z. T. heute noch unterschiedlich akzentuiert sind (z. B. mehr medizinisch oder mehr pädagogisch ausgerichtet). Eine enge Zusammenarbeit der relevanten Fachdisziplinen wird aber überall angestrebt. Folgende Organisationsformen sind zu nennen:
1. Bei der *ambulanten,* z. T. auch stationären Diagnostik und *Behandlung* in *HNO-Kliniken* arbeiten unter ärztl. Anleitung und Überwachung hauptsächlich Logopädinnen überwiegend sprachübungstherapeutisch.
2. *Schulpflichtige* SB. werden bes. in den Flächenstaaten der BRD *durch Sprachheilbeauftragte,* meist Sonderschullehrer, beraten oder (und) in *Kursen* behandelt, wobei sie oft in gewissen Zeitabständen für eine jeweilige „Behandlungsstunde" aus dem Schulunterricht herausgezogen werden. Diese Kursbehandlung geschieht ebenfalls in Zusammenarbeit z. B. mit den Gesundheitsämtern und vorwiegend bei den leichteren, zwar behandlungsbedürftigen, aber noch nicht sonderschulbedürftigen SB.
3. Die *schwerer geschädigten* SB. werden, sofern die Einrichtungen vorhanden sind, nach einem amtlich vorgeschriebenen Verfahren in *Sonderschulklassen* oder *Sonderschulen für Sprachbehinderte* eingewiesen, wo sie in der Regel von speziell in S. ausgebildeten Sonderschullehrern betreut werden. Derartige Schuleinrichtungen gibt es in vielen Städten der BRD, voll ausgebaute, mehrzügige und alle 9 aufsteigenden Klassen umfassende Sonderschulen für SB. allerdings nur in einigen Großstädten, wobei sie noch z. T. mit Sonderschulen für Hör- oder (und) Sehbehinderte kombiniert sind. Die vorhandenen Klassen und Schulen reichen jedoch noch immer nicht aus, und so wird neben dem notwendigen Ausbau des Sprachheilschulwesens die Organisationsform, in der der Sprachheilbeauftragte tätig ist und die auch als „Sprachheilfürsorge" bezeichnet wird, gerade für die sprachbehinderten Landkinder wichtig.
4. Bei *schwersten Sprachstörungen* (z. B. Stottern) ist oft eine *Heimbehandlung* angezeigt und möglich. Für einige Monate oder länger kann eingewiesen werden; die wenigen Heimplätze in der BRD sind jedoch schnell ausgeschöpft, so daß lange Wartelisten bestehen. In den Sprachheilheimen und stationären Abteilungen ist die Zusammenarbeit des Sonderschullehrers oder Sprachtherapeuten mit Fachärzten, Psychologen, Psychagogen, Krankengymnastinnen usw. und damit eine Mehrfaktorentherapie bes. gut gewährleistet.
5. An einigen Orten der BRD bestehen bereits *Früherfassungs-* und *Frühbehandlungseinrichtungen* für SB. Sonderkindergärten (Sprachheilkindergärten) und Vorklassen für SB., die leider noch selten sind, können verhindern helfen, daß sprachbehinderte Kinder erst noch sonderschulbedürftig werden. Kindergärtnerinnen und Jugendleiterinnen sind für diese Organisationsform zusätzlich in S. auszubilden.

III. Beurteilung, Probleme, Zukunftsaufgaben

Jede Organisationsform hat bisher Vorteile und Nachteile gezeigt. Es werden aber alle nebeneinander benötigt, da sie, wenn einmal in ausreichender Zahl vorhanden, ein sich ergänzendes System der lückenlosen und adäquaten Versorgung aller SB. darstellen (HEESE, ORTHMANN). Die Betreuung der Schwerst-SB. und Spätbehinderten (z. B. Aphasiker infolge von Unfällen) geschieht jedoch am wirksamsten in Sonderschulen für SB., weil diese in ihrer umfassenden Organisation optimale Rehabilitationsmöglichkeiten bieten können. Nur hier ist die langzeitliche, oft jahrelang notwendige Umerziehung (ROTHE), Behandlung und Bildung der Gesamtpersönlichkeit des SB. auch ökonomisch zu vollziehen. Dieser Rehabilitationsprozeß muß bis zur berufl. Eingliederung und häufig noch darüber hinaus reichen. – Neue Probleme zeichnen sich ab, so etwa bei der Frage, wie sich sprachbehinderte Schüler oder gar die Sonderschulen für SB. in die Gesamtschule integrieren lassen.
Die Entwicklung der S. als Wiss. muß weiter vorangetrieben werden, nicht zuletzt durch vermehrte empirisch-statist. Untersuchungen. Eine bessere wiss. Einordnung in die Erziehungswiss. und in die allgemeine Heil- und Sonderpäd. (Rehabilitationspäd.) oder aber die sichere Begründung einer gewissen Eigenständigkeit der S. muß erarbeitet, der Anschluß an die moderne Curriculumforschung, z. B. zur Abklärung einer evtl. besonderen Didaktik und Methodik der Sonderschule für SB., muß vollzogen werden. Die Beziehungen der S. zur medizin. Sprachheilkunde sind eingehender als bisher zu klären.
S. ist hauptsächlich in Bereichen der ↗ Heil- und Sonderpäd. angesprochen: Probleme der Mehrfachbehinderungen, z. B. Sprachstörungen bei Lern-, Seh-, Körperbehinderten und den sog. Praktisch-Bildbaren (Imbezillen). Sie hat aber auch bedeutende Verbindungen zur Fachmedizin, stellt somit eine „Schlüsselposition" bei der ↗ Rehabilitation Behinderter dar und verlangt deshalb die volle Aufmerksamkeit der sonderpäd., aber auch der medizin. Fachwelt.

☐ Behinderte Kinder. Heilpädagogik. Atmung. Hörstörungen. Sprach- und Stimmstörungen. Mehrfach behinderte Kinder. Verbildungen, konsekutive. Lernbehindertenpädagogik. Körperbehindertenpädagogik. Sehbehindertenpädagogik. Rehabilitation

Lit.: K. C. Rothe, Das Stottern (1925); K. Hansen, Die Problematik der Sprachheilschule in ihrer geschichtl. Entwicklung (1929); H. Krech, Die Behandlung gestörter S-Laute (1955); M. Hess, Die Sprachprüfung in der logopäd. Praxis (1959); R. Luchsinger - G. E. Arnold, Lb. der Stimm- u. Sprachheilkunde (1959, ³1970); J. Berendes, Einf. in die Sprachheilkunde (⁵1960); G. Heese, Zur Verhütung u. Behandlung des Stotterns (1960, ³1962); A. Schilling, Sprech- u. Sprachstörungen, in: HNO-Heilkunde, hrsg. v. J. Berendes, R. Link u. F. Zöllner, Bd. II, 2 (1963); K. P. Becker, Bildung, Erziehung u. Therapie stotternder Schüler, in: Die Sonderschule, 2. Beih. (1965); M. Seeman, Sprachstörungen bei Kindern (²1965); A. Schulze, Die sprachheilpäd. Spielserie (⁵1966); H. Weinert, Die Bekämpfung von Sprechfehlern (⁵1966); A. Rösler - G. Geißler, Die fröhliche Sprechschule (⁸1967); W. Orthmann, Zur Struktur der Sprachgeschädigtenpäd. (1969); M. Führing - O. Lettmayer, Die Sprachfehler des Kindes u. ihre Beseitigung (⁴1970); H. v. Bracken - F. Has, Entwicklungsgestörte Jgdl. (³1970); H. Papst-Jürgensen. Sprachstörungen in der VS. (1971); J. Wiechmann, Einrichtungen des Sprachheilwesens in der BRD u. Westberlin, mit Anhang DDR, Österreich u. Schweiz (²1971).

A. Schulze

Sprachbildung ↗ Sprache

Sprache

S. = Sprach(e), SPs. = Sprachpsychologie, SSoz. = Sprachsoziologie

I. Sprachphilosophie

1. Aus der Perspektive einer allg. Zeichenwiss. (Semiotik, Semiologie) oder Kommunikationstheorie wäre S. als eine besondere *Klasse von Zeichensystemen* zu definieren, deren Ausbildung und Gebrauch (Rede, Verstehen) – wahrscheinlich aufgrund einer instinktanalogen Prädisposition (Sprachfähigkeit), die durch den Sozialisierungsprozeß im Sinne geschichtlich tradierter S.n besonderer S.gemeinschaften aktualisiert wird – ein auszeichnendes Merkmal der menschl. Gattung bildet. Der Unterschied zwischen S. und anderen natürl. und künstl. Zeichen- bzw. Kommunikationssystemen (z. B. „Tiersprachen" und „Signal-Codes") läßt sich dann gemäß den drei *Grunddimensionen der Semiotik* (nach C. MORRIS) zunächst folgendermaßen charakterisieren: In der *Syntax* (Beziehung der Zeichen untereinander) bildet die S. im Unterschied zum bloßen Signal-System ein Wort-Satz-System (K. BÜHLER); dem entspricht *semantisch* (in der Beziehung der Zeichen zur außersprachl. Wirklichkeit) die situationsunabhängige Repräsentation möglicher Sach-Verhalte, *pragmatisch* (d. h. in der Dimension des S.gebrauchs durch den Menschen als Sender und Empfänger von Nachrichten) die Möglichkeit, „von endlichen Mitteln unendlichen Gebrauch" zu machen (W. v. HUMBOLDT, N. CHOMSKY), d. h., durch innovative Zeichenkombinationen nach den grammat. Regeln der Satzbildung prinzipiell unbegrenzt viele, nie erlebte Sachlagen „darzustellen". Darin liegt zugleich die Möglichkeit eines theoretisch distanzierten Diskurses über die Welt durch *symbolische* und *ikonische* (C. S. PEIRCE) Repräsentation, im Unterschied zum bloßen *Ausdruck* subjektiver Stimmungen durch Symptome und zur Auslöse- bzw. Appell-Funktion von Signalen (K. BÜHLER).

2. Diese Charakteristik der S. genügt jedoch nicht, um die *natürlichen* von den *künstlichen* (z. B. formalisierten Kalkül-)Sprachen der Wiss. abzuheben. Diese sind gerade wegen der syntaktisch-semant. Konstruktion einer a priori eindeutigen symbolischen und ikonischen *Repräsentationsfunktion* auf eine pragmat. Interpretation durch die natürl. S. als „aktuell letzte" ↗ Metasprache angewiesen, d. h., sie dienen lediglich der „indirekten" log. Klärung (Y. BAR-HILLEL) des allein in natürl. S.n möglichen Diskurses in der S. über die S. Die natürl. S. hat ihre wesentl. Auszeichnung gegenüber allen übrigen Zeichen- bzw. Kommunikationssystemen offenbar darin, daß sie in der pragmat. Dimension selbst den bloßen Austausch von Signalen durch das Prinzip des *Gesprächs*, d. h. der intersubjektiven Verständigung, gerade auch über den möglichen Sinn von Zeichen, ersetzt. Diese – verglichen mit der bloßen Signalkommunikation – *metakommunikative* Funktion der S. kommt insbes. in der die grammat. Kompetenz (CHOMSKY) ergänzenden *kommunikativen Kompetenz* (J. HABERMAS) zum Ausdruck. Diese setzt den Menschen in den Stand, in Gestalt der sprachl. *Deixis* (insbes. der Personalpronomina) die vorsprachl. Ausdrucks- und Appellfunktion von Zeichen selbst noch in die sprachl. Symbolfunktion „aufzuheben" und durch *Sprechakte* (J. AUSTIN, J. R. SEARLE) die dargestellten Aussagegehalte (*Propositionen*) gemäß den Formen der *Äußerung* (Behauptung, Frage, Befehl usw.) im Gespräch zu situieren. Nimmt man hinzu, daß durch die Verständigung über den S.gebrauch, der in „Sprachspielen" mit „Lebensformen" verwoben ist (L. WITTGENSTEIN), auch die Identität möglicher Gegenstände und ihrer Prädikation *als* etwas festgelegt wird, so liegt es nahe, in der S.kompetenz insgesamt die anthropolog. Bedingung der Möglichkeit der von KANT postulierten Einheit des Gegenstandsbewußtseins und des Selbstbewußtseins zu erblicken.

3. Damit ist der *gegenwärtige Problemansatz*

einer S.philos. gekennzeichnet, die sich als moderne Form der *prima philosophia* (ARISTOTELES) oder der *Transzendentalphilosophie* (KANT) versteht. Diese Kennzeichnung trifft nicht nur jene Positionen, die ausdrücklich die sprachphilos. Transformation der Transzendentalphilos. – die im Grunde schon von HAMANN, HERDER und HUMBOLDT postuliert war – in Angriff nehmen (z. B. E. CASSIRER, R. HÖNIGSWALD, E. HEINTEL, B. LIEBRUCKS), sondern im Grunde auch jene Ansätze der „sprachanalytischen Philosophie", die mit der traditionellen Metaphysik zugleich auch die Transzendentalphilos. als unsinnigen S.gebrauch „entlarven" und durch „Sprachkritik" ersetzen wollten (zeitweise schon C. S. PEIRCE, vor allem L. WITTGENSTEIN und die von ihm inspirierten Schulen des *Logischen Empirismus* und der *Ordinary Language Philosophy*). Sie trifft auch die von M. HEIDEGGER ausgehenden Ansätze einer *hermeneutischen* S.philos. (H. LIPPS, H.-G. GADAMER, J. LOHMANN) und sogar die sprachphilos. Ansprüche der modernen Linguistik (z. B. die Versionen des Neo-Humboldtismus bei E. SAPIR und B. L. WHORFF, L. WEISGERBER, N. CHOMSKY und J. KATZ).

II. Sprachwissenschaft (Linguistik)

S. ist die differenzierteste Möglichkeit des Menschen, die Erscheinungen der inneren und äußeren Erfahrungswelt zu artikulieren, symbolisch zu fixieren und anderen mitzuteilen. Dazu bedarf es a) der *Verschlüsselung* der Umweltphänomene in situationsunabhängige Zeichen, die das Gemeinte repräsentieren; b) eines *Regelsystems* für die Koppelung dieser Zeichen, um die Phänomene nicht nur zu benennen, sondern auch deren wechselseitige Relationen auszudrücken; c) der *Übereinkunft* der Kommunikationspartner (Mitteilungssender und -empfänger) hinsichtlich der Funktion von Einzelzeichen und Koppelungsregeln.

Diese drei Bedingungen erfüllen neben den *natürlichen* auch die *Kunstsprachen*, etwa die Formalisierungssysteme der exakten Wissenschaften. Im System „natürliche Sprache" sind die Zeichen primär lautlicher (erst sekundär schriftlicher) Natur, der Regelapparat – die *Grammatik* – schreibt vor, welche lautlichen Sequenzen und deren Verknüpfungen erlaubt, d. h. zum Zwecke der Verständigung sinnvoll sind und welche nicht. Die notwendige Übereinkunft herrscht nicht generell, sondern jeweils in einer historisch gewachsenen S.-, besser Sprechergemeinschaft. Deshalb wird auch das Zeichensystem nicht immer wieder neu vereinbart, sondern ist dem einzelnen Sprecher innerhalb und von seiner Umwelt vorgegeben. Wieweit das bedeutet, daß auch das Weltverständnis des einzelnen von der S. geprägt wird, indem sie die in ihr fixierten Aspekte und Relationen überhaupt erst vermittelt, ist ein nicht endgültig geklärtes Problem, mit dem sich vor allem die S.philos. beschäftigt. (Völlige Determination des Denkens durch die S. scheint angesichts der Möglichkeit, über S. selbst zu reflektieren, ebensowenig vorzuliegen wie absolute Unabhängigkeit beider Sphären.)

1. *Soziolinguistischer Aspekt.* In starkem Maße erweist sich die Interdependenz von S. und den sozialen Bedingungen der S.teilnehmer: die gesellschaftl. Schichtungen und Gruppierungen, denen der einzelne zwangsläufig zugeordnet ist, finden ihre Entsprechung in der jeweils verwendeten S. Echte Verständigung, völlige Übereinstimmung hinsichtlich des S.codes, ist nur innerhalb der Mitglieder einer Gruppe möglich, gruppenfremdes sprachliches Verhalten führt zur entsprechenden Sanktion, zum Miß- und Unverständnis. Da jeder Mensch Mitglied zahlreicher Gruppen ist, da es ferner engere und weitere Gruppen gibt und z. B. das Volk als soziokulturell integrierte Großgruppe verstanden werden muß, ist es möglich, daß die S. auch als übergreifendes Verständigungsmittel funktioniert, das allerdings an Leistungsfähigkeit hinter kleingruppenspezif. Sprechen zurückstehen muß. Das wird deutlich, wenn man die Mißverständlichkeit der sog. *Umgangs-* oder *Verkehrssprache* im Unterschied zu den *Berufs-* oder *Fachsprachen* bedenkt, welche durch spezif. Wortschatz genauer differenzieren können. Beiden Typen liegen den jeweiligen Erfordernissen angepaßte, auf mehr oder weniger natürl. Weise entstandene Systeme zugrunde, während die *Hoch-* oder *Schriftsprache* als willkürlich-künstliche Erscheinung anzusehen ist, insofern hier der Code einer Minderheit (die sich z. B. im Deutschen weitgehend an der Dichter- und Gelehrten-S. des 19. Jh. orientierte) aus emotionalen und aus Zweckmäßigkeitsgründen als verbindliche Norm auf eine Mehrheit übertragen wurde und dementsprechend bis heute nur bei speziellen Anlässen, vornehmlich im Schriftverkehr, verwendet wird. Der *Dialekt*, neben Hoch- und Umgangs-S. meist als dritte *Sprachschicht* angeführt, ist als Verkehrs-S. einer geographisch beschränkten Großgruppe zu verstehen. Es wäre aber verfehlt, den Terminus „Sprachschicht" nur innerhalb dieser überlieferten Dreiteilung (Hoch-Umgangs-S. und Mundart) anzusetzen. Insofern sich soziale Schichtungen im sprachl. Verhalten widerspiegeln,

sollte dieser Ausdruck für eine Einteilung unter soziol. Aspekt vorbehalten sein.

2. *Zeichenlinguistischer Aspekt.* Während die soziale Funktion der S. als wissenschaftliches Objekt erst in jüngerer Zeit ins Interesse rückte, galt dem systemat., zeichentheoret. Aspekt schon seit dem Altertum das Augenmerk, wobei vor allem die Frage interessierte, in welcher Relation S. und Wirklichkeit, Name und Sache zueinander stehen. Bereits PLATON diskutierte die mögliche Willkürlichkeit und Konventionalität des sprachl. Zeichens. Die Lautfolge, die ein Wort konstituiert, steht meist in keinem objektiven, sondern in einem willkürlich gesetzten Zusammenhang mit dem Gemeinten, unterliegt freilich den Gesetzen des S.systems, wenn es einmal in seinem Stellenwert festgelegt ist und kann dann nicht mehr ohne weiteres verändert werden.

Geht man davon aus, daß S. ein sich lautlich realisierendes Zeichensystem ist, dann unterscheiden sich S.n durch Art und Zahl der verwendeten lautl. Einheiten *(Phoneme)* und durch die spezif. Zuordnungen von Lautsequenzen und Verknüpfungsregeln zum jeweils Gemeinten. Die bedeutungtragenden Lautfolgen können sowohl außersprachliche Inhalte (lexikalische Bedeutung) als auch deren grammatikalische Modifizierungen (Funktionen) ausdrücken, etwa Numerus, Tempus, Kasus usw. Je nachdem S.n diese einzelnen *Morpheme* zu Worten verbinden oder sie getrennt verwenden, spricht man von agglutinierenden oder isolierenden S.n. Die Verbindung von Morphemen zu größeren Einheiten ist bereits ein Schritt zur syntagmat. Reihung, die über die bloße Benennung hinaus auch Aussagen ermöglicht: Der *Satz* läßt sich u. a. definieren als kleinste isolierbare selbständige Aussage- oder Mitteilungseinheit. Allerdings steht er kaum je isoliert, sondern meist als konstituierender Teil einer größeren Mitteilungseinheit, des Textes. Erst im *Text,* nicht schon in den untergeordneten Bauelementen läßt sich die spezif. Leistung der S., Zeichensystem zum Zwecke der Kommunikation zu sein, voll erfassen, weil auch Einzelsätze, -worte und -laute im konkreten Sprechen nichts als verkürzte Texte sind, die ihre Vervollständigung durch die jeweilige Sprechsituation erfahren.

Im konkreten Sprechen (nach F. de SAUSSURE *parole)* werden nicht alle „Regeln" des S.systems *(langue)* immer beachtet und richtig angewandt, sei es aus sprach- oder sprechökonom. Gründen, sei es aufgrund von Vermischung zweier getrennter Systeme (etwa durch Einbringen mundartlicher Eigentümlichkeiten in einen hochsprachl. Text). Dennoch wird die Verständigung meist nicht oder nur geringfügig beeinträchtigt, weil eine Mitteilung aus so vielen Einzelinformationen besteht, daß eine einzelne isolierte Regelwidrigkeit ohne weiteres hingenommen werden kann. Immerhin ist es möglich, daß bei häufiger Wiederkehr ein und derselben Regelwidrigkeit diese als „normal" empfunden wird und folglich einen Stellenwert im System erhält. Die „langue" verändert sich dann also auf dem Weg über die „parole", man spricht im einzelnen von *Laut-, Formen-, Bedeutungswandel* usw., insgesamt von *Sprachwandel,* der uns historisch in Form verschiedener S.stufen einer S. auffällt.

III. Sprachpsychologie

1. SPs. *(Psycholinguistik)* hat die bei Verwendung von S. auftretenden Vorgänge zum Gegenstand. Sie untersucht die Beziehungen zwischen den Merkmalen sprachlicher Äußerungen und anderen Merkmalen der Personen, von denen diese Äußerungen stammen oder von denen sie wahrgenommen werden. Die SPs. stellt also eine Äußerung in einen Kontext, der Außersprachliches – vor allem bei den beteiligten Personen – umfaßt.

2. SPs. und *andere Wissenschaften,* die sich mit S. befassen – in erster Linie die Linguistik –, sind vom Gegenstand her nicht klar zu trennen. So kann z. B. die Phonologie, eine Teildisziplin der Linguistik, die den Lautbestand einer S. erforscht, nicht auf Berücksichtigung der Bedeutung der untersuchten Lautsequenzen verzichten; umgekehrt schließt eine sprachpsychol. Untersuchung von Bedeutungserlebnissen eine linguist. Deskription des sprachl. Reizmaterials ein. S. wird jedoch jeweils unter einem anderen Aspekt betrachtet. Die Linguistik sieht sie als ein vom individuellen S.benutzer weitgehend unabhängiges Zeichensystem. Außersprachliches wird nur insofern berücksichtigt, als es zur Erhellung der Struktur des Systems notwendig ist. Die SPs. dagegen macht gerade die Interdependenzen zwischen Außersprachlichem und Sprachlichem bei der Benutzung von S. zum Gegenstand ihrer Forschungen; ihr geht es um die Funktion von S. in konkreten Situationen. Untersuchungen, die den S.gebrauch in Abhängigkeit von sozialen Bedingungen zum Gegenstand haben, ordnet man der SSoz. (Soziolinguistik) zu.

3. Ansätze zu einer *funktionalen Betrachtung* der S., wie sie für die S. typisch ist, findet man bereits bei PLATON. In ausführlicher Form gelangt sie bei K. BÜHLER in seinem sog. Organon-Modell der S. zur Darstellung. Nach ihm ist die Leistung der S. eine dreifache: a) die des Ausdrucks, b) die des Ap-

pells sowie c) die der Darstellung. Als *Ausdruck* ist S. Symptom für Zustände des Sprechers, als *Appell* Signal für Hörer, sich in einer bestimmten Weise zu verhalten, und als *Darstellung* Symbol für Gegenstände und Sachverhalte.

4. Die SPs. gliedert sich in eine Reihe von *Teildisziplinen*, von denen die allg. SPs. und die Entwicklungspsychol. der Sprache eine zentrale Stellung einnehmen. Die a*llgemeine Sprachpsychologie* befaßt sich mit generellen Regelmäßigkeiten beim Verwenden von S., wobei insbes. die S.leistungen von normalen Erwachsenen herangezogen werden. Die *Entwicklungspsychologie der Sprache* widmet sich den Problemen des Erwerbs von S. Das Interesse gilt dabei vor allem der S.entwicklung beim Kinde. Einen weiteren Komplex bildet die *angewandte Sprachpsychologie*, die in verschiedene Teilbereiche zerfällt, so z. B. die S.päd., die S.heilpäd., die S.diagnostik und die forensische Psychol. der Sprache.

IV. Sprachsoziologie

1. *Gegenstand und Denkansatz.* Die SSoz. bezieht ihren Denkansatz aus der philos. Anthropologie; so vor allem die Einsicht, daß menschliches Denken nur im Medium der S. möglich ist und sich konkretisiert. S. und Denken bilden eine Interdependenz: Aktualisiertes Denken ohne S. ist ebenso unmöglich wie S. ohne vorhergehendes Denken. In der SSoz. dominiert der *soziokulturelle Aspekt* und damit vor allem die Betrachtung der soziokulturellen Determinanten menschlicher S. und des konkreten Sprechens. Dieser Zusammenhang bezieht die S. auf einen gegebenen strukturellen Bezugsrahmen der Gesellschaft und der sozialen Schichten.

2. *Schichtenspezifische Sprache und Bildung.* Neuere empirische Untersuchungen der SSoz. (BERNSTEIN, OEVERMANN) haben ergeben, daß man von schichtenspezif. S.n innerhalb einer Gesellschaft sprechen kann. Für die gegenwärtige Gesellschaft – und das gilt für alle hochentwickelten gesellschaftl. Systeme – fällt auf, daß die sog. niederen Schichten sich im allg. eines „restricted code" bedienen. Ihre S. ist aufgrund der erzieher. familialen Milieubedingtheit eindimensional, affirmativ und indikativisch. Es ist die S. des Befehls und Kommandos ohne Begründung für mittels der S. gegebene ↗ Dressate. – Bei der Mittelschicht beginnend bis zur Oberschicht, zeigt sich fortschreitend die Benutzung des „elaborated code". Der Sprachgebrauch dieser Schichten ist nicht nur im ganzen flexibler (größere Häufigkeit von Verben gegenüber Substantiven), sondern die in diesem Erziehungsmilieu benutzte S. bemüht sich auch, gegebene Befehle sprachlich zu begründen, so daß Denkzusammenhänge sichtbar werden. Bedeutsam ist hier der häufigere Gebrauch des Konjunktivs, der in sich die Möglichkeit birgt, Alternativen zu denken, und somit aus der genannten Eindimensionalität und Affirmativität herausführt.

Die genannten Untersuchungen erhellen die denkverschließende (Sprachbarrieren) bzw. denkeröffnende Funktion der S. und zeigen, eine wie große Bedeutung S. und S.erziehung ggf. für eine geistige Manipulation des Menschen besitzen. Durch S.steuerung und S.-manipulation kann eine Gesellschaft sich selbst zu stabilisieren versuchen, wodurch eine Behinderung des prinzipiell notwendigen sozialen ↗ Wandels eintritt. Dabei werden Herrschaftsstrukturen verfestigt.

Diese Aspekte lassen die heute im Zusammenhang mit der anstehenden Bildungsreform erhobenen Forderungen, im Namen der grundgesetzlich garantierten Gleichheit der Bildungschancen sozial niedrigere Schichten durch mannigfaltige Förderung auf das Niveau der gegebenen höheren S. zu heben, fragwürdig erscheinen. Betreibt man solche Förderungen, dann bedeutet das für den einzelnen Menschen zwar einen sozialen Aufstieg. Aber dadurch wird er mit der bestehenden Gesellschaft ebenso zufrieden sein wie mit seinem eigenen sozialen Aufstieg, womit ein Beitrag zur gesellschaftl. Stabilisierung geschieht. – Man hat angesichts dieser Tatsachen von der Notwendigkeit einer Entverbalisierung unseres verbal ausgerichteten Schul- und Unterrichtssystems gesprochen. Jedoch erscheint dies wegen des Zusammenhangs von S. und Denken unmöglich. Ansätze für eine gesellschaftl. Veränderung müssen vielmehr von der Frage ausgehen, wie in einer bestehenden Gesellschaft der Mensch mittels der S. über die Struktur eben dieser S. hinausdenken, also zu neuen und weiterreichenden Erkenntnissen kommen kann.

3. *Sprache und gegenwärtige Gesellschaftsstruktur.* Moderne, hochentwickelte Gesellschaften zeigen eine dualist. Struktur: einen Bereich des Intim-Personalen und einen des Anonym-Funktionalen. Sprachsoziologisch bedeutet das einen primären und einen sekundären S.horizont. Es gibt die *Intimsprache,* die bezogen ist auf kleine, urspr. und die Ganzheit der Person fordernde Sozialgebilde; es gibt aber auch die *Sekundärsprache* (Funktionssprache), die der Verständigung und Kommunikation in den Bereichen von Arbeit, Beruf, Wirtschaft, Technik und Politik dient. Beide S.n sind unverzichtbar in unserer Gesellschaft und dürfen nur dann kritisch bekämpft werden, wenn die Sekundärsprache

auf den Intimbereich übergreift oder die Intimsprache zur S. schlechthin wird. In einer voreiligen Bekämpfung dieses Unterschieds wäre ein Fall von ↗Ideologie gegeben. Daher kann auch jene S.kritik, die von einer fortschreitenden Verdinglichung des Menschen in der gegenwärtigen Gesellschaft spricht, von dem „Menschen im Akkusativ" (WEISGERBER), nicht für gerechtfertigt gehalten werden. Ihr haften zu viele einseitige anthropolog. Voraussetzungen an und rücken sie in die Nähe des Ideologieverdachts.

4. *Sprache, Politik und Öffentlichkeit.* Besondere Beachtung im Erziehungs- und Bildungsprozeß des Menschen erfordert die öff. S., vor allem die S. der Werbung und polit. Propaganda. In beiden Bereichen wird der Mensch in eine Konsumhaltung gedrängt, die ihm Denken „erspart", notwendige Entscheidungen abnimmt, ihn also manipuliert. Hierin liegt die totalitäre Tendenz in den heutigen freien, d. h. nicht-kommunist. und nicht-faschist. Gesellschaften. Faschismus und Kommunismus als Erscheinungsformen totalitärer Herrschaftssysteme bedienen sich bewußt und gezielt des Zugriffs auf die S. Somit ist der erzieher., bildungspolit. und spracherzieher. Auftrag für freiheitl. Gesellschaften gestellt.

V. Sprache und Bildung

Die Begriffe S. und „Bildung" sind geschichtlich so belastet und ideologisiert, daß eine allg. akzeptierte Definition nicht mehr möglich erscheint. Diese Darstellung ihrer Beziehungen fußt auf folgenden Auffassungen: Unter *Sprache* wird der Prozeß einer geistigen Auseinandersetzung verstanden, durch den sich eine S.gemeinschaft ihre Welt verfügbar und vermittelbar macht, aber auch als erneuerungsbedürftig vor Augen stellt. *Bildung* geschieht in Unterscheidung und Begegnung von Selbst und Anderem. Sie vollzieht sich als Selbstverwirklichung des Individuums zur eigenständigen, verantwortlich handelnden Individualität innerhalb der personal-sozialen (mitmenschlichen) und realen (sachlichen) Bezüge.

1. *Sprache als Voraussetzung und Medium der Bildung.* Die Bedingung der Möglichkeit von Bildung ist also die *Vermittlung* zwischen Selbst und „Wirklichkeit", in der „Sein" als „Sinn" sich dem Menschen eröffnet. Diese Vermittlung geschieht durch Sprache. S. wird damit zur charakterist. und existentiellen Bedingung des Menschen und seines Weltverhaltens. Die Aneignung einer S. ist unabdingbare Voraussetzung für jede Form von Bildung, der Grad ihrer Verfügbarkeit betrifft die Bildungschancen des Individuums.

Dem *Spracherwerb* wird damit im Hinblick auf den Bildungsprozeß ein Gewicht verliehen, das die Bedeutung des Sprechenlernens weit übertrifft. Über die Möglichkeit von Verstehen und Kommunikation hinaus befähigt die Aneignung einer S. zur kategorialen Verarbeitung von „Wirklichkeit" in der einer bestimmten S. eigenen Form. Das unterschiedl. *Sprachniveau*, das schon bei Schulanfängern deutlich zutage tritt, kann daher zu Recht zu den „soziokulturellen Determinanten des Lernens" (B. BERNSTEIN) gerechnet werden. Neben individuell variierender S.fähigkeit ist die verschiedene soziale Einbettung der Kinder für Entwicklung, Umfang, Schicht und Eigenart ihrer S. bestimmend. Wer „Chancengleichheit" in der Bildung postuliert, muß bes. der S.förderung im Vorschulalter Aufmerksamkeit widmen.

2. *Sprachbildung.* Das Verfügen über S. ist im Hinblick auf das sprachl. Verhalten zunächst ambivalent. Die Fertigkeit, S. differenziert und wirksam einzusetzen, kann ebenso kritischem Erkenntnisstreben wie bewußter Verhüllung und Irreführung, didaktisch reflektierter Wissensvermittlung wie propagandistischer Manipulation dienen. S.bildung erschöpft sich nicht im Vermitteln von S., sondern intendiert darüber hinaus das Erschließen von Motivationen für sprachl. Handeln. Dieses Ziel ist jedoch nicht durch Übermittlung heteronomer Verhaltensnormen zu erreichen, sondern nur als auf Sachkenntnis gegr. Selbstverhältnis zur S. anzustreben.

In syst. Sicht vollzieht sich S.bildung in drei Stufen: a) Den Zugang zur S. eröffnet die *pragmatisch-unreflektierte Aneignung* einer bestimmten vorgegebenen S. (Mutter-S.) einschließl. der ihr eigenen Wirklichkeitsaspekte und implizierten Verhaltensnormen. In ihrem aktiven Nachvollzug entwickelt das Kind spezifische geistige Verhaltensweisen und wird dabei wesentlich durch die vorgefundene S. geprägt. – b) Die angeeignete S. ist Grundlage und Gegenstand der *S.betrachtung*. In fortschreitender Distanzierung wird S. Objekt von Erkenntnis und Wertung. Entscheidend für den Ertrag dieses Verfahrens ist, ob es in einer dem Kind wie der S. angemessenen Form durchgeführt wird, die Interesse an S. und ihre Wertschätzung weckt und erhält. Gemeint ist das Entdecken von Strukturen und Gesetzmäßigkeiten der S., nach denen sich das Kind bereits unbewußt gerichtet hat und deren Zusammenhänge sich ihm nun erschließen; letztlich also das Aufdecken eigener geistiger Voraussetzungen. – c) So gewonnene Einsicht in S. birgt die Chance einer *Motivation des sprachlichen Verhaltens*, die aus Sachkenntnis und Wertschätzung der S. entspringt. Sie ermöglicht die Orientierung des S.gebrauchs bes. im Hinblick auf den gemeinten Sachverhalt (Sachgerechtigkeit), den S.partner (Verständlichkeit), die S.-norm (S.gerechtigkeit) wie auf die Individualität des Sprechenden (persönl. S.stil). Zugleich werden damit die Voraussetzungen geschaffen für die wichtigsten Zukunftsaufgaben der S.bildung: Befähigung zur *Sprachkritik* und zu eigenständig-kreativer Weiterentwicklung von Sprache.

☐ Sprachunterricht. Sprachliches Gestalten. Sprachlabor. Sprach- und Stimmstörungen. Sprachbehindertenpädagogik. Sprecherziehung. Gespräch. Dialog. Kommunikation. Hermeneutik. Geschichtlichkeit

Lit. zu I.: H. H. Holz, S. u. Welt (1953); E. Cassirer, Philos. der symbol. Formen (²1956); G. Jánoska, Die sprachl. Grundlagen der Philos. (1962); H. Wein, Sprachphilos. der Gegenwart (Den Haag 1963); K.-O. Apel, Die Idee der S. in der Tradition des Humanismus . . . (1963); J. Stenzel, Philos. der S. (²1964); W. P. Alston, Philosophy of Language (Englewood Cliffs, N. J. 1964); Y. Bar-Hillel, Language and Information (Reading, Mass. 1964); –, Aspects of Language (Jerusalem 1970); B. Liebrucks, S. u. Bewußtsein, Bd. 1-5 (1964-70); H.-G. Gadamer, Wahrheit u. Methode (²1965); – (Hrsg.), Das Problem der S. (1967); G. Frey, S.ausdruck des Bewußtseins (1965); J. Lohmann, Philos. u. Sprachwiss. (1965); M. Bense, Semiotik (1967); R. Bubner (Hrsg.), S. u. Analysis (1968); H. Gipper, Bausteine zur Sprachinhaltsforschung (²1969); E. v. Savigny (Hrsg.), Philos. der normalen S. (1969); –, Die Philos. der normalen S. (1969); J. Habermas, Zur Logik der Sozialwiss. (²1970); –, Vorbereitende Bemerkungen zu einer Theorie der kommunikativen Kompetenz, in: – u. N. Luhmann, Theorie der Gesellschaft . . . (1971); J. J. Katz, Philos. der S. (⁴.⁻⁵. Tsd. 1970); N. Chomsky, S. u. Geist (1970); K. Lorenz, Elemente der S.kritik (1970); S. J. R. Searle, Speech Acts (Cambridge 1970).
Zu II.: A. Martinet, Grundlagen der allg. S.wiss. (1963); K. Bühler, S.theorie (²1965); F. de Saussure, Grundfragen der allg. S.wiss. (²1967); N. Chomsky, Aspekte einer Syntaxtheorie (1969, ⁷.⁻¹⁰. Tsd. 1970).
Zu III.: K. Bühler, S.theorie (1934, ²1965); F. Kainz, Psychol. der S., 4 Bde. (1941-56, Neudr. 1970); H. Hörmann, Psychol. der S. (1967); G. A. Miller - D. McNeill, Psycholinguistics, in: G. Lindzey - E. Aronson (Hrsg.), The Handbook of Social Psychology, Second Edition, Vol. III (Reading, Mass. 1969).
Zu IV.: B. Bernstein, Soziale Struktur, Sozialisation u. Sprachverhalten (Amsterdam 1970); U. Oevermann, Lernen u. soziale Struktur (Amsterdam 1970).
Zu V.: O. F. Bollnow, S. u. Erziehung (1966); H. Messelken, Empir. Sprachdidaktik (1971); B. Weisgerber, Beitr. z. Neubegründung d. Sprachdidaktik (²1971).

I. *K. O. Apel,* II. *P. C. Kern,* III. *F. Denig,*
    IV. *K. Kippert,* V. *B. Weisgerber*

Sprache im Religionsunterricht ↗ Religionsunterricht

Sprachentwicklung
S. = Sprache

1. *Sprachbeginn.* Dem Erlernen der S., das in der Regel kurz vor oder während des 2. Lj. anhebt, geht ein lebendiger Ausdruckskontakt zwischen Mutter und Kind voraus, der auch stimmliche Verlautbarungen einschließt. Die Mutter spürt an der Art des Lallens, wie dem Kind zumute ist, das Kind vollzieht den Gefühlsausdruck der sprechenden Mutter mit, ohne ihre Worte zu verstehen. Ist dieser Kontakt stark reduziert, so liegt der Sprachbeginn später, er ist lustloser und dürftiger.
Für die S. ist wesentlich, daß ihre Lautzeichen bestimmte Sachverhalte darstellen. Das Kind muß die Zeichen und ihren gegenständl. Bezug von der Gemeinschaft, in der es aufwächst, übernehmen. Doch beginnt das nicht mit lautgetreuem Nachahmen der Wortgestalten. Das Kind spricht zunächst einen „Kinderdialekt" individueller Prägung, der nicht als „Verunstaltung" (STERN) der phonet. Muster betrachtet werden darf. Die Lautgestalten der Kinder sind zwar weniger differenziert als die der Umgangssprache, übertreffen sie aber meist an Überschaubarkeit und Einheitlichkeit. Oft dominieren einzelne Lautqualitäten („krinken" = trinken, „baben" = baden), oder es wird nur der betonte Gestaltteil gesprochen („lade" = Schokolade, „putt" = kaputt). Auch werden Geräusche der Dinge zu ihrer Bezeichnung nachgestaltet („krrr" = Motorrad); das deutet darauf hin, daß jüngere Kinder Zeichen und gemeinten Gegenstand noch nicht voneinander abheben.
Die S. des Kindes beginnt mit isoliert geäußerten Wortgestalten, die aber nicht einzelne Sachen bezeichnen. Man nennt sie *Einwortsatz.* Doch läßt die Breite ihrer Verwendung nicht auf stets gleiche Gedanken schließen. Sachlich gerichtetes Auffassen liegt Zweijährigen noch fern; sie werden von Dingen oder Vorgängen physiognomisch angemutet, erleben sie vom Bedürfen und Tun her als bedeutsam. So bezeichnen ihre Einwortsätze unscharf umrissene Sachlagen, wobei diffuse Gefühls- und Tunsgerichtetheiten dominieren. Doch stellen die Kinder damit etwas dar, sie *sprechen,* wenn auch nur Erwachsene, die mit ihnen ständig verbunden sind, ahnen oder verstehen können, was in der jeweiligen Situation gemeint ist.
2. *Entwicklung der Sprache.* Von diesen Anfängen aus erfolgt in wenigen Jahren eine enorme Entwicklung der S. Aus den Einwortsätzen werden bald Aussagen, die mehrere unreflektiert aneinander gereihte Sprachzeichen umfassen; sie sind schon besser verständlich. Kinder aus gutem Sprachmilieu beginnen um die Wende zum 3. Lj. mit der Flexion der verschiedenen Wortarten, dem Gebrauch von Präpositionen und der Satzbildung. Bis zum Schulbeginn beherrschen sie wesentliche Strukturen der Syntax. Diese Entwicklung kann inhaltlich als Aufgliederung dessen betrachtet werden, was die Kinder am Anfang nur diffus auszusagen vermochten.

Nachdem das Kind den Erfolg seiner S. im sozialen Kontakt erfahren hat, ist sein aktiver und kreativer Einsatz bei der Anreicherung und Entfaltung der S. unverkennbar. Schon wenige Wochen nach den ersten Einwortsätzen beginnt das *erste Fragealter*. Das Kind zeigt fragend auf Dinge: „isse" oder „issn das" (was ist das?); die Antworten spricht es befriedigt nach. Das wird bei neuen Dingen unermüdlich fortgesetzt. Zur gleichen Zeit werden auch in der Unterhaltung viele Worte aufgegriffen. In förderlichem Milieu umfaßt der Wortschatz am Ende des 2. Lj. mehr als 200 Worte.

Fehlen für bestimmte Aussagen die Worte, so versucht das Kind Eigenbildungen. Meist handelt es sich um Ableitungen von Tunsbezeichnungen: „ein gießer" = Milchkännchen, „ein zieht" = Wasserspülung mit Zugvorrichtung; ferner Substantivbildungen mit zu oder zum: „das zum-drehen" = Bedienungsknopf am Radio, „das zu-eier-herausnehmen" = Schaumlöffel. Die kreative Aktivität zeigt sich auch beim Erlernen der Flexion. Das Kind wartet nicht, bis ihm die Abwandlungen einzeln vorgesprochen werden; es konstruiert selbst nach intuitiv erfaßten Mustern. Dabei entstehen Bildungen, die das Kind nie gehört hat, etwa wenn es bei stark zu beugenden Verben die schwache Form anwendet: „geesst", „geschlaft".

Ein sich durch Monate hinziehendes aktives Bemühen läßt sich im *zweiten Fragealter* (3. Lj. und später) beobachten. Nach den Behauptungssätzen gelingen zuerst Entscheidungsfragen. Doch wird mit ja oder nein der innere Anlaß der Frage oft nicht getroffen; so wird weitergefragt: „Warst im Keller?" „Warst Wäsche waschen?" „Warst auf Straße?". Bis das Probieren schließlich zur Bestimmungsfrage führt: „Wo warst du?" (E. KAWOHL). Auf ähnliche Weise erwirbt das Kind die anderen Bestimmungsfragen.

3. *Sprache und geistige Entwicklung*. Die durch die S. ermöglichte Verständigung mit anderen ist von entscheidender Bedeutung für die geist. Entwicklung. Doch erfüllt die S. von Anfang an unmittelbar eine wichtige Funktion im Werdeprozeß des Kindes. Was es benennt, hebt es damit aus der Flut seines Erlebens heraus, es wird fixiert und kann später wieder vergegenwärtigt, mit anderen Eindrücken verbunden und denkend verarbeitet werden. Jüngere Kinder sprechen beim Spielen, Gestalten und Beobachten ständig vor sich hin. Sie erfassen und klären dadurch, was ihnen begegnet, auch steuern sie so ihr Denken und Handeln, bes. wenn sie etwas Schwieriges vorhaben. Das fördert den Erfolg ihres Tuns. Im Schulalter tritt „inneres Sprechen" an die Stelle des lauten (H. SKOWRONEK).

Das Vorschulalter ist die *Optimalzeit* des Sprechenlernens; in keinem späteren Lebensabschnitt wird so schnell, so leicht und in so großem Umfang S. erworben. Danach geht der weitere Ausbau der S. mit der wachsenden Wirklichkeitserkenntnis einher. Bei jüngeren Schulkindern überwiegen aktionale Aussagen gegenüber qualitativen. Der *Aktionsquotient* sinkt während der weiteren Entwicklung. Die Schule fördert die S.entwicklung durch den S.- und den Sachunterricht, durch Lesen und Schreiben. Grundlage dafür ist das im Vorschulalter erreichte Niveau der S., das größere oder geringere Chancen für den Erfolg des Unterrichts bietet.

Lit.: C. u. W. Stern, Die Kinder-S. (⁴1922); F. Röttger, Phonet. Gestaltbildungen bei kleinen Kindern (1931); E. Kawohl, Die kindl. Frage (1929); W. Hansen, Die Entwicklung des kindl. Weltbildes (⁸1965, Bibliogr.); A. Busemann, Kindheit u. Reifezeit (1965); H. Helmers (Hrsg.), Zur S. der Kinder (1969 [Slg. wichtiger Abhandlungen]); H. Skowronek, Lernen u. Lernfähigkeit (1969). *W. Hansen*

Sprachheilkunde, Sprachheilpädagogik
↗ Sprachbehindertenpädagogik

Sprachlabor
T. = Tonband

1. Im S. sind *Tonbandgeräte zu einem System* verbunden, das an beliebig vielen Schülerplätzen T.übungen vor allem im Fremdsprachenunterricht ermöglicht. Jedes S. hat ein Steuerpult (Lehrerpult), von dem aus den Schülern T.programme zugespielt werden. Der Lehrer kann sich zum Mithören oder über eine Wechselsprechanlage einschalten. Die Schülerplätze sind unterschiedlich ausgestattet:

Im *Hör-Sprech-Labor* (HS.-Labor, auch: audio-active = AA-Labor) hat jeder Schüler Mikrophon und Kopfhörer, kann Programme hören, in die Sprechpausen hinein antworten und seine Antwort verstärkt im Kopfhörer mithören. Das *Hör-Sprech-Aufnahme-Labor* (HSA.-Labor, auch: audio-active-comparative = AAC-Labor) hat zusätzlich an jedem Platz ein T.gerät, das die Programme zur individuellen Bearbeitung aufzeichnet. Für den Einsatz des HS.-Labors ist die Integrierbarkeit von Kontakt- und S.unterricht entscheidend, während das HSA.-Labor völlige Individualisierung bis zur Arbeit im „Bibliothekssystem" erlaubt. Für die Zukunft ist die Ausstattung aller Fachräume für Fremdsprachenunterricht mit HS.-Labors denkbar, während HSA.-Labors darüber hinaus vor allem im Förderungsunterricht und Selbstlernen zu nutzen sind und Möglichkeiten zur Überwindung der Jahrgangsklasse bieten.

2. Die *Übungen* im S. entsprechen weithin dem programmierten Unterricht: der Lernstoff ist in kleine Schritte zerlegt und bietet dem Schüler zahlreiche Sprechanlässe. So wird der Schülersprechanteil im Fremdsprachenunterricht erhöht und die ständige Konfrontation mit *native speakers* möglich.

Für den Übungsaufbau haben sich vielfach 4-Phasen-Übungen durchgesetzt: 1) Sprechaufforderung (stimulus), 2) Pause für Schülerantwort (response), 3) Antwortbestätigung (reinforcement), 4) Pause für den zweiten Antwortversuch des Schülers (= Hören-Sprecher-Vergleichen-Verbessern).
3. Der *Transfer* vom S. *in die Kommunikationssituation* ist bei Übungen, die isolierte sprachl. Fertigkeiten einschleifen (pattern drills), allerdings problematisch. Daher werden kontextbezogene und situative Übungen gefordert und erarbeitet, bei denen das S. integrierter Bestandteil eines audio-lingualen oder audio-visuellen Unterrichts ist. Damit wird versucht, lernpsychol. und linguist. Erkenntnisse zu realisieren. Das S. ist hier nicht nur Hilfsmittel, sondern Wegbereiter einer Neuorientierung des Fremdsprachenunterrichts auf die Kommunikationsfähigkeit des Schülers hin.

Lit.: E. M. Stack, Das S. im Unterricht (1966); H. Gutschow (Hrsg.), Erfahrungsberichte aus der S.arbeit (1967); K. Bung, Programmed Learning and the Language Laboratory, 2 Bde. (London 1967/68); R. Freudenstein, Unterrichtsmittel S. (1969); R. Olechowski, Das S. Theorie-Methode-Effektivität (1970).

H. J. Krumm

Sprachlehre ↗ Sprachunterricht

Sprachliches Gestalten, Stilbildung

1. SG. bezeichnet den Auftrag vor allem des ↗ Deutschunterrichts, bewußte Sprachverwendung zu üben. *Gestalten* ist dabei nicht in einem geistesgeschichtlich befrachteten Sinne zu verstehen. Es handelt sich um den Bereich der sprachl. Bildung, der früher meist mit *Aufsatzkunde* bzw. „Aufsatzerziehung" benannt wurde. Diese Begriffe kennzeichnen jedoch ein überholtes didakt. Verständnis. Vorbehalte sind auch gegenüber dem Begriff *Stilbildung* angebracht, insofern er das Mißverständnis nahelegt, es handelte sich um die Einübung einer bestimmten Norm des „guten Stils".

Die gegenwärtige Didaktik des Deutschunterrichts muß Ergebnisse vor allem der Soziolinguistik und der Literatursoziol. sowie Erfordernisse der Gesellschaft bei der Lernzielbestimmung berücksichtigen. SG. dient dazu, die sprachl. Fähigkeiten der Schüler (Sprachkompetenz) zu erweitern und damit ihre Kommunikationsfähigkeit zu fördern. Auszugehen ist vom jeweiligen Sprachvermögen der Schüler, zu dessen Erfassung und Beschreibung soziolinguist. Kategorien und Methoden nützlich sind, zumal sie die sog. Sprachbarrieren sichtbar machen können.

2. Die *traditionelle Aufsatzlehre* unterscheidet die Aufgabenbereiche Erlebnisgestaltung (z. B. Erzählen und Nacherzählen), Sachdarstellung (z. B. Beschreiben) und gedankliche Erörterung und ordnet sie schwerpunktmäßig (in entsprechender Reihenfolge) Entwicklungsphasen der Kinder und Jgdl.n zu. Es handelt sich fast ausschließlich um schriftl. Sprachgestaltung. Das Anspruchsniveau entspricht meist den Sprachmustern der Schriftsprache und ist vor allem auf Vorbilder der fiktionalen Literatur hin orientiert. Es stellt zugleich ein gesellschaftl. Leitbild dar, das auf der bildungsbürgerl. Tradition des 19. Jh. beruht. Zudem wurden z. T. solche Formen der sprachl. Gestaltung entwickelt, die in der gesellschaftl. und berufl. Wirklichkeit keine Entsprechung haben. – Die Praxis der Sprachübung und -gestaltung ist recht uneinheitlich; ebenso die Richtlinien und Bildungspläne. Neue didaktische Ansätze und Konzeptionen stehen neben traditionellen.

3. *Gegenwärtige Aspekte und Tendenzen* sind: (1) Subjektive, sacherfassende und – mit Einschränkung – gedankliche Darstellung wird gemäß den Erfordernissen und den Interessenlagen der Heranwachsenden auf allen Schulstufen gepflegt. Dabei geht es nicht darum, „Schulformen" des Aufsatzes einzuüben. Vielmehr sollen die Schüler lernen, bestimmten situativen Bedingungen, Sachforderungen und Absichten auf den Sprachteilnehmer (Rezipienten) hin mit den Mitteln der Sprache angemessen und wirksam zu entsprechen. Dazu dienen Sprachanlässe und -aufgaben, die der sozialen Wirklichkeit entnommen sind. – (2) Eine ausschließl. Fixierung auf den Sprachkode der gebildeten Mittelschicht ist verfehlt. Vielmehr fördert SG. auch die Fähigkeit zum Kodewechsel. Dazu werden geeignete Situationen als Sprachanlässe wahrgenommen oder spielend simuliert. (Beispiele: Telefongespräche mit verschiedenen Teilnehmern in derselben Sache, Ansprachen zum selben Anlaß vor verschiedenem Publikum.) – (3) Das ↗ darstellende Spiel ist methodisch bes. geeignet, sprachl. Kräfte im Rollenverhalten und Rollenwechsel freizusetzen. – (4) Der Zunahme akustisch vermittelter Kommunikation in Beruf und Freizeit trägt die Schule Rechnung, indem sie Textsorten und Sprachverwendung der *gesprochenen* Sprache stärker berücksichtigt. – (5) Für Auseinandersetzungen in Politik und Gesellschaft der Demokratie, die der Schüler künftig bewältigen muß, bedarf es der Übung im freien Sprechen und der wirkungsvollen Artikulation von Interessen. – (6) SG. kann analysierende Sprachbetrachtung fruchtbar ergänzen. Der eigene Versuch des Schülers weckt vertieftes Verständnis sowohl für literar. Gattungen und Gestaltungsmittel (↗ Literatur im Deutschunterricht) wie für die Wirkungen der appellierenden Beeinflussung bis hin zur Manipulation durch Sprache. – (7) SG.

dient der Förderung der ↗Kreativität und wirkt den Tendenzen zum unkrit. rezeptiven Konsum der Erzeugnisse der Massenmedien entgegen. Spielerische und Nonsense-Formen haben hierbei eine bes. wichtige Funktion. – (8) Leistungen der Schüler aus dem Bereich des SG.s können nicht an einer starren Sprachnorm oder einer schichtenspezif. Vorstellung von „gutem Stil" gemessen werden, sondern bedürfen differenzierter Beurteilung, ob sie situationsgemäß, sachgerecht und im Hinblick auf den Adressaten überzeugend formuliert sind.

☐ Deutschunterricht, Sprecherziehung

Lit.: H. Steger, Über das Verhältnis von Sprachnorm u. Sprachentwicklung in der heutigen Gegenwartssprache, in: Sprachnorm, Sprachpflege, Sprachkritik, Sprache der Gegenwart, hrsg. v. H. Moser, Bd. II (1968); W. Schlotthaus, Lehrziel: Kommunikation, in: betrifft erziehung, 4. Jhg., H. 4 (1971).

E. Bödeker

Sprachpsychologie ↗Sprache

Sprach- und Stimmstörungen

I. Sprach- und Sprechstörungen

Sprachstörungen sind alle zentralen Störungen, die infolge Schädigung der entsprechenden Hirnregionen auftreten. *Sprechstörungen* sind Behinderungen der peripheren Nerven- und Muskelfunktionen der Sprechorgane (Atmung, Stimmbildung, Artikulation).
1. *Störungen der Sprachentwicklung* verhindern den Erwerb der expressiven (motor.) oder rezeptiven (sensor.) Sprachfunktionen. Zu unterscheiden sind: a) die organisch bedingte *Sprachentwicklungsbehinderung* bei: Hörstörungen, frühkindl. Hirnschädigung, zentralen Unfallfolgen, schweren Formen der infantilen Zerebralparese (Spastiker); b) *Sprachentwicklungsverzögerungen* (funktionell bedingt), bei: Intelligenzstörungen, Mangel an sprachl. Anregung, vererbtem familiärem Sprachschwäche-Typ, pflegerischer und emotionaler Milieuschädigung.
2. *Störungen der Sprechentwicklung* (mechanische Dyslalien) beeinträchtigen die Entwicklung der peripheren, expressiven Ausdrucksfähigkeit. Sie treten auf bei: Organerkrankungen der peripheren Sprechwerkzeuge (Mißbildungen, Gaumenspalte, Lähmungen von Zunge und Gaumen) sowie bei körperl. Entwicklungsverzögerungen.
3. *Verzögerte Sprachentwicklung* liegt vor, wenn sich bei einem Kind bis zum 3. Lj. die lautsprachl. Verständigung nicht eingestellt hat, z. B.: geringer Wortschatz, fehlerhafte Laut- und Wortbildung (Stammeln), verstümmelter Satzbau (Dys- und Agrammatismus).
4. Zu den *Störungen der fertigen Sprache* gehören die *Aphasien:* Verlust des Sprachvermögens (= motorische Aphasie), Verlust des Sprachverständnisses (= sensorische Aphasie). Es handelt sich dabei um Störungen von Wortbildung, Wortverständnis und Worterinnerung infolge von Erkrankungen der kortikalen Sprachregionen und der dazugehörenden Bahnen bei erhaltener Funktionstüchtigkeit der Sprechorgane, des Hörvermögens und der Intelligenz.

Weitere Störungen (Auswahl) sind: *Dysarthrien*, d. h. Störungen der Lautbildung infolge von Erkrankungen der zentralen Bahnen und Kerne der am Sprechvorgang beteiligten Nerven (häufig bei Cerebralparetikern).
Stammeln (Dyslalie) ist eine Störung der Artikulation, wobei einzelne Laute oder Lautverbindungen völlig fehlen oder durch andere ersetzt oder abartig gebildet werden.
Beim *Lispeln* (Sigmatismus) handelt es sich um Aussprachefehler sämtl. Zischlaute. Die hauptsächlichsten Ursachen sind: Motor. Ungeschicklichkeit der Zunge, akust. Unaufmerksamkeit, Nachahmung und in vielen Fällen eine Innenohrschwerhörigkeit.
Beim *Stottern* (Balbuties) handelt es sich nicht um eine Sprach- oder Sprechstörung im engeren Sinn, sondern um ungleichmäßige und wechselnde Unterbrechung des Redeflusses durch krampfhafte Koordinationsstörungen der Atem-, Kehlkopf- und Artikulationsmuskulatur. Ursächlich müssen entweder eine erblich-konstitutionelle Disposition oder emotionelle und milieubedingte Faktoren oder eine neurot. Fehlentwicklung (oft aufgrund einer frühkindl. Hirnschädigung) angenommen werden.
Beim *Poltern* ist der Sprachablauf unkonzentriert und überstürzt. Die Artikulation ist undeutlich und verstümmelt. Die Sprachgestaltung leidet unter Silben- und Wortwiederholungen und -vertauschungen sowie unter Wortfindungsstörungen. – Das Poltern beruht auf einer vererbl. zentralen Funktionsstörung.

II. Stimmstörungen

Zu unterscheiden sind Störungen der Sprechstimme, der Singstimme und kombinierte Störungen. Die Stimme kann gestört sein in: Umfang (normal etwa 2 Oktaven), Lautstärke, Tonhöhe, zeitlichem Ablauf (kontinuierlich wechselnd, initial oder nach längerer Beanspruchung), Tragfähigkeit (groß–klein, voll–dünn), Klangcharakter oder ihrer Tonqualität. Die *Ursachen* einer Stimmstörung können sein *organischer Art:* Entzündungen, kleine gutartige Neubildungen, bösartige Tumoren, Nervenlähmungen und Muskelschwächen, Mißbildungen, Verletzungsfolgen; *funktioneller Art:* infolge stimmlicher Überanstrengung, konstitutioneller Mängel und psychogener Reaktionen, Hypokinesen, d. h. lähmungsartige, schlaffe Zustände oder Hyperkinesen, d. h. spastische, krampfartige straffe Zustände; *endokriner Art:* Mutation (Stimmbruch), Klimakterium und Schwangerschaft, Hyper- und Hypothyreosen, medikamentöse Verabreichung von Hormonpräparaten, Kastrationsfolgen.
1. *Organische Störungen* liegen z. B. vor als Heiserkeit bei Krankheiten, die eine sichtbare organ. Veränderung der Stimmlippen zeigen.

2. Unter *funktionellen Stimmstörungen* versteht man ein Auftreten von Heiserkeit, obwohl organisch an den Stimmlippen keinerlei Befund erhoben werden kann; sekundär können sich beim Fortbestand einer falschen Stimmbildungstechnik jedoch organische Schäden, wie Entzündungen und Knötchenbildungen, einstellen. Umgekehrt kann nach einer organ. Erkrankung eine funktionelle Störung folgen. – Vorwiegend finden sich diese Störungen bei Berufsrednern.

Funktionelle Stimmstörungen können mechanische oder psychogene Ursachen haben.
a. Störungen *mechanischer Art* infolge übertriebener Anstrengung. Ihre Ätiologie kann sein: (1) willkürlich (Personen, die viel schreien und weinen); (2) charakterologisch (Personen mit lebhaftem Temperament); (3) professional (Stimmberufe wie Kindergärtnerinnen, Lehrer, Vertreter, Schausteller usw.); (4) konstitutionell (kleine Mißbildungen); (5) pathologisch (Folge akuter oder chronischer Entzündung); (6) audiogen (infolge mangelhafter Hörkontrolle bei hörgestörten oder unmusikal. Personen).
b. *Störungen psychogener Art*. Ihre Ätiologie kann sein: Hysterie (Schreikrämpfe), Neurose, Psychose (exogen und endogen), Gemütsbewegungen.
Die funktionelle Stimmstörung ist ein Produkt aus Anlage und Umwelteinflüssen, im Gegensatz zu den organ. Stimmstörungen oft spontan reversibel, neigt zu Rückfällen und zeigt einen raschen und ständigen Wechsel der Symptome.
3. Die *endokrinen Störungen* können sowohl organischer als auch funktioneller Natur sein.
Sämtliche Beeinträchtigung infolge Erkrankungen im Hormonhaushalt der Hypophyse (Akromegalie), der Nebennierenrinde (Addisonismus) und der Schilddrüse (Myxödem, Hyperthyreose) sind bei weitem nicht so häufig und bekannt, wie die Einflüsse der Störungen von Geschlechtsdrüsen auf den Kehlkopf.
Daß der Larynx mit Recht ein „sekundäres Geschlechtsmerkmal" genannt wird, kann durch die Stimmstörungen der folgenden Erscheinungen dargelegt werden: (1) durch Folgen der Kastration, (2) durch die veränderten Vorgänge beim Knaben und Mädchen während der Mutation (Stimmbruch), (3) durch pathol. Erscheinungen in der Stimmlippenstruktur und somit auch in der Stimmgebung bei Frauen in der Zeit der Menstruation, der Schwangerschaft und des Klimakteriums, (4) durch das Auftreten eines mehr oder weniger betonten Virilismus mit Stimmveränderungen bei Frauen infolge von medikamentöser Verabreichung androgener Drogen, einschließlich der Anabolika.

Eine Heiserkeit wird vielfach bagatellisiert, weil in den meisten Fällen keine Schmerzen und keine körperl. Behinderungen auftreten. Jedoch kann aus einer anfängl. Belästigung am Ende eine Berufsunfähigkeit entstehen.

□ Sprachbehindertenpädagogik

Lit.: J. Berendes, Einf. i. d. Sprachheilkunde (*1967); R. Luchsinger - G. E. Arnold, Hdb. d. Stimm- u. Sprachheilkunde (⁴1971).

E. Schönhärl

Sprachunterricht, Sprachkunde
SU. = Sprachunterricht(s), S. = Sprach(e)

Beim SU. im engeren Sinne handelt es sich im Unterschied zum ↗ Fremdsprachenunterricht vornehmlich um die Betrachtung der ↗ Muttersprache. Er trägt zur Erweiterung der sprachl. Fähigkeiten des Schülers (S.kompetenz) bei, setzt jedoch grundsätzlich die Beherrschung der S. voraus. Er verhilft ihm durch Reflexion über die S. zu Einsichten in ihr Wesen und ihre Strukturen. Traditionsgemäß unterscheidet man zwei Bereiche des SU.: *Grammatik (Sprachlehre)* und *Sprachkunde*.

I. Sprachlehre (Grammatik)

1. Der *Grammatikunterricht* soll Verständnis des sprachl. Zeichen- und Formensystems bewirken. Er weckt zunächst das Bewußtsein des die S. verstehenden und sprechenden Schülers für ihren gegenwärt. Bestand an Formen und Strukturen. Er lehrt zugleich, sie als geistige Instrumente des Menschen zu begreifen, die ihn befähigen, einen anderen anzusprechen, sich auszudrücken und etwas auszusagen. Diese Funktionen der S. müssen dem Schüler in einem Prozeß zunehmender Distanzierung vom unreflektierten Sprachgebrauch einsichtig gemacht werden. Die Schulgrammatik bedarf dazu eines begriffl. Beschreibungssystems der linguist. Wiss

2. Die *Entwicklung* einer Schulgrammatik der dt. S. stand seit ihrem Beginn im 17. Jh. im Banne der traditionellen Grammatik, die auf ARISTOTELES zurückgeht und im wesentl. an der lat. Sprache orientiert war. Sie sollte der Erlernung der regelrechten Hochsprache in den Schulen dienen. In dem Maße, wie der Gebrauch der dt. Schriftsprache sich ausdehnte, entstanden Zweifel an dem Nutzen des Grammatikunterrichts für die S.beherrschung. Gleichwohl wurde die in wesentl. Zügen von C. F. BECKER (1836) entworfene formale Schulgrammatik bis ins 20. Jh. beibehalten, weil die Theorie einer formalen Denkschulung durch Grammatik (DIESTERWEG) die bisherige Sprachlehre aufs neue didaktisch legitimierte. Unter dem nachhalt. Eindruck der Ergebnisse der inhaltbezogenen und strukturalist. Sprachwiss. löste sich der SU. von sprachfremden Leitvorstellungen und bekannte sich zu der Aufgabe, Einsicht in den Bau der S. zu vermitteln. L. WEISGERBER und vor allem H. GLINZ wirkten unmittelbar prägend auf den SU. ein.

Gegenwärtig ist der Grammatikunterricht der Schule nicht einheitlich. Aspekte verschiedener linguist. Theorien und Beschreibungsweisen üben Einfluß (generative Transformationsgrammatik, Valenzgrammatik); ihre didakt. Umsetzung wird erprobt.

3. Die *Methoden* des Grammatikunterrichts müssen an dem jeweiligen geist. und sprachl. Horizont der Schüler orientiert sein. Verständnis für sprachl. Strukturen wird nicht deduktiv über Definitionen grammatischer Begriffe erzielt, sondern auf dem Wege eines kindgemäßen Forschens an zusammenhängenden Texten. Einige Möglichkeiten zu operationalem Verfahren stellt schon die *Linguistik* bereit (Ersatzprobe, Umstellprobe,

Transformationen). Auch die *gesprochene Sprache,* bes. die der Schüler (Tonbandaufnahme), kann als Objekt der S.untersuchung dienen. Durch reflektierende Distanzierung vom S.gebrauch des Kindes der Grundschule wird schrittweise S.bewußtsein aufgebaut.
Die grammat. Benennungen und Begriffe werden diesem Verfahren gemäß nach und nach eingeführt. Vorläufige, dem noch undifferenzierten Verständnis entsprechende „Arbeitsbegriffe" sind anfänglich oft den wiss. Termini vorzuziehen. Aus dem sehr allmähl. Ausbau des grammat. Systems im SU., das gewöhnlich vom vagen Gefühl für den Satz aus entwickelt wird, ergeben sich oft terminologische Divergenzen und Verschiebungen gegenüber dem gleichzeit. Fremdsprachenunterricht.

II. Sprachkunde

1. Die *Sprachkunde* ist kein geschlossener oder gar auf Systematik angelegter Unterrichtsbereich wie die Sprachlehre. Es handelt sich um einen fachdidakt. Begriff des ↗Deutschunterrichts, der solche die S. betreffenden Inhalte umschließt, die mit dem Grammatikunterricht nicht erfaßt werden, gleichwohl aber für das Verständnis und das Verhältnis der Schüler zur S. als bildungsnotwendig erachtet werden. S.kunde vermittelt nicht nur Wissen und Einsichten von der S.; sie betrifft auch die emotionale Dimension und Haltungen des Schülers (S.kritik, Verantwortlichkeit im Umgang mit S.).
2. Welche sprachkundl. *Gegenstände* im einzelnen ausgewählt und vermittelt werden, ist von der didakt. Entscheidung der normensetzenden Institutionen abhängig. Es geht nicht darum, im SU. einzelne Sachbereiche geschlossen abzuhandeln. Vielmehr sollen sie als Aspekte der Reflexion über S. vorgestellt, bewußtgemacht und – wo immer es angeht – für die Textuntersuchung verfügbar gemacht und schließlich operational angewendet werden. Die synchron. S.betrachtung des Grammatikunterrichts wird durch die S.kunde entscheidend erweitert: um die diachron. Perspektive und um die der gesellschaftl. und kommunikativen Bedeutung von S.
Häufig berücksichtigte *Sachbereiche* der S.kunde sind: Wortbildung, Wortfeld, *Etymologie,* Stilistik, fremdsprachliche Einwirkungen (Fremdwort, Lehnwort), Mundarten, gesellschaftliche Schichtung (Gruppen-S.n, schichtenspezifische Kodes), Alltags-S. und Hoch-S., gesprochene und geschriebene S., S. und Schrift, S.nvergleich, S.theorien, Problem der S.norm.
S.lehre und S.kunde sind in der Praxis des SU. vielfältig miteinander verbunden. So liefert die Grammatik Kategorien, die zur Textbeschreibung und -untersuchung im Bereich der S.kunde benötigt werden. SU. als Ganzes ist wiederum wechselweise auf die literar. Bildung und auf die unterrichtl. Bemühungen angelegt, das S.vermögen der Schüler zu erweitern.

☐ Sprache. Sprachliches Gestalten. Deutschunterricht. Altsprachlicher Unterricht. Fremdsprachenunterricht an Grund- und Hauptschulen. Englischunterricht. Französischunterricht. Griechischunterricht. Italienischunterricht. Lateinunterricht. Russischunterricht. Spanischunterricht

Lit.: H. v. Hentig, Didaktik u. Linguistik, in: S. u. Erziehung. Zschr. f. Päd., 7. Beih. (1968); U. Oevermann, Schichtenspezif. Formen des S.verhaltens u. ihr Einfluß auf die kognitiven Prozesse, in: Begabung u. Lernen, hrsg. v. H. Roth. Gutachten u. Studien der Bildungskommission, Bd. 4 (³1969); M. Triesch (Hrsg.), Probleme des Deutschen als Fremdsprache (1969); H. Steger (Hrsg.), Vorschläge für eine strukturale Grammatik des Deutschen (1969); H. Helmers, Didaktik der dt. S. (⁵1970). *E. Bödeker*

Sprachwissenschaft ↗Sprache

Spranger, Eduard
S., geb. 27. 6. 1882 in Berlin-Lichterfelde, gest. 17. 9. 1963 in Tübingen, war Schüler von W. DILTHEY, F. PAULSEN und O. HINTZE; 1911–20 Univ.-Prof. für Philos. und Päd. in Leipzig, seit 1920 in Berlin. Dort entstanden die *Lebensformen* (1921) und *Psychologie des Jugendalters* (1924), seine Hauptwerke. 1936–39 lehrte S. in Japan, dann wieder in Berlin, 1946–52 in Tübingen.
S.s geisteswiss. Humanismus wird sichtbar in den klass. Interpretationen der Werke von W. v. HUMBOLDT, GOETHE, SCHILLER, FRÖBEL und PESTALOZZI. Vor allem in der Auseinandersetzung mit W. DILTHEY gewann S. als Bildungstheoretiker der ↗Geisteswissenschaftlichen Pädagogik den Ansatz seiner eigenen geisteswissenschaftlich-kulturphilos. Pädagogik. Das Ich als subjektiver Geist ist in die geschichtl. und gesellschaftl. Welt der Kultur als objektiver Geist verflochten. Der normative Geist, d. h. die Welt der Normen und Werte, wird vorausgesetzt und steht gleichsam „über" Ich und Kulturwelt. Die Normen und Werte sind jedoch ebenso dem menschl. Subjekt und – durch dieses vermittelt – den Bereichen der Kultur immanent. Das Kulturgut wird von dieser Wertpädagogik als „Wertträger" betrachtet, das die Werterlebnisfähigkeit, d. h. die Bildung des Heranwachsenden zu aktualisieren vermag.

„Bildung ist" deshalb „die lebendig wachsende Aufnahme aller objektiven Werte, die zu der Anlage und dem Lebenskreise eines sich entwickelnden Geistes in Beziehung gesetzt werden können, in die Erleben, die Gesinnung und die Schaffenskräfte dieses Menschen mit dem Ziele einer geschlossenen, objektiv leistungsfähigen und in sich selbst befriedigten Persönlichkeit."

Werke: Gesammelte Schr.en, hrsg. v. H. W. Bähr, O. F. Bollnow, W. Eisermann, L. Englert, A. Flitner, H. J. Meyer, H. Wenke (1969 ff.).
Lit.: K. Schaller - K.-H. Schäfer (Hrsg.), Bildung u. Kultur (1968, Lit.).

K.-H. Schäfer

Sprecherziehung, Sprechkunde, Sprechwissenschaft
S. = Sprache

I. Begriffe

Während die Germanistik (linguist. Bereich) sich mit Fragen des Aufbaus und der Struktur der dt. ↗Sprache befaßt, ist die dt. Sprechkunde (Sprechwissenschaft) auf deren sprecherische Verwirklichung und auf den sprechenden Menschen ausgerichtet. In Verbindung mit anderen Disziplinen (↗Phonetik, Sprachwissenschaft, Sprachpsychologie [↗Sprache], ↗Soziologie) erforscht die *Sprechwissenschaft* die Voraussetzungen, Grundlagen und Leistungen mündlichen Sprachgebrauchs in den verschiedenen Formen und bei unterschiedl. Anlässen. Die *Sprechkunde* ist bemüht, die Ergebnisse dieser Untersuchungen in lehrbare Aussagen umzusetzen. Der *Sprecherziehung* ist es aufgegeben, die gewonnenen Erkenntnisse in praktischen Übungen anzuwenden.

II. Teilbereiche und -aufgaben

1. *Phonetische Grundlagen des Sprechens.* Leibliche Organe und Vorgänge, die primär Lebensfunktionen sicherstellen, sind zur Bildung von gesprochener S. notwendig. So dient die ↗Atmung, die den Gasaustausch im Körper besorgt, als Betriebsstoff für das Erzeugen der *Stimme* (Primärton), die im Ansatzrohr mit Hilfe von Gaumen, Zunge, Zähnen und Lippen zu *Lauten* (↗Phonetik) umgeformt wird. Bei wichtigen Anlässen sprechen wir *Hochsprache*, im Berufsalltag *gemäßigte Hochsprache* und im vertrauten Kreis ggf. *Mundart*.

2. *Freies Sprechen.* Das gesprochene Wort als wichtigstes und wirkungsvollstes Medium der Kommunikation und Information setzt neben Sachwissen die Beherrschung der sprachl. und sprecherischen Mittel voraus (↗Redekunst). Die Fähigkeit, frei zu sprechen, z. B. einen Vorgang zu beschreiben, ein Erlebnis zu berichten, ein ↗Gespräch zu führen, einen ↗Vortrag zu halten oder eine ↗Diskussion zu leiten, ist für viele Berufe unerläßlich; zu ihnen gehört der Beruf des Lehrers.

3. *Nachgestaltendes Sprechen* (sinnerfassendes Lesen – sprechgestaltende Interpretation von Dichtung). Eine Sonderform nachgestaltenden Sprechens (↗Leselehre und Sprech-

erziehung) bildet das gemeinsame Lauten von Texten. Während die chorische Gestaltung von Sprachkunstwerken nur selten zu vertreten ist, bleibt das gemeinsame Sprechen liturg. Texte (↗Gebetserziehung) gerechtfertigt. Dabei darf jedoch der natürliche Sprechton nicht zugunsten des tonus rectus aufgegeben werden, der dem Wesen der dt. Sprache widerspricht und häufig zu Stimmstörungen führt.

4. *Darstellendes Spiel* (Stegreif-, Puppen-, Text- und Hörspiel). Es soll die mimischgestischen Fähigkeiten ebenso wie die sprachl. Ausdrucks- und Darstellungskräfte phasengerecht fördern. (↗Darstellendes Spiel).

Eine besondere Hilfe für die Entwicklung eines freien, natürlichen, partnerbezogenen Sprachgebrauchs bietet das Spiel mit der Handpuppe (↗Puppenspiel). Selbst scheue und zurückhaltende Kinder werden hierbei aufgeschlossen und gesprächsfreudig. Darüber hinaus führt es – wie jede Form des Spielens – zu sozialgerechtem Verhalten in einer Gemeinschaft.

5. *Betreuung von Stimm- und Sprachgestörten.* Fehlleistungen im Bereich der Stimm- und Lautbildung leichterer Art, die heute häufig festzustellen sind, können vom sprecherzieherisch vorgebildeten Lehrer durch angemessene Übungen im allg. schnell behoben werden (z. B. Fehlformen der Atmung, Stimm- und Lautbildung). Diese Übungsbehandlung, die täglich nur kurze Zeit in Anspruch nimmt, sollte am Ende der Grundschulzeit abgeschlossen werden. Bei Ausfallserscheinungen schwererer Art (z. B. Stottern) ist der vorgebildete Fachmann zu Rate zu ziehen (↗Sprachbehindertenpädagogik, ↗Psychotherapie). Besondere Beachtung verdient das Stimmorgan der Schüler in der Pubertätszeit, da erworbene Stimmschäden organischer Natur (z. B. Knötchenbildung) häufig bis ins hohe Alter bestehenbleiben und oft nur durch fachärztlichen Eingriff beseitigt werden können.

III. Folgerungen

Im Sprechakt wird der ganze Mensch aktiv. Seine Denk-, Gefühls- und Willenskräfte werden entsprechend den einzelnen Gestaltungsaufgaben unterschiedlich aufgerufen und eingesetzt. Da die gesprochene S. sich in hervorragender Weise als Kommunikations-, Informations- und Führungsmittel eignet – umgekehrt Sprach- und Sprechbarrieren sich in allen Lebensbereichen hemmend auswirken –, sollte die Sprecherziehung im öff. Bildungswesen eine größere Beachtung erfahren. Insbesondere sollten alle Lehrer an einer entsprechenden Grundausbildung teilnehmen; denn nur dann können stimml. und sprachl. Fehlentwicklungen vermieden oder abgebaut werden. – An den meisten Universitäten Dtl.s (auch PH. Ruhr, Abt. Dortmund) kann die „Prüfung für Sprecherzieher" abgelegt werden (an der Univ. München Promotionsmöglichkeit in Sprechkunde).

☐ Redekunst. Leselehre und Sprecherziehung

Lit.: I. Weithase, Zur Gesch. der gesprochenen dt. S., 2 Bde. (1961); M. v. Wedel, Sprecherziehung im Grundschulalter (1961); P. Amtmann (Hrsg.), Darstellendes Spiel im Deutschunterricht (1965); W. L. Höffe, Gesprochene S. (1965) –, Hören – Verstehen – Formulieren (1971); J. Jesch, Grundlagen der Sprecherziehung (²1967); L. Rössner, Gespräch, Diskussion u. Debatte (1967); H.-H. Wängler, Leitfaden der päd. Stimmbehandlung (²1967); E. Drach, Sprecherziehung (¹³1969); Th. Siebs, Dt. Aussprache. Reine u. gemäßigte Hochlautung mit Aussprachewörterbuch (¹⁹1969); Ch. Winkler, Sprechkunde u. Sprecherziehung (²1969); H. Schorer, Das Gespräch in der Schule (⁴1970).

W. L. Höffe

Sprechspur

1. Begriff und Geschichte. Die S. ist *Artikulationsschrift:* Sprech- und Schreibtätigkeit werden in Übereinstimmung gebracht. Fährt man z. B. die *Wortspur* MO NI KA sprechend nach, so verteilen sich die Silben auf den Spurzug. Bei den vereinzelten *Silbenspuren* verteilen sich die Laute auf entsprechende Teilzüge. So kann man jeden Einzellaut als *Lautspur* erfassen: M M MO.

Dieses Grundprinzip entdeckte F. v. Kunowski. Von 1927 an erprobten F. Höke und seine Mitarbeiter die S. mit noch nicht schulpflichtigen Kindern. 1935 begannen Versuche mit Schulanfängern. Die nach dem Kriege fortgesetzten Versuche erbrachten vielfältiges Material, das seit 1955 die Grundlage intensiver Untersuchungen des kindlichen Gedankenausdrucks bildet.

2. Pädagogische Bedeutung. Im *Sprechspurunterricht* ersetzt das vom eigenen Sprechen begleitete Spuren sinnvoller Wörter und Sätze die Schreibvorübungen. Das fördert die Artikulation und führt zu einer ersten Schrift. Am Ende des 1. Schj. werden *Druck- und Schreibschrift* eingeführt. Die Kinder erfassen nun bewußt die Unterschiede zwischen *Rechtschreibung* und *Sprache.* In allen Unterrichtsfächern wird die S. weiter als *Arbeitsschrift* verwendet. In der *Sonderpädagogik* bewährte sich die S. bei Lese- und Rechtschreibschwäche, Sprech- und Entwicklungsstörungen und Epilepsie. Die Reformbestrebungen des Forschungskreises für die S. (Hannover, Am Kanonenwall 1) sind umstritten. Hauptgegner ist der Deutsche Stenografenbund.

Lit.: F. Höke - G. Rahn, Hdb. der S. (1952); W. G. v. Kunowski (Hrsg.), Hochsprache mit Hilfe der S. (1962); R. Knappek, Schreib-Leseunterricht mit Hilfe der S. in der Hilfsschule (1962).
Zschr.: Sprechen u. Spuren, hrsg. v. W. G. v. Kunowski - G. Rahn (seit 1950).

G. Rahn

Sprechstunden der Lehrer

Die S. der ↗Klassen- und ↗Fachlehrer werden zu Beginn eines neuen Schj. den Eltern mitgeteilt und im allg. am Anschlagbrett veröffentlicht. Sie dienen der Rücksprache mit den Erziehungsberechtigten über Mitarbeit, Fähigkeit, Anlagen, Verhalten und Neigungen ihrer Kinder in der Klasse. Durch die unmittelbare Begegnung, die auf beiderseitigem Vertrauen beruhen muß, lassen sich anstehende Fragen zumeist besser erledigen als durch einen Brief. Dieses Angebot sollten die Eltern beanspruchen und nicht erst, wenn ein besonderer Anlaß gegeben ist. Entscheidend ist, ob die Schule nur als Behörde beim Elternhaus empfunden wird oder ob sie das Vertrauen der Eltern genießt. – Aufschlußreich können auch Hausbesuche des Lehrers sein, um den Schüler in seiner häusl. Umgebung zu sehen und kennenzulernen. Allerdings sind solche Besuche nicht ganz unproblematisch und müssen päd. und psychol. vorbereitet werden.

☐ Elternsprechstunde

Lit.: S. Mauermann, Eltern-S., in: Lehrer-Rundbriefe, 6. Jhg. (1951); F. Baumeister, Trotz aller Hausbesuche bei den Eltern, in: Die Schule (Elternzschr.), 5. Jhg. (1952); E. Weis, Eltern in der Lehrer-S., in: Die Schulwarte, 5. Jhg. (1952); O. Kampmüller, Der Lehrer u. die Eltern. S. u. Hausbesuch (1961).

H. Mecking

Sprichwort

Das S. ist ein weitverbreitetes Wort mit lebensweisheitlichem, bewährte Erfahrungstatsachen oft bild- und gleichnishaft wiedergebendem Gehalt. Zu diesen Merkmalen tritt die Empfehlung zur Verwirklichung des Inhalts oder zur Befolgung eines Rates, weshalb das S. einen päd. Akzent hat. S.er sind bündig und pointiert. Ihre Sprache ist anschaulich und ausdrucksvoll. Extreme Derbheit kann Zeichen hoher Wichtigkeit sein. („Besser ein Kind rotzig lassen als ihm die Nase abreißen.") Dies gibt dem S. starke Wirkung. Mehr jedoch liegt der päd. Wert des S.s in seinem lehrhaften, lebensnahen und zugleich auffordernden Charakter. Der Schlichtheit entspricht mögliche Verschlüsselung des Inhalts, wodurch Spontaneität im Nachdenken über diesen angeregt werden soll. S.er dürfen als Volksweisheit und unkritische Volkspäd., somit als Ausdruck einer vor jeder Erziehungslehre und -wissenschaft liegenden Erziehungsweisheit, eines „pädagogischen Hausverstandes" angesehen werden. Sie entstammen einem vorwiss. Erziehungsverständnis, woraus sich auch eine Bedeutung des S.s in kultur- und erziehungsgeschichtl. Auslegung und Hinsicht ergibt. Allerdings ist die Gefahr der Simplifizierung,

Dogmatisierung und Ideologisierung gegeben. Kritische Einstellung gegenüber dem S. ist daher angebracht.

Lit.: W. Herzenstiel, Die gewöhnende Erziehung im dt. S. (Diss. Saarbrücken 1968).

R. Gönner

Spur (trace) ↗ Gedächtnis

Staat, Erziehung und Schule ↗ Elternrecht ↗ Schule ↗ Schulaufbau ↗ Schulrecht

Staatsbürgerliche Erziehung ↗ Polit. Bildung

Staatsexamen ↗ Staatsprüfungen ↗ Lehrerbildung

Staatspädagogik

S. = Staat, SP. = Staatspädagogik

Die Aufgaben des S.es sind in erster Linie Gesetzgebung, Rechtswahrung und Sicherung des Lebensraumes für den Staatsbürger. Zugleich trägt der S. pädagogische Verantwortung für die humane Entwicklung und bes. für polit. Mündigkeit seiner Bürger als letztes personales Reifemerkmal. Diese Verantwortung ist kaum je verstanden und wahrgenommen worden. Sie muß aber konstitutives Moment aller staatspolit. Konzepte sein. SP. hat hier nicht die negative Bedeutung pädagogischer Praxis in totalitären Systemen, welche die päd. Grundanschauungen verordnen. SP. ist vielmehr eine erziehungswiss. Disziplin, die den S. als polit. Gebilde nach seiner päd. Potenz befragt. Sie ist eine wiss. Beobachtungswarte der staatspolit. Praxis hinsichtlich deren päd. Begründung. Dazu gehört die Analyse der staatspolit. Gründungsurkunden, wie Grundgesetz, Konzepte der Innen- und Außenpolitik u. a., unter dem Aspekt ihrer päd. Relevanz. Ob die polit. Bildung und ihre methodisch-didakt. Prinzipien im Rahmen einer SP. den angemessenen wissenschaftstheoret. Ort finden würden, wäre zu prüfen. Erst die Entwicklung einer SP. als Forschungsinstanz für die erziehungspolit. Wirklichkeit in Gestalt staatspolit. Konzepte, ihrer päd. Leitvorstellungen und Ordnungsbilder einerseits und staatsbürgerlicher Erziehungspraxis andererseits kann Maßstäbe für erziehungspolit. Programme und ihre anthropolog. Notwendigkeit liefern. SP. hat nicht nur ihren Gegenstandsbereich deskriptiv und kausal zu erhellen, sondern auch das Bewußtsein dafür zu schärfen, daß Politik und Päd. einander zu ergänzen haben. Das bedeutet Berücksichtigung pädagogischer Einsichten in staatspolit. Theorie und Praxis.

Lit.: J. S. Coleman (Hrsg.), Education and Political Development (Princeton 1965); B. u. C. Dodder, Decision Making (Boston 1968); B. G. Massialas, Education and the Political System (Reding, Mass. 1969); H. Röhrs, Allg. Erziehungswiss. (1969, ²1970).

H. Röhrs

Staatsprüfungen

S. = Staatsprüfung(en), P. = Prüfung(s, en)

1. Der *Begriff* der S. ist nicht vom Gesetzgeber umrissen worden. Über die Wortbedeutung besteht wahrscheinlich kein allg. Einverständnis. Man kann unter S. die P. vor einer durch staatl. Rechtssatz geschaffenen Stelle verstehen, die in einem staatlich geregelten Verfahren mit staatlich bestellten Prüfern eine Eignung, insbes. für einen Ausbildungsgang oder eine berufl. Tätigkeit, feststellt. S. in diesem Sinne werden vor allem von akadem. P., wie ↗ Diplomprüfungen und Promotion zum ↗ Doktor, unterschieden, bei denen ↗ Universität und andere wiss. ↗ Hochschulen das P.wesen für akadem. Grade (vgl. auch ↗ Lizentiat, ↗ Magister) durch autonome Satzung regeln, selbst P.stellen bilden und die Prüfer bestellen.

2. Die *Grenzen* der S. verfließen vor allem bei der Mitgestaltung des P.wesens durch öffentlich-rechtl. Körperschaften, die wie die Universität Teil der mittelbaren Staatsverwaltung sind, aber außerhalb des akadem. Bereiches stehen, z. B. bei P. nach der Handwerksordnung (↗ Handwerkliches Bildungswesen).

Die P.ordnung für Meister- und Gesellen-P. erläßt die Handwerkskammer mit Genehmigung der obersten Landesbehörde; jedoch kann der Bundeswirtschaftsminister durch Rechtsverordnung bestimmen, welche Anforderungen in der Meister-P. zu erfüllen sind. Die Meisterprüfungsausschüsse werden durch die höhere Verwaltungsbehörde gebildet, d. h. durch die unmittelbare Staatsverwaltung; die Ausschüsse für die Gesellen-P. dagegen durch die Kammer oder mit ihrer Ermächtigung durch die Innungen. Bei der Gesellen-P. werden die Prüfer durch die Kammer, bei der Meister-P. durch die höhere Verwaltungsbehörde bestellt.

Noch größer ist die Zuständigkeit verschiedener ↗ Kammern bei der Regelung der ↗ Facharbeiterprüfung nach dem ↗ Berufsbildungsgesetz.

3. Bezieht man nichtakadem. P. unter derart starker Beteiligung der mittelbaren Staatsverwaltung ein, so gibt es auch bei Ausklammerung der staatl. ↗ Reifeprüfung und anderer Schulabschluß-P. (z. B. ↗ Kaufmännisches Bildungswesen) viele *Arten* von S. Neben den bekannten Arten S. etwa für Ärzte, Juristen und Lehrer gibt es S. für Bademeister, Bewährungshelfer, Blumenbinder, Diätassistentinnen, Filmvorführer, Geigenbauer, freie Gymnastiklehrer, Hauswirtschaftsleiterinnen, Landwirtschaftsmeister (↗ Landwirtschaftliches Bildungswesen), Markscheider, Masseure, medizinisch-techn. Assistentinnen, Techniker (↗ Industrielles Bildungswesen), Wirtschafterinnen und Wirtschaftsleiterinnen (↗ Hauswirtschaftliches Bildungswesen) und für viele andere Berufe.

4. Mannigfach sind die *Zwecke* und *Maß-*

stäbe der S. Die meisten S. sollen die Eingangsqualifikation für einen weiteren Ausbildungsgang oder einen bestimmten Beruf nachweisen, der Ungeprüften nicht oder jedenfalls nicht zu selbständiger Tätigkeit offensteht. Zum Beispiel eröffnet nur die erste juristische S. (Referendar) den jurist. Vorbereitungsdienst, die zweite (Assessor) ist u. a. Einstellungsvoraussetzung für Richter und Zulassungsvoraussetzung für Rechtsanwälte, die Meister-P. Regelvoraussetzung für den selbständigen Betrieb eines Handwerks. Die Maßstäbe der S. richten sich primär nach dem Sachgebiet. Das Gesamtbild wird dadurch noch verwirrender, daß neben Bundes- und Landesrecht auch das Recht zahlreicher öffentlich-rechtl. Körperschaften maßgeblich ist, z. B. die P.ordnungen ganz verschiedener Kammern.

Gemeinsamkeiten gibt es vor allem bei den *Verfahrensregeln*. Die Zulassung setzt meist Vorbereitungszeiten voraus. Sie können 6 Wochen kurz (zum Filmvorführer in Bayern) oder 2½ J. lang (zum jurist. Assessor) sein. Meist bestehen die S. aus einem schriftl. (Klausur und/oder Hausarbeit) und einem mündl. Teil; auch eine prakt. Leistung (z. B. Gesellen- oder Meisterstück) kann gefordert werden. Regelmäßig erfolgt die Beurteilung durch mehrere Prüfer und ist die Wiederholungsmöglichkeit begrenzt.

5. Die S. werfen *Probleme* auf. Manche P. sind als strikte Berufsvoraussetzung schon verfassungsrechtlich bedenklich, da sie die Freiheit der Berufswahl ohne zwingenden Grund einschränken (vgl. für die Maßstäbe insbes. die Entscheidungen des Bundesverfassungsgerichts 13, 97; 19, 330). Die allg. Probleme von P. treten auch hier auf (↗Prüfen, Erproben). Es sind insbes. die Fragen nach der sachl. Notwendigkeit eines staatlich geregelten Leistungsnachweises auf manchen Gebieten und nach der Notwendigkeit eines formalisierten P.verfahrens wie nach seinen Maßstäben. Zur Zeit zeichnen sich gegenläufige Tendenzen ab. Einerseits wird die Ersetzung etwa der jurist. oder philolog. Assessor-P. (↗Lehrerbildung, ↗Referendar, ↗Studienassessor) durch einen anderen Leistungsnachweis gefordert. Andererseits wirken die zunehmende Verwissenschaftlichung und Technisierung vieler moderner Berufe eher auf eine Vermehrung formaler Leistungsnachweise in einem konzentrierten P.verfahren hin. Die Anerkennung durch eine S. kann Ausbildungsgänge und mittelbar auch Berufe anziehender machen. Manche Berufsgruppen erstreben die Einführung gerade von staatlich geregelten oder jedenfalls anerkannten P. nicht zuletzt zur Statusverbesserung (z. B. Grundstücksmakler), u. U. auch zur Ausschließung der Konkurrenz. Aus verfassungsrechtl. wie gesellschaftspolit. Gründen sollten S. abgebaut werden, die primär dem Prestige und dem Konkurrenzschutz dienen. Allgemein bedarf das ↗Prüfungs- und Berechtigungswesen einer stärkeren Durchleuchtung aufgrund empirischer Untersuchungen.

Lit.: Vgl. die Verweisungsartikel.

W. K. Geck

Städtisches Büchereiwesen

B. = Bücherei

1. *Begriff und Aufgabe.* Gewöhnlich spricht man anstelle von SB. von kommunalen oder öff. Büchereien bzw. Bibl.en. Träger sind Städte und Gemeinden, Kirchen oder sonstige gemeinnützige juristische Personen. Aufgabe der öff. B. ist es, durch einen umfassenden Lit.-, Informations- und Auskunftsdienst der Bevölkerung jeden Alters die notwendigen Hilfsmittel für Allgemein- und Berufsbildung zur Verfügung zu stellen (durch Bücher, Zschr.en, Zeitungen, Musikalien und audiovisuelle Hilfsmittel).

Die beiden Wurzeln der öff. B.en sind die *Ratsbibliothek* (seit dem ausgehenden MA., zunächst als juristische Rats-Hand-B., der Öffentlichkeit zugängliche Rats-B., entstanden durch Stiftungen oder als offizielle Einrichtung) und die aus päd. Motiven von Vereinen gegr. und unterstützten *Volksbüchereien*, deren Zahl im 19. Jh. schnell zunahm und die meist in der 1. Hälfte des 20. Jh. von Kommunen übernommen wurden. Nach 1945 wurden die meisten Volks-B.en nach und nach in *Stadtbüchereien* umbenannt. In jüngster Zeit setzt sich mehr und mehr der Terminus *Stadtbibliothek* durch.

2. *Gegenwärtige Situation.* Die früheren Schalter- und Theken-B.en wurden nach 1945 in zunehmendem Maß durch *Freihand-Büchereien* nach nordamerikan. und skandinav. Vorbild ersetzt. In größeren Städten haben sich B.systeme entwickelt mit einer *Zentralbibliothek* einschließl. Kinder- oder Jugend-B. und häufig auch Musik-B. (z. Z. ca. 60 Musik-B.en in der BRD), dazu kommen *Fahrbüchereien* (Bücherbusse), die Stadtbezirke ohne Zweigstellen mit Lit. versorgen. Überörtliche Zusammenarbeit ist gegeben durch den *Deutschen Büchereiverband* (1 Berlin 61, Gitschiner Str. 97–103) und den *Verein der Bibliothekare an Öffentlichen Büchereien*, e. V. (28 Bremen 1, Roonstr. 57).

1970 bestanden: 483 hauptamtlich besetzte kommunale öff. B.en (mit 1558 Zweigstellen) mit 28 047 944 Bd.en und 81 856 934 Entleihungen.

□ Bibliothekswesen. Kirchliches Bibliothekswesen. Ländliches Büchereiwesen. Leihbücherei. Schulbücherei.

Lit.: R. Joerden, Das B.wesen der Stadt, in: Hdb. des B.wesens, hrsg. v. J. Langfeldt II (1964); Hdb. der öff. B., 7. Ausg. (1970); *Zschr.:* B. u. Bildung (1948 ff., seit 1971: Buch u. Bibl.).

K. L. Nicol

Stadtschule ↗ Landschule und Stadtschule

Staël, Germaine de
Die von ROUSSEAU beeinflußte frz. Schriftstellerin, geb. 22. 4. 1766 in Paris, gest. ebd. 14. 7. 1817, zog sich durch ihr polit. Engagement und ihren Schlüsselroman *Delphine* (1802) die Gegnerschaft NAPOLEONs zu und mußte ins Exil gehen. Frucht langer Dtl.-Reisen war ihr Buch *De l'Allemagne* (1810), das den Franzosen dt. Literatur, Philosophie, Lebensart und Einrichtungen nahebrachte. Pädagogisch relevant sind die Kapitel I, 18–19, die, untermischt mit eigenen päd. Reflexionen (erzieherischer Wert des Sprachenlernens), dt. Bildungsinstitutionen, bes. die Univ.en, sowie die Päd. PESTALOZZIs und FELLENBERGs in Frk. bekannt machten. Das auf Befehl NAPOLEONs eingestampfte Werk erschien 1813 in engl. Übersetzung und weckte in England, mehr noch in den USA, Interesse für die dt. Päd. und bes. für die dt. Universitäten.

Werke: Über Dtl., übers. v. R. Habs (1882), Gekürzte Neuausg. v. S. Metken (1962); De l'Allemagne, éd. J. de Pange, 5 Bde. (Paris 1958–59).
Lit.: E. Causse, Mme de S. et l'éducation (Grenoble 1930).

J. Schriewer

Standardnormen ↗ Testkonstruktion

Statistik
1. Die Domäne der S. sind Vorgänge, deren Ergebnis nicht mit Sicherheit vorhersehbar ist und die man deshalb als *Zufallsexperimente* bezeichnet. In diesem Sinne ist jedes wiss. Experiment, dessen Resultate *streuen*, jede Messung, die bei Wiederholung nicht exakt denselben Wert ergibt, aber auch das Überqueren einer verkehrsreichen Straße ein Zufallsexperiment.
Die Gesetzmäßigkeiten zufälliger Erscheinungen werden in der *Wahrscheinlichkeitstheorie* behandelt. Ihr sind die wichtigsten Begriffsbestimmungen entnommen: (1) Die Menge aller möglichen Ergebnisse eines Zufallsexperiments heißt *Stichprobenraum, Grundgesamtheit* oder *Population*. (2) Die Elemente des Stichprobenraumes lassen sich hinsichtlich bestimmter Merkmale X, Y charakterisieren (↗Messung). Die Auswahl des Meßwertes unterliegt dem Zufall, die Merkmale heißen deshalb *zufällige Veränderliche*. (3) Die mit einem bestimmten Ereignis A verknüpfte Ungewißheit wird durch die Wahrscheinlichkeit P(A) gemessen, $0 \leq P(A) \leq 1$. Insbesondere interessieren Ereignisse, bei denen die zufällige Veränderliche X einen Wert annimmt, der höchstens den Wert λ hat. (4) Die Funktion $F_X(\lambda) = P(X \leq \lambda)$ heißt *Verteilungsfunktion* der zufälligen Veränderlichen X. Sie ordnet jedem Wert λ, den die Veränderliche annehmen kann, die Wahrscheinlichkeit des Ereignisses $X \leq \lambda$ zu. (5) Wahrscheinlichkeitsverteilungen werden durch Lageparameter (*Mittelwert*, auch Durchschnitt, μ oder Median) und Variabilitätsparameter (*Varianz* σ^2) charakterisiert.

Bei konkreter Realisierung eines Zufallsexperiments hat man es stets mit einer endlichen Anzahl n von Beobachtungen (*Stichproben*) zu tun. Anstelle der Wahrscheinlichkeit erhält man die relative Häufigkeit f des Ereignisses A, $0 \leq f(A) \leq 1$. Die Beziehung zwischen Wahrscheinlichkeit und Häufigkeit (Frequenz) wird theoretisch durch das Gesetz der großen Zahlen hergestellt, dem zufolge die relative Häufigkeit um so weniger um den Wert P streut, je größer die Anzahl der Beobachtungen ist. Die Verteilung einer endlichen Anzahl von Beobachtungen auf die verschiedenen Werte einer zufälligen Veränderlichen bezeichnet man als *Häufigkeitsverteilung* (empir. Verteilung). Den Mittelwert $\bar{X}$, die Varianz s^2 einer solchen sowie die relativen Häufigkeiten nennt man *Statistiken*.

2. Ursprünglich verstand man unter S. die Charakterisierung des Zustandes („status") von Finanz- und Militärwesen eines Staates durch Häufigkeiten. Zu diesem deskriptiven Zweig ist in unserem Jh. die *Inferenzstatistik* (analyt. Statistik) hinzugekommen. Sie ermöglicht den Schluß von gegebenen S.en auf zugrunde liegende Parameter.

Damit lassen sich Fragen der folgenden Art beantworten: Die Erwartung einer „6" beim Würfeln ist 1 : 6. In n = 120 Versuchen sei das Ereignis aber nicht 20mal, sondern nur 12mal aufgetreten. Stellt dieses Ergebnis eine zufällige Abweichung vom erwarteten Wert dar (Nullhypothese H_0), oder ist der Würfel gezinkt (Alternativhypothese H_1)? Um eine Entscheidung herbeizuführen, muß man die Wahrscheinlichkeit bestimmen, mit der unter H_0-Bedingungen eine Abweichung auftritt, die so groß oder noch größer als die gefundene ist. Dies geschieht mit Hilfe sog. Prüfverteilungen (Wahrscheinlichkeitsverteilung der Abweichungsgröße; Beispiele: Gaußsche Normalverteilung, Chi-Quadratverteilung). Wenn die Wahrscheinlichkeit unter einem bestimmten Wert c liegt (man verwendet c = 0,05 oder c = 0,01), entschließt man sich zur Annahme der Alternativhypothese und bezeichnet die Abweichung als *signifikant* auf dem Niveau c. Die statist. Entscheidung muß nicht immer richtig sein, denn sie beruht auf einer endlichen Stichprobe der Größe n. Es kann also passieren, daß die Nullhypothese verworfen wird, obwohl sie richtig ist (Fehler 1. Art), oder daß sie angenommen wird, obwohl sie falsch ist (Fehler 2. Art).
Angesichts von Ungewißheit kann man auch mit Hilfe der S. keine unfehlbaren Entscheidungen herbeiführen. Die Irrtumswahrscheinlichkeit c wird von den Folgen einer Fehlentscheidung abhängig gemacht. Wenn etwa die Annahme der Alternativhypothese zur Folge hat, daß ein Partner in den Verdacht des Falschspiels gerät, wird man c klein wählen. Man

könnte dabei an eine wahrscheinlichkeitstheoretische Fundierung des richterlichen Entscheidungsprinzips „Im Zweifelsfalle für den Angeklagten" denken.

In den verwandten Disziplinen *Lineares Programmieren* und *Spieltheorie* werden Irrtumswahrscheinlichkeit und Kosten zu einer Risiko- bzw. Entscheidungsfunktion zusammengefaßt. Die auf A. WALD zurückgehende *Entscheidungstheorie* wird heute als Theorie des rationalen Verhaltens angesichts von Ungewißheit verstanden.

3. Die wichtigsten *Kategorien statistischer Fragestellungen* sind: 1) Überprüfung von Mittelwertsdifferenzen beim Vergleich von Versuchs- und Kontrollgruppe, 2) Überprüfen von Unterschieden der Varianz, 3) Untersuchung des Zusammenhanges zwischen zufälligen Veränderlichen (Korrelations-S.), 4) Ausgleichung von Meßfehlern, Gewinnung „bester Schätzungen". – Multifaktorielle Methoden stehen für den Fall bereit, daß nicht eine einzelne Mittelwertsdifferenz, sondern simultan der Effekt mehrerer Versuchsbedingungen erhoben werden soll. Versuchsplanung und Stichprobenorganisation sind wichtige Teilgebiete der angewandten S. – Die multivariaten Methoden ermöglichen den Vergleich und die Verwertung großer Mengen von zufälligen Veränderlichen. Man bedient sich ihrer zu Zwecken der Diagnostik.

4. Die S. spielt als *Hilfswissenschaft* eine wichtige Rolle in nahezu allen empirischen Wissenschaften. Soweit die Variation von Ergebnissen auf unzulängliche Kontrolle der Versuchsbedingungen, Beobachtungsfehler und mangelnde Einsicht in den Determinationszusammenhang zurückgeführt werden muß, empfindet man die S. als Notbehelf. Es hat sich gezeigt, daß es Phänomene gibt (z. B. Reaktionen von Lebewesen), die sich adäquat durch probabilistische Modelle beschreiben lassen. Von der psychol. Statistik, die eine Anwendung statist. Methoden bei der Auswertung psychol. Untersuchungen darstellt, unterscheidet sich die statist. (auch mathemat.) Psychologie, welche sich speziell mit der Beschreibung solcher Phänomene befaßt.

☐ Psychologie. Messung in der Psychologie

Lit.: H. D. Brunk, An Introduction to Mathematical Statistics (New York ²1965); A. L. Edwards, Experimental Design in Psychological Research (New York ³1968); Y. V. Prohorov - Y. A. Rozanov, Probability Theory (1969); C. McCollough - L. v. Atta, S. programmiert (1970).

F. Sixtl

Stegreifspiel

Unter S. versteht man eine darstellende Spielform, bei der die Spieler ohne Textvorlage und Regieanweisungen ins Spiel gehen mit der Absicht, es aus dem Augenblick zu gestalten. Improvisation ist sein Wesensmerkmal. Das Gelingen eines S. hängt jedoch auch von der Planung des Spielverlaufs und von dem spieltechnischen Können der Spieler ab. Trotz mancher affiner Beziehungen zum textgebundenen Spiel (Textspiel) gilt das S. als eigenständige Spielform. Betrachtet man den Begriff des S.s im weiteren Sinne, so lassen sich als Sonderformen subsumieren: Scharade, Entscheidungsspiel, Puppenspiel u. a.

Die *pädagogische Bedeutung* des S.s liegt vor allem in seiner gemeinschaftsbildenden und -fördernden Funktion. Als *Unterrichtsmittel* kann es zur Bewältigung unterrichtsrelevanter Aufgaben, wie Vermittlung von Kenntnissen, Vertiefung von Bildungsgehalten, Verdeutlichung von Sinngehalten, beitragen. Das S. als *Unterrichtsspiel* unterscheidet sich vom schulbühnenmäßigen S. dadurch, daß es nur in der Schulklasse erarbeitet und dargestellt wird und auf Kostüme, Kulissen und Lichteffekte verzichtet.

☐ Darstellendes Spiel. Schulspiel. Spiel. Theater u. Jugend

Lit.: T. Budenz - E. J. Lutz, Das S. (1964); G. Burkart, Erste Schritte im Unterrichtsspiel (o. J.); H. K. Hoerning, Improvisation u. S. (1966); N. Kluge, Das Unterrichtsspiel (1968).

N. Kluge

Stein, Karl Reichsfreiherr vom und zum

S., geb. 26. 10. 1757 in Nassau (Lahn), gest. 29. 6. 1831 in Schloß Kappenberg (Westf.), hat als Staatsmann der preuß. Reformzeit (1807–08 leitender Minister) eine staatl. Neuordnung angestrebt und in Ansätzen verwirklicht, die den Obrigkeitsstaat überwinden und die Verantwortung und Mitarbeit des Volkes aktivieren wollte. Es ging ihm entsprechend den Grundtendenzen der ↗Klassisch-idealist. Epoche um eine umfassende geistig-sittlich-polit. Erneuerung, um eine Erziehung der Nation, bei der einer im Sinne PESTALOZZIs auf Weckung der Kräfte zielenden Schule eine wesentl. Aufgabe zukommen mußte. S. regte auch die Gründung des histor. Quellenwerkes ↗Monumenta Germaniae Historica an.

Werke: Briefwechsel, Denkschriften u. Aufzeichnungen, hrsg. v. E. Botzenhart, 7 Bde. (1931–37); Briefe u. amtl. Schr.en, bearb. v. E. Botzenhart, neu hrsg. v. W. Hubatsch, 7 Bde. (1957–69); Die Autobiographie des Frhr. v. S., hrsg. v. K. v. Raumer (²1960). *Lit.:* M. Lehmann, Frhr. v. S., 3 Bde. (1902–03); J. Langermann, Der Erziehungsstaat nach S.-Fichteschen Grundsätzen, in einer Hilfsschule durchgeführt (1910, ¹⁰1913, neu hrsg. v. E. Beschel, 1963); –, S.s politischpäd. Testament – Volksgesundung durch Erziehung (1910); G. Ritter, S., 2 Bde. (1931, ³1958); E. Botzenhart, Frhr. v. S. (¹⁰·⁻¹²·ᵀˢᵈ·1952); J. v. Gierke, K. Frhr. v. S. (1957); H. Rößler, Reichsfrhr. v. S. (1957); K. v. Raumer, Frhr. v. S. (1961).

A. Reble

Steiner, Rudolf
Begründer der Anthroposophie und Waldorfpäd., geb. 27. 2. 1861 in Kraljevec (Jugoslawien), gest. 30. 3. 1925 in Dornach (Schweiz). Nach philos. und mathematisch-naturwiss. Studium (Wien) gab er 1883–87 GOETHEs naturwiss. Schriften heraus. 1890–97 war er Mitarbeiter am Goethe-Schiller-Archiv (Weimar). S. verfaßte grundlegende Arbeiten über Denken, Erkennen und wiss. Methodik (*Philosophie der Freiheit*, 1894). Seit 1902 entwickelte er die Anthroposophie als eine Wiss., die durch Erschließung übersinnlicher Erkenntniswerkzeuge über die Sinnesbeobachtung hinausgeht (*Wie erlangt man Erkenntnisse der höheren Welten*, 1909). Hauptwerke: *Theosophie* (1904) und *Geheimwissenschaft im Umriß* (1909). In Verbindung mit dem Versuch einer Neugestaltung der Gesellschaft gründete er 1919 die erste ↗Waldorfschule. S.s Forschungen führten nach 1920 auch in Heilpäd., Medizin, Landwirtschaft, christlich-rel. Leben zu neuen Formen. 1897 bis 1914 wirkte er in Berlin, seit 1914 in Dornach, dem Zentrum der von ihm gegr. *Anthroposophischen Gesellschaft.*
Werke: Gesamtausgabe der Werke und Vorträge ca. 350 Bde., hrsg. v. d. R.-S.-Nachlaßverwaltung, Dornach (seit 1955); Die Erziehung des Kindes vom Gesichtspunkte der Geisteswiss. (1907, Neuausg. 1969); Die Stufen der höheren Erkenntnis (1909, ⁵1919); Die Rätsel der Philosophie (1914, ⁷1955); Von Seelenrätseln (1917, ³1960); Die Kernpunkte der sozialen Frage (1919, ⁵1961); Anthroposoph. Päd. u. ihre Voraussetzungen (1924, ³1951); *Bibliogr.:* R. S., das literar. u. künstler. Werk (1961).
Lit.: A. P. Sheperd, Ein Wissenschaftler des Unsichtbaren. Leben und Werk Rudolf Steiners (o. J.); R. Steiner, Mein Lebensgang (⁷1962); G. Wachsmuth, R. S.s Erdenleben u. Wirken (³1964); J. Hemleben, R. S. (1969).

E. M. Kranich

Stephani, Heinrich
Protest. Theologe und Schulmann, geb. 1. 4. 1761 in Gemünda a. d. Kreck (Oberfranken), gest. 24. 12. 1850 in Gorkau (Schlesien); wirkte in Bayern als freisinniger Kirchen- und Schulreformer und geriet in Konflikt mit seiner Kirche (Suspension 1834). S. versuchte, die moralisch-sittl. Erziehung rationalistisch zu fundieren: Der Mensch ist unter die Leitung der Vernunft zu stellen, nicht mit Hilfe von Furcht, Ehrliebe, Strafe und Lohn zu führen. S. forderte ein selbständiges fachliches Unterrichtsministerium, Schülermitverantwortung, eine allgemeine VS. ohne Standestrennung und die Lautiermethode (↗Fibel). Er setzte sich auch für die Mädchenbildung und für den Lehrerstand ein.
Werke: Grundriß der Staatserziehungswiss. (1797, später: System der öff. Erziehung, 1805, ²1813); Fibel (1802, ¹⁰²1868); Kurzer Unterr. in der gründl. u. leichten Methode, Kindern das Lesen zu lehren (1803, ⁴1811); Leitfaden zum RU. der Konfirmanden (1805, ⁴1819); Ausführliche Beschreibung meiner einfachen Lese-Methode (1814, ²1825); Über Gymnasien (1828); Hdb. der Unterrichtskunst... (1835); Hdb. der Erziehungskunst (1836).
Lit.: M. Imhoff, Staatspäd. vor 100 Jahren im System H. S.s (Diss. Würzburg 1916); J. Hauser, Pestalozzi u. H. S. (1920); G. Ulbricht, H. S. als Kämpfer für die Erziehung u. Bildung des Volkes, 2 Bde. (1959); R. Eichelsbacher, H. S. als Schulreformer in der unterfränk. Grafschaft Castell (1967).

H. J. Ipfling

Stereotyp
Mit dem Begriff S. als einem Fachterminus der ↗Sozialpsychologie ist das „Bild" gemeint, das sich Menschen über Aussehen, Verhalten oder ↗Eigenschaften von Angehörigen fremder ethnischer, ständischer, religiöser Gruppen usw. machen (= *Fremd-* oder *Heterostereotyp*), oder das Bild einer Gruppe über sich selbst *(Autostereotyp).* Die S.en sind phänomenal durch Einfachheit und Einheitlichkeit gekennzeichnet, außerdem durch den hohen Verallgemeinerungsgrad, mit dem sie auf die Gruppenangehörigen bezogen werden (z. B. „die" Russen sind schwermütig). S.en kommen weniger durch direkte Erfahrung, durch den Kontakt mit dem Meinungsgegenstand zustande, sondern mehr durch „Hörensagen", durch den Kontakt der Meinenden untereinander. S.en sind der Ausdruck vorkritischen, „unsachlichen" Urteilens im sozialen Bereich. Sie erzeugen beim Urteilenden das Erlebnis des Orientiertseins trotz sachl. Unorientiertheit, schaffen also „subjektive" Sicherheit, wo „objektiv" Unsicherheit herrscht. – Die Trennung zwischen S. und ↗Vorurteil ist problematisch. In beiden Fällen ist eine Selektion, Verarmung, Verdinglichung zwischenmenschlicher Erfahrung gemeint. Vorurteile können darüber hinaus in höherem Grade als affektbesetzt und aus individuellen Abwehrhaltungen entspringend betrachtet werden.
In päd. Bemühung sollten die gesellschaftliche und psychodynamische Bedingtheit und Funktion von S.en im Interesse der Förderung vernünftigerer und humanerer sozialer Beziehungen durchschaubar gemacht werden.
Lit.: P. R. Hofstätter, Die Psychol. der öff. Meinung (1949); W. Buchanan - H. Cantril, How Nations See Each Other (Urbana 1953); H. C. J. Duijker - N. H. Frijda, National Character and National Stereotypes (Amsterdam 1960); J. Harding - H. Proshansky et al., Prejudice and Ethnic Relations, in: G. Lindzey & E. Aaronson, The Handbook of Social Psychology, Vol. 5 (Reading, Mass. 1969).

K. Holzkamp

Stern, Erich
Mediziner, Psychologe und Pädagoge, geb. 30. 10. 1889 in Berlin, gest. 20. 1. 1959 in Zürich; 1924 Prof. für Päd. und Psychol. in Gießen; 1927 Leiter der Abt. für Psychol., Ju-

gendkunde und Heilpäd. am Pädagogischen Inst. in Mainz; nach Emigration (1933) in Frk. (bes. in Paris) tätig. S. war beeinflußt von der geisteswiss. Psychol. (SPRANGER) und beschäftigte sich mit der Anwendung tiefenpsychologischer Methoden. Beiträge zur klin. Psychol. und Kinderpsychiatrie nehmen in seinem Werk breiten Raum ein.

Werke (Ausw.): Einleitung in die Päd. (1922); Jugendpsychol. (1923, ⁵1951); Lebenskonflikte als Krankheitsursachen (1952); Über Verhaltens- u. Charakterstörungen bei Kindern u. Jgdl.n (1953); Die Tests in der klin. Psychol., 2 Bde. (1954/55); Der Mensch in der zweiten Lebenshälfte (1955); Kind, Krankheit u. Tod (1957); Psychotherapie der Gegenwart (1958); Tiefenpsychol. u. Erziehung (1959, ³1969).
Lit.: F. J. Klassen, Die Päd. E. S.s in ihrer anthropolog. u. psychol. Begründung (1962).

W. H. Wegner

Stern, William Louis
S., geb. 29. 4. 1871 in Berlin, gest. 27. 3. 1938 in Durham (N. C., USA), strebte als einer der ersten modernen Psychologen eine Verbindung von ↗Allgemeiner Psychologie und ↗Persönlichkeitstheorie an. Seine Arbeiten auf den Gebieten der ↗Differentiellen Psychologie und der ↗Kinderpsychologie waren bahnbrechend. S. war 1897–1916 Privatdozent und ao. Prof. (seit 1907) in Breslau. 1916 übernahm er den Lehrstuhl von MEUMANN in Hamburg. 1933 emigrierte er und lehrte 1934–38 an der Duke University in Fordham (N. C.).

Werke (Ausw.): (zus. mit Clara S.) Die Kindersprache (1907, ⁸1965); Die Differentielle Psychol. in ihren method. Grundlagen (1911); Psychol. der frühen Kindheit (1914, ⁹1967); Allg. Psychol. auf personalistischer Grundlage (1935, ²1950).
Lit.: C. Bondy, S., in: Lex. der Päd., Bd. III (1952).

F. Denig

Stetige und unstetige Formen der Erziehung
Die Unterscheidung wurde 1959 von O. F. BOLLNOW in die Päd. eingeführt. Sie differenziert die von der ↗Bildsamkeit des Menschen ausgehenden (mechanistisch-technologischen und organologischen) Erziehungsauffassungen und jene, die durch die grundlegende Veränderung des Bildes vom Menschen (Tiefenpsychol., Existentialismus, Verhaltensforschung) gekennzeichnet sind.
1. Nach der *Stetigkeitspädagogik* wird ein Erziehungsziel innerhalb eines Anschauungssystems gemäß einem Erziehungsplan erreicht, der auf bestimmten Erziehungsstufen jeweils ein Erziehungssoll verwirklicht. Entwicklung und Erziehung verlaufen in stetigen Bahnen, entsprechen einander genau. Modelle der stetigen Erziehungsform sind z. B.: 1) das abendländische Schulmodell der Erziehung, beginnend beim unwissenden Kind (dessen Geist als tabula rasa gilt), führend zum wissenden Menschen; 2) das Persönlichkeitsmodell der Erziehung, beginnend an der (psychisch wie moralisch) unstetigen Person und endend bei der stetigen, „gefestigten", daher verläßlichen und „reifen" Persönlichkeit.
2. Die *Unstetigkeitspädagogik* fragt, „ob es nicht auch andere, nämlich unstetige Formen des Lebens und der Erziehung gibt" (BOLLNOW), und gründet Erziehung ebenso auf ↗fruchtbare Momente wie den unstetigen Wechsel des menschl. Grundbefindens. Krise, Konflikt, Stimmung, Krankheit bestimmen die ↗pädagogische Atmosphäre. Erziehung versteht sich als Wagnis. Unstetige Formen der Erziehung sind: ↗Ermahnung, Ermunterung, ↗Ermutigung, Erweckung, ↗Lob, Tadel, ↗Beratung – gegründet auf die ↗Erziehungsbedürftigkeit der zu Erziehenden. Entwicklungsschwierigkeiten und menschliches Versagen werden nicht negativ bewertet. Erziehung hilft der gegebenen unabänderl. Unvollkommenheit des zu Erziehenden auf.

Lit.: F. Copei, Der fruchtbare Moment im Bildungsprozeß (²1950); E. Stern, Lebenskonflikte als Krankheitsursachen (1952); Forschungen z. Päd. u. Anthropologie [Reihe] (1956 ff.); O. F. Bollnow, Die päd. Atmosphäre (1964, ³1968); –, Krise u. neuer Anfang (1966); –, Existenzphilos. u. Päd. (²1969, Lit.); A. Söntgerath, Päd. Psychol. (1965, Lit.); A. Mitscherlich, Krankheit als Konflikt (1967, ³1969).

A. Söntgerath

Stichprobe ↗ Statistik

Stiefkind
S.er bekommen als ↗Halbwaisenkinder oder ↗Ehescheidungswaisen durch die Heirat ihres natürlichen Elternteiles einen Stiefvater bzw. eine Stiefmutter, die an die Stelle des fehlenden Elternteiles treten.
1. Die *Stiefelternschaft*, für die eigene familien- und vermögensrechtl. Regelungen gelten, ist allgemein noch immer stark *mit Vorurteilen belastet*, die meist gefühlsbestimmt sind. Hierbei mögen traditionelle negative Typisierungen beträchtlichen unbewußten Einfluß haben. Sowohl eigene wie angenommene Vorurteile der Umgebung beeinträchtigen die erzieherische Wirksamkeit des Stiefelternteiles. Die Befürchtung, man könne in den Verdacht eines negativen Stiefelterntyps geraten, führt zu Überkompensationen und Überbetonungen von Liebesbeweisen, denen meist die natürl. Gelassenheit und notwendige erzieherische Sicherheit und Konsequenz fehlen. Eheschwierigkeiten, enttäuschte Erwartungen und Vergleiche mit den früheren ehel. oder auch anderen Verhältnissen können zu latenten Spannungen führen, die die erzieherische Beziehung zu den Kindern erheblich stören.

2. Trotzdem ist die Stiefelternschaft die natürlichste und *sicherste Regelung* zumindest der kindl. Bedürfnisse, wenn diese durch Verlust eines Elternteiles bedroht sind.

Die durch die psychol. Forschung (SPITZ, DÜHRSSEN) nachgewiesene Mangelhaftigkeit einer Versorgung der Kinder außerhalb der Familie zeigt die für Reifung und Erziehung der Kinder kaum ersetzbaren fördernden Bedingungsverhältnisse der Familie. Der über das rein Natürliche (d. h. Instinktiv-Triebhafte) hinausgehende Charakter menschlicher Elternschaft (PORTMANN), die darum durch andere geeignete Bezugspersonen vertreten werden kann, bildet nicht nur für Pflege- und Adoptiveltern, sondern auch für Stiefeltern die psychol. und anthropol. Basis ihrer erzieherischen Aufgaben.

3. Die früher häufigen *Rivalitätsverhältnisse* zwischen leiblichen und angenommenen Kindern haben bei der heute meist geringeren Kinderzahl *weniger* die *Bedeutung* von ehedem, so daß auch dadurch das negative Bild der „bösen Stiefmutter" verblassen könnte. Für dennoch auftretende Erziehungsschwierigkeiten gelten die allg. Erziehungsprinzipien und die Beachtung der ihnen zugrunde liegenden Übertragungs-, Gewöhnungs- und Lernprozesse, wie sie in gleicher Weise bei sonstwie abgelehnten oder benachteiligten Kindern innerhalb einer ↗Geschwisterreihe oder im Hinblick auf elterliche Ressentiments bestehen.

☐ Ehescheidungswaisen. Halbwaisenkinder. Pflegekind

Lit.: C. Hönig, Die Stiefelternfamilie, in: Zschr. für Kinderforschung (1925); H. Kühn, Psychol. Untersuchung über das Stiefmutterproblem (1929); A. Portmann, Zoologie u. das neue Bild des Menschen (²1956); R. Spitz, Die Entstehung der ersten Objektbeziehungen (1957, ²1960); A. Dührssen, Heimkinder u. Pflegekinder in ihrer Entwicklung (1958, ³1969); L. Eckstein, Päd. Situationen im Lichte der Erziehungsberatung (1962); M. Meierhofer - W. Keller, Frustration im frühen Kindesalter (1966, ²1970); H. E. Richter, Eltern, Kind u. Neurose (²1967).

P. Flosdorf

Stiehl, Anton Wilhelm Ferdinand

S., geb. 12. 4. 1812 in Arnoldshain (Taunus), gest. 16. 9. 1878 in Freiburg i. Br., war nach theol. Studium Seminarlehrer; 1839–44 Seminardirektor in Neuwied. Ab 1844 im preuß. Kultusmi̇nı̇sterium in der VS.verwaltung tätig (1848 auch konservativer Abgeordneter), wurde er unter KM v. RAUMER für das VS.wesen und die VS.lehrerbildung zuständig und arbeitete im Sinne der restaurativ-restriktiven Regierungstendenzen nach 1848 die einflußreichen, schulgeschichtlich unheilvollen und bereits damals hart umkämpften preuß. ↗Regulative aus. Dadurch wurde er zu einer Hauptfigur der schulpolit. Auseinandersetzungen. Bei dem Umschwung von 1872 (KM FALK) trat S. in den Ruhestand. Er gründete 1859 auch das „Centralblatt für die gesammte Unterrichtsverwaltung in Preußen", das bis zur Errichtung des Reichserziehungsministeriums 1934 existierte.

Werke: Der vaterländ. Gesch.sunterricht in unsern Elementarschulen (²1842); Die 3 preuß. Regulative vom 1., 2. u. 3. Okt. 1854 (1854, ⁵1855); Aktenstücke zur Gesch. u. zum Verständnis der 3 preuß. Regulative . . . (1855); Die Weiterentwicklung der 3 preuß. Regulative . . . (1861); Meine Stellung zu den 3 preuß. Regulative (1872).
Lit.: L. Kiehn, Geheimrat S. u. die Regulative, in: Westermanns Päd. Beitr. 6 (1954); W. E. Jeismann, Die S.schen Regulative, in: Dauer u. Wandel der Gesch., Festg. f. K. v. Raumer zum 15. Dez. 1965, hrsg. v. R. Vierhaus u. M. Botzenhart (1966); B. Krueger, S. u. seine Regulative (1970); –, Staatsbürgerliche Erziehung im 19. Jh. (1971).

A. Reble

Stifter, Adalbert

Österreichischer Dichter, geb. 23. 10. 1805 in Oberplan (Böhmen), gest. 28. 1. 1868 in Linz. S., beheimatet in einem josephinisch aufgeklärten Katholizismus und religiös gefärbten Humanismus, glaubte an eine dauernde sittliche Ordnung, die er durch den Zeitgeist und den „sittlichen Verfall der Völker" bedroht sah. Seinem erzählerischen Werk, von ihm selbst als „sittliche Offenbarung" verstanden, haftet daher ein päd. Zug an, der sich in vorwiss. Erziehungsweisheit artikuliert, bes. in dem Bildungsroman *Nachsommer* (1857). Erziehung verläuft hier in linearer Entwicklung als harmonische Entfaltung einer guten Seele. – Schulpraktische, Schulverwaltungs- und schulpolit. Arbeit als Schulrat und Inspektor der VS.n Oberösterreichs in Linz (1850–65) brachte S. in enge Berührung mit konkreten päd. Problemen. Zeugnisse seiner Tätigkeit sind die *Schulakten:* Visitationsberichte und Eingaben zeichnen ein realist. Bild der Schule und der sozialen Verhältnisse des Lehrerstandes und münden ein in Vorschläge zur Hebung der wirtschaftl. Situation der Lehrer, Verbesserung der Lehrerbildung, Überlegungen zur Didaktik der Unterrichtsfächer (vgl. *Lesebuch zur Förderung humaner Bildung*, von S. und J. Aprent, Pest 1854) und Vorschläge zur Schulorganisation.

Werke: Hist.-krit. Ges.-Ausg., begr. v. A. Sauer, fortges. v. F. Hüller u. G. Wilhelm (1901 ff.); Die Schulakten A. S.s, hrsg. v. K. Vancsa (1955); Über Schule u. Familie, hrsg. v. A. Markus, 2 Bde. (1955); Päd. Schriften, hrsg. v. Th. Rutt (1960); A. S., hrsg. v. K. G. Fischer, 2 Bde. (1961).
Lit.: F. Bertram, Ist der „Nachsommer" A. S.s eine Gestaltung der Humboldtschen Bildungsidee? (Diss. Frankfurt 1957); K. G. Fischer, Die Päd. des Menschenmöglichen: A. S. (1962); E. Eisenmeier, A. S. Bibliogr. (1964).

J. Schriewer

Stifterverband für die deutsche Wissenschaft

Der SDW. – 1921 gegründet, 1949 in Frankfurt wiedererrichtet, z. Z. mit Hauptsitz in Essen – ist eine Gemeinschaftsaktion der gewerbl. Wirtschaft zur ideellen und materiellen Förderung von Wiss. in Forschung und Lehre unter besonderer Berücksichtigung des wiss. Nachwuchses. Er bietet ein Forum zur gemeinsamen Erörterung reformorientierter Zielsetzungen in den Bereichen von Wiss. und Bildung. Seine Aktivitäten konzentrieren sich gegenwärtig auf Studienreform, Curriculum-Forschung, Probleme der Organisation der Forschung und aktuelle Fragestellungen im Stiftungswesen. Der S. hat ein Stiftungszentrum zur Information der Öffentlichkeit und Beratung von potentiellen Stiftern eingerichtet.

Der SDW. bezieht seine Eigenmittel (1969 ca. 33 Mill. DM) aus Förderer- und Mitgliedsbeiträgen, Spenden aus besonderem Anlaß, Stiftungsfonds und treuhänderischen Stiftungen. 1969 gehörten dem S. rd. 5300 Einzelpersonen, Firmen und Verbände als Mitglieder und Förderer an.

Die Vergabe der Mittel erfolgt über die wiss. Selbstverwaltungsorganisationen (↗Deutsche Forschungsgemeinschaft, ↗Max-Planck-Gesellschaft zur Förderung der Wiss.en, ↗Alexander-von-Humboldt-Stiftung, ↗Studienstiftung des Dt. Volkes, ↗Deutscher Akadem. Austauschdienst).

Sitz der Hauptverwaltung: Essen-Bredeney, Brucker Holt 56–60.

Veröff.: Wirtschaft u. Wiss. (Zschr., 1953 ff.); Vademecum Dt. Lehr- u. Forschungsstätten (1954 ff.); Schriftenreihe zum Stiftungswesen (1966 ff.); Dt. Stiftungen für Wiss., Bildung u. Kultur (1969); Beiträge zur Wissenschaftsstatistik über die Ausgaben der Wirtschaft für Forschung u. Entwicklung.

Th. Risler

Stiftung Mitbestimmung
Die SM. ist das Studienförderungswerk des Dt. Gewerkschaftsbundes. Ihr Hauptzweck ist die finanzielle und ideelle Förderung begabter Arbeitnehmer oder deren Kinder. Ziel der Förderung ist die Überwindung von Bildungsbarrieren durch Verbesserung der Startbedingungen für Studenten aus unterprivilegierten Schichten.

Gefördert wird das Studium an Hochschulen, Fachhochschulen und Instituten zur Erlangung der Hochschulreife. Die SM. kennt – mit Ausnahme der Graduiertenförderung – keine Selbstbewerbungen. Die Bewerber werden von den DGB-Gewerkschaften, von Kuratoriumsmitgliedern oder von Spendern vorgeschlagen.

Der Finanzbedarf wird in erster Linie aus freiwilligen Spenden von Mitbestimmungsträgern gedeckt, d. h. von Arbeitnehmervertretern, die Positionen in den Leitungs- und Kontrollorganen von Wirtschaftsunternehmen aufgrund des Mitbestimmungsgesetzes und des Betriebsverfassungsgesetzes einnehmen. Außerdem erhält die SM. Zuwendungen von DGB-Gewerkschaften, gemeinnützigen Unternehmen und – für Hochschüler – Zuschüsse aus dem Bundeshaushalt. – Gesamtzahl der Stipendiaten (1969): 750.

Lit.: Jährl. Geschäftsberichte der SM.

E. Lenk

Stiftung Volkswagenwerk
Die S. wurde 1961 vom Bund und Land Niedersachsen im Zuge der Privatisierung des Volkswagenwerkes als rechtsfähige Stiftung des bürgerl. Rechts mit Sitz in Hannover gegründet. Zweck der gemeinnützigen Stiftung ist die Förderung von Wiss. und Technik in Forschung und Lehre. Ihr Grundkapital beträgt rd. 1,1 Mrd. DM. Für Förderungszwecke stehen z. Z. jährlich etwa 100 bis 120 Mill. DM zur Verfügung. Vorstand der S. ist ein aus 14 Mitgliedern bestehendes Kuratorium. Schwerpunktbereiche der Förderungstätigkeit haben sich u. a. in der Bildungsforschung und Ausbildungsförderung abgezeichnet. Hierzu gehören ↗Bildungsplanung und ↗Bildungsökonomie, Ausbildungsforschung und -förderung im Vorschul-, Schul- und Hochschulbereich sowie Päd. Diagnostik.

Folgende Institutionen im Bildungssektor wurden mit Initiative bzw. Hilfe der S. gegründet und werden teilweise von ihr finanziert:
Arbeitsgruppe für empir. Bildungsforschung in der Gesellschaft zur Förderung quantitativer Modelle des Bildungswesens in der BRD, Heidelberg; Arbeitskreis für Hochschuldidaktik, Hamburg; Arbeitskreis zur Förderung und Pflege wiss. Methoden des Lehrens und Lernens, Heidelberg; Dt. Inst. für Fernstudien an der Univ. Tübingen (DIFF); Inst. für Ausbildungsforschung, München; Inst. für die Päd. der Naturwiss.en an der Univ. Kiel (IPN); Hochschul-Informations-System GmbH (HIS).

Sitz der S.: Hannover-Döhren, Kastanienallee 35.

Veröff.: Jahresberichte (1962 ff.); Veröff. zu aktuellen Problemen im Wissenschaftsbereich.

Lit.: P. Kreienschulte, Der Rechtscharakter der S. (Diss. Münster 1969).

G. Gambke

Stil, Stilistik ↗Sprachliches Gestalten und Stilbildung

Stillbeschäftigung, Stillarbeit
S. diente in ↗weniggegliederten Schulen dazu, Schülergruppen, denen sich der Lehrer jeweils nicht direkt zuwenden konnte, zu einer stillen (meist nachgehenden) Tätigkeit anzuhalten, damit sie den im gleichen Raum mit wechselnden Gruppen durchgeführten Direkt-Unterricht nicht störten.

In der ↗Reformpäd. entdeckte man die didakt. und päd. Bedeutung der S., vor allem unter dem Aspekt der Selbstbildung. Man sprach jetzt meist von *Stillarbeit*, die unter gezielten didakt. Gesichtspunkten eingesetzt und zum Bestandteil des Klassenunterrichts auch der voll ausgebauten Schule wurde.

Seither *erwartet* man von S.: Wechsel der Arbeitsform, Belebung des Unterrichts, Hilfe zur inneren ↗Differenzierung auch in der ↗Jahrgangsklasse, intensives, individuelles und selbständ. Lernen, Förderung des Zusammenlebens auf engem Raum, sinnvolle Nutzung eines Freiheitsspielraums bei gelegentl. neigungsorientierter Stillarbeit.
Voraussetzungen für S. und Stillarbeit sind: klare Aufgabenstellung, Arbeits- und Lernmittel mit hohem Anregungsgehalt entsprechend dem Entwicklungsstand der Schüler (wobei selbständ. Fortschreiten und stetige Erfolgskontrolle möglich sein müssen), Bereitstellung geeigneter Räume.

Stillarbeit bekommt im ↗programmierten Unterricht, in ↗Ganztagsschulen und ↗Silentien neue Aktualität. – Eine Sonderform sind die ↗Hausaufgaben.

Lit.: J. Schmiedinger, Die S. in der neuen Stadt- und Landschule (1925); A. Strobel, Produktive Stillarbeit in der Landschule (1951, ⁸1963); E. Heywang, Die Stillarbeit, in: Westerm. Päd. Beitr. (1954); R. Karnick, Direkter Unterricht – Stillarbeit – Hausaufgaben, in: Welt der Schule (1954); A. O. Schorb, Stillarbeit, in: 160 Stichworte zum Unterricht (1968); B. Wittmann, Vom Sinn u. Unsinn der Hausaufgaben (²1970).

Chr. Salzmann

Stillen ↗Säuglings- und Kinderpflege

Stimmstörungen ↗Sprach- und Stimmstörungen

Stimulus ↗Reiz

Stipendienwesen ↗Freistellen

Stolz, Alban
Kath. päd. Schriftsteller, geb. 3. 2. 1808 in Bühl (Baden), gest. 16. 10. 1883 in Freiburg i. Br.; 1833 Priester, Vikar, Lateinschullehrer, 1847 Prof. in Freiburg. – S. ist durch seine weitverbreiteten volkstümlichen Schriften (z. B. Kalender für Zeit und Ewigkeit) für die Förderung von Religiosität und Sittlichkeit bes. im Bereich der Familie eingetreten. Im Gegensatz zu rationalistisch-aufklärerischen Tendenzen seiner Zeit sieht er Erziehung als Kunst ohne „gelehrten Apparat".

Werke: Erziehungskunst (1873, ⁸1911); Ges. Werke, 21 Bde. (1871–1912 u. ö.), Volksausgabe, 14 Bde. (1898 bis 1922 u. ö.); Zwischen Zeit u. Ewigkeit, Kalendergesch., hrsg. v. H. Schick (1947).
Lit.: J. M. Hägele, A. St. nach authentischen Quellen (³1889); J. Mayer, A. S. (1921); L. Bopp, A. S. als Seelen- und Erziehungskundiger (1925); F. Hulshof, A. S. in seiner Entwicklung als Schriftsteller (Graz 1931).

H. J. Ipfling

Stoy, Karl Volkmar
Schüler HERBARTs, geb. 22. 1. 1815 in Pegau (Sachsen), gest. 23. 1. 1885 in Jena; studierte ab 1833 an der Univ. Leipzig Theol. und Philos., letztere bes. bei den Herbart-Schülern DROBISCH und HARTENSTEIN. 1837 ging er zu HERBART nach Göttingen, der ihn für die Päd. gewann. Ab 1839 unterrichtete er für drei J. an einer Privaterziehungsanstalt in Weinheim/Baden. 1843 habilitierte er sich in Jena. Dort eröffnete er in Verbindung mit seiner akademischen Lehrtätigkeit ein *pädagogisches Seminar* mit Übungsschule. Aufgrund von Anfeindungen, die vor allem von der Theol. Fakultät ausgingen, nahm er eine Berufung nach Heidelberg an, kehrte aber 1874 nach Jena zurück, wo er seine Tätigkeit auf der Grundlage der Herbartschen Päd. fortsetzte.

In dem „Stoyschen Institut" lag – dem Grundsatz entsprechend, daß der oberste Zweck der Schule auf Erziehung gerichtet ist – der Schwerpunkt in der Gestaltung des Schullebens. In den Wochen- und Lehrplan aufgenommen wurden: Schulfeste und -feiern (Wochenanfangs- und Wochenschlußfeier), ein- und mehrtägige Wanderungen, Schulgartenarbeit (sowohl zur Unterstützung des Unterrichts wie zur Weckung des Interesses an freier Tätigkeit), Turnen und Werkunterricht. S. hat in dieser Richtung den Ausbau des thüringischen Schulwesens beeinflußt.

In seiner Theorie lehnt er sich eng an seinen Lehrer HERBART an. In der Auseinandersetzung mit anderen Herbartianern stand er in starkem Gegensatz zu ZILLER, in dessen Lehre er „Übertreibungen" und „Zerstörungen der großartigen Pflanzungen Herbarts" sah, da er die freie persönliche Gestaltung des Unterrichts bes. hoch einschätzte.

Werke: Enzyklopädie, Methodologie u. Lit. der Päd. (1861, ²1878); Kleinere Schriften u. Aufsätze, hrsg. v. H. Stoy (1898); Diktate zur philos. Päd., hrsg. v. G. E. Wagner (1929).
Lit.: A. Bliedner, S. u. das päd. Universitätsseminar (1886); –, Zur Erinnerung an S. (1898); A. Mollberg, S. u. die Gegenwartspäd. (1925); J. Soldt, S. u. seine Johann-Friedrichs-Schule zu Jena (1935, Bibliogr.).

Th. Dietrich

Strafe
S. = Straf(e)

I. Begriffe und geschichtliche Wandlungen

Die Rechtsordnungen der Gesellschaft implizieren die *Rechtsstrafen.* Diese wurden je nach der leitenden Absicht (Vergeltung, Abschreckung, Sühne, Besserung) *verschieden motiviert.* Die abendländ. Entwicklung ist durch zunehmende Humanisierung der S.art (Abschaffung von Folter, Schläge als S., Todesstrafe) gekennzeichnet. Die seit Jahrzehnten diskutierte und vorbereitete S.rechtsreform in der BRD hat einen Schwerpunkt in der S.-vollzugsreform, für die die Aufgabe der Resozialisierung zunehmend an Bedeutung gewinnt. Im gleichen Sinn wird das seit 1923 bestehende und bereits wesentlich von päd. Motiven bestimmte ↗Jugendstrafrecht weitergeführt werden müssen.

Die S. in der *Erziehung* ist *nicht* von der Rechtsstrafe abzuleiten. Sie hat ihre eigenen Fragestellungen und ist nur unter *pädagogischen* Gesichtspunkten zu verstehen und praktisch zu verantworten.

1. In der Erziehung hatte die S. und vor allem die *Körperstrafe* bis in die jüngste Vergangenheit eine *dominierende Stellung*. Dies entsprach einer der autoritären Gesellschaftsstruktur angepaßten Erziehungsauffassung. Das anthropolog. Bild des durch Erbsünde belasteten Kindes, atl. S.vorstellungen und -regeln sowie das Vorbild der Rechtsstrafe bestärkten ihre Vorherrschaft. Zwar haben päd. Lehren das Maßhalten, die Gerechtigkeit und einen „väterlichen" Geist (A. H. FRANCKE) beim S.n empfohlen, aber die erzieherische Notwendigkeit, den Willen des Kindes zu „brechen" und die „Heilsamkeit" der Rute wurden nicht angezweifelt. S. und S.drohung galten als unerläßl. Erziehungsmittel.

2. Gemäß einem neuen Verständnis des Kindes begann im Zeitalter der Aufklärung J.-J. ROUSSEAU den *Kampf gegen die Strafe* und insbes. die Körperstrafe. Er wollte S. nur als „natürliche", d. h. in der Sache gelegene, einsichtige und dadurch das weitere Handeln des Kindes bestimmende Folge einer Fehlhandlung gelten lassen. Die Philanthropisten, die ihm weitgehend zustimmten, versprachen sich angesichts des Übels der S. überhaupt stärkere erzieherische Erfolge von Lob und Belohnung. Für PESTALOZZI war die S. Ausnahme, die nur gelten durfte bei intaktem erzieherischem Vertrauensverhältnis. SCHLEIERMACHER wies darauf hin, daß S.inhalte, wie Schmerzen ertragen, Aufgaben ausführen, das Alleinsein- und Entbehrenkönnen, normalerweise legitime Aufgaben der Erziehung seien.

3. Gegen die nach wie vor die erzieherische, bes. die Schulpraxis beherrschende S. und die „Strafpädagogik" erhob sich die *Reformpädagogische Bewegung* des beginnenden 20. Jh. Sie sah sich unterstützt durch die Forschungen der Entwicklungspsychol., der Psychoanalyse und der Individualpsychologie. Ihr Ziel war die nach ihrer Auffassung bei verständnisvollem Eingehen auf das Kind mögliche straffreie Erziehung. Sie trug effektiv dazu bei, daß S.n in der Praxis seitdem eingeschränkt und die Körperstrafe aus der Schule weitgehend verbannt wurde. Sie regte den Gedanken an und praktizierte ihn, bei Disziplinarfällen Schüler mitbestimmen zu lassen.

II. Gegenwärtiges pädagogisches Verständnis der Strafe

1. Die Päd. der Gegenwart ist bemüht, alle autoritäre und *repressive Erziehung* und mit ihr die S. *zurückzudrängen* und durch bessere Erziehungsweisen zu ersetzen. Sie leistet dies a) durch den Hinweis auf das psych. Leben des Heranwachsenden, seiner Strebungen, Motive, Reaktionen, seiner typischen Gefährdungen und Störungen bis hin zu Neurosen und deren Ursachen, b) durch die Darlegung der im je individuellen Fall angebrachten erzieherisch hilfreichen Handlungsweisen, insbes. bei den sog. Erziehungsschwierigkeiten, die vielfach Schwierigkeiten des Kindes mit sich selbst sind, c) durch die Bewußtmachung der schädigenden, bis zu Fehlentwicklungen (Angst, Verstocktheit, Entmutigung, Aggression) führenden Wirkung aller unangebrachten S.n, d) durch Hinweise auf die zu berücksichtigenden päd. Momente bei S.n, welche die S. u. U. sinnvoll erscheinen lassen.

2. S. muß in jedem Fall *pädagogisch verantwortet* werden können und sich erzieherisch als eine Hilfe erweisen. Sie soll nicht nur „nicht schaden", sondern fördern. Wo S. Vergeltung oder Affektentladung, Abreaktion oder Herrschaftsanspruch des Erziehers ist, kann dies nicht der Fall sein. Ein momentaner „Erfolg" der S. ist fragwürdig, wenn sich auf weitere Sicht negative Nebenwirkungen einstellen.

S. soll bewirken, daß *der Bestrafte* seine *Verfehlung einsieht* und die S. nicht nur unter Zwang auf sich nimmt, sondern ihre Berechtigung anerkennt, und daß er weiterhin den in ihr enthaltenen Appell akzeptiert, künftig „der Ordnung gemäß", die er im Vollzug der Einsicht für sich selbst als verbindlich anerkennt, zu handeln, sich „zu bessern". S. wirkt immer auch abschreckend, denn in jedem Fall ist sie „etwas Unangenehmes", sonst wäre sie keine S. (bei der Rechtsstrafe spricht man vom „Strafleid"). Aber die Abschreckung darf nicht ihr Zweck sein und dominieren, denn sie erzeugt Angst und begünstigt den Kalkül des Bestraften, wie er in Zukunft durch Schlauheit bzw. unlautere Mittel (Lügen, Verschleierung) der S. entgehen könnte. Beides ist päd. unerwünscht.

Da S. Schuld voraussetzt, ist sie nur sinnvoll, wo nicht nur ein tatsächl. Verschulden vorliegt, sondern auch *Schuldgefühl* verspürt wird. Wo dies nicht entwickelt, wo es abgestumpft oder aus anderslautender Überzeugung nicht vorhanden ist, ist S. fragwürdig. (Dies kann freilich nicht in jedem Fall bedeuten, daß der Täter straffrei ausgeht, sondern es bedeutet, daß ihm eine päd. Behandlung zuteil werden muß.) Nur in seltenen Fällen vermag die S. als solche Empfindungen von Schuld und Reue zu wecken. Sie ist für sich allein kein Mittel sittl. Erziehung, sondern hat nur eine sekundäre Funktion. S. setzt Erziehung immer schon voraus bzw. fordert sie.

3. Unter den *Strafarten* sind diejenigen, die phys. Schmerz erzeugen, auch dort, wo sie „Gewohnheit" sind und nicht im strafrechtl. Sinne als „Mißhandlungen" angesehen werden, nach heute wiss. begründeter Einsicht abzulehnen. Andere, wie der Entzug der Freiheit und gewohnter Rechte, der Zwang zum Verzicht auf erwartete Genüsse, wie Auflagen besonderer Verrichtungen, gebieten besonnene Anwendung. Die letztgenannten „Auftragsstrafen" bieten dem Bestraften die Möglichkeit der Wiedergutmachung und entsprechen der aktiven Natur des Heranwachs-

senden. Sie sollten daher den Vorrang haben gegenüber den „Verzichtstrafen", die den Bestraften in der Rolle des passiven Ertragens fixieren.

4. Beachtung fordernde *Prinzipien* sind Gerechtigkeit bei der S. und Angemessenheit, vor allem in der größeren Erziehungsgemeinschaft; sie werden jedoch immer relativiert durch die päd. notwendige Berücksichtigung der Natur des jeweiligen Kindes, den je individuellen Fall und durch den Blick auf die beabsichtigte und voraussehbare Wirkung. *Kollektivstrafen* widersprechen dem individuellen Charakter der Erziehung und wirken destruktiv, da sie auch Unschuldige treffen.

Der deutliche *Abschluß* einer S., verbunden mit der Hilfe bei der Wiedereingliederung in die Erziehungsgemeinschaft (Resozialisierung), ist päd. notwendig. Der während des Strafgeschehens natürlicherweise beeinträchtigte päd. Bezug muß wieder voll hergestellt werden. „Nachtragen" wirkt belastend. Bei gehäufter Anwendung verliert die S. an Wirkung und verbraucht sich bis zur Abstumpfung. Statt S.steigerung und -mehrung ist gerade bei erziehungsschwierigen (Heim-) Kindern Abbau der S. am Platz. S.empfindlichkeit kann nur durch mindere und seltene S. erhalten oder wiederhergestellt werden. In vielen Fällen ist die Vermeidung jeder S. zur Heilung notwendig.

5. Die bisherige allgemeine Aussage *differenziert* sich im Blick *auf die jeweiligen Erziehungsbereich.* Schon PESTALOZZI unterstrich den großen Unterschied zwischen Eltern- und der Lehrer-S. Die letztere hat die Norm einer S.ordnung im Hintergrund, die freilich anders als die eines S.gesetzes einen weiten Rahmen gibt und der Eigenentscheidung und -verantwortung des Lehrers viel Raum läßt. In den Schulordnungen und ihren S.vorschriften spiegeln sich die sich wandelnden Auffassungen von Schule, Erziehung und der S. selbst. So kennzeichnet neuere Schulordnungen das Verbot der körperl. Züchtigung, der Kollektiv-S. und der S.arbeit. Einzelne Schulordnungen ersetzen heute das diskriminierende Wort S. durch *Ordnungsmaßnahme.*

Ordnungen für die S., wie sie auch in der Heimerziehung von den jeweiligen Trägerverbänden bzw. den von diesen eingesetzten Gremien geschaffen werden, haben nicht nur den Sinn, das S. zu regeln und nach päd. Grundsätzen zu verfahren, sondern sind zugleich rechtl. Absicherungen der Lehrer und Erzieher, etwa gegenüber Einwänden der Erziehungsberechtigten. Der ausgesprochen personale Charakter der S. in der Erziehung wird dadurch nicht aufgehoben. Päd. Reformen unserer Zeit tendieren auf eine Mitbestimmung der Schüler und der Jgdl.n in Heimen bei der Aufstellung von Ordnungen, insbes. auch in bezug auf die S.

III. Zur Psychologie der Strafe

1. S. bedeutet psychologisch die *Beeinflussung von Verhalten durch Sanktionen.* Dies geschieht entweder durch Entzug von positiven ↗Bekräftigungen (z. B. Lob) oder durch negative Bekräftigungen (meist störende oder schmerzhafte Reize, z. B. Tadel oder körperl. Züchtigung). S. kann auf abgrenzbare einzelne Reaktionen bezogen sein oder auf globale Verhaltenssequenzen.

2. Über die *Wirkung* von S. besteht keine einheitliche Meinung. Dennoch gilt als gesichert, daß zwischen Belohnung und S. keine analoge Beziehung besteht.

SKINNER und ESTES (1944) können in Tierexperimenten nachweisen, daß durch positive Bekräftigung („Belohnung") ein Verhaltensrepertoire aufgebaut bzw. erweitert werden kann, daß S. hingegen nicht geeignet ist, die Neigung zu bestimmten Verhaltensweisen aus dem Repertoire zu löschen. S. unterdrückt lediglich das Aussenden eines Verhaltens, läßt aber die zugrunde liegende Verhaltensbereitschaft unverändert. Das Löschen (↗Konditionierung) wird durch S. nicht beschleunigt, es besteht sogar die Vermutung, daß kontinuierlich angewendete S.n die Neigung zu bestimmten Verhaltensweisen eher konserviert. Päd. erscheint es sinnvoller, Verhaltensweisen zu bekräftigen, die mit anderen, weniger erwünschten, inkompatibel sind (z. B. positive Bekräftigung der zunächst vielleicht nur kurzen Phasen, in denen ein Kind aufmerksam bei der Sache ist, statt S. für Unaufmerksamkeit).

Nach AUSUBEL ist S. in schulischem Lernen unvermeidbar, insofern der Lernende auf Fehler hingewiesen werden müsse. Das durch S. bewirkte Vorwegnehmen der Folgen falscher Alternativen u. ä. ist in der Tat geeignet, Lernvorgänge zu beschleunigen, und zwar dann, wenn S. einen hohen Informationswert hat, der zur Verwerfung falscher Hypothesen geeignet ist (BLÖSCHL). Auch FOPPA läßt S. als „einen sehr wirksamen Steuerungsfaktor des Lernvorgangs" gelten, der jedoch nicht geeignet ist, „die Selektion positiver Verhaltensweisen zu fördern, da das Individuum nur erfährt, was es nicht tun soll".

JOHANNESSON stellt fest, daß S. (Tadel) durch den Lehrer meist hemmende Wirkung hat, insbes. auf Schüler mit hohen Leistungswerten, auf ängstl. Kinder und solche, die eine negative Einstellung zum Lehrer haben.

3. Der *transsituationale Effekt* von S. ist gering (HARTSHORNE, MAY 1928), mit Ausnahme von „psychologischen" S.n (z. B. Liebesentzug bei fortbestehender positiver emotionaler Bindung). Bei letzteren werden eher transsituationale Effekte beobachtet (SEARS u. a.). Schichtspezifische Bevorzugungen bestimmter S.formen (↗Sozialisation) und entsprechende Auswirkungen auf das Verhalten von Kindern sind beobachtet worden (EWERT).

☐ Gehorsam. Ungehorsam. Lob und Tadel. Repression. Kinderläden. Negative Erziehung

Lit. zu I.-II.: W. Scheibe, Die S. als Problem der Erziehung (1967, ²1971, Lit.); Päd. der S., hrsg. v. Willmann-Inst. (1967); K. Schaller - H. Gräbenitz, Auctoritas u. Potestas (1968, Lit.); L. Blöschl, Belohnung u. Bestrafung im Lernexperiment (1969).
Zu III.: H. Hartshorne - M. A. May, Studies in Deceit (New York 1928); W. K. Estes, An Experimental Study of Punishments, in: Psychol. Monogr. 57, 3 (1944); R. R. Sears - E. E. Maccoby - H. Levin, Patterns of Child Rearing (New York 1957); K. Foppa, Lernen, Gedächtnis, Verhalten (1965, ²1970); O. Ewert, Erziehungsstile in ihrer Abhängigkeit von soziokulturellen Normen, in: Th. Herrmann (Hrsg.), Psychol. der Erziehungsstile (1966); J. Johannesson, Effects of Praise and Blame (Stockholm 1967); D. P. Ausubel, Educational Psychology (New York 1968).

I.-II. W. Scheibe, III. O. Ewert

Streaming ↗Differenzierung ↗Gruppierung

Streunen ↗Verwahrlosung

Streuung ↗Statistik

Strichjungen
S., ein Erscheinungsbild der männlichen homosexuellen Prostitution, lassen sich bereits seit frühesten Zeiten nachweisen. S. sind im allg. keine Homosexuellen aus Veranlagung, sondern meist stark verwahrloste Jgdl. und Minderjährige, welche die Möglichkeit, sich durch Verkehr mit erwachsenen Homosexuellen schnell und bequem Geld zu verdienen, rücksichtslos ausnutzen, nachdem sie meist durch Verführung zu dieser Form der Prostitution gekommen sind. Die starke Triebaffinität erwachsener Homosexueller zu Jgdl.n (Pädophilie) fördert das S.-Wesen.

Die Anbahnung eines Verkehrs vollzieht sich meist an den „jugendgefährdenden" Orten (in Bedürfnisanstalten, Invertierten-Lokalen, Saunas, Badeanstalten und Bahnhöfen).
Die Strafrechtsreform 1969 hat die Strafbarkeit der homosexuellen Betätigung unter Erwachsenen aufgehoben; nach wie vor ist aber strafbar „ein Mann, der gewerbsmäßig mit Männern Unzucht treibt oder von Männern sich zur Unzucht mißbrauchen läßt oder sich dazu anbietet" (§ 175 Abs. 1, 3 StGB).

Nach den in Schweden gemachten Erfahrungen führt die Aufhebung der Strafbarkeit der „einfachen" Homosexualität nicht notwendig zu einem Rückgang des S.-Wesens. Solange die Allgemeinheit die Homosexualität als abartig, anstößig und unsittlich empfindet, wird der Homosexuelle aus Furcht vor gesellschaftl. Diffamierung S.n suchen und damit ihr Unwesen fördern. – Die verwahrlosten S. sind bes. kriminell gefährdet und stehen in der Gefahr, sich weiterer Straftaten schuldig zu machen. Deshalb ist bei gewerbsmäßigem homosexuellem Verkehr zu besonderen Maßnahmen (Aufnahme in geschlossenes oder offenes Heim, Sonderheim oder Jugendstrafanstalt) Anlaß gegeben.
Lit.: G. Kuhn, Das Phänomen der S. in Hamburg (1955).

W. Becker

Struktur
1. *Struktur.* S.en sind Konstellationen von Momenten, die durch ihre Stellung im ganzen (Stellenwert) definiert werden und in so enger Relationalität stehen (Interdependenz), daß die Veränderung eines einzigen Momentes eine Veränderung aller Momente nach sich zieht. Die Veränderung der Momente (Korrektur, Regeneration, Rekonstitution) ist eine Bedingung des strukturalen Zusammenhangs, der bei sich verfestigenden Beziehungen zerbricht und sich nur in der Regulation der Veränderungsabhängigkeiten (Selbstregulation) behaupten kann. S.en schließen sich zu höheren S.en zusammen, diese wieder zu höheren, so daß man verschiedene S.niveaus (Bezugsrahmen) unterscheiden kann, die eine jeweils in sich stimmige *Strukturanalyse* zulassen. – In dieser Weise sind die unterschiedlichsten Dinge gebaut: Organismen, Erlebnisse, soziale Gebilde, meteorologische Verhältnisse, Galaxien. S. ist darum eine interdisziplinäre Kategorie, die in der Wiss. ungefähr dem früheren Begriff „Wesen" entspricht. – Die S.theorie greift andere Grundlagentheorien (Kybernetik, Informationstheorie, Systemtheorie, Spieltheorie, Feldtheorie) zusammen, erschöpft sich aber nicht in ihnen.

Geschichtlich geht das S.denken auf spätma. metaphysische Denkformen zurück (vor allem NICOLAUS CUSANUS) begegnet als ausdrücklicher methodologischer Term jedoch zuerst bei DILTHEY, der gegen HEGEL und im Anschluß an KANT das geschichtl. und das seel. Sein durch die Kategorie S. als eine Kategorie der Endlichkeit und Bezüglichkeit zu fassen versucht. Ihm folgen Autoren wie KRUEGER, SPRANGER, VOLKELT u. a., so daß man von einem dt. *Strukturalismus* sprechen kann; dieser hat seine Hauptauswirkung, außer in der Geschichtswiss., in der Psychol. und wird darum zumeist unter dem Titel ↗Strukturpsychologie behandelt.
Eine zweite Strömung (SCHELER, MANNHEIM) hat sich vor allem in der Sozialwiss. ausgewirkt, diese zu einer allgemeinen Kulturwiss. und Anthropologie erweiternd. Für sie bilden alle Kultureinheiten einen S.zusammenhang, der sich subjektiv als eine bestimmte Ausprägung des menschl. Bewußtseins fassen und beschreiben läßt. Eine bestimmte Bewußtseins-S. prägt eine bestimmte geschichtl. und soziale Welt aus und umgekehrt (↗Wissenssoziologie).

2. *Strukturalismus.* Im losen Zusammenhang mit der dt. S.theorie (vermittelt vor allem durch E. KÖHLER) entwickelte sich der seit den fünfziger Jahren so genannte „structuralisme" in Frankreich. Sein Hauptkennzeichen ist die Rückverbindung der Ethnologie (RADCLIFFE-BROWN, LÉVI-STRAUSS) zur Sprachwissenschaft (DE SAUSSURE, TRUBEZKOI) auf der Grundlage der Überzeugung, daß die Elemente eines beliebigen Zusammenhangs nicht in sich, sondern allein durch den Zusammenhang bestimmt sind. Die wiss. Analyse beginnt dort, wo man die unmittelbaren Phänomene in eine Reihe bestimmter Ele-

175

mente (Phoneme, Mytheme, Gusteme) zerlegt, die so gefaßt werden, daß sich Ähnlichkeit und Unterschied der unmittelbar zu beobachtenden Erscheinungen in möglichster Einfachheit und Vollständigkeit bestimmen lassen. (Beispiel: Für den Vergleich verschiedener Mythologien wird ein Begriffsraster entworfen, der die Bestimmung eines einzelnen Mythems durch bloße Ja- und Neinantworten möglich macht.) Dadurch nähern sich Wiss.en, die bisher als rein deskriptiv gegolten haben (Geschichte, Völkerkunde) einer mathemat. Bearbeitungsform und erscheinen soweit formalisiert, daß ihre Ergebnisse übertragbar werden. Daraus soll ein Kontext aller Wiss.en vom Menschen entstehen (bei LÉVI-STRAUSS „Soziologie"), der diese zugleich erst wissenschaftlich und verwendbar macht. Die Herausarbeitung der S.en soll die bleibende, überzeitliche und überkulturelle Gesetzmäßigkeit des Menschseins sichern und den materiellen Boden bilden, an dem gemessen alles bewußte Sein nur nachträglich und nur „Überbau" ist. Von da her erklärt sich die Nähe des frz. Strukturalismus zum Marxismus (L. ALTHUSSER, L. SEBAG) und zum Freudianismus (J. LACAN u. a.).

3. *Strukturontologie, -anthropologie, -pädagogik.* Der beschriebene Strukturalismus ist durch Tendenz auf Elementarisierung, Generalisierung und Zeittranszendenz (Synchronie vor Diachronie) ebenso gekennzeichnet wie beschränkt. Beim Versuch, S. fundamentaler zu fassen, stößt die Strukturontologie auf den Zusammenhang von Entstehungsweise, Bewegungsweise und Seinsverfassung S.en konstituieren sich aufgrund einer charakteristischen Form von *Genese;* deshalb bleibt jede Elementarisierung, die immer auf „Bestand" geht, methodologisch von diesem Aspekt ausgeschlossen. Die Freilegung der Kategorien solcher Genese eröffnet demnach eine analytische Dimension, die die bisherigen Erfassungsmethoden unterfängt und die wiss. Analyse um eine Reflexionsstufe tiefer führt. Da diese Dimension ontologisch vor allen „qualitativen" Unterschieden und ihrer Kompatibilität liegt, führt eine so verstandene S.-analyse nicht eigentlich zu größeren Allgemeinheiten, sondern zum jeweiligen inneren Anspruch. Sie eignet sich darum vorwiegend als mathesis der Wiss.en vom Menschen (Strukturanthropologie) und damit natürlich auch der Päd. Eine Strukturanthropologie und -pädagogik trifft überhaupt erst die Dimension derjenigen Genese, die als menschliche zugleich mehr ist als „Entwicklung" und anders als „Werden", da die Person diejenige „wird", die sie von Anfang an schon ist". Ebenso unterläuft der genetische Aspekt die „pädagogischen Antinomien", insofern sie das Einzelwesen als in sich strukturiert und zugleich einem sozialen S.zusammenhang angehörig erfaßt und den Sozialzusammenhang selbst wieder in mehrere Strukturniveaus differenzierend wie auch den inneren Personenzusammenhang in verschiedene strukturale Niveaus unterteilend, jeweils klar abgehobene Aussagen und (im Rückbezug auf definierte Bezugsrahmen) präzise Angaben möglich macht.

☐ Strukturpsychologie. Geschichtlichkeit. Erfahrung. Wissenschaft. Geist, Geisteswissenschaft. System, Systematik

Lit.: J. Derrida, Nature, Culture, Écriture, in: Les Cahiers pour l'analyse (Paris 1966); M. Foucault, Les mots et les choses (Paris 1966); Cl. Lévi-Strauss, Les Structures élémentaires de la parenté (Paris 1949); –, Strukturale Anthropologie (1967); G. Schiwy, Der Strukturalismus (1969); U. Jaeggi, Ordnung im Chaos – Strukturalismus (1968); H. Rombach, Substanz, System, Struktur, 2 Bde. (1965–66); –, Strukturontologie (1971).

H. Rombach

Strukturplan für das Bildungswesen
Bk. = Bildungskommission des Dt. Bildungsrates,
Bw. = Bildungswesen(s)

Der S. ist das umfassendste Konzept für eine Neuordnung des Bw. seit Bestehen der BRD. Er wurde von der Bk. in ihrer ersten Arbeitsperiode entwickelt, am 13. 2. 1970 als 9. Empfehlung verabschiedet, am 27. 4. 1970 den Regierungen von Bund und Ländern übergeben und gleichzeitig veröffentlicht.

1. *Das Konzept.* Im S. werden Grundsätze und Elemente für eine ständige, unabschließbare Reform angegeben und strukturelle wie auch curriculare Veränderungen vorgeschlagen, die in einer ersten Phase bis 1980 zu verwirklichen seien. Das künftige Bw. wird als soziales System für organisiertes Lernen begriffen, das entsprechend dem Zusammenhang aller individuellen Lernprozesse ein Ganzes bildet und insges. unter öff. Verantwortung fällt. Es ist in sich nach Stufen gegliedert und umfaßt außer dem Pflichtschulbereich (*Primarbereich, Sekundarstufe I* – einschließlich des 10. Bildungsjahres – innerhalb des *Sekundarbereichs*) die vor-schulische Erziehung in Kindergärten (*Elementarbereich*) ebenso wie die beruflichen und gymnasialen schulischen oder nicht-schulischen Veranstaltungen weiterführender Bildung einschließl. des sog. dualen Systems (*Sekundarstufe II*), den *Hochschulbereich* und *die Weiterbildung*, worin Fortbildung, Umschulung und Erwachsenenbildung zusammengeführt werden (*Gesamtbereich Weiterbildung*).

Die Vorschläge für strukturelle und curriculare Veränderungen werden ergänzt durch Vorschläge zur Neugestaltung der Lehrerbildung, Ansätze für die einzuleitende Reform der Bildungsverwaltung und eine

Kostenrechnung. Ausgespart bleiben Aussagen über den Hochschulbereich, für der ↗Wissenschaftsrat komplementäre Empfehlungen erarbeitete.

2. *Grundsätze und Elemente.* Das Bw. ist nach dem S. so zu verändern, daß es jeden einzelnen bestmöglich fördert und zugleich im Sinne des Ausgleichs persönlicher und gesellschaftl. Interessen verteilend wirksam wird (Individualisierung durch Differenzierung, Abbau der Chancenungleichheiten durch frühzeitige Förderung und Gewährung besonderer Chancen, Beseitigung von Bildungs-Sackgassen durch vertikale und horizontale Durchlässigkeit; Mobilität durch „Überqualifikation", Mitwirkung aller Beteiligten an Entscheidungen über Bildungsgänge und Regelungen im Bw., Bildungsberatung, Offenlegung möglicher Konflikte zwischen persönl. und gesellschaftl. Ansprüchen).

Die Lehrprozesse im Bw. sind so zu verändern, daß sie auf allen Altersstufen dem Prinzip des wissenschaftsbestimmten Lernens für alle und den Erfordernissen sozialen Lernens entsprechen, im Hinblick auf die ständige Weiterbildung das Lernen des Lernens vermitteln, einem päd. Leistungsprinzip Geltung verschaffen und den Zusammenhang alles Lernens realisieren, in dem allgemeine und berufl. oder prakt. und theoret. Bildung nicht voneinander zu isolieren sind. Als tragende Elemente einer ständigen Reform und zur Verdeutlichung der wechselseitigen Abhängigkeit von Struktur- und Curriculum-Veränderungen werden in Exkursen frühes Lernen, ständige Weiterbildung, Curriculum, Lernziele und Lernzielkontrolle sowie Beratung im Bw. besonders akzentuiert.

3. *Strukturvorschläge.* a) *Gliederung des Bildungswesens.* Der S. empfiehlt die Schaffung eines Elementarbereichs, die Neugestaltung der Grundschule und davon abhängig Vorverlegung des Beginns der Bildungspflicht auf das vollendete 5. Lj.), die Einführung eines 10. vollzeitschulischen Bildungsjahres für alle, die Ermöglichung eines qualifizierten ersten Abschlusses (Abitur I) für die große Mehrheit aller Schüler nach – in der Regel – zehn Bildungsjahren und die Neugestaltung des herkömml. Abiturs, das durch profilierende Schwerpunktbildungen und Erweiterungen des Bildungsangebots in der Sekundarstufe II sowie die Eröffnung differenzierter Zugangsmöglichkeiten innerhalb und außerhalb des Hochschulbereichs bestimmt sein soll (Abitur II). Das künftige Bw. wird innerhalb der Bildungspflicht in Zweijahresblöcke gliedert, die curriculare Einheiten bilden (↗Schulaufbau).

„Für die Zuordnung der Altersjahrgänge zu den Bereichen und Stufen des Bw. ergibt sich folgendes Bild: – Der *Elementarbereich* umfaßt alle Einrichtungen zur Bildung und Erziehung der Drei- und Vierjährigen; – der *Primarbereich* die veränderte Schule für die Fünf- bis Achtjährigen (bzw. Fünf- bis Zehnjährigen); – die *Sekundarstufe I* die veränderte Schule für die Neun- bis Vierzehnjährigen (bzw. Elf- bis Vierzehnjährigen); – die *Sekundarstufe II* umfaßt alle Bildungsgänge unterschiedl. Dauer, in welche die Jugendlichen in der Regel mit fünfzehn Jahren eintreten, um eine höhere Qualifikation zum Eintritt in einen Beruf oder in weiterführende Bildungseinrichtungen zu erwerben; – der Bereich der *Weiterbildung* ordnet das Angebot aller Einrichtungen oder Veranstaltungen unter öffentlicher Verantwortung, die vom einzelnen nach Aufnahme einer Berufstätigkeit in Anspruch genommen werden."

b) *Lehrerbildung.* Das Konzept geht davon aus, daß in die Ausbildung aller Lehrer Elemente der Erziehungs- und Gesellschaftswissenschaften, der Fachwissenschaften und Fachdidaktik sowie der praktischen Erfahrung, Erprobung und deren kritischer Auswertung integriert sein müssen. Bes. betont wird die notwendige Verbindung von Theorie und Praxis schon in der Ausbildung, die gegen die Einführung in den Beruf abgesetzt und durch die Weiterbildung als Teil der Berufsaufgabe jedes Lehrers ergänzt wird. Die Differenzierung des Lehrerberufs und der Ausbildungsgänge berücksichtigt die unterschiedl. Berufsaufgaben nach Unterrichtsfächern, päd. Funktionen und Schularten bzw. Schulformen und erfolgt übergreifend entsprechend den Stufen des künftigen Bw.

c) *Bildungsverwaltung.* Diese soll in Zukunft die Lehrenden und Lernenden in stärker verselbständigten Bildungsinstitutionen an langfristiger Planung beteiligen.

„Sie wird einerseits stärker zentralisiert, andererseits stärker dezentralisiert. Durch Planung, Curriculum-Revision und objektivierte Leistungsbewertung gewinnt die Wiss. einen stärkeren Einfluß auf die Bildungsverwaltung; durch Beteiligung der Parlamente, der Bildungsinstitutionen und der weiteren Öffentlichkeit an Bildungsplanung und Curriculum-Revision öffnet sich die Bildungsverwaltung stärker gegenüber der Gesellschaft."

4. *Kostenrechnung.* Der Finanzbedarf, der bei einer Realisierung der Empfehlungen entstehen würde, ist für 1980 mit unterschiedlichen Annahmen (Untergrenze/Obergrenze) ohne (a) und mit (b) Preis- und Einkommenssteigerungen von 6 % p.a. für den Elementarbereich und den gesamten Schulbereich berechnet worden. Die Summen lauten für den Elementarbereich auf 2,57/3,64 (a) und 5,56/7,82 (b) Mrd. DM; für den Schulbereich auf 18,86/25,05 (a) und 43,8/59,08 (b) Mrd. DM.

5. *Auswirkungen.* Der S. bestimmt seit Erscheinen weitgehend die bildungspolit. Diskussion in der BRD und ist Orientierungshilfe für Reformvorhaben. Er hat die grundsätzliche Zustimmung der KMK und des Dt. Städtetages gefunden, wurde zur Grundlage für den Bericht der Bundesregierung zur Bildungspolitik (Bildungsbericht '70) und die Beratungen der Bund-Länder-Kommission für

Bildungsplanung über den Bildungsgesamtplan.
☐ Deutscher Bildungsrat. Schulaufbau. Schulreform. Lehrplan. Lehrerbildung

Quelle: Dt. Bildungsrat. Empfehlungen der Bildungskommission. S. für das Bildungswesen (1970).

J. Hoffmann

Strukturpsychologie
S. = Struktur, P. = Psychologie

Das Kennwort SP. umfaßt mehrere Richtungen der neueren P., denen gemeinsam ist, daß bei ihnen der Begriff der S. eine zentrale Stellung einnimmt. In die Geisteswiss. wurde der S.begriff eingeführt von W. DILTHEY.

Dies geschah bes. durch „Ideen über eine beschreibende und zergliedernde Psychologie" (1894) und „Beiträge zum Studium der Individualität" (1896): „Die Vorgänge des Seelenlebens ... sind als Teile zum Zusammenhang des Seelenlebens vereinigt. Diesen Zusammenhang nenne ich die psychische Struktur. Sie ist die Anordnung, nach welcher psychische Tatsachen von verschiedener Beschaffenheit im entwickelten Seelenleben durch eine innere erlebbare Beziehung miteinander verbunden sind" (Ges. Schr. V [1924]). Zugleich ist der „Strukturzusammenhang" auch Träger der Entwicklung; diese „ist nur möglich, wo ein S.zusammenhang zugrunde liegt".

In ähnlichem Sinne wird der S.begriff vom Diltheys-Schüler E. SPRANGER verwendet: „Gegliederten Bau oder Struktur hat ein Gebilde der Wirklichkeit, wenn es ein Ganzes ist, in dem jeder Teil und jede Teilfunktion eine für das Ganze bedeutsame Leistung vollzieht, und zwar so, daß Bau und Leistung jedes Teiles wieder vom Ganzen her bedingt und folglich nur aus dem Ganzen her verständlich ist" (P. des Jugendalters, 1924). „Strukturpsychologie ist also jede Psychologie, die die seel. Einzelerscheinungen aus ihrer wertbestimmten Stellung in dem einheitl. Ganzen und aus ihrer Bedeutung für solche totalen Leistungszusammenhänge versteht."

Im früheren Leipziger psychol. Arbeitskreis (F. KRUEGER und F. SANDER; ↗Gestaltpsychologie) wurde der Diltheysche S.begriff verbunden mit TH. LIPPS' Lehre von dem „realen Ich" (seit 1883). Dieses „reale Ich, die Psyche, ist das an sich unbekannte Etwas, das wir dem unmittelbar erlebten Ich denkend zugrunde legen müssen, als ein, wenn auch nicht unveränderliches, so doch dauerndes" (Der Begriff des Unbewußten in der P., 3. internat. Kongreß für P. 1897).

Im Sinne der „Genetischen ↗Ganzheitspsychologie" Leipziger Provenienz ist die psych. S. das erlebensjenseitige seel. Sein, das allem aktuellen (im weitesten Sinn des Wortes erlebten) seel. Geschehen bedingungsmäßig, „tragend" zugrunde liegt. Sie ist das ganzheitliche Gefüge der dynam. Richtungskonstanten, der Fähigkeiten und der Bereitschaften. Sie ist – wie alles Lebendige – in stetiger Entwicklung begriffen. Die psych. S. ist ein Ganzes, das geschlossen abgehoben und in sich in mannigfacher Weise gegliedert ist. Es finden sich bei ihr insofern die gleichen formalen Kriterien, die für die „Gestalten" gelten. Terminologisch wie in der Sache ist aber streng zu scheiden zwischen erlebten Gestalten und der dem Erlebten bedingungsmäßig zugrunde liegenden seel. S. Es gibt Grade der „Strukturiertheit" oder des „Strukturniveaus". Hohe Grade von Strukturiertheit sind ausgezeichnet durch Reichtum und Mannigfaltigkeit der Glieder und hohen Ausbildungsgrad der S.glieder bei spannungsvoll erhaltener, ja gestärkter Ganzheit. Die psych. S. ist ein Unterganzes im Gesamtganzen der menschl. Person.

Von einigen Vertretern der genetischen Ganzheits-P. (KRUEGER, WELLEK) wird der S.-begriff ausgedehnt auf überpersonale Sachverhalte: auf Gemeinschaften und auf objektivgeistige („seinsollende") Gegenstände.

☐ Ganzheitspsychologie. Gestaltpsychologie. Geisteswissenschaftliche Psychologie

Lit.: E. Spranger, Lebensformen (1914, ⁹1966); –, P. des Jugendalters (1924, ²⁸1966); –, Die Frage nach der Einheit der P., in: Sitzungsber. der Akad. der Wiss. in Berlin (1926); F. Sander, Experimentelle Ergebnisse der Gestalt-P., in: Ber. über den X. Kongr. der Dt. Gesellsch. für P. (1928); –, Funktionale S., Erlebnisganzheit u. Gestalt, in: Arch. für die gesamte P. 85 (1932); –, Zur neueren Gefühlslehre, in: Ber. über den XV. Kongr. der Dt. Gesellsch. für P. (1937); U. Undeutsch, Die Aktualgenese in ihrer allg.-psychol. u. ihrer charakterolog. Bedeutung, in: Scientia 36 (1942); W. Oelrich, Geisteswiss. P. u. Bildung des Menschen (1950); A. Wellek, Das Problem des seel. Seins (²1953); F. Krueger, Zur Philos. u. P. der Ganzheit (1953).

U. Undeutsch

Strümpell, Ludwig von
Schüler HERBARTs, geb. 23.6.1812 in Schöppenstedt (Braunschweig), gest. 19.5.1899 in Leipzig; 1843 Privatdozent, später Prof. in Dorpat. S. baute dort ein päd. Universitätsseminar auf. Ab 1871 lehrte er an der Univ. Leipzig. Er führte wiss. geleitete Unterrichtspraktika ein, die die vorwiegend rezeptive Arbeit der Studenten durch produktive Verfahren ergänzten. Wie sein Lehrer HERBART verschränkte er Theorie und Praxis. Mit M. W. DROBISCH und G. HARTENSTEIN leitete er die Bildung einer Herbartischen Schule ein, wobei jedoch nicht dogmatisch dessen Lehre vertreten wurde. S. unternahm als erster den Versuch, die Päd. HERBARTs allg. zugänglich zu machen, begnügte sich jedoch nicht mit den allgemeinen Äußerungen Herbarts z. B. von der „Bildsamkeit des Zöglings ... zur Sittlichkeit", sondern untersuchte aufgrund päd. Beobachtungen die Frage, „worin die Bildungsvorgänge selbst bestehen, und insbesondere, ob sich bestimmte Gesetze entdecken lassen ..., nach denen die Fortbildung und Entwicklung des kindl. Geistes in bestimmten, zeitlich sich erfüllenden Stufen stattfindet".

Werke: Die Päd. der Philosophen Kant, Fichte u. Herbart (1843); Psychol. Päd. (1880); Das System der Päd. Herbarts, in: Päd. Abhandlungen 3 (1884); Päd. Pathologie oder Die Lehre von den Fehlern der Kinder (1890, ⁴1910).
Lit.: O. Flügel, Herbart u. S. (1904); H. Schmidt, S.s Lehre von der freiwerdenden psych. Kausalität (1908); A. Spitzner, S., in: W. Rein (Hrsg.), Enzyklopäd. Hdb. d. Päd. (1910); R. Unger, Die kinderpsychol. Bestrebungen L. S.s (1912).

Th. Dietrich

Struwwelpeter
Kinderbuch, 1845 als *Lustige Geschichten und drollige Bilder mit 15 schön kolorierten Tafeln für Kinder von 3–6 Jahren* unter dem Pseudonym „Reimerich Kinderlieb" erschienen. Autor ist der Frankfurter Arzt Heinrich HOFFMANN (1809–94). Der S. (Titel ab 3. Aufl.) fand schnell weltweite Verbreitung (100. Aufl. 1876, 500. Aufl. 1921) und zahlreiche Nachahmungen, zeitbezogene Umwandlungen („Kriegs-Struwwelpeter" 1915) und (polit.) Parodien. In der Kinderpsychol. wurde eine Phase des literar. Interesses („Struwwelpeterzeit", CH. BÜHLER) mit Vorliebe für alltägliche Ereignisse (wie Essen, Spiel, Schlafen) und eine deutliche „Moral" danach benannt. Intention und Wirkung dieses „klassischen" Kinderbuches, dessen Beurteilung sich zwischen „anmutig" (CH. BÜHLER) und „schauerlich" (A. de l'AIGLE) bewegt, sind keiner Epoche so sehr repressiven Zügen verhaftet wegen aus der Sicht heutiger Päd. problematisch.
☐ Literarisches Interesse und Verständnis des Kindes
Lit.: Das S.-Manuskript des Dr. Heinrich Hoffmann (1925); E. Hessenberg (Hrsg.), „Struwwelpeter-Hoffmann" erzählt aus seinem Leben (1926); G. Bogeng, Der S. u. sein Vater (1939); Der S. in seiner ersten Gestalt (o. J., Insel-Bücherei 66); Ch. Bühler - J. Bilz, Das Märchen u. die Phantasie des Kindes (⁴1958); K. Doderer (Hrsg.), Klass. Kinder- u. Jugendbücher (1969).

Th. Brüggemann

Student, Studentenschaft
S. = Student(en), St. = Studentenschaft

I. Geschichtliche Entwicklung

1. Die „Scholaren" der *mittelalterlichen Universitäten* waren voll integrierte Mitglieder (keine „Klasse") der universitären Gemeinschaft; teilweise konnten sie sogar zu Rektoren und Dekanen gewählt werden. Wie die ma. Univ.en Stätten großer Freiheitlichkeit und Humanität waren, die sich im Prinzip rein auf Wissenschaftlichkeit stellten und sich als autonom verstanden, so war ihnen auch jede Form sozialer Diskriminierung fremd. Wo nötig, wurde der S. durch eine Art Stipendienwesen (Bursen) unterstützt.
2. Nachdem in Reformation und Gegenreformation vieles von diesen Errungenschaften verlorengegangen war, brachte die *Neuorientierung* der dt. Univ.en durch die Gründung der Friedrich-Wilhelms-Univ. in Berlin (1810) mit der Wiedererlangung universitärer Autonomie und akadem. Selbstverwaltung zugleich eine Wiederbelebung der student. Selbstverwaltung. Der S. wurde als mündiger „akademischer Bürger" gesehen, für den es auf selbständige und unreglementierte Erarbeitung eines grundsätzlichen wiss. Be-

wußtseins ankam (Lernfreiheit). Diese Konzeption verpflichtete den S. auf Wissenschaftlichkeit (Idee „Bildung"), Selbstverantwortung und Freiheit (Idee „Bürger").
3. So konnte das *politische Moment*, zunächst als *nationalliberales*, in den Vordergrund der allgemeinen Bestrebungen der St. treten. Die in den Befreiungskriegen sich durchsetzende nationale Bewegung (Lehrer wie FICHTE, SCHLEIERMACHER, JAHN, STEFFENS) führte innerhalb der St., vor allem von Jena aus, zu einem umfassenden Zusammenschluß der St.en mit freiheitl.-patriot. Zielsetzung in der *Allgemeinen Deutschen Burschenschaft* (Okt. 1818). Als Sinnbild der erstrebten nat. Einigung hatte sie größte polit. Resonanz. Wichtige Stationen waren das Wartburgfest (18. 10. 1817) und der 1. Burschentag zu Jena (Ostern 1818). Nach der Ermordung des „Vaterlandsverräters" KOTZEBUE durch den Jenaer S. K. L. SAND (23. 3. 1819) gingen die Regierungen im Zuge der „Demagogenverfolgungen" gegen alle student. Verbindungen hart vor („Karlsbader Beschlüsse").
4. Erst im Zusammenhang mit den *Ereignissen von 1848* traten die S. wieder deutlich an die Öffentlichkeit (2. Wartburgfest, Pfingsten 1848). Es ging nun in verstärktem Maße auch um „studentische Reformen" (z. B. Beteiligung der S. bei akadem. Wahlen und Lehrstuhlbesetzungen; Recht auf Bildung von Vereinigungen; Abschaffung der meisten und Öffentlichkeit der übrigen Prüfungen). Jedoch konnte kaum eine der Forderungen durchgesetzt werden.
5. Den gegen Ende des 19. Jh. sich verstärkenden nationalen, patriotischen und auch antisemitischen Strömungen in den Corps und Burschenschaften trat die Bewegung der *freien Studentenschaften* (Finkenschaft) gegenüber, der es um die Gleichberechtigung aller S. und um einen allgemeinen student. Zusammenschluß ging. Sie war überwiegend sozial engagiert (wirtschaftl. Unterstützung der S., student. Krankenkassen und Wohnheime). Aus ihr gingen *nach Beendigung des 1. Weltkriegs* die ↗ Allgemeinen Studentenausschüsse hervor, die sich 1919 beim 1. Dt. Studententag in Würzburg zur Deutschen Studentenschaft zusammenschlossen. 1921 wurde die Wirtschaftshilfe der dt. St. (ab 1929 „Studentenwerk") gegr.
6. Gegen Ende der zwanziger J. verstärkten sich die radikalen nationalistischen und antisemitischen Tendenzen innerhalb der St. Es kam zu neuerlichen Spaltungen. Nach 1933 wurden die S.verbindungen entweder zwangsweise aufgelöst oder im *Nationalsozialistischen Deutschen Studentenbund* gleichgeschaltet (endgültig 1938). Zu offenem student. Widerstand gegen das NS-Regime kam es nur in München („Weiße Rose", 1942–43).
7. *Nach 1945* bildeten sich wieder örtliche S.räte und ↗ Allgemeine S.ausschüsse. Als Dachverband wurde 1949 der *Verband Deutscher Studentenschaften* (vds) gegründet; 1950 konstituierte sich der *Verband Deutscher Studentenwerke* (ab 1956 Dt. ↗ Studentenwerk e. V.), der vor allem die wirtschaftl. Probleme der S. anging. – Entgegen den Bemühungen der Westdt. ↗ Rektorenkonferenz kam es zur Wiedergründung der alten Korporationen, daneben aber auch zur Neugründung student. Gruppierungen, von denen die politisch orientierten im Zuge der zunehmend stärkeren Auseinandersetzung um die Hochschulreform die größte Bedeutung erlangten.

II. Hochschulreform und studentische Protestbewegung

1. Ab 1950 wurde das Problem der *Überfüllung der Universitäten* und einer *grundsätzlichen Studienreform* dringlich. Von student. Seite forderte man die beschleunigte Erhöhung der Kapazitäten (auch durch Erweiterung des „Mittelbaus"), wohingegen büro-

kratisch auch zu restriktiven Maßnahmen (numerus clausus) gegriffen wurde. Man verlangte eine Neugestaltung der Studiengänge (größere Überschaubarkeit, verbesserte Eigenkontrolle des Studiums durch sinnvolle Gliederung). Allerdings bestand ein Widerspruch zwischen der Forderung nach präziserer Festlegung der Studiengänge einerseits und dem Verlangen nach Selbstgestaltung und (auch interdisziplinärer) Offenheit des Studiums (gegen das „Fachidiotentum") andererseits.

Entscheidend waren die Denkschrift des Sozialist. Dt. S.bundes (SDS), „Hochschule in der Demokratie", von 1961 und das Gutachten „Studenten an Neuen Universitäten" des VDS vom Okt. 1962 (Gliederung in Grund-, Haupt- und Nachdiplomstudium durch Zwischenprüfungen und Abschlußexamina; Konzentration des Lehrstoffes; Umgestaltung der Examina von Eignungsprüfungen für einen Beruf zu wiss. Abschlußprüfungen der Univ.).

2. Die Forderungen brachten jedoch kaum Änderungen in der Praxis. Die Enttäuschung hierüber führte zu einer *Phase grundsätzlicher Reflexion:* über den Zustand der dt. Univ.en, über ihre und der S. Stellung in der Gesellschaft, über das Bildungs- und Selbstverständnis dieser Gesellschaft. Man kam zu dem Ergebnis, daß die geforderte Studienreform an einer Reform der gesamten, bislang hierarchisch verfaßten Hochschulstruktur („Ordinarien-Universität" ohne Transparenz der Entscheidungen und ohne demokrat. Beteiligung der S. und Assistenten) hänge und diese nur über eine umfassende Demokratisierung der Gesellschaft zu verändern sei. Die S. gingen auf die Straße. Zwar waren die vor allem vom SDS inspirierten und von den S. der Freien Univ. Berlin vordemonstrierten Aktionen nicht (wie etwa 1818 oder 1848) die einer überwiegenden Mehrheit der St., aber eben doch die entscheidenden Manifestationen der Haltung der S. und konnten weitgehend die passive Zustimmung der Kommilitonen für sich in Anspruch nehmen. In den allgemeinen Reaktionen sahen die S. ihre Thesen von der unflexiblen, scheindemokratischen, manipulierten Wohlstandsgesellschaft bestätigt. So eskalierte mit den Aktionen die Deutlichkeit des Bewußtseins über die Mißstände, mit dieser wiederum die Vehemenz und Militanz der Aktionen. – In anderen Industrieländern der westl. Welt lief die Entwicklung parallel (vor allem in den USA, Japan, Frankreich, Italien).

In Dtl. waren die wichtigsten polit. Anlässe neben dem Vietnam-Krieg die Bildung der Großen Koalition (1966) und die Auseinandersetzung um die Notstandsgesetze. Die Berliner Ereignisse (vor allem der tödliche Schuß auf den Studenten B. OHNESORG bei der Schah-Demonstration am 2. 6. 1967 und das Attentat auf R. DUTSCHKE, Ostern 1968) wirkten auch anderswo als Initialzündung (z. B. bundesweite Anti-Springer-Kampagne).

Universitär kam es neben „Umfunktionierung" und Sprengung herkömmlicher Lehrveranstaltungen und – nachdem die Mitbestimmungsforderungen („Drittelparität") nicht durchzusetzen waren – akadem. Gremien zu Versuchen der Selbstorganisation des Studiums, insbes. in kritischen „Gegen-Universitäten" marxistisch-sozialist. Ausrichtung, schließlich zu direkten Versuchen der Übernahme universitärer Einrichtungen (Institutsbesetzungen).

3. Wenn Administration und Öffentlichkeit von student. Seite vorgeworfen wird, sie empörten sich nur über die Formen des Protestes, um sich so einer Auseinandersetzung mit deren inhaltlichem movens zu entziehen, so ist umgekehrt ebenso zu fragen, ob nicht das ursprüngliche Reforminteresse und die konkreten Realisierungsvorschläge immer mehr zugunsten eines bloß formalen, freischwebenden Aktionismus verblaßten, so daß dort, wo genaue inhaltliche Ausweisung verlangt wurde, nur mehr („marxistische") Leerformeln von vorgestern gegeben werden konnten. – Gegenwärtig scheint – nach der Erfüllung einiger student. Forderungen (größere Mitsprache- und Mitbestimmungsrechte) und einer Beschleunigung der Neugründung und des Ausbaus von Univ.en – eine „konstruktivere" Phase angebrochen zu sein. Vermutlich wird sie eine stärkere Verschulung der Univ. bringen. Dieses Ergebnis der student. Protestbewegung steht freilich ebenso wie das andere der Verstärkung des administrativen Einflusses in Gegensatz zu den ursprünglichen Intentionen.

□ Hochschule. Studentenrecht. Studentenverbindungen. Protestbewegungen. Politische Hochschulgruppen

Lit.: F. Schulze - P. Ssymank, Das dt. Studententum von den ältesten Zeiten bis zur Gegenwart (⁴1932); W. Nitsch - U. Gerhardt - C. Offe - U. K. Preuß, Hochschule in der Demokratie (1965); K. Hermann, Die Revolte der S. (³1968); U. Bergmann - R. Dutschke - W. Lefèvre - B. Rabehl, Rebellion der S. oder Die neue Opposition (1968); H.-A. Jacobsen - H. Dollinger, Die dt. S. Der Kampf um die Hochschulreform (1968); H.-H. Rupp - K. Geck, Die Stellung der S.en in der Universität (1968). *W. Welsch*

Studentenaustausch
Der S. mit dem Ausland setzt – wie der Hochschullehrer- und Wissenschaftleraustausch – ein fachwiss. und bildungs- oder kulturpolit. Interesse voraus. Er wird ermöglicht durch öff. Mittel (Auswärtiges Amt, Bundesmin. für Bildung und Wiss., Bundesmin. für wirtschaftl. Zusammenarbeit, KM der Länder u. a.) und Spenden (z. B. Stifterverband für die dt. Wiss.) zur Vergabe von Stipendien aufgrund zwischenstaatl. Übereinkünfte, Partnerschaftsabkommen der Hochschulen oder anderer staatl. und akadem. Initiativen. – Der S. wird örtlich von der einzelnen Hochschule (Auslandsamt), zentral vor allem vom ↗ Deutschen Akademischen Austauschdienst (DAAD) organisiert.

Hauptsächliche Stipendienprogramme für dt. und ausländ. Studenten: *Jahresstipendien* (Semesterstipendien, in der Regel nach Zwischenprüfung oder nach 1. Abschlußexamen), *Kurzstipendien* (z. B. Ferien-/Sprachkursstipendien, Studienreisen), *Praktikantenaustausch* (bes. für Ingenieur-, Natur- und Wirtschaftswiss.en), *Famulantenaustausch* (für Mediziner). Die Bewerberauswahl erfolgt durch die Hochschulen (Auslandsämter) sowie durch den DAAD.

W. Kalischer

Studentenbühnen
Th. = Theater

S. sind freie student. Spielgemeinschaften mit vorwiegend experimentellem Charakter. Spielfreude, Studienausgleich, Suche nach neuen theatral. Ausdrucksformen, Erprobung polit.-gesellschaftl. Wirkungsmöglichkeit oder indirekte Berufsausbildung in Verbindung mit einem theaterwiss. Studium können für die Teilnehmer bestimmend sein.

Die S., in ihrer heutigen Form nach 1946 herausgebildet, sind vom Spielen nicht mehr beachteter oder avantgardistischer Stücke abseits des Berufstheaterrepertoires, der Rekonstruktion historischer Th.formen und der experimentellen Weiterentwicklung formaler theatral. Mittel übergegangen zur Konzipierung eines politisch-engagierten Th.s und zum Experimentieren hinsichtlich einer Veränderung von Funktionen des Th.s.

Im Gegensatz zu amerikan. und osteurop. S. (einschließlich der DDR), die überwiegend staatlich oder universitär subventioniert werden und teilweise unter professioneller Leitung stehen, sind die S. in der BRD spontane Interessengruppen, deren Kern jeweils ein über einige Semester sich haltendes Team ist. Gebunden an die Initiative des Teams und oft ohne finanzielle und räumliche Unterstützung, mangelt es den S., soweit sie nicht an theaterwiss. Institute angelehnt sind (Erlangen, München, Köln), an Kontinuität.

Das Th.spiel der S., unter welchem Hauptaspekt es auch immer betrieben werden mag, liegt im Zwischenbereich von ↗Amateur- und Berufstheater. Es sucht nicht das Spiel des Berufstheaters zu imitieren, sondern einen dem Laien entsprechenden Stil zu finden. Die Betonung liegt auf der intellektuellen Konzeption. Dies läßt meist das Schauspielerische zugunsten von Regie und Dramaturgie zurücktreten.

Die S. sind internat. durch die *Union Internationale des Théâtres Universitaires (uitu)* verbunden. Die *Union Westdeutscher Studentenbühnen (UWS,* Köln), Nachfolgerin der Arbeitsgemeinschaft Dt. S., versucht nach dem Wegfall des internat. Festivals der S. in Erlangen (bis 1968) eine Isolierung der S. zu verhindern. Die Erlanger Th.woche galt neben den Festivals von Nancy, Parma, Zagreb und Breslau als der wichtigste Treffpunkt der europäischen S.

☐ Darstellendes Spiel. Amateurtheater. Laienspiel. Theater und Jugend

Lit.: P. Amtmann - H. Kaiser, Darstellendes Spiel (1967); R. Drenkow - H. K. Hoerning, Hdb. f. Laientheater (1968).

F. K. Vogel

Studentengemeinden ↗Studentenseelsorge

Studentenheim ↗Studentenwohnheime

Studentenhilfe ↗Studentenwerk ↗Freistellen, Stipendienwesen, ↗Honnefer Modell ↗Förderungswesen

Studentenrecht
S. = Student(en), HS. = Hochschule

1. Die Rechtsstellung der S. richtet sich nach der Rechtsnatur der Hochschule. Ist diese eine Anstalt, so sind die S. ihre Benutzer; ist sie eine Körperschaft, so sind die S. ihre Mitglieder. Die geltenden HS.-Gesetze und HS.-Verfassungen bezeichnen die wiss. HS.en durchweg als Körperschaften des öff. Rechts. Daher sind die ordentl. Studierenden (nicht die Gasthörer) Mitglieder dieser Körperschaft („akademische Bürger").

2. Die Einrichtungsgarantie der Lehr- und Forschungsfreiheit (Art. 5 Abs. 3 GG) hat Ausstrahlungen auf die Rechtsstellung der S. („akademische Freiheit"). Der Bundesgerichtshof hat sie als „geistige Unabhängigkeit" beschrieben (BGH, Urt. vom 14. 12. 1959, DVBl. 1960, S. 741). Diese Gemeinsamkeit des Rechtsstatus von Lehrenden und Lernenden, die trotz aller Unterschiede der Funktionen besteht, ist das Kriterium, das den S. rechtlich vom Schüler unterscheidet, und findet ihren Niederschlag in der „Lernfreiheit" (↗Lehr- und Lernfreiheit).

Die unterschiedliche Funktion der Mitglieder der HS.-Körperschaft bewirkt eine unterschiedliche Verantwortung und Entscheidungsbefugnis. Die Lehrstuhlinhaber und ein großer Teil der wiss. Mitarbeiter unterliegen dem Beamtenrecht. Diese Unterschiede rechtfertigen eine unterschiedl. Beteiligung an den Entscheidungsvorgängen der wiss. HS. ohne Verletzung des Gleichheitsgrundsatzes. Dies darf jedoch nicht dazu führen, daß die Lernenden von der Mitwirkung an der Selbstverwaltung der HS. ausgeschlossen werden. Die HS.-Gesetze schreiben daher eine bestimmte prozentuale Beteiligung von Studentenvertretern an allen Organen der HS.-Selbstverwaltung vor. Einige S.gruppen fordern „Drittelparität" (d. h. die Zusammensetzung aller Organe aus je 1/3 HS.-lehrern, 1/3 S. und 1/3 wiss. Mitarbeitern).

Ungeachtet seiner Stellung als Mitglied der HS.-Körperschaft ist jeder S. zugleich Benutzer einer staatl. Einrichtung. Er muß dabei die Benutzungsordnungen beachten, die entweder in staatl. Vorschriften oder in HS.-Satzungen niedergelegt sind („besonderes Gewaltverhältnis", W. THIEME). Jedoch kann dies nicht so gedeutet werden, daß der S. ähnlich wie der Soldat und der Beamte vollständig von diesem Verhältnis erfaßt wird. Das student. Disziplinarrecht wird daher gegenwärtig reformiert. Ebenso wie beim HS.-Lehrer nicht die beamtenrechtl. Komponente seines Status im Vordergrund steht, ist auch für den S. das maßgebliche Rechtsverhältnis nicht die Unterworfenheit unter die staatl. Benutzungsordnungen, sondern seine Stellung als Mitglied der HS.-Körperschaft.

3. Von der Mitwirkung an der HS.-Selbstverwaltung ist die *studentische Selbstverwaltung* zu unterscheiden. Sie betrifft die Organisation der student. Gemeinschaft, die ihrerseits organisator. Voraussetzung für die Mitwirkung an der Hochschulselbstverwaltung ist, und wird durch den ↗Allgemeinen Studentenausschuß (AStA) und die ↗Fachschaften (für die einzelnen Fakultäten bzw. Fachbereiche) wahrgenommen.

☐ Hochschule. Hochschulgesetzgebung

Lit.: H. Gerber, Student. Disziplinarrecht, in: DVBl. (1954); –, Grundfragen des akadem. Disziplinarrechts, in: DVBl. (1955); –, Student. Vereinswesen, in: DÖV (1958); –, Das akadem. Immatrikulationsrecht in der Spannung HS. u. Staat, in: Festschr. Jahrreiss (1964); E. Kern, Zur Frage der akadem. Disziplinargerichte, in: DÖV (1954); A. Köttgen, Vom Recht des S., in: Dt. Univ.s-Ztg., H. 13 (1954); H. Maack, Grundlagen des student. Disziplinarrechts (1956); H. v. Weber, Zur Reform des akadem. Disziplinarrechts, in: DVBl. (1958); W. Thieme, Studentenschaft und HS., in: Dt. Univ.s-Ztg., H. 4 (1963); –, Recht u. Pflicht der wiss. HS. zur sozialen Fürsorge für ihre S. (1963); H. Rotter, Ethische Totalbindung des S. (1965); J. Berner, Die Problematik des polit. Mandats der Studentenschaft, in: Juristen-Ztg. (1967); Th. Knoke, Das „polit. Mandat" der Studentenschaft, in: DÖV (1967); F. Gamillschegg, Zur Mitbestimmung der S. (1968); O. Kimminich, Die Rechtsstellung der S. im Wandel des Univ.sbegriffs, in: DVBl. (1968); W. Schmitt-Glaeser, Die Rechtsstellung der Studentenschaft (1968); A. Rinken, Verfassungsrechtl. Aspekte zum Status des S., in: Jurist. Schulung (1968); T. Wulfhorst, Student. Kompetenzen in der HS.-Selbstverwaltung, in: DVBl. (1968); H. Rupp - W. K. Geck, Die Stellung des S. in der Univ. (1969).

O. Kimminich

Studentenschaft ↗Student ↗Studentenrecht

Studentenseelsorge, Studentengemeinde
G. = Gemeinde

1. *Aufgabe und Situation.* S. (etwa seit Ende 19. Jh.) gewann im geschichtl. Verlauf Gestalt in *Studentengemeinde, Hochschulgemeinde,* verstanden als Kirche an der Hochschule. Bestimmend für Struktur und Problemstellung sind somit Kirche und Hochschule. Kirche und G. werden begriffen als sozialer Versuch, Glaube, Hoffnung und Liebe im Hier und Jetzt zu realisieren. Sie haben zugleich öffentlich über den Grund des gemeinsamen Denkens und Handelns, nämlich Jesus von Nazareth und seine Rolle in der Geschichte, Rechenschaft zu geben. Die G. ist nicht in erster Linie Objekt der ↗Seelsorge, sondern Trägerin der Botschaft, durch deren Wort, Handeln und Gestalt das Evangelium bezeugt werden soll. Konfessionelle Differenzierung ergibt sich für eine sachliche Beschreibung weitgehend nur noch durch die Rückbindung an voneinander getrennte Kirchen und bei der besonderen Aufgabe einer Transformation überkommenen, historisch unterschiedlich verschmolzenen Materials (Tradition).

Die Vielschichtigkeit der jeweiligen Situation (Hochschulort, Hochschultyp, Stadium der Hochschulreform; wiss. Schwerpunkte, polit.-gesellschaftl. Problemstellung, Zusammensetzung der G. im Semester) bewirken im Erscheinungsbild der S. häufigen Wechsel. Studentengemeinde weiß daher um die Dynamik des Vorläufigen. Nur ein demokratisches Gemeindemodell mit hohem Maß von Information, Interaktion und Kooperation vermag der jeweiligen Anfrage innerhalb der G. und an die G. von außen her gerecht zu werden. Die kollegiale Leitung ist zur Initiative und Provokation nach innen und außen ebenso verpflichtet wie zur Koordination. Sie fördert Einheit im Sinne des menschlichen Miteinander-Bewältigens der Zukunft, nicht im Sinne einer sterilen Anpassung und eines unfruchtbaren Beharrens auf Vergangenem.

2. *Strukturen.* Wichtige Elemente sind: Freie Entscheidung für die Zugehörigkeit; Gemeindeversammlung als oberstes beschlußfassendes Organ; pragmatische Zwischenglieder zur Meinungsbildung und untergeordneten Entscheidung (Gemeinderat, Forum); kollegiale Leitung mit unterschiedlicher Amtsdauer der Mitglieder je nach Möglichkeit, Befähigung, Aufgabenstellung und Engagement; Zusammenschluß auf der Ebene der BRD zur ESGiBRD (Ev. Studentengemeinde in der BRD) bzw. zur KDSE (Kath. Dt. Studenteneinigung).

3. *Aufgabenstellung.* Die Sinnfrage fordert Umsetzung und Neuformung der Lehre, gemessen an der Entwicklung anthropolog. Erkenntnis und des Selbstverständnisses der Menschen (theol. Erläuterung). Christl. Handlungsanweisung ist nur zu finden in Auseinandersetzung mit sozialwiss. Forschung. Wird die Kirche als Trägerin humaner Tendenzen anerkannt, so ist ↗polit. Theologie und Parteinahme unvermeidlich. Theorie und Praxis der G. sowie deren ständige experimentelle Veränderung schaffen Spannung nach innen und außen, hin zur Kirche als Körperschaft öff. Rechts und hin zum Staat als gesellschaftl. Realität. Kirchenkritische („Demokratisierung"), gesellschaftskritische (Systemkritik, Kapitalismuskritik, Sozialismuskritik), wissenschaftskritische (Aufdeckung inhumaner Tendenzen durch Verselbständigung einzelner Bereiche und Ergebnisse der Wiss.), sozialpolitische (Analyse der Gesellschaft hinsichtlich der Bildung von Randgruppen, wie psychisch Kranke, Obdachlose, Erziehungsgeschädigte, Fremdarbeiter), sozialtherapeutische (Neurosenbildung unter Studenten

durch Anonymität der Hochschule, Verschulung des Studiums, Unklarheit im Berufsbild) Aktivitäten stehen neben strukturellen und aktuellen polit. Aktionen (Entwicklungshilfe, Rassismusprogramm, Wehrdienstverweigerung). Der Gottesdienst trägt den Charakter der G.versammlung. Er versucht, der Vielfalt des Evangeliums ebenso Raum zu geben wie dessen konkretem Anspruch; daher enthält er sowohl Elemente von Spiel und Feier wie Information über polit. und soziale Probleme und die Diskussion von Handlungsmöglichkeiten. Kirchl. ‚Erwachsenenbildung' dieser Art „sucht aufzuklären statt zu verklären, deckt die voreilig entworfenen Synthesen als irreal auf", um „in dieser Form des An-rufs die Unverfügbarkeit des göttlichen Heils für alle erst richtig" anzuvisieren (W. RUF).

4. *Arbeitsweisen.* Die Methoden der S. sind weitgehend bestimmt von didaktischen Modellen der Hochschule: punktuelle Information (Vortrag), intensive Arbeitsgruppen mit Selbsterfahrung, informelle Kompaktkurse (Tagungen und Wochenenden) sind Formen des Nachdenkens von gemeinsamer oder individueller Erfahrung und der Vorbereitung auf neue experimentelle Praxis.

Lit.: K. Kupisch, Studenten entdecken die Bibel. Die Gesch. der dt. christl. Studentenvereinigung (1964); P. Benkart - W. Ruf (Hrsg.), Hdb. d. kath. S. (1965); S., in: Hdb. d. Pastoraltheol., Bd. III (1968, ausf. Lit.); H. Ringeling - H. C. Rohrbach (Hrsg.), Studenten u. die Kirche (1968); K. B. Hasselmann, Polit. G. Ein kirchl. Handlungsmodell am Beispiel der Ev. Studentengemeinde an der FU. Berlin (1969); R. Thoma (Hrsg.), Studentengemeinde u. Landeskirche (1970).
Lex.-Artikel (bes. geschichtl.) in: EKL, Bd. 3 (1959); RGG, Bd. 6 (³1962), LThK, Bd. 9 (²1964); weitere Beiträge zum Thema in Zschr. Herder-Korrespondenz, Jhg.e 19, 20, 22, 23, 25 (1964/65–1971).

H. Welsch, K. H. Ronecker

Studenten- und Hochschulzeitungen

1. *Studentenzeitungen.* S. sind die publizist. Organe von regionalen wie überregionalen Studentenvertretungen, student. Gruppierungen oder Verbänden. Sie sind im allg. den *Zeitschriften* zuzuordnen, gekennzeichnet durch: Periodizität in größeren zeitl. Intervallen, Eingrenzung der Thematik auf Schwerpunkte, Behandlung des Stoffes unter meinungsbildenden Gesichtspunkten. Berichtform und Meinungsartikel (Leitartikel, Kommentar, editorial) überwiegen. Weiteres Merkmal ist die Verbindung zu einer Gruppierung innerhalb der universitären Öffentlichkeit, die der politisch-ideolog., weltanschaul., konfessionellen oder kulturellen Tendenz der Redaktion entspricht. Da in der empir. Sozialforschung die Tendenz besteht, die Altersgrenze des ↗Jugendalters bis etwa zum 25. Lj. hinauszuschieben und – soziologisch gesehen – die Jugendzeit erst mit dem berufl. Leben endet, können S. den *Jugendzeitschriften* zugerechnet werden.

S. sind gewöhnlich *nicht kommerziell orientiert,* da sie ihre Selbstkosten nur z. T. durch Verkaufserlös oder Werbung, den übrigen Kostenanteil durch Subventionsgelder decken. Zumeist erscheinen sie im Selbstverlag. Die Redaktionen setzen sich gewöhnlich aus Studenten zusammen – mit Ausnahme der Korporiertenblätter. Einzelne Zeitschriften lassen daneben Studierende ebenso wie Hochschulabsolventen gleichermaßen zu Wort kommen.

Aufgabe der S. ist es, die polit., weltanschaul. oder rel. Vorstellungen in der Studentenschaft zu artikulieren und der Öffentlichkeit verständlich zu machen. Außerdem sollen engere Kontakte zwischen Studentenschaft und Studentenvertretung sowie zwischen Lehrenden bzw. Forschenden einerseits und Lernenden andererseits geschaffen werden. Hier können die S. eine Vermittlungsfunktion übernehmen. Darüber hinaus haben sie die Chance, der außeruniversitären Öffentlichkeit ein Bild von der differenzierten Meinungsstruktur der Studentenschaft und deren Zielen zu geben. Seit ca. 1965 hat sich ein erhebl. Teil der S. zu einer politisch profilierten und agitator. *Kampfpresse* entwickelt.

Die S. gliedern sich in die folgenden *Gruppen*: (1) überregionale, (2) regionale Blätter, (3) ASTA-Informationsorgane, (4) politisch und konfessionell orientierte Blätter, (5) Korporationsblätter, (6) Studentische Nachrichten- und Pressedienste.
Die *Zahl* der erscheinenden Blätter ist mit ca. 100 anzusetzen; 32 Blätter, die an Hoch-, und 44, die an Ingenieurschulen mit zusammen 290 000 Exemplaren Aufl. herausgegeben werden, sind eine Mindestangabe des *Redakteurverbandes Deutscher Studentenzeitschriften* (1968).

2. *Hochschulzeitungen.* H. dienen der Information über Tätigkeit und Leistungen der Hochschulen, hauptsächlich im wiss. Bereich. Sie richten sich vornehmlich an die anderen Hochschulen, daneben auch an interessierte, zumeist akademisch vorgebildete Kreise aus Politik, Wirtschaft, Kultur. In ihrer Funktion als Organe des wiss. und akadem. *Informationsaustausches* sind sie den wiss. Zschr.en zuzurechnen. Sie wollen dazu beitragen, den Überblick über neue Forschungsrichtungen und -entwicklungen zu wahren, *Kontakte* zwischen den Gelehrten innerhalb einer wiss. Einzeldisziplin zu schaffen, Anregungen weiterzutragen sowie die gemeinschaftl. Lösung von Problemen einzelner Sachgebiete der Wiss. zu beschleunigen. – Neben den Aufgaben der *Wissenschaftskommunikation* werden in den H. häufig Fragen der allg. Hochschul- und Bildungspolitik erörtert. Im Ge-

gensatz zu der Studentenpresse wahren sie jedoch in stärkerem Maße ihren politisch neutralen Standort.

Lit.: U. Flögel, Die dt. Studentenpresse, in: Der Convent, H. 9 (1966); H. Bohrmann, Entwicklung der S. in Dtl. (Diss. FU. Berlin 1967); G. Wiedemer, Aufgabe u. Wert der Studentenpresse, in: initiative, H. 1 (1967); C. Pinl, Wandel der Studentenpresse in der Univ.skrise, in: Gewerkschaftliche Monatshefte, H. 5 (1968); W. Haacke, Die polit. Zschr., in: Hdb. der Publizistik, hrsg. v. E. Dovifat, Bd. 3 (1969); K. Koszyk - K. H. Pruys, Wb. zur Publizistik [Stichw. Studentenpresse] (1969).

H. Koschwitz

Studentenverbindungen
V. = Verbindung(en)

Die gesellschaftliche *Ausnahmestellung der Studenten* führte seit frühester Zeit zur Bildung student. Gemeinschaften. Diese wirkten einerseits im Sinne einer Kompensation dieser gesellschaftl. Isolation als „Kleingesellschaften", die dem einzelnen Studenten einen gemeinschaftl. Lebens- und Entfaltungsraum boten, andererseits leisteten sie gerade diejenige Absetzung von der „Großgesellschaft", die sonst vom einzelnen Studenten als die der Großgesellschaft gegen ihn empfunden worden wäre. Diese student. V. waren allg. gekennzeichnet durch einen stark ausgeprägten hierarchischen Aufbau und sehr detaillierte und starre Vorschriften sowohl bezüglich des Verhaltens innerhalb der V. als auch gegenüber der Gesamtgesellschaft.

1. *Geschichte.* Vorläufer der V. waren die *nationes*, landsmannschaftlichen Schutzgilden, die sich schon sehr früh an den europäischen Univ.en gebildet hatten. In den zunftartigen Nationen der dt. Univ.en kam es im 17. Jh. erstmals zu einer Gliederung in neu eingetretene und ältere Mitglieder (Füchse und Burschen). In den *Landsmannschaften* des 18. Jh. bestand bereits ein genau festgelegter Ehren- und Verhaltens-Codex (Comment). Um die Jh.mitte entstanden im Ausgang vom Freimaurertum innerhalb der Landsmannschaften die *Studentenorden* mit lebenslanger Verpflichtung zu Freundschaft und Bruderhilfe. Ihnen traten die ebenfalls auf lebenslange Verbundenheit und Genugtuung durch Duell verpflichtenden *Kränzchen* gegenüber. Ab 1798 bildeten sich *Corps*, die nicht mehr auf dem landsmannschaftl. Prinzip beruhten. Im Gefolge der Befreiungskriege kam es dann zu einer großen Vereinigungsbewegung der verschiedenen Korporationen, die im Wartburgfest und der Gründung der *Allgemeinen Deutschen Burschenschaft* (1818) ihre Höhepunkte erreichte.
Mitte des 19. Jh. bildeten sich die ersten *konfessionellen*, darunter auch die ersten nichtfarbentragenden V., sowie *Turner- und Sängerschaften.* Seit der Ablehnung von Duell und ↗Mensur durch die röm. Konzilskongregation (1880) standen sich schlagende (Waffenstudenten) und nichtschlagende V. scharf gegenüber. Dem V.sstudententum überhaupt trat ab 1896 die *Finkenschaftsbewegung* mit der Forderung nach Errichtung ↗*Allgemeiner Studentenausschüsse* (ASTA) entgegen. Weitere V. gingen aus der Wandervogelbewegung (ab 1907) und der ↗*Jugendbewegung* (1919) hervor. Nach der 1919 erfolgten Vereinigung der V.s- und Freistudenten in der *Deutschen Studentenschaft*, die u. a. dem Duell seine traditionelle Bedeutung für die Erledigung student. Ehrenhändel nahm, kam es mit der allgemeinen polit. Radikalisierung wieder zu einer Aufsplitterung der V., die nun zahlenmäßig einen bedeutsamen Aufschwung nahmen (1935 20 Verbände mit insges. 210 000 V.sstudenten). Nach 1935 lösten sich die meisten V. gezwungenermaßen auf; die einzige zugelassene V. war fortan der *Nationalsozialistische Deutsche Studentenbund.*
Nach 1945 traten zunächst kath. und ev. *Studentengemeinden* in den Vordergrund. Ab 1947 konstituierten sich aber auch (gegen den Widerstand der Tübinger Rektorenkonferenz 1949) die nichtschlagenden wie die schlagenden V. wieder.

2. *Bestehende Verbände.* Der 1951 gebildete *Convent Deutscher Korporationsverbände* (CDK) umfaßt folgende V.: Akadem. Ruderbund (ARB), Akadem. Turnbund (ATB), Bund dt. Studenten (BdSt), Coburger Convent der Landsmannschaften und Turnerschaften (CC), Dt. Burschenschaft (DB), Dt. Gildenschaft (DG), Dt. Sängerschaft (DS), Dt. Wissenschafter-Verband (DWV), Kösener Senioren-Convents-Verband (KSCV), Miltenberger Ring (MR), Sondershäuser Verband akadem.-musikal. V. (SV), Verband der Vereine Dt. Studenten (VVDSt), Wingolfsbund (WB), Wernigeroder Jagdkorporationen Senioren-Convent (WJSC), Wartburg-Kartell ev. akadem. V. (WK) und Weinheimer Senioren-Convent (WSC).
Dachverband der farbentragenden kath. V. ist der *Cartellverband der katholischen deutschen Studentenverbindungen* (CV), der nichtfarbentragenden der *Kartellverband katholischer deutscher Studentenvereine* (KV).
Weitere Studentenverbindungen sind: Burschenbundskonvent (BC), Akadem. Segler-Verband (ASVb), Ring kath. dt. Burschenschaften (RKDB), Schwarzburgbund (SB), Wernigeroder Schwarzer Verband (WSV), Verband der wiss. kath. Studentenvereine Unitas (UV).
Die Mitglieder all dieser Verbände setzten sich 1970 zusammen aus 15 616 Aktiven (4830 Füchse und 10 786 Burschen), 32 229 Inaktiven und 161 976 Alten Herren.

Heute sind die V. zu einer erneuten Reflexion ihres Standortes gezwungen, die auch einer grundsätzlichen Infragestellung des Sinnes dieser im Prinzip starr und traditionalistisch verfaßten Gemeinschaften in einer modernen, dynamischen und pluralistischen Gesellschaft nicht ausweichen kann.

☐ Student. Mensur

Lit.: F. Schulze - P. Ssymank, Das dt. Studententum von den ältesten Zeiten bis zur Gegenwart (⁴1932, Lit.); P. Wentzcke, Gesch. der dt. Burschenschaft, 4 Bde. (1919-39); H. Brass, Das student. V.swesen in Dtl. (1963). - Zschr.en der einzelnen Verbände.

W. Welsch

Studentenwerk
SW. = Studentenwerk, S. = Studenten

1. *Begriff.* Ein SW. ist ein Betrieb, der an jeder Hochschule die Aufgabe hat, die S. wirtschaftlich zu fördern und für ihre Gesundheit zu sorgen. Diese Zielsetzung verfolgt es mit einer Reihe von Gliedbetrieben, wie z. B. ↗Mensa, Erfrischungsräume, Wohnheime, Zimmervermittlung, Krankenversorgung, Förderungsabteilung u. a.

Bis zu 80 % der S. essen mittags in der Mensa, etwa 20 % erhalten Studienförderung (↗Freistellen, ↗Förderungswesen) nach dem ↗Honnefer Modell, etwa

20 % sind ausschließlich auf die Krankenversorgung durch ein SW. angewiesen, und der Düsseldorfer Wohnheimplan sieht vor, 30 % der S. in Wohnheimen der SW.e unterzubringen. Die Mehrzahl der SW.e hat die Rechtsform des e. V., weiterhin gibt es noch öff.-rechtl. Anstalten und Stiftungen.

2. *Historische Entwicklung.* Die aus den Folgen des 1. Weltkrieges resultierende Notlage weiter Kreise der Bevölkerung machte sich bei den S. bes. stark bemerkbar und führte zur Gründung der „Studentischen Wirtschaftskörper" an den Hochschulen in den Jahren 1919–1922. Anfangs reine Selbsthilfeeinrichtungen der S., entwickelten sich aus ihnen durch den rasch wachsenden Aufgabenbereich die SW.e als e. V. 1934 verloren sie ihre Selbständigkeit und wurden als Dienststellen dem Reichs-SW. unterstellt, ihre Arbeit rein polit. Zielsetzungen untergeordnet. Im 2. Weltkrieg meist völlig zerstört, nahmen sie 1945 auf Betreiben der Hochschulen ihre Arbeit unter schwierigsten Bedingungen wieder auf. Mehr und mehr vom Staat unterstützt, wurden ihnen Studienförderung nach dem Honnefer Modell (1957) und der staatl. geförderte Wohnheimbau (1959) übertragen. Seit 1962 subventioniert der Staat auch das Mensaessen und die Studentenhäuser in ständig wachsendem Umfang.

3. *Aufgaben.* Die wirtschaftl. Förderung der S. erfolgt durch die *Förderungsabteilung.* Sie bearbeitet die staatl. Förderung, vergibt Stipendien und Darlehen aus verschiedenen privaten Stiftungen und Fonds sowie einmalige Beihilfen aus Mitteln der Länder und Kurzdarlehen aus Mitteln des SW.s. Eng mit ihr verknüpft ist die *Arbeitsvermittlung,* die den S. stundenweise Jobs und mehrmonatige Ferienarbeit vermittelt. Die *Studentische Krankenversorgung (SKV)* wird teils in eigener Regie durchgeführt, teils in Mitgliedschaft der Deutschen-Studenten-Krankenversorgung (DSKV). Die Leistungen der SKV entsprechen etwa denen der AOK. Die *Wohnraumverwaltung* verwaltet die Wohnheime (↗Studentenwohnheime) und vermittelt Wohnungen und Zimmer auf dem privaten Wohnungsmarkt. Die *Mensa* ist – obwohl vielgeschmäht – dennoch der wichtigste Betrieb eines SW.s.

Bei Verkaufspreisen, die oft nicht die Materialkosten decken, werden täglich Tausende von Mittag- und Abendessen ausgegeben. Rein von der Menge her wäre hier eine anderweitige Bedarfsdeckung – wenn überhaupt – nur zu überhöhten Marktpreisen möglich. Die *Erfrischungsräume* sollen das Angebot der Mensa durch Getränke, Gebäck, belegte Brote usw. sinnvoll ergänzen. Neben diesen „typischen" Betrieben gibt es bei einzelnen SW.en noch andere, wie z. B. Fahrschulen, Gaststätten, Verkaufsläden, Druckereien, Kindergärten, Tankstellen, Abteilungen für Rechts- und Sozialberatung u. a.

4. *Besondere Probleme.* Die besondere Stellung der SW.e im Spannungsfeld zwischen S. und Staat führt dazu, daß die S. ihre sozialen Forderungen im SW. realisiert sehen wollen. Erfüllt der Staat diese Forderungen nicht in vollem Umfang, so ergreifen die S. Kampfmaßnahmen nicht gegen den Staat, sondern gegen die SW.e (Mensaboykott, Mietstreiks). Ein weiteres Problem besteht darin, daß die SW.e soziale Leistungen für die S. erbringen sollen, aber auch soziale Verpflichtungen gegenüber ihren Mitarbeitern haben. Beide Ziele beeinträchtigen sich und führen zu Spannungen zwischen Personal und S. Problematisch sind weiterhin die chronischen Finanzierungsschwierigkeiten, die durch die hohen Ansprüche der S. und die daran gemessen zu geringen Beiträge der S. und Zuschüsse des Staates entstehen. Eine Lösung dieser Probleme für die Zukunft ist nur möglich, wenn der Staat eindeutig erklärt, inwieweit er die Forderungen der S. akzeptiert – und dann auch finanziert.

Lit.: W. Zeschky, Das SW. Eine Untersuchung seines Zielsystems als Grundlage zur Ableitung eines Konzepts seiner Betriebspolitik (Diss. Darmstadt 1970, ausführl. Lit.).

W. Zeschky

Studentenwohnheime

S. dienen der Unterbringung der Studierenden am Hochschulort und verbinden meist in unterschiedlicher Intensität und Form päd. Ziele mit den prakt. Zwecken einer menschenwürdigen Unterbringung.

1. *Zur Geschichte.* Im MA. wohnten die Studenten mit Professoren („rectores") zusammen in eigenen Häusern, und zwar entweder nach Fakultäten („collegia") oder Nationalitäten („nationes") oder gemeinsamen wirtschaftl. Interessen („bursae"). An außerdeutschen Univ.en wurde diese Regelung bis in die Gegenwart beibehalten („Nationes" an der Päpstl. Univ., College-System an ags. Hochschulen); in den dt. Universitätsstädten zog der Student bis in die Gegenwart die „Bude" bei der Zimmerwirtin vor. Als Anfang des 20. Jh. die Wohnungsnot der Studierenden immer größer wurde, wurde der Ruf nach S.n laut. Auf Anregung C. SONNENSCHEINs trat 1913 in München eine erste Konferenz über student. Wohnungswesen zusammen. Soziale und caritative Kreise gründeten Vereine, die die Einrichtung von Wohnungsämtern für Studenten zum Ziele hatten. S. größeren Stils entstanden in Dtl., Österreich und der Schweiz zwischen den beiden Weltkriegen, meist errichtet durch die örtlichen ↗Studentenwerke, oft auch durch großzügige Stiftungen (z. B. das Dr.-Carl-Duisberg-Haus in Marburg). 1933 wurden in Dtl. die bereits bestehenden S. in „Kameradschaftshäuser" des NS. Dt. Studentenbundes umfunktioniert.

Nach dem 2. Weltkrieg begann erst die Blüte der S. Kirchl. und soziale Kreise wetteiferten mit den inzwischen wiedererstandenen Studentenwerken, um der Wohnungsnot der Studierenden durch den Bau von S.n zu steuern. Zwischen 1946 und 1951 entstanden in der BRD 84 Heime mit 5500 Plätzen, in der Regel finanziert aus Eigenmitteln der Heimträgers. Bes. wertvoll erwiesen und erweisen sich S. für ausländische Kommilitonen, die wegen ihrer Sprachschwierigkeiten und oft auch wegen ihrer Hautfarbe Schwierigkeiten bei der Zimmersuche haben. Hauptsächlich ihretwegen wurden die Internat. S. geschaffen, die je zur Hälfte mit in- und ausländischen Studierenden belegt sind.

2. *Gegenwärtige Lage.* Die *Mieten* in den S.n sollen ein Korrektiv bilden für die Mietpreise auf dem allgemeinen Zimmermarkt. Deshalb

wird die „Grundmiete" (= Leerraummiete plus Möblierungszuschlag) von den bezuschussenden Stellen vorgeschrieben; die Umlagen für den Verbrauch (Reinigung, Heizung, Bettwäsche usw.) müssen – auch bei bezuschußten S.n – den jeweiligen Verhältnissen angepaßt werden. Die *Finanzierung* von S.n wird in der BRD vom Bund und dem zuständigen Bundesland unterstützt, wenn der Rektor der betreffenden Hochschule die Förderungswürdigkeit des Projekts anerkannt und die Beratungsstelle für Wohnheimfragen des Dt. Studentenwerks die Pläne befürwortet hat. Als Richtlinie gilt dabei der vom DSW 1958 erstellte „Düsseldorfer Wohnheimplan", ergänzt durch die Erkenntnisse, die man inzwischen gewonnen hat. Die Unterstützung durch den Bund erfolgt über den ↗Bundesjugendplan; dieser schreibt eine demokrat. Heimselbstverwaltung vor. Diese Einrichtung hat sich bewährt: gewählte Vertreter der Heimbewohnerschaft sorgen für eine gerechte Verteilung der Zimmer, für die Beilegung von Konflikten, für die Einhaltung jener Spielregeln, ohne die ein gedeihliches Zusammenleben nicht möglich ist, für die Durchführung gemeinsamer Veranstaltungen und die Anschaffung von Einrichtungen, die dem Interesse der Heimgemeinschaft entgegenkommen. Umstritten ist indes der Versuch, die S. dem ↗Studium Generale dienstbar zu machen und auf diese Weise in die Hochschule zu integrieren.

In dem Campus-System der amerikan. Univ.en sind die S. voll integriert. Es herrscht Trennung der Geschlechter wie in Frankreich; sie wurde bei uns in den fünfziger Jahren mehr und mehr aufgegeben, auch in konfessionellen Heimen.

Jahrzehntelang haben sich die zuständigen Behörden dem Bemühen der Studentenschaft um Studentenehepaare-Wohnheime verschlossen. 1971 konnte in Würzburg das erste Wohnheim dieser Art bezogen werden, das mit staatl. Unterstützung gebaut wurde.

Lit.: S. 1960/63, hrsg. vom Dt. Studentenwerk (1963); F. Neidhardt, Studenten im. internat. Wohnheim (1963); Zimmer in S.n, hrsg. vom Dt. Studentenwerk (1966); H. H. Knütter, Bonner Studenten über ihre Wohnheime (1967); A. Hafkemeyer, Techn. Einrichtungen in Studentenwohnheimen (Diss. Braunschweig 1968).

H. Dünninger

Studienassessor
Lehramtsanwärter, die die zweite Staatsprüfung für die Lehrämter am Gymnasium (↗Lehrerbildung) und an berufsbildenden Schulen bestanden haben, können bei Vorliegen der sonstigen allg. beamtenrechtl. Voraussetzungen unter Berufung in das Beamtenverhältnis auf Probe zum S. ernannt werden. Die Bezeichnung ist somit die Dienstbezeichnung, die die Bewerber für die genannten Lehrämter als Beamte auf Probe bis zur Ernennung zum ↗Studienrat führen. S.en unterliegen den gleichen beamtenrechtl. Pflichten wie Studienräte und erhalten Dienstbezüge.

Von der Dienstbezeichnung S. ist die Bezeichnung „Assessor des Lehramtes" zu unterscheiden. Die Berechtigung zur Führung dieser Bezeichnung wird mit dem Bestehen der zweiten Staatsprüfung nach den Vorschriften der jeweiligen Ausbildungs- und Prüfungsordnung erworben und ist nicht von einer beamtenrechtl. Ernennung abhängig.

Lit.: E. Schütz - H. Wenzel, Das Laufbahnrecht der Beamten in NRW (²1966).

H. Wenzel

Studienberatung
Individualisierung und Differenzierung des Studiums führen zu einem erweiterten stofflichen Angebot und zu einer Vielfalt von Unterrichtsmethoden und -medien, die für den Studierenden zu optimalen Ausbildungseinheiten verknüpfbar sein müssen. Diese Verknüpfung soll in zunehmender Selbständigkeit geleistet werden. Daher müssen Informationen über die Situation im Ausbildungsprozeß, über Anschlußmöglichkeiten und Möglichkeiten der Realisierung von Ausbildungszielen gegeben werden. Diese sind· der – in der BRD organisatorisch noch zu entwickelnden – S. bereitzustellen.
1. *Prinzipien*. S. ist durch ihre hochschuldidakt. Funktion den wiss. Ausbildungszielen verpflichtet; sie muß die Flexibilisierung und Selbstorganisation des Studiums unterstützen. Sie darf also nicht nur in Anpassung an bestehende Studienziele und aktuelle Berufsbilder erfolgen. S. ist als eigenständiger Handlungsbereich in die Hochschule zu integrieren, der seine Verfahren selbst entwickelt. Unabdingbar sind dabei Transparenz und Kontrolle der S. hinsichtl. der bereitgestellten Orientierungsunterlagen.
2. *Funktionen*. Die S. wird tätig in der *Einzelberatungshilfe* bei der Abklärung von Studien- und Berufsmotivation; bei der Orientierung über Ausbildungs- und Weiterbildungsmöglichkeiten sowie über berufl. Möglichkeiten; bei der erfolgsprognost. Orientierung; bei der Zusammenstellung von Studiengängen; beim Fachwechsel; bei Leistungsstörungen und persönl. Schwierigkeiten; bei Prüfungsfragen; bei sozialen und rechtl. Problemen usw. Als *Systemberatung* regt sie neue curriculare Einheiten, Projekte forschenden Lernens, neue Studiengänge usw. an.

3. *Organisation.* Die S. wird z. Z. im Rahmen der Hochschulen von Dozenten, „Förderungsassistenten" und z. T. auch Studenten ausgeübt. Als wünschbar wird von verschiedenen Seiten der Aufbau universitätsunabhängiger lokaler S.szentren mit institutionalisierter Rückkopplung zur Universität vorgeschlagen. Voraussetzung für eine effiziente S. ist die Entwicklung spezieller Ausbildungsgänge für Studienberater.
☐ Berufsberatung

Lit.: D. Spindler (Hrsg.), Hochschuldidaktik (1968); Bericht der Planungsgruppe Päd. Diagnostik (1970); Dt. Bildungsrat, Strukturplan für das Bildungswesen (1970); Wissenschaftsrat, Empfehlungen zur Struktur u. zum Ausbau des Bildungswesens im Hochschulbereich nach 1970 (1970).

K. Vopel

Studiendirektor
Die Amtsbezeichnung S. führten seit 1920, zuerst in Preußen, die Leiter von Gymnasien, die nicht als ↗Vollanstalten anerkannt waren; sie wird heute auch im berufsbildenden Schulwesen verwendet. Im Zuge der Bemühungen, Leistungen von Lehrern auch durch Beförderungen anzuerkennen, ist die Zahl der S.en-Stellen in den Ländern der BRD erheblich vermehrt worden. Heute ist S. Amtsbezeichnung für den Ständigen Vertreter des Anstaltsleiters, nach einem bestimmten Schlüssel für Lehrer, die in den einzelnen Schulen oder Schulverwaltungen mit bestimmten Aufgaben betraut sind, und für die Fachleiter im ↗Studienseminar. Im Sinne der Laufbahnvorschrift ist die Ernennung zum S. eine Beförderung. Der S. gehört in die Besoldungsgruppe A 15.

R. Frohn

Studienförderung ↗Förderungswesen ↗Freistellen ↗Honnefer Modell ↗Erziehungs- und Ausbildungsbeihilfen

Studienjahr ↗Semester, Trimester

Studienkolleg ↗Ausländerstudium in der Bundesrepublik Deutschland

Studienrat
Die Bezeichnung S. ist heute die Amtsbezeichnung für das Eingangsamt der Laufbahnen des Lehrers am Gymnasium und an berufsbildenden Schulen einschließl. der Fach- und höheren Fachschulen. Das Amt ist in die Besoldungsgruppe A 13 eingeordnet und mit einer Amtszulage ausgestattet. Voraussetzung für die Übertragung ist, daß der Lehrer nach einem Hochschulstudium, der Ablegung der vorgeschriebenen Staatsprüfungen oder Hochschulprüfungen sowie der Ableistung eines Vorbereitungsdienstes die Befähigung für das Lehramt (↗Lehrerbildung) erworben und sich in einer Probezeit bewährt hat. An die Stelle des Vorbereitungsdienstes kann bei Lehrern an Fach- und höheren Fachschulen ggf. der Nachweis einer Berufspraxis treten. Die Ernennung zum S. erfolgt in der Regel nach Ablauf der vorgeschriebenen oder im Einzelfall festgesetzten Probezeit und ist grundsätzlich mit der Übernahme in das Beamtenverhältnis auf Lebenszeit verbunden. Die Beförderung zum ↗Oberstudienrat ist in letzter Zeit durch eine Verbesserung der Stellenplansituation erleichtert worden.

Lit.: E. Schütz - H. Wenzel, Das Laufbahnrecht der Beamten in NRW (²1966).

H. Wenzel

Studienseminar
LA. = Lehramtsanwärter

1. S.e sind *Institutionen der schulpraktischen Lehramtsausbildung.* Diese umfaßt fachliche, erziehungswiss. und schulprakt. Ausbildung und besteht meist aus 2 Ausbildungsabschnitten. Den *ersten Abschnitt* bildet das Studium mit den Studiengebieten Erziehungswissenschaft – auch Wissenschaften, die zur Erziehungswiss. in enger sachl. Beziehung stehen, wie Philos., Psychol., Soziol. – und Fächer, in denen Lehrbefähigung angestrebt wird. Sind letztere wiss. Fächer, ist die fachl. Ausbildung fachwissenschaftlich. Der *zweite Ausbildungsabschnitt* dient der schulprakt. Ausbildung. Diese hat das Ziel, den LA. in den Stand zu setzen, selbständig zu erziehen und zu unterrichten.

Bei der Ausbildung für das Lehramt an VS.n (Grund- und Hauptschulen) wird in einigen Bundesländern die schulprakt. Ausbildung noch in den 1. Ausbildungsabschnitt einbezogen, und zwar so, daß es sachl. gerechtfertigt ist, am Ende dieses Abschnittes schon die Befähigung für dieses Lehramt zuzuerkennen. Der zweite Ausbildungsabschnitt dient hier der schulprakt. Fortbildung. In diesem Ausbildungsgang ist die 2. Prüfung lediglich eine „Anstellungsprüfung". – Wird die Befähigung für ein Lehramt erst mit der 2. Lehramtsprüfung erworben, wie dies in allen Bundesländern beim Lehramt an Gymnasien und an berufsbildenden Schulen der Fall ist, so ist der 2. Abschnitt Vorbereitungsdienst.

2. In der Regel ist das S. die Institution, die für den Vorbereitungsdienst zuständig ist. S.e haben meist die organisatorische Form eines *Bezirksseminars;* d. h., sie sind zuständig für einen Bezirk, zu dem mehrere Schulen der Schulform, auf die sich das betreffende Lehramt bezieht, gehören. In Bayern heißen die einzelnen Schulen, die schulprakt. Ausbildung von LA.n übernehmen, S.e.

S.e wurden zuerst Mitte der zwanziger Jahre in Preußen für das Lehramt an Gymnasien eingeführt und anfangs als Bezirksseminare bezeichnet. In NRW tragen sie diese Bezeichnung wieder seit Verabschiedung des Lehrerausbildungsgesetzes vom 9. 6. 1965. Inzwischen gibt es in allen Bundesländern S.e für das Lehramt an Gymnasien und berufsbildenden Schulen;

in den meisten Ländern sind sie Bezirksseminare. In NRW gibt es S.e als Bezirksseminare für alle Lehrämter mit Ausnahme desjenigen an Fach- und höheren Fachschulen.

3. Zu jedem Bezirksseminar gehören mehrere *Ausbildungsschulen* der betreffenden Schulform. An diesem erhält der LA. seine besondere schulprakt. Ausbildung. Er erteilt dort seinen Ausbildungsunterricht, der zum Teil auch der Deckung des Unterrichtsbedarfs dient. Nach Möglichkeit soll der LA. auch an nichtunterrichtl. Schulveranstaltungen – Lehrerkonferenzen, Schul- und Klassenpflegschaftssitzungen, Aufnahme- und Abschlußprüfungen usw. – teilnehmen.

4. Die *besonderen Ausbildungsveranstaltungen* des Bezirksseminars bestehen in Arbeitsgemeinschaften für *allgemeine Pädagogik* und *Fachdidaktik*. Leiter der Arbeitsgemeinschaft für allg. Päd. ist in der Regel der Leiter des Bezirksseminars. Die fachdidakt. Arbeitsgemeinschaften werden von *Fachleitern* geleitet. Seminar- und Fachleiter haben außerdem die Aufgabe, den LA.n Unterrichtsanleitungen zu geben, ihre Eignung für das Lehramt und ihre Leistungen zu beurteilen. Bei den 2. Lehramtsprüfungen wirken sie als Prüfer mit. Zu den Seminarveranstaltungen gehören außer den regelmäßigen Arbeitsgemeinschaften *Studientage*, an denen meist fächerübergreifende Themen behandelt oder aufgrund von Lehrproben, die LA., Seminar- oder Fachleiter geben, Probleme der Fachdidaktik, der Unterrichtsmethodik und der allgemeinen Didaktik behandelt werden. Bes. soll geübt werden, die schulprakt. Tätigkeit in enge Beziehung zur päd. Theorie zu setzen.

Aus einem Beschluß der KMK (v. 20. 5. 1954) über „Grundsätze zur pädagogischen Prüfung für das Lehramt an Gymnasien", der gleichzeitig mit einem Beschluß über „Grundsätze zur Ordnung der pädagogischen Ausbildung für das Lehramt an Gymnasien" (Vorbereitungsdienst) gefaßt wurde, ergibt sich, daß zum Inhalt der Arbeitsgemeinschaften der S.e Päd., Psychol., Jugendkunde, Sozialkunde, Grundzüge des Schulrechts und der Schulverwaltung sowie Methodik und Didaktik der Fächer, für die Lehrfähigkeit angestrebt wird, gehören sollen.

Institutionell entwickelten sich die S.e zunächst nur langsam. Noch sind die administrativen und finanziellen Hilfen unzureichend für die Erfüllung der erweiterten Aufgaben der S.e im Sinne des Beschlusses der KMK (v. 16./17. 3. 1967) über „Grundsätze wissenschaftlicher Auswertung von Arbeitsergebnissen im pädagogischen Bereich durch die Studienseminare", der sich auf S.e aller Lehrämter bezieht. Dort heißt es: „Die Erfahrungen und Erkenntnisse der in der Ausbildung von Lehrern ... tätigen Pädagogen sollen ... für die Weiterentwicklung der Lehrerausbildung sowie des Schulwesens überhaupt nutzbar gemacht werden."

5. *Neuerdings* will man Vorbereitungsdienst und S. wieder abschaffen und die schulprakt. Ausbildung im wesentlichen in die 1. Phase der Ausbildung einbeziehen (Integration fachl., päd. und schulprakt. Ausbildung; Einfügung „klinischer Semester" in das Studium). Das wäre im Prinzip ein Zurückgehen auf die frühere Ausbildung für das Lehramt an VS.n. Trotz unbestreitbarer Mängel der bisherigen Ausbildung ist zu befürchten, daß eine solche Neuregelung zu unverantwortbar verkürzter schulprakt. Ausbildung und zudem zu kaum überwindbaren organisator. Schwierigkeiten führen würde. Auch die Ausbildung in den Lehrfächern würde wahrscheinlich eine Niveausenkung erfahren. Besser wäre, die Einteilung der Ausbildung in einen 1., der päd. und fachl. (in der Regel: fachwiss.) Ausbildung (Studium) gewidmeten und einen 2., vornehmlich der schulprakt. Ausbildung dienenden Ausbildungsabschnitt beizubehalten, aber zwischen den Institutionen des 1. und 2. Ausbildungsabschnitts (Hochschulen und Bezirksseminare) engere institutionelle und personelle Beziehungen herzustellen. Mehr als bisher sollten Pädagogen, Soziologen, Politologen sowie Wissenschaftler, die ein Fach lehren, das einem Schulfach entspricht und dessen Didaktik sie beherrschen, an der Arbeit des Bezirksseminars beteiligt werden. Umgekehrt sollten an Seminar- und Fachleiter mehr Lehraufträge für allgemeine und Schulpäd., allgemeine und Fachdidaktik an Univ.en und PH.n erteilt werden. Vor allem wäre die Beteiligung der Bezirksseminare – auch der LA. – an der schulpäd., bes. auch der fachdidakt. Forschung der Univ.en und PH.n im Sinne der Empfehlungen der KMK zu fördern.

☐ Lehrerbildung. Schulpraktische Ausbildung

Lit.: O. Engel (Hrsg.), Das S., in: Zschr. für Gymnasialpäd. (1956–69); H. Röhrs (Hrsg.), Die Lehrerbildung im Spannungsfeld unserer Zeit (1965); J. Peege (Hrsg.), Das wirtschaftspäd. S. (1967); H. Schmidt - F. J. Lützenkirchen, Bibliogr. zur Lehrerbildung (1968).

H. Holzapfel

Studienstiftung des deutschen Volkes
Die SDV. ist eine Einrichtung zur Förderung bes. begabter Studierender. Gegr. 1925, aufgelöst 1934, wiedererrichtet 1948, hat die SDV. von 1925 bis 1934 ca. 1800, zwischen 1948 und 1971 rd. 10 000 dt. Studierende gefördert. 1948 wurde das Vorschlagsrecht an Schulen und Hochschullehrer übertragen und ein fünfstufiges Auswahlverfahren entwickelt. Seit 1970 wird außerdem eine auf Leistungstests, Einzel- und Gruppeninterviews aufbauende Auswahl erprobt, welche die Aufnahme von ca. 1 % aller Studienanfänger ermöglichen soll. Ausschlaggebend für die Aufnahme sind Begabung und wiss. Leistungsfähigkeit. Soziale, politische und weltanschauliche Faktoren bleiben unberücksichtigt. Sti-

pendiaten der SDV. können an einem vierstufigen Akademieprogramm (Studieneinführung, Methoden der Einzelwissenschaften, interdisziplinäre Forschung, internat. Doktorandenkolloquien) teilnehmen; sie erhalten Gelegenheit, ein J. im Ausland zu studieren, und werden an dt. Hochschulen von Vertrauensdozenten, Tutoren und Referenten der SDV. beraten. Stipendien (Grund-, Aufbau-, Promotions-, Auslandsstipendien, Büchergeld, Beihilfen) decken Lebenshaltungs- und Studienkosten.

Von rd. 7000 ehemal. Stipendiaten der Stiftung hatten 1969 25,7 % mathematisch-naturwiss., 24,8 % geisteswiss., 14,7 % technische und 34,8 % andere Fachrichtungen studiert. In den jüngeren Stipendiatengruppen studierten mehr als 40 % an ausländischen Hochschulen. Die Studienabbruchquote liegt für den Zeitraum 1948–1968 bei 1 %, während rd. 85 % der Stipendiaten in Diplom-, Staats- und Doktorprüfungen ausgezeichnete, sehr gute und gute Ergebnisse erzielten. 60 % der Stipendiaten gehören z. Z. zum Hochschullehrernachwuchs, die übrigen 40 % haben z. T. verantwortlich leitende Positionen in der Wirtschaft, im Staatsdienst, im höheren Schulwesen und in anderen Berufen erreicht.
Der Etat der SDV betrug 1970 rd. 10 Mill. DM. Die Mittel wurden vom ↗Bundesministerium für Bildung und Wissenschaft, den Bundesländern, dem ↗Stifterverband für die Dt. Wiss. sowie von Städten, Kreisen und Einzelspendern zur Verfügung gestellt.

☐ Förderungswesen. Freistellen

Lit.: Satzung der SDV, Neufassg. (1967); Studienstiftung, Informationsschr. der SDV (1971).

H. Rahn

Studientag
Unter S. verstand man – vornehmlich in den höheren Lehranstalten bis gegen Ende des 19. Jh. – einen Tag der Schulwoche, der zwar nicht ohne jede schul. Verpflichtung, doch ohne eigentl. Klassenunterricht war. Die Schüler konnten sich an diesem Tag in freier Arbeitseinteilung (zu Hause oder im Internat) selbständigen Studien widmen, d. h. – da hauptsächlich in den altsprachl. Gymnasien verbreitet – vor allem der Lektüre eines in der Schule selbst nicht gelesenen klass. Schriftstellers.

Ob der S. zur Entlastung der Lehrer, evtl. auch ihrer Vorbereitung, dem Vollzug ihrer geistl. Ämter oder aus Einsicht in seinen methodischen Wert, „selbständig und zusammenhängend arbeiten zu lernen" (Schulpforta 1904), eingerichtet war, kann nicht mehr ermittelt werden.
Gepflegt wurden die S.e bes. in den ↗Fürstenschulen. In St. Afra (Meißen) nahmen die S.e mehr als ein Sechstel des Schuljahres ein. Um 1880 verschwanden sie, doch hielten daran fest Schulpforta und einige Privatanstalten. Auch Lehrerbildungsanstalten hatten solche „schulfreie Studientage".

In der Schweiz heißen *Studienwochen* oder *Konzentrationswochen* gewisse Versuche ganzheitlichen oder ↗Epochenunterrichts in den höheren Schulen (Mittelschulen).

Lit.: P. Cauer, Zur freieren Gestaltung des Unterrichts (1906); F. Paulsen, Gesammelte päd. Abh. (1912), hrsg. v. E. Spranger; E. Gruner, Fächerkonzentration in den Mittelschulen, in: Lex. Päd. II (1950).

J. Dolch †

Studium Generale
1. *Begriff.* Im MA. bezeichnete SG. zunächst die außeruniversitären Studien der Mönchsorden, die keine akadem. Grade verleihen durften. Als Mitte des 13. Jh. Franziskaner und Dominikaner theol. Lehrstühle erhielten, wurde ihr SG. an den Univ.en institutionalisiert. Curricular umfaßte das SG. vor allem die „artes" (Philos., Theol. und Kanonisches Recht). Integrierendes Prinzip des SG. war ein universal-synthet. Wahrheitsideal. Mit der Auflösung des antik-abendländ. Syndesmos wurde dem SG. die Basis genommen. Im 20. Jh. wird der Begriff vor allem für solche Veranstaltungen verwendet, die für Studenten aller Fakultäten bestimmt sind (interfakultative Seminare, Ringvorlesungen usw.).
2. *Restaurative Versuche.* Um wiss. Fachausbildung und menschliche Gesamtbildung auf seiten der Studenten, wiss. Lehre und außerwiss. Bildungsauftrag auf seiten der Dozenten stärker miteinander zu verbinden, wurde in den 50er J.n in der BRD das SG. von professoraler Seite neu belebt. Man hoffte, etwa durch themenzentrierte Ringvorlesungen die Studenten aus der Differenzierung zersplitterter Einzelwissenschaften zur Zusammenschau relevanter fachwissenschaftlicher Aspekte zu führen. Meist blieb es jedoch bei einer Addition fachspezifischer Einzelaspekte. In der Breite sind die Versuche, durch einige Studium-Generale-Veranstaltungen Einblick in den Zusammenhang zwischen den Disziplinen zu vermitteln, als gescheitert zu betrachten.
3. *Neue Vorschläge.* Die vom SG. nicht gelöste Aufgabe der strukturellen Verbesserung monodisziplinärer Studiengänge wurde in den 60er J.n von Studenten und Dozenten erneut in Angriff genommen, und zwar in Richtung auf interdisziplinäre, praxis- und projektorientierte Studien. a) *Studentische Protestbewegung:* Die Formel vom „Fachidiotentum" des monodisziplinär und ohne Bezug auf die gesellschaftl. Praxis arbeitenden Studenten war eine der wichtigsten Fakten. Gefordert wurde eine Wiss.skritik, die Lehre und Forschung unter dem Aspekt ihrer methodolog. und didakt. Voraussetzungen reflektieren und sie im Blick auf die gesellschaftl. Verwendungszusammenhänge von wiss. Qualifikationen und Ergebnissen einem Rechtfertigungszwang aussetzen soll. b) *Hochschuldidaktik:* Gegenwärtig wird mit der For-

mel „Wissenschaftswissenschaft" (v. HENTIG) eine neue Ökonomie der Erkenntnisvermittlung angestrebt. Dabei muß berücksichtigt werden, daß Wissen auch durch die Lernformen hervorgebracht wird (assoziative Lerntheorien). Von daher werden u. a. Projektstudien und forschendes Lernen gefordert (Bundes-Assistenten-Konferenz, BAK). Eine nur fachspezifische und fachisoliert durchgeführte Ausbildung wird abgelehnt, da diese oft weder den funktionalen und polit. Anforderungen des Berufes entspricht noch der Forderung einer krit. Revision der Curricula bzw. den Interessen und Bedürfnissen der Studenten. Sofern die wiss. Ausbildung einer krit. Professionalisierung dienen soll, werden neben fachspezif. Wissen und Methoden gefordert: Reflexion der gesellschaftl., polit. und wiss.-theoret. Voraussetzungen der Studien und ihrer gesellschaftsprakt. Verwendung sowie interdisziplinäre Ergänzungsstudien; letztere könnten so verlaufen: (1) Orientierungsphase zur Abklärung der Berufs- und Studienmotivation, (2) Monodisziplinäre Phase zum Kenntnis- und Methodenerwerb in einem Fach, (3) Interdisziplinäre Phase praxis- und projektbezogener Studien. Insges. zeigt sich in der Hochschuldidaktik eine produktive Weiterentwicklung der begrenzteren Intentionen des SG.

Lit.: Th. Litt, Der Bildungsauftrag der dt. Hochschule (1952); H. Scheuerl, Hochschuldidaktik, in: Zschr. f. Päd., 8. Sonderh. (1968); J. Habermas, Protestbewegung u. Hochschulreform (1969); Forschendes Lernen – wiss. Prüfen, in: Schriften der BAK, H. 5 (1970); H. v. Hentig, Wiss.sdidaktik, in: Neue Slg., 5. Sonderh. (1970); P. Müller, Interdisziplinäre Integration, in: Neue Slg., 5. Sonderh. (1970).

K. Vopel

Stufenabitur ↗ Reifeprüfung

Stufenausbildung ↗ Industrielles Bildungswesen

Stufenfolge ↗ Entwicklungsstufen, seelische

Stufenlehrer, Schulstufen

1. Der Begriff S. löst die Bezeichnung der Lehrämter nach Schulformen (Grund- und Hauptschule, Realschule, Gymnasium, Berufsschule) ab. Er ist die Konsequenz einer Reform des Schulwesens, nach welcher „die Bereiche des Lernens in sich und im Verhältnis zueinander horizontal gegliedert sein sollen" (↗ Strukturplan). Analog den vom ↗ Dt. Bildungsrat genannten *Schulstufen* wird von den Lehrämtern für die *Primarstufe,* die *Sekundarstufe I* und die *Sekundarstufe II* gesprochen.

2. Die *Schulstufen* unterscheiden sich durch besondere päd. Zielsetzungen, bleiben aber im kontinuierlichen Verlauf der Bildungsprozesse aufeinander bezogen.

Die Ausbildung der S. hat daher ein *integrierendes* Moment, um die Kontinuität im Bildungsgang der Schüler zu wahren; sie hat zugleich ein *differenzierendes* Moment, um den Schwerpunkten der Stufen Rechnung zu tragen. Einheitlich umfaßt die Ausbildung aller Lehrer Elemente der Erziehungs- und Gesellschaftswiss.en, des Fachstudiums unter fachwiss. wie fachdidakt. Aspekten, der prakt. Erfahrung und Erprobung sowie deren krit. Auswertung.
Die *Primarstufe* setzt in ihrer Eingangsstufe das Programm der ↗ kompensatorischen Erziehung fort, das zum Anschluß an die schul. Lernprozesse eingesetzt wird. Die fachl. Ausbildung der Lehrer muß Lernziele berücksichtigen, die sich an grundlegenden Inhalten und Verfahren wiss. Disziplinen orientieren. In der *Sekundarstufe I* wird eine Grundbildung angestrebt, die durch besondere Lernschwerpunkte ein individuelles Profil gewinnt. Die Leistung dieser Stufe besteht in der Verbindung der gemeinsamen Bildung aller Schüler mit der Differenzierung nach individuellen Lernschwerpunkten. Die *Sekundarstufe II* soll sich bei weiterer Differenzierung der Abschlüsse wissenschaftspropädeut. Inhalten und Methoden öffnen. Sie will sowohl *berufs-* als auch *studienbezogene* Abschlüsse anbieten.

3. Die Einführung des S.s ist nicht davon abhängig, ob die bisher getrennten Schulformen in additiven, kooperativen oder integrierten Systemen zusammengefaßt sind; ausschlaggebend ist die Absicht, den Lehrer nicht weiterhin umfassend für alle Jahrgänge *einer* Schule, sondern für einen horizontal gestuften Abschnitt *aller* Schulen auszubilden.

☐ Strukturplan. Schulaufbau

Lit.: Dt. Bildungsrat, Strukturplan für das Bildungswesen (1970); Wissenschaftsrat, Empfehlungen zur Struktur u. zum Aufbau des Bildungswesens im Hochschulbereich nach 1970 (1970); Bundesassistentenkonferenz, Integrierte Lehrerausbildung (1970); Konferenz der PH.n, Vorschläge zur Reform von Schule u. Hochschule (1970); H. Heckhausen u. a., Lehrer 1980 (1970); A. Regenbrecht (Hrsg.), Reform d. Lehrerbildung – Reform der Hochschule (1970).

A. Regenbrecht

Stufenschule ↗ Gesamtschule ↗ Stufenlehrer

Stummheit ↗ Gehörlosenpädagogik

Stundenplan, Stundentafel

SP. = Stundenplan(s), ST. = Stundentafel, U. = Unterricht(s)

1. Die *Stundentafel* ist Teil der amtl. Lehrpläne und zugleich deren Zusammenfassung unter unterrichtsorganisator. Aspekt; sie ist ein für alle Schulen verbindl. Erlaß. Sie regelt die Anzahl der Wochenstunden pro Jhg. und Fach oder Fächergruppe und neuerdings auch den zeitl. Anteil besonderer Einrichtungen des SP. wie Förder-U., Arbeitsgemeinschaften u. ä.; sie legt den Zeitraster für die Aufstellung von Tages- und Wochen-SP. fest (Anteil und Dauer der U.stunden oder Anzahl der Minuten pro Woche); sie ist Grundlage für die Lehrerzuteilung im Zusammenhang mit der Pflichtstundenzahl der Lehrergruppen sowie Ausgang für Baumaßnahmen und Schul-

planungen, bes. unter dem Aspekt optimaler Ausnutzung von Fachräumen in Abhängigkeit von der Schulgröße. – Die ST. spiegelt: a. die inhaltl. Struktur, das *Lehrgefüge*, z. B. als Rangordnung der Fächer: Religion, Deutsch, Mathematik, die restlichen als Fächergruppen oder aber alphabetische Ordnung aller Fächer als Ausdruck prinzipieller Gleichrangigkeit aller Lernbereiche; – b. die besonderen *Akzente einer* Stufe oder *Schulform*, z. B. das Verhältnis der Sprachen zu den Naturwiss.en; – c. die *pädagogische Konzeption*, z. B. das Verhältnis zwischen Pflichtveranstaltungen und Wahlveranstaltungen, zwischen geplantem U. und freiem Lernangebot (deutlich in der Odenwald-Schule und in Gesamtschulkonzeptionen).

2. Der *Stundenplan* soll die ST. in einen Tages- und Wochenplan umsetzen und dabei neben päd. vor allem auch psychohygienische, arbeitsphysiologische, organisatorische, ökonomische und bürokratische Gesichtspunkte sowie persönliche Interessen und Wünsche der Lehrer berücksichtigen. – Es ist bisher nicht gelungen, diesen verschiedenartigen, z. T. nicht zu vereinbarenden Erwartungen durchgängig zu entsprechen.

Wegen des Fehlens genauer empirischer Untersuchungen und einer der veränderten Funktion der Schule adäquaten SP.-Theorie dominieren bei der immer komplizierter werdenden Organisation (flexible Gruppierungen der Schüler und zunehmende Spezialisierungstendenzen aller Lehrergruppen) letztlich organisatorische und ökonomische Aspekte vor den pädagogischen.

Nur bei wenigen Versuchsschulen spiegelt der Wochenplan als Alternative zum Stunden-„verteilungs"-plan die päd. Konzeption. Beispiele: Jena-Plan, Montessori-Schule, Odenwald-Schule.

3. Desiderate für eine syst. Klärung und zugleich als Voraussetzung für sinnvolle Ausnutzung der U.zeit und aller Ressourcen sind theoretisch-gesteuerte und *empirisch-kontrollierte* Versuche: a. mit unterschiedl. *Lernzeiten*; denn die Einzel- oder Blockstunde ist, weil als *Lehr*einheit verstanden, nicht für alle Lernbereiche und -ziele, Arbeits- und Lernformen, für die verschiedenen Altersgruppen und für technisch vermitteltes Lehren die angemessene Zeiteinheit (Ansatz für Neuorientierung lag im Hauptschul-Versuch in NRW mit Lerneinheiten von 30, 45, 60 und 90 Minuten bei einem Zeitraster von 15 Minuten; eine syst. Untersuchung steht noch aus). – b. Das Organisationsprinzip der Schule in einer „Lern- und Bildungsgesellschaft" muß sich primär an flexiblen Lerngruppierungen, differenziertem Lernangebot mit kompensator. Maßnahmen und Mehrdarbietungen, an Initiativraum und Wahlmöglichkeiten orientieren und deshalb alle die bisherigen SP.e und ST.n bestimmenden für alle gemeinsamen Verbindlichkeiten neu regeln, d. h. ein neues Verhältnis zwischen Pflichtfächern, Pflichtstunden, Zusatzangebot, oberer Grenze der Wochenstundenzahl usw. neu festlegen. – c. Wegen der durchgängigen Wiss.orientierung aller Fächer und der dadurch gegebenen erhöhten intellektuellen Beanspruchung der Schüler in allen Lernbereichen sind empirische Ermittlungen über fachspezif. Beanspruchungen und daraus resultierende ↗ Ermüdungen, über mögliche Vermeidung von Ermüdung sowie über fachspezif. Regenerationsformen dringend erforderlich, weil die psychohygien. und arbeitsphysiolog. Probleme heute nicht mehr Aufgabe der SP.-Gestaltung, sondern der Gestaltung des Lernprozesses in jedem einzelnen Fach geworden sind; kein Fach, keine Lerneinheit darf die Schüler bis an die Grenze der phys. und psych. Belastbarkeit beanspruchen.

4. Je mehr Komponenten bei der Gestaltung des SP. berücksichtigt werden müssen, um so dringender werden *Programmsysteme* zur Erstellung von SP.en, weil nur mit Hilfe von Computern die vielfältigen Aspekte der SP.-Konstrukton sowie die Möglichkeiten bei kurzfristigen notwendigen Änderungen (Lehrerausfall usw.) gelöst werden können. – Untersuchungen zur Störanfälligkeit der komplizierten Pläne, zum Problem des U.ausfalls, der Vertretungen und deren ökonomischste Regelung, sind im Zusammenhang mit Arbeitsplatzanalysen und Erprobung von alternativen Organisationsmodellen (Verlagerung von Initiative und Verantwortung auf Lehrergruppen) erforderlich.

5. Die *gesamten Planungen* der Unterrichtsorganisation können auch bei einer Binnengliederung der Schule nach Stufen oder ggf. Jahrgängen *einer Lehrergruppe* übertragen werden; denn je totaler das Lernen geplant und Schule organisiert werden muß, um so größer ist die Gefahr der Sterilität und Starrheit. Die Vorteile der relativ freien und offenen Planung des Klassenlehrers mit der flexiblen und offenen Organisation des Lernens kann durch Teamplanung und -verantwortung evtl. neu in die Schule aufgenommen werden.

☐ Schulmanagement. Unterrichtsstunde. Team Teaching. Wahlfächer

Lit.: M. Kesselring, Arbeitspsychol. Erhebungen zur Theorie des SP., in: Zschr. f. Päd. Psychol. (1915); K. Roller, Die Theorie des SP., in: Verhandlungen der 57. Versammlung dt. Philologen u. Schulmänner zu Salzburg, hrsg. v. R. Meister (1930); P. Petersen, Führungslehre des U., (⁷1963); H. J. Genrich, Die automat. Aufstellung von Schul-SP.en auf relationstheoret. Grundlage (1966); H. Wagner, Zur Organisation des U., in: U.-J. Kledzik (Hrsg.), Entwurf einer

Hauptschule (1967); I. Lichtenstein-Rother, ST. u. SP.-Gestaltung, in: Grundsätze, Bildungspläne, Richtlinien zur Neuordnung der Hauptschule in NRW (1968); F. Haake - R. Koch u. a., SP.e aus dem Computer, in: A. D. L. Z. 1 (1968); G. Rapp, Blockunterricht. Zur Effizienz von Doppel- u. Einzelstunden (1970); G. Mahler - E. Rauh - D. Worbs, SP.e, in Zschr.: Schulmanagement 1 (1971).

I. Lichtenstein-Rother

Sturm, Johannes
Humanist. Schulmann, geb. 1. 10. 1507 in Schleiden (Eifel), gest. 3. 3. 1589 in Straßburg. S. besuchte die Lateinschule der ↗Fraterherren in Lüttich, studierte und lehrte alte Sprachen an dem von ERASMUS gegr. Drei-Sprachen-Kolleg in Löwen und der Univ. Paris, wo er sich der reformator. Lehre anschloß und Verbindungen zu MELANCHTHON und BUCER knüpfte. 1537 wurde er nach Straßburg berufen, um als Rektor das Gymnasium zu leiten, das (unterstützt durch S.s zahlreiche Schriften) vielen Schulen zum Vorbild ihrer Reformen wurde. Angeschlossen wurde 1566 eine Akademie mit Promotionsrecht in der Artisten-Fakultät, deren Rektor auch S. war. Das Ziel aller Studien sah S. in der sapiens atque eloquens pietas.

Werke: De amissa dicendi ratione et quomodo ea recuperanda sit, libri duo (Straßburg 1538); De literarum ludis recte aperiendis (1538), in: R. Vormbaum, Ev. Schulordnungen, Bd. I (1860); Classicae epistolae sive scholae Argentinenses restitutae (1565), in: Vormbaum a. a. O., neu hrsg. v. J. Rott (Paris 1938); Academicae epistolae urbanae (1569), in: Vormbaum a. a. O.; De imitatione oratoria libri tres (Straßburg 1574).
Lit.: Ch. Schmidt, La vie et les travaux de J. S. (Straßburg 1855, Bibliogr.); E. Laas, Die Päd. des J. S. (1872); W. Sohm, Die Schule J. S.s u. die Kirche Straßburgs (1912); E.-W. Kohls, Die Schule bei M. Bucer in ihrem Verhältnis zu Kirche u. Obrigkeit (1963); H. Hettwer, Herkunft u. Zusammenhang der Schulordnungen (1965).

H. Hettwer

Subjektivität
Von S. ist hier ausschließlich in *pädagogischem* Sinne die Rede. Fragt man nach dem Anteil, den das Bildungssubjekt zu seinem eigenen Bildungsprozeß beisteuert, so wird dieser in verschiedenen bildungstheoret. Konzeptionen verschieden groß sein. Wird das Bildungssubjekt als monadisches Einzelwesen verstanden, das autark aus sich heraus lebt, sich seine Welt entwirft und in diesem Entwerfen sich selbst bildet, ist es im Blick auf seinen Bildungsprozeß seiner selbst mächtig. Solche Selbstmächtigkeit des Bildungssubjekts nennen wir S.

Der gedankliche Horizont derart subjektivistischer Bildungstheorien wurde in der Philosophie von LEIBNIZ zur Verfügung gestellt und bei ROUSSEAU erstmals exemplifiziert. In der „Pädagogik des Wachsenlassens", bei M. MONTESSORI und auch in der ↗Psychoanalyse leben sie fort, wenn diese den Aufbau des Über-Ich aus dem Lebensvollzug des Ich selbst heraus beschreibt.
Mit PESTALOZZIs Päd. der gläubigen Liebe beginnt die Infragestellung dieser Systeme. Auch die ↗Personale Pädagogik sprengt das subjektivistische Bildungsverständnis, indem sie – in Abweichung von KANTs Begriff der Personalität – menschliche Selbstverwirklichung auf das Personsein des Menschen fundiert, welches immer ein In-Beziehung-gerufen-Sein ist. Auch BUBERs Päd. des dialogischen Prinzips gehört in diesen Umkreis.
Grundsätzlich wurde der Ausgang von der S. des Subjekts in der Bildungsbewegung von J. DEWEY überwunden. Mensch und Welt lassen sich in ihrem Wandel und in ihrer Entwicklung nicht als ein kommunikativ ablaufender Interaktionsprozeß. In dieser in sich vollständigen Interaktion nach den Anteilen des Subjekts und des Objekts zu fragen führte zu unzulässigen Abstraktionen.

Erwartet die Gesellschaft heute vom Menschen die aktive Verbesserung der konkreten Verhältnisse, dann kommt er nicht mehr mit seiner eigenen, stets beschränkten S. aus, dann müssen interaktiv mit ihm die konkreten Weltverhältnisse im Bildungsprozeß gegenwärtig sein. In rational-kommunikativem Durchsprechen der Verhältnisse müssen ihre Mängel erhoben und die Verwirklichung dessen in die Wege geleitet werden, was in vorhandener Wirklichkeit noch nicht wirklich ist. Demgemäß gehört die „Pädagogik der Kommunikation" zum nichtsubjektivistischen Typus der Bildungstheorien.
☐ Bildung
Lit.: K.-H. Schäfer - K. Schaller, Krit. Erziehungswiss. und kommunikative Didaktik (1971, Lit.).

K. Schaller

Sublimierung ↗Abwehrmechanismus ↗Psychoanalyse

Subsidiarität(sprinzip)
1. Das S. ist einer der wichtigsten *Grundpfeiler der katholischen Soziallehre* und, obwohl weit zurückzuverfolgen, erstmals in der Enzyklika *Quadragesimo anno* PIUS' XI. ausdrücklich formuliert (n. 79): „Wie dasjenige, was der Einzelmensch aus eigener Initiative und mit seinen eigenen Kräften leisten kann, ihm nicht entzogen und der Gesellschaftstätigkeit zugewiesen werden darf, so verstößt es gegen die Gerechtigkeit, das, was die kleineren und untergeordneten Gemeinwesen leisten und zum guten Ende führen können, für die weitere und übergeordnete Gemeinschaft in Anspruch zu nehmen..." Dieses Prinzip wird als „oberster sozialphilosophischer Grundsatz, an dem nicht zu rütteln noch zu deuten ist", bezeichnet. Die Begründung der Enzyklika lautet: „Jedwede Gesellschaftstätigkeit ist ihrem Wesen und Begriff nach subsidiär; sie soll die Glieder des Sozialkörpers unterstützen, darf sie aber niemals zerschlagen oder aufsaugen."

2. Als gesellschaftl. Ordnungsgesetz stellt das S. ein *Grundgesetz des ergänzungsweisen Beistandes* (FRINGS) dar. Als solches steht es im krassen Gegensatz zu dem Begriff „ersetzen". Das S. will innerhalb der Gesellschaft die Eigentätigkeit des einzelnen und des kleineren Sozialgebildes schützen. Das bedeutet ein Zweifaches: a) Gesellschaft und Staat sind nicht befugt, jene Entwicklung zu hindern oder die Aufgaben an sich zu reißen, welche der einzelne oder kleinere Gliedgemeinschaften selbständig leisten können. b) Gliedgemeinschaften in der Gesamtgesellschaft oder der einzelne müssen das aus eigener Kraft leisten, was sie zu leisten vermögen.
Jede Übertretung des S.s führt zur Versklavung des Menschen durch die Gesellschaft, sei es in der Sonderform eines *totalen Staates* oder durch den Totalitätsanspruch nichtstaatlicher gesellschaftl. Gebilde. Dennoch darf das S. *nicht rigoristisch* interpretiert werden. Angesichts moderner komplexer Gesellschaften, die sich im Staat aktualisieren, kann eine Ergänzung gesellschaftl. Tuns auch dann gegeben sein, wenn dem einzelnen oder kleineren Sozialgebilden das abgenommen wird, was *nur* belastet und an der Kraftsubstanz zehrt. – Sowohl die Formulierung als auch der Denkansatz des S.s sind *statisch* angesetzt. Eine *dynamische* Betrachtungsweise und Formulierung müßte von der *pluralistischen Gesellschaft* sprechen, insofern sie die Nichtidentität von Staat und Gesellschaft bedeutet und ihr Grundanliegen im Schutz der ↗Person vor der Übermächtigkeit von Kollektiven liegt.
☐ Soziallehren. Pluralismus
Lit.: ↗Soziallehren. *K. Kippert*

Substanz

S. heißt in der aristotelischen Tradition das ‚eigentlich' Seiende (griech. ousía), dem das Sein unmittelbar an ihm selbst zukommt. Im Gegensatz dazu haben *Akzidentien* (Eigenschaften, Tätigkeiten, Beziehungsverhältnisse) wirklichen Bestand nur durch ihr Vorkommen (‚Inhärenz') an der S., die ihr ‚Zugrundeliegendes' (subiectum) ist. S. ist so das in sich bestehende, unabhängig faßbare Seiende, d. i. in erster Linie das existierende Individuum *(erste S.)*; in zweiter Linie der Begriffsinhalt, der in eigentl. Sinne nur von solchen Individuen auszusagen ist; das ist bei Gattungs- und Artbegriffen wie „Lebewesen", „Mensch" der Fall *(zweite S.)*. S. ist so die grundlegende Weise von Sein und die erste Kategorie: alle Prädikate, die eine Seinsweise nennen, können von ihr als Subjekt ausgesagt werden, S.begriffe können nicht Prädikate von Nicht-S. sein.

Nach scholast. (bes. thomist.) Auffassung ist die S. innerlich bestimmt durch ihr *Wesen* (essentia), das ihr Sein begrenzt. Sofern das Wesen bei der innerweltlichen S. die konträren Prinzipien *Stoff* und *Form* umfaßt, die miteinander das Sein der S. konstituieren (Hylomorphismus), bedarf die S. einer Ursache. Sie selbst ist wieder Ursache der Akzidentien, zunächst der quantitativ-räumlichen Bestimmung, dann der weiteren wesentl. Eigenschaften (per se accidentia) und vor allem der Vermögen, durch welche sie Prinzip von Tätigkeit ist. Als solches Prinzip heißt die S. „Natur". – Artefakte sind nicht S.en, da sie „Bestand" nicht als solche, sondern durch ihr Naturmaterial haben.

Der S.begriff ist einleuchtend, wo tätige Naturen als Individuen ausgrenzbar sind. Ist das schwierig, so treten Relationen und Funktionen in den Vordergrund, die S. wird zum bloßen Substrat und verliert den Seinsvorrang. Transzendentalphilos. ist S. nur (subjektive) Kategorie, um die Permanenz des Gegenstandes zu denken. Eine ontologische Interpretation des Seienden kann schwerlich auf den Begriff verzichten; sie wird ihm allerdings eine je nach Seinsbereichen variable, ‚analoge' Bedeutung geben müssen.

Lit.: E. Cassirer, S.begriff u. Funktionsbegriff (1923); R. Jolivet, La notion de substance (1929); J. Hessen, Das S.problem in der Philos. der Neuzeit (1932); E. Tugendhat, TI KATA TINOS (1958); W. Büchel in: Scholastik 33 (1958); H. Rombach, S., System, Struktur (1965 f.).

W. Kluxen

Suchodolski, Bogdan

Poln. Pädagoge, geb. 27. 12. 1903 in Sosnowiec; studierte in Warschau, Krakau, Berlin und Paris; 1938 ao. Prof. an der Univ. Lwów (Lemberg); 1947 o. Prof. an der Univ. Warschau; Mitglied der Poln. Akademie der Wiss.en; Redakteur mehrerer Zschr.en und Buchreihen. – S.s Forschungsspektrum umfaßt die Historische, Systematische und Vergleichende Erziehungswiss., neuerdings auch die Bildungsökonomie. Bis 1939 war er neben S. HESSEN ein führender Vertreter der sog. Kulturpädagogik. Seit 1945 tritt er für eine materialist. und sozialist. Erziehungstheorie ein. In den 60er J.n konzentrierte er sich zunehmend auf die päd. und bildungspolit. Probleme der industriegesellschaftl. Entwicklung.

Werke (Auswahl): Grundlagen der marxistischen Erziehungstheorie (1961); Wychowanie dla przyszłości [Erziehung für die Zukunft] (Warszawa 1947, 1959, 1969); Rozwój nowożytnej filozofii człowieka [Die Entwicklung der neuzeitlichen Philosophie des Menschen] (Warszawa 1967).

S. Baske

Sucht, Suchtgefahren

S. (siech = krank) bezeichnet ein krankhaftes Verlangen nach Lustgewinn, das alle andern Lebensbereiche zurückdrängt. Jedes menschl. Tun kann zur übersteigerten Lustbefriedigung und damit zur S. entarten (Spielsucht, TV-Sucht, Arbeitswut, Herrschsucht usw.). S. im engeren Sinne meint den mißbräuchlichen Konsum von Genußmitteln oder Stimulantien: Alkohol, Nikotin, Medikamente, Rauschgifte. In Europa zählt zu den größten sozialmedizinischen Problemen der Alkoholismus.

1. S. als *medizinisches Problem*. S. ist eine Krankheit. Medizin. betrachtet, ist S. Abhängigkeit von einem Giftstoff (Anregungs-, Genuß-, Rausch-, Schlaf- oder Betäubungsmittel) in einer Art, daß der Körper sich auf diese Stoffe einstellt und der Mensch daher ohne dieses Mittel nicht mehr leben kann. Es entsteht ein Stoffwechseldefekt, der dauernd nach Dosissteigerung verlangt. Dies bewirkt einen fortschreitenden Abbau der körperlichen, geistigen und seelischen Kräfte. S. enthält stets die Tendenz der Persönlichkeitszerstörung. Ihre Stufen sind: Verlust der Selbstkontrolle und der Willenssteuerung, Abstinenzsymptome bei Entzug des Mittels, Interessenverlust, geistig-seelische Desorientierung, gesellschaftliche Desintegration, Depersonalisation. Nach wiss. Erkenntnissen ist S. nicht eine angeborene, sondern eine *erworbene Haltungsanomalie*. Therapeutisch ist S. nur schwer beeinflußbar. Je nach akutem oder chronischem Mißbrauch, dem S.-mittel und dem Grad der Schädigung (Nierenschäden, Leberzirrhose, Gastritis, Krebs, Störungen im vegetativen Nervensystem, Angstgefühle, Wahnvorstellungen usw.) bedingt S. eine ärztliche Behandlung in einer psychiatrischen Klinik oder einem Krankenhaus, Entgiftung, Entwöhnung, Heilstättenkur, fürsorgerische Betreuung usw. Wichtig zur Heilungsaussicht ist die frühestmögliche Erfassung von Suchtkranken durch zuständige Fachstellen.

2. S. als *psychologisches Problem*. In der Psychol. wird S. als Antwort auf Sehnsucht oder als die Suche nach Halt verstanden. Im Verlangen nach Werten (Geborgenheit, Glück, Freude, Liebe) erlebt der Mensch die eigene Begrenzung und den Konflikt zwischen Bedürfnis und Befriedigung. Bei psychisch wenig belastbaren oder überforderten Menschen führen Alltagsspannungen, Ehe-, Berufs-, Lebensschwierigkeiten zu seelischen Gleichgewichtsstörungen. Allen Süchtigkeiten gemeinsam ist die Flucht vor der geforderten Individuation und Sozialisation. Der Rausch vermittelt subjektiv ein gesteigertes Selbstwertgefühl, dem objektiv ein Leistungsabfall entgegensteht. Der Rausch als uneingestandene Regressionsform verhindert reale Konfliktbewältigung und führt in immer größere Insuffizienz und Unfreiheit. Die Fehlanpassung wird zu einem circulus vitiosus. Bes. suchtanfällig sind neurotische Persönlichkeiten (frühkindl. Frustrationen, gestörtes Vaterbild, S. als „Mutterprothese", Spannungsintoleranz).

3. S. als *gesellschaftliches Problem*. Zu jeder Zeit und in jeder Kultur spielten Rauschmittel eine wichtige sozio-kulturelle Rolle (Bacchusfeste, Dionysoskult, Friedenspfeife, Opiumhöhlen, Haschritual, Weinhandel, Brauerei, Trinksitten, Trinkzwang). Durch unterschiedlichste Gesetzgebungen (Gesundheits-, Alkohol-, Betäubungsmittel-, Rauschgiftgesetze) versuchen die verschiedenen Staaten das elementare Bedürfnis des Menschen und der Gesellschaft nach Rausch zu steuern. Dennoch wird immer ein gewisser Prozentsatz der Bevölkerung süchtig. Die Mitverantwortung der Gesamtgesellschaft gegenüber den Suchtkranken wird zuwenig erkannt. Unsere Konsumgesellschaft fördert durch Reizüberflutung, Werbung, Trinknormen, Psychopharmaka, Tabus usw. suchtdisponierende Faktoren. Große Industriezweige (Alkoholkapital, Tabakindustrie, Rauschgifthandel) sind an einem gesteigerten Konsum ihrer Produkte interessiert. Das wachsende Angebot von neuen synthetischen Heilmitteln wirkt vor allem gefährdend auf die Jugend. Durch die soziale Mobilität wurde Rauschgift (Haschisch, LSD, Meskalin, Heroin, Morphin, Opium usw.) zum internat. Problem. Als soziopathologisches Phänomen signalisiert es die Mangelerscheinung im westlichen Gesellschaftssystem (einseitig: Ratio, Leistungsprinzip, Realitätskontrolle, Materialismus) gegenüber den östlichen (Intuition, Kontemplation, Mystik, Ekstase, Magisches).

4. S. als *pädagogisches Problem*. Bei Kindern und Jgdl.n wirkt sich S. viel schädlicher aus, obwohl sich die S.mechanismen, die körperlichen Folgen und das dissoziale Verhalten meist erst Jahre später zeigen. In unserer Industriegesellschaft mit ihrer Belastung des modernen Menschen (Beziehungsstörungen, Stress, Gefühlsarmut, Angst, Flucht, Vereinsamung) ist eine sachgemäße Prophylaxe gegen Suchtgefahren dringend notwendig. Die suchtpäd. Aufgaben heißen: erzieherisches Vorbild mit der eigenen Bewältigung des „künstlichen Paradieses"; gesunde Ernährung; Gesundheitserziehung im Sinn von Selbstbeherrschung und Mäßigung; positive Motivierung zu Konsumaskese und Verzicht; Aufbau von Wertbezügen; soziale Gewissensbildung; Spielraum schaffen zum legitimen Bedürfnis nach Ekstase: Verinnerlichung, Begeisterung, Muße, Spiel, Sport, schöpferische Leistung; religiöse Sinngebung auf Lebensziel und Lebensaufgabe; Hinfüh-

rung zu Beziehungs- und Liebesfähigkeit als sittlicher Lebenskraft.

☐ Rauschmittel. Konsumerziehung. Gefährdetenhilfe. Jugendfürsorge

Lit.: K. Moller, Rauschgifte u. Genußmittel (1951); J. Pieper, Zucht und Maß (1960); E. Gabriel, Die Süchtigkeit (1962); F. Laubenthal (Hrsg.), S. und Mißbrauch (1964); J. Odermatt, Alkohol heute (1969).

W. Fritschi

Suchtkrankenhilfe ↗ Gefährdetenhilfe

Südafrika
Republik, Bodenfläche: 1 221 037 qkm, Bev.s-zahl: 18,3 Mill. (1966).
1. *Das Schulwesen der Weißen.* Das Fundament des Bildungssystems ist in S. nach abendländ. Tradition die Elementarerziehung. Während der gesamten Pionierzeit seit der Landung Jan van RIEBEECKs 1652 war die Elementarerziehung eine Form der religiösen Unterweisung, verbunden mit einer Vermittlung der geistigen Grundtechniken. Der Lese-Schreib-Kurs stand im Dienste der Katechese, wie es in der Synode von Dordrecht der Reformierten Kirche Hollands 1618/19 vorgeschrieben war. Gegenwärtig besteht in S. eine Schulpflicht vom 7. bis zum 16. Lj. Die *Elementarschule* (Primary School) umfaßt das 1. bis 7. (für jene, die in die Sekundarschule übergehen) bzw. das 10. Schj. In fast allen größeren Gemeinden bestehen für das 5. bis 7. Lj. *Kleinkinderschulen* (Infant Schools). 1953 entstanden die ersten Junior Secondary Schools, die den differenzierten Begabungen entsprechend ein breites Kursangebot vorsahen. Die *Modern* oder *Junior High School* sollte als selbständiges Glied der Sekundarschule in vorwiegend praktischer Gestaltung in sich geschlossen sein. Sie sollte weder im Schatten des akadem. Zweiges der Sekundarschule eine Abwertung erfahren noch als vorbereitende Instanz auf diesen Zweig ausgerichtet sein.
2. *Das Bantu-Schulwesen.* Die Cape Education Commission (Fremantle Commission) hat in einem Bericht 1912 festgestellt, daß das Bildungsprogramm in S. zu einseitig auf die Weißen abgestimmt war und die Bedürfnisse der Afrikaner stark vernachlässigt habe. Während des 2. Weltkriegs kam es zu heftigen Diskussionen um die Stellung der *Nichtweißen* (Bantus, Inder, Farbige) in der zu entwickelnden Gesellschaftsordnung. Die Frage war, wie weit im Rahmen einer modernen Gesellschaft eine Integration oder Segregation gerechtfertigt sei. Die von der Regierung 1949 eingesetzte Kommission über Fragen der Eingeborenenerziehung (Vorsitz Dr. W. W. M. EISELEN) machte mehrere Vorschläge, die die Bantu-Erziehung bis in die Gegenwart bestimmt haben. Die Administration der Bantu-Erziehung wurde 1953 durch Gesetz (Bantu Education Act) der Zentralregierung unterstellt (Department für Eingeborenen-Fragen) und damit auch der Kontrolle der Missionen entzogen. 1958 wurde ein selbständiges Department für Bantu-Erziehung mit einem eigenen (weißen) Minister errichtet. Eine partnerschaftlich gestimmte Kooperation ist aber erst in bescheidenem Ausmaße möglich geworden.

1954 waren 27,6 %, der Bantu-Bevölkerung schreib- und lesekundig, 1959 56 %, 1968 bereits 85 %. Der größte Teil der 2,4 Mill. Bantuschüler besucht die unteren Primarschulen (Lower Primary Schools) und verläßt diese nach 4 J.n; eine Schulpflicht gibt es für sie nicht. Nach weiteren 4 J.n (Standards III-VI) in oberen Primarschulen (Higher Primary Schools) dürfen diejenigen Schüler, die ein first oder second class in einem externen Examen erreichen, in eine der 370 Sekundarschulen für Bantus überwechseln. Eine sehr geringe Zahl der jungen Bantus erreicht Standard X und damit die Voraussetzung, an den vom vereinigten südafrikan. Prüfungsausschuß oder vom Department für Hochschulbildung gestalteten Examina teilzunehmen. 1968 erwarben 775 Bantu das Matriculation Exemption Certificate, das zum Universitätsbesuch berechtigt, 491 ein Senior Certificate, das etwa der mittleren Reife entspricht. Auch wenn die 12 400 Prüflinge, die nach 3 J.n Sekundarschule mit dem Junior Certificate einen mittleren Sekundarabschluß erlangten, hinzugerechnet werden, so bleibt die Zahl der erfolgreichen Sekundarschulabgänger sehr gering.

Ein Ziel des Gesetzes über die Bantu-Erziehung war es, den Einfluß der Missionsstationen (von 44 Konfessionen und Sekten) zurückzudrängen und die bis dahin europäisch orientierte Erziehung der Bantus mehr an die Gegebenheiten des Bantulebens anzupassen. Mindestens in den ersten 5 bis 8 Schj.en ist eine von 7 verschiedenen Bantusprachen Unterrichtssprache. Auf den offiziellen Sprachen der Südafrikan. Republik, Englisch und Afrikaans, liegt im Lehrplan jedoch ein besonderes Gewicht. Hinzu kommen in den Primarschulen Religion, Arithmetik, Umweltkunde, Gesundheitserziehung, Schreiben, Musik, Kunst und Handwerk, Gartenbau sowie später Sozialkunde, Bodenpflege und Baumpflanzung, also Fächer, die der Forderung der Eiselen-Kommission nach stärkerer Berücksichtigung der Lebenswelt nachkommen. 34 Lehrer-Colleges sorgen dafür, daß das Ziel bald erreicht sein wird, alle Bantuschüler von Bantulehrern unterrichten zu lassen.

3. *Die Universitäten.* Die Gestaltung selbständiger Univ.en ist ebenfalls von fundamentaler Bedeutung für die Bildung einer afrikan. Elite, die den Autonomisierungsprozeß kritisch zu Ende führen soll.

Gegenwärtig gibt es in S. 13 Univ.en (einschl. der Univ. von S. als reine Fernstudien- und Prüfungs-Univ.). An den Univ.en Pretoria, Stellenbosch, Potchefstroom, Bloemfontain, Kapstadt und Johannesburg werden nur weiße Studenten aufgenommen. Lediglich in Kapstadt und Johannesburg (Witwatersrand) gab es bis zum Ausbau der Univ.en für Bantus und Farbige „offene Kurse". Fort Hare war seit 1916 die einzige Hochschule für Bantus, Farbige und Inder. Aufgrund der „Extension of University Education Act" (1959) wurden drei weitere Univ.en gegründet: das University College of the North in der Nähe von Pietersburg, das im nördl. Transvaal vor allem den Sotho dienen soll, das University College of Zululand bei Empangeni, das für die Gruppe der Zulus und Swazi gegründet wurde, und das University College in Durban (Natal) für die Inder.

Damit sind der *Apartheid*-Idee entsprechend auch im Universitätsbereich geschlossene Gemeinschaften gebildet worden, deren Charakteristika sich sowohl im Lehrplan als auch in der Architektur spiegeln. Während an den Primarschulen nur Nichtweiße unterrichten und selbst an den Sekundarschulen nur noch wenig Weiße tätig sind, wirken im Rahmen der Univ.en noch ungewöhnlich viele Weiße. Das Ziel ist auch hier die Abgabe aller Ämter an die Nichtweißen.

4. *Kritik*. Über 20,2 % der weißen, jedoch nur 3,1 % der afrikan. Kinder besuchen die Sekundarschule (bei 3,6 Mill. Weißen gegenüber 12.8 Mill. Bantus). Die Ausbildungskosten für die weißen Schulkinder betragen jährl. 64 Pfund, im Gegensatz zu 9 Pfund für die afrikan. Kinder (hinzu kommt deren früher Schulabgang). So schafft die parallele Entwicklung durch eine konsequente Gesetzgebung, die ihren klarsten Ausdruck in der *Group Areas Act* und der *Immorality Amendment Act* findet, nicht nur getrennte Lebensräume unter ungleichen sozialen Bedingungen, sondern sie perpetuiert sie gleichzeitig durch eine unterschiedl. Bildungspolitik.

Lit.: J. W. Raum, Das Bantuschulwesen in der Südafrikan. Union (Diss. München 1963); A. L. Behr - R. G. Macmillan, Education in South Africa (Pretoria 1966); P. H. Duminy (Ed.), Trends and Challenges in the Education of the South African Bantu (Fort Hare 1967); H. Röhrs, Afrika – Bildungsprobleme eines Kontinents (1971).

H. Röhrs

Südamerika ↗ Lateinamerika

Sudan ↗ Arabische Staaten

Südostasien

I. Allgemeine Übersicht

S. ist seit jeher ein Konvergenzbereich zwischen den beiden großen Kulturräumen China und Indien gewesen. Die Länder (Burma, Kambodscha, Laos, Malaysia, Singapur, Thailand, Nord- und Süd-Vietnam) lassen dies in der Entwicklung ihres sozialen, kulturellen und religiösen Lebens erkennen, vor allem aber auch in ihrer heterogenen ethnischen Zusammensetzung. Die heutigen chinesischen und indischen Bevölkerungsgruppen, die (mit Ausnahme von Singapur) als nicht voll integrierte Minderheiten gelten dürfen, sind erst in der Neuzeit in stärkerem Maße nach S. eingewandert. Sie machen etwa 8 % der Gesamtbevölkerung aus. 12,5 Mill. Chinesen und 2 Mill. Inder gehören vielfach den höheren Einkommensschichten an und sind überwiegend im Handel, in der Industrie und wichtigen Dienstleistungssektoren beschäftigt.

Der *Buddhismus* ist die in S. vorherrschende Religion mit Ausnahme von Malaysia und Singapur, wo der *Islam* eine starke Anhängerschaft hat. Die *christlichen Religionen* sind vor allem in Vietnam (Katholiken) und in Burma (Protestanten) verbreitet.

Die durchschnittl. *Bevölkerungszuwachsrate* in S. beträgt 3 % jährlich. Die Besiedelung ist sehr ungleichmäßig: extreme Bevölkerungskonzentration in städtischen Gebieten und dünne Besiedelung des übrigen Landes. Der Stand der Wirtschaftsentwicklung in den Ländern ist sehr ungleich. Das Pro-Kopf-Volkseinkommen variiert von weit weniger als 100 $ (in Laos, Burma, Vietnam) bis 557 $ (Singapur) 1969. Außer Singapur sind alle Länder stark agrarorientiert; der industrielle Sektor dagegen ist nur schwach entwickelt.

Ein *selbständiges politisches Leben* begann erst nach der Entkolonialisierung und mit der Rezeption westlicher Verfassungs- und politischer Systeme. Thailand bildet als einziges nichtkolonialisiertes Land eine Ausnahme. Die konstitutionelle Monarchie ist die übliche Regierungsform, nur Burma, Nord- und Süd-Vietnam haben das monarchische System abgeschafft. Politisch sind Malaysia, Thailand und Süd-Vietnam pro-westlich, Burma, Kambodscha, Laos und Singapur neutral orientiert, Nord-Vietnam kommunistisch. Eine schwierige und dringende Aufgabe in S. ist es, die Bergstämme und andere Minderheiten in die Gesamtnation einzugliedern, ein Problem vor allem in Thailand, Laos, Burma und Malaysia.

II. Das Bildungswesen. Übersicht

Das wichtigste gemeinsame bildungspolitische Ziel aller Länder S.s ist die baldige Beseitigung des immer noch stark verbreiteten Analphabetismus und der quantitative Ausbau des Bildungssystems auf allen Ebenen. Die verschiedenen Formen und Inhalte des heutigen Erziehungssystems sind im wesentlichen ein Erbe der kolonialen Periode. In den früher frz. Gebieten (Kambodscha, Laos, Vietnam) ist das System dem frz., in den ehemals engl. Kolonien (Burma, Malaysia, Singapur) dem engl. Muster angelehnt. Thailand hat durch seine traditionelle Orientierung an England dessen Erziehungssystem adaptiert. Eine vorschulische Erziehung ist nur in Thailand und Singapur in Ansätzen vorhanden und ausschließlich privater Initiative überlassen. Das Schulwesen ist zu großen Teilen staatlich. Nach einer durchschnittlich 6jähr. Primarschule folgt eine 6jähr. Sekundarschule, die sich in Unter- und Ober-Stufe (3-3, 4-2 oder 3-2) gliedert. Die Hochschulausbildung dauert durchschnittlich 4 J. Die Voraussetzungen für die Lehrerausbildung sind je nach Land verschieden; sie dauert je nach Schulvorbildung und angestrebter Qualifikation (Primar- oder Sekundarschullehrer) zwischen 1 und 4 J.n. Außer in Singapur ist die Erwachsenenbildung kaum entwickelt.

1. Burma

Bei einer Bevölkerungszahl von 25,8 Mill. (1969) weist Burma eine sehr hohe Analphabetenquote auf (42,3 % der über 15jährigen). Das Schulwesen gliedert sich in eine 4jähr. *Primar-* und in eine 5jähr. *Sekundarschule.* Eine weitere einjähr. Vorbereitung als Mindestvoraussetzung für ein *Hochschulstudium* endet mit dem Basic Education Highschool Examination. Auf der Hochschulebene dauert das Studium je nach Fach 4 bis 7 J. Die Primar-, die unteren Sekundar- und die berufsbildenden Schulen sind schulgeldfrei. Bis 1971 soll eine 4jähr. Schulpflicht im ganzen Lande eingeführt werden.

Die Einschulungsquote beträgt rd. 80 % (1966). 1967/68 gab es 14 267 Primarschulen mit 2 791 190 Schülern, auf der Sekundarebene 1418 Schulen mit 945 532 Schülern (allgemeinbildender Zweig) und 18 berufsbildende Schulen mit 4027 Schülern. 2 Hochschulen (Rangoon und Mandalay) zählen 11 000 Studenten. Für die *Lehrerausbildung* stehen 10 Institute zur Verfügung. – Die Bildungsausgaben betragen (1968) 12 % des Sozialproduktes (weniger als 2,5 % der öff. Ausgaben).

Aufgrund der Proklamation des Revolutionsrates ('The Burmese Way to Socialism') 1962 wird versucht, das Erziehungswesen sozialistisch umzugestalten, mit Hauptakzent auf *Berufsausbildung.* In diesem Sinne ist auch das Outstanding Students Scheme 1966 zu sehen, in dem Schüler und Studenten in den Ferien unentgeltlich als Arbeiter in Betrieben und in der Landwirtschaft tätig sind. Das Schulsystem ist im wesentlichen staatlich, private Schulen sind jedoch zugelassen. Seit 1967 werden, um dem wachsenden Einfluß chines. Minderheiten zu begegnen, private Schulen zunehmend kontrolliert.

2. Kambodscha

Nach SIHANOUKs nationaler Alphabetisierungskampagne (seit 1965) sind alle Personen im Alter zwischen 10 und 50 J.n verpflichtet, in Khmer-Schrift lesen, schreiben und rechnen zu können. Das führte zu einer Reduzierung der Analphabetenquote auf 14 %. Das Bildungssystem gliedert sich in eine 6jähr. *Primar-*, eine 7jähr. *Sekundar-* (4-3) und in eine 4- bis 7jähr. *Hochschulausbildung.* Für das Hochschulstudium ist das Baccalaureat Voraussetzung. Es besteht eine 6jähr. Schulpflicht. Primar- und Sekundarschule sind staatlich sowie privat, Hochschulen nur staatlich.

Die *Lehrerausbildung* ist nach Qualifikationszielen stark aufgefächert und wird sowohl staatlich als auch von buddhistischen Klöstern wahrgenommen. Der Lehrplan und die Gliederung der *Sekundarstufe* sind in letzter Zeit stark modifiziert worden, um der industriellen und landwirtschaftl. Entwicklung gerecht zu werden. Seit 1965 gibt es drei Zweige: Zweig A führt hin zum Studium der Päd., der Geisteswiss.en und der Verwaltungswiss.; Zweig B zur Fortbildung in Naturwiss.en und Technik; Zweig C bereitet weitere Ausbildung in Landwirtschaft vor.

1967 betrugen die Ausgaben für die Erziehung und das Gesundheitswesen insges. etwa 27 % der Staatsausgaben. Die Einschulungsquote wird auf etwa 45 % geschätzt. 1968 hatte Kambodscha 5857 Primarschulen mit etwa 1,02 Mill. Schülern, 12 Sekundarschulen mit 117 000 Schülern und 9 Hochschulen mit 10 800 Studenten.

3. Laos

Laos weist das niedrigste Bildungsniveau unter allen S.-Staaten auf. 80–85 % der Bevölkerung sind Analphabeten. Das Bildungssystem gliedert sich in eine 6jähr. *Primar-*, in eine 7jähr. *Sekundar-* und in eine 4jähr. *Hochschulausbildung.* Auf der Primar- und Sekundarebene ist der Erziehungssektor staatlich sowie privat, auf der Hochschulebene nur staatlich organisiert. Es besteht eine 3jähr. Schulpflicht.

Im Rahmen der Alphabetisierungskampagne wird der Versuch unternommen, in einer Gruppe von 10–12 Dörfern ein Centre d'éducation communautaire zu errichten, in dem auch den Erwachsenen praktische Kenntnisse in Landwirtschaft vermittelt werden. Die weitaus meisten Sekundarschulabsolventen mit dem Baccalaureat gehen zum Hochschulstudium nach Frankreich. Es besteht eine ständige Zentralkommission für Erziehungsplanung, die das ganze Land umfassende Bildungsziele formuliert. Jedoch wird die kontrollierende Ausführung solcher Bildungspläne durch die zunehmende Eigentätigkeit der 3 rivalisierenden polit. Gruppen, insbes. der Pathet-Lao-Gruppe, immer mehr erschwert.

Es gibt 2773 Primarschulen mit 192 000 Schülern. Die Einschulungsquote beträgt etwa 36 %. Gegenwärtig gibt es nur etwa 15 Sekundarschulen mit rund 5000 Schülern. Bis 1967 standen nur 3 Schulen mit etwa 1000 Schülern für die Berufsausbildung zur Verfügung. Auf der Hochschulebene bestehen die Ecole Royale de Médicine und das Institut Royal de Droit et d'Administration.

4. Malaysia

Der Analphabetismus beträgt noch 50 % der Gesamtbevölkerung. Malaysia hat eine 6jähr. *Primarschule* (allgemeine und kostenfreie Schulpflicht) und eine 7jähr. *Sekundarschule.* Das Schulwesen auf der Primar- und Sekundarebene ist staatlich, halbstaatlich und privat organisiert. Seit Einführung der Schulgeldfreiheit ist die Zahl der privaten und halbstaatl. Schulen stark zurückgegangen. Es gibt 4 Unterrichtssprachen (Malaysisch, Englisch, Chinesisch und Tamil), jedoch soll Malaysisch innerhalb der nächsten 10 J. zur offiziellen Unterrichtssprache erhoben werden. 1966 wurde im Laufe der Umorganisierung des Sekundarschulsystems das Secondary school entrance examination abgeschafft, wodurch alle Kinder jetzt zu einer 3jähr. Gesamtschulausbildung zugelassen sind. Im 5. Jahr der Sekundarschulausbildung werden weitere Schüler für einen 2jährigen Kursus zum *Hochschulstudium* ausgewählt.

In der *Erwachsenenbildung* werden seit 1958 im Rahmen des ‚National and Rural Development'-Plans vorrangig Alphabetisierung und Berufsausbildung gefördert. Es ist geplant, bis 1976 eine vollständige Alphabetisierung zu erreichen. Die Bildungsplanung unterliegt dem National Development Planning Committee und ist derzeit im Ersten 5-Jahres-Plan für Malaysia (1966–1970) festgelegt.

Die Einschulungsquote ist auf 90 % gestiegen. 1967 gab es rund 4700 Primarschulen mit 1,3 Mill. Schülern und rd. 750 Sekundarschulen mit 350 000 Schülern. An Hochschulen bestehen: die University of Malaya, ein neues University College in Penang (im Bau), das Serdang College of Agriculture, das private Tengku Abdul Rahman College und eine Technische Hochschule in Kuala Lumpur. Für die Lehrerausbildung stehen 5 Colleges zur Verfügung, zudem sind auf lokaler Ebene 22 Regional Training Centers eingerichtet worden, deren 2jähr. Ausbildung jährlich ca. 1000 Studenten abschließen. – 1967 betrugen die Bildungsinvestitionen etwa 21 % der Staatsausgaben.

5. Nord-Vietnam

In der Demokrat. Republik Vietnam ist mit der Schulreform von 1956 ein 10jähr. *Einheitsschulsystem* eingeführt worden, das sich in eine 4jähr. *Primarstufe* und eine aus 2 Zyklen zu je 3 J.n bestehende *Sekundarstufe* gliedert. Der Aufbau dieses Systems wurde durch das sowjet. Vorbild beeinflußt.

Das System der *Vorschulerziehung* erfaßt ca. 820 000 Kinder in Kindergärten und weitere 12 000 in Vorbereitungsklassen (1969). Die Schülerzahl der allgemeinbildenden Schulen betrug 1970 über 4,5 Mill. (1964: unter 3 Mill.). Der *Berufsausbildung* dienen technische Grundschulen. An 33 Hoch- und Fachschulen studierten 1969 über 71 000 Personen. Hinzu kommen 6 PH.n mit 18 000 Studenten sowie 147 Lehrerbildungsanstalten mit 75 000 Studenten.
Ein System des *Abend-* und *Fernunterrichts* ist sowohl auf der Ebene der Hochschule (1966: 7700 Studierende) wie auch der *Fachschule* (1966: 13 000 Studierende) vorhanden.

Das Analphabetentum war 1965 zu 95 % beseitigt. Schwierigkeiten ergeben sich vor allem bei den ethnisch vielgestaltigen und kulturell wenig entwickelten Bergstämmen, für deren Sprachen z. T. erst eine eigene Schriftlichkeit zu entwickeln war. – Trotz der Kriegsereignisse, die den laufenden Unterricht beeinträchtigen, wird der Ausbau des Bildungswesens vorangetrieben.

6. Singapur

Singapur hat das höchste Erziehungsniveau unter allen S.-Staaten. Das Bildungssystem gliedert sich in 6 J. *Primarschule* und 7 J. *Sekundarschule*. Es besteht keine Schulpflicht, jedoch sind alle Kinder ab 6 J.n zu einer kostenfreien 6jähr. Schulbildung berechtigt. Als Unterrichtssprache kann von den Eltern zwischen Englisch, Chinesisch, Malaysisch und Tamil gewählt werden; der Lehrplan ist aber in allen Schulen gleich. Die englisch- und chinesischsprachigen Schulen sind in der überwiegenden Mehrzahl. Großes Gewicht wird der Zweisprachigkeit beigemessen; so lernen alle Schüler vom 1. Schj. an eine zweite Sprache, vom dritten Schj. an ist für die Schüler der nichtmalaysischen Schulen Malaysisch als dritte Sprache Pflicht. Seit 1965 ist die *Sekundarschule* als Gesamtschule organisiert mit akadem., techn., wirtschaftl. und berufsbildendem Zug. Die Hälfte aller Sekundarschulabsolventen besucht weiterhin einen 2jähr. ‚pre-university'-Kurs mit dem Abschluß eines Higher School Certificate. Die *Lehrerausbildung* beginnt nach Abschluß der Sekundarschule, entweder an einem Lehrercollege oder in 3jähr. Teilzeitkursen. Die *Erwachsenenbildung* ist einer der wesentlichsten Teile des Bildungsplanes in Singapur.

Die Einschulungsquote liegt bei 99 %. Es gibt auf der Primar- und der Sekundar-Schulebene 276 staatl., 251 staatlich unterstützte und 66 private Schulen mit insges. 530 000 Schülern. Auf der *Hochschulebene* gibt es 4 Institutionen, die University of Singapore (3560 Studenten) und die Singapore Polytechnic (3500 Studenten), beides staatl. Hochschulen mit Englisch als Unterrichtssprache. Ferner gibt es zwei private chinesische Hochschulen, die Nanyang University (2000 Studenten) und das Ngee Ahn College (852 Studenten) mit Chinesisch als Unterrichtssprache. 1967 waren 65 000 Erwachsene (3,2 % der Gesamtbevölkerung) in verschiedenen Kursen, vor allem akademischer, kaufmännischer und berufsbildender Richtung, eingeschrieben. – Die Bildungsinvestitionen betrugen im zweiten Entwicklungsplan (1966–70) 129 Mill. S$ (7,2 % der Gesamtausgaben).

7. Süd-Vietnam

Das Schulwesen gliedert sich in eine 5jähr. *Primar-* und eine 7jähr. *Sekundarschule*. Die Ausbildungsdauer auf der *Hochschulebene* ist fachbezogen (für Jura und Soziologie: 3 J., für Medizin 7 J.). Zulassungsbedingung für die Hochschule ist das Baccalaureat.

Bei einer Bevölkerungszahl von 16 Mill. (1967) gab es auf der Primarebene 5969 Schulen mit 1,8 Mill. Schülern. Die Einschulungsquote beträgt etwa 70 %. Die Zahl der Sekundarschulen belief sich 1967 auf 644 bei 430 000 Schülern. Für die Hochschulbildung stehen außer der Buddhist Van Hanh University vier weitere

Univ.en zur Verfügung (mit einer Studentenzahl von 32 000). Die *Lehrerausbildung* findet in 4 staatl. Instituten und in einer Reihe von Sonderausbildungskursen statt.

Wichtigste Tendenz seit 1950 ist die Steigerung der Zahl und die Aufgliederung der berufsbildenden Sekundarschulen; hierfür ist 1963 ein eigenes Technical Education Teacher Training Center errichtet worden. Ein akutes Problem ist die durch die Kriegssituation bedingte häufige Schließung der Schulen und Hochschulen und die Evakuierung der Schüler und Studenten, was eine geregelte Durchführung des Unterrichts bzw. Studiums erschwert.

8. Thailand

Thailand begann frühzeitig mit dem Aufbau eines selbständigen Bildungswesens. 1921 wurde erstmals die Schulpflicht eingeführt, jedoch ohne prakt. Einfluß auf ländl. Regionen. Das National Scheme of Education (1961) war ein erster Versuch, die allgemeine Schulpflicht überall im Lande konsequent durchzuführen. Die Alphabetisierungsquote liegt bei etwa 70 %. Das Erziehungssystem gliedert sich in eine nichtobligatorische *Vorschule*, eine 4jähr. *Primar-*, eine 5jähr. *Sekundarschule* und eine 4jähr. *Hochschule*. Die Vorschule ist privat, auf der Primar- und Sekundarebene sind die Schulen staatlich und privat, die Hochschulen sind rein staatlich. Die *Sekundarschule* hat drei Zweige, einen akadem., einen techn. und einen berufsbildenden. Etwa 85 % der Sekundarschüler besuchen den akadem. und nur 11 % den techn. Zweig. Bei der Intensivierung der *Berufsausbildung* ist ein wichtiger Schritt die Erprobung von zwei Gesamtschulen in Korat und die Planung von weiteren 6 Gesamtschulen bis 1970. Die *Hochschulausbildung* ist in den letzten J.n stark gefördert worden; bes. im Hinblick auf die regionale Entwicklung wurden 3 neue Univ.en im Norden (Chiengmai), im Nordosten (Khonkaen) und im Süden (Songkhla) gegründet. Obwohl jetzt 8 Univ.en und 7 weitere Colleges und Fachhochschulen bestehen, herrscht großer Mangel an Studienplätzen. Seit 1968 ist daher die Einrichtung von *privaten Colleges* zugelassen. Für die *Lehrerausbildung* stehen etwa 30 Institutionen zur Verfügung. Außerdem läuft ein ‚in-service-training'-Programm, in dem jährlich 10 000 Lehrer einem nicht nur päd., sondern auch entwicklungspolit. Lehrgang unterzogen werden, um als eine Art Entwicklungshelfer auf ländl. Ebene tätig sein zu können (Rural Teacher Training Project).

1967 gab es 25 616 Primarschulen mit 4,3 Mill. Schülern. Jährlich werden etwa 100 Schulen in ländl. Regionen neu eröffnet. Zur Zeit gibt es 3952 Sekundarschulen mit 1,3 Mill. Schülern. – Die Bildungsinvestitionen betragen für den laufenden 5-Jahres-Bildungsplan (1967–71) 6,612 Mill. Baht (1 US-$ = 20 Baht), d. i. 11 % des Gesamtentwicklungsbudgets im gleichen Zeitraum.

III. Probleme und Entwicklungstendenzen

Trotz einer allgemeinen Schulpflicht liegt die Einschulungsquote noch relativ niedrig (durchschnittlich ca. 75 %), und die Ausfallquote auf der Primarstufe ist vor allem in ländl. Gegenden hoch. Dies ist besonders im Hinblick auf die Ziele des regionalen Entwicklungsplans der UNESCO für Asien von 1961 (Karachi-Plan, Ausdehnung der Schulpflicht auf 7 J.) von Bedeutung. Das Bildungssystem ist lokalen Bedürfnissen nicht gerecht geworden. Das zeigt sich insbes. im Unterrichtsinhalt der Sekundarschule, der zu sehr akademisch orientiert ist. Im Rahmen der Wirtschaftsentwicklung steigt die Nachfrage nach Fachkräften (middle level manpower), der auch neuerliche Bemühungen um eine Erweiterung des berufsbildenden Sekundarschulwesens noch nicht nachkommen können. Da es vor allem an Lehrkräften für diesen Sektor mangelt, ist hier eine bes. große Abhängigkeit von ausländischen technischen Hilfen vorhanden. Alle Länder sind bemüht, durch die Integration des Bildungssektors in langfristige Entwicklungspläne diesen Problemen zu begegnen.

Lit.: Ministry of Education, Japan (Hrsg.), Education in Asia (Tokyo 1964); H. Hayden, Higher Education and Development in South-East Asia, Vol. 2, Country Profiles, hrsg. v. UNESCO and IAU (Paris 1967); Economic Commission for Asia and the Far East, Statistical Yearbook 1968 (Hongkong 1969); UNESCO Regional Office for Education in Asia, Bulletin of the UNESCO Regional Office for Education in Asia, vol. 1, 2, 3 (1966–1969).

I., II. 1.–4., 6.–8., III. *S. Park*, II. 5. *F. Kuebart*

Suggestion

S. (suggerieren = unterschieben, eingeben, einflößen) bezeichnet eine absichtl. oder unabsichtl. unmittelbare psych. Beeinflussung, die sich nicht rationaler Argumente bedient und von dem Betroffenen auf gefühlsmäßige, quasi instinktive Weise unkontrolliert und vorbewußt angenommen wird. Gerade das Herausfallen aus den Bindungen des rationalen Zusammenhangs macht die suggerierten Inhalte (Vorstellungen, Gefühle, Tendenzen) so wirksam. Dabei ist S. nicht an eine Person als *Suggestor* gebunden. Schon Max SCHELER vertrat die Ansicht, daß dieser Vorgang sich in einer mittelhohen Schicht des leibseel. Ganzen, die er die „psychovitale" nennt, dem Ort der „Gefühlsansteckung" und der „Einfühlung", vollzieht. Jeder unmittelbare „Ausdruck", z. B. Tonfall und

Gestik beim Reden (das damit zum Einreden wird), wirkt suggestiv. In allen elementaren erzieher. Akten (z. B. beim Kleinkind) ist man mindestens teilweise auf S. angewiesen.
Die S. in ↗Hypnose und Posthypnose imponiert durch ihre massive Wirksamkeit, ist aber keine bloße Steigerungsform der S. des alltägl. Lebens, sondern geht in eigentüml. Weise darüber hinaus. Ein ↗Befehl wirkt suggestiv, ist aber mehr als bloß S., so auch als (post)hypnotischer Befehl oder Auftrag. Die Einleitung der Hypnose auf dem Wege der Konzentration wie im ↗Autogenen Training verläuft als S. bzw. als deren Übernahme in Auto- oder Selbst-Suggestion, führt aber in tieferen Graden der Hypnose zur völligen Abhängigkeit, die durch alltägl. S. normalerweise nicht erreicht wird. Eine besondere Steigerungsmöglichkeit der S. bietet die Gefühlsansteckung in der Massensituation („Spontanmasse"), wie auch schon SCHELER anschließend an LE BON u. a. fand. Alle Formen der polit. und wirtschaftl. Agitation und Werbung, Reklame, Propaganda schöpfen daraus. Die Wirksamkeit einer gänzlich unterschwelligen, der Reizintensität nach überhaupt nicht erkennbaren Berieselung mit Reklame-S. (V. PACKARD) ist bisher nicht erwiesen. Die Suggestibilität, d. h. Beeinflußbarkeit durch S. ist bei verschiedenen Menschen und Völkerschaften verschieden, steht aber nicht einfach in umgekehrtem Verhältnis zur Intelligenz.

Lit.: ↗Hypnose.

A. Wellek

Suggestivfrage ↗Zeugenaussage

Sulzer, Johann Georg
S., geb. 16. 10. 1720 in Winterthur, gest. 27. 2. 1779 in Berlin, war Schüler BODMERs in Zürich, studierte dort Theol., Philos. und Ästhetik, wurde 1748 Gymnasiallehrer in Berlin und 1763 Leiter der Berliner Ritterakademie. In seinem päd. Denken von der Aufklärung beeinflußt (LOCKE, CHR. WOLFF), wirkte er auf BASEDOW. Kunst ist ihm ein Mittel der Bildung, in der Ästhetisches und Moralisches zusammenhängen. Wahre Glückseligkeit wird erreicht, wenn Verstand und „Gemüt vollkommen zur Tugend" gebildet werden. S. war mit Erfolg für die Reform der Berliner Akademie und des höheren Schulwesens tätig. Er zeigte Ansätze zur naturgemäßen Päd.

Werke: Versuch von der Erziehung u. Unterrichtung der Kinder (1748); Allg. Theorie der schönen Künste, 2 Bde. (1771–74, Neuaufl. in 4 Bde.n 1793–94); Vermischte philos. Schriften, 2 Tle. (1773, Neuaufl. 1800); Anweisung zur Erziehung seiner Töchter (1781); Gedanken über die beste Art, die klass. Schriftsteller mit der Jugend zu lesen (1784); Theorie u. Praxis der Beredsamkeit (1786). – Päd. Schriften, hrsg. v. W. Klinke (1922).

Lit.: ADB 37; A. Turmakin, Der Ästhetiker J. G. S. (1933); H. Wili, J. G. S. (1945); G. Dohmen, Bildung u. Schule, II (1965); A. Rach, Biographien zur dt. Erziehungsgesch. (1968).

A. Rach

Summerhill ↗Neill, A. S.

Sünde (religionspädagogisch)
1. In der *Katechese der Vergangenheit* besaß die negative Darstellung der christl. Sittenlehre (als Gebots- und Pflichtenlehre, „Sündenmoral") das Übergewicht.

Schon in der frühkindl. Unterweisung (Beichtspiegel) erschwerte eine moralisierende Herausstellung der S. das Verständnis der christl. Grundwahrheiten von der Erlösung und der „Freiheit der Kinder Gottes". S. wurde weithin als Gesetzesübertretung, Unordnung, Verfehlung und als Ungehorsam gegenüber dem gerechten (strafenden) Gott verstanden. Die Zulassung zur ↗Eucharistie wurde nicht so sehr nach der Grundeinstellung, sondern nach der begangenen Tat (ob läßliche S. oder Tod-S.) beurteilt.

2. Entscheidend für ein rechtes *Verständnis von Sünde und Schuld* ist der dialog. und soziale Charakter menschlichen Lebens. Dem Menschen ist von Gott die eigenverantwortl. Gestaltung der personalen Beziehungen (Gottes- und Nächstenliebe) und der Strukturen dieser Welt (↗Weltverständnis, theol.) aufgetragen. S. erweist sich somit nicht als Verstoß gegen einen der Welt von außen her auferlegten Willen Gottes, sondern als Weigerung, in der jeweiligen Situation den „Ruf Gottes" zu hören und die entsprechende „Verantwortung" zu übernehmen. Sie betrifft immer die Beziehung des Menschen zum Nächsten *und* zu Gott, ist apersonales und asoziales Verhalten, widerspricht der Entfaltung menschlicher Freiheit und Lebensverwirklichung, ist Verfallensein an die Vergangenheit, Verschlossenheit gegenüber dem Mitmenschen, der Welt und der Zukunft.
Nach dem *Zeugnis der Bibel* ist S. die vom Menschen eigenmächtig vorgenommene Aufkündigung des Dialogs mit Gott und der Verantwortung für Mitmenschen und Welt. Als rel. Wirklichkeit übersteigt S. den innerweltl. Erfahrungshorizont. Voraussetzung für ein Verständnis von S. bleibt darum der Glaube an einen persönl. Gott, seinen Bund mit den Menschen und die in Christus vollzogene Heilsgeschichte. S. ist zutiefst Verstoß gegen die Liebe. Paulus sieht in der Lieblosigkeit innerhalb der Gemeinde einen krassen Widerspruch zum „Herrenmahl" (1 Kor 11). Im Sünder ist schon jetzt der „Antichrist" am Werk.

3. Im Begriffspaar S. und Schuld kommt die *Spannung zwischen objektivem und perso-*

nalem Aspekt des Sittlichen zum Ausdruck. Schuld setzt Bewußtsein (von S.) und freie Verfügbarkeit voraus. Ob man an der traditionellen (qualitativen) Zweiteilung von läßlicher (leichter) S. und Tod-S. festhält oder einer Dreiteilung in leichtere, schwere (Wund-)S. und Tod-S. folgt, S. im Vollsinne (Tod-S.) setzt einen freien Grundentscheid des Menschen voraus. Eine „formelle Tod-Sünde" dürfte verhältnismäßig selten sein. Dennoch sollte man auch die sog. Wund-S. nicht verharmlosen. Echte Schuld ist nicht Ergebnis bloßer Einbildung, triebhafter Verdrängung, Frustration oder Projektion, sondern das Bewußtsein persönlich zu verantwortenden Versagens. Doch steht hinter der persönl. Schuld auch eine kollektive Schulderfahrung der Menschheit. Das Böse in der Welt ist nicht nur Ergebnis persönlicher Schuld, sondern weist hin auf verfestigte Strukturen (Erbsünde). Dazu zählt auch die verhängnisvolle Neigung des Menschen, wirklich vorliegende persönliche Schuld abzuwälzen („Sündenbock-Phänomen") oder zu verdrängen.

4. Über S. kann nicht gesprochen werden ohne den in der Bibel bezeugten Aufruf zur „Metanoia" und die in Christus erfolgte „Erlösung". Umkehr setzt die Anerkennung des Sünderseins und der persönl. Schuld sowie die Abkehr von der S. voraus, sie läßt die Schuld zur „felix culpa" werden. In der rel. Unterweisung sollte die negative Darstellung christlicher Sittenlehre durch eine biblisch fundierte Lehre der Berufung des Menschen zur „Freiheit in Christus" und zu einer vom Glauben getragenen verantwortl. Gestaltung dieser Welt abgelöst werden. Hauptanliegen bleibt die Förderung der eigenen Verantwortung, des personalen Entscheids, der Werterfassung und des Engagements – die Erziehung des jungen Menschen zu mündigem Christsein.

☐ Anthropologie (III). Christliches Leben. Dekalog. Buße. Schuld

Lit.: H. Häfner, Schulderleben u. Gewissen (1956); M. Buber, Schuld u. Schuldgefühle (1958); J. Regnier, Der moderne Mensch u. die S. (1959); H. Harsch, Das Schuldproblem in Theol. u. Tiefenpsychol. (1965); P. Schoonenberg, Theol. der S. (1966); L. Monden, S., Freiheit u. Gewissen (1968); M. Oraison, Was ist S.? (1968); F. Funke, Christl. Existenz zwischen S. u. Rechtfertigung (1969); L. Scheffczyk, Wirklichkeit u. Geheimnis der S. (1970); W. Lauer, Ein Vergleich zwischen schicksals- u. daseinsanalyt. Schuldverständnis im Lichte christlicher Ethik (1971); F. Scholz, Schuld u. S. des Menschen (1971).

J. Gründel

Süvern, Johann Wilhelm

S., geb. 3. 1. 1775 in Lemgo, gest. 2. 10. 1829 in Berlin, war nach Studium (Philos., Theol., Philologie) in Jena und Halle (Einfluß von SCHILLER, FICHTE, F. A. WOLF) 1800 Gymnasialdirektor in Thorn, 1803 in Elbing; 1807 Prof. für Philologie und Geschichte in Königsberg; 1809 (bis 1818) Geheimer Staatsrat in der Unterrichtssektion des Preuß. Ministeriums des Inneren. – Er arbeitete daran, dem Schulwesen ein allg. legislatives Fundament im Sinne der HUMBOLDTschen Bildungsreform zu geben. Nach der Redaktion des Lehrplans von 1812 und Mitarbeit an mehreren Reformplänen, legte er 1819 den „Entwurf eines allgemeinen Gesetzes über die Verfassung des Schulwesens im Preußischen Staate" vor, dessen Realisierung aber am Widerstand restaurativer Kräfte, bes. des kath. Episkopats, scheiterte. Dieser Schulplan sah beim Gymnasium als Hauptfächer Latein, Griechisch, Deutsch und Mathematik vor, mit denen die Nebenfächer eine organ. Einheit bilden sollten. Elementarschule, allgemeine Stadtschule und Gymnasium waren als aufeinander aufbauende Stufen konzipiert. S. sorgte zusammen mit NICOLOVIUS für eine Hebung der preuß. VS. durch Einführung der Päd. PESTALOZZIs und durch die Berufung von ↗ Pestalozzianern sowie der Lehrerbildung durch Errichtung und Ausbau von Lehrerseminaren.

Werke: Entwurf eines allg. Gesetzes..., in: Schulreform in Preußen 1809-1819, hrsg. v. L. Schweim (1966).

Lit.: W. A. Passow, Zur Erinnerung an J. W. S. (1861); G. Thiele, Die Organisation des VS.- u. Seminarwesens in Preußen 1809-1819 (1912); G. Quarck, Über das Verhältnis von Staat und Erziehung bei J. W. S. (Diss. Greifswald 1929); W. Süvern, J. W. S., Preußens Schulreformer nach dem Tilsiter Frieden (1929).

W. Böhm

Symbol

1. Die Herkunft des *Begriffes* (griech. symballein = zusammenwerfen) zeigt, daß zwei Elemente unterschieden werden: Ding und Bedeutung, ein Sichtbares und ein Unsichtbares, die zusammen ein Neues, Ganzes bilden. So weisen z. B. zwei Bruchhälften eines Ringes, die zusammengehören, auf das Ganze hin.

2. Die *Verschiedenheit der inneren Beziehung* der beiden Elemente zueinander stiftet Gradunterschiede unter den S.en.

Willkürliche und institutionelle Bestimmung der zwei Elemente füreinander (z. B. rot = Halt) stellt den untersten Grad dar, der besser als *Zeichen* benannt werden sollte. Im Maße der Ähnlichkeit des einen mit dem anderen wird das Geistige im Materiellen schaubar (z. B. die Form des Grüßens: Winken, Verneigung, Handdruck, Kniebeuge). Das Materielle partizipiert am Geistigen und vergegenwärtigt es. Die Welt des Menschen wird zum Kosmos, zu einer Bilderwelt von S.en.

Im MA. führte diese Erfahrung zu einer wahren Bilderseligkeit (Kosmos als vestigium Dei; Kirchenbau und Liturgie), die durch den Rationalismus in einer (heute wieder stark wirksamen) „Bilderstürmerei" abgelöst wurde. Erst durch die Wiederentdeckung der S.e in den Erfahrungen der ↗Tiefenpsychologie (Traumanalyse) wird der Blick für diese Wirklichkeitsschicht wieder geöffnet.

3. Diesen *Vertretungssymbolen* (K. RAHNER: Vertretung deshalb, weil das Gemeinte nie ganz in das Materielle eingeht, also immer noch ein Verweisungsgrad bleibt) stehen die *Realsymbole* gegenüber: der Selbstvollzug eines Seienden ist hierbei nur in einem anderen möglich, die Partizipation wird bis zur Identifikation gesteigert, so beim Menschen (Leib als Ausdruck des Wesens, der „Seele"), so bei Christus („Wer mich sieht, sieht den Vater", Joh 14, 9) und so in den Sakramenten der Kirche.

4. Für die *Pädagogik* (einschließl. Religionspäd.) ist vor allem die Bilderwelt der sog. Vertretungssymbole wichtig. Denn die seelischen Reifeprozesse stellen sich im Bewußtsein dramatisiert in symbolischen Bildern dar, vor allem in Ursymbolen, wie sie sich in Märchen und Mythen zeigen. Umgang damit in der Kindheit ist ein Vorbahnen der typischen (archetypischen) Lebenssituationen. Abtrennung von der S.welt und Verdrängung der imaginativen Kräfte führt zu Verkümmerung, Isolierung, Neurose. Die Traumdeutung im psychotherapeut. Heilungsprozeß läßt erkennen, was für den gesunden Reifungsprozeß nötig wäre: Erziehung zur vollen Selbstverwirklichung durch Verleiblichung. Letztere ist dann sowohl Realsymbol wie Organ für S.erfahrung.

5. Die gegenwärtig verbreitete *Symbolunfähigkeit* ist verursacht durch die techn. Welt (Nutzen, Effekt, Gebrauch, Zerlegung in Elemente) und die Verwissenschaftlichung aller Lebensbereiche mit der Überbelichtung des Bewußtseins. Die Gewöhnung daran führt zu einem humanen Defizit, in dem sie blind macht für die Wahrnehmung ontologischer Differenzen. Die Folge ist z. B. auch Liturgieunfähigkeit.

6. In Abhebung von diesem Einebnungsprozeß drängen immer mehr *einzelne* zum Mitvollzug symbol. Verweisungsbeziehungen. Eine *Erschwerung* liegt jedoch darin, daß die Auslegung von S. noch von der griech. Seinsinterpretation her erfolgt: „Zusammenwerfen" von Materiellem und Geistigem. Dem entgegen ist der erlebnismäßige Ausgangspunkt eher deren ursprüngl. Einheit, in der z. B. die Begegnung mit dem „Ding" selbst gesucht wird (SCHLETTE). *Neue Wege* zur Erfassung der „symbolischen Welt" scheinen sich deshalb über folgende Denkbahnen zu vollziehen: Außenwelt–Innenwelt; Vordergrund–Hintergrund; Sinnträchtigkeit; Tiefendimension. Aber auch hier wird das Organ dafür nur über die eigene Verleiblichung geschaffen, was gleichbedeutend ist mit dem Reifen vom vorpersonalen zum personalen Sein.

☐ Bild. Phantasie. Traum

Lit.: E. Cassirer, Philos. der symbol. Formen (²1953 f.); M. Eliade, Ewige Bilder u. Sinnbild (1958); K. Rahner, Theol. der S.e, Schriften zur Theol. IV (1960, ³1967); H. R. Schlette, S., in: Hdb. theol. Grundbegriffe II (1963); H. Rahner, S.e der Kirche (1964); Ph. Rech, Inbild des Kosmos (1966); A. Kirchgässner, Welt als S. (1968); J. Jacobi, Vom Bilderreich der Seele (1969); A. Vetter, Personale Anthropologie (1966); –, Die Zeichensprache in Schrift u. Traum (1970).

J. Goldbrunner

Symbolum

1. *Begriff und Funktionen.* S. (Glaubensbekenntnis, Credo) ist der theol. Ausdruck für *normative Glaubensformeln* (regula fidei). Sie wurden von alters her in der christl. Liturgie und Glaubensunterweisung verwendet als Zeichen der Einweihung in das Heilsgeheimnis des Glaubens und als Zusammenfassung der christl. Lehre. In heilsgeschichtl. und trinitarischer Gliederung enthalten sie die „Glaubensartikel", die heilsnotwendigen und glaubenspflichtigen Wahrheiten. Sie dienen auch der Abgrenzung von der Irrlehre. *Symbolik* bezeichnet die Erklärung des S.s. Sie diente im Gefolge der Reformation dazu, kontroverstheologisch die Unterschiede der Konfessionen klarzumachen (Konfessionskunde).

2. *Geschichtliche Entwicklung.* Schon das *Alte Testament* kennt zusammenfassende formelhafte Wendungen, die das Hauptereignis der Geschichte Israels umschreiben (Dt 26, 4–9) und das Verhältnis des Bundespartner einfangen (Dt 26, 17 ff.) und den öff. Entscheidungscharakter des Bekenntnisses aufzeigen. Differenzierter ist die Bekenntnisbildung im *Neuen Testament.* Die kürzeste Aussage „Jesus ist der Herr" (1 Kor 12, 3) wird gefüllt durch Ereignisse aus dem Leben Jesu (Kreuzigung und Auferstehung, Röm 10, 9; 1 Kor 15, 3–5) und zu zweigliedrigen Formeln ausgebaut, die sich an Gottvater und an Jesus Christus wenden (1 Kor 8, 6; 2 Tim 4, 1).

Für die Christenheit von besonderer Bedeutung sind die der katholischen und den Reformationskirchen gemeinsamen drei altkirchl. Bekenntnisse. Dem *Apostolischen S.* (3. Jh.) liegt das Taufbekenntnis der röm. Gemeinde zugrunde. Im *Nicaenum* (heutiges Meßcredo) wurde das östl. Taufbekenntnis weiterentwickelt. Das *Athanasianische S.* (5.–6. Jh.) ist ein Lehrbekenntnis der Dreifaltigkeit und der Zwei-Naturen-Lehre Christi. Umfang, Struktur und Funktionen dieser Glaubensformeln unterlagen erheblichen Wandlungen.

Als Zusammenfassung der Taufunterweisung wurde das S. zur wichtigsten *katechetischen Grundformel.* Das Konzil von Trient schreibt es als Grundlage der Unterweisung vor. Im kath. Katechismus von 1955 (KKBD) bildet das S. den Ordnungsrahmen, dem die übrigen Formeln eingefügt werden.

3. *Derzeitige Problematik des Symbolums.* Die Vorzugsstellung der altkirchl. Glaubensformeln im Leben der Kirchen kann nicht

verhindern, daß sie angesichts der Wandlungen in Kirche und Welt immer schwerer ihre Funktion erfüllen. Unbeschadet dogmatischer Gültigkeit ist der Sinn mancher Artikel (z. B. „gezeugt – nicht geschaffen", Jungfrauengeburt, Höllenfahrt, Auferstehung) nur in mühsamer Interpretation in den Horizont heutigen Daseinsverständnisses zu übertragen. Sofern sie nicht mehr kurz das Wesentliche des Glaubens in Geist, Herz und Sinn der Christen rufen, tragen sie nur wenig zur rel. Erfahrung und zur Bewährung des Glaubens im Alltag einer pluralistischen Gesellschaft bei.

4. *Kurzformeln des Glaubens.* Unmittelbar angeregt durch das 2. Vatikanische ↗Konzil müht sich die Theol. z. Z. unter dem Stichwort „Kurzformeln des Glaubens" um neue Glaubensformeln (K. RAHNER, F. VARILLON, D. SÖLLE, H. SCHUSTER, J. A. M. SCHOONENBERG, R. BLEISTEIN, J. ZINK, W. NASTAINCZYK). Als Angebot, nicht aber als Ersatz für das klassische Credo, in dem sich der Glaube der Gesamtkirche ausspricht, wollen sie es dem heutigen Christen ermöglichen, seine Glaubenserfahrung in Bekenntnis, Lobpreis und Gebet auszusprechen. Zugleich dienen sie einer heute verständlichen Einführung in den christl. Glauben. Der pastorale Ansatz verlangt eine Mehrzahl solcher Kurzformeln, die der Differenziertheit der Glaubensvoraussetzungen und -erwartungen auch unter altersspezif. Gesichtspunkten Rechnung trägt. Eine Kurzformel soll das Ganze und die Mitte des Glaubens von immer neuen Erfahrungsansätzen her kurz aussprechen und dabei eine Konzentration der Glaubenswahrheiten von ihrer inneren Gewichtigkeit her gewinnen. Sie erlaubt auch eine krit. Reflexion des Christentums. Neben eine „theologische" kann dabei etwa eine „soziologische" und eine „futurologische" Kurzformel treten (RAHNER). Hinter den bislang noch recht abstrakten und subjektiven Glaubensformeln stehen gewichtige theol. Grundsatzentscheidungen, deren bedeutsamste die anthropologische Grundsicht ist (↗Anthropologie, theol.).

☐ Glaube, christlicher

Lit.: K. Rahner, Die Forderung nach einer „Kurzformel" des christl. Glaubens, in: Schriften zur Theol. VII (1967); –, Reflexionen zur Problematik einer Kurzformel des Glaubens, in: ebd. IX (1970); G. Rein (Hrsg.), Das Glaubensbekenntnis (1967); P. Brunner - G. Friedrich - K. Lehmann - J. Ratzinger, Veraltetes Glaubensbekenntnis? (1968); J. Ratzinger, Einf. in das Christentum (1968); H. de Lubac, La foi chrétienne (1969); Zschr.: Concilium, H. 6 (1970); K. Lehmann, Kurzformeln des christl. Glaubens, in: F. Klostermann - B. Dreher - N. Greinacher (Hrsg.), Hdb. der Verkündigung I (1970, Lit.).

E. Feifel

Synästhesie

S. bezeichnet Mit- oder Doppelempfindungen. Bei Reizung eines Sinnesgebiets treten als Sekundärphänomen Empfindungen aus anderen, nicht gereizten Sinnesgebieten auf. Dies ist auf allen Sinnesgebieten möglich (z. B. Farbempfindungen beim Musikhören, Tonempfindungen beim Farbensehen, Geschmacks-, Geruchs- oder Tastempfindungen bei optischen oder akustischen Reizen). Am häufigsten werden optische Phänomene beim Hören beobachtet (sog. audition colorée). Daneben werden Begriffe und sprachliche Gebilde, wie Zahlen, Buchstaben (bes. Vokale), Wochentage, Jahreszeiten, historische Epochen, nicht selten Anlaß für S.n. Die subjektive *Deutlichkeit* von S.n reicht vom Gefühl „als ob" (z. B. ein Trompetenton gelb sei) bis zu S.n mit Wahrnehmungscharakter, bei denen eine Farbe buchstäblich gesehen wird.

Das Auftreten von S. ist nicht an einen besonderen Bewußtseinszustand gebunden. Auf allen Stufen zwischen Wachen und Träumen sind S.n beobachtet worden. Neben Personen, die über regelmäßig auftretende S.n berichten, gibt es solche, die ganz selten, u. U. nur ein einziges Mal, eine Doppelempfindung erleben.

Lit.: G. Anschütz, Psychologie (1953, Bibliogr.); A. Wellek, Zur Gesch. u. Kritik der S.-Forschung, in: Archiv für die gesamte Psychol. 79 (1931, Bibliogr.).

O. Ewert

Synchronismus

1. Die Eigenart des Geschichtlichen legt den Versuch nahe, Ereignisse in ihrer Gleichzeitigkeit nebeneinander sichtbar zu machen (griech. synchronismós = Gleichzeitigkeit von Begebenheiten). Die synchronist. Geschichtsdarstellung rückt Vorgänge, z. B. der politischen, der Kultur- und Wirtschaftsgeschichte, auf eine Ebene nebeneinander und legt so einen Querschnitt durch ein bestimmtes Jahr oder Zeitalter. Darüber hinaus trifft dieser Querschnitt, meist von der polit. Geschichte des eigenen Volkes oder Staates ausgehend, die polit. Schicksale anderer Völker und Staaten im gleichen Zeitabschnitt. Damit wird dieses Verfahren zu einem brauchbaren Instrument vergleichender Orientierung, sowohl nach Sachbereichen innerhalb der eigenen Volksgeschichte wie international.

2. Für die synchronist. Darstellung eignet sich nur die *Tabellenform,* dies um so besser, je knapper, übersichtlicher, präziser sie eingerichtet ist.

Als knapper Anhang zum Geschichtsbuch bieten synchronist. Tabellen die Möglichkeit zu Quer- und Längsschnitten, aber nur soweit die Angaben innerhalb der fortlaufenden Darstellung des Buches selbst mit Hilfe eines Sachwortverzeichnisses herangezogen werden können. Die synchronist. Tabelle wurde für den Geschichtsunterricht nutzbar gemacht durch U. PETERS und P. WETZEL.

3. Als *synchronoptisch* ist die synchronist. tabellar. Darstellungsform nach 1945 in neuen Versuchen verbreitet worden. Dabei hat man unter Zuhilfenahme von Farben, Lebenspfeilen und Zeitalterleisten verschiedene, sehr augenfällige Methoden entwickelt. Diese neuen, stark optisch gestalteten Tabellen versuchen, vielfach durch Beigabe von Schablonen, aus der Tafel ein Arbeitsinstrument mit manuellem Anreiz zu machen. Trotzdem eignen sich auch diese Tabellen mehr für die Einzelorientierung; denn das umständl. Einrichteverfahren ist mit mehr oder minder großem Zeitaufwand verbunden. Mit Vorliebe benutzt die sozialgeschichtlich orientierte Geschichtsdarstellung diese Tabellenform. Die synchronist. Tabelle kann ihren vollen Nutzen vor allem da entfalten, wo sie mit einer präzise abgestimmten Darstellung verbunden ist.

Lit. (Beispiele synchronist. Tabellen): U. Peters - P. Wetzel, Vergleichende Zeittafeln zur dt. Gesch. (⁵1925); U. Peters, Methodik des Geschichtsunterrichts (1928); A. Spemann, Vergleichende Zeittafel der Weltliteratur (1951); A. u. A. Peters, Synchronopt. Weltgesch. (1952); H. Wilden, Vergleichende Tabellen zur Gesch. der Päd. (1965).

A. Gail

Synoptik ↗ Synchronismus

Syntax ↗ Sprache

Synthetische Methode ↗ Lesenlernen

Syrien ↗ Arabische Staaten

System, Systematik
S. = System, Sk. = Systematik

1. *Begriff.* Im Gegensatz zur *Klassifikation*, die als Sk. ein Gesamt von Elementen (z. B. Dinge, Ideen, Sätze) in Klassen aufteilt, deren Glieder in Hinsicht auf das Einteilungsprinzip durch gleiche Eigenschaften charakterisiert sind, bringt ein S. ein Elementenganzes stets in einen Strukturzusammenhang, der u. a. durch Definitheit, relative Invarianz und Interdependenz der Elemente bestimmt ist. Hierzu bedarf es der Vorgabe eines S.prinzips („Systematifikator"), mittels dessen man die S.struktur („Systematifikat", „Elementstellenplan", „formales System") entwickeln kann. Erst nach diesem „Systematifizieren" kann die Zuordnung der Elemente zu den Elementstellen vorgenommen werden („Systemieren") und das „Systemat" („materiales System") gebildet werden. Eine Klassifikation der S.e kann in mannigfaltiger Weise erfolgen, z. B. hinsichtlich der Elementenart (Individuen-S.e, Satz-S.e usw.), der der Elementstellen (vollständige, endliche usw.), des Systematifikats (leere, interpretierte usw.) und des Systemats (empirisch-reale, ideale usw.). Eine Kombination dieser Gesichtspunkte ergibt die Folge von seriellen, mechanischen, hierarchischen und organismischen S.en. Oft können Klassifikationen (als „Ordnungs-" bzw. „Einteilungs-Systeme") durch Einführung von Prinzipien in „echte" S.e (als Ableitungs- oder Erklärungs-S.e) überführt werden (z. B. das LINNÉsche S. durch Einführung des genealogischen Prinzips).

2. *Geschichte.* Bereits der griech. Sprachgebrauch kennt „systema" als Gebilde, dessen Teile, in einer Verknüpfung geordnet, ein Ganzes ausmachen. Erst seit Beginn des 17. Jh. wird das *Wort* von Philosophen und Theologen häufig verwendet und findet sich bald in allen Disziplinen der Wissenschaft. Nach den ersten Theoretikern des *S.begriffs*, B. KECKERMANN, C. TIMPLER und J. H. ALSTED und dann MALEBRANCHE und WOLFF, stellt erst LAMBERT eine umfassende (aber Fragment gebliebene) Theorie der S.e („Systematologie") auf. Die klass. Definition von KANT: „eine jede Lehre, wenn sie ein S., d. h. ein nach Prinzipien geordnetes Ganze der Erkenntnis, sein soll, heißt Wissenschaft", führt über den Begriff der „Architektonik" als „Kunst der Systeme" zu der neu entstehenden Wissenschaftstheorie (G. E. SCHULZE, C. F. BACHMANN). H. ROMBACH zeigte, daß der *S.gedanke* im Sinne der vollständigen Wechselbeziehung aller Teile „erst bei Spinoza in voller Klarheit und Reinheit da" ist, den Schritt zur ontolog. Verfassung der *Struktur* aber erst PASCAL und dann LEIBNIZ und KANT taten. Dem „Zeitalter der großen Systeme" (DESCARTES, HOBBES, SPINOZA, LEIBNIZ) folgt dann auf Kant das der S.e des Dt. Idealismus (FICHTE, SCHELLING, HEGEL). – Im Gegensatz zum „konstruktiv"-fixierten „Systemdenken" betonte N. HARTMANN die Wichtigkeit des „offenen" forschenden „Problemdenkens", das (zunächst) wohl auf das S., nicht aber auf Sk. verzichtet. Noch H. DINGLER freilich versuchte, „ein System von dauernd und absolut geltenden Allgemeinaussagen" aufzustellen.

3. *Allgemeine Systemtheorie und Systemanalysen.* Da der S.begriff in alle Wiss.en Eingang gefunden hat, versuchen die von L. v. BERTALANFFY begründete „General System Theory" sowie die von N. WIENER initiierte kybernetische S.theorie und die mehr pragmatisch orientierte „Systems Science" („Systems Analysis", „Systems Engineering" u. ä.) interdisziplinäre Betrachtungsweisen ganzheitlicher Art zu entwickeln, die derartige Beachtung finden, daß man bereits von einer neuen „systems-era" (ELLIS-LUDWIG) spricht.
4. HEMPEL führte den Begriff der „Systematisierung" als Oberbegriff für alle Arten von Argumenten ein, in denen auf das Vorkommen eines (vergangenen, gegenwärtigen oder zukünftigen) Ereignisses geschlossen wird (Retrodiktionen, Erklärungen, Prognosen).

☐ Struktur. Methode

Lit.: O. Ritschl, S. und syst. Methode in der Gesch. des wiss. Sprachgebrauchs u. der philos. Methodologie (1906); N. Hartmann, Syst. Methode (1912); –, S.bildung u. Idealismus (1912), in: Kleinere Schr.en, Bd. 3 (1958); H.-G. Gadamer, Zur S.idee in der Philos., in: Festschr. für P. Natorp (1924); Studium Generale, 10 (1957), H. 2 (enthält Beiträge zum S.begriff in Anatomie, Ökologie, Biologie und Sprache); L. v. Bertalanffy - A. Rapoport (Hrsg.), General Systems. Yearbook of the Soc. for Gen. Syst. Res. (Ann Arbor 1956 ff.); D. O. Ellis - F. J. Ludwig, Systems Philosophy (Englewood Cliffs, N. J., 1962); M. D. Mesarović (Hrsg.), Views on General Systems Theory (New York - London - Sydney 1964); H. Rombach, Substanz, System, Struktur, 2 Bde. (1965 f.); M. Dießelhorst, Ursprünge des modernen S.denkens bei Hobbes (1968); A. Diemer (Hrsg.), System u. Klassifikation in Wiss. u. Dokumentation (1968); L. v. Bertalanffy, General System Theory. Foundations-Development-Applications (New York 1969); A. v. d. Stein, Der S.begriff in geschichtl. Entwicklung, in: ebd. 1–14; –, System als Wiss.skriterium, in: A. Diemer (Hrsg.), Der Wiss.sbegriff (1970); G. Rabow, The Era of the S. (New York 1969); H. Schwarz, Einf. in die moderne S.theorie (1969); W. Stegmüller, Probleme u. Resultate der Wiss.stheorie, Bd. 1: Wiss. Erklärung u. Begründung (1969); W.-D. Narr, Theoriebegriffe u. S.theorie (^{2}1971).

G. König

Systematische Pädagogik ↗ Pädagogik

T

Tabu
Das polynes. Wort „tabu" (aus der Sprache der Maori von Neuseeland) bezeichnet eine Eigenschaft von Personen, Tieren, Pflanzen, Orten oder menschl. Lebenssituationen, die ihnen durch eine geheimnisvolle Kraft (Mana) zukommt, sie aus dem Alltäglichen heraushebt und für den gewöhnlichen Umgang unberührbar macht. Das T. ist also urspr. ein *Berührungsverbot*, kann aber auch das Aussprechen des Tabuierten oder den Gedanken daran unterdrücken. Es schränkt den Handlungsspielraum ein und hemmt Antriebe und Interessen unter empfindlichen bis lebensbedrohenden Sanktionen. Als tabu gilt sowohl Heiliges als auch Unreines. Die Gefühlsreaktion gegenüber dem T. ist scheue Furcht in einer Ambivalenz zwischen Ehrfurcht und Abscheu, faszinierter Zuneigung und geängstigter Fluchthaltung. Das T. ist verinnerlichtes Gesetz und die früheste der uns bekannten Formen der Stabilisierung sozialer Ordnungen. So sind z. B. Häuptlinge, ihre Kleider und Speisen, Priester, Fremde, Krieger auf dem Kriegszug, Menstruierende und Wöchnerinnen, Kranke und vor allem Tote tabu. – Der Anspruch des T.verbotes ist absolut und verbietet die Frage nach rationaler Rechtfertigung. Es wirkt so auch als Denkhemmung.
Kollektives Verhalten formiert sich nicht nur in primitiven Gesellschaften durch T.s. Psychische Verhaltensmotivationen analoger Art finden sich auch in der modernen Gesellschaft. Die ↗ Psychoanalyse charakterisiert sie als Verhaftetsein oder Regression in infantiles Verhalten, weil dabei das Verbot unbefragt verinnerlicht wird. Die Ambivalenz der Gefühlsregungen erklärt sie aus der Spannung zwischen einem starken, unbewußten Triebstreben nach einem Verhalten, das durch das verinnerlichte Verbot blockiert ist (z. B. im Sexualverhalten). Nicht alle Handlungsschranken lassen sich als T.s interpretieren; das ↗ Gewissen, auf die Evidenz der Grundforderungen der Menschlichkeit gegründet, richtet Schranken anderer Art – wenn auch derselben Wirksamkeit – auf. T.-verhalten steht darum im Widerspruch zu einem Handeln, das in Freiheit verantwortet und rational durchsichtig ist und sich in unserem Zeitalter als die humanste Handlungsform erwiesen hat. Als solches ist es – zentrales Erziehungsziel. Erziehung hat so die Aufgabe, T.verhalten abzubauen zugunsten eines Handelns aufgrund kritischer Reflexion, Einfühlung und Toleranz.

☐ Internalisation. Norm

Lit.: J. G. Frazer, The Golden Bough (London ^{3}1911 ff.); S. Freud, Totem und T. (1913); F. R. Lehmann, Die polynes. T.-Sitten (1930); A. u. M. Mitscherlich, T. - Ressentiment – Rückständigkeit demonstriert an geschichtl. Entschedungen, in: Die Unfähigkeit zu trauern (1967, $^{67.-76.\,Tsd.}$ 1969); R. Gerds, T. statt Liebe, in: H. Kentler u. a. (Hrsg.), Für eine Revision der Sexualpäd. (^{2}1969).

W. Behler

Tadel ↗ Lob und Tadel

Tafel ↗ Wandtafel

Tagebuch ↗ Jugendtagebuch

Tagesheimschule
1. *Begriff.* Der T. ist wie jeder anderen Schule die Aufgabe gestellt, die Kinder und Jgdl.n für das Verhalten in der Welt auszustatten. Sie unterscheidet sich von der herkömmlichen Halbtagsschule dadurch, daß sie eine Organisationsform ganztägiger Bildung und Erziehung ist, wie sie auch in den Bezeichnungen ↗ Ganztagsschule, Tagesschule und

Offene Schule zum Ausdruck kommt. Hier wird der Terminus T. als Oberbegriff gebraucht, ohne auf einzelne Akzentsetzungen einzugehen, welche die verschiedenen Formen dem schulischen Geschehen geben.

Die Ausdehnung des Schulunterrichts über den Vor- und Nachmittag war früher eine Selbstverständlichkeit. Da die Lehrerschaft mit dem Argument der begrenzten Aufnahmefähigkeit der Schüler den Nachmittagsunterricht ablehnte, setzte sich in den zwanziger J.n die Halbtagsschule allgemein durch. Aus der Notsituation nach dem 2. Weltkrieg erwuchsen bei uns neue Impulse für die T., in der man eine soziale Hilfe durch die Übernahme traditionell-familialer Funktionen erblickte. Es entstand die T. als soziale Sonderschule. Diese einseitige Funktion wurde dann durch die Begründung einer umgreifenden Erziehungsstätte erweitert. Durch die Empfehlung zur „Einrichtung von Schulversuchen mit Ganztagsschulen" des Dt. Bildungsrates ist eine weitere Expansion zu erwarten.

2. *Motive.* Zur Begründung der T. werden Gesichtspunkte herausgestellt, die sich aus dem Wandel der gesellschaftl. Verhältnisse ergeben. Sie betreffen die Umschichtung der Aufgaben innerhalb der Erziehungsträger und den Zuwachs neuer Aufgaben für die Schule. Folgendes ist herauszustellen und spricht für die T.: a) Kinder aus sozial benachteiligten Familien erhalten in der Halbtagsschule nicht die notwendigen geistigen Impulse, die zur Entfaltung ihres Begabungspotentials notwendig sind. b) Für die Erledigung der Hausaufgaben braucht der Schüler Anregungen und Hilfen, die ein Teil der Eltern nicht geben kann. c) Für eine fruchtbare Bildungsarbeit ist eine zeitliche Flexibilität der Unterrichtsplanung notwendig. d) Die allgemeine Regelung der Arbeitszeit wird auf die Schule übergreifen. Diese Entwicklung kann nur durch eine Strukturänderung kompensiert werden.

3. *Aufgabenstellung.* Die T. ist keine zeitlich ausgeweitete Halbtagsschule, sondern wird durch erweiterte und neue Aufgaben bestimmt. Hierzu zählen u. a.: a) die Integration von Vertiefung, Übung und Wiederholung des Lehrstoffes in der Schule; b) äußere und innere Differenzierung und Individualisierung des Unterrichts; c) ein Arbeitsrhythmus nach physiologischen Gesichtspunkten, der die Leistungsbereitschaft der Schüler berücksichtigt; d) mehr Möglichkeiten für künstlerische und sportliche Betätigungen; e) Entwicklung sozialintegrativer Verhaltensweisen der Schüler untereinander; f) Erweiterung der Schülermitverantwortung durch die Anforderungen aller Aktivitätsbereiche in der Tagesheimschule; g) Verbesserung der Zusammenarbeit zwischen Lehrern und Schülern; h) engere Zusammenarbeit zwischen Elternhaus und Schule.

4. *Voraussetzungen.* Neue Aufgaben und Tätigkeiten führen in der T. zu zusätzlichem Personal- und Raumbedarf. Neben den Lehrkräften müssen sozial-pädagogisch ausgebildete Fachkräfte und technische Hilfskräfte eingesetzt werden. Die Raumansprüche wachsen mit den zunehmenden Heimfunktionen der Schule. Für die Bereitung und Einnahme von Mahlzeiten, für Aufenthalts- und Spielgelegenheiten und für die Freizeitarbeit müssen Räumlichkeiten vorhanden sein.

☐ Ganztagsschule. Schulreform

Lit.: Theorie u. Praxis der T., hrsg. v. der Gemeinnützigen Gesellschaft T., Bd. I (1958), Bd. II (1960); H. Linde, Die Tagesschule (1963); Die T., Grundlagen u. Erfahrungen, hrsg. v. K. Klinger - G. Rutz (1964); J. Lohmann, Das Problem der Ganztagsschule (1965); Dt. Bildungsrat, Einrichtung v. Schulversuchen mit Ganztagsschulen (1968).

K. Mohr

Tagore, Rabindranath
International bekannter hindustanischer Dichter, Philosoph und Erzieher, geb. 6. 5. 1861 in Kalkutta, gest. 7. 9. 1941 in Santinikitan (Bengalen). Er studierte in England und bereiste Europa, Japan, die Sowjetunion, China, die USA, Kanada und Persien. Durch seine – meist pantheistisch geprägten – Bücher erschloß er dem Abendland die geistige Welt des Orients, insbes. des alten Indien (1913 Nobelpreis für Lit.). – T. gründete 1901 in Santinikitan eine für Indien neuartige koedukative Schule: Das Musische galt als Prinzip der Erziehung und vereinte Handarbeit und künstlerische Tätigkeit mit geistiger Bildung. Aus dieser Schule entwickelte sich die weltbekannte Internationale Univ. Vishva-Bharati, die heute einen Komplex von Schulen, Kollegien und Kunstwerkstätten umfaßt. T. wurde zum Wegbereiter der Koedukation und zum Initiator der Volkserziehungsbewegung in Indien und der Erziehung zur Verständigung der Völker.

Werke: The Autobiography (London 1917); Gesammelte Werke (dt. 1921); Meine Lebenserinnerungen (dt. 1923).
Lit.: E. Pieczynska, Tagore éducateur (Neuchâtel 1922); L. Elmhirst, R. T. Pioneer in Education (London 1961); K. G. Saiyidain, The Humanist Tradition in Modern Indian Educational Thought (Madison, Wisc., 1967); K. C. Mukherjee, T. – Pioneer in Education, in: Brit. Journal of Educ. Studies, 18. Jhg. (1970).

P. Ascher

Takt, pädagogischer
Der Begriff PT. wurde 1802 in der Göttinger Antrittsvorlesung von J. F. HERBART in die Päd. eingeführt und inhaltlich als „Mittelglied" zwischen Theorie und Praxis bestimmt. Der Lehrer sollte durch den PT. zu einer „schnellen Beurteilung und Entscheidung" in Situationen kommen, die sich unvorherseh-

bar im Unterricht und in Erziehungsprozessen einstellen. Der so verstandene Begriff verlangt vom Lehrer ein hohes Maß an Situationssicherheit, die nur aus einem wiss. Gedankenkreis und einer gründlichen Vorbereitung erwachsen kann, sowie die Fähigkeit zur Improvisation aus dem Augenblick, deren Leichtigkeit des Handelns aus reflektierter Erfahrung entspringt. Besonders in freien Formen schulischen Handelns, in denen dem Schüler Spielraum für eigenständiges Tun gewährt wird, ist vom Lehrer PT. gefordert.

Der Inhalt des Begriffs spiegelt aber auch die Bestimmung, die Takt überhaupt in der Sphäre des allgemeinmenschlichen Umgangs am Ende des 18. Jh. erfahren hat. Feingefühl und Zurückhaltung sind seitdem die Momente, die taktvolle Menschen auszeichnen. Feingefühl ist bes. als Sensibilität für das in einer Situation angemessene Handeln zu verstehen; Zurückhaltung als wichtige didaktische Kategorie muß der Lehrer wahren, weil sie der Selbsttätigkeit des Schülers entspricht. Äußerungformen des Feingefühls und der Zurückhaltung dürften für den Lehrer von daher vornehmlich in der Verbindlichkeit der Sprache, im Vermeiden der Verletzung des Kindes, in der Wahrung der im ↗pädagogischen Bezug angemessenen Distanz zum Schüler und schließlich in der Natürlichkeit seines Handelns zu sehen sein.

Lit.: E. Blochmann, Der PT., in: Die Slg. 5. Jhg. (1950); H. J. Ipfling, Über den Takt im päd. Bezug, in: Päd. Rsch., 20. Jhg. (1966); J. Muth, PT. (²1967); K. Schaller - H. Gräbenitz, Auctoritas u. Potestas (1968, mit Lit.).

J. Muth

Tanzen, Tanzunterricht

T. = Tanz, VT. = Volkstanz, GT. = Gesellschaftstanz

1. *Tanzen*, seit je eine Lebensäußerung des Menschen, ist ein Bewegungsvorgang in Zeit und Raum, der seine Impulse aus innerem Gestimmtsein erhält; stimulierend wirkt meist der Rhythmus des Geräusch, Lied, instrumentales Spiel. Dies Gestimmtsein findet Ausdruck: a) im bildhaften T., der Handlungen, Ereignisse, Vorstellungen in Bewegungssymbole umsetzt; b) im bildfreien T., gestaltet aus dem vitalen Anreiz von Rhythmus-Klang oder dem geistig betonten Bedürfnis, dem T.raum Form und Inhalt durch Bewegung zu geben. Tanzen bewirkt erhöhtes Lebensgefühl, das sich zur Selbstvergessenheit, Hingabe und Ekstase steigern kann.

Während der *Volkstanz* geschichtslos ist, spiegeln *Gesellschaftstanz* und *Theatertanz* Stil und Geschmack bestimmter Zeitabschnitte. GT. setzt T.schulen voraus – schon in römischer Zeit üblich, dann wieder seit der Renaissance –, in denen durch Zähmung und Umformung von VT. festgelegte Formen entstehen. Die T.e der feudalist. Gesellschaft im 15./16. Jh., Pavane, Gaillarde, Courante, Gigue, verbinden Würde und kraftvolles Lebensgefühl. Im 17. Jh. wird der T. im *Menuett* bewegungsarm durch Stilisierung und Verfeinerung des Zeremoniells. Der *Walzer* im 19. Jh. drückt das Selbstgefühl der bürgerl. Gesellschaft aus durch Bewegungsweite und Auflösung der Etikette. Der *pluralist.* Gesellschaft im 20. Jh. entsprechen die Internationalität des T.es und die Fülle verschiedener Stilelemente. Die 2. Hälfte des Jh. bringt die Affinität der Jugend zu rhythmisch gesteigerter Musik und als Protest gegen Organisiertheit des T.es den *Rock 'n' Roll*, später die *freie Bewegung* zur Beatmusik.

Während es *Schautänze* schon in vorchristl. Zeit gibt, entsteht der *Theater-T.* im 15. Jh., das *Tanzdrama* – im 16., Stil und Vokabular des *klassischen Balletts* und damit der *Berufstänzer* im 17. Jh. Der künstlerische Höhepunkt liegt im 18. Jh., der *Spitzentanz* entsteht im 19. Jh. Eine neue Auffassung und Ausweitung des Theater-T.es bringt das 20. Jh. mit der Koordination der Künste, vor allem mit dem *expressionistischen T.*

2. *Tanzunterricht.* Ziel des Pädagogen ist es, die Erlebnismöglichkeiten des Tanzens zu erschließen. Dazu sind Bewegungsfähigkeit, rhythmisches Gefühl, Anpassung an Partner, Gruppe, Raum erforderlich. Aufgrund neuer päd. Einsichten werden neben der freien Einzelbewegung exemplar. Gruppen-T.e gepflegt, die die Selbstbestätigung des einzelnen bei Einfügung in ein rhythmisches Gesamtgeschehen ermöglichen. Fertige Formen werden als tänzerisch-musikalisches Ganzes erfaßt. – Alle wesentl. Formen des T.es werden in T.schulen gelehrt. Über Lehrgänge und Tagungen informiert der *Arbeitskreis für Tanz im Bundesgebiet* (mit wechselndem Sitz, z. Z. Hamburg, Postfach 920164).

Lit.: F. Weege, Der T. in der Antike (1926); C. Sachs, Eine Weltgeschichte des T.es (1933); D. Günther, Der T. als Bewegungsphänomen (1962); K. H. Taubert, Höfische Tänze (1968); W. Sorell, Buch vom T. (1969).

A. Schmolke

Tapferkeit

T. ist eine der Kardinaltugenden und gehört damit zu den Pfeilern der klassischen Ethik. Schon die Griechen rechneten sie unter die Haupttugenden. THOMAS v. AQUINO, der diese Einteilung übernimmt, sagt, daß ein Richter zu seinem gerechten Urteil stehen müsse wie ein Freund zu seinem schwer erkrankten Freunde: trotz Bedrohung mit dem blanken Schwert bzw. der Gefahr todbringender Ansteckung. Damit ist eine Überleitung zu jener Art bürgerlicher T. gegeben, die heute mit „Zivilcourage" oder noch allgemeiner mit „engagement" bezeichnet wird. Die moderne Problematik wird im Begriff der Grenzsituation (JASPERS) manifest: der Mensch „scheitert" bei jedem Versuch einer Überschreitung seiner Endlichkeit. Im Hinblick auf dieses Scheitern gibt es typische Auswege: Selbstbetäubung aus illusionärer Feigheit, Flucht in chiliastische Wunschträume, scheinrevolutionärer Aktionismus.

Entschlossene T. als gelassene, klarsichtige Haltung gegenüber allem Schicksalhaften optimiert gerade umgekehrt alle Chancen des Lebensglücks und schützt vor neurotischen Verkrampfungen. – Der spezifische Sinn von T. modifiziert sich vom militärischen Gebrauch zum Sinn von sittlicher Energie überhaupt, die auf der Grundlage von Selbstvertrauen und Opfermut für die als recht erkannten Ordnungsformen einzustehen bereit ist, nicht in weichlicher Nachgiebigkeit versinkt, sondern in konkreter Friedensarbeit „tapfer" mit solchen Phänomenen wie der „intraspezifischen" Aggression (K. LORENZ) fertig zu werden versteht.

☐ Tugend. Mut

Lit.: Thomas v. Aquin, Summa th. II, II, 123, 5 (1964); K. Jaspers, Existenzerhellung (Philos. II, 1932); W. Schöllgen, Ohne mich! Ohne uns? Recht u. Grenzen des Pazifismus (1951); –, Existenzproblematik des süchtigen Menschen, in: F. Laubenthal (Hrsg.), Sucht u. Mißbrauch (1964); A. J. Toynbee, Gang der Weltgeschichte (⁴1954); J. Pieper, Vom Sinn der T. (²1967); I. Eibl-Eibesfeldt, Liebe u. Haß. Zur Naturgesch. elementarer Verhaltensweisen (1970).

W. Schöllgen

TAT ↗ Thematischer Apperzeptionstest

Tatsachenforschung ↗ Empirische Erziehungswissenschaft

Taubblinden-Pädagogik

1. Die TP. befaßt sich mit der Erziehung und Rehabilitation von Kindern und Jgdl.n, die aufgrund einer kombinierten Hör-Seh-Schädigung weder am Unterricht der Gehörlosen- oder Schwerhörigenschule noch an dem der Blinden- oder Sehbehindertenschule teilnehmen können. *Ursachen:* Röteln und andere Infektionskrankheiten der Mutter während der ersten Schwangerschaftsmonate, Infektionskrankheiten in der frühen Kindheit, ererbte Degenerationen.

Für die *Früherziehung* sind Beratung und Anleitung der Eltern bes. wichtig. Vom 4. Lj. an sollten taubblinde Kinder in einem Heimsonderkindergarten fachpädagogisch gefördert werden. Die päd. Praxis erstreckt sich auf: Grobmotorik (Sitzen, Stehen, Gehen, Gebrauch der Arme), Feinmotorik (Tasten, Greifen), Erwerb von Gegenstands- und Spielerfahrungen, Selbständigkeit in den alltägl. Verrichtungen, soziale Kontaktnahme (erste Signale und Symbole), Hör- und Seherziehung bei vorhandenen Sinnesresten.

2. *Taubblinden-Unterricht* muß weitgehend Einzelunterricht sein. Von Geburt an Taubblinde bzw. in frühester Kindheit taubblind Gewordene stellen weit schwierigere Probleme dar als Kinder, die erst nach dem Hineinwachsen in die Sprache und nach dem Erwerb grundlegender räumlich-optischer Vorstellungen und Beziehungen Gehör und Gesicht verloren haben.

Zentrale Aufgaben sind die Vermittlung wirklichkeitsadäquater Raum-, Ding- und Personalerfahrungen und die Anbildung der Sprache; dies muß unter optimaler Ausnutzung vorhandener Hör- und Sehreste vor allem über den Tastsinn erfolgen.
Als *Sprachmedien* dienen: a) das Fingeralphabet, bei dem jedem Buchstaben eine bestimmte anzutippende bzw. zu bestreichende Stelle der Hand entspricht (LORMEN); daneben gibt es auch ein Handalphabet, bei dem bestimmte Stellungen der Hand bzw. der Finger als sprachl. Zeichen dienen; b) die Lautsprache, die durch Auflegen der Hände auf Mund, Wangen, Kehlkopf des sprechenden Partners abgefühlt (Sprachrezeption) und nachvollzogen (Sprachproduktion) werden muß (Vibrations- oder Tadoma-Methode); c) die Blindenpunktschrift.
Heimsonderschulen für Taubblinde gibt es in Hannover (Dt. Taubblindenzentrum mit Schule, Werkstätten und Pflegeheim) sowie in Heidelberg-Neckargemünd. Als berufliche Möglichkeiten bietet sich eine Reihe der für Blinde in Frage kommenden Berufe an.

☐ Behinderte Kinder. Blindenpädagogik. Gehörlosenpädagogik. Mehrfach behinderte Kinder

Lit.: N. Robbins, Educational Beginnings with Deaf-Blind Children (Watertown, Mass., 1960); –, Speech Beginnings for the Deaf-Blind Child (Watertown, Mass., 1963); –, Auditory Training in the Perkins Deaf-Blind Department (Watertown, Mass., 1964); Report of a Seminar on the Teaching of Deaf-Blind Children (London 1965); N. Robbins - G. Stenquist, The Deaf-Blind „Rubella" Child (Watertown, Mass., 1967); G. Damaschun, Der Taubblinde u. seine Bildung (²1968); D. Hudelmayer, Die Sonderschule für Taubblinde, in: K. Brem (Hrsg.), Psychol. der Bildungsinstitutionen, Bd. II (1968); A. Löwe - B. Westermann, Bibliogr. des Taubblindenwesens (1969).

D. Hudelmayer, B. Westermann

Taubheit ↗ Gehörlosenpädagogik ↗ Hörstörungen

Taufe und Erziehung

I. Evangelischer Aspekt

In der ev. *Kirche* steht die T. als volkskirchlicher Brauch nach wie vor in hohem Ansehen, gleichwohl ist der Sinn der T. und das Recht der Säuglings-T. vielfach problematisch. Die Begründung der T., daß mit ihr die Eingliederung in die Christenheit vollzogen und also die Zugehörigkeit zur Kirche begründet werde, weckt bei vielen den Verdacht, die Kirche erstrebe eine durch Zwangs-T. herbeigeführte Zwangsmitgliedschaft in der Kirche. Nur ein aus freier Entscheidung erwachsenes T.begehren könne jedoch den Vollzug der T. legitimieren. Davon beeindruckt, lassen schon einige Landeskirchen den *Taufaufschub* zu oder erörtern doch seine Möglichkeit. Aber dabei droht ein einheitliches T.verständnis verlorenzugehen: Bei der traditionellen T.handlung werden T.eltern und Paten zu einer christl. Erziehung ausdrücklich verpflichtet; weil aber Fähigkeit und Bereitschaft dazu trotzdem nicht gewährleistet sind, sei ein sinnvoller Vollzug der T. nur bei Täuflingen möglich, die zu einer persönl. Stellungnahme befähigt sind, und daher müsse die Gewährung der T. hinausgeschoben werden. Es geht dabei um das Verhältnis von T. und Glauben, das auch für die Zuordnung von *Taufe und Erziehung* oder *Unterricht* entscheidend ist: Soll die T. den Glauben, zu dem sich der Täufling wenigstens durch sein T.begehren bekennt, bestätigen, oder soll sie ihn erst ermöglichen und begründen? Muß der T. ein Unterricht vorausgehen, oder genügt das Vertrauen auf einen versprochenen oder rechtlich gesicherten späteren Unterricht?

Im NT. wird diese Alternative nicht beantwortet, weil es anders vom Glauben redet. Die urchristl. Gemeinde hat den, der zu ihr kam, „auf den Namen Jesu" getauft und ihm damit Jesus als Bürgen des Heils, sein Wort und Werk als Entscheidung über sein Geschick zugesprochen, zur Befreiung von der Macht der Sünde, zur Teilhabe am Geist brüderlicher Verbundenheit. Zur T. gehören also im NT. die Verkündigung von Wort und Werk Jesu ebenso wie die darin begründete vertrauende Annahme seiner Herrschaft. Im Glauben sind der Indikativ der Heilszusage mit dem Imperativ des neuen Lebens zusammengebunden. Diese Verbundenheit sahen die Reformatoren in ihrer Zeit gefährdet, einerseits bei den (Wieder-)Täufern, weil sie die „Wasser-Taufe" als nur äußerliches Zeichen verachteten und die innere „Geist-Taufe" als unentbehrliches Kennzeichen des neuen Menschen forderten, andererseits aber auch bei einem Sakramentalismus, der von der T. die Vermittlung einer naturhaften Gnadenqualität erwartete. Bes. LUTHER betonte die Unentbehrlichkeit der T. für den Glauben als einer worthaft verheißenden Gabe, die wie das Wort der Predigt in täglicher Buße und täglicher Erneuerung ergriffen und geglaubt werden solle. Im sich entwickelnden protest. Kirchenwesen sollte dieses T.verständnis durch Katechismusunterricht und Konfirmation gesichert werden. – Bei SCHLEIERMACHER machen erst Erziehung und Unterr. die T. „vollkommen", weil das eigene Glaubensbekenntnis als „letzter Akt" zur T. gehöre.

Bis in die Gegenwart wird in der ev. ⤻Religionspädagogik die T. als die Begründung für Erziehung und Unterricht der Kirche und zugleich dieser Unterricht im Sinne einer „Evangelischen Unterweisung" als Berechtigung zur Kinder-T. in Anspruch genommen (M. RANG, O. HAMMELSBECK, W. UHSADEL, H. KITTEL u. a.). Neuerdings wird differenziert, indem als „nachgeholter" oder „nachträglicher" T.unterricht nur der pfarramtl., nicht dagegen der schul. RU. begründet wird (G. OTTO). Die Veränderung der volkskirchl. Situation nötigt freilich zu der Frage, ob nicht schulischer wie kirchlicher Unterricht statt nur rückwärts auf die T. auch vorwärts auf sie bezogen sein kann. Das um so mehr, als für neuzeitl. Denken ein Verständnis für den obligator. Charakter der T. im Sinne ihrer „Heilsnotwendigkeit" nicht mehr unabdingbar ist (M. FEREL).

II. Katholischer Aspekt

Die *kath. Religionspäd.* definiert von der Kinder-T. her als Ziel für das päd. Handeln der Christen: es gilt die in der T. vermittelte Gotteskindschaft durch schrittweises Einführen in das Heilsmysterium zur Entfaltung zu bringen. Zwar ist die bibl. Leitbildvorstellung von der Gotteskindschaft nicht konstitutiv für die Erziehung; die mit der T. verbundene Einsicht, daß und wie die Kindheit ein Verwiesensein auf Gott in sich trägt, ermöglicht es jedoch, die Erziehungsaufgabe auf das Ganze der kindl. Lebensform hin zu konkretisieren.

Die Entwicklung von der „Volkskirche" zur „Gemeindekirche" verlangt, die herkömml. Praxis der Kinder-T. im Zusammenhang der Frage nach Gestalt und Struktur der Kirche der Zukunft zu überdenken. Bei stärkerer Betonung der T. als Sakrament des Glaubens gewinnt der Glaube der Eltern fundamentale Bedeutung für die T. unmündiger Kinder. Die damit verbundene Gewissenspflicht zur christl. Erziehung entspricht der mit der T. anhebenden Glaubensgeschichte des Kindes. Ausdruck der gewandelten pastoraltheol. Haltung ist das den neuen Ritus der Kinder-T. prägende Bemühen um die Verlebendigung des Glaubens der Eltern (Taufgespräch).

☐ Sakramente. Buße. Eucharistie. Firmung. Glaube, christlicher

Lit. zu I.: M. Ferel, T., in: G. Otto (Hrsg.), Prakt. theol. Hdb. (1970, Bibliogr.).
Zu II.: H. Schilling, Die Säuglings-T. in religionspäd. Sicht, in: Katechet. Blätter 95 (1970); W. Kasper (Hrsg.), Christsein ohne Entscheidung oder soll die Kirche Kinder taufen? (1970).

I. *E. Warns, M. Stallmann*, II. *E. Feifel*

Taxonomie von Lernzielen

T. = Taxonomie, L. = Lernziel

1. Eine T. von L.en soll alle für Erziehungsprozesse relevanten L.e in einem hierarchischen Klassifikationsschema zusammenfassen (griech. taxis = das Ordnen).

Der wohl *bekannteste Entwurf* einer T. von L.en ist der Versuch BLOOMs, über exakte Lehrplanangaben die Vergleichbarkeit der von verschiedenen Institutionen abgenommenen Prüfungen zu gewährleisten. Dieser T. liegt die Hypothese zugrunde, daß alle L.e als Verhaltensweisen gefaßt werden können, die ihre Entsprechung im Verhalten des Individuums haben. L.e, die zu komplex sind, als daß ihnen ein einzelnes Verhalten zuzuordnen wäre, sollen über die T. so weit in Teilziele aufgelöst werden, daß die Komponenten einem beschreibbaren Verhalten korrespondieren. Der BLOOMsche Entwurf (Dezimalklassifikation) stützt sich auf vier Prinzipien: Rücksichtnahme auf die Terminologie der Lehrer; logische Konsistenz; Berücksichtigung der psychol. Forschung; Wertneutralität.

2. Bis jetzt sind T.n für den *kognitiven* und den *affektiven* Bereich formuliert worden, der psychomotorische steht noch aus.

Organisationsprinzip des *kognitiven Bereichs* ist der Übergang von einfachen und konkreten zu komplexeren und abstrakteren Verhaltensformen. Die T.: 1)

Kenntnisse; 2) Verständnis; 3) Anwendung; 4) Analyse; 5) Synthese; 6) Beurteilung. Ein L.: 1.32: Kenntnis von Theorien und Strukturen (z. B. Kenntnis einer relativ vollständigen Fassung der Evolutionstheorie).
Für den *affektiven Bereich* ist als Ordnungsprinzip die zunehmende Internalisation bestimmt. Die T.: 1) Aufmerksamwerden (Beachten); 2) Reagieren; 3) Werten; 4) Organisation; 5) Charakterisation durch einen Wert oder einen Wertkomplex. Ein L.: 3.3: Verpflichtung (z. B. Religion aktiv in seinem persönl. und familiären Leben praktizieren).

3. Die T. von L.en bildet eine spezifizierte und präzise Grundlage für die Arbeit mit L.en, insbes. im Hinblick auf deren Entscheidungsvorbereitung und -implementation (Operationalisieren von Lehr- und Lernzielen) sowie auf die Vollständigkeitskontrolle; auch werden die L.e verschiedener Curricula vergleichbar, geeichte und informelle Tests überprüfbar, Programmierversuche erleichtert. Daneben sind die Grenzen jeder formal-abstrakt gehaltenen T. von L.en zu sehen, insbes. ihre Gebundenheit an die vorherige hermeneut. Identifikation der Lehrinhalte. Ihre volle Wirksamkeit entfaltet die T. von L.en erst in ausgearbeiteten Fachdidaktiken.
☐ Curriculum. Didaktik. Fachdidaktik

Lit.: D. R. Krathwohl - B. S. Bloom - B. B. Masia (eds.), Taxonomy of Educational Objectives, Handbook II: Affective Domain (³1968); R. H. Dave, Eine T. pädagogischer Ziele u. ihre Beziehung zur Leistungsmessung, in: K. Ingenkamp - Th. Marsolek (Hrsg.), Möglichkeiten u. Grenzen der Testanwendung in der Schule (1968); C. Möller, Technik der Lernplanung (1968, ²1970); F. Achtenhagen, Möglichkeiten u. Grenzen einer T. von L.en, in: Die Dt. Berufs- und Fachschule (1969); B. S. Bloom (ed.), Taxonomy of Educational Objectives, Handbook I: Cognitive Domain (Bloomington ¹³1969); K. H. Flechsig u. a., Probleme der Entscheidung über L.e, in: Programmiertes Lernen, Unterrichtstechnologie u. Unterrichtsforschung (1970); H. Blankertz, Theorien u. Modelle der Didaktik (³1970); R. Messner, Funktionen der T.n für die Planung von Unterricht, in: Zschr. f. Päd. 6 (1970); F. Achtenhagen - H. Meyer (Hrsg.), Curriculumrevision – Möglichkeiten u. Grenzen (1971).

F. Achtenhagen

Team ↗ Gruppe, soziale

Team-Teaching
1. *Team-Teaching* bezeichnet eine – in den USA entwickelte – Form der Unterrichts- und Lernorganisation, in der ein Team (mindestens 2 Lehrer, häufig in Zusammenarbeit mit päd. oder techn. Hilfs- bzw. Spezialkräften) entweder den gesamten Unterricht einer Klasse bzw. eines Jahrgangs, eines Faches oder einer Fächergruppe für eine Stufe oder die ganze Schule gemeinsam planen, arbeitsteilig durchführen, kritisch diskutieren und den Unterrichtsertrag kontrollieren; sie sind als Gruppe für ihren Arbeitsbereich verantwortlich. Die Teams haben kollegiale oder auch hierarchische (mit einem Teamleiter) Struktur.

TT. hat sich im Zusammenhang mit der Individualisierung und Differenzierung der Lernprozesse und des Lernangebots, der Spezialisierung und Professionalisierung des Lehrerberufs sowie der Differenzierung der ↗Schulberufe und der Bereitstellung technischer Medien entwickelt. Das Team kann entscheidend werden für die Realisierung neuer Bildungskonzeptionen: TT. überwindet sowohl den All-round-Lehrer als auch die Isolierung der Fachlehrer, gliedert unübersichtliche Gesamtschulsysteme, verlagert Verantwortung in die Lehrerschaft und begünstigt flexible dynamische Formen.
Die Spezialisierung der Lehrer auf Teilgebiete eines Faches, auf spezielle Verfahren und Lernstrategien intendiert eine Qualitätssteigerung des Unterrichts. Gemeinsame Planung und Kontrolle der Ergebnisse sichert die ↗Durchlässigkeit. In Verbindung mit neuen Organisationsformen, wie Groß- und Kleingruppenunterricht, ermöglicht TT. den Einsatz von Hilfskräften und optimale Nutzung didaktischer Medien zur ↗Rationalisierung und Ökonomie des Lehrens und Lernens.

2. TT. setzt eine *spezifische Aus- und Weiterbildung* voraus, die sich vor allem auf die neuen Funktionen und Verhaltensweisen im Unterschied zum lehrerzentrierten Klassenunterricht beziehen: Kooperation; Kommunikation über Ziele, Verfahren und Kontrollen; Groß- und Kleingruppenunterricht; Differenzierung nach Entwicklungs-, Bildungs- und Leistungsstand; Technologie; Anleiten und Einbeziehen von Hilfskräften; Testherstellung und Auswertung u. ä.
3. In Lehrerteams lassen sich *Studenten* und *Referendare* so einbeziehen, daß Schule und Ausbildung davon profitieren (Reduktion der bisherigen Belastung der Mentoren, Intensivierung der Teilnahme an krit. Planung und Selbstkontrolle, Einbeziehen in Reformansätze des Schulwesens bes. aber des Unterrichts und der Gestaltung der Lernprozesse). Das Team ist damit Partner in der Ausbildung und kann außerdem als solches in Forschungsprojekten mitarbeiten.

Lit.: J. T. Shaplin, H. F. Olds (Hrsg.), TT. (New York 1964); M. Bair - R. Wordward, TT. in Action (Boston 1964); A. Morgenstern (Hrsg.), Grouping in the Elementary School (New York 1966); F. Wellendorf, Teamarbeit in der Schule, in: Die Dt. Schule (1967); H. Glaser (Hrsg.), TT. konkret (1968); H. Straube, TT. u. beweglicher Unterricht, in: W. Zifreund (Hrsg.), Schulmodelle, programmierte Instruktion u. technische Medien (1968); U. Perle, Arbeiten im Team (1969); W. Karow, Individualisierter Mathematikunterricht in Schweden, in: betrifft: erziehung (1969).

I. Lichtenstein-Rother

Technikerschule ↗ Industrielles Bildungswesen

Technik und Bildung
T. = Technik, B. = Bildung, TB. = technische Bildung

Das Wechselverhältnis von T. und B. ist unbestritten: T. – als bestimmendes Element des heutigen Selbst- und Weltverständnisses, nicht nur des Produktionsprozesses – wirkt maßgeblich auf alle B.svorgänge und -bereiche ein. Umgekehrt sind Fortbestand und Weiterentwicklung von T. ohne Erziehung und B. undenkbar, wenn jene sich nicht als Technologie verselbständigen oder technokratisch entarten soll. Beide Bezüge konkretisieren sich in einer TB., die in der BRD vorerst noch eine zu realisierende Aufgabe ist.

1. *Technik* ist eine Sammelbezeichnung für planvoll in Gang gesetzte Prozesse (T. des wiss. Arbeitens, T.en beim künstlerischen Tun, T. bei der Produktion industrieller Güter usw.). T. wird vornehmlich verstanden als Instrument des schöpferischen Menschen, um – zum Zwecke seiner Bedürfnisbefriedigung – in die Natur einzugreifen und dabei seine Organmangelhaftigkeit zu kompensieren. Nicht durch das Hand-Werk, sondern durch T.-„Zeugung" (bis hin zu ↗Automation und ↗Kybernetik) baut sich der Mensch eine neue Welt auf, die Eigenständigkeit gegenüber Natur und Gesellschaft besitzt. Daraus folgt: T. als „menschliche Denkweise und Handlungsform" (G. OTTO) ist immer a) anthropogen – aus menschlichen Bedürfnissen hervorgegangen und auf menschliches Problemlösen angewiesen, b) utilitär – auf Nützlichkeit und Verbreitung ihrer Anwendbarkeit angelegt, c) rational – in Zielsetzung, Planung und Einsatz so durchschaubar, daß Wiederholung und Verfügbarkeit gesichert sind, d) politisch relevant – als Beeinflussung aller sozialen Prozesse wie als mögliches Instrument von Herrschaft.

2. *Bildung und Technik* waren im dt. B.sdenken lange Zeit entgegengesetzte Begriffe. Nach der idealistisch-humanistischen B.stheorie war im ersten Bereich wahre Humanität, im zweiten nur zweckhafte Utilität gegeben. Mechanisierung, Spezialisierung und Kollektivierung wurden als Zerstörung von Totalität, Individualität und Universalität verstanden. Später versuchten KERSCHENSTEINER, WEINSTOCK, LITT u. a. die techn. Welt in das alte B.sdenken zu integrieren. Der handwerkliche und kunsterzieherische Ansatz im traditionellen Werkunterricht mußte zu einem ↗Technischen Werken weitergeführt werden. Heute sind in der schulischen ↗Arbeitslehre T. und Technologie als päd. Aufgaben fest verankert: Die technische Elementarerziehung bzw. Grundbildung ist Bestandteil der modernen ↗Allgemeinbildung, nicht frühe Berufsvorbereitung oder -ausbildung.

3. So hat die *heutige Bildung* den Auftrag, den Menschen mit diesen Denk- und Handlungsmöglichkeiten vertraut zu machen, die noch vorhandenen Vorurteile gegenüber T. abzubauen und Chance und Gefahr der Technisierung unseres Lebens zu erkennen. Ihr Ziel ist darum nicht bloße Anpassung an gesellschaftliche Bedürfnisse, sondern kritische Information, theoretische Durchdringung, sachgemäßer Gebrauch und verantwortliches Handeln in einer techn. Welt. Daraus folgt: a) TB. ist keine Sonderaufgabe neben anderen, sondern unverzichtbarer Auftrag; b) TB. wird nicht vom traditionell naturwiss. Unterricht wahrgenommen; dieser will nur Erkenntnis allgemeingültiger Naturgesetze, jene dagegen eine Synthese von Wissen, Können und Entscheiden gegenüber menschlichen Produkten; c) TB. darf nicht von ihren gesellschaftspolit. Verflechtungen isoliert werden; sonst wird T. nur „technokratisch" verstanden und damit nur zur Verfestigung, nicht aber zur Veränderung der bestehenden Verhältnisse verwendet.

4. Die *Didaktik der technischen Bildung* ist die Konzentration aller dieser Bezüge auf den Lehr- und Lernprozeß. In der DDR ist diese Aufgabe für die ↗polytechnische Bildung weitgehend gelöst. Seit ca. 1959 wird in der dortigen Regelschule eine vielseitigtechn. B. vermittelt, um einen techn. Lernprozeß in seinem Wechselbezug von funktionalem, konstruktivem, ökonomischem und polit. Denken zu begründen. – In der BRD setzte die didaktische Reflexion in den sechziger J.n ein. Seit dem 2. Werkpäd. Kongreß in Weinheim 1968 werden folgende Inhalte für die TB. diskutiert: a) Erschließen technischer Gegenstände und Prozesse (Gebrauchsgegenstand, Bau, Maschine, elektronische Apparate), b) Entwickeln des techn. Denkens und Verhaltens (Verständnis von Funktionszusammenhängen, Konstruktionen, Planungen usw.; für techn. Formung und Beurteilung; für Technik als menschliche Leistung bzw. Verfahren sinnvoller Lebensgestaltung usw.), c) Entwickeln von technologischem Wissen und Können (Werkstofferkenntnis und -erfahrung, Werkzeugkenntnis und -handhabung, Verfahrensfertigkeiten, Anfertigen und Lesen techn. Zeichnungen).

☐ Polytechnische Bildung. Technische Elementarerziehung. Arbeitslehre

Lit.: Th. Litt, Techn. Denken und menschl. B. (1957, ⁴1969); E. Fink, Zur B.stheorie der TB., in: Die Dt. Schule (1959); W. Linke, T. u. B. (1961) F.-J. Wehnes, Schule u. T. in Ost u. West (1964); K. Tuchel, Herausforderung der T. (1967); G. Uschkereit - O. Mehrgardt - F. Kaufmann, Werkunterricht als TB., 2. Werkpäd. Kongreß (1969); H. Beck, Philos. der T. (1969); H. Sellin - B. Wessels, Beiträge zur Didaktik der TB. (1970).

F.-J. Wehnes

Technische Elementarerziehung
TE. ist eine von M. ENGELBERT in die päd. Diskussion eingeführte Bezeichnung für den vorberufl. Erwerb technischen Wissens und

Könnens in allgemeinbildenden Schulen. Unter Weiterentwicklung von Gedanken PESTALOZZIs, FRÖBELs und vor allem KERSCHENSTEINERs forderte ENGELBERT die Einbeziehung technisch-handwerklicher Grundlagen in die Erziehung aller Jgdl.n als Teil der allg. Menschenbildung. Die TE. sollte das Durchschreiten der der heutigen Technik vorgelagerten elementaren Stufen und durch „praktisches Begreifen und Zugreifen" die Bildung technischer Begriffe ermöglichen.

In einem Lehrgang vom 1. bis 8. Schj. sollten die Schüler durch Umgang mit Wachs, Bast, Papier, Textilien, Leder, Draht und Blech zur Entfaltung des Sinnes für Genauigkeit, zur Entwicklung geometrischen Raumerfassens und statischen Konstruierens sowie zum Erkennen technischer Wirkungszusammenhänge geführt werden. Kinder-Werkplatz und Jugend-Werkhof waren als schulorganisatorische Mittel zur Verwirklichung der TE. gedacht.

Die TE. erhielt den Charakter eines der ↗Arbeitslehre vorgelagerten Faches der Grundschule (z. B. 1968 als „Technische Elementarlehre" in den Rahmenplänen für Unterricht und Erziehung der Berliner Schule). Vor allem fand die Idee der TE. Eingang in die Didaktik des Werkens.

☐ Technik und Bildung. Technisches Werken. Polytechnische Bildung. Arbeitslehre

Lit.: M. Engelbert, Stoff u. Form – Leitfaden einer TE. (1954); G. Grüner, Techn. Volksbildung (1960); –, Techn. u. wirtschaftl. Bildung in der Hauptschule, in: Die Dt. Schule (1968); C. Schietzel, Technik u. Natur (1960); W. Linke, Technik u. Bildung (1961); L. D. Herbst, TE. in der VS. (1962); W. Reischock, Die Bewältigung der Zukunft (1965); H. Hetzer, Grundprobleme der techn. Erziehung, in: Lebendige Schule (1968); G. Uschkereit - O. Mehrgardt - H. Sellin, Ansätze zur Werkdidaktik seit 1945 (1968); H. Grothe, Technisch-naturwiss. Unterricht in der Grundschule, in: schule - arbeitswelt (1969); W. Voelmy, Polytechn. Unterricht in der DDR seit 1964 (1969); H. J. Stührmann - B. Wessels, Lehrer-Hdb. für den Techn. Werkunterricht, Bd. 1 (1970).

G. Grüner

Technische Hochschulen ↗ Hochschule

Technisches Werken
1. *Technische Bildung durch Werkunterricht*. Der auf Technik hin orientierte Werkunterricht sucht im Schüler ein elementares Bewußtsein von Problemen der techn. Umwelt durch Machen (z. B. Handbetätigung) und Reflektieren zu entwickeln, ihn für technische und die damit zusammenhängenden soziokulturellen, ökonomischen und polit. Probleme zu motivieren, gegebene techn. Umwelt nach ihren Einflußgrößen zu untersuchen und als veränderbar zu erfahren und im ganzen eine emanzipatorische Wirkung zu erzielen. Dafür wird eine fachdidaktische Struktur entwickelt, die trotz verschiedener Gewichtungen und Ansätze im wesentl. einheitlich durch die Charakterisierung der im TW. zu entwickelnden *technik-spezifischen Denkweisen und Handlungsformen* (BREYER, OTTO, SELLIN u. a.) einerseits und durch die Bestimmung *inhaltlicher Bezugsfelder* andererseits gekennzeichnet ist (BIESTER, KLÖCKNER, MEHRGARDT, STÜHRMANN, STURM, WESSELS u. a.).

Das hierbei zugrunde gelegte Technik-Verständnis geht davon aus, daß Technik nicht lediglich als Summe von Gegenständen und Verfahren aufgefaßt werden kann und sich nicht erschöpft in der Anwendung naturwiss. Erkenntnisse und naturgegebener Gesetze, sondern daß sich in techn. Verfahren und Gebilden eine geistige Leistung als schöperische Konstruktion ausdrückt, deren weltgestaltende Wirkung und geschichtliche Bedeutung hier gleichfalls Gegenstände der Reflexion sind (TUCHEL).

2. *Inhalte*. Die Gegenstände des Lehrens und Lernens im TW. sind einerseits bestimmt vom Objektcharakter technischer Gebilde, bewirkt durch *Verfahren und Prozesse der Herstellung* aufgrund schöpferischer Konstruktionstätigkeit, andererseits durch die *Reflexion und Analyse* technischer Objekte und Prozesse im Hinblick auf ihre weltgestaltende Wirkung.

Als *Inhalte* werden dargestellt: die „Werkwelt" des Menschen (WEISMANTEL); die Wohn- und Arbeitswelt, weiter gegliedert in die *Sachbereiche:* Gebrauchsgegenstand (Produkt) – Bau – Maschine (MEHRGARDT, KLÖCKNER, SELLIN u. a.). Diese Sachbereiche werden weiter in Gegenstandsfelder differenziert. *Gebrauchsgegenstand:* Werkzeug (Spielzeug), Möbel; *Bau:* Wohnbau, Sozialbau, Industriebau, Verkehrseinrichtung; *Maschine:* Energie-, Arbeits-, Informationsverarbeitende Maschinen. Aus dem Versuch, gegenstandsübergreifende techn. Kategorien zu erschließen und ihre didaktische Potenz zu erfassen sowie die strukturspezifischen Formen techn. Denkens zu untersuchen (WILKENING), wird ein *Bezugssystem* technikwiss. Disziplinen (Fertigungs- und Verfahrenstechnik, Technische Mechanik, Maschinenlehre; eingeschlossen Probleme der Meß-, Steuerungs- und Regelungstechnik sowie der Elektrotechnik) entwickelt. Dabei werden über die technikwiss. Bezugsdisziplinen hinausgehende interdisziplinäre Bezugsfelder und Aspekte berücksichtigt. Solche Felder und Aspekte sind (neben technischen, technologischen, materialen) soziokulturelle, ökonomische, polit. Aspekte sowie Ökologie, Ergonomie, Design (STURM u. a.).

Übereinstimmend wird innerhalb des werkdidaktischen Ansatzes die *Bedeutsamkeit der Formentscheidungen* bei der Konstruktion und Herstellung von Objekten hervorgehoben.

3. *Technische Denkweisen und Handlungsformen*. Durch die tätige Auseinandersetzung des Schülers mit techn. Problemen in Problemlösungsprozessen soll die Entwicklung technischen Denkens gefördert und damit ein techn. Bewußtsein entwickelt werden, das durch Beweglichkeit und kreatives Verhalten ausgezeichnet ist und sich für mögliche Veränderungen der Umwelt als flexibel und produktiv erweist. Der spezifischen Struktur

technischen Denkens und Schaffens sucht TW. dadurch zu entsprechen, daß allgemeine Strukturen technischer Prozesse in ihren Elementarformen erfaßt werden (WILKENING). Lösungsprozesse werden in typischen Verlaufsphasen und Aktionsformen gekennzeichnet. Dies geschieht unter weitgehender Berücksichtigung von Erfahrungen und psychol. Forschungsergebnissen über das Problemlösungsverhalten und der Creativity-Forschung.

Generell werden folgende Aktionsformen genannt 1) Planung, 2) Herstellung, 3) Auswertung (OTTO). BREYER schlägt 5 Phasen der Gliederung des Problemlösungsverfahrens vor: 1) Analyse der Problemsituation, 2) Aktualisierung vorhandener Elemente zur Lösung des Problems, 3) Probehandlungen, 4) Lösungshandlungen, 5) die Integration oder Systembildung. FRANKIEWICZ entwickelt als Strukturschema der schöpferischen techn. Tätigkeit: 1) Problemfindung, 2) Ableitung einer techn. Aufgabe, 3) Ausarbeitung einer Lösungsidee, 4) techn. Realisierung.
Solche oder ähnlich strukturierte Verlaufsphasen werden durch verschiedene Einflußgrößen jeweils modifiziert und sind nicht im Sinne von „Formalstufen" zu verstehen (WESSELS). Es wird berücksichtigt, daß damit nicht nur methodische Lösungshilfen bereitgestellt sind, sondern Planen, Konstruieren, Produzieren durch jeweils zu entwickelnde Problemlösungsmethoden gelernt werden sollen. Problemfinden wird selbst zum Gegenstand des Lernens und Einübens technikspezifischer Verhaltensweisen (SELLIN).

Der Beitrag des TW.s zur ↗Arbeitslehre ist sowohl in bezug auf die allgemein geführte Diskussion (SELLIN u. a.) wie durch die Entwicklung spezifischer Aufgabenkomplexe, Projekte und Vorhaben dargestellt worden (BIESTER, JÜRGENS, MEHRGARDT, KLÖCKNER, SELLIN, STURM, WESSELS, WILKENING u. a.). Hier hat die Diskussion mit Vorstellungen und Vorschlägen aus dem Bereich des berufsbildenden Schulwesens eingesetzt (GRÜNER, KAISER, STRATMANN, WIEMANN u. a.). Hinweise zur *Abgrenzung* des TW.s gegenüber anderen Fächern, insbes. dem ↗Kunstunterricht und den naturwiss. Fächern, finden sich bei EBERT, OTTO, WEISMANTEL, WESSELS; JACOBS, SCHIETZEL, WELTNER. Diese Diskussion vor dem Hintergrund der fachdidaktischen Entwicklung seit den fünfziger Jahren (zur Fachgeschichte: WESSELS, WILKENING) hatte und hat entscheidende Konsequenzen für die Lehrerbildung (EBERT).
4. *Lehrpläne.* Die Entwicklung des Werkunterrichts zum TW. ist einer breiten Öffentlichkeit durch die Arbeit dreier Werkpäd. Kongresse bekannt geworden (1966 – Heidelberg, 1968 – Weinheim, 1970 – Ludwigsburg). Sie hat sich im Zusammenhang mit der Einführung der ↗Arbeitslehre als Fächerkombination auf die Konzeption von Richtlinien und Lehrplänen ausgewirkt.

So in Niedersachsen und insbes. in NRW im Fachbereich Arbeitslehre, der sich als Kooperationsbereich dreier selbständiger Fächer darstellt: TW., Wirtschaftslehre und Hauswirtschaft. Ähnliche Entwicklungen zeichnen sich in verschiedenen Bundesländern ab, so in Bremen, Baden-Württemberg; eine Sonderstellung nimmt Berlin ein.

Die Diskriminierung technik- und arbeitsweltbezogenen Unterrichts ist erst dann aufgegeben, wenn ein systematisch in Lernsequenzen angelegter techn. Werkunterricht von der Primarstufe an (nur NRW sieht bisher ab 1. Schulj. TW. im Rahmen des Sachunterrichts vor) im gesamten Sekundarbereich (I und II) durchgeführt wird und damit das Defizit im Umgang mit der Technik und im Verständnis der Funktion der Technik in der Gesellschaft verringert wird.

☐ Technische Elementarerziehung. Arbeitslehre

Lit.: O. Mehrgardt (Hrsg.), Die Werkaufgabe (1958 ff.); F. Kaufmann - E. Meyer (Hrsg.), Werkerziehung in der techn. Welt (1967); W. Kaul, Werkunterr. u. Technik (1967); W. Ebert, Werkunterr. in Theorie u. Praxis, in: Die Dt. Schule (1967); Ansätze zur Werkdidaktik seit 1945, bearb. v. Uschkereit u. a. (1968); E. Roth - A. Steidle, Der Werkraum (1968); H. Sturm, Die Struktur der Inhalte techn. Bildung u. die Organisation eines Stoffplanes, in: Die Dt. Schule (1968); Werkunterr. als techn. Bildung?, bearb. v. G. Uschkereit u. a. (1969); B. Wessels, Didaktik der Werkerziehung (²1969, Bibliogr.); Beiträge zur Didaktik der techn. Bildung, bearb. v. Sellin u. Wessels (1970); H. Stührmann - B. Wessels, Lehrerhdb. für den techn. Werkunterr., Maschinentechnik (1970); F. Wilkening, Techn. Bildung (1970, Bibliogr.).

H. Sturm

Technologie der Schule und des Unterrichts
T. = Technologie

Mit der unscharfen Bezeichnung T., die an den engl. Ausdruck *educational technology* angelehnt ist, werden einerseits die modernen technischen Hilfsmittel, die den Lehrer in der Unterrichtserteilung unterstützen oder ihn in definierten Funktionen ersetzen, andererseits die Theorie ihres didaktischen Einsatzes bezeichnet. Die T. ist schwer abzugrenzen gegenüber älteren Hilfsmitteln des Unterrichts (z. B. ↗Arbeitsmittel) und gegenüber einer über das Unterrichtliche hinausgreifenden Verwendung einzelner Apparaturen (z. B. Computer-Verwendung in der Schulverwaltung usw.). Eine Ordnung der T. ergibt sich nach verschiedenen Gesichtspunkten:
1. Nach der *Art der verwendeten Technik.* (1) mechanische Geräte (z. B. einfache Lehrmaschinen); (2) elektromechanische Geräte (z. B. Lehrgeräte mit elektr. Bandtransport); (3) elektrooptische Geräte (Bildwerfer, Lehrmaschinen mit optischer Anzeige u. ä.); (4) auditive Geräte (z. B. Plattenspieler, Tonbandkassettengeräte, evtl. eingerichtet für Im-

pulssteuerung von Zusatzgeräten, wie Filmprojektoren, Sprachlehranlagen); (5) elektronisch gesteuerte Lehrgeräte, vor allem Computer für ↗computerunterstützten (CAI) oder computergetragenen Unterricht (CBI).
2. Didaktisch relevanter als nach der Art der Geräte ist die Einteilung *nach der didaktischen Funktion*. Hier ergibt sich eine Skala, die von der Unterstützung des Lehrers bis zu seinem Ersatz reicht. Die Medien unterscheiden sich dabei nach dem Grad, in dem sie sich in die Unterrichtsregie des Lehrers einfügen oder selbst eine solche enthalten und vorschreiben.

(Ein Einzeldia, ein 8-mm-Kurzfilm oder ein selbsthergestelltes Arbeitstransparent für den Overhead-Projektor fügen sich völlig in die Unterrichtsplanung des Lehrers ein, ein kommentierter Unterrichtsfilm, eine vorgefertigte Folienserie enthält Ansätze einer Fremdplanung des Unterrichts, ein Schulfernsehdirektunterricht schließt die Mitwirkung des Lehrers möglicherweise völlig aus.)

3. Eine weitere Einteilung ergibt sich *aus der Größe des Systems*, für das technische Hilfsapparaturen in Anspruch genommen werden: Klassenraum bzw. „Elektronisches Klassenzimmer", Schule (mit Medienzentrum, zentraler Schulfunkanlage, Schulfernsehanlage, Sprachlabor usw.), Schulsystem (mit vorgeplanter Bestückung aller Einzelschulen und regionalen Medienzentren).

□ Audiovisuelle Unterrichtsmittel. Lehr- und Lernmaschine. Lehr- und Lernmittel. Schulfunk. Schulfernsehen. Sprachlabor. Tonband. Dokumentarfilm. Programmierter Unterricht

Lit.: Institut für Film u. Bild, Lehren u. Lernen mit audiovisuellen Bildungsmitteln (1965); E. F. Rother (Hrsg.), Audio-visuelle Mittel im Unterricht (1968); W. Zifreund (Hrsg.), Schulmodelle, Programmierte Instruktion u. techn. Medien (1968); H. W. Holtzmann (Hrsg.), Computerassisted-instruction (New York 1970); K. W. Döring, Unterricht mit Lehr- u. Lernmitteln (1971).

A. O. Schorb

Teenager ↗Jugendalter

Teilhard de Chardin, Pierre
Französischer Geologe, Paläontologe und Philosoph, Jesuit, geb. 1. 5. 1881, gest. 10. 4. 1955 in New York.
T.s Menschen- und Weltbild ist durch Universalismus, Futurismus und Personalismus gekennzeichnet und beruht auf der Annahme, daß Komplexität und Bewußtsein gesetzmäßig zunehmen: das All zeigt sich in seiner geschichtl. Dimension als Wachstumsprozeß in Richtung auf immer besser organisierte Strukturen, in denen sich ein immer höheres und intensiveres Bewußtsein bekundet. Der Mensch als das höchstentwickelte Wesen steht an der Spitze und in der Achse der kosmischen Bewegung. Er muß die Sozialisation anstreben, in der schließlich eine Art kollektives Bewußtsein durchbrechen und die Persönlichkeit ihre Vollendung erreichen soll (Punkt Omega). – Theologisch meint T., daß unsere rel. Vorstellung noch an ein veraltetes Weltbild gebunden und so auch weltfremd geworden ist. Die christl. Hauptdogmen: Schöpfung, Sündenfall, Menschwerdung, Erlösung, Eschatologie gewinnen in evolutionist. Perspektive neue Bedeutung. T. strebt eine kosmisch-christl. Mystik an, die Gott und Welt in einer und derselben Liebe umfaßt.

Werke: Œuvres, bisher 10 Bde. (Paris 1955ff.), dt. Ausg.: T., Werke (1963ff.); Bibliogr. in: C. Cuénot, T. de C., Leben und Werk (1966).
Lit.: H. de Lubac, La pensée religieuse du Père T. de C. (Paris 1962); M. Barthélemy-Madaule, Bergson et T. (Paris 1963); –, La personne et le drame humain chez T. de C. (Paris 1967); A. Müller, Das naturphilos. Werk T.s (1964); E. Rideau, La pensée de T. (Paris 1965); Ch. Mooney, T. and the Mystery of Christ (Garden City 1966); R. North, T. and the Creation of the Soul (Milwaukee 1967); R. Speaight, T. de C. A Biography (London 1967); S. Daeke, T. und die ev. Theol. (1968); A. Szekeres (Hrsg.), Le Christ cosmique de T. (Antwerpen/Paris 1969); F. Bravo, La vision de l'histoire chez T. de C. (1970).

N. M. Wildiers

Teilzeitschule ↗Vollzeitschule

Teleclub
T.s sind: 1. Fernsehkreise und -arbeitsgemeinschaften, Zusammenschlüsse von Interessenten am Fernsehen als Studienobjekt. Analog der Arbeit in Filmklubs und vielfach innerhalb von Institutionen der Jugend- und Erwachsenenbildung werden Sendungen gemeinsam (direkt oder als Aufzeichnungen) angesehen, analysiert, diskutiert und kritisiert. Teilweise bestehen Beziehungen zu den Sendeanstalten (Adolf-Grimme-Preis).
2. Gruppenempfangseinrichtungen in ländl. Gebieten und – vielfach von der Unesco gefördert – in Entwicklungsländern, in denen Zielgruppen weitergebildet werden. 3. T. ist auch Programmbezeichnung für eine Sendung, in der ein bestimmtes Thema von einer Gruppe diskutiert wird oder die bes. anspruchsvolle Filme, Fernsehspiele oder Features, die eine bestimmte Problematik aufgreifen oder mit neuen Ausdrucksformen experimentieren, zur Diskussion gestellt werden.

Lit.: F. Pöggeler, Erwachsenenbildung (1962); *Bibliogr.:* Fernsehen u. Erwachsenenbildung (1966).

H. Gies

Telekinese ↗Parapsychologie

Telekolleg, Funkkolleg
1. Das *Telekolleg*. Das T. gehört zum Studienprogramm des Bayer. Rundfunks. Es ist

ein Multi-Media-System aus Fernsehsendungen, schriftl. Begleitmaterial (= Fernunterricht) und Gruppenarbeit (Kollegtag). Der Bayer. Rundfunk übernimmt per Staatsvertrag Entwicklung, Produktion und Ausstrahlung der Lehrsendungen (incl. schriftl. Material). Dem Staat obliegen schulorganisator. Aufgaben, Kollegtag und Prüfungen, nach deren erfolgreichem Abschluß staatl. anerkannte Zeugnisse ausgestellt werden. Ausgestrahlt wird das T. wochentags zwischen 18 und 20 Uhr auf dem I. und III. Kanal, am Wochenende früher. Das schriftl. Begleitmaterial für den etwa 3 J. dauernden Lehrgang umfaßt ca. 6000 Blatt. Es ist nach lernpsychol. Gesichtspunkten aufgebaut und enthält Abschnitte, die während der Sendung bearbeitet werden müssen („Lektionspaß"), und solche, die nach der Sendung zur Vertiefung dienen, ferner Aufgaben zur Selbstwie Fremdkontrolle. Alle 3 Wochen kommen die Teilnehmer an den Kollegtagen in Gruppen zusammen, um mit dem Gruppenlehrer die von ihm korrigierten Prüfungsaufgaben und andere Sachfragen zu besprechen. – *Ziel* des T.s ist die *Mittlere Reife* nach dem Lehrplan der Berufsaufbauschule.

Das T. vermittelt im Verlauf des Lehrgangs 5 Hauptfächer (Deutsch, Geschichte, Englisch, Mathematik, Physik) mit je 78 Lektionen und 6 Nebenfächer (Wirtschaftsgeographie, Sozialkunde, Chemie, Biologie, Volks- und Betriebswirtschaft und wahlweise ein berufsbezogenes Fach: Technisches Zeichnen, Elektrotechnik, Technische Chemie, Betriebsrechnen) mit insges. 78 Lektionen. Das ganze T. besteht aus 468 Lektionen zu je 30 Minuten. Drei Gruppen von T.-interessenten lassen sich unterscheiden: Gruppe A erstrebt Mittlere Reife; Gruppe B ist nur an bestimmten Fächern interessiert, wünscht aber Beteiligung an der Gruppenarbeit, während Gruppe C nur das Begleitmaterial ohne Kontrolle und Gruppenarbeit will. Viele T.schüler sind Arbeiter und Angestellte, zu 82 % unter 35 J. alt. Der Anteil der Frauen und Mädchen beträgt 21 %.

2. Das *Funkkolleg* ist eine seit 1969 bestehende Sendeveranstaltung urspr. des Hessischen, dann auch des Saarländischen und Süddeutschen Rundfunks sowie des Südwestfunks („Quadrigaanstalten"); 1971 schloß sich Radio Bremen an. Das F. arbeitet mit dem Dt. Inst. für Fernstudien und den KM.n und VHS.n von Baden-Württ., Hessen, Rheinland-Pfalz und Saarland zusammen. Es bietet systematisch aufgebaute Lehreinheiten auf Hochschulniveau über ein oder mehrere Semester hinweg (z. B. 1969/70 2 Semester Erziehungswiss. mit 15 000, 1970/71 2 Semester Mathematik mit 26 000 eingeschriebenen Teilnehmern). An ausgewählten wiss. Sachverhalten sollen Stil, Methode und Wirkungsweise wiss. Arbeit dargestellt werden. Adressaten des F.s sind: berufstätige Akademiker, vornehmlich Lehrer aller Schulgattungen (Kontaktstudium), Studenten (Studium generale), Bewerber für das Hochschulstudium ohne Abitur (Begabtenprüfung). Das F. ist eine Fernstudienveranstaltung im ↗Medienverbund:

Hörfunksendungen motivieren Fragestellungen, fassen Sachverhalte zusammen; *Studienbriefe* (Begleitmaterial) dienen der Faktenvermittlung und der Übung; *Begleitkurse*, die in der Regel von den VHS.n eingerichtet werden, ermöglichen Wiederholung, Vertiefung, Vorbereitung auf die Prüfungen; *Prüfungen* (Hausarbeiten und Klausuren) geben der Möglichkeit der Überprüfung des Lernerfolgs, motivieren durch Bestätigung, aber auch durch die Möglichkeit, aufgrund der Prüfung ein Zertifikat zu erhalten. Die von den KM.n anerkannten Zertifikate können u. a. von Lehrern als Grundlage für die Erweiterung ihrer Lehrbefugnis, von Studienbewerbern ohne Abitur als Voraussetzung zur Erfüllung der Zulassungsbedingungen genutzt werden.
Die Planung geschieht durch eine gemeinsame Kommission aller am F. beteiligten Institutionen. Vorsitz hat der Hörfunkdirektor des Hessischen Rundfunks. Organisation: Ein Zentralbüro mit Sitz in Frankfurt übernimmt die Organisation.

☐ Hörfunk. Schulfunk. Bildungsfernsehen. Medienverbund. Universitätsfernsehen

Lit. zu 1.: H. Oeller, Das Studienprogramm (1966); A. Schardt, Das Telekolleg, in: Rundfunk u. Fernsehen 15/4 (1967); H. Schiefele - A. O. Schorb - F. Bedall, Telekolleg im Studienprogramm des Bayer. Rundfunks (1969).
Zu 2.: G. Dohmen - G. Kadelbach u. a.; Fernstudium – Medienverbund, Erwachsenenbildung (1970); A. Esser, Das Quadriga-F. Mathematik, in: Rundfunk u. Fernsehen 1/70 (1970).

1. *H. Winter*, 2. *W. Feißt*

Tellurium ↗ Planetarium

Temperament

1. Mit *temperamentum* (lat. „richtiges Mischungsverhältnis") bezeichnete im 2. Jh. n. Chr. der römische Arzt GALEN die unterschiedliche, in vier Typen ausgeprägt erscheinende Wesensart der Menschen (Sanguiniker, Choleriker, Melancholiker, Phlegmatiker).

Schon von der griech. Humoralmedizin, bes. von HIPPOKRATES (um 400 v. Chr.), war die menschl. Wesensart durch die Mischung der auf die vier Elemente des EMPEDOKLES zurückgeführten vier Körpersäfte (Blut, gelbe und schwarze Galle, Schleim) erklärt worden. Mit geringen Änderungen hat sich die antike T.enlehre über 2000 Jahre erhalten.
Erst Mitte des 19. Jh. fügte C. G. CARUS den vier T.en als Basis- und Spitzenformen das „elementare" und das „psychische" T. hinzu. Er unterschied T.e des Wollens (cholerisch/phlegmatisch) von denen des Gefühls (sanguinisch/melancholisch) und des Erkennens (elementar/psychisch). Andere Varianten ergaben sich, als die Lehre von den T.en zur Grundlage ausgebauter Typologien gemacht wurde, wie bei dem holländ. Psychologen G. HEYMANS (1932), der die vier überlieferten T.e durch die Typen des Nervösen, Apathischen, Passionierten und Amorphen bereicherte. Diese Einteilung wurde dann in der frz. Charakterlehre bes. von R. LE SENNE (1945) übernommen.

2. In der *deutschen Persönlichkeitspsychologie* gewann die T.slehre vor allem in Verbindung mit der Konstitutionstypologie an Bedeutung, wo Charakter und T. nahezu gleichgesetzt (E. KRETSCHMER, 1921) oder im Sinne einer Schichtenordnung (G. EWALD, 1924) interpretiert werden.

In abgewandelter Form finden sich je zwei der urspr. T.e in den Skalen der „psychästhetischen Proportion" (überempfindlich/unempfindlich) beim Schizothymen und der „diathetischen Proportion" (heiter/traurig) beim Zyklothymen wieder die dem leptosomen bzw. dem pyknischen Körperbau zugeordnet sind. Für den dritten, erst später (E. KRETSCHMER - W. ENKE, 1936) in das Schema aufgenommenen, dem athletischen Körperbau zugeordneten Typus des viskösen (ixothymen) T.s erstreckt sich die Skala vom Pol der Tenazität (Zähflüssigkeit, geringe Reizempfänglichkeit) zu dem der Explosivität (erhöhte Reizbarkeit, gestaute Affektdynamik). Daneben sind noch dysplastische Spezialtypen zu unterscheiden, die durch Steigerung oder Abschwächung einzelner T.squalitäten gekennzeichnet sind.

3. Im allg. wird für die Theorie des T.s, wie schon ehedem bei J. C. LAVATER (1775), der Begriff der *Reizbarkeit* als zentral angesehen.

Entweder bezeichnet T. die dynamische Ausprägungsmöglichkeit der Persönlichkeit als ganzer (G. MÜHLE, 1954) bzw. ihrer Teilbereiche („Intelligenztemperament" bei A. WENZL, 1934; auch „Konventionstemperament" bei W. HELLPACH, 1942) oder bestimmte überdauernde Antriebslagen („Vitaltemperament" bei K. GOTTSCHALDT, 1960). Im angloamerikan. Raum vertritt J. P. GUILFORD (1959) einen ähnlich aspektiven Standpunkt, wenn er T.szüge als persistierende Stimmungs- und Antriebslagen der Persönlichkeit auffaßt, während R. B. CATTELL (1950), ähnlich wie H. J. EYSENCK (1947), T.szüge als eine Klasse von Persönlichkeitseigenschaften von dynamischen (motivationalen) und kognitiven (Fähigkeits-)Zügen unterscheidet.

☐ Persönlichkeitstypen. Persönlichkeitstheorie. Eigenschaften

Lit.: J. C. Lavater, Physiognomische Fragmente (1775 ff.); C. G. Carus, Symbolik der menschl. Gestalt (1843, Neudr. 1925); G. Ewald, T. u. Charakter (1924); E. Kretschmer, Körperbau u. Charakter (1921, ²⁵1967); G. Heymans, Einf. in die spezielle Psychol. (1932); A. Wenzl, Theorie der Begabung (1934); E. Kretschmer - W. Enke, Die Persönlichkeit der Athletiker (1936); W. Hellpach, Dt. Physiognomik (1942, ²1949); H. J. Eysenck, Dimensions of Personality (London 1947); R. Le Senne, Traité de charactérologie (Paris ²1949); R. B. Cattell, An Introduction to Personality Study (London 1950); G. Mühle, Die Lehre vom T. unter strukturpsychol. Gesichtspunkt, in: Psychol. Rsch. 5 (1954); J. P. Guilford, Personality (New York 1959); K. Gottschaldt, Das Problem der Phänogenetik der Persönlichkeit, in: Hdb. der Psychol., Bd. 4 (1960).

G. Mühle

Terminologie, pädagogische
Wissenschaft und wissenschaftlich unterbaute Praxis bedürfen einer eigenen Fachsprache; so auch die Erziehungswiss. und die päd. Praxis. Bei ihrer Entwicklung geraten jedoch zufolge des dialektischen Selbstvollzugs des Geistes die ↗ Geisteswissenschaften, denen die Päd. von ihrer Tradition her zugerechnet wird, gegenüber den exakten Naturwiss.en in besondere Schwierigkeiten. Diese sind auch nicht behoben, wenn man die Päd. den Sozialwissenschaften zuordnet: Die Dialektik des Geistes wird hier nur abgelöst von der Dialektik des gesellschaftl. Lebens. Gelingt es der Päd. nicht, so meinte noch HERBART, „einheimische Begriffe" zu entwickeln, dann wird sie ein „Spielball der Sekten" sein. Gerade ihre Beweglichkeit aber ist für die Erziehungswiss. äußerst wichtig; ein solcher Wandel gefährdet sie, und er ist zugleich ihr „Wesen", das sie in ihrem rationalen wiss. Progreß zu vollziehen hat. Herbarts Wunsch muß darum heute aus mehrfachen Gründen zurückgewiesen werden:

1. Die T. ist immer auf ein bildungstheoretisches Konzept bezogen, das sie in adäquater Weise zur Sprache bringen möchte. Dessen Prämissen sind bestimmend für die Wortwahl zur Bezeichnung der Begriffe. Wird unter Bildung z. B. die Selbstverwirklichung des monadischen Subjekts verstanden, dann müssen ganz andere Termini zur Beschreibung dieses Vorgangs herangezogen werden als etwa bei einem Verständnis von Bildung als Begegnung. Auf den Wechsel der bildungstheoret. Grundentscheidungen ist der in der Päd. auffällige Begriffswandel und der Bedeutungswandel päd. Termini zurückzuführen, der bislang auch die Herausbildung einer beständigen internationalen päd. Fachsprache verhindert hat.

2. Die Päd. hat sich zu einer differenzierten Erziehungswiss. entwickelt, die auf Auskünfte aus zahlreichen Nachbarwissenschaften angewiesen ist. Dadurch werden von ihrer Herkunft her fremde Terminologien in der Päd. „einheimisch". Psychologische, soziologische, politologische, biologische, medizinische, volkswirtschaftliche, theologische, philosophische, kommunikationswiss. und informationstheoret. Termini verschaffen sich Geltung und Anerkennung. – Gegen diese wird man sich nicht wehren dürfen durch die Errichtung eines Bollwerks des „Pädagogisch Eigentlichen". Sie selbst sind es, die zwar nicht bestimmen, aber die bezeichnen, was heute Erziehung und Bildung ist.

3. Wenn Erziehung und Bildung jeweils das sind, was die Gesellschaft im Vollzug ihrer Selbstverständigung und Wandlung von ihnen als Momenten des gesellschaftl. Lebens aufgrund rationaler Kommunikation erwartet, muß man die Erziehungswiss. davor warnen, sich auf eine Terminologie (die psychol. Lerntheorie und die Sozialwiss. melden am lautesten ihren Anspruch an) festzulegen. Ihre T. darf ihren Wandel gerade nicht be-

hindern. Das gilt bes. im heutigen Bemühen, eine „kritische" Erziehungswiss. zu entwikkeln: da sie im Handeln des Educandus den Wandel, die Besserung der stets mangelhaften Verhältnisse im Auge hat, muß sie sich durch terminologische Zurückhaltung selbst diesem Wandel offenhalten.

4. Weniger die modernen, aus den Einzelwissenschaften übernommenen Terminologien als die traditionellen päd. Termini selbst, wie Bildung und Erziehung, aber auch jene, die den Bildungsprozeß beschreiben wollen, wie Wachsenlassen, Führen, Unterweisen, Unterrichten usw., stehen dem Wandel des „Pädagogisch Eigentlichen" als Ausdruck jeweiliger gesellschaftlicher Erwartung deshalb nicht entgegen, weil sie ohnehin zumeist in analoger bzw. metaphorischer Sprechweise päd. Sachverhalte bezeichnen und darum unangefochten einen Bedeutungswandel auf sich nehmen.

5. Gemäß der gesellschaftl. Erwartung wird sich die Erziehungswiss. davor hüten müssen, daß mit der Übernahme von Terminologien aus den relevanten Nachbarwissenschaften auch deren erkenntnisleitendes (meist technisches) Interesse mit übernommen wird und das sie leitende Interesse, im Falle der „kritischen" Erziehungswiss. das emanzipatorische, verdrängt.

Lit.: K. Schaller, Päd. T., in: Päd. Lex., hrsg. v. H. H. Groothoff - M. Stallmann (⁵1971).

K. Schaller

Terrarien ↗ Aquarien

Testkonstruktion
TK. = Testkonstruktion, T. = Test

TK. ist eine zusammenfassende Bezeichnung für die gedanklichen und methodischen Schritte, die von der Planung zur endgültigen Fertigstellung psychologischer Meßverfahren (Tests) führen. Ziel der TK. ist es, T.s zu entwickeln, die den Gütekriterien Objektivität, ↗ Reliabilität und ↗ Validität in möglichst befriedigendem Ausmaß genügen. Im einzelnen können folgende Schritte der TK. unterschieden werden:

1. *Entwicklung der Testvorform.* a) Festlegung des *Validitäts- und Geltungsbereichs:* Die erste Stufe der TK. erfordert eine sorgfältige Abgrenzung und Aufstellung des Merkmalsbereichs, den der T. erfassen soll (Validitätsbereich), sowie die Bestimmung der Population, für die der T. gelten soll (Geltungsbereich). b) *Aufgabenkonstruktion:* Unter Berücksichtigung psychologischer und teststatistischer Aspekte werden die T.aufgaben (Items) inhaltlich und formal ausgewählt bzw. konstruiert als vorläufig repräsentative Stichprobe aus dem Universum aller möglichen Items, die dem Geltungsbereich entsprechen. c) *Durchführungsbedingungen:* Durch eine T.anweisung werden die Reaktionsmöglichkeiten der Probanden in der T.situation festgelegt. Außerdem müssen die weiteren Bedingungen (Zeitbegrenzung, Darbietungsreihenfolge des T.materials usw.) bestimmt werden, die bei der Materialdarbietung unverändert beibehalten werden sollen. d) *Aufgabenbewertung:* Zur Kategorisierung und Quantifizierung des zu erwartenden T.verhaltens wird eine Vorschrift zur Sammlung und Auswertung der diagnostischen Information entwickelt, die festlegt, in welchem Maß jede Aufgabe zum Gesamtergebnis beiträgt (Datengewichtung). Evtl. werden Zufalls- und Fehlerkorrekturen in die Auswertungsschlüssel miteinbezogen.

2. *Aufgabenanalyse.* Die statistischen Eigenschaften eines T.s hängen weitgehend von den Parametern der einzelnen Items ab, aus denen der T. zusammengesetzt ist. Der nächste Schritt der TK. ist daher eine Beschreibung der statistischen Eigenschaften der Items. Die T.vorform wird einer Stichprobe aus der definierten Population unter möglichst gleichen Bedingungen wie bei der späteren Anwendung vorgegeben. Aus den ermittelten Rohwerten werden die Itemparameter Schwierigkeit, Trennschärfe und Itemvalidität für die Population geschätzt. Diese Parameter bilden die Grundlage für die Selektion von Items, die geeignet sind, Reliabilität und Validität des T.s zu erhöhen, und für Ablehnung und Revision ungeeigneter Aufgaben sowie für die Entwicklung von Parallelformen. Darüber hinaus erlauben die Daten der Aufgabenanalyse die Berechnung der Iteminterkorrelationen, die Aufschluß geben über Homogenität bzw. Heterogenität der Items hinsichtlich der zu erfassenden Merkmale, und eine Überprüfung der Rohwertverteilung, die sich durch Änderung der T.durchführung und -auswertung verbessern läßt.

3. *Entwicklung der Testendform.* Nach erfolgter Aufgabenanalyse und Revision einzelner T.aufgaben kann die endgültige Auswahl der Items in Hinblick auf optimale Meßeigenschaften getroffen und die äußere Form des T.s geplant werden. Auf dieser Stufe der TK. müssen Zeitbegrenzung, Instruktion, motivationale und äußere Bedingungen sowie die Auswertungstechnik endgültig festgelegt werden.

4. *Reliabilitäts- und Validitätskontrolle.* Schätzungen der Reliabilität des T.s aufgrund statistischer Methoden sind erst während der Aufgabenanalyse, spätestens jedoch nach Fer-

tigstellung der T.endform möglich. Die Validitäten sollten möglichst zu jedem Zeitpunkt der TK. überprüft werden. Die Validitätskontrolle erfordert besondere Sorgfalt bei der Entwicklung brauchbarer Validitätskriterien. Ist die T.endform entwickelt, sollten Reliabilität und Validität des Gesamt-T.s nochmals anhand einer Kontrollstichprobe geschätzt werden.

5. *Normierung.* Zur Interpretation der T.werte werden Normen erstellt, die eine Bestimmung der relativen Position der Probanden innerhalb der definierten Population hinsichtlich der zu erfassenden Merkmale erlauben. Ergeben sich für Teilpopulationen gesicherte Unterschiede zwischen den Rohwerten, so sind für sie gesonderte Normen zu berechnen. Die Normen werden geschätzt aufgrund der Häufigkeitsparameter der T.werte einer Eichstichprobe. Selbstverständlich muß die Eichstichprobe für die Population repräsentativ sein. Ihr Umfang hängt ab von der Reliabilität: T.s mit geringer Reliabilität werden meist nur an kleineren Gruppen geeicht. Zur Vergleichbarkeit der Ergebnisse verschiedener T.s werden die Rohwertnormen in Verteilungen mit definierten Parametern transformiert (Berechnung von Standardnormen oder Prozentrangnormen).

☐ Tests. Validität. Reliabilität. Statistik. Messung in der Psychologie

Lit.: H. Gulliksen, Theory of Mental T.s (New York 1950); G. A. Lienert, T.aufbau u. T.analyse (1961); A. F. Vukovich, Die Konstruktion psychologischer T.s, in: Hdb. der Psychol., Bd. 6 (1964); F. M. Lord - M. R. Novick, Statistical Theories of Mental Test Scores (Reading 1968, ³1969).

G. Bartels

Tests
T. = Test

Nach G. LIENERT versteht man unter einem T. „ein wissenschaftliches Routineverfahren zur Untersuchung eines oder mehrerer empirisch abgrenzbarer Persönlichkeitsmerkmale mit dem Ziel einer möglichst quantitativen Aussage über den relativen Grad der individuellen Merkmalsausprägung". Damit ist der T. als *Hilfsmittel zur Diagnose und Prognose* von Individuen und deren möglicher Entwicklung charakterisiert. Die Anwendbarkeit von T.s hängt davon ab, ob die interessierenden Persönlichkeitsvariablen (z. B. Aggressivität oder Reaktionszeit) quantitativ erfaßbar, d. h. meßbar sind. Um die Erfassungsbereiche der T.anwendung deutlich zu machen, unterscheidet man inhaltlich drei T.arten voneinander:

1. *Intelligenztest.* Die T.s, die heute zur Messung der ↗Intelligenz herangezogen werden, basieren zu einem großen Teil auf *theoretischen Modellvorstellungen* der Intelligenz, wie sie u. a. von R. MEILI, L. L. THURSTONE oder J. P. GUILFORD entwickelt wurden. Ursprünglich jedoch war die Anwendung von T.s zur Messung der Intelligenz an *pragmatischen Fragestellungen* (z. B. Sonderschulauslese) orientiert. Mit diesem Vorstadium testtheoretischer Entwicklung sind vor allem die Namen A. BINET und TH. SIMON verknüpft, die kurz nach der Jh.-Wende die Testreihe zur Auslese von Minderbegabten entwarfen. Das Ziel dieser Intelligenzmessung war die Feststellung des *Intelligenzalters* aufgrund der Anzahl gelöster Aufgaben, die einer bestimmten Altersstufe zugeordnet waren. Dieses Konzept wurde später von W. STERN kritisiert und durch den *Intelligenzquotienten (IQ),* der sich aus der Division des Intelligenzalters durch das Lebensalter errechnet, abgelöst. Heute werden als Intelligenzmaße oft der *Abweichungs-IQ* bzw. *Standardwerte* angegeben, wie z. B. im HAWIE (Hamburg-Wechsler-Intelligenz-T. für Erwachsene) oder im IST (Intelligenz-Struktur-T.) von R. AMTHAUER. Eine Sonderstellung innerhalb der Intelligenz-T.s nehmen die *Entwicklungs-* bzw. *Reife-* (auch ↗Schulreife-) T.s ein (↗Entwicklungsdiagnose).

2. *Leistungstest.* Aufgrund der differenzierteren Betrachtung von Intelligenz und Begabung wurden T.verfahren für *spezielle* ↗Fähigkeiten und Fertigkeiten entwickelt. In einer Grobunterscheidung kann man diese T.s hinsichtlich ihres Inhaltes in drei Kategorien unterteilen: a) *psychische* Leistungen, z. B. KLT (Konzentrations-Leistungs-T.) von H. DÜKER und G. LIENERT; b) *sensorische* Leistungen, z. B. Pseudoisochromatische Tafeln zur Prüfung von Farbsinnstörungen nach S. ISHIHARA; c) *motorische* Leistungen, z. B. Scheibenbrett zur Messung der Handgeschicklichkeit von E. H. WALTHER. – Die Aufgabenstellungen dieser Verfahren zeigen an, daß die Leistungs-T.s vor allem bei *Eignungs-* oder *Berufswahlproblemen* angewendet werden (↗Eignungspsychologie, ↗Berufsberatung). Je nachdem, ob der Proband bei der Beantwortung von Intelligenz- und Leistungstests zeitlich beschränkt ist oder nicht, unterscheidet man Schnelligkeits- (feste Zeitvorgabe) von Niveautests (keine feste Zeitvorgabe).

3. *Persönlichkeitstest.* Die in diesen Bereich fallenden Verfahren sind in ihrer *Durchführungsmethodik* recht unterschiedlich und können dementsprechend folgendermaßen eingeteilt werden:

a) *Objektive Persönlichkeits-T.s* zeichnen sich dadurch aus, daß sie für den Probanden *nicht durchschaubar* sind, d. h., dieser hat keine Möglichkeit, festzustellen, was der eigentliche Sinn des T.s ist, z. B. gestörtes motorisches Verhalten als Indiz für Neurotizismus.

b) *Fragebogenverfahren* fordern vom Untersuchten die Entscheidung zwischen zwei oder mehreren Antwortmöglichkeiten. Die ersten Verfahren dieser Art wurden in den USA entwickelt, u. a. von R. WOODWORTH und A. T. POFFENBERGER und R. G. BERNREUTER. Sie hatten zunächst die Aufgabe, *Anamnese und Exploration zu ökonomisieren*, etwa bei Tauglichkeitsuntersuchungen oder Einweisung in die Klinik. Heute sind Fragebogen entweder *extern validiert*, z. B. der MMQ (Maudsley-Medical-Questionnaire) von H. J. EYSENCK, oder durch die *Methode der Faktorenanalyse* – z. B. der 16 PFQ (16 Personality-Factors-Questionnaire) von R. B. CATTELL – so weit entwickelt, daß sie recht gute Möglichkeiten zur eindeutigen Zuordnung eines Probanden zu bestimmten psychischen Krankheitsbildern, zu wahrscheinlichen Verhaltenstendenzen oder zu dominierenden Interessenkombinationen an die Hand geben. Eines der bedeutenden Verfahren ist der von S. R. HATHAWAY und J. C. McKINLEY entwickelte und von O. SPREEN ins Deutsche übertragene MMPI (Minnesota-Multiphasic-Personality-Inventory), der Meßwerte für alle wesentlichen Persönlichkeitsbereiche liefern soll.

Bei der *Verwendung von Fragebogen* besteht die Gefahr, daß die Antworten der Probanden in irgendeiner Weise ausgerichtet sind, um z. B. einen guten Eindruck bei der Bewerbung um eine angestrebte Stellung zu machen. Diesen Verfälschungstendenzen bzw. *Beantwortungsstilen* wird bei der Konstruktion von Fragebogen durch sog. Korrekturskalen Rechnung getragen, wobei diese Beantwortungsstile als *objektive Persönlichkeits-T.s* Rückschlüsse auf die Persönlichkeit des Probanden ermöglichen.

c) *Projektive Verfahren* (auch: Entfaltungstests) lassen aufgrund der *Mehrdeutigkeit ihres Aufgabenmaterials* dem Untersuchten einen großen Beantwortungsspielraum. Diese T.s gründen auf der Hypothese, daß der Proband *anstößige bzw. tabuisierte Bewußtseinsinhalte und Wünsche* nicht frei und offen darlegt, sondern sie den Objekten der Umwelt zuschreibt; dies um so leichter, je undifferenzierter diese Objekte gestaltet sind. Der bekannteste T. dieser Art ist ein *Formdeuteverfahren* von H. RORSCHACH, das vom Probanden die Deutung verschiedener Kleckse verlangt. Ein eher *inhaltsanalytisches Verfahren* wurde von H. A. MURRAY als TAT (Thematischer-Apperzeptions-T.) vorgelegt. Auch die *Bevorzugung* von Farben (Farbpyramiden-T. nach M. PFISTER und R. HEISS), Porträtphotos (L. SZONDI) oder von verbal vorgegebenen Gegenständen (Wunschprobe nach K. WILDE) sollen Aufschluß über die Persönlichkeitsstruktur der Probanden geben. Für die ↗Diagnose eventueller kindlicher Fehlentwicklungen liegt es nahe, das Spielverhalten zu beobachten, wozu der Sceno-T. von v. STAABS sowie der Welt-T. nach M. LOWENFELD und CH. BÜHLER entwickelt wurden. Weitere T.s, die nach einem Vorschlag von L. K. FRANK projektiv genannt werden, befassen sich u. a. mit mündlich oder schriftlich formulierten verbalen Äußerungen, mit zeichnerischem oder Material-Gestalten.

Hinsichtlich der *Interpretierbarkeit* ihrer Meßdaten unterscheiden sich die dargestellten Verfahren sehr stark. Es ist daher erforderlich, die jeweiligen von der T.theorie angelegten *Gütekriterien* zu betrachten, um zu gesicherten Aussagen zu kommen.

☐ Psychologie. Testkonstruktion. Diagnose, psychol.

Lit.: G. Lienert, Testaufbau und Testanalyse (1967, ³1969); R. Heiss (Hrsg.), Psychol. Diagnostik, Hdb. der Psychol., Bd. 6 (1964).

D. Kuhne

Tews, Johannes

T., geb. 19. 6. 1860 in Heinrichsfelde b. Dromberg (Pommern), gest. 28. 6. 1937 in Berlin, war Pionier der Erwachsenenbildung und prägende Gestalt der Lehrerbewegung; nach 10jähr. Lehrtätigkeit Geschäftsführer 1891–1930 der „Gesellschaft für Verbreitung von Volksbildung" (nach 1918 „Deutsche Gesellschaft für Volksbildung"); über 4 Jahrzehnte führend im Dt. Lehrerverein.

T. setzte sich für ein einheitl. dt. Volksbildungswesen ein, das sich funktional differenziert und alle Schichten des Volkes umfaßt, mit einer ↗Einheitsschule als Basis. Diese gabelt sich nach 6jähr. Grundschule in eine 2jähr. Bürgerschule und eine 3jähr. Mittelschule. Auf der Bürgerschule bauen sich 4jähr. niedere und mittlere Berufsschulen, auf der Mittelschule 3jähr. mittlere und obere Berufsschulen bzw. eine 3jähr. Oberschule auf. Diesem differenzierten 6jähr. Mittelbau folgt eine 3jähr. Fach- und Hochschulstufe. T.' Schulkonzept enthält schon wesentl. Strukturmerkmale der Gesamtschulproblematik und der Bildungsplanung. T. beeinflußte nachhaltig die Volksbildungsbewegung. Auf dem Höhepunkt ihrer Wirksamkeit gehörten zu seiner Gesellschaft über 283 000 Volksbüchereien und mehr als 30 000 Wanderbüchereien. T. organisierte ein umfangreiches Vortragswesen, Wanderkunstausstellungen, Wanderbühnen, Volksbildungshäuser u. a.

Werke (Ausw.): Die Aufgaben der Bildungsvereine (1906); Schulkämpfe der Gegenwart (1906, ²1911); Dt. Erziehung in Haus u. Schule (1907, ³1919; ursprünglich: Moderne Erziehung in Haus und Schule); Die dt. VS. (1907); Großstadterziehung (1911, ²1921; ursprünglich: Großstadtpäd.); Dt. Volksbildungsarbeit (1911); Grundzüge der dt. Schulgesetzgebung (1913); Ein Jh. preuß. Schulgeschichte (1914); Die dt. Einheitsschule (1916, ⁵1920); Ein Volk – eine Schule (1919); Ein einheitl. Lehrerstand (1920); Aus Arbeit u. Leben (1921); 50 Jahre Volksbildungsarbeit (1921); Der Reichsschulgesetzentwurf (1921).
Lit.: F. Stach, J. T. Sein Leben u. Wirken (1950, Bibliogr.); H. Arndt, Theorie u. Praxis der freiwilligen Volksbildungsarbeit bei J. T., in: Zschr. für Päd. 16 (1970).

G. Hausmann

Textilgestalten, Nadelarbeitsunterricht
TU. = Textilunterricht, T. = Textilgestalten

Die Bezeichnung Nadelarbeitsunterricht oder Handarbeitsunterricht ist heute kaum noch gebräuchlich. Die verschiedenen Fachbenennungen, wie *Textilgestalten, Textilwerken, Textilarbeit*, zeigen, daß die Auseinandersetzung um neue fachspezifische Intentionen noch nicht abgeschlossen ist.

Doch besteht inzwischen Übereinstimmung darüber, daß der Unterricht in diesem Fach keinesfalls mehr auf das Erlernen von textilen Werkverfahren und deren Anwendung bei der Anfertigung von „gebrauchsfähigen und schönen" Gegenständen eingeschränkt werden darf. Auch die Schwerpunktverlagerung der sechziger Jahre auf den frei gestaltenden Umgang mit textilem und verwandtem Material mit vorwiegend bildnerischen Aufgabenstellungen, die den Unterricht leicht zu einer Kunsterziehung mit textilen Mitteln werden läßt, scheint problematisch.

1. Der neue *Textilunterricht* berücksichtigt, daß in der modernen Industriegesellschaft auch Textilien industriell produziert werden. Das bedeutet, daß der Konsument einem immer weniger überschaubaren Marktangebot und seinen Modemanipulationen meist kritik- und hilflos gegenübersteht. Hier kann und muß dem Jgdl.n päd. Hilfe gegeben werden, indem die Grundfragen von Kleidung, Mode und Wohnen durchsichtig gemacht werden. Sie sind nicht nur für Mädchen, sondern auch für Jungen interessant und lerneffektiv.
2. Die anstehenden Probleme sind durch *praktisches Tun und Reflexion über dieses Tun* zu klären. Zunächst muß der Schüler die Eigenheiten des textilen Materials und spezifisch textilgestalterische Möglichkeiten kennenlernen. Das geschieht im frei gestaltend-experimentierenden Umgang mit dem Material oder auch mit bestimmten Techniken. Dabei wird zugleich die ursprüngliche Machbarkeit von Dingen erlebt, wozu das Kind heute kaum noch Gelegenheit findet. Daneben werden Untersuchungsmethoden gepflegt, die dazu dienen, naturwissenschaftlich-technologische Bedingtheiten des Materials zu klären und das nötige Sachwissen aufzubauen. In den höheren Schulstufen geht es in steigendem Maße darum, die Gesamtstruktur der Bereiche Kleidung, Mode und Wohnen transparent zu machen und neben den ästhetischen, funktionalen und technologischen Aspekten vor allem deren wirtschaftliche und gesellschaftliche Verflochtenheit deutlich werden zu lassen. Mit Hilfe der nach und nach erworbenen Beurteilungskategorien soll der Schüler zu kritischem Verhalten sowohl den Ergebnissen des eigenen Tuns wie dem Marktangebot an Massenware gegenüber befähigt werden, um schließlich Maßstäbe für ein verantwortliches Verhalten im Bereich von Kleidung, Mode und Wohnung finden zu können.
3. Der TU. bietet viele Möglichkeiten zur *Einführung in die moderne Arbeits- und Wirtschaftswelt*; z. B. läßt sich in Auseinandersetzung mit Problemen der Einzel- und Massenfertigung Verständnis für moderne Arbeitsverfahren überhaupt sowie für die besonderen Verhältnisse der Textilindustrie und -wirtschaft anbahnen. Er kann ferner Betriebserkundung und Betriebspraktikum vorbereiten und Berufsfelder aufzeigen, die interessante Möglichkeiten für eine spätere Berufstätigkeit bieten.
4. Ob das päd. Anliegen des neuen TU.s durch Lehrgänge zu verwirklichen ist, in denen der Problemlösungsversuch als die dem Experiment zugrunde liegende Methode vorrangig ist, muß noch geklärt werden. Besondere Bedeutung wird im Hinblick auf das Gesamtziel der ↗Projektmethode zukommen müssen. Als von der Sache her gegeben, kann sie als *die* facheigene Methode angesehen werden.
5. Für die *Ausbildung der Lehrkräfte* in den verschiedenen Schulstufen hat sich noch keine allgemeinverbindliche Form entwickelt. Sie findet z. Z. vorrangig an der PH. statt, wobei T. als Wahlfach gilt. Mit der für das Fach T. an den PH.n in NRW geplanten neuen Bezeichnung *Technologie und Design der Textilien und Didaktik der Textilgestaltung* wird deutlich, welche Bedeutung dem theoretischen Horizont, der hinter den fachpraktischen Studien steht, heute zugemessen werden muß. – Als *Notmaßnahme* zur Behebung des Lehrermangels bestehen in einigen Bundesländern ↗Fachlehrerinstitute.

☐ Technisches Werken. Arbeitslehre. Technische Elementarerziehung. Hauswirtschaftliches Bildungswesen. Arbeitsschule. Mode und Erziehung. Konsumerziehung

Lit.: F. Kiener, Kleidung – Mode – Mensch (1956); R. König - P. Schuppisser, Die Mode in der menschl. Gesellschaft (1959); O. F. Bollnow, Mensch u. Raum (1963); G. Meyer-Ehlers, Textilwerken (1965); Ch. Tadday, Textiles Gestalten, Loseblattslg. (1967 ff.); E. Weber, Die Verbrauchererziehung in der Konsumgesellschaft (1967); J. Kaiser, Arbeitslehre (1969); H. Sandtner, Schöpferische Textilarbeit (1969); L. Immenroth, Textilwerken (1970).

L. Reichert

Thailand ↗ Südostasien

Theatergemeinden, Bund der
Zusammenschluß (seit 1951) der Theaterbesucherorganisationen auf christl. Grundlage (Sitz Bonn), Nachfolgeorganisation des Bühnenvolksbundes (1919–33). Ideelle, volksbildnerische und soziale Aufgaben, auch verbilligter Theaterbesuch, sind Hauptanliegen des Bundes (1970: ca. 130 000 Mitglieder aus 356 Städten und Gemeinden). Die Jahrestagungen werden als „Theatergespräche" jeweils unter ein kulturpolitisch bedeutsames Leitthema gestellt. Seit 1955 gibt der Bund der Th. die *Theater-Rundschau, Blätter für Bühne, Musik, Film und Literatur* (40 000 Bezieher) heraus; außerdem *Informationsblätter* (Kommentare, Berichte, dramaturgische Hinweise u. a.), eine Schriftenreihe (zu Grundsatzthemen) sowie die *Bühnenwerkblätter* (Würdigungen der Bühnenwerke und Einführungen, Autoren-Biographien). Durch Mitgliedschaft in der Dt. Sektion des Internat. Theater-Instituts erfüllt er auch Aufgaben der Begegnung im internat. Raum.

G. Welzel

Theater und Jugend
1. Seit den Erkenntnissen von J. HUIZINGA (1938) über das *Spiel* als Grundelement menschlicher Kultur und seit den jugendpsychol. Forschungen von K. BÜHLER (1918), E. SPRANGER (1924), CH. BÜHLER und H. HETZER (1928–1932) nimmt sich erst in jüngster Zeit die ↗ Jugendforschung zunehmend auch der empir. Erkundung der Beziehungen zwischen T. und J. an. Von päd. Seite wird ergänzend versucht, durch aktive Betätigung („creative drama" in den USA; ↗ Schulspiel) wie durch passives T.-Erlebnis Kinder und Jgdl. zur „spielerischen" Erfassung ihrer „Rolle" innerhalb der Gemeinschaft zu bringen und zugleich durch die Begegnung mit den dramat. Werken der Weltliteratur Bildung zu vermitteln; diese Bestrebungen haben in der BRD zur Ausbildung von fest organisierten „Theater-Jugendringen" geführt.
2. Von den T.n wird die J.arbeit vorwiegend im Hinblick auf *Gewinnung künftiger* erwachsener *Besucher* betrieben. Weihnachtliche und österliche Märchenspielaufführungen, um 1900 in England eingeführt und seither auch von dt.sprachigen T.n regelmäßig gepflegt, waren Mittel dazu. Seit kurzem wird an diesen Märchenspielen und J.stücken zunehmend Kritik geübt, da sie Modelle der Erwachsenenwelt bzw. der jeweiligen Gesellschaftsordnung kritiklos auf die Kinderwelt übertragen und eine „heile" Welt vorgaukeln, die der Realität nicht entspricht. Aus der Gegenbewegung ist das „Theater für Kinder" entstanden, in dem die Bewegung der „antiautoritären" Päd. und die des krit. „Bewußtseins-Theaters" konvergieren. Durch das zunehmende Interesse der dt.sprachigen T. und die Förderung mehrerer Verlage ist inzwischen eine reichhaltige dramat. Lit. für dieses T. für Kinder entstanden (R. HACHFELD, H. WALBERT, A. TOEN u. a.). Seit 1961 wird in Nürnberg alle drei Jahre eine Internat. Woche des T.s der J. veranstaltet; weitere Zentren für das Kinder- und J.-T. sind München („Theater der J."), Hamburg (Theater für Kinder), Berlin (Kindertheater des Reichskabaretts). 1965 wurde in Paris die „Association Internationale du Théâtre pour l'Enfance et la Jeunesse" (ASSITEJ) gegründet, die regelmäßig internat. Konferenzen veranstaltet und eine eigene Zschr. herausgibt.

3. Seit es T. als festgefügte und planvolle Institution gibt, stehen T. und J. in vielfältiger wechselseitiger Beziehung. Die aus kultischen Dionysos-Spielen entstandene attische Tragödie des 5. Jh. v. Chr. wandte sich bevorzugt an die J. *in erzieherischer Tendenz* (Vorbilder, Einordnung in die Gemeinschaft, Sinngebung des Lebens, Erkenntnis tragischer Existenz). Das humanist. latein. Schuldrama und das aus ihm entwickelte Jesuiten-T. des 17. und 18. Jh. beabsichtigten daneben auch die Glaubenspropaganda (C. WEISE, A. GRYPHIUS). Im 19. Jh. fand das J.-T. in Liebhaberaufführungen und den Versuchen der Romantik zur Wiederbelebung volkstümlicher Spiele Ausdruck (↗ Puppenspiel). Seit 1900 liegt das herkömmliche J.-T. bes. in den Händen der J.-Verbände, die es als ↗ Laienspiel pflegen.
Professionelles Kinder- und J.-T. als fest im T.betrieb verankerte Institution wurde zuerst in der UdSSR im Gefolge der russ. Revolution entwickelt. Heute besitzt die Sowjetunion in allen größeren Städten professionelle, staatlich subventionierte „Theater für junge Zuschauer" (TIUZ). Ähnl. Einrichtungen gibt es in allen osteuropäischen Ländern. Im angloamerikan. Bereich sind T., die ausschließl. für ein Kinderpublikum spielen, vorwiegend privat. Das „Educational Theatre" ist meist den College-, University- oder Community-T.n angeschlossen; kommerzielle Gesichtspunkte stehen bei Spielplangestaltung und Organisationsform im Vordergrund. Neue Wege (Mitspiel-Stücke u. ä.) gehen vor allem die „Paper-Bag-Players" und das „Bread-and-Puppet-Theatre", die durch Gastspiele auch in Europa bekannt wurden.

□ Amateurtheater. Darstellendes Spiel. Laienspiel. Schulspiel. Studentenbühne.

Lit.: H. Schultze, Das dt. J.-T. (1960); E. Baur, T. für Kinder (1970, Bibliogr.); Dt. Bühnenverein (Hrsg.), Studie zum Kinder- u. J.-T. (1971); Zschr. der ASSITEJ: Théâtre Enfance et Jeunesse (Paris).

F. Willnauer

Thematischer Apperzeptionstest (TAT)

Pb. = Proband(en)

TAT heißt ein 1935 von H. A. MURRAY und C. D. MORGAN entworfenes projektives Testverfahren (↗Test), das vornehmlich zur Diagnose der Motivsysteme eines Pb. dient. Das Testmaterial besteht aus 31 schwarz-weißen Bildern, die zumeist mehrdeutige soziale Situationen darstellen. Je nach Alter und Geschlecht des Pb. empfiehlt MURRAY 20 der 31 Bilder zu einer besonderen Testserie zusammenzustellen. Zu jedem Bild hat der Pb. eine Geschichte zu erzählen in dem Glauben, es werde sein Einfallsreichtum geprüft.

Da es in der bisher üblichen psychodiagnostischen Praxis nicht gelingt, die Motivanregung in der dem Test vorhergehenden Situation zu kontrollieren, bleibt jeder Rückschluß von den Geschichten auf die Motivsysteme der Erzählerpersönlichkeit fragwürdig. Außerdem fehlt bis heute ein verbindlicher Auswertungsschlüssel. Mag auch der TAT strengen psychometrischen Kautelen wie ↗Validität und ↗Reliabilität nicht genügen, im Rahmen einer multidimensionalen diagnost. Untersuchung eignet er sich vorzüglich dazu, psychodiagnost. Hypothesen aufzustellen.

Die MURRAYsche TAT-Methode ist vielfach modifiziert worden. Besonders die Verfahren zur Erfassung der Stärke themaspezifischer Motive (z. B. Leistungsmotiv, HECKHAUSEN) haben die Entwicklung der Motivationstheorie entscheidend gefördert. ↗Motivation.

Lit.: H. Heckhausen, Hoffnung u. Furcht in der Leistungsmotivation (1963); H.-J. Kornadt, Themat. Apperzeptionsverfahren, in: R. Heiss (Hrsg.): Hdb. der Psychol., Bd. 6 (1964); B. I. Murstein, Theory and Research in Projective Techniques (New York ²1965).

H. Götzl

Theologie und Pädagogik

A. Evangelischer Aspekt

1. *Kulturprotestantismus.* Die Entwicklung der P. als Wiss. ist von Anfang an von der Th., vom theologisch reflektierten und syst. entfalteten Verständnis christlichen Glaubens nachhaltig beeinflußt worden.

Ins Bewußtsein tritt das Verhältnis zwischen Th. und P. seit Aufklärung und Pietismus, aber eigentlich kann man erst bei F. D. SCHLEIERMACHER davon reden, daß die Verbindung zwischen Th. und P. zum Gegenstand päd. Nachdenkens gemacht wird. Diese epochale Bedeutung gewinnt Schleiermacher, weil bei ihm zugleich ein neues theol. und päd. Denken beginnt. Die Gottesfrage des neuzeitl. Menschen wird bei ihm nicht mehr aus der Autorität dogmatischer Sätze oder orthodoxen Tradition beantwortet, sie wird erfahren aus einer im wirkl. Leben ergriffenen Nötigung und empfängt Mittlertum und Gottheit Jesu als Wahrheit des Glaubens in geschichtl. Begegnung. Ebenso geschieht für Schleiermacher die Erziehung nicht durch die Übereignung des Einzelnen an die allg. metaphys. und moral. Gleichheit menschlichen Wesens, sondern in geschichtl. Begegnung mit freiem Menschentum, die die Kräfte des Einzelnen zur harmon. Einheit einer individuellen Gestalt seines Menschentums weckt und sich entfalten läßt. Im Fortgang der Gesch. sind Ansatz und Einheit des theol.-päd. Denkens von Schleiermacher schnell wieder verlorengegangen. Durchgehalten aber hat sich im 19. Jh. der Glaube an die Möglichkeit einer Selbstbemächtigung oder Selbstverwirklichung des Menschen auf dem Grunde einer harmon. Verbindung von Frömmigkeit und Bildung, von Religion und Erziehung. Th. und P. bestätigen sich gegenseitig ein positives Verhältnis von Kultur und Religion. Zum „Kulturprotestantismus" gehört ein Bildungsoptimismus, der als „religiös-sittliches Ziel" die christl. Persönlichkeit in der Emporbildung aller in ihr angelegten Möglichkeiten vor Augen hat.

2. *Theologische Erneuerung.* Mit dem großen Einschnitt, den am Anfang der 20er J. die *Dialektische Theologie* darstellt, verändert sich auch das Verhältnis von Th. und P. Der unendlich qualitative Unterschied von Zeit und Ewigkeit bestimmt positiv und negativ alle Aussagen. „Gott ist im Himmel und du auf Erden. Die Beziehung dieses Gottes zu diesem Menschen, die Beziehung dieses Menschen zu diesem Gott ist für mich das Thema der Bibel und der Philosophie in Einem. Die Philosophen nennen diese Krise des menschlichen Erkennens den Ursprung. Die Bibel sieht an diesem Kreuzweg Jesus Christus" (K. BARTH). Die eigentl. Aufgabe der Th. ist ihr durch das Wort Gottes und seine Verkündigung gestellt. Statt von dialekt. hat man daher bald eher von einer Th. des Wortes Gottes sprechen wollen. (Neben K. Barth gehören hierher E. THURNEYSEN, F. GOGARTEN, G. MERZ, dann auch E. BRUNNER und R. BULTMANN u. a.) Auf das Verständnis der päd. Aufgabe bei den neueren Theologen haben die Gedanken von K. Barth bes. eingewirkt. Erziehung hängt bei ihm mit ↗Seelsorge zusammen. RU. ist eine Lebensäußerung der Kirche. Nicht um eine rel. Erziehung der Jugend, sondern um Auftrag und Botschaft der Kirche geht es. Der RU. ist biblisch, kirchlich und konfessionell gesehen und rückt in die Nähe der ↗Verkündigung. Barth selbst sprach sich zwar dagegen aus, daß „kirchlicher Jugendunterricht als solcher Verkündigung sein wolle". Den Lehrer als „Priester, Herold und Zeugen" (TH. HECKEL) zu verstehen oder den Jgdl. durch den RU. „in die Entscheidung stellen" zu wollen (G. BOHNE) schien ihm nicht nüchtern genug. Im Unterricht gehe es vielmehr um Unterweisung, Belehrung, Bekanntmachung mit den wichtigsten Elementen der Überlieferung, an welche die Verkündigung heute anzuknüpfen habe. An irgendeiner, nicht genau zu bestimmenden Stelle werde jedoch der Jugendunterricht in Jugendgottesdienst übergehen. Im Gefolge K. BARTHs konnte daher der RU. bald als „Kirche in der Schule" (M. RANG) verstanden und als „kirchlicher

Unterricht" charakterisiert und bezeichnet werden (G. MERZ).

3. *Existenztheologie.* Auseinandersetzungen zwischen K. BARTH und seinen theol. Freunden auf der einen, BRUNNER, GOGARTEN und BULTMANN auf der anderen Seite führten zur Ausbildung einer neuen, oft als „Existenztheologie" bezeichneten theol. Richtung, für die die hermeneut. Fragestellung bedeutsam wurde. Für das Verständnis von Erziehung und Unterricht ergaben sich hier neue Ansätze. BULTMANN will die Auslegung biblischer Texte ausdrücklich von der Frage der Selbstauslegung geleitet sein lassen, so daß sich in der Exegese historische Kritik und „Selbstkritik im existentiellen Sinne" miteinander verbinden. Damit betritt Bultmann das Feld der ↗Anthropologie: Heil widerfährt dem Menschen, wenn er im Lichte des göttl. Wortes zu sich selbst, d. h. zur Erkenntnis seiner Geschöpflichkeit findet und diese Erkenntnis ethisch in seinem Leben bewährt (ähnlich auch G. EBELING und E. FUCHS). Im RU. geht es daher nicht um Zeugnis und Bekehrung, sondern um das Verstehen von Texten und das Zur-Sprache-Bringen des sich in ihnen aussprechenden Selbstverständnisses (H. STOCK).

„Christlicher Glaube kann nicht das Ergebnis methodischer Entwicklung sein." Damit verneint BULTMANN die Möglichkeit christlicher Erziehung. Er verlangt vielmehr einen „Unterricht in der christlichen Religion, einen Appell, der durch menschliches Fragen den Menschen als Frage weckt, die ihm die Antwort anträgt. Das Ende ist keine theoret. Erkenntnis, sondern eine Entscheidung." Das letzte Wort in Erziehung und Unterricht ist die sich dem zu Erziehenden zuwendende Liebe des Erziehers. Diese Ansätze sind in der ↗Religionspädagogik bes. von M. STALLMANN weitergebildet worden.

□ Religionspädagogik. Religionsunterricht. Evangelische Pädagogik

Lit. zu 1. u. 2.: K. Barth, Der Römerbrief (1918, ⁵1929); –, Religion u. Leben (Vortr. 1917), in: Ev. Th. 11 (1951); –, Evangelium u. Bildung (1938); –, Humanismus (1950); –, R. Bultmann, ein Versuch, ihn zu verstehen (1952); G. Merz, Kirchl. Verkündigung u. moderne Bildung (1931); –, Priesterl. Dienst im kirchl. Handeln (1952); M. Doerne, Bildungslehre der ev. Th. (1933); E. Lange, Das Problem der ev. Erziehung im Zusammenhang mit der theol. u. päd. Problemlage der Gegenwart (1936); J. Moltmann (Hrsg.), Anfänge der Dialekt. Th., 2 Bde. (1962); J. Fangmeier, Erzieh. in Zeugenschaft, K. Barth u. die Päd. (1964, Lit.). *Zu 3.:* R. Bultmann, Das Problem einer theol. Exegese des NT., in: Zwischen den Zeiten, 3. Jhg. (1925); –, Erziehung u. christl. Glaube, in: Glauben u. Verstehen IV (1965); M. v. Tiling, Grundlagen päd. Denkens (²1934); M. Stallmann, Christentum u. Schule (1958); –, Ev. RU. (1968); H. Stock, Studien zur Auslegung der synopt. Evangelien im Unterricht (⁴1967).

H. W. Surkau

B. Katholischer Aspekt

I. Theologie als Glaubenswissenschaft

1. Wenn Th. *Glaubenswissenschaft* ist, dann ist kath. Th. die auf den kath. Glauben bezogene und ihn methodisch reflektierende Wiss. (↗Glaube, christlicher). In der gegenwärt. theol. Reflexion wird das Katholische nicht so sehr konfessionsspezifisch bestimmt, sondern als konkrete *Verwirklichungsgestalt des Christlichen.* Das spezifisch Katholische besteht neben einigen dogmat. Aussagen in der besonderen Hervorhebung der *Kirche* als Subjekt und als Vermittlung des Glaubens, in der Artikulation der Struktur der Kirche und der ihr zugeordneten Funktion.

2. Th. ist als *Begriff* eine Schöpfung der griech. Philos. Im Horizont des christl. Glaubens ist Th. auf *den* Gott zu beziehen, von dem der christl. Glaube Zeugnis gibt als Antwort auf den in der geschichtl., in Jesus Christus kulminierenden Selbstmitteilung Gottes. Die Sache der Th. ist mit diesem Glauben selbst gegeben. Wenn dieser nach seinem Selbstverständnis die Beanspruchung der ganzen Person meint, dann kann das *Verstehen,* die intellektuelle Rechenschaft, davon nicht ausgeschlossen werden. Damit sind Ort, Recht und Notwendigkeit von Th. gegeben, die in Glauben und Verstehen (fides und ratio) ihre konstitutiven Prinzipien hat. Th. ist in die *Geschichte* des Menschen und des menschl. Geistes einbezogen. Auf diesem Weg erfolgt durch die Th. eine Darstellung des christl. Glaubens im Sinn der Entfaltung, der Unterscheidung, der Abgrenzung, der Transparenz, des Zusammenhangs. Auf dem gleichen Weg und den ihn bestimmenden Faktoren weltanschaulicher, politischer und gesellschaftlicher Art wird der christl. Glaube herausgefordert, nach Begründung, Legitimation und Verifikation befragt.

Die Th. verfremdet sich, wenn sie ihre Sache in den Geist der Zeit und die Forderung des Tages auflöst, ebenso wenn sie ihre Sache ohne Bezug auf den konkreten geschichtl. Menschen vermittelt. Daraus folgt: Die Th. ist notwendig *unabgeschlossen und unabschließbar;* sie ist perspektivisch; sie trägt als Wiss. des Glaubens das Schicksal des endlichen Menschen und des Glaubens, der sich selbst als Weg und Stückwerk versteht. – Th. ist auch geographisch unabgeschlossen; ihr bisheriger Weg war vom hebr., griech., röm., german. Denken bestimmt. Welche Gestalt die Th. in der Begegnung mit dem Denken des fernen Ostens gewinnen kann, ist noch nicht genügend manifestiert.

3. Die Frage nach dem *Wissenschaftscharakter* der Th. wurde ausdrücklich in der Zeit der *Scholastik* und

in der Auseinandersetzung mit dem Wiss.sbegriff des ARISTOTELES reflektiert: Wiss. ist Erkenntnis der Prinzipien und logische Deduktion aus ihnen; sie ist ferner Erkenntnis des Wesens der Sache – in entspr. Anwendung auf die Th., so von THOMAS v. AQUIN. Da dabei das für die christl. Offenbarung Spezifische: das Geschichtliche, Singulare und Personale nur ungenügend bedacht wurde, wurde die Kategorie Wiss. von vielen Theologen (etwa DUNS SCOTUS) abgelehnt zugunsten des Begriffs „Weisheit" oder „Ökonomie". Diese Tendenz wurde verstärkt durch den Rückgriff auf die bibl. Aussage von der Torheit des Kreuzes als Gegensatz zur „Weisheit dieser Welt" – ein Gedanke, der in LUTHERs theologia crucis für die Bestimmung von Th. im Gegensatz zu Philos. und Wiss. wirksam wurde.

Der *Wissenschaftsbegriff der Neuzeit*, der sein Leitbild an Mathematik und Naturwiss. gewann und die dort gegebene Evidenz, Berechenbarkeit u. Verifikation zugrunde legte, der das Wort: „de omnibus dubitandum" und die Forderung: „Wage dich deines eigenen Verstandes zu bedienen" (KANT), ebenso die Forderung nach prinzipieller Voraussetzungslosigkeit zur Maxime erhob und die Wirklichkeit auf das positiv Gegebene bestimmte, führte zur Konsequenz, daß der Begriff „Glaubenswissenschaft" ein innerer Widerspruch sei. Eine Befreiung erfolgte durch die Reflexion, daß die Wirklichkeit umfassender ist, als sie in Mathematik und Naturwiss. und deren Methoden begegnet, daß die Forderung nach Voraussetzungslosigkeit eine Illusion ist, daß jede Wirklichkeit die von ihr geforderte Weise des Zugangs hat, daß Wiss. dort gegeben ist, wo eine *methodisch geleitete Erhellung und Erschließung von Wirklichkeit* geschieht. – Von diesem umfassenden Begriff von Wiss. her ist auch Th. als Wiss. möglich; sie hat im Gesamt der Wirklichkeitserschließung eine unentbehrliche Funktion.

4. Die *katholische Theologie der Gegenwart* ist in vielfältiger Weise bestimmt: durch die Thematisierung der Offenbarung als Wort, Sprache, Ereignis, Gesch., durch die Tatsache, daß der Glaube nach Vollzug und Inhalt eine anthropolog. Dimension hat. Der christl. Glaube ist Antwort auf die Frage, die der Mensch ist – darin ist eine Verifikation des Theologischen möglich –, aber diese Antwort kann vom fragenden Menschen selbst nicht erdacht werden. Die *anthropologische Dimension* (↗Anthropologie III) war bis vor kurzem maßgeblich durch die personale, existentiale und existentielle Seite bestimmt; sie ist heute angereichert durch die *gesellschaftliche und politische Dimension* (↗Politische Theologie). Diese hat ihr Recht in der Tatsache, daß der christl. Glaube eine Sache der Öffentlichkeit und der Gesellschaft ist. Damit empfängt die Th. eine gesellschaftskrit. Funktion; sie wird im Zeichen des „eschatologischen Vorbehalts" zur Kritik aller innerweltl. Absolutismen.

Die kath. Th. der Gegenwart in der Form der *Transzendentaltheologie* reflektiert über die Bedingungen der Möglichkeit von Th. bzw. Glauben und seiner Inhalte. Damit wird die *fundamentaltheologische Dimension* zu einer Dimension von Th. überhaupt. Ähnliches gilt von der ökumenischen Dimension, die das Verhältnis der kath. zur Th. der anderen Kirchen gesellschaftlich-dialogisch bestimmt; das *Dialogische* als Aufhebung des Monologischen bestimmt auch das Verhältnis der Th. zu den Wiss.en, die nicht wie früher nur in der Gestalt der Philos. begegnen, sondern prinzipiell aller Wiss.en, die auf den Menschen und seine Welt bezogen sind.

Die kath. Th. der Gegenwart ist charakterisiert durch einen legitimen *Pluralismus*, gegeben durch die auch in der Th. unvermeidl. Spezialisierung, durch den verschiedenen theol. Ansatz (transzendental – existential – gesellschaftlich-heilsgeschichtlich), durch das Gespräch der theol. Disziplinen untereinander, durch das verschiedene Instrumentarium, dessen sich Th. bedient.

Die kath. Th. der Gegenwart ist schließlich im Zeichen der „Hierarchie der Wahrheiten" bestimmt durch einen *Zug zur Konzentration*, der das Viele auf das Eine und das Periphere auf die Mitte des Glaubens bezieht. Diese ihre Orientierung gibt der Th. eine *kritische Funktion* gegenüber dem Bestehenden und manchen Praxen des Glaubens.

II. Theologie als Bezugswissenschaft zur Pädagogik

1. *Theologie in der Sicht der Gegenwartspädagogik*. Versteht man Päd. nicht als vorwiss. ↗Erziehungslehre, sondern als ↗Erziehungswissenschaft, so kann man deren Verhältnis zur Th. (und zu einer theologisch verantworteten Religionspäd.) keineswegs auf einen einheitlichen Nenner bringen. Es variiert je nach dem wissenschaftstheoretischen Grundansatz.

Während die ↗Empirische Erziehungswiss. die Th. wegen deren Offenbarungs- und Glaubensvorgaben als Gesprächspartnerin bzw. Nachbarwissenschaft gänzlich ablehnt und überdies wiss. abqualifiziert (R. LOCHNER im Gefolge M. WEBERs) oder ihr mindestens im erziehungswiss. „Begründungszusammenhang" jede Bedeutung abspricht (W. BREZINKA), bejahen die (ihrerseits nach Ansatz und Methode divergierenden) Vertreter der Wiss. der phänomenologischen (z. B. R. SCHWARZ, M. HEITGER, S. STRASSER) Richtung (↗Pädagogik) sowie der ↗hermeneutisch-pragmatischen Päd. (W. FLITNER, K. ERLINGHAGEN, R. SPAEMANN u. a.) durchweg die Möglichkeit, teilweise auch die Dringlichkeit einer Begegnung von Erziehungswiss. und Theologie. Letztere findet hier Anerkennung als erziehungs- und bildungsrelevante anthropolog. *Bezugswissenschaft der Päd.* Gleichwohl herrscht auch unter den der Theologie gegenüber gesprächsbereiten Pädagogen völlige Einigkeit darüber, daß die in einem schwierigen Emanzipationsprozeß gewonnene „Autonomie gegenüber der Theologie" (M. HEITGER) nachdrücklich behauptet werden müsse.

2. *Pädagogik in der Sicht der Gegenwartstheologie*. Während die evangelische Th. bzw. Religionspäd. schon vor Jahrzehnten dem päd. Denken weltlich-wiss. Eigenständigkeit

zuerkannt hatte, verabschiedete die *katholische* Th. bzw. Religionspäd. ihre traditionellen (neuscholastisch modellierten) Normierungsansprüche gegenüber der Päd. erheblich später, z. T. erst im Zuge der mit dem 2. Vatikanischen ↗Konzil verbundenen Entwicklungen. Das Vaticanum II bejaht ausdrücklich die „rechtmäßige Eigengesetzlichkeit" der Wiss.en und damit (einschlußweise) auch eine wissenschaftstheoretisch und methodisch von der Th. unabhängige weltliche Erziehungswissenschaft, zu der sich kath. Th. (Praktische Theologie, Religionspädagogik) nicht mehr normativ, sondern dialogisch, kooperativ und (wo es nötig ist) ideologiekritisch verhält.

3. *Möglichkeiten und Grenzen der Kommunikation.* Das theol.-päd. „Gespräch" (d. h. die wechselseitige Abgrenzung der Kompetenzen, die Erörterung von Grenzfragen, die gegenseitige Information über Forschungsergebnisse, die Erprobung interdisziplinärer Kooperation) setzt, wenn es wiss. Ansprüchen genügen soll, die Reflexion der theol.-päd. Sprachbarrieren voraus, die sich aus der verschiedenen wissenschaftslogischen Struktur der beiden Aussagensysteme ergeben. Sie erschweren den Dialog vor allem dort, wo sich die Th. mit streng empirischer Erziehungswiss. bzw. mit dem darin angezielten krit. Rationalismus (K. R. POPPER, H. ALBERT u. a.) konfrontiert sieht. Ungeachtet dieser Schwierigkeit bleibt insbes. Praktische Th. auf alle für sie relevanten empirischen Daten angewiesen. Leichter als mit der exklusiv empirischen kommt die Th. mit der philos.-phänomenologischen, der hermeneutischen oder auch mit jener Päd. ins Gespräch, die sich an der ↗Kritischen Theorie (insbes. an J. HABERMAS) orientiert und die, ohne auf empirische Methoden verzichten zu wollen, dennoch ihren Gegenstand metaempirisch-kritisch in der „Erziehung unter dem Anspruch der Emanzipation" sieht (K. MOLLENHAUER). Die (religionspäd. weithin erst noch zu erhebenden) emanzipator. Gehalte des Evangeliums und des Glaubens wären hier ins Gespräch einzubringen.

4. *Der anthropologische Ort des theologisch-pädagogischen Gesprächs.* Th. und Päd. sind aufeinander (im Sinne von Nachbar- bzw. Bezugswiss.en) verwiesen, weil und insofern beide eine anthropolog. Dimension besitzen. Zwar geht die Frage der päd. ↗Anthropologie auf den erziehungsbedürftig-bildsamen Menschen, hingegen diejenige der theologischen auf den gottbezogenen. Aber beide Fragehorizonte – das Angelegtsein auf Erziehung und Selbsttranszendenz in Richtung auf ein Absolutes – meinen ein und denselben Menschen. In beiden Fällen unter zwar differenten Gesichtspunkten auf das unteilbar Menschliche bezogen, haben das erziehungswissenschaftliche und das theol. Erkenntnisinteresse ein gemeinsames materialobjektives Bezugsfeld, auf welchem sich theol. und päd. Fragestellung gegenseitig berühren oder durchqueren: Einerseits stößt die unverkürzt gestellte päd. Frage nach dem homo educandus auch auf die Frage nach erziehungstranszendenten, gleichwohl erziehungsrelevanten letzten Sinngründen und damit auf die rel. Dimension; andererseits führt, umgekehrt, die unverkürzte theol. Frage nach dem sich selbst in Richtung auf ein Absolutes hin transzendierenden Menschen an einen Punkt heran, in welchem sie diesen in der Situation des educandus antrifft. Im Schnittpunkt beider Denk- und Forschungsrichtungen sieht sich der Theologe an den Pädagogen, der Pädagoge an den Theologen verwiesen.

☐ Evangelische Päd. Katholische Päd. Konzil. Anthropologie. Religionspädagogik. Politische Theologie. Weltverständnis, theologisches. Bibelwissenschaft. Lehramt, kirchliches

Lit. zu I.: E. Neuhäusler - E. Gössmann (Hrsg.), Was ist Th.? (1965); G. Söhngen, Die Weisheit der Th. durch den Weg der Wiss., in: Mysterium Salutis I (1965); B. Welte, Heilsverständnis (1966); P. Neuenzeit (Hrsg.), Die Funktion der Th. in Kirche u. Gesellschaft (1969); B. Casper - K. Hemmerle - P. Hünermann, Th. als Wiss. (1970); H. Vorgrimler - R. Vander Gucht (Hrsg.), Bilanz der Th. im 20. Jh., Bde. I–III (1969–70). *Zu II.:* P. Stockmeier, T. im Gefüge der PH, in: Vjschr. f. wiss. Päd. 40 (1964); R. Spaemann, T. u. Päd., in: J. B. Metz u. a. (Hrsg.), Gott in Welt (Rahner-Festschr.), Bd. 2 (1964); Willmann-Inst. (Hrsg.), Konfessionalität u. Erziehungswiss. (1965); M. Heitger (Hrsg.), Päd. Erwägungen nach dem Konzil, NF. der Erg.-Hefte zur Vjschr. f. wiss. Päd., H. 6 (1967); H. Bokelmann, Die gegenwärtige Erziehungswiss. u. ihre Fragen an die T., in:. H. Vorgrimler - R. Vander Gucht (Hrsg.), Bilanz der T. im 20. Jh. I (1969); E. Feifel, Glaube u. Erziehung, in: J. Speck - G. Wehle (Hrsg.), Hdb. päd. Grundbegriffe I (1970); H. Schilling, Grundlagen der Religionspäd. (1970, ausführl. Lit.); H. Kittel, Ev. Religionspäd. (1970).

I. H. Fries, II. H. Schilling

Theologische Hochschulen ↗Hochschule

Theologische Seminare in der Erwachsenenbildung

Die TS. stehen im Dienst eines Glaubensverständnisses, das es dem erwachsenen Christen ermöglichen soll, jenseits von infantilen Vorstellungen seinen Glauben in der Gesellschaft von heute zu leben und zu bezeugen. Die TS. – auch *Glaubensseminare* oder *Glaubenslehre für Erwachsene* genannt – arbeiten in der Form der Abendveranstaltung auf Dekanats- oder Pfarrebene seit 1961. Wichtig ist die Frage nach dem theologisch und didaktisch angemessenen Ausgangspunkt. Während z. B. im Bistum Essen ein existential-anthropologischer Aufbau der Seminare (wie im ↗ „Holländischen Katechismus") gewählt wurde, folgte man in Münster einer mehr heilsgeschichtlichen Orientierung. Die anfänglich bevorzugte Langform von 4 bis 5 Semestern mit je 10–14 Abenden mußte bald kürzeren Seminaren weichen. Zur Zeit stellen sich hinsichtlich der Durchführung folgende Aufgaben: 1. Gewinnung eines geeigneten Teams haupt- und nebenamtlicher Referenten; 2. ständige Überprüfung der theol. Inhalte sowie der Didaktik und der Methode vom Stand der wiss. Diskussion und der veränderten gesellschaftl. Situation her; 3. Unterscheidung der wesentlichen Glaubensgehalte von weniger wichtigen im Sinne der vom 2. Vatikanischen ↗ Konzil gelehrten Hierarchie der Heilswahrheiten; 4. Erarbeitung geeigneter Schriften für die Teilnehmer; 5. Herstellung einer funktionsfähigen Organisation, wobei von den Pfarrgemeinderäten wertvolle Hilfe erwartet wird.

☐ Erwachsenenbildung. Religiöse Bildung und Erziehung

Lit.: E. Seifert, Rel. Erwachsenenbildung, in: Hochland (1964); G. Scherer, Anthropolog. Aspekte der Erwachsenenbildung (1965, ²1970); B. Dreher - K. Lang, Theol. Erwachsenenbildung (Graz 1969).

G. Scherer

Theoretischer Mensch ↗ Persönlichkeitstypen

Theorie, Theorienbildung
Th. = Theorie

1. Nach traditioneller Auffassung ist eine Th. ein *Allgemeinsatz*, der in *expliziter Formulierung* vorliegt, durch *Induktion* aus *singulären Sätzen* erschlossen wird und so seine *Begründung* erhält. Die gegenwärtige Diskussion der Natur und Funktion theoret. Annahmen bemüht sich, die Vereinfachungen und Irrtümer zu beseitigen, die in den hervorgehobenen Wörtern stecken. Hier behandeln wir nur das Problem der Begründung und der expliziten Formulierung.

HUME hat darauf aufmerksam gemacht, daß weder die Wahrheit noch die Wahrscheinlichkeit eines Allgemeinsatzes aus einer endlichen Anzahl von Singulärsätzen erschlossen werden kann. Will man Allsätze in die Wissenschaften aufnehmen, so muß der Grund ein anderer sein als die Ableitbarkeit aus der Erfahrung.

Nach EINSTEIN und POPPER werden Th.n eingeführt, um *Probleme zu lösen*. Man behält sie bei, *ohne Begründung*, bis sie auf (empirische oder theoretische) Schwierigkeiten stoßen; man gibt sie auf, wenn sich diese Schwierigkeiten nicht ohne Hilfsmittel (z. B. Ad-hoc-Hypothesen) lösen lassen. Die Erfindung und der Aufbau einer Th. oder eines theoret. Systems ist also ein Akt der *Phantasie*, der, von Schwierigkeiten nur indirekt und sehr lose geleitet, unseren intellektuellen Horizont *erweitert*, ohne uns jemals intellektuelle *Sicherheit* zu bieten.

2. Die Th.n, die wir verwenden, sind nicht immer voll ausgeschrieben. Sie treten fast nie in der Form $(x) [Ax \rightarrow Bx]$ auf, die in wissenschaftstheoret. Textbüchern eine große Rolle spielt, und man versteht sie auch nicht besser, wenn man sie in diese Form übersetzt. Wichtige Annahmen verbergen sich oft darin, wie gewisse Sätze in konkreten Situationen verwendet werden.

So etwa sagen wir, wenn wir einen Gegenstand O unter guten Beleuchtungsverhältnissen betrachten: „O ist braun", während wir im Halbdunkel vorsichtiger sagen: „O *scheint* braun zu sein", und wir behaupten auf dem Umweg über solche Redeweise die Th., daß unsere Sinne uns die Umwelt unter normalen Umständen so zeigen, wie sie wirklich ist.

Jeder singuläre Satz schleppt solche *impliziten Theorien* mit sich, die wir nicht kennen und die wir auch nicht an der Erfahrung überprüfen können, da sie ja selbst zum Aufbau der Erfahrung beitragen. Implizite Th.n werden *entdeckt* mit Hilfe von Ansichten, die entweder der Erfahrung widersprechen oder die uns absurd erscheinen, und sie werden *überprüft*, indem man das Gedankengebäude, dem sie angehören, und die dazugehörige Erfahrung *in toto* mit anderen Gedankengebäuden vergleicht, die um die widersprochene oder absurd erscheinende Ansicht herumgebaut worden sind.

Die Verteidigung der Kopernikanischen Lehre (K) durch GALILEI ist ein Beispiel eines solchen Vergleiches. K widerspricht der Erfahrung des 16. Jh., die aufgrund der opt. Th. interpretiert ist. GALILEI verwendet K, um Th. und andere implizite Th.n (wie die Annahme A, daß alle beobachtete Bewegung absolut ist) zu entdecken. Er ersetzt die entdeckten Th.n durch andere, Th. durch Th.': die Fehlerhaftigkeit der Sinne und die Exzellenz des Teleskops; A durch A', sein Relativitätsprinzip. K ist *vereinbar* mit einer Erfahrung, die aufgrund von Th'. und A' konstituiert worden ist. Von einer *Bestätigung* kann aber nur im Vergleich der *Gesamtsysteme* (KTh.A) und (KTh.'A') die Rede sein, und dieser Vergleich ist noch immer nicht abgeschlossen.

3. Die Verwendung von Th.n, die der Erfahrung widersprechen, oder die *Kontrainduktion* spielt eine wichtige Rolle beim Aufspüren der Prinzipien, auf denen die Erfahrung selbst beruht. Sie hilft uns auch aus einem viel einfacheren Grunde: In der Welt, in der wir leben, gibt es keine einzige Th., die zugleich gut entwickelt und im Einklang mit der Erfahrung ist. Wollen wir also gut entwickelte Th.n in das Gebäude der Wiss. aufnehmen, so müssen wir bereit sein, Wider-

sprüche mit der Erfahrung *im Prinzip* zu übersehen.

☐ Wissenschaftstheorie. Erfahrung. Wissenschaft

Lit.: R. Carnap, Theoret. Begriffe der Wiss.: Eine log. u. methodolog. Unters., in: Zschr. für philos. Forschg., Bd. 14 (1960); P. K. Feyerabend, Das Problem der Existenz theoret. Entitäten, in: Probleme der Wiss.stheorie, Festschr. f. V. Kraft, hrsg. v. E. Topitsch (1960); C. G. Hempel, The Theoretician's Dilemma: A Study in the Logic of Theory Construction, in: Aspects of Scientific Explanation (New York 1965); W. Leinfellner, Struktur u. Aufbau wissenschaftlicher Th.n (1965); K. R. Popper, Logik der Forschg. (³1969); W. Stegmüller, Probleme u. Resultate der Wiss.stheorie u. Analyt. Philos., 2 Bde. (1969 f.).

P. K. Feyerabend

Theorie und Praxis in der Erziehung

Erziehung ist eine Funktion der Gesellschaft und umgekehrt. Dieser Zusammenhang bedeutet u. a., daß edukatives Handeln als ein gesellschaftl. Handeln betrachtet werden muß, das auf Zustand und evolutionären Wandel (Besserung) der Gesellschaft und ihrer edukativen Verhältnisse gerichtet ist. Edukative P. bezeichnet infolgedessen den Handlungszusammenhang aller am Edukationsprozeß Beteiligten, der sich in der Erziehungs- und Unterrichtswirklichkeit vollzieht. Erziehungswiss. ist die wiss. Artikulation dieser P. Ihre Aufgabe besteht darin, die vorwissenschaftlich und umgangssprachlich vermittelte „Theorie" der P. in wissenschaftlich abgesicherte und wissenschaftstheoretisch reflektierte Systemzusammenhänge zu verwandeln. Man wird heute davon ausgehen, daß es eine theoriefreie edukative P. nicht gibt. Einerseits konstituieren die Sichtweisen der Th.n die P., andererseits sind Th.n selbst wieder abhängig von edukativ-gesellschaftlicher P.

I. Praxis als Gegenstand der Theorie

Die empirisch vorgehenden Erziehungswissenschaftler erforschen den Realitäts- und Objektbereich von Erziehung und Unterricht.

„Ziel der Erziehungswissenschaft ist es, für diesen Objektbereich befriedigende Erklärungen zu finden, die zugleich der Voraussage (Prognose) dienen können. Sie beginnt nicht etwa voraussetzungslos, sondern baut auf den vorwissenschaftlichen Erwartungen der Erziehungspraktiker... auf" (W. BREZINKA). Diese vorwiss. Wissensbestände gehören zu dem Bereich der vorwiss. *Primärerfahrungen* im Gegensatz zu den wiss. geläuterten Sekundärerfahrungen. Für die empirische Th.en sind diese Primärerfahrungen letztlich *singuläre* Erfahrungen, die den Beginn einer jeden Hypothesenbildung beeinflussen. Gleichwohl distanziert sich die empir. Forschung energisch von der Primärerfahrung gesellschaftlich handelnder Individuen und setzt eine *Entsubjektivierungsstrategie* ein, um die erfahrungswissenschaftlich relevante Realität von subjektiven Meinungen zu befreien und den zu erforschenden Objektbereich derart aufzubauen, daß er sich dem Zugriff empirischer Methoden fügt.

Die empirische quantitative Erfassung der Realität verlangt deshalb eine Reduktion der Wirklichkeit auf Funktionszusammenhänge von Kovarianzen, die als Beziehungen zwischen Variablen edukativ-sozialen und psychischen Verhaltens interpretiert werden. Die erziehungswiss. empirische Forschung baut also eine „sekundäre" objektive Wirklichkeit auf, um über sie verfügen zu können. Sie wird geleitet von einem *technischen Interesse* an der „Verfügung über vergegenständlichte Prozesse" (J. HABERMAS).

II. Praxis als Voraussetzung der Theorie

Auf der zweiten Dimension der Erziehungswiss., der des praktischen Interesses, wird die erste (die des techn. Interesses) zum Objekt der Reflexion gemacht, d. h., letztere wird kritisch auf die Bedingungen ihrer Möglichkeit hin befragt. Dabei zeigt sich, daß die *singulären* Primärerfahrungen einen transzendentalen Horizont voraussetzen, der sich mit der *gesamt*gesellschaftl. Primärerfahrung deckt und als gesellschaftl. *Totalität* begriffen werden kann. Die singulären Erfahrungen Einzelner sind abhängig von jenem gesamtgesellschaftl. Horizont der umgangssprachlich vermittelten Lebenspraxis. Gerade sie und die ihr entsprechende gesamtgesellschaftl. Erfahrung soll nun artikuliert werden auf dem Boden einer durch kritische Auseinandersetzung mit der in der Tradition gewonnenen gesamtgesellschaftl. Erwartung. Die theoretisch vermittelte Erwartung gesellschaftlicher P., d. h. das *praktische Interesse*, lenkt den Aufbau einer kommunikativen Handlungstheorie, die der P. nicht „äußerlich", sondern inhärent ist. Wenn Th. Produkt der gesellschaftl. Erwartung ist, darf Gesellschaft nicht nur als ihr Gegenstand, sondern muß zugleich als ihre *Voraussetzung* aufgefaßt werden. Die gesellschaftl. Erwartung, die sich in einer kommunikativen Handlungstheorie manifestiert, bedarf der permanenten Kontrolle durch empir. Forschung, um sie vor dem Abgleiten in eine nicht realisierbare Utopie zu bewahren.

Andererseits ist diese Erwartung jedoch „ein Fortschreiten zur *Entobjektivierung* des Objekts, d. h. zur Aufhebung der Verdinglichung des Objekts. Diese besteht darin, daß sich das Denken" in kommunikativen Prozessen „einen Begriff vom Ganzen der Gesellschaft... macht, daß es die Totalität denkt, in der Subjekt und Objekt", Theorie und Praxis vermittelt sind (J. FIJALKOWSKI).

Die edukativ-kommunikativen Handlungen verdichten sich zu einem Handlungs- oder Interaktionsgefüge, an dem sich das Handeln der Einzelnen orientiert. Hierbei werden Abhängigkeitsverhältnisse und Herrschaftsstrukturen gleichsam gewohnheitsmäßig in gemeinsamem Hand In aufgerichtet; das jeweils vorhandene Interaktionsgefüge erscheint als etwas Vorgegebenes und Unveränderliches, das dem einzelnen Handelnden nur Einpassung in das jeweils etablierte Handlungsgefüge übrigzulassen scheint.

III. Praxis als veränderbare theoretischpraktische Wirklichkeit

Auf der dritten Dimension, der des *emanzipatorischen Interesses*, wird die edukative Kommunikation im Umkreis des praktischen Interesses selbst zum Gegenstand kommunikativer Interaktion. In kritisch-rationaler *Metakommunikation* (Reflexion) wendet sich die kommunikative Interaktion der scheinbaren Objektivität und Vorgegebenheit des jeweils vorhandenen edukativ-kommunikativen Interaktionsgefüges zu, um *neue* Möglichkeiten zu entwerfen. Diese noch zu realisierende edukative Wirklichkeit wird erst sichtbar, wenn die Metakommunikation die widersprüchliche Wirklichkeit des bestehenden edukativ-kommunikativen Interaktionsgefüges kritisch in das Blickfeld rückt, dessen Widersprüchlichkeit sich in zahlreichen Zwängen, Behinderungen und Beschränkungen der edukativ-gesellschaftl. P. zeigt. In der Metakommunikation wird nach den Bedingungen dieser Zwänge usw. gefragt, und es wird sichtbar, daß das jeweilige Interaktionsgefüge selbst ein geschichtliches und somit veränderbares Produkt kommunikativer Handlungen ist. Die metakommunikativ erhandelte Einsicht in die Behinderungen verlangt die Aufhebung dieser Beschränkungen; mit dem aufweisbaren Faktum kommunikativ handelnder Menschen ist die möglichst zwanglose und möglichst herrschaftsfreie Kommunikation immer schon als notwendig und unerläßlich gesetzt. Demgemäß ist für die Erziehungswiss. und für die Erziehungspraxis das *emanzipatorische Interesse* unumgänglich.

☐ Aufklärung. Emanzipation. Erfahrung. Gesellschaft und Erziehung. Pädagogischer Bezug. Praxis. Verantwortung. Spontaneität

Lit.: K.-H. Schäfer - K. Schaller, Kritische Erziehungswiss. u. kommunikative Didaktik (1971, mit Lit.).

K.-H. Schäfer

Therapie ↗ Psychotherapie ↗ Psychoanalyse

Thiersch, Friedrich Wilhelm
T., geb. 17. 6. 1784 in Kirchscheidungen (Unstrut), gest. 25. 2. 1860 in München, war der bestimmende Geist bei der Durchsetzung des Neuhumanismus in Bayern. Nach Besuch der Fürstenschule Pforta, theol. Examen, Studium der klass. Philologie in Göttingen (bei HEYNE, 1808 habilitiert) wurde T. in München 1809 Gymnasialprof., 1811 Lyzealprof. Aus seinem zunächst privat betriebenen philolog. Seminar, das 1812 staatlich anerkannt und 1826 in die nach München verlegte Univ. eingegliedert wurde (an ihr war T. ab 1826 Prof.), entwickelte er eine wegweisende Pflanzstätte der bayr. Gymnasiallehrer. Nach Regierungsantritt des Philhellenen Ludwig I. (1825) gewann T. entscheidenden Einfluß auf die extrem neuhumanist. Gestaltung der bayr. Gymnasien und der Univ. München, bes. durch die von ihm geprägte Schulordnung von 1829 (T.scher Schulplan). Noch schärfer als die preuß. Bildungsreform HUMBOLDTs richtete sie das Gymnasium auf die alten Sprachen aus, drängte die Realien noch radikaler zurück und setzte für den Deutschunterricht keine besonderen Stunden an. Die Revision von 1830 milderte diese Einseitigkeiten nur wenig. T. beeinflußte ebenso die Gymnasiallehrerausbildung und setzte sich für die Anerkennung des Philologenstandes ein. Die Gründung der Philologenversammlung 1837 geht auf ihn zurück.

Werke: Griech. Grammatik, vorzügl. des Homerischen Dialektes (1812, ⁴1855); Über die Epochen der bildenden Kunst unter den Griechen (1816, ²1829); Über gelehrte Schulen, mit bes. Rücksicht auf Bayern, 3 Bde. (1826-30); Über den gegenwärtigen Zustand des öff. Unterr. in den westl. Staaten von Dtl., Holland, Frk. u. Belgien, 3 Bde. (1838); Allg. Ästhetik (1846).
Lit.: H. Thiersch, F. T.s Leben, 2 Bde. (1866); F. Paulsen, Gesch. des gelehrten Unterr., 2 Bde. (³1919-21, 1965); M. Doeberl, Entwicklungsgesch. Bayerns, 3 Bde. (²1916-31); H. Loewe, F. T. (1925); H. M. Kirchner, F. T. (Diss. München 1956); J. Dolch, F. W. T. 1784-1806, in: Thüringer Erzieher, hrsg. v. G. Franz (1966).

A. Reble

Thomasius, Christian
T., geb. 1. 1. 1655 in Leipzig, gest. 23. 9. 1728 in Halle (Saale), war ein einflußreicher Vorkämpfer der Aufklärung und der weltmännischen Bildung. Er lehrte ab 1684 an der Univ. Leipzig (seit 1687 als erster in dt. Sprache), vertrat dabei das Naturrecht im Sinne GROTIUS' und PUFENDORFs und geriet in Konflikt mit der theol. Orthodoxie; er ging daher nach Halle, wo seine philos. und jurist. Vorlesungen an der Ritterakademie mit zu deren Umwandlung in eine Univ. (1694) beitrugen. Sein Kampf gegen den traditionellen Univ.-Unterricht, gegen pedantische Büchergelehrsamkeit, Hexenjagd und Aberglauben und sein entschiedenes Eintreten für höfischmoderne (am frz. Geist orientierte), weltoffene Bildung, für Denk- und Lehrfreiheit, für rel. Toleranz und Popularisierung der Wissenschaft halfen zur Verbreitung der Aufklärung in Dtl., insbes. in der Universität. T. gab 1688/89 die erste dt. Monatsschrift heraus (sog. Monatsgespräche): „Scherz- und ernst-

hafte, vernünftige und einfältige Gedanken über allerhand nützliche Bücher und Fragen".

Werke: Discours, welcher Gestalt man denen Franzosen im gemeinen Leben und Wandel nachahmen solle (1687, ²1701); Einleitung zu der Vernunft-Lehre (1691, ⁵1719); Einl. der Sittenlehre (1692, ⁸1726); Ausübung der Sittenlehre (1696, ⁷1726); Versuch vom Wesen des Geistes oder Grund-Lehren sowohl zur natürl. Wiss. als der Sittenlehre (1699, ²1709); Dt. Schriften, hrsg. v. P. v. Düffel (1970).
Lit.: F. J. Schneider, T. u. die dt. Bildung (1928); L. Neisser, Ch. T. u. seine Beziehungen zum Pietismus (1928); J. Nabakowsky, Die Päd. der Univ. Halle im 18. Jh. (1930); M. Fleischmann, Ch. T. (1931); E. Bloch, Ch. T. (1953); G. Schubart-Fikentscher, Unbekannter T. (1954); R. Lieberwirth, Ch. T. (1955); J. Wedemeyer, Das Menschenbild des Ch. T. (Diss. Göttingen 1958).

A. Reble

Thomas von Aquin
1. *Leben.* Geb. um 1225 in Roccasecca (Unteritalien), trat T. 1244 in den Dominikanerorden ein. 1245 ging er zu ALBERTUS MAGNUS nach Paris, zog mit diesem nach Köln, wurde 27jährig nach Paris zurückgerufen als Ordenshochschullehrer, später als Prof. für Theol. an der Univ. und begann 1259 ein Wanderleben (Orvieto, Rom, Viterbo, Paris, Neapel). Sein umfangreiches Werk entstand erst in den letzten 10 Lebensjahren: 12 *Kommentare* zu ARISTOTELES' Schriften, die *Summa theologica,* eine Summe wider die Heiden *(Summa contra gentiles)* und über 60 *Quaestiones* zu philos. und theol. Einzelfragen. Auf dem Wege zum Konzil von Lyon starb er am 7. 3. 1274. – T., der „doctor communis" und der großartigste Systematiker der Scholastik, ist wohl der bedeutendste Denker des Hochmittelalters. Sein geistiger Einfluß reicht bis in die Gegenwart.
2. *Bildungsgeschichtliche Bedeutung.* T. nimmt an zahlreichen Stellen seines Werkes Stellung zu päd. Fragen. Die wohl bedeutendste päd. Abhandlung stellt die 11. Quaestio der *Quaestiones disputatae de veritate* dar, der er in Anlehnung an AUGUSTINUS' Dialog „De magistro" ebenfalls den Titel „Über den Lehrer" gibt. Für T. ist Lehren eine der elementarsten Weisen geistigen Seins. Im Lehren vereinigen sich der staunende Blick auf die Wahrheit, die Kraft schweigenden Hinhörens auf die Wirklichkeit und der Blick auf den Menschen als Lernenden, die liebende Bejahung des Vernehmenden und das damit verbundene Bemühen des Klärens und Vermittelns. Alles Lehren geht von der Wirklichkeit (= Schöpfung) aus, wobei für T. empirische und rationale Erkenntnis gleichermaßen eine Rolle spielen. Nach seiner Lehre vom Menschen hat dieser durch die Vernunft teil an der göttl. Vernunft, dem Urgrund der Wahrheit. In der Sinneserfahrung, im Denken und Sprechen gewinnt er die Wirklichkeit. In der Vernunft als göttl. Gabe, also in der vernehmenden Teilhabe des Menschen an der Weltvernunft, erweist sich Gott als der wirkliche Lehrer, der durch seine Schöpfung den Menschen lehrt, wobei die Aufgabe des menschl. Lehrers darin besteht, dem göttl. Wirken vorbereitend, anregend und vertiefend zur Seite zu stehen: „Wie es vom Arzte heißt, er mache gesund, wiewohl er nur von außen wirkt, während die Natur allein von innen tätig ist – so sagt man auch, der Mensch lehre die Wahrheit, wiewohl er sie dem anderen nur äußerlich verkündigt, während Gott ihn in seinem Inneren belehrt." Der menschl. Lehrer kann also den göttl. und „einzigen Lehrer" (Mt 23, 8) nicht ersetzen. – T. ist von seinem Werk her Theologe und Philosoph; er ist für seine Zeit einer der aktivsten Organisatoren des Studienwesens, Schulgründer und Reformer von Lehrplänen; aber von seinem Leben her ist er vor allem und mit ganzer Hingabe Lehrer. Seine methodische und didaktische Meisterschaft zeigt sich am besten in seiner „Theologischen Summe", einem „Lehrbuch für Anfänger" („ad eruditionem incipientium"), in deren Vorrede er als Grundsätze vor allem die Vermeidung des Ekels vor der Langeweile (bei ständiger Wiederholung des Gleichen) und die Hinführung zum Staunen- und Fragen-Können als dem Beginn echten Lernens herausstellt. Charakteristisch für T. ist bes. seine liebende Zuwendung zum Lernenden selbst, was auch im Urteil seiner Zeitgenossen, T. habe seine Hörer an der Univ. Paris durch die Art seines Diskutierens und Argumentierens begeistert, zum Ausdruck kommt.

☐ Mittelalterliche Pädagogik. Scholastik

Werke: Gesamtausgaben: Paris 1872 ff.; Rom 1882 ff.; dt. Ausgaben: Salzburg 1933 ff.; Heidelberg/Graz 1941 ff.; T.-Brevier, zusammengestellt v. J. Pieper (1956); T. v. Aquin, Auswahl . . . v. J. Pieper (1956).
Lit.: O. Willmann, Des hl. T. v. Aquin Untersuchung „Über den Lehrer", in: Aus Hörsaal u. Schulstube (²1912); M. Grabmann, T. v. Aquin (1912, ⁸1949); J. Pieper, Über T. v. Aquin (²1949); –, Hinführung zu T. v. Aquin (1958); M. Linnenborn, Das Problem des Lehrens u. Lernens bei T. v. Aquin (1956, Bibliogr.); H. Meyer, T. v. Aquin (²1961); Bildungsphilosophie, hrsg. v. H. Röhrs, Bd. 1 (1967).

F. März

Thorndike, Edward Lee
T., geb. 31. 8. 1874 in Williamsburg (Mass., USA), gest. 9. 8. 1949 in Montrose, war einer der maßgeblichen Anreger und Führer der Intelligenztestbewegung. Von Intelligenzuntersuchungen und Lernversuchen an Tieren gelangte er zur Humanpsychol. und deren päd. Konsequenzen. Er prägte auf der Grundlage der Assoziationspsychol. seine besondere Form der Lerntheorie („Lernen ist Ver-

knüpfen" von Empfindung und Impuls: Konnektionismus) aus und sah im Lehren das „Herstellen von Situationen, die zu wünschenswerten Verknüpfungen führen".

Werke (Ausw.): An Introduction to the Theory of Mental and Social Measurement (New York 1904, ²1913); Elements of Psychology (New York 1905, ²1907); The Principles of Teaching (New York 1906); Animal Intelligence (New York 1911); Education (New York (1912); Educational Psychology, 3 vols. (New York 1913/14); The Measurement of Intelligence (New York 1927); zus. mit A. J. Gates, Human Learning (New York 1931); The Fundamentals of Learning (New York 1932); The Psychology of Wants, Interests and Attitudes (New York 1935); Human Nature and the Social Order (New York 1940); Man and his Works (Cambridge, Mass. 1943); Selected Writings from a Connectionist's Psychology (N. Y. 1949, Biogr., Bibl.).
Lit.: P. Sandiford, T.s Contribution to the Laws of Learning, in: Teachers College Record, Festschr. f. E. L. T., 27 (New York 1926); –, Connectionism: Its Origin and Major Features, in: 41ˢᵗ Yearbook of the Nat.Soc. Stud. Educ., Part II (Chicago 1942, ⁴1946); A. I. Gates, Connectionism: Present Concepts and Interpretations, ebd.; E. R. Hilgard - G. H. Bower, Theorien des Lernens, Bd. 1 (1970).

G. Mühle

Thüringen

Der mitteldt. Raum T. gehörte polit. und damit auch schulgeschichtlich seit dem MA. zu ↗Sachsen, zerfiel dann in kleinere selbständige Territorien (1918 bestanden 9); ferner gehörten (seit 1815) die preuß. Regierungsbezirke Merseburg und Erfurt dazu. Durch Zusammenschluß von Sachsen-Weimar-Eisenach, Sachsen-Gotha, Sachsen-Altenburg, Sachsen-Meiningen, Schwarzburg-Rudolstadt, Schwarzburg-Sondershausen und den beiden Reuß entstand 1920 der Staat T. als polit. Einheit innerhalb des Dt. Reiches. Er folgte bei der Ordnung seines allgemeinbildenden Schulwesens zunächst weit mehr als die anderen dt. Länder auch organisatorisch der Idee der ↗Einheitsschule (Einheitsschulgesetz v. 24. 2. 1922), mit weitgehend horizontalem Aufbau: Grundschule (1.–4. Schj.), Unterschule (5.–7. Schj.), Mittelschule (8.–10. Schj.), Oberschule (11.–13. Schj.), mit allmählicher Differenzierung (Realzweig neben dem dt. Zweig ab 5. Schj., daneben lat. Zweig ab 8. Schj., ab 11. Schj. dann 4 Zweige), aber mit Betonung der Stufeneinheit und der Gleichwertigkeit aller Zweige. Die Lehrerbildung für alle Stufen (außer für die techn. Fächer) wurde der Univ. übertragen. Nach Regierungswechsel wurde im Ges. v. 31. 3. 1925 das Wort Einheitsschule beibehalten, die Schulorganisation aber auf die Dreigliedrigkeit ab 5. Schj. zurückgeführt, und zwar etwa auf die Linie Sachsens mit weitgehender Angleichung der Lehrpläne in der Unter- und Mittelstufe der höheren Schulen. Das Schulaufbauges. v. 10. 4. 1930 erwähnte das Wort Einheitsschule nicht mehr. 1933/34 erlosch die schulpolit. Selbständigkeit T.s (↗Deutsches Reich; zur Entwicklung seit 1945 ↗Deutsche Demokratische Republik).

Lit.: Die T.er Schulgesetze unter Berücksichtigung der reichsgesetzl. Bestimmungen, hrsg. v. K. Schnobel, 5 H.e (1926–29); W. Liedloff, Die Entwicklung des höheren Schulwesens in T. von der marxist. Revolution 1918 bis zur NS-Erhebung 1933 (1936); P. Mitzenheim, Die Entwicklung des Schulwesens in T. zur Zeit der Weimarer Rep. (Diss. Jena 1964).

A. Reble

Tiefenpsychologie

A. Psychologischer Aspekt

I. Definition, Geschichte, Aufgaben

T. umfaßt die von der ↗Psychoanalyse S. FREUDs ausgehenden Theorien und Lehren der psychoanalytischen und psychotherapeutischen Schulen.

T. ist (1892) aus ärztl. Arbeit mit psychisch gestörten Patienten entstanden; sie nahm einen raschen, wenn auch immer umstrittenen Aufschwung und differenzierte sich in verschiedene, z. T. rivalisierende Schulen. Zufuhr und Kritik erhielt die T. durch die vergleichende Kulturanthropologie (M. MEAD, R. BENEDICT, LÉVY-BRUHL), welche die Theoreme der T., z. B. den Ödipuskomplex, bei Eingeborenenkulturen zu beurteilen suchte, ferner durch medizinisch-empir. Forschungen, vorwiegend über die psych. Entwicklung des Säuglings und Kleinkinds (R. A. SPITZ, S. A. ESCALONA, D. W. WINNICOTT).

Innerhalb der orthodoxen ↗Psychoanalyse fand unter dem Einfluß von H. HARTMANN (1939) eine Abkehr von der urspr. Es-(Trieb-)Psychol. zur sog. Ich-Psychol. statt. Danach werden Wahrnehmen, Motorik und Intelligenz nicht durch die Triebe geschaffen, sondern entstehen autonom, wenn auch unter ihrem Einfluß. Die begriffl. Ablösung vom triebbiolog. Konzept der Psychoanalyse führte zu stärkerer Beachtung der Ich-Bereiche. Die spezielle Theorie vom *Unbewußten* wurde damit zu einer *allgemeinen* ↗Persönlichkeitstheorie erweitert. Es lassen sich nun kulturell-normative (H. MARCUSE, E. FROMM) sowie sozialtherapeutische (E. H. ERIKSON, H. E. RICHTER) Konzepte einbeziehen. Eine marxistische Position wurde von W. REICH bezogen. Philosophisch wurde die T. maßgeblich von M. HEIDEGGER beeinflußt (daseinsanalytische und existentialontologische Schulen).

Die *heutige Krise* der T. entsteht aus der Divergenz ihrer Aufgabenstellungen: Entwicklung zur allgemeinen Persönlichkeitstheorie, medizinisch-klinische Nosologie (unter Einschluß der ↗Psychosomatik), sozialrelevantes Therapieverfahren, gesellschaftskrit. Methode. Auf *therapeutisch-pädagogischem* Sektor sind der T. in der Lern- und Verhaltenstherapie (H. J. EYSENCK) konkurrierende Verfahren entstanden, die auf lerntheoretischen Konzepten basieren.

II. Tiefenpsychologische Ansätze

1. S. FREUD *und die orthodoxe Schule.* Es, ↗Ich und Überich sind Konstrukte, durch die psychische Phänomene, die durch Wechselwirkungen zwischen Trieben (Libido), autonomem Selbst und Umweltsprägungen ent-

stehen, beschreibbar werden. Konstrukt ist auch die Einteilung der psychischen Tätigkeit in *bewußt, vorbewußt, unbewußt.* Unbewußt wird ein Konflikt, wenn er dem Selbst unerträglich würde und den ↗ Abwehrmechanismen des Ich keine andere Lösung offensteht. Als Resultante aus einem zum Bewußtsein vorgestoßenen Triebwunsch und der Bearbeitung durch die Abwehr (Ambivalenz der Gefühle) entsteht das *Symptom;* gewinnt es feste Struktur, so entstehen Symptom- bzw. Charakterneurosen. Durch den psychoanalyt. Prozeß – ein Arbeitsbündnis der gesunden Ich-Anteile des Patienten mit dem Analytiker – kann diese Struktur mittels Deutung und Einsicht in das Konfliktgeschehen revidiert werden.

2. C. G. JUNG *(Komplexe Psychologie).* Anders als FREUD definiert JUNG Libido nicht als sexuelle Triebe, sondern als seelische Energie. Der biologisch-mechanist. Auffassung des psych. „Apparats" setzt er eine philosophisch-mytholog. Auffassung entgegen. Er unterscheidet das *individuelle Unbewußte,* das durch Verdrängung entstand, vom *kollektiven Unbewußten,* das hirnorganisch vererbt wird und durch urtümliche Bilder (↗ Archetypen) gekennzeichnet ist. Bewußtwerdung, Individuation sind nach JUNG Aufgaben der Selbstverwirklichung des Menschen, die bis zum Erfahren religiöser Mächte reicht. Ein besonderes Merkmal Jungscher Analyse ist die Einbeziehung mythologischen und kulturgeschichtl. Materials in den Heilungsprozeß.

3. *Die Neopsychoanalyse.* Nach A. ADLER, dem Begründer der ↗ Individualpsychologie (erheblicher Einfluß auf die Päd.), ist menschl. Verhalten durch zwei Prämissen bedingt: eine vorgegebene genetische, organische und eine situationsbedingte *Minderwertigkeit,* die der Mensch durch ein entsprechendes Streben nach Macht auszugleichen versucht. Ebenso auf päd. Ziele ausgerichtet, weist K. HORNEY auf kulturelle Faktoren der Neurosenbildung hin und zeichnet Wege der Anpassung innerhalb der Kulturfelder auf. H. SCHULTZ-HENCKE sieht den Grundkonflikt des Menschen in der Kultur in Hemmungen des Antriebs- und Gefühlserlebens. E. FROMM führt auf der Basis philos. Anthropologie zu einer Neubewertung der psych. Reifephasen und der Kulturnormen.

☐ Freud. Jung. Adler. Psychoanalyse. Psychotherapie. Neurose

Lit.: A. Adler, Menschenkenntnis (1927, Neuaufl. 1970); C. G. Jung, Die Beziehungen zwischen dem Ich u. dem Unbewußten (1928, ⁷1966); –, Über psych. Energetik u. das Wesen der Träume (1948, 1970); W. Reich, Die Funktion des Orgasmus (1927, ³1969); –, Charakteranalyse (1933, 1970); R. Benedict, Urformen der Kultur (1934); H. Hartmann, Ich-Psychol. u. Anpassungsproblem (1939, Neudr. 1961); S. Freud, Ges. Werke (1941 ff.); E. Fromm, Escape from Freedom (New York 1941); –, Man for Himself (New York 1947); V. v. Weizsäcker, Der Gestaltkreis (1947); A. Freud, Das Ich u. die Abwehrmechanismen (London 1950); F. Alexander, Psychosomat. Medizin (1951); C. R. Rogers, Client-Centered Therapy (Cambridge, Mass. 1951); A. Görres, Methoden u. Erfahrungen der Psychoanalyse (1958); H.-J. Eysenck (Ed.), Handbook of Abnormal Psychology (London 1960); H.-E. Richter, Eltern, Kind u. Neurose (1963, ²1967); –, Patient Familie (1970); L. Szondi, Schicksalsanalyt. Therapie (1963); K. Horney, Collected Works (New York 1964); M. Mead, Leben in der Südsee (1965); E. H. Erikson, Kindheit u. Gesellschaft (1965, ³1968); H. Schultz-Hencke, Lb. der analyt. Psychotherapie (1965, ²1970); M. Balint, Die Urformen der Liebe u. die Technik der Psychoanalyse (1966); R. R. Greenson, The Technique and Practice of Psychoanalysis (New York 1967); P. Fürstenau, Soziol. der Kindheit (1967, ²1969); H. Marcuse, Der eindimensionale Mensch (1967); W. Loch (Hrsg.), Die Krankheitslehre der Psychoanalyse (1967); R. A. Spitz, Vom Säugling zum Kleinkind (1967, ²1969); D. Wyss, Die tiefenpsychol. Schulen von den Anfängen bis zur Gegenwart (³1970).

H. Junker

B. Religionspädagogischer Aspekt

Die Anwendung der T. in der rel. Erziehung kann dreifach gesehen werden: 1. *prophylaktisch,* 2. *therapeutisch,* 3. als *Hilfe zur Erweiterung der rel. Erlebnisfähigkeit.*

1. In der T. ist bekannt, daß rel. Fehlformen zu Neurosen führen können; sie stellt deshalb eine Reihe *vorbeugender Forderungen* an den rel. Entwicklungsgang: Prägekraft des frühkindl. Vater- und Muttererlebnisses für den Zugang zum Gottesbild; Vermeidung übersteigerter rel. Atmosphäre und rel. Druckes; Entideologisierung der moralischen Erziehung (ganzheitliche Integration der Geschlechtlichkeit); Zurückhaltung mit dem Schuldbegriff beim Kleinkind, Vermeidung von „böse" und „sündhaft"; dem Alter entsprechende Hinführung an das Christliche. *Positiv werden gefordert* der Appell an die schöpferischen und sozialen Kräfte, an steigende Verantwortlichkeit sich selbst, andern und Christus gegenüber. – Alle rel. Erziehung muß relativ gesehen werden als Vermittlung der besten Vorbedingungen für eine spätere selbständige rel. Entscheidung.

2. Spezifisch religiös verursachte Schwierigkeiten, am häufigsten im Zusammenhang mit der Geschlechtlichkeit sowie mit rel. Erlebnissen unter Drogeneinfluß (vgl. H. COX), verlangen eine Behandlung durch rel. erfahrene Menschen. Dabei kommen auf den Priester und seine Mitarbeiter psychotherapeutische Aufgaben zu, deren sachgemäße Erfüllung freilich gründliche tiefenpsychol. Kenntnisse voraussetzt. Da infolge der Autoritätskrise und der Auflösung ekklesiogener Schuldgefühle eine Identifikation des Seelsorgers mit Autorität und sittlicher Verurtei-

lung nicht mehr direkt naheliegt, bestehen von daher keine Einwände gegen die Ausübung von Psychotherapie durch Priester. Es sollte deshalb in jedem größeren Ort Geistliche mit tiefenpsychol. Ausbildung geben.
3. Die Integration von Bewußtsein und Unbewußtem ermöglicht eine Steigerung der rel. Erlebnisfähigkeit (oft führt ein bewußt gewordenes Zugeständnis eines unbewußten Seelenteiles überhaupt erst zu der Fähigkeit, Religiöses erleben zu können). T. kennt einen Weg der Mitte, der die Ratio in Fühlung bringt mit imaginativen Kräften und intuitiven Erkenntnismöglichkeiten, wodurch die rel. Wirklichkeitsebene erschlossen wird, die dem bloß rationalen Denken verschlossen bleibt. Eine Möglichkeit dazu ist die ↗ Meditation mit ihrer Abkehr vom Aktivismus und der Hinwendung zu humanerem Lebensstil durch Entdeckung, Wertung und Integration der Innenwelt. Solche Verlebendigung rel. Erlebnisfähigkeit ist Voraussetzung für den Prozeß der Konversion von natürlicher Religion zu christlicher Religiosität.
□ Religiöse Bildung und Erziehung. Gottesbegriff.

Lit.: J. Rudin, Psychotherapie u. Religion (1960, ²1964); J. Goldbrunner, Sprechzimmer u. Beichtstuhl (²1967); –, Individuation (³1966); –, Rel. Leben u. christl. Religiosität, in: G. Lange – W. Langer (Hrsg.), Via Indirecta (1969); H. Cox, Das Fest der Narren (1970); Sexualität ohne Tabu u. christl. Moral [Gespräche der Paulusgesellschaft] (1970).

J. Goldbrunner

Tierschutz

T. ist Teil des ↗ Naturschutzes. Als im 19. Jh. die *Tierschutzvereine* entstanden, sorgte man sich vor allem um die Haustiere, die Zieh- und Kettenhunde und um die Pferde des Bierkutschers. – Das Vordringen von Industrie und Technik in bisher unberührte Naturgebiete nimmt vielen Tieren ihre Lebensgrundlage. Ein kleiner Störungsfaktor kann unersetzlichen Schaden anrichten, weil das Gleichgewicht im Biotop gestört wird. Schädlingsbekämpfung widerspricht nicht den Gesetzen des Naturschutzes. Sie ist für den Menschen zur Notwehr geworden. – Zum T. gehört der Schutz der wildlebenden Tiere, auch in Jagd und Fischerei und das Bemühen des Vogelschutzes.
Wesentliche *Voraussetzung* für wirksamen T. ist die Kenntnis der Lebensgewohnheiten und Verhaltensweisen der Tiere.

Beispiele: Auf einer Autobahnstraße bei Basel wurden in 10 Nächten 1968 im März insges. 1500 Erdkröten und 130 Fadenmolche überfahren, weil sie bei dem Weg vom Winterquartier in die Gewässer die Autobahn überqueren mußten.
Beim Versuch von Bauern, Krähen mit dieselölgetränktem Mais zu töten, kamen auch 200 Singvögel um; in einer Krähenfalle 28 Mäusebussarde!

Manche Tierarten sind schon ausgestorben oder ausgerottet (z. B. Wolf, Bär, Luchs, Auerochs), andere sind nur noch in geringer Zahl vorhanden. Notwendig sind *Naturschutzreservate*.

Organisationen: Deutscher Tierschutzbund (Frankfurt, Kaiserstr. 11); Schutzgemeinschaft Deutsches Wild (München-Obermenzing, Bauseweinallee 50).
Lit.: D. Müller-Using, Großtier u. Kulturlandschaft im Mitteleuropäischen Raum (1960).
Zeitschriften: Das Tier. Internat. Tierillustrierte (Stuttgart – Bern seit 1961); Die Tierillustrierte. Illustrierte Zschr. für Natur- u. Tierfreunde (seit 1966); Der kleine Tierfreund. Monatsschr. für die Schuljugend zur Pflege der Naturliebe (Mainz seit 1949); Fauna (München seit 1971).

A. Beiler

Tier und Mensch

I. Entwicklungsgeschichtliche Aspekte

Als ebenso sicher wie die Allgemeingültigkeit der Deszendenztheorie in ihrer modernen Fassung für die organische Welt hat heute die Feststellung zu gelten, daß der Mensch zwar von affenartigen Vorfahren abzuleiten ist, daß aber diese Formen längst ausgestorben sind: nichthominide Primaten mit primitiven Merkmalen, die der Gruppe der Pongiden („Menschenaffen") nahestehen, zu denen in der rezenten Fauna *Pongo* (Orang), *Gorilla* (Gorilla) und *Pan* (Schimpanse) gehören.

Wie auch sonst im Bereich des Organischen gibt es in der Entwicklung (Ontogenese und Phylogenese) keine scharfen Zäsuren; so sind für die Stammesgeschichte des Menschen drei Phasen zu unterscheiden (HEBERER 1969): tierische (subhumane), menschliche (humane) Phase und dazwischen das Tier-Mensch-Übergangsfeld (TMÜ). Die Ausgangsgruppe stellen die Protohominoiden mit Formen wie *Ägyptopithecus* und *Propliopithecus* im Oligozän (etwa 30 Mill. Jahre vor unserer Zeitrechnung) dar. Das Miozän (vor 10 bis 25 Mill. J.n) wird von der subhumanen Phase der Hominiden mit *Dryopithecus* und *Proconsul* als einer Gruppe, den Ramapithecinen als weiterer eingenommen. Das TMÜ liegt im Pliozän (bei 3–10 Mill. J.n) mit der Loslösung des „Urmenschen" (*Australopithecus*) und der humanen Phase der Hominiden (*Homo erectus* und *H. sapiens*).

Bei einer Gegenüberstellung von „Tier" und „Mensch" wird man naturgemäß den bei den *Primaten* als der Übergangsgruppe in Erscheinung tretenden Kriterien besondere Beachtung zu schenken haben: anatomischen, physiologischen und psychischen (Werkzeuggebrauch – von *Australopithecus* an – und Werkzeugherstellung – von *Homo sapiens steinheimensis* an).

II. Vergleichende Aspekte

1. *Kommunikation und Sprache*. Ein charakteristisches Kennzeichen aller mit einem Erlebniszentrum ausgestatteten Lebewesen ist das Bedürfnis zur *Mitteilung*. Je enger die

Bindung von Mutter–Kind bzw. der Partner in einem sozialen Gefüge, wie Staatenbildung, Symbiose oder Biozönose, um so differenzierter pflegen die jeweils sehr verschiedenartigen Nachrichtensysteme zu sein, die uns keineswegs schon sämtlich bekannt sind.

Zum Beispiel wurden erst vor kurzem entdeckt: Lautäußerungen bei Delphinen (LILLY, zit. bei HEDIGER, 1970) und elektrische Entladungen bei elektrischen Fischen (SZABO, 1965; KASTOUN, 1971). Die höchste Stufe stellt die Sprache dar, die aber keineswegs allein zu hohen Leistungen befähigt ist. Andererseits kann man mit HEDIGER (1970) die Auffassung nicht teilen, daß alle phonetischen Sprachen von Tieren nur dem Schrei beim Menschen entsprechen.
Bei vielen Insekten findet man Organe für die Lauterzeugung und solche zur Rezeption von Schallreizen. Schon lange ist das Vorkommen einer Kommunikation z. B. zwischen einzelnen Individuen der Singzikaden bekannt. Befinden sich mehrere singende Männchen im gleichen Raum, so werden die einzelnen Strophen ihres Gesangs alternierend vorgetragen. Vom Buchfinken wissen wir, daß er 21 verschiedene akustische Signale von sehr differenziertem Inhalt von sich gibt und versteht.
Umgekehrt lernen wild eingefangene indische Elefanten im Lauf einiger Jahre mindestens 21 Kommandos in der Sprache ihres „Mahuts" und befolgen sie mit einer gewissen Plastizität (RENSCH und ALTEVOGT, 1954). Wir wissen, daß insbes. unsere Haustiere mittels Zeichen, Laute und Gebärden Wünsche und andere Emotionen aussprechen und uns ebenso verstehen. Während Rabenvögel und Papageien Worte in der Sprache ihrer Pfleger leicht lernen, ist dies für Menschenaffen (Bau des Stimmapparats) fast unmöglich. Dagegen gelang R. und W. GARDNER (1969) unter Verwendung der in den USA bei Taubstummen verwendeten *Zeichensprache* die Verständigung nach 22 Monaten mit 30 Zeichen, die dann auch spontan und sinngemäß benützt wurden. – Völlig rätselhaft ist die Entstehung der für die differenzierte Sprache erforderlichen Voraussetzungen (Kehlkopf-Gehör bei Säugern, Syrinx- und Larynx-Gehör bei Vögeln) in der Phylogenese!

2. Ästhetische Aspekte. Schon bei „niederen Tieren" beobachtet man (z. T. unter Werkzeuggebrauch) die Herstellung von Einrichtungen, die im Dienst irgendeiner Funktion stehen (z. B. Schutzbauten, im Rahmen der Brutpflege, zur Täuschung von Feinden u. a.).

In Australien und auf den indonesischen Inseln leben 4 Gruppen von „Laubenvögeln", bei denen die Männchen im Gegensatz zu den nahe verwandten Paradiesvögeln ein Gefieder von größtenteils nur unscheinbarer Färbung tragen. Vor der Brutzeit baut das Männchen durch Auslegen z. B. eines Moosteppichs unter „Ausschmückung" mit bunten Steinen, Blüten, Früchten, Schneckengehäusen, Objekten aus menschlichen Siedlungen, Farnwedeln, Zweigen eine u. U. bis 1,5 m im Durchmesser betragende und 1,8 m hohe „Laube", die dann von einem Weibchen besucht wird, worauf gegebenenfalls die Balz folgt. Es wurde beobachtet (SIELMANN), daß offenbar das Werk, das einem Weibchen „nicht gefiel", nach Anbringung von Korrekturen durch das Männchen von einem 2. Weibchen angenommen wurde.
Menschenaffen bauen auf Bäumen bzw. am Boden für die Nacht Schlafnester durch Zusammenbiegen und Verflechten von Ästen und Zweigen; im überdachten Raum bei beschränktem Material (Strohhalme) entsteht ein ringförmiges Muster ohne praktische Bedeutung, in dessen Mitte das Tier sich „befriedigt" zur Ruhe begibt! In den Höhlenzeichnungen und -plastiken des Steinzeitmenschen, also der humanen Hominiden (s. o.), sowie bei Primitiven findet man Komponenten, die nur schwer die Beteiligung von ästhetischen Empfindungen beim Hersteller völlig ausschließen lassen.
Prüft man nun bei höheren Affen, insbes. den Menschenaffen, ihr Verhalten in bezug auf die Verwendung angebotener Farben oder Muster zur bildlichen Darstellung (RENSCH), so kann man bei aller Vorsicht gewisse Prinzipien feststellen, die uns vom Kind wie vom Primitiven (Buschmännern Afrikas) oder gar einzelnen Kunstströmungen bekannt sind. Grundsätzlich werden (bei statist. Absicherung) Farben gegenüber Graustufen bevorzugt.

Sowohl Farben wie Muster haben bei manchen Tieren vielfach eine unmittelbare biolog. Bedeutung (z. B. Hochzeitskleid, Warnkleid), die dann allen anderen Regungen gegenüber vorrangig sind. Ferner: Je höher die Organisationsstufe, um so größer die individuelle Variabilität.

III. „Tier und Mensch"

Stellt man die Frage nach den Beziehungen zwischen T. und M. als Lebewesen, deren Dasein letzten Endes von denselben Grundgesetzen beherrscht wird, so wird man die jeweilige individuelle Entwicklungsstufe sowie die artbestimmte psychische Organisationshöhe als entscheidende Faktoren für die Auseinandersetzung erkennen.

Ein Lebewesen mit nur primitiven psychischen Funktionen (der Vor- und Urmensch, der Primitive, das Kind) wird vorwiegend von rein vitalen Motiven aus den Gegenspieler nach Nutzen oder Schaden einstufen. Ein Lebewesen mit *differenziertem* Wahrnehmen, Erkennen und Empfinden, zumal wenn es Generationen hindurch unter dem Einfluß der Domestikation gestanden hat, wird in verschiedenen Stufen in seinem Verhalten mindestens in bestimmten Bereichen, z. B. ästhetischen, ethischen, moralischen, sich dem Kulturmenschen nähern, wenn auch in der ihm jeweils adäquaten Form und Prägung. Scharfe Zäsuren gibt es im allgemeinen nicht, und wir haben bis heute keine umfassenden Methoden an der Hand, um zu testen: Wo treten aufgrund bestimmter Empfindungen Lust- oder Unlustgefühle ein. Ein zweiter, sehr wesentlicher Gesichtspunkt: es wurde gezeigt, daß in der subhumanen Phase des Menschen eine Aufspaltung eintritt mit einer Spezialisierung verschiedener Seitenäste (Pongiden, Hylobatiden) bzw. der Hominiden bei gleichzeitiger Elevation. Was hier somatisch nachweisbar ist, wird auch im physiolog. und psychol. Bereich ablaufen mit dem Effekt z. B. der spezifischen Entwicklung der Laubenvögel (s. o.) neben den Paradiesvögeln.

☐ Verhalten, Verhaltensforschung

Lit.: F. G. J. Henle, Über das Gedächtnis in den Sinnen, in: Wochenschr. für die gesamte Heilkunde (1838); W. Wundt, Vorlesungen über die Menschen- u. Tierseele (⁶1919); J. A. Bierens de Haan, Die tier. Instinkte und ihr Umbau durch Erfahrung (1940); K. J. and C. Hayes, The Intellectual Development of a Home-Raised Chimpanzee, in: Proc. Amer. Phil. Soc. 95 (1951); B. Rensch, Psychische Komponenten der Sinnesorgane (1952); – u. R. Altevogt, Zähmung u. Dressurleistungen indischer Elefanten, in: Zschr. für Tierpsychol. 11 (1954); –, Ästhetische Grundprinzipien bei Mensch u. Tier, in: G. Altner (Hrsg.), Kreatur Mensch (1969); N. Tinbergen, Instinktlehre (1952); F. Kainz, Die „Sprache" der Tiere (1961); K. Lorenz, Über tier. u. menschl. Verhalten, Bd. I u. II (1965, ¹¹¹· ᵇⁱˢ ¹¹⁸· ᵀˢᵈ· 1970); Th. Szabo, Sense Organs of the Lateral Line System in some Electric Fish, in: Journal of Morphology 117 (1965); H. Hediger, Verstehens- u. Verständigungsmöglichkeiten zwischen Mensch u. Tier, in: Schweizer. Zschr. für Psychol. u. ihre Anwendung 26 (1967); –, Zur Sprache der Tiere, in: Der Zoolog. Garten 38 (1970); R. A. and W. T. Gardner, Teaching Sign Language to a Chimpanzee, in: Science 165 (1969); G. Heberer, Der Ursprung des Menschen (²1969); O. Koehler, Tiersprachen u. Menschensprachen, in: G. Altner (Hrsg.), Kreatur Mensch (1969); A. Kühn (neu bearbeitet v. A. Egelhaaf), Grundriß der Vererbungslehre (1971); E. Kastoun, Das Verhalten elektrischer Fische (Malapterurus) im elektrischen Feld, in: Experientia (1971).

O. Kuhn

Tod und Unsterblichkeit

1. *Tod.* Der T. kommt dem Menschen als Ende des Lebens zum Verständnis, als Gegensatz zum Leben, als Möglichkeit des Nicht-mehr-sein-Könnens, als unüberholbares Ende des Strebens nach Glück und Gerechtigkeit. – Biologisch bedeutet der T. das Ende der Lebensfunktionen eines Organismus. Existentiell wird der T. als die beständige Bedrohung eines Daseins erfahren, dem es um sein Leben, um sein Seinkönnen geht. Mit der Sterblichkeit erfährt der Mensch fundamental seine Endlichkeit.

Der T. hat für den Einzelnen sehr verschiedene phänomenale Charaktere, je nach dem Lebenszusammenhang, in dem er auf ihn trifft: als T., den ich selber zu sterben habe, als Tod anderer (Verkehrstote einer Zeitungsmeldung, Tote eines fernen Krieges, Tod eines Kindes, eines Verwandten, eines Feindes usw.). Immer trifft und betrifft der T. den Menschen anders; am tiefsten dort, wo er am meisten hofft und liebt. Wenn der T. auch als „Feind" des Lebens begriffen wird, so kommt er andererseits als Erlösung von der Drangsal und das Sterben als Eingehen in den Frieden zum Verständnis.

Die Auseinandersetzung mit dem T. und den Toten in mythischen, rel. und philos. Deutungen ist Grundbestand aller menschl. Kultur. In ihnen spiegeln sich Hoffnung und Verzweiflung des seiner Endlichkeit ausgesetzten Menschen. Animismus, Grabbeigaben und Ahnenkult bekunden früh den Glauben an ein Weiterleben der Toten in einem unserer Erscheinungswelt entrückten Totenreich. Die biblisch-christl. Überlieferung sieht den T. als Folge der Sünde. Im AT. ist T. dort, wo Jahwe den Menschen verläßt. Das Totenreich (Scheol) ist Unland, Ödland, Land ohne Heimkehr. Verheißung und Glaube an die Auferwekkung vom T. finden sich erst in der nachexilischen Zeit. Das NT. verkündet die Überwindung des T.es durch Jesu T. und Auferstehung. Der ird. T. ist nicht endgültig Ende des Lebens, sondern Eingang ins ewige Leben, wenn ihm nicht der eschatolog. T. der Verdammung folgt. – Die philos. Tradition interpretiert, PLATON folgend, den T. als Trennung der ↗Seele vom Körper. HEIDEGGER beschreibt den T. als Modus der eigentl. Erschlossenheit des Menschen im Entwurf auf seine unüberholbare Möglichkeit.

2. *Unsterblichkeit.* Die Zeugnisse der Selbstauslegung menschlichen Daseins bekunden vielfältig den Glauben an ein Weiterleben nach dem T., entweder als Weiterleben der individuellen Existenz der Seele oder als Eingehen in ein individuell nicht mehr abgrenzbares Alleben, oder – im Christentum – als Weiterexistenz des Einzelnen und die schließliche Auferstehung der Toten zum ewigen Leben in einer gewandelten Schöpfung, nach dem Ende dieser Weltzeit. – Die U. wird entweder aus der Natur der Seele abgeleitet (Die Seele ist göttlichen Wesens) oder als Gnadengabe Gottes an das an sich endliche Geschöpf betrachtet. Für KANT wird die U. zum Postulat der prakt. Vernunft im Hinblick auf die immer nur unvollkommene Erfüllung des moral. Gesetzes und der Gerechtigkeit. – Die Bedrohtheit des Lebens durch Krankheit, Leid, Elend, Zwietracht und Sinnlosigkeit verdichtet sich für den Menschen im Phänomen des T.es. Der Ernst des Lebens tritt vor das Spiel des Lebens.

3. *Erziehung* als Hilfe zum Leben steht in unmittelbarer *Auseinandersetzung mit dem Tod.* Sie darf dem Heranwachsenden Elend und Leid des Daseins und seine Bedrohtheit durch Zwietracht und Sinnlosigkeit nicht verschweigen. Gleichzeitig muß sie ihn disponieren zum Mut für das Leben, zur Hoffnung auf Sinn, zur Bereitschaft der Abwehr aller Lebensbedrohung in mitmenschl. Gemeinsamkeit. Das Phänomen des T.es kann für die Erziehung zum entschiedensten Ansatz sittlich-existentieller Besinnung werden.

Lit.: G. Pfannenmüller, T., Jenseits u. U. in der Religion, Lit. u. Philos. der Griechen u. Römer (1953); K. Rahner, Zur Theol. des T.es (1958, ⁵1965); E. Fink, Metaphysik u. T. (1969); H. Volk, Tod, in: Hdb. theol. Grundbegriffe, Bd. II (1963).

W. Behler

Toleranz

1. *Begriff und Begründung.* T. (lat. tolerare = ertragen, erhalten) bedeutet allg. in Religion, Wiss. und Politik die Duldung einer Meinung, die der eigenen Überzeugung entgegensteht. Urspr. bezeichnet T. die Duldung einer andern als der Staatsreligion (Religionsfreiheit). Objekt der *religiösen* T. ist die Glaubensüberzeugung eines andern. Ihr Grund liegt zunächst in der sittl. Freiheit der

Person, der eigenen (selbst „irrigen") Einsicht gemäß zu handeln (II. Vatikan. Konzil. Dekret über Religionsfreiheit Nr. 2 b). Außerdem gründet rel. T. in der spezif. Freiheit (Geschenkcharakter) des Glaubensaktes, der um seiner selbst willen die „Freiheit", nicht zu glauben, einschließen muß.

2. *Problematik.* Im *Christentum* lebt die Überzeugung von der Wahrheitsfülle und dem Absolutheitsanspruch der Offenbarung Gottes in Jesus Christus. Theorie und Praxis der T. sind in der Tradition (Patristik, Scholastik und Reformation) auf diesem Hintergrund zu sehen: Anerkennung der überall vorhandenen Wahrheitskeime; Zubilligung des Heils an gutgläubig Irrende, aber Verurteilung des Irrtums und weitgehende Ablehnung der Religionsfreiheit. – In der *Aufklärung* (Ringparabel in G. E. LESSINGs Nathan der Weise) wird die Duldung jeder Religion damit begründet, daß jede Religionsform immer nur einen Teilaspekt der Wahrheit zu fassen vermöge. Demgegenüber betont die *Theologie,* daß T. gar nicht zu verstehen sei als Urteil über eine bestimmte Wahrheit, sondern als „im Glauben gefestigtes Verhalten zum Mitmenschen"; so vertrage sie sich ohne logischen Widerspruch selbst mit einem absoluten Wahrheitsanspruch.

Überdies schließt der Absolutheitsanspruch der Wahrheit die Anerkennung verschiedener Ausprägungen der Offenbarungswahrheit in menschl. Denkformen nicht aus. Die Kirche als Volk Gottes besitzt nicht einfach die Wahrheit schlechthin, sie ist vielmehr auf dem Weg zur alles umfassenden Wahrheit. T. ist darum auch ein ökumen. Problem der Kirche auf dem Weg.

Im Hinblick auf die allg. Weltanschauungsfreiheit ist zu sagen, daß T. nicht zu einem beziehungslosen Nebeneinander führen darf; dieses ist in einem bestimmten Aspekt soviel wie gegenseitiges Totschweigen („repressive Toleranz", H. MARCUSE), das der Wahrheit nicht die Ehre der Bemühung und Auseinandersetzung gibt.

☐ Pluralismus. Gesellschaft. Geschichtlichkeit

Lit.: E. G. Rüsch, T. (1955); H. R. Schlette, Toleranz, in: Hdb. theol. Grundbegriffe, Bd. II (1962); O. Cullmann - O. Karrer (Hrsg.), Toleranz als ökumenisches Problem (1964); J. Splett, Ideologie u. T., in: Wort u. Wahrheit (1965); E. W. Böckenförde, Erklärung über die Religionsfreiheit (1968).

F. Böckle

Tolstoj, Lev Nikolaevič

Russ. Schriftsteller und rel. Ethiker, geb. 9. 9. 1828 in Jasnaja Poljana (Gouv. Tula), gest. 20. 11. 1910 in Astapovo (Gouv. Tambov).

Im Gegensatz zu seinem Zeitgenossen Fëdor M. DOSTOEVSKIJ (1821–1881; vgl. bes. „Tagebuch eines Schriftstellers", 1873 ff.) genügte T. nicht die volksbildner. Wirkung durch sprachl. Kunstwerke. Durch das Elend der russ. Bauern motiviert, strebte er immer wieder zu prakt. päd. Tätigkeit und hielt seine Erfahrungen und Einsichten in päd. bedeutsamen Schriften fest. – Nach Studienjahren in Kazan' und Teilnahme am Krimkrieg gewann T. literarische Berühmtheit („Knabenalter", 1854; „Sevastopol'", 1855). Da ein erster Schulversuch 1849 gescheitert war, reiste T. 1857 und 1860–1861 zu päd. Studien nach Deutschland, die Schweiz und Westeuropa. Enttäuscht von Enge und Unfreiheit der Erziehung im restaurativen Europa, beschloß er eigene Versuche freier Bildung. 1859–1862 unterrichtete T., gab die päd. Zschr. „Jasnaja Poljana" heraus und regte in amtl. Eigenschaft die Gründung von 21 Dorfschulen an. Mit deren polizeilicher Schließung endete seine Versuchsperiode. 1864–1869 erschien der Roman „Krieg und Frieden". Anschließend arbeitete T. erneut in seiner Schule, entwickelte eine neue Lesemethode und schuf die weltweit bekannten Geschichten seiner „Fibeln" (1872–1875) und „Lesebücher" (1875). Der Roman „Anna Karenina" (1877) und T.s rel. Krise schlossen diese fruchtbare päd. Periode ab.

Die restl. 30 Lj. sorgte T. für die Verbreitung seiner rel., eth. und päd. Grundsätze. Die päd. Verlagsbuchhandlung „Vermittler" (Posrednik, 1885–1935) gab unter Leitung GORBUNOV-POSADOVs, des engsten päd. Schülers T.s, die Zschr. „Freie Erziehung" (1908 bis 1935) heraus. Durch dieses Organ gewann der vom NT. und von ROUSSEAU angeregte und doch originäre, reformpäd. Ansatz T.s in seiner rationalistisch-empir. Form wie in den sozialen und nat. Inhalten entscheidenden Einfluß auf die liberale und die frühsowjet. Päd. in Rußland.

Päd. Werke: Sämtl. Werke, Bd. 8/9: Päd. Schr.en, hrsg. v. R. Löwenfeld (1907); Pedagogičeskie sočinenija [Päd. Werke] (Moskau ²1953); Ausgewählte päd. Schr.en, hrsg. v. Th. Rutt (1960).
Lit.: S. Hessen, Leo T. als Pädagoge, in: Die Erziehung, 4. Jhg. (1929); W. Kienitz, Leo T. als Pädagoge (1959); L. Froese, Ideengeschichtl. Triebkräfte der russ. u. sowjet. Päd. (²1963).

B. Dilger

Tonband

Das T. ist ein mit ferromagnetischen Partikeln beschichtetes, auf Spulen gewickeltes Kunststoffband, das die Aufzeichnung, Konservierung und Wiedergabe von Geräuschen und Tönen durch auf elektrischem Wege bewirkte magnetische Zustandsänderungen ermöglicht. Die Verwendungsmöglichkeiten des T.es in der Päd. sind vielseitig: Durch das „Mitschneiden" von Schulfunksendungen wird Unabhängigkeit vom Zeitdiktat des Rundfunks erreicht. Das T. erlaubt wiederholte Überprüfung von akustischen Prozessen und ist ein wertvolles Hilfsmittel in der Sprech- und Ausdrucksschulung und in der Musikausübung. Im neusprachl. Unterricht gestatten die Aufzeichnungs- und Wiedergabemöglichkeiten ausgezeichnete Hörschulung und intensive Schulung der Sprachfertigkeit. Für die Begegnung mit der Dichtung oder Musik können die besten Interpreten zur Verfügung stehen. Dramatisierte Hörerlebnisse können allg. zur musischen Bildung oder zur Schaffung einer soliden Gesprächsbasis beitragen. Für die politische Bildung eignet sich das T. zum Quellenstudium. – Verleihstellen bieten eine große Auswahl bespielter Bänder für unterschiedl. Aufgaben und verschiedene Unterrichtsfächer.

☐ Audiovisuelle Unterrichtsmittel

Lit.: O. Foerster, Schulfunk u. T. (1953); H. Detlefsen, Das T.gerät im Schulunterricht (1957); H. Heinrichs, Die Praxis des Schulfunks (1958); E. F. Rother (Hrsg.), Audiovisuelle Mittel im Unterricht (1968); A. A. Steiner, Massenmedien in Unterricht u. Erziehung (1969).

H. Gies

Tonsillitis ↗ Kinderkrankheiten

Totalitarismus und Erziehung
T. = Totalitarismus, t. = totalitär

I. Begriffe

1. Die *Begriffsbildungen* T. und t. stehen seit ihrem Aufkommen (Ende der zwanziger J.) in der Spannung zwischen einem analytisch erklärenden und einem politisch wertenden Gebrauch. Die politikwiss. Theorie des T. hat sich urspr. vor allem am it. Faschismus und dt. NS orientiert, später jedoch ihre Aufmerksamkeit in erster Linie den kommunistischen Systemen in der ↗ Sowjetunion und Osteuropa zugewandt. Die „klassischen" T.-theorien (H. ARENDT, C. J. FRIEDRICH) betonen – bei aller histor. Differenzierung – die Gleichförmigkeiten von Struktur, Institutionen und Prozessen der Herrschaft in den genannten Systemen; sie entwarfen idealtypische Modelle zur Beschreibung neuartiger Herrschaftsformen im Unterschied zu den bisherigen, bes. zu den parlamentarischen Staaten liberal-demokratischer Prägung. Als Hauptmerkmale der t. Regierungssysteme galten: geschlossene Ideologie, Monopol einer Partei, Terror, Nachrichtenmonopol, zentral gelenkte Wirtschaft, Durchsetzung eines neuen gesellschaftl. Wertsystems durch Erziehung und Propaganda. Seit den sechziger J.n wurde diese T.auffassung zunehmend aus methodologischen und polit. Gründen kritisiert, bes. im Hinblick auf den sozialen Wandel in den kommunist. Systemen. Hinzu kommen Vorbehalte wegen der häufig anzutreffenden tagespolit. Verwendung der Ausdrücke T. und t., die ihre präzise wiss. Anwendung erschweren. Es hat den Anschein, als ob künftig im wiss. Sprachgebrauch mit T. entweder eine bereits histor. Herrschaftsstruktur (Faschismus, NS, Stalinismus) bezeichnet wird oder t. Merkmale und Tendenzen als allgemein möglich, auch in demokratisch verfaßten Gesellschaften, angesehen werden.

2. Im Rahmen des allg. T.problems bewegt sich auch die *besondere Frage der totalitären Erziehung*. Die Schwierigkeit liegt darin, nach sinnvollen Kriterien vergleichbare Phänomene zu analysieren und dabei nicht die jeweiligen Besonderheiten zu übersehen. Eine beliebige Auswahl ähnlicher Erscheinungsformen (z. B. die Tatsache uniformierter Jugendverbände) oder die generelle Feststellung einer „totalen Politisierung" der Erziehung genügen nicht für eine Subsumierung der faschistischen, ns und kommunistischen Erziehungstheorie und -praxis unter den Begriff der t. Erziehung.

In der bisherigen Literatur zur polit. Päd. ist man meistens mit einer solchen Kennzeichnung zu sorglos umgegangen. Erst wenn die historisch-empirischen Befunde über die betreffenden Erziehungssysteme jeweils für sich in ausreichendem Maße vorliegen, kann eine vergleichende Untersuchung unter bestimmten päd. Fragestellungen zur Konstituierung eines übergreifenden Typus „totalitäre Erziehung" führen; dabei handelt es sich aber nicht um einen normativen Typus, aus dem die einzelnen Formen oder Spielarten abgeleitet werden, sondern um die Herausarbeitung bestimmter dominanter ähnlicher Grundzüge in verschiedenen Systemen, die im einzelnen miteinander verglichen werden.

II. Eigenart totalitärer Erziehungsstrukturen

Unter den genannten Vorbehalten ergeben sich bei einer vergleichenden Analyse der Erziehung in t. Herrschaftssystemen (bes. im Hinblick auf das ns und sowjetkommunistische) folgende Resultate und Probleme:

1. Die *ideologischen Grundlagen* sind verschieden, obwohl der revolutionäre Anspruch auf „Formung eines neuen Menschen" und das von der herrschenden Partei aufgestellte einheitliche „Menschenbild" *dieselbe Funktion* erfüllen: die polit. Päd. soll der Stabilisierung des Systems auf dem Wege emotionaler und rationaler Identifikation der Jugend mit der neuen Wertordnung dienen.

2. In der Erziehung wird der *Vorrang des Kollektivs* gegenüber der Einzelperson betont. Während jedoch in der ns Päd. die auf der Rassenlehre beruhenden biolog. Kategorien und organizistische Gemeinschaftsvorstellungen dominierten, orientiert sich der

kommunist. Kollektivbegriff am Vorbild des Arbeitskollektivs in der vergesellschafteten Produktion.
3. Als hervorstechendes Merkmal t. Systeme gilt die Schaffung von *Jugendorganisationen* mit staatl. Monopolcharakter, die neben Elternhaus und Schule den eigentlich dynamischen Erziehungsfaktor darstellen. In organisatorischer und method. Hinsicht gibt es zahlreiche Übereinstimmungen zwischen den faschistisch-ns und kommunistischen Kinder- und Jugendverbänden. Auch die jeweiligen gesellschaftl. Massenorganisationen im Erwachsenenalter haben eine politisch-päd. Funktion zu erfüllen (Tendenz zur „Erziehungsgesellschaft").
4. Die *Schule* wird nach einer Übergangsperiode der inneren revolutionären Umformung, in der sie von der neuen polit. Macht „erobert" wird, als wichtigste, weil alle Kinder erfassende Institution zur Formung der jungen Generation angesehen. Dabei werden aber die *Bildungsaufgaben* – gemäß den entgegengesetzten ideologischen Grundauffassungen – sehr unterschiedlich bezeichnet. Gegenüber der Reduktion auf eine irrationale „völkische Bildung" im NS unterstreicht die kommunist. Päd. die Funktion der wiss. Bildung als Organ einer rationalen Weltbemächtigung und -veränderung.
5. Vergleicht man die *Erziehungsstile*, so fällt die Betonung der autoritären Führung, der Disziplin, des kollektiven Wettbewerbs und äußerer Symbole (Fahnen, Aufnahmeriten, Gelöbnisse) auf. Diese Formen haben bei der großen Ähnlichkeit des Erscheinungsbildes vor allem zur Kennzeichnung der t. Erziehung beigetragen. Auch hier darf jedoch aufgrund der Wandlungen jgdl. Verhaltens in der Gesellschaft die inzwischen historisch gewordene Analogie faschistisch-ns und kommunistischer Erziehung nicht vorschnell typisiert werden.

□ Kommunismus und Erziehung. Nationalsozialismus

Lit.: M. G. Lange, Totalitäre Erziehung (1954); H. Arendt, Elemente u. Ursprünge totaler Herrschaft (1955); C. J. Friedrich, Totalitäre Diktatur (1957); P. Ch. Ludz, Entwurf einer soziol. Theorie t. verfaßter Gesellschaft, in: Kölner Zschr. für Soziol. u. Sozialpsychol., Sonderh. 8 (1964); O. Anweiler, Totalitäre Erziehung?, in: Gesellschaft-Staat-Erziehung, H. 3 (1964); G. Möbus, Unterwerfung durch Erziehung (1965); E. Nolte (Hrsg.), Theorien über den Faschismus (1967); M. Greiffenhagen, Der T.begriff in der Regimenlehre, in: Polit. Vjschr., H. 3 (1968); K. Hildebrand, Stufen der T.forschung, in: ebd., H. 3 (1968); B. Seidel - S. Jenkner (Hrsg.), Wege der T.-Forschung (1968); H. G. Assel, Die Perversion der polit. Päd. im NS (1969); K. Ch. Lingelbach, Erziehung u. Erziehungstheorien im NS-Dtl. (1970); W. Schlangen, Der T.-Begriff, in: Aus Politik u. Zeitgeschichte, B 44/70, Beilage zur Wochenzeitung „Das Parlament" (31. 10. 1970).

O. Anweiler

Toynbee, Arnold Joseph
Vergleichender Kultursoziologe und Historiker, geb. 14. 4. 1889 in London. T. entwickelt auf der Basis von unabhängigen Kulturkreisen eine *Kulturzyklentheorie*, die Aufstieg, Abstieg, Zerfall und Auflösung von Kulturen beschreibt. Seine Kulturentstehungstheorie sieht im Verhältnis von Herausforderung und Antwort (challenge and response) einer schöpferischen Elite die Bedingungen für das Entstehen einer Hochkultur. Der Nachahmungstrieb der Massen führt zur Erstarrung und bei Gehorsamsverweigerung zum Zerfall einer Kultur. Aufgrund der analogen Gesetze der Kulturentwicklung ergibt sich die Möglichkeit einer Weltsynthese, bei der dem *Christentum* eine besondere Rolle zufällt.

Werke: A Study of History, 12 vols. (Oxford 1944–61), 7 vols. (Oxford 1946–57, dt. 1954–58); Civilization on Trial (Oxford 1948, dt. 1949); A Historians Approach to Religion (Oxford 1956, dt. 1958).

H. Schrödter

Tradition
1. *Begriff.* T. oder „Überlieferung" ist die Weitergabe kultureller Formen und Inhalte von Generation zu Generation. T. bezeichnet sowohl den Gehalt dieser Weitergabe als auch die Weitergabe selbst. Zum Gehalt gehören alle Kulturbereiche wie Religion, Wiss., Sprache, Kunst, Technik, Sitte, Brauchtum usw. – Neben Inhalten, die nur eine begrenzte Möglichkeit und Form des Menschseins und daher nur einen zeitbedingten Wert zum Ausdruck bringen, erhebt sich die Frage nach Inhalten, die das Menschsein als solches betreffen und daher von unbegrenzter Gültigkeit sind; bestimmte Forderungen der Ethik, vor allem aber die christl. Botschaft, erheben diesen Anspruch. Da der Akt des Tradierens die Inhalte nur weitergibt, aber nicht erzeugt und begründet, so ist zu ihrer Beurteilung vor allem auf den Vorgang zu reflektieren, durch den sie grundlegend in der Gesch. hervorgebracht wurden (z. B. bei der Wiss.: den entsprechenden Erkenntnisprozeß; bei der christl. Religion: das Christusereignis); wenn im Grenzfalle ein solcher nicht mehr feststellbar ist – wie bei T.en mythologischen Ursprungs oder bei dem „Ur-alt-Hergebrachten" –, so sind vor allem Methoden der Symbolanalyse und Ausdrucksdeutung heranzuziehen.

2. Der *Vorgang* des Tradierens kann sich unbewußt vollziehen oder aber auf ausdrückl. Intention beruhen. Im letzten Falle hat er (a) in krit. Auswahl und Beurteilung des Wertes der Inhalte zu erfolgen, (b) die des Tradierens für wert erachteten Inhalte – sofern dies notwendig ist – in eine zeitgemäße Form umzusetzen (vor allem: in eine heute ver-

ständl. Sprache) und (c) gegenüber neuen Inhalten und Maßstäben offen zu sein (↗Offenheit). Bei einem lediglich gewohnheitsmäßigen Fortführen oder Wiederholen von Ansichten, Gebräuchen und Zuständen der Vergangenheit erstarrt und erstirbt die T. Sie ist nur möglich als immer neue Verinnerlichung des Gehalts unter dem Sinnaspekt. Maßgebend für den Akt des Tradierens ist somit die wache ↗Verantwortung, die den Menschen weder unbedingt in der Vergangenheit festhält (Traditionalismus, Konservativismus), noch ihn einfachhin orientierungslos der Zukunft ausliefert (Progressismus), sondern das Alte verwandelnd bewahrt und so eine krit. Grundlage für das Neue sichert.
3. Die *Notwendigkeit* der T. ergibt sich aus der Endlichkeit, Ergänzungsbedürftigkeit und Geschichtlichkeit des Menschen. Könnte er sich nicht auf schon Geschaffenes beziehen und müßte er alle Kulturinhalte jeweils erst hervorbringen, so bliebe seine geistige Existenz kümmerlich und ohne den erweckenden und herausfordernden Dialog mit den vergangenen Geschlechtern. Deren Erfahrungen, die die T. wie ein „Erbgedächtnis der Menschheit" (P. WUST) festhält, können für die Gegenwart und Zukunft fruchtbar gemacht werden, indem sie sich entweder auch weiterhin bewähren und bewahrheiten oder aber zu modernen Positionen eine krit. Alternative bilden.
4. Die verantwortl. *Vermittlung* der T. geschieht vor allem in *Erziehung* und *Unterricht*. Sie verlangt vom Pädagogen, daß er sich selbst kritisch mit dem Wert der T.sinhalte auseinandersetzt und ihn so durch seine eigene Persönlichkeit überzeugend bekundet. Durch die ethische Autorität, die er dadurch gewinnt, verhindert er beim Schüler eine lediglich passive und bequeme, allzu voreilige Übernahme des T.sinhalts, die einen Mangel an Selbständigkeit, eigenschöpferischem Engagement und geistigem Horizont zur Folge hätte (↗Autonomie). Diese Eigenschaften sind vielmehr gerade eine Frucht pädagogisch richtig aktualisierter Tradition.
☐ Geschichtlichkeit. Hermeneutik. Kultur. Norm

Lit.: Verhandlungen des 13. Dt. Soziologentages in Bad Meinburg (1957); G. Siewerth, Wagnis u. Bewahrung (1958); K. Rahner - J. Ratzinger, Offenbarung u. Überlieferung (1965); H. Beck, Machtkampf der Generationen? Zum Aufstand der Jugend gegen den Autoritätsanspruch der Gesellschaft (1970); H. Jonas, Wandel u. Bestand (1970); J. Pieper, Überlieferung (1970).

H. Beck

Trägheit ↗Faulheit

Transfer
1. Wenn zwei verschiedene Lernvorgänge sich gegenseitig beeinflussen, spricht man von T. (Lernübertragung, Mitlernen). Erleichtert das Lernen von A den Lernvorgang B, handelt es sich um *positiven* T.; erschwert A den Vorgang B, spricht man von *negativem* T.; bei Lernvorgängen, die sich nicht beeinflussen, vom *Nulltransfer*.

Ein Beispiel für negativen T. ist das Phänomen der *Interferenz*, das beim Lernen ähnlicher Aufgaben, wie z. B. dem Memorieren von Wörtern aus zwei verschiedenen Fremdsprachen, auftreten kann. Die beiden Lerninhalte können sich dann gegenseitig „stören". Beeinträchtigt ein früher gelernter Inhalt bereits das Aufnehmen eines zweiten, ähnlichen Inhalts, dann spricht man von negativem T. im eigentl. Sinne. Störungen des Behaltens und der Wiedergabe des späteren Inhalts nennt man *proaktive Hemmung; retroaktive Hemmung* bezeichnet die Beeinträchtigung des früher gelernten Inhalts durch den späteren.

2. R. M. GAGNÉ unterscheidet lateralen T. und vertikalen T. Unter *lateralem* T. versteht er die Übertragung einer erlernten Fertigkeit auf ähnliche Situationen, die etwa auf demselben Komplexitätsniveau liegen wie die urspr. Situation. Leistungsfähigkeiten lassen sich aber auch in Lernhierarchien anordnen in dem Sinn, daß es höhere, komplexere Leistungen gibt, die weniger komplexe voraussetzen. Das Vorhandensein der niedrigeren Fähigkeiten erleichtert das Erlernen der höheren; dieses Phänomen heißt *vertikaler* T.
3. Es gibt verschiedene *Theorien*, die T. erklären. Die Theorie der „formalen Bildung" nimmt die Existenz geistiger Kräfte und Funktionen an, die durch die Beschäftigung mit schwierigen Stoffen geübt und damit gestärkt werden. Solche Wirkungen werden vor allem dem Latein- oder dem Mathematikunterricht zugeschrieben. Untersuchungen von E. L. THORNDIKE ließen starke Zweifel an Theorien dieser Art aufkommen; für THORNDIKE und andere Lerntheoretiker findet T. nur in dem Maß statt, in dem Lern- und Übertragungssituation identische Elemente aufweisen. T. ist eine Art Reizgeneralisierung. Neuere theoretische Überlegungen (z. B. D. P. AUSUBEL) sehen das Problem des T.s eher als eine Frage des Aufbaus und der Übertragung kognitiver Strukturen an.
☐ Übung

Lit.: K. Foppa, Lernen, Gedächtnis, Verhalten (1965, ⁷1970); D. P. Ausubel, Educational Psychology – A Cognitive View (New York 1968); R. M. Gagné, Die Bedingungen des menschl. Lernens (1969).

V. Weis

Trapp, Ernst Christian
T., geb. 8. 11. 1745 in Friedrichsruhe b. Drage (Holstein), gest. 18. 4. 1818 in Salzdahlum b. Wolfenbüttel, gehört zum ↗Philanthropismus. Er war Gymnasiallehrer und Rektor in Holstein, ab 1777 Lehrer an BASEDOWs Dessauer Philanthropin. T. erhielt 1779 die neue

Professur für Päd. an der Univ. Halle (die erste in Dtl.). Sie sollte nach Wunsch des Ministers von ZEDLITZ Lehrer für alle Schularten ausbilden, den Aufklärungsgeist in die Schulen tragen und vernunftgemäßere Unterrichtsmethoden ermöglichen (bei berufl. Trennung von Päd. und Theol.). Das Pädagog. Seminar der Univ. (vorher Filiale des Theolog. Seminars) wurde mit Übungsschule und Internat verbunden und betrieb theoret. und prakt. päd. Ausbildung. T.s Ansatz einer empir.-wiss. päd. Theorie (*Versuch einer Pädagogik*, 1780, Neuausg. v. Th. Fritzsch 1913) wollte durch Beobachtung und Experiment Interesse, Aufmerksamkeit, Ermüdung, Gedächtnis u. ä. erforschen, Lernziele und Lehrpläne genau aufgliedern und so dem Unterricht eine sichere Basis geben. Das Unternehmen fand durch Weggang T.s aus Halle nach 3 J.n sein Ende. Ab 1783 Lehrer an verschiedenen Philanthropinen, 1786 mit CAMPE und STUVE zu einer Schulreform nach Braunschweig gerufen, wirkte T. jedoch hauptsächlich schriftstellerisch: als Mitarbeiter an NICOLAIs Allg. Dt. Bibliothek, bes. als Mitarbeiter CAMPEs an dessen 16bändiger „Allgemeinen Revision des gesammten Schul- und Erziehungswesens", für die er im philanthrop. Sinne Abhandlungen über Sprachunterricht, Unterrichtsprinzipien und Schulen schrieb (z. T. abgedr. in der Ausw., hrsg. v. G. Ulbricht, 1957), auch als Hrsg. des „Braunschweigischen Journals" (ab 1788 mit CAMPE, STUVE, HEUSINGER, ab 1790 allein).

Lit.: E. Ch. Andreae, Die Päd. T.s (1883); A. Gündel, Leben u. Wirken E. Ch. T.s (Diss. Leipzig 1892); Th. Fritzsch, T. (²1913); F. Klein, Die Idee der Erz. in der Päd. des Philanthropinismus mit bes. Berücksichtigung E. Ch. T.s (Diss. Königsberg 1925); J. Nabakowsky, Die Päd. an der Univ. Halle (1930); H. König, Das Braunschw. Journal, in: Pädagogik 7 (1952).

A. Reble

Trappisten ↗ Zisterzienser

Traum, Traumdeutung
T. = Traum, TD. = Traumdeutung

1. *Traum* ist ein psychisches Phänomen des Schlafzustandes, das im anschließenden Wachzustand zum Teil bewußt wird. Ob und inwieweit die „Erinnerungen" mit dem T.-erleben übereinstimmen oder sich ihnen nur assoziativ zuordnen, kann nicht unterschieden werden. T.e entstehen aufgrund sensorischer Reize (Sinnesorgane oder Leibreize) oder durch Freiwerden und „Verarbeitung" innerpsychischer Reize: „Der Traum ist der Wächter des Schlafes" (S. FREUD). Reize, die nicht verarbeitet werden können, führen zum Erwachen. (Zum korrespondierenden biochem. und physiolog. Geschehen vgl. die experimentelle medizin. T.forschung über EEG-Ableitungen und motorische Abläufe.)

2. *Traumdeutung* als psychotherapeutischer Vorgang will unbewußte psychische Inhalte des Träumers aufdecken und damit dem Bewußtsein des Patienten zugänglich machen. Im Gegensatz zu der seit jeher bekannten TD., die ihre T.inhalte aus kosmischen oder zufälligen Ereignissen, die in magischer Weise mit dem Leben eines Individuums verknüpft sind, bezog und in T.büchern kodifizierte, entnehmen die psychotherapeut. Schulen den T.inhalt aus individuellen psych. Phänomenen.

Nach S. FREUD sucht die TD. nach den verborgenen T.inhalten, die Aufschluß über pathogenes „Material" geben können; entscheidend sind Triebkonflikte beteiligt. Die Methode ist als kausal-reduktiv anzusehen.
Nach C. G. JUNG sind die T.inhalte keine entstellten psychischen Phänomene des Alltagslebens, sondern unmittelbare Äußerungen des Unbewußten, die für die TD. wie Gleichnisse, Parabeln oder Märchen verstanden werden müssen. Gemäß seiner Symbolik nimmt bei JUNG die TD. finalen Charakter an; sie fördert die Selbstdarstellung und ist ein wichtiges Hilfsmittel zur Individuation (↗ Individuationsprozeß). In der neo-psychoanalytischen Schule von H. SCHULTZ-HENCKE bezieht sich die TD. auf die Hemmungen des Antriebs- und Bedürfniserlebens; sie ist ähnlich wie die FREUDs kausal-reduktiv.
Nach der daseinsanalytischen Auffassung von M. BOSS versucht die TD. eine unmittelbare Sicht auf das T.-phänomen zu gewinnen, das es als eine Daseinsweise des Menschen begreift (ebenso L. BINSWANGER). Die T.symbolik FREUDs und JUNGs seien Denkkonstruktionen, die die Sicht auf das Dasein verdecken.

Allen psychotherapeutischen Schulen ist die Auffassung gemeinsam, daß TD. keine objektiven Aussagen oder gar Vorhersagen geben kann. Sie ist lediglich ein Hilfsmittel für den Patienten, sich seinem Erleben und seinen seelischen Strukturen zuwenden zu können, und gibt ihm damit Hinweise auf verborgene Eigenheiten seines Lebens und Charakters. Die TD. ist daher keine isolierte Leistung des Therapeuten, sondern resultiert aus dem gemeinschaftlichen Umgang mit den Assoziationen des Patienten zu seinen Träumen.

☐ Psychoanalyse. Tiefenpsychologie

Lit.: S. Freud, Die TD.; Über den T., Ges. Werke, Bd. II/III (1900, ⁴1968); C. G. Jung, Allg. Gesichtspunkte zur Psychol. des T.s, in: Über die Energetik der Seele (1928); L. Binswanger, Wandlungen in der Auffassung und Deutung des T.es (1928); H. Schultz-Hencke, Lb. der T.analyse (1949, 1968); M. Boss, Der T. und seine Auslegung (1953); W. v. Siebenthal, Die Wiss. vom T. (1953); W. Kemper, Der T. und seine Bedeutung (1955).

H. Junker

Trauma

T. (griech. = Verletzung) ist im tiefenpsychol. Sinn jedes mit Angst, Schreck oder Scham verbundene Erlebnis. Es kann in Verbindung mit anderen schädigenden Faktoren (sozialer, familiärer, intraindividueller Art) zu psychischen Fehlentwicklungen (↗Neurosen) führen.

Während J. M. CHARCOT für die Entwicklung einer traumat. Hysterie allein dem Unfall ätiologische Bedeutung zumaß, erkannten S. FREUD und J. BREUER, daß potentiell jede seel. Erschütterung, die im Bewußtsein nicht genügend verarbeitet wird, als T. krankheitsbedingend wirken kann.
Die Bedeutung des T.s (nicht nur für die Entstehung der Hysterie) wurde zu einem Grundstein der psychoanalytischen Theorie: Der Patient kann sich an das T. nicht erinnern, weil er es verdrängt hat. Die Verdrängung ist notwendig, weil das unverarbeitete Ereignis die Angst-, Scham- oder Schrecktoleranz des Individuums überschreiten würde (z. B. hysterischer Spasmus der Oberschenkelmuskulatur nach traumatisch erlebter Vergewaltigung).

Die Rekonstruktion des T.s wurde zunächst durch die ↗Hypnose ermöglicht. Heute wird durch die ↗Psychoanalyse die Aufdeckung des T.s derart ermöglicht, daß durch die sog. freie Assoziation mehr oder weniger entstellte Bruchstücke des damals Erlebten auftauchen. Entscheidend ist, daß die *zugehörigen* Affekte vom Analytiker empathisch wahrgenommen, verstanden und dann mittels Deutung dem Patienten bewußt gemacht werden. Nach neuerer Ansicht ist dabei die Rekonstruktion des ursprünglichen T.s nicht notwendig; es genügt die affektive Entlastung und Verarbeitung im psychoanalyt. Prozeß.

Lit.: J. M. Charcot, Leçons du Mardi, Vol. 1 (Paris 1889); S. Freud, Studien über Hysterie, Ges. Werke Bd. I (³1969).

H. Junker

Treffermethode ↗Gedächtnis

Trennschärfe ↗Testkonstruktion

Trial and error ↗Lernen

Triebreduktion ↗Konditionierung

Trieb(theorie)
T. = Trieb

Der T.begriff – als Synonyme, aber auch in scharfer Abgrenzung werden Bezeichnungen wie Bedürfnis, Instinkt oder Motiv benutzt – dient vor allem zur Erklärung von variablem Verhalten bei konstanter Umgebung. Während die Rolle des T.begriffs nicht umstritten ist und allenfalls seine Notwendigkeit bezweifelt wird, herrscht weitgehend Uneinigkeit darüber, wie diese Rolle auszufüllen sei.
1. So ziehen viele Autoren T.e als *notwendige Bedingungen für jede Aktivität* heran. Einige davon schreiben T.en die Eigenschaft einer ungerichteten Verhaltensaktivierung zu; andere dagegen verstehen unter T. eine zielgerichtete Energie, die triebangemessenes Verhalten auslöst und unterhält. Diesen beiden Auffassungen steht die Meinung gegenüber, daß Aktivität an sich als Wesensmerkmal alles Lebendigen keiner Erklärung bedarf und T.en ausschließlich verhaltenssteuernde Funktionen zukommen.
2. Ein weiterer Streitpunkt betrifft das *Verhältnis von Trieb als Energie* und den energieerzeugenden Bedingungen, den *Bedürfnissen* (z. B. Mangelzustände wie Hunger). Einige Autoren setzen T. gleich Bedürfnis. Andere dagegen folgern aus den oft recht niedrigen Korrelationen zwischen verschiedenen Messungen von Bedürfnis und T. (z. B. Dauer des Entzugs von Nahrung und Intensität des nahrungsuchenden Verhaltens), daß Bedürfnis und T. zu trennen seien.
3. Ein dritter Problemkreis schließlich umfaßt Versuche, *Triebarten zu klassifizieren*. Häufig wird zwischen solchen T.en unterschieden, denen leibliche Bedürfnisse zugrunde liegen, und solchen, die anders verursacht sind. Manche Autoren bezeichnen nur Antriebsfaktoren der ersten Art als T.e, während sie die der zweiten Art Strebungen, Interessen, Motive usw. nennen. Andere fassen die Unterscheidung adjektivisch: leibnahe T.e heißen biologisch, ungelernt oder auch primär, die anderen gelernt bzw. sekundär. Vielfach dient der Terminus „primär" zur Bezeichnung einer Unterart biologischer T.e, nämlich solcher, die auf Störungen des physiologischen Gleichgewichts beruhen. Synonym zu „primär" in diesem Sinn wird „homöostatisch" verwendet. – Diesen eher deskriptiven Klassifikationen stehen solche mit einer ausgesprochen erklärenden Absicht gegenüber. Hierbei wird die Vielfalt der beobachtbaren T.ziele auf eine geringe Zahl von „Urtrieben" (FREUD) zurückgeführt, die sich in verschiedener Weise manifestieren bzw. in verschiedene Varianten auffächern können.

Lit.: K. Foppa, Lernen, Gedächtnis, Verhalten (1965, ⁷1970); H. Thomae (Hrsg.), Motivation, Hdb. der Psychol., Bd. II (1965).

F. Denig

Trigonometrie ↗Mathematikunterricht

Trinkerfürsorge ↗Gefährdetenhilfe

Trivialschulen

Daß die einfachen, niederen Schulen lange Zeit auch T. genannt wurden, hängt mit lat. *trivialis* (= gewöhnlich, allg. zugänglich) zusammen, aber auch damit, daß die drei sprachl. Fächer (Grammatik, Rhetorik, Dialektik) der septem artes liberales seit Boëthius als *Trivium* bezeichnet wurden und das Erlernen der lat. Sprache, insbes. der Grammatikkurs, den in den Lateinschulen des MA. grundlegende Bedeutung hatte. Mit T. wurden daher die Schulen der lat. sprachlich-log. *Elementarbildung*, d. h. niedere, unvollständige, sich auf den Elementarbereich beschränkende Lateinschulen bezeichnet, später ganz allg.: *niedere Schulen*, also in erster Linie die „deutschen" Schulen des späten MA. und in der Folgezeit überhaupt die Elementarschulen. In Süddtl. und in Österreich war im 18. und 19. Jh. lange auch in Schulordnungen der Name T. für die einfachen VS.n gebräuchlich.

Lit.: H. Heppe, Gesch. des dt. VS.wesens, 5 Bde. (1858-60); E. Hesselbach, Die „deutsche" Schule im MA., in: Zschr. für Gesch. der Erziehung u. des Unterrichts 10 (1920); W. Wühr, Das abendländ. Bildungswesen im MA. (1950); R. Limmer, Päd. im MA. (1958); W. Flitner, Die 4 Quellen des VS.gedankens (^{6}1966); E. Spranger, Zur Gesch. der dt. VS. (^{2}1971).

A. Reble

Trivium ↗ Griechische Erziehung ↗ Mittelalterl. Päd. ↗ Dom- und Klosterschulen

Trotz, Trotzalter

T. = Trotz, TA. = Trotzalter

1. *Phänomen.* Die Häufungsperiode des frühkindlichen T.es, das *Trotzalter*, beginnt um die Mitte des zweiten Lj. und endet gegen Ende des dritten, wenn der T.anfall nicht infolge des Nachgebens der Erzieher als brauchbares Instrument der Selbstdurchsetzung erkannt und dadurch (im „sekundären" T.) fixiert wird. (In der Entwicklungspsychol. wird jedoch nicht jede Art von Ungehorsam, Aufsässigkeit, Eigensinn usw. T. genannt.)

Der (ursprüngliche) T. ist ein ausgesprochenes Kurzschlußverhalten, ein Wutanfall, der ungewollt aus dem Kind hervorbricht und es durch und durch erschüttert.

Der *laute* („aktive") Anfall äußert sich in heftigem hohem Schreien, fast ganz ohne Tränen, aber mit hochrotem, verkniffenem Gesicht und zurückgeworfenem Kopf, in Strampeln, Treten, Beißen, Kratzen, Umsichschlagen. Das Kind schleudert weg, was es in der Hand hat, spuckt aus, was es im Mund hat, zerstört, was es eben verteidigen wollte. Es kann sich in völlige Verkrampfung, Zerstörungswut, im Grenzfall bis zur Selbstverletzung hineinsteigern. – Bei dem sehr viel selteneren *stillen* („passiven") Anfall verstummt das Kind, sein Gesicht wird undurchdringlich, es wendet sich ab, läuft weg und versteckt sich, oder es läßt sich einfach fallen. Jeder Trotzanfall erhöht die Bereitschaft zu weiteren Anfällen, so daß oft ganze „Trotzketten" entstehen.

2. *Hauptursache.* Sie liegt in der Störung durch Eingriff eines übermächtigen Erwachsenen, der die Betätigung oder die Pläne und Erwartungen des Kindes durchkreuzt. Die Trotzanfälle häufen sich, sobald das Kind beginnt, sich fortzubewegen und sich etwas vorzusetzen, aber wegen seiner kurzen Zukunftsperspektive noch kein Verständnis von „Unterbrechung" und „Wiederaufnahme" hat. Der T. ist keine „Übung des Wollens", auch kein Ausdruck fehlender Bereitschaft, sich den Ordnungen des Zusammenlebens zu fügen, und am allerwenigsten ein Ausdruck eines Bestrebens, sich von der Mutter zu „lösen" oder „abzusetzen".

3. *Vorbeugung.* Zu vermeiden sind unnötige Anordnungen und Eingriffe. Das Notwendige ist deutlich und rechtzeitig anzukündigen. Im Augenblick des drohenden Ausbruchs: *Ablenkung* auf andere Ziele. Nach dem Ausbruch: Ruhe bewahren, sich uninteressiert stellen, das Abklingen abwarten, das Nötige durchsetzen. Keine Strafen. Zwischen den Anfällen: Erhöhung der Frustrationstoleranz durch bereitwilliges Eingehen auf das gesteigerte Zärtlichkeits- und Anlehnungsbedürfnis des Kindes.

Lit.: T. Dembo, Der Ärger als dynam. Problem, in: Psychol. Forschung 15 (1931); W. Metzger, Frühkindl. T., in: Psychol. Praxis, H. 18 (^{2}1953); A. Gesell - F. L. Ilg, Das Kind von 5 bis 10 (1954); L. Kemmler, Untersuchungen über frühkindl. T., in: Psychol. Forschung 25 (1957).

W. Metzger

Trotzendorf (Trozendorf), Valentin

Geb. 14. 2. 1490 als *V. Friedland* in Troitschendorf b. Görlitz, genannt *Trozendorf*, auch Trotzendorf, gest. 26. 4. 1556 in Liegnitz. Zu einem der bekanntesten, dem Humanismus verpflichteten Schulreformer des 16. Jh., machte ihn allein sein Wirken in der Schule. Er selbst veröffentlichte darüber nichts, sondern seine ehemal. Schüler bearbeiteten die Schriften, die posthum unter T.s Namen erschienen. Vieles über ihn Verfaßte stützt sich auf Vermutungen. – Nach Univ.sstudien in Leipzig (1515 abgeschlossen mit dem Baccalaureus artium) ging T. als Lehrer nach Görlitz und Schweidnitz, später (als Priester) war er am Dom zu Breslau (bis 1524) tätig. Seit 1519 studierte er in Wittenberg bei LUTHER und MELANCHTHON. 1525 wurde T. Lehrer in Goldberg, dann in Liegnitz, lebte nochmals 2 J. in Wittenberg, bis er 1531 erneut als *Rektor* der Goldberger Schule berufen wurde. – Die von T. 1546 verfaßte Schulordnung enthält anspruchsvolle Lehrgänge: Latein und Griechisch, Mathematik, Philos. und (im Mittelpunkt) Religionsunterricht mit Hilfe seiner Katechismen. Weithin Beachtung fand sein Versuch, die Schule durch Schülerselbstverwaltung nach dem Vorbild des röm. Staates zu organisieren.

Werke: Schulordnung zum Goldberg (1546), in: G. Bauch (s. u.); Catechesis scholae Goltpergensis, ... cum praefatione Philip. Melanth. (1558, 1561, 1565); Precationes (1564, 1565, 1581); Methodi doctrinae catecheticae (1565, 1571); Rosarium Scholae T. (1564, 1568).

Lit.: K. J. Löschke, V. T. nach seinem Leben u. Wirken (1856); St. Jürgens, Das Helfersystem in den Schulen der dt. Reformation unter bes. Berücksichtigung T.s (1913); G. Bauch, V. T. u. die Goldberger Schule, in: MGP. 57 (1921); F. Hahn, Die ev. Unterweisung in den Schulen des 16. Jh. (1957); A. Lubos, V. T. (1962).

H. Hettwer

Tschechoslowakische Sozialistische Republik (ČSSR)
Fläche: 127 800 qkm, Bev. ca. 14,4 Mill. (1969).

I. Geschichtliche Entwicklung und gesetzliche Grundlagen

Nach der Gründung der Karls-Universität in Prag 1348 erlebte das Bildungswesen im Gebiet der ČSSR seine Blüte im 16. und zu Beginn des 17. Jh. (Böhmische Brüder, J. A. COMENIUS). Die Anfänge des modernen Bildungssystems gehen in die 2. Hälfte des 18. Jh. zurück. In der Folgezeit gehörte es zu den bildungsmäßig am weitesten entwickelten Teilen der östr.-ungar. Monarchie. 1849 wurden gesetzl. Regelungen für das Sekundarschulwesen, 1869 für das Volksschulwesen getroffen (allgemeine Schulpflicht von 8 J., 6.–14. Lj.). Nach Erlangung der staatl. Unabhängigkeit 1918 wurde 1922 das Bildungswesen auf dem ganzen Staatsgebiet vereinheitlicht. Das Sekundarschulwesen im Anschluß an die 5jähr. Grundschule blieb vertikal gegliedert, es bestanden jedoch Ansätze zu einer stärkeren Vereinheitlichung.

Mit der Gründung der sozialist. Republik erfolgte 1948 eine Schulreform, wobei die Schulpflicht auf 9 J. verlängert und eine einheitliche Pflichtschule für alle Kinder (5jähr. Primarschule, 4jähr. Mittelschule) eingeführt wurde. Die Reform von 1953 führte eine stärkere Angleichung an das sowjet. Bildungswesen herbei. Die gegenwärtige Struktur des Bildungswesens beruht auf dem Schulgesetz von 1960 (mit Modifikationen von 1968) und dem Hochschulges. von 1966.

Seit 1968 ist die ČSSR eine Föderation der tschech. und slowak. Republik. Jede Republik hat ihre eigene Schulverwaltung, die Struktur der Schulsysteme in beiden ist gleich und die Schulpolitik bleibt einheitlich.

Alle Schulen werden von staatl. Organen unter Mitwirkung der Nationalausschüsse verwaltet. Das Bildungswesen wird in engem Zusammenhang mit den Aufgaben des sozialist. Aufbaus des Landes entwickelt und soll der Demokratisierung der Bildung dienen. Dem entspricht auch das einheitlich aufgebaute Schulsystem.

II. Aufbau des Bildungswesens

1. *Vorschulerziehung*. Für Kleinkinder von 3 Monaten bis 3 J.n stehen Kinderkrippen, für Kinder von 3 bis 6 J.n Kindergärten zur Verfügung.

2. *Grundschule*. Die gesetzl. Schulpflicht dauert 9 J. (6.–15. Lj.). Während dieser Zeit besuchen alle normalen Kinder die *neunjährige Grundschule,* die in zwei Stufen (Klassen 1–5 und Klassen 6–9) gegliedert wird. Diese Schule bietet allen Kindern eine einheitliche allgemeine und polytechnische Grundbildung. Spezielle Interessen und Fähigkeiten der Schüler können durch fakultative Wahlfächer und Arbeitsgemeinschaften entwickelt werden. Die erste Fremdsprache (Russisch) lernen alle Kinder von der 4. Kl., die zweite Fremdsprache können sie von der 7. Kl. an als Wahlfach nehmen. An vielen neunjähr. Grundschulen werden für die Erziehung in der unterrichtsfreien Zeit Schulhorte für die Kinder der 1. Stufe und Schulklubs für die Schüler der 2. Stufe errichtet. Sie dienen bes. den Kindern berufstätiger Eltern. Daneben bestehen auch Kinderheime für Kinder, die entsprechende Pflege und Erziehung von der Familie nicht erhalten können.

3. *Obere Sekundarstufe*. Nach der Beendigung der neunjähr. Grundschule können die Jgdl.n verschiedene Schulen der 3. Stufe besuchen: die vierjähr. *Gymnasien* oder *Fachmittelschulen,* die zweijähr. *Fachschulen* oder die zwei- bis dreijähr. *Betriebsberufsschulen* oder *Berufsschulen* mit theoretischem Unterricht an 2–3 Tagen wöchentlich. Die Gymnasien und Fachmittelschulen werden durch die Reifeprüfung beendet, ihre Absolventen erwerben die allgemeine Hochschulreife. Auch Absolventen der Fachschulen, Betriebsberufsschulen und Berufsschulen können volle mittlere Bildung mit Reifeprüfung durch das *Abendstudium* an Mittelschulen für Werktätige oder an Gymnasien und Fachmittelschulen und an speziellen Einrichtungen erwerben, wo in einem fünfjähr. Studienkurs Gesellenbrief und Reifeprüfungszeugnis erlangt werden können.

Die *Gymnasien* werden in humanistische und mathematisch-naturwiss. Zweige getrennt; an manchen Gymnasien bestehen Klassen mit spezieller Betonung des biologisch-chemischen, mathematisch-physikal., fremdsprachl., altsprachl., künstlerischen oder sportl. Unterrichts oder auch Programmierung und Bedienung von Rechenmaschinen. Dadurch und durch weitere verschiedene Wahlpflicht- und Wahlfächer können die Gymnasiasten auch auf bestimmte Berufsgruppen hin praktisch orientiert werden.

Die *Fachmittelschulen* gliedern sich in 9 Fachgruppen mit mehreren Spezialbereichen. Sie gewähren Fachausbildung und allgemeine Bildung für Techniker mittlerer Qualifikation, administrative Kräfte, Krankenschwestern, Kindergärtnerinnen, Erzieher, Bibliothekare usw. An den Fachmittelschulen werden auch zweijähr. Studienkurse für Absolventen der Gymnasien errichtet. Die *Fachschulen* bieten eine Ausbildung für einfachere administrative oder techn. Dienste. Die *Betriebsberufsschulen* und *Berufsschulen* geben in der Kombination von prakt. und theoret. Ausbildung die Qualifikation für verschiedene Arbeiterberufe einschließlich der notwendigen Allgemeinbildung. Für Schüler der Schulen der 3. Stufe, die während des Studiums oder der Lehre nicht mit ihren Familien leben können, stehen zahlreiche Schülerheime zur Verfügung.

4. *Sonderschulen.* Für Kinder und Jgdl., die in Anlage oder Entwicklung geschädigt sind oder körperliche Mängel aufweisen, sowie für Kinder in Heilanstalten bestehen verschiedene Arten von Sonderschulen, oft auch Kindergärten, Berufsausbildungsstätten und in einigen Fällen Gymnasien und Fachmittelschulen. Viele dieser Schulen sind mit Kinder- und Jugendheimen verbunden.

5. *Hochschulen.* Diese gliedern sich in Universitäten, techn., ökonom. und landwirtwirtschaftl. Hochschulen und künstler. Akademien. Die Studenten legen eine Aufnahmeprüfung ab; das Studium dauert 4–6 Jahre. Viele Studenten werden vom Staat durch Leistungs- und Sozialstipendien (auch an Gymnasien und Fachmittelschulen) unterstützt.

6. *Lehrerbildung.* Alle Lehrer werden an Hochschulen ausgebildet: die Lehrer der Grund- und Sonderschulen an den vierjähr. päd. Fakultäten; die Lehrer der allgemeinbildenden Fächer der Schulen der 3. Stufe in fünfjähr. Studium an den philos., naturwiss. und sportpäd. Universitätsfakultäten; die Lehrer der berufsbildenden Fächer an den entsprechenden Hochschulen. In letzter Zeit hat man auch mit Kindergärtnerinnenausbildung an den päd. Fakultäten begonnen. Sonst werden Kindergärtnerinnen und Erzieher für Kinderheime und Kinderhorte an vierjähr. päd. Fachmittelschulen vorbereitet. Die *Lehrerfortbildung* wird von den Einrichtungen der Schulverwaltung (päd. Bezirksinstitute und Kreisausbildungsstätten), seit kurzem auch im postgradualen Studium an den entsprechenden Fakultäten der Hochschulen organisiert.

Statistische Angaben (1969/70)

	Anstalten	Schüler
Kindergärten	9 107	393 725
9jähr. Grundschulen	11 806	2 054 109
Sonderschulen	898	52 056
Gymnasien	348	90 907
Fachmittel- und Fachschulen	663	209 074
(davon Fachschulen)		12 108
Berufsschulen und Berufsausbildungsstätten	989	355 560
Hochschulen	44	104 760

7. *Erwachsenenbildung.* Für Erwachsene hat sich das Studium an Mittelschulen für Werktätige und in den Klassen für Werktätige an den normalen Gymnasien und Fachmittelschulen – größtenteils in der Form des Abend- oder Schichtunterrichts – sehr breit entwickelt, ebenso in der Form des Fern- und externen Studiums an den meisten Fakultäten der Hochschulen. 1970 haben daran insges. 134 026 Personen (50 797 Frauen) teilgenommen. Davon studierten 9803 an den allgemeinbildenden Mittelschulen, 77 026 an den Fachmittelschulen, 42 683 an den Hochschulen (13 524 Frauen) und 4514 an den techn. Betriebsschulen und Betriebsinstituten.

Während sich das Studium der Werktätigen bisher am meisten auf die Erreichung der Mittelschul- oder Hochschulqualifikation konzentrierte, soll es sich in Zukunft mehr auf das postmaturale und postgraduale Studium orientieren. Den engeren Zwecken der Betriebe dienen die Betriebsschulen und Betriebsinstitute.

8. *Außerschulische Erziehung.* Ihr dienen bes. die Pionierorganisation der Kinder und der Sozialist. Verband der Jugend. Diese Organisationen haben ihre Zweige nicht nur in den Schulen, sondern auch in den Betrieben und in den Dörfern. Ihnen stehen mehr als 200 Häuser und Stationen zur Verfügung, wo die Kinder an verschiedenen Aktivitäten teilnehmen können. Zur Entwicklung von künstlerischen Fähigkeiten der Jugend und Erwachsenen existiert ein dichtes Netz von *Volkskunstschulen.* Das Sprachstudium der Jugend und Erwachsenen unterstützen mehrere *Sprachschulen,* gewöhnlich in den Bezirks- und Kreisstädten.

9. *Entwicklungsprobleme.* Für die Zukunft stehen bes. die Verlängerung der Schulpflicht auf mindestens 10 J., die weitere Verbreitung der Mittelschulbildung, Modernisierung des Bildungsinhaltes und der Aufbau der 2. Stufe der Hochschulbildung im Vordergrund.

Lit.: A. Michailowitsch u. a., Das Schulwesen sozialistischer Länder in Europa (1962); S. Vodinský, Schools in Czechoslovakia (Prague 1965); F. Singule, Das Schulwesen in der Tschechoslowak. Sozialist. Rep. (1967); –, Die Entwicklung des Schulwesens in der ČSSR 1965 bis 1968, in: Bildung u. Erziehung (1968).

F. Singule

Tuberkulose ↗ Kinderkrankheiten

Tuberkulosehilfe ↗ Gesundheitsfürsorge

Tugend

1. Unter T. wird im allg. die sittl. Haltung (hexis, habitus) verstanden, aus welcher das werthafte Tun hervorgeht. Der T.begriff wird in der ↗ Ethik immer dann relevant, wenn es weniger auf die einzelne Tat als auf den dahinterstehenden Menschen ankommt (T.-ethik gegenüber Erfüllungsethik), was zugleich bedeutet, daß das Handeln in sich reflex wird, die ↗ Sittlichkeit als Selbstzweck erscheint.

2. Die christl. T.lehre unterscheidet „natürliche" von „übernatürlichen" T.en und betont bei den natürlichen (z. B. Treue, Fleiß, Geduld) die „Kardinaltugenden" (Gerechtigkeit, Klugheit, Tapferkeit, Mäßigkeit), bei den übernatürlichen (z. B. Gottesfurcht, Frömmigkeit, Standhaftigkeit) die „göttlichen" T.en

(Glauben, Hoffnung, Liebe). Im Gefolge von ARISTOTELES führen die ma. T.kataloge auch die „dianoetischen" T.en (z. B. Einsicht, Weisheit) auf, und T. wird überhaupt auf die Einhaltung der „rechten Mitte" (mesotes, medium rationis) zurückgeführt.

3. Art und Rangfolge der T.en unterliegen einem geschichtl. Wechsel. Wesentliche und großgesehene T.en (wie die Magnanimitas) gehen nahezu völlig verloren, neue an polit. oder sozialen Verkehrsformen hängende entstehen oder treten in den Vordergrund (wie Toleranz, Fairplay, „Zivilcourage"). Stammesgebundene, standesbezogene und berufsrelative T.en (Selbstverachtung, Kampfeslust, Verschwiegenheit) spezifizieren die T.ethik in einem Grade, der dem Konstanzbedürfnis des moralischen Bewußtseins kaum mehr gerecht werden kann und dem Heraufkommen eines moralpessimistischen Historismus oder eines normenrelativistischen Soziologismus entgegenkommt.

4. Erst der Umschlag von T.ethik in Gesinnungsethik, die hinter der sittlichen „Haltung", die ja auch naturell-bedingt sein kann („Temperamenztugend", SCHILLER), die sittliche ↗Gesinnung (den „guten Willen") als einzigen und letzten Grund der Sittlichkeit ansieht, scheint wieder ein übergeschichtliches Kriterium zu bieten. So gewann KANT die Unbedingtheit der Ethik zurück, aber um den Preis des Formalismus, der dem einmal geweckten geschichtl. Sinn nicht genügen konnte, bes. seit der Verwandlung des T.-problems ins „Werte-" und „Normen"-Problem. NIETZSCHE schöpfte die größere Weite des Wertbegriffs aus: Werte kennt er freilich nur als Setzungen, mit deren Hilfe ein Volk sich so prägt, daß es seinen spezifischen Aufgaben und Nöten gewachsen ist (Lebensphilosophie). Die Vielfalt der Kulturen wie der ↗Pluralismus der Werte erzwingen wieder die Preisgabe des für KANT entscheidenden Kriteriums der Allgemeingültigkeit: „Von tausend und einem Ziele" wird die Geschichte geformt. Sie alle werden für NIETZSCHE geformt durch den „Willen zur Macht" als den metaphysischen Kern des Lebens. Dieses Vorurteil verstellt die (später von der Phänomenologie methodisch ausgebaute) Möglichkeit unmittelbarer Sinnerfassung, die eine Abtrennung der ambivalenten und deshalb relativen „anhangenden Nutzwerte" erlaubt. Im Verstehen des reinen Sinngehaltes von Werten öffnet sich deren Sollensanspruch: übergeschichtlich als „Sein-Sollen"; geschichtlich in der „Forderung der Stunde"; schließlich im konkreten Anruf an das Gewissen der handelnden Person als „Tun-Sollen" (N. HARTMANN).

Weil in vorgegebenen geschichtlichen Konstellationen bestimmte Werte stilbildend ein sinnvoll-notwendiges Ethos erzeugen (etwa Tapferkeit als Voraussetzung für die Existenz der antik-griechischen Polis als eines Systems demokratischer Selbststregierung), ist die Wertsynthese der T.en soziologisch begreifbar und begründbar ohne den Wahlspruch der alten Hansa zum Ausdruck kommt: „Zur See fahren ist notwendig, am Leben bleiben nicht" (navigare necesse est, vivere non) – und im krassen Gegensatz hierzu das nomadische Klein-Gruppen-Ethos: „Besser ein lebender Hund als ein toter Löwe" (Pred. 9, 4). T.en sind immer in Traditionen und Institutionen eingewurzelt, die kollektive Erfahrungen über gesellschaftlichen Nutzen wie Schaden (Lasterkataloge) auf Dauer stellen (A. GEHLEN). So sind heute Abenteurer, die in früheren Zeiten ihren sozialen Ort gefunden hätten, nicht mehr systemkonform, gleiten zu parasitären Randfiguren ab oder versinken in Asozialität und Kriminalität.

In diesen Zusammenhängen wurzeln die Hauptschwierigkeiten der Entwicklungshilfe: Während z. B. Japan, China und Taiwan die moderne Technik ohne Schwierigkeit übernehmen, ja weiterentwickeln, fehlt in anderen Ländern die zugeordnete Ethosstruktur, fehlen die konformen T.en von Disziplin, Fleiß, planender Vorausschau, Rationalität.

Gerade hier wird deutlich, wie unsinnig jene Verkümmerung des T.begriffs gewesen ist, die im Gefolge des idealistischen Persönlichkeitsbegriffs T. auf die Disziplinierung der Sexualität begrenzte und damit zu einer typisch modernen Prüderie geführt hat. Die Befreiung aus solcher Verengung („Tyrannei der Werte") kann aber nicht durch bloß aufsprengende Revolte geschehen, sondern erfordert den Vollzug einer neuen „Wertsynthese" (N. HARTMANN).

☐ Sittlichkeit. Ethik. Gewissen. Norm. Wert

Lit.: G. Kittel, Art. Arete u. Kalos, in: Theol. Wb. (1933 ff.); M. Scheler, Zur Rehabilitierung der T., in: Vom Umsturz der Werte (1919, ⁴1955); J. Stelzenberger, Die Beziehungen der frühchristl. Ethik zur Ethik der Stoa (1933); W. Schöllgen, Um den Sinn u. die Bedeutung der Kardinaltugenden, in: Konkrete Ethik (1961); –, Wertethik und kultursoziol. Pluralismus, in: Die Rolle der Werte im Leben. Festschr. f. J. Hessen (1969); N. Hartmann, Ethik (⁴1962); J. Gründel, T., in: LThK, Bd. 10 (1957 ff., ²1965) A. Vögtle, T.kataloge: in: ebd. (Lit.); H. Klomps, Ethik des modernen Menschen (1969); K. Lorenz - P. Leyhausen, Antriebe tierischen u. menschl. Verhaltens (1969); J. Pieper, Schrifttum zur T.lehre (1969).

W. Schöllgen

Tunesien ↗Arabische Staaten

Türk, Wilhelm ↗Pestalozzianer

Türkei
Republik, Fläche: 780 576 qkm; 35 232 000 Einw. (1970).

I. Geschichtliche Grundlagen

Das Osmanische Reich der Türken erreichte seine Blüte unter dem Sultan SULEIMAN (1520-66) nicht nur auf militärischem, sondern auch auf wirtschaftlichem, sozialem und kulturellem Gebiet. Insbesondere ist das gut durchdachte militärisch-elitäre Ausbildungsprogramm jener Zeit als ein wichtiger Aspekt des damaligen Erziehungs- und Bildungssystems hervorzuheben. Die militärischen Niederlagen bei Karlowitz (1699) und Passarowitz (1718) verhinderten das Vordringen der Türken nach Mitteleuropa und stellten den Osmanen die wiss. und technische Überlegenheit des Westens eindeutig unter Beweis. Das Osmanische Reich wurde nach den Niederlagen in den Balkankriegen und im 1. Weltkrieg 1922 aufgelöst; 1923 wurde die Türkische Republik von Gasi Mustafa Kemal Pascha oder *Atatürk* (= Vater der Türken) ins Leben gerufen. Atatürks Lebensaufgabe bestand darin, sein Land zu modernisieren durch schnelle Integrierung der Türk. Republik in die moderne westliche Welt, eine Aufgabe, die zur Zeit der Gründung des neuen Staates um so schwieriger war, da das Land sich nach dem völligen Zusammenbruch des Osmanischen Reiches riesigen wirtschaftlichen, politischen und finanziellen Problemen gegenübersah. Der Modernisierungsprozeß machte revolutionäre Maßnahmen nicht nur in der Politik, in der Gesetzgebung und der islam. Religion, sondern vor allem auch im Erziehungs- und Bildungswesen erforderlich. 1924 betrug die Analphabetenquote ca. 90 %, gegenwärtig ca. 35 % (20 % in Städten, 70 % auf dem Land). In jüngster Zeit hat die T. ein rasches Tempo der Industrialisierung gezeigt, das über dem vieler vergleichbarer Entwicklungsländer liegt.

II. Aufbau des Bildungswesens

1. *Allgemeines.* Das ganze staatl. Schulwesen ist koedukativ und bis zum Abitur unentgeltlich. Es gibt eine Anzahl von Privat-, Auslands- und Minoritätenschulen, die jedoch keinen vollintegrierten Teil des staatl. Schulwesens bilden. Das Erziehungsministerium in Ankara ist oberste Aufsichtsbehörde des öff. und privaten Erziehungs- und Bildungswesens. Das Erziehungsbudget betrug 1969 ca. 4 Mrd. türk. Pfund bzw. 17 % des Staatshaushaltes oder über 3,5 % des Bruttosozialproduktes.
2. *Vorschuleinrichtungen* für Kinder zwischen 4–6 J.n bestehen lediglich auf privater Basis und fast nur in den Städten; der Besuch ist freiwillig. 1967 gab es 92 Vorschuleinrichtungen mit ca. 3500 (44 % weiblich) Kindern und 163 Lehrkräften.
3. Der Besuch einer *Primarschule* (ilk okul) beginnt mit dem 7. Lj. und dauert 5 Jahre. Die Schulpflicht erstreckt sich vom 7. bis zum 14. Lj.; 1970 gab es 37 240 Primarschulen mit 5 Mill. Schülern (40 % weiblich) und 130 730 (30 % weiblich) Lehrern. Etwa 60–70 % der Kinder im Primarschulalter werden erfaßt, in ländl. Gegenden ist der Prozentsatz jedoch niedriger.
4. *Sekundarschulwesen.* Mit 12 J.n kann ein Schüler eine allgemeinbildende *lise* (von frz. lycée) für weitere 6 J. besuchen oder eine 6jähr. Handelsschule oder eine 5jähr. Techn. Mittelschule oder eine 7jähr. Techn. Schule mit lise-Abschluß. Mit 12 J.n ist auch ein Übergang zur 6jähr. Lehrerausbildung für das Primarschulwesen oder (seit 1951) in eine ebenfalls 6jähr. Predigerschule (Imam ve Hatip Okulu) möglich, eine Vorbereitungsstufe für künftige islam. Geistliche.
Der Besuch einer Sekundarschule mit *Oberstufe* (lise) dauert sechs Jahre und ist Voraussetzung für ein Univ.s- oder Hochschulstudium. Eine vollständige Sekundarschule besteht aus einer 1. und 2. Stufe von je drei J.n oder Mittelschule oder Oberstufe (lise). Obwohl der erfolgreiche Besuch der 1. Stufe Voraussetzung für die Aufnahme in die 2. Stufe ist, ist die 1. Stufe eine abgeschlossene und getrennte Bildungsstufe, die man *Mittelschule* (orta okul) nennt, mit staatl. Prüfung nach drei J.n; dabei werden Fremdsprachenkenntnisse in Dt., Engl. oder Frz. geprüft. Nach dem Mittelschulabschluß besteht ferner die Möglichkeit des Übergangs in die Berufsausbildung (als Ungelernter oder Lehrling mit Berufsschulbesuch) oder in eine 3jähr. Lehrerausbildung für das Primarschulwesen. Die lise führt zum Abitur, das mit 17 oder 18 J.n abgelegt wird. Die Beherrschung einer Fremdsprache – Dt., Engl. oder Frz. – ist obligatorisch. Seit 1940 werden auch Latein und Altgriechisch an einigen lises gelehrt. 1970 gab es 1885 Sekundarschulen (einschließlich der lises), 917 085 Schüler und 19 055 Lehrer.
5. Eine Anzahl von *Sonderschulen* (Geri zekalilar okulu) ist vorhanden: 1967 waren es 88 mit 12 184 (13 % weiblich) Schülern und 543 (24 % weiblich) Lehrern. Daneben bestehen Schulen für Waisenkinder (Kimsesiz ve yetimler okulu), für milieubenachteiligte Kinder (Çocuk yetistirme yuvasi) und Blindenkinderanstalten (Körler okulu).
6. *Technische und Berufsschulen* existieren seit 1931. Sie sind für die wirtschaftl. Entwicklung des Staates unentbehrlich. 1970 gab es 741 Schulen dieser Art mit 206 299 Schülern und 11 797 Lehrern. Zwei Ausbildungsanstalten für *Berufsschullehrer* bestehen in Ankara, je eine für Männer und Frauen.
7. Es bestehen Pläne, ein verbreitetes *Erwachsenenbildungsprogramm* wieder einzuführen. Die Nationalen Schulen unter ATATÜRK hatten sehr große Erfolge bei der Alphabetisierung der Bev. erzielt. In den Jahren 1928–35 erhielten über 2 Mill. Männer und Frauen Zeugnisse für nachgewiesene Fähigkeiten im Lesen, Schreiben und für Fortschritte in der Grunderziehung. Diese Schulen wurden in den fünfziger Jahren abgeschafft, jedoch sollen Abendschulen vergleichbarer Art für berufsfördernde Zwecke in Kürze wieder eingerichtet werden.
8. *Lehrerausbildung.* Die T. hat ein sehr umfangreiches und umfassendes Ausbildungsprogramm, das 5 Typen von Lehrerseminaren

und Instituten (ohne die Univ.en) aufweist. Die Absolventen der Lehrerseminare werden als Primarschullehrer eingesetzt, können jedoch durch zusätzliche Examina an Lehrerseminaren höheren Grades weiterstudieren. Es gibt 2 Typen von *Seminaren für das Primarschulwesen*, ein 6jähr. nach einem Primarschulabschluß (21 Anstalten) und ein 3jähr. nach dem Mittelschulabschluß (45 Anstalten). Fast alle Lehrerseminare sind Internate, können aber auch von Tagesstudenten besucht werden. 10 *Seminare höheren Typs* bilden die Lehrer für die Sekundarschulen aus. Sie befinden sich in allen Großstädten und sind in der Regel auch Internate. Ihre Absolventen werden in den Mittelschulen eingesetzt. Es gibt auch *Pädagogische Institute*, deren Graduierte als Schulräte oder als Dozenten an Lehrerseminaren eingesetzt werden können. An zwei weiteren höheren Päd. Instituten – je eines in Ankara und Istanbul – werden die Lehrer für die lise ausgebildet. Studenten, die die staatl. Prüfung an den allgemeinbildenden lises oder Handels-lises bestanden haben, können hier aufgenommen werden. Absolventen der Univ.en müssen sich Kursen in Päd. unterziehen, um die Lehrbefähigung am lise zu erhalten.

9. *Hochschulwesen*. Univ.en, Hochschulen und Institute unterstehen der Rechtsaufsicht des Staates, sind jedoch in wiss. Hinsicht und in ihrer internen Organisation autonom. 1970 gab es 8 Univ.en und 38 Hochschulen und Päd. Institute. Zwei Univ.en sind Neugründungen (Adana und Dijarbekir). Drei der Univ.en haben mathematisch-naturwiss. und techn. Fachrichtungen als Schwerpunkt. 1970 gab es 66 873 Studierende (ca. 30 % weiblich) an den Univ.en, ca. 5000 (25 % weiblich) Hochschullehrer und 45 917 Studierende an Hochschulen und Päd. Instituten.

Die überwiegende Mehrheit studiert Literatur- und Geisteswiss., nur ca. 15 % studieren Naturwiss., Ingenieurwesen oder Landwirtschaft. Zum Studium im Ausland befinden sich heute ca. 4500 Studenten, über die Hälfte davon in der BRD.

Für das Theologiestudium wurde 1959 das *Höhere Islamische Institut* (Yüksek Islam Enstitüsü) in Istanbul gegründet. Die Studenten kommen von den Predigerschulen, nachdem sie eine 6jähr. Vorbereitungszeit für ihre spätere Berufung absolviert haben. Das Studium am Inst. dauert 4 J. und bildet Theologen, Lehrer für die Imam-ve-Hatip-Schulen, Prediger, Muftis oder Moschee-Beamte aus; sie werden von der staatl. Abteilung für Religion angestellt. Ein ähnliches Inst. befindet sich in Konja.

III. Entwicklungsprobleme

Das Bildungswesen hat einen entscheidenden Beitrag zur Modernisierung der T. zu leisten. Seit ATATÜRK hat der säkulare türk. Staat bedeutende Forschritte in Erziehung und Bildung (qualitativ und quantitativ) erzielt. Die Hauptaufgabe der Regierung bleibt jedoch, die unverzügliche Transformation einer noch zum großen Teil an Traditionen gebundenen Agrargesellschaft in eine Gesellschaft, deren Produktions- und Lebensformen von Technik und Technologie bestimmt sind, zu vollziehen. Daher müssen die Analphabetenrate schnell reduziert, alle Kinder im schulpflichtigen Alter erfaßt, das Problem der „drop-outs" beseitigt, die Erwachsenenbildung bes. auf dem Lande gefördert und vor allem die Kluft zwischen Buchwissen und seiner Anwendung in der Produktion und Industrie überbrückt werden. Die sozialpsychol. sowie persönlich-charakterl. Voraussetzungen zur Transformation der türk. Gesellschaft und zur Lösung dieser unmittelbaren Erziehungsprobleme und bildungspolit. Aufgaben sind im Volke vorhanden, die personellen und finanziellen hingegen reichen immer noch nicht aus.

Lit.: S. C. Antel, T., in: LdP (⁵1960); John Dewey Report, hrsg. v. Ministry of Education (Ankara 1960); B. Lewis, The Emergence of Modern Turkey (Oxford 1961); First Five Year Development Plan 1963 bis 1967, hrsg. v. State Planning Organisation Ankara (1963); G. Hausmann, T., in: Päd. Lex. (1965, ⁴1968); T., in: Länderberichte des Arnold-Bergstraesser-Inst.s (1965); Regional Cooperation for Development-Common Problems of Education and Social Welfare, hrsg. v. Ministry of Education (Ankara 1965); Technical and Vocational Education in Turkey, hrsg. v. ebd. (Ankara 1965); State Institute of Statistics, hrsg. v. Prime Minister's Office (Ankara 1965 ff.); A. M. Kazamias, Education and the Quest for Modernity in T. (Chicago, London 1966); W. R. Polk - R. C. Chamber (Hrsg.), Beginnings of Modernisation in the Middle East (Chicago 1968); V. J. Parry, in R. Wilkinson (Hrsg.), Elite Elements in the Ottoman Empire im Governing Elites (Oxford 1969); J. H. Sislian, Staatenbildung u. Erziehung in der Arab. Welt, in: Bildung u. Erziehung (1970); The Middle East and North Africa, in: Europe Publications (London 1971).

J. H. Sislian

Turnen

Unter T. (von lat. tornare = drehen, wenden) versteht man im traditionellen dt. Sinne das nationale System einer vielseitigen Leibeserziehung durch volkstümliche Übungen, getragen von einer patriot. Haltung.

1. *Geschichte.* Die von F. L. JAHN erweckte T.bewegung gilt als dt. Gegenstück zum englischen *Sport* und zur schwedischen *Gymnastik*. Das T. der romantischen Periode will die verlorene Harmonie der Kräfte wiederherstellen. Als Gemeinschaftserziehung aus dem Geist des dt. „Volkstums" erstrebt es „biedere" Männlichkeit, allseitige Tüchtigkeit, Disziplin und Körperbeherrschung. In seinem polit. Einigungswillen verfällt das T. dem Verbot durch die preußisch-östr. Reaktion. Nach dem „Turnsperre" (1820 bis 1842) bilden sich in allen dt. Ländern öff. „Turnplätze", dem Modell der Berliner Hasenheide folgend; später ersetzt durch T.hallen, in denen das

Geräte-T. dominiert. – Neben dem Vereinsturnen entwickelt sich seit der Jahrhundertmitte das von A. SPIESS methodisierte *Schulturnen*. Bezeichnend für diesen Typ und seinen autoritären Stil sind synchronisierte „Freiübungen" und „Gemeinübungen" (Ordnungsübungen) im geschlossenen Klassenverband. Im letzten Drittel des 19. Jh. wird die ursprüngliche JAHNsche Konzeption durch den Einfluß der Spiel- und Sportbewegung regeneriert.

2. *Organisation.* Die 1868 gegr. Dt. Turnerschaft ist heute als *Deutscher Turnerbund* dem *Deutschen Sportbund* eingeordnet; immer noch keine Millionenbewegung eigenen Charakters mit typischer Vereinsstruktur. Das soziale Denken hat Vorrang: Turner verstehen sich als familiär verbundene Gemeinschaft, die der Breitenarbeit den Vorzug gibt und vielseitige, volkstümliche Leibesübung für alle anstrebt. Demokratische Gesinnung und kulturelle Verpflichtung werden betont.

3. *Geräteturnen.* Im engeren Sinne versteht man unter T. dessen Kernstück, das T. an den typischen *Großgeräten* Reck, Barren, Pferd, Ringe; hinzu kommt das *Bodenturnen* mit akrobatischem Einschlag. In Vollendung wird es als „Kunstturnen", mit höchstem Schwierigkeitsgrad als „olympisches Turnen" betrieben. Ausgehend von dem „geometrischen" Stil des forcierten Haltungsturnens, hat das T. sich durch verschiedene Impulse dem modernen Formgefühl angeglichen. Unter dem Einfluß der dt. Gymnastikbewegung sind Pose und „Halte" einem rhythmisch betonten *Schwungturnen* gewichen. Das orthodoxe Schulturnen ist nach 1920 durch das „natürliche Turnen" der östr. Reformbewegung völlig gewandelt worden. Anstelle der normierten Übung nach Vorschrift tritt das freie Spiel mit der Bewegung; die überstreckt-stramme Haltung wird zur elastisch-„straffen" (H. NOHL) modifiziert. Das T. der Erwachsenen ergänzt sich durch die jugendgemäße Form des *Hindernisturnens*, das heute, bes. in Nord-Dtl., im „Schulturngarten" wieder aktuell ist.

Nach 1945 ist diese Linie konsequent fortgesetzt worden. Durch method. Einführung des rhythmischen Prinzips (O. HANEBUTH) hat das Geräte-T. an Lebendigkeit **gewonnen** und eine neue Gestaltqualität angenommen. Dieses dynamische T. fordert spielerische Bewältigung und fließenden Ablauf der Bewegungskomposition. Damit ist es zu einer Domäne der Mädchen und Frauen geworden. Im internationalen Frauen-T. hat das Vordringen von Elementen des Balletts allerdings zu einer neuen Stilisierung geführt. – Der schulischen ↗*Leibeserziehung* dient das Geräte-T. seit der Abkehr vom Formalismus als Mittel einer grundlegenden, vielseitigen Bewegungsschulung. Statt des Einübens von Fertigkeiten und Kunststücken werden im method. Aufbau die motorischen Grundformen akzentuiert: das Rollen, Überschlagen, Schaukeln, Umschwingen usw. Man löst sich vom Repertoiredenken, um morphologisch zusammengehörige Formen unter dem Gesichtspunkt der „Bewegungsverwandtschaft" zu üben (H. MEUSEL). Nur in dieser modernen Gestalt vermag das Geräte-T. seine Existenz zu behaupten.

☐ Leibeserziehung. Sport. Frauensport. Gymnastik

Lit.: K. Gaulhofer - M. Streicher, Natürliches T., 3 Bde. (1949–50); O. Hanebuth, Grundschulung zur sportl. Leistung (⁴1964); H. Meusel, Grundschule des Boden- u. Geräteturnens. Teil 3: Vom Schaukeln u. Schwingen (1966); K. Koch, Bewegungsschulung an Gerätebahnen (³1967); H. Bernett, Grundformen der Leibeserziehung (²1967); F. Fetz - P. Opavsky, Biomechanik des T.s (1968).

H. Bernett

Turnhalle ↗Schulbau

Turn- und Sportlehrer

1. TuS. ist *Sammelbezeichnung für Sportlehrkräfte* in Schulen, Hochschulen, Turn- und Sportvereinen, Betrieben, Sportämtern, Freizeit- und Rehabilitationseinrichtungen. Sie bezieht sich auf differenzierte (hauptberufliche) Tätigkeiten (z. B. in Verein oder Schule) und erstreckt sich vom Sportunterricht bei Kindern und Jgdl.n (Normalfall) bis zu therapeutischen bzw. heil- und sozialpäd. Betreuungsmaßnahmen, von Übungs- und Trainingsstunden bis zu Sportprogrammen in Freizeit, Erholung und Rehabilitation für jüngere und ältere Menschen. Dominierend ist dabei der Einsatz von Leibesübungen für päd. Ziele im weitesten Sinn.

Der Begriff *Sportlehrer* wird immer gebräuchlicher, während der des *Leibeserziehers* (ursprünglich der akademisch ausgebildete Sportlehrer an höheren Schulen) und der ältere des *Turnlehrers* in den Hintergrund tritt. Die Bezeichnung TuS. ist eine Kompromißformel.

2. Die *Ausbildung* zum *Diplomsportlehrer* erfolgt an den ↗Sporthochschulen, zum TuS. an höheren Schulen (*Sportphilologen* mit einem oder zwei weiteren Fächern) an Universitäten, zum Lehrer für Grund-, Haupt- und *Realschulen* mit Wahlfach Sport an PH.n, zum *Fachsportlehrer* an päd. Fachinstituten bzw. Landessportschulen, zu *Gymnastiklehrerinnen* und -*lehrern* mit Sportfakultas an Gymnastikschulen. Besondere Spezialisierungen, wie staatl. geprüfter Ski-, Tennis-, Fußball- oder Eislauflehrer, sind an bestimmten Ausbildungsstätten möglich.

Zukünftige Ausbildungsgänge müssen auf die Anforderungen der späteren Berufspraxis hin orientiert sein. Sportlehrer im Freizeitbereich haben andere Berufserwartungen als die in Schulen oder Vereinen. Die Ausbildung der Schulsportlehrer muß der künftigen ↗Schule entsprechen (↗Strukturplan, ↗Schulaufbau, ↗Stufenlehrer). Unterrichtsangebote werden stärker nach Wahl, Neigung, Interesse oder Leistung bestimmt (nicht nach Jahrgängen). Ein differenziertes Freizeitangebot im Sport wird wahrzunehmen sein; deshalb sind bislang schulfremde oder schulferne Sportdisziplinen in den Sportunterricht einzubeziehen. Schließlich wird neben der Betreuung sportlich begabter Schüler auch eine besondere Pflege ↗behinderter Kinder erforderlich werden. Im Hinblick auf diese Entwicklung wird das Berufsbild des künftigen TuS. variabler sein und neben traditionellen Unterrichtsaufgaben auch Funktionen als Trainer, Organisator und Berater (z. B. in Fragen der Gesundheitserziehung) umfassen.

☐ Sporthochschulen. Leibeserziehung. Turnen. Sport. Lehrerbildung

Lit.: M. Volkamer, Zur Sozialpsychol. des Leibeserziehers, in: Die Leibeserziehung (1967); F. Begov - H. Haag - J. K. Rühl, Hinweise zum Studium der Leibeserziehung, in: O. Grupe (Hrsg.), Einführung in die Theorie der Leibeserziehung (²1970).

O. Grupe, H. Haag

Tutor
Ausgangspunkt für die zunehmende Tätigkeit studentischer oder akademischer T.en in der BRD war der Versuch, insbes. Anfangssemestern die Integration in die Univ. zu erleichtern. Verschiedene Konzepte für die Arbeit des T.s zeichnen sich aus: Tutorien als Entlastungsfaktor für bestehende Lehrformen, Unterstützungsfaktor einer effizienzorientierten Hochschulreform, Experimentierfeld zur Entwicklung neuer Lernformen eines hochschuldidakt. Reformmodells, integraler Bestandteil eines solchen Modells.
Zu den fachbezogenen Lehrzielen gehören neben der Vermittlung von Kenntnissen und Methoden die krit. Aufarbeitung von Fachgeschichte und Methodenstreitigkeiten sowie die Auseinandersetzung mit Berufsbildern und Lernformen. Zu den verhaltensbezogenen Lehrzielen gehören Anleitung zu Kommunikation, Kooperation, Kritik, Fähigkeit zur Selbstorganisation des Studiums.
Lehrveranstaltungsergänzende, lehrplanergänzende Tutorien werden in der Regel gemeinsam von T.en, Studenten und Dozenten geplant, durchgeführt und ausgewertet, während freie Tutorien nur der Berichtspflicht unterliegen. – Die hochschuldidakt. Ausbildung von T.en, die Fachdidaktik, Lernpsychol. und Gruppendynamik umfassen sollte, ist z. Z. noch weitgehend Desiderat.

Lit.: B. Berendt, 18 J. T.-Arbeit, in: Blickpunkt Hochschuldidaktik 3 (1969); H. Prior, Gruppendynamik, in: ebd., H. 11 (1970); Stiftung VW-Werk, T.-Programm, Loseblatt-Slg. (1970).

K. Vopel

Tutorial Classes
EB. = Erwachsenenbildung

Die TC. sind seit 60 Jahren eine typische Institution der brit. Erwachsenenbildung. Sie entstammen dem Bündnis der Arbeiterbildungsbewegung (Workers' Educational Association = W. E. A.) und der brit. Universitäten. Sie zeichnen sich durch hohes Niveau sowie Kontinuität und Intensität ihrer Arbeit aus. Das Niveau („university level") garantiert die von der Univ. kontrollierte akademische Qualifikation der Dozenten (Tutoren) und die institutionelle Verankerung der TC. in besonderen Abteilungen der Univ., den *Extra Mural Departments*.

Die *Teilnehmer* der TC. kommen in drei Wintern für je 24 Doppelstunden zusammen. Sie studieren ein Sachgebiet ihrer Wahl, wobei Themen der allg. Bildung im Vordergrund stehen und im allg. keine Zertifikate gegeben werden („liberal studies").
Prinzipien dieser Arbeit sind: 1. Etwa die Hälfte einer Sitzung soll für eigene Arbeit der Teilnehmer und Diskussionen zur Verfügung stehen. 2. Keine Kl. soll mehr als 24 Teilnehmer haben, damit persönlicher Kontakt und intensive Arbeit gewahrt werden. 3. Die Teilnehmer der TC. arbeiten selber mit durch syst. Lektüre (jeder Kl. steht eine Handbücherei zur Verfügung), durch Anfertigung von Protokollen, Referaten und sonstigen schriftl. Ausarbeitungen. 4. Jede der TC. verwaltet sich selbst und entscheidet mit über Thema und Aufbau des Kurses. 5. Die Organisation der Kurse unterstützt und kontrolliert ein Komitee, in dem neben der Univ. die an der Arbeit beteiligten Institutionen der EB. (W. E. A., Educational Centres, kommunale Bildungsorganisationen) vertreten sind.

Nach dem 2. Weltkrieg wurden neben den Liberal Studies die berufsbezogenen Aufgaben der Aus- und Weiterbildung stärker betont. Es gibt im Rahmen der universitären EB. kürzere berufsbildende Kurse und Lehrgänge mit Zertifikaten. Dennoch ist die Nachfrage nach den TC. lebendig geblieben. Seit 15 J.n haben auch einige dt. Universitäten (z. B. Göttingen, Frankfurt, Berlin und Hannover) intensive Seminarkurse im Dienst der EB. übernommen.

☐ Universitätsausdehnung

Lit.: A. Mansbridge, University TC. (London 1913); M. Stocks, The Workers' Educational Association (London 1953); F. Borinski, Universität-Erwachsenenbildung, in: Neue Slg., 3. Jhg. (1963); S. G. Raybould, University Extramural Education in England 1945–62 (London 1964); H. D. Raapke, Zehn J.e Göttinger Seminarkurse, in: Hess. Bl. f. Volksbildung, 15. Jhg. (1965).

F. Borinski

Twen ↗Jugendalter

Typus, Typusforschung
T. = Typus, TF. = Typusforschung

1. T. (griech. typos = Vorbild, Muster, Urbild, Gepräge) findet in der Fachsprache nahezu aller Wissenschaften überall dort Anwendung, wo es um eine anschaul. oder begriffl. *Ordnung der Mannigfaltigkeit* von Lebewesen, Gegenständen oder Sachverhalten geht. Im Rahmen der ↗Differentiellen Psychologie wird die Bezeichnung zur Beschreibung von Gruppen von Individuen benutzt.

Ihre Anregung hat die TF. aus der Antike bezogen. Höhepunkte liegen um die Jh.wende und zwischen den zwei Weltkriegen. Die gegenwärtige ↗Persönlichkeitstheorie operiert zwar nur vereinzelt mit dem T.begriff, läßt sich aber, soweit sie die Persönlichkeit mit Hilfe von Systemen allgemeiner Merkmale und Faktoren beschreiben will, inhaltlich weitgehend mit der TF. zur Deckung bringen. Auch sie verwendet vorwiegend Persönlichkeitsmerkmale, die möglichst universell, allgemein, wesentlich und statistisch unabhängig von anderen Merkmalen gleicher Abstraktionshöhe sind. Diese Prinzipien sind teilweise in den „Grundfunktionen" (PFAHLER, JUNG) älteren Ursprungs, sehr ausgeprägt in den „Faktoren zweiter Ordnung" (EYSENCK) verwirklicht. Die unter typolog. Aspekt verwendeten Merkmale sind nicht als diskrete Kategorien oder Klassen („species-types", CATTELL) zu verstehen, in die ein Individuum eingeordnet werden kann oder nicht. Neuerdings wird der T.begriff als Kontinuum oder Dimension aufgefaßt. Einem T. können Individuen „in verschiedenen Graden der Annäherung" (WELLEK) zugehören. Mit der Kontinuität hängt die Polarität eng zusammen. Wellek fordert mindestens bipolare Konzepte.

2. Unterschiedlich sind in der TF. die *Methoden der Merkmalsgewinnung*. Ausgehend von der Beobachtung exemplarischer Fälle, gelangte man früher durch Intuition und „ideierende Abstraktion" (STRUNZ) zu typologisch relevanten Persönlichkeitsmerkmalen. Die Forderung nach Verifikation intuitiv gefundener Typen mit Hilfe experimenteller Methoden stand zunächst im Vordergrund.

Durch testmäßige Erfassung der den Merkmalen zukommenden Verhaltensweisen konnten unter Zuhilfenahme der ↗Korrelation(srechnung) die in den jeweiligen Typologien behaupteten Zusammenhänge überprüft werden.

Die gegenwärtige TF. benutzt vorwiegend die Methode der ↗Faktorenanalyse, die es ermöglicht, aus der Interkorrelation der beobachteten Verhaltensweisen „Merkmalssyndrome" zu gewinnen, die als „Faktoren" bezeichnet werden. Die in einem weiterführenden Abstraktionsprozeß zu ermittelnden „Faktoren zweiter Ordnung" werden von EYSENCK ausdrücklich als „types" bezeichnet. Diese Ansätze können nun zu bipolaren Ergebnissen gelangen (wie Eysencks Extraversion – Introversion). Es können ferner „Typen als Klassen von Individuen mit spezieller Faktorenstruktur" (HERRMANN) ermittelt werden. Die inhaltliche Richtigkeit faktorenanalytisch gewonnener Typen ist u. a. abhängig von der repräsentativen Auswahl der Ausgangsdaten. Auch dieser Weg jedoch kommt nicht ohne Intuition aus: Der Blick für Wesentliches bestimmt die Benennung der Faktoren.

3. Unter Verwendung verschiedener Methoden zielt TF. darauf ab, in die Fülle möglicher Persönlichkeitsartung eine *überschaubare Ordnung* zu bringen, indem sie, unter Vernachlässigung der individuellen Eigenart, „die Struktur in einem mittelhohen Bereich der Abstraktion oder Schematisierung" (WELLEK) erfaßt. Sie nimmt damit den Nachteil in Kauf, „auf dem halben Weg zur Persönlichkeit stehenzubleiben" (ALLPORT).

☐ Persönlichkeitstypen

Lit.: A. Wellek, T. u. Struktur, in: Arch. f. die gesamte Psychol. 100 (1938); –, Die Polarität im Aufbau des Charakters (²1966); G. W. Allport, Persönlichkeit (²1959); K. Strunz, Das Problem der Persönlichkeitstypen, in: Ph. Lersch - H. Thomae (Hrsg.), Hdb. der Psychol., Bd. 4 (1960); J. P. Guilford, Persönlichkeit (1964, ⁴1970); J. C. Brengelmann, Persönlichkeit, in: R. Meili - H. Rohracher (Hrsg.), Lb. der experimentellen Psychol. (²1968); T. Hermann, Lb. der empir. Persönlichkeitsforschung (1969).

A. Haara

U

Überbetriebliche Ausbildungsmaßnahmen
↗Handwerkliches Bildungswesen ↗Industrielles Bildungswesen

Überfachlicher Unterricht
FU. = fächerübergreifender Unterricht, U. = Unterricht(s), ÜU. = überfachlicher Unterricht

1. *Begriff und Intentionen.* ÜU. ergänzt den herkömmlichen Fach-U. Er wird grundsätzlich in übergreifenden thematischen U.einheiten geplant, die Lebensgebiete und Feldzusammenhänge der „umgebenden Wirklichkeit" (NORTHEMANN) erschließen sollen, die vorwiegend außerhalb der Inhalte traditioneller Schulfächer liegen.

Der ↗Deutsche Ausschuß nennt als solche Grundbereiche: personale Lebensbemeisterung, gesellschaftlich-polit. Welt, geistig-kulturelle, naturwissenschaftlich-technische, Wirtschafts- und Berufswelt und schließlich den Bereich „übernationaler, die ganze Menschheit in Wissenschaft, Produktion und Fortschritt zusammenschließender Konvergenz" (Empfehl. 7/8). Methodisch umreißt er das übergreifende Se-

249

kundärprinzip als „fächerübergreifend", als „überfachlich", als „übergreifende Unterrichtseinheiten", als „fachübergreifende lebenspraktische Vorhaben", und als „fächerübergreifender Unterricht auf praktischer Grundlage".

Da die genannten Gebiete didaktisch nicht in einem Arbeitsbereich, etwa als ↗Gesamtunterricht, zu realisieren sind, ist hier inhaltlich und methodisch zu differenzieren; *inhaltlich:* a) in den wirtschaftlich-arbeitsweltbezogenen Bereich, der sich didaktisch im Fach ↗Arbeitslehre konstituiert hat. Er wird den Schülern methodisch vorwiegend durch überfachlichen ↗Vorhaben(unterricht) erschlossen, b) in den gesellschaftlich-polit. und kulturell-lebenskundl. Bereich, der zunehmend als Weltkunde-U. bzw. als „Lebenslehre" institutionalisiert und in Form von überfachl. U.seinheiten erteilt wird; *methodisch:* als FU., als ÜU., als ↗Vorhaben-U.

Interdependenzen sind sowohl inhaltlich als auch methodisch möglich, aber im Interesse einer exakteren Durcharbeitung der überfachl. Themeneinheiten nur in gravierenden Bezügen anzustreben.

FU. und ÜU. haben als bestimmendes Merkmal die Grenzüberschreitung traditioneller Schulfächer gemeinsam; sie unterscheiden sich jedoch in der Art und den inhaltlichen Kriterien, mit denen sie Sachverhalte erschließen sollen. Während der FU. bei der Erarbeitung komplexer Themenbereiche diese nach den Möglichkeiten wirksam einsetzbarer Fachkategorien gliedert, sie mit fachimmanenten Methoden angeht und integrierend verbindet, gewinnt der ÜU. inhaltliche Schwerpunkte aus den Kriterien der Lebensbedeutsamkeit für die Schüler. Er erweitert seine Inhalte über die traditionellen Fächer hinaus und erschließt sowohl neue Bereiche der Lebenswirklichkeit als auch die Möglichkeit zu offener methodischer Einstellung und Entscheidung bei der Anwendung von Lern- und Informationstechniken zu deren möglichst selbständiger Erarbeitung. Der ÜU. entzieht sich im allg. fachsystematischen Lehrgängen, da er – sie ergänzend – integrative Schularbeit sichern soll.

ÜU. für die Hauptschule wird im Zuge der schulpolit. und päd. Diskussion bald zur Institutionalisierung in weiterführenden Schulen und integrierten ↗Gesamtschulen führen. Den Anfang hat bereits das Gymnasium gemacht, indem es bes. für die Oberstufenarbeit in der „Politischen Weltkunde" und für grundlegende naturwiss. Themen die fächerübergreifende Arbeitsweise empfiehlt.

2. *Methode.* Im ÜU. werden thematische Einheiten schwerpunktmäßig in Unterthemen gegliedert und vorwiegend in Blockstunden erteilt. Das setzt Einarbeitung in die Sachstruktur, Analyse der Intentionen, Entscheidung über die zu wählenden Schwerpunkte (und deren Aufgliederung nach Blockstunden) und Formulierung der Lernziele voraus. Grundsatz ist dabei die Aneignung, Übung und Festigung von Lerntechniken, Fertigkeiten und Arbeitstugenden, die die Schüler zu selbständiger Einarbeitung in komplexe Sachverhalte befähigen sollen, d. h., die Schüler eignen sich die Techniken der Planung von Arbeitsgängen, der Informationsbeschaffung und -sichtung, des Ordnens, Auswertens, Interpretierens, Darstellens und Generalisierens, des Weiterfragens, des Berichtens im Plenum, der Argumentation und Diskussion in sach- und personenbezogener Observanz und Toleranz an. – Für die Schüler führt so der Weg von gemeinsamer Planung der überfachl. U.einheiten zu aktivierenden Motivationszusammenhängen und von der Informationsaufnahme zum handelnden Erschließen.

☐ Gesamtunterricht. Vorhaben. Gefächerter Unterricht

Lit.: Bildungsplan für die Oberschule Praktischen Zweiges in Berlin (1957); F. Vilsmeier, Der Gesamt-U. (1960, ²1967); P. Heimann, Zur Bildungssituation der VS.oberstufe in der Gesellsch. der Gegenwart, in: Die Dt. Schule (1957); E. Voigt, Der FU. in der 9. und 10. Kl., in: U. Kledzik (Hrsg.), Die Oberschule Praktischen Zweiges in Berlin (1963); I. Lichtenstein-Rother, Gedanken zur inhaltl. und method. Struktur der VS., in: 3. Beih. der Zschr. f. Päd. (1963); Dt. Ausschuß für das Erziehungs- u. Bildungswesen, Empfehlungen, Folge 7/8 (1964); W. Jung, Übergreifende Bildungsgehalte in den Naturwiss.en, in: K. Seidelmann - G.-E. Lorenz, Überfachl. Bildungsbereiche im gymnasialen U. (1966); W. Northemann, ÜU., in: U. Kledzik (Hrsg.), Entwurf einer Hauptschule (1967); R. Drescher, Überfachl. Bildungseinheiten für das 9. u. 10. Schj. (1967); Rahmenpläne für U. und Erzieh. in der Berliner Schule (1968); F. Kopp, Das Problem der überfachl. U.einheiten im 9. Schj., in: Päd. Welt (1968); G. Schlaak, Zur Formalstruktur überfachl. U.einheiten in 9. und 10. Hauptschulkl., in: Die Dt. Schule (1968) –, Sachbibliogr. f. Weltkunde, in: U. Kledzik (Hrsg.), U.-planung, Auswahl B 22 (1969); W. Northemann, Weltkunde, in: W. Northemann - G. Otto (Hrsg.), Geplante Informationen (1969); K. Stöcker, Fachkundl., FU. und ÜU. in der Hauptschule, in: Bl. f. Lehrerfortbildg. (1969); G. Schlaak, Das Inhaltsproblem im ÜU. des 9. und 10. Kl. an Hauptschulen, in: U. heute (1970).

Planungsbeispiele: E. Meyer, Feldstudie: Arbeitsteilung u. Automation, in: Die Praxis des Exemplarischen (1962); W. Northemann, Angebot u. Nachfrage beeinflussen den Preis, in: U., Auswahl B 1/2 (1965); –, Überall begegnet uns Werbung, in: Lebendige Schule (1967); O. Wagner (Hrsg.), Die Hauptschule. Eine Losebl.-Slg. überfachl. U.einheiten für das 7. bis 9. Schj. der allgemeinbildenden Schule [bisher 11 Lieferungen] (1966–70); A. Kessler - W. Northemann, Massenmedien, H. 1 der Reihe „Welt um uns", Arbeitshefte für den ÜU. in Weltkunde/Sozialkunde (1970).

G. Schlaak

Überforderung

Unter Ü. wird generell die Tatsache verstanden, daß jemand aus einem wie immer gearteten Unvermögen trotz hoher Motivation nicht mehr in der Lage ist, gestellten Anforderungen gerecht zu werden. Es wird dabei zunächst nicht klargelegt, ob die Forderung zu groß oder die Leistungsfähigkeit zu gering war.

1. In der *Arbeitsphysiologie* bezeichnen wir

die von außen an den Menschen herangetragenen Anforderungen als Belastungen. Solche Belastungen können z. B. sein: körperliche Leistungen, Klimaeinflüsse (Lufttemperatur, Strahlungstemperatur, Windgeschwindigkeit, Wasserdampfdruck der Luft) Lärm, Vibrationen u. ä. Der Mensch reagiert auf diese objektiven Belastungen mit Reaktionen seiner Organe (Beanspruchung). *Bei gleichen Belastungen* finden wir zwischen den einzelnen Menschen erhebliche *Beanspruchungsunterschiede*. Dies kommt dadurch zustande, daß die Beanspruchung immer relativ zur Leistungsfähigkeit des einzelnen betrachtet werden muß.

Man kann z. B. einen Teilaspekt der körperlichen Leistungsfähigkeit, die kardiopulmonale Leistungsfähigkeit, operational mit der maximalen Sauerstoff-(O_2-)Aufnahmefähigkeit eines Menschen gleichsetzen. Diese Größe weist große Unterschiede auf (zwischen 1 und 6 Litern O_2-Aufnahme/Min.). Setzt man jedoch den individuellen Wert = 100 % und bezieht die Veränderung der körperl. Funktionen als Prozentsätze dieses Wertes, dann gleichen sich alle individuellen Unterschiede wieder weitgehend aus.

Aus diesem Grunde legt man Grenzen verschiedener Leistungsbereiche heute gerne als Prozentsätze der maximalen O_2-Aufnahmefähigkeit fest. Eine solche Grenze ist z. B. die *Dauerleistungsgrenze*. Sie legt fest, daß bei dieser Leistung entsprechenden Sauerstoff- bzw. Energieverbrauch eine Leistung über 8 Stunden ohne besondere Beanspruchung des Menschen möglich ist. Die Dauerleistungsgrenze liegt bei ca. 33 % der maximalen O_2-Aufnahme.

Wird diese Grenze überschritten, kommt es zur Ü., wenn eine 8stündige Arbeitszeit angestrebt bleibt. Diese Ü. wird kenntlich daran, daß sich nicht mehr ein sog. steady state der körperlichen Funktionen einstellt. Vielmehr kommt es zu einem kontinuierlichen Ansteigen der physiologischen Größen (z. B. der Pulsfrequenz) trotz konstanter, aber relativ zu hoher Leistung.

Da die meisten körperlichen Leistungen gewichtsbezogen sind, werden Kinder bes. leicht dann überfordert, wenn man das geringere Körpergewicht der Kinder nicht in Rechnung stellt, also die Leistungsanforderungen ohne Berücksichtigung des Körpergewichtes festlegt. Verlangt man dagegen gewichtsproportionale Leistungen (z. B. 1 Watt/kg Körpergewicht), so sind bei Kindern, Jugendlichen und Erwachsenen annähernd identische körperliche Reaktionen zu erwarten; denn die körperliche Leistungsfähigkeit muß im Zusammenhang mit dem Körpergewicht gesehen werden, falls ein Übergewicht auszuschließen ist. Letzten Endes wäre als beste Bezugsgröße allerdings die Zellmasse anzusehen, doch ist die Relativierung von Leistungsanforderungen auf diese Bezugsgröße nur im Laboratorium möglich, in der Praxis aber wegen des großen Bestimmungsaufwandes bis heute nicht durchzuführen.

2. *Seelische Überforderung* ist sowohl bei einem einzelnen erschütternden Erlebnis als auch bei zermürbender Dauerbelastung möglich. Die Ü. kann auch einzelne Funktionen bzw. Teilstrukturen betreffen, z. B. die vitalen Kraftreserven, die Konzentrationsfähigkeit usw.

Auf einen Ü.sschock folgt regelhaft zunächst eine Phase aggressiven Verhaltens, in der impulsiv, überhastet und vielfach fehlerhaft reagiert wird; dann eine länger dauernde Regressionsphase, die durch den Rückfall auf ein elementares Verhalten und durch rapides Absinken des Leistungsniveaus gekennzeichnet ist, die aber die Möglichkeit zum Wiederaufladen des überforderten Kräftepotentials bietet. Von einem Wendepunkt an kommt es in einer Restitutionsphase zu einer Neuorientierung der Leistungshaltung. Diese Phasenfolge ist in Reaktions- und Konzentrationsversuchen eindeutig erkennbar. Sie steht in Analogie zu Schreck-, Angst- und Notwehrhandlungen.

Es kann zum Steckenbleiben in der Aggression und damit zur neurasthenischen Unrast kommen oder zum Verharren in der Regression und damit zur generellen Antriebsschwäche. Grenzformen der Überforderung sind ↗ Frustration und Streß.

☐ Ermüdung. Aggression. Angst. Frustration. Heilpädagogik. Konzentration und Pädagogik. Psychoanalyse. Psychohygiene. Schulhygiene

Lit. zu 1.: J. Rutenfranz, Formen der Ü. von Jgdl.n u. Kindern, in: Das öff. päd. Gespräch 4/5 (1958); –, Die Entwicklung der körperl. Leistungsfähigkeit, in: H. Opitz - F. Schmidt (Hrsg.), Hdb. der Kinderheilkunde, Bd. III (1966); –, Der Begriff der Leistungsfähigkeit des arbeitenden Menschen, in: C. B. Hertz (Hrsg.), Begutachtung von Lungenfunktionsstörungen (1968); Th. Hellbrügge - J. Rutenfranz - O. Graf, Gesundheit u. Leistungsfähigkeit im Kindes- und Jugendalter (1960).
Zu 2.: J. Dollard et al., Frustration and Aggression (New Haven 1939); K. Mierke, Verlaufs- u. Wirkungsformen seel. Ü., in: Psychol. Rsch. (1952); –, Die Ü. der Letztgrenzen der seel.-geistigen Leistungs- u. Belastungsfähigkeit, in: Praxis der Kinderpsychol. u. Kinderpsychiatrie (1954, 1955).

1. *J. Rutenfranz,* 2. *K. Mierke †*

Überich ↗ Ich-Es-Überich

Überkompensation ↗ Individualpsychologie

Überlastung ↗ Überforderung

Übersichtstafeln ↗ Synchronismus

Überspringen von Klassen

Schüler mit überdurchschnittlicher Gesamtleistung können eine Kl. überspringen (in den meisten Bundesländern nach Entscheidung der Lehrerkonferenz). Das Einverständnis der Erziehungsberechtigten ist erforderlich. Die körperliche Verfassung des Schülers ist zu berücksichtigen. Besondere Prüfungen sind nicht zulässig. Die Schule soll den Vor-

versetzten in der höheren Kl. bes. fördern. Der Antrag wird meist am Ende des Schj.s gestellt. Die Maßnahme selbst kann zu Beginn oder im Laufe des nächsten Schj.s erfolgen; sie gilt als Probezeit; Rücktritt ist jederzeit möglich. In mehrzügigen weiterführenden Schulen wird z. T. in der Oberstufe gruppenweise vorversetzt, so daß sich für die betr. Schüler die Zeit bis zum Abitur um ein J. verkürzt.
H. Klein

Übertragung

Nach psychoanalyt. Terminologie ist Ü. die Verlagerung eines Affektbezugs von einem Objekt auf andere. Im Hinblick auf interpersonelle Beziehungen meint Ü., daß jedes affektive Sozialverhalten durch Erfahrungen mit früheren Bezugspersonen beeinflußt wird. Die zentrale Bedeutung der Ü. für die ↗Psychoanalyse liegt darin, daß a) die früheren sozialen Beziehungen, die sich in der Ü. manifestieren, zu psychischen Störungen geführt haben können und b) die Ü. vom Therapeuten zum Zwecke der Heilung manipuliert werden kann *(Übertragungsanalyse)*.

1. *Klassische Psychoanalyse*. Ü. ist ein unbewußter Vorgang; der Patient überträgt positive (z. B. Zuneigung) oder negative Affekte (z. B. Mißtrauen), die in früher Kindheit gebildet wurden, auf den Therapeuten. Der Psychoanalytiker deckt die Ü.sinhalte auf, um hierdurch die unbewußten Es-Regungen (S. FREUD) oder Ich-Aktivitäten (↗Abwehrmechanismen, A. FREUD) aufzulösen. Häufig muß die (unrealistische) positive Ü. zu einer *Übertragungsneurose* ausgebaut werden; diese „künstlichen" Neurosen dürfen jedoch nur so lange bestehenbleiben, bis der Patient die Vorteile der Therapie realistisch einschätzen kann. Eine mögliche Ü. des Analytikers auf den Analysanden *(Gegenübertragung)* muß durch den Therapeuten weitgehend reduziert und kontrolliert werden (z. B. durch Lehranalyse und Abstinenzhaltung).

2. *Neo-Analyse*. Die verschiedenen Auffassungen über die Ü.sneurosen haben zu unterschiedlichen Manipulationen der Ü. geführt. Einige Analytiker (bes. ALEXANDER, HORNEY, SULLIVAN) berücksichtigen zusätzlich die Ü. aktueller sozialer Beziehungen. Der Therapeut greift in der therapeut. Interaktion die Ü.sinhalte auf, versucht eine Art emotionaler Umerziehung und somit eine Lösung der sozialen Konflikte.

☐ Psychoanalyse

Lit.: S. Freud, Zur Dynamik der Ü. (1912, ⁴1964); A. Freud, Das Ich u. die Abwehrmechanismen (1936); F. Alexander - Th. N. French, Psychoanalytic Therapy (New York 1946).
K. L. Holtz

Übung

I. Begriff

Im weitesten Sinn bezeichnet der Terminus Ü. das wiederholte, willentl. Vollziehen einer bestimmten Reaktion (körperliche oder geistige Tätigkeit, Handlung) mit der Absicht, sie perfekt zu erlernen (Aneignung von ↗Kenntnissen und Fertigkeiten).

Seit seiner ersten Verwendung in der experimentellen Gedächtnispsychol. (H. EBBINGHAUS, A. JOOST) hat der Terminus vor allem unter dem Einfluß der ags. Lernforschung in immer stärkerem Maße eine inhaltl. Zuordnung zum Bereich der *Lernpsychologie* erfahren. EBBINGHAUS definierte den Begriff noch im Sinne der Geübtheit (häufige Wiederholung verbaler Informationen führt zur Ü.). W. STERN versteht unter Ü. eine „spezifische Leistungssteigerung durch willentliche Wiederholung von Leistungen". K. FOPPA spricht von Ü. dort, wo eine „Einprägung, Ordnung und Verarbeitung des dargebotenen (Lern-)Materials" stattfindet (Prüfungsvorbereitungen, schulisches Lernen). Insofern haben bei der Ü. (abweichend von der klassischen ↗Konditionierung) weder Selektionsprozesse eine entscheidende Bedeutung, noch werden der Person Kodierungsleistungen abverlangt. (Die zu übenden Inhalte sind weitgehend bekannt.) Ü. stellt zwar eine notwendige, nicht jedoch hinreichende Voraussetzung für das Erreichen eines bestimmten Lernzieles dar. Neben einer Kontrolle über den Ü.serfolg (Rückkopplung) sind weitere Ü.sbedingungen vorausgesetzt.

Noch wenig geklärt ist das Problem der *Mitübung*, die man heute nicht bei Stoffen mit ident. Elementen vermutet (G. E. MÜLLER, THORNDIKE). Bei sehr ähnlichen Lernaktivitäten (es werden z. B. zwei Gedichte hintereinander gelernt) treten pro- und retroaktive *Hemmungen* auf (PILZECKER, RANSCHBURG), die auch als *Interferenz* gedeutet werden (van PARREREN).

II. Übungsbedingungen und Übungseffekt

1. „Übungsphänomene" mit dem Ziel, bestimmte „Übungseffekte" zu erlangen, spielen vor allem im Bereich des *schulischen Lernens* eine entscheidende Rolle. Die experimentelle Lernforschung hat eine Reihe elementarer Ü.sbedingungen aufgedeckt und analysiert. Man unterscheidet *massierte* Ü. (in kurzen, meist regelmäßigen Intervallen erfolgende Ü.) und *verteilte* Ü. (zwischen den einzelnen Ü.sperioden werden größere Pausenintervalle eingeschoben). Der im Anschluß an die genannten Ü.sformen erzielte Lernerfolg hängt noch vom *Schwierigkeitsgrad* des dargebotenen *Materials*, von seinem *Differenziertheitsgrad* (strukturiert, unstrukturiert), von der *Bedeutung* des Lernmaterials (sinnfrei – sinnvoll) sowie vom Grad seiner *Anschaulichkeit* ab. Im allg. führt verteilte Ü. zu besseren Ü.seffekten als massierte Ü. Weiterhin gilt, daß sinnvolles Material leichter eingeprägt wird als sinnfreies und daß geordnetes Material (programmiertes Lernen) besser erlernt wird als ungeordnetes. Unzutreffend ist die Hypothese, daß hohe Anfangs-

leistungen notwendig mit niedrigem Ü.sgewinn einhergehen (differentielles Ü.sgesetz); sie läßt die individuelle *Unterschiedlichkeit der Üs.fähigkeit* völlig unbeachtet.

2. Im Anschluß an HASELOFF und JORSWIECK lassen sich für die schul. Lernsituation folgende *methodische Richtlinien* vorgeben: (1) Der Ü.seffekt ist von der Wiederholungsfrequenz abhängig. Die optimale Dauerhaftigkeit der Gedächtnisinhalte wird dabei um so größer sein, wenn sich an eine fehlerfreie, erste Reproduktion des Lernmaterials zusätzliche Ü.sdurchgänge anschließen („Überlernen"). (2) Liegt komplexes Lernmaterial vor, so ergibt seine inhaltliche Partialisierung einen größeren Ü.sgewinn, als wenn es simultan-ganzheitlich geübt wird. Dieses Vorgehen erweist sich vorab bei durchschnittlich intelligenten bzw. älteren Personen als optimal. (3) Zur Steigerung des Ü.seffektes empfiehlt es sich, den Lernenden Hinweise zur optimalen Ü.s-(Lern-)Technik zu geben (zweckmäßige Verteilung der Ü.sdauer, des Lernstoffes und der Ü.sintensität). Solche Hilfen sind aufgrund der Tatsache empfehlenswert, daß „Veränderungen der Reproduktionssituation" gegenüber der Ü.ssituation (Schule – Elternhaus) die Wiedergabe des gelernten Materials oft erschweren. Als Lernhilfen gelten darüber hinaus an Schüler ergangene Mitteilungen über ihren Ü.serfolg (feedback). (4) Obgleich modifizierte Reiz- und Situationsbedingungen bei der Ü. die Erstreproduktion erschweren, wird der Erfolg einer Ü. dann größer sein, wenn sie „unter immer wieder neuen Gesichtspunkten, an immer wieder neuem Material, in immer wieder neuen Zusammenhängen, anderen Anwendungen, unter immer wieder neuen, größeren Aufgaben" (ROTH) durchgeführt wird (indirekte Übung).

III. Übung und Unterricht

1. *Theoretische Entwürfe.* Obwohl die Ü. einen guten Teil der alltägl. Unterrichtspraxis ausmacht (Lese-, Rechen-, Rechtschreibe-, Konzentrationsübungen usw.), wird sie seit Jahrzehnten von der päd. Theorie vernachlässigt. Die Gründe dafür liegen in den jeweiligen päd. Systemen.

In den *unterrichtstheoretischen Entwürfen* der Herbartianer spielt zwar die Festigung des Wissens durch Wiederholung und Ü. eine wichtige Rolle, doch liegt bereits hier der Keim für die Entwertung der Ü., weil durch Ü. nur ein bereits zu seinem Ende gekommener Erkenntnisprozeß „eingeschliffen", nicht aber neue Erkenntnis und Lernverläufe eingeleitet werden. – So bedurfte es nur der Verlagerung des didakt. Interesses auf solche Formen der Erkenntnisvermittlung, die das einmal Erkannte auch ohne Ü. dauernd verfügbar halten, um die Ü. im Unterricht vollends entbehrlich erscheinen zu lassen (Erlebnisunterricht, Arbeitsunterricht, „der fruchtbare Moment im Bildungsprozeß", Problemlöseunterricht, Unterricht als „originale Begegnung" usw.).

Die meisten *neueren Untersuchungen* stellen psychol. fundierte „Übungsgesetze" heraus und ketten daran die unterrichtsprakt. Vorschläge für „effektives Üben' an (W. GUYER, H. ROTH, K. ODENBACH, H. AEBLI, W. CORRELL). So wurden z. B. aus dem Zusammenhang zwischen Ü.sbereitschaft und Ü.serfolg (E. MEUMANN), zwischen Konzentrationsfähigkeit und Ü. (K. MIERKE), zwischen Einsicht und Ü. (J. WITTMANN), zwischen dem Wechsel der Ü.sform und neuer Ü.sbereitschaft (EBBINGHAUS), zwischen der Dauer einer Ü.ssequenz und der Informationsspeicherung (H. FRANK) konkrete Vorschläge für die Ü. im Unterricht abgeleitet, wie sie bes. ODENBACH zusammengestellt hat.

Dabei ist allerdings zu beachten, daß zwischen den lerntheoret. Voraussetzungen und der Ü.spraxis nicht ein einseitiges, sondern ein wechselseitiges Abhängigkeitsverhältnis besteht.

2. *Motivation der Übung.* Sport und Gymnastik, Singen und Musizieren, Malen und Zeichnen, Werken und Hauswirtschaft sind Gebiete, wo im allg. gern geübt wird: man kann hier von einer urspr. Ü.sbereitschaft sprechen. Ebenso kann die Verehrung des Lehrers ein Ü.simpuls sein, wie überhaupt die „Temperatur" des Unterrichts auch den Ü.seifer bestimmt. Sachbezogen wird der Ü.swille im sog. Ernstfall entfacht, wo es um die Verwirklichung eines ↗Vorhabens geht, das einem konkreten Bedürfnis dienen soll. Auch Schulfeste und Ausstellungen bieten gute Gelegenheit, Wissen und Können zu üben. Weit häufiger aber benutzt man das *Spiel,* um mehr oder weniger bewußte Ü.en anzuregen (Rechnen beim Würfel- oder Dominospiel, Lese-Lotto, „Erdkunde-Toto" usw.). Als Planspiel (z. B. Entwerfen eines Reiseprospektes für die Heimatstadt) erweckt es auch bei älteren Schülern Interesse und Mitarbeit. Ebenso beliebt ist der *Wettkampf* als Impuls bei allen Ü.en, die einen exakten Leistungsvergleich gestatten (Sport, Rechnen usw.). Gegenüber einer beliebig weiterlaufenden Ü. (z. B. Kettenaufgaben im Rechnen), die man *indefinite* Ü. nennt, bevorzugt das Kind die *definite* Ü., die auf einen Abschluß steuert, der nur unter bestimmten Bedingungen erreicht werden kann (Reiz der Spannung). Es gilt, die Initiative der Schüler durch Anleitung zur *Selbstkontrolle* und zu eigenem *Leistungsvergleich* zu wecken. Die wertvollste Motivation entspringt der *Einsicht* des Schülers in die Notwendigkeit der Ü.

3. *Übungshilfen.* Der Schüler muß zum richtigen Üben *angeleitet* werden. Dabei sollte er die wichtigsten Ü.sgesetze in der eigenen Erfahrung entdecken (Ganzlernverfahren, Einteilung der Ü.szeit, Wechsel der Ü.sform usw.). Die Ü. wird unterstützt durch *Strukturierung* des Stoffes (Stichworttext, übersichtliche Anordnung, Rhythmisierung, Faustskizze usw.). Um ein dauerndes Behalten zu sichern,

ist das *Überlernen* (H. EBBINGHAUS, W. C. F. KRUEGER) erforderlich, ein Wiederholen des Gelernten nach längeren Zeitabschnitten. Schon in den ersten Schuljahren kann man mit *Partnerübungen* beginnen: ein Kind liest die Aufgaben von Arbeitskarten vor, der Partner schreibt oder nennt die Lösungen, die dann an Hand der Karten kontrolliert werden. Die beste Hilfe ist die Eingliederung der Ü. in Aufgaben des *sinnvollen* Lebens (auch Schullebens).
4. *Folgerungen.* Die päd. Bedeutung der Ü. liegt in ihrem unersetzbaren Beitrag für das Verständnis und für die Menschwerdung des Menschen. In der Ü. steht nicht ein drängendes Problem am Anfang des Lernprozesses und motiviert das Lernen, es werden vielmehr in der Regel zunächst Einzelfunktionen und Einzelfertigkeiten gleichsam problemunabhängig geübt, um so allererst das Instrumentarium für spätere (sachgemäße) Problemlösungen bereitzustellen. – Gleichermaßen ist auch die Konzentrationsfähigkeit nicht nur Voraussetzung, sondern auch Ergebnis lange dauernder Ü.en (Montessoriphänomen, Ü. zum Hören). Die peripher bei einzelnen Sinnen ansetzende Ü. schult durch begrenzte Sensibilisierung nicht nur spezielle Fertigkeiten, sondern leistet auch – von außen nach innen wirkend – einen unverwechselbaren Beitrag zur Veränderung des ganzen Menschen (MONTESSORI).

Lit.: H. Ebbinghaus, Über das Gedächtnis (1885); E. Meumann, Ökonomie u. Technik des Gedächtnisses (⁵1920); E. L. Thorndike, The Psychology of Learning (1923); M. Montessori, Montessorierziehung für Schulkinder (1926); B. Kern, Wirkungsformen der Ü. (1930); M. Weise, Die Päd. Ü. (1932); W. Poppelreuter, Psycho-krit. Päd. (1933); J. Spieler, Erziehungsmittel (1944); E. R. Hilgard, Theories of Learning (³1956); H. Frank, Kybernet. Grundlagen der Päd. (1962); H. Aebli, Psychol. Didaktik (1963); K. Mierke, Konzentrationsfähigkeit u. Konzentrationsschwäche (1963); Hdb. f. Psychol., Bd. I, 2: Allg. Psychol., hrsg. v. R. Bergius (1964); H. Roth, Päd. Psychol. des Lernens (¹1966); C. F. van Parreren, Lernprozeß u. Lernerfolg (1966); M. Boensch, Wie sichere ich Ergebnis u. Erfolg in meinem Unterricht? (1967); F. Loser, Die Ü. im Unterricht, in: Zschr. f. Päd. (1968); K. Odenbach, Die Ü. im Unterricht (³1969); K. Foppa, Lernen, Gedächtnis, Verhalten (⁴1970, ausführl. Lit.); O. W. Haseloff - E. Jorswieck, Psychol. des Lernens (1970). – *Über Übungsmaterial* (Lehr-, Lern- u. Arbeitsmittel): H. Heumann, Hdb. der Unterrichtshilfen (1957).

I. u. II. *S. Grubitzsch.* III. 1., 4. *F. Loser,*
III. 2., 3. *K. Odenbach*

Übungsschule ↗Versuchsschulen

Übungswerkstätte ↗Handwerkliches Bildungswesen ↗Industrielles Bildungswesen

UCR (unconditioned reaction) ↗Konditionierung

UCS (unconditioned stimulus) ↗Konditionierung

UdSSR ↗Sowjetunion

Ulich, Heinrich Gottlob Robert
Amerikanischer Pädagoge, geb. 21. 4. 1890 in Riedermühl bei Lam (Bayern). Nach Studium an der Univ. Leipzig Assistent und Bibliothekar, 1923–33 Hochschulreferent im sächsischen Unterrichtsministerium, Honorarprof. für Philos. an der TH. Dresden (1928–33); Lektor für Erziehung (1934–36) und Prof. für Geschichte und Philos. der Erziehung (1937 bis 1960) an der Harvard University (USA). Als Vertreter des Idealismus hat U. die überwiegend pragmatische amerikan. Erziehungsphilosophie bereichert. Besonders wichtig war sein Einfluß auf die Vergleichende Erziehungswissenschaft sowie die Lehrerbildung in den USA.

Werke (Auswahl): Fundamentals of Democratic Education (New York 1940); History of Educational Thought (New York 1945, 1968); Three Thousand Years of Educational Freedom (Cambridge [Mass.] 1947, ²1954); Crisis and Hope in American Education (Boston 1951); The Human Career (New York 1955); Philosophy of Education (New York 1961); The Education of Nations: A Comparison in Historical Perspective (Cambridge, Mass. 1961, ²1967).

W. W. Brickman

Umgang
1. U. ist ein menschl. Wechselverhältnis zur Erfüllung natürlicher, unorganisierter und meist unreflektierter Gesellungsbedürfnisse. Vor allem jene Sozialverhältnisse sind U., die Sinn und Wert in der Erfahrung von Mitmenschlichkeit, Geselligkeit und Pflege gemeinsamer, nicht utilitär intendierter Daseinsinteressen finden. Obgleich oft mehr funktional als intentional, erfährt U. seine innere Ordnung durch soziale Konventionen („Spielregeln"). Einseitige Fixierung des päd. Denkens an organisierter, institutionalisierter Erziehung und Bildung hat darüber hinwegsehen lassen, daß Sozialität auch im U. in Offenheit und Freiheit möglich ist, dadurch können soziale Phantasie und Mobilität zur Geltung kommen. Phänomene wie Geselligkeit und Unterhaltung können in ihrer sozialen und päd. Relevanz begriffen werden, wenn dem U. kategoriale Bedeutung zugemessen wird.
2. Ein U.sverhältnis zwischen Menschen kann in ein Erziehungs- und Bildungsverhältnis umschlagen, wenn U. Bedingungen und Gelegenheiten für Erziehung und Bildung schafft (z. B. in der Familie, wenn aus bloßem Zusammensein Lernsituationen entstehen oder Eingriffe in kindl.-jgdl. Verhalten nötig werden). U. besagt, daß die Beteiligten (auch Erwachsene im Verhältnis zu Jgdl.n) sich als Partner in einer konkreten Lebenssituation erfahren. Dies ist eine unerläßliche Voraus-

setzung für wirksame Erziehung. Der Stil des U.s präformiert auch den der Erziehung: insofern sind päd. Stile nicht beliebig wählbar. Andererseits wirkt Erziehung zurück auf die Art des U.s. Dieser ist insofern päd. korrigierbar. So wichtig U. für Erziehung ist, so nötig ist doch eine Trennung beider Prozesse; denn eine durchgängige „Pädagogisierung" des U.s würde dem Zusammenleben etwa von Eltern und Kindern seine Spontaneität, Ursprünglichkeit und Freiheit nehmen. Der größte Teil der Eltern-Kind-Beziehungen basiert auf U., nicht auf Erziehung. Dementsprechend ist es eine zentrale päd. Aufgabe, U. in der Atmosphäre von Mitmenschlichkeit und Partnerschaft zu ermöglichen und die Beteiligten in die Regeln und Sitten des U.s „einzuspielen".
3. Eine *didaktische* Kategorie wird U. durch den „Umgang mit der Sache", durch das „Im-anderen-zu-sich-selber-Kommen" (J. DERBOLAV). Zumindest zur Weckung des Interesses an der Sache ist U. (auch als praktischer Sachkontakt) unerläßlich. Vor der eigentl. Lehre vermittelt U. bereits Sacherkenntnisse und setzt den Lernenden in ein konkretes, individuelles Verhältnis zum Gegenstand.
4. Bereits J. F. HERBART hatte an die „Wichtigkeit der Anknüpfung allen Unterrichts an Erfahrung und Umgang" erinnert. Doch liegen Tradition und Gegenwartsbedeutung des U.s nicht so sehr auf schulpäd. als auf außerschul. Gebiet.

In Anknüpfung an die Tradition weltmännischer Bildung (MONTAIGNE, CHESTERFIELD, LOCKE u. a.), für die Qualität des U.s sich im „savoir vivre", in Takt, Manier, „gutem Ton" und „Schicklichkeit", im „esprit de conduite" auswies, schuf A. KNIGGE in seinem Buch „Über den Umgang mit Menschen" (1788) das klass. Werk einer Literatur, für die „rechte Lebensart" zum Kriterium päd. Effizienz wurde. A. STIFTER überhöhte die Bedeutung von U. durch die These, alle Bildung sei nichts anderes als U.

Gegenwärtig ist die Gruppenpädagogik der Teilbereich der Päd., der sich am intensivsten mit dem Phänomen U. beschäftigt.

Lit.: J. F. Herbart, Päd. Schriften II (1878); F. Blättner, Vom Selbstverständlichen in der Erziehung, in: Vjschr. f. wiss. Päd. 30. (1954); J. Derbolav, Didaktik in der Lehrerbildung, in: Zschr. f. Päd., 2. Beih. (1960); M. J. Langeveld, Einf. in die theoret. Päd. (1965, ⁷1969).

F. Pöggeler

Umgangsformen ↗ Anstand

Umschulung
U. ist (schulrechtlich) Schulwechsel wegen Übergangs auf eine andere Schulart oder Wegzugs der Eltern. Sie erfolgt möglichst zum Schuljahrsbeginn. Sie kann auch von der bisher besuchten Schule angeordnet werden, z. B. bei Überweisung aus der Grundschule in die Sonderschule oder vom Gymnasium (Erprobungsstufe) in die Real- oder Hauptschule. Ferner kann U. nach einer Entlassung aus schuldisziplinären Gründen geboten sein. Die aufnehmende Schule verlangt bei U. ein Abgangszeugnis der alten Schule. Verläßt ein schulpflichtiger Schüler die Schule, ist die zuständige Grundschule oder das zuständige Schulamt zu verständigen. Schulwechsel in den letzten Klassen weiterführender Schulen macht Zustimmung der Schulbehörde erforderlich. Besondere Bestimmungen gelten für U. in den letzten 3 Monaten vor dem Versetzungstermin. Ist U. Wechsel des Schultyps, muß der Schüler nachweisen, daß er in den Hauptfächern den Anforderungen der neuen Schule gewachsen ist. In Sonderfällen kann die 3. Fremdsprache erlassen werden. Ausländischen Schülern soll 1–1½ J. Gewöhnungszeit gewährt werden.

H. Klein

Umstrukturierung
U. tritt beim Lernvorgang in Situationen auf, die eine Anpassung an neue Umstände fordern. Der U. steht dabei entgegen die Fixiertheit an eine durch aufeinanderfolgende Bewegungen entstandene Verknüpfung (Gewohnheitsbildung) oder an bestimmte Lösungstechniken: Man wendet selbst dann noch eingedrillte Methoden an, wenn sich einfachere Lösungen anbieten, oder hält an eingeübten Verhaltensweisen fest, die, etwa im Alter, nicht mehr adäquat sind (WERTHEIMER, KARSTEN).

KÖHLER hat eine plötzliche U. des Feldes („Einsicht", Aha-Erlebnis) bei Schimpansen beobachtet, die Hindernisse auf dem Wege zu außer Reichweite befindlichen Bananen durch den Einsatz von Hilfsmitteln oder Umweghandlungen überwanden. DUNCKER zeigt Methoden der Situations-, Material- und Zielanalyse, mit deren Hilfe einsichtige Lösungen erzielt werden können. Belastende Bedingungen, Zeitdruckeffekt, Angst erhöhen die Starrheit (HECKHAUSEN, LUCHINS). Hochmotivierte und erfolgszuversichtlich motivierte Personen zeigen geringere Starrheit als niedrig und mißerfolgsängstlich motivierte, denen eine U. ihres Verhaltens schwerer gelingt (ATKINSON).

☐ Denkpsychologie. Intelligenz. Struktur

Lit.: W. Köhler, Intelligenzprüfungen an Anthropoiden (1917); K. Duncker, Zur Psychol. des produktiven Denkens (1935, ²1966); H. Heckhausen, Allg. Psychol. in Experimenten (1969).

A. Karsten

Umwelt
1. *Begriff und Geschichte.* U. ist die Gesamtheit der von außen auf den Menschen wirkenden Faktoren, soweit sie subjektiv erfahr-

bar sind. Das Wort bezeichnet nicht allein die biophysischen Lebensbedingungen, um deren Sicherung durch „Umweltschutz" man heute zunehmend bemüht ist. U. umfaßt im päd. Sinne den komplexen Wirkungszusammenhang von Natur, sozialem Milieu und geistig-kulturellem Klima, in dem ein Mensch aufwächst und lebt.

U.einflüsse wurden von der Erziehungspraxis oft unterschätzt, obwohl päd. Denker immer wieder auf ihre Bedeutung hingewiesen haben. An die Macht der U. glaubten vor allem die Utopisten, die etwa durch den idealen Staat (z. B. PLATON) oder durch verordnete Nationalerziehung (z. B. FICHTE) die Menschen bessern wollten. Noch radikaler suchten Revolutionäre durch Änderung der äußeren Verhältnisse direkt den „neuen" (nordischen, kommunistischen oder antiautoritären) Menschen zu formen. U.änderungen wurden andererseits auch von Denkern gefordert, die an eine festgelegte Natur des Menschen glaubten, wie ROUSSEAU oder MONTESSORI. Sie verlangten jedoch nur, die U. optimal den vermeintlich prästabilisierten Anlagen und ihrer „gesetzmäßigen" Entwicklung anzupassen.

Eine vermittelnde Position nahmen dagegen Pädagogen ein, die U. und Erziehung in das rechte Verhältnis zu bringen bemüht waren, wie PESTALOZZI, der die Erziehung mit der „Individuallage" des Menschen koordinierte, oder FRÖBEL, der das Kind durch eine vorgeformte U. (Kindergarten, Spielgaben) zugleich von außen und innen her zur „Lebenseinigung" führen wollte.

2. *Grundsätze.* Nach der U.lehre des Biologen J. v. UEXKÜLL und nach neuen anthropolog. Erkenntnissen gilt heute als gesichert: a) U. ist nicht gleichzusetzen mit Welt, mit dem räumlich und geistig schlechthin Gegebenen. Es gibt *keine* für alle Menschen gleicher Umgebung *identische* U., jedes Individuum hat seine je besondere U. bzw. Eigenwelt. – b) U. und Ich sind wechselseitig durcheinander bedingt. Die U. bindet den Menschen nicht so starr wie andere Lebewesen, sie *prägt* jedoch ganz entscheidend seine Stimmungen, sein Denken und sein Verhalten. – c) Die U.bindung des Menschen ist in der frühen Kindheit am engsten. Sie verändert sich mit zunehmendem Alter durch Erweiterung des Erfahrungskreises und durch Differenzierung der individuellen Fähigkeiten. Der *Veränderungsprozeß* lockert die U.bindung und kann das Ich befreien. Er kann aber auch, trotz relativer Verselbständigung von Teilfunktionen, den Menschen insges. in ursprünglich nicht vorhandene Abhängigkeiten hineinmanipulieren (z. B. Konsumverhalten). Er wirkt dann prägungsverstärkend. – d) Die Prägewirkung der U. hängt ab von der Bedeutung, die das Ich den Faktoren zumißt. Diese Potenz der *Bedeutungsverleihung* bzw. Sinngebung ist beim Menschen nicht präformiert. – e) Weil der Mensch fähig ist, Nichtsubjektivem Sinn zu geben, vermag das Ich, *neue Umwelt aus bloß Ge*gebenem zu schaffen. Wenn jedoch mit diesem Machtzuwachs nicht auch ein Mehr an Verantwortung einhergeht, wird das Ich sehr leicht Gefangener oder Opfer seiner Eigenwelt (Süchte, Ideologien). – f) Die relative Freiheit des Menschen, Welt durch Sinngebung der Eigenwelt einzugliedern, macht erst planmäßige, direkt auf den einzelnen zielende *Erziehung möglich.* Doch macht erst Verantwortung, als einziger Ausweg aus U.-verstrickung, *Erziehung notwendig.*

3. *Folgerungen.* a) Erziehung wird sich, wenn sie Erfolg haben will, *nicht in Widerspruch* zu dem sich zu Beginn ganz, später zum größten Teil selbst regulierenden „funktionalen" Prozeß zwischen U. und Mensch setzen. Sie geht notwendig von der Eigenwelt des Kindes aus. Dabei legt die genuine U.-Ich-Korrelation es nahe, den Bildungsprozeß vom Umgang aus mehr fundamental, vom Sinn her, als elementar, von der Sache aus, beginnen zu lassen. – b) Als methodisches Prinzip empfiehlt sich für die Erziehung die ständige Vergegenwärtigung, daß Grundmotivationen, Sozialverhalten, Lernfähigkeit, Sprachstil, Leistungsbereitschaft, Werthaltungen usw. in der Hauptsache durch die U. konditioniert werden. Weil U.prägungen die Erziehung sowohl *unterstützen* als auch *stören,* gilt es, um der eigenen Effektivität willen die U.faktoren zu erkennen und mit direkten Maßnahmen abzustimmen. Hierbei erscheint die positive Einbeziehung der U. in den Erziehungsprozeß wirksamer als die oft kulturkritische Abwehr von U.einflüssen durch einen sterilen Schonraum. – c) Die Veränderbarkeit des Funktionszusammenhangs von U. und Ich erlaubt es der Erziehung, die U. ihren eigenen, auf den Heranwachsenden ausgerichteten Intentionen anzupassen. Sie braucht nicht untätig auf eine „Reifung" von Anlagen zu warten. Sie kann im Gegenteil durch den Aufbau einer vielseitigen *Anregungsumwelt* frühkindl. Begabungen provozieren und fördern. Dagegen ist eine *Umweltveränderung mit Restriktivcharakter* (Kinderklinik, Fürsorgeheim, Milieuwechsel) viel problematischer, obwohl in der sozialpäd. Praxis meist gebräuchlicher. Wird eine prohibitive „Isolierungs"-U. als „Strafe" angesehen und geht mit ihr ein päd. Liebesentzug einher, so wirkt sie sich gewöhnlich negativ aus. Gleichen sie jedoch die Erzieher durch Vertrauen und vermehrte, taktvolle Zuwendung aus, so können negative Verhaltensdispositionen abgebaut und positive Wirkungen angebahnt werden (vgl. DON BOSCO, FLANAGAN, MAKARENKO). – d) Sofern Erziehung die Emanzipation des Menschen aus seiner U.gebundenheit intendiert, wird sie

vorrangig die *offene Stelle* in der Polarität von U. und Ich *anzielen,* die nicht festgelegte Fähigkeit des Individuums zur Bedeutungsverleihung und Sinngebung. – e) Der bildungsgenetisch sekundäre Bezug von Mensch und Welt macht es jedoch möglich und nötig, das Ich von U. zu distanzieren, sie elementar objektivierend zu erschließen und dadurch subjektiv *verfügbar zu machen.* Doch die Ambivalenz solchen Verfügbarmachens läßt fragen, ob dies letztes päd. und didaktisches Ziel sein kann. – f) Erziehung berücksichtigt unabdingbar den fundamentalen Sachverhalt, daß U. zugleich *Existenzgrundlage und Gestaltungsaufgabe* des Menschen ist. Deshalb führt sie den Heranwachsenden aus der U.-bindung heraus (educatio) und stellt ihn zugleich in die U.verantwortung hinein (institutio).

☐ Erziehung. Funktionale und intentionale Erziehung Vorschulische Erziehung. Anpassung. Identifikation. Sozialisation. Umweltschäden

Lit.: A. Busemann, Beiträge zur päd. Milieukunde aus 30 Jahren (1956); J. v. Uexküll, Streifzüge durch die U.en von Tieren und Menschen (⁸1956); G. M. Teutsch (Hrsg.), Soziol. der päd. U. (1965); H. Roth (Hrsg.), Begabung u. Lernen (⁵1970).

K. Bozek

Umweltschäden
1. U. sind Anomalien der psychophys. Persönlichkeit und ihres Verhaltens, die durch Umweltfaktoren verursacht sind (Gegensatz: genetisch bedingte Schäden, ↗Humangenetik). Reine U. sind selten (z. B. Verletzungen von Mitfahrern bei Verkehrsunfällen); meist werden U. durch eine genetisch (mit-)bedingte Disposition erst ermöglicht. Dabei wird in der Regel der ältere kausal-konditionale *Umweltbegriff* benutzt; bei U., die auf psych. Wege (z. B. durch nicht dem Lebensalter entsprechende Fernsehfilme) zustande kommen, spielt jedoch auch die Umwelt im Sinne des phänomenolog. Umweltbegriffs von J. v. UEXKÜLL eine Rolle.
2. Säuglinge, Kinder und Jgdl. gehören zu den Personengruppen, die für U. bes. anfällig sind. Schäden, an deren Entstehung die Umwelt mehr oder weniger stark beteiligt ist, werden mit wechselnden Akzenten und in sich gegenseitig überschneidender Weise zusammengefaßt u. a. als: Behinderungen, ↗Lernstörungen, ↗Erziehungsschwierigkeiten und auffällige ↗Verhaltensweisen. Solange Päd. existiert, hat sie – von dem jeweiligen Standort aus – vor *Erziehungsfehlern* gewarnt, die zu U. führen können. Sozialpolitik und ↗Sozialhygiene richteten seit Ende des vorigen Jh. die Aufmerksamkeit darauf, daß in den *unteren sozialen Klassen* und bei der ↗Landbevölkerung häufiger Krankheiten auftraten und vermehrt zu bleibenden Schäden führten. Später hat die psychol. Forschung dort einen erhebl. Rückstand der geistigen Entwicklung und des Spracherwerbs nachgewiesen. Inzwischen hat sich durch Hebung der Lebensverhältnisse, soziale Krankenversicherung, allgemeine ↗Grundschule und Landschulreform manches gebessert. Schlecht ist immer noch die Situation der Kinder in ↗Obdachlosensiedlungen. S. FREUD und seine Schüler haben die Augen für schädl. Faktoren *in der Familie* geöffnet, die zu Verhaltensweisen wie ↗Enuresis oder sexuellen Auffälligkeiten führen können. A. ADLER hat auf Wirkungen einer ungünst. Position in der ↗Geschwisterreihe sowie auf Minderwertigkeitskomplexe, die u. a. an scheinbar harmlose anatom. Besonderheiten anknüpfen und weittragende Folgen haben können, hingewiesen. Besonders H. ZULLIGER verdanken wir die Erkenntnis, wie verschiedenartig die Umwelteinflüsse sind, die zu ↗Diebstählen führen. Die Erkenntnis, daß Maßnahmen wie ↗Strafen, autoritärer ↗Erziehungsstil häufig schädliche Wirkungen haben, ist Ergebnis verschiedener Forschungsrichtungen. Nicht selten ruft auch der Aufenthalt in Heimen und Krankenhäusern U. hervor (↗Hospitalismus).
3. Die ↗Kinder- und Jugendpsychiatrie, ↗Sozial- und ↗Psychohygiene bemühen sich um Verhütung und Heilung der U. Für die Päd. bedeutsame Teilbereiche der ↗Hygiene sind Arbeitshygiene und „Umwelthygiene" (hier Umwelt im engeren Sinne). Neuere Arbeitsgebiete sind: Prävention von *Strahlenschäden,* die durch die Ausbreitung von Röntgendiagnostik und -therapie sowie durch die Vermehrung der Atomkraftwerke steigende Bedeutung erhalten und auch das menschl. Erbgut gefährden. Schutz gegen die *Verunreinigung der Luft* durch Industrie-, Hausbrand- und Autoabgase, die in Industrie- und Ballungszentren bei ungünstigen Wetterlagen bereits vielfach zu Vergiftungserscheinungen, wie Mattigkeit und Kopfschmerzen, führen; Kontrolle der *Schädlingsbekämpfungsmittel* (Pestizide), von denen sich bereits heute Spuren in unserer Nahrung finden. – Die Verhütung von U. der verschiedensten Art ist eine große Aufgabe, zu der auch die Päd. (für Schule vgl. K. Mierke) beitragen kann und muß.

☐ Behinderte Kinder. Heilpädagogik. Psychohygiene. Waldschule. Sozialpädagogik. Umwelt. Kinderkrankheiten. Säuglings- und Kinderpflege. Schulhygiene. Schularzt. Kinder- und Jugendpsychiatrie. Kulturelle Deprivation

Lit.: H. Hetzer, Kindheit u. Armut (1929); H. Zulliger, Helfen statt Strafen bei jgdl. Dieben (1956, ³1967); H. Meng, Psychohygien. Vorlesungen (1958); Th. Hellbrügge, Kindl. Entwicklung u. soziale Umwelt (1964); O. Geissler, Kulturhygiene (1965); K. Mierke, Psychohygiene im Schulalltag (1967); H. Gärtner - H. Reploh, Lb. der Hygiene. Präventive Medizin (²1969); H. v. Bracken, Humangenet. Psychol., in: P. E. Bekker, Humangenetik, Bd. I/1 (1969); W. Bommer, Die Gefährdung des Menschen durch die Verunreinigung seiner Umwelt, Vortrag VHS. Marburg (1970); U. Oevermann, Sprache u. soziale Herkunft (1970); W. Zimmermann, Ist Hygiene noch aktuell?, in: Dt. Ärztebl. 68 (1970); G. G. Wendt (Hrsg.), Genetik u. Gesellschaft (1970); D. Widener, Kein Platz für Menschen (1971).

H. v. Bracken

Umweltschutz ↗ Naturschutz

Unabhängige Variable ↗ Experiment, psychologisches

Unamuno y Jugo, Miguel de
Spanischer Schriftsteller, geb. 29. 9. 1864 in Bilbao, gest. 1. 1. 1936 in Salamanca; seit 1891 Prof. für griech. Philologie an der Univ. Salamanca; wegen antikonformistischer Ideen 1924–30 verbannt. – U. war ein Feind jedes Dogmatismus und des Systemdenkens, dem er, ähnlich wie KIERKEGAARD, die Spannung des Paradoxons entgegenstellte. Kernfrage seines Denkens war das Thema der Unsterblichkeit der Seele. – Er übte zu seiner Zeit großen Einfluß auf das soziale Leben Spaniens aus.
Werke: En torno al casticismo (²1902); Vida de Don Quijote y Sancho (1905); Del sentimiento trágico de la vida (1913); La agonía del cristianismo (1931); Ges.-Ausg., hrsg. v. M. García Blanco, 16 Bde. (Madrid 1950–64); Ges. Werke, hrsg. u. übers. v. O. Buck (1925 bis 1933).
Lit.: E. Salcedo, Vida de M. de U. (Salamanca 1964); A. Lacy, M. de U. The Rhetoric of Existence (Den Haag 1967); P. Turiel, U. El pensador, el creyente, el hombre (Madrid 1970).

J. Sánchez

Unbestimmte Verurteilung ↗ Jugendstrafe

Unbewußtes ↗ Tiefenpsychologie

Unda
U. (lat. = Welle) ist die zentrale internat. kath. Vereinigung der für die Rundfunk- und Fernseharbeit des jeweil. Landes zuständigen nationalen kirchl. Zentralstellen in allen Erdteilen; gegr. 1928 in Köln durch B. MARSCHALL.
Ziele: Koordinierung der Arbeit der nat. Zentren (z. B. bei Eurovisionsangeboten), Erfahrungsaustausch auf internat. Ebene (ständiger U.beobachter bei den UN) sowie internat. Repräsentation der kath. Kirche in Hörfunk und Fernsehen. Zur Verbesserung religiöser Programme sind die internat. Studienwochen und Wettbewerbe vor Sevilla und Monte Carlo (seit 1958) fruchtbar. Besondere Aufgabe ist der Ausbau von Radioschulen in den Entwicklungsländern.

Zentren in der BRD: Bonn, Wittelsbacher Ring 9 (Hörfunk); Frankfurt a. M., Grillparzerstraße 30 (Fernsehen).
Lit.: J. Schneuwly, Unda, in: K. Becker - K. A. Siegel (Hrsg.), Rundfunk u. Fernsehen im Blick der Kirche (1957); U.-Jahrbücher (Fribourg [Schweiz] seit 1963); Internat. Hdb. f. Rundfunk u. Fernsehen (1967–68).

W. Brüning

Underachievement ↗ Leistung

Unehelichenrecht ↗ Nichteheliches Kind

Unehrlichkeit ↗ Lüge

UNESCO
UNESCO (= United Nations Educational, Scientific and Cultural Organization) ist die Organisation der Vereinten Nationen für Erziehung, Wiss. und Kultur.

1. Entstehungsgeschichte. Der Gedanke einer organisierten multilateralen Zusammenarbeit in Erziehung und Kultur trat erst nach dem 1. Weltkrieg stärker in Erscheinung. Im Rahmen des Völkerbundes wurde 1922 eine „Commission internationale pour la Coopération Intellectuelle" gegründet, die als Vorgänger der UNESCO anzusehen ist. Diese Kommission bestand nicht aus Mitgliedstaaten, sondern aus einzelnen Persönlichkeiten (z. B. B. BARTÓK, H. BERGSON, A. EINSTEIN). Sie diente dem Völkerbund als beratendes Organ. Daneben trat 1925 das von Frk. begründete „Institut pour la Coopération Intellectuelle" sowie das im gleichen J. durch eine private Stiftung in Genf eingerichtete „Bureau International de l'Éducation", das heute der UNESCO untersteltlt ist. Diese Ansätze fanden ihr Ende durch den Ausbruch des 2. Weltkrieges.
Aus einer 1942 von der brit. Regierung einberufenen Erziehungsministerkonferenz, an der vornehmlich die Exilregierungen der von Dtl. besetzten Staaten teilnahmen, ging die „Permanent Conference of the allied Ministries for Education" hervor. 1944 traten die USA dieser Konferenz bei und legten einen Plan vor, der auf die Schaffung einer Weltorganisation für Erziehung, Wiss. und Kultur hinauslief. Dieser Plan bezog sich auf die Artikel 1, 55 sowie 62 ff. der Charta der Vereinten Nationen (UN), in denen eine enge Zusammenarbeit aller Mitgliedstaaten zur Lösung humanitärer, sozialer und kultureller Probleme gefordert wird. Im Nov. 1945 fand eine weitere Konferenz statt, an der 44 Mitgliedstaaten der UN teilnahmen. Dabei wurde die spätere Verfassung der UNESCO ausgearbeitet und deren Errichtung durch Unterzeichnung des Verfassungsentwurfs beschlossen. Die Verfassung trat am 4. 11. 1946 in Kraft.

2. Ziele und Aufgaben. Die Konzeption der UNESCO kommt in Art. 1 der Verfassung zum Ausdruck: „Ziel der Organisation ist es, durch Förderung der Zusammenarbeit zwischen den Völkern auf den Gebieten der Erziehung, Wissenschaft und Kultur zur Wahrung des Friedens und der Sicherheit beizutragen, um in der ganzen Welt die Achtung vor Recht und Gerechtigkeit, vor den Menschenrechten und Grundfreiheiten zu stärken." Die Verfassung nennt einige der sich daraus ergebenden *Aufgaben*: „Mitarbeit am am Aufbau des Erziehungssystems derjenigen Mitgliedstaaten, die dies wünschen", die

Schaffung „gleicher Bildungsmöglichkeiten für alle ohne Ansehen der Rasse, des Geschlechts oder wirtschaftlicher oder sozialer Unterschiede" sowie die Entwicklung von „Erziehungsmethoden, die am besten geeignet sind, die Jugend der ganzen Welt auf die Verantwortlichkeiten freier Menschen vorzubereiten".

Die 16. Generalkonferenz (Okt./Nov. 1970) beschloß, daß in den Jahren 1971–1972 die Programme der UNESCO im Erziehungsbereich *zwei Hauptzielen* dienen sollen: der Erziehung für alle („démocratisation de l'enseignement") und der ständigen Weiterbildung („life-long education"). Die Bildungshilfe für ↗ Entwicklungsländer und die Alphabetisierungskampagne sollen intensiviert und ausgeweitet werden. Schließlich soll die Jugend stärker als bisher an den Entwicklungsprojekten der Organisation beteiligt werden.

3. Oberstes Organ der UNESCO ist die *Generalkonferenz*. Sie besteht aus Regierungsvertretern der 125 Mitgliedstaaten (1971) und tritt gewöhnlich alle zwei J. zusammen. Sie bestimmt die Zielsetzung und die allg. Richtlinien der Arbeit und wählt den Exekutivrat. Der *Exekutivrat* (1971: 34 Mitglieder) überwacht die von der Generalkonferenz beschlossenen Programme und dient als leitendes Gremium zwischen den Generalkonferenzen. Im *Sekretariat* in Paris sind unter der Leitung des Generaldirektors (seit 1964 René MAHEU, Frk.) über tausend Fachleute aus fast allen Mitgliedstaaten mit der Ausführung der Programme beschäftigt. Unter den fünf *Hauptabteilungen* (Erziehung, Naturwiss.en, Kultur- und Sozialwiss.en, Informationswesen und Verwaltung) hat die Erziehungsabteilung den größten Umfang. Ihre Arbeit wird in Europa durch drei der UNESCO angeschlossene Institute unterstützt: das *Institute for Educational Planning* in Paris, das *Bureau International de l'Éducation* in Genf und das *UNESCO-Institut für Pädagogik* in Hamburg. Die in den meisten Mitgliedstaaten gegründeten Nationalkommissionen bilden die Partner der Organisation in den einzelnen Ländern. Hervorzuheben ist der multilaterale Charakter der Arbeitsmethoden, der seinen Ausdruck oft in regionalen Projekten findet (Bekämpfung des ↗ Analphabetentums, Lehrerausbildung, audio-visuelle Erziehung). Für die Ausführung des Programms stehen in der Arbeitsperiode 1971–1972 rund 90 Mill. $ im ordentl. Haushalt zur Verfügung; hinzu kommen weitere Mittel aus Sonderfonds der UN.

4. *Deutschland und die UNESCO*. Schon vor Gründung der BRD entsandte die UNESCO Sachverständige nach Dtl., deren Tätigkeit später im Sinne des amerikan. Begriffs der „re-education" interpretiert worden ist. 1950 entstand in Frankfurt a. M. ein „Deutscher Ausschuß für UNESCO-Arbeit", der gemeinsam mit der Bundesregierung die Aufnahme in die UNESCO vorbereitete. Am 11. 7. 1951 trat die BRD als Vollmitglied der UNESCO bei. 1952 wurde die *Deutsche UNESCO-Kommission* gegründet (Sekretariat in Köln). Das Auswärtige Amt unterhält in Paris eine eigene *Gesandtschaft* bei der UNESCO. Finanziell leistet die BRD den drittgrößten Beitrag: in der Haushaltsperiode 1971–1972 6,6 % von rd. 90 Mill. Dollar. Die BRD verfügt über einen Sitz im Exekutivrat und ist in zahlreichen anderen Gremien der Organisation vertreten. Das *UNESCO-Institut für Pädagogik* in Hamburg gibt die „Internationale Zeitschrift für Erziehungswissenschaft" heraus. Die DDR ist nicht Mitglied der UNESCO. In Ost-Berlin besteht ein „Komitee für UNESCO-Arbeit in der DDR", das jedoch von Paris nicht anerkannt wird. Vertreter der DDR sind in verschiedenen nichtstaatl. internat. Organisationen Mitglied, die der UNESCO angeschlossen sind.

5. *Kritische Würdigung*. In ihrer über 20jähr. Geschichte spiegelt die UNESCO die Entwicklung in der Welt seit 1945 wider. Der erste Generaldirektor, Sir Julian HUXLEY, versuchte die Organisation durch die Idee eines neuen Humanismus zur Vorkämpferin für eine „Weltkultur" und einen dauerhaften Frieden zu entwickeln. Dieser Versuch scheiterte an Widerständen ideologischer Art und nicht zuletzt an dem sich zuspitzenden Ost-West-Konflikt. In den 50er J. geriet die Organisation in das Spannungsfeld der Weltpolitik, das ihre Arbeiten weitgehend lähmte. Erst durch die zunehmende Bedeutung der Länder der „Dritten Welt" (die heute etwa ²/₃ der Mitgliedstaaten ausmachen) gewann die UNESCO ab 1960 wieder an Bedeutung, die bis heute ständig gewachsen ist.

Die UNESCO ist eine der größten Sonderorganisationen der UN. Darin liegt auch ihre Schwäche. Eine unübersehbare Fülle von Projekten, verwaltet von einer riesigen Bürokratie, führt in manchen Fällen zu negativen Ergebnissen (z. B. bei der Bekämpfung des Analphabetismus). Auf der 16. Generalkonferenz 1970 haben daher zahlreiche Mitgliedstaaten eine stärkere Schwerpunktbildung im Programm und eine rationellere Verwaltung gefordert.

☐ Analphabetismus. Internationale pädagogische Vereinigungen. Entwicklungsländer, Pädagogik der

Lit. (Auswahl): J. Huxley, U. – its Purpose and its Philosophy (Washington 1948); Pius XII, L'éducation, la science et la culture (Paris 1956); H. Kipp, U. – Recht, sittl. Grundlage, Aufgabe (1957); W. H. C. Laves - C. A. Thomson, U. – Purpose, Progress, Prospects (London 1958); J. Thomas, U. (Paris 1962); U. – Aufbau u. Programm (⁴1964); R. Maheu, La Civilisation de l'Universel (Paris 1966).
Periodika: UNESCO-Dienst (1954 ff.); Internat. Zschr. für Erziehungswiss. (Den Haag 1955 ff.); UNESCO-Kurier (1960 ff.); Yearbook of the UN (New York 1946 ff.).
Bibliogr.: UNESCO Publications List (Paris 1961 ff.); Bibliogr. der dt.sprach. UNESCO-Lit. (1968).

F. Zeit

Ungarn
Volksrepublik; Fläche 93 000 qkm, Bev.: 10 300 000 (1970).

I. Geschichtliche Entwicklung und Grundsätze des Bildungswesens

Allgemeine Grundschulpflicht besteht seit 1868. Der Mittelschulunterricht wurde zum ersten Mal durch das Mittelschulges. des J. 1883 zentral geregelt. Die Ungar. Räterepublik von 1919 traf in bezug auf die Volksbildung eine Reihe von demokrat. Maßnahmen, die erst nach 1945 verwirklicht werden konnten.

In der Zeit zwischen den beiden Weltkriegen – während des Horthy-Regimes – war das ungar. Schulsystem rückständig und antidemokratisch. Die Schulpflicht dauerte sechs J. (6.–12. Lj.). Nach den ersten vier Grundschulklassen bestanden drei Möglichkeiten zur Weiterbildung: (1) die 5. und 6. Kl. der Grundschule (70 % der Schüler), die lediglich zur Lehrlingsausbildung hinführte; (2) die vierklass. Bürgerschule (ca. 14 % der Schüler); ein kleiner Prozentsatz der Bürgerschüler konnte anschließend auf Lehrerbildungsanstalten und Fachschulen – später Fachmittelschulen – übergehen; (3) die achtklass. Mittelschule, die mit dem Abitur abschloß (10 % der Schüler). Bis 1934 gab es Gymnasien, Realgymnasien, Realschulen und Töchterschulen, danach nur noch einheitliche Knaben- und Mädchengymnasien. 1940 wurde die Grundschulpflicht auf 8 Kl. ausgedehnt, doch wegen des Krieges nur an wenigen Orten verwirklicht. Die Bildungspolitik des Horthy-Regimes gründete sich nicht nur auf Klassen-, sondern auch auf Rassenunterschiede. Angehörige der nichtungar. „Rassen und Nationalitäten" durften nur in beschränkter Zahl an Univ.en und Hochschulen aufgenommen werden. Die Mehrzahl der Grundschulen, Mittelschulen und Lehrerbildungsanstalten gehörten den Kirchen, vorwiegend der kath. Kirche.

Nach 1945 wurde aus dem Königreich eine Volksrepublik. Produktionsverhältnisse und gesellschaftliche Verhältnisse wurden sozialistisch. In den letzten Jahrzehnten entstand aus dem zurückgebliebenen Agrarland ein Industriestaat auf mittlerem Entwicklungsniveau.

Die Veränderungen auf dem Gebiet der Volksbildung vollzogen sich nach folgenden Grundsätzen: (1) Schaffung eines einheitl. demokrat. Bildungssystems, das jedem Kind die Möglichkeit bietet, seine Fähigkeiten allseitig zu entwickeln. (2) Beseitigung aller diskriminierenden Rassen- und Nationalitätsunterschiede; Gleichberechtigung der Geschlechter, Recht auf Unterricht in der Muttersprache für die nichtungar. Nationalitäten (Deutsche, Slowaken, Rumänen, Südslawen). (3) Trennung von Kirche und Staat, einheitliche Erziehung im Geist des Sozialismus und Patriotismus.

Im J. 1948 wurden alle Grund- und Mittelschulen (mit Ausnahme von 10) verstaatlicht. Entsprechend der mit den Kirchen geschlossenen Vereinbarungen bestehen weiterhin 7 Gymnasien kath. Orden und 3 Gymnasien anderer Kirchen. Das Ges. über das Bildungssystem der Ungarischen Volksrepublik von 1961 erweiterte die Schulpflicht von 8 auf 10 J. (vom 6. bis zum 16. Lj.).

II. Aufbau des Bildungswesens

1. Von den Kindern unter 6 J. besuchten 1970 52,1 % einen *Kindergarten*. Kinder unter 2½ J. können in einer *Kinderkrippe* untergebracht werden.
2. Die *achtklassige Grundschule* gliedert sich in die vierklass. Unterstufe und die vierklass. Oberstufe, auf der der Unterricht von Fachlehrern erteilt wird. Mit Rücksicht auf die Kinder, deren beide Elternteile arbeiten, wurden zahlreiche *Ganztagsschulen* eingerichtet, die von 17,3 % der Grundschüler besucht werden. Außerdem wurden zahlreiche Internate und Schülerheime (für Grund- und Mittelschulen) und Studentenheime geschaffen. Einer großen Zahl von Schülern und Studenten werden Stipendien gewährt. 1967/1968 absolvierten 91,1 % der entsprechenden Altersgruppe die 8. Kl. der Grundschule, im Vergleich zu 19,9 % im Schj. 1937/38 (4. Kl. der Bürgerschulen und Gymnasien). Auf der achtklass. Grundschule bauen die vierklass. Mittelschule und die Gewerbeschulen auf, die im allg. drei Klassen umfassen. Kinder, die nach Abschluß der Grundschule weder eine Mittel- noch eine Gewerbeschule besuchen, sind verpflichtet, die beiden restl. Pflicht-Schj. an einer *Weiterbildungsschule* zu absolvieren (1968/69: 13,6 % der Grundschulabsolventen).
3. Es existieren zwei Typen von *Mittelschulen*: Gymnasien und Fachmittelschulen. Ein *Gymnasium* ist eine Mittelschule allgemeinbildenden Charakters. Es gibt Kl.n mit allg. Lehrplan und solche mit erweitertem Unterricht, z. B. in Fremdsprachen, Mathematik, Physik, Chemie, Biologie, Musik. In der *Fachmittelschule* können die Schüler eine moderne allg. Bildung und außerdem eine Fachausbildung auf mittlerem Niveau erwerben. Beide Typen schließen mit dem Abitur ab. 1968 gingen 20,3 % der Grundschulabsolventen auf Gymnasien, 17 % auf Fachmittelschulen über.
4. Die *Gewerbeschulen* bilden den Facharbeiter aus. Das Ges. über die Facharbeiterausbildung (1969) ermöglicht eine sog. Facharbeiterausbildung höheren Niveaus; bei dieser Ausbildung ist der Anteil des allgemeinbildenden Bildungsstoffes größer. Danach kann der Schüler ohne besondere Prüfung in die 3. Kl. einer entsprechenden Fachmittelschule aufgenommen werden. Auf diese Weise können auch Schüler von Gewerbeschulen an die Univ.en und Hochschulen übergehen. 1968 nahmen die Gewerbeschulen 49,1 % der Grundschulabgänger auf.
5. Schüler mit Abitur können nach einer Aufnahmeprüfung in *Universitäten* und andere *Hochschulinstitutionen* aufgenommen werden. Die Zahl der Studierenden an den Hochschulen hängt vom Bedarf des wirtschaftl. und kulturellen Lebens ab. Die Zahl der Studierenden hat sich im Vergleich zur Vorkriegszeit bedeutend erhöht: von 11 747 an 16 Hochschulen (1937/38) auf 78 889 an 87 Hochschulen (1969/70), wovon 53 237 Direktstudenten, 16 496 Fernstudenten und 9156 Abendstudenten sind.

Im einzelnen existieren folgende hochschulmäßige Institutionen: a) *Technika* mit einer 3 J. umfassenden Ausbildung; b) *Kindergärtnerinnenfachschulen* und *Lehrerbildungsanstalten* für die ersten vier Kl. der Grundschule mit einer Ausbildungszeit von 2 bis 3 J.; c) *Hochschulen* mit einer Studienzeit von 4 J.: PH.n, TH.n und landwirtschaftliche Hochschulen, die Hochschule für Körperkultur, die Hochschule für Heilpäd. An ihnen werden Fachlehrer für die obersten vier Kl. der Grundschule, Kunsterziehungslehrer für alle Schultypen, Künstler, Betriebsingenieure usw. ausgebildet; d) *Universitäten* mit einem Studiengang von 5 bzw. 6 J.: allgemeine Univ.en mit jurist., philos. und naturwiss. Fakultät, Medizinische Univ.en, Landwirtschaftliche Univ.en, die Univ. für Ökonomie, Hochschulen mit Univ.scharakter.

Die Studenten verlassen die Univ. mit einem Fachdiplom (Mittelschullehrer, Diplomingenieur usw.). Den Titel Doktor einer Univ. erhalten aufgrund des absolvierten Univ.sstudiums den Traditionen entsprechend nur die Mediziner und Juristen. Die Absolventen, die einen höheren wiss. Grad anstreben, müssen eine Aspirantur (3 J.) durchlaufen. Danach können sie den Kanditatentitel erwerben. Der höchste wiss. Grad ist der eines Doktors der Wiss.en. Beide Titel werden vom wiss. Qualifizierungsausschuß verliehen, der im Rahmen der Ungarischen Akademie der Wiss.en tätig ist.

6. Nach 1945 eröffneten sich auch für *Erwachsene* zahlreiche Möglichkeiten zur Erreichung der Grund- und Mittelschulbildung. Hunderttausende erwarben im Fern- oder Abendstudium den Grundschulabschluß oder das Abitur, Zehntausende kamen über das Fern- oder Abendstudium zum Hochschulabschluß. 1967/68 lernten 34 800 Personen im Abend- und Fernstudium an Grundschulen, 123 500 an Mittelschulen.

III. Probleme und Entwicklungstendenzen

1. Für Arbeiter- und Bauernkinder ist die Gleichheit der Bildungschancen noch nicht voll verwirklicht. Bes. in den bäuerl. Gebieten gibt es noch weniggegliederte Grundschulen, die durch Kreisgrundschulinternate zu ersetzen sind. Zur Zeit gibt es 84 Grundschulen mit angeschlossenem Internat.
2. Das Unterrichtsniveau muß gehoben werden. Daher sind in jedem Schultyp neue, wirksamere Methoden und moderne techn. Hilfsmittel einzuführen; moderne Formen der Verbindung des Unterrichts mit dem Leben müssen ausgearbeitet, eine Reform des Hoch- und Fachschulunterrichts durchgeführt werden.
3. Versuche zur bestmöglichen Modernisierung der Lehrpläne sind durchzuführen, z. B. Reform des Unterrichts in der Muttersprache, moderner Mathematikunterricht.
4. Wissenschaftliche Grundlagen für die Planung des Schulsystems sowie ein Perspektivplan für das ungar. Volksbildungssystem müssen erarbeitet werden. Versuche zur Weiterentwicklung des Schulsystems sind anzustellen.
5. Die staatsbürgerl., moral., ästhet. und körperl. Erziehung der Jugend, ihre Fähigkeit zur Selbstverwaltung im Dienste positiver Ziele muß entwickelt werden. Im Interesse all dieser Aufgaben ist auf die Jugendforschung besonderes Gewicht zu legen.

Lit.: V. v. Zsolnay, Das Schulwesen in der Ungar. Volksrep. (1968); H. Deubler, Die Entwicklung der allg.bildenden Mittelschule in der Volksrep. Ungarn, in: Vergl. Päd., H. 1 (1968); N. Grant, Society, Schools and Progress in Eastern Europe (Oxford 1969).

G. Ágoston

Ungehorsam
B. = Bildung(s), E. = Erziehung(s), G. = Gehorsam(s), U. = Ungehorsam(s)

Die Forderung einer „Erziehung zum Ungehorsam als Aufgabe einer demokratischen Schule" (K. STORCH) rüttelt an dem langgehegten dui. Dogma, daß G. und Vertrauen zur „pädagogischen Atmosphäre" gehören, in der allein der Mensch Mensch werden kann, in der allein B. und E. möglich sind. Diese Befangenheit in ihrer eigenen Dogmatik kann sich die E. heute, da sie sich als Teil des gesellschaftl. Lebens, gesellschaftlicher Selbstverständigung und Wandlung versteht, nicht mehr leisten. Sie steht am Beginn einer fundamentalen Erneuerung. – G. wurde definiert als Zustimmung des Willens und des Verhaltens auf Grund von Autorität. Wenn heute eine *anti-autoritäre Erziehung* Autoritäten grundsätzlich in Frage stellt, dann hat auch der G. seine für die E. grundlegende Rolle ausgespielt. Was solche Infragestellung aber positiv für E. besagt, ist mit negativen Formulierungen wie *anti*-autoritäre E. und *Un*gehorsam noch nicht bezeichnet.

I. Das Gehorsamsverständnis in der abendländischen Geschichte

1. Gehorsam als Bedingung des Heils der Seele. Von einer älteren Vorlage („Regula magistri") hatte BENEDIKT v. Nursia (gest. etwa 547) die Idee des Klosters als einer „Schule für den Dienst des Herrn" übernommen. Der G. nimmt in dieser Schule die hervorragende Rolle ein: „ . . . mein Sohn . . . nimm die Mahnung des gütigen Vaters willig auf, und erfülle sie im Werk, damit du durch die Mühen des Gehorsams zu dem heimkehrst, dem du durch die Trägheit des Ungehorsams entlaufen bist . . . du ergreifst die starken und glänzenden Waffen des Gehorsams, um dem Herrn Christus, dem wahren König, als Soldat zu dienen . . . Die höchste Stufe der Demut ist der Gehorsam ohne Zögern", und ein Leben in Demut ist ein Aufwärtssteigen zur „Erhöhung im Himmel". Später, bei BERNHARD von Clairvaux (1091–1153), wird der G. mit der Demut als identisch angenommen und also selbst zur scala beatitudinis. Je schwie-

riger die Erfüllung eines Gebotes des Oberen, in dem sich Gottes Wille kundgibt, ist, desto höher ist die Leistung des G. zu bewerten. Totale Disziplinierung ist dann für die Societas Jesu, für das Schulwesen der ↗Jesuiten typisch. „. . . Weil der Obere . . . Gottes Stelle vertritt . . . deshalb muß man ihm gehorchen" (IGNATIUS v. Loyola).
In der Päd. CALVINs nahm neben der Kirchenzucht der G. eine zentrale Stelle ein, und für LUTHER ist er einer der Gründe seiner Forderung nach Errichtung eines neuen Schulwesens (1524). Hierzu bedarf es keiner mönchischen Gelübde: Der G. ist „jene katholische Demut, die im Evangelium überliefert ist". In der Zeit der protest. Orthodoxie wird dann von der hierarchisch gegliederten Gesellschaft die Wahrheit des Evangeliums immer entschiedener auf dem Hintergrund des Verhältnisses zwischen Herr und Knecht exegesiert, wobei dieser jenem unbedingten G. schuldig ist.

2. *Gehorsam als Bedingung der Ehre und der „irdischen Wohlfahrt".* Die militärische Form des G. lebte im Offizierskorps weiter; ebenso der Stellvertretungsanspruch der Ordensoberen in der G.forderung des Gottesgnadentums gegenüber den Untertanen. In diesen säkularen Varianten des theol. G.verständnisses ist aber in der Neuzeit nicht mehr das Heil der Seele Endpunkt des gehorsamen Emporsteigens, sondern die individuelle Selbstdarstellung in der Ehre oder der Untertanen zeitliche Wohlfahrt: a) „Die Ehre des Soldaten liegt nicht im Besserwissen und Besserwollen, sondern im Gehorsam" (SEECKT, 1923). „Wahre Ehre kann ohne Treue bis in den Tod . . . [ohne] selbstverleugnenden Gehorsam nicht bestehen" („Die Grundlagen der Erziehung des Heeres", 1921). – b) 1820 heißt es in den „Pflichten der Unterthanen gegen ihre Monarchen – Zum Gebrauch der deutschen Schulen": „Der Gehorsam der Unterthanen besteht darin, daß sie die Landesgesetze genau halten und die Gebothe des Landesherrn willig und gern erfüllen . . . Die Unterthanen sollen nicht allein den guten, sondern auch den bösen Landesfürsten gehorchen . . . Wenn gleich der Gehorsam den Unterthanen beschwerlich wird, wenn sie gleich einigen Verlust an ihren Gütern leiden müssen, so sollen sie doch Gehorsam leisten."

II. Die Krise des Gehorsams in der neuzeitlichen Pädagogik

Indem die Selbsttätigkeit in der Neuzeit zum letzten metaphysischen Grund erhoben wird, mußte mit der Verselbständigung des Individuums und der ihm zugeschriebenen Wahlfreiheit der G. immer mehr an Bedeutung verlieren.

Dennoch bleibt der G. für die Päd. immer noch eine anzustrebende Haltung (F. MÄRZ); neben der Dankbarkeit gehört er zu den „kindlichen Tugenden" (O. F. BOLLNOW). Der G. des Kindes macht zwar eine Wandlung durch: anfangs resultiert er aus einer gefühlsmäßigen Bindung, später ist er eine Bejahung aus freier Entscheidung (BOLLNOW). Die Genese des U. wird in der Päd. beschrieben und auf Aktionen zurückgeführt, die Reaktionen der Antipathie (Aggressionen) hervorrufen und somit die „Substanz" von G. und Autorität treffen (E. E. GEISSLER). Man nimmt U. als phasenspezifische Unregelmäßigkeit in Kauf; man konstatiert die „Krise des Gehorsams" und klassifiziert die Formen des U. in „starr-mechanische" und „beweglich-schöpferische Reaktionen" (H. DIETZ), aber nur um die „Phantasie" des Erziehers in der Überwindung des U. zu beflügeln.
Trotz der prinzipiellen Infragestellung des G. als Verhältnis des Menschen zu einer über ihm stehenden Autorität, welches zu seiner Bildung (Heil der Seele, Ehre, irdische Wohlfahrt) unerläßlich ist, konnte er sein Feld in der Päd. deshalb behaupten, weil er in seiner Rigorosität abgespannt wurde: er sollte freiwillig, einsichtsvoll, still, selbstverständlich, ein Merkmal personaler Existenz sein; der äußerliche, erzwungene, widerwillige, blinde G. wurde als auflösend für den ↗Pädagogischen Bezug zurückgewiesen. Derart kritisch ist G. beim Kinde noch nicht vorauszusetzen, weil ihm die kritischen Akte noch nicht zur Verfügung stehen (F. MÄRZ), sondern nur als „vertrauensvolle Bereitschaft des Kindes, den herantretenden Anforderungen in einer freudigen Bejahung zu entsprechen und sich mit ihnen zu identifizieren" (BOLLNOW).

III. Ungehorsam als Prinzip einer „kritischen" Erziehung

1. *Emanzipatorischer Bildungsbegriff und disfunktionale Erziehung.* Gerade die im G. erwartete Identifikation wird heute zum Problem. Man beruft sich auf eine dem B.begriff neu zukommende emanzipatorische Dimension, der zufolge die Probleme der E. nicht mehr auf dem Niveau gegebener gesellschaftlicher Bedingungen zu formulieren sind, sondern unter dem Anspruch ihrer Wandlung, ihrer Besserung, immer auch gegen das bestehende soziale System. Der emanzipator. Begriff der E. ist demnach nicht mehr funktional, sich einfügend in das bestehende soziale System und dieses bestätigend, sondern disfunktional (K. MOLLENHAUER im Anschluß an PARSONS), dieses „kritisch" in Frage stellend und überholend. Erwartet man dagegen von der E. die Identifikation des Zöglings mit der bestehenden Ordnung und fordert man zu diesem Zweck G., dann wird naiv vorausgesetzt, daß die bestehende Ordnung „in Ordnung" ist. Bestehende Wirklichkeit aber bleibt immer hinter der sie hervorbringenden Absicht zurück, da diese sich nicht anders als in den überkommenen und kritisierten Ordnungen institutionalisieren kann. Der emanzipatorische B.begriff zwingt, wenn E. seiner Anweisung folgen soll (vom bestehenden System her gesehen, das von der heranwachsenden Generation die Perpetuierung seiner Strukturen erwartet), zum U. Wie in solchem U. (Widersetzlichkeit) aber die Besserung der Verhältnisse begonnen werden kann (wenn man sich nicht wieder mit der gesellschaftspolitischen Ideologie einer außerhalb der bestehenden gesellschaftl. Ordnung und ihrer Erwartung stehenden Besserwisserei identifizieren will), ist bislang nicht bewältigt worden.

2. *Konstitution des Selbst in den Akten des Ungehorsams.* Auch die „Erziehung zum Ungehorsam" hat die „Selbstverwirklichung" des Menschen im Auge. Sie orientiert sich dabei nicht an einer durch die Tradition geheiligten oder durch Wissenschaft versicherten „Lehre vom Menschen"; vielmehr ist die

Wirklichkeit des Menschen, die dieser durch E. erreichen soll, das, was die Gesellschaft – auf Grund rationaler Kommunikation – von ihm erwartet. Die Erwartung der Gesellschaft, die weder mit ihren in der Gegenwart verfestigten Strukturen identisch, noch die Quersumme der sich bekämpfenden Interessen ist, geht also nicht am Menschen vorbei, sondern sie betrifft ihn als das, was er *als Mensch* ist und – da er es noch nicht ist – durch E. werden soll.

Indem die neuzeitliche Päd. den Rigorismus anfänglicher G.forderungen milderte zugunsten der ↗Spontaneität des menschlichen Subjekts und nur jenen G. für pädagogisch relevant hielt, der als kritischer Akt des Ich verstanden werden konnte, hat sie den Menschen aus übergeordneten, über ihn beschließenden und ihn in Dienst nehmenden Ordnungen emanzipiert und ihn an sich selbst in seinem Selbstvollzug als Subjekt verwiesen, was freilich nicht ausschloß, daß die herrschenden Ordnungen Spontaneität nur dann gestatteten, wenn sie ihrer eigenen Bestätigung diente, und sonst G. erzwangen. Dem Entwurf gemäß bedeutete also die G.-forderung in der neuzeitl. Päd. für den Educandus nichts anderes als G. gegen sich selbst als spontanen Lebensvollzug. Heute, da die dialektische Verkehrung dieses Ansatzes – nicht erst durch die Lehre der Entfremdung des Menschen in der kapitalist. Wirtschaftsstruktur und nicht nur in jener – offenkundig geworden ist, kann nur noch die Aufforderung zum U. die Erfüllung der päd. Forderung des G. gegen sich selbst in die Wege leiten. Was das Selbst des Menschen ist, wird in gesamtgesellschaftlicher rationaler Kommunikation je und je ausgehandelt. Wenn der Mensch den Willen als „seine eigentliche Grundwurzel" (FICHTE) ansieht, werden die Phasen des U. (die Trotzperioden) beschreibbar als solche, in denen sich der Wille des einzelnen meldet und diesen Menschen individuiert – gegen den freilich die herrschende Ordnung sich sogleich wieder durch G.forderungen zu schützen hat. – Beschreibt man dagegen den Lebensprozeß des Menschen als Triebvollzug, Triebsublimation und Aufbau eines Überich, dann muß U. gegenüber Ordnungen, welche diese Vollzüge durch Repressionen behindern, sie ermöglichen und bedeutet also G. gegenüber der Prozessualität des Ich. Wenn hier Wandel der bestehenden Strukturen gefordert wird, so wird er doch zugunsten dieser Diätetik des Ich mediatisiert und als solcher verfehlt.

Beide Konzepte des Selbst entsprechen nicht jener Erwartung, welche die Gesellschaft heute an den Menschen richtet und welche ihm seine Wirklichkeit als Mensch vorhält.

3. *Das Selbst als rational-kommunikative Ver-Handlung (Besserung) von Wirklichkeit.* Der Mensch ist als Mensch gar nicht anders und nirgendwo anders gegenwärtig als in der durch ihn ins Werk gesetzten Besserung der Verhältnisse. Er ist selbst nichts anderes als jener Prozeß rationalen kommunikativen Durchsprechens vorhandener Wirklichkeit, in dem hervorgebracht wird, was diese noch nicht ist, und das nicht eher ruht, bis das innerhalb der Kommunikation in Wort und Gedanke Hervorgebrachte auch real in der konkreten Situation verwirklicht ist. Dieser Prozeß ist vielfach behindert durch autoritäre Instanzen und Ordnungen. Um dieses Selbstvollzugs des Selbsts willen ist U. vonnöten. U. emanzipiert aus Zwängen, die diesen die Verhältnisse bessernden Selbstvollzug des Menschen behindern, und setzt ihn frei. U. wendet sich gegen die außerindividuellen gesellschaftlichen, politischen, ökonomischen Zwänge wie gegen die individuellen Zwänge der Selbstsucht und der Willkür, die gleichfalls den Selbstprozeß als Weltprozeß verhindern. U. in der E. ist zu fordern um des G. des Menschen gegenüber sich selbst willen als rational-kommunikativem Prozeß der Ver-Handlung von Wirklichkeit, d. h. ihrer Besserung. Hat E. in Elternhaus, Schule und Gesellschaft ihre „Disfunktionalität" im sozialen System realisiert, ist U. der Educandi nicht mehr gerechtfertigt (er ist dann nur noch Zeichen ihrer Hörigkeit individuellen und außerindividuellen Zwängen gegenüber), und sie sind dann durch die Maßnahmen des Erziehens, durch edukative Kommunikation aus ihr zu befreien.

☐ Gehorsam. Autorität. Freiheit in der Erziehung. Repression. Kommunen. Kinderläden. Erziehung

Lit.: K. D. Schmidt, Die G.idee des Ignatius von Loyola (1935); O. Dürr, Ist gehorchen so schwer? (1962); F. März, Hören, Gehorchen u. personale Existenz (1962); H.-K. Bachmaier, G. als Grundlage der Menschenbildung (1964); O. F. Bollnow, Die päd. Atmosphäre (1964, ³1968); K. Demeter, Das Dt. Offizierskorps in Gesellschaft u. Staat, 1650–1945 (1964, ⁴1965); H. Henz, Lb. der syst. Päd. (²1967); H. Dietz, Gehorsam in der Krise, in: Röhrs (s. u.); E. E. Geißler, Anmerkungen zur Genese des U., in: Röhrs (s. u.); K. Mollenhauer, Erziehung u. Emanzipation (1968, ³1970); P. Moor, Das ungehorsame Kind u. seine Erziehung, in: Röhrs (s. u.); H. Röhrs (Hrsg.), Die Disziplin in ihrem Verhältnis zu Lohn u. Strafe (1968, Lit.); K. Schaller - H. Gräbenitz, Auctoritas u. Potestas (1968, Lit.); Th. Ballauff - K. Schaller, Päd., eine Gesch. der Bildung u. Erziehung, 2 Bde. (1969, 1970); Erziehung zum U., hrsg. v. G. Bott (1971); K. Storch, Erziehung zum U., in: Jugendkundl. Gegenwartsprobleme, hrsg. v. H. W. Opaschowski (1971); K.-H. Schäfer - K. Schaller, Krit. Erziehungswiss. u. kommunikative Didaktik (1971).

K. Schaller

Ungelernte ↗Industrielles Bildungswesen

Ungeziefer
Als U. bezeichnet man Kleingetier (vor allem Arthropoden, auch Schnecken, Mäuse u. a.), das meist in Mengen auftritt und den Menschen in seinem Lebensbereich stört oder schädigt.
1. *Bedeutung.* Vielerlei U. verursacht bei Pflanzen, Nahrungsmitteln und Bedarfsgütern unermeßlichen Schaden. Am unheilvollsten ist aber U. als *Seuchenüberträger* (bes. in warmen Ländern).

Dazu gehören z. B. Stechmücken (Malaria, Leishmaniosen, Filariosen, Gelbfieber), Fliegen (Rückfallfieber, Viruskrankheiten), Rattenflöhe (Pest), Kleiderläuse (Fleckfieber) oder Wasserschnecken (Bilharziose). Auch nichtinfiziertes U. kann zu Erkrankungen führen, z. B. Milben (Hautkrätze, Räude, Asthma) und Sandflöhe (Fußeiterungen), oder eine Landplage (Schnaken, Bremsen u. a.) sein. Mangelnde Körper- und Wohnungshygiene begünstigt das Auftreten von Hautparasiten (Kopf-, Kleider- und Filzlaus, Menschenfloh, Bettwanze). Kopfläuse kommen oft bei Kindern von „Problemfamilien" und „asozialen" Jgdl.n mit ungepflegtem Haar vor. Ein einzelner Läuseträger kann einen ganzen Kindergarten oder eine Schulklasse „anstecken".

2. *Schutzmaßnahmen und Bekämpfung.* Bei Verdacht auf Kopfläuse in Kindergarten oder Schule usw. muß auf häufiges Kratzen und auf Kratzspuren geachtet werden. Bei Kindern von „Problemfamilien" ist eine wirkungsvolle Läusebekämpfung oft nur durch Einschaltung von Jugendfürsorge, Sozialamt bzw. Wohnungsamt möglich. – Gegen Flöhe und Läuse aller Art bewähren sich Insektizide (z. B. DDT-Pulver). In die Haut eingedrungene Zecken (Holzbock) entfernt man ausschließlich Kopf durch Aufbinden eines Terpentinöl-Wattetupfers. Um Bettwanzen, Kakerlaken oder Ameisen aus Wohnräumen zu beseitigen, bedarf es einer fachgerechten Raumentwesung. Ein Aufenthalt in tropischen und subtropischen Ländern erfordert stete hygienische Achtsamkeit.

☐ Schulhygiene. Hygiene

Lit.: G. Osche, Die Welt der Parasiten (1966); E. v. Haller, Gesundheitsbüchlein für die Tropen (⁵1969); R. Carson, Der stumme Frühling (²1970).

W. Schiff

Unglaube (religionspädagogisch)
U. = Unglaube(n), G. = Glaube(n)

1. *Theologische Bestimmung.* U. im biblischen Sinne bezeichnet die ausdrückliche Ablehnung des göttl. Heilsangebotes in Jesus Christus. Dieser Begriff hat in der Gegenwart eine Ausweitung erfahren, die undifferenziert verschiedene Einstellungen in sich begreift. Die Skala reicht vom dezidierten Atheisten über den Agnostiker und Zweifler bis zur sozio-kulturell bedingten Entfremdung gegenüber dem Glauben. Der U. versteht sich nicht mehr als Verneinung des G.s, sondern positiv als a-religiöse Daseinsform (postatheistischer Humanismus). G. und U. stehen sich nicht einfach als Gegensätze diametral gegenüber, sondern sind durch eine geheime Nähe bestimmt. Es gibt auf Grund der ständigen Bedrohung des G.s den U. im Gläubigen wie auch umgekehrt den G. im Ungläubigen (J. B. METZ). – Seit dem Zweiten Vatikanischen ↗Konzil hat sich die Einstellung der Kirche zum U. gewandelt; er wird jetzt differenzierter betrachtet und nicht mehr pauschal verurteilt. Es gibt auch für den Ungläubigen, der dem sittlichen Anspruch seines Gewissens folgt, uns unbekannte Wege des Heils (Pastoralkonstitution, Nr. 22).

2. *Religionspädagogische Aufgaben.* 1) Bei der *Darstellung* des U.s in der Unterweisung muß berücksichtigt werden, daß nicht jeder U. schuldhaft ist, sondern eine Folge familiärer oder gesellschaftlicher Erziehung sein kann oder durch das Versagen der Gläubigen hervorgerufen ist. Auch der dem Glauben Entfremdete ist nicht gott-los; er bleibt getragen von der Liebe Gottes. 2) Die ständige Anfechtung des G.s durch den U. unterstreicht den Wagnischarakter des G.s. Auf diese Weise werden Wachstum und Krisen des G.s in ihrer religionspäd. Bedeutung neu bewußt. 3) Der geforderte Dialog zwischen Gläubigen und Ungläubigen kann zur Reinigung des geschichtlich gewordenen G.s und zur Reform der Kirche führen. Auf sozialem und polit. Gebiet ergeben sich Kooperationsmöglichkeiten. 4) Auf der anderen Seite darf die Gefahr des U.s nicht verharmlost werden. Sie bedroht den G. an der Wurzel. 5) Die Darstellung des G.s muß zeigen, daß die ↗Nachfolge Christi nicht zu Entfremdung und Aberglauben führt. Dabei sind herauszuarbeiten die Brüderlichkeit, die politische und gesellschaftliche Dimension und die Hoffnungsstruktur des G.s. Der G. muß im alltägl. Dasein des Menschen verwurzelt sein und als dessen Sinnerhellung erfahren werden (anthropologischer Ansatz). 6) Gottes Unbegreiflichkeit und Andersartigkeit muß betont werden. 7) Das Sprechen von Gott sollte behutsam und verantwortlich geschehen; es darf keinen Anlaß zu Mißverständnissen geben. Leerformeln müssen vermieden werden. 8) Letztlich verlangt der U. nach dem G.szeugen, der durch sein Leben erkennen läßt, daß der G. an Jesus Christus eine befreiende sinnstiftende und weltbejahende Wirkung hat.

☐ Atheismus. Glaubenszweifel. Spiritualität

Lit.: G. Ebeling, G. und U. im Streit um die Wirklichkeit, in: Wort und Glaube (1960, ²1967); J. B. Metz, Der U. als theol. Problem, in: Concilium 1 (1965); E. Feifel, Die G.sunterweisung u. der abwesende Gott (1965); O. Betz, Die Zumutung des G.s (²1969); R. Sauer, Die Herausforderung des Atheismus (1970).

R. Sauer

UNICEF ↗ Kinderhilfswerk

Universalmethode ↗ Jacotot

Universität

U., von lat. *universitas (magistrorum et scholarium)*, später *universitas litterarum*, ist nach traditionellem Verständnis die höchste Ausbildungsstätte in wissenschaftlicher Lehre und Forschung.

I. Geschichte

Die ersten U.en im abendländ. Raum gehen auf die ↗Scholastik zurück. Urspr. sollten sie das leisten, was die ↗Dom- und Klosterschulen nicht mehr vermochten: den Klerus die Wiss.en zu lehren. Seit der Wiederentdeckung des ↗Aristoteles (ALBERT d. Gr., THOMAS v. Aquin) war eine neue, mit ausgefeilter Logik angegangene *Philosophie* entstanden, ebenso eine philos. aufgebaute *Theologie* (Paris). Auch *Recht* (Bologna) und *Medizin* (Salerno) waren zum Gegenstand der Wiss. geworden.

Zu den ältesten U.en in Europa gehören: *Italien:* Salerno (um 1000), Bologna (um 1119), Padua (1222), Neapel (1224), Röm. Kurie (1244/45), Rom (1303), Pisa (12. Jh.), Perugia (1276), Florenz (1321), Pavia (1361). Ferrara (1391); *Spanien:* Palencia (1208/09), Salamanca (1222-39), Valladolid (1346); *Frankreich:* Paris (um 1150), Toulouse (1229), Montpellier (1289), Avignon (1303), Grenoble (1339), Cahors (1343), Perpignan (1349); *England:* Oxford (1163), Cambridge (1229); *Ungarn:* Precs (1367), Buda (1389/90); *Polen:* Krakau (1364); *Schweden:* Uppsala (1477); *Dänemark:* Kopenhagen (1479); *Damaliges Deutschland:* Prag (1348), Wien (1365), Heidelberg (1386), Köln (1388), Erfurt (1393), Leipzig (1409), Löwen (1425), Freiburg i. Br. (1457), Greifswald (1456), Basel (1460), Tübingen (1477).

Die U.en kamen zustande durch: (1) Zusammenschluß privater Gelehrtenschulen, (2) Zusammenkommen von Schülern aus verschiedenen Gegenden bei berühmten Lehrern, (3) päpstliche und kaiserliche Gründungen und Ausstattung mit Privilegien. Die Privilegien bestanden in dem Recht, akademische Würden zu verleihen, eigener Gerichtsbarkeit, Steuerfreiheit und freiem Geleit. Die erworbenen Grade *(baccalaureus, magister, licentiatus, doctor)* galten im gesamten christl. abendländ. Bereich. Der offizielle Name der U. war *studium generale* (im Gegensatz zum *studium particulare* der regionalen Schulen). Selten waren an einer U. alle vier Fakultäten (theol., jurist., medizin. und Artistenfakultät) vertreten. Die Artistenfakultät (nach den sieben *artes liberales* benannt) diente zunächst der Vorbereitung auf die anderen Wissenschaften. Erst im 18. Jh. entwickelte sie sich zur philos. Fakultät im heutigen Sinne.

Die *Studenten* lebten in *Kollegien* oder *Bursen* in klosterähnl. Zucht. Der Unterricht geschah in *lectiones* (Vorlesungen) und *disputationes*. Die Sprache war Latein (erst THOMASIUS hielt 1687 die ersten Vorlesungen in dt. Sprache). Der *Rektor* der U., im MA. von den Studenten gewählt, repräsentierte die U. nach außen.

Humanismus, Reformation und Gegenreformation führten zu sprachlich-literarischer Vertiefung der Studien, stärkerem staatlichen Einfluß und bekenntnismäßig-landeskirchlicher Einordnung. Im 18. Jh. kam das Prinzip der freien, selbständigen Wissenschaft in die U., auch Verstärkung der Naturwissenschaften.

Die U. Berlin (1810) wurde nach den Ideen W. v. HUMBOLDTs Vorbild für die dt. U.en bis zum Ende des 2. Weltkriegs (Einheit von Lehre und Forschung, ständige wiss. Überprüfung des Forschungsstandes, akadem. Freiheit).

Nach 1945 wurde die in Wiss. und Personal während der NS-Zeit stark angeschlagene dt. U. (wissenschaftsfeindl. Politik des NS-Regimes, Auswanderung von Forschern, Unterdrückung ganzer Forschungsrichtungen) unter großen geistigen und materiellen Anstrengungen wieder aufgebaut. Auf Bundesebene beschäftigten sich ↗Rektorenkonferenz und ↗Kultusministerkonferenz mit U.sfragen. Der ↗Wissenschaftsrat arbeitete Empfehlungen zur Kapazitätserweiterung und Strukturverbesserung aus. Die ↗Deutsche Forschungsgemeinschaft, die ↗Stiftung Volkswagenwerk, die ↗Fritz-Thyssen-Stiftung u. a. finanzierten Forschungsvorhaben. Die internat. Beziehungen wurden durch die Europäische Rektorenkonferenz, den ↗Deutschen akadem. Austauschdienst und die ↗Alexander-von-Humboldt-Stiftung gefördert.

In der DDR trat an die Stelle der Einheit von Lehre und Forschung die Einheit von Wissen und sozialist. Praxis (detaillierte Studienplanung, strenge Leistungskontrolle, intensive päd. Betreuung, obligatorisches marxistisches Grundstudium). Die Zulassung zum Studium wird nach zentral festgestelltem Bedarf gesteuert.

II. Gegenwartslage

1. In dem historisch gewachsenen dt. Bildungssystem stellt die U. die dritte und oberste Schicht von Ausbildungsstätten dar. *Rechtlich* ist jedoch die dt. U. keine über den höheren Schulen stehende „höchste" Schule, sondern ein aliud. Ihre Sonderstellung ist gekennzeichnet durch das Grundrecht der ↗Lehr- und Lernfreiheit, die den Lehrern und Schülern des Primär- und Sekundärbereichs nicht zusteht. Die Tatsache, daß sich in jüngster Zeit für das U.swesen der Ausdruck „tertiärer Bereich" eingebürgert hat, läßt erkennen, daß jene Sonderstellung der U. im Zuge der ↗Hochschulreform in den Hintergrund treten soll.

2. *Traditionell* ist die dt. U. gekennzeichnet durch: (1) Einheit von Forschung und Lehre, (2) Berücksichtigung der gesamten Breite der Natur- und Geisteswiss.en an jeder U., (3) Körperschaftliche Rechtsstruktur mit der darauf beruhenden Autonomie. Allerdings wurden z. B. in Preußen seit dem 19. Jh. die U.en nicht als Körperschaften, sondern als Anstalten des öff. Rechts behandelt, und noch heute sind anstaltsrechtliche Züge aufzuweisen (H.-J. WOLFF). – Auch die umfassende Breite des Betätigungsfeldes der U. war historisch festgelegt, bevor die jurist. Begriffsbestimmung des 19. Jh. einsetzte. Hatten die ma. U.en zunächst vorwiegend die Geisteswiss.en gepflegt, so waren bis zum Beginn des 19. Jh. Naturwiss.en und Medizin verstärkt aufgenommen worden. Die im Laufe

265

des 19. Jh. entstehenden TH.n (↗Hochschule) blieben vom U.sbegriff ausgeschlossen, obwohl sie die beiden anderen Wesensmerkmale (Einheit von Forschung und Lehre, körperschaftl. Struktur) aufwiesen. Ihr einziger Unterschied zur U. bestand darin, daß sie ihre Tätigkeit auf die techn. Fächer beschränkten. Sobald aber die TH.n auch andere Gegenstände pflegten, die als Nebengebiete der techn. Ausbildungsgänge erforderlich schienen (Volkswirtschaft, Gesch., Polit. Wiss., Recht, Medizin, Sprachen), erschien es auch unter diesem Gesichtspunkt nicht mehr gerechtfertigt, ihnen die Bezeichnung U. vorzuenthalten. So erhielten die TH.n in allen Ländern der BRD gegen Ende der 60er Jahre des 20. Jh. die Bezeichnung „Technische Universität" oder „Universität".

Der U.sbegriff war bereits seit dem Auftauchen einer zweiten Kategorie von Ausbildungsstätten im tertiären Bereich, nämlich der TH.n, fragwürdig geworden. Die Umbenennung der TH.n in U.en bereinigte dieses Problem nicht; denn jetzt stand endgültig fest, daß eines der drei Wesensmerkmale des dt. U.sbegriffs, die umfassende Breite von Forschung und Lehre, aufgegeben war. So erhoben bald auch andere Ausbildungsstätten des tertiären Bereichs den Anspruch, in den U.sbegriff aufgenommen zu werden. Mit dem Schlagwort „Ausweitung des Universitätsbegriffs" ist die dadurch in Gang gebrachte Bewegung nur unzureichend gekennzeichnet; denn schon der bisherige Verlauf dieser Bewegung gibt zu der Befürchtung Anlaß, daß die „Ausweitung" des U.sbegriffs auch das erste Wesensmerkmal der dt. U., die Einheit von Forschung und Lehre, beseitigt. Diese Einheit, die eng mit der Lehr- und Lernfreiheit zusammenhängt, stellt besondere Anforderungen an die materielle Ausstattung und die Lehrkörperstruktur der U. Die bisherigen Fachschulen und sonstigen Ausbildungsstätten des tertiären Bildungsbereichs können diesen Anforderungen nicht gerecht werden. Ihr Ausbau zu U.en im herkömml. Sinn würde den Einsatz von Finanzmitteln in einer Größenordnung erfordern, die für die BRD nicht in Frage kommt. Auch das Personalproblem könnte kaum gelöst werden. In der Debatte über die ↗Hochschulreform ist deshalb häufig der Gedanke aufgegriffen, das Prinzip der Einheit von Forschung und Lehre als Kriterium der U. aufzugeben. Dadurch hätten aber die bisherigen ↗Fachschulen und ↗Akademien nichts gewonnen, nur den nunmehr fast völlig inhaltsleeren Titel „Universität", während die traditionellen U.en sich kaum noch gegen die Beseitigung der Einheit von Forschung und Lehre wehren könnten.

3. Durch diese Entwicklungen hat der *Universitätsbegriff in der Gegenwart* bereits weitgehend seinen *Inhalt eingebüßt*. Dafür ist der Begriff ↗Hochschule in den Vordergrund getreten. Die Unterscheidung zwischen Hochschulen, an denen die Einheit von Forschung und Lehre noch praktiziert wird, und solchen, bei denen dies nicht der Fall ist, wird durch die Hervorhebung der Kategorie der „Wissenschaftlichen Hochschule" zum Ausdruck gebracht. Durch die Verwissenschaftlichung vieler Berufssparten und Ausbildungsgänge wird jedoch auch die Grenze zwischen wiss. und nichtwiss. Hochschulen immer stärker verwischt. Deshalb sollen in Zukunft *Gesamthochschulen* gebildet werden, in denen sämtliche Forschungs-, Lehr- und Ausbildungsstätten des tertiären Bereichs zusammengefaßt sind.

Der Regierungsentwurf eines Hochschulrahmengesetzes definiert in § 4 die Gesamthochschulen als „Hochschulen, die Forschung, Lehre und Studium verbinden und innerhalb der gleichen Fachrichtung für verschiedene Studienziele nach Inhalt, Dauer und Abschluß unterschiedliche Studiengänge anbieten". Der Entwurf sieht ferner vor: „Bestehende Hochschulen sollen durch das zuständige Land zu Gesamthochschulen zusammengeschlossen werden; dabei können auch Einrichtungen einbezogen werden, die bisher nicht Hochschulen waren."

4. Die *Diskussion* über die Zweckmäßigkeit der Gesamthochschule hält noch an, jedoch besteht kaum ein Zweifel daran, daß der Plan, den ganzen tertiären Bildungsbereich in Gesamthochschulen zusammenzufassen, verwirklicht werden wird. Sobald dies geschehen ist, hat der Begriff U. seine frühere Bedeutung endgültig verloren. Selbst wenn er als formale Bezeichnung aufrechterhalten wird, wird sein Inhalt doch völlig von dem des alten U.sbegriffes verschieden sein. Wird die Gesamthochschule als „Universität" bezeichnet, so ist keines der drei herkömmlichen Wesensmerkmale mehr vorhanden: Die Einheit von Forschung und Lehre soll und kann an der Gesamthochschule nicht durchgängig gewahrt werden; die gesamte Breite aller Wissenszweige wird zwar an der Gesamthochschule, als Ganzes gesehen, gepflegt, jedoch nicht in den ihr angehörenden einzelnen, räumlich voneinander getrennten Ausbildungsstätten; die körperschaftl. Struktur, die unter den Bedingungen der Massen-U. ohnehin fragwürdig geworden ist, kann für eine Gesamthochschule nicht aufrechterhalten werden. Wird aber der Name „Universität" für einzelne Teile der Gesamthochschule beibehalten, so ist es höchst fragwürdig, ob nur diese Teile die genannten drei Merkmale als Sonderprivilegium beibehalten können, zumal sie ohnehin im Zuge der Hochschulreform, als deren Kern sich der „Privilegienabbau" immer deutlicher herausschält, starken Abbruchstendenzen unterworfen sind. Somit ist zu vermuten, daß der Begriff „Universität" seinem wahren Inhalt nach bald der Vergangenheit angehören wird.

☐ Hochschule

Lit. zu 1.: H. Denifle, Entstehung der U.en des MA bis 1400 (1885, Nachdr. 1956); F. Paulsen, Gesch. des gelehrten Unterrichts, 2 Bde. (³1919–21, Neudr. 1965); R. du Moulin-Eckart, Gesch. der dt. U.en (1929); J. Spörl u. a., U., in: LdP, Bd. 4 (1955, Lit.); G. Schlensag, U.sentwicklung in Dtl. seit 1950, in: LdP., Erg.-Bd. (1964, Lit.); H. Brack u. a., Hochschulen, in: Staatslex. der Görres-Gesellschaft, Bd. 4 (1962, Lit.). *Zu II.*: H. J. Wolff, Die Rechtsgestalt der U. (1956); A. Köttgen, Das Grundrecht der dt. U. (1959); U. v. Lübtow, Autonomie oder Heteronomie der U.en (1966); H. H. Rupp, Die U. zwischen Wiss.sfreiheit u. Demokratisierung, in: Juristenzeitung (1970); W. Wengler, Grenzen der U.sreform im GG, in: Neue Jurist. Wochenschr. (1970); Zwischen Scylla und Charybdis. Eine Dokumentation zu den Gesamthochschulplänen, Wirtschaft u. Wiss. (1970).

I. *W. Andresen*, II. *O. Kimminich*

Universitätsausdehnung
EB. = Erwachsenenbildung

1. *Begriff und Geschichte.* U. bezeichnet eine Phase der brit. EB., die 1873 durch die Univ. Cambridge eingeleitet wurde. Sie wollte – maßgeblich betrieben durch den Cambridger Prof. J. STUART – die Univ. ins Volk tragen und so der höheren Bildung bisher unterprivilegierter Gruppen dienen. Bald griff die U. auf Oxford und London über und führte zur Gründung neuer Univ.en: Exeter, Nottingham, Reading, Sheffield.

Man organisierte Vorträge und Vortragsreihen von Univ.-Dozenten. Am Schluß von Vortragsreihen und Kursen konnten Prüfungen abgelegt und Diplome erworben werden. Doch wurde STUARTs Ziel, Berufstätigen ein reguläres Abendstudium mit Überleitung in ein normales Tagesstudium an der Univ. zu ermöglichen, nur selten erreicht. Ende des Jh. wurde die urspr. soziale Bewegung zu einer Veranstaltung für den Mittelstand, der die geforderten Gebühren aufbringen konnte; die Arbeiterschaft blieb weg.
Nach Gründung der „Workers' Educational Association" (W.E.A., 1903) entstanden neue Formen universitärer Außenarbeit, wobei die W.E.A. als Initiator und selbständiger Partner auftrat. An den brit. Univ.en wurden eigene institutionelle Zentren universitärer Außenarbeit gegründet, *Extra-Mural-Departments*, mit hauptamtlichen Mitarbeitern, die von der Univ. angestellt und besoldet werden. Diese Departments werden durch „Joint Committees" kontrolliert, in denen W.E.A. und kommunale Bildungsbehörden paritätisch vertreten sind.

2. *Grundsätze.* Die Extra-Mural-Departments schlossen sich zu einem *Universities' Council for Adult Education* zusammen, der 1948 („Statement of Principles") seine Grundsätze so festlegte: 1) In aller EB. namens der Univ. soll ein hohes akadem. Niveau aufrechterhalten werden. Die Tutoren der EB.-Kurse sollen selbst Mitglieder des Lehrkörpers der Univ. oder zumindest in ihrer Qualität von ihr anerkannt werden. 2) Allgemeine Bildungsarbeit mit Univ.-Niveau kann nur von Univ.en geleistet werden und ist *ihre* spezifische Aufgabe in der EB. 3) Die Extra-Mural-Departments sollen eng verbunden sein mit den Instituten für Päd., mit Forschungsarbeiten, die sich mit Geschichte, Organisation und Praxis der EB. befassen, mit der Lehrerausbildung für EB.

Neben diesen intensiven Formen universitärer EB. gewannen jedoch in den letzten 20 J.n die alten, mehr extensiven Arbeitsweisen der U. wieder an Bedeutung, so daß z. B. dem Extra-Mural-Department der Univ. London eine stark ausgebaute Abteilung für U. angehört. – Das brit. Beispiel wirkte stark auf andere Länder (Commonwealth, Entwicklungsländer, USA, Österreich und Dtl.). In Dtl. entstanden seit 1893 „volkstümliche Universitätskurse" nach dem Vorbild der brit. U. Sie haben jedoch die Probleme dieser Bewegung nicht lösen können und gingen im 1. Weltkrieg zugrunde. 1956 begann eine neue Phase der universitären EB. in der BRD, die sich stärker an die institutionelle Form und Arbeitsweise der Extra-Mural-Departments anlehnt.

☐ Tutorial Classes

Lit.: W. Picht, U. u. VHS.bewegung in England (1919); M. Keilhacker, Das U.-Problem in Dtl. u. Dt.-Österreich (1929); R. Peers, Adult Education (London 1958); H. Plessner - W. Strzelewicz, Univ. u. EB., in: Hdb. für EB. in der BRD (1961); S. G. Raybould, University Extra Mural Education in England, 1945-62 (London 1964).

F. Borinski

Universitätsfernsehen
Gegenwärtig planen und produzieren fast alle westdt. Rundfunk- und Fernsehanstalten Programme für Schulen und Univ.en. Ein Staatsvertrag zum „Fernstudium im Medienverbund" wird vorbereitet, um Bund, Länder, Univ. und Rundfunkanstalten zur Kooperation zu verpflichten.
1. *Medienverbund.* Die Planungen zum U. berücksichtigen ausführliches begleitendes schriftliches Material, Hausaufgaben mit Korrekturmöglichkeiten sowie die Zusammenfassung der Adressaten in Tutorien, um audio-visuelles durch soziales Lernen zu ergänzen.
2. *Ziele.* Wichtige Ziele sind Hochschulkapazitätserweiterung sowie Verbesserung von Lehrmethoden durch die Darstellung von Vorgängen, die live erfahren werden müssen (z. B. naturwiss. Experimente, medizin. Operationen usw.) sowie durch den Wechsel der Darbietungsformen. Außerdem sollen Bildungsreserven aktiviert werden.
3. *Nebenwirkungen.* Eine Gefahr des U.s ist die Übergewichtung der Vorlesung. Daneben kann der Primat der kognitiven Lernziele zuungunsten der Verhaltensziele (Kreativität, Kommunikation, Kritik usw.) verstärkt werden. Die suggestive Wirkung des Mediums kann die wiss. Selbständigkeit beeinträchtigen. Schließlich droht die Isolierung der Adressaten, wenn nicht ergänzende soziale Lernsituationen garantiert werden können.
4. *Organisation.* Da die Fernsehfrequenzen in der BRD bereits weitgehend ausgelastet sind, zeichnet sich ab, daß die Produktion von audio-visuellen Studieneinheiten zukünftig von der privaten Bildungsindustrie bzw. von den Univ.en selbst übernommen wird,

so daß die Fernsehanstalten lediglich aktuelle Ergänzungen zu Fernstudienbausteinen auf Kassetten und Bildplatten liefern müssen.

5. *Konsequenzen.* Im Rahmen eines zukünftigen Studiums im ↗Medienverbund wird das U. ca. 10% der Studieninhalte vermitteln können. Notwendig ist mediendidakt. Begleitforschung und Rückkopplung mit der Hochschuldidaktik. Darüber hinaus müssen die Adressaten angemessen an Planung und Produktion von Studieneinheiten des U.s beteiligt werden.

Lit.: Fernstudium-Univ.sfernsehen, in: BAK-Schr.en, Nr. 4 (1969); G. Dohmen, Fernstudium im Medienverbund (1970); J. Nieraad, Überlegungen zum Studium Medienverbund, in: Schr.en zum Aufbau der Univ. Bielefeld (1970).

K. Vopel

Universitätspädagogik ↗Hochschuldidaktik

Unlust ↗Gefühl

Unselbständigkeit ↗Selbständigkeit

Unsittlichkeit ↗Sittlichkeit

Unsterblichkeit ↗Tod und Unsterblichkeit

Unterbringungsrecht
U. = Unterbringung(s)

Das U.recht (früher Irrenrecht) regelt die U. psychisch Kranker in psychiatrischen Krankenhäusern. Diese erfolgt im allg. nach ärztlichen Gesichtspunkten und im Einverständnis mit dem Kranken. Vielfach fehlt den Patienten die Einsicht in ihren Zustand, gleichzeitig kann die Erkrankung jedoch ihn selbst oder seine Umwelt gefährden und nur durch Behandlung auf einer geschlossenen Krankenhausabteilung gemildert oder abgewendet werden. Eine damit verbundene Einschränkung der Freiheit kann nach Art. 2 und 104 BGB nur durch richterl. Beschluß zugelassen werden. In der U.gesetzgebung der Bundesländer wird festgelegt, daß Geisteskranke, Geistesschwache, Gemüts- und Suchtkranke dann, wenn sie durch ihre Erkrankung für sich selbst (Selbstmordgefahr) oder für ihre Umgebung (z. B. Erregungszustände) eine erhebliche Gefahr bilden, auch gegen ihren Willen untergebracht werden. In akuten Fällen kann eine kurzfristige U. (höchstens 24 Stunden) mit ärztl. Zeugnis aufgrund polizeil. Anordnung erfolgen, sonst wird sie über das zuständige Ordnungsamt beantragt. In jedem Falle muß der Richter nach Anhörung des Kranken und nach Erstattung eines fach-(amts-)ärztlichen Gutachtens eine Entscheidung über Zulässigkeit, Fortdauer und Frist der U. fällen. Diese Frist beträgt 2 Monate (vorläufige U.) oder auch 1–2 Jahre (fortdauernde U.). Gegen den richterl. Beschluß kann der Kranke Berufung einlegen und einen Rechtsbeistand wählen. Auch bei Entmündigten ist zur U. ein richterlicher Beschluß notwendig.

Lit.: W. Franke, Medizin. Klinik (1969).

W. Greve

Unterernährung

U. tritt ein, wenn die erforderlichen täglichen Kalorien- und Nährstoffmengen dauernd oder über längere Zeiträume wesentlich unterschritten werden. Nach Feststellungen der Weltgesundheitsorganisation leiden heute noch die Hälfte bis zwei Drittel der Weltbevölkerung unter Nahrungsmangel. Meistens treten quantitative (Kalorien) und qualitative U. (Eiweiß und Vitamine) gemeinsam auf.

Während des Wachstums, in der Adoleszenz, während der Schwangerschaft und Stillzeit steigt der Kalorien- und Eiweißbedarf. U. und Eiweißmangel während der Schwangerschaft führen meistens nur zu einer Wachstumsminderung, nicht zu Organschädigungen des Kindes. Pränatale Ernährungsschäden haben bei sofort nach der Geburt einsetzender adäquater Ernährung eine gute Besserungstendenz innerhalb eines Jahres, obwohl sich das Körperwachstum später häufig nicht völlig normalisiert.

Pränatale U. macht jedoch gegen frühkindliche U. empfindlicher. Je früher die U. und Fehlernährung einsetzt, um so sicherer kommt es zu einer bleibenden Schädigung. U. in den ersten 6 Lebensmonaten, die länger als 4 Monate anhält, führt zu einer oder mehreren der aufgeführten Folgen: 1. reduziertes Körpergewicht, 2. geringere Körpergröße, 3. verminderter Schädelumfang, 4. herabgesetzte motorische, sensorische und intellektuelle Entwicklung. Die Schwere der körperlichen und geistig-seelischen Fehlentwicklung ist meistens mit der Dauer der U. korreliert. Wenn die postnatale U. in den ersten 2 Lj. nicht behoben wird, sind die geschilderten Folgen irreversibel. Nachuntersuchungen an Kindern mit frühkindlicher U. haben 20- bis 25prozentige Einschränkungen der normalen psychol., intellektuellen und neuromuskulären Fähigkeiten ergeben.

Neben der U. ist wahrscheinlich noch eine Reihe weiterer Faktoren an den ungünstigen Früh- und Spätfolgen frühkindlicher U. beteiligt, insbes. unzureichende sozio-ökonomische Verhältnisse, mangelhafte Hygiene und dadurch verursachte Infektionen. Frühzeitige Erkennung und Behandlung prä- und postnataler U. vermag in den meisten Fällen folgenschwere Spätschäden zu verhindern.

☐ Entwicklungshilfe. Säuglings- und Kinderpflege. Vorgeburtliche Einflüsse.

Lit.: G. Strohmeyer, Ernährung, in: W. Siegenthaler (Hrsg.), Klin. Pathophysiologie (1970); R. L. Naeye, Undernutrition, growth and development, in: New Engl. Journal of Medicine (Boston 1970).

G. Strohmeyer

Unterhaltspflicht
Man unterscheidet gesetzliche, moralische und vertragliche U. Die *gesetzliche* U. ist geregelt im BGB und im Ehegesetz. Danach sind unterhaltspflichtig: Personen, die in gerader Linie verwandt sind, ohne Rücksicht auf den Grad der Verwandtschaft (z. B. gegenseitig die Kinder, Eltern und Großeltern); Ehegatten untereinander; der Vater gegenüber seinem nichtehelichen Kind (heute neben der Mutter).
Die U. wird begrenzt durch die Leistungsfähigkeit des Verpflichteten. Bei Gefährdung des angemessenen eigenen Unterhalts mindert sich die U. Völlige oder teilweise Leistungsunfähigkeit ist vom Verpflichteten zu beweisen. Eltern sind gegenüber ihren minderjährigen Kindern erhöht unterhaltspflichtig, d. h., sie haben alle verfügbaren Mittel zu ihrem und der Kinder Unterhalt gleichmäßig zu verwenden. Bei angenommenen Kindern sind die Annehmenden vor den leiblichen Eltern unterhaltspflichtig (↗Adoption).

Moralisch unterhaltspflichtig sind alle Verwandten und Verschwägerten über die gesetzl. U. hinaus. Moralische U. ist nicht einklagbar. Wenn jedoch ein Hilfsbedürftiger mit moralisch unterhaltspflichtigen Angehörigen in Hausgemeinschaft lebt, wird vermutet, daß diese ihm Lebensunterhalt gewähren, wenn sie aufgrund ihres Vermögens dazu in der Lage sind; öff. Hilfe (↗Sozialhilfe) kann er dann nur erhalten, wenn dies nachweisbar nicht geschieht. *Vertragliche* U. kann aus Haftpflichtansprüchen, Leibrentenvertrag u. ä. entstehen.
Lit.: G. Brühl, Unterhaltsrecht, Kommentar (²1963); –, Die bürgerlich-rechtl. U. (1968); M. Schulte-Langforth, Der Unterhalt des unehel. Kindes (1967).

A. Marciniak

Unterricht
I. Begriff
U. nennen wir alle intentionalen, planmäßigen – in der Regel professionalisierten und institutionalisierten – Prozesse der ↗Sozialisation. Als intentionale Sozialisation oder Erziehung unterscheidet U. sich von jenen gesellschaftlich bedingten Einflußnahmen auf Lernprozesse, die (z. B. in Massenkommunikationsmitteln) ohne primär erzieherische Absicht ausgeübt werden. Von gelegentlicher absichtsvoller ↗Belehrung unterscheiden wir U. als einen Prozeß, in dem zum Zweck planmäßiger Einflußnahme der Lebenszusammenhang, in dem Lernlässe auftreten, verlassen wird, in der Annahme, daß der Lernanlaß sich wegen seiner Komplexität nicht mehr in der aktuellen Situation vermitteln läßt.

Kommt in dynamischen und pluralistischen Gesellschaften wie der unserigen noch deren Traditionsfremdheit hinzu, wird die Professionalisierung der Unterrichtenden erforderlich mit Entscheidungsspielraum gegenüber ihrem gesellschaftlichen Auftraggeber. Um U. relativ unabhängig vom Wechsel der Lehrenden und Lernenden zu organisieren, wird er vom gesellschaftlichen Träger in Schulen institutionalisiert.
Die vertraute Vorstellung, U. sei Kommunikation zwischen *einem* Lehrer und *einer* Schülergruppe über einen zu vermittelnden Lernanlaß und habe seinen Grund in einem Reife- oder Informationsgefälle, bedarf in mehrfacher Hinsicht der Korrektur: Nicht nur ein Lehrer, sondern auch mehrere können Schüler gleichzeitig unterrichten (↗Team Teaching). Lehrerfunktionen können auch objektiviert werden (↗Lehr- und Lernmittel). U. kann sich ebenso an einzelne Schüler wie an Lerngruppen wenden und – vom Lehrer gesehen – in arbeitsteiligen Gruppen – wie Einzel-U. mehrere Gebiete gleichzeitig behandeln.

II. Formalstruktur
Intentionalität, Thematik, Methodik und Medienwahl sind U. konstituierende Entscheidungen, die von den individuellen Voraussetzungen der am U. beteiligten Lehrer und Schüler sowie denen des sozialen Umfeldes her gefällt werden und für Individuen wie Gesellschaft Folgen haben, die wieder als Ausgangslage U. beeinflussen.
1. *Intentionalität*. U. schließt die Absicht ein, Verhaltensdispositionen von Lernenden langfristig zu verändern, durch Einwirkung auf die kognitive, die emotionale oder die psychomotorische Dimension des Verhaltens.

Diese formalen Hauptrichtungen möglicher päd. Zielsetzungen sind in jüngster Zeit vor allem aufgrund von Bedürfnissen nach Lernzielkontrolle präzisiert und hierarchisiert worden (B. S. BLOOM, D. R. KRATHWOHL, R. H. DAVE). Unter dem Einfluß der (gesellschafts-)kritischen Theoriebildung in den benachbarten Sozialwissenschaften wird von U. zunehmend erwartet, daß er mit der Übermittlung gesellschaftlich gewünschter positiver Verhaltensdispositionen zugleich die Fähigkeit fördert, sich von hypostasierten gesellschaftl. Ansprüchen (J. HABERMAS) emanzipieren und disfunktional agieren zu können (K. MOLLENHAUER).

2. *Thematik.* Die Veränderung von Lernenden erfolgt im Hinblick auf Erfahrungsfelder (Inhalte oder Gegenstände), die in zunehmendem Maße durch Problemstellungen, Ergebnisse und Methoden der Wiss.en und Techniken vorstrukturiert sind. Dabei entsteht die Gefahr, daß die Wiss.en isoliert nebeneinander und von ihrer Bedeutung für die Lebensbewältigung gelehrt werden. Daß eine vorwiss. sog. volkstümliche „Kunde" in dieser Zeit nur noch geeignet ist, die Herrschaft „gelehrt" gebildeter Schichten über das Volk zu stabilisieren, ist in der U.theorie breit erörtert worden (H. GLÖCKEL). Das Aufgeben enzyklopädischer Grundbildung zugunsten ‚produktiver Einseitigkeit' (F. v. CUBE) birgt die Gefahr, lediglich die Zahl funktionstüchtiger Spezialisten zu vermehren. Der Ausweg wurde in der U.theorie der letzten Jahrzehnte in einer Beschränkung auf „geistige Grundrichtungen" (W. FLITNER) und

exemplarische Gegenstände (H. SCHEUERL; ↗exemplarische Lehre) gesucht, in der Aufklärung von Erfahrungsfeldern wie Arbeit, Freizeit, Gesellschaft durch Kooperation verschiedener Disziplinen (H. v. HENTIG) und ihrer Vertreter in der Lehrerschaft (↗Arbeitslehre, Gesellschaftskunde, ↗Freizeit- und ↗Konsumerziehung). Erst die Verbindung der thematischen oder objektbezogenen Zielsetzung mit der Richtung der beabsichtigten Veränderung von Lernenden in bezug auf das Thema ergibt die vollständige Beschreibung eines Lehrziels.

Eine päd.-psychol. formale Behandlung dieses Problemhorizonts findet sich in der amerikan. Diskussion über die Struktur der Disziplinen (J. S. BRUNER) wie in der dt. Diskussion über das Elementare und die ↗Kategoriale Bildung (W. KLAFKI), während die polit. Implikationen dieser Diskussion von Vertretern der ↗kritischen Theorie in Soziol. und Erziehungswiss. in den Mittelpunkt des Interesses gerückt wurden (M. CLEMENZ, J. HEYDORN, K. MOLLENHAUER, W. MARKERT). Dabei haben die allgemeinen Lehrziele die Funktion, die Auswahl der konkreten Lehrziele zu steuern, ohne daß diese aus jenen deduziert werden könnten. Die Forderung nach Operationalisierung dieser Lehrziele in Beschreibungen prinzipiell nachprüfbaren Verhaltens (R. F. MAGER) hat Wege zur Effektsteigerung des U.s gewiesen, aber auch die Spannung zwischen Kompetenztraining und Emanzipationsförderung deutlicher werden lassen.

3. *Methodik.* Unter diesem Begriff werden sowohl die Verhaltensformen der Lehrenden als auch die Organisationsformen des U.s zusammengefaßt. Lehrer interpretieren in ihrem Verhalten die U.sziele und steuern deren Vermittlung nach Verhaltensmustern, die autoritär, demokratisch oder laissez-faire ausgeprägt sein können (K. LEWIN ↗Erziehungsstil), zwischen Distanznahme und Zuwendung den Lernenden gegenüber, zwischen Engagement und Desinteresse den U.szielen gegenüber, zwischen Kontrolle und Gewährung von Selbständigkeit bei der Organisation des U.sprozesses (R. TAUSCH). Zu den methodischen Möglichkeiten der U.sorganisation zählen Maßnahmen von unterschiedlicher Reichweite: *Methodenkonzeptionen* wie das ganzheitlich-analytische Verfahren (↗Ganzheitsmethode), die ↗Projektmethode oder der ↗programmierte U. können sowohl den gesamten Ablauf einer U.seinheit bestimmen als auch innerhalb einer Einheit U.ssequenzen strukturieren. *Artikulationsschemata* des U.sprozesses beziehen sich auf vermutete Lernphasen der Schüler, für die bestimmte Lernhilfen bereitgestellt werden sollen: Der ↗Herbartianismus, die Vertreter der ↗Erlebnis- und der Arbeitspädagogik (↗Arbeitsschule) haben dies ebenso versucht wie etwa H. ROTH, der, angeregt von der amerikan. Lernpsychol., sechs Lernschritte unterscheidet: Motivation, Schwierigkeiten, Lösung, Tun und Ausführen, Behalten und Einüben. *Sozialformen* des U.s sind gruppenintern: Frontalunterricht, Gesprächskreis, Kleingruppenunterricht, Einzelunterricht, gruppenübergreifend: Großgruppenunterricht, U. in Niveaugruppen, Profilgruppen, Interessengruppen (↗Sozialformen des U.s). *Aktionsformen der Lehrenden* sind die direkten Einflußnahmen in ↗Vortrag und ↗Demonstration, in ↗Frage und ↗Gespräch; indirekt wirkt der Lehrer als Inszenator von Selbsttätigkeit in kreativer oder kanalisierter Form.

4. *Medienwahl.* Medien vermitteln und interpretieren die Bezüge zwischen den am U. Beteiligten und den Intentionen, Themen, Methoden des U.s. Sie helfen als ↗Lehr-, Lern- und ↗Arbeitsmittel dem Lehrer, aber sie ersetzen den Lehrer auch; sie objektivieren wie im ↗Fernunterricht Lehrerfunktionen, z. B. seine Funktion als Referent, Trainer, Kontrolleur.

III. Voraussetzungen und Tendenzen

1. Die inhaltliche Variation dieser formalen Strukturen des U.s hängt sowohl von den individuellen Voraussetzungen der Lernenden und Lehrenden als auch vom Schulträger (↗Lehrpläne, personelle und materielle Ausstattung, ↗Schulordnung, und ↗Schulaufsicht) ab. Wie weit Lernende und Lehrende die unterrichtl. Prozesse in Schulen und Hochschulen beeinflussen können und sich durch sie selbst zu bestimmen lernen oder nur systemstabilisierende Kompetenzen trainieren, hängt von den Voraussetzungen des U.s ab, ebenso die Auswahl der geförderten Kompetenzen, ihr Verhältnis zu den Wiss.en, Techniken und Künsten.

2. Die bildungstheoretische Reflexion (E. WENIGER, W. KLAFKI) über U. hat vorzugsweise die Frage nach der Gewinnung, Begründung und Differenzierung der Unterrichtsziele (Intentionen und Themen) erörtert, ohne die Fragen der Realisierbarkeit und der Herrschaftsbezogenheit der Ziele genügend Aufmerksamkeit zu widmen. In *lern- und informationstheoretischen Ansätzen* (H. AEBLI, H. FRANK, F. v. CUBE) wird die Zielfrage den Ideologen überlassen, um die Frage nach den optimalen Methoden zu lösen. Im *unterrichtstheoretischen Ansatz* (P. HEIMANN; G. HAUSMANN, H. ROTH, G. OTTO, W. SCHULZ) wird eine Verbindung zwischen ideologiekritischer Zieldiskussion und empirisch-analytischer Methodenoptimierung gesucht, die die Versöhnung positivistischer und kritischer sozialwiss. Elemente erst ansatzweise leistet. Die Tendenz zur Kommunikation zwischen den didaktischen Richtungen wird neuer-

dings von vergleichenden Darstellungen (H. BLANKERTZ) und gemeinsamen Publikationen (M. HEITGER, D. C. KOCHAN) gefördert. In der Diskussion um Curriculum-Entwicklung setzen sich prinzipiell gesellschaftskritische Arbeitsweisen nur begrenzt durch (S. ROBINSOHN), während die Operationalisierung pragmatischer Unterrichtsreformen Fortschritte macht, Vertreter der *Unterrichtskritik* als Gesellschaftskritik haben erste Ergebnisse, meist auf Sekundäranalysen gestützt, vorgelegt (J. BECK u. a., H.-J. GAMM); sie sind noch nicht zu einer neuen Konzeption des U.s gelangt.

☐ Lehren. Lernen. Exemplarische Lehre. Gefächerter Unterricht. – Vgl. auch die mit U. zusammengesetzten Stichwörter

Lit.: B. S. Bloom, Taxonomy of Educational Objectives, Handbook I: Cognitive Domain (New York 1956); U. Walz, Soziale Reifung in der Schule (1960); H. Aebli, Psychol. Didaktik (1963); D. R. Krathwohl - B. S. Bloom - B. B. Maria, Taxonomy of Educational Objectives, Handbook II; Affektive Domain (New York 1964); H. Frank, Zur Objektivierbarkeit der Didaktik, in: Zschr. Programmiertes Lernen, Jhg. 1 (1967); W. Klafki, Studien zur Bildungstheorie u. Didaktik (⁹/¹1967); S. B. Robinsohn, Bildungsreform als Revision des Curriculum (1967); F. v. Cube, Kybernet. Grundlagen des Lernens u. Lehrens (²1968); G. Dohmen - F. Maurer (Hrsg.), U.saufbau u. Kritik (1968); R. H. Dave, Eine Taxonomie päd. Ziele u. ihre Beziehung zur Leistungsmessung, in: Möglichkeiten u. Grenzen der Testanwendung in der Schule, hrsg. v. K. Ingenkamp u. Th. Marsolek (1968); H. v. Hentig, Systemzwang u. Selbstbestimmung (1968); H. Blankertz, Theorien u. Modelle der Didaktik (²1969); R. M. Gagné, Die Bedingungen des menschl. Lernens (dt. 1969); Zur Theorie der Schule. Mit Beitr. v. P. Fürstenau, C.-L. Furck, C. W. Müller, W. Schulz, F. Wellendorf (1969); J. Beck u. a., Erziehung in der Klassengesellschaft (1970); J. S. Bruner, Der Prozeß der Erziehung (dt. 1970); H.-J. Gamm, Krit. Schule (1970); P. Heimann - G. Otto - W. Schulz (Hrsg.), U.sanalyse u. Planung (³1970); M. Heitger (Hrsg.), Zur wissenschaftstheoret. Begründung der Didaktik (1970); D. C. Kochan (Hrsg.), Allg. Didaktik, Fachdidaktik, Fachwiss. (1970); R. u. A. Tausch, Erziehungspsychol. (1970).

W. Schulz

Unterrichtsdokumentation
U. ist das *Festhalten unterrichtlicher Verläufe* mit Hilfe moderner technischer Aufnahmesysteme (Filmkameras, Fernsehapparaturen). Zweck ist die empirische ↗Unterrichtsforschung und die päd. Aus- und Weiterbildung. Die U. hält den Unterricht in Wort und Bild ohne vermeidbare Beeinträchtigung durch technische Umstände für die spätere Wiedergabe fest. Das erforderliche vorläufige theoretische Verständnis des Aufzunehmenden soll durch die syst. *Auswertung des Materials* erweitert und objektiviert werden. Der Unterrichtsvorgang wird dabei als ein sozialer Prozeß gesehen, der seine Organisation im wesentlichen von den intendierten Bildungs- und Lernprozessen empfängt. Die Abweichung des gegebenen Unterrichts von seinem erwarteten Verlauf und Erfolg nach Ursachen und beteiligten Faktoren zu klären ist Aufgabe wissenschaftlicher didaktischer Forschung. Die U. schafft dabei für eine empirisch ansetzende Forschung wertvolle neue Möglichkeiten. Der prinzipiell einmalige und flüchtige Ablauf wird beliebig oft wiederholbar und damit für eingehende Analysen verfügbar. Erstreckt sich die Dokumentationspraxis (wie z. B. im *Institut für Unterrichtsmitschau und didaktische Forschung* in München) noch auf die synchrone Aufzeichnung mehrerer Perspektiven, kann auch die Beschränkung eines einseitigen Einblicks überwunden werden.

Zur Unterrichtsdokumentation gehören: Aufzeichnungen ganzer Unterrichtseinheiten; Längsschnittaufzeichnungen, d. h. wiederholte Einblicke in die gleiche Schulklasse in kürzeren und längeren Abständen; Aufnahmen, die lehrerzentriert oder auf einzelne Schüler bzw. Gruppen eingerichtet sind. Aus dem Grundmaterial der unbearbeiteten Dokumente können Sequenzen phänomengleichen Inhalts zusammengestellt werden, z. B. soziale Konstellationen, bestimmte Unterrichtsformen u. ä.
Der *wissenschaftlichen Analyse* werden die Dokumente in Stufen zugänglich gemacht. Es wird ein Inhaltsarchiv erstellt, das ein müheloses Auffinden spezieller Filmsequenzen erlaubt. Die zu einer Fragestellung gehörenden Sequenzen bilden dann die Grundlage eingehender Analysen und Monographien. Das optisch-akustische Material der U. wird jeweils ergänzt durch Daten aus Parallelerhebungen bei Schülern, Eltern und Lehrern.

Die eigene *Problematik* der U. muß geklärt werden in besonderen Untersuchungen über den Einfluß der Technik auf die Natürlichkeit des Unterrichtsverhaltens, die Auswirkung filmischer Gestaltungsmittel, wie Aufnahmewinkel, Brennweite, Bildschnitt u. ä., die Einflüsse des theoretischen Vorverständnisses von Unterricht auf das Aufnahmeverfahren u. a. m.

Lit.: A. O. Schorb, Filmdokumente in der Unterrichtsforschung, in: Paedagogica Europaea (1967).

A. O. Schorb

Unterrichtseinheit
Bei Planung und Durchführung des Unterrichts werden die Lehraufgaben entsprechend der Eigenart des Lehrstoffes und der Lernmöglichkeiten der Schüler in kleinere, relativ abgerundete Abschnitte aufgegliedert, die als U. bezeichnet werden. Eine U. ist *nicht* eine Unterrichts*stunde*, doch müssen zeitliche Dauer und Zusammenhang der einzelnen Lehr- und Lernschritte überschaubar sein. Wird die U. vorwiegend methodisch gedeutet, so werden in ihr alle Unterrichtsstufen (Unterrichtsphasen, Lehrstufen u. a.) durchschritten. U. als *Bildungseinheit* betont den inneren Sinnzusammenhang, die Leitidee, den sog. Bildungswert. Als *Lehreinheit* wird

bei ihr besonderer Wert auf die folgerichtig ablaufenden Tätigkeiten des Lehrers gelegt. In bezug auf Fächergliederung werden *fachliche* und *überfachliche* (fachübergreifende, gesamtunterrichtl.) U.en unterschieden. Steht die Zusammenarbeit der Schüler im Vordergrund, so wird U. zum *Unterrichtsvorhaben* bzw. zum *Projekt*. Die lernpsychologisch begründete Didaktik ersetzt den Begriff der U. mehr und mehr durch den der *Lernsequenz*.

F. Kopp

Unterrichtsfächer ↗ Gefächerter Unterricht

Unterrichtsformen
U. = Unterricht(s), UF. = Unterrichtsformen

Die Unterscheidung von UF. ist Ausdruck des bes. für U.lehren herkömmlicher Art kennzeichnenden Versuchs, die Vielfalt und Komplexität der U.wirklichkeit begrifflich zu fassen und durch Typisierung zu ordnen, um damit vor allem dem angehenden Lehrer Orientierungshilfen für sein unterrichtl. Handeln zu geben. Auf diesem Wege wirkt dann die begriffl. oder typolog. Unterscheidung von UF., oft in Verbindung mit dem Hinweis auf U.prinzipien, normierend auf die U.-wirklichkeit zurück. – Die bisher in der schulpäd. Diskussion unterschiedenen UF. kann man nach bestimmten Gesichtspunkten, die jeweils einer bestimmten Auffassung von Schule und U. entsprechen, gruppieren, ohne daß dadurch bereits etwas über ihren pädagogischen oder didaktischen Stellenwert ausgesagt wird:

1. *Verhältnis Lehrer–Schüler–Gegenstand:* direkter bzw. unmittelbarer U., indirekter bzw. mittelbarer U.; 2. *Lehrverfahren* (↗Lehrformen): darbietender U., Frage-U., fragend-entwickelnder U., ↗Impulsunterricht, erarbeitender U. usw.; 3. *didaktische Prinzipien:* Arbeits-U., Erlebnis-U., Anschauungs-U. (↗Anschaulichkeit), Heimat-U. (↗Heimatkunde) usw.; 4. *methodische oder didaktische Grundkonzeption:* ↗Ganzheitsunterricht, exemplarischer U. (↗Exemplarische Lehre), Gelegenheits-U., situationsgebundener U., ↗Projekt-Methode; 5. ↗Sozialformen des Unterrichts: Einzel-U., Partner-U., ↗Gruppenunterricht, Klassen-U., ↗Arbeitsgemeinschaften; 6. ↗Unterrichtsorganisation: ↗Abteilungsunterricht, Verbund-U., Kern-Kurs-U., ↗Epochenunterricht; 7. *Einordnung des Unterrichtsgegenstandes:* vorfachlicher U., Fach-U., fächerübergreifender U. (Überfachlicher Unterricht), ↗Gesamtunterricht, Konzentrations-U.; 8. *Unterrichtsmedien:* Instrumental-U., Labor-U., ↗programmierter Unterricht usw. Diese Zuordnung der UF. ist nicht immer eindeutig. Epochen-U. könnte man z. B. auch unter Punkt 7, Arbeits-U. unter Punkt 4 einordnen.

Ob sich die genannten UF. bzw. die ihnen entsprechenden begriffl. Unterscheidungen in das Kategoriensystem einer empir. U.-forschung integrieren lassen, wird sich erweisen müssen.

Lit.: F. X. Eggersdorfer, Jugendbildung (⁷1961); A. O. Schorb, 160 Stichworte zum U. (1968); H. Trzeciak, Lehrformen u. U.erfolg (1968); J. Dolch, Grundbegriffe der päd. Fachsprache (⁴1969); H. W. Jannasch - G. Joppich, U.praxis (⁷1969); K. Ingenkamp - E. Parey (Hrsg.), Hdb. der U.forschung II (1970).

C. Salzmann

Unterrichtsforschung
UF. = Unterrichtsforschung, U. = Unterricht(s)

1. *Begriff.* UF. ist Sammelbezeichnung für empirische Sozialforschung, die sich ausdrücklich mit den Intentionen, Themen, Methoden und Medien des ↗Unterrichts, mit den am U. teilnehmenden Personen, mit Schulen und Hochschulen als Institutionen des U., also mit U., seinen Voraussetzungen und seinen Ergebnissen, beschäftigt. Eine speziellere Eingrenzung versucht v. TROTZENBURG: „Forschung, bei der zumindest eine Variable Verhalten oder Charakteristika von Lehrern erfaßt (wobei man daran denken muß, daß unter Lehrer auch der Autor eines Lehrbuches oder Programmes für eine Lehrmaschine verstanden werden soll . . .).“ Die unterrichtsbezogene Fragestellung entscheidet darüber, ob es sich um UF. oder lediglich um Forschung handelt, deren Ergebnisse für die U.theorie von Belang sind.

2. *Methoden.* In diesem Sinne ist UF. zweifellos prinzipiell in jedem Abschnitt des Kontinuums zwischen inhaltsindifferenter Grundlagenforschung und angewandter Forschung als Bestandteil von ↗Innovation denkbar, wenn sie in der Praxis auch unterrichtsnahe Laborsituationen, Pilotstudien im öff. U., Feldexperimente und Innovationsversuche einschließl. der Erhebung ihrer Voraussetzungen und Folgen zu bevorzugen scheint. Dabei bedient sich die UF. der gleichen Methoden wie andere Sozialwissenschaften: Sie expliziert das Selbstverständnis der unterrichtlich Handelnden mit hermeneutischen Verfahren (E. WENIGER, H. SCHEUERL, W. KLAFKI) oder beschreibt U. phänomenologisch als inhaltliche Variation formaler Strukturen (R. LOCHNER, M. LANGEVELD, P. HEIMANN); sie fragt ideologiekritisch nach den gesellschaftl. Bedingungen dieses unterrichtl. Selbstverständnisses (T. W. ADORNO, T. HEYDORN, H. BLANKERTZ) und Handelns (H. J. GAMM, W. SCHULZ); sie nutzt die empirisch-analytischen Verfahren ↗Beobachtung, Befragung, ↗Test, ↗Inhaltsanalyse und ↗Experiment – einzeln oder kombiniert. In der dreibändigen dt. Bearbeitung des von N. L. GAGE herausgegebenen Handbook of Research on Teaching haben vor allem die pragmatischen und positivistischen methodischen Ansätze dieser Art eine repräsentative Darstellung gefunden. Prinzipiell gesellschaft-

liche Ansätze zeigen sich bis jetzt vor allem in Arbeiten der sog. Frankfurter Schule und in Sekundäranalysen (vgl. J. BECK u. a.; Zschr. Das Argument).
3. *Forschungsarbeiten.* Arbeiten zur UF. lassen sich auch von ihrem unterschiedlichen Bezug zur Struktur des U.prozesses her ordnen: *Prozeßanalysen* beschäftigen sich mit dem U.prozeß als kommunikativem Geschehen, als Lernen und Sozialisation (z. B. E. M. PETERSEN, P.-M. ROEDER, R. und A. TAUSCH, F. WINNEFELD). *Planungsanalysen* wenden sich den in didaktischen Reflexionen (W. KLAFKI, GLÖCKEL) in Lehrplänen (E. TOPITSCH, W. EDELSTEIN, LANG, STENGELMANN), in Unterrichtsmedien (R. MINDER, W. SCHULZ u. a.) antizipierten U. zu. *Erhebungen zur Ausgangslage* gelten einmal den Lernvoraussetzungen der Schüler, etwa ihren kognitiven Fähigkeiten (z. B. J. PIAGET), ihrer schichten- und klassenspezifischen sprachlichen Sozialisation (B. BERNSTEIN, U. OEVERMANN, D. LAWTON), ihrer Leistungsmotivation (H. HECKHAUSEN und L. KEMMLER), oder der Beliebtheit von Schulfächern (G.-F. SEELIG). Zur Ausgangslage gehören ebenso die Lehrvoraussetzungen der Lehrer, wie sie durch Rekrutierung, Ausbildung und Arbeitsbedingungen entstehen (z. B. U. UNDEUTSCH, G. MIETZEL, F. FIPPINGER). Die situativen Bedingungen, die durch die gesellschaftliche Lage, insbes. durch Schulgesetzgebung, personelle und materielle Ausstattung der Schulen, durch die Anteilnahme der Interessengruppen für U. bestehen, gehören ebenfalls zur Ausgangslage (z. B. H. HECKEL, SCHMITZ, K. ERLINGHAGEN, F. NYSSEN, M. BAETHGE, J. HITPASS). Die *Effektivitätsprüfung* des U. wird entweder vorzugsweise den Leistungsfortschritt der einzelnen Schüler betreffen, bezogen auf die Lehrziele der Institution (P. GAUDE und W. TESCHNER), den objektivierten Leistungsvergleich von Schülergruppen über die einzelne Institution hinaus (K. INGENKAMP) oder die Prüfung des Lehrsystems selbst (z. B. K. FLECHSIG, W. PREIBUSCH, R. DAHRENDORF). Als *Relationsforschung* sind Untersuchungen zusammenzufassen, die die Beziehungen zwischen Planung und Prozeß, zwischen Ausgangs- und Endlage oder zwischen allen vier Ebenen der UF. aufklären (z. B. K. LEWIN, G. DIETRICH, E. FOKKEN, E. HÖHN). In zunehmendem Maße werden ↗Innovationen durch Curriculumrevision (HUHSE), durch Objektivierung von Lehrerfunktionen (KAROW), durch ↗Team Teaching (F. WELLENDORF) oder durch Reform der Schulorganisation (↗Gesamtschule; A. RANG, W. SCHULZ) wissenschaftlich auf eine Weise begleitet, die diese Innovationen zu lernenden Systemen macht (MILES, YOUNG).
4. *Künftige Entwicklung.* Es ist zu erwarten, daß die UF. durch die Vollakademisierung des ehemaligen Volksschullehrerberufs im Rahmen integrierter ↗Lehrerbildung, durch Aufgabe der Autonomie der ↗Erziehungswissenschaft in ihrem Verhältnis zu den benachbarten Sozialwissenschaften, durch Erhöhung der Forschungsetats und zentraler Förderung durch das Ministerium für Bildung und Wissenschaft den längst auch in der BRD fälligen Aufschwung erfährt. Allerdings besteht dabei die Gefahr, daß systemkritische Ansätze wegen mangelnder öff. Unterstützung und auch wegen eigener Affekte gegenüber empirisch-analytischen Verfahren zurücktreten und pragmatische oder positivistische Auftrags- oder Detailforschung lediglich zur Perfektionierung des bestehenden Schul- und Gesellschaftssystems beiträgt. Die Gründung unterrichtstechnologischer Institute signalisiert diese Gefahr; durch zentralistische Lösungen wie die erwogene Gründung eines Curriculum-Instituts und eines Testinstituts dürfte sie nicht zu bannen sein.

☐ Unterricht; vgl. auch die mit U. zusammengesetzten Stichwörter

Lit.: Zur Einführung: H. Heckel - E. Lemberg - H. Roth - W. Schultze - F. Süllwold, Päd. Forsch. u. päd. Praxis (1958); G. Slotta, Die päd. Tatsachenforschung Peter u. Else Petersens (1962); F. Winnefeld, Päd. Kontakt u. Päd. Feld (⁴1967).
Zu Hermeneutik, Phänomenologie, Ideologiekritik: P. M. Roeder, Zur Problematik der histor.-syst. Methode, in: Die dt. Schule (1962); R. Lochner, Dt. Erziehungswiss. (1963); W. Flitner, Das Selbstverständnis der Erziehungswiss. in der Gegenwart (⁴1966); T. W. Adorno - W. Gaede - H.-J. Heydorn - G. Koneffke - H. Rauschenberger - E. Schütte, Zum Bildungsbegriff der Gegenwart (1967); W. Linke, Aussage u. Deutung in der Päd. Dialektische, hermeneutische u. phänomenolog. Methodenprobleme (1968); H. Blankertz, Theorien in der Päd. (1969, ³1970); M. Baethge, Ausbildung u. Herrschaft. Unternehmerinteressen in der Bildungspolitik (1970); F. Nyssen, Schule im Kapitalismus (1970); R. Eulitz, wirtschaftl. Interessenverbände im Felde der Schule (1970); W. Schulz, Didaktik. Umriß der lehrtheoret. Konzeption einer erziehungswiss. Disziplin, in: Zur wissenschaftstheoret. Begründung der Didaktik, hrsg. v. M. Heitger (1970).
Zu empirischen Methoden: M. Heitger (Hrsg.), Möglichkeiten u. Grenzen des empirisch-positivist. Ansatzes in der Päd. (1968); H. Röhrs, Forschungsmethoden in der Erziehungswiss. (1968); K. Ingenkamp - E. Parey (Hrsg.), Hdb. der UF., Bd. 1: Theoret. u. method. Grundlegung (1970), Bd. 3: Forschung in den einzelnen Fachbereichen des U. (1971).
Planungsanalysen: E. Topitsch, Zeitgenöss. Bildungspläne in sprachkrit. Betrachtung, in: Schule u. Erziehung. Ihre Probleme und ihr Auftrag in der industriellen Gesellschaft, hrsg. v. O. W. Haseloff u. H. Stachowiak (1960); G. Otto - W. Schulz, Über Schullesebücher, in: Die dt. Schule, 53. Jhg. (1961).
Prozeßanalysen: G. Claus, Über die Unterrichtssprache von Lehrern der Grundschule, in: Zschr.: Schule u. Psychol., 2. Jhg. (1955); P.-M. Roeder, Versuch einer kontrollierten U.beobachtung, in: Zschr.: Psychol.

Beiträge, 8. Jhg. (1965); W. Wieczerkowski, Einige Merkmale sprachl. Verhaltens von Lehrern und Schülern im Unterricht, in: Zschr. für experimentelle und angewandte Psychol., 12. Jhg. (1965).
Voraussetzungsprüfungen: E. Schmitz, Die öff. Ausgaben für Schulen in der BRD Dtl. 1965–1970 (1967); H. Roth (Hrsg.), Begabung u. Lernen (³1969, Sammelreferate mit ausf. Lit.); A. Schuller (Hrsg.), Lehrerrolle im Wandel (1971).
Effektivitätsprüfungen: R. Dahrendorf, Arbeiterkinder an dt. Universitäten, in: Recht u. Staat, Nr. 302/303 (1965); L. Kemmler, Erfolg u. Versagen in der Grundschule (1967); K. Ingenkamp, Untersuchungen zur Übergangsauslese (1968).
Relationsforschungen: K. Lewin - R. Lippitt - R. K. White, Pattern of Aggressive Behavior in Experimentally Created Social Climates, in: Soc. Psych. 10 (1939); E. Fokken, Die Leistungsmotivation nach Erfolg u. Mißerfolg in der Schule (1966); L. Jakobson - R. Rosenthal, Pygmalion im Klassenzimmer (dt. 1971).

W. Schulz

Unterrichtsgespräch ↗ Gespräch

Unterrichtslehre
Seit sich das Wort ↗ Didaktik als Bezeichnung für ↗ Unterrichtswissenschaft durchsetzt, wird unter U. in der Regel eine vorwiss. Sammlung von Informationen über den Unterricht als soziales Geschehen mit Ratschlägen für Unterrichtende verstanden. Von einer Auffassung der Didaktik als „reiner" Wiss. ohne unmittelbaren Handlungsbezug wird sie als „praktische" Päd. im Unterrichtsbereich definiert werden, die Aktionswissen bereitstellt. – Die zeitweilige Praxisferne der didakt. Diskussion hat der U. einen beachtl. Platz in der Lehrerausbildung gesichert. U. befriedigt das Bedürfnis unterrichtlich Handelnder, durch Erfahrungsberichte unterstützt zu werden. Die Sicherheit, die Lehrer durch U. gewinnen, gefährdet aber nicht selten ihren tatsächl. Fortschritt bei der Aufklärung ihres Handlungsfeldes wegen der mangelhaften Nachprüfbarkeit solcher Darstellungen.
Lit.: F. Huber, Allg. U. (¹⁰1968); R. Mücke, Der Grundschulunterricht (³1970); K. Stöcker, Neuzeitl. Unterrichtsgestaltung (¹³1970).

W. Schulz

Unterrichtsmedien, Unterrichtsmittel ↗ Lehr- und Lernmittel ↗ Arbeitsmittel ↗ Katechetische Arbeitsmittel ↗ Audiovisuelle Unterrichtsmittel ↗ Schulfunk ↗ Schulfernsehen ↗ Medienverbund ↗ Massenmedien u. Erziehung ↗ Programm. Unterr. ↗ Lehr- u. Lernmaschinen ↗ Computer-unterstützter Unterr.

Unterrichtsmethode
U. = Unterricht(s), UM. = Unterrichtsmethode

Als UM. bezeichnet man die Art und Weise der planmäß. Gestaltung von Lernvorgängen. Dazu werden heute ebenso Organisationsformen des U. (Lehrverfahren) wie auch Verhaltensstile der Lehrenden gerechnet. Die Auseinandersetzung um den Begriff der UM. scheint durch das U.modell der lerntheoret. Didaktik (HEIMANN/SCHULZ) zu einem vorläuf. Abschluß gekommen zu sein. Danach ist die UM. neben Intentionen und Thematik das wichtigste Entscheidungsfeld für den Lehrenden. Inhaltlich bestimmt sich die UM. durch fünf verschiedene Aspekte oder Ebenen der Lernprozesse. 1. Fragt man nach den Phasen der Lernprozesse, so bieten die Artikulationsschemata des U. eine Gliederung von Schritten, denen bestimmte Lernhilfen entsprechen sollen (z. B. HERBARTs ↗ Formalstufen oder H. ROTHs Lernschritte). 2. Fragt man dagegen nach der Verfahrensweise des U., so lassen sich ein ganzheitlich-analyt., synthet., projektierendes und programmiertes Verfahren unterscheiden. 3. Die Frage nach den ↗ Sozialformen des U. meint die Interaktionsformen von Lernenden (und Lehrenden), wie etwa Frontal-, Einzel- und Gruppenunterricht. 4. Der Aspekt der Aktionsformen der Lehrenden läßt Frage und Vortrag, Gespräch und Demonstration unterscheiden. 5. Schließlich kann man nach den Verhaltensweisen der Lehrenden gegenüber den Lernenden fragen und dabei z. B. autoritäre von demokrat. und laissez-faire-Formen abheben. Die U.praxis verlangt Entscheidungen der Lehrenden unter allen 5 Aspekten, die, wenn auch nicht voneinander ableitbar, in einem Bedingungszusammenhang stehen.
□ Unterricht. Unterrichtsplanung. Didaktik. Unterrichtsformen. Unterrichtsstil. Methodik u. a.

Lit.: F. v. Cube, Kybernet. Grundlagen des Lernens u. Lehrens (²1968); R. M. Gagné, Die Bedingungen des menschl. Lernens (dt. 1969); H. Blankertz, Theorien u. Modelle der Didaktik (³1970); W. Klafki, Studien zur Bildungstheorie u. Didaktik (⁹/¹⁰1970); P. Heimann - G. Otto - W. Schulz (Hrsg.), Unterricht. Analyse u. Planung (⁵1970); R. u. A. Tausch, Erziehungspsychol. (⁵1970); D. C. Kochan (Hrsg.), Allg. Didaktik, Fachdidaktik, Fachwiss. (1970).

A. Wolf

Unterrichtsmitschau
U. = Unterricht(s), UM. = Unterrichtsmitschau

UM. ist ein Verfahren zur U.aufnahme mit Fernsehen, Film oder Ton für direkte Wiedergabe oder zur Dokumentation. Zuerst für die Lehrerbildung entwickelt, findet UM. immer mehr Verwendung in päd. Forschung.

Die Bezeichnung UM. stammt von A. O. SCHORB, der seit 1962 in Bonn nach ausländ. Modellen eine UM.-Anlage entwickelte – zur Vorbereitung von Studenten auf Schulpraktika. Mit starren und ferngesteuerten Fernsehkameras werden Schulstunden aus einem Klassenraum in einen Hörsaal übertragen, dort im Großbild wiedergegeben und von Dozenten kommentiert. Auch mit Magnetbildaufzeichnungsgerät (Video-Recorder) werden U.verläufe aufgezeichnet. UM. wird heute an den meisten PH.en der BRD verwendet. 1968 entstand in München das Institut für *Unterrichtsmitschau und didaktische Forschung*.

Die UM. wird in einer bes. ausgestatteten Kl. aufgezeichnet. Um Beeinflussung der Schüler einzuschränken, sind die techn. Umbauten unauffällig angebracht. Die Kameras laufen hinter abgedunkelten Kameraschlitzen; die Bilder (vorn, hinten, seitlich) kommen in eine Regiezentrale, wo ein Pädagoge am Regiepult den Kameraleuten Anweisungen gibt und ein Bild für die Projektion in den Hörsaal oder die Magnetbildaufzeichnung auswählt. Zur Aufzeichnung pädagogischer Besonderheiten, die nicht aus der Kl. gelöst werden können, finden auch mobile Anlagen Verwendung.
UM. bot erstmals die Möglichkeit, den U. beliebig oft zu reproduzieren, U.verhalten durch Beobachtung zu analysieren und pädagogisch relevante Vorgänge intersubjektiv zu interpretieren. Die UM. wird in der *Lehre* angewendet als a) Direktübertragung einer U.-einheit mit Kommentierung durch Dozenten, b) Übertragung einer aufgezeichneten UM. zur Analyse durch eine Seminargruppe, c) UM. der Lehrsequenz eines Lehrers oder Studenten zur Selbstkontrolle (micro-teaching), d) Verwendung von UM.-Aufzeichnungen für Lehrerfortbildungsprogramme (Lehrerkolleg in Bayern); in der *Forschung* als a) Produktion von U.dokumenten unter besonderen päd. und psychol. Aspekten (z. B. kontinuierliche Beobachtung von Tischgruppen oder Einzelschülern während der ganzen Aufnahme), b) Produktion mehrperspektivischer Aufzeichnungen einer U.einheit für Interaktionsanalysen (Aufnahmen mit 3 synchronisierten Kameras), c) unter bestimmten wiss. Aspekten bearbeitete U.dokumente (U. verschiedener Schulformen, Klassenstufen und Lehrstoffe), d) Herstellung systematischer und theoretisch fundierter Phänomendokumente (Stundeneröffnungen, Linkshänder, Medieneinsatz).
Lit.: A. O. Schorb, UM. (1965); –, Die UM. in der Praxis der Lehrerbildung (1966); E. Meyer (Hrsg.), Fernsehen in der Lehrerbildung (1966).

A. O. Schorb

Unterrichtsmodelle, Unterrichtskonstruktion
UM. = Unterrichtsmodelle, UK. = Unterrichtskonstruktion, U. = Unterricht(s)

UM. sind durch UK. produzierte Funktionszusammenhänge, Ergebnisse einer „strukturalistischen Tätigkeit" (R. BARTHES). UK. ist die öff.-polit. Rekonstitution, Zweiterzeugung des unterrichtlichen Handlungszusammenhangs als eines didaktischen „simulacrum". Durch Zerlegung (von tatsächlichem U.) und Arrangement (Komposition der als bedeutungsvoll vermuteten Elemente) werden Grundrelationen zwischen Gegenständen, Zielen, Handlungsstrategien und gesellschaftlich relevanten Perspektiven entdeckt und sichtbar gemacht.

1. *Funktionen von UK. und UM.:* a) UK. ist ein Verfahren zur Erzeugung einer Theorie des U., die U.-forschung nicht länger als Kontrolle isolierbarer und isolierter Einzelaspekte rechtfertigt; diese Theorie des U. begründet U.forschung als Manipulation didaktischer Kombinationsgefüge unter definierten Interessen. b) Eine kontrollierbare Konstruktion von UM.n in genügender Anzahl ermöglicht eine Curriculumrevision (↗Lehrplan) als Netzplanung: Die Entwicklung eines Gesamtlehrgefüges wird identisch mit einer begründbaren Komposition dieser Modelle zu curricularen Grund- und Spezialeinheiten. c) UM. werden zu Paradigmen für Lehrplanungen eines bestimmten Konstruktionstypus. Da UM. die Kriterien ihrer Erzeugung explizieren, dienen sie zugleich zur Beurteilung konkreter Lehrplanungen und Arbeitsmittel. d) Die Verbindung zwischen U.forschung, Curriculumentwicklung, Lehrerbildung und Schulpraxis wird offensichtlich und kann gesichert werden. UM. sind keine Rezepte; sie dienen der Provokation praktikabler Lehrplanungen.
2. *Charakteristika der UK. und UM.:* a) UM. rekonstituieren den U. als Spielfeld. Die Regeln der UK. sind somit verstanden als Spielregeln. Spielregeln geben Freiheitsräume vor. Sie machen Angaben über Bedingungen von Verhalten; über die Aktualisierung und Realisierung der Bedingungen wird nichts gesagt. UM. sind also verschiedene Spielregelsätze, nach denen man Lehrplanungen und Arbeitsmittel herstellen kann, die selbst wiederum die Qualität von Vorschlägen haben. UM. enthalten Angaben über das Gefüge kurz-, mittel- und langfristiger U.ziele und dessen Rechtfertigung vor Schüler und Öffentlichkeit; UM. geben Regeln an für die Verknüpfung unterrichtl. Zielgefüge mit unterrichtl. Strategien und Lehrgegenständen; sie erörtern die Frage, wie man jeweils den Schülern durch U. klar machen kann, daß U. stets ein abgezwecktes, interessenbedingtes Konstrukt ist und nicht die sakrosankte Präsentation der Realität schlechthin.

☐ Unterricht. Unterrichtsforschung. Unterrichtsplanung

Lit.: K. Giel, Studien zu einer anthropolog. Didaktik (Habil.-Schr. 1966); –, Operationelles Denken u. sprachl. Verstehen, in: Zschr. f. Päd., 7. Beih. (1968); R. Barthes, Die strukturalistische Tätigkeit, in: Kursbuch 5 (1966); G. G. Hiller, Konstruktive Didaktik (Phil. Diss. 1969); –, Symbolische Formen im Curriculum der Grundschule, in: Zschr. f. Päd., 9. Beih. (1971); K. Giel - G. G. Hiller, Verfahren zur Konstruktion von U.modellen als Teilaspekt einer konkreten Curriculum-Reform, in: Zschr. f. Päd. 16 (1970).

G. G. Hiller

Unterrichtsorganisation
U. ist Sammelbezeichnung für alle Maßnahmen zur sozialen und prozessualen Gliederung des Unterrichts (und der Lernorganisation), die ohne Veränderung des institutionellen Rahmens, also der ↗Schule, getroffen werden können. Durch Großgruppenunterricht und ↗Team Teaching, durch Verbindung des Unterrichts mit ↗Fernunterricht, durch differenzierendes Kern- und Kurssystem, durch Einbeziehung individualisierender Unterrichtsmittel (↗Lehr- und Lernmittel) lassen sich die unterrichtsorganisatorischen Möglichkeiten erweitern (↗Unterricht). Die soziale Organisation des Unterrichts in Klein-

gruppen (↗Gruppenunterricht) erweist sich z. B. als wichtiger für die Aktivierung von selbständigem Fragen und kooperativem Problemlösen als die Haltung des Lehrers vor der frontalunterrichtlich geführten Klasse (Klassenunterricht).
☐ Unterricht

Lit.: P.-M. Roeder, Versuch einer kontrollierten Unterrichtsbeobachtung, in: Zschr.: Psychol. Beiträge, 8. Jhg. (1965).

W. Schulz

Unterrichtsplanung (Vorbereitung und Nachbesinnung des Lehrers)

U. = Unterricht(s), UP. = Unterrichtsplanung

I. Aufgabe

Die UP. gehört zu den entscheidenden Aufgaben des Lehrers. Sie erfüllt mehrere Funktionen: 1. Sie dient der angemessenen zeitl. Verteilung der in den Lehrplänen vorgesehenen U.inhalte auf das Schuljahr (Halbj., Monat, Woche, Stunde) bzw. der didaktisch sinnvollen Verteilung der Lernziele und Inhalte auf die ↗Unterrichtseinheiten. 2. Sie soll den didakt. Gehalt (Bildungsgehalt) der Inhalte aufdecken bzw. die ↗Lernziele auf ihre Operationalisierbarkeit und ihre didakt. Intention hin prüfen und diese verwirklichen helfen. 3. Sie soll den U. einerseits vor zufälligen und willkürlichen Aktionen des Lehrers, andererseits vor einer starren Bindung an immer gleichbleibende formale Abläufe bewahren. Positiv: Sie dient der pädagogisch-didakt. Begründung eines U., der den Schülern Gelegenheit zu produktiver Auseinandersetzung mit dem U.gegenstand ermöglichen soll. 4. Eine gründl. *Vorbereitung* soll dem Lehrer die nötige Souveränität geben, sich unvorhergesehenen Situationen flexibel anzupassen. 5. Sie dient der *Kontrolle:* a) Sie ermöglicht dem Lehrer Selbstkontrolle durch einen in der *Nachbesinnung* vollzogenen Vergleich von Planung und tatsächlichem U.verlauf und dient so einer effektiveren künftigen Planung und Gestaltung von U. b) In bestimmten Situationen (U.revisionen, Staatsexamina) ist die (schriftl.) UP. Mittel der Fremdkontrolle. Je besser es gelingt, die intendierten Lehr- und Lernziele zu beschreiben, um so verläßlicher ist die nachfolgende Kontrolle.

II. Teilbereiche

UP. umfaßt mehrere Aufgabenbereiche, die miteinander in engem Zusammenhang stehen und daher nicht isoliert oder in strengem Nacheinander angegangen werden dürfen: 1. Die meist fachwissenschaftlich orientierte sachstrukturelle *Gegenstandsanalyse,* 2. die *didaktische Analyse,* 3. die *methodische Planung* (Synthese).

Was im einzelnen in der UP. einer *Gegenstandsanalyse* unterzogen wird, hängt von *didaktischen* Vorentscheidungen (z. B. des Lehrplans) ab. Insofern kann die Gegenstandsanalyse (Sachanalyse) nicht reine „vorpädagogische fachwissenschaftliche Analyse" sein (KLAFKI). Dennoch sollte sie nicht unter die didakt. Analyse subsumiert werden, weil pädagogisch bedeutsame Seiten eines Sachzusammenhangs unter Umständen gerade unentdeckt bleiben, wenn dieser von vornherein nicht unter päd. Aspekt gesehen wird. Die Gegenstandsanalyse beinhaltet eine gegenüber der Didaktik relativ eigenständige Fragestellung, die wenigstens potentiell zum Tragen kommen sollte. Allerdings muß sie immer wieder mit der didakt. Fragestellung gekoppelt und von dieser eingegrenzt werden; denn die Frage nach den Lehr- und Lernzielen ist nur aufgrund *didaktischer,* nicht aufgrund fachwiss. Überlegungen zu entscheiden.

Die *didaktische Analyse* beinhaltet aus *bildungstheoretischer* Sicht (KLAFKI) einige Grundfragen: 1) Welchen allg. Sinn- und Sachzusammenhang (Gesetz, Grundprinzip, Urphänomen usw.) soll dieser Inhalt erschließen? 2) Welche Bedeutung hat der Inhalt im gegenwärtigen geistigen Leben der Kinder bzw. welchen sollte er haben? 3) Welches ist die Bedeutung des Themas für die Zukunft der Kinder? 4) Welches ist die Struktur des in die päd. Sicht gerückten Gegenstandes? 5) Aufgrund welcher besonderen Fälle, Phänomene, Situationen, Beispiele kann die Struktur des Inhalts den Schülern interessant und begreiflich gemacht werden?

Die letzte Frage mündet in *methodische Überlegungen.* Diese betreffen außerdem Fragen der Aufgabenstellung und Impulssetzung, der Strategie, des Aufbaus (Phasengliederung) und der Organisation des U., des Einsatzes von Medien usw.

P. HEIMANN und W. SCHULZ wenden sich gegen den bildungstheoret. Ansatz W. KLAFKIs. Sie bieten für die UP. ein Kategoriensystem an, das verhaltenstheoretisch orientiert ist und den Bildungsbegriff vermeidet. U. beabsichtigt eine *Verhaltensänderung* des Menschen. Sie vollzieht sich im Sinne bestimmter Lehrziele (Intentionen), bezogen auf einen Erfahrungsbereich (Themen), mit Hilfe zweckmäßiger Verfahren (Methoden) und Mittel (Medien). Hinsichtlich dieser vier Bereiche müssen in der UP. Entscheidungen getroffen werden (Entscheidungsfelder). Das sollte im Blick auf die anthropogenen (individuellen) und sozio-kulturellen (sozialen) Voraussetzungen der Klasse geschehen (Bedingungsfelder). Hierzu steht allerdings die These von SCHULZ im Gegensatz, man könne aus einer genauen operationalisierten „Lehrzielbeschreibung bereits die Lehrvoraussetzungen ablesen" und daher von der U.verlauf vom erwarteten Endverhalten her konstruieren. Die von HEIMANN-SCHULZ konzipierte Formalstruktur des U., die sich vor allem bei der Analyse von U. bewährt hat, mag im ganzen die UP. erleichtern. Wesentliche Entscheidungshilfen liefert sie nicht. Das wäre eher bei einer allg. Lernzielbestimmung (↗Taxonomie) der Fall, obwohl auch hier die Ableitung der Verfahren aus der Zielsetzung problematisch ist (R. MESSNER). Auch besteht bei einer perfektionierten Taxonomie die Gefahr einer totalen Steuerung von Lehrern und Schülern. – K. GIEL und G. G. HILLER versuchen, zwischen bildungstheoret. und lerntheoret. Ansatz zu vermitteln. Sie schlagen die idealtyp. Konstruktion von U.modellen vor, in denen der Zusammenhang von übergreifendem Zielgefüge und Lehrgegenständen bzw. von Zielgefüge und Handlungsform jeweils als „durchschnittlich möglich" bestimmt und in der anschließenden Verwirklichung erprobt werden muß. Man erhofft sich aus strukturanalytisch gewonnenen (künstlichen) Funktionsmodellen unterrichtlicher Handlungsentwürfe ein gesichertes System von Handlungsanweisungen für den Lehrer. Die Untersuchungen stehen jedoch erst in den Anfängen.

III. Besondere Probleme

1. Der U. als „pädagogisches Feld" ist durch die Merkmale der Faktorenkomplexion, Labilität und Offenheit gekennzeichnet (WINNEFELD). Die Feinstruktur des U. entzieht sich daher der genauen Planung. Wer sich hinsichtlich aller Einzelmaßnahmen festlegt, übersieht die Unvorhersagbarkeit des Schülerverhaltens in seiner individuellen und situativen Ausprägung und verliert leicht jene Beweglichkeit, die für eine dynamische U.-gestaltung unerläßlich ist. Das gilt nicht in gleichem Maße für den bloß darbietenden oder bewußt vorfabrizierten oder (vor)programmierten U. Doch muß ständig geprüft werden, wieweit ein U. mit objektivierten Lehrfunktionen Raum läßt für individuelles, kritisches und kreatives Verhalten der Schüler. 2. UP. sollte künftig mehr als bisher im Team durchgeführt werden (z. B. im Sach-U. der Grundschule und im Kurs-U. der Haupt- bzw. Gesamtschule). Auch könnte bedacht werden, ob nicht Schüler der oberen Klassen etwa durch Vorschlagsrecht an der UP. beteiligt werden sollten. 3. Für Anfänger kann das im Planspiel vollzogene Einüben situationstypischer Verhaltensweisen des Lehrers etwa unter Verwendung von Fernsehaufzeichnungen (ZIFREUND) eine Hilfe bei der UP. sein. 4. Die äußere Form der UP. ist umstritten. Für Ungeübte kann die schriftl. Ausarbeitung von Ergebnissen der Gegenstands- und didakt. Analyse (Planung der U.einheit) und der method. Verlaufsplanung (Stundenentwurf) mit Hinweisen auf Lehrer- und erwartetes Schülerverhalten, Medien und Zeiteinteilung nützlich sein. Ausschlaggebend sollte jedoch die Funktionsgerechtheit der Planung, nicht das Einhalten formaler Bestimmungen sein. Nur so kann Planung „Chance der Freiheit" bedeuten.

☐ Lehrplan. Taxonomie von Lernzielen. Unterricht

Lit.: H. Bach, Die U.vorbereitung (1957); H. Roth, Die Kunst der rechten Vorbereitung, in: Päd. Psychol. des Lehrens u. Lernens (1957, ¹²1970); F. Winnefeld, Päd. Kontakt und päd. Feld (1957, ⁴1967); A. Dumke, Grundzüge der UP. (1959); G. Green, Planning the Lesson (London 1961); W. Klafki, Didakt. Analyse als Kern der U.vorbereitung, in: Auswahl, Reihe A, H. 1 (1962, ¹⁸1969); W. Kramp, Hinweise zur U.vorbereitung für Anfänger, in: ebd.; P. Heimann - G. Otto - W. Schulz, U., Analyse und Planung, in: ebd., Reihe B, H. 1/2 (1965, ⁴1968); H. E. Piepho, UP. zur Erhöhung von Effektivität u. Intensität des herkömml. Lehrens u. Lernens, in: Die Schulwarte (1966); R. Ebinger u. a., Reflektierte Schulpraxis, Losebl.werk zur U.vorbereitung (seit 1969); U. J. Kledzik (Hrsg.), UP., Beispiel Hauptschule, in: Auswahl, Reihe B, H. 22 (1969); E. Meyer, U.vorbereitung in Beispielen, in: Kamps Päd. Taschenbücher, H. 6 (¹²1969); C. Mölle, Technik der Lehrplanung (1969); W. Northemann - G. Otto (Hrsg.), Geplante Information (1969); K. Giel - G. G. Hiller, Verfahren zur Konstruktion von U.modellen als Teilaspekt einer konkreten Curriculum-Reform, in: Zschr. f. Päd., 16. Jhg. (1970); R. Messner, Funktionen der Taxonomien für die Planung von U., in: Zschr. f. Päd., 16. Jhg. (1970).

Chr. Salzmann

Unterrichtsprinzipien
U. = Unterricht(s), UP. = Unterrichtsprinzipien

Als UP. bezeichnet man Grundsätze der planmäßigen Gestaltung von Lernvorgängen. Die Diskussion um die UP. ist heute – mindestens in der U.theorie – abgelöst durch lerntheoret. Auseinandersetzungen; die UP. werden durch differenzierte empirische Untersuchungen erhärtet und andern Aspekten der U.-gestaltung subsumiert. Als wichtigste UP. wurden in der alten didakt. Literatur folgende herausgestellt: 1. die Sachgerechtheit, d. h. das Vermeiden einer Verfälschung des U.stoffes durch die Lehr- bzw. Lernmethode; 2. die Stufengemäßheit oder die Anpassung der U.methode an den erreichten Entwicklungsstand der Lernenden; 3. die Anschauung, d. h. die Verdeutlichung des U.stoffes durch konkrete Beispiele; 4. die Aktivierung der Schüler bzw. ihre Anleitung zu möglichst selbständigem Lernen; 5. die Aktualität der Lerninhalte; 6. die Einübung des Erlernten und damit die Erfolgssicherung des Lernprozesses. Die Problematik dieser 6 UP. wird in der Gegenwart größtenteils durch method. Kategorien abgedeckt, z. B. durch Artikulationsschemata, Verfahrensweisen, Sozialformen des U., Aktionsformen des Lehrenden. Die meisten UP. wurden artikuliert als Reaktion auf Einseitigkeiten der U.gestaltung, wie etwa die Schüleraktivierung als Ergänzung zur „Belehrung" im U., die Erfolgssicherung als Gegengewicht zu einem reinen „Erlebnisunterricht", die Aktualität des Stoffes als Reaktion auf einen „verschulten" U. Besondere Bedeutung gewinnt in der Gegenwart das Prinzip der Stufengemäßheit des U., um dem wachsenden Leistungsdruck moderner Lernformen zu begegnen.

☐ Didaktik. Methodik. Unterrichtsforschung. Anschaulichkeit. Lernbereitschaft. Lebensnähe (der Schule, des Unterrichts). Übung

Lit.: F. v. Cube, Kybernet. Grundlagen des Lernens u. Lehrens (²1968); R. M. Gagné, Die Bedingungen des menschl. Lernens (dt. 1969); H. Blankertz, Theorien u. Modelle der Didaktik (³1971); P. Heimann - G. Otto - W. Schulz (Hrsg.), U. Analyse u. Planung (⁵1970); M. Koskenniemi, Elemente der U.theorie (1970); Th. Dietrich - F. J. Kaiser, Aktuelle Schulprobleme (1970); K. Stöcker, Neuzeitl. U.gestaltung (¹¹1970).

A. Wolf

Unterrichtsreform
UR. = Unterrichtsreform, U. = Unterricht(s)

1. Die *Verbesserung des Unterrichts* (↗ Innovation) wird sich entweder schwerpunktmäßig auf die Revision der Intentionen, der

Themen, der Methoden oder der Medien des U. beziehen oder von vornherein dem ganzen, ohnehin interdependenten Gefüge des ↗Unterrichts gelten. Sie wird von den am U. interessierten gesellschaftl. Gruppen über Schulverwaltung und die polit. Träger des Schulunterrichts durchgesetzt.

So werden Reformen der Intentionen, die auf Erhöhung der Funktionalität der Schüler im Hinblick auf die vorherrschenden gesellschaftl. Verhältnisse zielen, vorzugsweise von den Machtträgern vorangetrieben, während die Förderung der Emanzipation von Lernenden wie Lehrenden eher von diesen selbst gegen die politischen Machtträger zu leisten ist. Ebenso werden im Ringen um thematisch akzentuierte UR., die sich aus dem industriellen Fortschritt begründen lassen (↗Arbeitslehre; ↗Konsumerziehung; ↗Polytechnische Bildung) oder der Demokratisierung gelten (↗Sozialkunde; ↗Politische Bildung), gesellschaftliche Kräfte sichtbar, die über die Hierarchie oder direkt über die am U. Beteiligten in den U. hineinwirken. Das gilt ebenso für methodisch akzentuierte UR. wie ↗Team Teaching, ↗Gruppenunterricht oder das Buxtehuder Modell der Oberstufenreform oder für die über Medien vorangetriebene UR. (↗Lehr- und Lernmittel). Der mangelnde Realitätsbezug von UR. der Vergangenheit, sowohl hinsichtlich der nicht hintergehbaren gesellschaftlichen Notwendigkeiten als auch in der Gesellschaftskritik, lassen UR. der Vergangenheit, wie sie sich z. B. mit Begriffen wie ↗Arbeitsschule oder Päd. vom Kinde aus verbinden, heute fragwürdig erscheinen.

2. *Hauptrichtungen* der UR. sind *gegenwärtig* die Bemühungen um wiss. Revision des Curriculum (H. ROTH, J. ZIMMER; ↗Lehrplan), um die Verbesserung des Lehrerverhaltens durch teacher training (W. ZIFREUND) und Kooperation (F. WELLENDORF), um die Differenzierung des U. (K. FLECHSIG, W. SCHULZ). Im Gegensatz zu den Reformbestrebungen der zwanziger Jahre werden dabei objektive Erhebungen der Lernvoraussetzungen und der auf sie bezogenen Lernfortschritte zum unerläßlichen Bestandteil der UR. (Evaluation). Ob UR. nur Reproduktion und Optimierung gesellschaftsstabilisierender Kompetenzen bringt oder die Chance emanzipierten Verhaltens, System dynamisierenden und korrigierenden Verhaltens vergrößert, ist gegenwärtig nicht entscheidbar.

Lit.: W. Zifreund, Konzept für ein Training des Lehrerverhaltens mit Fernsehaufzeichnungen in Kleingruppenseminaren (1966); – (Hrsg.), Schulmodelle, programmierte Instruktion u. technische Medien (1968); G. Müller (Hrsg.), Schul- u. Studienfernsehen 1966 (1967); H. Roth, Stimmen die dt. Lehrpläne noch? oder die kommende Revolution der Inhalte, in: Zschr.: Die dt. Schule, 60. Jhg. (1968); F. Wellendorf, Team Teaching. Veränderungen der Rolle des Lehrers in der Schule, in: betrifft: erziehung, 1. Jhg. (1968); K.-H. Flechsig u. a., Die Steuerung u. Steigerung der Lernleistung durch die Schule, in: Begabung u. Lernen, hrsg. v. H. Roth (³1969); W. Schulz, Über Differenzierung an Gesamtschulen, in: Die differenzierte Gesamtschule, hrsg. v. M. Rang u. W. Schulz (1969); –, Innovation der Schule u. neue Lernmedien, in: Westerm. Päd. Beiträge, 23. Jhg.

(1971); K.-V. Weltner, Über die Entwicklung u. den Einsatz von Eingreifprogrammen, in: Die dt. Schule, 61. Jhg. (1969); J. Zimmer, Curriculumforschung. Chance zur Demokratisierung der Lehrpläne, in: Didacta, 5. Jhg. (1969); H.-J. Gamm, Krit. Schule (1970).

W. Schulz

Unterrichtsstil

U. wird in der Regel verstanden als die einheitl. und charakteristische Prägung des Unterrichts durch bestimmte Eigenarten: eines einzelnen Lehrers, eines Lehrertyps, eines bestimmten Schultyps oder eines bestimmten Führungsstils im Unterricht.

1. Vom U. des *einzelnen Lehrers* wird dann gesprochen, wenn das Unterrichtsgeschehen in starkem Maße von der Individualität des Lehrers geprägt wird. Dieser U. gibt den unterrichtsmethodischen, -organisatorischen oder erzieherischen Maßnahmen eine individuelle Färbung.

2. Überlegungen zum U., wie er von umschriebenen *Lehrertypen* abhängig sein könnte, sind bisher weitgehend hypothetisch geblieben. SPRANGER ordnet den Lehrer als Typus seinen Lebensformen zu; CASELMANN unterscheidet den autoritativen, den mitmenschlichen, den logotropen und den paidotropen Lehrer.

3. Vom U. eines *bestimmten Schultyps* ist dann die Rede, wenn das Unterrichtsgeschehen von besonderen schulreformerischen Ansätzen bestimmt wird. Beispiele hierfür sind die Waldorfschule in Stuttgart oder die Petersenschule in Jena als Stammschulen für einen bestimmten Reformschultypus.

4. Die in den Experimenten von LEWIN, LIPPITT und WHITE nachgewiesenen drei *Führungsstile* „autoritär", „demokratisch" und „laissez-faire" wurden auch für das Lehrerverhalten vor allem durch die Untersuchungen von R. und A. TAUSCH sowie U. WALZ bestätigt. Neuere Erziehungskonzeptionen auf weltanschaulich-ideologischer und/oder psychoanalytischer Basis sind die den liberalen, nichtrepressiven und antiautoritären Erziehungsstils, die auf das Unterrichtsgeschehen übertragen werden.

□ Erziehungsstil

Lit.: K. Lewin - P. Lippitt - R. K. White, Patterns of Aggressive Behavior in Experimentally Created „Social Climates", in: Journal of Soc. Psychol. 10 (1939); Th. Herrmann (Hrsg.), Psychol. der Erziehungsstile (1966); E. Spranger, Lebensformen (⁸1966); U. Walz, Soziale Reifung in der Schule (³1968); Ch. Caselmann, Wesensformen des Lehrers (⁴1970); R. u. A. Tausch, Erziehungspsychol. (⁵1970).

K. Aschersleben

Unterrichtsstunde, Unterrichtszeit

U. = Unterricht(s)

1. Die *Unterrichtsstunde* ist als Lehreinheit die zeitliche Organisationsform des U.

Die *heute vorherrschende 45-Minuten-Einheit* wurde 1911 in den höheren Schulen Preußens als „Kurzstunde" eingeführt; seitdem haben 50 Min., 45 oder 40 Min. das Maß der Stunde bestimmt. Daneben hat sich die Doppel- oder Blockstunde durchgesetzt, allg. für Fächer mit vorwiegend prakt. Handeln der Schüler sowie für U.einheiten oder U.gebiete, die U.-formen wie Gespräch, Arbeit in Gruppen u. ä. sowie längere Arbeitsphasen nötig und ohne ↗Ermüdung möglich machen.

Die *für alle Fächer genormte* U.stunde ist von der Lehre her konstruiert und nur stimmig, wenn ein nach regelmäßig wiederkehrenden Stufen (↗Formalstufen) artikulierter U. angenommen wird. Die reform-päd. Bewegung lehnte in Auseinandersetzung mit dem ↗Herbartianismus die normierte U.stunde ab (↗Jenaplan, ↗Gesamtunterricht, ↗Arbeitsschule, ↗Montessori-Päd. u. a.).

2. Eine Schule, die primär am *Lernprozeß*, am Einsatz didaktischer Medien orientiert ist und außerdem die Realisierung von Projekten einbezieht, muß zu differenzierteren zeitl. Gliederungen kommen. Versuche mit einem Zeitraster (15, 20, 30 Min. als Planungseinheit) führen zu U.-„Stunden" von 30 Min. (z. B. für programmierte Einheiten) 45, 60 und 90 Min. oder 40, 80 und 120 Min. je nach den für Stufe, Fach und Zielsetzung erforderlichen Zeitmaßen. Bei unterschiedlicher Dauer der „Unterrichtsstunde" wird die U.zeit in den ↗Stundentafeln in Minuten pro Woche angegeben.

3. Die *Unterrichtszeit* ist die Summe der U.-stunden oder Minuten pro Woche als Sollangabe; diese entspricht nicht der tatsächlichen U.zeit der einzelnen Klassen oder Jahrgänge, weil die Durchführung von U. z. Z. noch an die Anwesenheit des Lehrers gebunden ist.

Lit.: G. Rapp, Blockunterricht. Zur Effizienz von Doppel- u. Einzelstunden (⁶.⁻¹⁰. Tsd. 1970).

I. Lichtenstein-Rother

Unterrichtswissenschaft
U. ist eine ↗Didaktik, welche die ↗Unterrichtsforschung und die gesamte auf ↗Unterricht bezogene Theorienbildung zusammenfassend behandeln will, insbes. die Fragen nach den Zielen und nach den Verfahren des Unterrichts.

Lit.: W. Schulz, Die Wiss. vom Unterricht, in: Unterricht – Aufbau u. Kritik, hrsg. v. G. Dohmen u. F. Maurer (1968, ⁶.⁻¹⁰. Tsd. 1970); H. Blankertz, **Theorien u. Modelle der Didaktik** (²1969).

W. Schulz

Unterscheidungsalter ↗Religionsmündigkeit

Unterschiedsschwelle ↗Schwelle

Untersuchungen, ärztliche ↗Schularzt ↗Schulhygiene

Ursulinen
Die U. (kath. Erziehungsgemeinschaft) wirken heute in *allen* Schularten. Sie haben sich seit 1535 aus einer Gründung Angela Mericis (Brescia) entwickelt. Diese organisierte Christus geweihte Frauen, die Mädchen in ihren Familien gegen unmoralische Umwelteinflüsse stützten. – Die U. paßten sich immer den Forderungen ihrer Zeit an. Charakteristisch für ihre Erziehung ist der Familienstil mit fraulich-mütterlichem Element. Schulisch scheint sich eine realistische – auf Aktivität und Tüchtigkeit gerichtete – Grundform als typisch durchzusetzen. Dem entspricht das pädagogische *Ziel:* kritische Offenheit für Lebens- und Weltanschauung, richtige Einstellung zu persönl. Freiheit bei kollegialem Führungsstil, Pflege mitmenschlicher Beziehungen, Toleranz und sozialer Einsatz aus christl. Grundhaltung.

Es gibt ca. 40 000 U. in Ordensgemeinschaften in der ganzen Welt; ca. 11 500 U. in Säkularinstituten in Italien; ca. 1750 U. im dt. Sprachgebiet. *Arbeitsfeld:* alle staatl. zugelassenen Schularten vom Kindergarten bis zu Universitätsreife und anderen Ausbildungsstätten. – *Vereinigungen:* Römische Union (Rom - Wien); Kanadische Union (Quebeck); Deutsche Föderation (Köln).

Lit.: A. Merici, Regel, Gedenkworte, Testament (1962); T. Ledóchowska, Sainte Angèle et la Compagnie de Sainte Ursule (Rom 1967).

M.-P. Desaing

Urteilskraft
Wenn wir unter *Intellekt* Verstand, U. und Vernunft verstehen und ihn so als die Fähigkeit selbständiger Begriffsbildung, richtiger Beurteilung und folgerichtigen Denkens fassen, so stimmt diese Einteilung überein mit den drei Momenten, die PH. LERSCH am „noetischen Habitus" eines Menschen – gleichfalls im Hinblick auf Begriff, Urteil und Schluß – unterscheidet, nämlich: „Abstraktionsfähigkeit", „Urteilsfähigkeit" und „Fähigkeit zu folgerichtigem Denken" – nur daß wir die Fähigkeit, „Begriffe richtig zu verwenden" und „das Einzelne unter den Gesichtspunkt des Allgemeinen zu stellen", nicht zur Abstraktionsfähigkeit als solcher, sondern zur Urteilsfähigkeit rechnen und von dieser nicht sagen würden, sie sei „charakterologisch niemals allgemein, sondern immer nur im Hinblick auf Gegenstandsgebiete zu bestimmen". Denn den zahlreichen Fällen, in denen dank größerer spezifischer Begabung, Neigung und Übung in bezug auf ein bestimmtes Sachgebiet der eine auf diesem, der andere auf jenem Gebiet bessere Urteilsleistungen erzielt, stehen doch auch andere Fälle gegenüber, in denen der eine trotz geringerer spezifischer Begabung, Neigung und Übung in bezug auf ein bestimmtes Sachgebiet auch auf diesem Gebiete richtiger urteilt als der andere, so daß bei ihm eine größere *allgemeine* Urteilsfähigkeit anzunehmen ist.

KANT lehrt: „Urteilskraft überhaupt ist das Vermögen, das Besondere als enthalten unter dem Allgemeinen zu denken" ... „Ist das Allgemeine gegeben, so ist die Urteilskraft, welche das Besondere darunter subsumiert, bestimmend, ist aber nur das Besondere gegeben, wozu sie das Allgemeine finden soll, so ist die Urteilskraft bloß reflektierend." Von der bestimmenden U. sagt er, sie sei „das Vermögen, zu unterscheiden, ob etwas unter einer gegebenen Regel (casus datae legis) stehe oder nicht", und merkt dazu an: „Der Mangel an Urteilskraft ist eigentlich das, was man Dummheit nennt, und einem solchen Gebrechen ist gar nicht abzuhelfen"; genauer: „Es zeigt sich, daß zwar der Verstand einer Belehrung und Ausrüstung durch Regeln fähig, Urteilskraft aber ein besonderes Talent sei, welches gar nicht belehrt, sondern geübt sein will."

☐ Intellektualismus. Kritik. Vernunft und Verstand. Denken

Lit.: I. Kant, Kritik der reinen Vernunft (1781); –, Kritik der U. (1970); K. Alphéus, Kritik, in: LdP III (1954); –, U., in: ebd. IV (1955); H. G. Gadamer, Wahrheit u. Methode (²1965); Ph. Lersch, Aufbau der Person (¹¹1970).

K. Alphéus

Uruguay ↗ Lateinamerika

USA ↗ Vereinigte Staaten von Amerika

Uschinskij (Ušinskij), Konstantin Dmitrievič
Russ. Pädagoge, geb. 2. 3. 1824 in Tula, gest. 3. 1. 1871 in Odessa. Nach Jurastudium in Moskau und Lehrtätigkeit war U. Inspektor der Adelsinstitute Gatčina und Smolnyj (St. Petersburg) und Redakteur des „Journals des Volksbildungsministeriums". Nach polit. Schwierigkeiten mit den zarist. Behörden bereiste er 1862–1867 zum Studium des Schulwesens westeuropäische Staaten („Pädagogische Reise durch die Schweiz", 1862/63). U. begründete in Auseinandersetzungen mit der klassizist. Bildungsauffassung N. I. PIROGOVs Bildung auf der *Idee des Volkes* (narodnost') und wurde damit zum „Vater der russischen Pädagogik" und der VS. in Rußland. Seine Auffassung der „Muttersprache" als wichtigstem Medium zu Selbsterkenntnis und Bildung des Menschen wirkt noch in der heutigen sowjet. Didaktik nach. Sein urspr. Christentum verengte sich bis zur Unterordnung aller Erziehung unter das zeitgenöss. orthodoxe Kirchendogma. – In seinem Hauptwerk „Der Mensch als Objekt der Erziehung" (2 Bde., 1867–69) versuchte U. die Päd. aus dem empir. Befund der Physiologie und Psychol. zu entwickeln. Unterricht in der Elementarstufe ist nach U. komplizierter und wichtiger als der Fachunterricht im Gymnasium.

Werke: Sobranie sočinenij (Gesammelte Werke), Bd. 1–11 (Moskau 1948–52); Aus päd. Schriften, hrsg. v. F. Heilmann (Berlin 1948).
Lit.: L. Froese, Ideengeschichtliche Triebkräfte der russ. u. sowjet. Päd. (²1963).

B. Dilger

Utopie, pädagogische
U. = Utopie, PU. = Pädagogische Utopie

1. PU.n entstanden seit dem 18. Jh. im Gefolge von *politischen* U.n (PLATONs „Staat", THOMAS MORUS' „Utopia", CAMPANELLAs „Sonnenstaat", V. ANDREÄs „Christianopolis" und F. BACONs „Nova Atlantis"). Die bekannteste moderne PU., ROUSSEAUs „Émile", enthielt bereits die Kennzeichen, die für eine PU. typisch sind: Entwurf eines zwar unrealisierbaren, als „reines Modell" aber bes. konsequenten und vorbildträchtigen Systems der Menschenbildung; Verdeutlichung einer päd. Idealität am Beispiel eines Lebens- bzw. Entwicklungsganges eines Educandus oder einer Gruppe; Weltverbesserung durch Erziehung; starke Wirkung der Erziehung unter Voraussetzung methodischer Eindeutigkeit und rigorist. Planmäßigkeit; Ausschaltung ungünstiger Faktoren; Schaffung eines rein päd. Milieus (päd. Provinz) mittels ↗ Isolierung gegenüber der Umwelt; optimale Bedingungen und Chancen der Erziehung; Betonung der Realien, der körperl. Tätigkeit und des sozialen Zusammenwirkens; Vollverantwortung des professionellen Erziehers; Neigung zur Elitebildung.

2. In der *pädagogischen* U.diskussion treten vor allem zwei Positionen hervor: a) *Zustimmung* zur U. als einer später zu realisierenden Wunschvorstellung, nach der eine umfassende Veränderung der Gesellschaft angestrebt werden soll. So gesehen, ist U. ein notwendiger Traum, eine Vision von der wahren und gerechten Lebensordnung und entbindet Kräfte, die sonst ungeweckt geblieben wären. Vor allem revolutionäre Denker (vgl. A. S. MAKARENKOs „Weg ins Leben" und „Flaggen auf den Türmen") bedienen sich des Mittels der U., um zu verdeutlichen, was gegenüber dem päd. status quo verändert werden soll. Auch ein synthetisches Denken kann Anlaß zur PU. sein (z. B. bei H. HESSEs „Glasperlenspiel").
Der PU. eignet vor allem ein hoher *heuristischer* Wert: Ein bestimmtes System wird, ohne von außen gehindert zu werden, in seiner ganzen Eigengesetzlichkeit entfaltet, um ein bestimmtes päd. Prinzip (z. B. Naturgemäßheit bei ROUSSEAUs „Émile", „Wohnstubengeist" in PESTALOZZIs „Lienhard und Gertrud") ideal zu verdeutlichen.

b) *Ablehnung* der U. als eines „Nirgends-Lands", in dem sich idyllische und illusionäre Bilder vom Menschen und seiner Gesellschaft verdichten, die ihren Träger in eine imaginäre Zukunft fliehen mache und ihn dadurch seiner augenblicklichen polit. Potenz beraube. Das „revolutionäre Pathos" verbleibe in irrealen und irrationalen Konzeptionen einer nur literarischen Dimension.

Die fachübergreifende *Utopieforschung* steht noch in den Anfängen: Eine Soziol. der U. existiert bisher noch nicht (NEUSÜSS); eine päd. Philos. der U. zeigt erst Umrisse des Phänomens. Literarische Gestaltungen „pädagogischer" U.n ordnen sich die genannten Interpretationsschemata ein (vgl. auch die krit. Deutung der „Phantasien" J. MÖSERs). Ihr Gehalt wird durch eine ideologiekritische Aufarbeitung von seiten der modernen Erziehungswiss. erhellt. Sie macht den Unterschied zwischen U. und ↗Ideologie deutlich.

Danach läßt sich das Utopische als „Wesenszug der Pädagogik" und als „charakteristisch für die Lebendigkeit der Erziehung" erfassen (K. SAUER). Nur insofern das Denken des Lehrers mit utopischer Energie argumentiere, werde es Ansprüchen und Anweisungen gegenüber kritisch. Da päd. Denken und Handeln von polit. Aktivität nicht zu lösen sei, verheiße der utopische Glaube des Erziehers eine bessere Zukunft.

3. Bei der Untersuchung *kindlicher* U.n ergibt sich die Tatsache, daß sie nicht selten die späteren Verwirklichungen des Erwachsenen enthalten (G. SAUER). Es erscheint als Aufgabe heutiger Erziehungspraxis, jgdl. U.-kräfte zu einer kreativen Weiterentwicklung zu führen.

Lit.: J. Prys, Der Staatsroman des 16. u. 17. Jh. u. sein Erziehungsideal (Diss. Würzburg 1913); H. Freyer, Die polit. Insel (1936); O. v. Hippel, Die päd. Dorf.-U. der Aufklärung (1939); G. Sauer, Kindliche U.n (1954); H. Lorenzen, PU. und Erziehungswirklichkeit in den Dichtungen H. Hesses, in: Die Dt. Schule 49 (1957); H. Heckel, Päd. U.n – als Wirklichkeiten gedeutet (Festschr. Odenwaldschule) (1960); K. Sauer, Der utop. Zug in der Päd. (1964); A. Neusüss (Hrsg.), U. Begriff u. Phänomen (1968); B. Willms, Planungsideologie und revolutionäre U. (1969).

F. Pöggeler, H. Kanz

V

Vaganten ↗ Fahrende Schüler

Valenz ↗ Aufforderungscharakter

Validität (Gültigkeit)
V. ist der Grad der Genauigkeit, mit dem ein ↗Test bei einer bestimmten Population und unter bestimmten Bedingungen das mißt, was er messen soll. Man unterscheidet verschiedene Arten der V.
1. *Inhaltliche* V. basiert auf der inhaltlichen Analyse der einzelnen Testitems oder Untertests unter dem Gesichtspunkt der Übereinstimmung mit den vorher festgelegten Variablen. a) *Augenscheinvalidität* oder *triviale* V.: Die Repräsentativität der Testitems für das zu erfassende Verhaltensuniversum ist unmittelbar einsichtig. b) *Konstruktvalidität* gibt Auskunft über den Grad der Übereinstimmung zwischen dem inneren Aufbau eines Tests und dem aus einem theoretischen Bezugssystem abgeleiteten Konstrukt (z. B. Intelligenz). c) *Definitorische* V.: Das zu messende Merkmal wird durch den Test selbst definiert. d) *Curriculare* V.: Ein Test soll speziell Unterrichtserfolge erfassen.
2. *Empirische* V. basiert auf der Berechnung des Zusammenhangs zwischen erzielten Testwerten und einem unabhängig davon an derselben Stichprobe erhobenen sog. Außenkriterium oder *Validitätskriterium*, das selbst als hinreichend valide für die Erfassung der in Frage stehenden Variablen angenommen wird. a) *Vorhersagende* V.: Das Außenkriterium wird zu einem späteren Zeitpunkt als der Test erhoben. Der erhaltene *Validitätskoeffizient* sagt etwas über die prognostische Valenz des Tests aus (Bewährungskontrolle). b) *Mitlaufende* V.: bei mehrmaliger Testanwendung wird das Außenkriterium jeweils gleichzeitig mit dem Test erhoben. Damit läßt sich die Empfindlichkeit eines Tests gegen Statusänderungen von Personen überprüfen. c) *Faktorielle* V.: Als Außenkriterium dient ein bereits bekannter Faktor oder eine Faktorstruktur. – Als *Kreuzvalidierung* bezeichnet man den Versuch der Verifizierung eines V.skoeffizienten an einer zweiten, unabhängigen Stichprobe.

Die V. eines Tests wird erniedrigt durch inhaltl. Homogenität und gleiche Schwierigkeit der Aufgaben, eine geringe Testlänge und durch Meßfehler.

Lit.: H. B. u. A. C. English, A Comprehensive Dictionary of Psychology and Psychoanalytical Terms (London 1958); R. Heiss (Hrsg.), Hdb. der Psychol., Bd. VI: Psychol. Diagnostik (1964); G. A. Lienert, Testaufbau u. Testanalyse (1967, ⁺1969).

H. M. Trautner

Variable ↗ Experiment, psychologisches

Variable Intervallbekräftigung ↗ Bekräftigungspläne

Varianz ↗ Statistik

Vater, Vaterschaft, Väterlichkeit
V. = Vater(s), Vs. = Vaterschaft

1. *Begriff.* Vater ist biologisch: Erzeuger des Kindes, rechtlich, gemäß der Tradition unseres Kulturkreises, Familienvorstand mit entsprechenden Rechten und Pflichten. *Vaterschaft* ergibt sich a) aus dem Rechtsverhältnis zwischen V. und Kind, woraus sich Fürsorge- und Erziehungsrechte und -pflichten ableiten; ist b) Wesenszug der erwachsenen männlichen Person, wodurch das Verhältnis des Mannes zur nachwachsenden Generation in erzieherischer Hinsicht charakterisiert ist. Vs. ist nicht notwendig an leibliche Vaterschaft gebunden (z. B. Vs. des Landesvaters, Vs. des Priesters, Vs. Gottes). Väterlichkeit ist eine psychisch-emotionale Bestimmtheit, die insbes. durch freundlich fürsorgende und gütig-verständnisvolle Haltung in der erzieherischen Vermittlung von lebenerhaltenden und -fördernden Verhaltensnormen und Lebenspraktiken an die nachwachsende Generation gekennzeichnet ist.

Der V.begriff ist traditionell geprägt durch die paternitäre gesellschaftliche Ordnungsform unseres Kulturkreises. Historisch wirksam sind insbes. die „paternitas potestas" des Römischen und die „Munt" des Germanischen Hausherrn als Rechtsverhältnis, die dem V. einerseits Gewalt über Leben und Tod der Mitglieder seines Hauses und weitgehende Bestimmungsmacht über deren Lebensschicksal gaben, ihm andererseits die Funktion des Schutzherrn in allen rechtlichen und ökonomischen Angelegenheiten zuwiesen. In geschichtl. Entwicklung ist die Rechtssouveränität des V. immer wieder zugunsten der des Staates abgebaut worden. Die christl. Tradition stützt die Herrschaftswürde des Mannes, indem sie seine Vs. als Gleichnis und Stellvertretung der Vs. Gottes versteht.

Die natürl. Grundlagen der Autorität, die dem V. als dem Erhalter und Mehrer des häuslichen Besitzstandes, als dem lebenserfahrenen, lehrenden Vermittler ökonomischer und polit.-sozialer Lebenspraxis und kulturellen Erbes zuerkannt wurde, als dem Verteidiger seines Hauses und als dem Repräsentanten und Wahrer sittlicher Normen, sind in einem vielschichtigen historischen Prozeß abgebaut worden.

Die Trennung von Wohn- und Arbeitsstätte im Zuge der fortschreitenden Arbeitsteilung und der Entwicklung der modernen Formen technisch-industriellen Produzierens läßt das „Arbeitsbild des Vaters" verblassen (A. MITSCHERLICH) und für die Kinder unanschaulich und zur eigenen Orientierung wenig tauglich werden. In unserer Zeit der Funktionsannäherung der Geschlechter in der gesellschaftl. Praxis wird zudem die eindeutig männliche Besetzung traditionell väterlicher Funktionen problematisch, was eine weitere Verunsicherung des Mannes in seinem sozialen Rollenverständnis zur Folge hat.

2. *Pädagogische Bedeutung.* Die Bedeutung des V. für den erzieherischen Sozialisationsprozeß ergab und ergibt sich im wesentl. auch heute noch aus seiner Vermittlerfunktion zwischen der Familie mit ihren intimen Sozialkontakten und der öff. Welt der Arbeit, des politischen und kulturellen Lebens. Im rel. Leben wird das Erlebnis des V. wesentlich für die Formierung des kindlichen Verhältnisses zum „Vater-Gott". Der „Soziale Optimismus" (D. CLAESSENS), der im Kinde durch Geborgenheitserfahrung in der urspr. Mutterbindung grundgelegt wird, bedarf der Ausweitung. Im Erleben des väterl. Handelns und der väterl. Haltung sollte das Vertrauen reifen, daß das Leben mit entschlossenem Willen gemeistert werden kann. Das Interesse an der Welt der wißbaren Dinge, das Gefühl für den Ernst sittlicher Verpflichtungen, Lernwilligkeit und Anstrengungsbereitschaft, Vertrauen in die eigene Leistungsfähigkeit, die gefühlsmäßige Einstellung zur Berufswelt und zur Gesellschaft werden wesentlich über den V. vermittelt.

Wichtig ist auch die Funktion, die der V. bei der Bildung des geschlechtlichen Selbstverständnisses seiner Kinder hat. Nicht nur für den Jungen wird er zum Bild dessen, was ein Mann ist und somit zum Objekt der ↗ Identifikation. Auch das Mädchen erfährt sich selbst in seinem Frausein am Beispiel des väterlichen Verhaltens zur Mutter und an der Art, wie der V. es in seiner Geschlechterrolle bestätigt.

Die Psychoanalyse S. FREUDs hat in ihren Hypothesen von der ödipalen Situation des Kindes und der Bildung der normativen Instanz des „Über-Ich" die Rolle der Eltern, insbes. des V. problematisiert. Für die Familienerziehung kommt es darauf an, in Kenntnis der Freudschen Hypothesen den Prozeß der Identifikation des Kindes mit seiner Geschlechtsrolle und den Prozeß der Verinnerlichung normativer Forderungen mit verständnisvollen Hilfen zu begleiten.

Da der Entwicklungsprozeß des Kindes ein Prozeß der Ablösung und des Selbständigwerdens ist und eine souveräne Lebenspraxis des Heranwachsenden anzielt, ergeben sich natürliche Konfliktfelder in der Auseinandersetzung zwischen diesen Strebetendenzen des Kindes und dem Sorgegefühl wie der Sorgeverantwortung des V. Letztere werden leicht zum Vorwand für einen Herrschaftsanspruch im Dienste der psychischen Selbstbestätigung und Selbstversicherung des Mannes, woraus sich – unabhängig von gesellschaftl. Erziehungsnormen – repressive Erziehungspraktiken ergeben können.

Heute kann es zu Überschneidungen zwischen den überlieferten mütterl. und väterl. Funktionen kommen, die ggf. teilweise wechselseitig von Mann oder Frau wahrgenommen werden, ohne daß damit die als väterlich beschriebenen Funktionen ausfallen dürfen.

☐ Mutter, Mütterlichkeit

Lit.: D. Claessens, Familie u. Wertsystem (1962); C. G. Jung, Die Bedeutung des V. für das Schicksal des Einzelnen (⁴1962); H. R. Müller-Schwefe, Welt ohne V. (1962); G. Siewerth, Wagnis u. Bewahrung (²1964); A. Mitscherlich, Auf dem Wege zur vaterlosen Gesellschaft (1967, ³²·⁻⁴⁰·ᵀˢᵈ·1969).

W. Behler

Vater-Kind-Beziehung ↗ Erziehungsstil ↗ Vater

Vaterlandsliebe ↗ Patriotismus

Vaterlosigkeit ↗ Halbwaisenkinder

Venezuela ↗ Lateinamerika

Venia legendi ↗ Habilitation ↗ Hochschullehrer

Veranlagung ↗ Humangenetik

Verantwortliche Elternschaft ↗ Geburtenregelung

Verantwortung

I. Philosophische Grundlegung

1. *Begriff.* V. bezeichnet den Kernbegriff der Moral, so daß man geradezu definieren kann: „Moralisch handeln" heißt „verantwortlich handeln". V. ist durch eine Beziehungsstruktur gekennzeichnet: Jemand (= Träger der V.) hat V. für eine Person oder Sache (= Gegenstand der V.) vor einer Instanz (= Bezugsziel der V.). Hierbei kann der V.sgegenstand in einer höheren Weise der V.sinstanz zugeordnet bleiben als dem V.sträger und letzterem von dieser nur anvertraut sein. Außerdem kann V. entweder frei übernommen sein (z. B. V. für eine andere Person) oder bereits von Natur aus bestehen (z. B. V. für die eigene Gesundheit).

2. *Träger* von V. ist im engeren Sinn die individuelle Person, im weiteren Sinn auch eine Gemeinschaft oder Institution. Voraussetzung individueller V. ist, daß der V.sträger einerseits freie Macht über sein eigenes Verhalten hat, andererseits die Folgen seines Verhaltens für den V.sgegenstand prinzipiell erkennen kann. Das Maß der V. ist daher dort begrenzt oder herabgesetzt, wo die Herrschaft über den eigenen Willen und der Verstand entweder noch nicht genügend entwickelt (Kindheit) oder dauernd oder vorübergehend gestört sind. Dabei kann der Betreffende jedoch für das Eintreten einer solchen Störung sehr wohl verantwortlich sein (z. B. Alkoholrausch).

3. *Gegenstand* der V. ist in erster Linie die eigene Person des V.strägers und dessen Verhalten, soweit es entweder unmittelbar der Freiheit entspringt oder mittelbar ihrem Einfluß untersteht (z. B. Motivation und Antriebsstruktur); in zweiter Linie andere Personen, die nicht im vollen geistigen Besitz ihrer selbst sind und daher die volle Selbst-V. nicht übernehmen können (Kinder, Kranke), oder solche, die, obwohl voll für sich selbst verantwortlich, ihrem eigenen Willen entsprechend in die Mit-V. aufgenommen werden (Ehepartner); schließlich umfassendere Gemeinschaften (Schule, Staat); in dritter Linie Sachen.

4. *Instanz* der V. kann ein Mitmensch oder eine übergeordnete Gemeinschaft sein, sofern dieser (diese) einen ursprünglicheren (höheren) Anspruch auf den V.sgegenstand hat. Dem liegt jedoch die V. jedes Menschen vor sich selbst voraus, d. h. vor dem eigenen ↗ Gewissen. Dadurch ist die V. vor Mitmenschen bzw. vor der Gemeinschaft begrenzt und in einem höheren Sinne normiert (↗ Autonomie).

5. *Praxis.* Wesentliches Ziel der Erziehung muß es sein, im Zögling die Fähigkeit und Bereitschaft zur V. für sich selbst, für Personen und für Sachen zu wecken. Dies geschieht, indem der Erzieher ihn zur Mit-V. für einen gemeinsamen V.sgegenstand bewegt, wodurch der Zögling seiner Fähigkeiten ausdrücklicher inne wird und so zu sich selbst Mut faßt und Selbständigkeit gewinnt. In dem Maße wie der Zögling derart sich und seine Angelegenheiten in eigene V. zu übernehmen in der Lage ist, findet die päd. V. des Erziehers ihre Grenze.

Wenn in der *heutigen Situation* die Tendenz, sich der Mit-V. zu entziehen, verbreitet ist, so gründet dies u. a. darin, daß mit der wachsenden Kompliziertheit unserer technikbestimmten Welt für den Einzelnen die Folgen seines Verhaltens immer weniger abschätzbar werden. Damit stellt sich die Aufgabe, ein Bewußtsein kooperativer V. heranzubilden, das den Einzelnen aus der Überforderung seiner Allein-V. und damit der Versuchung befreit, alle V. auf das Kollektiv oder den Organisationsapparat abzuwälzen (und sich damit auch zu entschuldigen). Gefordert ist insbes. eine universale und radikale Erziehung zu verantwortlichem Gebrauch der Macht, der aber nur durch eine engagierte V.sgemeinschaft aller möglich ist, in der der Einzelne sich zugleich persönlich respektiert, getragen und aufs höchste gefordert erfährt.

II. Erziehungswissenschaftlicher Aspekt

1. *Begriff.* In der neuzeitlichen Bildungsgeschichte, vor allem seit KANT und FICHTE, wird die V. der sittlichen Person als V. *vor* bestimmten maßgebenden Instanzen (Sittengesetz, Gewissen, Gesellschaft, Gott) unterschieden von der V. *für* das eigene Wollen, Denken und Handeln. Damit wird ein relativ personalistischer und subjektivistischer Begriff der V. entwickelt, der in der modernen kritischen Erziehungswiss. durch einen päd.-gesellschaftl. Begriff der V. ersetzt wird.

2. Die päd. V. in der ↗ geisteswissenschaftlichen Pädagogik. E. SPRANGER zeigt, daß die „Erziehung zur Verantwortung ... nur eine besonders wichtige Seite der Erziehung zum

sittlichen Selbst" oder der zum „Selbst erhöhten Persönlichkeit" ist. Entscheidend sind die legitimierten Instanzen, *vor* denen zunächst der Heranwachsende und letztlich der Erwachsene V.en trägt. Als solche sittl. Instanzen werden die menschl. Gemeinschaften, das eigene höhere Selbst und Gott genannt, die einander stufenförmig übergreifen. Aus der V. vor diesen ergibt sich die V. des einzelnen *für* den ganzen Bereich, auf den sich sein Denken, Wollen und Handeln erstreckt. – Für H. NOHL ist das individuelle Selbst des Heranwachsenden Bezugspunkt der päd. V. und die Erziehung zur V. eine wesentliche Aufgabe des Erziehungsprozesses. – W. KLAFKI knüpft an eine Formulierung E. WENIGERs an („Bildung ist der Zustand, in dem man Verantwortung übernehmen kann"), thematisiert das Problem einer Erziehung zur V. vom Themenkreis „Engagement und Reflexion im Bildungsprozeß" aus und erhebt in kritischer Weiterentwicklung der Ansätze von H. NOHL und E. WENIGER die päd. V. zur „Generalinstanz" der ↗Didaktik.

Die Bildungstheoretiker NOHL, SPRANGER und WENIGER betonen übereinstimmend die päd. V. des Erziehers für das Mündigwerden von Heranwachsenden. Das Eigenrecht des jungen Menschen fordert, daß dieser um seiner selbst willen erzogen und als werdende Person anerkannt wird.

3. Die päd. V. in der *kritischen Erziehungswissenschaft*. Gegenstand, Voraussetzung und veränderbare theoret.-prakt. Wirklichkeit der kritischen Erziehungswiss. sind die *Edukation* bzw. die edukativ-gesellschaftliche Praxis. Unter Edukation ist das Gesamt des gesellschaftl. Zusammenhangs von Erziehung, Bildung und Unterricht zu verstehen. Da die edukative Wirklichkeit hier nicht als statisch vorgegeben, sondern als veränderbar vorausgesetzt wird, kann ↗Emanzipation einen gesellschaftsrelevanten päd. Sinn erhalten. Edukation intendiert dann nicht nur die Integration der jungen Generation in vorhandene gesellschaftl. Ordnungen und Herrschaftsverhältnisse, sondern zugleich die Emanzipation der Verhältnisse aus den sie bestimmenden Zwängen mit dem Ziel ihrer Besserung. Darum bezieht die krit. Erziehungswiss. den Begriff der päd. V. auf die zu realisierende *Mündigkeit* von Heranwachsenden, die nur im Rahmen der Emanzipation der edukativ-gesellschaftlichen Praxis verwirklicht werden kann. Die Besserung und Demokratisierung der edukativ-gesellschaftl. Verhältnisse bildet demnach das Bezugsfeld der päd. V.; hier fallen das *Wovor* und das *Wofür* der päd. V. zusammen. Ihre Besserung und Demokratisierung wird erreicht durch konkrete edukativ-emanzipatorische Prozesse aller Beteiligten (z. B. der Lehrer und der Schüler), die freilich in unterschiedlichem Maße gemäß der gesellschaftl. Erwartung für diesen edukativ-gesellschaftl. Prozeß aufzukommen haben und verantwortlich sind.

☐ Pädagogischer Bezug. Spontaneität. Theorie und Praxis in der Erziehung

Lit. zu I.: J. Schattauer, Über die V.sangst (1928); M. Müller, Ethik u. Recht in der Lehre von der Verantwortlichkeit (1932); J. Schröteler, Erziehungs-V. u. Erziehungsrecht (1935); A. Stückelberger, Erziehung zur V. (1941); W. Schöllgen, Schuld u. V. nach der Lehre der kath. Moraltheol. (1947); F. Deutzmann, Die Ethik der persönl. V. Eine Päd. der VS.oberstufe (1947); A. Schüler, V. Vom Sein u. Ethos der Person (1948); W. Weischedel, Das Wesen der V. (¹1958); J. Maritain, Potere e responsabilità (Brescia 1963); H. Beck, Philos. der Technik. Perspektiven zu Technik – Menschheit – Zukunft (1969); –, Machtkampf der Generationen? Zum Aufstand der Jugend gegen den Autoritätsanspruch der Gesellschaft (1970). *Zu II.:* K.-H. Schäfer - K. Schaller (Hrsg.), Bildung u. Kultur (1968); – –, Krit. Erziehungswiss. u. kommunikative Didaktik (1971).

I. *H. Beck,* II. *K.-H. Schäfer*

Verband Deutscher Studentenschaften (vds)
Der vds wurde am 30. 1. 1949 in Marburg als freiwilliger Zusammenschluß der Studentenschaften der späteren BRD und West-Berlins gegründet. „Der vds vertritt die gemeinsamen Interessen seiner Mitglieder auf überregionaler und internationaler Ebene" (Satzung vom 30. 5. 1971). Neben der Arbeit an verschiedenen „Projektbereichen" (Technologie, Kriegsforschung, Justiz, Soziales, Ausbildung, Antiformierung, Medizin, Bildungsplanung, Internationales) liegt der Schwerpunkt gegenwärtig (in Zusammenarbeit mit Schülern und Lehrlingen) auf Bemühungen um ein demokrat. Bildungssystem.
In den letzten Jahren kam es wegen des prononcierten Linkskurses des vds und insbes. infolge finanzieller Unregelmäßigkeiten zum Austritt vieler Studentenschaften (Bildung des Gegenverbandes ads, Juni 1969 bis Jan. 1971), inzwischen ist jedoch der überwiegende Teil wieder Mitglied des vds.

Verbandsorgane sind die mindestens einmal pro Jahr zusammentretende *Mitgliederversammlung,* der in den Zwischenzeiten dessen Rechte wahrnehmende *Zentralrat* und der aus 3–5 für die Dauer eines J.s gewählten Mitgliedern bestehende *Vorstand.* Die Finanzierung erfolgt überwiegend aus Beiträgen der Studentenschaften. Sitz: Bonn (Georgstr. 25–27).
Veröffentlichungen: Hdb. der Studentenschaft (fortlaufender Arbeitsber.); Dt. Hochschulführer (1970); verschiedene „Dokumentationen" und „Materialien". Zschr. (z. Z.): „vds-press".

W. Welsch

Verbildungen, konsekutive
KV. (medizin.: sekundäre Auffälligkeiten) sind Neigungen zu unerwünschten Verhaltens-

weisen, die durch eine Behinderung hervorgerufen werden. Sie dürfen nicht mit multiplen Behinderungen verwechselt werden, die nicht in einer Kausalbeziehung zueinander stehen (z. B. ein blindes Kind erwirbt durch Mittelohrentzündung eine Schwerhörigkeit). Eine KV. kann 1. die *unmittelbare* Auswirkung der Basisbehinderung sein, z. B. Stummheit infolge von Gehörlosigkeit oder spastische Bewegungsstörungen infolge von Lähmungen, denen urspr. die Spastizität fehlte. Hier kommt es auf Früherfassung und Frühbehandlung an. 2. Der Zusammenhang kann *mittelbar* sein, wenn z. B. eine in der Schule als geringer Lerneifer mißverstandene ↗ Lese-Rechtschreib-Schwäche zu psychodynamischen Störungen führt, die sich in verschiedenartigen auffälligen ↗ Verhaltensweisen äußern. ↗ Überforderung, Minderwertigkeitsgefühle, ↗ Geschwister(neid), und ↗ Außenseiter(tum) spielen hier häufig eine Rolle.

☐ Mehrfachbehinderungen. Psychotherapie und Heilerziehung. Heilpädagogik. Lernbehindertenpädagogik

Lit.: H. v. Bracken, Mehrfachbehinderte Kinder als heilpäd. Aufgabe, in: H. Stutte - H. v. Bracken (Hrsg.), Vernachlässigte Kinder (1969); S. Solarová, Mehrfachbehinderungen, in: Ber. über den Kongreß für die Gesamte Sprachheilpäd. 1970 in Bremen (1971).

H. v. Bracken

Verbot ↗ Befehl

Verbrechertum ↗ Jugendkriminalität

Verdrängung ↗ Abwehrmechanismus ↗ Kindheitserinnerungen, erste

Vereine und Verbände, pädagogische

AG. = Arbeitsgemeinschaft, Gf., Hgf. = (Haupt-) Geschäftsführer, Präs. = Präsident, Vors. = Vorsitzender

Die Bemühungen der zahlreichen päd. ↗ Gesellschaften, ↗ Lehrer-, Lehrerinnenvereine sowie Verbände des ↗ wirtschaftsberuflichen Bildungswesens und anderer auf das Erziehungswesen bezogener Vereinigungen werden ergänzt bzw. zusammengefaßt durch eine Vielzahl pädagogischer Verbände und Vereine. Im folgenden sind diese Zusammenschlüsse von Einzelpersonen, Vereinigungen bzw. Institutionen, bei denen es sich um Interessen- bzw. Zweckverbände, Dachorganisationen, Berufs- oder Fachverbände handelt, nach ihrem päd. Aufgabengebiet aufgeführt. Die Angaben erheben nicht den Anspruch auf Vollständigkeit. Fehlendes suche man ggf. unter den oben genannten Verweisstichwörtern.

I. Kinder- und Jugendpflege, -fürsorge, Gesundheitserziehung, Vorschulerziehung

Behinderte Kinder. Stiftung für das behinderte Kind, Vors.: Bundesminister Käte Strobel, Hgf.: K. M. Döll, 3550 Marburg, Schuhmarkt 4; Vereinigung kath. Einrichtungen für geistig Behinderte, Vors.: Dr. R. Müller, Hgf.: P. B. Rüther OSC, 78 Freiburg i. Br., Werthmannhaus; Lebenshilfe für das geistig behinderte Kind e. V., Vors.: Prof. Dr. R. Mittermaier, Gf.: T. Motters, 3550 Marburg, Barfüßertor 25; Bundes-AG. zur Förderung haltungsgefährdeter Kinder, Präs.: Dr. W. Bauermeister, geschäftsführender Vorstand: H. Teuber, 5160 Düren, Holzstr. 22; Verband Dt. Ev. Heilerziehungs-, Heil- und Pflegeanstalten, Vors. und Gf.: Pfr. Dr. J. Klevinghaus, 4971 Wittekindshof ü. Bad Oeynhausen; AG Heilpäd. der Ausbildungsstätten für Heilpäd. und ev. heilpäd. Heime, 3 Hannover-Kleefeld, Stephansstift, Kirchröder Str. 44; Verband kath. Einrichtungen der Heim- und Heilpäd. e. V., Vors.: Rektor R. Wasmer, Gf.: Referatsleiter Dr. P. Schmidle, 78 Freiburg i. Br., Werthmannhaus; Arbeitskreis ev. Heimsonderschulen, 3 Hannover-Kleefeld, Stephansstift, Kirchröder Str. 44; Verband der dt. ev. Anstalten für Körperbehinderte, Vors.: Pfr. A. Walter, 8503 Altdorf bei Nürnberg, Wichernhaus; Verband kath. Anstalten für Körperbehinderte in Dtl., Vors.: Dir. Th. Lueg, 5 Köln-Deutz, Alarichstr. 40; Bundesverband der Eltern körpergeschädigter Kinder e. V. - Contergankinderhilfswerk, 2 Hamburg, Mittelweg 99; Josefs-Gesellschaft für Krüppelfürsorge e. V., Vors.: Staatssekretär a. D. Dr. W. Rombach, Dir.: Th. Lueg, 51 Aachen, Beethovenstr. 5; Verband dt. Vereine zur Förderung und Betreuung spastisch gelähmter Kinder e. V., Vors.: Ltd. Regierungsdir. H. Gross, Gf.: Ass. Roswitha Kumpmann, 4 Düsseldorf, Kirchfeldstr. 149. *Erziehungsberatung.* Bundesverband für Erziehungsberatung, Gf.: Dipl.-Psych. Dr. E. Griesbach, 8510 Fürth, Flensburger Str. 12; Kath. Bundes-AG. für Erziehungsberatung, Vors.: Diözesancaritasdirektor K. A. Schwer, Gf.: Dr. P. Schmidle.
Gesundheitserziehung. Bundesvereinigung für Gesundheitserziehung, Vors.: Dr. G. Jungmann MdB, Gf.: H. Wickert, 53 Bonn - Bad Godesberg, Bachstr. 3-5; Bundeszentrale für gesundheitliche Aufklärung, Präs.: Dr. W. Fritsche, Verwaltungsleiter: Regierungsrat K. Mosik, 5 Köln-Merheim, Ostmerheimer Str. 200, Dt. Vereinigung für die Gesundheitsfürsorge des Kindesalters, Vors.: Prof. Dr. K. Nitsch, Gf.: Obermedizinalrat Dr. K. Hartung, 6 Frankfurt a. M., Cronstettenstr. 25; Dt. Zentrale für Volksgesundheitspflege, Präs.: Prof. Dr. L. v. Manger-König, Gf.: Obermedizinalrat Dr. A. Rainer, 6 Frankfurt a. M., Feuerbachstr. 14; Dt. Jugend-Gesundheitsdienst, Vors.: Kreismedizinaldir. Dr. G. Saul, Gf.: Dr. H. Hoske, 5 Köln 41, Mommsenstr. 121.
Jugenderholung. Ev. Arbeitskreis für Freizeit und Erholung, Vorstand: Oberkirchenrat H. Becker, 3 Hannover 21, Herrenhäuser Str. 2A; Heilstättenverein Lenzheim, Vors.: Pfr. J. Hoppert, 89 Augsburg, Spenglergäßchen 7a; Verband kath. Einrichtungen der Jugenderholungs- und -heilfürsorge, Vors.: Prof. Dr. med. H. Hanssler, Gf.: Dir. Maria Kiene, 78 Freiburg i. Br., Werthmannhaus.
Jugendfürsorge. Bundesverband ev. Erziehungseinrichtungen, Vors.: Prof. D. K. Janssen, Gf.: Dipl.-Vw. Ilse Valkewisser, 3 Hannover-Kleefeld, Kirchröderstr. 34; Verband der kath. caritativen Erziehungsheime Dtl.s e. V., Vors.: Rektor R. Wasner, Gf.: Dr. P. Schmidle, Maria Kiene, 78 Freiburg i. Br., Werthmannhaus; Landesverband der kath. caritativen Erziehungsheime in Bayern e. V., Vors.: Diözesancaritasdir. F. S. Müller, Gf.: i. V. P. Dr. N. Endres, 8 München 22, Liebigstr. 10; Seraphisches Liebeswerk e. V. - Kath. Erziehungsverein, Vors. und Gf.: P. L. Nufer, 54 Koblenz-Ehrenbreitstein, Kapuzinerplatz 135; Allg. Fürsorgeerziehungstag, Vors.: P. D. J. Wolff, Gf.: Dr. Irmgard Fricke, 3 Hannover-Kirchrode, Kühnstr. 14; Berufsverband kath. Fürsorgerinnen, Vors.: Dr. Ella Koll-Bernards, Gf.: Dr. Elisabeth Perseins, 43 Essen, Hedwig-Dransfeld-Platz 2; Kath. Fürsorgeverein für Mädchen, Frauen und Kinder, Vors.: Elisabeth Zillken, General-

sekretärin: Dr. Else Mues, 46 Dortmund, Agnes-Neuhaus-Str. 5; Konferenz der ev. Schulen für Heimerziehung, Vors.: Dr. Olga Glaue, 757 Baden-Baden, Ebersteinstr. 27; Christl. Jugenddorfwerk Dtl., Präs.: A. Dannemann, 7331 Fauerndau, Panoramastr. 55; AG. für Jugendpflege und Jugendfürsorge, Vors.: Dr. Christa Hasenclever, Gf.: E. Kohl, 53 Bonn-Venusberg, Haager Weg 44; EREV-Ausschuß für geschlossene Jugendfürsorge, Vors.: P. Prof. D. K. Janssen, 3 Hannover-Kleefeld, Stephansstift; Dt. Vereinigung für Jugendgerichte und Jugendgerichtshilfe e. V., Vors.: Prof. Dr. H. Schüler-Springorum; Internat. Bund für Sozialarbeit – Jugendsozialwerk e. V., Vors.: Minister a. D. V. Renner, Gf. Vors.: Dipl.-Volkswirt Dr. G. Ebersbach, 6 Frankfurt a. M., Münchener Str. 38; Kath. AG. für Jugendsozialarbeit e. V., Vors.: Prälat P. Fillbrandt, Gf.: Sozialarbeiter A. Thauer, 4 Düsseldorf, Carl-Mosterls-Platz 1; Arbeitskreis ev. Mädchenheime, Vors.: Pfarrer G. Schmücker, 744 Nürtingen-Oberensingen, Fürsorgeheim; Dt. Verband kath. Mädchensozialarbeit, Vors.: Oberschulrätin a. D. Maria Sugg, Gf.: Cäcilia Tilgner, 78 Freiburg i. Br., Lorenz-Werthmann-Haus; Konferenz der dt. Schulen für Sozialarbeit, Vorsitzende: Oberstudiendir. Dr. Teresa Bock, 51 Aachen, Robert-Schumann-Str. 25; AG. Ev. Schulen für Sozialarbeit, Vors. und Gf.: Dir. P. P. Gerhard Hahn, 3 Hannover-Kleefeld, Heimchenstr. 10, Wichernschule; Dt. Berufsverband der Sozialarbeiter und Sozialpädagogen e. V., Vors.: Else Funke, Gf.: Hildegard Doll, 4 Düsseldorf, Vautierstr. 90; Berufsverband kath. Sozialarbeiter – Bundesverband e. V., Vors.: Ministerialrat Dr. Rothe, Gf.: K. Franke, 78 Freiburg i. Br., Werthmannhaus; Berufsverband kath. Sozialarbeiterinnen und Sozialarbeiter Bundesverband e. V., Vors.: Oberstudienrätin Dr. Ella Koll-Bernards, Gf.: Maria Haensing, 43 Essen, Hedwig-Dransfeld-Platz 2; Verband ev. Sozialpädagogen e. V., Vors. und Gf.: Elfriede Wienands, 662 Völklingen, Bismarckstr. 140.

Jugendherbergen. Dt. Jugendherbergswerk, Hauptverband für Jugendwandern und Jugendherbergen, Vors.: Prof. Dr. F. Pöggeler, Hgf.: F. Hauser, 493 Detmold, Bülowstr. 1.

Kindergarten, -pflege, Vorschulerziehung. Zentralverband kath. Kindergärten und Kinderhorte Dtl.s, Vors.: Msgr. Dr. R. Dietrich, Gf.: Maria Lenarz, 5 Köln, Weißenburgstr. 14; Berufsgemeinschaft kath. Jugendleiterinnen und Kindergärtnerinnen, Vors.: Direktorin Maria Kiene, Gf.: Alma Molin, 78 Freiburg, Werthmannhaus; Bundes-AG. kath. Seminare für Kindergärtnerinnen und Jugendleiterinnen, Vors.: Direktorin Maria Kiene, Gf.: Jugendleiterin Alma Molin; Pestalozzi-Fröbel-Verband, Vors.: Direktorin Dr. Minni Stahl, Gf.: Hertha Jongahus, 28 Bremen, Herrentorswall 93/94; Dt. Nationalkomitee für Erziehung im frühen Kindesalter (der Weltorganisation für Vorschulerziehung), Gf. (in AGJJ): 53 Bonn-Venusberg, Haager Weg 44; AG. für Ev. Kinderpflege, Vors.: Landespfarrer H. Eßer, 493 Detmold, Leopoldstr. 10; Dt. Verband der Ausbildungsstätten für ev. Kinderpflege, Vors. und Gf.: Direktorin Dr. Ruth Ranft, 4 Düsseldorf-Kaiserswerth; Verband ev. Kinderpflegerinnen, Vors. und Gf.: Schwester Ruth Starcke, 2 Hamburg 39, Alsterdorfer Str. 440; Vereinigung ev. Kinderpflegeverbände, Vors.: Direktor Pfarrer A. Herrnbrodt, 75 Karlsruhe, Kriegsstr. 24, Gf.: Christine Gietzelt, 7 Stuttgart W, Reinsburgstr. 50.

Kinder- und Jugendschutz. Bundesprüfstelle für jugendgefährdende Schriften, Leiter: Reg.-Dir. R. Stefen, 53 Bonn-Bad Godesberg 1, Kennedyallee 105–107; Dt. Kinderschutzbund, Präs.: Frau Cara Krohn, 2 Hamburg 1, Stiftstr. 31; Bundesarbeitsstelle Aktion Jugendschutz, Vors.: Regierungsdirektor D. W. Becker, Gf.: Jugendleiterin Friedegard Baumann, 44 Münster, Windthorststr. 15; Ev. Bundesarbeitskreis für Jugendschutz, Vors. (komm.): Dr. A. Müller-Schöll, Gf.: Ass. Isolde Traub, 7 Stuttgart 1, Alexanderstr. 23; Kath. AG. Jugendschutz, Vors.: Regierungsdirektor W. Weber, Gf.: Käte Kepper, 47 Hamm, Jägerallee 25; Komitee Sicherheit für das Kind, Präs.: Prof. Dr. U. Undeutsch, Gf.: W. Hoffmann, 8 München 23, Leopoldstr. 34/38.

II. Schul- und Bildungswesen

Altphilologen. Dt. Altphilologenverband, Vors.: Prof. Dr. W. Richter, 34 Göttingen, Ludwig-Beck-Str. 9.
Berufliche Schulen. Bundesverband der Lehrer an berufl. Schulen, Vors.: Oberstudiendirektor A. Bollmann, Gf.: OSTR W. Witt, 53 Bonn, Mozartstr. 30.
Fachlehrer. Bundesverband der Fachlehrer, Berufsverband deutscher Fachlehrer, Lehrer für Bürowirtschaft, Technischer Lehrer, Vors.: Manfred Leubner, Gf.: H. Meyer, 34 Göttingen, Reinholdstr. 14.
Geographen. Verband dt. Schulgeographen, Vors.: Oberstudiendirektor Dr. W. W. Puls, Gf.: Oberstudienrat E. Höhmann, 2 Hamburg 63, Hummelsbütteler Kirchenweg 63.
Germanisten. Dt. Germanistenverband, Vors.: Prof. Dr. W. Schüller-Seidel, 8 München 23, Schellingstr. 3.
Heil- und Sonderpädagogik. Dt. Gesellschaft für Heilpädagogik (Orthopädagogik) – Sektion der Internat. Gesellschaft für Heilpäd., Vors.: Prof. Dr. E. Schomburg, 3 Hannover, Freytagstr. 7; Verband dt. Blindenlehrer, Vors.: G. Jeschke, 2 Hamburg 39, Borgweg 17 a; Bund der Sehbehindertenlehrer, Vors.: Sonderschulrektor E. Teumer, Geschäftsstelle: 3 Hannover-Kirchrode, Lothringer Str. 18 H; Bund deutscher Taubstummenlehrer, Vors.: Direktor J. Tigges, 55 Trier, Kaiserstr. 18.
Heimatvertriebene. Gemeinschaft heimatvertriebener Erzieher, Vors.: Prof. W. Kozmiensky, 8 München 23, Ungerer Str. 172; Vereinigung der aus der Sowjetzone verdrängten Lehrer und Beamten, Vors.: Beigeordneter J. Giesberts, Gf.: Schulrat A. Klose MdL, 4 Düsseldorf, Neußer Str. 75.
Hochschulen. Bund dt. Hochschullehrer, Gf. Vors.: Doz. Dr. habil. Herbert Graberl, 74 Tübingen, Am Apfelberg 20; Bund Freiheit d. Wiss., 8 München 75, Postf. 750 913; weitere: ↗Hochschulverband ↗Rektorenkonferenz ↗Konferenz der päd. Hochschulen ↗Assistent.
Ingenieurausbildung. Kommission für Ingenieurausbildung, Vors.: Prof. Dr. Ing. H. Friebe, Frankfurt, Hgf.: Direktor Dr. Ing. G. Brenken, Dr. Ing. F. Coërs, 4 Düsseldorf, Graf-Recke-Str. 84; Verband der Dozenten an Ingenieurschulen, Präs.: Dozent W. Lehn, 6501 Hechtsheim, Marienborner Str. 13; Arbeitskreis der Direktoren an Dt. Ingenieurschulen, Präs.: Oberbaudirektor Prof. Dr. Ing. W. Huber, Gf.: Baudirektor Dipl.-Ing. H. Meuth, 44 Münster, Lothringer Str. 8–26.
Internationaler Bereich. Europäischer Erzieherbund, Vors.: Oberstudiendir. Dr. G. Röhl, Geschäftsführender Vors.: Studienrat H. Mickel, 61 Darmstadt, Theodor-Heuss-Str. 24; Internat. Arbeitskreis Sonnenberg, Generalsekretär: Oberregierungsrat W. Schulze, 33 Braunschweig, Bankplatz 8; Weltbund für Erneuerung der Erziehung, Dt.sprachige Sektion, Präs.: Prof. Dr. H. Röhrs, 6901 Wilhelmsfeld, Bergstr. 58; Freundeskreis dt. *Auslandsschulen*, Vors.: Prof. Dr. R. Rodenstock, Gf.: Rechtsanwalt H. Bongartz, 53 Bonn, Adenauerallee 148; Ausschuß für das Auslandsschulwesen der Ständigen Konferenz der KM der Länder Vors.: Senatsdir. Dr. H. Reimers, 2 Hamburg 36, Dammtorstr. 25; Goethe-Inst. zur Pflege dt. Sprache und Kultur im Ausland e. V., Präs.: Botschafter a. D. P. H. Pfeiffer, Hgf.: Dir. Dr. W. Ross, 8 München 2, Lenbachplatz 3.
Jugendliteratur. Arbeitskreis für Jugendliteratur, Vors.: F. Wittig, Gf.: Dr. K. Dietze, 8 München 22, Kaulbachstr. 40; Dt. Jugendschriftenwerk, Vors.: Prof. Dr. A. C. Baumgärtner, Gf.: Helge Adler, 6 Frankfurt, Kurt-Schumacher-Str. 1.
Kunst- und Werkerziehung. Bund dt. Kunsterzieher,

Vors.: Dr. J. A. Soika, 1 Berlin 33, Douglasstr. 32; Dt. Arbeitskreis für Werkerziehung, Vors.: Oberstudiendirektor Dr. J. A. Soika, 1 Berlin 33, Douglasstr. 32; AG. der dt. Werkkunstschulen, Vors.: Dipl.-Ing. E. Zietzschmann, Gf.: Direktor F. Müller, 28 Bremen, Am Wandrahm 23; Bund der Dozenten an Werkkunstschulen, Vors.: Studienrat Dr. Offermann, Gf.: Dipl.-Ing. P. Kuff, Düsseldorf, Neuburgstr. 4, Geschäftsstelle: Wiesbaden, Westerwaldstr. 3.
Landwirtschaft. Bundesring der landwirtschaftl. Berufsschullehrerverbände, Vors.: Landwirtschaftsschulrat Dr. D. Serno, 7057 Winnenden-Schelmenholz, Schieferseestr. 8; Verband der Lehrerinnen für landwirtschaftl. Berufs- und Fachschulen, Vors.: Eleonore Berkenkamp, 44 Münster, Krumme Str. 21/22.
Lehrer. Dt. Lehrerbund, Vors.: E. Jancke, Gf.: Hermann Radtkem, 1 Berlin, Fuggerstr. 33.
Lehrmittel und Schulbücher. Dt. Lehrmittel-Verband, Präs.: H. Steufgen, Hgf.: A. Häussermann, 6490 Schlüchtern, Bad-Sodener-Weg 3; Verband der Schulbuchverlage, Vors.: D. Herbst, Gf.: Dipl.-Vw. H. P. Vonhoff, 6 Frankfurt, Neue Mainzer Str. 10.
Leibeserziehung. Bundesverband dt. Leibeserzieher, Vors.: Regierungsdirektor P. Kiefer, 7 Stuttgart, Lenzhalde 66; Verband dt. Leibeserzieher an den höheren Schulen, Vors.: Oberstudiendirektor K. Starke, Gf.: Oberschullehrer H. Koerth, 3050 Wunstorf (Han.), Scharnhorststr. 3; AG. der Direktoren der Inst.e für Leibeserziehung und Leibesübungen der BRD, Vors.: Dr. O. Hanebluth, 66 Saarbrücken, Univ.-Inst. für Leibeserziehung; Fachgruppe Leibeserziehung an PH.n, Vors.: Prof. B. Jonas, Gf.: H. Voß, 28 Bremen, Potsdamer Str. 8; Bund dt. Gymnastikschulleiter, Vors.: H. Medau, Gf.: W. Bode, 8 München 19, Hofenfelsstr. 3.
Musikerziehung. AG. für Musikerziehung und Musikpflege, Leiter: Prof. Dr. S. Borris, Gf.: Oberstudienrat H. Saß, 2 Hamburg 13, Feldbrunnenstr. 56; Arbeitskreis für Schulmusik und allgemeine Musikpäd., Vors. und Hgf.: Prof. Dr. W. Krützfeldt, 2 Hamburg 67, Rögenfeld 42a; Verband dt. Schulmusikerzieher, Vors.: Prof. Dr. E. Kraus, 29 Oldenburg, Uhlhornsweg 13; Verband dt. Musikerzieher und konzertierender Künstler, Präs.: Prof. Dr. S. Borris, Gf.: Dr. E. Rohlfs, 8 München, Hirschgartenallee 19; Verband dt. Musikschulen, Vors.: D. Wucher, 28 Bremen, Slevogtstr. 42; AG. Musikpädagogischer Seminare, Vors.: Katharina Lignize, Prof. G. Waldmann, 7217 Trossingen, Am Karlsplatz.
Politische Bildung. Bundeszentrale für polit. Bildung. Dir.: Dr. H. Stercken, 53 Bonn, Berliner Freiheit 7.
Religionslehrer. Bund kath. Religionslehrervereinigungen, 5 Köln-Ehrenfeld, Ehrenfeldgürtel 179; Dt. Katechetenverein, Vors.: Prälat Dr. H. Fischer, Gf.: Rektor Dr. A. Gleißner, 8 München 2, Maxburgstr. 2/IV; Studiengesellschaft für Ev. Unterweisung, Vors.: Regierungsamtmann E. Krause, 28 Bremen 1.
Schüler. Gesellschaft zur Förderung der Schülervertretungen; Gf. Vors.: Dr. J. Güthling, 2150 Buxtehude bei Hamburg, Postfach 266.
Sprecherziehung. Gesellschaft für Sprechkunde und Sprecherziehung, Vors.: Dr. H. Gleißner, Dudweiler Geschäftsstelle: 66 Saarbrücken 15, Univ.
Stenographen. Dt. Stenographielehrerverband, Vors.: Oberstudiendir. W. Blank, Schriftführer: H. Strucken, 4640 Wattenscheid-Höntrop, Kords Feld 24.
Wirtschaftsdozenten. Verband dt. Wirtschaftsdozenten, Vors.: Dr. P. Bohnen, Geschäftsstelle: 405 Bergisch-Gladbach, Brandenburger Str. 29.

III. Privatschulwesen

Eltern. Bundesvereinigung ev. Eltern und Erzieher, Vors.: Landeskirchenrat H. Ebersbach, Gf.: Albert Böhme, 56 Wuppertal-Ronsdorf, Goldlackstr. 6–8; Kath. Elternschaft Dtl.s, Präs.: Prof. Dr. F. Pöggeler, Hgf.: Dr. Ingeborg Marx, 5 Köln, Burgmauer 4.

Landerziehungsheime. Vereinigung dt. Landerziehungsheime, Vors.: Prof. H. Becker, Gf.: Rechtsanwalt Dr. J. P. Vogel, 1 Berlin 37, Am Schlachtensee 2.
Ordensschulen. Bischöfl. Zentrale für Ordensschulen und kath. freie (private) Schulen, Leiter: Bischof Dr. J. Pohlschneider, Geschäftsführender Direktor: Oberrechtsrat H. Nolte, 5 Köln, Marzellenstr. 32; AG. kath. Klöster in Bayern (Ordensschulzentrale) Domkapitular Dr. H. Fischer, 8 München, Maxburgstr. 2; Ordensdirektorenvereinigung, Vors.: Oberstudiendirektor P. W. Baumjohann, Hgf.: Oberstudienrat P. P. Hilger, 4041 Knechtsteden über Neuß.
Privatschulen. AG. der Verbände gemeinnütziger Privatschulen in der BRD, Gf.: Prof. H. Becker, 1 Berlin 33, Thielallee 58, Dr. Paul Westhoff, 5 Köln 41, Lortzingstr. 50a; Verband dt. Privatschulen, Vors.: Dr. P. Scheid, Frankfurt, Geschäftsstelle: Bad Soden (Taunus), Hauptstr. 10.
Schulbünde. AG. ev. Schulbünde, Vors.: Oberstudiendirektor K. H. Potthast, 4816 Sennestadt, Hans-Ehrenberg-Gymnasium.
Schullandheime. Verband dt. Schullandheime, Vors.: Oberschulrat i. R. W. Berger, Geschäftsführender Vors.: Rektor H. Schenk, 2 Hamburg 1, Norder Str. 163.
Waldorfschulen. Bund der Freien Waldorfschulen, Vors.: E. Weißert, 7 Stuttgart 1, Haußmannstr. 44.
Schule und Erziehung. Bischöfl. Hauptstelle für Schule und Erziehung, Leiter: Msgr. Oberstudienrat K. Schraaf, Referentin: Dr. Ingeborg Marx, 5 Köln, Rubensstr. 25–27.

IV. Erwachsenenbildung

Akademien. Leiterkreis der Ev. Akademien in Dtl., Vors.: Direktor D. Dr. E. Müller, Gf.: G. Scholz, 7325 Bad Boll über Göppingen; Arbeitskreis der kath. Akademien, Leiter: Prof. Dr. G. Scherer, 4330 Mülheim, Falkenweg 6.
Bildungsstätten. Arbeitskreis dt. Bildungsstätten, Vors.: U. Lüers, Geschäftsführendes Vorstandsmitglied: A. Miklis, 53 Bonn-Venusberg, Haager Weg 44.
Bildungswerke. AG. kath.-sozialer Bildungswerke in der BRD, Vors.: KM Dr. B. Vogel, Gf.: Prälat A. Stein, 6250 Limburg/Lahn, Domplatz 7.
Erwachsenenbildung. Dt. Ev. AG. für Erwachsenenbildung, Präs.: Pfarrer Dr. W. Böhme, 75 Karlsruhe 1, Blumenstr. 7; Bundes-AG. für kath. Erwachsenenbildung, Präs.: Prälat B. Hanssler, Vors.: Dr. B. Schomakers, Gf.: H. Herbermann, 53 Bonn, Lisztstr. 6.
Mütterschulen. Bundes-AG. kath. Mütterschulen – Familienbildungsstätten, Vors.: Dorothea Widmann, 7 Stuttgart 1, Gymnasiumstr. 36, Geistl. Beirat: Prälat E. Donders, Hgf.: Dr. Elisabeth Lünenbürger, 4 Düsseldorf, Prinz-Georg-Str. 44.
Volkshochschulen. Dt. Volkshochschulverband, Präs.: Prof. H. Becker, Gf.: Direktor H. Dorff, 53 Bonn, Colmanstr. 17; Leiterkonvent der Ev. Heimvolkshochschulen Dtl.s, Vors.: Pfarrer H. Siepmann, 523 Altenkirchen (Westerw.), Dieperzbergweg 13–17; Verband kath. Landvolkshochschulen Dtl.s, Vors.: Direktor B. Schulte, Gf.: Dr. B. Lauscher, 4412 Freckenhorst (Westf.), Am Hagen 1.

J. Tymister

Vereinfachen, Elementarisieren

1. *Begriff.* V. und E. sind Maßnahmen des Lehrenden, komplizierte und schwierige Aussagen, Sachverhalte und Zusammenhänge im Rahmen einer *didaktischen Reduktion* so aufzubereiten, daß sie von Schülern eines bestimmten sachstrukturellen Entwicklungsstandes aufgenommen und verstanden werden können. Das didaktisch Vereinfachte muß An-

287

sätze bieten, den Gegenstand im Bewußtsein des Lernenden differenziert und sachgerecht aufzubauen.

2. *Formen und Fehlformen.* GRÜNER unterscheidet zwei Arten der didakt. Reduktion, die vertikale und die horizontale, die in der Praxis meist kombiniert auftreten.

Die *vertikale Reduktion* ist ein V. durch Besonderung des Allgemeinen bzw. durch Reduzierung der zu beachtenden Faktoren und Variablen. Der Gültigkeitsumfang der urspr. Aussage verringert sich dabei. Beispiel: Die allgemeine Aussage „An einem Hebel herrscht Gleichgewicht, wenn die Summe aller Drehmomente gleich ist" lautet reduziert: „Am Hebel herrscht Gleichgewicht, wenn das linksdrehende Moment gleich dem rechtsdrehenden ist." Bei der *horizontalen Reduktion* liegt das V. in der Veranschaulichung und Konkretisierung der zu Lernenden. Der Gültigkeitsumfang bleibt erhalten. Beispiel: Der Satz „Das Drehmoment der Kraft (F_1) ist gleich dem Drehmoment der Kraft (F_2)" lautet bei Verwendung der Metaphern „Arm" und „Last": „Kraft mal Kraftarm gleich Last mal Lastarm."

CH. SALZMANN unterscheidet verschiedene *Schwierigkeitsmomente* eines Sachverhalts und ordnet ihnen typische Formen bzw. *Fehlformen* des V.s zu.

a) *Verwicklung der Struktur des Gegenstandes durch die Fülle der beteiligten Faktoren oder Variablen.* Das V. besteht hier in einem Hervorheben der wesentl. Strukturlinien etwa durch Schemata, Aufrisse, Modelle, Karikaturen, sprachliche Akzentuierung usw. Die Fehlform des V.s besteht darin, daß strukturell Nebensächliches, z. B. durch den Hinweis auf Kindgemäßheit oder Lebensnähe, zur Hauptsache gemacht wird.
b) *Verflechtung des Gegenstandes mit benachbarten oder umfassenden Zusammenhängen.* V.: zeitweise Isolierung von Teilen bei gleichzeitiger Wahrung größerer Zusammenhänge. Fehlform: dauernde oder zu starke Isolierung der Teile, Betonung von Teilaspekten, etwa in Form von Vorurteilen, Klischeevorstellungen, bes. im Geschichtsunterricht.
c) *Mehrschichtigkeit des Gegenstandes.* V.: Konzentration auf jeweils eine Schicht bei gleichzeitiger Offenheit für die übrigen. Fehlform: Verabsolutierung einer (vordergründigen) Schicht auf Kosten tieferer theoret. Aussagen (z. B. im RU.).
d) *Unanschaulichkeit, Unzulänglichkeit oder Abstraktheit des Gegenstandes.* V.: Veranschaulichung des an sich Unsichtbaren durch Anschauungsmittel. Fehlform: Verniedlichung des Gegenstandes durch anschauliches Beiwerk.
e) *Statik und Abgeschlossenheit vieler Kulturgüter.* V.: Auflösung der starren Objektivität des Gegenstandes in seinen Werdeprozeß (ROTH). Fehlform: Verabsolutierung des Prinzips der kleinen Schritte und ihrer Linearität; Herstellung objektiver Lückenlosigkeit.

3. *Bedeutung.* Die Notwendigkeit des V.s und E.s wird seit COMENIUS gesehen und ist in der Didaktik immer wieder erörtert worden. In neuerer Zeit wurde der Gedanke – angeregt durch SPRANGER – im Zusammenhang mit der ↗exemplarischen Lehre bes. von KLAFKI aufgegriffen. V. und E. zielen jedoch mehr auf den Lernprozeß und damit auf *methodische Probleme.*

Lit.: H. G. Peters, Das päd. Problem der päd. Vereinfachung, in: Die Erziehung 18 (1942/43); E. Spranger, Die Fruchtbarkeit des Elementaren, in: Päd. Perspektiven (1951, ⁸1964); J. Henningsen, Wer lehrt, popularisiert, in: Th. Wilhelm (Hrsg.), Die Herausforderung der Schule durch die Wiss. (1966); G. Grüner, Die didakt. Reduktion als Kernstück der Didaktik, in: Die Dt. Schule 59 (1967); J. Muth, Von acht bis vier (1967); J. S. Bruner, Der Prozeß der Erziehung (1970); Chr. Salzmann, Die Vereinfachung als didaktisch-methodisches Problem, in: Päd. Rundschau, Jhg. 24 (1970).

Chr. Salzmann

Vereinigte Arabische Republik ↗ Arabische Staaten

Vereinigte Staaten von Amerika
Fläche: 9 363 405 qkm; Bev.: 203 216 000 (1965).

I. Allgemeine Grundlagen

In der Verfassung der Vereinigten Staaten ist die Teilung der Staatsgewalt zwischen der Bundesregierung und den Einzelstaaten festgelegt. Das Bildungswesen fällt grundsätzlich in den Aufgabenbereich der Staaten, doch kann sich die Bundesregierung unter besonderen Bedingungen wie Landesverteidigung oder Wohlfahrtspflege an Bildungsmaßnahmen beteiligen und entsprechende Finanzmittel zur Verfügung stellen.

Innerhalb der Bevölkerung der USA bestehen noch beträchtliche soziale und ökonomische Unterschiede, doch wirkt die vorhandene soziale Mobilität der Herausbildung verfestigter Klassen entgegen. Religiöse und rassische Diskriminierung im öff. Leben sind durch Gesetz oder Gerichtsentscheidungen verboten; Vorurteile bestehen jedoch fort, und sowohl Regierung als auch private Organisationen ergreifen die verschiedensten Maßnahmen, um eine gleiche Behandlung aller Bürger in jeder Hinsicht zu gewährleisten.

Die USA haben zwischen 1820 und 1963 insges. 42 702 328 *Einwanderer* aufgenommen. Viele Einwanderergruppen haben ihre Muttersprache bewahrt und darin ein reiches kulturelles Leben entfaltet. Jedoch haben die Einschränkung der Immigration in den letzten Jahrzehnten, die integrative Wirkung des öff. Schulsystems und die freiwillige Assimilation zu einem Rückgang des Gebrauchs von Fremdsprachen als Kommunikationsmittel beigetragen.
Von den 226 religiösen Gruppen sind zahlenmäßig am stärksten die Katholiken, Baptisten, Methodisten, Lutheraner, Juden, Presbyterianer, die Episkopalkirche und die Orthodoxen. Im Jahre 1960 wurden 18 871 831 Neger und 1 619 612 Angehörige anderer Rassen (Indianer, Japaner, Chinesen, Filipinos usw.) gezählt.
Von der erwachsenen Bevölkerung über 14 J. (126 Mill.) waren 1960 etwa 3 055 000 (= 2,4 %) Analphabeten (1930: 4,8 %). Im März 1968 hatten 5,9 % der weißen und 17,3 % der nicht-weißen Bev. im Alter von über 25 J. eine Schulbildung von weniger als 5 J. In derselben Altersgruppe hatten 10,5 % ein Collegestudium von 4 oder mehr Jahren absolviert.

II. Geschichtliche Entwicklung

Während der Kolonialperiode verabschiedeten mehrere Kolonien Gesetze, die sicherstellen sollten, daß Lehrlinge einen elementaren Unterricht in Lesen, Religion und beruflichen Fertigkeiten erhielten (vorbildlich war die Gesetzgebung von Massachusetts im j. 1642 und 1647). Nach der Revolution stellte die Bundesregierung Mittel zum Ausbau von Bildungseinrichtungen bereit. Die Landverordnungen von 1785 und 1787 (North West Land Ordinance) reservierten Areal für das öff. Schulwesen und für religiöse Zwecke. Die Bundesregierung betätigte sich durch finanzielle Unterstützung der Staatsregierungen und die Organisierung von öff. Schulen in Territorien, die erst später als Staaten anerkannt wurden.

Zwischen 1800 und 1850 gab die Regierung den Staaten für Schulzwecke Gelder, die aus Landverkäufen stammten. Darüber hinaus gründete sie die Kongreßbibliothek (1800), die Militärakademie West Point (1802) und die Marineakademie in Annapolis (1845); ferner übernahm sie 1804 den Aufbau eines öff. Schulsystems im District of Columbia. Die Staaten richteten seit dem Ende des 18. Jh. Elementar- und Sekundarschulsysteme sowie Lehrerseminare ein. 1784 organisierte der Staat New York ein den ganzen Staat umfassendes Schulsystem und ernannte 1812 einen staatl. Schulaufsichtsbeamten. In den großen Städten schlossen sich Bürger, darunter auch Arbeitergruppen, zu Vereinigungen zusammen, um Bildungsmöglichkeiten zu schaffen, noch bevor staatl. Schulsysteme eingerichtet bzw. funktionsfähig waren.

Das bedeutendste Ereignis in der Entwicklung des staatl. Schulsystems im 19. Jh. war die Ernennung von Horace MANN zum Sekretär der Erziehungsbehörde, d. h. zum leitenden Schulbeamten des Staates Massachusetts; sein Wirken setzte ein Beispiel für die Entwicklung in anderen Staaten, wo sich zugleich bekannte Schulpolitiker wie Henry BARNARD in Connecticut, John D. PIERCE in Michigan, Calvin H. WILEY in North Carolina u. a. um die Einrichtung eines freien und demokrat. Schulsystems bemühten.

Zwischen 1850 und 1900 intensivierte die Bundesregierung die Förderung des Bildungswesens durch eine Reihe von gesetzgeberischen Maßnahmen, insbes. die beiden Morrill Acts von 1862 bzw. 1890, durch die den Staaten Land für die Gründung von Colleges zur Verfügung gestellt wurde. 1865 bis 1871 wurden zahlreiche Bildungsinstitutionen für die während des Bürgerkriegs befreiten Neger eingerichtet.

1867 wurde durch Kongreßbeschluß ein Erziehungsministerium (Department of Education) unter der Leitung eines Regierungskommissars eingerichtet, der jährlich über den Stand des Bildungswesens zu berichten hatte. Als *United States Office of Education* ist es gegenwärtig ein Teil des Ministeriums für Gesundheitswesen, Erziehung und Wohlfahrt mit der Aufgabe der Dokumentation und Information über das Bildungswesen durch Publizierung von Statistiken und Darstellungen. Erst 1852 verabschiedete Massachusetts das erste amerikan. *Schulpflichtgesetz*, das einen Schulbesuch vom 8. bis 14. Lj. vorsah. Trotz oppositioneller Einwände, daß Schulzwang undemokratisch sei, erließen bis 1900 32 Staaten ein Schulpflichtgesetz; als letzter Staat folgte Mississippi 1918. Im 19. Jh. wurde das öff. Bildungswesen durch die Einrichtung von Sekundarschulen (high schools), kommunalen und staatl. Colleges, Universitäten und Lehrerbildungsanstalten ausgeweitet. Zugleich stieg die Zahl der privaten und von Religionsgemeinschaften getragenen Schulen und Colleges.

Zu Beginn des 20. Jh. wurden vom Kongreß Gesetze verabschiedet, die die Verbesserung der landwirtschaftl. Ausbildung, die Integration der Berufsausbildung in die öff. Sekundarschulen und die berufliche Ausbildung und Umschulung von Versehrten betrafen. Während der 20er und 30er Jahre war der Kongreß bestrebt, die Gleichheit der Bildungschancen in den Staaten durch finanzielle Hilfe zu fördern, ohne daß umfassende Gesetze verabschiedet wurden. Weitreichende Bedeutung erlangte das *National Defense Education Act* von 1958, das besondere Mittel zur Förderung des Unterrichts in Mathematik, Naturwissenschaften und Fremdsprachen bereitstellte. – Eine zentrale Rolle in der Entwicklung des Bildungswesens spielte auch der Oberste Gerichtshof der USA, der u. a. in einer Reihe von Entscheidungen zwischen 1938 und 1955 die Öffnung der öff. Schulen und Universitäten für Neger, bes. in den Südstaaten, verfügte. Auf die Entwicklung der päd. Ideen in den USA wirkten sich europäische Einflüsse, insbes. von PESTALOZZI, FRÖBEL, HERBART und in neuerer Zeit von M. MONTESSORI und J. PIAGET nachhaltig aus. – Die Reformbewegung der *Progressive education* wurde durch Francis W. PARKER (1837–1902) begründet, der Curricula und Unterrichtsmethoden einführte, in deren Zentrum die Entwicklung und die Interessen des Kindes standen. Diese Ideen wurden von J. DEWEY experimentell und theoretisch weiterentwickelt und fanden ein weltweites Echo.

III. Verwaltung und Finanzierung

Die USA haben kein zentrales Bildungssystem, vielmehr besitzt jeder der 50 Staaten sein eigenes Schulwesen; hinzu kommen der District of Columbia, dessen Schulen unter Bundeshoheit stehen, sowie Überseeterritorien (Puerto Rico, Guam u. a.). Die gesetzl. Bestimmungen über das Bildungswesen werden in der Regel von den Parlamenten der Bundesstaaten erlassen. In den meisten Staaten liegt die Schulverwaltung bei einer Schulbehörde *(school board)*, die aus Laien besteht, während die tatsächlichen Leitungsfunktionen von einem Schulverwaltungsbeamten *(commissioner* oder *superintendent of schools)* als Fachmann wahrgenommen werden, der bestimmte Standards für die Unterrichtsanforderungen und die Qualifikation der Lehrer festlegt und dem ein fachlicher Mitarbeiterstab zur Beratung und Kontrolle der Schulen zur Seite steht. Privatschulen unterstehen ebenfalls der staatl. Aufsicht, haben jedoch größere Freiheit in der Auswahl von Lehrern, Lehrbüchern und Unterrichtsfächern.

Die Höhe der finanziellen Aufwendungen für die Schulen variiert von Staat zu Staat. Zur Ergänzung der staatl. Zuschüsse müssen die Kommunen eigene Mittel aufbringen. Um eine Gleichheit der Bildungschancen herbeizuführen, sind ärmere Staaten in zunehmendem Maße auf Bundeszuschüsse angewiesen. Privatschulen erhalten keine direkten öff. Mittel.

Auf Gemeindeebene liegt die Schulaufsicht in der Hand einer Schulbehörde *(board of education* oder *school board)*, die ebenfalls aus Laien besteht, die einen Schulbeamten wählen. Schulverwaltungsbeamte können eine spezielle Zusatzausbildung an Universitäten erhalten.

IV. Aufbau des Bildungswesens

1. *Allgemeiner Überblick.* Das Bildungswesen gliedert sich in 3 Stufen: das Elementar-, Sekundar- und Hochschulwesen. Die Schulpflicht beginnt in den meisten Bundesstaaten nach dem 6. und endet mit dem 16. Lj. Die 12jähr. allgemeine Schulbildung kann aufgeteilt sein in 8. J. Elementarschule und 4 J. Sekundarschule (high school, = 8+4-Modell), 6 J. Elementarschule mit anschließender 3jähr. junior high school und 3jähr. senior high school (= 6+3+3-Modell), oder 6 J. high school im Anschluß an die 6jähr. Ele-

mentarschule (=6+6-Modell). Diese 3 Modelle variieren von Staat zu Staat und sogar innerhalb der Staaten. Im Anschluß an die high school ist bei entsprechenden Leistungen der Übergang zu einem 4jähr. College und danach zum Graduiertenstudium an einer Univ. möglich.

Die geschätzte Schülerzahl für das Schuljahr 1970/71 beträgt für die einzelnen Stufen des Bildungswesens: Primarstufe bis 8. Schj. einschließl. Kindergarten: 36,8 Mill.; Sekundarstufe (9.–12. Schj.): 14,8 Mill.; Hochschulwesen: 7,6 Mill. Der Gesamtzuwachs im Vergleich zu 1969/70 beträgt 600000, eine seit 1945 unveränderte Zuwachsrate.

2. Nach dem Besuch eines *Kindergartens*, dem bereits andere Vorschuleinrichtungen (nursery schools) vorgeschaltet sein können, erfolgt mit 6 J. der Übertritt in die *Elementarschule* (elementary school). Sofern die Schulen den Prinzipien der progressive education folgen, ist der Unterricht fächerübergreifend und nach Projekten aufgebaut, die zugleich die schöpferische Aktivität der Kinder anregen sollen. Die Elementarschulen sind in der Regel koedukativ. Die 8jähr. Elementarschule wird zunehmend von der 6jähr. verdrängt, da die junior high school einen allmählichen Übergang zur Sekundarschule ermöglicht und durch mathemat., naturwiss. und fremdsprachliche Grundkurse auf die Anforderungen der oberen Sekundarstufe vorbereitet. Zugleich erhalten Schüler, die die Schulpflicht mit Abschluß der junior high school beenden, eine abgerundete Schulausbildung, die den Mindestanforderungen ihrer berufl. und staatsbürgerl. Entwicklung genügt.

3. In der *Sekundarschule* haben die Fächer Vorrang gewonnen, in denen die moderne Zivilisation Ausdruck findet. Griechisch ist fast ganz aus dem Curriculum der high school verschwunden, Latein erhält geringere Aufmerksamkeit. Neben einem Kerncurriculum steht den Schülern der – in der Regel ebenfalls koedukativen – high school eine breite Skala von Wahlfächern offen. Gewöhnlich ist die high school eine Gesamtschule für alle Begabungsrichtungen, doch gibt es in Großstädten Spezialanstalten mit beruflichem oder akademischem Schwerpunkt. Schüler mit besonderen Leistungen können bereits in der high school den Stoff von Collegekursen lernen (Advanced Placement). Außerdem wird den Schülern die Möglichkeit zur Teilnahme an einer Vielfalt von außerunterrichtlichen Veranstaltungen der Schule (Interessenclubs, wiss. Arbeitsgemeinschaften, Sport usw.) geboten, die nicht nur zur Freizeiterziehung beitragen, sondern auch den Unterricht ergänzen und bisweilen vorberufliche Kenntnisse vermitteln und insges. einen festen Bestandteil des Schullebens darstellen. Die Schülerselbstverwaltung soll, unter Beratung und Mitarbeit der Lehrer, auf das Leben in einer demokrat. Gesellschaft vorbereiten und den Schülern Gelegenheit geben, ihre Interessen und Wünsche gegenüber der Schulleitung zu artikulieren.

4. Das *College* ist eine 4jähr. Institution, die geeigneten Absolventen von öff. und privaten Sekundarschulen offensteht. Das junior oder community college, oft als Fortsetzung der Sekundarschule betrachtet, umfaßt die beiden ersten Jahre der Collegeausbildung und kann auch Ort einer fachschulartigen Ausbildung sein. Im allg. konzentriert sich das Studium am College in den beiden ersten Jahren auf allgemeinbildende Fächer und in den beiden letzten auf ein oder zwei Spezialbereiche und wird mit dem Grad eines Bachelor of Arts (B. A.) oder Bachelor of Science (B. S.) abgeschlossen. Ein College kann eine selbständige Einrichtung oder einer Univ. angegliedert sein, es kann weibliche oder männliche Studenten oder beide aufnehmen oder nur Mitglieder einer einzigen religiösen oder rassischen Gruppe. Die Mehrzahl steht jedoch allen geeigneten Bewerbern offen, ohne Rücksicht auf Geschlecht, Rasse oder Bekenntnis. Es werden kaum Studiengebühren erhoben. Bedürftige Studenten können Stipendien erhalten oder ihr Studium durch Werkarbeit finanzieren. In jüngster Zeit haben die Studenten eine wichtige Rolle in päd., sozialen und polit. Fragen an den Colleges gespielt.

5. Nach Erlangung des Bachelorgrades kann der Student sein Studium in seiner Fachrichtung an einer Graduiertenschule (graduate school) innerhalb einer *Universität* fortsetzen und in 1 bis 2 J. mit dem Magistergrad abschließen. Nach weiteren Studienjahren und der Vorlage einer Dissertation kann er schließlich den Doktorgrad (Ph. D.) erwerben, neuerdings auch in Ingenieurwiss.en und Päd. Das Studium an den Fachcolleges für Medizin und Zahnmedizin, Recht u. a. (professional colleges) setzt im allg. den Bachelorgrad voraus. Technische Colleges können Nichtgraduierte aufnehmen. In jüngster Zeit verstärkt sich die Tendenz, allgemeinbildende Kurse in die Studiengänge der Fachcolleges aufzunehmen.

6. Die *Lehrerbildung* erfolgt entweder durch Fachstudium an einem liberal arts college mit anschließender päd. Ausbildung oder an einer Lehrerbildungsanstalt (teachers' college), wo vor allem Elementarschullehrer ausgebildet werden. Das Studium schließt auch Unterrichtspraktika ein. Die Verbesserung der

Ausbildung hat in den letzten Jahren auch eine Anhebung des sozialen Status der Lehrer zur Folge gehabt. Nunmehr sind praktisch alle jungen Lehrer College- oder Universitätsabsolventen, auch an Elementarschulen. Die *Lehrerweiterbildung* ist von den lokalen Schulbehörden syst. ausgebaut worden; im Teilzeitstudium können Lehrer auch höhere akademische Grade erwerben.

7. Im Rahmen der *Erwachsenenbildung* stehen Abendschulen auf verschiedenen Ebenen zum Nachholen versäumter Abschlüsse oder zur zusätzlichen Wissensaneignung zur Verfügung. Entsprechende Kurse, auch zur beruflichen Umschulung und Weiterbildung, bieten sowohl öff. Elementar- und Sekundarschulen als auch private Institutionen an. Die Universitäten richten Lehrveranstaltungen für Erwachsene ein, desgleichen Kirchen, Bürgervereinigungen, Gewerkschaften u. a.

8. Die *Berufsausbildung* findet in Tages- und Abend-Sekundarschulen statt, in letzteren für schulentlassene Jgdl. und Erwachsene; sie umfaßt auch die berufliche Weiterbildung. Von besonderer Bedeutung ist die kooperative Ausbildung für gewerbliche und industrielle Berufe (↗Wirtschaftsberufliches Bildungswesen). Dieses System sieht eine Verbindung von halbtägigem Schulbesuch und Lehrlingsausbildung im Betrieb vor. Es enthält sowohl Unterricht in allgemeinbildenden und technischen Fächern als auch eine gleichzeitige praktische Ausbildung, die gemeinsam von den Schulbehörden und den Arbeitgebern geplant wird. Dieses Ausbildungsprogramm wird überall dort eingerichtet, wo es den Schulen aus Kosten- oder Raumgründen nicht möglich ist, die für die praktische Ausbildung erforderlichen Werkräume einzurichten. Die *Berufsberatung* obliegt, in den größeren Schulen, speziell ausgebildeten Schulberatern, die die Schüler über verschiedene berufl. Möglichkeiten und Anforderungen informieren und ihre Eignung feststellen.

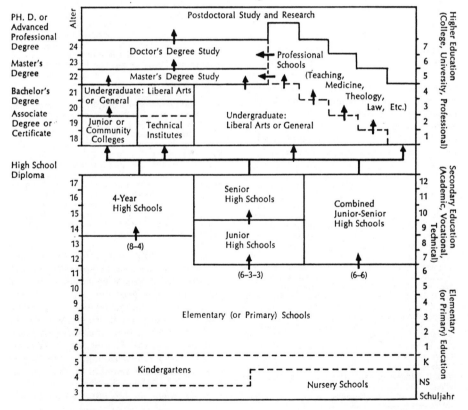

Aufbau des Bildungswesens

V. Entwicklungsprobleme und -tendenzen

In vielerlei Hinsicht hat das amerikan. Bildungswesen seine eigenen Zielsetzungen nicht erreicht. Vor allem besteht weiterhin das *Problem der gleichen Chancen* für alle Bürger, d. h. eine Ausbildung zu erhalten, die ihren Fähigkeiten und Interessen entspricht. Da nicht alle Staaten gleiche Mittel für den Unterhalt von Schulen aufbringen können, wurde vielfach ein Bundesgesetz zur Bereitstellung der Mittel gefordert, um eine Mindestnorm für alle Staaten zu gewährleisten. Ergänzend zum Grundsatz der Chancengleichheit wird in jüngster Zeit verstärkt für bes. begabte wie für behinderte Kinder ein spezieller Unterricht angestrebt.

Das Problem der *Rassentrennung* in öff. Schulen im Süden, aber auch in anderen Staaten, das oft zu einer minderwertigen Schulbildung führte, hat steigende Aufmerksamkeit bei den Bundesgerichten gefunden. Der Oberste Gerichtshof der USA hat die Aufnahme von Negern an den Universitäten verfügt, von denen sie früher aus Rassengründen abgelehnt wurden, und 1954 hat er die Rassentrennung an öff. Schulen für verfassungswidrig erklärt. Die gesamte Struktur der auf Rassentrennung basierenden Schulsysteme scheint zusammenzubrechen.

Die traditionell niedrigen Gehälter und andere unbefriedigende Zustände führten zu starker *Fluktuation im Lehrerberuf*. Der Lehrermangel, insbes. an Elementarschulen, konnte zwar in den letzten Jahren weitgehend beseitigt werden, doch bestehen weiterhin Spannungen wegen des Einkommens, der Unterrichtsbedingungen und über Fragen der Mitbestimmung. – *Weitere Probleme* stellen sich beispielsweise bei der Verbesserung der Erziehung in den Großstadtzentren, in der Geschlechtserziehung und bei der Verbindung des allgemeinbildenden Unterrichts mit praktischen Arbeitserfahrungen.

Lit.: E. Hylla, Die Schule der Demokratie (1928); L. A. Cremin, The Transformation of the School: Progressivism in American Education, 1876–1957 (New York 1961); R. Hofstadter and W. Smith (eds.), American Higher Education: A Documentary History, 2 Vols. (Chicago 1961); V. A. Clift, A. W. Anderson and H. G. Hullfish (eds.), Negro Education in America: Its Adequacy, Problems and Needs (New York 1962); W. W. Brickman, Educational Systems in the United Staates (New York 1964); G. Willers, Das Bildungswesen der USA (1965); E. E. Bayles and B. L. Hood, Growth of American Educational Thought and Practice (New York 1966); V. T. Thayer and M. Levit, The Role of the School in American Society (New York ²1966); H. A. Bullock, A History of Negro Education in the South: From 1619 to the Present (Cambridge, Mass. 1967); J. B. Conant, The Comprehensive High School (New York 1967); J. K. Folger and C. B. Nam, Education of the American Population. Bureau of the Census, U. S. Department of Commerce (Washington 1967); L. Froese u. a., Aktuelle Bildungskritik u. Bildungsreform in den USA (1968); O. Monsheimer, Erziehung für Übermorgen (1968); R. F. Campbell u. a., The Organization and Controll of American Schools (Columbus, O. ²1970); M. M. Chambers, Higher Education in the Fifty States (1970); A. M. Kroll (ed.), Issues in American Education (New York 1970); H. Reimann, Höhere Schule u. Hochschule in den USA (1970); B. Trouillet, Vorschulerziehung in den USA (1970).

W. W. Brickman

Vereinspädagogik
V. = Verein(s), VP. = Vereinspädagogik

Unter VP. versteht man die Theorie der Bildungsrelevanz des V.; innerhalb der Erziehungswiss. ist die VP. bisher über theoret. Ansätze nicht hinausgelangt.

1. *Bildungsrelevanz*. In der demokrat. Bildungsgesellschaft basiert der V. auf dem Grundrecht der V.freiheit. So wie im V.leben überhaupt, zeigt sich in der Bildungsarbeit des V. freie, staatlich nicht verordnete und schöpferische Initiative. So wie das gesellschaftl. Ganze durch V.e von den Bürgern integriert und differenziert wird, bereichert das V.wesen das Bildungswesen um eine Vielfalt von Bildungsstrukturen und -impulsen.

In Vergangenheit und Gegenwart registriert man folgende V.formen mit je eigener Bildungsproblematik: a) *Standesvereine* sowohl für Berufsgruppen als auch für Personengruppen (z. B. für Männer und Frauen, Alleinstehende und Verheiratete usw.). Bildung wirkt hier als Mittel zur Regeneration des V. und zur Anpassung neuer Mitglieder an die V.aufgabe. Nicht selten entstehen lebenslange Bindungen und Freundschaften. Die Bildungsaufgaben (z. B. Weckung einer bestimmten Berufs- und Lebensauffassung) werden in Teilgruppen (V.jugend, V.seniorat usw.) konkretisiert. b) *Interessenvereine*. Ihre Aufgabe ist die Solidarisierung einer Personengruppe zur Vertretung gemeinsamer (z. B. sozialer oder finanzieller) Interessen gegenüber der Öffentlichkeit. Die Bildungsarbeit (z. B. der Gewerkschaften) ist meist berufsbezogen und wirkt sich in Form von Schulung aus. c) Bei *Geselligkeitsvereinen* (z. B. Musik-, Gesang-, Sport- und Wander-V.e) eignet der Bildungsbemühung eine gesellig-musische Note; Bildung wird nicht als Arbeit aufgefaßt. d) Bei *Bildungsvereinen* ist Bildung, verbunden mit kultureller Betätigung (z. B. Kunst- und Geschichts-V.e), Hauptzweck. Die große Zeit der Bildungs-V.e war zwischen 1850 und 1918 (vor Institutionalisierung der Volks- und Erwachsenenbildung). Berühmtester Bildungs-V. der Welt ist die 1836 in London gegr. „Workers' Educational Association". In Dtl. wurden vor allem die „Gesellschaft zur Verbreitung von Volksbildung" (seit 1871), der „Volksverein für das katholische Deutschland", der ↗Borromäusverein und der „Bühnenvolksbund" bekannt.

2. *Bildungsfaktoren und -möglichkeiten*. Der „Vereinsgeist" (esprit du corps) wirkt dadurch bildsam, daß er das Mitglied zur Einhaltung von Regeln des geistigen und mitmenschl. Verhaltens, zur Solidarität und Kooperation anregt. Ähnlich typisiert sich im „Vereinsstil", in bestimmten Sitten und Gewohnheiten, eine Art *indirekter* Bildung, deren Wirkung gerade in der Zurückhaltung der Intentionen liegt. Atmosphäre und Milieu der *Vereinshäuser* (Kolpinghaus, Klubhaus usw.) gelten dagegen mehr als bewußte „Maßnahmen". Die V.e sind innerhalb der Erwachsenenbildung vielleicht die einzigen Orte, an denen Vorbild und Beispiel den mitmenschl. Umgang prägen. Das rein Menschliche, nicht vorgegebener „Stoff" ist hier Bildungsinhalt.

Als Bildungsfaktor des V. ist schließlich die dauernde Selbstverpflichtung zu nennen, durch die eine kontinuierlichere und längere Bildung erreicht wird, als sie sonst in Bildungsinstitutionen üblich ist.

Beeinträchtigt wird die Bildungswirkung des V. u. a. durch „Vereinsmeierei", durch den Hang zu starrer Formbeharrung, durch Generationskonflikte sowie durch Abgleiten des V.zwecks in bloße Unterhaltung.

Lit.: J. Pieper, Grundformen sozialer Spielregeln (1955); F. Pöggeler, Der V. als Bildungsgemeinschaft, in: Erwachsenenbildung, H. 4 (1957).

F. Pöggeler

Verfrühung

Der Begriff V. wird zumeist undifferenziert und unkritisch gebraucht.

Dahinter steht die Auffassung von der „natürlichen Entwicklung" des Menschen, die generell nahezu gleichartig verläuft, stetig und kontinuierlich. Dieses biologisch bestimmte Denken führt zu dem päd. Prinzip der Entwicklungsgemäßheit: jeder Altersstufe entsprechen bestimmte intellektuelle, emotionale und existentielle Inhalte; der Erzieher hat wie ein Gärtner das organische Wachsen zu behüten, seine fördernden Maßnahmen müssen behutsam den rechten Augenblick abwarten. V. bedeutet nach dieser Sicht, die zur Kindheitsideologie werden kann, die Gefahr, daß die Natur des Kindes überlistet und seine Gegenwart einer voreiligen Zukunft aufgeopfert wird; Abgestumpftheit und Interesselosigkeit sowie „mannigfaches Schulelend" seien die Folgen.

Diese organologische Auffassung stößt heute auf Widerspruch. Anthropologie, Intelligenz- und Begabungsforschung sowie die Soziologie haben gezeigt, daß das Kind selbst Vorgriffe auf seine Zukunft unternimmt. Die eindeutige Zuordnung bestimmter Inhalte zu bestimmten Entwicklungsstufen ist eine zurückzuweisende Hypothese. Ihre Unhaltbarkeit wird schon darin sichtbar, daß je nach soziokultureller Umwelt je ganz andere Inhalte als „verfrüht" gelten.

Sofern das Kind selbst über seine Gegenwart hinausgreift, handelt jener Erzieher, der sich ausschließlich nach der erreichten Stufe richtet, gerade *nicht* kindgemäß. Der Vorgriff ist päd. legitimiert, wenn er 1. der erzieherischen Liebe als einer fordernden (SPRANGER) entstammt und in der „Hochachtung vor dem Menschen" begründet ist (MAKARENKO); 2. dem Kinde hilft, seine Erlebniswelt mit ihrer Fülle verwirrender Eindrücke zu ordnen (so kann heute das Vertrautmachen eines Kleinkindes mit der Einkaufssituation im Supermarkt ein legitimer Vorgriff sein); 3. einen gedächtnismäßigen Besitz darstellt, dessen ganzer Sinn als Lebenshilfe erst später entdeckt wird. So fassen Kinder z. B. Wahrnehmungen zunächst gedächtnismäßig auf, während sich das Verständnis dafür, daß diese Welt nicht nur eine heile ist, erst später einstellt.

Es geht nicht darum, den Vorgriff als Prinzip an die Stelle der Altersangemessenheit zu setzen, sondern um die Einsicht, daß sich kindgemäßes Erziehen in der Spannung zwischen dem entwicklungsgemäßen und dem vorgreifenden bildenden Verfahren bewegen muß.

☐ Vorschulische Erziehung

Lit.: W. Kramp, Die Päd. des J. A. Comenius u. das Problem der V. (Diss. phil. Göttingen 1957); –, V., Vorwegnahme, in: Päd. Lex., hrsg. v. Groothoff-Stallmann (1961, ⁴1968); H. Meyer, Der unkrit. Gebrauch des V.begriffs als didakt. Problem, in: Bildung u. Erziehung (1968); J. Jung, V., in: Schule u. Psychol. (1968).

J. Jung

Vergessen ↗ Gedächtnis

Vergleichende Erziehungswissenschaft

I. Entwicklung und Begriff

Die VE. oder *Vergleichende Pädagogik* ist eine Teildisziplin der ↗ Erziehungswissenschaft. Obwohl die von ihr untersuchten Gegenstände zu den zentralen päd. und bildungspolit. Problemen der Gegenwart gehören, nimmt die VE. noch keinen sicheren und unbestrittenen Platz im Gefüge der päd. Disziplinen ein. Die wissenschaftstheoretische Problematik der VE. beruht auf ihrer Herkunft als beschreibende Auslandspäd., auf der Spannung zwischen hermeneutischen und empirischen Methoden, die für die Erziehungswiss. allgemein gilt, sowie auf der besonderen Problematik des Vergleichs in den Geistes- und Sozialwissenschaften.

1. Die *Anfänge* der VE. reichen bis zu den Beschreibungen fremder Erziehungseinrichtungen in Reiseberichten oder philosophisch-polit. Abhandlungen seit der Antike zurück. Schon damals war das erkenntnisleitende Interesse entweder die Nutzanwendung für das eigene päd. Handeln oder der syst. typisierende Vergleich. Als Begründer moderner Fragestellungen und Methoden gilt Marc-Antoine JULLIEN (1775–1848), ein frz. Aufklärer und Revolutionär, der in einer 1817 erschienenen Schrift, in der er eine großangelegte Sammlung wichtiger päd. Informationen und Daten auf internat. Basis vorschlug, um durch einen syst. Vergleich die „Wissenschaft von der Erziehung zu einer annähernd positiven Wissenschaft" werden zu lassen (Esquisse et vues préliminaires d'un ouvrage sur l'éducation comparée, Neuauf. Genf 1962, dt. von H. Espe, 1954). JULLIENs Ideen wurden erst nach über hundert Jahren in den internat. päd. Dokumentationszentren wirksam.

Im 19. Jh. entwickelte sich – meist abseits der päd. Wiss. und der Univ.en – eine lebhafte päd. Auslandskunde aus dem prakt. Bestreben, Mängel des eigenen Schulwesens durch die Übernahme der Errungenschaften anderer zu beheben. Päd. Reiseberichte und statist. Überblicke von Schulbeamten und -reformern, wie V. COUSIN in Frankreich, F. THIERSCH in Bayern, M. ARNOLD in England, H. MANN und H. BARNARD in den USA, K. D. USINSKIJ in Rußland, legten die Grundlage für nationale päd. Auskunfts- und Sammelstellen sowie einen internat. päd. Ideen- und Erfahrungsaustausch. Um 1900 bestand bereits eine umfangreiche auslandspäd. Lite-

ratur, die sich vorwiegend monographisch mit den Bildungssystemen eines oder mehrerer Länder befaßte, ohne jedoch systematisch vergleichend zu verfahren.
2. Erst in den zwanziger und dreißiger J.n des 20. Jh. entstand, vor allem in den USA, England und Dtl., eine akademische Disziplin VE. *(comparative education),* die über eine auslandspäd. Deskription hinaus die Bedingungsfaktoren und „Triebkräfte" der nat. Erziehungssysteme zu erforschen und dabei aus dem Vergleich die Besonderheiten besser zu verstehen suchte. Teils in Anknüpfung an die geisteswiss. Methode W. DILTHEYs, teils im Zusammenhang mit liberalen und neuidealistischen Strömungen haben I. KANDEL, S. HESSEN, N. HANS, R. ULICH, F. SCHNEIDER und F. HILKER die VE. als Lehr- und Forschungsdisziplin begründet. Gegenstand der VE. sind demnach die nat. Schul- und Erziehungssysteme als Ausdruck nationaltypischer, historisch bedingter Eigenart, und zwar in ihren gesellschaftlich-polit. Rahmenbedingungen wie in ihren kulturellen Werten. Die zunehmende Internationalisierung der Welt im polit. wie geistigen Sinne schafft die Notwendigkeit und die Voraussetzungen des internat. und interkulturellen Vergleichs; daraus kann und soll auch die Idee der internat. Partnerschaft und Kooperation erwachsen.

3. Aus der geschichtl. Entwicklung der VE. läßt sich ablesen, daß die *Auslandspädagogik,* d. h. die Beschreibung und Analyse der vom jeweils eigenen unterschiedenen Bildungssysteme, einen wesentl. Bereich der VE. darstellt, sei es als Grundlage für komparative Untersuchungen, sei es als Selbstzweck. Abhängig von zeitbedingten Interessenschwerpunkten lassen sich innerhalb der Auslandspäd. regionale Gruppierungen vornehmen (z. B. Pädagogik der ↗Entwicklungsländer, „Ostpädagogik", d. h. Päd. der kommunist. Staaten in Osteuropa). Vor allem in der amerikan. comparative education wird außerdem als eigenes Aufgaben- und Forschungsfeld die „international education" herausgestellt. Der Begriff der *internationalen Pädagogik* (↗Internationale Erziehung) wird dabei einerseits auf internat. päd. Beziehungen und Wechselwirkungen (einschließlich der Zusammenarbeit in internat. Organisationen) angewendet, meint andererseits aber auch die Erziehung zur internat. Verständigung. Zur VE. im weiteren Sinne zählen demnach auch Untersuchungen einzelner ausländ. Bildungssysteme und internat. päd. Beziehungen, zur VE. im engeren Sinne dagegen nur Studien, die nach bestimmten Kriterien und Verfahren einzelne Bereiche und Probleme oder die Gesamtstruktur von mindestens zwei definierten Größen (in der Regel eines nationalstaatl. Bildungssystems) untereinander systematisch vergleichen.

II. Theorie und Methode

1. Innerhalb der VE. hat sich seit etwa 1960 eine lebhafte Diskussion entwickelt, die durch die wachsende bildungspolit. Bedeutung des internat. Vergleichs und die im Gegensatz dazu als unbefriedigend empfundene methodologische Grundlage der VE. motiviert ist. Im Zeichen des internat. „Bildungswettstreits" und gesellschaftl. notwendiger Reformen gewinnt das vergleichende Argument häufig eine vordergründige polit. Bedeutung, der keineswegs die Zuverlässigkeit der wiss. Aussage entspricht. Diejenige Richtung, die in der VE. vor allem eine praxis- und planungsbezogene soziale Handlungswiss. sieht (B. HOLMES, S. ROBINSOHN), sowie diejenigen, die sich insbes. einer Verbesserung der Methoden und Techniken des vergleichs. zuwenden (H. NOAH, M. ECKSTEIN), bezwecken eine Schärfung des methodolog. Bewußtseins der VE., um die Forschungsresultate zu verbessern und darüber hinaus zur Theoriebildung innerhalb der Erziehungswiss. beizutragen.

2. Der Sprachgebrauch legt es nahe, im *Vergleich* als durchgehendem methodischem Prinzip das entscheidende und unterscheidende Kennzeichen der VE. zu erblicken. Die vergleichende Methode hat sich – von älteren Vorstufen abgesehen – seit etwa 1800 in mehreren Natur- und Geisteswiss. verbreitet und findet gegenwärtig z. B. in der Vergleichenden Sprach- und Literaturwiss., der Vergleichenden Rechtswiss., Politikwiss. und Soziologie Anwendung. Schon die Aufzählung dieser Disziplinen zeigt jedoch, daß die Methode des Vergleichs, für sich genommen, eine Wissenschaft nicht konstituieren kann; indem der Vergleich in unterschiedlichen Sachzusammenhängen verwendet wird, erhält er seine Funktion von dem Gegenstand und dem Erkenntnisinteresse der betreffenden Wissenschaft. Für die ältere Richtung der VE. war dieses Interesse primär historisch-genetisch bestimmt, für die jüngere ist es vor allem empirisch-analytisch und „prospektiv", d. h. auf Planung und Reform bezogen. Die vergleichende Methode verspricht dabei Aufschlüsse über „Entwicklungstrends" im globalen Maßstab (P. ROSSELLÓ), über Strukturzusammenhänge im Bildungswesen und Reformmodelle; ihr Anspruch kann dabei auch so weit gehen, allgemeine Gesetzmäßigkeiten soziologischer Art aufzuweisen und zu prognostizieren (z. B. die marxistische VE.). Allerdings hat sich gegenüber früheren synthetischen Globalvergleichen in der jüngsten Entwicklungsetappe der VE. die begrenzte Problem- und Fallstudie („problem approach"), die ihr Objekt eingrenzt, stärker durchgesetzt.

3. In der *Methodik und Technik* des Vergleichs hat man die Schritte der Deskription und Interpretation des einzelnen untersuch-

ten Phänomens sowie der – meist quantifizierenden – Gegenüberstellung (Juxtaposition) und erklärenden Komparation unterschieden (F. HILKER, G. BEREDAY). In Anlehnung an sozialwiss. Verfahren handelt es sich um folgende Schritte: Problemstellung, Hypothesenbildung, Quantifizierung und Klassifizierung der ermittelten Daten, ihre Korrelation und die Überprüfung der Hypothese. Abgesehen von technischen Schwierigkeiten, ergeben sich aus der unterschiedl. kulturellen und nationalen Wertigkeit zentraler päd. Begriffe, dem unwillkürlichen „Ethnozentrismus" des Beobachters und der Notwendigkeit eines umfassenden Verstehenshorizonts grundsätzliche Probleme. Die wegen dieser Schwierigkeiten vorgeschlagene Reduzierung der VE. auf eine vergleichende Analyse der quantifizierbaren päd. Daten würde jedoch eine Verflachung mit sich bringen. „Untersuchungswerte Probleme in der Vergleichenden Erziehungswissenschaft sind in der Regel durch eine Kombination historischer Interpretation, funktionaler Analyse, quantitativer Datenerhebung und -handhabung und schließlich wiederum synthetischer Interpretation der Gründe und der Richtung eines voraussichtlichen oder intendierten Wandels gekennzeichnet" (ROBINSOHN, 1970).
4. In der VE. herrscht seit ihren Anfängen eine starke Tendenz zur *multi- und interdisziplinären* Arbeits- und Betrachtungsweise. Da das primäre Interesse der VE. auf die sozio-kulturellen Verflechtungen der Bildungsinstitutionen und Erziehungsprozesse gerichtet ist, ergibt sich notwendig eine starke Berücksichtigung der von den betreffenden Wiss.en erarbeiteten Resultate und benutzten Methoden. Wenn dabei in jüngster Zeit im Sinne „vergleichender Bildungsforschung", d. h. der vor allem auf Struktur- und Entwicklungsprobleme des Bildungswesens bezogenen Studien, die Verbindung zur Politologie, Soziol. und Wirtschaftswiss. (speziell der ↗Bildungsökonomie) hergestellt wird, dann handelt es sich für die Erziehungswiss. insges. um das fällige Nachholen einer lange vernachlässigten Kooperation.

III. Ergebnisse und Aufgaben

1. Ihrem Ursprung als Auslandspäd. entsprechend besitzt die VE. nach wie vor einen Schwerpunkt in *Länder- und Regionalstudien,* die eine Beschreibung und Analyse eines einzelnen oder einer zusammengehörigen Gruppe von Bildungssystemen enthalten. Die Lit. dieser Art ist sprunghaft angestiegen; sie hat unterschiedliche Qualität. Neben statistisch-deskriptiven Überblicken (z. B. SCHULTZE, Schulen in Europa) und sachsyst. Vergleichen (z. B. POIGNANT) gibt es problembezogene Vergleiche und vergleichende Verlaufsanalysen von Schulreformprozessen (z. B. ROBINSOHN, 1971).
2. Im Zusammenhang mit den internat. Planungsarbeiten und unter starkem Einfluß bildungsökonomischer Fragestellungen werden prospektiv orientierte *Trendanalysen* erstellt, die von direkter bildungspolit. Bedeutung sind, da sie die Position eines Bildungssystems auf einer Rangskala angeben und damit Impulse für eine Verbesserung auslösen können. Allerdings bestehen hier große Schwierigkeiten bei der richtigen Bewertung, Klassifizierung und Auswertung der statist. Daten, die auf Mängel der nat. Schul- und Hochschulstatistiken und das Fehlen einer internat. Klassifikation zurückzuführen sind.
3. Ein wichtiges neues Feld der VE. haben die Studien über die Effizienz von Bildungsinstitutionen eröffnet, die im Rahmen des „International Project for the Evaluation of Educational Achievement" (IEA) um 1960 begonnen wurden. Die Untersuchung über die Leistungen im Mathematikunterricht in 12 Ländern (HUSÉN, 1967) ist das erste Beispiel einer metrisch-vergleichenden Untersuchung, die im naturwissenschaftlichen, im Fremdsprachenunterricht und im polit. Unterricht fortgesetzt wird.
4. Die VE. hat sich vorwiegend mit den institutionalisierten Formen der Bildung und Erziehung beschäftigt und die Probleme einer *vergleichenden Jugendforschung* weitgehend der Kulturanthropologie, Psychol. und Soziol. überlassen. Eine Auswertung der international-vergleichenden Fragestellung im Bereich der *Erwachsenenbildung* zeichnet sich neuerdings ab. An diesen Beispielen wird deutlich, wie sich bestimmte Teilbereiche der Erziehungswiss. und ihrer Nachbardisziplinen ihrerseits des Vergleichs bedienen. Er dient hier als Aspekt zur syst. Erhellung des jeweiligen päd. Phänomens; die Grenzen zur VE. als eigener Disziplin in dem beschriebenen Sinne sind naturgemäß fließend.

IV. Internationale Dokumentation und Forschungsorganisation

Neben den nat. Instituten für die dokumentarische Sammlung und päd. Auswertung von Materialien über das Bildungswesen, die z. T. schon im 19. Jh. entstanden sind, haben für die Entwicklung der VE. vor allem die internat. Arbeits- und Dokumentationszentren wesentliche Bedeutung erlangt.

Dazu zählt vor allem das 1925 in Genf errichtete und 1969 voll von der UNESCO übernommene *Bureau International d'Éducation* (BIE). Es publiziert (in engl. und frz. Sprache) das „Bulletin du BIE" (Nachrichten

und Buchanzeigen), das „International Yearbook of Education", die Berichte über die Internat. Erziehungskonferenzen sowie gesonderte Berichte über Spezialthemen.
Im Rahmen der ↗UNESCO hat das *International Institute of Educational Planning* (IIEP) in Paris die Aufgabe, die weltweiten Probleme der Bildungsplanung in internat. Fachgremien und Studien (Serie „Fundamentals of Educational Planning") zu untersuchen; das *UNESCO-Institut für Pädagogik* in Hamburg veranstaltet vor allem internat. Expertenkonferenzen (Serie „Internationale pädagogische Studien"). Im Rahmen der Dokumentationsarbeit der UNESCO sind vier Bände des „World Survey of Education" (1955 bis 1966) erschienen, des umfassendsten Datenwerks über das Bildungswesen aller Länder.
Die *OECD (Organization for Economic Cooperation and Development)* hat in ihrem Directorate for Scientific Affairs ebenfalls ein umfangreiches Arbeitsprogramm entfaltet, das vor allem den Zusammenhängen von Wirtschaftswachstum und Bildung gewidmet ist. Aus diesen Forschungen gingen zahlreiche Veröffentlichungen und ein eigenes *Center for Educational Research and Innovation* in Paris hervor.
Der ↗Europarat in Straßburg besitzt im Rahmen des Rates für kulturelle Zusammenarbeit eine eigene Abteilung, die u. a. die Reihe „Education in Europe" (auch frz.) herausgibt.
Als wiss. Fachvereinigungen der VE. fungieren fünf regionale bzw. nationale Gesellschaften, von denen die 1956 in den USA gegründete *Comparative Education Society* und die 1961 errichtete *Comparative Education Society in Europe* (CESE) am wichtigsten sind. 1970 fand in Ottawa der erste Weltkongreß der Gesellschaften für VE. statt, der festere Formen einer internat. Zusammenarbeit der Fachleute der VE. beschlossen hat.

Lit.: S. Hessen, Kritische Vergleichung des Schulwesens der anderen Kulturstaaten, in: Hdb. der Päd., hrsg. v. H. Nohl - L. Pallat IV (1928); I. L. Kandel, Comparative Education (Boston 1933); F. Schneider, Triebkräfte der Päd. der Völker (1947); –, Vergleichende Erziehungswiss. (1961); N. Hans, Comparative Education (London ³1958); R. Ulich, The Education of Nations (Cambridge, Mass. 1962); F. Hilker, Vergl. Päd. (1962); B. Holmes - S. B. Robinsohn (Hrsg.), Relevant Data in Comparative Education (1963); G. Z. F. Bereday, Comparative Method in Education (New York 1964); B. Holmes, Problems in Education, a Comparative Approach (London 1965); R. Poignant, Das Bildungswesen in den Ländern der EWG (1966); H. Röhrs, Schule u. Bildung im internat. Gespräch (1966); F. Seidenfaden, Der Vergleich in der Päd. (1966); W. Kienitz - W. Mehnert, Über Gegenstand und Aufgaben der marxist. Vergleichende Päd., in: Vergleichende Päd., H. 3 (1966); O. Anweiler, Von der päd. Auslandskunde zur VE., in: Päd. Rsch., H. 10 (1966); –, Konzeptionen der Vergleichenden Päd., in: Zschr. f. Päd., H. 4 (1967); L. Froese, Paradigmata des Selbstverständnisses der VE., ebd.; A. Vexliard, La Pédagogie Comparée (Paris 1967); G. Z. F. Bereday, Reflexions on Comparative Methodology in Education, 1964–1966, in: Comparative Education, Nr. 3 (1967); T. Husén (Hrsg.), International Study of Achievement in Mathematics, a Comparison of Twelve Countries, 2 Bde. (Stockholm 1967); E. J. King, Comparative Studies and Educational Decision (London 1968); V. I. Malinin, Zametki o sravnitel'noj pedagogike, in: Sovetskaja pedagogika, Nr. 4 (1968); W. Schultze (Hrsg.), Schulen in Europa, 3 Bde. (1968/69); H. J. Noah - M. A. Eckstein, Toward a Science of Comparative Education (New York 1969); – (Hrsg.), Scientific Investigations in Comparative Education (New York 1969); T. Wiloch, Wprowadzenie do pedagogiki porównawczej (Warszawa 1970); B. Dieckmann, Zur Strategie des syst. internat. Vergleichs (1970); D. Berstecher, Zur Theorie und Technik des internat. Vergleichs (1970); S. B. Robinsohn, Erziehungswiss. – VE., in: Hdb. der päd. Grundbegriffe (hrsg. v. J. Speck - G. Wehle), I (1970); – (Hrsg.), Schulreform im gesellschaftl. Prozeß, ein interkultureller Vergleich, 3 Bde. (1971).
Jahrbücher und Zeitschriften: Bildung u. Erziehung (seit 1948); Internat. Zschr. für Erziehungswiss. (Den Haag, seit 1955); Rivista Legislazione Scolastica Comparata (Rom, seit 1955); Comparative Education Review (New York, seit 1957); World Year Book of Education (London, New York, seit 1964), vorher Yearbook of Education (seit 1932); Comparative Education (Oxford, seit 1965); Paedagogica Europaea, Jahrbuch (seit 1965); Vergl. Päd. (Berlin-Ost, seit 1965); Internat. Jb. für Erwachsenenbildung (seit 1969).

O. Anweiler

Vergleichende Psychologie

VP. meint heute: Vergleich zwischen verschiedenen Tierarten untereinander und Vergleich zwischen ↗Tier und Mensch. Zwei Betrachtungsweisen dominieren: die amerikan. *Comparative Psychology* und die europäische *Ethologie*. Beide berufen sich auf C. DARWIN, der in seiner Evolutionstheorie an die Stelle eines absoluten Unterschieds zwischen Tier und Mensch einen graduellen gesetzt hatte.

Die Ethologie konzentriert sich vor allem auf Manifestation genetischer Anlagen. Sie weist bes. auf „ritualisierte" Verhaltensweisen hin, die dem Kommunikationssystem sozialer Verbände zugrunde liegen. Sie wurzeln in phylogenetisch älteren Funktionsbereichen, z. B. dem der Brutpflege, der Ernährung, der Aggression und Territorialität. Biologische Prozesse werden auch bei menschlichen Verhaltensweisen, Wahrnehmungsprozessen und Gefühlen angenommen (I. EIBL-EIBESFELDT, K. LORENZ).
Der Akzent amerikanischer (THORNDIKE) und sowjet. Forscher (PAWLOW) lag demgegenüber auf solchen Umweltfaktoren, die während der Individualentwicklung (Ontogenese) meßbare Verhaltensveränderungen bewirken. Tierversuche sollten die Grundlagen für einfache Lernmodelle abgeben. (Tiere sind leichter zu überschauen, besser zu kontrollieren, haben schnellere Nachkommen usw.).

Das *Hauptziel* der VP. ist es, Hypothesen über Wirkungsmechanismen menschlichen Verhaltens und Erlebens zu erarbeiten. Die Versuche HARLOWs über die Sozialisierungsprozesse illustrieren das. Andererseits kann durch voreiliges Verallgemeinern die Möglichkeit neuer Systemeigenschaften infolge komplexerer Zusammenhänge beim Menschen leicht übersehen werden. Eine moderne Lern- und Verhaltenspsychol. ist jedoch ohne die VP. kaum denkbar. Heute bahnt sich eine Berücksichtigung beider Richtungen an. *Themen* gegenwärtiger Forschung sind z. B. der Spielraum der Beeinflußbarkeit, entwicklungsspezifische Verhaltensbereitschaften (sensible Phasen) und Ausfälle durch mangelnde Reizdarbietung. Vergleichende Untersuchungen über gezielte Reizung verschiedener Tierarten während bestimmter Entwicklungsperioden haben in letzter Zeit die Begabungs- und Bildungspsychol. nachhaltig beeinflußt.

Lit.: W. H. Thorpe, Learning and Instinct in Animals (London 1963); K. Lorenz, Über tier. u. menschl. Verhalten, Bd. 1 (1965, 111.-118. Tsd. 1970), Bd. 2 (1965, 80.-84. Tsd. 1970); H. F. u. M. K. Harlow, Learning to Love, in: Amer. Scientist 54 (1966); B. F. Skinner, The Phylogeny and Ontogeny of Behavior, in: Science 153 (1966); I. Eibl-Eibesfeldt, Grundriß der vergleichenden Verhaltensforschung (1969); K. u. K. E. Grossmann, Frühe Reizung u. Erfahrung: Forschg. u. Kritik, in: Psychol. Rsch. 20 (^{2}1969); M. E. Bitterman - W. M. Schoel, Instrumental Learning in Animals: Parameters of Reinforcement, in: Annual Review of Psychology, Vol. 21 (1970).

K. E. Grossmann

Vergleichende Wirtschaftspädagogik
WP. = Wirtschaftspädagogik, VWP. = Vergleichende Wirtschaftspädagogik

1. Die VWP. befaßt sich mit dem *internationalen Vergleich* der Inhalte und der Ordnungen der wirtschaftlichen Erziehung. Der Industrialismus hat eine so starke internat. Verflechtung der Volkswirtschaften bewirkt, daß ökonomische Probleme immer weniger auf nationaler und immer mehr auf der Ebene überstaatlicher Regionen gelöst werden. Bes. betroffen ist davon die WP., da es ihre Aufgabe ist zu untersuchen, welche Bedeutung die Wandlungen der Wirtschaft für das theoretische päd. Denken und für die Gestaltung des Erziehungswesens haben. Derartige Untersuchungen sind seit dem Abschluß des EWG-Vertrages im J. 1957 immer dringlicher geworden. Es ist daher folgerichtig, daß in der WP. ein besonderer Zweig der VWP. entstanden ist.

2. *Wirtschafts-* und *sozialpolitische Gründe* haben diese Entwicklung gefördert. Die Freizügigkeit der Arbeitnehmer innerhalb einer mehrere Staaten umfassenden Wirtschaftsregion ist eine wichtige Bedingung für deren Realisierung. Diese Freizügigkeit setzt voraus, daß die Berufsausbildung des Nachwuchses nach gleichen Prinzipien durchgeführt wird und daß die Zeugnisse über Berufsprüfungen vereinheitlicht und in der gesamten Region anerkannt werden (Harmonisierung der Berufsausbildung). Die damit geforderte „gemeinsame Politik der Berufsausbildung" (Art. 128 EWG-Vertrag) ist aber nur realisierbar, wenn zuvor durch entsprechende Untersuchungen der VWP. das notwendige wiss. Material bereitgestellt worden ist.

Die VWP. ist intensiv durch die *Entwicklungshilfe* angeregt worden. In einem Entwicklungsland muß meistens zuerst ein diesem Gebiet adäquates System der Berufsausbildung geschaffen werden, ehe durch die Lieferung landwirtschaftl. Geräte oder durch den Bau von Fabriken die Hebung des wirtschaftl. Niveaus versucht werden kann. Die unkritische Übertragung europäischer Ausbildungsmethoden in ein solches Land, in dem vielfach ganz andere Kulturbedingungen bestehen, führt zu Mißerfolgen, die der Sache der Entwicklungshilfe schaden. Es ist daher notwendig, vorher durch internat. Vergleiche festzustellen, wie berufliche Schulen, Ausbildungswerkstätten usw. beschaffen sein müssen, damit sie ihren Zweck wirklich erfüllen.

Die Beschäftigung mit Fragen der Berufsausbildung in fremden Gebieten macht bewußt, daß die in einem Lande vorhandenen religiösen, philosophischen, polit. und gesellschaftl. Traditionen und Vorstellungen die Möglichkeiten und Grenzen der wirtschaftl. Erziehung wesentlich bestimmen. Die Begegnungen mit ökonomischen Denkweisen, die der deutschen bzw. der europäischen Mentalität fremd sind, veranlassen kritische Reflexionen darüber, welche Motivationen die eigenen Meinungen bestimmen. Die Erziehungswiss. wird dadurch gezwungen, sich mit Fundamentalproblemen auseinanderzusetzen, die verborgen bleiben, wenn sie sich nur mit den im heimischen Kulturbereich gegebenen Verhältnissen befaßt.

3. Die *Durchführung* internat. wirtschaftspäd. Studien stößt auf große Hindernisse. Obwohl die europäischen Sprachen miteinander verwandt sind, bestehen Übersetzungsschwierigkeiten; es ist z. B. unmöglich, den Sinn der engl. Ausdrücke „education" und „training" oder der frz. Ausdrücke „éducation" und „formation" mit deutschen Worten genau wiederzugeben. Was Afrikaner und Asiaten wirklich meinen, wenn sie Worte gebrauchen, die nach den Wörterbüchern dem Wort „Erziehung" entsprechen, bleibt dem dt. Pädagogen im Normalfall verschlossen. Ebenso steht es mit der Terminologie auf dem Gebiete der Wirtschaft; die gegenseitige Fremdheit des Denkens ist hier wahrscheinlich noch größer. Es ist z. B. daher äußerst schwierig, die von dem dt. ↗ Berufsbildungsgesetz von 1969 festgelegte Terminologie zutreffend in andere Sprachen zu übersetzen; umgekehrt ist z. B. der in den letzten Jahren in Frankreich entwickelte Begriff der „téchnologie" fast unübersetzbar.

Diese Schwierigkeiten wirken sich auch im Bereich der *Statistik* aus. Es ist selbst für das Gebiet der Europäischen Gemeinschaften noch nicht möglich, zuverlässige Zahlen der in einer betriebl. Lehre stehenden Jgdl.n oder der Besucher von Fachschulen zu ermitteln, da die Worte Lehrling und Schüler in den nationalen Statistiken der EWG-Staaten verschiedene Bedeutungen haben. Ebenso sind die meisten internat. Universitätsstatistiken u. a. deswegen fast wertlos, weil in vielen Ländern die Besucher von Fachschulen als Universitätsstudenten gezählt werden, dagegen in anderen Ländern, wie z. B. in der BRD, nicht. Ebenso problematisch sind viele Statistiken über die Bildungskosten. Dafür werden oft nur die in den Haushaltsplänen der Unterrichtsministerien ausgewiesenen Zahlen verwendet. Gerade in den hochindustrialisierten Ländern läuft aber ein großer Teil des öff. Aufwandes für Berufsbildung nicht über die Unterrichts-, sondern über die Wirtschafts- und die Arbeitsministerien und über Institutionen wie die Bundesanstalt für Arbeit. In Ländern wie der BRD, wo die Berufsausbildung der Jugend hauptsächlich in den Betrieben erfolgt und wo die Verwaltung des berufl. Bildungswesens weitgehend durch die Industrie- und Handelskammern, Handwerks- und Landwirtschaftskammern und nicht durch staatl. Behörden geschieht, werden die Kosten der Berufsausbildung überwiegend von der Wirtschaft getragen; diese Beträge bleiben aber in internat. Vergleichen des Bildungsaufwandes meistens unberücksichtigt. Ebenso fehlen die Aufwendungen der Gewerkschaften, Arbeitgeberverbände und dgl. für die Zwecke der berufl. Fortbildung der Erwachsenen. Internat. Vergleichszahlen haben aber nur geringen Wert, wenn diese sehr erheblichen Summen unbeachtet bleiben. Auch die *juristischen Probleme* der VWP. bringen Schwierigkeiten. Der Vergleich von Gesetzestexten genügt nicht, um zu beurteilen, ob die Rechtsordnungen der Berufsbildung gleich oder verschieden sind. Vor allem bei dem Lehrlingswesen spielt in vielen Ländern das nicht kodifizierte Gewohnheitsrecht eine große Rolle. Ebenso ist die Mitwirkung von Kammern und Verbänden bei der Gestaltung der Berufsausbildung häufig juristisch nur schwer erfaßbar.

Die *Notwendigkeit* der VWP. wird durch diese Schwierigkeiten unterstrichen; sie zeigen, daß die internat. Zusammenarbeit auf dem Gebiet der Wirtschaftserziehung heute noch unter großen Behinderungen leidet, weil die erforderlichen wiss. Vorarbeiten noch fehlen.

☐ Wirtschaftspädagogik. Wirtschaftsberufliches Bildungswesen

Lit.: Education and Economics. The Year Book of Education 1956 (London 1956); K. Abraham, Die Aufgaben der Vergl. Wirtschafts- und Berufspäd., in: Zschr. für Päd. (1962); –, Die betriebl. Berufsbildung des Nachwuchses der gewerbl. Wirtschaft in den Ländern der EWG, Studien, Sozialpolitik 1 (Brüssel 1963); –, Erziehung u. Industrialismus (1970); Technical and Vocational Education and Training, Recommendations by UNESCO and ILO (Paris/Genf 1962); F. Schlieper - J. Baumgadt - W. Stratenwerth, Hwb. der Berufserziehung, erstellt im Auftrage der Kommission der EWG (1964); Training of Vocational Teachers, in: CIRF-Monographien, Vol. 1, No. 1, hrsg. v. IAA (Genf 1964); Die Berufsausbildung in den Industrien der EGKS, hrsg. v. d. Hohen Behörde (Luxemburg 1965); V. Martin, La formation professionnelle accélérée des adultes, hrsg. v. d. OECD (Paris 1965); Dokumente des Kolloquiums über die Berufsausbildung, Brüssel 1964, hrsg. von der EWG (Brüssel 1966); Lehrlinge in Europa, in: CIRF-Monographien, Vol. 1, No. 2, hrsg. v. IAA (Genf 1966); R. Poignant, Das Bildungswesen in den Ländern der EWG, eine Studie zum Vergleich mit den Vereinigten Staaten, Großbritannien u. der Sowjetunion (1966); M. Reguzzoni, La réforme de l'enseignement dans la Communauté Économique Européenne (Paris 1966); R. Grégoire, L'éducation professionnelle, OECD (Paris 1967); Education within Industry. The World Year Book of Education 1968 (London 1968); O. Monsheimer, Erziehung für Übermorgen (1968); K. W. Mauer, Die Rolle der Arbeitgeberschaft im frz. System der berufl. Bildung (Diss., Frankfurt 1970).

K. Abraham

Verhalten

1. *Verhalten* bezeichnet die durch innere oder äußere Bedingungen veranlaßte Veränderung eines Organismus durch sich selbst. Tierisches und menschliches V. umfaßt Reaktionen, Bewegungen, Aktivitäten oder Handlungen, die entweder in ihrer Abfolge oder in ihrem Ergebnis beobachtbar oder beschreibbar sind. Seit der Definition der Psychologie als der Wissenschaft vom V. durch J. B. WATSON (klassischer Behaviorismus) wurde der Begriff des V.s erweitert und spezifiziert. Offenes V. umfaßt nicht nur Bewegungen und Handlungen, sondern auch sprachliches V.; verdecktes V. bezieht sich nicht nur auf physiolog. oder neurophysiolog. Prozesse, sondern auch auf kognitive und emotionale.

2. Das menschl. V. wird in *Verhaltensklassen*: motorisches V., kognitives V., emotionales oder affektives V., soziales V. u. a. eingeteilt. Auf diesen Gebieten vollziehen sich einfache wie komplexe Reaktionen. V.sgewohnheiten (habits) zeichnen sich aus durch Regelhaftigkeit in der Abfolge, diese beruht auf einer Verknüpfung von Situationen und Reaktionen. V.smuster (behavioral patterns) sind komplexe Handlungs- oder V.sabläufe, die als funktionale Einheiten betrachtet werden.

3. *Verhaltensvorhersage* und *Verhaltensmodifikation* setzen die Beobachtung von V.sregelhaftigkeit voraus, sie schließen ein die Analyse der Bedingungen des Reizes oder der Reizsituation und des Organismus. In experimentellen Befunden bei Tieren und Menschen wurden Gesetzmäßigkeiten bei der Ausbildung und Auslöschung bedingter Reaktionen, bei der Verkettung von Reaktionen, der Differenzierung, der Generalisation, der Fixierung, der V.sformung (shaping, B. F. SKINNER) festgestellt und die Bedingungen verschiedener Verstärkungen, die Auswirkungen von V.skonsequenzen, spezifisch definiert.

4. Beobachtbare Ereignisse und die Abstraktion ihrer funktionalen Beziehungen erfordern die Annahme intervenierender *Variablen*, die das Verhalten beeinflussen und solcher Variablen, die der Beobachtung nicht direkt zugänglich sind. In seiner syst. V.slehre erklärt C. H. HULL die funktionale Beziehung unabhängiger und abhängiger Variablen durch hypothetische Größen. Annahmen über Erfahrungswirkungen, Einstellungen, Erwartungen, Zielgerichtetheit, Zweckgebundenheit (E. C. TOLMAN) oder dynamische Eigenschaften des V.s (O. H. MOWRER) haben dazu beigetragen, auch die Bedingungen komplexer V.sweisen genauer zu definieren und Vorhersagen über V.smodifikationen zu ermöglichen.

Lit.: T. Parsons, An Approach to Psychological Theory of Action, in: S. Koch, Psychology. A study of science

III (New York 1959); K. Foppa, Lernen, Gedächtnis, V. (1965, ⁷1970); C. F. Graumann, Subjektiver Behaviorismus, in: Arch. f. d. ges. Psychol. 17 (1965).

E. Duhm

Verhaltensbeobachtung ↗ Psychologie

Verhaltensforschung

VF. = Verhaltensforschung, V. = Verhalten

1. Mit *Verhaltensforschung* wird eine selbständige Disziplin der biolog. Fächergruppe und eine Richtung der Psychol. bezeichnet, die sich um die Registrierung von V.sabläufen und um die Analyse ihrer Gesetzmäßigkeiten und Bedingungen bemüht. VF. verwendet Beobachtung und Experiment als Methode und verzichtet auf Introspektion (Behaviorismus) oder kontrolliert Introspektion und Interpretation. VF. wird auf allen Gebieten der Psychol. angewandt, traditionell in der Entwicklungspsychol. (Aufstellung von V.sinventaren), in der Tierpsychol. und in der Lernpsychol., in neuerer Zeit auch in der Klin. Psychol. (V.sanalyse, V.stherapie), in der Päd. Psychol. (Lehrer-V., Schüler-V., V. in Unterrichtssituationen), in der der Sozialpsychol. (insbes. in der Kleingruppenforschung).

2. Durch *vergleichende Verhaltensforschung* wurde seit den Konditionierungsexperimenten von I. P. PAWLOW das V. von Tieren und Menschen, insbes. bei einfachen und komplexen Lernaufgaben, untersucht. Unter Verwendung spezieller Apparaturen (z. B. Thorndike- und Skinnerbox, Labyrinthen, Sprungapparaturen) wurden V.sgesetzmäßigkeiten unter Veränderung äußerer und innerer Reizbedingungen unter verschiedenen Trainingsbedingungen, unter Restriktionsbedingungen (z. B. Arbeiten zur sog. experimentellen Neurose, Isolationsversuche) studiert und ihre Modifizierbarkeit festgestellt. Die bei Tieren festgestellten V.sgesetzmäßigkeiten gelten unter vergleichbaren experimentellen Bedingungen auch für das menschl. V.

3. Die von K. LORENZ begründete vergleichende VF. *(Ethologie)* hat durch sehr detaillierte V.sbeobachtungen verschiedener Tierarten unter möglichst natürlichen Bedingungen vor allem artspezifische angeborene V.smerkmale niederer und höherer Ordnung (unbedingte Reflexe, Automatismen, Taxien, Tropismen, Instinkthandlungen und die Gesetzmäßigkeiten ihrer Verschränkungen) festgestellt. Die artspezifischen, angeborenen V.smerkmale laufen in geregelter Abfolge (Erbkoordination) bei einem gegebenen artspezifischen Schlüsselreiz ab. Die sog. angeborenen, auslösenden Mechanismen (AAM, K. LORENZ) sind von inneren Systembedingungen (Trieb, Stimmung, Appetenz-V.) wie von den zugeordneten äußeren Reizen abhängig. Die Einzelhandlungen bilden jedoch keine starre Handlungskette, es kommt auch bei niederen, bes. aber bei höheren Tieren zu einer Verschränkung angeborener und erlernter V.sformen: phylogenetische Anpassung und adaptive Modifikation. Die Feststellungen über generelle V.sgesetzmäßigkeiten bei Tieren, z. B. Leerlaufhandlungen, Übersprungbewegungen, Prägungsvorgänge in der sensiblen Phase, auslösende Schemata (Attrappenversuche), das Sozialverhalten (Rangordnungen, z. B. Hackordnung), die Aggressivität, wurden in Analogie zu Interpretationen des menschlichen V.s herangezogen.

Lit.: N. Tinbergen, Instinktlehre (1964, ⁴1966); K. Lorenz, Über tierisches und menschl. V., 2 Bde. (1965. 111.-118. Tsd. 1970); J. Eibl-Eibesfeld, Grundriß der vgl. Vf. (1967, ²1969); G. Tembrock, Grundriß der V.swiss.en (1968).

E. Duhm

Verhaltensgestörte Kinder ↗ Schwererziehbarenpädagogik

Verhaltensmuster ↗ Verhalten

Verhaltenstherapie

V. = Verhalten(s)

1. Die V.analyse beschäftigt sich mit V.akten und deren Konsequenzen in der Umgebung des Individuums. Die *Verhaltenstherapie* arrangiert die Konsequenzen derart, daß die V.sakte zum Wohle des Individuums und der Gesellschaft verändert werden. Dies geschieht in Übereinstimmung mit bekannten psychol. Gesetzen, insbes. Lerngesetzen (↗ Konditionierung ↗ Bekräftigung).

V. wird durch Belohnung (↗ Lob und Tadel) verstärkt bekräftigt. Ein Schulneuling zeigt viele verschiedene V.weisen, von denen der Lehrer einige verstärkt („das hast du gut gemacht"). Derart belohnte (verstärkte) Verhaltensweisen erwerben einen höheren Wahrscheinlichkeitsgrad des Auftretens, während unbelohntes Verhalten geschwächt oder nicht gelernt wird.

Die Aufgabe des Therapeuten besteht darin, ineffiziente oder schädliche Verstärkungsmuster so zu modifizieren, daß das betroffene Individuum davon profitiert (sich besser fühlt, weniger Angst hat, schneller lernt, nicht davonläuft, nicht die Fingernägel kaut, nicht die Klasse stört). Beim gestörten Schüler wird so entweder das entwertete innere Belohnungssystem („ich bin nicht mit meiner Leistung zufrieden") oder das entwertete äußere Belohnungssystem („es ist mir egal, was der Lehrer denkt") korrigiert.

2. Für diese Korrektur (Therapie, Modifikation, Kontingenzmanagement) sind viele Maßnahmen entwickelt worden, die auf *alle* Gebiete der seelischen Gesundheit oder Effizienz, einschließl. aller „krankhaften" Ausprägungen, anwendbar sind, auch wenn sie jeweils an das therapeutische Problem angepaßt werden müssen. Dazu gehören die folgenden *Therapieklassen:* Gegenkonditio-

nierung (aversive Techniken, syst. Desensibilisierung, Reizüberflutung), operantes Konditionieren (Verstärkung, Bestrafung, V.formung, Münzökonomie), Beobachtungslernen (Imitation, Modellernen, soziales Lernen), Kontrolle durch aversive Konsequenzen (Bestrafung, time-out), Einsichtslernen, Interview (Management des verbalen V. im Gespräch), Selbstregulierung (Selbstkonfrontation, etwa mit Hilfe des Video-Tonbandgerätes; Kontraktmanagement). Eine sorgfältige V.analyse zwecks Bestimmung des Zielverhaltens (das therapiert werden soll) und der Verstärker (die das neue Verhalten stützen sollen) ist die Grundlage des Erfolgs.

Lit.: L. Blöschl, Grundlagen u. Methoden der V. (1969, ausf. Bibliogr.).

J. C. Brengelmann

Verhaltenstraining, unterrichtliches
V. = Verhalten(s), VT. = Verhaltenstraining

Unterrichtliches VT. erfolgt unter erleichterten Bedingungen (kleine Schülerzahl, kurze Versuchsdauer), um einzelne unterrichtliche V.züge (= teaching skills, z. B. Lehrerdarbietung, nicht-verbale Einhilfen, Fragenstellen usw.) mehrmals vor jeweils anderen Schülergruppen syst. einüben zu können. Das Fernsehen dient dabei der Konfrontation des Trainierenden mit dem Außenaspekt seines eigenen V. International hat sich für dieses Verfahren der Ausdruck *Microteaching* durchgesetzt; D. ALLEN bes. hat die Entwicklung an der Stanford University vorangetrieben; in der BRD wurde am Zentrum für neue Lernverfahren der Univ. Tübingen zunächst von einem *Training des Lehrverhaltens* unter Zuhilfenahme von Fernseh-Aufzeichnungen gesprochen. Künftig dürften Kurseinheiten für selbständiges Training ohne Betreuungspersonal (so bereits die von W. BORG u. a. am Far West Laboratory for Educational Research and Development entwickelten Mini Courses) an Bedeutung gewinnen, ebenso wie die Kombination der mit dem Namen von N. FLANDERS verknüpften Interaktionsanalyse mit dem unterrichtlichen VT. (auch mit Computerauswertung).

Lit.: W. Zifreund: Konzept für ein Training des Lehr-V. mit Fernseh-Aufzeichnungen in Kleingruppen-Seminaren (1966); –, Training des Lehr-V. mit Fernseh-Aufzeichnungen. „Microteaching" als Beitrag zu einer Reform der Lehrerausbildung, in: betrifft: erziehung, Jhg. 3, H. 6 (1970); D. Allen und K. Ryan, Microteaching (1969); W. Borg et al., The Mini Course, a microteaching approach to teacher education (1970); N. A. Flanders, Analyzing Teaching Behavior (1970).

W. Zifreund

Verhaltensweisen, auffällige
AV. sind Handlungen und Unterlassungen, die erheblich von der Norm abweichen. Treten sie bei Erwachsenen, Heranwachsenden und Jgdl.n auf, fallen sie z. T. unter die Strafjustiz. Viele AV. gehören in das Arbeitsgebiet der Psychiatrie (↗Psychosen, ↗Kinder- und Jugendpsychiatrie). Zuerst wird allerdings meist der Pädagoge mit AV. konfrontiert, der sich damit vor Aufgaben gestellt sieht, für die er in seiner Ausbildung nicht genügend ausgerüstet wird, zumal sich die päd. Theorie der AV. nicht hinreichend annimmt. Seit der Herbartianer STRÜMPELL 1890 einen umfangreichen Katalog der „Kinderfehler" veröffentlichte, sind wesentliche Einsichten erarbeitet worden: Wir wissen heute, daß ein Kind nicht befreit werden kann, wenn nicht seine gesamte *Persönlichkeit* und ihre soziale *Situation* berücksichtigt und seine Mitarbeit gewonnen wird. Alle *Behinderungen*, bes. auch die leichteren, können zu konsekutiven ↗Verbildungen (Neigung zu Clownerie, offener Aggression usw.) führen, die sich jedoch verhüten oder behandeln lassen. Die *Entwicklungspsychologie* hat u. a. gezeigt, daß keineswegs jede Unwahrheit, die ein Kind äußert, eine absichtliche ↗Lüge ist und daß es Entwicklungsphasen gibt, in denen ↗Trotz notwendig ist. Die Arbeitsformen des *Unterrichts* entsprechen heute mehr der kindlichen Eigenart. Dadurch wird vielen AV. vorgebeugt.

S. FREUD, A. ADLER u. a. haben die Bedeutung des Unbewußten und der ↗Sexualität (schon im Kindesalter) betont und viele AV. besser verstehen und behandeln gelehrt. Wir verfügen heute über differenzierte Erziehungsmaßnahmen und heilpäd. Methoden (↗Heilpädagogik). Infolge des sozialen Wandels haben sich die Normen, von denen die AV. abweichen, geändert. So wird „jungenhaftes" Verhalten von Mädchen heute als weniger unpassend empfunden als früher. „Frechheit" von Kindern wird milder beurteilt. Bei ↗Erziehungsberatungs(stellen), ↗Child Guidance Clinics, Schulpsychologen und Kinder- und Jugendpsychiatern kann sich der Pädagoge Rat und Hilfe holen, wenn AV. zu schwierig werden.

☐ Behinderte Kinder. Heilpädagogik. Erziehungsbeistand. Erziehungsheim. Erziehungsberatung. Erziehungsschwierigkeiten. Schwererziehbarenpädagogik. Jugendstrafe. Spieltherapie. Verhaltenstherapie. Schulpsychologie. Kinder- und Jugendpsychiatrie

Lit.: L. Strümpell, Die päd. Pathologie (1890 ff.); I. Spieler (Hrsg.), Drohende Jugend – bedrohte Jugend (1934 ff.); H. Röhrs (Hrsg.), Das schwererziehbare Kind (1969); R. G. E. Müller, Verhaltensstörungen bei Schulkindern (1970).

H. v. Bracken

Verkehrsethik
1. V. fordert an erster Stelle Ordnung und Sicherheit im Individualverkehr auf der Straße: dem Massensterben an Seuchen frü-

herer Zeiten entspricht heute der „Tod auf der Straße". Verkehrsgesetze betreffen deshalb kein „Kavaliersdelikt", sondern eine Gemeingefahr. Trotz allem muß mit einer erheblichen „Dunkelziffer" gerechnet werden, die das Schwergewicht der Verantwortung in das Gewissen des einzelnen legt. Technische Vorkehrungen werden sofort durch die Steigerung der Leistungskraft bei den Fahrzeugen kompensiert, ja überholt. Menschliches Versagen bleibt die ausschlaggebende Unfall-Ursache. Die Unfallmedizin warnt vor Neben- und Nachwirkungen von Medikamenten wie vor gesundheitlichen Störungen (Altersabbau, diabetisches Koma, Beruhigungs-, Schlaf- und erst recht Suchtmittel). Die Gefahren des Alkohols liegen nicht an erster Stelle in völliger Fahruntüchtigkeit, sondern, gerade bei kleineren Dosen, in innerer Enthemmung.

2. Verkehrserziehung Jugendlicher muß in den ganzheitlichen Rahmen einer Erziehung zu solidarischer Verantwortung und innerer Disziplin eingebaut sein. Sie hat dem „snob appeal" entgegenzuwirken, der das Geltungsbedürfnis mit dem Geschwindigkeitsrausch verkoppelt und den Typ des Verkehrsrowdys wie auch jener Autodiebe entstehen läßt, die von Abenteuerlust getrieben werden. Im eigentlich ethischen Bereich sollte das Ethos der „fairness", freiwilliger Rücksichtnahme, entwickelt werden, vor allem auch ein innerer Respekt vor der Rechtsordnung (Goldene Regel: Mt 7, 12), der verbietet, hier bloße gesellschaftliche „Repression" zu sehen. Fahrerflucht belastet das Gewissen in jedem Fall; eine strenge Wiedergutmachungspflicht kann nicht mit Versicherungsbeiträgen völlig abgegolten werden; fast immer betrifft die Verantwortlichkeit indirekte Folgen. Ein direkter Appell: „Du sollst nicht töten", ist pädagogisch verfehlt; vielmehr ist darauf hinzuweisen, daß gerade die „Fahrlässigkeit" schwerste Folgen haben kann.

3. Bei Verkehrsmitteln, die nicht dem Individualverkehr dienen: Flug-, Schiffs-, Bahnverkehr sind die gesetzlichen Vorschriften ungleich strenger.

Lit.: *Umfassende Orientierung:* Zschr. f. Verkehrssicherheit, 15. Jhg. (1969); Zentralbl. f. Verkehrsmedizin, -psychol. u. angrenzende Gebiete (1955 ff.); *Pädagogisch unmittelbar vorbereitendes Material in:* Christ u. Straße (vierteljähr.); W. Schöllgen, Konkrete Ethik (1961); –, Verkehrswiss. im syst. Vorentwurf, in: Zschr. f. Verkehrssicherheit 8 (1962).

W. Schöllgen

Verkehrspsychologie

V. = Verkehr(s), VP. = Verkehrspsychologie, F. = Fahrverhalten

Die VP. befaßt sich hauptsächlich mit den psychol. Problemen, die sich aus dem motorisierten Straßen-V. ergeben. Man betrachtet diesen als ein übergreifendes Mensch-Maschine-System (MMS), das aus Straßen, Fahrern und Fahrzeugen besteht. Die Analyse des Systems erbringt die relevanten Fragestellungen der VP., die vor allem das Teilsystem „Fahrer" untersucht.

1. Die Mehrzahl der Untersuchungen zum *Fahrverhalten* basiert auf direkten Beobachtungen des Fahrers oder des Fahrzeugs durch mitfahrende Beobachter sowie durch Aufzeichnung der Steuerbewegungen mit Hilfe von Instrumenten.

Beobachtungen im normalen V. werden durch Untersuchungen in simulierten V.situationen ergänzt. Die syst. Auswertung dieser Befunde lieferte einige Ansätze zu einer Klassifizierung des F.s (z. B. in Reaktionsverhalten, Fahrstil usw.). Eine Beschreibung des F.s ist nur sinnvoll, wenn es im Hinblick auf die Zwecke oder Ziele des MMS beurteilt wird, unter denen V.sicherheit und V.fluß die Hauptkriterien bilden. Da unmittelbare Kriterien der V.sicherheit (Unfälle, Beinahe-Unfälle) schwer zu erheben sind und Störeinflüssen unterliegen, benutzt man auch mittelbare Kriterien, wie Spurhalten, Abstandhalten usw. Der V.fluß dagegen ist präzise erfaßbar.

2. Über die mannigfachen *Umgebungsbedingungen* (Straße, V.zeichen, Fahrzeuge usw.) und ihre Einflüsse liegen nur wenig Befunde vor. Schilder und Zeichen aller Art z. B. wurden eingehender untersucht; über die visuellen Eigenschaften von V.wegen dagegen ist noch wenig bekannt. Ziel der Bemühungen ist die Verbesserung des F.s und letztlich die Hebung der V.sicherheit durch eine bessere Darbietung relevanter Informationen (bessere Lesbarkeit von V.zeichen, Gestaltung von Instrumenten und Bedienelementen, Voranzeigen von kritischen Stellen des V.weges usw.).

3. Es interessiert zunächst die *Funktionsweise* des Teilsystems *Fahrer*, die im wesentlichen aus Aufnahme und Verarbeitung relevanter Informationen sowie Entscheidungen und Reaktionen des Fahrers besteht.

Diese Funktionen unterliegen zahlreichen zeitvariablen und zeitkonstanten Bedingungen. Zu den folgenreichsten zeitvariablen Bedingungen gehört die Trunkenheit am Steuer, die im Bereich des F.s zu Leistungsausfällen und im Bereich der Entscheidungen zu Fehleinschätzungen externer und interner Größen führt. Zu den zeitvariablen Bedingungen zählen ferner Medikamentenbeeinflussung, Ermüdung, Vigilanz. Zeitkonstante Leistungsvorbedingungen, wie Intelligenz und andere mentale Fähigkeiten, sensorische Eigenschaften, Haltungen und Einstellungen, wurden in ihrer Wirkung auf Kriterien des F.s untersucht, erbrachten aber mit wenigen Ausnahmen (z. B. biographische Daten) nur geringe Korrelationen. Eine wesentliche Einflußgröße ist das Alter des Fahrers. Jgdl. sowie Fahrer mit höherem Alter haben das besondere Interesse der Forschung gefunden.

4. Verkehrspsychol. Erkenntnisse werden in der *Praxis* bes. zur Begutachtung und Beratung von Fahrern und Führerscheinbewerbern,

in gewissem Umfange auch zur Beratung von V.behörden und Automobilproduzenten sowie im Rahmen der Fahrerausbildung und V.erziehung angewandt.

Lit.: E. Mittenecker, Methoden u. Ergebnisse der psychol. Unfallforschung (1962); Kuratorium f. V.-sicherheit (Hrsg.), Arbeiten aus der V.psychol. Inst. I–IV, 1962–1970; C. Graf Hoyos (Hrsg.), Psychol. des Straßen-V. (1965); A. D. Little (Ed.), The State of Art of Traffic Safety (Cambridge, Mass. 1966); M. L. Selzer - P. W. Gikas - D. F. Huelko (Eds.), The Prevention of Highway Injury (Ann Arbor, Mich. 1967); J. O'Day (Ed.), Driver Behavior – Cause and Effect (Washington, D. C. 1968); K. u. H.-J. Wagner (Hrsg.), Hdb. der V.medizin (1968); Forschungsgemeinschaft „Der Mensch im Verkehr" (Hrsg.), Faktor Mensch im V. – Monographien zur VP., V.pädagogik u. zu verwandten Gebieten (seit 1969).

C. Graf Hoyos

Verkehrsunterricht und Verkehrserziehung
V. = Verkehr(s), VU. = Verkehrsunterricht, VE. = Verkehrserziehung

1. *Begriff und Schulpraxis.* Der Straßen-V. ist zu einem Problem geworden, das allen Schulen neue Aufgaben stellt. Im VU. wird V.-wissen vermittelt; VE. erzieht zu verkehrsgerechtem Verhalten. VU. ist kein ordentliches Lehrfach; VE. gilt meist noch als Spezialerziehung. Daher entstanden in der Schulpraxis begriffliche Unklarheiten. VU. und VE. sind inhaltlich von der Konzeption ihrer Gestaltung abhängig.

VE. war zunächst die Aufgabe, zu vernünftigem und rücksichtsvollem V.verhalten anzuhalten. Mahnungen und Appelle zur charakterl. Verhaltensänderung ergingen an die Schulkinder. V.regeln waren anzuerkennen und zu beachten. Die V.regeln sind als Kern des V.wissens zu vermitteln. Zugleich ist VE. als Prinzip aller Fächer gesehen. VU. ermöglicht nach dieser Vorstellung VE. Er gelangt aber in keine päd. Verbindung mit VE. Kennzeichnend ist die Definition der V.übung, die VU. und VE. zugleich ist, aber dennoch neben ihnen erscheint. Gegenwärtig wird VU. zunehmend als ↗Sachunterricht gesehen, der jedoch in den meisten Bundesländern nur mit einer Stunde monatlich auf dem Stundenplan erscheint.

2. *Ziel der VE. und Gegenstand des VU.s.* Das Ziel der VE. konstituiert den Gegenstand des VU.s durch Auswahl der Inhalte nach Verhaltensbedeutung. *Regelrechtes* V.verhalten verlangt einen VU., der nur über V.regeln informiert. *Sachgerechtes* V.verhalten orientiert sich am V.verlauf. VU. vermittelt Einsichten in die V.wirklichkeit, in die Abfolge von V.-situationen. VU. analysiert V.situationen, um einzelne Faktoren des V.geschehens sichtbar zu machen. Faktoren sind z. B. Wetterlage, Straßen- und Fahrzeugzustand oder Jahres- und Tageszeit. Erziehender VU. stellt sachliche Bedingungen dar und verdeutlicht ihren *sozialethischen* Anspruch. VU. muß sachlich informieren und den Anspruch der V.wirklichkeit vernehmbar werden lassen. Es hängt von der V.reife der V.teilnehmer ab, ob sie diesem Anspruch gerecht werden können. VU. für Heranwachsende benötigt Methoden, die fehlende V.reife ausgleichen helfen.

3. *Allgemeine Didaktik und Methoden* des VU.s. Prinzipien des VU.s sind Sachgemäßheit, Anschaulichkeit, Entwicklungsgemäßheit, Angemessenheit. Letztere sichert das Verstehen des Verkehrs. V.wirklichkeit ist verhaltensbedeutsam darzustellen. VU. weist Faktoren der V.wirklichkeit anschaulich nach und erschließt sie in Formen selbsttätigen Handelns. *Verkehrsteilnahme, Verkehrsbeobachtung, Verkehrsübung* sind neue Lehrformen, durch den Unterrichtsgegenstand bestimmt. V.erfahrung in Gruppen, Analyse von V.situationen oder V.übungen in der V.wirklichkeit sind neue Unterrichtsmethoden. Medien wie Film, Photographie und Fernsehen werden neben V.protokollen usw. eingesetzt. V.zeichen erscheinen als Verhaltenshilfen bzw. Informationen. Gesetzte V.ordnungen wirken sich auf das V.verhalten aus und zählen somit zur V.wirklichkeit. Die Methoden des VU.s sind in den ersten Schuljahren *bewahrend,* später *freigebend* ausgerichtet.
Führerscheinerwerb und Radfahrprüfung sind bisher nicht in den Bildungsauftrag des erziehenden VU.s integriert.

Lit.: E. H. Beyer, VU. u. VE. (²1961); R. Goldschmidt, VE. im gesamten Unterr. (²1962); H. Schneider, VE. – eine Lebensnotwendigkeit (⁵1965); G. Munsch, Wege zur Bildung des V.sinnes (1966); J. S. Dach, Wie erteile ich VU.? (1966); A. E. Bongard, Beiträge zur theoret. Grundlegung der Schul-VE. (1967); H. Holstein, Beitr. zur Theorie u. Praxis des VU.s in der Schule (1968); –, Erziehender VU. (⁴1971); J. Steck, Das Was u. Wie im grundlegenden VU. (o. J.).

H. Holstein

Verkündigung, indirekte
In Abhebung von der offiziellen kirchl. Ausrichtung der Heilsbotschaft (Verkündigung) meint iV. jede Form christlichen Zeugnisses, Lebensausdrucks oder exemplarischer Haltung (z. B. in Dichtung, Kunst, Musik oder menschl. Einzelschicksalen), worin Verheißung und Anspruch des Evangeliums transparent werden. Dabei geht es nicht um zusätzl. Lehren oder Heilsmysterien. In einem Daseinsvollzug erweist sich, was es heißt, im ↗Reich Gottes zu leben. Solches Zeugnis kann Glauben stärken oder stiften, sofern es dessen weltlich-menschl. Gestalt auf Inhalt und Vollzug hin durchsichtig macht.

Da Verkündigen und Tradieren des Glaubens vornehmlich im Medium Sprache geschehen, muß in ein *erweitertes Verständnis* von iV. jede Proklamation des Evangeliums einbezogen werden.

Der KIERKEGAARDsche Vorgang „indirekter Mitteilung" und mehr noch der sprachl. Charakter zwischenmenschlicher Informations- und Kommunikationsprozesse verdienen hier besondere Beachtung. Das Interesse verlagert sich von existentialer Hermeneutik auf eine soziol. und psychol. Komponenten betonende Theorie der kirchl. Verkündigung. Dabei wird sichtbar, daß die Vermittlung personaler wie gesellschaftsrelevanter Gläubigkeit an situationsbezogene Formen menschl. Erfahrung gebunden ist. Geschichtliche und anthropologische Denkansätze der Theol. ließen neben der direkt auf das Bekenntnis abhebenden eine mehr vorbereitende, Verheißung und Anspruch Christi als Angebot darbietende Verkündigung in den Vordergrund treten.

Bei einem derartigen inhaltl. wie formalen Neuverständnis der Glaubensvermittlung ergeben sich für Didaktik und Methodik von ↗ Predigt, ↗ Katechese, schulischem ↗ Religionsunterricht und christl. ↗ Mission weitreichende Konsequenzen. Der Erfolg jeglichen Zeugnisses für Wahrheit und Wirksamkeit der Botschaft wird entscheidend mitbestimmt von einer Weise des Sprechens über das Erlösungsgeschehen im Verstehenshorizont gegenwärtiger und künftiger Generationen. iV. wird dann zu einem anthropolog. Vorgang von Bezeugen und Vermitteln des Glaubens, bei dem gleichermaßen individuelle wie sozial-gesellschaftskrit. oder innerkirchl. Lebensvollzüge in die Entscheidung für oder gegen Christus führen. – Da sie die Möglichkeit eröffnet, menschl. Strukturen und Voraussetzungen des Glaubens aufzuweisen, gewinnt iV. auch im Erziehungsfeld große Bedeutung.

☐ Glaube. Kerygmatik. Seelsorge und Erziehung

Lit.: Th. Kampmann, Indirekte V., in: Katechet. Bl. 91 (1966); G. Schüepp, Das Paradox des Glaubens (1967); L. Zinke, P. Claudel – Ansätze indirekter Verkündigung (1968); G. Lange – W. Langer (Hrsg.), Via indirecta (1969).

L. Zinke

Verkündigung und Unterricht

1. Von ev. und kath. Seite wurde in den zurückliegenden Jahrzehnten der *Verkündigungscharakter des Religionsunterrichts* in der öff. Schule betont. Unbeschadet konfessioneller Besonderheiten ging es in beiden Kirchen darum, a) den RU. kirchlich zu begründen und theol. zu legitimieren, um ihm so eine an der Wortverkündigung als der Grundfunktion der christl. Kirchen (↗ Predigt) orientierte Eigenständigkeit in der Schule zu sichern; b) den als „Evangelische Unterweisung" bzw. als „Katechese" verstandenen U. auf die Grundgehalte der christlichen Botschaft auszurichten; c) die christl. Botschaft in heils- oder offenbarungsgeschichtl. Auslegung bekennend und bezeugend weiterzusagen; d) den Religionslehrer als Sachwalter der Kirche in der Schule anzusehen; e) den RU. aus dem Bann von Methoden zu lösen, die als unsachgemäß angesehen wurden, z. B. Formalstufen.

2. Im *evangelischen* Bereich begann die Deutung des RU. unter dem V.-Aspekt während der zwanziger Jahre unter bewußter Abstoßung des kulturprotest. Erbes. Das bedeutete a) die Ablehnung einer Fundierung des RU. von Bedürfnissen und Erfahrungsmöglichkeiten des homo religiosus aus; b) die Abwendung von einem einseitig durch das Gefühlserleben bestimmten und auf Erlebnisübertragung abzielenden Umgang mit der Glaubenstradition; c) die Abkehr von einem einseitig an den ethischen Gehalten des Christentums orientierten, die Glaubenstradition in eine postulierte ideale Wertewelt integrierenden RU., der das Evangelium als Mittel zur Bildung der sittl. Persönlichkeit einsetzte; d) die Abwehr eines der historistischen Geisteshaltung verschriebenen RU., den den Unbedingtheitsanspruch der christl. Botschaft relativierte, ihre Inhalte und Formen religionsgeschichtl. interpretierte und sie ihrem Sitz im kirchl. Leben entfremdete; e) die Wiedererweckung des reformator. Erbes und nach 1945 die Bewahrung der im Kirchenkampf gewonnenen Erfahrungen.

3. Im *katholischen* Bereich gaben seit den dreißiger Jahren die Bemühungen der V.-Theologie, das bibl. Kerygma und das Erbe der Kirchenväter in der Gegenwart geltend zu machen, der Katechetik neue Impulse. Sie zielten darauf, a) der Bibelkatechese ein relatives Eigendasein gegenüber dem traditionell übermächtigen Katechismus-U. zu sichern, dementsprechend b) die Katechese in größerer Bibelnähe als früher zu sehen, also bibl. Erzählungen nicht länger nur als Illustrationen und Schriftaussagen, nicht mehr nur als Beweisstellen für dogmat. und moral. Lehrsätze zu gebrauchen, folglich c) den kath. U. aus dem Bannkreis der steril doktrinären Sprache der damaligen Schultheologie zu befreien, dementsprechend d) die überkommene rel. Sprache im Interesse einer effektiven V. zu sichten, wobei zunächst die im ev. Bereich unternommenen Versuche der Entmythologisierung zurückgewiesen wurden, wiewohl man auch bestrebt war, e) sich den Blick auf die Welt der Bibel nicht mehr nur durch eine vor den drängenden V.-Problemen der Gegenwart versagenden Apologetik verstellen zu lassen. Dabei konnte es dann ähnlich wie im ev. Bereich auf die Dauer nicht ausbleiben, daß das zwischen Exegese und Katechese liegende Problemfeld hermeneutisch und didaktisch neu abzugrenzen und auch anders als in der V.-Theologie urspr. vorgesehen zu bearbeiten war.

4. Gegen einen RU., der von der V.-Funktion der Kirchen her begründet, auf die Integration der Beteiligten in die Welt eines Kirchentums ausgerichtet und als Ort des kirchl. Selbstvollzugs in der Schule angesehen wird, bestehen *Bedenken:*

a) Eine den Kirchen gegenüber selbständige Schule kann nur einen RU. vertreten, der wie andere Fächer auch vom weltanschaulich offenen päd. und didakt. Auftrag der Schule in der Gesellschaft her begründet wird. b) Die öff. Schule muß in ihrem RU. mit einer Vielzahl von Lehrern und Schülern rechnen, die bereit sind, nach Christentum und Kirche zu fragen, sich aber außerstande sehen, die V. und Lehre ihrer Konfessionskirche ungeprüft zu übernehmen. Ihnen einsichtige Kriterien für eine fundierte Urteilsbildung zu nennen liegt im kirchl. Interesse. c) Der RU. macht die Schüler ihrer Alterslage und Bildungsstufe entsprechend so solide wie möglich mit grundlegenden Zeugnissen und aktuellen Interpretationen des Christentums sowie mit elementaren Zügen des Selbstverständnisses der christl. Kirchen und Sondergruppen in Geschichte und Gegenwart bekannt. Er schreibt aber den Schülern nicht vor, was sie von der christl. Religion und ihren kirchl. Darstellungsweisen zu halten haben. d) Ein didaktisch besonnener RU. übersieht nicht, daß die fundamentalen Zeugnisse des Christentums Manifestationen geschehener V. sind, die von den christl. Kirchen und Sondergruppen im Dienst aktueller V. gebraucht werden. Dementsprechend wird in diesem U. nach den spezif. Intentionen und besonderen Merkmalen eines derartigen Gebrauchs gefragt. e) Der RU. nimmt kirchl. Selbstdarstellungen und theol. Sachinformationen auf, die helfen, gründlicher und differenzierter nach dem Ort von Christentum und Kirche in unserer Welt zu fragen. Dabei nimmt er die ökumenische und die konfessionelle Perspektive ernst. Dementsprechend macht er die Schüler damit vertraut, daß in und zwischen den Kirchen unterschiedliche, ja gegensätzliche Auffassungen über Grundprobleme des christl. Glaubens und Lebens vertreten werden. Er vermeidet die einseitige Information und hilft, Sachargumente zu wägen. f) Der RU. in der öff. Schule erfüllt seine Aufgabe im Blick auf die christl. Religion, wenn er den Schülern mit der Vermittlung von Sachkenntnis zur Einsicht hilft, daß und inwiefern die persönl. Stellungnahme zur christl. V. eine Angelegenheit gewissenhafter Prüfung und existentiellen Engagements ist. Der Unterricht in christl. Religion muß nicht selbst dieses existentielle Engagement für den christl. Glauben provozieren. Wohl aber soll er die Schüler anleiten, sich selbständig über die Selbstauslegung der Kirchen in der Welt zu informieren und mit ihr auseinanderzusetzen.

☐ Predigt. Verkündigung, indirekte. Religionsunterricht

Lit.: H. Ott, Kerygma, in: RGG III (³1959); H. Schürmann - K. Rahner, Kerygma, in: LThK VI (²1961); K. Rahner, Kerygmat. Theologie, ebd.; G. Otto, Schule, RU., Kirche (1961, ³1968); G. Weber, RU. als V. (1961, ²1964); K. E. Løgstrup, V., in: RGG VI (³1962); B. Dreher, Die bibl. Unterweisung im kath. und ev. RU. (1963); I. Hermann - Th. Filthaut, V., in: Hdb. theol. Grundbegriffe II (1963); M. Stallmann, Die bibl. Geschichte im U. (1963, ²1969); –, Evang. RU. (1968); F. X. Arnold u. a. (Hrsg.), Hdb. der Pastoraltheologie I–IV (1964–69); R. Dross, RU. u. V. (1964); H.-D. Bastian, Verfremdung und V. (1965, ²1967); H. Halbfas, Der RU. (1965, ²1968); –, Fundamentalkatechetik (1968, ³1970); dazu G. Stachel (Hrsg.), Existentiale Hermeneutik (1969); V. Schurr, V., in: LThK X (²1965); A. Exeler, Wesen u. Aufgabe der Katechese (1966); W. Langer, Kerygma u. Katechese (1966); K. E. Nipkow, Grundfragen des RU. in der Gegenwart (1967, ²1969); G. Stachel, Der Bibelunterricht (1967); H.-E. Bahr, V. als Information (1968); H. Gloy (Hrsg.), Evang. RU. in einer säkularisierten Gesellschaft (1969); dazu H. Kittel, Zur Zeitgeschichte des Ev. RU., in: Zschr. f. Päd. (1969); –, Ev. Religionspäd. (1970); –, Freiheit zur Sache (1970); H. Stock, Beiträge zur Religionspäd. (1969); W. G. Esser (Hrsg.), Zum RU. morgen I (1970), II (1971).

W. Eckey

Vermassung ↗ Masse

Vermeidungsgradient ↗ Konflikt

Vermögenspsychologie

V. ist dem Gebiet der sog. rationalen Psychol. zuzuordnen, sofern sie im Gegensatz zur empirischen Psychol. von den reinen Begriffen seelischer Vorgänge und Verhältnisse ausgeht. Sie ordnet den seelischen Vorgängen „Vermögen" zu. Sehr oft werden Metaphern und begriffl. Klassifizierungen seelischer Prozesse zu selbständigen und realen Entitäten gemacht. In der antiken Psychol. bis zu PLATON wird nicht selten das Seelenvermögen als körperlich lokalisiert gedacht. Als Vertreter der neueren V. ist C. WOLFF, basierend auf G. W. LEIBNIZ, anzusehen. Wolff prägte den Begriff „rationale Psychologie". Seine Lehre wurde später von J. F. HERBART kritisiert.

☐ Eigenschaften. Fähigkeiten. Begabung. Typus. Schichtenlehre. Strukturpsychologie

Lit.: Ch. Wolff, Psychologia rationalis (1734); J. F. Herbart, Psychol. als Wiss., neugegr. auf Erfahrung, Metaphysik u. Mathematik (1824/25); O. Klemm, Gesch. der Psychol. (1911); W. Wundt, Grundriß der Psychol. (¹⁰1911); M. Dessoir, Abriß der Gesch. der Psychol. (1911); –, Gesch. der neuen dt. Psychol. (²1962); J. M. Baldwin, History of Psychology (London 1913); C. Spearman, Psychology down the Ages (London 1937); R. E. Brennan, History of Psychol. from the Standpoint of a Thomist (New York 1945); M. McDougall, Psychol. (²1951).

K. P. Sternschulte

Vernunft und Verstand

V. = Vernunft, Vs. = Verstand

1. *Vorläufige Abgrenzung.* V. und Vs. bezeichnen nach dem heutigen Sprachgebrauch zunächst undifferenziert das geistige Vermögen des Menschen im Unterschied zur sinnlichen Wahrnehmungsfähigkeit. Im Denkprozeß wirken V. und Vs. zusammen, obwohl jedem eine verschiedene Funktion zugesprochen wird. Der *Verstand* (von verstehen, ahd. firstân = dicht vor etwas stehen, um es zu erkennen) übernimmt die auf das einzelne bezogene analysierende, begreifende Tätigkeit diskursiven Denkens; die *Vernunft* (von vernehmen, ahd. firnunft) richtet sich mehr auf das Ganze der Realität, zielt auf Einsicht und versucht, einen Sinnzusammenhang herzustellen. Scharfsinn, Intelligenz und Kenntnis der *Bedingungszusammen-*

hänge kommen dem Vs. zu, während Besonnenheit, Weisheit und Einsicht in die Forderungen des *Unbedingten* der V. eignen.

2. *Geschichte des Begriffs.* In der griech. Philos. wurden V. und Vs. streng unterschieden. Der Vs. (diánoia) hat die Aufgabe, Einzelwahrnehmungen unter dem Wesensgesichtspunkt zu verbinden und diesem einen Begriff zuzuordnen (Urteil). Der Vs. steht an der Grenze zum Bereich des sinnl. Wahrnehmbaren und bleibt immer auf Anschauung bezogen (vgl. PLATONs Liniengleichnis: Politeia 509a–511e). Die V. (nous) hingegen richtet sich auf die unmittelbar einsichtigen, von aller Sinnlichkeit freien Inhalte des Denkens, die als höchste Prinzipien die Verbindung von Urteilen (Schluß) ermöglichen. Sie wird als das höhere bzw. höchste geistige Vermögen angesehen; und je nachdem, ob sie auf ein letztes oberes Ziel des Wissens gerichtet ist oder ein solches des Handelns, heißt sie theoretische oder praktische V. (vgl. ARISTOTELES Protreptikos, Fragm. 2 und De anima, lib. III). In der aristotelischen Scholastik des MA. werden die Bestimmungen fast unverändert übernommen als *ratio* = Vs. und *intellectus* = V. Der Erkenntnisvorgang hebt an bei der sensatio, schreitet weiter über die imaginatio zur ratio und gipfelt im intellectus.

Bei KANT heißt es später übereinstimmend: „Alle unsere Erkenntnis hebt von den Sinnen an, geht von da zum Verstande und endigt bei der Vernunft, über welche nichts Höheres in uns angetroffen wird..." (Kritik d. reinen V. A 298, B 355). In der Zwischenzeit aber haben ECKHART, LUTHER u. a. die lat. Begriffe übersetzt, die ratio jedoch gerade umgekehrt als V. und den intellectus als Vs. in die dt. Sprache gebracht. Diese stark vom Wortsinn her bestimmte Zuordnung (intus legere = in den Dingen lesen und inter legere = dazwischen lesen) entspräche der dianoetischen Funktion des Vs.es, während die V. immer die Rolle der ratio zu übernehmen habe, nämlich die der Begründung. Dennoch wäre um der Eindeutigkeit willen vorteilhafter, sich auf die von KANT gebrauchten Bestimmungen zu einigen, weil sich die überwiegende Mehrzahl der Wissenschaftler dieser auch im allg. Sprachgebrauch beheimateten Definition bedient.

3. *Stand der Diskussion.* Obwohl der Vs. als theoret. und prakt. Intelligenz für den Menschen unentbehrlich ist und als „gesunder Menschenverstand" auch außerhalb der Wissenschaftslehren geachtet wird, kam er zuweilen in Verruf. In verschiedenen irrationalen Strömungen, die meist nicht zwischen Vs. und V. unterschieden, wurde die ratio zum „Widersacher der Seele" (L. KLAGES). Im Kampf gegen einen übertriebenen, tatsächlichen oder vermeintlichen Rationalismus wandte man sich gegen einen verengten Vs.esbegriff des bloß rechnenden, mechanisierenden, abstrahierenden, formalisierenden Denkens.

In der offiziellen Philos. der DDR ist aus anderen Gründen eine ähnliche Tendenz festzustellen. Es sei „weder die Trennung von V. bzw. Vs. und Sinnlichkeit noch die von V. und Vs. aufrechtzuhalten" (Philos. Wb., hrsg. v. G. Klaus und M. Buhr, ⁶1969). Die V. wird als Inbegriff der „klassischen bürgerlichen Philosophie" gesehen. Die heutige kapitalistische Gesellschaftsordnung des Westens bedürfe der V. jetzt nicht mehr. Das Thema der V. sei konsequent in die Ideologie derjenigen Klasse übergegangen, „die als Antipode der Bourgeoisie von der Geschichte dazu berufen ist, durch ihre Befreiung die Befreiung der gesamten Menschheit von Ausbeutung und Unterdrückung zu bewerkstelligen: in die wissenschaftliche Weltanschauung des Proletariats". Auf der anderen Seite vertritt der „kritische Realismus" als Philos. der liberalen Demokratien die Auffassung von einer V., die in krit. Reflexion und rationaler Diskussion „ausgehandelt", d. h. durch Ausschaltung von Irrtümern (Falsifikationen) zutage treten soll. Ungefähr in der Mitte zwischen diesen Positionen steht die „dialektische Gesellschaftstheorie", die ebenfalls an der „vernünftigen Diskussion" interessiert ist, aber diesen „herrschaftsfreien Dialog" nicht in der bestehenden Gesellschaftsordnung erreichen zu können glaubt.

☐ Geist. Denken

Lit.: J. Péghaire, Intellectus et Ratio selon St. Thomas d'Aquin (Paris 1936); J. de Vries, Denken u. Sein (1937); G. Siewerth, Wesen u. Gesch. der menschl. V. nach Kant, in: Zschr. f. philos. Forsch. I (1946); B. Snell, Die Entdeckung des Geistes. Studie zur Entstehung der europ. Denkens bei den Griechen (1946); K. Jaspers, V. u. Existenz (1947, ⁴1960); A. Brunner, Erkenntnistheorie (1948); P. Hazard, Die Herrschaft der V. Das europ. Denken im 18. Jh. (1949); B. Lohse, Ratio u. Fides. Eine Untersuchung über die ratio in der Theol. Luthers (1958); K. Oehler, Die Lehre vom noetischen u. dianoetischen Denken bei Platon u. Aristoteles (1962); G. Böhme, Der päd. Beruf der Philos. (1968); G. Ryle, Der Begriff des Geistes (1969); W. Janke, Fichte. Sein u. Reflexion – Grundlagen der krit. V. (1970).

F. Wiedmann

Verrohende Veranstaltungen ↗ Jugendgefährdende Schriften und Veranstaltungen

Versagung ↗ Frustration

Versäumnis ↗ Schulversäumnis

Verschiebung ↗ Abwehrmechanismus

Versetzung der Schüler

V. oder Nicht-V. ist eine Maßnahme, die in der ↗ Jahrgangsklasse(nschule) dem Schüler das Vorrücken in die nächsthöhere Klasse erlaubt oder versagt.

1. Die *Grundsätze* der V. und die Einzelheiten materieller und technischer Art sind – unter Berücksichtigung der Richtlinien der KMK (1957 ff.) – in den Schulordnungen der Länder der BRD niedergelegt.

Die Entscheidung ist Angelegenheit der Schule; sie wird vom Klassenlehrer und Schulleiter (Volksschule), von der Klassenkonferenz und bei Sonderfällen von der Gesamtkonferenz der Lehrer (Realschule, Gymnasium) getroffen. Die Erziehungsberechtigten können die Nicht-V. (Sitzenbleiben), die nach höchstrichterl. Rechtsprechung ein Verwaltungsakt ist, anfechten. Die Anfechtung kann sich aber nicht auf die fachlich-päd. Beurteilung, sondern nur darauf beziehen, ob die Entscheidung der Schule rechtlichformal einwandfrei zustande gekommen ist. Bei Gefährdung der V. sind die Erziehungsberechtigten rechtzeitig zu verständigen; unterbleibt die Benachrichtigung, besteht jedoch in den meisten Ländern der BRD kein Anspruch auf V.

2. V. oder Nicht-V. ist eine *pädagogische* Maßnahme, die dem Wohle des einzelnen Schülers dienen und seine geistige Entwicklung und Lernbereitschaft fördern soll. Darüber hinaus ist bei V.entscheidungen zu berücksichtigen, daß „für die aufsteigende Klasse eine den Unterrichtszielen der Schule entsprechende Leistungsfähigkeit und Arbeitshaltung gewährleistet werden muß" (KMK). Es besteht heute weitgehende Übereinstimmung, daß eine vom System der V. beherrschte Schule mehr Nachteile als Vorteile mit sich bringt. Die Schüler stehen unter dauerndem Druck, die Lernmotivation ist einseitig durch Notengebung und Zeugnisse beeinflußt. Die Lehrer neigen dazu, in der V. oder Nicht-V. ein bequemes Mittel unterrichtlicher und erzieherischer Einflußnahme zu sehen und andere individuelle und organisatorische Möglichkeiten der Lern- und Bildungsförderung zu vernachlässigen. Sie schätzen die negativen Auswirkungen psychologischer, sozialer und unterrichtlicher Art der Nicht-V. (Sitzenbleiberelend) zu gering ein.

3. In der *Schule der Zukunft* wird das V.-system eine geringere Rolle spielen als in der traditionellen Schule; sei es, daß sie den Jahrgangsklassenaufbau völlig aufgibt und auf V. und Nicht-V. verzichten kann (Gesamtschule), sei es, daß sie Sondereinrichtungen schafft, in denen die Schüler nach Leistung und Begabung individuell ausreichend betreut werden können, sei es, daß sie zumindest die V.-phasen verlängert und erst nach mehreren Schuljahren über V. oder Nicht-V. entscheidet (Vorschlag des ↗Rahmenplans). Von größter Wichtigkeit zur Verringerung des V.-problems sind frühzeitig einsetzende, syst. ↗Schulbahnlenkung und intensiv betriebene Erforschung der Ursachen für Leistungsschwäche und Schulversagen.

□ Schule. Schulreform. Gesamtschule

Lit.: Slg. der Beschlüsse der Ständ. Konferenz der KM der Länder in der BRD (1963 ff.); H. Frommberger, Das Sitzenbleiberproblem (1955); M. Eyrich, Schulversager (1963); G. Schmidt-Stein, Die Jahresklasse in der VS. (1963); G. Mampe, Rechtsprobleme im Schulwesen (1965); Empfehlungen u. Gutachten des Dt. Ausschusses für das Erziehungs- u. Bildungswesen 1953–1965 (Gesamtausg. 1966); A. Kern, Sitzenbleiberelend u. Schulreife (⁵1966); K. Ingenkamp, Zur Problematik der Jahrgangsklasse (1966); H. Heckel - P. Seipp, Schulrechtskunde (⁴1969).

K. E. Maier

Versprechungen

1. V. als Erziehungsakte bezeichnen das Inaussichtsstellen von Wunscherfüllung und Bedürfnisbefriedigung als Motivation eines erziehungsgemäßen Verhaltens, a) *bedingt,* d. h. an ein vom Erzieher erwartetes Verhalten des Zöglings geknüpft, oder (seltener) b) *unbedingt,* d. h. nicht gerichtet auf ein bestimmtes Verhalten. Bedingte V. beziehen sich ähnlich auf Belohnungen wie Drohungen auf Strafen. Eine Führung an den Leitseilen von Furcht und Hoffnung ist jedoch als sozialer Zwang erzieherisch bedenklich, ihr Abbau erwünscht. V. stehen unter dem Ethos der Sprache (Wahrhaftigkeit) und des Vertrages (Treu und Glauben). Vom Aspekte der sozialen Erziehung sind V. exemplarisch für spätere rechtswirksame V. (Eheversprechen, Treueversprechen der Soldaten). Nicht gehaltene V. erschüttern das Vertrauen des Zöglings, den tragenden päd. Bezug. Anzustreben ist reifegemäßer Übergang zu höherwertigen V. (z. B. von Gaumenfreuden zu Freuden des Wanderns, Lesens) und zunehmend Vermeidung von V. überhaupt. V. sollen in jedem Fall erfüllbar, daher inhaltlich und zeitlich um so klarer umschrieben sein, je unreifer das Kind, je frustrierender seine Lage ist. Im Maße der Unbestimmtheit sinkt die Erwartungsspannung. – V. sind auch vom Zögling her möglich. Als abgeforderte Selbstverpflichtungen überfordern sie oft.

2. In ganz anderer Bedeutung werden als V. verbale Fehlhandlungen bezeichnet, die psychologisch geschulten Beobachtern diagnostische Ansätze bieten können (vgl. S. FREUD, Psychopathologie des Alltagslebens, 1904).

Lit.: L. Bärtschi, V., in: Lex. Päd. (1951); F. Trost, Die Erziehungsmittel (1966, ²1967).

H. Henz

Verstand ↗Vernunft und Verstand

Verstärkung ↗Bekräftigung

Verstehen

1. V. ist der Erkenntnisakt, der nach W. DILTHEYs Grundlegung der Geisteswissenschaften diesen, einschließlich der ↗geisteswiss. Psychologie, als Methode zugrunde liegt, von letzterer – als psychol. V. – entwickelt und für die übrigen Geisteswiss.en aufbereitet wird. Das psychol. wie das geisteswiss. V. werden nach Dilthey dem ursächlichen *Erklären* als der (damals) alleinigen Methode der Naturwissenschaften entgegengesetzt. Erklären und V. stehen aber einander schon deshalb nicht einfach pari passu gegenüber, weil auf der Seite des V.s eine größere Fülle von Varianten, d. h. eine (qualitativ begründete) quantitative Mehrheit steht. Was

eigentlich unter V. – von menschlichem und tierischem Ausdruck und Wesen, von objektiv-geistigen Strukturen, historischen Zusammenhängen usw. – gemeint wird, ist niemals ein rein rationales Erfassen, sondern letztlich von Intuition getragen. Das letztere bedeutet freilich noch nicht „subjektiv" im Sinne subjektiver Willkür; vielmehr ist das richtige V. und Beschreiben genau so eindeutig vom unrichtigen abgrenzbar wie das richtige (kausale) Erklären vom unrichtigen.

2. Nach E. SPRANGER knüpft der Beobachter oder Betrachter „Sinnbänder" zwischen den Gegenständen; aber auch von diesen zu ihm führen vorgegebene Sinnbänder hin. Es ist nach wie vor umstritten, ob und wieweit das rein psychol. V. „Einfühlung" oder Nachvollzug zur Voraussetzung habe oder ob ein bloßes „geistiges Sichhineinversetzen" (Spranger) genüge.

Nach A. WELLEK ergibt sich ein „Schichtenbau der Erkenntnisakte" in folgenden Distinktionen: a) Begreifen, d. i. das formale technische oder rein tatbeständliche gegenständliche, quasi subjektfreie Erfassen logischer, ontologischer und sprachlicher Ordnungen; b) Beschreiben, als das reine aufgliedernde Fest- und Klarlegen des Tatbestands; c) Erklären, als kausale Reduktion, die als solche nur begriffen, nicht verstanden werden kann (einfach hinzunehmen ist); d) psychol. V., als Ausdrucks-, Motiv- und Charakter-V., die ihrerseits je unter sich verschieden sind; e) geisteswiss. V.; f) Deuten und Auslegen (Interpretieren). g) Darüber steht schließlich das Sichzueigenmachen, abhängig vom kulturellen und „existentiellen" Bezug des Betrachters („symbiotisches" V. nach E. STRAUS). – Es gibt kein „exaktes" V. oder gar Deuten, nur ein exaktes Begreifen, Erklären und ggf. Beschreiben. So kann z. B. mit einem „Charaktertest" qua Test niemals eine psychische Struktur „verstanden" werden; lediglich die Interpretation des Testergebnisses kann zu einem Charakter-V. beitragen.

□ Geisteswissenschaftliche Psychologie. Hermeneutik. Geschichtlichkeit. Geisteswissenschaften

Lit.: W. Dilthey, Ges. Schriften V (1924, ⁵1968); J. Wach, Das V., 3 Bde. (1926–33); O. F. Bollnow, Das V. (1949); E. Straus, Psychol. der menschl. Welt (1960); A. Wellek, V., Begreifen, Erklären, in: A. Wellek, Witz, Lyrik, Sprache. Beitr. zur Lit.- u. Sprachtheorie mit einem Anhang über den Fortschritt der Wiss.

A. Wellek

Verstehende Psychologie ↗ Geisteswissenschaftliche Psychologie

Versuchsperson ↗ Experiment, psychologisches

Versuchsschule, Schulversuch

I. Begriff und Entwicklung

V.n sind private oder öff. Schulen, an denen neue päd. Konzeptionen planmäßig erprobt werden (Beispielschulen, Übungsschulen). Ein S. kann die Struktur der Schule im ganzen betreffen oder einen Teilbereich, z. B. Methoden, Lehrplan, Klasseneinteilung. S.e sind unerläßliche Voraussetzung für ↗Schulreformen, die durch gesellschaftspolit. Veränderungen und päd. Erfordernisse notwendig werden. – Die Entwicklung des dt. V.wesens seit seinen Anfängen gliedert sich in 3 Phasen:

1. Im Rahmen der *reformpädagogischen Bewegung* (1900–32) wurden zuerst außerhalb des öff. Schulwesens von bedeutenden Pädagogen (B. OTTO, H. LIETZ, R. STEINER, P. PETERSEN u. a.) V.n eingerichtet. An ihnen wurde die prakt. Durchführbarkeit ihrer neuen Ideen erprobt und unter Beweis gestellt. Die Ausstrahlung und Nachwirkung waren beträchtlich. Eine in den zwanziger Jahren erwartete Übertragung auf das allg. Schulwesen fand jedoch nicht statt. Es blieb bei der Aufnahme einzelner Reformgedanken, z. B. in die Lehrpläne der öff. Schule. Eine grundlegende Strukturreform (Einheitsschule) wurde nicht durchgeführt. – Auch im Ausland entstanden bekannt gewordene V.n.

2. Die Schulentwicklung *nach 1945* war in bezug auf das V.wesen durch Unsicherheit gekennzeichnet. Reformschulkonzeptionen, z. T. von den Besatzungsmächten initiiert, blieben in der BRD im Stadium der Erörterung. S.e gab es in den Volksschulen – als Rezeptionen aus der Reformzeit –, z. B. Kernunterricht, Epochalunterricht, Kurse, Gruppenarbeit, manuelles Tun, Schulgemeinde u. a. Das Düsseldorfer Abkommen (1955) war vor allem um Einheit des dt. Bildungswesens bemüht und schränkte daher S.e grundsätzlich ein. Das ↗Hamburger Abkommen von 1964 gab ihnen dagegen wieder mehr Raum.

Ein erster Hinweis auf notwendige S.e durch den ↗Deutschen Ausschuß für das Erziehungs- und Bildungswesen (1954) hatte zunächst wenig Resonanz. Sie verstärkte sich, als nach weiteren Empfehlungen des Ausschusses (u. a. „Rahmenplan", „Förderstufe", „Hauptschule"), nach wiss. Publikationen zur Bildungssituation und nach der Weckung des öff. Bewußtseins durch das Menetekel einer drohenden „Bildungskatastrophe" eine zunehmende Intensivierung der ↗Bildungspolitik begann und in einer Reihe von Ländern der BRD V.n eingerichtet wurden. Besonders in Hessen wurde die ↗Förderstufe praktiziert. – Rechtliche Fragen fordern bei den S.en Berücksichtigung. Schulgesetzlich sind S.e in Baden-Württemberg, Berlin, Hamburg, Hessen, Niedersachsen und Nordrhein-Westfalen legitimiert, praktisch aber nicht auf diese Länder beschränkt.

3. Die dritte Phase der S.e, in der *heute* wir stehen, begann Ende der sechziger J., vor allem initiiert durch die Publikationen des ↗Deutschen Bildungsrates bzw. seines Bildungsausschusses; die Empfehlungen: Einrichtung von S.en mit Ganztagsschulen (1968) und Einrichtung von S.en mit Gesamtschulen (1969). Sie stehen im Zusammenhang mit dem ↗Strukturplan (1970). In den Ländern der BRD laufen z. Z. entsprechende Versuche bzw. werden vorbereitet, überwiegend im öff. Schulwesen, teils auch im privaten.

II. Charakteristika heutiger Schulversuche

Die heutigen S.e sind überwiegend durch bestimmte Merkmale und Bedingungen gekennzeichnet:

1. Sie betreffen die *Schulstruktur* (↗Gesamtschule, ↗Ganztagsschule) und zugleich Teilfragen, wie Ablösung der bisherigen festen ↗Jahrgangsklassen, ↗Differenzierung bestimmter Schulstufen, Kern- und Kurssystem, Einrichtung von ↗Arbeitsgemeinschaften und Neigungsgruppen, ↗Epochenunterricht, Blockstunden, Studientage, Studienarbeiten, Mitbestimmung von Lehrern und Schülern, kollegiale Schulverwaltung. Soziale und päd. Prinzipien, wie Chancengleichheit, Sozialerziehung, ↗Begabungsförderung, wirken strukturierend.

2. V.n gleicher bzw. verwandter Art sollen möglichst von vornherein in *größerer Anzahl geplant* und durchgeführt werden, um über eine breite Vergleichsbasis zu verfügen und Zufallsfaktoren nicht ins Gewicht fallen zu lassen. Die einzelne V. ist Glied eines umfassenden „Experimentalprogramms" (Modellschulen).

3. Der praktischen Durchführung von S.n sollen *eingehende Vorbereitungen* unter Beteiligung aller in Frage kommenden Expertenkreise vorausgehen, wobei bis ins Detail die Fragen der Ökologie, der räumlichen Verhältnisse, der inneren Organisation, der Schülerlaufbahnen, der Curricula, der personalen Besetzung, der Finanzierung u. a. klargelegt sein sollen. Die Offenlegung der Planung ist erwünscht.

4. Die praxisbegleitende Beobachtung und möglichst genaue *Versuchskontrolle* gehören zu den neuen S.en. Für derartige wiss. Forschungsvorhaben wird ein entsprechendes methodisch entwickeltes Instrumentarium benötigt, um mit einiger Sicherheit zuverlässige Ergebnisse zu erlangen, die für die folgenden Vergleichsuntersuchungen brauchbar sind.

5. Schulträger, Schulverwaltung, erziehungswiss. Einrichtungen, ggf. auch ↗Institute für Bildungsforschung und -planung (Berlin, München) *kooperieren* bei derartigen Experimentalprogrammen. Gleichzeitig gibt es in den Ländern S.e eigener Art, die an einzelnen bes. reformbedürftigen Punkten des bestehenden Schulwesens ansetzen, etwa der gymnasialen Oberstufe. Noch ganz auf der Stufe der Planung und des S.s befinden sich die Vorschulen.

□ Schule. Schulreform. Gesamtschule. Einheitsschule. Freie Schule. Reformpädagogik. Jena-Plan. Waldorfschule. Landerziehungsheim. Schulgemeinde

Lit.: F. Hilker (Hrsg.), Dt. S.e (1924); F. Karsen, Die neuen Schulen in Dtl. (1924); O. Karstädt, V.n und S.e, in: Hdb. der Päd., hrsg. v. H. Nohl - L. Pallat, IV (1928, 1966); H. Chiout, S.e in der BRD (1955); Empfehlungen und Gutachten des Dt. Ausschusses für das Erziehungs- u. Bildungswesen (1966); F. Uplegger - H. Götz, Die förderstufenähnlichen S.e in Hessen (1963); C. Führ, S.e 1965/66, Tl. I u. II (1967); W. Schultze (Hrsg.), Schulen in Europa I–III (1968/69); A. Flitner, Schulreform u. Modellschulen, in: Brennpunkte gegenwärtiger Päd. (1969); Dt. Bildungsrat, Empfehlungen der Bildungskommission (1968/69/70); A. Regenbrecht u. a. (Hrsg.), Friedensschule, Entwürfe - Materialien - Berichte zu einem Gesamtschulversuch (1970); W. Scheibe, Die Reformpäd. Bewegung 1900–1932 (²1971).

W. Scheibe

Versuch und Irrtum ↗Lernen

Verteilungsfunktion ↗Statistik

Vertrauen

V. setzt nicht nur Ansprechbarkeit, Wohlwollen und Zuverlässigkeit von Menschen voraus (W. SCHEIBE), sondern erstreckt sich auch auf Sachen, ja richtet sich mitunter auch auf jeweils geglaubte, metaphysische Gründe des „Seins". Ohne V. wäre individuelle und kollektive Lebensführung undenkbar. *Für die Erziehung* ist V. grundlegend als *Voraussetzung* (O. F. BOLLNOW) und als *Ziel.*

Im kommunikativen Prozeß mit Menschen und in der Auseinandersetzung mit Objekten differenziert sich das V. In der Erziehung kommt es vor allem auf die Gegenseitigkeit des V.s an. Zuerst vertraut das Kind in der Regel der Mutter, die es versorgt. Aus dieser Geborgenheit überträgt es sein V. auf die nächsten Personen und die Umwelt in immer weiteren Versuchen. Enttäuschungen unterbrechen oder hemmen das steigende V., je mehr die Scharfsicht zunimmt.

Das V. des Erziehers geht dem des Kindes oft voraus. Er wirbt um Zusammenarbeit, bejaht den anderen, bestätigt ihn aber nicht je augenblicklich ist, sondern lockt und fordert ihn heraus durch persönl. Zuwendung und sachl. Aufgaben. So festigt und erweitert sich das Selbst-V., bes. im Erfolg, aber auch noch im Scheitern. In Krisen kann der Erzieher vom naiven V. (F. KÜNKEL, E. ERICSON, A. NITSCHKE) zum produktiv-kritischen V. führen, das als ein Wagnis in seinen Möglichkeiten und Grenzen bewußt wird, V.sseligkeit wie Skeptizismus meidet. Gottvertrauen kann dabei bedeutsam sein. An Störungen des V.s können alle Partner beteiligt sein, auch der Erzieher, wenn er sich zu den anderen ungerecht und verständnislos verhält.

So fördert V. das päd. Verhältnis wie die Bildsamkeit des anderen, eröffnet den Zugang zu Versuchen und Objekten und ermöglicht eigene Fähigkeit, V. zu schenken und zu rechtfertigen. – *Blindes* V. hingegen, das das Verhältnis des Kindes zu Welt und Gesellschaft verstellt, hat in der Erziehung keinen Platz; in einer autoritären Erziehung erweist es sich als gefährliches, da schwer durchschaubares Mittel der Verführung („repressive Toleranz"). Ihm ist durch eine Erziehung zum „Mißtrauen", d. h. zu prüfender und produktiver Kritik, zu begegnen.

Lit.: O. F. Bollnow, Die päd. Atmosphäre (1964, ³1968); J. Schwartländer (Hrsg.), Verstehen u. V. (1968); Th. Ballauff, Skeptische Didaktik (1970); W. Scheibe, V., in: Päd. Lex., hrsg. v. W. Horney u. a., II (1970).

G. Mittelstädt

Vertretung

Durch Ausfall von Lehrern (Krankheit oder Beurlaubung) wird häufig eine V. durch andere Lehrer oder Aushilfslehrer erforderlich. Nach den Vorschriften der Schulfinanzgesetze der Länder können in der Regel zur Übernahme des Unterrichts Vertreter auf Kosten des Schulträgers eingestellt werden (Vertretungskosten). Eine solche V. scheitert meist am Mangel von geeigneten Vertretern, die nicht bereits im Schuldienst stehen. Regelmäßig werden daher Lehrer der gleichen oder einer benachbarten Schule mit der V. beauftragt. Die Verpflichtung zur Übernahme von Unterrichtsstunden (ohne besondere Vergütung) über das Regelmaß (Pflichtstunden) hinaus folgt aus der allg. beamtenrechtl. Pflicht, sich mit ganzer Kraft für die Erfüllung der Amtspflichten einzusetzen. Genaue Vorschriften über den Umfang der V.pflicht fehlen im allgemeinen. Aus der Fürsorgepflicht des Dienstherrn ergibt sich lediglich, daß der Lehrer durch die V. nicht über Gebühr belastet werden darf. In der Regel wird eine unentgeltl. V. von 4 Wochen mit 2 Unterrichtsstunden wöchentlich für zumutbar gehalten. In einzelnen Bundesländern wird eine darüber hinausgehende V. nach den Grundsätzen über den nebenamtlichen oder nebenberuflichen Unterricht vergütet.

☐ Nebenämter

Lit.: H. Heckel - P. Seipp, Schulrechtskunde (⁴1969).

H. Wenzel

Verwahrlosung

Rein sprachlich bezeichnet V. einen Mangel an Bewahrtsein. Aufschlußreich ist, gegen wen sich der im Ausdruck V. mitschwingende Vorwurf richtet: Einem Erwachsenen gegenüber, der sich durch Verwilderung, Unsauberkeit, Ungepflegtheit als verwahrlost ausweist, neigen wir dazu, es diesem selbst anzulasten, wenn er sich so weit hat „herunterkommen" lassen. Weist ein Säugling oder Kleinkind die gleichen Merkmale von V. auf, so werden wir dies denen vorwerfen, die für Pflege und Obhut des Kindes verantwortlich sind. V. erscheint also als ein Fehlverlauf des Lern- und Reifungsprozesses, an dessen Ende die zu einem Leben in sozialer Verantwortung fähige Persönlichkeit stehen sollte. Dabei bezeichnet V. sowohl die verwahrlosende *Entwicklung* als auch den jeweils erkennbaren *Zustand* des Verwahrlostseins. Das Schwergewicht beider Bedeutungen liegt im Kindesalter und im Jugendalter. Hier wird V. am treffendsten definiert als ein *Erziehungsnotstand*.

I. Erscheinungsformen, Entstehung, Behandlung

1. *Symptome.* Die meisten Kataloge von V.s-symptomen wurden an solchen Jgdl.n gewonnen, die wegen fortgeschrittener V. mit Institutionen der öff. Erziehung (↗Fürsorgeerziehung) in Berührung kamen. Im Vordergrund stehen Schulversagen, Schwänzen von Schule und Arbeit, Weglaufen aus der Familien- oder Heimgemeinschaft, Herumtreiben (Streunen), Betteln, Stehlen, schlechter Umgang, verlogenes, freches und aggressives Verhalten (z. T. als Bandenwesen), Alkohol- und Rauschmittelmißbrauch. Für die Mädchen werden daneben vor allem früh einsetzender und wechselnder Geschlechtsverkehr, Prostitution und Genußsucht genannt (H. STUTTE), wobei die Formen sexueller V. nicht zuletzt darauf beruhen, daß Mädchen relativ früh dem männlichen Triebstreben ausgesetzt sind. Alle genannten Symptome weisen mehr oder weniger unmittelbar auf *Störungen im Sozialverhalten* hin. Sie lassen sich auch einteilen in solche, die mehr ein Versagen (oder Sichversagen) gegenüber den Anforderungen des Soziallebens ausdrücken, und solche, die ein aktiv gegen diese Anforderungen gerichtetes Verhalten erkennen lassen (K. EBERHARD). Sämtlich beschreiben sie die bereits *manifest* gewordene V. Daneben hat schon A. AICHHORN auf die verborgeneren Strukturen einer *latenten* V. aufmerksam gemacht. Dazu gehören Reizbarkeit, Verstimmbarkeit, geringe Frustrationstoleranz, Unstetigkeit und Mangel der Fähigkeit, persönliche Kontakte von einiger Dauer und Tiefe zu bilden und zu unterhalten; Merkmale also, die deutlich stärker persönlichkeitsbezogen und gleichsam innerlicher sind als die der manifesten V. Offenbar besteht zwischen beiden Gruppen ein Zusammenhang in dem Sinn, daß eine latente V. als Disposition zu manifester V. wirkt.

2. *Entstehungsgründe.* V. als Zustand ist das Ergebnis einer *gestörten Entwicklung*. Die Suche nach maßgeblichen Einzelfaktoren führt zwangsläufig in früh- und frühestkindliche Entwicklungsstufen, in denen die „zweite, sozio-kulturelle Geburt" des Menschen (D. CLAESSENS) sich vollzieht. Die bekannten Störungssymptome dieses Lebensalters (z. B. Haarausreißen, Kopfschlagen, Bettnässen, Stottern) finden sich auch in den Vorgeschichten vieler Verwahrloster wieder. Für die frühesten Entwicklungsstufen erscheint es ferner wenig sinnvoll, das Verhalten im Sozialbe-

reich von solchen Verhaltensweisen zu trennen, die den Sozialbereich nicht tangieren. Denn bei den ersten verhaltensbezogenen Lernvorgängen, die noch gar nicht über den Verstand, sondern gewissermaßen über Leib und Seele des Kindes ablaufen, fließen das Finden der Ich-Identität und deren Einstellung auf die nächste Umwelt ineinander. Deshalb sagen die Symptome viel eher darüber etwas aus, worauf sie ihrerseits beruhen dürften, als darüber, zu welchen Fehlverhaltensweisen sie führen werden, insbes. ob zu einem neurotischen Zustandsbild oder zu V.

Diese *Gegenüberstellung* von *neurotischen Fehlhaltungen* und *Verwahrlosung* hat sich heute allgemein durchgesetzt. Sie besitzt einen (nur) begrenzten Erklärungswert. Ausgangspunkt ist die psychoanalytische Theorie der Gewissensbildung (➚Ich-Es-Überich).

Kennzeichnend für die *neurotische Persönlichkeit* ist das überstreng ausgebildete ➚Gewissen. Es wird darauf zurückgeführt, daß das Kind in den dafür entscheidenden Entwicklungsphasen überfordert wurde, wobei dahinstehen kann, ob die an das Kind gestellten Verhaltensanforderungen „abnorm" waren oder „normal" und das Kind aus irgendwelchen Gründen nicht in der Lage, ihnen zu entsprechen. In beiden Fällen führte die Überfütterung mit Werten, Normen und Sanktionen im Einschleifen angstmotivierter Reaktionen mit zwanghaftem Charakter. Geschädigter nicht nur der neurotisierenden Erziehung, sondern auch der späteren neurot. Verhaltensweisen ist meist der Betroffene selbst.
Demgegenüber denkt man sich die *Verwahrlosung* als das Ergebnis einer mangelhaften Gewissensbildung, beruhend auf einem (wiederum objektiven oder subjektiven) Zuwenig an Forderungen an das Verhalten in jenen Entwicklungsphasen, in denen Wertvorstellungen und soziale Kontakte sich an jenen Anforderungen orientieren. Auch diese „Unterforderung" läßt sich, ebenso wie das Zuwenig an Zuwendung, im Wortsinn von V. wiederfinden. Die aus ihr resultierende Orientierungslosigkeit äußert sich später in den bereits beschriebenen V.ssymptomen, die sich, je nach dem Maß der mit ihnen einhergehenden Aggressivität, regelmäßig zum Schaden der Umwelt des Verwahrlosten auswirken.

Tatsächlich gibt es zwischen den beiden Zuständen der Neurose und der V. zahlreiche Mischformen, die der vielfältigen Mischung der Entwicklungsverläufe entsprechen; so gibt es z. B. sowohl die Kriminalität eines Neurotikers (wie symbolische Diebstähle) als auch den ➚Selbstmord eines Verwahrlosten. Insbes. die „kriminelle" V. ist häufig mit neurot. Komponenten durchsetzt, so daß man auch von „neurotischer Verwahrlosung" spricht.
3. *Behandlungsmöglichkeiten.* Diese Frage gehört in den Kernbereich der ➚Schwererziehbaren-Päd. überhaupt. Die gegenwärtige Krise pädagogischer Zielvorstellungen und Methoden hat die überkommenen Formen der Behandlung Verwahrloster bes. stark erschüttert. Heimunterbringung als meistangewendete Maßnahme zeitigt bei weitem nicht (oder nicht mehr) die erwarteten Erfolge. Auch werden die mit jedem Freiheitsentzug verbundenen Nachteile heute viel höher veranschlagt als früher. In Fällen von V. mit neurot. Komponenten kann es angezeigt sein, zunächst ein überstrenges Gewissen zu erzeugen, um dieses dann neurosetherapeutisch aufzulockern. Lerntheoretische und verhaltenstherapeut. Konzepte bieten weitere Behandlungsmodelle an, die erst noch zu erproben sind.
Die *künftige Behandlung* Verwahrloster wird sich wahrscheinlich zunehmend auf freie (d. h. auf Freiheitsentzug möglichst verzichtende) Formen konzentrieren. Individuelle Einflußnahmen und Arbeit in und mit kleinen Gruppen werden für das Bemühen, nachträglich Gemüt und Gewissen auszubilden, im Vordergrund stehen. Für diese Arbeit werden weit mehr und qualifiziertere Mitarbeiter benötigt werden, als bisher verfügbar sind. Je früher eine verwahrlosende Entwicklung erkannt und korrigiert werden kann, desto mehr wird V.stherapie zur V.sprophylaxe werden.

II. Rechtliche Bedeutung

Nach § 64 Jugendwohlfahrtsgesetz (JWG) ordnet das Vormundschaftsgericht die ➚Fürsorgeerziehung (FE) an, „wenn sie erforderlich ist, weil der Minderjährige zu verwahrlosen droht oder verwahrlost ist". Unter denselben Voraussetzungen steht die Maßnahme als Erziehungsmaßregel auch dem Jugendrichter zur Verfügung (§§ 9, 12 JGG). In der Anordnung der FE vorausgehenden Verfahren kommt es darauf an, die V. durch möglichst konkrete Tatsachen (im Gegensatz zu allg. Werturteilen über das Kind und seine Umgebung) festzustellen. Daß die FE Aussicht auf Erfolg versprechen müsse, ist dagegen nicht (mehr) gefordert (vgl. aber § 75 Abs. 2 S. 2 JWG); die Erfolgsaussicht soll jedoch durch die in § 72 JWG vorgeschriebene „Differenzierung der Einrichtungen und Heime nach der zu leistenden Erziehungsaufgabe" gefördert werden.
Über die Definition des V.sbegriffs ist man sich weitgehend einig; gemeint ist eine nicht unerhebliche Gefährdung oder Schädigung der leiblichen, geistigen oder seelischen Entwicklung des Minderjährigen. Dementsprechend beschreibt das Ges. auch die Voraussetzungen der weniger einschneidenden Maßnahmen „Freiwillige Erziehungshilfe" und „Erziehungsbeistandschaft" (§§ 62, 55 JWG). Für die FE wurde, als der Gesetzgeber 1961 das JWG novellierte, der Begriff V. nur deshalb beibehalten, weil Art. 6 Abs. 3 GG

ihn als Voraussetzung einer unfreiwilligen Trennung eines Kindes von seiner Familie nennt. Zwischen den einzelnen Definitionen bestehen anerkanntermaßen nur graduelle Unterschiede, ebenso wie zu dem ggf. eine ↗Jugendstrafe auslösenden Begriff der „schädlichen Neigungen" (§§ 17 ff. JGG) eines straffällig gewordenen Minderjährigen. Es handelt sich durchgängig um den gesetzgeberischen Versuch, den verschiedenen Ausprägungen eines *Erziehungsnotstandes* mit den verfügbaren Formen staatlicher ↗Ersatzerziehung angemessen zu begegnen.

☐ Erziehungsbeistand(schaft). Fürsorgeerziehung. Jugendfürsorge

Lit.: H. Stutte, Grenzen der Sozialpäd. (1958); L. Pongratz - H.-O. Hübner, Lebensbewährung nach öff. Erziehung (1959); D. Claessens, Familie u. Wertsystem (1962); A.-E. Brauneck, Die kriminell schwer gefährdeten Minderjährigen, in: Monatsschr. f. Kriminologie (1963); H.-E. Richter, Eltern, Kind u. Neurose (³1967); Th. Hau, Frühkindl. Schicksal u. Neurose (1968); E. Künzel, Jugendkriminalität u. V. (³1968); A. Aichhorn, Verwahrloste Jugend (⁹1969); K. Eberhard, Merkmalsyndrome der V., in: Praxis der Kinderpsychol. (1969); K. Hartmann, Theoret. u. empir. Beiträge zur V.sforschung (1970); T. Moser, Jugendkriminalität u. Gesellschaftsstruktur (1970); H. Schüler-Springorum, Sozial auffällige Jgdl. (²1970).

H. Schüler-Springorum

Verwahrung Jugendlicher

Der Gedanke einer vorbeugenden V. Jgdl.r ist angesichts des freiheitl. Grundzuges des GG aufgegeben worden. Auch ein sog. Bewahrungsgesetz hat keine Aussicht auf Verwirklichung. Im Recht gibt es nur zwei Arten der V. von Kindern und Jgdl.n: 1. die Inobhutnahme eines Kindes oder Jgdl.n durch das ↗Jugendamt bei drohender Gefahr der ↗Verwahrlosung: das Kind oder der Jgdl. wird alsbald den Eltern zugeführt oder in öff. Erziehung genommen; 2. die vorbeugende V. oder Erziehungs-V. noch nicht 27 J. alter Straftäter, die im Begriff stehen, sich zu gefährlichen Gewohnheitsverbrechern (Hangtätern) zu entwickeln. Nach § 65 des 2. Strafrechtsreformgesetzes vom 4. 7. 1969 (gültig ab 1. 10. 1973) kann ein Jgdl. in einer sozialtherapeutischen Anstalt untergebracht werden, wenn er vor einer schweren **Straftat**, aber nach Vollendung des 16. Lj.s mindestens 2 vorsätzliche, mit ↗Freiheitsstrafe bedrohte erhebliche Taten begangen hat, derentwegen ↗Fürsorge-Erziehung angeordnet oder Freiheitsstrafe verhängt war, wenn außerdem vor der letzten Tat mindestens 1 J. lang Fürsorgeerziehung in einem Heim durchgeführt oder Freiheitsstrafe vollzogen worden war und wenn eine Gesamtwürdigung des Täters und seiner Taten seine drohende Entwicklung zum Hangtäter erkennen läßt. Diese der Resozialisierung dienende Unterbringung kann bis zur Dauer von 5 J.n ausgedehnt werden.

☐ Unterbringungsrecht

Lit.: W. Becker, Vorbeugende V. oder Erziehungs-V. f. junge Straftäter, in: Monatsschr. f. Kriminologie u. Strafrechtsreform, H. 7 (1967).

W. Becker

Verwaltungsakademien

VA. = Verwaltungsakademie, VWA. = Verwaltungs- und-Wirtschafts-Akademie

1. Die VA.n („Beamtenhochschulen") und VWA.n wurden nach dem 1. Weltkrieg als *Selbsthilfe-Einrichtungen des gehobenen Dienstes* gegründet. Die meisten bildeten sich nach dem 2. Weltkrieg – vor allem auf Initiative der Industrie- und Handelskammern – zu VWA.n um; damit sollte dem Bedürfnis von Wirtschaft und Verwaltung nach berufl. Fortbildung ihrer mittleren Führungskräfte Rechnung getragen werden. In der BRD gibt es z. Z. 30 Haupt-, 8 Teilanstalten und 18 Zweigstellen (insges. 56 VWA.n) unterschiedlicher Größe (50–1200 Studierende). Die VA.n und VWA.n sind berufsbegleitende Einrichtungen der fachl. Fortbildung. Die Hörer eignen sich ihr Wissen in Abendstunden oder samstags an, mit Ausnahme der VA.n in Westfalen mit ihrem ganztätigen (Hagen, Münster), teilweise sogar internatsmäßigen Lehrbetrieb (Detmold).

Träger sind in der Regel die Gemeinden. Unterstützt werden sie darüber hinaus von den Landesministerien, sonstigen Verwaltungsbehörden, von der Bundesanstalt für Arbeit sowie aus der Wirtschaft.

2. Die Verwaltungs- und die kommunalwiss. *Studiengänge* der VA.n und VWA.n werden von Beamten des gehobenen Dienstes mit Inspektorprüfung sowie Angestellten entsprechender Stellung besucht. Für den wirtschaftswiss. Studiengang der VWA. werden Kaufmannsgehilfenbrief oder eine gleichwertige kaufmännische oder techn. Ausbildung sowie mehrjähr. Berufstätigkeit in der Wirtschaft vorausgesetzt. Studierende aus der Verwaltung bemühen sich um Fortbildung im gehobenen Dienst und Qualifizierung zum Aufstieg in den höheren Dienst, vor allem der Kommunalverwaltung.

Die Studien*pläne* sind für Hörer aus Verwaltung und Wirtschaft weitgehend einheitlich. Schwerpunkte sind öff. Recht und Privatrecht sowie Volkswirtschaftslehre. Während die kommunalwiss. Studiengänge besondere Kenntnisse in Verwaltungsrecht und -lehre vermitteln, liegt das Schwergewicht der wirtschaftl. Lehrgänge auf den Wirtschaftswissenschaften. Im wirtschaftswiss. Studienplan bildet die Betriebswirtschaftslehre mit Unternehmensführung, Marketing und elektronischer Datenverarbeitung den Mittelpunkt.

3. Die *Ausbildung* an den VA.n und VWA.n wird *hochschulmäßig* betrieben, d. h., die

Hörer werden zu objektiver, kritischer, wiss. Arbeit angeleitet (in Vorlesungen, Klausuren, Kolloquien und Seminaren). Grundlagenbildung und prakt. Anwendbarkeit bestimmen die Ausrichtung des Lehrplans. Die Auswahl der *Dozenten* erfolgt unter wiss. und berufsprakt. Gesichtspunkten.

Manche Hörer beenden ihr Studium mit einer sog. Akademie-Studienbescheinigung zum Nachweis der Teilnahme. Andere schließen das 6- bis 7semestrige Studium mit einer *Diplomprüfung* ab, die, staatlich anerkannt, in den meisten Bundesländern durch Ministererlaß geregelt ist und in Anwesenheit eines Staatskommissars abgenommen wird. Der erfolgreiche Studienabschluß berechtigt dazu, sich als Verwaltungs-, Kommunal- oder Wirtschaftsdiplom-Inhaber zu bezeichnen, beim Abschluß eines wirtschaftswiss. Studienganges mit überwiegend betriebswirtschaftl. Ausbildung als „Betriebswirt (VWA)". Das Diplom gibt keinen Rechtsanspruch auf Beförderung oder finanzielle Besserstellung, jedoch erhalten Akademieabsolventen bevorzugt verantwortliche und gut dotierte Positionen.

F. Klein

Verwöhnung ↗ Verziehen und Erziehen

Verzeihung, Vergebung, Versöhnung
In der mitmenschl. Liebe (im Christentum: „Nächstenliebe") gibt es neben ihren Formen tätiger Hilfsbereitschaft auch solche, die mehr im Einnehmen einer bestimmten seelischen Haltung gegenüber dem andern bestehen. Zu diesen gehören: das *Nicht-Übelnehmen*, das *Verzeihen (Vergeben)* und das *Sich-Versöhnen*. Sie folgen in drei Stufen aufeinander und können als „großmütige Liebe" zusammengefaßt werden. Gemeinsam ist ihnen, daß sie die liebende Gesinnung und Haltung auch gegenüber demjenigen aufrechterhalten, der durch sein Verhalten (Kränkung, Unrecht) ein bestehendes gutes Verhältnis gestört hat.
Im *Nicht-Übelnehmen* lasse ich die vom andern gesetzte Störung des gegenseitigen Verhältnisses meinerseits nicht aufkommen. Die *Verzeihung (Vergebung)* behebt eine schon eingetretene Störung. Sie besteht in dem aus Liebe gefaßten Entschluß, des andern Unrecht als nichtig anzusehen, und der daraus entspringenden Wiederherstellung des guten Verhältnisses. Dieser Entschluß kann ein rein innerer sein, ohne ausdrückliche Mitteilung an den andern, so daß er erst durch mein weiteres Verhalten bemerkbar wird. Die *Versöhnung* erfordert dagegen eine Äußerung gegenüber dem andern, und zwar gegenseitig: als Bitte des einen um Verzeihung und als deren Gewährung seitens des andern. Dazu kommt es aber kaum, wenn einer die Schuld ausschließlich beim andern sucht und nicht auch ernstlich bei sich selbst, so daß jeder zugleich vergibt und um Vergebung bittet.

Alle diese Verhaltensweisen werden zunächst in der seelischen Nähe zwischen Einzelnen praktiziert und sind in deren Erziehung einzuüben. Doch bildet dies zugleich eine Vorübung zu entsprechendem Verhalten auch von Gemeinschaften gegeneinander.
In den Lehren des *Christentums* wird das Nicht-Übelnehmen bei Mt 5, 39 gefordert, das Vergeben (Verzeihen) im Vaterunser (Mt 6, 12; Lk 11, 4) nahegelegt, an andern Stellen (Mk 11, 25 ff.; Mt 18, 21 f.; Lk 17, 3 f.) verlangt. Daß, wer nicht vergibt auch keine Vergebung von Gott verdiene, lehrt Mt 6, 14 f. und 18, 21–35. Zur Versöhnlichkeit ermahnt Eph 4, 26. Auch gegenüber dem Unversöhnlichen bleibt im Christentum die *Feindesliebe* gefordert. Diese schließt äußere Zurückhaltung nicht aus; aber wenn der andere in Not gerät, ist der Christ (nach Röm 12, 20) aufgefordert, Hilfe zu leisten.

Lit.: A. D. Müller, Ethik. Der ev. Weg der Verwirklichung des Guten (1937); J. Mausbach - G. Ermecke, Kath. Moraltheol. II ([10]1954); D. v. Hildebrand, Christl. Ethik (1959); B. Häring, Das Gesetz Christi II ([8]1967); W. Trillhaas, Ethik ([3]1970).

H. Reiner

Verziehen und Erziehen
V. bedeutet eigentlich nicht Mangel an E. (= Vernachlässigung), sondern fehlgeleitete E. Setzt man als Ziel der E. die „mündige Freiheit" an, die sich bestimmt und motiviert einerseits vom Grundkönnen der individuellen Person her, andererseits von den sachl. und mitmenschl. Aufgaben, so kann V. zunächst die Folge davon sein, daß dieses Ziel nicht hinreichend erkannt bzw. anerkannt wird. Der Erzieher richtet den Jgdl.n dann meist auf ein Wunsch- bzw. „Ideal"-Bild aus, das subjektiv redlich gemeint sein kann, den Jgdl.n jedoch oftmals daran hindert, seiner eigenen Aufgaben ansichtig zu werden. Diese je eigenen Aufgaben kann der Erzieher nicht erschöpfend und verbindlich vorauswissen; tritt er trotzdem mit solchem Anspruch auf, drängt er den Jgdl.n dazu, sich entweder auf eine wirklichkeitsunangemessene Vorwegnahme festzulegen oder irgendwann unter mehr oder weniger heftigen Trotzreaktionen aus der E. auszubrechen. Die heutige „Ideologiekritik" hat sich den Abbau solcher normativen Wunsch- bzw. „Ideal"-Bilder zum Ziel gesetzt. Dabei muß aber darauf geachtet werden, daß nicht unversehens der Forderungscharakter der E. überhaupt in Frage gestellt wird.
Eine zweite Weise des V.s erkennt das Ziel im oben angegebenen Sinne an, aber die Maßnahmen, die zu seiner Verwirklichung ergriffen werden, führen ungewollt in eine andere, evtl. sogar entgegengesetzte Rich-

tung („Gesetz der ungewollten Nebenwirkungen in der Erziehung" – SPRANGER). Das können zu nachdrückliche bzw. zu harte Maßnahmen sein (z. B. permanenter Tadel, autoritärer E.stil) oder solche, die aus falsch verstandener Liebe oder aus Bequemlichkeit zuwenig fordern bzw. nicht die nötige Konsequenz walten lassen *(Verwöhnung)*. – Verziehende Nebenwirkungen können auch von institutionellen Gegebenheiten ausgehen, z. B. undemokratische Gesinnung, bedingt durch ein undemokratisches Schulsystem.

☐ Erziehungsmittel

Lit.: M. Buber, Reden über Erziehung (1953, ⁸1969); O. F. Bollnow, Existenzphilos. u. Päd. (1959, ²1969); Th. Ballauff, Syst. Päd. (1962, ³1970); E. Spranger, Das Gesetz der ungewollten Nebenwirkungen in der Erziehung (1962, ²1965).

J. Nosbüsch

Verzweigte Programme ↗Programmierter Unterricht

Victor-Gollancz-Stiftung

Die VGS. e. V. (Frankfurt a. M., Elbestr. 1) entstand durch einen 1948 in der Nachkriegsnot ergangenen Aufruf des engl. Publizisten und Verlegers V. GOLLANCZ (1893–1967). Ihre *Aufgabe* sind Beiträge zur Weiterentwicklung von Jugend- und Sozialarbeit durch Förderung der Aus- und Fortbildung von Fachkräften und Dozenten. Sie umschließt die Zweige „Förderungswerk" und „Akademie für Jugendhilfe". Schwerpunkte des *Förderungswerks* sind Beratungshilfen bei der Berufsaufnahme und praxisbegleitende Fortbildung (u. a. Beratungsgruppen in unmittelbarer Nähe zum Arbeitsplatz, z. T. in Verbindung mit Modellprojekten); einzeln werden Zusatzausbildungen und weiterführende Studiengänge sowie Spezialpraktika von Hochschulabsolventen gefördert. Über die Aufnahme als Stipendiat entscheidet ein Förderungsausschuß. – Die *Akademie* führt berufsbegleitende Kurz- und Langfristlehrgänge für Mitarbeiter mit abgeschlossener Ausbildung und längerer Berufserfahrung bzw. für Dozenten durch. Schwerpunkte: Zwischenberufl. Kooperation auf den Gebieten der frühkindl. Erziehung, der Erziehungs- und Berufsberatung, der Jugendstrafrechtspflege; ferner: Jugendverbandsarbeit, Didaktik der sozialen und sozialpäd. Ausbildung (insbes. in den Methoden); Supervision.

Veröffentlichungen: Jahresberichte; Studienreihen: „Didaktik der Fortbildung" und „Materialien der Aus- und Fortbildung".

K. Nachbauer

Vielseitigkeit ↗Herbart

Vietnam ↗Südostasien

Vigilanz ↗Aufmerksamkeit

Villaume, Peter

V., geb. 16. 7. 1746 in Berlin, gest. 10. 6. 1825 in Fuirendal (Dänemark), gehört zum ↗Philanthropismus. Nach theol. Studium wurde er 1771 Pfarrer der frz.-ref. Gemeinde in Schwerdt, 1776 in Halberstadt, 1787 Prof. für Philos. am Joachimsthaler Gymnasium in Berlin. Er emigrierte 1793 nach Dänemark und widmete sich dort der Volksschullehrerbildung. V. verfocht konsequent die Gedanken der Frz. Revolution, kämpfte gegen Despotismus und Ausbeutung und setzte sich für ein demokrat. Erziehungssystem in einem republikanisch-bürgerl. Nationalstaat ein. Im Mittelpunkt seiner Päd. stehen Arbeitserziehung, körperl. Erziehung, Moralunterricht (im Sinne der Menschenrechte, Gerechtigkeit und Gleichheit) und Staatsbürgerkunde. V. arbeitete auch an CAMPEs Allgemeinem Revisionswerk mit.

Werke: Preisschreiben über die Erziehung zur Menschenliebe (1784, ²1795); Über das Verhältnis der Religion zur Moral u. zum Staat (1791); Vermischte Abhandlungen (1793, ²1796).
Lit.: G. Funk, Die Päd. V.s (Diss. Leipzig 1894); R. Wothge, Ein vergessener Pädagoge der Aufklärung: P. V., in: Wiss. Zschr. der Univ. Halle-Wittenberg, Gesellschafts- u. Sprachwiss. Reihe, 6 (1956/57); H. König, Zur Gesch. der Volkserziehung in Dtl., in: Monumenta Paedagogica I (1960).

W. Böhm

Villigst ↗Evangelisches Studienwerk Villigst

Vinzenz von Beauvais

V. (Bellovacensis) war Dominikaner in Paris (um 1220), Prediger, Bibliothekar und Ratgeber am Hofe Ludwigs IX., gest. um 1264, universalster Enzyklopädist des MA. Er durchforschte über 2000 Werke und häufte Exzerpte aus ca. 450 antiken und christl. Autoren an. Das vielbändige *Speculum maius* ist die größte Enzyklopädie des theol. und profanen Wissens um 1250 (3 Tle. stammen von V.). Im Auftrag der Königin Margareta begann er als Führer eines Gelehrtenkreises ein Opus universale, eine polit. Summa. Vollendet wurde nur das 1. Buch, ein Fürstenspiegel im Stile der Zeit: *De morali principis institutione*. Der *Tractatus de eruditione filiorum nobilium* bietet ein Kompendium der Erziehung und Unterrichtslehre. V. entwickelte auch die Erziehungsweisheit des christl. Lebens, insbes. für die Mädchenbildung.

Werke: Speculum maius (Douai 1624); De eruditione filiorum nobilium, ed. by A. Steiner (Cambridge, Mass. 1938).
Lit.: R. Friedrich, V. v. B. als Pädagoge (1883); L. Lieser, V. als Kompilator u. Philosoph (1928); W. Berges, Die Fürstenspiegel des hohen u. späten MA. (1938); A. L. Gabriel, V. v. B. ein mittelalterl. Erzieher (1967).

E. Schoelen

Vinzenz von Paul
Begründer der *Caritas*, geb. 24. 4. 1581 in Pouy (heute: „Vinzent de Paul"), gest. 27. 9. 1660 in Paris; 1600 kath. Priester; 1612 Pfarrer von Clichy; 1613–1626 Erzieher bei dem General der kgl. Galeeren.

V. beschloß 1617, sein Leben den Armen zu widmen (Gelübde) und gründete die „Confrérie des Dames de la Charité" (Vereinigungen von adligen Frauen und Bürgersfrauen) zur Hilfe Bedürftiger, daraus gingen in Dtl. die *Elisabethkonferenzen* hervor. Zur Missionierung der armen Landbevölkerung gründete er die „Congregatio Missionis" (Lazaristen), die sich bald auch im Ausland ausbreitete. 1633 konstituierte er die „Compagnie des filles de la charité" *(Vinzentinerinnen)*, die heute größte Kongregation der kath. Kirche („Barmherzige Schwestern"). Er befaßte sich intensiv mit dem Problem der Findelkinder.

V.' Leben galt – neben der Reform des Priesterstandes – den Armen, Entrechteten (Galeerensklaven), Kranken, Kindern, alten Menschen, Geisteskranken. Er besaß ausgezeichnete organisator. Fähigkeiten. Stärkstes Motiv war Gottes- und Nächstenliebe, hervortretende Eigenschaft Demut, die auch sonst unzugängliche Menschen überzeugte.

Vinzenzkonferenzen sind Gruppen kath. Laien (bes. Männer zur caritativen Aktivität (in 100 Ländern).
Werke: St. V. de P. Correspondence, Entretiens, hrsg. v. P. Coste, 14 Bde. (Paris 1920–25).
Lit.: L. Abelly, La vie de vénérable serviteur de Dieu. V. de P., 3 Bde. (Paris 1664; dt. 5 Bde., 1859–63); P. Coste, Monsieur V. Le grand Saint du grand siècle. 3 Bde. (²1935); V. v. P. in seiner Zt. u. im Spiegel seiner Briefe ... hrsg. v. H. Hübner (²1963); F. Contassot, Saint V. de P. (Paris 1964).

W. Andresen

Viskös ↗ Persönlichkeitstypen
Visueller Typ ↗ Vorstellung

Vitalität
V. meint im weiteren Sinn die Lebendigkeit des Organismus, im engeren Sinn und in der hauptsächl. Bedeutung „psychophysische Kraft", worunter insbes. Maß und Richtung der Aktivität verstanden werden. Innerhalb der Philos. hat H. DRIESCH in der Lehre des *Vitalismus* versucht, eine Lebenskraft zu postulieren, die nicht allein mit naturwiss. Gesetzmäßigkeiten erklärt werden könne.
Die psychol. Schichtenlehre verwendet den Begriff V. zur Bezeichnung des ↗ Lebensgrundes (M. PALÁGYI, Ph. LERSCH), der vitalen, vegetativen und emotionalen Schicht des „Lebens im Menschen" (E. ROTHACKER). Die Modellvorstellung, antiken Vorbildern entlehnt, unterscheidet in aufsteigender Linie etwa: V. – Trieb – Empfindung – Gefühl – Phantasie – Verstand – Wille (A. WELLEK). V. und Extraversion gehören zu den Persönlichkeitsbereichen maximaler Konstanz, wie 20-jährige Längsschnittuntersuchungen belegen (R. v. ECKARTSBERG).

Psychopathologisch gilt V. als wichtige Grundfunktion, die ausschlaggebend ist für die allgemeine Befindlichkeit („vitale Depression", K. SCHNEIDER). Die Faktorenanalyse bei langfristig Erkrankten erbrachte 6 Faktoren (W. SPEHR u. a., 166 Patienten, 44 Matrixmerkmale). Die beiden V.sfaktoren im engeren Sinn enthalten: Antriebsniveau, heitere Stimmung, Extraversion und einen Negativfaktor geringer Belastbarkeit bei gestörter V. durch körperl. Grundleiden oder Störungen in der Intimsphäre und im sozialen Feld.
Pädagogisch bedeutsam ist die ungestörte V. als Voraussetzung für Anstrengungsbereitschaft und Leistungsvertrauen. Körperliche Behinderung, aber auch soziale Konflikte können zu erheblicher Beeinträchtigung des Lernens führen. Die „Psychohygiene des Schulalltags" (K. MIERKE) ist daher ebenso wichtig wie ein Ausgleich durch Leibeserziehung.
Lit.: E. Braun, Die vitale Person (1933); A. Wellek, Die Polarität im Aufbau des Charakters (1950, ³1966); R. v. Eckartsberg, A Longitudinal Study of Vitality and Energy Level, in: Hum. Develop. 8 (1965); K. Mierke, Psychohygiene im Schulalltag (1967); W. Spehr u. a., Strukturuntersuchungen zum V.sbegriff, in: V., Festschr. H. Bürger-Prinz (1968).

U. Bleidick

Vittorino da Feltre ↗ Feltre

Vives, Johannes Ludovicus
V. (Juan Luis), geb. 6. 3. 1492 in Valencia, gest. 6. 5. 1540, studierte in Paris Philos., Jura, Sprachen, Physik; war Dozent in Löwen, Prof. in Oxford, Erzieher am Hofe Heinrichs VIII, starb nach Haft und Verbannung in Brügge.
V. war ein vielseitiger Gelehrter, Führer des kath. Humanismus, Freund von ERASMUS und TH. MORUS. Er übte Kritik am ma. Studienbetrieb und an den kirchl. Mißständen. – V. gilt als Begründer der empir. Psychol. und ist der „erste große systematische Schriftsteller auf dem Gebiete der philosophischen Anthropologie" (DILTHEY). Seine päd. Hauptwerke *De disciplinis* (1531) und *De institutione feminae christianae* erstrebten eine Reform der Studien und der Frauenbildung. Seine wegweisenden Ideen für den päd. Realismus, bes. für COMENIUS und die Jesuitenpäd. waren: rel. Fundierung der Erziehung in der Familie, Förderung der Kreativität, zentrale Bedeutung der Muttersprache, der Realien und Naturwiss.en, Erlernen der lebenden Sprache im Umgang, Berufskunde, Wertschätzung von Spiel und Sport. Von den Lehrern forderte er individuelle Behandlung der Schüler, regelmäßige Aussprachen über deren Entwicklung, bes. im Hinblick auf Schullaufbahn und Beruf.

Werke: Opera omnia, 8 vol., hrsg. v. G. Majansio (Valencia 1782–90); Ausgew. Schr.en, hrsg. v. J. Wychgram (1883); Päd. Schr.en, hrsg. v. F. Kayser (1896); Päd. Hauptschr.en, hrsg. v. Th. Edelbluth (1912).
Lit.: M. A. Berninger, V., der Begründer der neueren Päd. (1899); P. Ilg, Die Selbsttätigkeit als Bildungsprinzip bei V. (1931); J. Esterlich, V. (Paris 1942, Bibliogr.); J. Gordon, L. V. (1945); F. de Urmeneta, La doctrina psicológica y pedagógica de L. V. (Madrid 1949); J. Kraus, Menschenbild u. Menschenbildung bei J. L. V. (Diss. München 1956); –, Grundgedanken zur Anthropologie nach V., in: H. Tschamler (Hrsg.), Glaube, Wiss. Erziehung (1967).

E. Schoelen

Vocatio

Als V. bzw. Vokation (lat. = Berufung) wird in einigen ev. Landeskirchen die Erteilung der Vollmacht zum ↗Religionsunterricht durch kirchliche Dienststellen an staatlich ausgebildete und beauftragte Lehrkräfte bezeichnet. Diese „Bevollmächtigung" entspricht in gewisser Weise der kath. ↗missio canonica. Rechtl. Bedeutung und theol. Begründung weichen allerdings voneinander ab, sie sind darüber hinaus innerhalb der ev. Kirche kontrovers.

Nach Art. 7 (3) GG wird der RU. „in Übereinstimmung mit den Grundsätzen der Religionsgemeinschaften" erteilt. Zur Sicherung dieser „Übereinstimmung" sind in Länderverfassungen bzw. Kirchenverträgen unterschiedliche Regelungen getroffen worden. Wo der RU. als „Kirche in der Schule" und der ↗Religionslehrer als „nicht dem Staat, sondern der Kirche verantwortlich" (M. RANG) gelten, erschien eine kirchl. Bevollmächtigung sinnvoll. Sie wird daher z. B. in der Vokationsordnung der Ev. Kirche von Westfalen vom 10. 11. 1951 damit begründet, daß der Religionslehrer einen „Dienst kirchlicher Lehre und Verkündigung" wahrnehme.

Je mehr der RU. vom *schulischen* Zusammenhang des Unterrichtsfaches her verstanden wird, erscheint die V. als problematisches Bindeglied zwischen Kirche und RU. der Schule, so daß in zunehmendem Maße auf eine kirchl. Bevollmächtigung der Religionslehrer stillschweigend verzichtet wird. Für eine sachgemäße Erteilung des RU. bedarf der Religionslehrer vornehmlich eines gewissenhaften Studiums, das von einer die Anforderungen eindeutig bezeichnenden Studienordnung gelenkt wird und ihm Mittel und Wege für die unentbehrliche Weiterbildung erschließt.

☐ Missio Canonica. Religionsunterricht

Lit.: R. Schmoeckel, Der RU. Die rechtl. Regelung nach GG und Landesgesetzgebung (1964); A. v. Campenhausen, Erziehungsauftrag u. staatl. Schulträgerschaft (1967); G. Otto, Schule – RU. – Kirche (²1968).

H.-G. Drescher

Volk ↗Nation

Völkerpsychologie

Die V. erforscht Existenz und Eigenart von Großgruppen, die durch das Zusammentreffen spezifischer Merkmale als „ethnische" Einheiten charakterisiert sind. Um die Mitte des 19. Jh., von M. LAZARUS und H. STEINTHAL begründet, ist ihr zentraler Ausgangspunkt zunächst der HERDERsche Begriff des „Volksgeistes". Ihren Höhepunkt und ihre Erweiterung zu einer syst. Kulturpsychol. erfährt sie in W. WUNDTs „Völkerpsychologie".

V. als eigenständige theoretische Disziplin ist nur unter der Voraussetzung möglich, daß die ethnischen Einheiten als Ganzheiten, d. h. nicht als bloße Konglomerate von Einzelindividuen angesehen werden, so daß empirisch fundierte Aussagen zumindest über relativ ganzheitl. ethnische Phänomene wie „Modalpersönlichkeit" (C. DUBOIS) oder „basic personality" (A. KARDINER) gemacht werden können. Des weiteren sind spezifische Merkmale aufzustellen, die den Begriff „Volk" („Volkstum", „Ethnos") klar definieren und von konkurrierenden, wie „Stamm", „Nation" u. ä., aber auch vom Begriff der „Kulturgemeinschaft" abgrenzen. V. ist nur sinnvoll als verbindendes Glied zwischen Völkerkunde und Kulturpsychologie.

Insoweit es gelingt, bei ethnischen Kollektiven spezifische Eigenheiten festzustellen, kann die V. als Völkercharakterologie unmittelbar praktischen Zwecken (Tourismus, Völkerverständigung, Entwicklungshilfe, psychol. Kriegführung, Konflikt- und Friedensforschung) dienen. Unter dem Aspekt der globalen sozio-kulturellen Umwälzungen seit der Begründung der V. stellt sich freilich die Frage, ob – von Randgebieten abgesehen – das Ethnische als relevanter Faktor für die Erkenntnis gesellschaftlicher Strukturen und Entwicklungen nicht immer mehr zurücktritt zugunsten der Bedeutung, welche in zunehmendem Maße übernationale Superstrukturen und das Völkische weit übergreifende ideologisch fundierte Determinanten erlangen.

Lit.: M. Lazarus - H. Steinthal (Hrsg.), Zschr. f. Völkerpsychol. u. Sprachwiss., 20 Bde. (1860–90); W. Wundt, V., 10 Bde. (1900–20); R. Thurnwald, Die menschl. Gesellschaft in ihren ethnosoziol. Grundlagen, 5 Bde. (1931–34); I. Schwidetzky, Grundzüge der Völkerbiologie (1950); W. Hellpach, Einf. in die V. (⁴1954); B. Holzner, V. (1961); R. Benedict, Urformen der Kultur (⁴1963).

K. Sacherl

Völkerverständigung ↗Internationale Erziehung

Volk Gottes

VG. ist eine Größe der menschl. Geschichte, greift aber über die geschichtl. Ordnung hinaus, weil es seine Existenz einer Tat Gottes verdankt.

315

I. Biblische Grundlegung
1. Im *Alten Testament* gehört der Begriff VG. (2 Sm 14, 13) zur *Mitte* israelischen Glaubens: Jahwe ist der Gott Israels und Israel Jahwes Volk (Lv 26, 12), einzig aus Liebe (Dt 7, 8) erwählt. VG. zu sein begründet die Treuepflicht Israels (Bundessatzung) dem Gott gegenüber, dessen Eigentum es ist und dessen Verheißung seine nationale und rel. Existenz trägt. Gebets- und Priesterdienst sind Ausdruck der Mittlerfunktion des VG.s, die Gott und Menschheit verbindet. Indessen ist Israel der Versuchung erlegen, nichts anderes als die übrigen Völker sein zu wollen. Auf die Verurteilung (Os 1, 9) folgt wieder Verheißung (Jr 31, 31–34), aber der Akzent verlagert sich auf die Zukunft: VG. wird zu einem *eschatologischen Begriff* (Ez 11, 19f.).
2. Im *Neuen Testament* hat Gott einen *neuen Bund im Blute Jesu* (Tit 2, 14) geschlossen und schließt ihn immer wieder im Becher des Herrenmahles (1 Kor 11, 25). Der Bundespartner, die „Glaubensgemeinde Jesu" (K. RAHNER), empfindet sich als legitime Nachfolgeschaft des alten Volkes Gottes. VG ist ältester Ausdruck des Selbstverständnisses der Kirche (1 Thess 1, 1). Als Fortsetzung und Erfüllung des atl. VG. (2 Kor 6, 16 = Lv 26, 12) ist die Kirche aber kein erneuertes Israel. Das ntl. VG. umfaßt vielmehr *Juden und Heiden*. Letztere werden dem VG. eingegliedert (Eph 2, 11–22), wobei Israel der Vorrang bleibt (Röm 9–11). So wächst das VG. aus den Glaubenden aller Völker (Mk 16, 16). Die ntl. Heilsökonomie zielt auf die *eschatologische Einung* der neuen Menschheit (Apk 5, 9). Einmal ist Kirche noch „wanderndes Volk Gottes" (Hebr 4, 9). Zum andern ist VG. schon jetzt „Kirche in Jesus Christus" (1 Thess 1, 14). Das ntl. VG. (1 Petr 2, 9 = Ex 19, 6) hat kultischen Daseinssinn (1 Petr 2, 10 = Is 43, 21).

II. Theologisch-religionspädagogische Bedeutung
1. Seit dem Zweiten Vatikan. ↗Konzil bevorzugt die Theol. den Begriff VG. zur Bezeichnung der *Gesamtwirklichkeit der Kirche*. Grundlegend ist der Gedanke, daß die Heilsverwirklichung auf dem Weg der Bildung einer Heilsgemeinde erfolgt. Diese wird entscheidend geprägt durch Christus; Zugehörigkeit zu ihr bedeutet Freiheit in der Gotteskindschaft; ihre Ordnung ist das Gesetz der Liebe; ihr Lebensvollzug umfaßt das sakramentale Leben und die personal-sittliche wie gesellschaftliche Lebensgestaltung in Christus.
2. *Innerkirchlich* drängt der Begriff VG. – mit der Entdeckung der historischen Dimension der Offenbarung und darin der Kontinuität zwischen Israel und der Kirche – den juridischen Aspekt einer geschichtlich-punktuellen Kirchengründung etwas zurück und markiert mit der Einsicht in die Mitwirkung des Laien am Heils- und Weltdienst der Kirche die Rückgliederung der kirchl. Amtsträger in dieses VG. Die Brüderlichkeit im VG. nötigt dazu, die institutionelle Autorität in ihrem Dienstcharakter und in Verbindung mit der sachl. Autorität aller Glieder im VG. zu sehen. Modellhaft dafür sind die neugebildeten Räte (Seelsorgerat, Diözesanrat, Dekanatsrat, Pfarrgemeinderat). Die über das Amt hinausgreifende charismat. Struktur in der Kirche wird neu bewußt. Unverkennbar ist auch der Vorteil des VG.-Gedankens im ökumenischen Dialog.
3. Sofern die Kirche sich im Bild des VG.s als *Zeichen des Heils* der Welt begreift, wird es möglich, von der exklusiven und pessimistischen Deutung des Satzes „Außerhalb der Kirche kein Heil" abzurücken, eine für die der röm.-kath. Kirchengemeinschaft nicht angehörenden Getauften versöhnl. Klärung der Kirchenzugehörigkeit zu geben und im Sinne des bibl. Stellvertretungsgedankens in der Kirche eine Manifestation dafür zu sehen, daß die Liebe Gottes alle Brüder Christi sucht. *Apostolatserziehung* will als Anleitung zum Leben mit der Kirche das dem VG. gemäße Gemeinschafts- und Kirchenbewußtsein wecken, vertiefen und einüben.

☐ Christliches Leben. Heilsgeschichte. Reich Gottes. Weltverständnis

Lit.: N. A. Dahl, Das VG. (1941); J. Ratzinger, Volk u. Haus Gottes in Augustins Lehre von der Kirche (1954); H. J. Kraus, Das VG. im AT. (1958); R. Schnackenburg, Die Kirche im NT. (1961, ³1966); H. Schlier, Zu den Namen der Kirche in den Paulin. Briefen, in: Besinnung auf das NT. (1964); W. Trilling, Das wahre Israel (³1964, mit Bibliographie); H. Küng, Die Kirche (³1969, mit Bibliographie).

I. *F. G. Cremer,* II. *E. Feifel*

Volksbildung
EB. = Erwachsenenbildung

1. Während in Dtl. das Wort *Volksbildung* immer weniger verwendet wird, gilt es im Ausland – obgleich historisch stark vorgeprägt – nach wie vor als Standardbegriff der Päd. Folgende gegenwärtige Bedeutungen von V. sind zu unterscheiden: a) V. als Sammelbegriff für die Bildung aller Volksschichten und Altersgruppen (z. B. in den süd- und osteurop. Staaten); b) als Synonym für *Erwachsenenbildung* (z. B. im niederländ. Wort „volksopvoeding" bzw. „volksontwikkeling", im frz. „Éducation populaire" oder im internat. Wort „Volkshochschule"); c) als Bezeichnung der „unteren" Bevölkerungsschichten,

die nicht eine weiterführende Schulbildung erhielten.
Dort, wo EB. noch als V. bezeichnet wird, soll durch diesen Begriff (z. B. in Österreich) der Zusammenhang von intellektueller und „musischer" Bildung mit Folklore charakterisiert werden. Als Synonym für EB. ist V. deshalb nicht mehr geeignet, weil die EB. sich in Ziel und Methode klar von der Kinder- und Jugenderziehung abhebt und als „permanente Bildung" von den Anforderungen des Lebens in Beruf und Gesellschaft bestimmt wird – ohne folklorist. und feuilletonist. Einschlag. – In Dtl. läßt die histor. Vorbelastung von *Volk* den Begriff V. problematisch und zeitgebunden erscheinen. Immerhin betont V. z. B. in den westl. Nachbarländern den sozialen Bezug der EB., zugleich auch die Bindung an das übrige Bildungswesen. Je weniger dieses entwickelt ist, um so mehr pflegt die Bezeichnung V. verwendet zu werden. EB. dagegen ist typisch für stärkere geistige und institutionelle Differenzierung.
2. Seine klassische Prägung erhielt das Wort V. durch PESTALOZZI und seine Zeit: Als Gesamtheit aller Erziehung und Bildung sollte sich die V. in konzentrisch sich erweiternden Kreisen von der Familienerziehung bis zur Führung des ganzen Volkes durch die Regenten über das ganze menschl. Leben ausdehnen. Aufgaben der so motivierten V. sollten Sorge für die *Befriedigung elementarer sozialer und individueller Bedürfnisse* sowie Grundlegung der Sittlichkeit sein.

Die Romantik akzentuierte diese Auffassung der V. im Sinne einer Verwurzelung des „einfachen" Menschen im Volkstum und hob V. im Sinne *volkstümlicher Bildung* (basierend auf der Volkskultur, den kulturellen Eigenwerten der unteren Bevölkerungsschichten) in den Kontrast zur gelehrten und elitären Bildung.
Die Aufklärung hingegen, aus deren Gedankenkreis PESTALOZZI kam, kannte diesen Gegensatz noch nicht und verstand V. vorwiegend als Vermittlung *wissenschaftlicher Erkenntnisse an alle* interessierten Bürger – ohne Rücksicht auf ihre Vorbildung und allein im Vertrauen auf die vermeintliche Gleichartigkeit der Verstandeskraft aller Menschen, die Kinder nicht ausgenommen. Methodisch gesehen, wirkte sich V. in der Aufklärung als Popularisierung der Wiss.en aus, als moralische Verhaltensbildung.
Die Romantik bezog dann die *Folklore* sowie Sitte und Brauchtum in die V. ein und gab dieser eine stark organolog. Motivation.
Die von der Romantik herkommende Bedeutung der V. kulminierte in den ersten drei Jahrzehnten des 20. Jh. in Dtl. in der Forderung, V. müsse sich als *Volk-Bildung,* d. h. als Durchgliederung, Festigung und Verlebendigung des „Volksorganismus" bewähren, als wichtigste Kraft zur Überwindung von Standes-, Partei- und Glaubensunterschieden.

Offensichtlich war dies eine Überforderung der polit. Effizienz der V. Im übrigen konkurrierten das aufklärerisch-rationalist. und das romantisch-organolog. Modell der V. mit wechselndem Erfolg während der Bildungsepochen des 19. und 20. Jh. Obgleich die von Hochschullehrern ausgehenden Bemühungen um V. im Sinne der Popularisierung wiss. Erkenntnisse (in „Akademien", die z. B. nach den Gebr. HUMBOLDT, nach LESSING, MELANCHTHON, LUTHER usw. benannt waren, sowie in Einrichtungen mit dem Titel „Urania" und in V.-Gesellschaften wie etwa der FICHTE-Gesellschaft) auch den Unterschichten galten, bleiben sie in ihrer Wirkung doch weitgehend auf Mittelschichten beschränkt. Heute wirkt z. B. in Frankreich die erste Motivation, wiewohl durch Kultur- und Sozialkritik modernisiert, ungebrochen nach.
3. Obgleich der Begriff V. in Dtl. als historisch und überwunden betrachtet werden muß, bleibt er für die *Entwicklungsgebiete* (bes. in der Dritten Welt) weiterhin aktuell. Da hier z. B. V. als Alphabetisation praktiziert wird, die alle Altersgruppen umgreift, ist hier das Stadium der spezif. Erwachsenenbildung noch nicht erreicht.
☐ Erwachsenenbildung

Lit.: W. Picht, Das Schicksal der V. in Dtl. (²1950); B. Cacérès, Histoire de l'Éducation Populaire (Paris 1964); H. Altenhuber - A. Pfniß (Hrsg.), Bildung – Freiheit – Fortschritt (1965); M. R. Vogel, V. im ausgehenden 19. Jh. (1959); J. Henningsen, Die Neue Richtung in der Weimarer Zeit (1960).

F. Pöggeler

Volksbildungswerk
EB. = Erwachsenenbildung

Das V. (neuerdings mehr und mehr *Bildungswerk* genannt) ist eine vor allem im kath. konfessionellen Bereich vorhandene Institionalform örtlicher, ortsbezogener ↗ Erwachsenenbildung. In gewisser Hinsicht kann das V. als konfessionelles Pendant zur ↗ Volkshochschule gelten. Während nach 1945 das V. an den meisten Orten *neben* und *außer* anderen konfessionellen Bildungseinrichtungen wirkte (z. B. Mütterschule, Verbände usw.), wird neuerdings das V. als Arbeitsgemeinschaft aller Institionalformen kath. EB. auf örtlicher Ebene (in der Regel Stadt- oder Landkreis) angestrebt, um eine stärkere Kooperation aller kirchl. Bildungsformen am Ort bzw. in der Region zu erwirken. Die Mitglieder der Arbeitsgemeinschaft planen ihre Unternehmungen gemeinsam mit dem Ziel einer kontinuierlicheren, fachl. besser qualifizierten Arbeit, wie sie z. B. der einzelne Verband am Ort nicht zu leisten vermag.
Gegenüber der Öffentlichkeit soll das V. ein Organ der geistig-kulturellen Repräsentanz der Kirche sein. Seine Initiatoren sollen vornehmlich Laien sein. Das V. fungiert nicht als „verlängerter Arm der Seelsorge", son-

dern als Werk sui generis. Die *Thematik* im V. ist nicht auf rel. Themen festgelegt, sondern nicht minder offen und allg. als die der VHS. In method. Hinsicht treten die Intensivformen (Kurs, Seminar, kontinuierliche Vortragsreihen mit Diskussion) immer stärker in den Vordergrund; das V. hat sich von seiner urspr. Funktion, lediglich Vortragswerk zu sein, abgewandt. Abgesehen von der konfessionellen Zielsetzung, ist die Abgrenzung zur VHS. und zur „verbindenden" EB. nur schwer zu ziehen. Zumal an kleineren Orten scheint sich das Konfessionalitätsprinzip als Integrationsprinzip für EB. nicht mehr lange halten zu lassen, weil die VHS. an vielen Orten der Bildungserwartung auch der kath. Bevölkerung entgegenkommt.

☐ Erwachsenenbildung

Lit.: Empfehlungen zur Struktur der örtl. kath. EB., hrsg. v. der Bundesarbeitsgemeinschaft für kath. EB. (1969).

F. Pöggeler

Volksbuch

Als Sammelbegriff kann das V. alles enthalten, was der Erbauung, der Belehrung oder Unterhaltung dient (Romane, Novellen, Legenden, Fabeln, Schwänke); seit J. GÖRRES bezeichnet man mit V. früh-nhd. Nacherzählungen vor allem von Epen des MA., die im 15./16. Jh. durch den Buchdruck weite Verbreitung fanden.

Da die kunstvolle Versdichtung mit ihrer höf. Standesethik und idealist. Geisteshaltung im ausgehenden MA., bes. beim emporstrebenden Bürgertum, keinen Anklang mehr fand, wurden die Stoffe von bekannten oder unbekannten Verfassern dem realistischeren Zeitgeist entsprechend in Prosa wiedergegeben, oft aus fremden Sprachen übersetzt und vielfach bearbeitet. Durch billige Massendrucke Ende des 16. Jh. und zunehmende Lesefertigkeit und Lesefreude des Volkes wurden die V.er mit ihrer vordergründigen Darstellung von Abenteuerlust, derber Lebensfreude und rührenden Liebesgeschichten beliebter und ausschließlicher Lesestoff breiter Schichten. Die Fassung der meisten noch bekannten V.er stammt aus dem 15./16. Jh., z. B. Griseldis, Alexander, Melusine, Fortunatus, Magelone, Haimonskinder; Reineke Fuchs (1544), Faust (1587), Der ewige Jude (1602); ferner die Slg.n, Lügenmärchen und Schwankbücher, die Werke J. WICKRAMs z. B. Rollwagenbüchlein, Eulenspiegel, Lalebuch (Schildbürger). Jüngeren Datums sind die Neuerzählungen alter Themen wie Genoveva (1687) und Siegfried (1726).

Manchen Dichtern (z. B. H. SACHS, J. W. GOETHE, L. TIECK, F. HEBBEL, F. WEDEKIND, G. HAUPTMANN, TH. MANN), dienten V.er als Stoffquelle. Von der *Aufklärung* aus päd. Gründen abgelehnt, vom *Sturm und Drang* um eine neue Art, das „Räuber-Volksbuch", bereichert und von der *Romantik* gesammelt, herausgegeben und wiss. untersucht, hielten sich die V.er bis ins 20. Jh. hinein, wurden mehrfach neu gedruckt und in der Lit.-Wiss. als Vorläufer des Romans berücksichtigt.

Slg.en: hrsg. v. S. Feyerabend (1587); G. Schwab (1836); K. Simrock (1839 ff.); R. Benz (1911 ff.); H. Kindermann u. F. Podleiszek (1928–36); S. Rüttgers (1944); K. O. Conrady (1968).
Lit.: J. Görres, Die teutschen V.er (1807); G. Weydt, Der dt. Roman in der Renaissance u. Reformation, in: W. Stammler (Hrsg.), Dt. Philol. im Aufriß II (²1960); J. Szövérffy, Das V. – Gesch. u. Problematik, in: Zschr.: Der Deutschunterricht (1962, ausführl. Bibliogr.).

M. Motté

Volksbücherei ↗ Städtisches Büchereiwesen ↗ Ländliches Büchereiwesen

Volksbühnenbewegung

V. = Volksbühne

Die *Volksbühne* ist die größte europ. Theaterbesucher-Organisation. Sie vermittelt ihren Mitgliedern gegen einheitl. Beitrag regelmäßige Theaterbesuche zu ermäßigten Preisen und will das Verständnis für künstler. Leistungen und neue Gestaltungsformen fördern. Dazu dienen Theaterreisen, Diskussionen, Vorträge und Zschr., die über kulturpolit. und Theaterfragen informieren. An vielen Orten arbeitet die V. mit Gewerkschaften und VHS.n zusammen, ebenso mit Theatern und Behörden bei der Lösung kulturpolit. Probleme. 1890 wurde die erste V. in Berlin gegründet. 1920 entstand der *Verband der Deutschen Volksbühnen-Vereine* (Sitz W.-Berlin). 1929 gab es 280 V.n mit 500 000 Mitgl., einem eigenen Verlag und 5 verbandseigenen Wanderbühnen. Nach Liquidierung 1933 wurde die V. 1945 wieder gegründet. 1953 errichtete die Frankfurter V. die *Landesbühne Rhein-Main;* 1963 wurde das *Theater Freie Volksbühne* in Berlin eröffnet. Heute bestehen ca. 100 Vereine mit 320 000 Mitgl. Der Verband der dt. V.-Vereine gehört der Internationalen Arbeitsgemeinschaft Europäischer Besucherorganisationen (IATO, Sekretariat in W.-Berlin) an.

☐ Theater und Jugend

Lit.: A. Brodbeck, Hdb. der dt. V.-Bewegung (1930); S. Nestriepke, Gesch. der V. Berlin (1930); –, Neues Beginnen (1956); P. Bochow, Der Geschmack des V.-Publikums (1965).

M. Gärtner

Volkshochschule

EB. = Erwachsenenbildung

I. Begriff und Geschichte

Frühere Definitionen der Volkshochschule (VHS.) waren auf die Weimarer Zeit zugeschnitten und schlossen solche Einrichtungen der EB. aus, die man nicht mehr als VHS.n akzeptieren wollte. Nach dem 2. Weltkrieg erweiterte man den Begriff ständig. Selbst von der weitgefaßten Begriffsbestimmung von P. STEINMETZ (1929), die VHS. sei „eine außerhalb des öffentlichen Bildungswesens stehende zweckfreie Schulungs- und Bildungsinstitution für Jugendliche und Erwachsene beiderlei Geschlechts", bleibt heute nur bestehen, daß sie eine Bildungs- und Schulungsinstitution für Erwachsene und Jgdl. ist, d. h., daß die VHS. *hauptsächlich* (nicht nebenbei) Bildungsarbeit leistet und daß sie nicht die Aufgaben der Fach- und Hochschulen übernimmt, also weder regelrechte Berufsausbildung noch Wiss. betreibt. Jedoch sind innerhalb des VHS.-Wesens nicht absehbare Veränderungen im Gange, so daß man auch die letztgenannten Einschränkungen nicht mehr in eine Begriffsbestimmung aufnehmen kann.

Im dt.-sprach. Raum können wohl die 1878 in Berlin gegr. Humboldt-Akademie und die seit 1895 in Wien und an verschiedenen dt. Univ.en eingerichteten volkstüml. Hochschulkurse schon als VHS.n bezeichnet werden, wenn auch erst Ende des 1. Weltkriegs die eigentl. VH.-Bewegung einsetzte.
Die *erste* VHS. war die 1842 in Rendsburg errichtete „Höhere Volksschule", eine „Pflanzschule für tüchtige Comműnevorsteher und Ständedeputierte", die aber 1849 den Kriegswirren erlag und schließlich vergessen wurde. Dagegen haben zwei andere Gründungen Dänemarks im Bildungswesen Geschichte gemacht: die 1844 von C. FLOR gegr. VHS. in Rödding und die von C. KOLD in Ryslinge auf Fünen 1851 gegründete. Beide standen unter dem Einfluß N. F. S. GRUNDTVIGS, von dem Name und Idee der VHS. stammen. Zwar wurde dessen Vorstellung einer großen Volksakademie nie verwirklicht, dafür aber wuchs die Zahl kleiner Internate, die meist wie jungen Bauern arbeiteten. 1880 gab es 64 ↗Heim-VHS.n in Dänemark, 1914 waren es 70 (ähnlich wie heute).
Die Grundtvigschen VHS.n standen in scharfer Opposition zum Neuhumanismus und zur aristokratisch-akadem. Bildung. Sie sollten Schulen des Lebens sein, mit der Aufgabe, das Leben des Volkes aufzuhellen (Oplysning), um ihm so wieder neue Impulse zu geben. Kein totes Wissen sollte gelehrt, keine tote Sprache gesprochen werden, nur Lebensnahes galt, also der nat. Sprache, Lit. und Geschichte, Wirtschaft und Politik. Das Volk sollte vor allem zum Aussprechen seiner eigenen Angelegenheiten befähigt werden, damit es „nicht nur Sitz, sondern auch Stimme" in den demokrat. Körperschaften habe (Grundtvig).
Die positive Wirkung der ↗Heimvolkshochschulen auf die Landbevölkerung wird in Dänemark immer wieder betont. Während die anderen skandinav. Länder diese Form der EB. bald übernahmen, wurde sie auf dem europ. Kontinent nur in geringem Umfang realisiert. Von 1905 bis 1910 wurden vier Heim-VHS.n in Dtl., alle im dän. Grenzgebiet gegr., in der Weimarer Zeit waren es etwa 50, heute etwa 65. In Dänemark sind die Jgdl. en (zwischen 18 und 25 J.) 3–8 Monate auf der VHS., in Dtl. meist kürzere Zeit.
Die Bildungsidee der dän. VHS. wirkte nach 1918 stark auf die dt. Neugründungen, obwohl man in der Form mehr auf die engl. University-Extension (↗Universitätsausdehnung) zurückgriff, also meist Abend-VHS.n schuf. Der Name VHS., der in Skandinavien der Heim-VHS. vorbehalten ist, wird in Dtl. für beide Formen angewandt. Von GRUNDTVIGschem Geist ist an diesen VHS.n, die sich überwiegend zur sog. Neuen Richtung der EB. bekennen, daß sie Lebensschulen sein wollen, die kein gelehrtes Wissen an bisher davon ausgeschlossene Schichten weitergeben, sondern die mit den Erwachsenen deren eigene Lebensprobleme besprechen und aufklären. Indem man gemeinsam versuche, so sagt man, die Lebensnot der Zeit zu bewältigen, bilde man eine „Arbeits-Gemeinschaft" und tue damit einen Schritt zur Volk-Bildung im demokrat. Sinne.
Der NS unterbrach die Entwicklung der VHS.n. Nach 1945 wurden sie unter nüchterneren Aspekten neugegr., wobei die Lebenshilfe für die Kriegsgeneration starkes Gewicht erhielt und die Vermittlung praktischer Fertigkeiten und Berufskenntnisse zum selbstverständl. Bestandteil der Programme aller VHS.n wurde.

II. Aufgaben, Inhalte, Methoden

1. Die VHS. wollte zunächst primär eine Stätte sein, an der berufstätige Menschen ihre Probleme miteinander besprechen und in geistige Auseinandersetzung darüber eintreten. Nach dem 2. Weltkrieg sprach man viel vom mündigen, urteilsfähigen Erwachsenen als dem Bildungsziel der VHS.n, jedoch vermochte man unter diesen Oberbegriff kaum die vielen prakt. und laien-künstler. Kurse zu fassen. So ging man Mitte der 60er J. konsequent dazu über, von drei Aufgaben der VHS. zu sprechen: a) Hilfe für das Lernen, b) Hilfe für Orientierung und Urteilsbildung, c) Hilfe für die Eigentätigkeit.
Soziol. Untersuchungen der letzten 10 J. ergaben, daß die Erwartungen der Bev. an die VHS. stärker in Richtung brauchbaren Wissens für Beruf und weiterführende Schulen oder Hochschulen gingen, als die VHS.n es anboten. So baute man den Teil der VHS.-Arbeit stärker aus, der bestimmtes (evtl. prüfbares) Wissen vermittelt. Zunächst schuf man die *Grundstudienkurse*, die innerhalb eines Fächerkanons ein Grundwissen erarbeiten und darüber eine Bescheinigung erteilen, dann errichtete man Lehrgänge des sog. *Dritten Bildungsweges*. Schließlich entwickelte die VHS. eigene *Prüfungen* und stellt darüber *Zertifikate* aus, bisher in Engl. und Frz., demnächst auch in Mathematik und weiteren Fächern. Die andere Aufgabe, die Auseinandersetzung mit Fragen der Politik, der Gesellschaft, der Kunst und Lit., bleibt nach wie vor bestehen. Ebenso jene, den Erwachsenen Gelegenheit zu sinnvoller, gekonnter Eigentät zu geben, die bei wachsender Freizeit immer bedeutsamer wird.
So gerät die VHS. einerseits wieder in größere Nähe zu Schule und Fachschule, besinnt sich andererseits auch wieder stärker auf ihre Beziehung zur Hochschule, sofern in unserer „Wissenschaftskultur" die Übertragung von Wiss. in den Bereich politischer und gesellschaftlicher Entscheidungen ein Problem der Demokratie geworden ist.
2. Die *Arbeitspläne* der VHS.n spiegeln die gegenwärtige Welt. Grenzen liegen dort, wo

eine Tätigkeit in unverbindliche Spielerei absinken droht wie bei manchen Hobbys oder dort, wo wiss. Probleme so schwierig sind, daß sie vor Laien nicht mehr angemessen dargestellt werden können; ferner gibt es eine selbstverständl. Grenze des Angebots, wo es um Spezialausbildung geht, die Fachschulen besser leisten können als VHS.n.
3. *Methodisch* stand am Anfang der VHS.-Bewegung der *Vortrag*, der dann fast ganz von der *Arbeitsgemeinschaft* verdrängt und in der Weimarer Zeit nur noch als sog. vordenkender Vortrag (WEITSCH) zugelassen wurde. Heute stehen Vortrag, Arbeitsgemeinschaft (auch Arbeitskreis, Aussprachekreis), Univ.sseminar und Unterrichtskursus (auch Lernkursus) gleichberechtigt nebeneinander; sie erfüllen jeweils verschiedene Aufgaben.

Die Intentionen antiautoritärer, *sozialintegrativer Unterrichtsform* trafen die VHS. nicht als etwas Neues, sondern erinnerten sie, daß sie sich seit den 20er J. als „Schule ohne Katheder" (WEITSCH) verstanden hatte und nun von den Sozialwiss.en die Hilfen bekam, ihre Idee auf wiss. Grundlage auszubauen. Wieweit ↗programmierter Unterricht, ↗Sprachlabor u. ä. gerade bei Erwachsenen sich bewähren, kann erst nach längeren Beobachtungen und wiss. Untersuchungen ermittelt werden.

III. Probleme

1. *Arbeiter* sind in der VHS. nach wie vor stark unterrepräsentiert (wie in fast allen Bildungseinrichtungen), obwohl die VHS. sich lange vorwiegend um den Arbeiter bemüht hat. Aufgrund der soziol. Fehlprognose, daß der Arbeiter schon in Kürze ganz in einer „nivellierten Mittelstandsgesellschaft" aufgehen werde, wurde das Problem der ↗Arbeiterbildung zu früh zu den Akten gelegt. Neben der Kath. Arbeiterbewegung und den Gewerkschaften wird sich die VHS. in Zukunft erneut um die Arbeiterbildungsfrage bemühen müssen (O. NEGT).
2. Die VHS. vollzog, häufig auf Drängen von Presse, Verbänden und Statistikern, eine starke Wendung zu Berufsbildung und reiner Unterrichtstätigkeit, obwohl gleichzeitig eine krit. Jugend die Gefahr jener Einseitigkeit erkannte, die alles auf das Funktionieren in Wirtschaft und Verwaltung abstimmen will. Die VHS. hat heute in größerem Maße als früher die Möglichkeit, kritisches Bewußtsein für die Aufgaben der Gesellschaft in Gegenwart und Zukunft zu wecken.
3. Die Verwissenschaftlichung der Welt fordert stärkere Beteiligung aller Bürger am Fortgang der Wiss.en. Die dazu nötige Fähigkeit zu krit. Denken ist auf der Schule kaum ausreichend zu vermitteln. Längerer Aufenthalt in einer Heim-VHS. könnte sie noch am ehesten in berufstätigen jungen Menschen wecken. Als Konsequenz wäre ein umfangreicher Ausbau der Heim-VHS. notwendig, was auch im Hinblick auf zukünftigen ↗Bildungsurlaub zu erwägen wäre.

Statistik. 1969 zählte der *Deutsche Volkshochschulverband* 1156 Mitglieds-VHS.n, 560 kommunale Einrichtungen, 440 eingetragene Vereine, 95 mit sonstigen Rechtsformen (61 sind statistisch nicht erfaßt). Die 48 491 Einzelveranstaltungen hatten 3 523 861 Besucher; 5914 Vortragsreihen zählten 997 583 Teilnehmer. Die 102 773 Kurse und Arbeitsgemeinschaften wurden von 2 080 020 Teilnehmern belegt, verteilt auf folgende Stoffgebiete: Mitbürgerliche und polit. Bildung, Soziol.: 10 %; Länder- und Völkerkunde: 2 %; Religion, Philos., Psychol.: 5 %; Lit., bildende Kunst: 4 %; Künstlerisches Laienschaffen: 9 %; Film, Fernsehen: 1 %; Dt. Sprache: 4 %; Fremdsprachen: 20 %; Naturwiss.en: 7 %; Berufsförderung und -vorbereitung: 10 %; Vorbereitung auf Mittlere Reife und Abitur: 3 %; Hauswirtschaft: 7 %; Sport, Gymnastik: 12 %; Sonstiges: 6 %.

☐ Erwachsenenbildung. Volksbildung. Dritter Bildungsweg

Lit.: P. Steinmetz, Die dt. VHS.-Bewegung (1929); W. Picht, Das Schicksal der Volksbildung in Dtl. (²1950); E. Weitsch-Dreißigacker, Die Schule ohne Katheder (1952); Th. Ballauff, EB. (1958); E. Emmerling, 50 J. VHS. in Dtl. (1958); Bibliogr. zur EB. im dt. Sprachgebiet, 1.–4. Folge, hrsg. v. Dt. VHS.-Verband u. der Dt. UNESCO-Kommission (1962, 1966, 1968); P. Röhrig, Polit. Bildung (1964); F. Pöggeler, Methoden der EB. (1964, ²1966); –, Inhalte der EB. (1965, ²1970); H. Behrend - N. Lochner, Gesch. u. Gegenwart der Heim-VHS.n in Dänemark (1966); H. Tietgens, Lernen mit Erwachsenen (1967); J. H. Knoll - H. Siebert - G. Wodraschke, EB. am Wendepunkt (1967); N. Lochner, Gegenwart u. Zukunft der Heim-VHS.n in Dtl (1968); F. Laack, Die Rolle der Heim-VHS. in der Bildungsgesellschaft (1968); H. Tietgens (Hrsg.), Bilanz u. Perspektive (1968); W. Schulenberg, Plan u. System (1968); G. Steindorf, Von den Anfängen der VHS. in Dtl. (1968); Die VHS., Losebl.-Slg., hrsg. v. Dt. VHS.-Verband (1968 ff.); K. Meissner, Die dritte Aufklärung (1969); K. Meyer, Arbeiterbildung in der VHS. (1969); O. Negt, Soziol. Phantasie u. exemplar. Lernen (³1969); H. Riese - H. L. Nieder - U. Müllgens u. a., Bildung für den Beruf (1969); H. Dolff, Die dt. VHS.n (1969); A. Pfniß (Hrsg.), Moderne EB. (1969); P. Röhrig, Zum Verhältnis von Schule u. EB., in: Päd. Rschr., H. 3 (1970).

P. Röhrig

Volkslied

1. *Begriff.* V.er (Begriff von J. G. HERDER) sind nach Text und Melodie leicht ausführbare Gesänge, die der Grundschicht des Volkes entstammen oder von ihr produktiv angeeignet wurden. Bei der mündl. Weitergabe der V.er wurden musikal. schwierige Stellen zurechtgesungen, bisweilen auch urspr. Kunstlieder „zersungen" und so volksläufig (absinkendes Kulturgut). Dichter und Komponist blieben anonym oder wurden vergessen. Schlichtheit der einstimmigen Melodie, Einprägsamkeit der Texte, Zeitlosigkeit der Stoffe erhielten die V.er lange im Volksmund lebendig, bis sie durch Sammler aufgezeichnet wurden und durch mehrstimmige Bearbeitung in die Sphäre der Kunstmusik gelangten (aufsteigendes Kulturgut).

2. *Geschichte und Pflege.* Im ⁊Kinderlied haben sich Urformen germanischer Pentatonik erhalten; „Leisen" des MA. verbinden diese mit den 7tönigen gregorian. Modi. Seit dem 13. Jh. entsteht die Dur-Melodik (Bauern-, Vagantenlieder). Das 15.–16. Jh. ist Hochblüte des bürgerlich-städt. V.es mit linearer Melodik, reicher Rhythmik und Harmonik, vorherrschend in Barform, meist in polyphonen Bearbeitungen überliefert. Im 17. Jh. beginnt eine Rückbildung und Verarmung; im 18. Jh. siegt das rhythmisch primitive Durlied mit sequenzierender Motivbeantwortung, Dreiklangmelodik und Kadenzharmonik. Bis zum 20. Jh. stirbt das V. zunehmend ab.
Die Romantik pflegte bewußt das V. in Schule und Gesangverein, in einseitig homophonem Satz (SILCHER). Die ⁊Jugendbewegung griff das altdt. V. auf, das die V.-Forschung wieder ans Licht gebracht hatte und schuf neue Lieder. Nach 1918 setzte sich in der Jugendmusikbewegung (F. JÖDE, W. HENSEL) das altdt. Liedgut in alten und neuen polyphonen Sätzen in Singkreisen und Jugendbünden durch. Nach der Ideologisierung des V.es in Jugendbewegung und NS-Staat trat nach 1945 eine Ernüchterung ein. Außerdt. Liedgut strömte ein, neue „Gemeinschaftslieder" entstanden. – Heute empfindet man Texte und Weisen vieler V.er als unzeitgemäß. „Offene Singstunden" und Folkloremusik sind jedoch bei Jgdl.n beliebt.

3. *Volkslied und Schule.* Früher bestand der Musikunterricht bes. an VS.n weitgehend im Erarbeiten von V.ern. Heute müssen alle Schüler auch zum Verständnis der (von jedermann technisch reproduzierbaren) Kunstmusik geführt werden. Kritische Überprüfung des Liedguts vorausgesetzt, bleibt jedoch das aktive V.-Singen (nach Gehör und Noten, einstimmig und mehrstimmig, auch mit Instrumenten) päd. wertvoll. Für die *Lehrerbildung* ist darum die Vertrautheit mit dem V., der Methodik der Liederarbeitung und Musiklehre am V. unerläßlich.

Slg.en: L. Erk - F. M. Böhme, Dt. Liederhort (1865–69); H. Breuer, Der Zupfgeigenhansl (1914); E. Schellenberg, Die dt. V.er (1915); B. Bartok, Das Lied der Völker (1923 ff.); F. Jöde, Der Musikant (1932); Dt. V.er mit ihren Melodien, hrsg. v. Dt. V.-Archiv Gregor - F. Klausmeier - E. Kraus, Europ. Lieder in den Ursprachen (1957–60).
Lit.: W. Hensel, Lied u. Volk (1923); H. J. Moser, Das V. in der Schule (1929); H. Teuscher, Musiklehre am V. (1941, ⁵1967); H. Otto, Volksgesang und VS. (1957 bis 1959); J. Müller-Blattau, Dt. V.er (1959); W. Dankert, Das V. im Abendland (1966); W. Suppan, V., seine Slg. und Erforschung (1966); E. Klusen, V. (1969).

A. Berg

Volksmission
V. ist ein von der Kirche verfügter (CIC can. 1349) außerordentl. Heilsdienst zur Bekehrung und Erneuerung des christl. Volkes durch ein 14tägiges dichtes System von Predigten, Liturgie, Sakramenten und Nachmission. Diese Form ist nur mehr auf dem kath. Land durchführbar. Das 20. Jh. brachte inhaltliche (Predigt, Gottesdienst) und strukturelle Reformen: Hausmission, Regionalmission, Diaspora- und Campingmission. – Mangelnde Kreativität der Verantwortlichen, Aufhören der Volkskirche, Antipathie gegen missionar. Beeinflussung, Vorliebe für gesellschaftl. statt liturg. Engagement, für sachl. Information anstelle existentialen Kerygmas führen heute dazu, die förml. V. aufzugeben und in Gesprächsrunden und Teameinsatz aufgehen zu lassen. Trotzdem gehört die „prophetische Intervention" wesentlich zur Kirche. Die Interdependenz von Person und Lebensraum ist Forderung ganzheitlicher Erziehung. Den regionalen Zusammenschluß (Zentralpfarreien) und die Bildung von Gemeindekernen machen nicht nur die Erkenntnisse heutiger Soziol. notwendig, sondern auch die Bibel, denn nicht nur der einzelne, sondern die Gemeinde tritt der „Welt" gegenüber als Zeuge auf.
Lit.: V. Schurr, Seelsorge in einer neuen Welt (³1959); J. F. Motte, La Mission générale (Paris 1961); K. Kriech, Wesentliche V. heute (1963).
Zschr.en: Paulus (1923 ff., bes. 1965 f., seit 1967: Signum); Das missionar. Wort (ev.; 1956 ff.); Parole et Mission (1958 ff.).

V. Schurr

Volksschule
Öff. Schulen der grundlegenden Allgemeinbildung für alle Kinder gehören zu den lebenswichtigen Einrichtungen moderner Staaten. Sie schaffen sich durch diese Schulen die für das Staats-, Kultur- und Wirtschaftsleben notwendige Bildungsbasis, sichern damit zugleich der nachwachsenden Generation das Recht auf Bildung und einen Schutz- und Schonraum vor dem Eintritt in die volle Verantwortung der Erwachsenen. Solché öff. Schulen der grundlegenden Allgemeinbildung werden zumeist *Primarschulen* oder *Elementarschulen* genannt, nach ihrer zeitl. Stellung oder nach ihrer Funktion im Bildungssystem. Im dt. Sprachgebrauch hat sich dafür seit dem Ende des 18. Jh. der Name „Volksschule" eingebürgert.

I. *Geschichte*

Die allg. Volksbildung in Schulen hat ihren Ursprung in der christlich-abendländ. Geschichte. W. FLITNER nennt „vier Quellen des Volksschulgedankens", die auch heute noch in Inhalt und Gestalt der dt. VS. zu erkennen sind.
1. Im späten MA. gibt der wirtschaftl. Aufschwung den Anstoß zur Entstehung „Deutscher Schreib- und Leseschulen" und elementarer „Rechenschulen" für die Bedürfnisse der Kaufleute und Handwerker. Beide Schulen, oft miteinander verbunden, sind teils private, handwerksmäßige Unternehmungen, teils werden sie von Gemeinden oder kirchl. Behörden zugelassen oder getragen.
2. Wenn wir absehen von den rel. Volksbildungsbestrebungen KARLs d. Gr. – trotz der Nachdrücklichkeit der Forderung bleiben ⁊Pfarrschulen nur Ansätze ohne geschichtl. Dauer –, so erkennen wir erst im Zeitalter der Reformation das Motiv rel. Volksbildung als treibende Kraft für die Einrichtung allg. Schulen, nämlich der katechet. kirchl. Laienschulen (⁊Küsterschulen). Zunächst sind es die pro-

testant. Landesfürsten, im Zuge der Gegenreformation dann in kath. Ländern Bischöfe oder weltliche Regenten, die in ihren Kirchen- und ↗Schulordnungen die Einrichtung und Erhaltung solcher Schulen den Gemeinden zur Pflicht machen. In den Aufgaben und Inhalten stellen die Küsterschulen oft eine Kombination der alten dt. Schreib- und Leseschulen mit der rel. Unterweisung dar. Bedeutendste Kirchenordnung in bezug auf diese Schulen ist die Württembergische von 1559; frühe kath. Schulordnungen finden sich z. B. im Bistum Konstanz 1567 und in Österreich 1586.

3. Die dritte Ursprungsgestalt der dt. VS. ist die „realistische Muttersprachschule" des 17. Jh. Rel., soziale und politische Motive führen im Denken des päd. Realismus zu den ersten umfassenden und konsequenten Konzeptionen einer allg. VS.bildung, wie sie W. RATKE (1571–1632) und vor allem J. A. COMENIUS (1592–1670) entworfen haben und wie sie in den Schulordnungen fortschrittlicher Fürsten praktische Gestalt gewannen, z. B. im Gothaer Schulmethodus des Herzogs ERNST D. FROMMEN 1642.

Im 18. Jh. tritt das rel. Motiv noch einmal, und zwar zusammen mit dem ökonomischen in den Armenschulen der Pietisten (A. H. FRANCKE, Halle seit 1698) in Erscheinung. Die wesentlichste Förderung jedoch erfährt der Volksbildungsgedanke im 18. Jh. durch die ↗Aufklärung. Sie sieht in der allg. Schule die Möglichkeit, einerseits jedermann durch Ausbildung des Verstandes zur Lebenstüchtigkeit zu führen, andererseits damit zugleich den rationalen Geist in der Gesellschaft zu erhalten und zu mehren (E. v. ROCHOW 1779 „Vom Nationalcharakter durch Volksschulen", Volk noch verstanden als „Untertanen").

Die absolutist. Herrscher setzten bes. im Interesse ihrer Wirtschaftspolitik die Ideen der Aufklärung in konkrete Schulordnungen und Erlasse um. Was im 16. Jh. begonnen hatte, die Sorge des Staates für die allg. Schule, wird so in der 2. Hälfte des 18. Jh. zur Regel und zum Privileg des Staates (z. B. 1763 Königl. Preußisches ↗General-Landschulreglement, bzw. 1794 ↗Allgemeines Landrecht; 1774 Allgemeine Schulordnung für Österreich, ausgearbeitet durch Abt J. v. FELBIGER). Bes. kennzeichnend für diese Zeit sind die sog. ↗Industrieschulen, in denen der elementare Unterricht mit einfachen „industriellen" oder landwirtschaftlichen Arbeiten verbunden wurde. J. H. PESTALOZZI erhebt die überwiegend ökonom. Intention dieser Schulen auf eine höhere, genuin päd. Ebene; deutlicher als seine Zeitgenossen sieht er am Beginn der Industrialisierung den Zusammenhang von Volkswohl und Volksbildung. Seine Idee einer allg. Elementarbildung umschließt die Bildung des werktätigen Volkes durch und zur Werktätigkeit.

4. Politische Ereignisse – Frz. Revolution und Befreiungskriege – wie die geistigen Strömungen von Romantik und des Neuhumanismus bringen im Beginn des 19. Jh. mit den Motiven der Nationalerziehung und der volkstüml. Bildung neue und kräftige Impulse in die Geschichte der VS. Dabei geht unter dem Einfluß der neuhumanist. Bildungsidee die Verbindung der VS. mit handwerkl. Arbeit und damit mit dem späteren Berufsleben ihrer Schüler fast völlig verloren.

5. Die polit. Vorgänge von 1848 bedeuten für die VS. auf dem Wege zur Gewinnung einer eigenen päd. Gestalt einen schweren Rückschlag, der erst im letzten Viertel des Jahrhunderts wieder aufgeholt werden kann. Der innere Ausbau der VS. geschieht in diesem Jahren vorwiegend unter dem Einfluß des sog. ↗Herbartianismus, der aus der fruchtbaren Konzeption J. F. HERBARTs eine zu Enge und Starrheit tendierende Methodensystematik entwickelte (↗Formalstufen).

6. Mit der Kultur- und Gesellschaftskritik des ausgehenden 19. Jh. verbindet sich in den Kreisen der Pädagogen die Kritik an der vom Geist der Herbartianer geformten „Lehrer-" und „Buchschule". Durch die ↗Reformpädagogik in ihren verschiedensten Ausprägungen erfährt die VS. im ersten Drittel des 20. Jh. wesentliche neue und wirksame Anstöße (↗Arbeitsschule, Erlebnisunterricht [↗Erleben], Päd. vom Kinde aus, ↗Gesamtunterricht).

Der Fächerkanon der VS. umfaßt jetzt: Religion, Dt. Sprache (Lesen, Schreiben, Aufsatz, Sprachlehre), Rechnen, Gesang, Zeichnen, Turnen, Handarbeiten und Werken, dazu in der Grundstufe Heimatkunde, in der Oberstufe die „Realien", d. i. Naturkunde (Biologie), Naturlehre (Physik, Chemie), Gesch. mit Staatsbürgerkunde.

II. Die deutsche Volksschule heute

1. Nach 1945 entwickelte sich infolge der Teilung Dtl.s die VS. in der DDR und BRD verschieden. In der DDR trat an Stelle der VS. die zehnjährige polytechnische Oberschule (↗Deutsche Demokratische Republik). In Fortwirkung ihres zweiten Ursprungs, der katechet. Laienschule, hatte die VS. in der BRD bis in die jüngste Vergangenheit eine starke konfessionelle Prägung bewahrt: sie war in den meisten Ländern (außer den Stadtstaaten, sowie Hessen und Baden) Konfessionsschule. Heute herrscht überall der Simultanschulcharakter der VS. vor, teils mit christl. Akzent (Baden-Württ. „christliche Gemeinschaftsschule"), teils ohne ihn (Hessen „Simultanschule"). Aufgegeben wurde auch die alte Trennung in Knaben- und Mädchenschulen. Koinstruktion ist heute die Regel.

2. Die VS. nimmt an der Gesamtentwicklung des Schulwesens teil, die in zweifacher Richtung bestimmt ist: a) in Richtung auf Demokratisierung, d. h. auf soziale Integration und Gleichheit der Bildungschancen, b) in Hinblick auf die Erfordernisse der industriellen Arbeitswelt, d. h. auf erhöhte rationale Leistungsanforderungen in allen Berufen und Lebensbereichen. Beide Entwicklungsrichtungen führen zu einer Ablösung der traditionellen VS. durch die beiden Schulstufen bzw. Schulformen *Grund-* und *Hauptschule*. So wird der Begriff VS. heute im allg. nur noch als Klammer für diese beiden Schulformen gebraucht, wobei er auf ihren gemeinsamen histor. Ursprung, ihre derzeit meistens noch anzutreffende räumliche, z. T. auch organisator. Einheit und den ohne Aufnahmeverfahren sich vollziehenden Übergang der Schüler von der 1. zur 2. Schulstufe hinweist. Das ↗Hamburger Abkommen faßt in § 4, Abs. 3 die Sprachregelung so: „Grundschule und Hauptschule können auch die Bezeichnung ‚Volksschule' tragen."

3. Grund- und Hauptschulen in der BRD sind auch heute noch VS. durch folgende Charakteristika: a) *Staatsschule:* nach Art. 7 GG steht die VS. als Teil des gesamten Schulwesens „unter der Aufsicht des Staates". Das Recht auf Einrichtung privater VS.n ist mehr als bei

anderen Schulen eingeschränkt (Abs. 5); b) *Pflichtschule:* Der allg. Schulpflicht wird durch die Absolvierung der Grund- und Hauptschule genügt. Anstelle der Hauptschule kann eine andere weiterführende Schule gewählt werden; c) *Stätte grundlegender Bildung:* Die Grund- und Hauptschule sichert als VS. jedem Kind die Erfüllung seines Rechtes auf grundlegende Allgemeinbildung und zugleich der Gesellschaft den für ihr Bestehen im techn. industriellen Zeitalter notwendigen Bildungsgang ihrer Mitglieder. Mit der allg. Grundbildung gibt die Hauptschule zugleich die Grundbildung für die Berufstätigkeit in der modernen Industriegesellschaft und bereitet auf den unmittelbaren Übertritt in das Berufsleben vor; d) Schule mit *besonderem erzieherischem Auftrag:* VS. hat sich schon früh als Erziehungsschule verstanden (Erziehung zum brauchbaren Staatsbürger, Nationalerziehung, rel.-sittliche Erziehung). Als Folge der Erziehungsunsicherheit in der Gegenwart und im Hinblick auf die Bedürfnisse und Lebensbedingungen einer demokrat. Gesellschaftsordnung hat die VS. heute in verstärktem Maße Erziehungsaufgaben wahrzunehmen.

4. Die ↗Volksschuloberstufe wird in allen Ländern der BRD zur ↗Hauptschule ausgebaut, und zwar geschieht das bes. durch folgende Maßnahmen: a) Verlängerung der Pflichtschulzeit um 1 J., also Hauptschule vom 5. bis 9. Schj. In manchen Ländern ist zwischen Grund- und Hauptschule eine ↗Förderstufe, umfassend 5. und 6. Schj., eingeschoben (z. B. Hessen); b) Bereicherung des Bildungsangebots um eine Fremdsprache (meist Englisch, ↗Fremdsprachenunterricht an Grund- und Hauptschulen), vertiefter Fachunterricht in Dt. und Mathematik, Einführung in die Arbeitswelt in dem neuen Schulfach ↗Arbeitslehre; c) Erteilung des Unterrichts durch fachlich spezialisierte Lehrer; d) Äußere und innere ↗Differenzierung: Als Pflichtschule kann die Hauptschule ihre Schüler nicht auslesen. Sie bemüht sich, der weiten Begabungsstreuung der Schüler durch äußere, d. i. organisator. Differenzierung (Kern und Kurs, Niveaugruppen, Interessengruppen) und durch innere Differenzierung (Formen des Individual- und ↗Gruppenunterrichts) Rechnung zu tragen.

III. Stellung der Volksschule im derzeitigen Bildungswesen der BRD

1. Als ↗Grundschule ist die VS. die Eingangsstufe für jeden schul. Bildungsgang; als ↗Hauptschule ist sie eine der drei weiterführenden Schulen (neben ↗Realschule und Gymnasium. ↗Höheres Schulwesen). Sie erfaßt die Schüler, die nach dem pflichtmäßigen Besuch der ↗Vollzeitschule unmittelbar in eine Berufsausbildung eintreten wollen bzw. diejenigen, die (aus den verschiedensten Gründen) keine andere weiterführende Schule oder eine ↗Sonderschule besuchen. Als weiterführende Schule ist sie grundsätzlich durchlässig zu anderen Schularten. Ihre Schüler können auf dem Weg über ↗Berufsfachschulen und den ↗zweiten Bildungsweg den Zugang zu einem Hochschulstudium finden. Freilich fehlt ihr bislang noch ein wichtiges Charakteristikum einer weiterführenden Schule, nämlich eine Abschlußprüfung. Die Anhebung der VS.-Oberstufe zur Hauptschule wird in der Organisation des Schulwesens von zwei Seiten her gestützt: a) Die vermehrte Errichtung von ↗Sonderschulen entlastet die VS. von Kindern mit Bildungs- oder Lernbehinderungen oder mit besonderen Verhaltensstörungen. b) Die Errichtung ausgebauter, möglichst mehrzügiger Hauptschulsysteme (Nachbarschafts-, Mittelpunkt- bzw. ↗Zentralschulen) ermöglicht unter Ausnützung der fachl. Spezialisierung der Lehrer ein vielseitiges und differenziert gestaltetes Bildungsangebot. Beide organisator. Maßnahmen werden in den meisten Ländern der BRD z. Z. ernsthaft vorangetrieben.

2. Eine konsequente Weiterführung der bisherigen Schulreformen zeichnet sich im ↗Strukturplan für das Bildungswesen ab. Der Strukturplan löst die histor. Einheit von Grund- und Hauptschule völlig und gibt die Begriffe „Volksschule" und „höhere Schule" mit dem Hinweis auf den Charakter dieser Schulen als „Standesschulen" auf.
Die bisher. Grundschule wird durch den sog. *Primarbereich* abgelöst, die Hauptschule wird bez. der Organisation wie der Curricula in die *Sekundarstufe I* voll integriert, wobei „die Gemeinsamkeiten ... in der horizontalen Gliederung ... stärker akzentuiert [werden]als die Unterschiede in der vertikalen Gliederung des Bildungswesens". Für alle Schulen des Sekundarbereichs I gilt nach dem Strukturplan die gleiche Dauer der Schulpflicht (bis zum 10. Schj.), der gleiche Anspruch in bezug auf die sachl. und räuml. Ausstattung, die Wiss.sorientierung der Bildungsarbeit und die Hinführung der Schüler zu einem qualifizierten Abschluß (Abitur I) am Ende des 10. Schj.

☐ Grundschule. Hauptschule. Schulaufbau. Schule. Lehrerbildung. Lehrer. Volksschullehrer(in)

Lit.: E. Spranger, Zur Gesch. der Dt. VS. (1949); K. Stöcker, Volksschuleigene Bildungsarbeit (1957); R. Menzel, Die Anfänge der VS. in Dtl. (Ost-Berlin 1958); I. Lichtenstein-Rother, Gedanken zur inhaltl. u. method. Struktur der VS., in: Zschr. f. Päd., 3. Beih. (1963); Zur Gesch. der VS., Bd. I: 16.–18. Jh., hrsg. v. Th. Dietrich u. J.-G. Klinck (1964), Bd. II: 19.–20. Jh., hrsg. v. W. Scheibe (1965); Empfehlungen u. Gutachten des Dt. Ausschusses für das Erziehungs- u. Bildungswesen 1953–1965 (1966); W. Flitner, Die vier Quellen des VS.gedankens (⁶1966); R. Schmidt, VS. u. VS.bau von den Anfängen des niederen Schulwesens bis in die Gegenwart (1967); H. Scheuerl, Die Gliederung des dt. Schulwesens (1968); Schulaufbau und Schulorganisation – Pläne und Empfehlungen zur Reform und Neugestaltung der VS. im 19. u. 20. Jh., hrsg. v. H.-H. Plickat (1968); Dt. Bildungsrat (Hrsg.), Strukturplan für das Bildungswesen (1970).

E. Rühm-Constantin

Volksschullehrer(in)
1. *Begriff und Geschichte.* V. sind Angehörige des Lehrpersonals an ↗Volksschulen bzw. Lehrer(innen) in Primarschulen (↗Grundschulen) und in Teilen des Sekundarschulwesens (↗Hauptschule, z. T. auch ↗Förderstufe und ↗Gesamtschule).

Die Berufsgruppe der V. entstand im 19. Jh. im Rahmen der Entwicklung eines staatl. Schulsystems mit besonderen Bildungsinhalten für die breiten Volksschichten; für die Konstituierung als „Berufsstand" war die Einführung eines einheitl. Ausbildungsganges (Lehrerseminare) und die Übernahme in den Beamtenstatus von Bedeutung. Ein zweiter kollektiver Statuswechsel im Sinne des sozialen Aufstiegs erfolgte seit der Weimarer Republik durch den Aufbau sog. eigenständiger Pädagogischer Akademien bzw. Hochschulen (oder ähnlichen Einrichtungen) mit Reifeprüfung als prinzipieller Zugangsqualifikation. – Früher wurde der V. tendenziell als volksnaher päd. Handwerker betrachtet; später betonte man mehr die universale Erzieherpersönlichkeit, die mit einer päd. Allroundqualifikation einhergehen sollte.

2. *Bildungsreform und Rollendifferenzierung.* In der Industriegesellschaft entspricht das überkommene, an soziale Schichten gebundene Schulsystem nicht mehr den Vorstellungen von sozialer Chancengleichheit. Es zeichnet sich eine Auflösung der alten einheitl. V.rolle durch Spezialisierung nach Schul*stufen* und *Fächern* ab, und zwar im Rahmen einer Strukturreform des gesamten Bildungswesens: a) Die naive Betonung der Erzieherpersönlichkeit weicht einer wiss. Reflexion über die Funktion des ↗Lehrers im Sozialisationsprozeß. Dem entspricht eine gesteigerte Bedeutung des Grundstudiums (z. B. der Fächer Erziehungswiss., Psychol., Soziol., Politikwiss.) in der ↗Lehrerbildung. b) Das handwerkl. Verständnis des Unterrichtens wird von der didakt. Forschung aufgelöst, hervor tritt das Problem der Effektivität des Unterrichtens. Der Lehrer erscheint als „personaler Faktor im Instruktionsprozeß" (H. THIERSCH). Damit wird Kommunikation mit den unterrichtsbezogenen Wiss.en und stetiges Überprüfen berufsspezifischer Verhaltens erforderlich. c) Mit der Reform des Schulsystems geht die päd. Rollendifferenzierung nach Primar- und Sekundarstufenlehrer einher (↗Stufenlehrer). Diese kann nicht als neue hierarchische Gliederung, sondern muß als Spezialisierung auf gleichem Niveau verstanden werden. d) Die Konzentrierung auf päd. Handeln wird in viel stärkerem Maße als bisher dazu führen, daß der V. berufsfremde Funktionen (z. B. Verwaltung, Beratung) an andere Fachleute abgibt (↗Schulberufe). Diese Funktionsentlastung entspricht der erhöhten Bedeutung, die heute dem Lehren und sachverständigen Beurteilen zugemessen wird. e) Die V.ausbildung verlagert sich von „eigenständigen" Hochschulen minderen Status' zu Hochschulen mit vollem wiss. Status. Entscheidend ist aber nicht allein die Wissenschaftlichkeit der Ausbildung, sondern die Einheit von ↗Theorie und Praxis.

Statistik: 1968 gab es in der BRD einschließl. West-Berlin 177 428 hauptamtliche V., davon 100 097 (56,4 %) Lehrerinnen. Unter den insges. 331 177 Lehrern an allgemeinbildenden und berufl. Schulen stellten die V. die größte Gruppe (53,6 %).

☐ Lehrer. Lehrerin. Lehrerbildung. Volksschule. Schule

Lit., Bibliogr.: H. Schmidt - F. J. Lützenkirchen, Bibliogr. zur Lehrerbildung u. zum Berufsbild des Lehrers u. Erziehers, Zschr.n-Nachweis 1947-1967 (1968). *Gesch.:* W. Fischer, Der V., in: Soziale Welt (1961/62); K. Bungardt, Die Odyssee der Lehrerschaft (²1965). *Sonstige Lit.:* I. Gahlings - E. Moering, Der V. in (1961); F. Pöggeler, Der V. der Zukunft, in: Lebendige Schule (1962); –, Der Lehrer vor dem Anspruch der Spezialisierung, in: ebd.; E. Schuh, Der V. (1962); U. Undeutsch, Motive des Abiturienten für die Wahl oder Ablehnung des V.berufs (1964); I. Gahlings, Die V. und ihre Berufsverbände (1967); H. Glänzel, Lehren als Beruf (1967); E. H. Kratzsch - W. Vathke - H. Bertlein, Studien zur Soziol. des V.s (1967); H. G. Rolff, Sozialisation u. Auslese durch die Schule (1967, ²1969); W. Schulz - H. Thomas, Schulorganisation u. Unterricht (1967); G. Steinkamp, Die Rolle des V.s in schul. Selektionsprozeß, in: Hamburger Jb. für Wirtschafts- u. Gesellschaftspolitik, 12. Jhg. (1967); H. K. Beckmann, Lehrerseminar – Akademie – Hochschule. Das Verhältnis von Theorie u. Praxis in 3 Epochen der V.ausbildung (1968); J. Dieckmann - P. Lorenz, Spezialisierung im Lehrerberuf (1968); H. Rosensträter, Zum Wandel der Rolle des V.s, in: Vjschr. f. wiss. Päd., H. 3 (1968); G. Achinger, Das Studium des Lehrers (1969); H. K. Beckmann, Unterrichten u. Beurteilen als Beruf, in: Funkkolleg Erziehungswiss., Studien-Begleitbrief 2 (1969); H. Thiersch, Lehrerverhalten u. kognitive Lernleistung, in: Begabung u. Lernen, hrsg. v. H. Roth (³1969).

J. Lingnau

Volksschuloberstufe, Reform der
In einer dynamisch sich wandelnden gesellschaftlichen Situation, die neue und erhöhte Anforderungen stellt und die Bedingungen für die Selbstwerdung der Person verändert, wird die Schule zur Überprüfung ihres Selbstverständnisses, ihrer Aufgaben und ihrer Organisation herausgefordert. Aus den Überlegungen zur Reform des Schulwesens kristallisierte sich als entscheidender Ansatzpunkt und notwendiges Hauptstück die Neugestaltung der VO. heraus.

1. *Motive.* Die VO., die aus den Vorstellungen von ständischer Aufgliederung der Bevölkerung erwachsen ist, hat sich im 19. Jh. über eine Schule der niederen Volksschichten in vielen Beziehungen herausentwickelt. Aber ihre große Zeit ist vorbei, weil die ↗volkstümliche Bildung, die sie als Institu-

tion vermitteln wollte, heute nicht mehr ausreicht. Der Versuch, ihre Eigenständigkeit durch eine Gegenideologie gegen den wiss.-propädeutischen Unterricht im Gymnasium zu profilieren, ist gescheitert. Angesichts der zunehmenden Abstraktheit, Rationalität und Differenziertheit aller berufl. und gesellschaftl. Bereiche, ist eine Reduzierung der Bildungsarbeit auf „volkstümliche" Gegenstände mit der Kultivierung eines grundschichtigen seelischen Bereichs, des sog. „volkstümlichen" Denkens überholt.

Die Bildungsideologie der VO. ist maßgeblich von der Auffassung bestimmt worden, daß ihre Schüler weniger theoretisch, dafür aber praktisch befähigt seien. Dahinter steckt noch ein statischer Begabungsbegriff, der die Möglichkeiten des Begabens nicht kennt. Auch gesellschaftspolitisch ist es angesichts der erhöhten geistigen Anforderungen unverantwortlich, die konkretistische Einstellung vieler Schüler zu fixieren.

Die Notwendigkeit einer Reform der VO. wurde bereits in den 20er J.n erkannt. Die damaligen Anstrengungen erbrachten schon einen Katalog der wesentlichen Gesichtspunkte für eine inhaltliche und methodische Neugestaltung, die nach dem Kriege in Diskussion und Versuchen erneut hervortraten. Das ↗Hamburger Abkommen der Ministerpräsidenten von 1964 schuf die Rechtsgrundlage zur Umgestaltung der VO. in eine ↗Hauptschule (mit neuntem Schj.) und führte zu entsprechenden gesetzlichen Regelungen in den Bundesländern.

2. *Gestaltungsmerkmale.* Die Hauptschule soll sich gegenüber den anderen weiterführenden Schulen profilieren und zu einer attraktiven Konkurrenz werden. a) Als neues wichtiges Aufgabengebiet ist ihr die Hinführung zur modernen Arbeits- und Wirtschaftswelt übertragen, die vor allem durch das Fach ↗Arbeitslehre geleistet werden soll. b) Die vielschichtigen Zusammenhänge politischer, sozialer und arbeitstechnischer Art erfordern stärkere Rationalität und damit Steigerung des intellektuellen Niveaus der Gesamtbevölkerung. Daher sollen Abstraktionsbereitschaft und -fähigkeit entwickelt werden. c) Ein differenziertes Angebot von leistungsbezogenen Kursen (Kern- und Kurssystem) und freiwilligen ↗Arbeitsgemeinschaften soll der individuellen Begabungsförderung dienen. d) Zur Hebung ihres Ansehens wurde ein qualifizierter Abschluß eingeführt, der in einigen Bundesländern „Berufsreife" genannt wird. Wo ein freiwilliges 10. Schj. besteht, kann eine dem Realschulabschluß gleichwertige Prüfung abgelegt werden. e) Der Sicherung eines breiten Bildungsangebots dient die Differenzierung der Lehrerrollen durch Einsatz von ↗Fachlehrern. f) Das Angebot mehrerer Ausbildungsgänge, die Einrichtung von freiwilligen Arbeitsgemeinschaften, die Differenzierung der Lehrerrollen (↗Schulberufe) und die ökonomische Ausnutzung der Fachräume sind nur durch Konzentration zu erreichen. Daher werden mehrere VO.n in der Regel zu mehrzügigen Hauptschulen zusammengefaßt.

3. *Weiterentwicklung.* Die Hauptschule wird Teil der Sekundarstufe I. Unter der bildungspolit. Determinante der Sicherung gleicher Bildungschancen wird die Dreigliedrigkeit unseres Schulwesens überwunden. Neue strukturelle Gliederungen führen zu einem Schulverbund, um für alle Schüler eine verbindliche gemeinsame Grundbildung zu sichern und gleichzeitig die verschiedenen Begabungs- und Interessenrichtungen zu fördern. Die notwendigen Formen der Integration durch ein gemeinsames Curriculum und der ↗Differenzierung nach Leistungsanforderungen und Lernbereichen zwingen zu einer Kooperation zwischen Hauptschule und den anderen Schulen des Sekundarbereichs. Ob der kooperative Verbund zu einer Integration aller Schulformen führen soll, kann erst sachgerecht nach einer Erprobungsphase entschieden werden.

□ Hauptschule. Volksschule. Strukturplan. Schulaufbau

Lit.: E. Hylla - St. Konetzky (Hrsg.), Die Oberstufe der VS. (1931); P. Heimann, Die Bildungssituation der VO. in der Kultur u. Gesellschaft der Gegenwart, in: Die Dt. Schule 49 (1957); H. Roth, Jugend u. Schule zwischen Reform u. Restauration (1961); H. Röhrs, Die Schule u. ihre Reform in der gegenwärt. Gesellschaft (1962, ²1967); Dt. Ausschuß für das Erziehungs- u. Bildungswesen. Empfehlungen zum Aufbau der Hauptschule (1964); A. Roth, Idee u. Gestalt der künftigen Hauptschule (1966); U. J. Kledzik (Hrsg.), Entwurf einer Hauptschule (1967); Grundsätze, Bildungspläne, Richtlinien zur Neuordnung der Hauptschule in NRW (1968); H. Blankertz, Arbeitslehre in der Hauptschule (²1968); Dt. Bildungsrat, Strukturplan für das Bildungswesen (1970).

K. Mohr

Volkstanz

Der V. und seine Musik sind Wesensäußerungen ländlicher Lebensgemeinschaften, Bestandteil aller Volksfeste. Anonym geschaffen, nimmt er vielfältige Einflüsse auf und verarbeitet sie, ohne seinen Typus zu verändern. *Nationaltänze* sollen die Eigenständigkeit eines Volksteiles innerhalb eines polit. Verbandes betonen. Je mehr sich Stadt- und Landbevölkerung mischen, um so mehr geht der V. im Gesellschaftstanz auf. So sind in Europa Reste echter V.e nur noch in Randgebieten zu finden. Typen urspr. V.e sind in Kindertänzen bewahrt.

Um kulturelle Werte zu erhalten, setzte in Mitteleuropa um 1900 die *Pflege des Volkstanzes* ein, doch wirkte die Isolierung in V.-Vereinen allmählich stagnierend; Änderungen und Neuschaffungen im Gefolge der ↗Jugendbewegung sowie wesensfremde choreographische Bühnengestaltungen verwischten urspr. Strukturen. Etwa ab 1960 erwachte bei der Jugend ein starkes Interesse für rhythmusbetonte Volksmusik und damit für amerikan. und osteurop. Tänze mit z. T. noch ungebrochener Tradition.

Der Erzieher kann durch verständnisvolles Nachschaffen Bewegungsfreude, rhythmisches Gefühl, Stil- und Formempfinden entwickeln und fördern. Über V.-Kurse in Dtl. orientiert der „Arbeitskreis für Tanz im Bundesgebiet".

☐ Tanzen. Rhythmische Erziehung

Lit.: E. Fehrle, Dt. Feste u. Volksbräuche (1916, ³1927); R. Wolfram, Die V.e in Österreich u. verwandte Tänze in Europa (1951); F. Hoerburger, V.-Kunde 1 (1961), 2 (1964).

A. Schmolke

Volkstum, Volkstümliche Bildung
1. In dem *Begriff* V., 1810 von F. L. JAHN für die leiblich-geistig-sittl. Eigenart eines Volkes geprägt, schwingt das von der Romantik entdeckte Erleben der eigenart. und -wert. Völkerindividualitäten ebenso mit wie der Wille einer Erziehung zum nat. Volksbewußtsein.

Von Volkserziehung sprach erstmals W. HARNISCH 1812. Das zeitweise modische Adjektiv „volkstümlich" erhielt immer mehr den Beiklang von „allgemeinverständlich", „dem einfachen Volke gemäß". Die Doppeldeutigkeit von „Volk", das als populus oder natio das allen Schichten Gemeinsame gegenüber anderen Völkern, als vulgus die soziale Unterschicht gegenüber den „Gebildeten" bezeichnet, haftet auch dem Begriff der VB. an, der im ersten Jh. von F. SEYFERT neu belebt, von C. SCHIETZEL, H. FREUDENTHAL, K. STÖCKER u. a. aufgegriffen, durch die Lehren W. FLITNERs, E. SPRANGERs u. a. gestützt und in weiten Teilen der VS.lehrerschaft zustimmend aufgenommen wurde. Von der allg. Krise der VS. betroffen, glaubte man in der VB. eine Idee gefunden zu haben, die den Eigenstand, den Eigenwert, die Eigenständigkeit der VS. überzeugend begründen könne. Auch die Erwachsenenbildung wurde von ähnl. Gedanken beeinflußt.

2. Zur *Begründung* diente einerseits ein idealisiertes Bild des „schlichten Menschen" mit „einfacher Geistigkeit", anschaulich-handlungsbezogenem Denken, prakt. Interessen, gemeinschaftsbestimmtem, tätigem Leben im engen heimatl. Kreise. Im „Volksdenken" sah man eine eigene, gleichwert. Erkenntnisinstanz neben der Wiss. Andererseits sollte diese „schlichte Geistigkeit" als die notwend. Grundschicht aller, auch der höheren Bildung gelten. Der Gefahr verbalistischen Scheinwissens und unredlicher Zielsetzungen wollte man begegnen durch solide, dem VS.kind gemäße, grundlegende Erfahrungen vermittelnde Bildungsarbeit in lebensnahen Sachganzheiten.

3. Die *Kritik* richtete sich neben dem Aufweis einzelner Begründungsschwächen und Inkonsequenzen vor allem gegen die gesellschaftl. Voraussetzungen dieser Theorie. Ein auf Nationalkultur und Muttersprache verengter Horizont könne heute nicht mehr genügen. Ein statisches, harmonist., ständisches Menschen- und Gesellschaftsbild widerspreche den Ideen der freiheitl.-egalitären Gesellschaft. Geistige Mündigkeit und wiss. Erkenntnishaltung müsse das Ziel aller Schulen sein. Zwischen diesen bestünden allenfalls Grad-, nicht aber Wesensunterschiede. Die vertikale Trennung eigenständiger Schularten müsse der horizontal gestuften Gesamtschule mit innerer Differenzierung weichen, die allein die Chancengleichheit verwirklichen könne.

Es muß anerkannt werden, daß das Bemühen um anthropologisch vollständige, solide, redliche, kindgemäße Grundlegung der Bildung ein unüberholbares Korrektiv gewisser Gefahren des Bildungsbetriebes darstellt. Der Begriff einer selbstgenügsamen VB. kann aber heute nicht mehr als Leitidee der künftigen Hauptschule dienen.

Lit.: F. L. Jahn, Dt. V. (1810); R. Seyfert, VB. als Aufgabe der VS. (1931); C. Schietzel, Das volkstüml. Denken u. der sachkundl. Unterricht in der VS. (1948); K. Stieger, Unterricht auf werktätiger Grundlage (1951); E. Spranger, Der Eigengeist der VS. (1955); K. Stöcker, VS.eigene Bildungsarbeit (1957); H. Freudenthal, VB. (1957).
Kritisch: H. W. Ziegler, VB.?, in: Die dt. Schule (1956 u. 1957); H. Glöckel, VB.? Versuch einer Klärung (1964).

H. Glöckel

Volksverein für das katholische Deutschland
Der V. (1890–1933) entstand in der Tradition der großen Bildungsvereine des 19. Jh. und entfaltete sich zur größten Volksbildungsorganisation, die der dt. Katholizismus bisher hervorbrachte. Zentrum der V.sarbeit war Mönchengladbach. Hauptmotive der 1. Phase (bis 1918) waren die „soziale Frage", die geistig-polit. Solidarisierung der dt. Katholiken und die Entwicklung eines genuin kath. Kulturbewußtseins in breitesten Bevölkerungsschichten. Medien der extensiven Bildungsarbeit waren bes. Vorträge und Volksschriften (aus eigenem Verlag und mit riesigen Auflagen). F. HITZE, A. PIEPER, C. SONNENSCHEIN u. a. waren für die sozialeth. Programmierung des V.s maßgebend, während A. HEINEN (vor allem nach 1918) Bildungsauffassung und Methoden des V.s im Sinne organisch-intensiver Volksbildung prägte. Die 2. Phase (1918–1933) führte zu einer Intensivierung und Verinnerlichung der Bildungsarbeit, vor allem in Kursus und Arbeitsgemeinschaft. In den 20er J.n betrachteten sich die kath. Verbände (z. T. vom V. angeregt) mehr und mehr als dessen Rivalen, so daß die Forderung nach Sammlung der kath. Kräfte ihre Wirkung verlor.

Lit.: E. Ritter, Die kath.-soziale Bewegung im 19. Jh. u. der V. (1954); F. Pöggeler, Kath. Erwachsenenbildung 1918–1945 (1965); W. Niggemann, Das Selbstverständnis kath. Erwachsenenbildung bis 1933 (1967).

F. Pöggeler

Vollanstalt

V. bezeichnete im gymnasialen Bereich „eine zur Hochschulreife führende Schule, deren Lehrgang mit der ↗Reifeprüfung abschließt", wie die Definition noch in der Vereinbarung der Unterrichtsverwaltungen über die gegenseitige Anerkennung der Reifezeugnisse (Beschluß der KMK v. 20. 5. 1954) lautet. Danach sind V.en sowohl öff. Schulen, d. h. staatliche und solche nichtstaatl. Schulen, die nach dem Landesrecht als öff. Schulen gelten, als auch die anerkannten nicht-öff. Schulen (Privatschulen). Die Durchführungsvereinbarung zum Abkommen nach dem Beschluß der KMK v. 20./21. 1. 1956 legte die Organisationsformen und die Unterrichtsfächer für sie verbindlich fest. Von den V.en sind die *Nichtvollanstalten* (grundständige Zubringeschulen, Progymnasien) zu unterscheiden; sie umfassen in der Regel nur die gymnasiale Unter- und Mittelstufe, also höchstens 6 Klassen und schließen mit der Versetzung zur 11. Kl. (O II) ab.

Die Unterscheidung V. und Nicht-V. bildete sich im Laufe des 19. Jh. heraus und hatte auch rechtliche Konsequenzen z. B. für die Einstufung der Lehrer, vor allem des Anstaltsleiters. Sie verlor jedoch schon seit der Mitte der 50er J. an Bedeutung, da im Zusammenhang mit dem Ausbau unseres Bildungswesens die meist in kleineren Städten oder in ländl. Gemeinden bestehenden Nicht-V.en durch die Aufstockung der Oberstufe (11. bis 13. Kl., O II – O I) das Recht zur Durchführung der Reifeprüfung erhielten. Da schließlich in der zu erwartenden Umgestaltung unseres Schulwesens die horizontale oder Stufenaufbau stärker betont wird als die vertikale Gliederung, dürfte die Unterscheidung V. und Nicht-V. – wenigstens im überlieferten Sinn – überhaupt wegfallen. Daher verwendet auch die neue Vereinbarung über die gegenseitige Anerkennung der an Gymnasien erworbenen Zeugnisse der allg. Hochschulreife (Beschluß der KMK v. 20. 3. 1969) nicht mehr den Begriff V., sondern handelt nur noch vom Gymnasium als einer „zur allgemeinen Hochschulreife führenden Schule".

☐ Höheres Schulwesen

R. Frohn

Volljährigkeit ↗Altersstufen im Recht

Vollzeitschule

V.n sind im Unterschied zu Teilzeitschulen solche Schulen, die die volle einem Kind oder Jgdl.n (unter Berücksichtigung der notwendigen „Freizeit" und familiären Beschäftigung) zumutbare „Arbeitszeit" auslasten. Sie nimmt, von den Ferien und Sonn- und Feiertagen abgesehen, die ganze Woche, und an den Wochentagen den ganzen Tag in Anspruch. Die für die Schule aufgewendete Zeit umfaßt je nach Organisation der Schule nur die Zeit in der Schule (z. B. ↗Tagesheimschulen) oder auch die zusätzl. Hausarbeit (z. B. bei der Halbtagsschule). V.n sind alle Grund-, Real- und Oberschulen, für gewöhnlich auch die Fach-, Berufsfach- und Hochschulen, während die berufsbegleitenden Schulen *Teilzeitschulen* sind. Der Unterschied besteht also vornehmlich im Ausmaß der für die Schule aufgewendeten Arbeitskraft und -zeit; daher steht die V. nicht im Gegensatz zur Halbtagsschule, sondern zur berufsbegleitenden Schule. Eine Zwischenstellung nehmen die Einrichtungen des ↗zweiten Bildungsweges ein, bei denen die Ausübung des Berufs nicht aufgegeben wird. In welchem Maße die Zeit des Schülers durch die Schule „voll" beansprucht wird, differiert nach Alter, Schulart und Ländern. Der Durchschnitt liegt bei 30 Schulstunden (in der ↗Grundschule weniger), wozu noch erhebliche ↗Hausaufgaben kommen können. Rechnet man zur schulischen Arbeitszeit außer kasuellen Verpflichtungen auch noch den Schulweg, so scheinen viele Schüler überlastet zu sein.

K. Erlinghagen

Volpicelli, Luigi

It. Pädagoge, geb. 13. 6. 1900 in Siena; Prof. für Päd. in Rom seit 1935; Gründer und Direktor der Zschr. „Il Montaigne", „Cinedidattica", „Mondo e Ragazzi" und bes. „I problemi della pedagogia"; Direktor der Sammlungen „I problemi della pedagogia", „Biblioteca dell'Educatore" und „La pedagogia" (Enzyklopädie in 14 Bden.). V. vertritt die it. Päd. in vielen internat. Tagungen und Kommissionen.

Werke (Auswahl): Storia della scuola sovietica (Brescia 1950, ³1953) (übers. ins Frz. u. Dt. 1958); Teoria della scuola moderna (Mailand 1951); La scuola negli S. U. d'America (zus. mit M. Bereday) (Rom 1969); La scuola in Inghilterra (zus. mit M. Beales) (Rom 1959); La scuola in Italia e il problema sociale (Rom 1959); Il problema educativo del tempo libero (Rom 1969).

M. Laeng

Vorbereitung des Lehrers ↗Unterrichtsplanung

Vorbeugende Erziehung

VE., eine Päd. der „Vorsorge" (A. PETZELT) bzw. eine *Präventivpädagogik* soll Fehlentwicklungen und die Notwendigkeit von

„Heilerziehung" ausschließen (Abgrenzungsversuch von VE. bei L. BOPP). Je mehr sie dabei zum Positiven eines erfüllten Lebens hinführt, um so mehr lenkt sie vom Negativen ab und nimmt ihm den Einflußraum (PESTALOZZI, J. PAUL, J. H. WICHERN, G. BOSCO, E. J. FLANAGAN, A. S. MAKARENKO). Erst in zweiter Linie bezeichnet und bekämpft sie das Negative direkt, ohne es ins Zentrum zu rücken und somit ungewollt festzuhalten (↗Gefährdung). Nicht einseitige Gängelung, verletzende Strenge oder optimistisches Treibenlassen, sondern Liebe, Freude, Initiative, ↗Ermutigung, ↗Vertrauen, verbunden mit taktvoller Aufsicht, fördern den Prozeß kritischen Mündigwerdens, der sich durch Verantwortungsbewußtsein, Zusammenarbeit, Hilfsbereitschaft und Achtung vor Mitmenschen und Sachen selbst begrenzt. Um Ziele, Inhalte und Maßnahmen einer VE. zu verwirklichen, müssen sie z. B. auf Abschnitte erhöhter Sensibilität (Säugling, Kleinkind, Pubertät) individueller Lebensläufe und ihrer gesellschaftl. Bedingungen (Sozialschicht, Kindergarten, Schule, Berufe) abgestimmt werden (R. SPITZ, E. ERICSON u. a.).

Lit.: L. Bopp, VE., in: Lex. der Päd. der Gegenwart (1930–32); –, VE., in: LdP. (1955); A. Petzelt, Grundzüge syst. Päd. (1947, ¹1964); G. Bosco, Päd. der Vorsorge, besorgt v. W. Fischer (1966, Lit.).

G. Mittelstädt

Vorbild
Zum V. wird eine Person, wenn ihr konkreter Lebensvollzug einen anderen Menschen so zu beeindrucken vermag, daß dieser sich – auf der Suche nach Wegen eigener Lebensführung – mit ihr identifiziert und in seinem Handeln bemüht, ihr nachzufolgen. Ein V. kann nicht, wie das ↗Beispiel, von Fall zu Fall in päd. Intention als Mittel eingesetzt werden, um bestimmte Verhaltensweisen oder Einstellungen hervorzurufen. Auch kann ein V. nicht aufgenötigt werden; die „Wirkung" eines V.es, das frei gewählt ist, vollzieht sich aufgrund seiner gesamten Handlungsweise als Person. In der Weise des V.es wirkt ein Mensch ohne eigene Absicht auf andere.
In päd. Hinsicht ist gerade diese absichtslose Wirkung bedeutsam. Weder der Erzieher, der mit dem Anspruch auftritt, als „sittliche Persönlichkeit" den Heranwachsenden nach einem bestimmten Bild prägen zu dürfen, noch wer sich im Besitz des „rechten" Weges behauptet, ist heute noch glaubwürdig. Hier würde die notwendig unreflektierte Identifikation nur Abhängigkeit und Autorität begründen. Erwartet dagegen der Erzieher vom Heranwachsenden, daß dieser – um zu lernen – zum Abbau seiner Voreinstellungen bereit ist, so muß er selbst auf diesem Weg vorangehen. Heute scheint dies nicht anders mehr denkbar, als daß er an die Stelle des autoritären Verhältnisses, zu dem beide Seiten immer wieder tendieren, Kommunikation treten läßt. Das verlangt vom Erzieher das Wagnis, den, der erst mündig werden will, als Dialogpartner ernst zu nehmen: am Handeln des Erziehers muß einsichtig werden, daß es, um recht zu sein, auch der *Kritik* eben derer bedarf, für die es V. ist. Der Heranwachsende erfährt dabei, 1. daß gerade, wer recht handeln will, sich darauf angewiesen weiß, zuzuhören, 2. daß er selbst als notwendig akzeptiert wird, um seinem V. die Offenheit zu ermöglichen, die Um- und Neudenken erst zuläßt. Zum V. genommen zu werden kann für den Erzieher nicht ohne Rückwirkung auf ihn selbst bleiben. Nur indem er sich als erster glaubwürdig den Ergebnissen eines gleichberechtigenden Dialogs verpflichtet zeigt, stiftet er zugleich den Grund des Vertrauens, auf dem es auch dem Heranwachsenden wagbar wird, von sich abzusehen und offen genug zu werden, sich von anderen etwas sagen zu lassen. Für den Heranwachsenden muß erkennbar sein, daß der, der ihm in der Erstellung eben dieser Wirklichkeit vorausgeht, sein Mitdenken braucht. Was hier ohne Zwang zur ↗Nachfolge dennoch nötigt, sind *nicht die Lösungen*, die von dem fertigen Idealbild einer Persönlichkeit angeboten werden, sondern die *Aufgaben*, auf die ein V. gerade in freimütigem Eingeständnis seiner bleibenden *Unfertigkeit* hinweist, und es ist die Weise, in der ein V. sich nach andern umsieht, die mit ihm um Lösungen erst bemüht sind.

☐ Nachfolge. Beispiel. Nachahmung. Idealbildung

Lit.: B. Brecht, Die guten Leute, in: Hundert Gedichte (1951, ¹1955); G. Bittner, Für u. wider die Leitbilder (1964, ¹1968); M. Buber, Über das Erzieherische, in: Werke, Bd. 1 (1962); K. Mollenhauer, Erziehung u. Emanzipation (1968, ¹1970); K. Schaller, Ende der Erziehung?, in: Studien zur syst. Päd. (¹1969).

R. Walrafen

Vorgeburtliche Einflüsse
Normalerweise ist das werdende Kind im Schoße der Mutter geschützt; dennoch können äußere und innere Störungen zu Schäden führen und damit Ursachen angeborener Mißbildungen werden. Diese können Erbleiden täuschend ähnlich sein. Gelegentlich treffen auch genetische und Umwelt- (peristatische) Faktoren zusammen. Eine Störung der Keimzellenreifung (Gametopathie) liegt z. B. beim Mongolismus vor. – In den ersten drei Monaten der Schwangerschaft (Embryonalperiode) ist der Embryo aufgrund der

raschen Organentwicklung bes. gefährdet. Sauerstoffmangel, Fehlernährung, Röntgenstrahlen, Abtreibungsversuche, manche Medikamente (z. B. Contergan) und Virusinfektionen können zu *Embryopathien* führen, wobei Art und Ausmaß der Schädigung weniger von der Noxe als vielmehr von ihrem Zeitpunkt abhängen. Bekanntestes Beispiel einer Embryopathie sind die Schäden durch das Rötelnvirus, die entstehen, wenn die werdende Mutter erstmalig während der ersten drei Schwangerschaftsmonate an Röteln erkrankt. Durch Impfung aller Mädchen vor der Pubertät kann dieser Gefahr wirksam begegnet werden. Nach Abschluß der Organentwicklung wird das werdende Kind als Fetus bezeichnet; es kann dann durch andere Infektionen (z. B. Lues, Toxoplasmose) ebenso gefährdet werden wie durch Blutgruppenunverträglichkeiten. Die Störungen dieser Periode werden als *Fetopathien* zusammengefaßt. Durch regelmäßige Untersuchungen und Beratung der Schwangeren kann man Komplikationen vermindern und negativen vorgeburtlichen Einflüssen weitgehend vorbeugen.

☐ Geburt. Behinderte Kinder. Kind. Kinderkrankheiten. Kinder- und Jugendpsychiatrie. Neuropathologie des Kindes- und Jugendalters

Lit.: W. Keller - A. Wiskott, Lb. der Kinderheilkunde (²1969).

J. Oehme

Vorhaben (Projekt)

Die Bezeichnung V. in ihrer schulpäd. Verwendung wurde – wohl unter dem Einfluß des päd. Pragmatismus (J. DEWEY, W. H. KILPATRICK) – von J. KRETSCHMANN geprägt und von A. REICHWEIN aufgenommen, aber nicht immer einheitlich verwendet, ähnlich wie in der amerikan. Lit. das Wort ↗Projekt(methode).

Das V. wurde von KRETSCHMANN als Ergänzungsmaßnahme, als „gemeinsames Sich-noch-etwas-Vornehmen im Anschluß an den Gesamtunterricht" zunächst sehr weit gefaßt. Hinsichtlich der Hochform des V.s engt er dann ein: „Letzte erstrebenswerte Stufe solcher V.gestaltung ist die Hingabe, das Sichsammeln um ein größeres, gemeinsames Werk, . . . [das] um seiner selbst, nicht um schulmäßiger Übungen ausgeführt wird." Die von ihm genannten Beispiele (Aquarium, Schulgarten, Kaspertheater, Tierbilderbuch, Feste usw.) zeigen, daß als wesentliches Moment des V.s die prakt. Ausführung gewertet wird. Auch bei REICHWEIN kulminiert das V. in der engagierten Planung und Ausführung eines gemeinsamen Werkes (z. B. dem Bau eines Gewächshauses).

Der Gedanke des V.s wurde in der ↗Jena-Plan-Schule P. PETERSENs realisiert. Aus der Sicht W. KLAFKIs lassen sich V. und P. als Aufgaben mit Ernstcharakter deuten, die in der dialekt. Spannung von Engagement und ↗Reflexion den jungen Menschen in den Horizont von Handlung und ↗Verantwortung stellen und damit ihre päd. Bedeutung erkennen lassen. Die selbständige Planung gehört hier ebenso zum V. wie die prakt. Ausführung, wobei diese jedoch keineswegs immer mit manuellem Tun verknüpft ist (z. B. Schulchor singt im Krankenhaus).

☐ Projektmethode

Lit.: J. Kretschmann, Der natürl. Unterricht (1932); A. Reichwein, Schaffendes Schulvolk (1937, ⁴1967); J. Kretschmann - O. Haase, Natürl. Unterricht (1948); W. Klafki, Engagement u. Reflexion im Bildungsprozeß, in: Studien zur Bildungstheorie u. Didaktik (⁸⁻⁹1967); – W. Schulz - F. Kaufmann, Arbeitslehre in der Gesamtschule (1968); A. O. Schorb, Päd. Taschenlex. a–z (1967).

Chr. Salzmann

Vorklassen ↗Vorschulische Erziehung ↗Schulkindergarten

Vormundschaft, Vormundschaftsgericht

V. = Vormund, VG. = Vormundschaftsgericht

1. *Vormundschaft*. Ein Volljähriger erhält einen V., wenn er entmündigt ist (§ 1896 BGB), ein *Minderjähriger,* wenn er nicht unter elterl. Gewalt steht (z. B. Doppelwaise, Findelkind oder nach Entzug der elterl. Gewalt). Bei nichtehel. Kindern steht der Mutter seit 1. 7. 1970 grundsätzlich die volle elterl. Gewalt zu; das Jugendamt hat nur mehr die Stellung eines Pflegers zur Regelung einzelner Angelegenheiten (Vaterschaftsfeststellung, Unterhalt) für den Minderjährigen. – Das BGB befürwortet anstelle der *Amtsvormundschaft* die *Einzelvormundschaft,* bei der der V. seine Aufgaben (Beistand und Sorge für Person und Vermögen des Mündels, gerichtliche und außergerichtliche Vertretung) unter der Aufsicht des VG.s grundsätzlich selbständig führt.

2. *Vormundschaftsgericht.* Das VG. hat neben der Aufgabe der Obervormundschaft (Bestellung und Beaufsichtigung des V.s, Entlassung bei festgestellter Pflichtwidrigkeit, Genehmigung bedeutsamer Rechtsgeschäfte) vor allem erzieherische Aufgaben: Es unterstützt die Eltern auf deren Antrag bei der Erziehung des Kindes, ist aber auch befugt, bei einer Gefährdung des Kindes infolge elterl. Sorgerechtsmißbrauchs oder bei Vermögensgefährdung einzuschreiten. Ferner ist es zur Anordnung der ↗Fürsorgeerziehung berufen.

☐ Nichteheliches Kind

Lit.: S. Boschan, Die V., in: Hdb. für den V., H. 1a (1956); G. Potrykus, Die Vormundschaftsformen des RJWG, in: Hdb. für den V., H. 3 (1956); J. Gernhuber, Lb. des Familienrechts (1964, 1970); H. Dölle, Familienrecht, Bd. II (1965); F. Odersky, Nichtehelichengesetz (1970, ²1971).

G. Potrykus

Vorsatz ↗ Willenspsychologie

Vorschulische Erziehung

I. Psychologischer Aspekt

Unter VE. wird eine geplante Förderung von Kindern im vorschul. Alter zwischen dem 3. und 6. Lj., vorwiegend im 6. Lj., verstanden, eine Förderung, die primär auf institutioneller Basis, im weiteren Rahmen aber auch auf der Basis des Elternhauses erfolgt.

1. In der *Intelligenzforschung* ist in dem vergangenen Jahrzehnt der Aspekt der Beeinflußbarkeit der ↗Intelligenz durch stimulierende Lernangebote bes. betont worden (Mc V. HUNT). Aus B. S. BLOOMs Erörterungen über einen beschleunigten Entwicklungsverlauf der geist. Fähigkeiten (Intelligenz) in den ersten Lebensjahren wurde die effektivere Beeinflußbarkeit der geist. Entwicklung in früheren Lebensjahren gefolgert. – Eine Förderung im vorschul. Alter kann das Defizit einer geist. Vernachlässigung, das sich mit zunehmenden Möglichkeiten zu Lernerfahrungen schnell kumuliert (Kumulatives Defizit), am ehesten ausgleichen. Die Bedeutung der *Sprache* für die kognitive Entwicklung und später für den Schulerfolg auf der einen und die Diskussion um einen schichtenspezif. Spracherwerb (Wortschatz, Satzstrukturen) auf der anderen Seite haben die Frage der Sprachförderung zu einem stark beachteten Punkt in der VE. gemacht.

2. *Ziele* einer VE. sind wesentlich abhängig von dem Stand der erworbenen Fähigkeiten im kognitiven, emotionalen und sozialen Bereich der zu fördernden Kindergruppen bzw. Subgruppen (z. B. ↗Kompensatorische Erziehung zum Ausgleich von kognitiven Defiziten oder von Schwierigkeiten im sozialen Bereich; Förderung von Kindern mit einem starken Entwicklungsvorsprung). – Die VE. strebt eine *Förderung in den verschiedensten Bereichen* an: im kognitiven, sensumotor. (Grobmotorik, Feinmotorik, sensumotorische Koordination), im emotionalen und sozialen Bereich. Neben der Erweiterung des Vorstellungsbereiches der Kinder geht es um Unterstützung beim Erwerb von erfolgreichen Problemlösungsstrategien.

Folgende *Formen* von gezielter VE. werden erprobt: a) Anreicherung der Lernumwelt des Kindes durch sprachl. Reize, Gegenstände und Aktionen von Erwachsenen und Gruppenmitgliedern, deren Aufforderungscharakter das Kind zur spontanen Auseinandersetzung mit den Gegebenheiten führen soll; b) eine syst. Förderung einzelner Funktionen und Fähigkeiten durch streng vorstrukturierte Trainingsprogramme (z. B. Sprachprogramm, C. BEREITER; Leselernprogramme); c) Elternarbeit (D. P. WEIKART) bei nicht bildungsfreudigen Gruppen mit dem Ziel, die Eltern für den Entwicklungsfortschritt ihrer Kinder zu interessieren.

Als *Erfolgskriterium* für die Wirksamkeit von VE. gilt ein Entwicklungsvorsprung der geförderten gegenüber einer vergleichbaren nicht geförderten Gruppe, der über die direkt nach einer VE. folgende Zeit hinaus erhalten bleibt (WEIKART).

II. Schulpädagogischer Aspekt

1. *Begriff*. VE. kann formal und inhaltlich verschieden gefaßt werden: a) *Temporal*: Spanne von der Geburt bis zur Einschulung als von Eltern oder Drittpersonen beeinflußte Erziehungsperiode, die Einwirkung auf frühkindliches Verhalten in Familie, Kinderkrippe, Kinderhort und -heim, ↗Kindergarten, ↗Kinderladen, Vorklasse und Schulkindergarten umfaßt (VE. im weitesten Sinne). b) *Funktional*: aufgefächerter Lernprozeß der 3- bis 6jährigen (bzw. 7-) der neben allg. fördernden Maßnahmen den Schulbeginn vorbereiten hilft. Die traditionelle Kindergartenerziehung, die ihre Effizienz vom Standpunkt der Schulfähigkeit überprüft, wird hier komplementiert von kognitiven Förderungsprogrammen, die Entscheidungen im Hinblick auf Altersheterogenität oder -homogenität sowie die Gewichtung intellektueller, sozialer, emotionaler, kreativer Dimensionen herausfordern (VE. im weiteren Sinne). c) *Institutionell*: Vorbereitungsstufe der 5jährigen (bzw. 5- bis 7jährigen) für den Primarbereich; dabei kann vorschulische Einführung in besonderen Vorbereitungsgruppen der Kindergärten oder in Vorklassen – die organisatorisch an Grundschulen angeschlossen sind – gegeben werden (VE. im engeren Sinne).

2. *Entwicklung*. Seit den 60er Jahren kann man in der BRD – unter dem Einfluß der in den USA intensiv geförderten, großangelegten preschool-education-Programme – von einer „Vorschulbewegung" sprechen. Sie empfängt wesentliche Impulse aus Versuchen intellektueller Frühförderung, wie sie aufgrund theoretischer Konzepte verschiedener Universitätszentren, bes. im überregionalen Project Head Start, realisiert wurden. Das durch Economic Opportunity Act von 1964 initiierte Head Start Programm, das vor allem deprivierten (Unterschicht- und fremdsprachigen) Kindern auf der Basis der Chancengleichheit intellektuell-soziale Hilfestellung geben möchte, erfaßte bis 1970 rd. 1,5 Mill. Geförderte, vornehmlich in der Altersstufe der 5jährigen. Kontrolluntersuchungen zeigten, daß meßbare Intelligenzsteigerungen durch strukturierte Programme bei Unterschichtkindern erreicht werden, die allerdings bei mangelnder Fortführung der Betreuung in der Primarstufe in Frage stehen. Deshalb versucht das Project Follow Through seit Schj. 1968/69 92 Lernprogramme als Förderungsfortsetzung nach der Einschulung anzubieten. Bezügl. der Chancengleichheit

ist festzuhalten, daß zwar der Retardationseffekt bis zu einem gewissen Grade aufgefangen wird, aber die Kluft zwischen Unter- und Mittelschichtkindern weitgehend erhalten bleibt (familiale Unterschiede sozioökonomischer und soziokultureller Art). Stärkere Egalisierung erhofft man sich von früher einsetzender ↗kompensatorischer Erziehung (ab 3 J. und früher). Welche Bedeutung gerade der Erschließung frühkindl. Begabungsreserven zukommt, zeigt die Errichtung eines neuen Office of Child Development im Department of Health, Education, and Welfare 1969, das sowohl für Head Start, wie alle andern Vorschulinitiativen verantwortlich zeichnet.

3. *Gegenwärtige Lage in der BRD.* In der BRD gibt es keine vergleichbare zentrale öff. Koordinationsinstanz. Einzelne Bundesländer versuchen auf regionaler Basis eine intensivere Vorbereitung der 5jährigen auf die Grundschule durch Einrichtung von *Vorklassen* bzw. Vermittlungsgruppen in Kindergärten (Modellkindergärten) mit wiss. Begleituntersuchung zu erreichen (z. B. Hessen, Berlin, NRW seit 1968; Niedersachsen, Rheinl.-Pfalz, Schleswig-Holstein, Hamburg seit 1969/70). Die Zielsetzung spiegelt sich in den an die Vorklassenversuche geknüpften Fragen wider, ob durch Vorklassenbesuch (1) alle Kinder bei der Einschulung schulreif sind; (2) eine Leistungssteigerung im Primarbereich erfolgt; (3) Versetzungsschwierigkeiten reduziert werden; (4) begabte Schüler Klassen überspringen können; (5) die Sekundarstufe um ein Jahr herabgesetzt werden kann. Dieses schulpolitisch leistungsbetonte Programm, das die Effizienz vorschul. Bemühungen am späteren Schulerfolg mißt, kontrastiert zur weitergefaßten Kindergartenerziehung, die nicht auf Vorbereitung der Kulturtechniken und Forcierung der Intellektualität abstellt, sondern auf unbeschwertes Zusammenleben in geborgener Atmosphäre und freie Entfaltung von Aktivität und Spontaneität. Die Gegensätze beginnen sich allerdings auszugleichen, wenn auf der einen Seite in den Vorklassen durch Einbeziehung spielerischer und kreativer Aktivitäten neben der kognitiven die soziale und emotionale Dimension einbezogen wird, andererseits auch im Kindergarten neben der allseitigen Förderung gezielte Ausrichtung auf die mehr leistungszentrierte Schule erfolgt. Damit sind jedoch nicht die Spannungen gelöst, die sich aus der ideologischen Verflechtung beider Bereiche ergeben, denn „Vorklassen" (unter der Zuständigkeit des KM) assoziieren: staatliche Reglementierung, Schulpflicht, Eingriff in Elternrechte, Beschneidung privater Gruppeninteressen, während die dem Minister für Arbeit, Gesundheit und Soziales unterstehenden Kindergärten größere Freiräume im Sinne kindzentrierter statt schulzentrierter Erziehung versprechen.

4. *Probleme.* Da es sich im Vorschulbereich nicht um ein bloßes Vorwegnehmen schulischer Lerninhalte handeln kann, sondern um die Begründung basaler Voraussetzungen für Lerneinstellungen, bedarf es eines möglichst früh einsetzenden Aufbauprogramms zur Stimulation von Lernmotivationen. Didaktische und curriculare Konzepte stehen noch aus, so daß lerntheoretische Vorüberlegungen erste Anhaltspunkte für gezieltes Lehren und Lernen im Vorschulalter geben müssen (J. PIAGET, H. AEBLI, J. S. BRUNER, B. S. BLOOM, R. M. GAGNÉ). Wichtiger als Faktenvermittlung erscheint Stimulierung der Lernfähigkeit generell (learning to learn), d. h. Wecken der Freude am Lernen, Bereitschaft, sich von Sachen und Personen ansprechen zu lassen, Ausdauer zu sinnvoller Betätigung, Verzicht auf unmittelbare Bedürfnisbefriedigung zugunsten von Fernzielen und späteren Belohnungen. Das Kind soll lernen, im Erwachsenen eine informierende und verstärkende Instanz zu sehen und in adäquater Selbst- und Fremdeinschätzung zu einer kritischen, kreativen, selbständigen Haltung zu gelangen (BLOOM). Bei dieser Erschließung frühkindlicher Möglichkeiten gibt es keine Fixierung auf bestimmte Lernstoffe, jeder Gegenstand kann bei entsprechender Förderung der Aufnahmefähigkeit vom Kind „entdeckt" werden (learning by discovery), so daß – ob nun die Entdeckungen gelenkt oder spontan erfolgen – die Methode der Exploration als erfolgversprechendster Weg frühkindlichen Lernens erscheint.

☐ Kognitive Entwicklung. Kreativität. Intelligenz. Kompensatorische Erziehung. Kindergarten. Kind. Sprache

Lit. zu I.: B. S. Bloom, Stability and Change in Human Characteristics (New York 1964); J. Mc V. Hunt, The Psychological Basis for Using Preschool Enrichment as an Antidote for Cultural Deprivation, in: Merill Palmer Quarterly 10 (1964); B. S. Bloom - A. Davis - R. D. Hess, Compensatory Education for Cultural Deprivation (New York 1965); C. Bereiter - S. Engelmann, Teaching Disadvantaged Children in the Preschool (New Jersey 1966); Dt. Päd. Zentralinst., Abt. Vorschulerziehung (Hrsg.), Bildungs- u. Erziehungsplan für den Kindergarten (1967); A. Flitner, Der Streit um die Vorschulerziehung, in: Zschr. f. Päd. 13 (1967); D. P. Weikart (Ed.), Preschool Intervention. A Preliminary Report of the Perry Preschool Project (Anne Arbor 1967); H. Heckhausen, Förderung der Lernmotivierung u. der intellektuellen Tüchtigkeiten, in: H. Roth (Hrsg.), Begabung u. Lernen (^{2}1969); U. Oevermann, Schichtenspezifische Formen des Sprachverhaltens u. ihr Einfluß auf die kognitiven Prozesse, in: H. Roth ebd.; Dt. Jugendinst. (Hrsg.), Dokumentation, Bibliogr. zur Vorschulerziehung (^{2}1970); O. Harde - W. Siersleben - R. Wogatzki, Lernen im Vorschulalter, (^{2}1970); D. Rüdiger, Ansatz u. erste Befunde einer experimentellen Längsschnittstudie zum Lesenlernen im Vorschulalter, in: Schule u. Psychol. 17 (1970).

Zu II.: J. S. Bruner, The Act of Discovery, in: HER 31 (1961); M. A. Krider - M. Petsche, An Evaluation of

Head Start Preschool Enrichment Programs... (Lincoln 1967); J. Mc. V. Hunt, The Challenge of Incompetence and Poverty (Illinois 1969); Mitteilungen des Senats an die Bürgerschaft, Hamburg 7. 10. 1969, Nr. 2381; Modellkindergärten in NRW, hrsg. v. Minister f. Arbeit, Gesundh. u. Soziales, Landeskonf. 8. 9. 1970; E. Calliess, Vorschulerziehung (1970); K. Samstag, Informationen zum Lernen im Vorschulalter (1971); D. Höltershinken (Hrsg.), Vorschulerziehung. Eine Dokumentation (1971).

I. *M. Braun,* II. *L. Kossolapow*

Vorstellung

V. im weiteren Sinne ist jede Art intentionaler Darstellung eines Gegenstandes des Denkens, Fühlens, Wollens, der Einbildungskraft oder aber ein Traumgebilde; dies alles verstanden als eine Art der Anschauung, die es uns ermöglicht, deren Inhalte gleichsam wie wahrnehmbare Objekte „vor uns hinzustellen".

Im engeren psychol. Sinne ist V. das Sichvergegenwärtigen von Sinnesgegebenheiten nach Wegfall der Gegenwart des vorgestellten Gegenstandes, also verstanden als bewußtseinsmäßiger psychol. Akt nicht aufgrund unmittelbarer Reizeinwirkung, sondern aufgrund der von früheren Reizeindrücken bzw. Wahrnehmungen zurückgebliebenen „Spuren". V. kann zeitlich sowohl vergangenheitsbezogen (Erinnerung, Gedächtnis) als auch zukunftsbezogen sein (stimuliert durch Reizgegebenheiten wie Erwartung, Furcht usw.). Die wichtigsten Gesichtspunkte bei der Aufschlüsselung der V.en sind: 1. Intensität bzw. Grad der sinnl. Anschaulichkeit (die z. B. bei den eidet. Anschauungsbildern bes. groß ist, ↗Eidetik), 2. individuelle Besonderheiten. Entsprechend der besonderen Neigung bestimmter Individuen zu bestimmten V.sarten unterscheidet man hier den visuellen, den akust. und den motor. V.stypus.

☐ Assoziation. Apperzeption. Eidetik. Perseveration. Phantasie. Synästhesie. Zwänge. Persönlichkeitstypen. Einstellung. Denkpsychologie

Lit.: G. E. Müller, Zur Analyse des Gedächtnisses u. des V.sverlaufes, 3 Bde. (1911-24); K. Koffka, Zur Analyse der V.en u. ihrer Gesetze (1912); J. Lindworsky, Wahrnehmung u. V., in: Zschr. f. Psychol. 80 (1918); F. Scola, Über das Verhältnis von V.sbild, Anschauungsbild u. Nachbild, in: Archiv für die gesamte Psychol. 52 (1925); A. Argelander, Das Farbenhören u. der synästhet. Faktor der Wahrnehmung (1927); E. Jaensch, Über den Aufbau der Wahrnehmungswelt I (^{4}1927), II (1931); J. Fröbes, Lb. der experimentellen Psychol. I (^{3}1929); A. Wellek, Zur Gesch. der Synästhesie-Forschung, in: Archiv für die gesamte Psychol. 79 (1931); H. Kunz, Die anthropolog. Bedeutung der Phantasie (1946); D. Katz, Hdb. d. Psychol. (1951); R. Bergius (Hrsg.), Hdb. d. Psychol. I, 2 (1964); K. Jaspers, Allg. Psychopathologie (^{8}1965); C. F. Graumann (Hrsg.), Denken (^{4}1969); K. Foppa, Lernen, Gedächtnis, Verhalten (^{7}1970).

K. P. Sternschulte

Vorstellungstypen ↗Vorstellung

Vortrag als Bildungsform

1. V. ist jede der Information und Bildung dienende, länger als ca. 5 Minuten dauernde Äußerung eines einzelnen mittels wörtl. Rede. Traditionelle Standardformen des V.s, die die öff. Meinung über den V. geprägt haben, sind der „abendfüllende", ca. 90 Minuten lange V. in der ↗Erwachsenenbildung sowie die akadem. Vorlesung von 45 bzw. 90 Minuten Dauer.

2. Gerade an diesen beiden Standardformen entzündet sich neuerdings die *Kritik* an Sinn und Berechtigung des V.s. In Dtl. ist die Vorlesung zum „Petrefakt der akademischen Lehrweise" (M. HORKHEIMER) erstarrt. Eine allg. „Krise des Vortrags" liegt vor allem in der Tendenz nach autoritärer Lehrweise, wie sie ein Zuviel an V. sowie dessen Bevorzugung als Lehrweise zur Folge hat. In einem *dialogischen* Zeitalter gilt das ↗Gespräch und nicht der V. als ursprünglichere, wichtigere Lehr- und Lernform. Der V. bietet zwar die Chance, in relativ kurzer Zeit und in konzentrierter, syst. Form ein großes Maß an Wissen zu übermitteln, überfordert aber (zumal in den typ. Erholungs- und Ermüdungszeiten, am Abend und Wochenende) Aufnahmefähigkeit und -willigkeit der Hörer. Erschwerend kommt hinzu, daß meist nur ein geringer Teil des V.sinhalts im Gedächtnis fixiert wird, ein Großteil aber verlorengeht, so daß der Informations- und Bildungseffekt bei „abendfüllenden" V.en gering ist. Günstiger ist dies bei Kurz-V.en. V. und Gespräch sollten sich in der Bildungsarbeit ergänzen. Eine totale Ablehnung des V.s ist schon deshalb problematisch, weil bestimmte Menschen als „auditive Typen" vom V. mehr profitieren als vom Gespräch. Außerdem gibt es Sachgehalte, die – weil den Teilnehmern völlig unbekannt – nicht zum Gespräch geeignet sind, denn das Gespräch setzt ein Basiswissen in der erörterten Sache voraus. Selbst wenn ein unbekannter Stoff nach „sokratischer Methode" dialogisch erschlossen wird, sind zwischendurch Gesprächsbeiträge mit V.scharakter nötig.

3. Die *Koordination* des V.s mit anderen Bildungsformen sowie die Erprobung eines *Methodenverbunds* sind geeignet, den V. in der richtigen Weise anzuwenden. Gesteigert wird die Wirkung eines V.s durch Hinzunahme audiovisueller Medien während des Sprechens sowie durch Einpassung von V. und Aussprache in die jeweilige Veranstaltung, ferner durch dialog. Anlage des V.s: Dieser bietet nicht nur „fertiges" Wissen (facts and figures), sondern auch Fragen und erschließt das Thema gerade in seiner Fragwürdigkeit,

so daß eine Aussprache stimuliert wird. Zwar ist Bildungsarbeit heute längst nicht mehr wie im Zeitalter der popularisierenden ↗Volksbildung bloßer V.sbetrieb; doch ist heute ernsthaft zu testen, inwiefern Informationen, die bisher mittels V.s erlangt wurden, in Zukunft günstiger durch Selbst- und ↗Fernstudium, durch Lektüre mit Hilfe komprimierter ↗Sachbücher zu vermitteln sind. Reiz und Magie des V.s als des lebendigen Wortes im Direktverfahren, lassen sich freilich durch Lektüre usw. nicht ersetzen. Nur sollte der gute V. nicht Buchersatz sein.
4. Die Vielfalt der *Vortragsformen* ist leider noch zuwenig bekannt. Favorisiert werden heute Kurz-V., Referatsreihe (mit mehreren Kurz-V.en verschiedener Sprecher), Kontrovers-V.e (Pro- und Contra-Effekt in zwei aufeinanderfolgenden Kurz-V.en). Im Unterschied zum reinen Lehr-V., der vorgegebene Kenntnisse weitergibt (Referat), macht der „vordenkende" V. (E. WEITSCH) die im Hörerkreis vermuteten themabezogenen Auffassungen spruchreif. – Die Impulsmethode ist eine bes. günstige Kombination von V. und Aussprache.

□ Erwachsenenbildung

Lit.: F. Pöggeler, Methoden der Erwachsenenbildung (²1966).

F. Pöggeler

Vorurteil ↗ Kritik

Vorurteil, soziales

V. = Vorurteil

I. Begriff und Entstehung

1. Eine auf SV.e gerichtete, intensive, primär empir. Forschung wurde erst in diesem Jh. ausgelöst durch den Schock über die zerstörenden Kräfte nationalistischer und rassistischer V.e. In der Zeit um den 2. Weltkrieg galt ihrer Erforschung – vor allem in den USA betrieben – ein großes Interesse in der Absicht, aus der Kenntnis über ihre Entstehung Wege zu ihrer Überwindung oder Auflockerung zu finden. Neben dem Vorteil der Aktualisierung und Intensivierung des Problems hatte diese praxisbezogene Forschung den Nachteil eines Zwanges zu kurzfristig praktikablen Ergebnissen. Das führte zu einem heute als zu begrenzt erscheinenden Begriff von V.en als voreilige Urteile, die negativ sind, auf keiner oder zu geringer Erfahrung beruhen und sich einer Korrektur durch Erfahrung widersetzen. – *Sozial* werden V.e dann genannt, wenn sie sich auf Gruppen oder Einzelne als Angehörige von Gruppen beziehen, wenn sie selbst von Gruppen ausgehen und so nach Inhalt und Auswirkungen gesellschaftlich relevant sind. Bei ihrer Untersuchung standen zuerst die verfolgten Gruppen im Blick mit der Frage, was an ihnen V.e hervorrufe. Diese Frage erwies sich als abwegig. Die Objekte für V.e sind willkürlich austauschbar; häufig betroffen sind Gruppen ohne Schutz oder Macht.

2. Die „Wendung zum Subjekt", von den Menschen, auf die sich V.e beziehen, zu denen, die V.e haben, geschah in den Untersuchungen TH. W. ADORNOs und seiner Mitarbeiter über die „autoritäre Persönlichkeit". Zu V.en neigen danach Menschen, die damit eigenes Versagen und eigene Schwäche kompensieren wollen. Zu einer ich-schwachen autoritären Persönlichkeit kommt es leicht, wenn jemand schon in frühester Jugend unter dem übermächtigen Druck strenger Autorität steht, die nicht durch Verständnis und Liebe ausgeglichen wird. Dem Kind, das sich der Autorität z. B. des Vaters blind unterwerfen muß, gelingt es nicht, Werte und Normen zu verinnerlichen, Gewissen und Persönlichkeit auszubilden. Kennzeichnend für das spätere Leben wird das Verhaltensmuster, sich äußerlich Gruppen mit gesellschaftlicher Macht zu unterwerfen und Aggressionen an machtlosen Gruppen abzureagieren.

Während zunächst die Neigung bestand, V.e mehr als ein patholog. Phänomen zu sehen, für das nur eine relativ geringe Zahl von Menschen unter bestimmten Bedingungen anfällig ist, erweist sich das V. heute stärker als eine allg. Erscheinung, die mit der Art und dem Verlauf der Identitätsbildung des Menschen in gesellschaftl. Gruppen zusammenhängt. So „... ist der Trost der Vorurteilsgewißheit für die lange Jugendzeit des einzelnen unentbehrlich ... Das jeweilige Vorurteil, an dem festgehalten wird, soll gegen Störungen aus der fremden Um- und Innenwelt absichern. Diese Absicherung geschieht meistens nicht durch ein einzelnes, sondern durch ein ganzes Vorurteilsgeflecht. Seine Herkunft liegt in den Identifizierungsvorgängen, mit denen wir uns unserer Mitwelt anpassen" (A. MITSCHERLICH).

Heute gilt als gesichert, daß sich V.e schon in Kindheit und Jugend bilden. Je früher V.e entstehen und je öfter sie in der sozialen Umwelt des Kindes bestätigt werden, um so starrer werden solche Einstellungen und um so geringer ist die Chance der Korrektur durch spätere Erfahrungen.

II. Auswirkungen

1. Die *Ambivalenz* des V.s besteht darin, daß es einmal durch Vereinfachungen Orientierung und Identifikation erleichtert, zum anderen Prozesse der Reflexion und der differenzierenden Erfahrung blockiert. Die ↗Anpassung an Normen, Werte und Verhaltensweisen der eigenen Gruppe und die Ausbildung der sozio-kulturellen Persönlich-

keit, die oft unter starkem Zwang geschieht, ist leichter, wenn die eigene Gruppe extrem positiv ausgestattet und eine Identifikation mit ihr erstrebenswert erscheint, während Außen- und Fremdgruppen, zu denen man nicht gehört, negativ gesehen und auf sie abzulehnende Eigenschaften projiziert werden. Dabei können Aggressionen, die in der eigenen Gruppe auftreten, nach dem Bild des Sündenbocks abgeleitet werden (G. W. ALLPORT). Der Zusammenhang des Bewußtseins von Eigengruppe und Fremdgruppe, die Relation *ingroup-outgroup,* hat sich in zahllosen Untersuchungen bestätigt. So ergeben Einstellungsbefragungen beim eigenen Volk, also beim Selbstbild oder *Autostereotyp,* ein Profil positiver Eigenschaften, bei fremden Völkern ein unterschiedl. negatives Fremdbild oder *Heterostereotyp* (K. S. SODHI und R. BERGIUS oder W. BUCHANAN und H. CANTRIL). Tatsächlich stellen V.e die Menschen unter einen Bann. Das V. kann eine „Bildungsbarriere" genannt werden (W. STRZELEWICZ). Die Unfähigkeit, Einzelheiten und Unterschiede zu erfassen, führt zu einer kennzeichnenden „Wut auf die Differenz" (ADORNO), das Insistieren auf Projektionen zu geist. und seel. Verarmung. Der Vorurteilsvolle vermag sich vom Objekt seines Hasses nicht zu lösen. Die Welt des V.s ist pessimistisch und insistiert auf drohenden Katastrophen. Man kann von einer „selbsterfüllenden Prophetie" (R. K. MERTON) sprechen, von einer „Flucht in den Haß" (E. REICHMANN), der zuletzt Selbsthaß ist.

2. Es lassen sich nach dem *Inhalt* religiöse, rassische, nat. und in engerem Sinne soziale V.e unterscheiden, aber auch hier sind genaue Unterscheidungen nicht möglich. V.e sind komplexe und vielschichtige Phänomene. So spricht die Forschung oft von „Syndromen" des V.s. Allgemeine Ergebnisse wurden bes. auf dem Gebiet der nat. V.e, des *Ethnozentrismus,* gewonnen. – Nach dem gegenwärtigen Stand der Forschung ist für V.e weniger ihr negativ oder auch positiv wertender Charakter kennzeichnend als ihre Starrheit und Unveränderbarkeit. So benutzt man als wertneutrale Ausdrücke aus dem Bereich des Druckwesens auch die Bezeichnung „Klischee" und noch häufiger gerade in der wiss. Forschung der jüngeren Zeit den Begriff des ↗ Stereotyps, um stärker den fixierenden Charakter des V.s anzusprechen.

III. Überwindung

Die Überwindung und Auflockerung von V.en macht große Schwierigkeiten und ist in ihrem Erfolg oft problematisch. Obwohl ethische und religiöse Appelle zu Völkerverständigung und Brüderlichkeit in zahllosen Aktionen und permanent durch Massenmedien oder Institutionen der Erziehung sich an alle Gruppen der Gesellschaft richten, ist meist der Effekt des „preaching to the saved" gegeben, d. h., daß sich nur die Vorurteilsfreien ansprechen lassen. Bedenklich ist es, negative V.e durch positive ersetzen, d. h. etwa den ↗ Antisemitismus durch einen Philosemitismus überwinden zu wollen. Aussicht auf Überwindung von V.en und Stereotypen besteht durch differenzierende Information und Erfahrung, bes. bei jungen Menschen. Die Erfahrung erreicht aber nur selten Menschen mit V.en; kennzeichnend für sie ist gerade ein bestimmter Auslese-, Verdrängungs- und Verfälschungsmechanismus der Wirklichkeit gegenüber, wobei nicht zu verdrängende oder zu verfälschende, dem V. widersprechende Erfahrungen als Ausnahme abgewertet werden. Die größte Chance zur Überwindung von V.en besteht in der Auslösung einer Reflexion, d. h. dann, wenn es gelingt, die psycho- und gruppendynam. Prozesse, die zu V.en führen, und ihre Funktion im gesellschaftl. Rahmen einsichtig werden zu lassen. Verfestigte und eingefahrene V.e können nach bisherigen Erfahrungen nicht überwunden, sondern nur eingedämmt werden, durch Schutz der betroffenen und bedrohten Gruppen und eine Art Tabubildung bei den Vorurteilsvollen, die dann freilich auf andere V.e ausweichen können. Eine dauerhafte Überwindung von V.en und Stereotypen hängt ab von einer gesamtgesellschaftl. Entwicklung im Hinblick auf Prozesse der ↗ Sozialisation und Identitätsbildung in gruppendynam. Prozessen, der Kommunikation und der Integration von ↗ Minoritäten.

☐ Minoritäten. Randphänomene, soziale. Rasse. Tabu

Lit.: Th. W. Adorno u. a., The Authoritarian Personality (New York 1950); W. Buchanan - H. Cantril, How Nations See Each Other (Urbana 1953); K. S. Sodhi - R. Bergius, Nat. V.e (1953); G. W. Allport, The Nature of Prejudice (Cambridge, Mass. 1954); E. Reichmann, Flucht in den Haß (1956); P. Heintz, Soziale V.e (1957); C. Bibby, Rassen, Gruppen, V.e u. Erziehung (1959); H. C. J. Duijker - N. H. Frijda, National Character and National Stereotypes (Amsterdam 1960, Lit.); A. Mitscherlich, Auf dem Wege zur vaterlosen Gesellschaft (1963, 32.-40. Tsd.1969); E. E. Davis, Attitude Change. A review of selected research (Paris 1964); B. Bettelheim - M. Janowitz, Social Change and Prejudice (New York, London 1964); W. v. Baeyer-Katte u. a. (Hrsg.), Polit. Psychol., Bd. III: Art. V.e (1964, ³1969, Lit.); H. Huss - A. Schröder, Antisemitismus (1965); W. Strzelewicz (Hrsg.), Das V. als Bildungsbarriere (1965, ²1970); A. u. M. Mitscherlich, Die Unfähigkeit zu trauern (1967, 67.-76. Tsd.1969); H. Müller, Rassen u. Völker im Denken der Jugend (1967, Lit.).

H. Müller

W

Wachsenlassen ↗ Litt, Theodor

Wachstumsbeschleunigung ↗ Akzeleration

Wagnis
Durch die gegenwärtige Infragestellung autoritärer Erziehung bekommt W. als päd. Kategorie eine neue Bedeutung, nachdem es erstmals von HERBART in seiner Allg. Päd. (1806) im Rahmen der Maßregeln der Kinderregierung angesprochen worden war; „... vielleicht hänge ich, in Rücksicht auf Sicherung des Lebens und der gesunden Glieder, zu sehr an dem Gedanken: daß Knaben und Jünglinge gewagt werden müssen, um Männer zu werden."
Zum W. gehört es einerseits, daß sich der Lehrer oder Erzieher, der junge Menschen im Erziehungsprozeß in ein W. freigibt, auch selbst aufs Spiel setzt, denn das W. schließt den Mißerfolg ein; das widerspricht autoritärer Erziehung. Andererseits läßt der Lehrer im W. den jungen Menschen gewähren und in seine je eigenen Möglichkeiten finden, selbst auf die Gefahr hin, daß dieser Irrwege geht; auch das steht den Vorgaben autoritärer Erziehung entgegen. Neuerdings hat O. F. BOLLNOW diese Zusammenhänge in einer Phänomenologie des W.ses aufgewiesen. – Die unterrichtl. Dimension des W.ses ist darin zu sehen, daß in freien Formen der Schularbeit (z. B. Gespräch, Gruppenarbeit, Einzelarbeit, Selbststudium) die Schüler freigesetzt werden in eigenes Denken und Handeln; damit wachsen die Möglichkeiten, die Schüler in W. zu stellen. In solchen freien Formen der Schularbeit ist der Endpunkt der Erziehung, der in der Selbständigkeit des jungen Menschen im individuellen Lebensvollzug gesehen werden kann, in den Erziehungsprozeß selbst integriert. Bes. in dieser Integration ist der positive Sinn des W.ses in der Päd. zu sehen.
Lit.: J. F. Herbart, Allg. Päd. aus dem Zweck der Erziehung abgeleitet, in: K. Kehrbach (Hrsg.), Herbarts Sämtl. Werke, Bd. 2 (1887); O. F. Bollnow, Existenzphilos. u. Päd. (1959, ³1965).

J. Muth

Wahlfächer, Wahlkurse in der Schule
W. = Wahlfächer, Wk. = Wahlkurse

1. W. sind Lehrgänge, die sich über mehrere Schuljahre erstrecken; Wk. sind in der Regel zeitlich auf ein Trimester, ein Semester oder ein Schuljahr begrenzt. Als *Wahlpflichtfächer* und *Wahlpflichtkurse* sind sie in die Pflichtstundenzahl einbezogen und eröffnen Wahlmöglichkeiten aus einer vorgegebenen begrenzten Anzahl von Fächern (z. B. Fremdsprachen, naturwiss. Fächer), oder es handelt sich um zusätzl. Lernangebote außerhalb der Pflichtstundenzahl.

2. Wahlmöglichkeiten dienen der *Schwerpunktbildung* nach Interessen, Fähigkeiten und Ausbildungswünschen; damit wird dem Schüler ein Teil der Verantwortung für seinen eigenen Bildungsgang übertragen. Bei einem von genormten Pensen und auf breite Allgemeinbildung hin angelegten Schulsystem beschränkt sich die Wahlmöglichkeit in der Regel nur auf die einzelnen Schulzweige; Gesamtschulsysteme sowie die auf dem Prinzip der ↗ Durchlässigkeit aufgebauten mehrgliedrigen Bildungssysteme müssen – wenn sie alle Bildungsgänge offenhalten und optimale und individuelle Förderung intendieren – den Bereich der Wahlmöglichkeit institutionell und organisatorisch breiter absichern. Die bisherigen Versuche bieten Wahlpflichtfächer in anderer Konkurrenz als die Gymnasien an (z. B. Wahl zwischen Latein, Frz. und technisch-naturwiss. Wirtschaftslehre).

Schulsysteme, die in ihren Abschlußexamina nicht primär Allgemeinbildung und Informationsstand, sondern Lernfähigkeit bzw. Studierfähigkeit prüfen, räumen der Wahlmöglichkeit breiteren Raum ein: Die High-Schools der USA haben in den letzten Schuljahren nur 3 Pflichtfächer (Muttersprache, Sozialkunde, Sport) und ermöglichen individuelle Arbeits- und Ausbildungspläne; die Oberstufe der engl. Sekundarschule läßt eine Spezialisierung auf 2–3 Wahlfächer mit einer entsprechend großen Stundenzahl zu. – Je weiter Spezialisierung, Individualisierung und Wahlmöglichkeiten gehen, um so notwendiger wird ↗ Schullaufbahnberatung.

3. Für das dt. Schulsystem sind die *Konstruktionsprinzipien* neu zu durchdenken, bes. das Verhältnis zwischen verbindl. Fundamentum (Anzahl der Fächer, grundlegende Inhalte und Methoden) und Additivum, zwischen Planung und Freiheit für Lehrer und Schüler. Den Wahlmöglichkeiten der Schüler bei differenziertem Angebot (WK., freie Arbeitsgemeinschaften, Projekte) entspricht für die Lehrer die Möglichkeit, eigene Interessen-

schwerpunkte zum Gegenstand der Lehre oder der gemeinsamen Projekte zu machen.

☐ Höheres Schulwesen. Stundenplan. Schullaufbahnberatung

I. Lichtenstein-Rother

Wahlfach in der Lehrerbildung
W. = Wahlfach, L. = Lehrerbildung

1. *Begriff.* W.er in der L. sind: Mathematik, Physik, Chemie, Biologie, Erdkunde, Gesch., Dt., Religion, Musik-, Leibes- und Kunsterziehung, Textiles Gestalten, Techn. Werken, Wirtschafts- und Arbeitslehre, Hauswirtschaft, Engl., Frz., Polit. Bildung, Darstellendes Spiel. Nicht als W.er gelten Erziehungswiss., Philos., Theol., Religionspäd., Psychol., Politologie, Soziol.; mit Ausnahme der Erziehungswiss. und der Psychol. (beide Pflichtfächer) sind die übrigen *Wahlpflichtfächer.* – Die genannten W.er werden in Prüfungs- und Rahmenstudienordnungen auch „Einzel- oder Fachwissenschaften" genannt. In Forschung und Lehre treten sie dreifach in Erscheinung: a) als Sach-(Material-)wiss.en, denen die betreffenden Schul- und Unterrichtsfächer zugeordnet sind; b) als Didaktik der jeweiligen Sach- bzw. Fachwiss.; c) als Spezielle oder Fachdidaktik. So sind z. B. Sprachwiss. und Didaktik der Sprachwiss. von der Sprachdidaktik zu unterscheiden. Fast überall ist das Wahlfachstudium in der Schlußprüfung auch durch eine schriftl. Examensarbeit nachzuweisen.

Sinn- und auftragsgemäß liegen im Begriff W. in der L. die Bereiche freier wiss. Arbeit nur in einer Fachdisziplin, so daß sich an facheigenen Themen kritisch exaktes, systematisches methodologisch sauberes, sachtheoretisches und didaktisches Untersuchen in wechselseitiger Förderung bewähren kann.

2. *Geschichte.* Das W.studium in der L. besteht seit Gründung der ehemal. Päd. Akademien (1926) und ist von den sog. W.ern an Gymnasien und Realschulen zu unterscheiden. In der L. ist das W.studium seit 1926 in den Dienst der Begrenzung und Vertiefung der wiss. Studienarbeit gestellt worden. Die werdenden VS.lehrer an den Univ.en Hamburg und Jena sowie an der TH. Braunschweig studierten bereits zwischen den beiden Weltkriegen ein Fachwiss. im strengen Sinne, wobei auch die musischen und die übrigen gestaltenden Disziplinen zugelassen waren. In Hamburg und an den PH.n ist das auch nach dem 2. Weltkrieg so geblieben; ähnlich in Hessen, wo jedoch mit dem W.studium die Realschulfakultas erreichbar ist.

Die Entwicklung geht z. Z. in Richtung auf den ↗ Stufenlehrer, der wiederum in nur einer Disziplin das Wahlfachstudium sechs Semester hindurch betreibt, einschließlich des speziell-didakt. Studiums; dazu in einem anderen Fach ein Stufenschwerpunktstudium. Durch hochschuldidakt. Bestrebungen wird diese Entwicklung vielfach gefördert. Die Forschungen über die Verbindung zwischen Erziehungswiss. und Fachwiss. einschließlich Fachdidaktik haben die wünschenswerte Gliederung und Begrenzung der Studieninhalte – auch hinsichtlich der übrigen genannten Disziplinen – noch nicht herbeiführen können. Ähnliches gilt hinsichtlich der Zahl der Fächer, die das vertiefte erziehungswiss. und das W.studium behindert.

3. *Bedeutung.* Für den Studenten der Anfangssemester bereitet das Studium der Erziehungswiss. Schwierigkeiten, bes. wenn es sich gegenstandstheoretisch, methodologisch, metaphysisch, historisch und systematisch auf die ganze Erziehungswirklichkeit erstreckt. Demgegenüber braucht das W.studium der Einzelwiss. nicht von vorne zu beginnen; es kann aus dem großen Angebot gesicherter Erkenntnisse kleine, überschaubare Gebiete auswählen und zugänglich machen, gleichzeitig damit methodologische und kritische Schulung sowie den Sinn für ungetrübte facheigene Sachlichkeit und diszipineigene (kategoriale) Fachlogik verbinden. Das W.studium beugt dem Dilettieren im Vielerlei, dem Ausweichen vor der wiss. Exaktheit, der terminolog. Ungenauigkeit und Willkürlichkeit, dem Überschätzen wissenschaftstheoretischer und methodolog. Erörterungen, der Berücksichtigung nicht nachprüfbarer, subjektivistischer und ideologischer Gedankengänge vor. Die Untersuchung der einzelnen Fachwiss. hinsichtlich ihrer kategorialen und speziell-didakt. Innenstruktur öffnet den Blick für die Prinzipien ihrer Lehrbarkeit und leitet den Studenten an, fachwiss. didaktisch zu sehen und zu verstehen.

Lit.: Prüfungs- u. Rahmenstudienordnungen der Bundesländer; Die W. in der L., Ber. über den 2. Hochschultag (1953); A. Reble, L. in Dtl. (1958, Lit.); R. Broermann, Das Recht der PH. in der BRD (1961).

Th. Rutt

Wahlfreiheit der Unterrichtsfächer ↗ Auflockerung der Oberstufe

Wahrheit

1. *Differenzierungen.* W. läßt sich nicht univok definieren. Sie differenziert sich in unterschiedl. Wahrheitsweisen, deren Zusammengehörigkeit nur auf dem Hintergrund ihrer Unterschiede sichtbar werden kann: a) *Stimmigkeit* kennzeichnet die Wahrseinsweise formaler Aussagen (Logik, Mathematik), darüber hinaus aller Aussagen, sofern diese immer auch auf formalen Bedingungen beruhen. – b) *Richtigkeit* (adaequatio) setzt eine vorweg gegebene Offenbarkeit von Seiendem voraus und bezieht sich vor allem

auf die Daseinsweise der unmittelbaren „Lebenswelt", in der wir von Tatsache zu Tatsache übergehen, ohne den Grund der Möglichkeit dieses Übergangs selbst bedenken zu müssen. Der „gesunde Menschenverstand" besteht in der Kenntnis der unausdrücklichen Voraussetzungen für diese Übergänge, Zusammenschlüsse und Übersichten, ohne welche die menschl. Selbstbehauptung in den Bedrängungslagen der natürl. Existenz nicht möglich wäre. c) *Angemessenheit* ist die Wahrseinsweise der Horizontentwürfe, mit denen die Offenbarkeit von Seiendem erstellt und die Ebene festgelegt wird, auf der uns Gegenstände jeweils in einer bestimmten transzendentalen Typik erscheinen. Ein Horizontentwurf kann niemals „falsch" (und damit auch nicht „richtig") sein, sondern nur „eröffnend" (angemessen) oder „verschließend" (unangemessen). Erschließung eines Sachverhalts von einem möglichst weitgehend „erhellten", d. h. seiner selbst bewußten Horizont aus heißt „Interpretation". Interpretationen, sofern überhaupt stimmig, können nicht in Widerstreit, sondern nur dimensional in Überholungsverhältnissen stehen. – d) *Evidenz* bezeichnet das Wahrheitsverhältnis grundlegender Horizonte in sich selbst, die Art und Weise, wie sich die Implikationen eines Horizontentwurfs zu diesem selbst verhalten, ohne daß damit freilich auch schon über dessen gegenständliche Angemessenheit entschieden wäre. Jeder „Aspekt" hat seine Evidenz, worin jedoch keineswegs liegt, daß er der allein ausreichende sei. Dieses letztere Mißverständnis ist der eigentl. Grund jeden Irrtums.

2. *Die Wahrheitsfrage.* Die W.frage wird gewöhnlich als Frage nach der Möglichkeit wahrer Erkenntnis gestellt. Diese kann nicht global, sondern nur im Rückbezug auf die differenten Wahrseinsweisen beantwortet werden. Formalwiss.en können nur *Stimmigkeit* beanspruchen, während *Richtigkeit* eine durchaus ausreichende, einer weiteren Begründung weder bedürftige noch auch fähige Wahrheitsmodalität der Gegenstände unmittelbarer, „natürlicher" Erfahrung ist (phaenomenon bene fundatum, LEIBNIZ); *Angemessenheit* ist darüber hinaus eine berechtigte und in Graden erfüllbare Forderung an jede Interpretation, die jedoch nie auf Letztgegebenheiten stößt, sondern immerzu für dimensionale Neueröffnung bereit sein muß. Dies ist die erkenntnistheoret. Situation der ↗ Wissenschaft, die nicht verwechselt werden darf mit der entsprechenden Situation der Lebenswelt, da sonst Fehleinstellungen wie Dogmatismus oder Skeptizismus entstehen. – Dem Wahrheitsanspruch der *Evidenz* entspricht man nur dann, wenn man sie weder im Sinne der Richtigkeit einfach hinnimmt noch durch die Möglichkeit angemessener Interpretationen für ausgeschöpft hält, sondern sie in ihre größtmögliche Differenziertheit hinein entfaltet. – Das Verhältnis des Menschen zur Wahrheit ist offenbar in allen Dimensionen arbeitsmäßig bestimmt. Dies zeigt, daß die W.sfrage fundamental die Haltung des Menschen betrifft und diesen in seinem jeweiligen geschichtl. Selbstverständnis charakterisiert.

3. *Wahrhaftigkeit.* Dem Anspruch der W. hat der Mensch erkenntnis- und handlungsmäßig zu genügen. Die Befolgung der W. im Erkenntnisprozeß ist „Objektivität", die Befolgung im Handlungsprozeß „Wahrhaftigkeit". Diese spezifiziert sich je nach Situation in Aufrichtigkeit, Offenheit, Freimut, Entschiedenheit, Eigentlichkeit, Geradheit und dgl. und meint die (seltene) Charakterfestigkeit im Widerstreit gegen schleichende Trends im inneren und äußeren Leben.

☐ Erkenntnis. Erfahrung. Wissenschaft. Geschichtlichkeit

Lit.: Platon, Politeia VII, 514 a 2 bis 517 a 7 (geschr. um 368 v. Chr.); Thomas v. Aquino, De veritate (geschr. 1256–59); B. Pascal, Pensées, fragm. 72, –, Brief an P. Noël (1647); M. Heidegger, Vom Wesen der W. (1943, †1949).

H. Rombach

Wahrnehmung

I. Begriff und Theorie

1. Unter W.en versteht man a) *Erlebnisinhalte*, die die außerseel. Wirklichkeit in scheinbar subjektunabhängiger Weise anschaulich darstellen und an eine unmittelbar vorausgegangene Einwirkung von Sinnesreizen gebunden sind; b) den Ablauf der körperl. oder seel. *Vorgänge*, die zu einer W. im Wortsinn von a) führen.

Phänomenologisch läßt sich außerdem der W.scharakter von Bewußtseinsinhalten durch die Kriterien der ↗ Anschaulichkeit und der subjektiven Verbindlichkeit umschreiben. Im Gegensatz zu ↗ Vorstellungen kann das Individuum W.sinhalte nur durch motor. Akte der Zu- oder Abwendung gegenüber den Reizvorlagen willkürlich erlangen oder vermeiden. Nach dem Ausmaß der Abweichungen eindrucksmäßig wahrnehmungsartiger Erlebnisse von der normalen Reizinterpretation wird zwischen Fehldeutungen, Verkennungen oder *Illusionen* (Erlkönig für Kopfweide) und den für die Diagnose von Geisteskrankheiten wichtigen *Halluzinationen* unterscheiden, die ohne äußere Reizgrundlage zustande kommen. Wird der Täuschungscharakter erkannt, spricht man von Pseudohalluzinationen. Trugwahrnehmungen gibt es in allen Sinnesbereichen.

2. Im erweiterten Sinn umfaßt der W.sbegriff neben der *äußeren*, auf den Informationsumfang der Sinnesorgane beschränkten W. der Umwelt und des eigenen Körpers auch

die als *innere* oder – *Selbst-Wahrnehmung* bezeichneten Leistungen des „geistigen Auges", nämlich die bewußte Erfassung seelischer Vorgänge des Beobachters, die Reflexion eigener Stimmungen und Überlegungen, die subjektiven Anlässe zu Hoffnung, Zweifel oder Schuldgefühlen usw.

In der Forschungstradition des *Behaviorismus* (↗Neobehaviorismus), wo die Rede von Bewußtseinsinhalten vermieden wird, sind W.en Zustandsgrößen eines Variablensystems, das ausschließlich durch *Verhaltensdaten* und physiol. Messungen zu operationalisieren ist. Die in diesem System zwischen Reizung und Reaktion intervenierenden Variablen beschreiben postulierte Durchgangsstufen der organismischen Informationsverarbeitung. Nach dem Vorbild von Computersimulierungen des Problemlösens könnte die innere W. durch die Repräsentation untergeordneter Prozesse in übergeordneten Verlaufsformen dargestellt und damit als Forschungsgegenstand auch in eine behaviorist. W.slehre übernommen werden. Es ist nicht unwahrscheinlich, daß sich die physiol. Grundlagen von Bewußtseinsvorgängen strukturell von Hirnprozessen unterscheiden, die kein psych. Korrelat aufweisen und insofern nicht für den reinen Verhaltenswissenschaftler als besondere Teilklasse von anderen Sachverhalten abzuheben sind. Da molare Orientierungsreaktionen nicht nur von den Reizmustern, sondern auch von der Bedürfnislage, von der Spontanaktivität und den Ergebnissen früherer Lernvorgänge abhängen, setzt die streng behaviorist. Abgrenzung der W. eigentlich eine gültige Verhaltenstheorie bereits voraus. Konkrete Teiluntersuchungen handeln deshalb oft vom Reiz-Identifizierungs- oder -Differenzierungslernen, ohne dem W.sbegriff zu verwenden. Bei aller Künstlichkeit ist es ein Vorzug dieser Betrachtungsweise, daß sie sich für das Studium menschlicher und tier. W. gleichermaßen eignet.

3. Charakteristisch für beide Arten der W., die innere wie die äußere, ist die *Gegenständlichkeit* ihrer Inhalte: das erlebende Subjekt befindet sich stets gegenüber einem W.sobjekt, das – übereinstimmend mit dem Aussagenschema der Umgangssprache – als Träger von ↗Eigenschaften auftritt. Während aber bei innerer W. eine intrapsych. Abbildung stattfindet, beinhaltet die äußere W. eine Umsetzung physikalischer Tatbestände in die phänomenalen Gegebenheiten der Sinneswelt: an sich klingen akustische Schwingungen weder tief noch hoch, und die einer Ton-W. korrespondierenden Erregungskonstellationen der Hirnrinde sind dem Erleben fremd.

Die Frage, warum die Welt – abweichend vom Zeugnis der modernen Naturwiss.en – für uns genau so und nicht anders aussieht, als sie uns erscheint, warum wir aus der Vielfalt aller denkbaren Reizinterpretationen in der Regel nur ganz bestimmte spontan vollziehen, kurz: in welcher Weise das Subjekt seine W.swelt konstituiert, wird in unterschiedl. Perspektive von mehreren Teildisziplinen untersucht, deren Ansatzpunkte am Modellfall der Umgebungs-W. zu verdeutlichen sind.

4. Die *Umgebungswahrnehmung* umfaßt drei Geschehensabschnitte: (1.) einen physikal. Vorgang, der sich außerhalb des Organismus abspielt: von materiellen Objekten, den Reizquellen, gehen Stoffe oder Energien aus, für die die Sinnesorgane empfänglich sind; sie bilden die *Fernreize*. Als *Nahreize* werden die an der Körperperipherie eintreffenden, auf dem Weg von den Reizquellen durch die räuml. Ausbreitung, durch Absorption oder Wechselwirkungen veränderten Signale bezeichnet. Das gleiche Nahreizmuster, z. B. eine mäßig starke Luftschwingung am Trommelfell, kann durch unterschiedl. Fernreizmuster, z. B. eine relativ schwache, aber nahe gelegene oder eine starke, aber weit entfernte Reizquelle, hervorgerufen werden. – Der (2.) Abschnitt gehört zur Sinnesphysiologie. Er beginnt mit der modalitätstreuen Aufbereitung der Nahreize – beim Sehen durch den lichtbrechenden Apparat des Auges, beim Hören durch das Schwingungsleitungssystem im Mittelohr – und erstreckt sich über die anschließende Transformation der Signale in elektrochem. Nervenimpulse bis zum psychophys. Niveau, d. h. bis zu den von seel. Gehalten begleiteten Endstufen der neuronalen Informationsverarbeitung, die vermutlich in der Hirnrinde liegen.

Durch verfeinerte Untersuchungsverfahren sind heute der Spekulation über die Ereignisse innerhalb dieses Abschnitts des W.svorgangs verengte Grenzen gezogen: mit Hilfe von Mikroelektroden kann man die Änderungen der elektr. Spontanaktivität von Nervenzellen aus verschiedenen Teilen des Sinnesorgans laufend registrieren und durch syst. abgewandelte Reizung einzelner Bereiche des Rezeptorenfelds feststellen, welche Ausdehnung die auf diese Zelle konvergierende Funktionseinheit hat, auf welche Reizkonfigurationen sie anspricht und welche Verarbeitungsleistung sie anzeigt (Minimalfeldtechnik). Bei rezeptornahen Nervenzellen hängt die Ansprechbarkeit vor allem vom Intensitätsverlauf der Reizänderung (Aus- bzw. An-Einheiten) und von der örtlich benachbarten Reizverteilung (laterale Inhibition) ab. Die Entdeckung komplexer Reizmuster, z. B. von gradlinigen Leuchtdichtesprüngen bestimmter Erstreckung und Raumlage, erfolgt erst in nachgeschalteten Funktionseinheiten. Allem Anschein nach arbeiten verschiedene Detektorketten streckenweise voneinander unabhängig; erst an anatom. lokalisierbaren Zwischenstufen der Informationsverarbeitung werden ihre Ergebnisse miteinander kombiniert oder nach generellen Organisationsprinzipien ergänzt.

Schließlich erscheinen im (3.) Abschnitt des W.svorgangs die Auswirkungen der proximalen Reizverteilungen in phänomenale Inhalte transformiert. Sie sind das Thema der intraphänomenalen Analyse. Ziel dieser Untersuchungsart ist die Objektivierung der anschaulichen Gegenstandsstruktur, die detaillierte Beschreibung der anschaul. Eigenschaften und Beziehungen, die Analyse der Bedingungen anschaulicher Gliederungsformen, z. B. in ↗Figur und Grund (E. RUBIN 1921), Ursache und Wirkung (MICHOTTE 1954), Teil und Ganzes (M. WERTHEIMER 1923), Innen- und Außenwelt usw. Definitionsgemäß wird dabei von der genauen Charakterisierung der Reizgrundlage abgesehen und nicht auf außerpsychol. Begriffssysteme zurückgegriffen. – Der Zusammenhang zwischen Reizaspekten und Erlebnisberichten oder Orientierungsreaktionen ist der Gegenstand der ↗Psychophysik.

Für viele physikal. Variablenbereiche fehlen uns die Aufnahmeorgane. Ihre Existenz und Eigenart können wir nur aus anschaul. Verhältnissen erschließen oder durch geeignete Signalwandler – Voltmeter, Radio, Geigerzähler – in wahrnehmbare Qualitäten überführen; z. B. spricht unser Auge nur auf elektromagnet. Schwingungen zwischen rd. 10^{14} und 10^{15} Hz. an. Die gesamte Bandbreite erstreckt sich aber von 10^{4} bis 10^{20} Hz. Für andere Lebewesen gelten andere Grenzen.

Außerdem gibt es so gut wie keine genau paarweise Entsprechung zwischen physikal. und sensor. Kontinua: einerseits hängen die meisten W.squalitäten von den Ausprägungsgraden mehrerer physikalischer Größen ab, und andererseits verändern sich mit dem Wechsel eines einzigen Reizmerkmals gleichzeitig verschiedene Aspekte auf der Empfindungsseite. So ist die Tonhöhe nicht nur eine Funktion der Frequenz, sondern auch vom Schalldruck abhängig. Umgekehrt ändern sich mit der Variation einer der beiden physikal. Größen sowohl die Lautstärke als auch die Höhe, die Fülle und verschiedene andere Ausdrucksqualitäten des Tones.

Im allg. nimmt das Auflösungsvermögen für Reizunterschiede mit steigender Intensität ab, daß der Quotient aus dem Betrag der statist. definierten, eben merkl. Reizveränderung und der Größe des Vergleichsreizes annähernd konstant bleibt (WEBERs Gesetz). Aus Kennwerten der Unterschiedsempfindlichkeit, Ähnlichkeitsurteilen, direkten Schätzungen von Abstands- und Größenverhältnissen der Empfindungsstärken werden verschiedenartige Metrisierungen sensorischer Kontinua gewonnen. Diese unter Laborbedingungen erzielten Quantifizierungen liefern für normale Lebensumstände lediglich Orientierungswerte mit breitem Streubereich. Eine punktuelle Zuordnung räumlich und zeitlich eng umrissener Reizkonfigurationen zu Empfindungsstärken ist näherungsweise nur zu erreichen, wenn dabei wenigstens der bereichsspezif. Adaptationszustand und der allg. Aktivierungsgrad des Organismus, d. h. die unmittelbare Vorgeschichte und die übrigen aktuellen Reizeinwirkungen berücksichtigt werden.

II. Historische Einteilungsversuche

W.sleistungen werden nach funktionellen Gesichtspunkten – z. B. in Farb-, Raum-, Bewegungs-, Gestalt-, Person-W. usw. – oder nach Sinnesmodalitäten und den sie konstituierenden Organen eingeteilt. In der traditionellen Unterscheidung von Sehen, Hören, Riechen, Schmecken bzw. visueller, auditiver, olfaktorischer, gustatorischer W., und Fühlen umfaßt die letzte, im Lauf der Zeit erweiterte Kategorie verschiedene Teilsinne, die über die Raumlage des Körpers, die Stellung seiner Glieder, die Spannungsverteilung der Muskulatur orientieren und Eindrücke von Wärme und Kälte, Berührung, Druck, Schmerz, Jucken, Kitzel usw. vermitteln. Der anfängliche Versuch, jedem Sinnesorgan eine spezielle Klasse von Empfindungen zuzuschreiben, wie das der Hinweis von J. MÜLLER (1834/40) nahelegte, daß man nicht nur bei adäquater Reizung durch Lichtstrahlen, sondern auch nach einem Schlag aufs Auge Funken sieht (Gesetz der spezif. Sinnesenergien), ist längst gescheitert. Bestärkt durch den Findewert der chem. Elementenlehre, hatte man in der Nachfolge des engl. Empirismus mit HELMHOLTZ (1856) jahrzehntelang vermeint, in „isolierender Abstraktion" (WUNDT) elementenhafte Empfindungen, die sich nur durch Qualität, Intensität und Dauer voneinander unterscheiden, im psych. Anteil des W.svorgangs aussondern zu können (Apperzeptionen). Sie sollten mit den Spuren früherer Erfahrungsinhalte und Gefühlswerten gleich Atomen im Molekül durch den Gemeinsinn (ARISTOTELES u. a.) oder die ↗Einbildungskraft (KANT u. a.) nach angeborenen oder erlernten Organisationsprinzipien (Nativismus) zur konkreten W. (Perzeption) miteinander verknüpft werden. Von diesem Suchbild geleitet, konnte ein Streit darüber ausbrechen, ob transponierbare Konfigurationsmerkmale wie „wellenförmig" oder „crescendo" unmittelbar erlebte Eigenschaften wie „rot" und „laut" sind wie andere, oder aus fundierenden W.sinhalten, äußerstenfalls in unbewußten Schlüssen, abgeleitet werden (Gestaltproblem).

☐ Erfahrung. Erkenntnis

Lit.: E. G. Boring, Sensation and Perception in the History of Experimental Psychology (New York 1942); F. H. Allport, Theories of Perception and the Concept of Structure (New York 1955); S. Koch (Hrsg.), Psychology a Study of a Science, Bd. 1 (New York 1959); W. Witte, Zur Wiss.sstruktur der psychol. Optik, Psychol. Beitr. 6 (1962); R. L. Gregory, Auge u. Gehirn (1966); W. Metzger/H. Erke, Allg. Psychol., in: Hdb. d. Psychol., Bd. I (1966).   *A. Vukovich*

Wahrscheinlichkeit ↗Statistik

Waisenpflege

K. = Kind(er), W. = Waisen

1. *Begriff.* W. sind K. ohne Eltern (Doppel-W., Voll-W.) oder mit nur einem Elternteil (Vater- oder Mutter-W.), wobei die Mutter-W. den Voll-W. nahekommen nach der

Volksmeinung: Mutter gestorben, Eltern gestorben. Familienlose K. sind „Sozialwaisen". Sie wurden mit zunehmender Schwächung der Familie zahlreicher. Zu ihnen zählen: nichtehelich geborene K., die Voll-W. gleichen, wenn sich die Mutter nicht um sie kümmert; vernachlässigte K., K. geschiedener Eltern („Scheidungswaisen"), mißhandelte K., K. inhaftierter Eltern. Wie sehr das K. von der Verwaisung betroffen wird, hängt ab von Alter und Wesensart, vor allem aber davon, ob es gelingt, rechtzeitig Heimat und Eltern zu ersetzen. Bleibt das K. lange unverwahrt, kommt es leicht zur ↗Verwahrlosung. Beim ganz kleinen K., dem die eigene Mutter fehlt, ist deren vollgültige Ersetzung vordringlich und unabdingbar.

2. *Geschichte.* Aus dem Altertum ist die Aussetzung unerwünschter K. bekannt, die sich in anderer Form bis ins späte MA. erhielt, indem man z. B. K. in eine an Klöstern angebrachte „Drehlade" legte. Dem frühen Christentum entsprach andererseits die Sorge für „Witwen und Waisen" als Aufgabe der Gemeinde, noch ohne W.häuser. Bei Verwandten und Nachbarn ging es diesen K.n aber nicht immer gut, das Elend der „Gemeindekinder" (M. v. EBNER-ESCHENBACH) oder „Kostkinder" wurde in Romanen oft beschrieben. Das 17. Jh. brachte nach Kriegen und Epidemien zahlreiche W.hausgründungen. Die Mißstände dort (Zusammenlegen mit Landstreichern, Kriminellen, Ausnutzung der kindl. Arbeitskraft) führten zum W.haussturm um 1780, zu vermehrter Familienpflege. Für einen neuen Geist in den Heimen wirkte vor allem J. H. PESTALOZZI mit vielen Nachfolgern (FALK, WICHERN).

3. *Entwicklungstendenzen.* Heute sucht man für W., auch für zunächst gesunde Sozial-W., Heimunterbringung zu vermeiden: durch bessere materielle und geist. Hilfe, bes. für alleinstehende Mütter, durch Intensivierung des Adoptions- und Pflegestellenwesens. Doch gibt es hier noch *Barrieren:* Berufstätigkeit der Mütter; Fehlen zentraler Adoptionsvermittlung; Mütter, die sich nicht um ihre K. kümmern und sie dennoch nicht zur Adoption freigeben; geringes „Pflegegeld"; Unsicherheit in der Rechtsstellung der Pflegeeltern. In den Heimen zeichnen sich folgende *Tendenzen* ab: Abbau großer Heime (über 100 Plätze); familiäre Auflockerung des Heimlebens durch kleine Gruppen (8–10 K.) verschiedenen Alters und Geschlechts in Kleinheimen oder ↗Kinderdörfern; Trennung gesunder, „nur" heimatloser K. von Jgdl.n mit ernsten seel. Störungen, für die eine neue Form von „Erziehungsheim" mit heilpäd. Mitteln und klinischer Ausstattung gesucht wird. – Wir stehen erst am Anfang einer Entwicklung von der Massenversorgung familienloser K. zu humaner W.pflege, die das Wohl des einzelnen K.es im Auge hat.

☐ Ehescheidungswaisen. Nichteheliches Kind. Halbwaisenkinder. Pflegekind

Lit.: J. Jacobs, Der Waisenhausstreit (1931); A. Mehringer, Zur Situation der Heime für familienlose K., in: Neue Slg. (1962); U. Lange, Das alleinstehende K. u. seine Versorgung (1965); J. Balls, K. ohne Liebe (1968); E. Schmalohr, Frühe Mutterbehrung (1968); W. Werner, Vom W.haus ins Zuchthaus (1969).

A. Mehringer

Waitz, Theodor
Philosoph, Psychologe und Pädagoge, geb. 17. 3. 1821 in Gotha, gest. 20. 5. 1864 in Marburg als Univ.-Prof. W. geht zwar in seiner Psychol. und Päd. von HERBART aus, modifiziert jedoch dessen Lehre entscheidend. So führt er die Psychol. nicht wie Herbart auf Metaphysik und Mathematik zurück, sondern entwickelt sie als Naturwiss. und gibt ihr die Stellung einer Grundwiss. der Philos. In der Päd. unterscheidet W. zwischen allg. Päd., angewandter Päd. und Päd. als Kunst. Streng wiss. Charakter billigt er der allg. Päd. zu, während die angewandte Päd. „nur im weiteren Sinne eine wissenschaftliche Behandlung" zulasse. Die theoret. Päd. muß jedoch durch die päd. Kunst ergänzt werden. Damit bringt er zum Ausdruck, daß die Päd. die Erfahrung nicht entbehren kann.

Werke: Grundlegung der Psychol. (1846); Lb. der Psychol. als Naturwiss. (1849); Allg. Päd. (1852), neu hrsg. u. durch kleinere päd. Schr.en ergänzt von O. Gebhardt (1910).
Lit.: O. Gebhardt, W.s päd. Grundanschauungen (Diss. Leipzig 1906).

Th. Dietrich

Walahfrid Strabo
W. S. (um 808–849) war mit 15 J. Schüler des Klosters Reichenau, später bei ↗Hrabanus Maurus in Fulda; Hofkaplan und Berater der Kaiserin Judith in Aachen und Erzieher Karls des Kahlen; Abt der Reichenau (838–849). Unter ihm erlebte das Kloster eine neue Blüte. – W. war einer der größten Gelehrten seiner Zeit, berühmt als Dichter und Lehrer. Er schrieb eine lehrhafte Versdichtung *De cultura hortorum* und gab eine Sammlung von Kommentaren zur Heiligen Schrift heraus. Leben und Studien auf der Reichenau schildert das *Tagebuch Walafrids*, eine Kompilation des 19. Jh. aus Schr.en von W. S. und ma. Autoren.

Werke: Opera w.s, in: PL 113–114; Gedichte, hrsg. v. F. Dümmler, in: MG. Poet. lat. II (1884); Hortulus – Vom Gartenbau, hrsg. v. W. Näf (²1957).
Lit.: Die Kultur der Abtei Reichenau, hrsg. v. K. Beyerle, 2 Bde. (1925–26); O. Herding, Zum Problem des karoling. Humanismus mit bes. Rücksicht auf W. S., in: Studium generale I (1948); K. Langosch, Die dt. Lit. des lat. MA. in ihrer geschichtl. Entwicklung (1964).

E. Schoelen

Waldorfschule, Freie
U. = Unterricht

1. Die W.n sind die ersten *Gesamtschulen* in Dtl. Sie verwirklichen eine Päd. der Förde-

rung für normalschulfähige Kinder unter Vermeidung der Auslese nach Begabung, sozialer Herkunft, Konfession und Geschlecht.

Die Schüler durchlaufen einen 12jähr. Bildungsgang bei geringer äußerer Differenzierung. Für die intellektuell begabten Schüler schließt ein Jahr der Abiturvorbereitung an. Zur W. gehört ein Kindergarten – als Bereich spezifischer vorschulischer Erziehung – für Kinder vom 4. Lj. bis zum Schuleintritt. – Die erste W. wurde 1919 in Stuttgart durch R. STEINER als neuer Schultyp geschaffen. Sie war zuerst vorwiegend Werkschule für Arbeiterkinder der Waldorf-Astoria-Zigarettenfabrik. Heute gibt es in der BRD 31 W.n mit 15 500 Schülern. Im europäischen Ausland bestehen 40, in den übrigen Erdteilen 19 W.n.

2. Die *Pädagogik* der W.n basiert auf der anthroposoph. Anthropologie STEINERs. Danach ist der Mensch eine individuelle, seelisch-geistige Wesenheit, die sich in dem durch Vererbung bestimmten Leib unter den Lernanregungen des sozio-kulturellen Milieus entwickelt. Aufgabe der Päd. ist die Förderung dieser Entwicklung. – Für die didakt. und method. Konzeption werden zwei altersspezifische Veränderungen in der Gesamtkonstitution des Kindes berücksichtigt. Bis zum 7. Lj. vollzieht sich das Lernen unter dem direkten Einfluß der Wahrnehmungen vor allem als unreflektiertes Nachahmen von Vorbildern. Der Übergang zur 2. Phase (7. bis 12./14. Lj.) bedeutet eine Verinnerlichung, durch die das Kind u. a. die Fähigkeit erlangt, willkürlich Vorstellungen zu bilden. Wesentliches U.smittel sind jetzt die vom Lehrer vermittelten Vorstellungen, die auch die geist. Zusammenhänge enthalten („Bilder"). Durch „bildhaften" U. werden Denken, Erleben, Gedächtnis und Charakter gefördert. In der 3. Phase (bes. vom 15. Lj. bzw. 9. Schj. an) steht die Ausbildung autonomer Denk- und Urteilsfähigkeit im Vordergrund.

3. Damit der Unterricht auf die ganze Breite der Begabungen bezogen ist, steht neben den sachbezogenen Gebieten (deutschkundl. U., Naturwiss. usw.) vielseitiger künstler. und handwerkl. U. Hier ist die *Eurhythmie* u. a. zu nennen als eine besondere von STEINER entwickelte Ausdruckskunst, in der Sprache oder Musik mit Bewegung vereinigt werden. Die Schüler erhalten RU. durch Vertreter der Konfessionen; für die nicht konfessionsgebundenen Schüler ist ein freier christl. RU. eingerichtet.

In den sachbezogenen Gebieten dient Epochen-U. der Konzentration der Lernprozesse. Religion, Fremdsprachen, Turnen, künstlerischer und handwerklicher U. (z. T.) werden in fortlaufenden Fachstunden erteilt. Engl. und Frz. beginnen mit dem 1. Schj. Wegen der Differenzierung der Begabungen haben viele W.n für einen Teil der Schüler (im allg. vom 10. Schj. an) bei Reduktion der Fremdsprachen verstärkte praktische Bildung. Einige W.n (Kassel, Nürnberg, Hibernia-Schule Wanne-Eickel) haben die Berufsausbildung in die Schule integriert.

4. Die *Schulführung* liegt bei der wöchentl. Lehrerkonferenz, die neben der Verwaltung über alle wesentl. päd. Fragen (bis zur Lehrplangestaltung) berät und beschließt. Es gibt weder in Status, Kompetenz und Bezahlung Rangunterschiede zwischen den Lehrern. – *Schulträger* sind Schulvereine e.V., in deren Vorständen Eltern und Lehrer gleichberechtigt vertreten sind. Die dt. W.n sind im Bund der Freien W.n e.V. föderativ (Sitz Stuttgart) zusammengeschlossen.

☐ Steiner, Rudolf

Lit.: R. Steiner, Die Erneuerung der päd. didakt. Kunst durch Geisteswiss. (²1958); –, Die Erziehung des Kindes. Die Methodik des Lehrens (²1965); U. Koop, Die Päd. der W.n (Diss. Hamburg 1959); H. Schrey, Waldorfpäd. (1968); J. Kiersch, Waldorfpäd. (1970); W. Rauthe, Die W. als Gesamtschule (1970).

E.-M. Kranich

Waldschule

Der durch Industrialisierung und Verstädterung beschnittene kindliche Lebensraum veranlaßte 1904 Pädagogen und Ärzte die erste W. in Charlottenburg zu gründen. Als Tagesheimschule betreute sie schulärztlich ausgewählte, kränkliche Kinder im Kiefernwald am Stadtrand. Neben möglichst im Freien abgehaltenen Unterrichtsstunden will sie ihre Schützlinge durch frische Luft, Sonnenlicht und körperl. Bewegung gesundheitlich kräftigen. Durch Luftbäder sollen sie abgehärtet, ihre Krankheitsanfälligkeit gemindert werden; durch Tummeln im Freien soll dem kindl. Bewegungsdrang Rechnung getragen, Sitz- und Haltungsschäden ausgeglichen werden. Ein hygienischer, kindgerechter Tagesablauf (mit planmäßigem Wechsel von körperlicher und geistiger An- und Entspannung, gesunder Ernährung, Mittagsruhe, Körper- und Hautpflege) sowie gesundheitl. Belehrung erziehen zu gesunder Lebensführung. Nach einjährigem W.-Aufenthalt können die Schüler mit gebesserter Gesundheit ohne unterrichtl. Lücken in ihre Stammklassen zurückkehren. Die Charlottenburger W. wurde Vorbild für viele schul. Einrichtungen ähnlicher Art im In- und Ausland (↗Freiluftschule).

Informationen durch Dt. Gesellsch. f. Freilufterziehung u. Schulgesundheitspflege, 53 Bonn - Bad Godesberg, Bachstr. 3–5; Journal of Outdoor Education, Northern Illinois University, DeKalb, Illinois 60115 USA.

K. Triebold, jun.

Wandel, sozialer

W. = Wandel

Im soziol. *Begriff* SW. (W. F. OGBURN: „social Change") drückt sich der Versuch aus,

Veränderungen der Gesellschaft „wertfrei" zu bezeichnen, d. h., eine positive oder negative Richtungsangabe der Veränderung (Fortschritt, Rückschritt, Entwicklung) bereits in ihrer Benennung zu vermeiden.

<small>Diese positivist. Bescheidenheit zwingt zur krit. Reflexion dessen, was mit SW. jeweils gemeint ist, weil sein Inhalt der Wertfreiheit entbehrt, die der Begriff vorgibt. Gemessen an dem Anspruch der meisten Soziologen, wonach die Erforschung der Ursachen, Verlaufsformen (Revolution, Evolution), Folgen, Gesetzmäßigkeiten und Möglichkeiten des SW.s eines der zentralsten Probleme der Soziol. darstellt, sind die vorliegenden Ergebnisse bescheiden. Nicht einmal über den Gegenstand einer Theorie des SW.s gibt es Übereinstimmung, geschweige denn über die Theorie selbst. Das verweist auf die tiefgreifenden Differenzen innerhalb der Sozialwiss.en (↗Gesellschaft, ↗Soziologie).</small>

I. Ansätze zur Erforschung sozialen Wandels

1. Motiviert wurde die Erforschung und Darstellung des SW.s – wie die Entwicklung der Soziol. überhaupt – durch die gesellschaftl. Umwälzungen im Zuge der Industrialisierung (↗Industrielle Gesellschaft). Insofern ist die Erforschung SW.s selbst ein Produkt des W., das auf diesen zurückwirkt und als Vehikel des W. damit selbst zum Gegenstand seiner Erforschung werden muß.

2. Dieser dialekt. Zusammenhang von Theorie der Gesellschaft und der gesellschaftl. Praxis als dem histor. Prozeß wird bes. deutlich, wenn man die Ursachen, Entstehung und Wirkungen der älteren meist geschichtsphilos. Gesamtanalysen oder Deutungen betrachtet (z. B. von HEGEL, MARX, COMTE, SPENCER). Daß diese gesellschaftlich bedingten Theorien selbst wieder SW. initiierten, läßt sich bes. an der Theorie von K. MARX zeigen, aber auch im sozialen Rückkoppelungsprozeß neuerer Detailuntersuchungen (z. B. Wirkung der Kinsey-Reporte oder Wählerumfragen).

3. Nach R. DAHRENDORF knüpfen fast alle neueren Ansätze der Erforschung SW.s „ausdrücklich oder wenigstens implizit" (und z. T. als Widerspruch) an die MARXsche *Theorie des revolutionären Wandels* durch Klassenkonflikte an. Diese Klassenkonflikte sind das Produkt der jeweiligen Eigentums- und Herrschaftsverhältnisse, die aus dem Widerspruch von Produktivkräften und Produktionsverhältnissen resultieren. Motor dieser dialekt. Bewegung ist die unterdrückte Klasse, Ziel des histor. Prozesses die Aufhebung des Klassengegensatzes.

Zum Teil als Reaktion auf die Marxsche Theorie stand in der Nachfolge COMTEs die positivist. Erforschung der als statisch angenommenen Struktur (Ordnung) der Gesellschaft im Vordergrund, während die Analyse dynamischer Prozesse (Fortschritt) zurücktrat. Das trifft u. a. zu auf V. PARETOs Elitetheorie, H. SPENCERs Evolutionstheorie (zunehmende Integration und Differenzierung), M. WEBERs Kapitalismusthese, E. DURKHEIMs Theorie des Wandels durch zunehmende Arbeitsteilung, bis hin zur strukturellfunktionalen Theorie T. PARSONSs und deren Perfektion durch die funktionalist. Konflikttheorie L. A. COSERs und R. DAHRENDORFs.

4. Unter dem Einfluß der vergleichenden Ethnologie und Kulturanthropologie wurde versucht, SW. formal zu differenzieren. Die Unterscheidung von *exogenem W.* (z. B. Industrialisierung der Entwicklungsländer von außen) und *endogenem W.* (z. B. Industrialisierung Europas) ist angesichts der zunehmenden gesellschaftl. Integration und Interdependenz (Weltwirtschaft usw.) als analytisches Instrument von geringer Trennschärfe. Als idealtypische Konstruktionen besitzen die Begriffe für die ethnosoziolog. Analyse von Assimilations- und Akkulturationsprozessen als Folgen des Kulturkontakts begrenzte Relevanz (MALINOWSKI). Die gängige Unterscheidung der Wandlungsprozesse innerhalb des ↗sozialen Systems von denen des Systems selber (PARSONS) ist ebenfalls problematisch, weil sie die obengenannte Interdependenz, d. h. auch die Vermittlung von sozialer Struktur und sozialem Prozeß außer acht läßt und Gesellschaft als überwiegend statisches integriertes „soziales System der Systeme" begreift, in dem soziale Prozesse nur funktional, d. h. integrierend, oder dysfunktional, d. h. desintegrierend, ablaufen. SW. kann letzten Endes so nicht erklärt werden.

5. Einer der bekanntesten neueren Versuche, SW. zu erklären, ist die Theorie W. F. OGBURNs (Social Change), der zufolge die Technik als unabhängige Variable SW. im monokausalen Sinne verursacht. Die Vermittlung der Technik durch andere Faktoren wird dabei übersehen. Ogburns Theorie des „cultural lag" – dem Hinterherhinken der Kultur hinter der techn. Entwicklung – ist in diesem Zusammenhang zu sehen. – Die explizit als Marxkritik angesetzte Theorie DAHRENDORFs, daß ↗soziale Konflikte den Motor SW.s darstellen, diese aber ihre Ursachen nicht in den Eigentumsverhältnissen, sondern in Herrschaft als einem universellen gesellschaftl. Phänomen haben, macht Herrschaft und Konflikt zu essentiellen gesellschaftl. Kategorien. Damit wird darauf verzichtet, die historisch ökonom. Ursachen der Konflikte mit ihrer an Macht und Interesse gebundenen Qualität aus den konkreten Ver-

hältnissen abzuleiten und die Möglichkeit ihrer Überwindung, d. h. der mit ihnen verbundenen Leiden, zu reflektieren. Das verschließt sich allerdings dem Erkenntnisinteresse reiner Erfahrungswiss. Diese von emanzipator. Interesse bestimmte Frage ist nur unter Einbeziehung der *Kategorie des gesellschaftlich Möglichen* (MARCUSE, BLOCH), d. h. der real-utop. Dimension, zu diskutieren. Ohne diese Dimension bleibt eine Theorie des SW.s so human oder inhuman wie der Zustand der Gesellschaft, den sie beschreibt und damit lediglich begrifflich verdoppelt, rechtfertigt und verlängert, indem sie sich sozialtechnisch verfügbar macht.

II. Erziehung und sozialer Wandel
1. Wie alle sozialen Prozesse und Institutionen unterliegen auch Erziehung und Erziehungssystem gesellschaftlichem W. und wirken andererseits auf diesen ein. – Das Erziehungswesen ist in der allg. ein konservierender Faktor in der Gesch. gewesen. Sein Zweck war die Weitergabe der für die Produktion und Herrschaft notwendigen Fertigkeiten, Normen und Ideologien an die heranwachsende Generation. Es war insofern stets ein Mittel der Herrschaftssicherung, d. h. der Anpassung und Integration, und nicht der demokrat. Veränderung. – Auch die gegenwärtige Bildungsreform ist eine Reaktion auf den SW. im organisierten Kapitalismus und nicht der Motor dieses W.s. Motor der Veränderungen sind immer noch die Produktivkräfte, zu denen allerdings das Qualifikationsniveau der Bevölkerung gehört, das über das Bildungssystem mit hervorgebracht wird. Da eben diese Qualifikationsstruktur nicht mehr den Produktionsbedingungen entspricht, muß das Bildungssystem diesen Bedingungen angepaßt werden, wenn im herrschenden Interesse internat. Konkurrenzfähigkeit und Profitsicherung gewährleistet werden sollen.
2. Während die Herrschenden bes. in nichtdemokrat. Staatsformen Erziehung stets zur Verhinderung demokratischen W.s und zur Stabilisierung ihrer Herrschaft gegen die Massen eingesetzt haben, wurde Erziehung als Instrument der Demokratisierung und Emanzipation vor allem in gesellschaftl. ↗Utopien konzipiert (CONDORCET, ROUSSEAU, MARX u. a.). Die Voraussetzungen für die prakt. Durchsetzung dieses W.s liegen allerdings im Produktionsbereich der Gesellschaft. Erziehung kann diesen W. unterstützen. Voraussetzung ist die wiss. Erforschung der objektiven Möglichkeiten der ↗Emanzipation über Erziehung und die Entwicklung polit. Strategien ihrer Durchsetzung, die nicht in päd. Provinzen geleistet werden kann. Dazu aber werden Erzieher gebraucht, die selbst erst erzogen werden müssen – wie die neueren Untersuchungen über das gesellschaftl. Bewußtsein der Lehrer eindringlich nachweisen (z. B. G. SCHEFER).
□ Gesellschaft

Lit.: K. Marx - F. Engels, Das Kommunist. Manifest (1848); W. Ogburn, Social Change (New York 1922); E. Bloch, Das Prinzip Hoffnung (1959); R. Dahrendorf, Pfade aus Utopia (1967, [7.-11. Tsd.]1968); H. P. Dreitzel (Hrsg.), SW. (1967, ausf. Lit.); K.-H. Tjaden, Soziales System und SW. (1969); W. Zapf, Theorien des SW.s (1969); J. Beck - M. Clemenz u. a., Erziehung in der Klassengesellschaft (1970).

J. Beck

Wander, Karl Friedrich Wilhelm
W., geb. 27. 12. 1803 in Fischbach b. Hirschberg (Schles.), gest. 4. 6. 1879 in Quirl (Schles.), war einer der Kämpfer für Lehrerschaft und Schule im Geiste von 1848. Er setzte sich als Lehrer seit den dreißiger Jahren für die liberalen und demokrat. polit. Ideen ein, organisierte Lehrerzusammenschlüsse („Lehrerfeste", Lehrervereine) und forderte einheitliche Staatsschule, Beseitigung der geistlichen Schulaufsicht und Akademisierung der Lehrerbildung. Vor 1848 vom Lehramt suspendiert, wurde er 1848 wieder in sein Amt eingesetzt und verfaßte im Auftrag der Lehrerversammlung in Dresden (3.-5. 8. 48) den „Aufruf an Deutschlands Lehrer" zur Gründung des Allg. Dt. Lehrervereins. Nach 1848 war W. langjährigen Verfolgungen und Demütigungen ausgesetzt (seit 1850 amtsenthoben). Seine umfassende Sprichwörtersammlung (ca. 250 000) verdient heute noch Beachtung.

Werke: Die VS. als Staatsanstalt (1842); Der geschmähte Diesterweg (1843); Briefe von der Elbe über päd.-polit.-rel. Tagesfragen (1846); Offenes Sendschreiben an den Kgl. Preuß. Minister . . . ([2]1846); Die alte VS. u. die neue (1848); 5 Jahre aus dem Leben eines dt. VS.lehrers (1848); Hrsg. d. Zschr.: Der päd. Wächter (1849 ff.); Dt. Stilschule (1856); Dt. Sprichwörterlexikon, 5 Bde. (1863–80, Neudr. 1964); Aus meinem Hilfslehrerleben (1869); K. F. W. W., hrsg. v. Dt. Päd. Zentralinstitut (1954).
Lit.: R. Hoffmann, Der „Rote W." (1928, Neuausg. 1948); F. Thiele, Der „rote W." u. seine Zeit ([2]1954, MUND Nr. 50); A. Herzog, K. F. W. W. als Sammler u. Bearbeiter des dt. Sprichwortschatzes (Diss. Dresden 1957); F. Hofmann, K. F. W. W. (1961); H. Kurze, Der polit. u. schulpolit. Kampf K. F. W. W.s in der bürgerl.-demokrat. Revolution v. 1848 (Diss. Potsdam 1965).

A. Reble

Wandererfürsorge ↗Gefährdetenhilfe

Wandern und Reisen
W. und R. – zwei im realen Vollzug vermischt auftretende Lebensformen mit spezif. Erlebnisweisen – sind hier begrifflich zu trennen. W. ist gekennzeichnet durch relative

Ziel-, Zeit- und Zwecklosigkeit, R. dagegen durch Abhängigkeit von Ziel, Zeit und Zweck. Wandern als Lebensform wurde vorwiegend gepflegt von Angehörigen der gebildeten Schichten im Zusammenhang von Gesellschafts- und Zivilisationskritik (ROUSSEAU, Sturm und Drang, Romantik, Jugendbewegung). Anthropologisch bedeutsam wird W. dadurch, daß es den Menschen der Zweckbeanspruchung des berufl. und gesellschaftl. Lebens enthebt und ihn in unmittelbaren Kontakt mit der Natur bringt. In einer von Zweckrationalismus beherrschten Kultur schafft W. – und bes. das Jugendwandern – Raum für freie Entfaltung und für offene und unvoreingenommene Haltung zu Welt und Mensch (Gemeinschaftserleben), in dem Verhaltensweisen und Einstellungen herausgefordert werden, die sonst verkümmern würden. Solch ein Erleben kann päd. nicht geplant, wohl aber soll es ermöglicht werden.

Reisen als unter päd. Zielsetzung stehende Maßnahme entwickelt sich in verschiedenen Formen seit dem 17. Jh.: die „Bildungs-Reise" der oberen Stände, die „Schul-Reise" der Philanthropen, die als patriotische Exkursionen gedachten „Turn-Wanderungen" JAHNs. Heute gehören Exkursionen und Schul-R.en von ein- oder mehrtägiger Dauer zum festen Bestand des Schullebens. Eine solche R. ist ein planbares und unbedingt zu planendes schulisches Unternehmen, das unter den Oberbegriff der „Anschauung" fällt. Neben die Zeitplanung treten gründliche inhaltliche Vor- und Nachbereitung mit den Schülern als unabdingbare Voraussetzung für den Erfolg. Die Planung muß Raum lassen zur Entfaltung des reinen W.erlebnisses. Neben der Erlebnisdimension ist heute der internat. Horizont des W.s und R.s zu berücksichtigen: Durch W. und R. kann die Erziehung zur internat. Verständigung beitragen.

Lit.: A. D. Hitchcock, Das Jugend-W. als Erziehungs- und Bildungsmittel in geschichtl. Betrachtung (Diss. München 1926); H. Kleinert, Schul-R., in: Lex. d. Päd., hrsg. v. H. Kleinert u. a. (1951); H. Röhrs, Vom Sinn des R.s, in: Die Slg. (1955); W. Brezinka, Erziehung durch W., in: ebd. (1957); –, W. u. R., in: Päd. Lex., hrsg. v. H. H. Groothoff u. M. Stallmann (1961); A. Stenzel, Die anthropolog. Funktion des W.s und ihre päd. Bedeutung, in: K. H. Günther, Erziehung u. Leben (1960); A. Banaschewski, W. u. R., in: Hdb. für Lehrer, Bd. 3 (1963); O. F. Bollnow, Mensch u. Raum (1963).

A. Stenzel

Wandervogel ↗ Jugendbewegung

Wandkarten ↗ Erdkundeunterricht

Wandtafel
Die dreiteilige *Schiebeklapptafel* gehört an die Stirnwand des Klassenzimmers. Zumindest in den Sekundarschulen sollte im Unterbau eine *Halterung für Wandtafelgeräte*, hinter der Tafel eine *Projektionswand* eingebaut sein. Für die Güte einer Tafel ist nicht nur die Verschieferung, sondern auch das Tafelmaterial selbst maßgebend: Kunststoff-Folien, Holzpreßstoff oder sandstrahlmattierte Glasflächen. Stabilität und Zweckmäßigkeit im Gebrauch der Schultafeln ist durch die „Gütebedingungen für Schulmöbel" gewährleistet. Die im Fachverband der Dt. Schulmöbelindustrie e. V. zusammengeschlossenen Schulmöbelfabriken haben sich diesen Bestimmungen unterworfen. Es gibt rahmenlose und eingerahmte Wandtafeln. Die *Farbe* sollte moosgrün oder graugrün (nicht schwarz) sein. Aus didakt. Gründen werden immer mehr *Glastafeln mit Einschubflügeln, Magnettafeln, Tuchtafeln* und *Klettentafeln* bevorzugt. Für Fachlehrer, die den Raum wechseln müssen, sind aufrollbare *Schiefertuchtafeln* (mit speziellen Lineaturen oder Umrißkarten) sehr nützlich. In Hörsälen werden fahrbare *Gestelltafeln* verwendet. In den Grundschulklassen wird die 1 m hohe, 3 m lange, unlinierte *Langwandtafel* gebraucht; sie muß 70 cm hoch angebracht werden, damit auch der entfernt sitzende Schüler noch die Unterkannte der Tafel sehen kann.

Lit.: ↗Schulmöbel.

H. Michler

Warenautomaten
Im Zeitalter der Automation, aber auch aus entwicklungspsychologisch erklärbaren Gründen bevorzugen Kinder und Jgdl. immer stärker die sog. anonymen Verkäufer. Angeboten werden vor allem Rauchwaren, Lebensmittel, Alkoholika, sogar Bücher („Aufklärungs-Literatur") und Kondome. Eine Jugendgefährdung kann sich daraus ergeben, daß der Zugang unkontrolliert ist und jedes Verkaufsgespräch fehlt. Häufig kommt es zu Diebstählen aus W. Die gesetzl. Beschränkungen sind gering, denn mit Rücksicht auf das Grundrecht der freien Berufsausübung kann der Aufsteller Automaten überall anbringen. Eine gesetzl. Bestimmung gibt es nur für den Verkauf von Kondomen (§ 41a Gewerbeordnung), die auf öff. Wegen, Straßen und Plätzen nicht angeboten werden dürfen.

Lit.: H. Seidel, Automatenwesen u. Jugendschutz, in: Bekämpfung von Glücks- u. Falschspiel, hrsg. v. Bundeskriminalamt (1955).

W. Becker

Washburne, Carleton Wolsey
Amerikan. Pädagoge, geb. 2. 12. 1889 in Chicago, gest. 27. 11. 1968 in Okemos (Mich.); nach Univ.sstudium in Stanford und Berkeley 1912–1914 VS.lehrer bei Los Angeles; 1914

bis 1919 Prof. am Lehrerseminar in San Francisco; 1919–1943 Schulrat in Winnetka (III.); Erziehungsoffizier der amerikan. Militärregierung, Direktor des US-Informationsdienstes und Erziehungsspezialist in Italien 1943 bis 1949; Prof. für Erziehung und Direktor der Abt. für Lehrerbildung am Brooklyn College (New York). – W. war internat. bekannt durch seinen *Winnetka-Plan* (individualisierter Unterricht); er spielte eine bedeutende Rolle in der Progressive Education Association und in der International New Education Fellowship sowie bei der Entfaschisierung der it. Lehrbücher. W. berichtete – er reiste oft, z. B. in die UdSSR – über neue Schulreformen in verschiedenen Ländern.

Werke (Auswahl): New Schools in the Old World (zus. mit M. M. Stearns) (New York 1926); Adjusting the School to the Child (Yonkers on Hudson, New York 1932); Remakers of Mankind (New York 1932); A Living Philosophy of Education (New York 1940); What Is Progressive Education? (New York 1952); Winnetka. The History and Significance of an Educational Experiment (zus. mit S. P. Marland, Jr.) (Englewood Cliffs, N. J. 1963); Windows to Understanding (New York 1968).

W. W. Brickman

Wassersport ↗ Sport

Watson, John Broadus
Amerikan. Psychologe, geb. 9. 1. 1878 in Greenville (South Carol.), gest. 25. 9. 1958 in Woodbury (Conn.); 1908–1920 Prof. in Baltimore. W. gilt als Begründer des Behaviorismus (↗ Neobehaviorismus). Sein Verdienst ist es, die Psychol. methodenbewußter gemacht zu haben. 1920 (wegen einer Ehescheidung) zum Verlassen der Univ. gezwungen, arbeitete er seitdem in der Privatwirtschaft.

Hauptwerke: Psychology as the Behaviorist Views it, in: Psychol. Review 20 (1913); Psychology from the Standpoint of a Behaviorist (Philadelphia/London 1919, ²1924); Behaviorism (New York 1925).
Lit.: R. S. Woodworth, J. B. W. 1878–1958, in: American Journal of Psychol. 72 (1959).

F. Denig

Weber, Ernst
W., geb. 5. 7. 1873 in Königshofen (Grabfeld), gest. 3. 9. 1948 in München, war ab 1894 VS.lehrer in München; nach weiterem Studium (1902–1905 in München, Jena, Leipzig, u. a. bei W. REIN und J. VOLKELT) wieder im Volksschuldienst tätig; 1919–1936 Direktor der Lehrerbildungsanstalt in Bamberg. W., der auch dichterisch hervortrat und in enger Beziehung zur ↗ Kunsterziehungsbewegung stand, sah in der Ästhetik die päd. Grundwissenschaft. Er verwarf die Formalstufentheorie, wertete aber auch eine logische Unterrichtsgliederung ab. Entscheidend für Schule und Unterricht erschien ihm die künstlerisch durchgebildete Lehrerpersönlichkeit (Unterricht als künstler. Ereignis).

Werke: Ästhetik als päd. Grundwiss. (1907); Die Lehrerpersönlichkeit (1912, ²1922); Kunsterziehung u. Erziehungskunst (1914, ²1922); Lehrerbildung als Organismus (1920); Dt. Dichterpäd., 3 Tle. (1921); Die neue Päd. u. ihre Bildungsziele (1931); (Hrsg.), Der Dt. Spielmann [Anthologie], 40 Bde. (1903 ff.).
Lit.: L. Schretzenmayr, E. W.: Ästhetik als päd. Grundwiss., in: Jb. d. Vereins f. wiss. Päd. 40 (1908); H. Itschner, E. W., in: Dt. Junglehrerzeitung 13 (1921); E. Saupe, Dt. Pädagogen der Neuzeit (1924, ²1929); A. Strehler, E. W.s Leben u. Werk, in: Die Bayer. Schule 1 (1948).

W. Böhm

Weber, Helene
Lehrerin, Sozialpädagogin, Politikerin, geb. 17. 3. 1881 in Elberfeld, gest. 25. 7. 1962 in Bonn. Der Kath. Dt. Frauenbund übertrug ihr die Leitung seiner ersten Sozialen Frauenschule (1916–1919). 1919 wurde sie als Abgeordnete in die Nationalversammlung von Weimar gewählt und war maßgeblich an den Beratungen der Grundrechte und Kulturartikel beteiligt. Als Ministerialrätin im Wohlfahrtsministerium schuf sie 1920 die Ausbildungsform für Fürsorgerinnen (Sozialarbeiter). H. W. war 1920–1933 Reichstagsabgeordnete und wurde 1933 fristlos aus dem Staatsdienst entlassen. 1948 gehörte sie dem Parlamentarischen Rat an und war bis zu ihrem Tode Mitglied des Bundestages; nach dem Tode von E. HEUSS-KNAPP Mitgestalterin des Dt. Müttergenesungswerkes.

Lit.: Licht über dem Abgrund; Aufzeichnungen u. Erlebnisse christl. Frauen 1933–45 (1951); Ernte eines Lebens, Blätter der Erinnerung zum 80. Geburtstag von H. Weber (1961).

M. Pünder

Weber, Max
W., geb. 21. 4. 1864 in Erfurt, gest. 14. 6. 1920 in München, der „große Soziologe der Rationalität" (DAHRENDORF), hat mit seinem Werk eine umfassende Analyse der modernen Gesellschaft versucht. „Jedem Naturalismus und Evolutionismus abhold" (RÜEGG), erklärt W. das *soziale Handeln* zum primären Grundbegriff der Soziologie.

1. *Methodologie.* W. macht die These von der Subjektivität und wiss. Unbegründbarkeit einer Rangordnung der Werte zur Grundlage seines Postulates der *Werturteilsfreiheit.* Das den Gesellschaftswiss.en spezif. Erkenntnismittel sind nach W. die *Idealtypen.* Das sind Konstruktionen, deren Evidenz auf der folgerichtigen Zusammensetzung sinnadäquater Momente beruht. Sie stellen denkbare Zusammenhänge sozialen Handelns dar. Ihre Konfrontation mit der gesellschaftl. Wirklichkeit erweist ihre Geltung. Nähe oder Ferne

der Wirklichkeit vom Idealtypus läßt auf Intensität oder Qualität der Mitwirkung anderer Ursachen schließen.
2. *Allgemeine Soziologie.* Sofern Handeln sinnhaft und auf andere bezogen ist, heißt es nach W. „soziales Handeln". Die Soziol. soll es deutend verstehen und erklären. Kennzeichnend für W.s Begriffsanalysen ist sein Nominalismus. So können seine Formaldefinitionen nur wenig zu einer wirklichkeitsnahen Diskussion der Grundlagen und Bedingtheiten sozialer Gebilde und menschlichen Handelns beitragen.
3. *Besondere Soziologie.* In seinem Hauptwerk „Wirtschaft und Gesellschaft" versucht W. eine Betrachtungsweise des wirtschaftl. Geschehens als sozialem Handeln. In seiner Herrschaftssoziol. stellt er die Frage nach den Legitimitätsvorstellungen der jeweils Herrschenden bzw. Beherrschten. Das führt ihn zu grundsätzlich drei reinen Typen legitimer Herrschaft: der *rationalen,* der *traditionalen* und der *charismatischen* Charakters.

Werke: Gesammelte Aufsätze zur Religionssoziol., 3 Bde. (1920–21, 1963–66); Gesammelte Aufsätze zur Wiss.s-lehre (1951, ³1968); Wirtschaft und Gesellschaft (1956, ⁵1970); Gesammelte polit. Schr.en (1958, 1970). *Lit.:* Marianne Weber, M. W. Ein Lebensbild (1926); M. W., Soziol., Bibliogr., hrsg. v. J. Winkelmann (1960).

H. Braun

Weber-Fechnersches Gesetz

Der Physiologe E. H. WEBER stellte 1834 fest, daß die Unterschiedsschwelle (eben merklicher Unterschied zwischen zwei Reizintensitäten) einen konstanten Bruchteil der Intensität des Ausgangsreizes darstellt (WEBERsches Gesetz). Hieraus entwickelte G. T. FECHNER 1850 durch Integration der Unterschiedsschwellen ein *psychophysisches Grundgesetz,* wonach die Empfindungsintensität eine logarithm. Funktion der Reizintensität ist (FECHNERsches Gesetz). Nach einer entsprechenden Formel kann für jede Reizgröße die ihr adäquate Empfindungsstärke berechnet werden (gilt nicht für extrem hohe und niedere Reizgrößen).

Lit.: E. H. Weber, Der Tastsinn u. das Gemeingefühl, in: R. Wagner (Hrsg.), Hwb. der Physiologie III/2 (1846); G. T. Fechner, Elemente der Psychophysik, 2 Bde. (1860, ³1907); S. S. Stevens, On the Psychophysical Law, in: Psychol. Rev. 64 (1957).

E. Scheerer

Wehrli, Johann Jakob

Schweizer Erzieher, geb. 6. 11. 1790 in Eschikofen (Thurgau), gest. 15. 3. 1855 in Guggenbühl bei Andwil; 1810–1833 Leiter der Armenschule Hofwil (↗Fellenberg), 1833–1853 Dir. des Lehrerseminars Kreuzlingen. W. war bemüht, nach dem Vorbild PESTALOZZIs armen und verwaisten Kindern bis zum 20. Lj. ein Heim und eine Ausbildung zu bieten. Durch Handarbeit, vorwiegend in der Landwirtschaft, sollten die verwahrlosten Kinder eine Existenz begründen. Die Zöglinge wurden zur Verwaltung mit herangezogen („Haushaltungsrat"). Nebenher lief ein Unterricht, der konkrete Gelegenheiten nützte und auf Anschauung beruhte. Hofwil entwickelte sich zur Musteranstalt für viele weitere Gründungen von landwirtschaftl. Armenschulen (Wehrli-Schulen).

Werke: Schullehrergespräche über den Hofwiler Lehrkurs (1832); Zehn Unterhaltungen eines Schulmeisters in der Schulstube (1833); Einige naturkundl. Unterhaltungen . . . (1833).
Lit.: A. Rengger, Bericht über die Armen-Erziehungsanstalt in Hofwyl (1815); K. Zellweger, Die schweiz. Armenschulen nach Fellenbergschen Grundsätzen (1845); J. A. Pupikofer, Leben u. Wirken von J. J. W. als Armenerzieher u. Seminardirektor (1857); E. Weinmann, Das Seminar Kreuzlingen 1833–1933 (1933).

H. J. Ipfling

Wehrpsychologie

Die W. ist Teilgebiet der angewandten Psychol. Auftrag und Einsatzschwerpunkte richten sich nach der jeweiligen Bedarfssituation in den Streitkräften sowie nach der Leistungsfähigkeit psychol. Erkenntnismittel. Urspr. war die W. vorwiegend auf Eignungsfeststellung für verschiedene Tätigkeiten des Wehrdienstes beschränkt. Auf diesem Gebiet hatte die dt. W. zwischen den beiden Weltkriegen durch Einführung lebensnaher Situationstests eine vorübergehende Vorrangstellung. In speziellen Laboratorien wurden Verfahren zur Auswahl von Piloten, Kraftfahrern und Spezialisten entwickelt, z. B. Reaktionsprüfgeräte, Tests für techn. Verständnis und zur Feststellung der Eignung für die Funk- und Horcherausbildung, einschließlich wahrnehmungspsychol. Experimente. – Im Zuge der rapiden Entwicklung moderner Führungs- und Waffensysteme und mit Anpassung der Streitkräfte an leistungsorientierte Gesellschaftssysteme ergaben sich nach dem 2. Weltkrieg neuartige Aufgabenstellungen. Klinische, Eignungs-, Technische, Ausbildungs-, Sozial- und Flugpsychol. finden dabei in den einzelnen Ländern traditionsgemäß unterschiedliche Beachtung.

Im einzelnen unterscheidet man folgende *Anwendungsbereiche:* 1. Psychol. des personellen Wehrersatzes: Selektion und Plazierung Wehrpflichtiger und Freiwilliger mittels Paper/Pencil- und Funktionstests. 2. Psychol. Prüfungen und Untersuchungen militärischen Personals für besondere Tätigkeiten unter Verwendung von ↗Intelligenz-, Persönlichkeitstests (↗Test), Motivationsfragebogen sowie komplexer psychomotor. Instrumentarien (u. a. Flugsimulatoren). 3. Wehrtechnische Psychol. (Ergonomie, Anthropotechnik): Experimentalpsychol. Untersuchungen zur optimalen Anpassung des Menschen an Waffen und Geräte und andererseits Optimierung von Steuereinrichtungen an die Leistungsfähigkeit des Menschen. Dabei dienen Belastungs- und Arbeitsablaufanalysen und die ergonom. Bewertung von Wehrmaterial der Wirkungsgradsteigerung der Mensch-Maschine-Systeme (Stressforschung). 4. Ausbildungspsychol.: Entwicklung und Überprüfung von Ausbildungsmethoden (rationelle Unterrichtsgestaltung, programmiertes Lernen), Messung des Leistungsstandes militärischer Einheiten in verschiedenen Ausbildungsstadien. 5. Sozialpsychol.: Untersuchungen zur Bestimmung der mitmenschl. Beziehungen in der Truppe (⌕Gruppendynamik), der Führungsstile, der Motivierung, des Verhaltens in Extremsituationen usw.

Lit.: M. Simoneit, W. (1933); K. Mierke, Psychol. Diagnostik, in: N. Ach (Hrsg.), Lb. d. Psychol., Bd. 3 (1944); P. M. Fitts, German Applied Psychology During World War II., in: American Psychologist 1 (1946); F. Dorsch, Gesch. u. Probleme der Angewandten Psychol. (1963).

W. Mitze

Weigel, Erhard
Lehrer von LEIBNIZ und Christoph SEMLER, geb. 16. 12. 1625 in Weiden (Oberpfalz), gest. 21. 4. 1699 in Jena; Prof. für Mathematik ebd. W. setzte sich für Kindergärten, allgemeine Schulpflicht, Überwindung des Pennalismus sowie für den naturwiss. Unterricht ein. Er gründete eine „Tugendschule" in Jena.

Werke: Kurtzer Entwurf der freudigen Kunst u. Tugendlehr vor Trivial- und Kinderschulen (1682); Wienerischer Tugendspiegel (1687); Gesammelte päd. Schriften, hrsg. v. H. Schüling (Gießen 1970).
Lit.: W. Hestermeyer, Paedagogia mathematica (1969, Lit.).

K. Seiler

Weihen ⌕Sakramentalien

Weihnachten ⌕Kirchenjahr

Weinstock, Heinrich
Pädagoge und Philosoph, geb. 30. 1. 1889 in Elten, gest. 8. 3. 1960 in Bad Homburg v. d. H.; Prof. für Philos. und Päd. an der Univ. Frankfurt a. M. (seit 1946). Nach W. zeigt die Geschichte immer wieder den ebenso imponierenden wie fragwürdigen Versuch des Menschen, die Widersprüchlichkeit seiner Natur zu überwinden und sich absolut zu setzen. Dieser „absolute Humanismus" gilt W. als eine gefährl. Illusion, die der Menschenbildung heute nicht mehr gerecht wird. Er versucht demgegenüber einen *realen Humanismus* zu begründen, der in der industriellen Massengesellschaft bestehen kann.

Werke (Ausw.): Realer Humanismus (²1958); Die polit. Verantwortung der Erziehung in der demokrat. Massengesellschaft des techn. Zeitalters (²1959); Arbeit u. Bildung (³1960); Die Tragödie des Humanismus (⁵1967).

E. Hojer

Weise, Christian
Lehrer und Dichter, geb. 29. 4. 1642 in Zittau, gest. 21. 10. 1708 ebd.; Prof. am Gymnasium illustre in Weißenfels (1664); Rektor der Lateinschule in Zittau (1678). W. vertrat ein aufklärerisch-realist. Bildungsideal: Lebensklugheit, Weltgewandtheit, gute Umgangsformen (zusammengefaßt im Begriff „Politik"). Wie Chr. THOMASIUS setzte er sich für Popularisierung der Wiss.en ein. Als Dichter wurde W. vor allem wegen seiner vielen Schuldramen geschätzt, die das freie, weltmänn. Auftreten und die Eloquenz fördern sollten.

Werke: Der grünenden Jugend überflüssige Gedanken (1668, Neudr. 1914); Der grünen Jugend notwendige Gedanken (1675); Polit. Redner (1677); Enchiridion Grammaticum (1681); Compendium Politicum (1682); Reiffe Gedanken (1682); Der grünen Jugend selige Gedanken (1685); Institutiones oratoriae (1687).
Lit.: H. Palm, C. W. (1854); H. Kaemmel, Rückblicke auf die Gesch. des Gymnasiums zu Zittau (1871); O. Kaemmel, C. W. (1897); H. A. Horn, C. W. als Erneuerer des dt. Gymnasiums im Zeitalter des Barock (1966).

H. J. Ipfling

Weisgerber, Johannes Leo
Dt. Sprachwissenschaftler und Keltologe, geb. 25. 2. 1899 in Metz; Prof. in Rostock (1927), Marburg (1938), Bonn (seit 1942). Von den Zusammenhängen zwischen Muttersprache und Geistesbildung aus kam W. über den Fragenkreis „Sprache und Gemeinschaft" zur Wortfeld- und „Sprachinhaltsforschung". Seine wirkungs- und leistungsbezogenen Sprachuntersuchungen sind Beitr. zur Sprachtypologie sowie zur Erkenntnis der Verbindungen zwischen Sprachenrecht und europ. Einheit mit dem Blick auf das „Menschenrecht der Sprache".

Werke: Muttersprache u. Geistesbildung (1929, ³1943); Von den Kräften der dt. Sprache, 4 Bde. (1949–50); Das Ges. der Sprache (1951); Die Sprache der Festlandkelten (1931); Die Namen der Ubier (1968); Rhenania Germano-Celtica (1969); Muttersprachl. Bildung, in: J. Antz u. a. (Hrsg.), Hdb. d. Erziehungswiss., T. 4, Bd. 2 (1932); Das Tor zur Muttersprache (1951, ²1968).

Th. Rutt

Weiterbildung ⌕Erwachsenenbildung ⌕Fortbildung

Weitsch, Eduard
VS.lehrer, geb. 25. 5. 1883 in Dresden, gest. 29. 6. 1955 in Deisenhofen bei München; 1910 Handelslehrer in Straßburg, 1913–1922 Direktor der Handelsschule Meiningen. Als Vorkämpfer der „Neuen Richtung" in der dt.

Volksbildung veröffentlichte er 1919 die Programmschriften „Was soll eine Volkshochschule sein und leisten?" und „Sozialisierung des Geistes". Ab 1926 Mithrsg. der Zschr. „Freie Volksbildung"; 1920–1933 Gründer und Leiter der Heim-VHS. Dreißigacker (Entlassung durch NS). Werbeberater und freier Schriftsteller in Deisenhofen bei München. W. veröffentlichte zahlreiche Beitr. zur Methodik der Erwachsenenbildung.

Werke (Auswahl): Dreißigacker – Die Schule ohne Katheder (1952, Bibliogr.).

H. L. Matzat

Weizsäcker, Carl-Friedrich v.
Theoret. Physiker, Philosoph, Friedensforscher und Initiator des „Max-Planck-Institutes zur Erforschung der Lebensbedingungen der wissenschaftlich-technischen Welt", geb. 28. 6. 1912 in Kiel. Die Entwicklung der Wiss.en und der Philos. sieht W. als eine „große Meditation", wobei auch die „Struktur des Bewußtseins verändert wird". W. vertritt die entschiedene Wendung zu einer ethisch verantworteten und auf den Menschen bezogenen Wiss.

Werke (Auswahl): Atomenergie u. Atomzeitalter (^{3}1958); Christl. Glaube u. Naturwiss. (1959); Die Einheit der Physik, in: F. Bopp (Hrsg.), W. Heisenberg u. die Physik unserer Zeit (1961); Die Gesch. der Natur (^{6}1964); Bedingungen des Friedens (^{4}1964); Die Tragweite der Wiss., Bd. 1: Schöpfung u. Weltentstehung (^{4}1966); Gedanken über unsere Zukunft (^{3}1968); Die Verantwortung der Wiss. im Atomzeitalter (^{5}1969); Der ungesicherte Friede (1969); Zum Weltbild der Physik (^{11}1970); (Hrsg.), Kriegsfolgen u. Kriegsverhütung (1971).
Lit.: U. Hasler, Bibliogr. C.-F. v. W., in: Börsenbl. für den Dt. Buchhandel, Frankfurter Ausg. B, Jhg. 19, Nr. 68 (1963).

G. König

Weizsäcker, Viktor v.
W., geb. 21. 4. 1886 in Stuttgart, gest. 8. 1. 1957 in Heidelberg; 1923 o. Prof. für Neurologie in Heidelberg, 1941–1945 in Breslau, 1945 für Allg. Klin. Medizin in Heidelberg, bearbeitete Probleme der Neurologie, Inneren Medizin, Psychotherapie und im Grenzgebiet „Zwischen Medizin und Philosophie" (1957). Hauptanliegen ist die Anerkennung des Subjektes in Medizin und Biologie, wobei es bes. um gegenseit. Vertretbarkeit zwischen Wahrnehmung und Bewegung, Seelischem und Körperlichem, Ich und Umwelt in einer kreisförm. Ordnung geht (Der Gestaltkreis, ^{4}1950). Die Neurosenlehre war für ihn in erster Linie Mittel zum Verständnis leibseelischer Zusammenhänge und damit der Grundlegung einer medizin. Anthropologie (Der kranke Mensch, 1951).

Weitere Werke (Ausw.): Arzt u. Kranker (^{2}1949); Diesseits u. jenseits der Medizin (1950); Pathosophie (1956, ^{2}1967).

W. Bister

Wells, Herbert George
Engl. Schriftsteller und Pädagoge, geb. 21. 9. 1866 in Bromley (Kent), gest. 13. 8. 1946 in London. Zunächst ungelernter Arbeiter, wurde er zum Studium an der Univ. London zugelassen. Nach dem Erfolg seiner ersten Romane lebte er seit 1900 als freier Schriftsteller. In seinem literar. Werk wie in seinen wiss. Schriften kommt der Glaube an die Naturwiss. als Instrument zur Schaffung einer besseren Welt zum Ausdruck. In der Erziehung sah er den Schlüssel zur Lösung der entscheidenden Probleme der Menschheit. W.s Einfluß führte zu zahlreichen Verbesserungen im naturwiss. Unterricht in England und verschaffte den Naturwiss.en eine stärkere Position in den Schullehrplänen. Durch seine histor. Schriften vermittelte er dem Geschichtsunterricht eine neue, weltweite Orientierung.

Werke (außer literar.): The Outline of History (London 1920); Short History of the World (London 1922); The Science of Life (zus. mit G. P. Wells u. J. Huxley, London 1929); The Work, Wealth and Happiness of Mankind (London 1932).

J. A. Lauwerys

Weltanschauung
1. W. kennzeichnet eine im weitesten Sinn historisch bedingte Einschätzung der Welt und der Menschen im ganzen, die sich in obersten Grundsätzen für die Lebensführung niederschlägt. Sie stützt sich gewöhnlich auf die Lebenserfahrung größerer Gemeinschaften und spiegelt darum weitgehend natürliche, zivilisatorische, ökonomische, politische und metaphysische Existenzbedingungen wider. In diesem Sinne kann man von einer bürgerl., sozialist., humanist., christl. usw. W. sprechen. W.en schließen sich nicht gegeneinander ab, sondern stehen in einer Auseinandersetzung, die ihre Inhalte einer Bewährung vor geschichtlich gestellten Fragen aussetzt. Eine W., die sich dieser Bewährung, die kontinuierl. Klärung und Erhellung bedeutet, nicht stellt, wird zur „Ideologie".

2. Das 1790 von KANT in der Kritik der Urteilskraft geprägte Wort bedeutet zuerst optische Anschauung der Welt und ist synonym mit Weltsicht, Weltansicht. Unter dem Einfluß des Idealismus entwickelt sich die heutige Bedeutung. W. kennzeichnet den über die Masse der Einzelheiten hinausgehenden bewußten Versuch, die *ganze* Welt zu sehen, zu verstehen, zu beurteilen und solchen Einsichten und Wertungen gemäß zu handeln. Schon um die Mitte des 19. Jh. ist W. ein alltägl. Sprachgebrauch gängiges Modewort. Im philos. Sprachgebrauch des Neuidealismus und der Lebensphilos. nimmt der Begriff eine zentrale Stellung ein. Er enthält Weltbild, Lebenserfahrung und Zielsetzung. In der „Philosophie der Weltanschauungen" (1919) erklärt JASPERS: „Wenn wir von Weltanschauung sprechen, so meinen wir die Kräfte oder Ideen, jedenfalls das Letzte und Totale des Menschen, sowohl subjektiv als Erlebnis, Kraft und Gesinnung, wie objektiv als

gegenständlich gestaltete Welt". Somit überschreitet W. die Ergebnisse der Wiss., die zwar die Einzelheiten der W. prüfen, aber sich nicht an ihre Stelle setzen kann und will. Von Dtl. aus ist das Wort W. in andere Sprachen übersetzt worden (z. B. world view).

3. Eine Erziehung ohne Rückbindung an eine W. als das Gesamt der Einsichten, Traditionen und Werthaltungen einer bestimmten Gruppe ist unmöglich; selbst derjenige, der eine globale Stellungnahme verneint, tut dies „grundsätzlich", d. h. im Sinne einer globalen Stellungnahme. Vor allem aber setzt Erziehung eine Festlegung voraus, in der bestimmte Gewohnheiten, Verhaltensweisen, Handlungsformen, Wertsetzungen anderen vorgezogen werden. Das beginnt mit der Förderung erwünschter und der Behinderung unerwünschter Verhaltensweisen des Kindes und setzt sich mit der Aneignung der Sprache verstärkt fort. Die Bildung der Wertbegriffe des Kindes erfolgt zunächst durch die Reaktion der Umwelt auf seine Handlungen (Lob, Tadel). Erst allmählich gewinnt es einen eigenen Standpunkt. Da verantwortungsbewußte Erziehung sich nicht in kritikloser Angleichung an überlieferte Zwänge erschöpfen darf, soll sich die krit. Denkfähigkeit auch auf die den jungen Menschen tragende W. richten. Bes. in der Pubertät prüft dieser die Grundlagen und Konsequenzen „seiner" W. Dann bricht sich oft der Zweifel an den durch Autoritäten vertretenen Wertungen und Glaubensüberzeugungen Bahn. Erziehung soll solche Krisen nicht „beheben"; sie hat nicht die Aufgabe, zu einer bestimmten W. zu führen, sondern den jungen Menschen fähig zu machen, sich aus eigenem Urteil einen Standpunkt zu bilden, den er nicht dogmat. absolut setzen darf – dann würde die W. zur Ideologie –, sondern für *prinzipiell revidierbar* halten muß.

4. Eine weltanschauungsfreie wiss. Päd. zu entwerfen ist das Bestreben seit ROUSSEAU. Im 20. Jh. zeigt sich diese Tendenz in zwei Konzeptionen. In der „Autonomen Pädagogik" H. NOHLs und seiner Schüler sollte ein eigenständiger päd. Bereich ermittelt und die überweltanschaul. Grundstruktur des eigentlich Pädagogischen freigelegt werden. Demgegenüber versucht die Kritik heute, die verborgene weltanschaul. Bindung dieser kaum mehr vertretenen Päd. nachzuweisen. Die andere, sich in Anlehnung an den Neopositivismus formierende „Erziehungswissenschaft" begründet sich auf der radikalen Trennung von Wiss. und W., wobei sie W. für in keiner Weise nachprüfbar hält, ohne zu bedenken, daß dies selbst wieder eine W. (Dezisionismus) ist. Eine krit. Päd. (Erziehungswiss. im eigentl. Sinne) scheut die „Totalität" (ADORNO) nicht, sondern setzt diese sowohl der ins einzelne gehenden Prüfung der Wiss.en wie der aufs Ganze gehenden Bewährung vor den sittl. und gesellschaftl. Hauptaufgaben (Mündigkeit, Menschlichkeit, Freiheit und Gerechtigkeit) aus und bezieht diese Kritik in die wiss. Thematik ein.

□ Pädagogik. Ideologie. Kultur. Geschichtlichkeit. Entscheidung. Philosophie und Pädagogik. Norm

Lit.: Th. Litt, Wiss., Bildung, W. (1928); W. Dilthey, Die Typen der W. u. ihre Ausbildung in den metaphys. Systemen, in: Ges. Schr.en, Bd. VIII (1931, ⁴1968); E. Hoffmann, W., Erziehung, Schule, in: Päd. Humanismus (1955); V. Kraft, Wiss. u. W., in: Anzeiger der Österr. Akad. der Wiss.en, Philos.-Hist. Klasse, 83 (1956); E. M. Mendelson, World View (Diss. Chicago 1956); E. Topitsch, Vom Ursprung u. Ende der Metaphysik (1958); E. Spranger, Der Sinn der Voraussetzungslosigkeit in den Geisteswiss.en (²1963).

C. Menze

Weltbund für die Erneuerung der Erziehung
↗ Internationale pädagogische Vereinigungen

Weltbund für Erwachsenenbildung
EB. = Erwachsenenbildung

Der W. für EB. (World Association for Adult Education) wurde 1918 durch A. MANSBRIDGE, den Gründer der „Workers' Educational Association", ins Leben gerufen. Der W. wollte „in der ganzen Welt die Entwicklung und Verbreitung der Erwachsenenbildung in ihren verschiedenen Formen fördern und in Kontakt bringen" und im Dienst der EB. „mit andern Bewegungen zusammenarbeiten, die sich die Herstellung besserer Beziehungen unter den Völkern der Welt zum Ziel setzen". Sein Sitz war London. Dtl. trat 1925 bei. Der W. veröffentlichte Informationen und Berichte über den Stand der EB. in einzelnen Ländern in Bulletins und im „International Handbook of Adult Education" (London 1929), mit Beiträgen aus 26 Ländern; im gleichen J. veranstaltete er die erste Weltkonferenz über EB. in Cambridge. Der W. konnte nicht die EB. der ganzen Welt repräsentieren; er war uneinheitlich in seiner Struktur und zerbrach schließlich – wie der Völkerbund – am Gegensatz der Gesellschaftssysteme (1945 Auflösung). Seither gibt es keine umfassende Organisation der internat. EB., obwohl die UNESCO die EB. fördert und seit 1947 eine „International Federation of Workers' Educational Associations", seit 1960 ein „International Congress of University Adult Education" besteht.

Lit.: W. für EB., Dt. Ausschuß (1928); F. Schlünz, Weltkonferenz für EB. in Cambridge, in: Sozialist. Bildung, H. 10 (1929).

F. Borinski

Welterziehungsbewegung ↗ Internationale pädagogische Vereinigungen ↗ Reformpädagogik

Weltliche Schule ↗Gemeinschaftsschule

Weltverständnis, theologisches
W. = Welt, WV. = Weltverständnis

1. *Weltverständnis.* Trotz zentraler Bedeutung für Philos., Theol. und Religionsgesch. gibt es keinen verbindl. W.begriff. In einem (abstrakten) Grundsinn ist W. das Ganze der den Menschen umgreifenden Wirklichkeit als Kosmos, Universum, Natur, Schöpfung. Konkretisiert ist sie Lebenswelt des Menschen (Kultur, Gesellschaft). Das Reden der Theol. von Gott und der W. setzt die Grundbedeutung in Korrelation zu einem transzendenten Gegenüber, von dem die W. Bestimmung und Ziel erhält.

Im *griechischen Denken* ist das Wohnen des Menschen im Kosmos Ausdruck eines zeitunabhängig über alles menschl. Geschick erhabenen Ordnungsgefüges. Dabei bleibt die Spannung einer in Gegensatzpaare (Geist-Stoff, Idee-Materie, Seele-Leib) gespaltenen W. ungelöst.
Im *Alten Testament* durchwaltet Jahwes Handeln W. und Gesch. Der Schöpfungsglaube sieht die W. auf den Menschen hingeordnet und als kreatürliche von Gott abgegrenzt. Von Jahwe getragen, jedoch von begrenzter Dauer, steht die W. in einem Verheißungshorizont. – Im *Neuen Testament* dominiert die heilstheol. Spannung der in Christus geschaffenen, von Grund auf guten, als gefallene (gottfeindliche) in den Herrschaftsbereich des Bösen gelangten, jedoch erlösten und zur Vollendung bestimmten W. (↗Reich Gottes).
Die *griechisch-christliche Synthese,* vor allem bei AUGUSTINUS, begreift die W. als göttliche Schöpfungsordnung. Das auf dem – Gott als Person gegenüberstehenden – Menschen verlagerte Interesse macht die W. zum Warteraum der Seele auf ihrem Weg zu Gott. Eine weltflüchtige Grundstimmung führt zu entsprechenden päd.-moral. Auswirkungen. Die wahre Welt liegt im Innenraum des Erlebens. Der Gedanke der Weltordnung bleibt durch das MA. bis in die Neuzeit bestimmend, auch wenn THOMAS v. AQUIN den Menschen, eingegliedert in die Hierarchie der Ordnungen Gottes, zugleich zur Erfüllung dieses Weltsinnes berufen weiß, und LUTHER die W. als Ort der menschl. Berufung zum Dienst am Nächsten sieht.
Das profane *neuzeitliche* WV. macht die W. zum Gegenstand der Naturwiss. und Technik. Im geschichtl. Vorgang der Befreiung des Menschen zu sich selbst bleibt die Vorstellungsform einer nun in Natur- und Vernunftsgesetzen dokumentierten Weltordnung weithin erhalten. Die jüngste Erfahrung der Einheit einer machbar weltlichen W. führt immer mehr zum anthropologisch-ethischen WV. als Beziehungsfeld des menschl. Lebensvollzugs. Sofern diese Heraufkunft einer „mündigen Welt" (BONHOEFFER) durch christl. Impulse ausgelöst wurde (J. B. METZ), stellt sich die Aufgabe, das biblisch-christl. WV. neu auszusprechen.

2. *Weltverständnis im Glauben.* Eine *Theologie der irdischen Wirklichkeiten* (G. THILS, A. AUER) betont die durch Kreatürlichkeit, Zuordnung auf Christus, Kirche und Vollendungsgestalt relativierte Eigenständigkeit der weltl. Bereiche. Gegen die dabei letztlich unveränderte Gottunmittelbarkeit des ma. WV.ses wendet sich die *Theologie der Säkularisierung* (BONHOEFFER, GOGARTEN) mit der These, die W. verchristlichen heißt sie verweltlichen. Die damit verbundene existentielle Reduzierung des Glaubens veranlaßt die ↗Politische Theologie (SHAULL, MOLTMANN, METZ), auf die wesenhaft gesellschaftlich-öff. Dimension des Heils abzuheben.

Grundlegende Perspektiven für ein christl. WV. ergeben sich aus der Glaubensaussage: die W. ist erschaffen und erlöst und darin in eine eschatolog. Verheißung gestellt (↗Hoffnung und Zukunft). Der Schöpfungsgedanke verlangt, die vorgegebene Wirklichkeit in Treuhänderschaft anzunehmen. Eschatologische Verheißung aber sieht die W. als offenes Geschehen, dessen Sinn weder einfachhin unveränderlich festliegt noch sich mit irgendeiner gesellschaftl. Situation schlechthin identifizieren läßt. Letztes Kriterium der Gesch. und der menschl. Freiheit in ihr ist Jesus Christus, der Garant dafür, daß Gott die W. in seinem Sohn unwiderruflich annimmt. Seine Kreuzigung ist Ausdruck des eigentlich Revolutionären der Botschaft Jesu: Einheit, Frieden und Versöhnung in der verstrittenen, verfremdeten Wirklichkeit zu stiften (↗Nachfolge Christi).

Ein entsprechendes *Weltverhältnis im Glauben* verlangt, daß der Christ sich dem Beziehungsfeld des menschl. Lebensvollzugs aktiv-planend zuwendet und alle geschichtl. Verhältnisse zu vermenschlichen trachtet. Geplante Gestaltung als kritisch-schöpferische Entschlossenheit zu Gerechtigkeit, Freiheit, Frieden u. a. setzt voraus, daß die Eigengesetzlichkeit der weltl. Bereiche respektiert werden. Immer bleibt christliche Weltverantwortung eingebettet in die gläubig-hoffende und geduldig-demütige Annahme der Erlösung. Der Christ weiß Herkunft und Zukunft der Gesch. letztlich seiner eigenen Verfügungsgewalt entzogen und muß deshalb alle totalitären Zukunftsutopien kritisieren. Kirche als ↗Volk Gottes und Gruppe in der pluralen Gesellschaft versteht sich zunehmend in partnerschaftl., gesellschaftskrit. und inspirierender, d. h. bewußtseinsbildender Funktion zur jeweiligen Gesellschaft.

☐ Anthropologie (C). Hoffnung und Zukunft. Spiritualität. Reich Gottes. Volk Gottes. Politische Theologie

Lit.: D. Bonhoeffer, Widerstand u. Ergebung (⁷1956, Neuausg. 1970); F. Gogarten, Der Mensch zwischen W. u. Gott (²1958); J. Daniélou, Le chrétien et le monde moderne (Tournai 1959); J. Leclercq, Bekehrung zur W. (1959, ⁷1964); P. Teilhard de Chardin, Der Mensch im Kosmos (1959); A. Auer, Weltoffener Christ (⁴1966); J. A. T. Robinson, Gott ist anders (1963, ¹⁴1969); J. B. Metz (Hrsg.), Weltverständnis im Glauben (1965, ²1966); F. X. Arnold u. a. (Hrsg.), Hdb. der Pastoraltheol. II/2 (1966); J. B. Metz, Zur Theol. der W. (1968).

E. Feifel

Weltverständnis im Glauben ↗Weltverständnis, theologisches

Wendung gegen die eigene Person ↗ Abwehrmechanismen

Weniger, Erich
W., geb. 11.9.1894 in Steinhorst (Kr. Isenhagen, Hann.), gest. 2.5.1961 in Göttingen, war von 1929 bis 1930 Prof. für Päd. und Philos. an der Päd. Akademie Kiel; 1930 Gründer und Direktor der Päd. Akademie in Altona; 1932 Leiter und Prof. an der Päd. Akademie Frankfurt a. M.; 1933 wegen „politischer Unzuverlässigkeit" vom NS-Regime entlassen; 1945–1948 Direktor der PH. Göttingen; seit 1949 als Nachfolger seines Lehrers H. NOHL o. Prof. für Päd. an der Univ. Göttingen. – Als Bildungstheoretiker der ↗ Geisteswiss. Päd. begründete W. (mit anderen) in der Nachfolge W. DILTHEYs das Selbstverständnis der damaligen Päd.

Werke: Die Grundlagen des Geschichtsunterrichts (1926); Die Theorie des Bildungsinhalts, in: Nohl-Pallat (Hrsg.), Hdb. der Päd., Bd. 3 (1930); Die Eigenständigkeit der Erziehung in Theorie u. Praxis (1953, ²1958); Polit. Bildung u. staatsbürgerl. Erziehung (²1963); Didaktik als Bildungslehre (⁶/⁸1965).
Lit.: I. Dahmer - W. Klafki (Hrsg.), Geisteswiss. Päd. am Ausgang ihrer Epoche – E. Weniger (1968, mit ausf. Bibliogr.). Zur Kritik: K.-H. Schäfer - K. Schaller, Krit. Erziehungswiss. u. kommunikative Didaktik (1971).

K.-H. Schäfer

Weniggegliederte Schule
1. *Begriff und gegenwärtige Lage.* Die WS. steht im Gegensatz zum voll ausgebauten Schulsystem, das in der Regel auf der Basis von ↗ Jahrgangsklassen beruht; in diesem sollen die Schüler des gleichen Geburtsjahrganges zusammengefaßt werden, wobei unterstellt wird, daß diese leistungshomogen sind, eine Unterstellung, die heute schulpädagogisch nicht mehr vertretbar ist.

Die WS. ist die historisch ältere Form und erst in jüngerer Zeit durch die Jahrgangsklasse abgelöst worden. Das MA. kannte eine Berücksichtigung des Jahrgangs als eines Einteilungsprinzips ebenso wenig wie das Altertum. Alle Schüler wurden in einem Raum gemeinsam und von einem Lehrer unterrichtet. Jedoch findet sich im MA. bereits die Aufteilung in klasseninterne Gruppen. Vor allem kannten die durch die allgemeine Schulpflicht eingeführten Volksschulen zunächst nur geringe Unterteilungen und waren sehr häufig einklassig. Im Zuge der Umorganisation des Schulwesens zu ↗ Zentralschulen wurden die WS.n in ihrem päd. Wert umstritten.

Die schulpolitische Tendenz, WS.n zu größeren Systemen zusammenzufassen, wurde neben der Tatsache, daß auf diese Weise vor allem das konfessionelle Schulwesen beseitigt werden sollte, auch von päd. Überlegungen bestimmt. Diese haben sich in der Öffentlichkeit so durchgesetzt, daß WS.n nur noch als unumgängliche Ausnahmen zugelassen werden. Der geforderte „geordnete Schulbetrieb", der staatlicherseits zur Bedingung für den Betrieb einer Schule gemacht wird, sieht auch eine Mindestgliederung in Klassen vor. Eine einklassige VS. gilt (z. B. entgegen der im Bayerischen Konkordat getroffenen Regelung) nicht mehr als „geordneter Schulbetrieb".

2. *Formen.* WS.n haben eine oder mehrere Klassen. Im ersten Fall können sie die Schüler aller Jahrgangsstufen umfassen, im letzten werden zwei (Unter- und Mittelstufe), drei (Unter-, Mittel- und Oberstufe) oder auch mehr Klassen gebildet. Vielfach werden die Oberklassen heute zu Zentralschulen zusammengefaßt, während die unteren Klassen in WS.n vereint bleiben.

3. *Pädagogische Beurteilung.* Entsprechend der schulpäd. Forderung, Gruppen und Klassen um des Unterrichts und der Erziehung willen klein zu halten, lassen sich auch für die Kleinheit der Schule Gründe anführen; andere sprechen dagegen. Für die WS. sprechen die Überschaubarkeit des Systems (was vor allem für kleine Kinder von Bedeutung ist), der persönl. Kontakt zwischen Schülern und Eltern auf der einen, Lehrern auf der anderen Seite, die Möglichkeit und Notwendigkeit, Schüler in kleinen Gruppen und oft unter Zuhilfenahme älterer Schüler zu unterrichten, die nicht intendierte wirksame Teilnahme der Schüler am Unterricht in anderen Gruppen, schließlich die erheblich stärkere ganzheitliche und in der Regel milieunähere Erziehung bes. in konfessionellen Schulen. *Dem entgegen* steht die im allg. geringere Leistung, die Vernachlässigung der geistig Anspruchsvollen, die Gefahr der Ghettoerziehung und der erschwerten Einfügung in das komplizierte moderne Gesellschaftssystem. Die zu Recht angeführten guten Erfolge WS.n betreffen wohl in erster Linie überdurchschnittlich begabte Schüler und hervorragende Lehrer.

☐ Landschule und Stadtschule. Schule. Schulaufbau. Volksschule

Lit.: K. Mohr, Die Reform der VS. auf dem Lande (1965); G. M. Rückriem, Die Situation der VS. auf dem Lande (1965); H. H. Kolbeck, Die Schule auf dem Lande (1966).

K. Erlinghagen

Werkakademie, Hochschule für Gestaltung
In dem noch andauernden Prozeß der Umstrukturierung der Werkkunstschulen (WKS.) zu Fachhochschulen (FHS.) stehen neben *Werkakademie* und *Hochschule* zahlreiche Benennungsvorschläge zur Diskussion. Der anfangs bevorzugte Terminus W. hat sich nicht durchgesetzt.

Seit 1852 entstanden Kunstgewerbeschulen mit der Aufgabe, Entwerfer für die Industrie und Kunsthandwerker auszubilden. Ein hochschulmäßiges Gestalterstudium und grundlegende Neuerungen in der industriellen Formgebung entwickelte das Staatl. Bauhaus (1919–33: Weimar, Dessau, Berlin). Im Dritten Reich wurde die Kunstgewerbeschule als Meisterschule des gestaltenden Handwerks auf die Handwerkerfortbildung eingeengt. Die Wiedergewinnung der ehemal. Doppelfunktion nach 1945 (seit 1949: WKS.) vollzog sich gegen starke Widerstände. Richtungweisend auf den Gebieten der Designer-Ausbildung, Design-Theorie und -Methoden wurde die Arbeit der nichtstaatl. Hochschule für Gestaltung Ulm. Die Umorientierung der WKS.n von den Werkkünsten zum Design begann Mitte der 60er Jahre.

Die Verhältnisse sind z. Z. unübersichtlich: die einzelnen Bundesländer vollziehen die Umwandlung zu verschiedenen Zeitpunkten und im Hinblick auf die Entwicklung zur Gesamthochschule mit unterschiedl. Maßnahmen, wobei die uneinheitl. Terminologie die Orientierung erschwert. Bis Herbst 1971 soll die Überführung vollzogen sein. Es wird geben: ehemalige WKS.n als selbständige ↗Fachhochschulen, als Abteilung (Fachbereich) Gestaltung (Design) einer aus Ingenieurschule und mehreren Höheren Fachschulen gebildeten FHS., als Bestandteil einer Hochschule für Bildende Künste, oder nach kurzer Übergangszeit als Teil einer Gesamthochschule. Als neuer Bildungsauftrag wird die Ausbildung von Designern verstanden (Schwerpunkte des Design: Ästhetik, Technologie, Kommunikation). Eine Gliederung in Fachgruppen (-bereiche) und Studienrichtungen (-gänge) wird die Werkgruppen und Fachklassen ablösen. Voraussetzung für das Studium wird die ↗Fachhochschulreife oder eine entsprechende Vorbildung sein. Die staatl. Abschlußprüfung nach maximal 8semestrigem Studium soll mit einer Graduierung verbunden werden.

Lit.: G. Hassenpflug, Das WKS.buch (1956); N. Pevsner, Wegbereiter moderner Formgebung (1957).
Zschr.en: werk und zeit (seit 1952); form (seit 1958).

G. H. Blecks

Werkberufsschule

Nach den in den Ländern geltenden Gesetzen kann eine W. auf Antrag als Ersatzschule anerkannt werden. Sie wird aus Landesmitteln zu einem hohen Anteil finanziert. Die Anerkennung ist an bestimmte Voraussetzungen gebunden, u. a. Lehrplan, Schülerzahl, Einrichtung, Sicherung der Restfinanzierung. Die W. braucht der öff. ↗Berufsschule nicht gleichartig zu sein, sie muß ihr *gleichwertig* sein. Sie kann den Unterricht rationell in die Gesamtausbildung einfügen und bietet die beste Voraussetzung für den Gleichlauf betrieblicher und schulischer Ausbildung. Sie ist der staatl. Schulaufsicht unterstellt. Nur große Unternehmungen bzw. Unternehmergruppen machen allg. von diesem Schultyp Gebrauch.

G. Laurisch

Werkbund und Jugendstil

1. Der *Jugendstil* (international: Art nouveau), ist eine zuerst in der Zschr. „Plan" (1895–1900), dann in der namengebenden Zschr. „Jugend" (1896–1940) hervorgetretene, eigenwillige Stilrichtung in Kunst und Kunstgewerbe (lineare, häufig asymmetrische Ornamentik; florale, oft ineinander verschlungene Linienführung; verfeinerte Handwerksgerechtigkeit). Er war von einer betont individuellen, gegen den Historismus des ausgehenden 19. Jh. gerichteten Grundtendenz getragen und traf sich in seinen künstlerischen und lebensreformerischen Intentionen mit den Anliegen der ↗Jugendbewegung (Naturverbundenheit; Einfachheit; hygienische Kleidung) und der ↗Kunsterziehungsbewegung (Ursprüngliche Volkskunst; Kunsthandwerk; Erziehung breiter Schichten zu ästhet. Geschmack; schöpfer. Kräfte der Jugend). Der J. wirkte sich vor allem auf die neue Baukunst (↗Bauhaus) und in einer ausgeprägten Wohnkultur aus.

2. Der *Deutsche Werkbund*, eine 1907 in München von Künstlern, Industriellen und Handwerkern gegr. Vereinigung (u. a. K. MUTHESIUS, F. NAUMANN, H. van de VELDE), griff die Ansätze des J.s auf und bemühte sich angesichts der von der techn. Massenproduktion her drohenden Gefahr künstlerischer Verflachung (industrielle Zierformen minderwertiger Qualität) um material- und funktionsgerechte Formgestaltung der von Handwerk und Industrie erzeugten Gebrauchsgüter. Durch Veröffentlichungen wie: das „Jahrbuch des Deutschen Werkbundes" (1912 bis 1922) und Zeitschriften wie: „Die Form" (1926–33), „Das Werk" (Zürich seit 1914), „Werk und Zeit" (seit 1951), bes. aber durch Ausstellungen (u. a. Köln 1914, Weißenhofsiedlung in Stuttgart 1927) hatte der Dt. W. Einfluß auf die Gestaltung von Wohnbauten, Möbeln und Geräten und wirkte so auch volkspädagogisch. Der Dt. W. wurde 1933 aufgelöst, 1947 wieder gegründet (Sitz Düsseldorf). 1951 bildete sich auf seine Initiative hin der *Rat für Formgebung deutscher Erzeugnisse in Industrie und Handwerk* (Sitz Darmstadt).

☐ Kunsterziehungsbewegung. Jugendbewegung

Lit.: H. Muthesius u. a., W.-Arbeit der Zukunft (1914); Dt. Form im Kriegsjahr. Die Ausstellung Köln 1914, Text von P. Jessen (1915); R. Riemerschmid, Der Dt. W. (1926); F. Schmalenbach, Der J. (1935); F. Ahlers-Hestermann, Stilwende (1941, ²1956); E. Rathke, J. (1958); J. Der Weg ins 20. Jh., hrsg. v. H. Seling (1959); R. Schmutzler, Art nouveau – J. (1962); J. Cremona, Die Zeit des J.s (1966); W. Scheidig - K. G. Beyer, Das Bauhaus Weimar (1966); St. T. Madsen, J. (1967); H. H. Hofstätter, J. (1968); J., Stil der Jugend, hrsg. v. L. Koreska-Hartmann (1969).

W. Böhm

Werken
W. richtet sich auf unmittelbare Begegnung mit der gestaltbaren Welt durch tätigen Umgang mit Materialien. Kennenlernen verschiedener Materialeigenschaften, Auswahl und Handhabung zweckmäßiger Werkzeuge und Aneignen sachgerechter Verfahren differenzieren sich entsprechend dem Zuwachs an Körperkräften, Einsichtsvermögen und Werkerfahrung. Vom spielhaften Hantieren bis zum geplanten Vorgehen sind vielfältige Weisen der Erkenntnisgewinnung gegeben. Exemplarische ↗Vorhaben bieten sich zum Kooperationstraining an. Grundsätzliche wie spezielle Gestaltungsprobleme werden in der *Werkbetrachtung* angesprochen (u. a. Fragen der Material- und Werkgerechtheit; funktionale Entsprechung bei Gebrauchsformen; ästhetische, technische und ökonomische Aspekte; kulturhistorischer Bezug). Die heute bes. für das Kind eingeschränkten Möglichkeiten der Einsichtnahme in Dingentstehung und Umweltgestaltung bedingt durch technische Industriefertigung erschweren individuelle Auseinandersetzung und damit Orientierung und Verständnis von Grund auf. Im W. werden auf Qualität gerichtete sachliche Beurteilungskriterien auch im Sinne einer verantworteten ↗Konsumerziehung grundgelegt. Der Werkprozeß fördert sachliche Offenheit, entwickelt das Erfinderische und fordert die eigene und konkrete Entscheidung. W. eröffnet dem Kind auf anschaul. Weise das Begreifen von Möglichkeiten und Zuständen geformter Umwelt. Dem Jgdl.n wird im W. die ihm zuwachsende Verantwortung für die vom Menschen gestaltete Welt konkret. Entgegen der bisherigen Bindung an die Kunsterziehung ordnet die Didaktik der Werkerziehung heute das ↗Technische Werken dem Bezugsfeld Industrie und Technik zu.
☐ Technisches Werken. Technik und Bildung
Lit.: B. Wessels, Die Werkerziehung (1967, ²1969, ausf. Bibliogr.); W. Biester, Werkunterricht (1968); F. Kaufmann - E. Meyer (Hrsg.), Werkerziehung in der techn. Welt (1967). *F. Münch*

Werken, künstlerisches ↗Kunstunterricht ↗Technisches Werken

Werkschule
Um praktische Berufsausbildung mit theoretischer zu verbinden, haben größere Unternehmungen W.n geschaffen, in denen werkeigene Fachlehrer und Fachkräfte unter päd. Leitung Unterricht erteilen. Der Unterricht wird neben dem Berufsschulunterricht erteilt. Dieser Zusatzunterricht hat sich aus der Notwendigkeit ergeben, einen Gleichlauf zwischen prakt. und theoret. Ausbildung zu schaffen, den Berufsschulunterricht zu ergänzen und die Besonderheiten des Unternehmens mit seinen Abteilungen und Betrieben zu vermitteln. Für die technisch und kaufmännisch Auszubildenden umfaßt der Unterricht im Durchschnitt wöchentlich 5 Stunden. Auch zahlreiche Ausbildungsmaßnahmen für Erwachsene sind in die Organisation einer solchen W. eingebaut.
Lit.: R. u. H. Wefelmeyer, Lex. der Berufsausbildung und Berufserziehung (1959); Hdb. für das kaufmänn. Schulwesen (1963); F. Schlieper - J. Baumgardt - W. Stratenwerth, Hwb. der Berufserziehung (1964).
G. Laurisch

Wert, Wertphilosophie, Wertpädagogik
1. *Wert.* Unter W. verstehen wir das Objekt eines Taxationsvorganges (einer Schätzung) oder die Qualität, durch die ein gegenständlich Gegebenes in einen vorgegebenen Strebeplan einbezogen werden kann. W.e oder „Bedeutsamkeiten" setzen darum Wesen mit Strebevermögen und Teleologien voraus und kennzeichnen die darauf bezogenen objektiven Korrelate (d. h. das, was für einen Menschen „Geltung" hat). Unterschiedliche W.arten ergeben sich aus der Verschiedenheit der zugehörigen Teleologien. a) Von *relativen* W.en sprechen wir dort, wo ein endl. Wesen mit bedingtem Strebevermögen vorausgesetzt ist (das Nest für den Vogel, das Werkzeug für den Menschen); von *absoluten* W.en, wenn die W.relation auf ein unendl. Wesen (Gott) oder ein unbedingtes Strebevermögen (Vernunftwille) zurückgeführt wird (menschliche Person, sittliche Tat, Freiheitszwecke). b) Von *Dienst-W.en* sprechen wir, wenn der W. auf höhere W.e bezogen werden kann, von *Selbstwerten*, wenn es sich um ein in sich geschlossenes teleolog. System handelt (religiöse, künstlerische W.e). c) Dienstwerte, die selbstverständlich immer *relative* W.e sind, können je nach dem teleolog. System in *Wertarten* unterteilt werden wie *Gebrauchswert, Tauschwert, Nutzwert, Informationswert, Gefühlswert* usw. d) Schließlich läßt sich zwischen *Wert* und *Wertträger* unterscheiden und deren unterschiedliche Beziehung betrachten, die von völliger Trennung (gleicher Nährwert bei verschiedensten Lebensmitteln) bis zur völligen Einheit (unendlicher Personwert des je einzelnen Subjekts) reicht.
2. *Wertphilosophie.* Eine Theorie der W.e findet sich überall dort, wo das Streben als ontologische Grundqualität des einzelnen Seienden anerkannt wird. So etwa bei PLATON, für den der W. (agathón) die oberste Bestimmung des Seins ist, wie bei ARISTOTELES, wo sich eine Reihe W.bezogener Wiss.en abzeichnet (Ethik, Ästhetik, Poietik,

Ökonomik, Politik). Diese Einstellung erhält sich auch in der ma. Philos., wo die W.-bestimmtheit (das bonum) als „transcendentale" zu den obersten und allgemeinsten Bestimmungen zählt. Auch das neuzeitl. Denken kennt überall, wo an einer Teleologie festgehalten wird (LEIBNIZ, KANT u. a.), das W.problem. Eine ausführl. „Wertphilosophie" (auch *Axiologie* genannt, von griech. axios = würdig, wertvoll) ist von R. H. LOTZE (1817 bis 1881) begründet und vor allem durch die Neukantianer W. WINDELBAND und H. RIKKERT, aber auch durch Phänomenologen wie M. SCHELER, A. PFÄNDER, N. HARTMANN und D. v. HILDEBRAND weitergeführt worden. Das Wertvollsein eines Seienden ist nach SCHELER ein ontolog. Grundzug des Seienden, der in eigener eidet. Zuwendung erfaßt und analysiert werden kann. Scheler wendet sich damit gegen den Formalismus KANTs. Gemäß seiner „materialen Wertethik" ist eine bestimmte Handlung nicht deswegen sittlich wertvoll, weil sie allgemeingültiges Gesetz werden kann, sondern sie kann Gesetz werden, weil sie sittlich wertvoll ist. Der Mensch hat als vernünftiges Lebewesen ein ausgeprägtes Gefühl für das Wertvolle und bedarf keiner Gesetze (kategorische Imperative), um sich richtig zu verhalten. Mit diesem *Wertgefühl* ist keineswegs eine psychol. Begründung der Ethik gesetzt, sondern eine objektive Fundierung im zielgerichteten Wirken des Menschen. Nach N. HARTMANN sind die W.e den höheren Seinsordnungen, vor allem dem Menschen, unterworfen und haben kein eigenes Sein.

3. *Wertpädagogik*. Drei Gruppen von Bildungstheorien können unter dieser Bezeichnung zusammengefaßt werden: a) einige Bildungstheoretiker der ↗ Geisteswissenschaftlichen Pädagogik (vor allem G. KERSCHENSTEINER, der „frühe" TH. LITT, R. MEISTER, E. SPRANGER); b) Vertreter der kath. Päd. (F. X. EGGERSDORFER, J. GÖTTLER, S. BEHN); c) die Neukantianer (R. HOENIGSWALD, J. COHN). Alle drei Gruppen gingen im ersten Drittel des 20. Jh. trotz unterschiedlicher Herkunft und andersartiger bildungstheoret. Begründungszusammenhänge von durch Tradition vermittelten kulturellen W.gebieten aus. Von diesen wertrelevanten Kultur- und Bildungsgütern wurde erwartet, daß sie den Bildungsprozeß von Heranwachsenden initiieren bzw. aktualisieren. – Aus dem Kreis der W.pädagogen ist vor anderen ↗ E. SPRANGER zu nennen. Sein Buch „Lebensformen" (1914, später stark erweitert, ⁸1950) hat damals eine weltweite Verbreitung und Anerkennung gefunden.

☐ Norm. Sozialisation. Bildungsgut, Bildungswert

Lit.: H. Rickert, Vom System der W.e (1914); M. Müller, Über Grundbegriffe philos. W.lehre (1932); O. Kraus, Die W.theorien (1937); W. Ehrlich, Hauptprobleme der W.philos. (1959); J. N. Findlay, Values and Intentions. A study in value theory and philosophy of mind (London 1961); N. Hartmann, Ethik (⁴1962); M. Scheler, Der Formalismus in der Ethik u. die materiale W.ethik (⁵1966); K. Schaller - K.-H. Schäfer (Hrsg.), Bildung u. Kultur (1968, ausf. Lit.).

1.–2. *P. M. Grujić*, 3. *K.-H. Schäfer*

Wertheimer, Max
Gestaltpsychologe, geb. 15. 4. 1880 in Prag, gest. 12. 10. 1943 in New York. Nach Studium der Rechtswiss.en und der Philos. 1912–1916 Privatdozent für Psychol. in Frankfurt a. M., 1916–1929 in Berlin; ab 1929 Prof. in Frankfurt. W. mußte 1934 emigrieren und ging an die New School for Social Research in New York. Mit seinen Studien über die Scheinbewegung wurde W. zum Begründer der gestaltpsychol. Schule (1910), für die er auch weiterhin ein wichtiger Anreger blieb. Seine Arbeiten zum produktiven Denken sind von großer Bedeutung für die Päd. Psychol.
Werke (Auswahl): Experimentelle Untersuchungen zur Tatbestandsdiagnostik, in: Archiv für die gesamte Psychol. (1905); Experimentelle Studien über das Sehen von Bewegungen, in: Zschr. f. Psychol. (1912); Über Schlußprozesse im produktiven Denken (1920); Drei Abhandlungen zur Gestalttheorie (1925, Neudr. 1967); Produktives Denken, übers. v. W. Metzger (²1964).

E. Scheerer

Wessenberg, Ignaz Heinrich Karl von
Kath. Theologe und Kirchenpolitiker, geb. 4. 11. 1774 in Dresden, gest. 9. 8. 1860 in Konstanz. W. setzte sich ein für eine Reform von Klerus, Seelsorge und Liturgie im rationalist. Sinne, für enge Zusammenarbeit von Kirche und Schule sowie für die Verbesserung des Schulwesens und der Lehrerbildung insges. und bes. für die Einrichtung von Anstalten für Arme, Waisen und sozial oder körperlich Geschädigte.
Werke: Die Elementarbildung des Volkes (1814, ²1835); Die christl. Bilder, ein Beförderungsmittel des christl. Sinnes, 2 Bde. (1827, Neuausg. 1845); Über die Bildung der gewerbetreibenden Volksklassen ... (1833); Die Reform der dt. Univ. (1833, ²1866); Sämtl. Dichtungen, 7 Bde. (1834–54); Unveröff. Manuskripte u. Briefe, hrsg. v. K. Aland - W. Müller (1968 ff.).
Lit.: J. Beck, I. H. v. W. (²1874); J. B. Müller, I. H. v. W., ein christl. Päd. (Diss. Würzburg 1916); P. Laven, I. H. v. W. (Diss. Freiburg 1926); H. Kabus, I. H. v. W.s geistige Gestalt (Diss. Köln 1964); F. A. Graf, Südwestdt. Schulreform im 19. Jh. Der Einfluß I. H. v. W.s auf die Gestaltung des Schulwesens (1968).

H. J. Ipfling

Wetteifer, Wettstreit
1. W. ist Willenskonzentration zur Steigerung von Leistung, Haltung oder sozialem Prestige durch Vergleich mit anderen. Aktualisierter W. heißt je nach Ausmaß *Wettspiel*, *Wettstreit* oder *Wettkampf*, im Wirtschafts-

leben *Wettbewerb*. Durch ihn vermag der Mensch individuelle Leistungen entscheidend zu steigern.

Seit je ist der W. gegensätzlich bewertet worden; man nannte ihn „Schrittmacher des Egoismus", aber auch „den großen Motor des Lebens" (H. NOHL). Bei den Griechen war das gesamte Sozialleben vom „Agon" bestimmt; christliche Pädagogen haben ihn als liebefeindlich abgelehnt. Seine inneren Wurzeln reichen ins Triebhafte der Selbsterhaltung; er entnimmt seine Energien dem Ehrgeiz (Streben nach Ruhm) und der lebendigen Triebkraft des „Thymos". Er braucht den Gegner, also zwischenmenschliche Spannungen, und hierin liegt die erzieher. Problematik.

W. steigert die Kräfte des Individuums, das sich physisch wie geistig bestätigt, im Selbstbewußtsein gehoben, in der Einsatzbereitschaft intensiviert fühlt. – *Didaktisch* hat der W. seinen zentralen Ort im Kampfsport in allen Phasen. Der Klassenunterricht benutzt ihn vorwiegend zur Übung und Festigung der Ergebnisse. Dabei gibt es viel Vergleichbares, z. B. zwischen dem Wettrechnen und dem sportl. Wettlauf; doch liegt der Akzent beim Sport mehr auf dem Leistungsvergleich selbst (formal), beim ↗Sachunterricht mehr auf dem Gewinn an Kennen und Können. Immer jedoch geht es um den optimalen Kräfteeinsatz zur Überwindung des „Kon"- kurrenten (Rivalen).
2. Die Verwendung des W.s in der *Erziehung* ist nicht unbestritten. W. lebt eben aus der Gegnerschaft, nicht aus ↗Partnerschaft und Kooperation. Er bedroht, wenn er übertrieben wird, den Erziehungszweck, und er gefährdet, wenn er „ungezähmt" bleibt, die Entwicklung des jgdl. Charakters. Berechtigter Stolz kann sich verwandeln in Schadenfreude, anständige Kampfgesinnung kann umschlagen in unbedenkl. Anwendung auch unfairer Mittel. Bedenklicher noch ist die Gefahr auf der andern Seite: Ständiger Mißerfolg kann den Verlierer in Neid und Mißgunst treiben und seine Lebensaktivität lähmen. W. bedarf also der besonnenen päd. Lenkung und der gerechten Kampfbedingungen. Ferner ist sparsame Anwendung geboten; unaufhörliches Wetteifern macht nervös und mindert den Leistungsgewinn. Beim Ende eines Wettspiels muß sich auch die kämpfer. Spannung lösen zugunsten eines beruhigten Nebeneinanders der Partner. – Gegen Auswüchse in der Charakterentwicklung (Überheblichkeit, Neid) hilft der *Gruppenwetteifer*, wie ihn jedes Mannschaftsspiel praktiziert. Hier werden – und das gilt entsprechend für das W.n in der Klasse – Einsatz, Erfolg und Niederlage nicht mehr dem einzelnen, sondern der Gruppe gutgeschrieben; wer siegt, gibt den Eigenerfolg weiter an die Gruppe, der er angehört. Die Gruppen sind so zusammenzustellen, daß auch die Tätigkeit der Schwächeren akzeptiert und von diesen als sinnvoll erfahren wird. Reine Leistungsgruppen, in denen nur Ehrgeiz und W. herrschen und Momente der Partnerschaft verdrängen, sind päd. problematisch.

Lit.: Der W., Kongreßbericht (1961); Hdb. für Lehrer, III (1963); E. Geißler, Erziehungsmittel (1967, ³1969); H. Netzer, Der W. in der Erziehung (⁵/⁶1969).

H. Netzer

Wichern, Johann Hinrich

Sozialreformer, geb. 21. 4. 1808 in Hamburg, gest. 7. 4. 1881 ebd.; studierte Theol. in Göttingen (LÜCKE) und Berlin (HEGEL, SCHLEIERMACHER, NEANDER). 1831 übte er eine private Lehrtätigkeit in Sonntagsschule (Rautenberg), Armen- und Krankenpflege aus. Er gründete 1833 das *Rauhe Haus* in Horn bei Hamburg zur Rettung verwahrloster Kinder (zunächst 12, später 82 Zöglinge). Die aus dem Rauhen Haus erwachsene Bruderanstalt wurde zur Keimzelle der ev. männl. Diakonie. Ab 1848 reiste er im Dienste der ↗Inneren Mission und der Rettungshausidee durch Europa. 1857 wurde er als Oberkonsistorialrat in Berlin mit der Reform des preuß. Gefängniswesens betraut. 1871 kehrte er ins Rauhe Haus zurück.

W. brachte in die päd. Theorie wenig Neues ein. Er trachtete vielmehr nach praktisch päd. Bewältigung unzureichender gesellschaftlicher Verhältnisse. Seine bahnbrechenden Tätigkeiten in der Verwahrlostenerziehung, Inneren Mission, Felddiakonie und Reform des Strafvollzuges wirken z. T. bis in die Gegenwart herein. Seine zahlreichen Schriften zeigen einen Mann, der aus frommem Gottvertrauen und nüchterner Realitätskenntnis handelt, dessen Gabe für Seelenführung sich zu keiner Bevormundung des Gegenübers hinreißen läßt und dessen Energie und kraftvolle Zielstrebigkeit nicht in soziales und klerikales Managertum ausarten.

Werke: Ausgew. Schr.en, hrsg. v. K. Jansen (1956 f.); Sämtl. Werke, hrsg. v. P. Meinhold (1958 f.); Schr.en zur Sozialpäd., hrsg. v. J.-G. Klink (1964, Lit.).
Lit.: K. Krummel, Das Problem der Rettung bei J. H. W. (1949); K. Herntrich, J. H. W. (1953); H. Grothaus, Die Verknüpfung von Erziehung u. Seelsorge in der christl. Erziehungslehre J. H. W.s (Diss. 1959); H. Lemke, W.s Bedeutung für die Bekämpfung der Jugendverwahrlosung (1964, Lit.).

J.-G. Klink

Widersetzlichkeit ↗Ungehorsam

Widerstände ↗Psychoanalyse

Wiedererkennen, Methoden des Wiedererkennens ↗Gedächtnis

Wiederholung ↗Übung

Wiener, Norbert
Amerikan. Mathematiker und Logistiker, geb. 26. 11. 1894 in Columbia (Miss.), gest. 18. 3. 1964 in Stockholm. 40 J. lang Prof. am berühmten Massachusetts Institute of Technology; seit 1932 auch Prof. in Cambridge (Mass.). W. hielt sich u. a. in Göttingen und Kopenhagen (1926), Cambridge (Engl., 1931), Mexiko (1947) und Paris (1951) auf. Er entwickelte mit seinem Schüler Claude SHANNON die moderne ↗ Informationstheorie als eine der Voraussetzungen der von ihm so benannten ↗ Kybernetik.
Werke: Cybernetics . . . (1948, dt.: Kybernetik ³1969); Mensch u. Menschmaschine (dt. 1958, ²1966); Wb. Programmierter Unterricht (1964).
F. Hoh

Wiesbadener Plan ↗ Bremer Plan

Wiese, Ludwig
Schulreformer, geb. 30. 12. 1806 in Herford, gest. 25. 2. 1900 in Potsdam, war nach Studium der Philologie (HEGEL) und Theol. (SCHLEIERMACHER) Lehrer an verschiedenen Gymnasien, 1852 von Minister RAUMER als Referent für das höhere Schulwesen berufen; später Vorsitzender der Reichsschulkommission. – W. reformierte Unterrichts- und Prüfungsordnungen sowie die Lehrpläne sämtl. Schularten. Er trat für Freiheit der Lehrmethode und bei der Reifeprüfung (2 Prüffächer) ein.
Schriften: Dt. Briefe über engl. Erziehung (1852, ²1855); Das höhere Schulwesen in Preußen, 4 Bde. (1864 bis 1902); Slg. der Verordnungen u. Gesetze für die höheren Schulen in Preußen, 2 Bde. (1867, 3. Ausg. 1886–88); Päd. Ideale u. Proteste (1884); Lebenserinnerungen u. Amtserfahrungen (²1886).
Lit.: Ch. Muff, L. W. Ein Lebensbild, in: L. Wiese - B. Irmer, Das höhere Schulwesen in Preußen IV (1902); G. Mettlach, Welche Bedeutung haben die religionspäd. Forderungen L. W.s für die ev. Unterweisungen der Gegenwart?, in: Der ev. Erzieher (1950).
H. Mecking

Wiese und Kaiserswaldau, Leopold v.
Soziologe, geb. 2. 12. 1876 in Glatz, gest. 11. 1. 1969 in Köln. W. sah in Anlehnung an SIMMEL in der Herausarbeitung verschiedener Formen sozialer Beziehungen das wesentl. soziale Problem. Soziol. muß „formale Soziologie" sein, die von allen historisch-gesellschaftl. Inhalten absieht. Bezüglich des Begriffs der *sozialen Beziehung* ist nach W. das Zwischenmenschliche eine ununterbrochene Folge von Bindungs- und Lösungsakten. Diese formen die Grundstrukturen des sozialen Prozesses, dessen Resultat soziale Beziehungen sind. In ihrer Verdichtung stellen sie wiederum soziale Gebilde dar, die das Individuum bestimmen und steuern.
E. DURKHEIM hatte die Beziehungslehre der formalen Soziol. bereits früh mit der Feststellung zerstört, daß sich bestimmte soziale Phänomene wiederholen, weil sie kollektiv geboten sind.
Werke (Auswahl): Hrsg. der „Kölner Vj.hefte für Soziol." (seit 1947 neue Folge: Kölner Zschr. f. Soziol.); Beziehungslehre, in: Hwb. d. Soziol. (1931); System der Allg. Soziol. (⁴1966).
Lit.: H. Schoeck, Soziol. (1952, ²1969 [Titel: Die Soziol. u. die Gesellschaften]); H. Klages, Gesch. der Soziol. (1969).
H. Braun

Wiget, Heinrich Theodor
Schweizer Pädagoge und Seminardirektor, geb. 4. 9. 1850 in Altstätten (St. Gallen), gest. 16. 6. 1933 in Trogen, studierte in Leipzig; Lehrer an der Übungsschule ZILLERs (1876 bis 1877). Als überzeugter Herbartianer vertrat er die Theorie der formalen Stufen, reduzierte deren Zahl jedoch auf drei (Anschauen, Denken, Anwenden), wobei er Gedankengänge PESTALOZZIs und DÖRPFELDs mit übernahm. In Arbeiten über Pestalozzi und Herbart versucht W. zu zeigen, wieweit Herbart als Fortsetzer Pestalozzischen Gedankengutes anzusehen ist.
Werke: Die formalen Stufen des Unterrichts. Eine Einf. in die Schr.en Zillers (1884, ¹¹1914); Pestalozzi u. Herbart (1891); Grundlinien der Erziehungslehre Pestalozzis (1914); Das ABC der staatsbürgerl. Erziehung (1916); Päd. Umorientierung Pestalozzis? (1932, zus. mit G. Glöckner).
Lit.: Th. W., in: Lex. d. Päd. (Bern 1952).
Th. Dietrich

Willensbildung
W. = Wille, WB. = Willensbildung

Während die WB. zu Beginn des 20. Jh. oft erörtert, bei P. NATORP und E. v. SALLWÜRK sogar als Kernvollzug der Erziehung interpretiert wurde, ist heute von ihr nur noch selten die Rede.

Ursachen dieses Rückgangs sind a) die krit. Einstellung der wiss. Päd. zur einst zentralen „Charakter"- und „Persönlichkeits'-Erziehung; b) in der Anthropologie die Abkehr vom idealistisch-metaphys. Willensprimat zugunsten einer Reduktion des Voluntativen bis hin zur Leugnung seiner Eigenständigkeit überhaupt; c) insges. eine deutliche theoret. Unsicherheit über den Gegenstand aller WB.: den Willen selbst. – Mit einer expliziten Theorie der WB. ist gegenwärtig kaum noch zu rechnen; doch bleibt die Frage nach einem angemessenen Verständnis des W.ns für die Päd. belangvoll.

1. *Zum Begriff des Willens.* Trotz aller Unsicherheit ist bis heute das insbes. von KANT und FICHTE artikulierte philos. W.nsverständnis nicht widerlegt. W. gilt hier als *Inbegriff des menschlichen Vermögens der Selbstbestimmung,* d. h. als Inbegriff jener vernunftbestimmten Aktivität des Menschen, kraft deren er „als er selbst" (als „Ich") frei entscheidender und frei wirkender (insofern verantwortlicher) Vollzugsursprung seines Han-

delns ist. In diesem Sinne kennzeichnet K. JASPERS den W.n „als die eigentliche Macht des Menschen in seiner Existenz" – eine Kennzeichnung, in der auch die prinzipielle und situative Begrenztheit des W.ns, ja seine letzte existentielle Ohn-Macht, mitzudenken ist. W. ist auch nicht „Macht", die der Mensch „hat", sondern „Macht", die er als er selbst (als Ich) im Bezug auf sich selbst (als Gesamtperson) „ist". Vom W.n sprechen heißt somit – bei Einsicht in ihre Bedingungen und Grenzen – von der „Selbstmächtigkeit" des Menschen sprechen. Dies gilt prinzipiell, insofern der Mensch qua Mensch seiner selbst mächtig ist, und es gilt auch empirisch: Die *individuelle* Qualität und Quantität der menschl. Selbstmächtigkeit ist verschieden und in ihrer Genese beeinflußbar.

2. *Pädagogische Aspekte.* Während die WB. früher als Zentrum der Erziehung angesehen werden konnte, weil der (vernünftige) W. als letztlich unbedingte, autonome Entscheidungs- und Realisierungsinstanz des menschl. Handelns galt, ist heute – gerade auch bei Festhalten am Postulat der W.nsfreiheit – zu akzeptieren, daß die willentl. Selbstmächtigkeit unauflöslich eingebunden ist in das komplexe Bedingungs- und Vollzugsgefüge des gesamten (bewußten wie unbewußten) Lebens der Person und ihrer Beziehungen zum Mitmenschen, zur Gesellschaft, zur Situation insgesamt. Dies muß auch in der Erziehung durch eine immanente päd. Ideologiekritik erst wieder gelernt werden; denn in Familie und Schule wird im Sinne des Satzes: „Du könntest, wenn du nur wolltest" die willentl. Selbstmächtigkeit des Kindes allzu häufig überschätzt, das Kind, dem man sein Versagen als „Schuld" anrechnet, unangemessen viel getadelt, gescholten, gestraft, und damit der Aufbau zureichender willentl. Selbstmächtigkeit gerade verhindert. Dieser Aufbau ist jedoch der helfenden päd. Einflußnahme durchaus geöffnet: so hinsichtlich der Förderung der freiheitl. Eigeninitiative (Entscheidungs- und Entschlußfähigkeit) wie hinsichtlich der Steigerung der Effektivität der W.nsaktivität (der sog. Willenskraft) usw. Dergleichen geschieht freilich nie durch formale W.nsübungen oder überhaupt bes. „willensbildende" Veranstaltungen. Vielmehr dient *der gesamte Prozeß des Lernens* der Förderung freiheitlicher Eigeninitiative und W.nsenergetik und damit der (immer inhaltsbezogenen) Erweiterung und Stabilisierung der willentl. Selbstmächtigkeit. Allerdings lernt der Heranwachsende gerade im päd. qualifizierten Lernprozeß auch, daß vieles, ja Entscheidendes, in bezug auf die Welt und ihn selber, seinem W.n *nicht* untersteht, sondern sich der Anteilnahme und Anteilhabe erst in der Hingabe und im Verzicht auf willentl. Selbstauswirkung öffnet. Insges. ist die päd. Förderung des W.ns eingebunden in die umfassende Förderung einer qualifizierten (kritischen) Welt- und Selbsterfahrung, deren primäre Dimension nicht das Wollen, sondern das Denken, Hören und Verstehen ist.
□ Freiheit. Entscheidung. Selbst

Lit.: E. v. Sallwürk, Die Schule des W.ns als Grundlage der gesamten Erziehung (1915); P. Natorp, Sozialpäd. – Theorie der W.ns-Erziehung auf der Grundlage der Gemeinschaft (⁶1925); J. Lindworsky, W.nsschule (²1927); W. Keller, Psychol. u. Philos. des Wollens (1954); A. Petzelt, Grundlegung der Erziehung (1954, ²1961); K. Mierke, W. u. Leistung (1955); C. Heichert, Das Problem der „W.nskraft", in: Vj.schr. f. wiss. Päd. (1962).

C. Heichert

Willenspsychologie
W. = Wille(n, s), WP. = Willenspsychologie

Die Psychol. beschreibt heute das, was man im vorwiss. Sprachgebrauch als W. bezeichnet, unter den Sachverhalten ↗Motivation und Steuerung. Die Begriffs- und Inhaltsverschiebung hat methodologische Gründe: die Abkehr von einer im Voluntarismus gipfelnden Bewußtseinspsychol. (W. WUNDT) und das Problem einer ↗Vermögenspsychologie.

Wenn W. als die menschl. Fähigkeit definiert wird, sich mehr oder minder bewußt für die Ausführung einer Handlung zu entscheiden, dann wird eine Instanz hypostatiert, die als originäre Willens*kraft*, als „Ich", zu den Motiven, den „Bewegern des Willens", Stellung nimmt. Der philos. Hintergrund liegt in der Annahme von Willensfreiheit (Indeterminismus). Die Psychol. versuchte das Problem zeitweise dadurch zu umgehen, daß sie phänomenologisch nur vom *Wollen* sprach. Damit läßt sich das subjektive Erlebnis des W.geschehens, des Wollens, als Auswahl und Steuerung von Motiven beschreiben. Die strukturelle Frage des W. als „Seelenvermögen" ist hiermit nicht gelöst; auch zum Problem der W.freiheit enthält sich die Psychol. objektiver Aussagen.

I. Willenstheorien

1. In den „Grundzügen der physiologischen Psychologie" (1873) unterschied WUNDT zwischen Gemüts- und W.handlungen; wobei die W.handlung aus dem Affekt hervorgeht und eine „beendende Veränderung der Vorstellungs- und Gemütslage" darstellt. Wundt bezeichnet erstmals die Gefühle und Vorstellungen, die das Wollen vorbereiten, als Motive. Eine entsprechende „Phänomänologie des Wollens" stammt von A. PFÄNDER (1900).

2. Die experimentelle W.forschung, namentlich der *Würzburger Schule* der Psychol. (K. BÜHLER, N. ACH), kam auf dem Wege der syst. Selbstbeobachtung zu einer Verlaufsanalyse des Wollens. Ihr wesentl. Resultat ist die Beschreibung eines „Kampfes der Motive", dem mit dem Entschluß als bewußtem „Willensruck" ein Ende gesetzt wird, der durch die „determinierenden Tendenzen", die dem Leit-Motiv zur Durchsetzung verhelfen.

3. Unter einem Aspekt der ↗Schichtenlehre stellt sich die Frage nach einer originären Willenskraft, die das Triebbegehren und das Motivationsgeschehen beherrsche. Die Charakterologie der 20er J. definiert dabei im wesentl. den W. als formales und insofern

machtloses Prinzip; der W. hat die psychophys. Energie durch intellektuelle Steuerung zu lenken. Er umspannt in der Polarität des Charakters Eshaftigkeit und Ichhaftigkeit (A. WELLEK); er ist geradezu das „überlegte Begehren", wie es schon bei ARISTOTELES heißt. M. SCHELER spricht von der Zwischennatur der Teilhabe an Trieb und Geist, S. FREUD vom „Reiter auf dem Pferd", L. KLAGES von der „universellen Hemmtriebfeder", die charakterologisch als Verhältniseigenschaft von Triebkraft und Widerstand in einen Quotienten gefaßt werden kann. Im steuernden „Ich" ist in dem Sinne der W. nur ein „Weichensteller" (J. LINDWORSKY), der „Steuermann eines Segelschiffes" (KLAGES) oder die „Brennlinse", die die Triebenergie sammelt (PH. LERSCH).

4. Die *Gestalttheorie* (↗Gestaltpsychologie) hat diese Aporie dadurch aufzulösen versucht, daß sie in ihren feldtheoret. Analysen die W.handlung als Resultat der „dynamischen Auseinandersetzung der Persönlichkeit mit dem Feldcharakter ihrer Lebenslage" beschrieb (K. LEWIN). Dadurch ist die umstrittene Frage der W.kraft und ihres abstrakten „Ichpunktes" in eine Theorie der Steuerung übertragen. Wollen ist einerseits als Zielhierarchie der Motive in ihrem Prozeßcharakter zu begreifen, andererseits als prospektive Gesteuertheit des Verhaltens, in dem es zentrale Bereiche gibt, die als Bedürfnisse, Haltungen und Sinnbezüge in die situative Lagebefindlichkeit eingebracht werden und die W.entscheidung bewirken. Die W.struktur ist eine komplizierte Aufgipfelung der Gesamtpsyche in ihrer jeweiligen Situation, auch wenn faktorenanalytische Befunde Steuerung als Variable von Ich-Stärke (egocontrol), Über-Ich-Dominanz und sozialer Konformität ausweisen (CATTELL, GUILFORD).

5. In einer Verbindung experimenteller, phänomenolog. und theoret. Ansätze zu einer psychol. Entscheidungstheorie unterscheidet H. THOMAE vier *Hauptformen* von „Reaktionen auf multivalente Situationen": a) sukzessive Ambitendenz, dezentrierte Reaktionen, das Schwanken zwischen relativ unwichtigen Motivationsrichtungen; b) Überformung, Regelung des Verhaltens im Sinne ich-zentrierter wichtiger Belange; c) impulsive Regulation, es-zentrierte, stark bedürfnisbezogene Motivdurchsetzung; d) die eigentl. Entscheidung mit einem Konflikterlebnis, das die Mehrdeutigkeit der Situation erleidet und oftmals als existentiell bedeutsam empfindet. Das Freiheitsproblem wird hier sekundär psychol. sichtbar als Phänomen der subjektiven Evidenz von Freiheit.

II. Willenshandlung. Pädagogische Folgerungen

1. In der Ausgangslage wird der Forderungscharakter der Situation, die „Dynamik der Motive" (W. TOMAN) erlebt. Ist eine Wahlhandlung in multivalenten Situationen gefordert, so läßt sich eine Orientierungsphase, eine Zäsur, ein „Hiatus der Bewußtheit" (LERSCH) feststellen, an deren Ende die *Vorsatzbildung* und das Vorwirken determinierender Tendenzen erfolgt. Der *Willensentschluß* wird mit seinem „Willensruck" als Beendigung der Unentschiedenheit erlebt. Die Ausführung – jetzt eine äußere *Willenshandlung* gegenüber der vorherigen „inneren Willenshandlung" – hängt ab vom Gebiet der Entscheidung, dem Maß zentraler Betroffenheit und der individuellen „Willensartung" (LERSCH), mit der das Vorhaben auch gegen Widerstände zu Ende geführt wird.

2. Die ↗Willensbildung ist angesichts der Komplexität der W.struktur eine mehrschicht. Aufgabe. Sie ist zuvörderst *Motivbildung*: Herausbildung von Haltungen, Gesinnungen, angepaßten und realitätsgerechten Verhaltensweisen. Der Appell an Selbstbestimmung, Anstrengungsbereitschaft, Entschlußkraft, „Zucht" und „Durchhalten" wirkt allerdings – zumal unter ideologiekrit. Aspekt – als psychol. Leerformel. Vor dem Hintergrund der wichtigsten Konstituanten des W.: Triebenergie – steuernder Intellekt – und dem „Katalysator" des Selbstvertrauens eines „Leistungswillens" (K. MIERKE) erscheint eine „formale Willensschulung" jedoch nicht so sinnlos, wie das immer betont wird. Das Verhalten gegenüber Situationen der Durchsetzung kann *gelernt* werden. Die Übung einer Arbeitshaltung, das Zuendeführen von Aufgaben ist, zumal wenn der feedback des Leistungserfolges dahintersteht, durchaus ein Lernen des Wollens.

☐ Freiheit. Entscheidung. Motivation. Willensbildung

Lit.: J. Lindworsky, Der W., seine Erscheinung u. Beherrschung (³1923); K. Lewin, Vorsatz, W. u. Bedürfnis, in: Psychol. Forschung (1926); –, Field Theory in Social Science (1951); N. Ach, Analyse des W. (1935); L. Klages, Die Grundlagen der Charakterkunde (1948, ¹¹1966); W. Keller, Psychol. u. Philos. des Wollens (1954); W. Toman, Dynamik der Motive (1954); H. Wegener, Experimentelle Untersuchungen zum W.problem, in: Ber. XIX. Kongr. der Dt. Gesellschaft für Psychol. (1954); K. Mierke, W. u. Leistung (1955); J. Helm, Über Gestalttheorie u. Persönlichkeitspsychol., in: Hdb. d. Psychol., Bd. 4 (1960); H. Thomae, Der Mensch in der Entscheidung (1960); –, Motivation, in: Hdb. d. Psychol., Bd. 2 (1965); Ph. Lersch, Aufbau der Person (1962, ¹¹1970); D. Krech - R. S. Crutchfield, Grundlagen der Psychol., Bd. I (1968, ²1969); C. F. Graumann, Motivation (1969).

U. Bleidick

Willensschwäche

W. = Wille(n, s), WS. = Willensschwäche

1. Während die ↗Willenspsychologie den Begriff des W. durch die Vorgänge ↗Motivation und Steuerung erklärt, spielt das Syndrom der *Willensstörung* in der Psychopatho-

logie eine gewichtige Rolle. In abgeschwächter Form ist WS. daher auch päd. von schweren Verhaltensstörungen bis zu passageren Ausfällen im Leistungsvollzug von Belang.

Bei traumat. Defekten des Orbitalhirns kann es zu krankhaften Erscheinungsformen der *Abulie,* der vollständigen Willenlosigkeit kommen (E. REHWALD). Verschiedene Formen der Schizophrenie gehen mit Erregung, Sperrung oder Hemmung des W. einher. Bei „willenlosen Psychopathen" (K. SCHNEIDER), Verwahrlosung und sozialer Auffälligkeit gilt *Haltlosigkeit* als Leitsymptom der WS. (G. DIETRICH, P. MOOR). Die Individualpsychol. hat Formen neurotischer WS. beschrieben, die als „tendenziöse Apperzeption" ein Ausweichen vor Leistungsanforderungen produziert (L. SEIF).

Da die W.tätigkeit ein komplexes Gefüge von Antrieb, Motivation, intellektueller Steuerung und Selbstvertrauen in die eigene Leistung darstellt, wird von WS. und W.störung im weitesten Sinne gesprochen, wo ein globales Syndrom von „Schwierigkeiten" in der Schule auftritt. Die Verhaltensauffälligkeit läßt sich polar ordnen. Die Kinder sind entweder ungesteuert, unkonzentriert, überhastet, schnell ermüdend, unruhig, ungehemmt und zeigen schlechte Arbeitshaltung. Auf der anderen Seite finden sich antriebsschwache, unanregbare, uninteressierbare, entmutigte, nachgiebige Kinder ohne Leistungsehrgeiz.

2. Die *pädagogische Förderung* solcher gestörter Kinder ist primär eine Frage der Motivation im Unterricht, der Stärkung ihres Leistungsvertrauens und der Übung konzentrierter Arbeitshaltung. Die ältere Heilpäd. kannte ↗ Geistorthopädische Übungen zur isolierten W.- und Aufmerksamkeitsschulung. H. DÜKER konnte durch experimentelle Untersuchungen mit zwangsläufiger Arbeitsweise eine Steigerung schulischer Arbeitsleistungen nachweisen, die vermutlich dadurch zustande kommt, daß anregungsschwache Schüler extrinsisch motiviert und „angestoßen", während ungesteuerte Kinder vom Fließband selbst gesteuert werden. Der zumindest kurzzeitige ↗ Transfer der Höherleistung auf andere Fächer (etwa vom Werken auf das Rechnen) gelang offensichtlich über den „Katalysator" verbesserten Selbstvertrauens in die eigene Leistung und Durchhaltefähigkeit.

Lit.: K. Lewin, Trieb- u. Affektäußerungen psychopathologischer Kinder, in: Zschr. für Kinderforsch. (1926); A. Bostroem, Störungen des Wollens, in: Hdb. für Geisteskrankheiten, hrsg. v. O. Bumke (1928); L. Seif, Neurose u. WS. (1933); E. Grassl, Die WS. (1937); H. Düker, Experimentelle Untersuchungen über die Steigerung der geist. Leistungsfähigkeit bei Minderbegabten, in: Zschr. für Heilpäd. (1951); K. W. Bash, Lb. der allg. Psychopathologie (1955); E. Rehwald (Hrsg.), Das Hirntrauma (1956); P. Moor, Heilpäd. Psychol., Bd. II (1958, ²1965); G. Dietrich, Über Handlungsformen bei sozial auffäll. Jgdl.n, in: Vita humana (1960); K. Schneider, Klin. Psychopathologie (1966, ⁹1967); U. Bleidick, Das sonderpäd. Gutachten (²1970).

U. Bleidick

Willmann, Otto

1. *Leben.* W., geb. am 24. 4. 1839 in Lissa (Bez. Posen), gest. am 1. 7. 1920 in Leitmeritz (Böhmen), war einer der wenigen bedeutenden, auch im Ausland stark beachteten Pädagogen deutscher Sprache im letzten Jahrhundertdrittel. Umfassend gebildet, hob er die päd. Reflexion auf ein hohes Niveau, wobei er sich bes. dem Ausbau der Didaktik widmete. – Nach Studium in Breslau und Berlin (er strebte urspr. das Univ.slehramt an), widmete er sich dann doch mehr der Päd.: als „Instruktor" in ZILLERs Seminar und Übungsschule und als Lehrer der BARTHschen Erziehungsschule in Leipzip (1863 bis 1868), als Ordinarius und Oberlehrer am Wiener „Pädagogium" zur Lehrerfortbildung. 1872 wurde W. der neue Lehrstuhl für Philos. und Päd. an der Univ. Prag übertragen, den er bis 1903 innehatte. Hier entstanden seine beiden Hauptwerke *Didaktik als Bildungslehre* (1882–89, ⁷1968) und *Geschichte des Idealismus* (1894–97, ²1907); hier gründete er 1876 das „Pädagogische Universitätsseminar", in dem er, Wiss. und Praxis eng verbindend, für den höheren Schuldienst vorbereitete. Im Ruhestand war W. vielfach wiss. und organisatorisch tätig, insbes. für die Lehrerfortbildung und die Gründung einer kath. Univ. in Salzburg.

2. *Werk.* W.s Gesamtwerk einheitlich zu charakterisieren ist kaum möglich. Man kann unterscheiden: (1) „Herbartianer" war W. in seiner Leipziger Zeit in Zusammenarbeit mit ZILLER. Seine Schriften *Die Odyssee im erziehenden Unterricht* (1868), *Lesebuch aus Herodot* (1872, ⁵1890) und *Pädagogische Vorträge...* (1869, ⁵1916) tragen Grundideen HERBARTs in ZILLERschem Licht vor. Aber gerade in W.s Herbart-Ausgabe (1873–75, ³1913 bis 1919) kündigt sich die wachsende Distanz zu HERBART an, der W. zu eng erschien. – (2) Den gesuchten weiteren Horizont fand W. durch Ausdehnung seines päd. Denkens nach der sozialen Seite (mit SCHLEIERMACHER und L. v. STEIN) und nach der historischen. Die 1872 ff. in Prag gehaltenen Päd.-Vorlesungen zeigen die erreichte Breite des Ansatzes. Sie vertreten eine Päd. als Tatsachenwiss., die beschreibt und erklärt, was ist, nicht aber sagt, was sein soll, und deren Einordnung in die Sozialwiss.en. – (3) In der „Didaktik als Bildungslehre" behält W. den weiten Gesichtskreis bei, was in gewisser Weise Empirie impliziert, zieht aber die scharfe Trennung von Empirie und Normativität zurück. Die hier vertretene relative Selbständigkeit der Didaktik gegenüber der Päd. leitet W. von der spezif. Aufgabe des Bildungswesens her, „gewisse intellektuelle Gü-

ter zu einem geistig fruchtenden Gemeinbesitz zu machen", während er das Erziehungswesen als „stellvertretende Fürsorge für das werdende sittliche Leben" begreift. Das Werk – und damit W.s Begriff von Didaktik – umgreift Geschichte und Theorie des Bildungswesens, Bildungszwecke, -ideale, -faktoren, -inhalt, -elemente, -arbeit (Lehrplan, -gänge, -verfahren). Beruhte die große Resonanz zu W.s Zeit auf der umfassenden und souveränen Behandlung des Themas, griff die Diskussion nach 1945 bes. die Betonung des Inhaltlichen wieder auf. (4) W.s philos. Studien führten ihn zu einer Position, die gern, aber ungenau als „aristotelisch-thomistisch" bezeichnet wurde. In seiner *Geschichte des Idealismus* vertrat er sie in Interpretation und Kontroverse, in seiner *Philosophischen Propädeutik* (1901–14; Neuaufl. 1959 als *Abriß der Philosophie*) syst. vereinfacht als Lb. für den Gymnasialunterricht. In engem Anschluß an die von W. intendierte „Philosophia perennis" änderte sich auch seine Auffassung über Päd. als Wiss.: jetzt ist sie, mit Metaphysik als Grundwiss., primär philos. Päd. mit bestimmten theol. Implikationen; sie fragt letztlich, wo in der Erziehung göttliche Ideen realisiert sind, und formuliert, aus dem Wissen um diese, was Erziehung soll.

Werke: Sämtl. Werke, hrsg. v. H. Bitterlich-Willmann (1968 ff.; vorges. 16 Bände).
Lit.: K. Hartong, O. W. u. seine Stellung in der Gesch. der päd. Theorie (Diss. Göttingen 1956); F. Pfeffer, Die päd. Idee O. W.s in der Entwicklung (1962); B. Hamann, Die Grundlagen der Päd. (1965); H. Bitterlich-Willmann, O. W. Bibliogr. 1861–1966 (1967); B. Gerner, O. W. im Alter (1967).

B. Gerner

Willmann-Institut
Das nach dem Philosophen und Pädagogen OTTO WILLMANN (1839–1920) benannte Inst. wurde 1957 gegründet. Es ist ein e. V. mit dem Charakter der Gemeinnützigkeit, hat seinen Sitz in München und Wien sowie eine Geschäftsstelle in Freiburg i. Br. *Aufgabe* des Inst. ist es, Forschungs- und Arbeitsgruppen zur Planung und Bewältigung vor allem solcher Projekte zusammenzuführen, die nur schwer durch Initiative einzelner Wissenschaftler, aber auch kaum durch Hochschuleinrichtungen wahrgenommen werden. Das Aufgabengebiet erstreckt sich auf Philos., Päd. und Sozialwiss.en. Besonderes Anliegen des Inst.s ist die Förderung einer wiss. Päd. im Spannungsbereich der Positionen christlicher Anthropologie, wie auch Willmann sich um eine Synthese seiner einer christl. Philos. und den Strömungen des 18./19. Jh. (Neuhumanismus, Idealismus, Historismus) bemühte.
Das Inst. nützt seine Verbindung zum Verlag Herder (Eheschließung zwischen H. Herder und der ältesten Tochter W.s 1900) durch die Herausgabe wiss. Veröffentlichungen: Handbücher des Wl.s; Werke zur Bildforschung und -päd.; (das vorliegende überkonfessionelle) Lex. der Päd.; Neuauflage von Werken O. Willmanns und M. MONTESSORIs sowie einschlägiger Sekundärliteratur.

Lit.: Aspekte der personalen Päd. Programmschrift des Wl.s (1959).

H. J. Ipfling

Wimpfeling, Jakob
Humanist, geb. 25. 7. 1450 in Schlettstadt, gest. 17. 5. 1528 in Schlettstadt; Theologe, 1481 Rektor der Univ. Heidelberg und Prof. für Poesie; Domprediger in Speyer. Mit seinen Freunden GEILER v. KAYSERSBERG und S. BRANT trat W. für die dt. Kultur in Straßburg ein, u. a. durch seine Schrift *Germania* (1501). Von 1515 bis zu seinem Tode wirkte er in Schlettstadt. – W. ist neben AGRICOLA der bedeutendste päd. Schriftsteller und Schulreformer des dt. ↗ Humanismus. Die Schrift *Isidoneus, Wegweiser für die dt. Jugend* (1497), bietet eine Didaktik des Lateinunterrichts und entwickelt neue Methoden in direktem Umgang mit der Sprache. Sein päd. Hauptwerk *Adolescentia* (1499) enthält eine moralpsychol. begründete Theorie der Bildung sowie eine gute Auswahl lat. Quellen zur sittl.-rel. Erziehung. Seine Schriften sind Ausdruck seiner erzieher. Hingabe und Heimatliebe. Als Mittel der Charakterbildung empfiehlt er, geschichtliche Vorbilder zu studieren, wozu er einen *Abriß der deutschen Geschichte* (1505) verfaßte.

Werke: W.s Schriften, hrsg. v. J. Freundgen (1892); Opera selecta, hrsg. v. O. Herding (1965 ff.).
Lit.: J. Knepper, J. W. (1902, Bibliogr.); P. Adam, L'humanisme à Sélestat (Sélestat ²1967).

E. Schoelen

Windpocken ↗ Kinderkrankheiten

Winkelschulen
Mit herabsetzenden Namen wie W., *Klippschulen, Heckenschulen* wurden im ausgehenden MA. und später solche privaten Schulen oder Elementarkurse (für Schreiben, Lesen, Rechnen) bezeichnet, die nicht durch die Kirche oder die Stadtobrigkeit ausdrücklich konzessioniert und unterstützt waren, sondern neben diesen „verordneten", „wohlbestellten" als „wilde", „unzünftige" Privatunternehmen existierten, vielfach von zweitrangigen oder gar nicht vorgebildeten Lehrpersonen gehalten. Sie wurden von den „verordneten Schulhaltern", aber auch von der Obrigkeit bekämpft (z. B. wollte die Kursächs. Schulordnung von 1580 sie „keineswegs gestattet, sondern gänzlich abgeschafft"

sehen), und zwar sowohl aus Konkurrenzgründen wie auch aus der Sorge, daß durch sie „falsche und unreine Lehre in die Kinder eingeschoben und fortgepflanzt werden kann". Mit der Durchsetzung der öff. Schule verschwanden allmählich die W.

Lit.: S. Lorenz, Volkserziehung u. Volksunterricht im späteren MA. (1887); E. Hesselbach, Die „deutsche" Schule im MA., in: Zschr. für Gesch. der Erziehung u. des Unterrichts, 10 (1920); H. Hadju, Lesen u. Schreiben im Spät-MA. (1931); W. Wühr, Das abendländ. Bildungswesen im MA. (1950); R. Limmer, Päd. im MA. (1958); W. Flitner, Die 4 Quellen des VS.-gedankens (²1966); E. Spranger, Zur Gesch. der dt. VS. (²1971).

A. Reble

Winnefeld, Friedrich
Päd. Psychologe, geb. 14. 12. 1911 in Jena, gest. 14. 12. 1968 ebd., studierte Psychol. und Päd. in Jena (1930–1934 und 1937–1939) bei P. PETERSEN, Elsa KÖHLER und F. SANDER; Forschungsassistent; Lehrer; habilitierte sich 1948 für Psychol. und empir. Päd. in Jena; ebd. Prof.; 1952 Prof. und Dir. des Inst. für Psychol. in Halle; seit 1961 ebd. Ordinarius für Pädagogische Psychol.; seit 1965 Mitgl. der Sächs. Akademie der Wiss.en.
In der BRD wurde W. bes. bekannt durch sein Buch *Pädagogischer Kontakt und pädagogisches Feld* (1957, ⁴1967). W. wendet den psychol. Feldbegriff K. LEWINs auf die Päd. an. Er wies die Eigenständigkeit einer empir. päd. Forschung – insbes. durch seine Arbeiten in der empir. Unterrichtsforschung – überzeugend nach. Bezüglich ihres Effektivitätsgrades regte er (1967) auch in der Päd. die Längsschnittmethode an, Untersuchungen über längere Zeiträume hinweg (z. B. an forschungseigenen Schulen).

Weitere Werke (Auswahl): Über die Sozialstruktur päd. Situationen (Habil.schr. 1948); Zur Methodologie der päd. Tatsachenforschung, in: Wiss. Zschr. der M.-Luther-Univ. Halle-Wittenberg, H. 3 u. 4 (1955); Zum unterrichtl. Lernprozeß, in: Ber. über den 21. Kongreß der Dt. Gesellsch. für Psychol. in Bonn 1957 (1958); Psychol. Analyse des päd. Lernvorgangs, in: Hdb. d. Psychol., Bd. 10 (1959); (Hrsg.), Kampf zwischen Empirie u. Spekulation. Beitr. zur päd. Psychol. (1969); Erziehungswiss. – Utopie oder Wirklichkeit?, in: Päd. Rsch. 24. Jhg. (1970).

W. Andresen

Winnetka-Plan ↗Reformpädagogik

Wintersport ↗Sport

Wirtschaftsakademie ↗Verwaltungsakademien

Wirtschaftsberufliches Bildungswesen

I. Die institutionelle Ordnung

Die in der BRD geltende Ordnung des WB.s wird durch *staatliches Recht* (Schulrecht, Berufsbildungsrecht, Arbeitsrecht, Betriebsverfassungsrecht, Jugendrecht, Arbeitsschutzrecht) bestimmt, ferner durch rechtswirksame Akte der öff.-rechtl. *Selbstverwaltungskörperschaften* der Wirtschaft (Kammern), durch faktisch allg. anerkannte Beschlüsse von privatrechtl. *Fachverbänden* sowie durch die „betriebliche Bildungspolitik" der *Unternehmungen* und durch die Bildungspolitik der *Arbeitgeberverbände* und der *Gewerkschaften*. Außerdem spielen bes. im Lehrlingswesen überlieferte *Gewohnheiten* eine Rolle. Die Gemeinsamkeit besteht darin, daß sie in ihrer Gesamtheit regeln, wie wirtschaftsberufliche Bildung geschieht. Dieser Zustand bewirkt zwar eine gewisse Unübersichtlichkeit, läßt aber auch Spielraum und Anpassungsmöglichkeiten an die ökonom. und technolog. Wandlungen. Diese Ordnung kann in drei Hauptgebiete eingeteilt werden:

1. Die *grundlegende wirtschaftliche Erziehung*. Hierbei handelt es sich um einen Teil der Schulbildung, die Kinder und Jgdl. in Grundschulen, Hauptschulen, Realschulen und Gymnasien erhalten und die durch das ↗Schulrecht geregelt wird. Institutionelle Probleme entstehen bei der Gestaltung des Faches ↗Arbeitslehre und der Durchführung eines „Berufsfindungsjahres", weil dabei die Mitwirkung der Betriebe (Besichtigungen, Praktika) erwünscht ist. Der Staat muß daher mit der Wirtschaft partnerschaftliche Vereinbarungen treffen, um entsprechende Bildungsziele zu erreichen.

2. Die *berufsbezogene wirtschaftliche Erziehung*. Das ↗Berufsbildungsgesetz (BBG) von 1969 hat dafür den Terminus „Berufsbildung" festgelegt; diese ist zu gliedern (§ 1, 1) in die „Berufsausbildung" (der Jugend), die „berufliche Fortbildung" (der Erwachsenen) und die „berufliche Umschulung" (der Erwachsenen).

a) Die *Berufsausbildung* „hat eine breit angelegte berufliche Grundbildung und die für die Ausübung einer qualifizierten beruflichen Tätigkeit notwendigen fachlichen Fertigkeiten und Kenntnisse in einem geordneten Ausbildungsgang zu vermitteln. Sie hat ferner den Erwerb der erforderlichen Berufserfahrung zu ermöglichen" (§ 1, 2). Sie wird „durchgeführt in Betrieben der Wirtschaft, in vergleichbaren Einrichtungen außerhalb der Wirtschaft, insbes. des öffentlichen Dienstes, der Angehörigen freier Berufe und in Haushalten (betriebliche Berufsbildung) sowie in berufsbildenden Schulen und sonstigen Berufsbildungseinrichtungen außerhalb der schulischen und betrieblichen Berufsbildung" (§ 1, 5). Das BBG stellt ausdrücklich fest, daß *Institutionen mit verschiedenem Rechtscharakter* an der Berufsausbildung *beteiligt* sind. Seit langem wird die dt. Berufsausbildung von zwei Hauptträgern (Betrieb und Schule) getragen; ihre Ordnung wird daher als „duales System" bezeichnet. Im BBG ist von einer Vielzahl von Ausbildungsträgern die Rede, so daß es richtiger ist, die in der BRD vorhandene Ordnung der Berufsausbildung als ein „pluralistisches System" zu bezeichnen.

Es bleibt dabei die Grundtatsache bestehen, daß es einerseits *schulische* und andererseits *betriebliche* Berufsausbildung gibt. Der schul. Teil wird durch die nicht einheitl. Schulgesetzgebung der Länder geordnet. Für den betriebl. Teil hat der Bund durch das BBG eine Regelung geschaffen, die einerseits unmittelbar geltendes Recht enthält, andererseits Rahmenbestimmungen. Den Verbänden der Sozialpartner und den Kammern ist weitgehend freie Hand gelassen. Die institutionelle Ordnung betrieblicher Berufsausbildung ist daher heute noch stärker im Fluß als die der schulischen, obwohl auch dort Veränderungen im Gange sind. Daher ist eine gut funktionierende Kooperation des schul. und des betriebl. Teils der Berufsausbildung bes. schwierig. Die Tatsache, daß der Staat in mehreren Personen auftritt (hier der Bund mit dem Berufsbildungsrecht, dort 11 Länder mit eigenständigem Schulrecht), kompliziert die Lage. Dazu kommt, daß die betriebl. Ausbildung mit Notwendigkeit an das Betriebsgeschehen gebunden ist, während die schul. Ausbildung von einer anderen Sachgesetzlichkeit bestimmt wird.

Die *Schule* kann die Ausbildung entweder in vollem Umfang allein durchführen (Vollzeitunterricht) oder als Partner des Betriebes einen Teil der Ausbildung übernehmen (Teilzeitunterricht). Die Schulen, die die erste Aufgabe übernehmen, heißen *Berufsfachschulen*, diejenigen, die für die zweite geschaffen worden sind, *Berufsschulen* (diese Termini bringen den großen Unterschied zwischen beiden Schularten nicht zum Ausdruck). Die Grenzen zwischen Berufsfach- und Berufsschulen werden sich – mindestens bei einigen Ausbildungsberufen – in Zukunft verwischen.

Bei der *betrieblichen Berufsausbildung* sind die Ausbildung *am Arbeitsplatz* und die Ausbildung in betriebspäd. *Spezialeinrichtungen* (Werkschulen, Lehrwerkstätten) zu unterscheiden. In beiden Fällen verursacht insbes. die Ausbildung der Ausbilder gewisse Schwierigkeiten (↗Betriebspädagogik).

Die Kooperation zwischen der schul. und der betriebl. Ausbildung ist auch deswegen notwendig, weil die Lehrabschlußprüfungen das in beiden Bereichen erworbene Wissen und Können überprüfen (BBG § 35).

b) Die *berufliche Fortbildung* und die *berufliche Umschulung* unterscheiden sich von der Berufsausbildung dadurch, daß es bei ihnen noch nicht zu einer klaren und umfassenden Institutionalisierung gekommen ist. Ansätze dazu liegen vor in der Tätigkeit der ↗Fachschulen und Höheren Fachschulen (Akademien, ↗Fachhochschulen) als Institutionen der Spezialbildung und in der Mitwirkung der Arbeitsverwaltung als Träger von Berufsförderungsmaßnahmen. Sowohl die handwerkl. als auch die industrielle Meisterbildung gehören in diesen Rahmen, desgl. einige Maßnahmen im kaufmänn. Bereich (z. B. Bilanzbuchhalterlehrgänge, Dt. Angestellten-Akademie). Da die berufl. ↗Erwachsenenbildung ständig an Bedeutung gewinnt, werden in Zukunft Quantität und Qualität des Bildungsangebots auf diesem Gebiet zu überprüfen sein und ein Steuerungssystem zu schaffen sein, mit dessen Hilfe die Effektivität dieses Bildungsaufwands gesteigert werden kann.

3. Die *allgemeine wirtschaftliche Erziehung*. Sie ist Teil der allg. ↗Erwachsenenbildung. Hierbei kann von einer institutionellen Ordnung kaum gesprochen werden. Die Entwicklung geht zwar dahin, daß neben ↗Volkshochschulen, die früher Hauptträger der Erwachsenenbildung waren, immer mehr wirtschaftliche Unternehmungen, ↗Kammern, ↗Fachverbände, ↗Arbeitgeberverbände und ↗Gewerkschaften in diesem Bereich aktiv werden. Während sie früher fast nur berufsbezogene Bildungsarbeit leisteten, befassen sie sich heute mit der allg. Einführung in moderne Wirtschaftsfragen. Dabei ist keine klare Arbeitsteilung zwischen VHS.n auf der einen Seite und Bildungsinstitutionen der Wirtschaft auf der anderen Seite vorhanden. Ferner sind durch die Entwicklung von Rundfunk, Fernsehen und Fernunterricht für die allg. wirtschaftl. Erwachsenenbildung neue Möglichkeiten entstanden.

Das deutsche WB. ist durch einen ausgesprochenen *Pluralismus* gekennzeichnet. Die Mannigfaltigkeit kommt auch in seiner institutionellen Ordnung zum Ausdruck. In anderen Ländern gelten andere Grundprinzipien. Da jedoch mit fortschreitender Industrialisierung die zu lösenden Sachaufgaben in den Industrienationen immer ähnlicher werden, wird auch die konkrete Beschaffenheit der Berufsausbildungssysteme immer ähnlicher; die Harmonisierung der Berufsausbildung im Bereich der EWG ist z. B. ein durchaus realist. Ziel. Die institutionelle Ordnung des WB.s steht daher in Interdependenz zu der Problematik der supranationalen Gesellschafts- und Wirtschaftentwicklung.

II. Recht und Verwaltung

1. *Wirtschaftsberufliches (berufsbildendes) Schulwesen*. Dies umfaßt im wesentl. die *Berufsschule*, die *Berufsfachschule* und die *Fachschule*. – Berufsschulen (z. B. Städt. Berufsschule, Kreisberufsschule, Landesberufsschule) sind berufsbegleitende Pflichtschulen in Teilzeitform. Die Schulbesuchspflicht wird durch

landesgesetzl. Bestimmungen begründet. Sie beginnt für alle Jgdl.n, die in einem Ausbildungs- oder Arbeitsverhältnis stehen oder erwerbslos sind, mit Beendigung der allg. ↗Schulpflicht und dauert allg. drei J.; sie endet in der Regel mit Vollendung des 18. bzw. 21. Lj. ↗Berufsfachschulen sind Vollzeitschulen. Der Besuch einer ↗Berufsfachschule kann durch bundesrechtl. Regelungen (gemäß Berufsbildungsges.) teilweise oder ganz auf die Berufsausbildung angerechnet werden. ↗Fachschulen werden in Vollzeit- oder Teilzeitform errichtet und freiwillig besucht. Sie dienen der weiterführenden Aus- oder Fortbildung und setzen in der Regel eine berufl. Ausbildung voraus.
Nach der *Schulträgerschaft* ist die Unterscheidung von öff. und privaten Schulen von Bedeutung. Öff. Schulen (Regelform) sind Schulen, die vom Staat, den Kreisen, Gemeinden oder entsprechenden Zweckverbänden allein oder gemeinsam getragen werden. Alle übrigen Schulen sind Privatschulen. Als Träger von Privatschulen kommen z. B. kirchliche Institutionen, Betriebe oder auch Einzelpersonen in Betracht. Private Schulen sind Ersatzschulen, wenn sie den öff. Schulen vergleichbar und staatlich genehmigt sind. Sie unterstehen der staatl. Schulaufsicht. Die Abschlußzeugnisse sind den entsprechenden Zeugnissen der öff. Schulen gleichgestellt. Alle anderen Privatschulen sind Ergänzungsschulen (↗Ersatz- und Ergänzungsschulen).
Schulverwaltung im eigentl. Sinne ist die Verwaltung der äußeren Angelegenheiten einer Schule oder einer Gesamtheit von Schulen durch die Organe ihres öff. oder privaten Schulträgers (HECKEL/SEIPP). Die unmittelbare Erledigung der anfallenden Verwaltungsgeschäfte bei den einzelnen Schulen obliegt in der Regel der Schulleitung. Im Bereich der wirtschaftsberufl. Schulen besteht in den meisten Bundesländern eine mittlere (obere) und eine oberste *Schulaufsichtsbehörde*. Die Aufgaben der mittleren Schulaufsicht werden in der Regel vom zuständ. Regierungspräsidenten bzw. Oberschulamt (so in Baden-Württ.) oder Oberbergamt wahrgenommen. Die oberste Schulaufsicht übt der KM bzw. Senator des betreffenden Landes oder ein anderer Fachminister aus (z. B. für landwirtschaftl. Fachschulen der Landwirtschaftsminister).
Das Recht der Lehrer ist durch landesrechtl. Regelungen geordnet. Hierzu zählen z. B. Beamtenrecht, Besoldungs- bzw. Vergütungsrecht, Konferenzordnungen. Die *Rechtsbeziehungen zu den Schülern* sind vielfältiger Art. Hierfür sind u. a. folgende Bundesgesetze von Bedeutung: Berufsbildungsges. (14. 8. 1969), Ausbildungsförderungsges. (19. 9. 1969), Arbeitsförderungsges. (25. 6. 1969), Jugendarbeitsschutzges. (9. 8. 1960). Darüber hinaus sind in der Regel auf landesrechtl. Grundlage u. a. geregelt: Schulpflicht, Schülerfahrtkosten, Lernmittelfreiheit, Unfallversicherung, Versetzung, Schulprüfung. Im Zusammenhang mit den Bemühungen um eine „Demokratisierung der Schule" bestehen (bzw. werden vorbereitet) landesrechtliche Regelungen über die Mitwirkung der Eltern, Schüler und sonstiger Erziehungsträger (Kirchen, Ausbildungsbetriebe) an der Gestaltung des Schullebens.

2. *Betriebliche Berufsausbildung.* Durch das GG wurde früheres Reichsrecht, soweit es dem Wesen des GG nicht widersprach, als Bundesrecht übernommen. Im Bereich des Rechtes der betriebl. Berufsausbildung war dies insbes. die Gewerbeordnung für die gewerbl. Lehrlinge (Handwerk und Industrie) und das Handelsgesetzbuch für die kaufmänn. Lehrlinge.
Durch die *Handwerksordnung* (17. 9. 1953) wurde den Selbstverwaltungsorganen des Handwerks (Innungen, Kreishandwerkerschaften, Handwerkskammern) u. a. das Recht zum Erlaß von Ordnungsmitteln im Bereich der handwerkl. Berufserziehung zugebilligt (↗Handwerkliches Bildungswesen). – Durch das *Handelskammergesetz* (18. 12. 1956) wurde die Zuständigkeit der Industrie- und Handels-↗Kammern für Fragen der Berufsausbildung gewerblicher und kaufmännischer Lehrlinge in Handel und Industrie begründet. – Durch das ab 1. 9. 1969 in Kraft befindl. bundeseinheitl. *Berufsbildungsgesetz* (BBG) wurde auch das Recht der betriebl. Berufsausbildung neu geregelt. Das Ges. geht davon aus, daß die Vorschriften grundsätzlich für die Berufsausbildung in *allen* Berufs- und Wirtschaftszweigen gelten sollen. (Bezüglich der handwerkl. Ausbildung wurden entsprechende Vorschriften des BBG in die Handwerksordnung aufgenommen.) Das ↗Berufsbildungsgesetz bzw. die durch das BBG geänderte Handwerksordnung enthalten folgende *bundeseinheitliche Vorschriften:*

a) Berufsausbildungsvertragsrecht (Pflichten des Ausbildenden, Pflichten des Auszubildenden, Beginn und Beendigung des Berufsausbildungsverhältnisses), Einstellungs- und Ausbildungsberechtigung, Anerkennung von Ausbildungsberufen, Änderung der Ausbildungszeit, Verzeichnis der Berufsausbildungsverhältnisse, Prüfungswesen, Regelung und Überwachung der Berufsausbildung (Ausbildungsberater).
b) Daneben sind spezielle Vorschriften enthalten über die Berufsausbildung in sonstigen wirtschaftl. und verwaltenden Bereichen (z. B. Landwirtschaft, öff. Dienst, Rechtsanwalts-, Patentanwalts- und Notargehilfen, wirtschafts- und steuerberatende Berufe, Arzt-, Zahnarzt- und Apothekenhelfer, Hauswirtschaft usw.).
c) Das BBG enthält Straf- und Bußgeldvorschriften bei Verstößen gegen Berufsausbildungsvorschriften.

d) Es enthält ferner eine Änderung des *Industrie- und Handelskammergesetzes* (18. 12. 1956), wonach Industrie- und Handelskammern Einrichtungen zur Förderung der gewerbl. Wirtschaft unterhalten sowie Maßnahmen zur Förderung kaufmännischer und gewerblicher Berufsbildung treffen können.
e) Die ↗Berufsordnungsmittel werden nach BBG teils durch den Staat (Bundeswirtschafts- und -arbeitsminister) unter Mitwirkung der Wirtschaft und teils durch die Selbstverwaltungsorgane der Wirtschaft (Industrie- und Handels-, Handwerks-, Landwirtschafts-, Ärztekammern usw.) erlassen.
f) Die Ausbildungsordnungen für die Ausbildung in anerkannten ↗Ausbildungsberufen (Ausbildungsberufsbild, Ausbildungsrahmenplan), allgemeine Prüfungsordnungen und Prüfungsvorschriften für den jeweiligen Ausbildungsberuf werden vom Bundeswirtschaftsminister im Einvernehmen mit dem Bundesarbeitsminister nach Anhörung eines *Bundesausschusses für Berufsbildung* im Wege der Rechtsverordnung erlassen (der Ausschuß besteht aus Vertretern der Arbeitgeber- und Arbeitnehmerorganisationen und der zuständigen Bundes- und Länderministerien).
g) Die *Kammern* können im Rahmen ihres autonomen Satzungsrechtes darüber hinaus Vorschriften zur Förderung der Berufsausbildung erlassen, soweit das BBG nichts anderes vorschreibt (z. B. Allgemeine Lehrlingsordnung, Richtlinien für die Einstellung von Lehrlingen usw.). Ihnen obliegt neben den Ordnungsfunktionen im Bereich der Berufsausbildung auch die entsprechende Rechts- und Fachaufsicht.
h) Neben dem Bundesausschuß für Berufsbildung bestehen Landesausschüsse für berufl. Bildung und bei den „zuständigen Stellen" (Industrie- und Handelskammern, Handwerkskammern, Landwirtschaftskammern usw.) Berufsbildungsausschüsse. Die *Landesausschüsse* haben die Landesregierungen bei allen das berufl. Bildungswesen betreffenden Fragen zu beraten mit dem Schwerpunkt einer höchstmöglichen Harmonisierung zwischen schul. und betriebl. Berufsausbildung. Der *Berufsbildungsausschuß bei der Kammer* ist in allen wichtigen Fragen der Berufsbildung zu unterrichten und zu hören. Er bereitet den Erlaß von Richtlinien und Beschlüssen, soweit sie Berufsbildung betreffen, vor. Bei den Industrie- und Handelskammern hat er selbst das Beschlußrecht. Bei den Handwerkskammern bedürfen Beschlüsse des Berufsbildungsausschusses, die nach außen wirken sollen, der Zustimmung der Vollversammlung der Handwerkskammer.

III. Statistik

Die in den *Betrieben* ausgebildeten Personen sind im BBG als „Auszubildende" definiert. Für die in *schulischer Berufsausbildung* befindl. Personen gelten die Schulgesetze der Länder. Es handelt sich dabei um die Besucher der Berufsaufbau-, Berufsfach-, Fach- und Technikerschulen (die höheren Fachschulen – z. B. Ingenieurschulen – werden z. Z. aus dem Fachschulbereich ausgegliedert und in den Hochschulbereich als ↗Fachhochschulen integriert).

1. *Die Statistik der Auszubildenden* (Lehr- und Anlernberufe) wird mit Schwerpunkt bei den Selbstverwaltungsorganen der Wirtschaft (z. B. Industrie- und Handelskammern, Handwerkskammern) geführt. Von den am 31.12. 1969 festgestellten 1,284 Mill. Auszubildenden entfielen knapp 90 % auf die Kammerbereiche. In den Ausbildungsrollen der landwirtschaftl. Ausbildungsbehörden waren mit knapp 46 000 4 % der Auszubildenden eingetragen. Die restlichen 7 % verteilen sich auf die sonstigen Ausbildungsträger. Die Auszubildenden werden in den Statistiken der verschiedenen Ausbildungsträger nach anerkannten Lehr- und Anlernberufen, nach Dauer der Ausbildung und regional nach Ländern und Kammerbezirken gegliedert. Ferner werden die Abschlußprüfungen erfaßt.

Auszubildende nach Ausbildungsbereichen

Jahr	Auszubildende insgesamt	davon im Bereich der			
		Industrie- und Handelskammern	Handwerkskammern	Landwirtschaft	sonstigen Ausbildungsträger
	1000	%			
1950 [1]	971	42	53	3	2
1969 [2]	1284	56	34	4	7

[1] Bundesgebiet ohne Saarland und ohne Berlin.
[2] Bundesgebiet
Quelle: Statistische Jahrbücher der Bundesrepublik Deutschland

Heute entscheiden sich die meisten Jgdl.n für Berufe der Industrie oder des Handels, während noch 1950 die handwerkl. Berufe im Vordergrund des Interesses standen. Die Gesamtzahlen der Auszubildenden haben bis etwa Mitte der 50er J. sowohl absolut als auch in % der jeweils 15–20jährigen zugenommen. Wegen der unterschiedlichen Geburtsjahrgangsstärken sind die Anteile der Auszubildenden an der jeweiligen Altersgruppe aussagekräftiger als die absoluten Zahlen. Diese Anteile haben bis 1964 weiterhin zugenommen und gehen erst seitdem als Folge des ständig wachsenden Besuchs weiterführender allgemeinbildender Schulen langsam zurück.

2. In der amtl. *Schulstatistik* werden die Besucher von berufsbildenden Schulen u. a. in der Gliederung nach der Art der Schule erfaßt. Die Auszubildenden in Lehr- und Anlernberufen sind in den Zahlen der Besucher von Berufsschulen enthalten. Da die Berufsschule auch dann besucht werden muß, wenn der Jgdl. keine prakt. Berufsausbildung erhält (Altersgrenze ist das vollendete 18. Lj.), sind die Schülerzahlen der amtl. Statistik höher als die Zahlen der Auszubildenden. Ein Gradmesser dafür, wieweit es sich durchgesetzt hat, daß die Jgdl.n zumindest eine prakt. Berufsausbildung erhalten, ist der Anteil der Auszubildenden an den Berufsschülern, der 79 % im J. 1969 betrug, während er 1950 erst bei 59 % lag. Bei den Mädchen hat

sich der entsprechende Anteil in den letzten 20 J.n beinahe verdoppelt (1969 = 67 %).
3. In der *Personalstandsstatistik des öffentlichen Dienstes* wird das „hauptberuflich vollbeschäftigte Personal in Ausbildung" u. a. nach Beschäftigungsbereichen, sozialer Stellung und Art des Arbeitgebers gegliedert.
4. Die *Bevölkerungsstatistik* erfaßt bei Volkszählungen oder Bevölkerungsstichproben (insbes. Mikrozensus) u. a. die Auszubildenden in Lehr- und Anlernberufen. Hier bestehen vielfältige weit über den Rahmen der anderen Statistiken hinausgehende Gliederungsmöglichkeiten (z. B. Wirtschaftsbereich, Beruf, Alter, Haushalts- und Familienzusammensetzung). Die Unterteilung der Auszubildenden nach dem Sozialstatus des Vaters bestätigt die Tendenz, daß der Ausbildung ein immer größeres Gewicht beigemessen wird. In Familien, in denen Anfang der 60er J. noch relativ vielen Kindern überhaupt keine Ausbildung angeboten wurde (Arbeiterfamilien, Familien von Landwirten), erhalten heute die Kinder wesentlich häufiger als damals immerhin eine prakt. Berufsausbildung. Als Beispiel seien die Kinder aus Arbeiterfamilien herausgegriffen: Nach den Ergebnissen der Volks- und Berufszählung stammten am 6. 6. 1961 erst 41 % aller Auszubildenden aus Arbeiterfamilien, April 1970 bereits 51 %.
5. Die in schul. Berufsausbildung befindl. Jgdl.n werden in der amtl. Schulstatistik nach Schularten erfaßt. Generelle Gliederungsmerkmale snd Geschlecht und Geburtsjahr. Die ausbildungsbezogenen Merkmale (z. B. Fachrichtung, Ausbildungsberuf, schul.-berufl. Vorbildung) sind je nach Schulart unterschiedlich. Ausländer an Fach-, Ingenieur- und Technikerschulen werden gesondert nachgewiesen. Den berufsbegleitenden Schulbesuch, wie er bei Berufsschulen üblich ist (sog. Teilzeitschulen), findet man teilweise auch an Berufsaufbauschulen und Technikerschulen, vereinzelt sogar an Ingenieurschulen.

Vollzeitschüler an berufsbildenden Schulen nach Schularten (1000) *

Schulart	Vollzeitschüler			
	1957		1968	
	i	m	i	m
Berufsaufbauschulen	–	–	16	12
Berufsfachschulen	160	44	204	79
Fachschulen	119	65	140	52
darunter Schulen des Gesundheitswesens	–	–	54	6
Technikerschulen **	2	2	12	11
Ingenieurschulen **	36	35	62	61
Insgesamt ***	318	146	435	215

* Bundesgebiet ** WS 1968/69 *** Diff. in den Summen durch Runden der Einzelwerte i = insges. m = männl. – = kein Nachweis vorhanden

6. Erstmals sind die Besucher von Berufsfach-, Fach-, Techniker- und Ingenieurschulen am 27. 5. 1970 auch bei einer Volkszählung erfaßt worden. Eine Untersuchung über die soziale Herkunft dieses Personenkreises ist damit erstmalig möglich.

IV. Verbände

Bei der Dynamik des Arbeitsablaufs in Werkstatt, Kontor und Labor müssen Ausbildung und Weiterbildung auf die Zukunft abgestellt sein. Diese Aufgabe wird zweckmäßigerweise nicht vom Berufsstand, von der Schule oder von der Verwaltung allein, sondern durch eine Gemeinschaftsarbeit gelöst. Um die notwendige Koordinierung bemühen sich in der BRD der *Deutsche Verband für das kaufmännische Bildungswesen* (DV.) und die *Deutsche Gesellschaft für gewerblich-technisches Bildungswesen* (DG.). Sie bilden eine neutrale Plattform für einen Meinungs- und Erfahrungsaustausch von Wirtschaft und Schule, Wiss. und Verwaltung. Zu den Mitgliedern beider Verbände zählen Unternehmen und Unternehmerverbände, Kammern und Gewerkschaften, berufliche Schulen und Hochschulen, Schulaufsichtsbehörden und Schulträger, betriebswirtschaftlich oder technisch-wiss. orientierte Vereine, Ministerien von Bund und Ländern sowie Institutionen wie die Dt. Bundesbahn, die Dt. Bundespost oder die ↗Bundesanstalt für Arbeit. Die einzelnen Mitgliedergruppen sind in den Organen beider Vereine (Vorstand, Hauptausschuß) vertreten.

1. Der bereits im Jahre 1895 gegründete DV. läßt die Prüfung der von ihm aufgegriffenen Fragen regelmäßig durch besondere ad hoc gebildete Fachausschüsse vornehmen. Neben einer eigenen Schriftenreihe (z. Z. 111 Bde.) wird seit dem J. 1955 das Schrifttum über die kaufmänn. Berufserziehung dokumentiert (17. Jhg.). Außerdem werden die Arbeiten einer im Verband bestehenden Arbeitsgemeinschaft kaufmännischer Ausbildungsleiter veröffentlicht (15 Hefte). Der Verband ist der Internationalen Gesellschaft für kaufmännisches Bildungswesen angeschlossen (Geschäftsstelle in der Schweiz).

2. Die im Jahre 1948 nach dem Modell des DV. errichtete DG. hat die Durchführung ihrer Arbeit den Sektionen „Betriebsausbildung", „Schulausbildung" und „Ingenieurausbildung" als ständigen Ausschüssen übertragen. Die notwendige Abstimmung erfolgt in einem besonderen Koordinierungsausschuß. Außerdem werden für die Behandlung von Spezialfragen bei Bedarf sog. Arbeitsausschüsse gebildet. Die im J. 1948 gegründete Zeitschrift „Archiv für Berufsbil-

dung" erscheint seit dem Jahre 1962 als Jahrbuch.
3. Beide Vereine stellen auf sog. öff. Arbeitstagungen im Rahmen ihrer Mitgliederversammlungen jeweils aktuelle Probleme des berufl. Bildungswesens zur Diskussion. Die Ergebnisse der Arbeit werden von beiden Vereinen als *Gutachten, Richtlinien* oder *Empfehlungen* den zuständigen Ministerien von Bund und Ländern oder den für die betriebl. Unterweisung verantwortl. Stellen der Organisationen der gewerbl. Wirtschaft sowie den nach dem BBG gebildeten Ausschüssen für Berufsbildung und dem Bundesinstitut für Berufsbildungsforschung (↗ Institute für Bildungsforschung) zugeleitet. Eine *gemeinsame Geschäftsstelle* wird in Braunschweig unterhalten.

V. Europäische Industrieländer

Die Zusammenhänge zwischen Wirtschaft, Beruf, Bildung und Europa sind vielschichtig und in jüngster Zeit in ständigem Fluß. Europa ist im Begriffe, seine polit., wirtschaftl., kulturellen und gesellschaftl. Gegebenheiten dem postindustriellen Zeitalter anzupassen.
1. Die *Strukturen* des WB.s stehen in enger Verbindung mit dem allg. Bildungswesen. Sie weisen jedoch eine größere Vielfalt und Unterschiedlichkeit als dieses auf. Sie werden in allen Ländern durch *Reformen* mehr oder weniger laufend den neuen Erfordernissen angepaßt. Die Zielsetzung in den Industrieländern stimmt weitgehend überein; das Tempo und die Art der Reformen weisen jedoch noch große Unterschiede auf. Die Vergleichbarkeit der Systeme und die Annäherung der Ausbildungsstufen in Europa wird dadurch eher schwieriger, da in den differenzierter werdenden Berufsbildungsordnungen mehr Raum für verschiedene Lösungen bleibt als früher in den einfacheren. Den Bemühungen zur Koordinierung der nat. Reformbestrebungen seitens der EWG, des Europarates und der OECD kommt daher immer größere Bedeutung zu.
2. Für die Berufsbildung der qualifizierten Arbeitskräfte *(Lehrlingsausbildung)* lassen sich folgende Systeme unterscheiden: Beim *dualen* System (z. B. Deutschland) obliegt die theoret. Unterweisung der Berufsschule und die prakt. Ausbildung dem Betrieb. Beim *schulischen* System (z. B. Belgien) obliegt die theoret. und prakt. Ausbildung besonderen Schulen, denen Übungswerkstätten angegliedert sind und deren Träger sowohl der Staat als auch private Stellen sein können. In anderen europ. Industrieländern bestehen unterschiedliche *Mischsysteme,* die sowohl über die betrieblich und schulisch orientierte Ausbildung nebeneinander (z. B. Frankreich und Italien) oder über besondere Organisationsformen (z. B. Niederlande) verfügen.
Die vorherrschende Tendenz zur Verlängerung der allg. Schulpflicht wird in den kommenden Jahren zu einer gewissen Annäherung der Systeme beitragen. Die Ausbildungsstrukturen für die *mittlere Ebene* (z. B. Techniker) und die *höhere Ebene* (z. B. Ingenieure) sind in allen Ländern schulisch orientiert und weisen weit weniger Unterschiede auf als die Ausbildung von qualifizierten Fachkräften.
3. Die *technische, wirtschaftliche, soziale* und vor allem ihr *pädagogische Entwicklung* und in ihrem beschleunigter Rhythmus in der modernen Industriegesellschaft zwingen zu einer Anpassung der Berufsbildungsstrukturen. Dieser Anpassungsprozeß geht von den gleichen Notwendigkeiten aus und führt fast zwangsläufig zu gleichen oder entsprechenden Zielprojektionen. Er muß aber nicht unbedingt synchron verlaufen, da die Ausgangspunkte sowie die Auffassungen über Mittel und Wege so variabel sind.
4. Die Erkenntnis der Notwendigkeit der Einführung eines kohärenten Systems der *ständigen Bildung und Berufsförderung* setzt sich immer mehr durch. Die Verwirklichung der entsprechenden Pläne wird gleichzeitig zu einer tiefgreifenden Änderung der bestehenden Schul- und Berufsbildungsstrukturen sowie einer Vermehrung und Systematisierung der Weiterbildungsmöglichkeiten, die sehr vielfältig auf lokaler, regionaler und nationaler Ebene gegliedert sein werden, führen.
5. Die *europäische Zusammenarbeit* auf dem Gebiet des Bildungswesens bringt ein neues Element in diese Entwicklung. Die Arbeiten der OECD und des Europarates sind in diesem Zusammenhang hervorzuheben. Eine völlig neue Dimension ergibt sich jedoch aus dem Stadium der Entwicklung der EWG zur Wirtschafts- und Währungsunion. Hieraus folgt ein Zwang zur engeren Verflechtung, vor allem der Wirtschafts- und Sozialpolitik, die nicht ohne Rückwirkungen auf die Bildungspolitik bleiben kann und innerhalb der Europäischen Gemeinschaft stark stimulierend auf die Anpassung der Berufsbildungsstrukturen wirken wird.
6. Unter *Harmonisierung der Berufsbildung* im internat. Rahmen verstand man zu Beginn der Diskussion in den 50er J.n die Vereinheitlichung der Strukturen und der Organisation der verschiedenen Berufsbildungswege auf allen Stufen. Dieser Standpunkt ist überwunden, weil inzwischen klar geworden ist, daß auch auf diesem Gebiet verschiedene Wege zum gleichen Ziel, einem vergleichbaren Qualifikationsniveau, führen können.

Die eigentl. Problematik wird daher heute darin gesehen, mit adäquaten Mitteln zu einer *Angleichung der Ausbildungsstufen* auf allen Ebenen der Berufsbildung zu gelangen, was nicht Angleichung der Strukturen bedeuten muß. Das konkrete Ziel dieser Bemühungen besteht in der gegenseitigen *Anerkennung der Ausbildungs-* und *Studienzeiten* sowie der *Zeugnisse* und *Diplome.* Nur so wird letzten Endes der Freizügigkeit der Lernenden und aller qualifizierten Beschäftigten realer Inhalt gegeben.

Die rasche techn. und wirtschaftl. Entwicklung höhlt den früher für ein Berufsleben stabilen Wert eines *Diploms* immer mehr aus. Daher wird man im Zusammenhang mit der schrittweisen Einführung eines Systems der ständigen Bildung zu einer Art „Bildungspaß" kommen müssen, in dem alle Abschlüsse der allg. Bildung, der berufl. Grundbildung und der sich im Berufsleben anschließenden Weiterbildungslehrgänge verzeichnet sind. Ein solcher *Europäischer Bildungspaß* wird das für jeden Bürger greifbare Ergebnis der Anpassung der Strukturen des Bildungswesens und der Harmonisierung der Berufsbildung sein.

Die Bemühungen zur Anpassung und Harmonisierung des Bildungswesens finden in der Europäischen Gemeinschaft ihren konkretesten Ausdruck. Im J. 1971 wird der Ministerrat aufgrund der angedeuteten Erwägungen neue Orientierungen und Prioritäten zur Durchführung einer *gemeinsamen Berufsbildungspolitik* festlegen, die von einer Gesamtschau der techn., wirtschaftl., sozialen und päd. Faktoren der Entwicklung ausgehen. Das sich daraus ergebende neue Aktionsprogramm wird als einer der Kernpunkte zur Vertiefung der Gemeinschaft angesehen.

VI. Vereinigte Staaten von Amerika

Das WB. in den USA ist hier – neben dem Überblick über die Europ. Industrieländer (V) als Beispiel für ein großes westliches Industrieland aufgeführt. Über das WB. in anderen Industrienationen orientiere man sich bei den einzelnen Länderartikeln (z. B. ↗Sowjetunion).

1. Die amerikan. Schule ist ein in sich geschlossenes Stufensystem, das vom Kindergarten über die 6–8klassige *Elementary,* die 4–6klassige *High School* zum *College* führt. Sie dient den Bedürfnissen einer Gesellschaft, die sich als nationale Wirtschafts-Erwerbs- und Leistungsgesellschaft versteht. Sie ist zudem dabei, sich in die „nachindustrielle" Freizeit- und Bildungsgesellschaft zu wandeln. Elementary und High School werden zwar von vergleichbaren Jahrgängen besucht, sind aber nicht Schularten im dt. Sinne. Sie sind keine Ausleseschulen, sondern Bildungsebenen, die aufeinander aufbauen und die Gesamtheit der amerikan. Jugend erfassen.

Die *High School* dient vorrangig der allgemeinen Bildung und bietet gleichzeitig ein breit gefächertes Spektrum von berufsbildenden Kursen in ein und demselben Schulorganismus an. Wissenschaftliche und berufspraktische Lern- und Erfahrungsfelder, die den wirtschaftl. Bedürfnissen von 20 000 autonomen Schoolboards angepaßt sind, stehen gleichrangig nebeneinander. Das öff. Schulwesen wird von den Gemeinden getragen und soll bei bestehender Schulgeld- und Lernmittelfreiheit jedem Jgdl.n den High School-Abschluß ermöglichen. Der Besuch von zwei weiteren College-Jahren, die der kaufmännischen und gewerbl. Berufsausbildung dienen, wird angestrebt und ist in den finanzkräftigsten Staaten realisiert.

2. *Vocational Education* (Berufsbildung) wird bildungspolitisch als Sicherung der gleichen Startchance und gesellschaftspolitisch als eines der erfolgversprechendsten Mittel im Kampf gegen Armut, soziales Handicap und Diskriminierung jeder Art angesehen. Das sozioökonomische Ziel ist die Steigerung der Produktionskapazität, des Nationaleinkommens und des individuell erreichbaren Lebensstandards. Die heute maßgebenden gesetzl. Grundlagen sind: der *Manpower Development and Training Act* (1962), der *Vocational Education Act* (1963), die *Vocational Act Amendments* (1968), der *Elementary and Secondary Educational Act* (1965).

Das WB. der USA ist durch Flexibilität, Vielfalt und Differenzierung gekennzeichnet und organisiert in: landwirtschaftliches, kaufmännisches, gewerbliches und hauswirtschaftliches. – Vocational Education ist in den USA nicht eine eigenständige zweite Säule des öff. Schulwesens. Sie ist ein Teilproblem des allgemeinen nat. Erziehungsprogramms. Berufl. Erfolgs- und Weiterbildungswille sind eng miteinander gekoppelt. Es gibt keine Berufstätigkeit, die nicht als lehr- und lernbar gilt und für die nicht entsprechende Angebote vorhanden sind. Die Ausstattung der Schulen und die Lehrpläne werden laufend neu auftretenden Bedürfnissen angepaßt.

Sie ist eingebaut a) auf dem *secondary school* level in comprehensive oder technical high schools in die junior - und senior Programme, mit der Tendenz, von berufl. Vororientierung zu berufl. Grund- und Kernausbildung fortzuschreiten und alle Formen der Zusammenarbeit zwischen Schule und Wirtschaft (Coopsystem) zu praktizieren; – b) auf dem *post high school* level in Community colleges, vocational and technical institutes, two years colleges, – c) in die Programme der *Adult and Continuing Education,* wie sie teils in entsprechenden Institutionen der Gemeinden und großen Städte, teils mit Colleges, Libraries, Community Centers, überall im Lande, für vorzeitige Schulabgänger, Umschüler, Hilfsarbeiter, Arbeitslose, „Bildungswillige" jeder Art eingerichtet sind (sie erfaßt ebensoviele Erwachsene wie die öff. Schulen Jugendliche); unter ihnen stellen die Frauen den größten Prozentsatz; – d) sie wird andererseits in spezialisierten Business und *Vocational Schools,* die meist mit Technical Institutes verbunden sind, betrieben. Sie bieten Grund-Fortbildungs-Umschulungsprogramme für Berufstätigkeiten jeder Art in Tages-, Halbtags-, Abend- und Ferienkursen an, die jedermann offen stehen; – e) sie wird ferner in stärkstem Umfang von *Privatschulen, Fernlehrinstituten, Berufsverbänden, Industriefirmen, Rundfunkanstalten,* nicht zuletzt von der *Armee,* mit einer von der Sache und den Bedürfnissen her atraktiven Programmgestaltung mit übernommen.

☐ Betriebspädagogik. Handwerkliches Bildungswesen. Kaufmänn. Bildungswesen. Landwirtschaftl. Bildungswesen. Industrielles Bildungswesen. Wirtschaftspäd.

Lit. zu I.: K. Abraham, Die institutionelle Ordnung der wirtschaftl. Erziehung der Jugend, in: Jb. für Wirtschafts- u. Sozialpäd. (1964); –, Betriebl. Bildungspolitik, in: ebd. (1967) –, Die Probleme der Ausbildung für wirtschaftl. Berufe, in: J. Baumgardt (Hrsg.), Erziehung in einer ökonomisch-techn. Welt, Festschr. für F. Schlieper (1967) –, Die gesetzl. Neuregelung der wirtschaftl. Berufsbildung in der BRD, in: Jb. s. o. (1968); –, Die Berufsbildung als Mittel zur Gestaltung der personellen Infrastruktur, in: Schr.en des Vereins für Sozialpolitik, NF., Bd. 54 (1970); Bundestagsdrucksache, Protokoll der gemeinsamen Bundestagsausschüsse für Arbeit u. für Familien- u. Jugendfragen am 21., 22. u. 23. 6. 1967; Bundesreg., Bericht über den Stand der Maßnahmen auf dem Gebiet der Bildungsplanung, Bundestagsdrucks. V/2166 (1967); W. Müller, Schule zwischen Illusion u. Versäumnis (1969); Dt. Bildungsrat, Strukturplan für das Bildungswesen (1970).
Zu II., 2: H. Schieckel, Kommentar zum Berufsbildungsgesetz; B. Walle, Das Lehrlingsrecht in der BRD und seine Vereinheitlichung (1964); W. Gress, Das neue Berufsbildungsgesetz in der Ausbildungspraxis des Handwerks (1969).
Zu III.: Berufsausbildung . . ., Schriftenreihe des DIHT H.e Nr. 80, 91, 92, 96, 99, 104, 111, 117, 120 (1961 ff.); Bundesmin. für Arbeit, Auszubildende in Lehr- und Anlernberufen in der BRD . . ., Arbeits- u. Sozialstatist. Mitteilungen, Beilage zu H. 12 der jeweiligen Jhg.s; Die Berufsausbildung im Handwerk, Schriftenr. des Zentralverbandes des Dt. Handwerks, H. 9 (1969); F. Fenges u. a., Bildungsstatistik in der BRD, in: Mitteilungen aus der Arbeitsmarkt- u. Berufsforschung, H. 1 (1970, Lit.); Statist. Bundesamt, Statist. Jb. der BRD, Abschnitte IV, VII (1952 ff.); –, Fachserie A/Volks- und Berufszählung vom 6. 6. 1961, H.e 13, 18; –, Fachserie A/Reihe 6 Berufsnachwuchs – Übergänge aus Schulen in das Erwerbsleben 1958–1965; –, Fachserie A/Reihe 6 Erwerbstätigkeit u. berufl. Ausbildung April 1964; –, Fachserie A/Reihe 10 Berufsbildende Schulen; Fachserie L/Reihe 4 Personal von Bund, Ländern und Gemeinden; F. Stooß, Zum Ausbildungsstand der Erwerbstätigen in der BRD, in: Mitteilungen . . . s. o., H. 9 (1969); F.-J. Weiß, Zur Aussagefähigkeit der amtl. Statistik der Technikerschulen, in: ebd., H. 4 (1970).
Zu IV.: 20 Jahre Dt. Gesellschaft für gewerbliches Bildungswesen, in: Wirtschaft u. Berufserziehung, H. 12 (1968); Archiv für Berufsbildung '69 (1969); 75 Jahre Dt. Verband für das kaufmänn. Bildungswesen, in: Wirtschaft u. Berufserziehung, H. 5 (1970).
Zu V.: Die Struktur u. die Organisation des allg. u. techn. Erziehungswesens in den Ländern der Gemeinschaft, hrsg. v. der Hohen Behörde der Europ. Gemeinschaft für Kohle und Stahl (Montanunion) (Luxemburg 1960); School Systems – a guide, ed. by Council of Europe (Strasbourg 1965); Lehrlinge in Europa, hrsg. v. Internat. Arbeitsamt/CIRF (Genf 1966); Les systèmes scolaires dans les pays de la CEE, dossiers pédagogiques 35, 36, ed.: Europe université (Paris 1970); Empfehlung des Rates an die Mitgliedstaaten über die Anwendung des Europ. Berufsbildes für die Ausbildung von Facharbeitern an spanenden Werkzeugmaschinen, hrsg. v. EWG (Brüssel 1970); Schlußfolgerungen des Rates über die Probleme der Berufsbildung der Erwachsenen, hrsg. v. der EWG (Brüssel 1970); Références bibliographiques sur l'enseignement dans les pays de la Communauté Européenne, ed.: CCE (Bruxelles 1970).
Zu VI.: Commitee on Educ. and Labor (Ed.), A Compilation of Federal Educ. Laws (1969); –, Voc. Educ. Amendments of 1966; US Government Printing Office (ed.), Educ. for a Changing World of Work, 87 [Hearings: HR 1544 u. HR 15445]; Congress (ed.), Doc. Nr. 92; U. S. Dep. of H. E. W. (Ed.), Voc. Educ: The bridge between Men and his work. General Report of the Advisory Council on Voc. Educ. (Washington 1968); O. Monsheimer, Erziehung für Übermorgen, Berufserziehung in der amerikan. Leistungsgesellschaft (1969).

I. *K. Abraham,* II. 1. *F. Püttmann,*
II. 2. *W. Amrath,* III. *H. Adams,* IV. *G. Bothe,*
V. *K. H. Massoth* VI. *O. Monsheimer*

Wirtschaftserziehung, internationale ↗ Wirtschaftspädagogik

Wirtschaftsethik
W. = Wirtschaft, WE. = Wirtschaftsethik

WE. ist die wiss. Aufarbeitung, krit. Kontrolle und philos. Ergänzung des Ethos, das sich „naturwüchsig" im Bereich der W. bildet und mehr oder weniger zureichenden Schutz des wirtschaftlich Schwächeren gegen den Stärkeren bietet. In das Problemfeld der WE. gehören nicht nur die Beziehungen unter den wirtschaftenden Menschen, sondern auch die Beziehungen zu den Institutionen, Korporationen und zum Staat, soweit diese Funktionen des wirtschaftl. Prozesses sind. Der naturhaften und sozialen Ungleichheit in der Begabung der einzelnen Menschen wie der spezif. Hilflosigkeit der jungen, des alten und des kranken Menschen entspricht die Aufgabe der Gesellschaft, subsidiär dort einzugreifen, wo individuelle Vorsorge versagt. Geordnete Produktion setzt Rechtssicherheit voraus wie auch ein Bildungssystem, das der Mobilität wie den wachsenden Ansprüchen genügt. Der Staat hat deshalb ein Anrecht auf Steuern, die von diesen Zwecken her bestimmt sein müssen. Da reine Handarbeit im fortschreitenden Produktionsprozeß immer weniger bedeutet, sollte die Eigenproduktivität der Kapitalgüter anerkannt werden. Die veraltete Norm der Bedarfsdeckungs-W. (Zünfte) verführt zu dem (gesinnungsethischen) Kurzschluß, das Allheilmittel in einer „gerechten Umverteilung" zu sehen. Aufgaben von monopolartigem Charakter müssen zentral gesteuert und kontrolliert werden, während dirigistisch-bürokratische Totalregelungen (Staatskapitalismus) zum Erlahmen der Initiative und zur Unterversorgung führen.

Die beiden Idealtypen (W. EUCKEN): freie Markt-W. und zentral geleitete Verwaltungs-W. sind bereits durchexerziert und haben ihre typ. Schwächen gezeigt: W.spolitik muß ideologiefrei die immer schwierige Synthese suchen. Als soziales Wesen erleidet der Mensch noch keine verwerfliche „Entfremdung", wenn er sich der Eigengesetzlichkeit von Institutionen einfügt (Verkehrsgesetze, Unfallschutz, Arbeitsdisziplin u. a.). Den Ausgleich soll das Arbeitsrecht bieten (Koalitionsfreiheit, Streik, Tarifautonomie, Betriebsverfassungsgesetz).

Ein eigenes Problem der WE. ist die Werbung. Reklame und Propaganda sind dem Mißbrauch im Sinne der ↗Grenzmoral bes. ausgesetzt. Sie müßten sachgemäßer Information dienen, unlauteren Wettbewerb dagegen ausschließen. Die Weckung sinnvoller neuer Bedürfnisse dient dem sozialen Fortschritt. Je größer die Effektivität technischer Hilfsmittel ist, desto größer werden die Gefahren für die körperl. und seel. Gesundheit der Bevölkerung. Die Ambivalenz der Technik zwingt zu Gegenmaßnahmen gegen verderbl. Wirkungen: Erosion, Verschmutzung von Luft und Wasser, Störung des ökolog. Gleichgewichts, Fremdstoffe in Lebensmitteln u. a. Als wesentlicher Teil der Ethik überhaupt gehört die WE. in den Zusammenhang der päd. Grundwissenschaften.

Lit.: A. Tautscher, WE. (1957); Surányi - Unger, WE., in: Hwb. der Sozialwiss.en 12 (1965, Lit.); O. v. Nell-Breuning, WE., in: Staatslex. 8 (1963, Lit.); W. Schöllgen, Grenzmoral, in: ebd. 3 (1959, Lit.); Oeconomia humana. Beitr. zum Wirtschaftskapitel der pastoralen Konstitution (1968); Soziale Verantwortung. Festschr. f. G. Briefs, hrsg. v. H. J. Broermann - Ph. Herder-Dorneich (1968).

W. Schöllgen

Wirtschaftsfachschule, Höhere ↗Kaufmännisches Bildungswesen

Wirtschaftsgymnasium ↗Kaufmännisches Bildungswesen

Wirtschaftslehre

1. Der *Begriff* W. zur Bezeichnung wirtschaftlicher Lehrgänge in den allgemeinbildenden Schulen beginnt sich durchzusetzen. W. ist ein syst., lehrbarer und methodisierbarer Zusammenhang von Einsichten und Informationen über wirtschaftsgeschichtl. Zusammenhänge, ökonom. Strukturen, Prozesse und Begriffe.

Die im 18. Jh. in den realist. Schulen entstandenen didakt. Ansätze für eine W. wurden im 19. Jh. nicht weiterentwickelt. Die neuhumanist. Bildungstheorie mit ihrer ethisch-kulturellen Abwertung der industriellen Wirtschaftswelt verhinderte bis in das 20. Jh. die Entwicklung einer „lehrbaren elementarischen Ökonomik" (W. FLITNER) in den allgemeinbildenden Schulen. So konnten nur in den auf wirtschaftl. Berufe vorbereitenden Schulen spezielle, berufsbezogene W.n (Handelskunde, Betriebswirtschaftskunde usf.) entstehen.

2. Der Anspruch auf Einbeziehung des modernen wirtschaftl. Denkens in die *gymnasiale Bildung* (theoretisch bes. von J. DERBOLAV, 1957, und A. KÖSTEL, 1959, begründet) führte nach den Beschlüssen der KMK (1958, 1964) zur Errichtung des *Wirtschaftsgymnasiums* und des „sozial- und wirtschaftswissenschaftlichen Zweiges" der Oberstufe.

Der wirtschaftswiss. Unterricht mit seinen Fächern Volkswirtschaftslehre, Betriebswirtschaftslehre und betriebl. Rechnungslehre blieb durch seine Herkunft aus der Wirtschaftsoberschule an der „speziell-edukativen Intention der Wirtschaft" (BOKELMANN) orientiert. – Für die *Oberstufe* stellte sich die Frage, ob aufgrund der Komplexität der Wirtschaftswiss. überhaupt eine der gymnasialen Grundbildung und der wissenschaftspropädeut. Aufgabe entsprechende W. entwickelt werden könne. Die Frage ist inzwischen vor allem durch die Arbeiten von H. D. ORTLIEB und F. W. DÖRGE und die Untersuchung von H. BOKELMANN (1964), mit der erstmals eine erziehungswiss. begründete Lehrplantheorie für eine W. vorgelegt wurde, positiv entschieden.

3. Die Bemühungen um die Entwicklung einer W. in der *Hauptschule* haben gegenwärtig ihren Ort in der Diskussion um eine Didaktik der ↗Arbeitslehre. Hier haben sich unterschiedliche Ansätze herausgebildet.

Von W. KLAFKI werden die zuerst in Hamburg erprobten Erkundungen von Einrichtungen der örtl. Arbeits- und Wirtschaftswelt als geeigneter „Ansatzpunkt für eine elementare Lehre von der Wirtschaft im Zusammenhang mit gesellschaftlichen und politischen Verhältnissen und Prozessen" begriffen. Die Prinzipien entsprechen weitgehend der Lehrplantheorie BOKELMANNs. – Nach BLANKERTZ, GROTH und OTT muß die moderne industrielle Arbeitswelt „in wissenschaftlich vertretbaren Modellen und schulischen Experimenten" (Projekten) erfahrbar gemacht werden. Die „betriebswirtschaftliche Dimension" wird als Medium zur Erschließung der Zusammenhänge der modernen Arbeitswelt angesehen. Methodische Grundform ist das Projekt (↗Projektmethode). Dabei besteht jedoch die Gefahr einer Verkürzung des ökonom. Bereichs.

4. Eine *Verständigung* über Lernziele, Lehrgehalte und Organisationsformen der W. für allgemeinbildende Schulen ist bisher in der BRD nicht erreicht, dagegen ein Konsensus über die Zuordnung der W. zum Aufgabenfeld der gesellschaftlich-polit. Bildung: Die W. soll den jungen Menschen befähigen, „auf Grund erworbenen Wissens und durch kritischen Umgang mit Wissen sich in der wirtschaftlich-sozialen Handlungslage identifizieren und distanzieren zu können" (BOKELMANN).

☐ Arbeitslehre. Wirtschaftsberufliches Bildungswesen. Wirtschaftspädagogik

Lit.: K. Iven, Die Industriepäd. des 18. Jh. (1929); R. Berke, Überblick über die Gesch. der kaufmänn. Schulen, in: Hdb. für das Berufsschulwesen, hrsg. v. F. Blättner u. a. (1960); H. Blankertz, Bildung im Zeitalter der großen Industrie (1969); J. Derbolav, Wesen u. Formen der Gymnasialbildung – Ein Beitrag zur Theorie der Wirtschaftsoberschule (1957); A. Köstel, Das Wirtschafts- u. sozialwiss. Gymnasium [Wirtschaftsgymnasium] (1959); W. Brosius, Wirtschafts- u. Soziallehre als Schwerpunktfach im Lehrplan des Wirtschaftsgymnasiums, Wirtschaft u. Schule (1964); R. Dubs, Das Wirtschaftsgymnasium (1968); W. Klafki - G. Kiel - J. Schwerdtfeger, Die Arbeits- u. Wirtschaftswelt im Unterricht der VS. u. des Gymnasiums (²1967); H. Bokelmann, Die ökonomisch-soziale. Bildung (1964); H. D. Ortlieb - F. W. Dörge (Hrsg.), Wirtschafts- u. Sozialpolitik, Modellanalysen politischer Probleme (²1965); Wirtschaft u. Höhere Schule, in: Veröffentlichungen der Walter-Raymond-Stiftung, Bd. 9 (1968); W. Nickel, Die Wirtschaft im gymnasialen Bildungskanon der Gegenwart, in: Recht der Jugend u. des Bildungswesens, 16. Jhg. (1968); W. Klafki - W. Schulz, Arbeitslehre in der Gesamtschule (1968); K. Straatmann, Hauptschule u. Arbeitslehre (1968); H. Blankertz, Arbeitslehre in der Hauptschule (²1969); W. Voelmy, Arbeitslehre-Unterricht in den Hauptschulen der BRD (1970).

G. *Kiel*

Wirtschaftsoberschule ↗ Kaufmännisches Bildungswesen

Wirtschaftspädagogik, Wirtschaftserziehung
WP. = Wirtschaftspädagogik, WE. = Wirtschaftserziehung, W. = Wirtschaft(s)

I. Allgemeine Theorie

1. *Begriff.* Die WP. ist eine Spezialdisziplin innerhalb der Erziehungswiss. und hat den Auftrag, die Beziehungen zwischen Erziehung und W. zu untersuchen. Dieser Fragenkreis ist auch früher bereits von der Erziehungswiss. behandelt worden: von der antiken Päd. bis zu der Industriepädagogik des 18. Jh. führt eine zusammenhängende Linie. Zur Konstituierung einer eigenen Disziplin WP. kam es jedoch erst in der ersten Hälfte des 20. Jh.
Forschung ist heute nur noch als Spezialforschung möglich. Dieses allg. Prinzip zwingt auch die Erziehungswiss. zur Differenzierung in Spezialdisziplinen. Dazu kommt, daß die W. in den letzten 150 J.n umfangreicher und komplizierter als früher geworden ist und daß die wiss. Untersuchung ökonomischer Fragen daher heute breiter und intensiver ist. Wenn sich die Päd. mit den Beziehungen zwischen Erziehung und W. befassen will, muß sie versuchen, dieses schwer überschaubare Material der W.wiss. in einer Spezialdisziplin auszuwerten.
Die Existenzberechtigung der WP. wird von manchen Pädagogen abgelehnt. Es handelt sich dabei z. T. um Haltungen, in denen noch die Wirtschaftsfremdheit der Bildungsphilosophie des 19. Jh. fortwirkt. Außerdem wird behauptet, daß Gegenstand der theoret. erziehungswiss. Forschung nur das Phänomen der Erziehung als solches sei und daß es sich daher bei der Untersuchung der Beziehungen zwischen Erziehung und W. nur darum handele, vorher gewonnene erziehungstheoretische Einsichten anzuwenden, um diejenigen päd. Prozesse zu erklären, die irgendwie wirtschaftlich bedingt sind. Der Mensch ist jedoch unaufhebbar in ökonomische Zusammenhänge eingefügt. Jeder muß für die Erhaltung seiner leibl. Existenz sorgen und ist daher Konsument; die meisten sind außerdem in irgendeiner Weise an der Produktion dadurch beteiligt, daß sie wirtschaftl. Beruf haben. Die Aussagen der Allgemeinen Päd. müssen daher ergänzt werden durch Aussagen einer päd. Spezialdisziplin, die sich mit dem Ökonomischen in der menschl. Existenz befaßt. Diese päd. Spezialforschung betrifft ebenso wie diejenige der Allgemeinen Päd. die Erziehungsbedürftigkeit und Erziehungsfähigkeit des Menschen und hat ebenfalls theoretischen Charakter. Der Unterschied besteht darin, daß die Allgemeine Päd. von den Fakten der wirtschaftlich-existentiellen Lebenswirklichkeit abstrahiert, während die WP. bewußt das Verhaftetsein in die ökonom. Realitäten zum Gegenstand ihrer Untersuchungen macht. Beide Arten der erziehungswiss. Forschung sind notwendig.

2. *Spezialgebiete.* Die Allgemeine WP. versucht, ein Gesamtbild der Beziehungen zwischen Erziehung und W. zu erarbeiten. Spezialgebiete sind die Arbeitspädagogik und die Berufspädagogik. Da nicht jede Arbeit wirtschaftlich ist und es außer wirtschaftl. Berufen auch andere gibt, so umfassen die Arbeitspäd. und die Berufspäd. (↗ Arbeits- und Berufspädagogik) jedoch auch Problemkreise, die nicht zum Bereich der WP. gehören. Weitere Spezialgebiete innerhalb der WP. sind: die Lehre von den wirtschaftspäd. Institutionen, die wirtschaftsberufl. Schulpäd., die ↗ Betriebspäd., die Historische WP. und die ↗ Vergleichende WP. Gelegentlich wird noch die veraltete Einteilung gebraucht, daß die WP. für die kaufmänn. Berufserziehung und die Berufspäd. für die industrielle und die handwerkliche zuständig seien. Diese Meinung beruht darauf, daß die Ausbildung der Handelslehrer (↗ Diplomhandelslehrer) in den wirtschaftswiss. Univ.fakultäten erfolgt, diejenige der ↗ Gewerbelehrer dagegen bis vor kurzem in Berufspäd. Instituten geschah. Die Vertiefung der wirtschaftspäd. Theorie hat diese auf äußeren Umständen beruhende Unterscheidung überwunden. – Neben ihrem primären Charakter als Erziehungswiss. kann die WP. sekundär auch als Wirtschaftswiss. bezeichnet

werden, da sie Aussagen über den Wirtschaftsfaktor Mensch macht; ferner als Sozialwiss., da Untersuchungen über wirtschaftl. Erziehung Einblicke in Sozialisationsprozesse geben.

3. *Gliederung*. Die WE. wird in die Hauptgebiete: grundlegende WE., berufsbezogene WE. und allgemeine WE. eingeteilt. a) Die *grundlegende wirtschaftliche Erziehung* geschieht in Grundschulen, Hauptschulen, Realschulen und Gymnasien und ist ein Teil der von diesen Schulen zu leistenden grundlegenden Erziehung. Sie hat einen allg. Charakter und dient nicht der Berufsausbildung. In ihrer Schlußphase hat sie aber die Aufgabe, den Jgdl.n dazu fähig zu machen, sich für einen ↗Ausbildungsberuf zu entscheiden (↗Arbeitslehre, Berufsfindung). – b) Die *berufsbezogene wirtschaftliche Erziehung* wird im ↗Berufsbildungsgesetz als „Berufsbildung" bezeichnet; sie schließt Berufsausbildung, berufl. Fortbildung und berufl. Umschulung ein. Sie hat den Zweck, dem Jgdl.n den Zugang zu einem ihm gemäßen Platz im Berufsleben zu verschaffen und dem Erwachsenen die lebenslängl. Chance einer angemessenen Berufstätigkeit zu sichern. – c) Die *allgemeine wirtschaftliche Erziehung* umfaßt diejenigen päd. Hilfen, die dem Erwachsenen ein allg. Verständnis wirtschaftlicher Fragen erschließen; meistens bieten dabei die Berufserfahrungen wichtige Ansatzpunkte.

Die drei Stufen der WE. stehen in einem Sinnzusammenhang. Sie führen den Menschen zu einer geist. Reife, die ihn fähig macht, die W. als einen Teil der modernen Welt zu begreifen.

II. Geschichte der Wirtschaftserziehung von 1800 bis 1930

Gegenüber der traditionellen prakt. Einführung in die Berufstätigkeit hatte das 18. Jh. in merkantilist. und aufklärer. Denken beruflich-realistisch konzipierte *schulische Einrichtungen* geschaffen, die am Beginn des 19. Jh. aufgelöst wurden. Während die *realistische* Bildungsaufgabe dem allg. Schulwesen zukam, entstanden für die *berufsspezifische* Bildung besondere Fachschulen. Sie differenzierten sich im 19. Jh. horizontal nach W.-zweigen bzw. Berufsfeldern (Handel, Gewerbe, Landwirtschaft, Frauenarbeit) und vertikal in Hochschulen, mittlere und niedere Fachschulen. Als niedere Schulstufe übernahmen ferner Fortbildungsschulen berufsvorbereitende Bildungsaufgaben, und zwar nachdem die allg. Fortbildungsschule nach 1900 ebenfalls nach Berufsfeldern gegliedert worden war. – Die berufsfeldbedingte Schulgliederung zog eine entsprechende Variation der *Lehrerbildung* und der *Wirtschafts- und Berufspädagogik* nach sich.

1. *Gewerbliche Wirtschaftserziehung, Gewerbeschulpädagogik und Berufsbildungstheorie.* Die schul. Gestaltung der handwerkl. und industriellen Ausbildung war im 19. Jh. von der gewerbl. und berufl. Bildungsidee getragen.

Die gewerbl. Richtung nahm ihren Ausgang von den ab 1815 gegr. gewerblichen *Sonntagsschulen* und nährte sich von den fachtheoretischen Intentionen, die auf der Ober- und Mittelstufe (TH.n und Fachschulen) artikuliert worden waren. Wenn auch in allen Ländern (später als Werktagsschulen) verbreitet, freiwillig besucht und meist von nichtstaatlichen Gremien errichtet, brachten insbes. (gefördert durch v. WESSENBERG, NEBENIUS und STEINBEIS) Baden 1834 und Württ. 1853 eigenständige *Gewerbeschulen* hervor, die noch 1924 ausdrücklich als Fachschulen ausgewiesen wurden. Im Rahmen der Gewerbelehrerbildung erteilten sinngemäß die TH.n Stuttgart und Karlsruhe und die Univ. Frankfurt nach 1920 *gewerbeschulpädagogische Lehraufträge*.

Die berufl. Bildungsidee leitete sich von der *allgemeinen Fortbildungsschule* her, die, in ihrem Ursprung religiöse Sonntagsschule, als Annex der Volksschule deren Säkularisation nachvollzogen hatte. Während Sachsen, Baden, Württ. u. a. nach 1873 aus Gründen allgemein sittlich-religiöser Erziehung der VS.-Abgänger die Fortbildungsschulpflicht landesgesetzlich einführten, stützte sich Preußen auf die Gewerbeordnung von 1869, die eine derartige Regelung den Gemeinden als Kann-Vorschrift überließ und keinesfalls ein anderes Bildungsziel intendierte. Das aber galt Schülern wie Lehrherrn und Lehrern als Übel. So forderte man die Differenzierung der allgemeinen Fortbildungsschule, der RÜCKLIN, PACHE und R. SEYFERT vorgearbeitet hatten.

Dem Gedanken, den Beruf in den Mittelpunkt des Unterrichts zu stellen, fügte G. KERSCHENSTEINER die Idee der „staatsbürgerlichen Erziehung" hinzu, so daß seine Preisschrift von 1901 (Die staatsbürgerl. Erziehung der dt. Jugend) als Gründungsurkunde der Berufsschule gilt. Der Ursprung der „klassischen Berufsbildungstheorie", vertieft von E. SPRANGER (grundlegende Bildung, Berufsbildung, Allgemeinbildung als Stufengang der Bildung) und A. FISCHER, findet sich also in der gewerbl. Berufserziehung. Da das Handwerk mit der Gewerbeordnung v. 1897 (Handwerkerschutzgesetz) durch den eingeräumten Vorrang der Betriebslehre ein Ausbildungsmonopol erhielt, konnte sich die Fortbildungsschule wegen ihrer berufl. Ausrichtung um theoret. Ergänzung bemühen. Obwohl der Schulbesuch nicht zugleich obligatorisch wurde, wird hier der Ursprung des „Dualen Systems" gesehen. Die Entwicklung außerbetrieblicher Lehrwerkstätten und von Berufsschulen wurde behindert. Die Bezeichung *Berufsschule* fand nach 1920 zunehmend in der schulamtlichen Terminologie Verwendung. Die preuß. Gewerbelehrerseminare hießen ab 1928 *Berufspädagogische Institute* (1942 reichseinheitlich).

2. *Kaufmännische Wirtschaftserziehung, Handelsschul- und Wirtschaftspädagogik.* Als Besonderung der Fachschulbewegung entwickelte sich die Handelsschulidee isoliert von der gewerbl. und landwirtschaftl. Richtung.

Zur traditionellen prakt. Einführung in den Geschäftsbetrieb kam um 1800 die Vorbereitung durch Schulen hinzu (*Handelsvorschulen*, heute ↗Berufsfachschule).

371

Ferner wurde 1818 in Gotha die erste *Handelslehrlingsschule* geschaffen. Unter dem Einfluß neuhumanist. Denkens verstand man im 19. Jh. Kaufmannsbildung als Menschenbildung. Handelsschulen als Fachschulen dürfen nicht im Sinne utilitaristischer Fachbildung interpretiert werden. Der Handelsschulgedanke verbreitete sich über ganz Deutschland. Hingegen subsumierte der preuß. Staat die während des 19. Jh. im Geiste der Handelsschulidee frei gegründeten *kaufmännischen Fortbildungsschulen* endgültig 1911 unter seine Fortbildungsschulkonzeption. Dadurch standen die preuß. kaufmänn. Fortbildungsschulen rangmäßig unter den Pflichthandelsschulen in Sachsen und Südwest-Dtl. – Handelsabteilungen hatten ferner die bayer. Realschule (1864) und die Oberrealschule (1907).
Eine Stellung zwischen allgemeinem und berufl. Schulwesen nahmen die ab 1925 errichteten *Wirtschaftsoberschulen* ein. – Da Handelslehrer ab 1900 an den soeben gegr. *Handelshochschulen* studierten, entwickelte sich dort die *Handelsschulpädagogik*, die mit Hilfe HERBARTscher Denkkategorien fundiert war.

F. FELD – als Begründer der WP. (gefordert bereits 1900 von TH. FRANKE) – griff nach 1920 die berufsbildungstheoret. Vorstellungen KERSCHENSTEINERs und SPRANGERs auf und konkretisierte sie zu einer Berufspäd. Die Sprangersche – den ökonom. Menschen aufwertende – Kulturphilos. verhalf ihm zur Grundlegung der Wirtschaftspäd. 1930 brachte er die Berufspäd. in die WP. ein und entwarf als dazugehörige Teildisziplinen Betriebs- und Industriepäd. Als Folge davon richteten Wirtschaftshochschulen und -fakultäten ab 1930 wirtschaftspäd. Lehrstühle ein.

3. *Landwirtschaftliche Erziehung und Landpädagogik.* Das ↗Landwirtschaftliche Bildungswesen konnte sich erst entwickeln, als THAER um 1800 die Landwirtschaftslehre aus den Kameralwiss. herauslöst und die naturwiss. Begründung eingeleitet hatte.

Als Folge davon entstanden bald *Akademien* (später landwirtschaftl. Fakultäten und Hochschulen) und *Fachschulen* (Ackerbauschulen 1830, landwirtschaftl. Winterschulen 1860, Höhere Lehranstalten für prakt. Landwirte nach 1900). Den Realschulen von 1900 entsprachen Landwirtschaftsschulen (1890) mit „Einjährigem" (mittlere Reife). Als Unterstufe entbehrte die *ländliche Fortbildungsschule* bis 1941 den fachlichen Bezuges. – Analog verhielt es sich mit den Bildungseinrichtungen für Mädchen. Den Fachschulgründungen vor der Jh.-wende folgten 1935 *ländlich-hauswirtschaftliche Berufsschulen*. Die Landpädagogik sollten erst die 1941 errichteten *Staatsinstitute für den landwirtschaftlichen Unterricht* fördern.

III. Wirtschaftsberufliche Schulpädagogik

1. Wirtschaftsberufliche Schulen im weiteren Sinne lehren u. a. die jeweils speziellen Fachgebiete der verschiedenen Wirtschaftsberufe. In diesem Sinne sind *gewerbliche, technische, kaufmännische, land-* und *hauswirtschaftliche* Unterrichtsanstalten wirtschaftsberufliche Schulen bzw. (F. SCHLIEPER) „Wirtschaftsschulen". Entweder bereiten sie auf einen W.beruf vor, „begleiten" die betriebl. Ausbildung oder dienen der wirtschaftsberufl. Fortbildung. Wirtschaftsberufl. Schulen im engeren Sinne besitzen ihren fachunterrichtl. Schwerpunkt in der „Wirtschaftslehre". In ihr erscheint der an Univ.en in Verbindung mit der Praxis des modernen W.lebens erarbeitete Wissenschaftsbereich der Volks- und der Betriebswirtschaftslehre im Sinne einer umfassenden wirtschaftsberufl. Schulpäd. didaktisch transformiert. Zwar im Bereich des kaufmänn. Schulwesens entwickelt, bildet die wirtschaftsberufl. Schulpäd. einen Kernbereich jeder Theorie der wirtschaftsberufl. Schulen überhaupt.

2. Mit HERBART hat die „erste Generation" auch den auf Erziehung angelegten wirtschaftsberufl. Unterricht als „Ergänzung von Erfahrung und Umgang" verstanden. In der Darbietung wirtschaftsberuflicher Lehrinhalte zielte er in assoziationspsychol. begründeter „Artikulation" auf ein solches Fachwissen, das sich in seiner Disponibilität gegenüber praktischen Anforderungen sicher anwenden lassen sollte. Zum Erwerb solchen Könnens empfiehlt sich vielfach Herbarts „analytischer" Weg des Unterrichtsganges an: Die in den konkreten Situationen des Betriebes erworbenen Realerfahrungen der Lernenden werden im Unterricht rational reflektiert, ihrer Zufälligkeit und Bruchstückhaftigkeit entkleidet, von Mißverständnissen befreit und logisch bündig in die Systematik eines grundlegenden Fachwissens eingefügt.
KERSCHENSTEINER hat eine Erziehung zur „Charakterstärke der Sittlichkeit" aus den Erfahrungen des mitmenschlichen „Umgangs" als ein vorrangig sozial-ethisch verstandenes Ideal des „Staatsbürgertums" in den gesellschaftspolit. Raum projiziert. Das geschah in Verbindung mit seiner auf Spontaneität des Lernverhaltens gegründeten Konzeption der ↗Arbeitsschule.
In O. WILLMANNs „Didaktik als Bildungslehre" (1882) liegt bereits jener Ansatz vorgeformt, der die genannte „klassische" Doppelaufgabe wirtschaftsberufl. Schulen konstruktiv unter den übergreifenden Aspekt der „Bildung" mit rücken helfen. Nach dem 1. Weltkrieg hat vor allem E. SPRANGER entsprechende Ansätze Kerschensteiners im Sinne einer idealistischen Kulturphilosophie zu einer für die damalige Situation wegweisenden Theorie der „Berufsbildung" ausgestaltet. Sie ist bis heute noch in ihrer Terminologie (Kulturgut, Bildungsgut) lebendig. In den zwanziger Jahren verhalf sie der „zweiten Generation" zu einem ersten spekulativen Selbstverständnis. Nach 1933 weithin verdrängt oder umgedeutet, wurde sie nach 1945 neu belebt, nicht ohne Einbeziehung der vor allem von A. FISCHER schon 1924 erhobenen Forderung nach einer „Humanisierung der Berufsschule", in die soziol. aufweisbaren Diskrepanzen zwischen Ideal und Wirklichkeit in der wirtschaftsberufl. Schulpäd. bereits deutlich gesehen wurden.

3. Die besondere päd. Gesamtsituation aller wirtschaftsberufl. Schulen wird an ihrer unmittelbaren Verflochtenheit in den tiefgreifenden gesellschaftl. Wandel zumal der Wirtschaftsberufe deutlich. Seit den 50er J.n haben darum kritische Stimmen eine neue realistischere Grundlegung der wirtschaftsberufl. Schulpäd. gefordert (F. BLÄTTNER, H. ABEL, H. H. GROOTHOFF, A. DÖRSCHEL u. a.). Als vordringlich gilt es, Lern- und Arbeitssitua-

tionen in den heutigen Betrieben nüchtern zu sehen, vor allem in Hinblick auf eine nur begrenzte Möglichkeit, hier im Sinne der „Bildung" eine individuelle „Wesenserfüllung" zu finden. Ein immer häufiger vorgenommener Berufswechsel läßt den Lehrberuf nahezu auf eine Startposition für verschieden mögliche Erwachsenentätigkeiten schrumpfen. Die übergroße Stoffülle der in den Lehrplänen angesammelten Lernbereiche nötigt auch die wirtschaftsberufl. Schulpäd. zu aktiver Einschaltung in die moderne Curriculum-Forschung. Die besondere Problematik einer notwendigen wirtschaftsberufl. *Grundbildung* führt zu empir. Analyse des für die einzelnen Wirtschaftsberufe Grundlegenden. Mit ihm verbunden, gewinnt die Problematik des „Exemplarischen" an Bedeutung, ebenso die im Unterricht zu entfaltende intellektuelle Beweglichkeit eines „kreativen Denkens", das sich in einer auf Wandel eingestellten Praxis aktualisieren soll. Zugleich gilt es, im Lernen mit einer Motivation zu ständiger wirtschaftsberufl. Weiterbildung die dafür erforderl. formalen Arbeitstechniken zu entwickeln, z. B. im ↗ Programmierten Unterricht. In Hinblick auf den wachsenden Freizeitraum des wirtschaftsberufl. tätigen Menschen zeichnet sich auch für die wirtschaftsberufl. Schulpäd. als neuer allgemeinbedeutsamer konstitutiver Aufgabenbereich das sozialpäd. Arbeitsfeld einer ↗ Jugendhilfe ab.
4. Neomarxistische Kritiker zielen neuerdings vor allem auf eine Absage an den wirtschaftspolit. Partnerschaftsgedanken, der die bisherige wirtschaftsberufl. Schulpäd. seit ihren Anfängen geprägt hat. Dabei wurde die Theorie einer Erziehung künftiger Berufstätiger zu einem gesellschaftskrit. „emanzipatorischen" Denken und Handeln, das den Klassengegensatz zwischen Arbeitgebern und Arbeitnehmern für unaufhebbar hält, bisher vorwiegend programmatisch entwickelt.

IV. Sozialpädagogische Aspekte der Wirtschaftserziehung

WE. und Sozialerziehung bedingen einander, sei es, daß WE. die Sozialerziehung voraussetzt, von ihr begleitet wird, Sozialerziehung als wirtschaftserzieher. Mittel verwendet, oder WE. im Rahmen sozialerzieher. Intentionen betrieben wird. Auch wirtschaftliches Sozialverhalten will gelernt sein und muß qualifiziert werden.
1. *Gruppenpädagogische Aspekte.* Wirtschaftliches Handeln vollzieht sich in jeweils gruppenspezifisch geprägten Formen, sei es z. B. in der hauswirtschaftl. Gruppe der Familie oder den verschiedenen erwerbs- und marktwirtschaftl. Gruppen der Berufe, Betriebe und Verbände, in Klein- oder Großgruppen, Primär- oder Sekundärgruppen, formellen oder informellen Gruppen. Wirtschaftliche Arbeit ist weitgehend Gruppenarbeit. WE. geschieht unter dem Einfluß dieser wirtschaftenden Gruppen. Sie erfolgt mit jeweils unterschiedl. Intensitätsgraden innerhalb der Familienerziehung, Betriebs-, Klassenerziehung usw. Wirtschaftserzieherische Maßnahmen müssen eine Qualifizierung in den verschiedenen Arten des ökonom. Gruppenverhaltens einschließen. Sie müssen die Bedingungen gruppendynamischer Prozesse beachten und sich teilweise der Gruppen und Gruppenarbeit als eines Erziehungsmittels bedienen.
2. *Rollenpädagogische Aspekte.* WE. konkretisiert sich u. a. stets als Rollenerziehung. Sie ermöglicht dem Menschen ein verantwortliches und sicheres Verhalten in seinen Rollen als Produktivkraft, Käufer, Verkäufer, Sparer, Konsument, Kreditgeber und -nehmer, Steuerzahler usw. und befähigt ihn zur Meisterung von Rollenkonflikten. Möglichkeiten und Grenzen eines rollenanpassenden, rollenmodifizierenden und -schöpferischen ökonom. Verhaltens sind zu lehren und zu lernen.
3. *Kommunikationspädagogische Aspekte.* Der W.prozeß ist weitgehend Kommunikationsprozeß, das wirtschaftl. Sozialverhalten weitgehend ein Prozeß verbaler und anderer Interaktionen. Der hochtechnisierte ökonom. Kommunikationsprozeß wird immer komplizierter und abstrakter (Elektron. Datenverarbeitung), das W.geschehen entsprechend immer weniger durchsichtig, das W.verhalten schwieriger; erzieherische Hilfen für das ökonom. Kommunikationsverhalten werden damit immer notwendiger. Die Vorteile und Gefahren der Massenkommunikationsmittel im Rahmen der WE., die Auswertung und Weitergabe von W.informationen, die Indienstnahme der W.presse, die Frage der sog. Sprachbarriere (W.sprache), sind weitere kommunikationspäd. Aspekte der WE.

V. Wirtschaftserziehung und technische Entwicklung

1. Der Terminus *technische Entwicklung* umschreibt im folgenden den techn. Fortschritt, der sich bes. in der Verbesserung industrieller Verfahrensweisen äußert und einen permanenten Wandel der berufl. Anforderungen am Arbeitsplatz bedingt.
Die zunehmende Automatisierung der Arbeitsprozesse (etwa 50 % der Erwerbstätigen sind davon betroffen) erfordert eine Überprüfung der Zielsetzung und Thematik wirtschaftlicher Erziehung. Während sich früher

die bestehenden Strukturen nur über einen Zeitraum von Generationen hinweg veränderten, erlebt gegenwärtig schon eine Generation mehrfachen strukturellen Wandel in W. und Beruf. Das bedeutet für den einzelnen, daß sein Arbeitsschicksal nicht mehr von dem einmal gewählten und dann ausgeübten Beruf vorausbestimmt sein wird, weil berufliche Mobilität und Flexibilität wichtige Voraussetzungen für die Existenzsicherung des Erwerbstätigen geworden sind. Hierin liegen Chancen (berufliche Besserstellung, sozialer Aufstieg) und Risiken (Reduzierung der Entscheidungsfreiheit infolge einer Veränderung des sozialen Status, z. B. vom selbständ. Landwirt zum lohnabhäng. Industriearbeiter).

2. Die wirtschaftspäd. *Konsequenzen* dieses Sachverhalts erstrecken sich vor allem auf Fragen der Intention und der Thematik einer WE. Durch den Strukturwandel der Arbeitswelt werden die traditionellen berufl. Denk- und Verhaltensmuster, die von der Idee des Lebensberufes und von der „Tugend" der lebenslangen Berufstreue geprägt waren, größtenteils abgebaut. Die mögliche positive päd. Bewertung einer unter techn. Zwängen stehenden Arbeit ist darin zu sehen, daß schon in der Vorbereitung und Entscheidung für eine bestimmte Arbeit – also nicht so sehr in deren Vollzug – die persönl. Bewährung liegen kann (CH. BARTELS). Ferner ist die Frage nach den „neuen" Tugenden, die dem Menschen sachgerechte und menschenwürd. Verhaltensweise ermöglichen, päd. relevant. TH. SCHARMANN und E. SPRANGER vertreten die Auffassung, daß es in der Berufserziehung angesichts des möglichen Berufswechsels auf die Entwicklung von Umstellungsfähigkeit, Flexibilität und Wendigkeit ankomme; der Heranwachsende soll also offen sein für neue Situationen, ungewohnte Aufgaben sachadäquat lösen und Konflikte überwinden können. Um die notwend. Flexibilität und Wendigkeit zu erreichen, müssen die mit der Forderung nach breitangelegter berufl. Grundbildung verbundenen themat. Probleme einer Lösung zugeführt werden. In der wirtschaftspäd. Didaktik sind Kriterien für die Auswahl typischer Tätigkeitselemente zu entwickeln. Diese müssen den entsprechenden Anwendungsgebieten zugeordnet und die einzelnen Inhalte (Themen) zu einem Lehrgefüge verbunden werden. Ferner sind zeitliche und sachliche Abstimmung der Themen schulischer Curricula mit den Inhalten der betriebl. Ausbildungsordnungen im Blick auf effizientere WE. im dualen System der Berufserziehung notwendig. Vor allem müssen die übernommenen Ausbildungsinhalte auf ihre gegenwärtige und zukünftige Bedeutung für den einzelnen und die Gesellschaft hin überprüft und revidiert werden. Die am 9. 7. 1969 staatlich anerkannte Ausbildungsordnung „Datenverarbeitungskaufmann" ist z. B. nicht nur als Beleg für die Entstehung neuer Berufe infolge der Technisierung von Arbeitsvollzügen zu werten, sondern auch als Beweis für größere Anpassungsfähigkeit der betriebl. Berufsbildung im Vergleich zur schulischen.

VI. Die Wirtschaftserziehung als Mittel der Bildungs-, Wirtschafts- und Gesellschaftspolitik des Staates

Gewicht und Eigenart der ökonomisch-techn. Fakten im Industriesystem sowie soziale Struktur und Selbstverständnis unserer Gesellschaft legen es dem Staate nahe, die WE. für seine bildungs-, wirtschafts- und gesellschaftspol. Ziele zu nutzen. Hierbei muß er seinen Einfluß mit Betrieben, Kammern, Verbänden und Gewerkschaften teilen, die die WE. als Instrument ihrer W.- und Gesellschaftspolitik auszuwerten trachten.

1. *Wirtschaftspolitik.* Vollbeschäftigung und stetiges Wachstum des Sozialprodukts sind die Schwerpunkte der modernen W.politik. Der Staat kann beide fördern, indem er die berufl. Qualifikation der Arbeitskräfte verbessern hilft. Da diese immer mehr von den kognitiven Fähigkeiten abhängt, erweist sich der *Ausbau der beruflichen Schulen und der Hochschulen* als am wirksamsten. Eine stärkere „Verschulung" könnte zugleich der Aufgabe entgegenkommen, die WE. im Interesse der Mobilität der Arbeitskräfte in den EWG-Ländern aufeinander abzustimmen. Das bedeutet keineswegs das Ende des „dualen Systems" der Berufserziehung in der BRD, also des Zusammenwirkens von Lehrbetrieb und Berufsschule, aber es erhöht sich das Gewicht der letzteren. Sie sollte daher mehr Wochenstunden als bisher erteilen. Da die Erwerbstätigen den im Industriesystem immer häufigeren *Berufswechsel* um so flexibler bewältigen, je breiter die von ihnen genossene WE. ist, sollte sich die ↗ Berufsschule zunächst auf eine Grundbildung der Jgdl.n in einem umfassenden Berufsfeld konzentrieren und den Unterricht erst in den oberen Klassen spezialisieren. Sie entspräche damit zugleich den Erfordernissen der *Stufenausbildung,* die in einer zunehmenden Zahl von Betrieben Eingang findet. Desgleichen wäre ein an der *Berufsschule* abzuleistendes *Berufsgrundschuljahr* mit Vollzeitunterricht die sinnvollste Form eines zehnten Pflichtschuljahres. Noch effektiver läßt sich eine Berufs-

grundbildung in *Berufsfachschulen* mit mindestens zweijähr. Lehrgang und einer Prüfung verwirklichen, die einen mittleren Bildungsabschluß bestätigt. Indem die Berufsfachschulen Berufs- und Allgemeinbildung miteinander verbinden, verbessern sie die Chancen des Nachwuchses, sich in die Arbeitswelt flexibel einzufügen. Der Staat sollte sie daher gerade aus wirtschaftspolit. Gründen stärker als bisher fördern. Das gilt ebenso für die *Fachschulen.* WIDMAIER schätzt, daß der Arbeitskräftebedarf z. B. in Baden-Württ. von 1961 bis 1981 um 12,8 %, derjenige an Berufsfach- und Fachschulabsolventen aber um 36,6 % wachsen wird. Nicht zuletzt dient die Hebung der Ingenieur- und Höheren Wirtschaftsfachschulen auf das Niveau von *Fachhochschulen* wirtschaftspolit. Zielen, zumal diese Institute wie die Fachschulen qualifizierte Arbeitskräfte auch für die *Entwicklungsländer* ausbilden können. Im übrigen tragen Fachschulen, z. B. Landwirtschaftsschulen, sowie *Umschulungslehrgänge* der ↗Bundesanstalt für Arbeit dazu bei, ökonomische Strukturwandlungen schneller und humaner zu bewältigen.

2. *Gesellschaftspolitik.* Ursprung und Bestand des „dualen Systems" wurzeln weitgehend in dem Streben der *Mittelstandspolitik* nach einem Interessenausgleich zwischen Klein- und Mittelbetrieben einerseits und der WE. andererseits. Die berufl. Schulen fördern bes. die soziale *Grundschicht* und benachbarte Gruppen. Nach REDDIES befanden sich 1962/63 in der BRD nur 4,6 % der Mitglieder von Arbeiterhaushalten am Gymnasien, aber 27,3 % an berufl. Schulen. Daß diese über den *Zweiten Bildungsweg* auch zu mittleren Bildungsabschlüssen und zur Hochschulreife führen können, macht sie zu noch wirksameren Instrumenten der staatl. Gesellschaftpolitik.

3. *Bildungspolitik.* Die Berufsbildung kann Begabungen fördern, die in allgem. Schulen zu kurz kommen. WE. greift jedoch über das Professionelle hinaus. Indem sie das Wesen des Ökonomischen erhellt, hilft sie, sich gegenüber dem Systemzwang der Industriegesellschaft menschlich zu behaupten und die soziale Marktwirtschaft als einen Beitrag zur Freiheit zu verstehen.

VII. Die Wirtschaftserziehung als Mittel der Wirtschafts- und Gesellschaftspolitik der Wirtschaft

1. *Wirtschaftspolitik.* W.politik ist die Summe aller vom Staate oder von den öff.-rechtl. Körperschaften vorgenommenen Maßnahmen, die W. entweder als Ganzes oder in einzelnen Teilen nach vorgegebenen Absichten auszurichten. Sie wird daher fördernde oder hemmende Maßnahmen ergreifen, um ihre Ideen zu verwirklichen. Soll die W.politik effektiv werden, so muß sie versuchen, die Zellen der W. – die Betriebe – zu beeinflussen. Der Betrieb wird in dieser Sicht als geschlossenes Sozialgebilde gesehen. Alle Maßnahmen müssen an die grundlegenden Funktionen des Betriebes anknüpfen. Diese Funktionen können a. technischer, b. wirtschaftlicher und c. erzieherischer Art sein.

a. Am geringsten wird der wirtschaftspolit. Einfluß auf die *technischen* Belange, am stärksten auf den *wirtschaftlichen* Bereich des Betriebes sein können, woraus sich dann die erzieher. Rückwirkungen ableiten lassen. Es kann sich z. B. nicht allein um Rationalisierungsmaßnahmen, welche die Produktionsfähigkeit steigern, handeln, sondern auch die Produktionswilligkeit muß gefördert werden. Die Gefolgschaft eines Betriebes muß alle technisch-ökonom. Maßnahmen nicht nur verarbeitend anwenden, sondern auch innerlich bejahen. Nur dann kann die Betriebsgemeinschaft zur Leistungsgemeinschaft umgeformt und auf das Ziel des Betriebes (Betriebsdemokratie) einheitlich ausgerichtet werden.

b. Die einzelwirtschaftl. Auswirkungen der wirtschaftspolit. Maßnahmen, insbes. auf die Produktionstechnik, die Steigerung der Produktivität, die Erzielung eines Ertrages und seiner möglichen Verteilung, leiten bereits zu den volkswirtschaftl. Problemen über. Die einzelnen Volkswirtschaften sind historisch gewachsene W.gebilde, die sich heute infolge der immer dringender werdenden internat. ↗Arbeitsteilung in einem Umgruppierungs- und Anpassungsprozeß befinden. Dies zeigt sich deutlich, da in allen Kontinenten der Welt W.blöcke entstehen (EWG, EFTA, Lateinamerika, Afrika). Nur große Wirtschaftsräume haben Aussicht, in diesem internat. Arbeitsteilungsprozeß zu bestehen. Die erhebl. Schwierigkeiten, die das Werden von wirtschaftl. Großräumen begleiten, sind zwar deutlich, können aber nur durch fortgesetzte wirtschaftspolit. Aufklärungs- und Erziehungsarbeit überwunden werden. Die W.politik der einzelnen Länder muß daher in hohem Maße auf die internat. Zusammenarbeit ausgerichtet werden.

c. Die Betrachtung wirtschaftspolitischen Verhaltens der einzelnen Volkswirtschaften mündet schließlich in der weltwirtschaftl. Integration. Die Attribute „reiche" oder „arme" Länder sind überholt und müssen durch die Gegenüberstellung von entwickelten und nichtentwickelten Ländern ersetzt werden. Schon der Gebrauch dieser Ausdrücke zeigt aber, daß ohne erhebl. Erziehungsarbeit nicht allein die bestehenden wirtschaftl. Unterschiede, sondern in erhöhtem Maße auch die psychol. Diskriminierung behoben werden muß. Hier liegt nunmehr im besonderen Ausmaß die internat. Bedeutung der WE. Wenn Unterschiede der Rasse, Bildung, Ausstattung mit industriellen Erfahrungen, des Kapitals, der Sprache, der Religion und Sitte zu berücksichtigen sind, so kann Erziehung offenbar am leichtesten dadurch geschehen, daß man an die wirtschaftl. Interessen der Beteiligten anknüpft, um sie zu W.bürgern zu erziehen.

Ethische, rel. oder sonstige Grundlagen sind zu verschieden, um eine Verständigung aussichtsreich herbeizuführen. Die Weltwirtschaft muß zur W.gemeinschaft ausgebaut und in ihr muß auf die Tatsache hingewiesen werden, daß man zwar aus der Familie oder Staatsgemeinschaft ausscheiden kann, nicht hingegen aus der W.gemeinschaft. Ein Zurückziehen aus dieser würde sogar die phys. Existenz gefährden. Jeder Mensch ist zur W. gezwungen, und wenn diese vom Grundsatz der sozialen Leistungsgerechtigkeit beherrscht wäre, würde sicher die WE., die diese Norm zu verbreiten hat, ihrer hohen Aufgabe auch im Rahmen der Welt-W. gerecht werden.

2. *Gesellschaftspolitik.* Die Gesellschaft ist in Klassen, Kasten und zahlreich akzentuierte Gruppen aufgegliedert. Die Gesellschaftspolitik versucht seit altersher die gesellschaftl. Kluft zwischen den einzelnen Gruppen zu überwinden. Vor allem ordnungspolitische Momente geben daher der Gesellschaftspolitik ihre Impulse. Die WE. kann auf diesem Gebiet Mittel zum Zweck werden. Sie versucht z. B. durch ihr Programm der Vermögensbildung in Arbeitnehmerhand aus jedem „Proleten" einen „Kapitalisten" zu machen, d. h., der einzelne soll angehalten werden, sein Einkommen nur zum Teil als Konsumquote, zum Teil jedoch als Spar- (besser Investitions-)quote aufzufassen und so über den Umweg des Sparens zum Investor der W. zu werden. Die Gesellschaftspolitik versucht aber auch innerhalb der Betriebe ordnungspolitisch Fuß zu fassen. Das ehemalige Verhältnis von Arbeitgeber und Arbeitnehmer, das seinen Niederschlag in dem Slogan „Herr im Haus" gefunden hatte, soll umgestaltet werden. Nicht Sozialisierung, sondern Demokratisierung der W. ist das Ziel der Gesellschaftspolitik der W.

Wie die W. zunächst innerhalb der Betriebe bildungspolitische Maßnahmen (z. B. Werkschulen) ergreift, so geschieht dies auch außerhalb derselben auf überbetriebl. Ebene.

Sowohl die Arbeitgeber (Innungen, ↗Fachverbände, ↗Kammern) als auch die Arbeitnehmer (↗Gewerkschaften) unterhalten Bildungseinrichtungen (eigene Inst.e oder Subventionierung von wiss. Gesellschaften), deren Besuch freiwillig oder zwangsweise, mit und ohne Berechtigung erfolgen kann. Das Ziel ist weniger die Grundausbildung, als vielmehr die Anlernung und Umschulung für einen neuen Arbeitsplatz und die Weiter- und Fortbildung.

Zu dieser Selbsthilfe wird die W. häufig dadurch gezwungen, weil sich der staatl. Bildungsapparat nicht rasch genug an ihre wandelnden Bedürfnisse anpassen kann. So entfaltet die W. neben, oft aber auch in Ergänzung, ja selbst im Gegensatz zum Staate auf überbetriebl. Ebene eine eigenständige Bildungspolitik.

VIII. Internationale Wirtschaftserziehung

1. Unter WE. soll nachfolgend die wirtschaftsberufl. Erziehung verstanden werden, die darauf abzielt, den ganzen Menschen für eine konkrete Berufssituation bzw. für eine berufl. Lebenssituation zu formen. Die WE. in diesem Sinne ist notwendig nicht nur auf eine bestimmte konkrete Berufssituation ausgerichtet, sondern ebenso in einem gegebenen Lebens- und Kulturraum möglich. Eine internat. WE. wiederum kann gemeinsame Zielsetzungen über mehrere nat. Wirtschaften bzw. Kulturen anstreben, wie etwa die Europäische Wirtschaftsgemeinschaft, oder sich darauf beschränken, Vergleiche der nat. berufl. Bildungssysteme herbeizuführen, einen entsprechenden Austausch der Erfahrungen zu organisieren, um zu gegenseitigen Anregungen zu kommen. Ferner können im Rahmen der Bildungshilfe für die ↗Entwicklungsländer Elemente der WE. unter Anpassung an die Bedingungen dieser Länder übertragen werden.

2. Die *intensivste Form* der internat. WE. ist die gegenseitige Anerkennung einheitlicher Ziele, die verbindlich zwischen den Ländern festgelegt werden. Der Verwirklichung stehen erhebliche Hindernisse im Wege. Die WE. im definierten Sinn ist notwendig ein Glied im Erziehungs- und Schulsystem eines Landes und ebenso abhängig von der Organisation der nat. W., die wieder auf einer besonderen unterschiedl. geschichtl. Entwicklung beruht. Ohne eine Umgestaltung des Erziehungs- und W.systems im Sinne einer Vereinheitlichung ist auch eine auf gleiche Ziele ausgerichtete WE. von Land zu Land unmöglich. Zur Zeit wird nur durch die EWG eine einheitl., gemeinsame WE. angestrebt. Die EWG strebt einen gemeinsamen Markt und

schließlich eine weitgehende W.integration an. Im Rahmen dieser Zielsetzung sollen durch entsprechende Arbeitsmarkt- und Berufsausbildungspolitik auch die Voraussetzungen für die Freizügigkeit der Arbeitskräfte innerhalb der Gemeinschaft geschaffen werden.
3. Die *Berufsbildungspolitik* der EWG ist also der W.politik untergeordnet. Der entscheidende Artikel 128 des EWG-Vertrages bildet die Rechtsgrundlage für eine gemeinsame Politik der Berufserziehung, ohne aber Angaben über den Inhalt zu machen. Dies bleibt dem Ministerrat überlassen, der auf Vorschlag der Kommission und nach Anhörung des Wirtschafts- und Sozialausschusses der EWG am 2. 4. 1963 „Allgemeine Grundsätze für die Durchführung einer gemeinsamen Politik der Berufsausbildung" erlassen hat. Wesentlicher Inhalt dieser Grundsätze ist: freie Wahl des Berufes und der Bildungsstätte, Sicherung angemessener Ausbildung für jeden Jgdl.n; Berufserziehung muß den ganzen Menschen zum Ziele haben unter Berücksichtigung der wirtschaftl., techn. und gesellschaftl. Erfordernisse; ständige Weiterbildung im Beruf, gegebenenfalls Umschulung.
Unter Berücksichtigung dieser gemeinsamen Zielsetzung werden in den Grundsätzen eine Reihe von Forderungen erhoben: Planung und Ausbau der Berufsausbildung nach einem ermittelten Arbeitskräftebedarf, entsprechender Ausbau der Berufsberatung, Sicherung angemessener Vorbildung der Ausbildungskräfte in Schule und Betrieb, Festlegung einheitlicher beruflicher Bildungsziele, Prüfungsanforderungen und Prüfungen, schrittweise Angleichung an dieses festgelegte Niveau.
4. Die *Verwirklichung* dieser Grundsätze ist Aufgabe jedes einzelnen Mitgliedstaates. Die Gemeinsamkeit der Berufsbildungspolitik liegt in der Anerkennung der gemeinsamen Ziele, wie sie in den allg. Grundsätzen festgelegt sind. Es besteht also insofern eine Trennung, als die Durchführung Sache der Mitgliedstaaten ist, die Festlegung der Ziele und die damit verbundenen Hilfeleistungen, wie Erfahrungsaustausch, Studien- und Forschungsarbeiten, vergleichende Untersuchungen, Empfehlungen von Übergangsmaßnahmen u. a., Koordinierungsaufgabe der Gemeinschaft ist.
Die schrittweise Verwirklichung dieser Grundsätze fällt in eine Zeit, in der in allen Ländern der EWG eine geradezu hekt. Dynamik mit grundlegenden Veränderungen im gesamten Erziehungssystem festzustellen ist. Auch die Berufsbildung ist mit einbezogen, so daß diese Entwicklung die Bemühungen im Sinne der allg. Grundsätze hemmt bzw. erschwert.

☐ Wirtschaftsberufliches Bildungswesen. Wirtschaft und Gesellschaft. Wirtschaftsethik. Wirtschaftslehre

Lit. zu I.: F. Schlieper, Allg. Berufspäd. (1963); Jb.er für Wirtschafts- u. Sozialpäd. (1964 ff.); K. Abraham, WP. (²1966, ausf. Bibliogr.); H. Röhrs (Hrsg.), Die WP., eine erziehungswiss. Disziplin? (1967); R. Berke u. a. (Hrsg.), Aspekte beruflicher Bildung (1970); A. Dörschel, Einf. in die WP. (³1971).
Zur Kritik: J. Zabeck - W. Fischer, Berufs- u. WP., in: Hdb. päd. Grundbegriffe, hrsg. v. J. Speck u. G. Wehle, Bd. 1 (1970).
Zu II.: G. Kerschensteiner, Die staatsbürgerl. Erziehung der dt. Jugend (1901); Hdb. für das kaufmänn. Unterrichtswesen in Dtl., hrsg. v. A. Ziegler (1916); E. Spranger, Grundlegende Bildung, Berufsbildung, Allgemeinbildung, in: Preuß. Fortbildungsschulzeitung (1918); Hdb. für das Berufs- u. Fachschulwesen, hrsg. v. A. Kühne (1923, ²1929); F. Feld, Grundfragen der Berufsschul- u. WP. (1928); W. Löbner, W. u. Erziehung (1935); S. Thyssen, Die Berufsschule in Idee u. Gestaltung (1954); H. Blankertz, Berufsbildung u. Utilitarismus (1963); H. Deeg, WP. um das J. 1900, in: Dt. Berufs- u. Fachschule (1963); M. Schecker, Die Entwicklung der Mädchenberufsschule (1963); Hdb. des landwirtschaftl. Bildungswesens, hrsg. v. W. Hudde u. M. Schmiel (1965); G. Grüner, Die Entwicklung der höheren techn. Fachschule im dt. Sprachgebiet (1967); U. Müllges, Bildung u. Berufsbildung (1967); U. Pleiß, Wirtschaftslehrerbildung u. WP. (1971).
Zu III.: H. Blankertz, Berufsschulliteratur, in: Hdb. für das Berufsschulwesen, hrsg. v. F. Blättner, L. Kiehn u. a. (1960); Hdb. für das kaufmänn. Schulwesen, hrsg. v. W. Löbner, A. Pfeiffer u. a. (1963); F. Schlieper, Allg. Berufspäd. (1963); –, Allg. Unterrichtslehre für Wirtschaftsschulen (³1964); F. Blättner - J. Münch, Päd. der Berufsschule (1965); K. Abraham, WP. (²1966); H. Röhrs (Hrsg.), Die Bildungsfrage in der modernen Arbeitswelt (1963); –, Die Berufsschule in der industriellen Gesellschaft (1968); J. Zabeck, Zur Grundlegung u. Konzeption einer Didaktik der kaufmänn. Berufserziehung, in: Jb. für Wirtschafts- u. Sozialpäd. (1968); O. Monsheimer, Drei Generationen Berufsschularbeit (²1970); G. Stütz, Berufspäd. unter ideologiekrit. Aspekt (1970); A. Dörschel, Einf. in die WP. (³1971, ausf. Bibliogr.).
Zu IV.: A. Dörschel, Betriebspäd. Bemerkungen zur Arbeitsgruppe, in: Arbeit u. Leistung (1964); F. Schlieper, Die Gruppe als Erziehungsfaktor, in: Berufserziehung im Handwerk (1964); J. Bergmann - W. Zapf, Kommunikation im Industriebetrieb (1965); Th. Scharmann (Hrsg.), Der Mensch als soziales und personales Wesen, Bd. 2: Schule u. Beruf als Sozialisationsfaktoren (1966); W. Lempert, Berufserziehung als Sozialisation: Hypothesen über die Aneignung u. Distanzierung von berufl. Rollen, in: Vjschr. für wiss. Päd. (1968); –, Beruf, Sprache, Sozialisation, in: Die Dt. Berufs- u. Fachschule (1968).
Zu V.: E. Spranger, Umbildungen im Berufsleben u. in der Berufserziehung (1950, Wiederabdruck in: H. Röhrs, Die Bildungsfrage in der modernen Arbeitswelt, 1963); Th. Scharmann, Arbeit u. Beruf (1956); Th. Litt, Techn. Denken u. menschl. Bildung (1957, ⁴1969); E. Krause, Grundlagen einer Industriepäd. (1961); W. Linke, Technik u. Bildung (1961); H. G. Schachtschabel, Automation in Wirtschaft u. Gesellschaft (1961); W. Jacobs, Techn. Bildung – eine Aufgabe für die Schule der Zukunft, in: Die Dt. Schule, H. 3 (1966); Ch. Bartels, Berufung zum Job (1967); R. Berke, Ausbildung für datenverarbeitende Berufe (1967); – (Hrsg.), Aspekte beruflicher Bildung (1970); – u. H.-D. Hertel, Datenverarbeitung als päd. Problem in Betrieb u. Schule, in: aula, H. 4 (1970); K. Tuchel, Herausforderung der Technik (1967); VDI (Hrsg.), Technik

377

u. Gesellschaft (1968); Arbeitsstelle für betriebl. Berufsausbildung (Hrsg.), Datenverarbeitungskaufmann (1969); E. Hammer, Die Ingenieurtechnik als komplementäres Bildungselement im Bereich der angewandten Wirtschaftswiss.en, in: Theorie u. Praxis, H. 1 (1969).
Zu VI.: H. Reddies, Die Nutzung der Ausbildungsmöglichkeiten nach der sozialen Stellung, in: Wirtschaft u. Statistik, H. 4 (1964); H. P. Widmaier, Bildung u. Wirtschaftswachstum (1966).
Zu VIII.: A. Hardenacke, Möglichkeiten u. Schwierigkeiten einer gemeinsamen Politik der Berufserziehung in der EWG, in: „Berufserziehung zwischen Tradition und Fortschritt", Festgabe f. F. Schlieper zu seinem 70. Geburtstag (1967). Amtsbl. der EWG, Nr. 63 (1963).
Zschr.: W. u. Berufserziehung (seit 1949).

I. *K. Abraham,* II. *U. Pleiß,* III. *L. Kiehn,*
IV. *J. Baumgardt,* V. *R. Berke,* VI. *W. Müller,*
VII. *H. Krasensky,* VIII. *A. Kieslinger*

Wirtschaft und Gesellschaft

I. Zusammenhang von Wirtschaft und Gesellschaft

Die W. ist ein integrierender Bestandteil der G.; ihre Bedeutung ist im Zuge der gesellschaftl. Entwicklung ständig gewachsen. Zwischen der W. und anderen Bereichen der G. besteht eine interdependente soziale Verschränkung, da „die Gesellschaft in all ihren Erscheinungsformen immer ein Ganzes bildet, in dem alles einander zugeordnet ist und sich wechselseitig bedingt" (W. RÖPKE). Das widerspricht der Annahme einer einseitigen Kausalität, der zufolge die gesellschaftl. Entwicklung ausschließ. von ökonom. Faktoren bestimmt sei, wie sie von Karl MARX und seinen Anhängern, aber auch in einigen anderen soziol. Entwicklungslehren vertreten wird. In der älteren Soziol. hat insbes. Max WEBER in seinem Hauptwerk „Wirtschaft und Gesellschaft" die wechselseitige Verflochtenheit und Bedingtheit von W. und G. nachgewiesen und in seinem berühmt gewordenen Aufsatz „Die protestantische Ethik und der Geist des Kapitalismus" auf die Bedeutung religiöser Bindungen für das wirtschaftl. Verhalten aufmerksam gemacht. In der modernen Soziol. wird die W. vielfach als soziales Subsystem klassifiziert und ihr Beziehungszusammenhang mit anderen Subsystemen der G. untersucht, wobei nicht selten konstatiert wird, daß – trotz aller rationalen Differenzierungen der heutigen G. – letztlich von einer Dichotomisierung *Wirtschaft und Gesellschaft* kaum ausgegangen werden kann.
Der komplexen Verflochtenheit von W. und G. kann in verschiedener Weise nachgegangen werden. So wäre beispielsweise eine entsprechende Analyse der Dogmengeschichte der Nationalökonomie höchst aufschlußreich. Aus der Fülle wechselseitiger Beziehungen der Familie, der Freizeitwelt, der sozialen Schichtung, des Bildungssystems, der Kultur, der Religion, des Rechts, der Politik usw. mit der W. sind hier exemplarisch nur einige Phänomene herausgegriffen.

II. Familienform und Wirtschaftsstil

Eine strukturelle Zuordnung scheint zwischen Familie und W. zu bestehen. M. F. NIMKOFF und R. MIDDLETON haben in der Analyse eines großen interkulturellen Vergleichs deutliche Zusammenhänge zwischen Familienform und Wirtschaftsstil festgestellt. Familie und Verwandtschaft sind offensichtlich auch keineswegs nur abhängige Variable des W.sgeschehens, wie dies etwa von W. F. OGBURN hypostasiert wird; denn nicht nur für die vorindustrielle Zeit, sondern auch in der Gegenwart sind Anpassungen der W. an die Familie nachweisbar: z. B. Teilzeitbeschäftigung verheirateter Frauen, Arbeitseinsatz Jgdl., Gestaltung des Güterangebots, Urlaubsregelung usw. – Andererseits ist unverkennbar, daß die Wandlungen des Typs der Familie und ihrer Stellung in der G. weitgehend durch die ökonomische Entwicklung bestimmt waren. Die „Desintegration der Familie" (R. KÖNIG), ihre Ausgliederung aus gesamtgesellschaftl. Bezügen und ihr Rückzug in die Sphäre der Privatheit sowie ihre Reduktion zur Kernfamilie waren unmittelbare oder mittelbare (Urbanisierung, Mobilität) Folgen des Industrialisierungsprozesses. Insbes. der durch ihn bewirkte Abbau der ökonom. Funktionen der Familie, vor allem als Produktions- und Arbeitsgemeinschaft, die sie in der vorindustriellen G. bei einer vorherrschend bäuerlich-handwerkl. Produktionsweise ausübte, trug entscheidend dazu bei. Hervorzuheben ist in diesem Zusammenhang die Relevanz der wirtschaftl. Veränderungen für die generative Struktur (Erhöhung der Heiratshäufigkeit, Reduzierung des Heiratsalters, Geburtenregelung).

III. Bildungswesen und Wirtschaft

Das Bildungswesen ist zwar nicht nur eine Funktion von W. und G.; gerade die Erfordernisse der W. haben es aber stets mit beeinflußt. So hat die ↗ Schule in unserem Kulturbereich neben einer „sakralen" und einer „humanistischen" auch eine „profane" Wurzel, „die in den realistischen Bedürfnissen der antiken Wirtschafts- und Staatsgesellschaft... gründet" (E. LICHTENSTEIN). Bes. deutlich wird der Einfluß ökonomischer Wandlungen auf die Gestaltung des Bildungswesens mit dem Einsetzen des Industrialisierungsprozesses. Die Institutionalisierung der – überdies in einem erhebl. Umfang für alle obligatorischen – Allgemeinbildung, die Entfaltung und Spezialisierung der Berufsausbildung im schul. Sektor und in der Arbeitswelt selbst, nicht zuletzt auch die „allgemeine Rationalisierung des Erziehungshandelns" (J. KOB) waren weithin eine Folge der durch die Industrialisierung bewirkten Notwendigkeit der Schaffung eines allg. „Fertigkeitsniveaus ganzer Bevölkerungen" (R. DAHRENDORF) und Erhöhung von Anforderungen an die Rationalität, an spezif. Kenntnisse und Fähigkeiten in der sich immer stärker differenzierenden Berufswelt. Die Tendenz zur Pädagogisierung der modernen G. ist somit zu einem erhebl. Teil durch wirtschaftl. Faktoren verursacht.

Der ökonom. Bedeutungsanstieg des Bildungswesens drückt sich u. a. darin aus, daß es neuerdings üblich wird, das Bildungswesen als „vierten Produktionsfaktor" neben Boden, Kapital und Arbeit zu bezeichnen, um hervorzuheben, daß Bildung zunehmend wesentliche Voraussetzung auch des ökonom. Fortschritts ist. Darin artikuliert sich zugleich ein durchaus wechselseitiger Beziehungszusammenhang zwischen W. und Bildungswesen. Dies gilt nicht nur im Hinblick auf die Gefahr einer Beeinträchtigung der künft. ökonom. Entwicklung durch Mängel des Bildungswesens, das Bestehen eines „cultural lag" zwischen Wirtschaftsgesellschaft und traditioneller Bildungswelt (seinerseits wiederum auf gewisse Auswirkungen des neohumanist. Bildungsideals zurückzuführen); sondern genauso bedeutsam ist die Abhängigkeit der Humanisierung der W. als Kultursachbereich von einer adäquaten Bildung und Erziehung.

IV. Wirtschaft und Gesellschaftsganzes

1. Eine der wichtigsten Objektivierungen der Verflochtenheit von W. und G. ist die *Wirtschaftsordnung* (z. B. soziale Marktwirtschaft oder zentrale Planwirtschaft), worunter allerdings nicht nur die „Gesamtheit der realisierten Formen, in denen in concreto jeweils der alltägliche Wirtschaftsprozeß abläuft" (W. EUCKEN), verstanden werden sollte, sondern auch die Art und Weise der Zuordnung der W. zum G.sganzen. Schon die beiden konstitutiven organisator. Grundformen einer W.sordnung „Verkehrswirtschaft" und „Zentralverwaltungswirtschaft" bedeuten nicht nur ökonomisch, sondern auch soziol. etwas ganz Verschiedenes; das hat je nach der Dominanz der einen oder der anderen Grundform weitreichende Auswirkungen auf die gesamte G., wie ein Vergleich zwischen der BRD und der DDR verdeutlicht. Auf der anderen Seite besteht eine unübersehbare Konvergenz zwischen der herrschenden gesellschaftspolit. Konzeption und der Bevorzugung dieser oder jener Ordnungsgrundform der W.

2. Die *Gestaltung* der W.sordnung geht über diese zwar auch gesellschaftlich relevante, aber gleichsam doch noch im Instrumentalen verbleibende Entscheidung weit hinaus, vor allem im Hinblick auf die konkrete Relation von W. und G. Das erweist z. B. eine Gegenüberstellung der liberalistisch-kapitalist. Marktwirtschaftsordnung des 19. Jh., in der – aufgrund des letztlich dem Deismus verhafteten Glaubens des „Paläoliberalismus" an eine „harmonia praestabilita" in der W. – das Prinzip des „laissez-faire" zum obersten Regulativ der gesamten W.sordnung gemacht wurde, mit der Ordnungskonzeption der Sozialen Marktwirtschaft. In dieser wird die Marktwirtschaft lediglich als „formalwirtschaftliches Verfahren" (A. MÜLLER-ARMACK) angesehen, das nur unter bestimmten politisch zu realisierenden Voraussetzungen zu funktionieren und eine tendenzielle Koinzidenz zwischen hoher ökonom. Effizienz und einem großen Maß an Freiheit der wirtschaftenden Individuen zu bewirken vermag, wobei eine Steuerung der W. auf Erreichung übergeordneter gesellschaftspolit. Ziele im Sinne sozialer Gerechtigkeit (mit dem Ziel des „Wohlstandes" für alle) mit Hilfe marktkonformer staatl. Maßnahmen möglich und notwendig erscheint. In einer von solchen ordnungspolit. Vorstellungen geprägten W.sordnung wird der in ihrem inneren Zusammenhang im Prinzip durch freien Leistungswettbewerb (Konkurrenz) regulierten W. eine dienende Rolle gegenüber der G. zugewiesen, indem sie beizutragen hat zu einer „befriedigenden; an ethisch-kulturellen Maßstäben gemessen positiv zu bewertenden Gestaltung des sozialen Lebens" (O. v. NELL-BREUNING).

☐ Gesellschaft. Gesellschaft und Erziehung. Bildungsökonomie. Schule

Lit.: W. F. Ogburn, Social Change (New York 1922); W. Röpke, Die G.skrisis der Gegenwart (1942, ⁵1948); R. König, Zwei Grundbegriffe der Familiensoziol.: Desintegration u. Desorganisation der Familie, in: Materialien zur Soziol. der Familie (1946); A. Müller-Armack, W.slenkung u. Markt-W. (²1948); R. Dahrendorf, Industrielle Fertigkeiten u. soziale Schichtung, in: Kölner Zschr. für Soziol. u. Sozialpsychol., Bd. VIII/4 (1956); T. Parsons - N. J. Smelser, Economy and Society (Glencoe, Ill. 1956); E. Lichtenstein, Die Schule im Wandel der G. (1957); O. v. Nell-Breuning, Neoliberalismus u. kath. Sozialehre, in: W. u. G. heute, Bd. 3 (1960); M. F. Nimkoff - R. Middleton, Types of Family and Types of Economy, in: American Journal of Sociology, Vol. LXVI (1960/61); J. Kob, Erziehung in Elternhaus u. Schule (1963); N. J. Smelser, The Sociology of Economic Life (Englewood Cliffs 1963, dt. Übers. v. P. Munsche, Soziol. der W., 1968); F. Edding, Ökonomie des Bildungswesens (1963); M. Weber, Die protest. Ethik u. der Geist des Kapitalismus, in: Ges. Aufsätze zur Religionssoziol., Bd. 1 (⁵1963); –, W. u. G., Studienausgabe (1964); G. Eisermann, W. u. G. (1964); W. Eucken, Grundlagen der Nationalökonomie (⁶1965).

L. Lowinski

Wißbegierde ↗Neugier

Wissenschaft
1. *Begriff.* Wo Erkenntnis *methodisch* vorangetrieben und *kritisch* auf Bedingungen und Beschränkungen der gewählten Ansätze zurückbezogen wird, kann man von W. sprechen (↗Methode, ↗Kritik).

Die *griechischen Philosophen* haben zuerst die Erkenntniskriterien „Methode", „Reflexion", „Grund", „Wesen" und „Beweis" in einem zusammenhängenden Denkzug entdeckt. Frühere und andere Kulturen (Ägypten, China usw.) haben nur eines oder einige dieser Momente gekannt. – Der mittelalterlich-christliche Ansatz einer absoluten Gottestranszendenz verschärfte das Endlichkeitsbewußtsein und beschränkte das kognitive Interesse auf die ↗Erfahrung, diese zugleich gesetzmäßig verstehend, da sie auf einen (in Abbildlichkeit zu Gott) gesetzmäßigen Kosmos angelegt war. Diese Konzeption erfuhr zu Beginn der *Neuzeit* eine entscheidende Wendung mit der Preisgabe des Unterschieds zwischen mundus intelligibilis und sensibilis, womit auch der einfachste irdische Vorgang in derselben Präzision gedacht wurde wie bisher nur die astronom. („geistigen") Phänomene, und führte zur Geburt der „exakten" Wissenschaften (KOPERNIKUS, KEPLER, GALILEI, DESCARTES). Eine weitere Revolution vollzog sich im *19. Jahrhundert* mit der Entdeckung der ↗Geisteswissenschaften und der Geschichte (↗Geschichtlichkeit).
Eine letzte Revolution modifiziert *gegenwärtig* die auf Gegenstandserfassung eingestellten W.en in Richtung auf Selbsterhellungsaufgaben des Menschen. Die von der natürl. Evolution zunächst nur angelegten Möglichkeiten des Menschseins sollen durch Selbstregulierung der sozialen und naturalen Existenzbedingungen zur vollen Entfaltung von Menschheit und Menschlichkeit gebracht werden. W. ist Fortsetzung der Natur mit den geistigen Mitteln.

2. *Dialektik der Wissenschaft.* Was W. ist, kann seine Bestimmung nur in dialekt. Ausschaltung geläufiger Mißverständnisse finden. – (1) So glaubt der ↗*Empirismus* an eine Letztbegründung der Erkenntnis in (sinnl.) Erfahrung und bedenkt nicht die Abhängigkeit aller Erfahrung von den transzendentalen Vorbedingungen und horizontalen (hypothet.) Vorentwürfen. Die dialekt. Gegenposition hierzu sind die Transzendentalphilos. und der Krit. ↗Rationalismus. – (2) Der ↗*Positivismus* läßt zwar eine bestimmte Erkenntnis ohne Begründung in Erfahrung zu (Logik, Mathematik), gibt aber durch den Ausschluß aller metaphys. oder philos. (und theolog.) Explikate die wiss. Analyse des geist., geschichtl. und sozialen Seins auf, da darin immer („präskriptive") Wertungen liegen, die der positiven („deskriptiven") W. unzugänglich zu sein scheinen. Damit begibt er sich aber der Möglichkeit zu krit. (wiss.) Prüfung seiner eigenen geschichtl., gesellschaftl. und ontolog. Grundlagen. Die dialekt. Gegenposition hierzu sind die ↗Kritische Theorie und die ↗Hermeneutik. – (3) Der *Objektivismus* legt die W. auf ein Gegenstandsverständnis fest, das an einem starren Gegenüber von Subjekt und Objekt festhält. Alle Geschichte kann darin nur Fortschrittsgeschehen im erkennenden Aufnehmen von Welt und im technischen Verfügen über Natur (einschließl. des Menschen) sein. Dabei wird nicht bedacht, daß die Subjekt-Objekt-Relation selbst schon eine geschichtl. Auslegung ist, die weder andere Epochen noch sich selbst als geprägte Struktur sehen kann. Die dialekt. Gegenposition hierzu ist demnach ein Strukturdenken zu suchen, das die Sinnverklammerung der Strukturen geschichtl. Menschseins erhellt und damit die Frage nach „Sinn" und „Ziel" geschichtlicher Prozesse wiss. stellbar macht (↗Struktur).

3. *Wissenschaft und Bildung.* W. als Grundprägung einer geschichtl. Welt verstanden, wird zum Grund und Inhalt der ↗Bildung überhaupt, denn Bildung ist epochal bedingte Menschenformung. Damit hat „wissenschaftliche Bildung" nicht nur auf „höherer Ebene" statt. Die elementaren Stufen der Bildung bauen die Grundeinstellung des wiss. Denkens überhaupt erst auf, die sich durchaus nicht automatisch aus den sog. Grundkenntnissen ergibt. Die wiss. Grundhaltung ist vielmehr wandelbar, geschichtlich und offen. Jeder entscheidende wiss. Fortschritt ist zugleich eine „Revolution" der wiss. Denkgestalt. Die herrschende Denkgestalt zu erarbeiten ist eine erste Aufgabe, die Erfassung der Art der Übermittlung eine zweite, die Öffnung auf Mitverwandlung im Gang der transzendentalen Bewußtseinsänderungen eine dritte. Es wird zu besorgen sein, daß diese Aufgaben nicht unter den Trends einer auf überholten Formen wiss. Denkens beruhenden Curriculumforschung verlorengeht.

☐ Erfahrung. Methode. Wissenschaftstheorie

Lit.: B. Snell, Die Entdeckung des Geistes. Studien zur Entstehung des europ. Denkens bei den Griechen (1946); M. Heidegger, Die Zeit des Weltbildes, in: Holzwege (1950, ⁴1963); E. Husserl, Die Krisis der europ. W.en und die transzendentale Phänomenologie (1954); F. Wagner, Die W. u. die gefährdete Welt. Eine W.ssoziol. der Atomphysik (1964, ²1969); H. Rombach, Substanz, System, Struktur, 2 Bde. (1965–66).

H. Rombach

Wissenschaftliche Akademien ↗Akademien

Wissenschaftlicher Rat
Der WR. – bereits 1919 in Hamburg als Amtsbezeichnung für Kustoden bekannt – wurde in den Hochschulreformtagungen Hinterzarten (1952, 1953) und Bad Honnef (1955) von KMK, Rektorenkonferenz und Hochschulverband vorgeschlagen, um für in Forschung und Lehre bewährte Priv.-Dozenten besondere lebenszeitliche Beamtenstellen zu schaffen. Die vom ↗Wissenschaftsrat in sei-

nen Empfehlungen von 1960 aufgegriffene Amtsbezeichnung wurde von den Ländern für verschiedenartige Stellen mit unterschiedl. Eingangsvoraussetzungen und verschiedener Besoldung verwendet. Der WR. wurde in ergänzenden Empfehlungen (1963 und 1964) dem „Mittelbau" zugerechnet. Man versuchte, ihn durch Verbindung mit dem Titel „Professor" (Gleichsetzung oder Ersetzung des a.o. Professors) aufzuwerten bzw. ihn zur Vertretung spezieller und neu entwickelter Fachgebiete oder als Entlastung oder Ersatz für Ordinarien vorzusehen. Die Kritik der Hochschulen (WRK 1964) richtete sich gegen die sich daraus ergebenden zwei Gruppen von Professoren (WR.: „ernannt", Lehrstuhlinhaber: „berufen").
Durch Neuordnung des Lehrkörpers und Reform der Personalstruktur in Hochschul-, Hochschullehrer- und Beamtengesetzen der Länder und im Hochschulrahmengesetz des Bundes (Regierungsentwurf und CDU-Entwurf) wird die alte Position des WR.es in der Gruppe der Professoren (auf Lebenszeit) aufgehen. *W. Kalischer*

Wissenschaftliches Arbeiten in der gymnasialen Oberstufe

1. Eine für alle Lernvorgänge als notwendig erkannte, sinnvoll zu stufende *Wissenschaftsorientierung* setzt die Entwicklung neuer Curricula voraus. Ziel aller geplanten Innovationen ist eine bessere und sinnvollere Vorbereitung auf Studium und Beruf. Grundlegend für eine stärkere Berücksichtigung der Ansprüche der wiss. Hochschule und eine Verbesserung des wiss. Arbeitens ist eine neue Verzahnung von gymnasialer Oberstufe und wiss. Hochschule.
2. Aufgabe von Schule und Hochschule ist es, auf der Basis einer übergreifenden Wiss.sdidaktik neue *studienbezogene Curricula* und ein differenziertes Kurssystem zu entwickeln, das in einem Pflichtlernbereich das Verständnis von Wiss. fördert und in frei gewählten studienspezif. Schwerpunktbereichen ein vertieftes Verständnis für die Denk-, Struktur- und Prozeßprobleme bestimmter Wiss.sbereiche und damit eine persönl. Profilierung für bestimmte Studien ermöglicht.
3. Die für wiss. Studien erforderl. allg. Fähigkeiten und Einstellungen (wie Selbständigkeit, Konzentrationsfähigkeit, Kommunikations- und Kooperationsvermögen) werden insbes. durch *hochschulgemäße Unterrichts- und Arbeitsformen* entwickelt und gefördert (vgl. die Saarbrücker Rahmenvereinbarung, 1960).

Seitdem werden wiss. Unterrichtsweisen (Unterrichts-↗Gespräch, ↗Gruppenunterricht, Block- und ↗Epochenunterricht, ↗Arbeitsgemeinschaft, Kolloquium, ↗Studientag, fachbezogene Studienfahrten) und Arbeitsformen (Einüben in wiss. Arbeitsplanung und Arbeitstechniken, Teamarbeit, Referat, größere selbständige Arbeiten) in breiter Fächerung erprobt und verwirklicht. Ein offenes Kurssystem bietet bessere Voraussetzungen für variable Unterrichtsformen. Es eröffnet dem Epochenunterricht und damit der ↗Konzentration und Intensivierung neue Möglichkeiten. Als neue Form gewinnt der Großgruppenunterricht, der in ↗Vortrag und ↗Demonstration überwiegend informiert, an Bedeutung. In problemorientierten Projektgruppen (↗Projektmethode) wird die Selbstorganisation wiss. Teamarbeit und das Einüben in wiss. Arbeitstechniken in besonderer Weise gefördert.

4. In *reformierten Studiengängen* muß der Oberstufenlehrer eine den Lernzielen und Lernsituationen voll entsprechende Fach- und Sozialkompetenz erwerben können. Während seiner Berufsausübung ist er in die Lage zu versetzen, neue Erkenntnisse der Wiss. unverzüglich in die Lernprozesse einzubringen und den besonderen didaktisch-method. Anforderungen zu entsprechen. Sachliche Voraussetzungen sind ein variables und flexibles Raumsystem, gut dotierte Arbeitsbüchereien und gut ausgerüstete naturwiss. Arbeitsplätze.

☐ Höheres Schulwesen

Lit.: Dt. Bildungsrat, Strukturplan für das Bildungswesen (1970). *B. J. Kreuzberg*

Wissenschaftspolitik ↗Forschungswesen

Wissenschaftsrat

1. *Entstehung* und *Zusammensetzung.* Am 5. Sept. 1957 schlossen Bund und Länder ein Abkommen über die Errichtung eines W.es. Diesem Abkommen entsprechend, besteht der W. aus 39 Mitgliedern. Die 22 Mitglieder der *Wissenschaftlichen Kommission* des W.es werden vom Bundespräsidenten jeweils auf 3 J. berufen (16 auf gemeinsamen Vorschlag der ↗Dt. Forschungsgemeinschaft, der ↗Max-Planck-Gesellschaft und der ↗Westdt. Rektorenkonferenz sowie 6 Persönlichkeiten des öff. Lebens auf gemeinsamen Vorschlag der Bundesregierung und der Länderregierungen). Die 17 Mitglieder der *Verwaltungskommission* werden von den Regierungen des Bundes und der Länder benannt; auf seiten der Länder in der Regel die KM, aber auch Finanzminister; auf seiten des Bundes Staatssekretäre des ↗Bundesministeriums für Bildung und Wissenschaft sowie anderer sachnaher Ressorts. Alle Beschlüsse und Empfehlungen des W.es bedürfen einer Zweidrittelmehrheit in der Wiss. Kommission und der Verwaltungskommission sowie in der gemeinsamen Vollversammlung.

2. *Aufgaben.* Der W. soll (1) auf der Grundlage der von Bund und Ländern im Rahmen ihrer Zuständigkeit aufgestellten Pläne einen

Gesamtplan für die Förderung der Wiss.en erarbeiten und hierbei die Pläne des Bundes und der Länder aufeinander abstimmen sowie die Schwerpunkte und Dringlichkeitsstufen bezeichnen, (2) jährlich ein Dringlichkeitsprogramm aufstellen, (3) Empfehlungen für die Verwendung derjenigen Mittel geben, die in den Haushaltsplänen des Bundes und der Länder für die Förderung der Wiss. verfügbar sind. Nach dem Hochschulbauförderungsgesetz hat er Empfehlungen zu dem nach diesem Gesetz zu erstellenden Rahmenplan für den Hochschulbau abzugeben.

Der W. hat dieser Aufgabenstellung durch zahlreiche *Empfehlungen* Rechnung getragen. Von besonderer Bedeutung waren die Empfehlungen: Zum Ausbau der wiss. Hochschulen (1960); Anregungen zur Gestalt neuer Hochschulen (1962); Zum Ausbau der wiss. Einrichtungen außerhalb der Hochschulen (1964/65); Zur Neuordnung des Studiums an den wiss. Hochschulen (1966); Zum Ausbau der wiss. Hochschulen bis 1970 (1967); Zur Struktur und zum Ausbau der medizin. Forschungs- und Ausbildungsstätten (1968); Zur Struktur und Verwaltungsorganisation der Universitäten (1968); Zur Neuordnung von Forschung und Ausbildung im Bereich der Agrarwiss.en (1969); Zur Struktur u. zum Ausbau des Bildungswesens im Hochschulbereich nach 1970 (1970).

3. *Wirkung.* Während das Schwergewicht der Empfehlungen des W.es im Anfang seiner Tätigkeit auf Vorschlägen für einen intensiven materiellen Ausbau der wiss. Einrichtungen lag, zielten die Empfehlungen in den späteren Jahren in zunehmendem Maße auf innere Reformen, vor allem in den wiss. Hochschulen. So führten die Empfehlungen zum Ausbau der wiss. Hochschulen vom J. 1960 u. a. zu einer Verdoppelung des Personals, zu einem umfangreichen Ausbau der bestehenden und zu Gründung neuer Hochschulen. Andererseits wurde in den Empfehlungen zur Struktur und zum Ausbau des Bildungswesens im Hochschulbereich nach 1970 zusammen mit dem ↗ Strukturplan des ↗ Deutschen Bildungsrates ein erster, in sich geschlossener Reformplan für das gesamte Bildungswesen in der Bundesrepublik von diesen Gremien vorgelegt.

Die Ergänzung der von Bund und Ländern eingesetzten Beratungsgremien Wissenschaftsrat und Bildungsrat durch die *Bund-Länder-Kommission für Bildungsplanung* als Planungsgremium für die von den Regierungen zu treffenden Maßnahmen hat zu einem in sich geschlossenen Planungssystem für den Bildungsbereich geführt, das in Einzelheiten in Zukunft wohl weiteren Modifizierungen unterworfen sein wird, bei den gegebenen staatsrechtl. Verhältnissen in der BRD aber eine tragfähige Basis für eine enge Zusammenarbeit zwischen Sachverständigen und verantwortl. Politikern für die Durchführung der notwendigen Reformmaßnahmen im Bereich der Bildung bietet.

K.-G. Hasemann

Wissenschaftstheorie

Die W. (Epistemologie) hat ihren Ursprung teils in der philos. ↗ Erkenntnistheorie, teils in allg. Problemen der Wiss. selbst. Sie entwickelte sich in mehreren Etappen, aus denen heraus auch die gegenwärtige Auffassung, wie sie vor allem in England und den USA vertreten wird, verständlich ist.

1. Die *Erkenntnistheorien des 16. und 17. Jahrhunderts* waren militante Gedankengebäude, die sich entschlossen der Schulmeinung in Philos. und Wiss. entgegensetzten und neue Ideen, neue Methoden forderten. Zur Entwicklung der modernen Wiss. haben sie wesentlich beigetragen. Der Aufstieg der Mechanik ist nicht zu verstehen ohne die mathemat. Methode, die von GALILEI und DESCARTES sowohl mit allg. Gründen gefordert als auch in konkreten Fällen praktiziert wurde. Die astronom. Beobachtungen, die KOPERNIKUS in seinen revolutionären Auffassungen unterstützten, sind nur dann relevant, wenn man das Postulat der Unfehlbarkeit der Sinne aufgibt und peripheren Erscheinungen, wie etwa den „Illusionen" von Linsen und Fernrohren, mehr Vertrauen schenkt als der deutl. Wahrnehmung mit freiem Auge. Eine solche Haltung wird von GALILEI in seinen verstreuten Betrachtungen über die Sinne und von BACON und DESCARTES in ihrer Kritik der Alltagserfahrung vorbereitet. So wird z. B. die Auffassung des Herzens als einer Pumpe und der Physiologie als einer mechan. Wiss. mit klaren und einfachen Prinzipien gefördert durch den Materialismus DESCARTES' und durch die erkenntnistheoret. Argumente, die ihn nahelegen. Die Theorien des Lichtes von DESCARTES, HOOKER, NEWTON sind von der Idee der Mathematisierbarkeit wesentlich beeinflußt, und KEPLERs Grundlegung der Optik ist eine direkte Folge davon. Überall arbeiten Erkenntnistheorie und Wiss. zusammen (vgl. etwa den Streit zwischen NEWTON und seinen Gegnern über die Natur des Lichtes); zusammen führen sie zu jenem grandiosen Gebäude des menschl. Verstandes, das wir in der *klassischen Physik* bewundern.

2. Dieser heroischen Epoche folgte eine *Periode der Analyse*. HUME entdeckte, daß eine Herleitung von Gesetzen aus Beobachtungstatsachen unmöglich ist und legte dadurch jenen Denkern ein Problem vor, die glauben, daß die Wiss. auf der Erfahrung beruhen müsse. Das Problem wird im 20. Jh. von verschiedenen Autoren (KEYNES, REICHENBACH, CARNAP) aufgegriffen, präzisiert und zum

Zweck der Diskussion weitgehend vereinfacht: gegeben sei eine endliche Konjunktion K von singulären Beobachtungssätzen, AaBa, AbBb ... AnBn – wie läßt sich die Verwendung von (x) [Ax→Bx] (S) rechtfertigen? – Die gewählte Formulierung des HUMEschen Problems führt zu einer Reihe von weiteren Problemen: (1) sind Gesetze durch die Formel S richtig dargestellt? (2) Sind Beobachtungsaussagen oder Experimentalergebnisse durch die Konjunktion K richtig dargestellt? (3) Was ist von „theoretischen Begriffen" wie „Massenpunkt", „Entropie" usw. zu halten, die scheinbar in keiner Konjunktion der Art K auftreten, die aber in der Wiss. doch eine wichtige Rolle spielen? Wie rechtfertigt man ihre Verwendung? Kann man sie eliminieren? Dieses *Problem der theoretischen Entitäten* spielt heute eine große Rolle, denn man hat entdeckt, daß alle finiten Versuche einer Elimination zum Scheitern verurteilt sind.

3. Die *Lösung* liegt u. E. in der Erkenntnis, daß Beobachtungsaussagen implizite ↗ Theorien involvieren und daher von theoret. Aussagen nicht verschieden sind. – Zur Lösung des HUMEschen Problems versucht man gelegentlich Wahrscheinlichkeitsbetrachtungen heranzuziehen. Es wird dabei *angenommen*, daß der positive Ausfall neuer relevanter Experimente die Wahrscheinlichkeit einer untersuchten Theorie erhöhen und unser Vertrauen in sie festigen muß. Die Annahme ist in einfachen Fällen auch *bewiesen* worden, allerdings nur aufgrund *weiterer* empir. Voraussetzungen und mit häufigen Seitenblicken auf die allg. Struktur der Wiss. selbst. Die Wiss. wird dabei nicht mehr kritisiert, man versucht nicht mehr, sie zu fördern oder auch nur zu rechtfertigen, man verwendet sie einfach als Leitfaden in der Beantwortung der Frage: wann ist ein Wissenschaftler mit seiner Theorie zufrieden? Das HUMEsche Problem bleibt aber ungelöst.
Es bleibt ungelöst auch bei POPPER, der allerdings ohne den großen Aufwand an Präzision und Formalismus, der die wahrscheinlichkeitstheoret. Schule kennzeichnet, auszukommen sucht. POPPER akzeptiert das HUMEsche Ergebnis: Theorien lassen sich nicht begründen, weder durch Ableitung aus Beobachtungen noch durch Wahrscheinlichkeitsbetrachtungen. Sie sind aber deshalb nicht willkürlich, denn es ist möglich, sie durch Kritik zu *eliminieren*. Theorien werden angenommen, um Probleme zu lösen, sie werden kritisiert, eliminiert, durch bessere und umfassendere Theorien ersetzt, auch diese werden eliminiert usw. Dieses Resultat, welches POPPER ohne Seitenblick auf die Wiss. erhalten hat, schien gewisse lobenswerte Züge der Wiss. trefflich wiederzugeben, bis dann eine genauere Untersuchung Diskrepanzen und weitere Schwierigkeiten aufdeckte: neue Theorien, wie etwa die Kopernikanische Lehre, sind oft mit der Erfahrung weit weniger vereinbar als ihre Vorläufer und werden nur durch Trotz und *Ad-hoc-Hypothesen* am Leben erhalten. In der Tat: es scheint, daß fast *jede* Methode zum Erfolg führen kann und daß die resolute Anwendung einer *einzigen* Methode große Teile der Wiss. ausradieren muß. Historiker haben daraus den Schluß gezogen, daß man die Wiss. nur *historisch beschreiben* kann, daß man aber nie versuchen sollte, ihr etwas *vorzuschreiben*. In diesem Sinne ist zumindest ein Philosoph überzeugt, daß die Wiss. eine *anarchistische Erkenntnislehre* fordert. Das ist der dritte und letzte Schritt in der Degeneration der Erkenntnislehre vom Heroismus über die Analyse zum sprachlosen *Konformismus*.

4. Eine ähnliche Entwicklung tritt ein im Zusammenhang mit dem *Sinnproblem*. BERKELEY hat die NEWTONsche Philos. aufgrund eines interessanten, aber engstirnigen Sinnkriteriums kritisiert. MACH hat diese Kritik fortgesetzt und dadurch sowohl zur Entwicklung der Quantentheorie wie auch der allg. Relativitätstheorie beigetragen. Man entdeckte aber bald, daß die rücksichtslose Anwendung eines genau formulierten Sinnkriteriums die Wiss. eliminiert. Kein Mensch war kühn genug, dieses Ergebnis in eine Kritik der Wiss. umzukehren. Das Sinnkriterium wurde revidiert, und heute ist man bereit, selbst die dümmsten Verrenkungen des Alltagsdenkens mitzumachen, solange sie nur populär sind. So beobachtet man überall eine Entwicklung von vagen, aber fruchtbaren Ideen, die die Geisteswelt von Grund auf verändern, zu präzisen, aber unfruchtbaren Ideen, die sie sklavisch imitieren. Die W. von heute, von der hier einige der wichtigeren Ideen und Probleme skizziert wurden, steht auf der letzten, der präzisesten, aber auch am meisten konformist. Stufe dieser Entwicklung. Ihr weiteres Schicksal ist offen.

☐ Theorie. Wissenschaft. Erfahrung. Methode

Lit.: G. Galilei, Nuncius sidereus [1610], hrsg. v. H. Blumenberg (1965); F. Bacon, Neues Organon [1620], hrsg. v. J. H. v. Kirchmann (1870); R. Descartes, Discours de la Méthode ... [1637], frz.-dt. hrsg. v. L. Gäbe (1960); I. Newton, Optik oder Abhandlung über Spiegelungen [1704], hrsg. v. W. Abendroth (1898 ff.); E. Mach, Die Leitgedanken meiner naturwiss. Erkenntnislehre und ihre Aufnahme durch die Zeitgenossen. Zwei Aufsätze (1916); K. R. Popper, Logik der Forschung (1935); H. Blumenberg - H. Schelsky (Hrsg.), W., Wiss.spolitik, Wiss.sgeschichte [Schriftenreihe] (1966 ff.); F. Thyssen Stiftung (Hrsg.), Studien zur W. (1968 ff.).

P. K. Feyerabend

Wissenssoziologie
1. *Begriff und Entstehung.* Terminologisch und sachlich entstand die W. als eine eigenständige Sonderdisziplin der Soziol. in Dtl. in den 20er J. unseres Jh. Dabei spielte die Loslösung und Autonomisierung der Soziol. von der Philos. eine ausschlaggebende Rolle: Im Grunde will man erkenntnistheoretische Probleme, wie sie in der philos. Diskussion behandelt werden, mit dem besonderen Denkansatz und der Methode der Soziol. durchdenken. Die W. untersucht vor allem die soziale Bedingtheit von Denken und Wissen. Trotz der dabei angewendeten soziologiespezif. Methode stehen im Hintergrund philos. Fragen einer Theorie menschlichen Erkennens. Ausgangspunkt der W. ist das Problem, ob es eine vom menschl. Denken unabhängig existierende Realität gibt, die im Prozeß des Erkennens erreicht und somit erkannt werden kann, oder ob menschliches Denken erst wirklichkeitserzeugend, also eine Gegenstandswelt setzend, ist. Damit taucht in der W. das alte Problem von naivem Realismus, krit. Realismus und idealist. Erkenntnistheorie in neuem Gewand auf. Es geht also um die „Seinsgebundenheit" (K. MANNHEIM) des menschl. Denkens und Erkennens, worunter die W. die meist nicht bewußte Bindung des Erkennens an die gesellschaftl. Lage und ihre Interessen versteht. Wissenschaftstheoretisch gerät sie damit in einen soziol. Methodenstreit, der oft darum problematisch bleibt, weil die Frage umgangen wird, ob die log. Kategorien menschlichen Denkens auch ontologische sind, also gleichsam dem Denken von der Realität aufgenötigt, oder nur kategoriale Bedeutung im Sinne des transzendentalen Subjekts (KANT) haben.
2. *Gegenstandsbereich.* Grundproblem der W. ist die gesellschaftl. Vermitteltheit menschlichen Denkens. Hierbei wird eine jeweilig existierende Gesellschaft in ihrer Struktur als Filter für die Denkmöglichkeiten des Menschen verstanden. Bestimmte Gesellschaftsstrukturen wirken hinsichtlich der Ermöglichung realen Denkens unterschiedlich durchlässig, womit die Tatsache gegeben ist, daß bei einer solchen Fragestellung die Gesellschaft erkenntnisöffnend oder erkenntnisverschließend wirken kann. Von hier aus lassen sich wissenssoziologisch die unterschiedl. geschichtl. Epochen der Entwicklung unserer Gesellschaft untersuchen. Mit dem Instrumentarium der W. erschließen sich auch u. a. Möglichkeiten der Lehrplananalyse, der Curriculumforschung sowie der Prüfung bestimmter Wissens- und Lehrgehalte auf Ideologieverdacht (↗Ideologiekritik). Die W. beschäftigt sich thematisch hauptsächlich mit der Ideologienfrage, wobei diese Problematik vor allem in der dt. Soziol. ihren Schwerpunkt hat, während die amerikan. W. – im Ursprung rezipiert sie das dt. soziol. Denken – heute konkretistischer vorgeht. Unter der Dominanz des Ideologieproblems wendet sich die W. erst in jüngster Zeit ihrer eigentl. Aufgabe zu: der Frage, wieweit der Mensch über die bestehenden Strukturen der Gesellschaft hinausdenken kann. Diese Frage ist deswegen von Bedeutung, weil eine negative Antwort zu dem Ergebnis käme, daß der Mensch ausschließlich Produkt der Gesellschaft (Marxismus) ist. In diesem Fall würde nicht der Mensch denken, sondern in ihm ein gesellschaftl. „Es" oder „Über-Ich". Im Grunde wäre dann sozialer ↗Wandel in einer bestehenden Gesellschaft nicht möglich. Gegenwärtig wird diese Fragestellung vor allem unter dem Terminus konkrete ↗Utopie abgehandelt. Damit soll sichtbar gemacht werden, daß es in bezug auf gesellschaftl. Wandel eine positive Funktion utopischen Denkens gibt, die hinsichtlich einer bestehenden Gesellschaft sowohl eine korrektive als auch eine prolongative Aufgabe hat.
3. *Wissenssoziologie als spezifischer Inhalt einer Soziologie der Erziehung.* Wenn eine Erziehungs- und Bildungssoziol. ihren Beitrag zum krit. Denken des Menschen leisten soll, muß sie sich auch mit der umschriebenen wissenssoziol. Problematik beschäftigen. Schwierige Internalisationsprozesse sind in ihrer unterschiedl. Intensität und Dignität sichtbar zu machen, wenn der Mensch in die Lage versetzt werden soll, personale Entscheidungen im Spannungsfeld von Anpassung und Widerstand zu vollziehen. Aber auch kultur- und bildungspolitisch gewinnt die W. deswegen an Bedeutung, weil ihr Denkansatz eine Reduktion vorhandener Bildungsgehalte auf die jeweils interessenbedingte „Aspektstruktur" (K. MANNHEIM) ermöglicht und erst dadurch die Voraussetzungen schafft, inhaltliche und institutionelle Reformen anzusetzen und durchzuführen. Eine Bildungsreform ist demnach ohne wisssenssoziol. Fundierung unmöglich. Dasselbe gilt für den internen und externen Bereich der Erziehungs- und Bildungsinstitutionen, z. B. der ↗Schule. Ohne den von der W. initiierten Denkansatz wird schulischer Unterricht und päd. Theorie absolut und vergißt die Berücksichtigung gesellschaftlicher Bezüge ebensosehr, wie sie ihren sicher nicht wünschenswerten Beitrag zu einer falschen Stabilisierung bestehender Gesellschaftsverhältnisse leistet, wobei Päd. dann in einen

kaum auflösbaren Ideologieverdacht geraten würde.

☐ Ideologie. Soziologie der Erziehung. Kritische Theorie

Lit.: M. Scheler, Probleme einer Soziol. des Wissens, in: – (Hrsg.), Versuche zu einer Soziol. des Wissens (1924); –, Die Wissensformen u. die Gesellschaft (1926, ³1960); K. Mannheim, Das Problem einer Soziol. des Wissens, in: Archiv für Sozialwiss. u. Sozialpolitik, Bd. 53 (1925); –, Ideologie u. Utopie (⁵1969); H. Barth, Wahrheit u. Ideologie (1945, ²1961); Th. Geiger, Ideologie u. Wahrheit. Eine soziol. Kritik des Denkens (1953, ²1968); –, Krit. Bemerkungen zum Begriff der Ideologie, in: G. Eisermann, Gegenwartsprobleme der Soziol. (1949); –, Bemerkungen zur Soziol. des Denkens, in: Archiv für Rechts- u. Sozialphilos., Bd. 45 (1959); Th. W. Adorno, Beitrag zur Ideologienlehre, in: Kölner Zschr. für Soziol. u. Sozialpsychol., Jhg. 6 (1953–54); –, Das Bewußtsein der W., in: Prismen. Kulturkritik u. Gesellschaft (1955); M. Horkheimer, Philos. u. Soziol., in: Kölner Zschr. für Soziol. u. Sozialpsychol., Jhg. 11 (1959); K. Lenk, Ideologie (1961); P. Berger - Th. Luckmann, Die gesellschaftl. Konstruktion der Wirklichkeit. Eine Theorie der W. (1969); Ausführl. *Bibliogr.* der dt. u. amerikan. W., in: Wb. der Soziol., hrsg. v. W. Bernsdorf (²1969).

K. Kippert

Wittgenstein, Ludwig

Östr. Philosoph, geb. 26. 4. 1889 in Wien, gest. 29. 4. 1951 in Cambridge; Schüler von RUSSELL und MOORE. W. nimmt in der Entwicklung der modernen Philosophie eine derart wichtige Stelle ein, daß geradezu eine „pre-Wittgensteinian" und eine „post-Wittgensteinian" Phase des „analytical movement" unterschieden werden (M. G. WHITE). W. gab den Anstoß zur Entstehung zweier bedeutender philos. Schulen, distanzierte sich aber später von beiden. Mit seinem *Tractatus logico-philosophicus* (1922) wurde er zum Mitbegründer des log. Empirismus (Verifikationsprinzip, Isomorphietheorie der Satzbedeutung, „atomistisches" bzw. „Mosaikmodell" der Sprache, Philosophie nicht als Lehre, sondern als „Tätigkeit" der logischen Klärung der Gedanken); mit seinen (postum erschienenen) *Philosophischen Untersuchungen* (1953) zum Anreger der analytischen bzw. linguistischen Philos. der Sprache (Begriff des Sprachspiels, „Schachtheorie" der Sprache, Philos. als therapeutische Methode der Heilung bzw. Behandlung der „Beulen, die sich der Verstand beim Anrennen an die Grenze der Sprache geholt hat"). W.s aphoristische Schreibweise verstärkt noch die Interpretationsschwierigkeiten seiner Gedankengänge. So stehen sich sehr divergierende Darstellungen seiner Philosophie(n) gegenüber (z. B. „transzendentaler Lingualismus" oder Mangel an dialektisch-transzendentaler Reflexion?), insbes. beim Vergleich seines Früh- und seines Spätwerkes (vollständige Abkehr vom oder Radikalisierung des anfänglichen Ansatzes?). Seine Idee der Philos. als Sprachkritik ist bereits bei G. GERBER, F. M. MÜLLER, G. RUNZE und dann bei F. MAUTHNER vorgebildet.

Werke: Schriften in 5 Bdn. (1960–1970).
Lit. (Auswahl): I. Borgis, Index zu L. W.s „Tractatus logico-philosophicus" und W. Bibliogr. (1968); N. Malcolm u. a., Über L. W. (²1969); P. Engelmann, L. W. Briefe und Begegnungen (1970).

G. König

Witz

W. ist das geistig Komische oder vergeistigte Komik; er erfließt aus einem pejorativen, mit Abstand erfaßten, letzten Endes sinnvollen, aber nicht naheliegenden, vorzugsweise sogar völlig unvermuteten Unverhältnis, in welchem Sinn und Widersinn miteinander zu ringen scheinen, sich aufeinander projizieren (A. WELLEK 1955). Die *Paradoxie* ist die Grundform allen W.es. Jedes Paradox ist irgendwie witzig, jeder W. irgendwie paradox. Nach O. WEININGER ist der Sinn des W.es, die Wirklichkeit um den Kredit zu bringen. „Indem er lachend zeigt, was alles möglich wäre, bricht er das Pathos der realen Sphäre" (Wellek 1949). Nach FREUD (1905) und seinem Schüler E. BERGLER (1956) hat der W. die (soziale, „kathartische") Funktion einer Entladung oder Befriedigung unbewußter Tendenzen, ähnlich wie die Fehlhandlung, bes. die Versprechung, die nicht selten wie ein unfreiwilliger W. wirkt. – Nicht alles Geistvolle ist witzig; es hört auf, witzig zu sein, wenn der Gegenstand zu gewichtig, zu ernsthaft ist, jeder Zug ins Komische fehlt. Aber auch das „bloß" Heitere ist nicht komisch und das „bloß" Komische nicht witzig.

Schon im Klassischen Altertum wurde zwischen Wortwitz und Sachwitz (in verbis und in rebus) unterschieden. Der *Wortwitz*, allgemeiner: Sprachwitz, erschöft sich im reinen Falle ausschließlich im Sprachlichen, ist demnach in aller Regel unübersetzbar; der *Sachwitz* liegt, wiederum im reinen Falle ausschließlich, im Inhaltlichen, im Gegenstand, im Ausgesagten, nicht in der Weise des Sagens und ist dementsprechend übersetzbar. Für den *Sprachwitz* hat WELLEK (1955) eine vollständige Kategorisierung nach 15 Hauptarten nebst zahlreichen Unterarten angegeben, eingeteilt in Wortwitz (im engeren Sinne) und Satzwitz, insbes. Zitatwitz. Der Sachwitz andrerseits ist unterzuteilen in witzige Behauptung oder Frage und witzigen Vorgang (Anekdote). Beides ist im reinen Falle nicht an Sprache gebunden. Es gibt z. B. die gemalte oder gezeichnete Anekdote. Definitionen des W.es, die ihn auf das Komische innerhalb der Sprache einengen, sind demnach überholt.

☐ Humor. Ironie

Lit.: S. Freud, Der W. u. seine Beziehung zum Unbewußten (1905); H. Schöffler, Kleine Geographie des dt. W.es (1955); E. Bergler, Laughter and the Sense of Humor (New York 1956); A. Wellek, Witz, Lyrik, Sprache (1970, zuerst erschienen in: Studium generale 2, 1949).

A. Wellek

Wohlfahrtspflege(r) ↗Sozialarbeit ↗Sozialberufe

Wohlstand ↗Sozialpolitik ↗Wirtschaft und Gesellschaft ↗Konsumerziehung

Wohnung und Erziehung

1. Die *Familienwohnung* ist in der Regel der erste Erziehungsraum des Kindes. Dem unbedachten Gerede vom „Elternhaus" steht die Tatsache entgegen, daß das Gros der Kinder in Etagen-W.en aufwächst, die nicht Familienbesitz sind und im Laufe von Kindheit und Jugend evtl. mehrmals gewechselt werden, je nach Kinderzahl bzw. Lebensstandard. In der 3-4-Zimmer-W., dem häufigsten W.styp ist nicht genug Eigenraum für Kinder und Jgdl. vorhanden; die W. ist insges. zu klein, um jungen Menschen die nötigen Betätigungsgelegenheiten zu bieten. Insofern erleben viele Jgdl. die Familien-W. als „Zivilisationskäfig"; die jgdl. Aktivität verlagert sich deshalb weitgehend in den außerhäusl. Bereich.

2. *Eigenraum für Kinder und Jugendliche* sollte ein Merkmal der päd. funktionsfähigen Familien-W. sein. Haben junge Menschen in je eigenen Zimmern die Freiheit, sich ihre Wohnatmosphäre selbst zu schaffen, so ist ihnen nicht nur eine interessante Formungsaufgabe gestellt, sondern zugleich auch ein relatives Eigenleben ermöglicht. Zum *Kinderzimmer*, das eine lange Tradition besitzt und vor allem seit dem Biedermeier als Zimmertyp belangvoll ist, kommt heute der *Teenager-Raum* sowie (für alle Familienmitglieder) der *Hobbyraum* hinzu. So wie es eine typ. Kinder- und Jugendkleidung gibt, wird seit einigen Jahrzehnten auch ein entsprechendes Mobiliar, jugendtypischer Wandschmuck usw., offeriert. Man sollte freilich nicht vergessen, daß das oft idealisierte Kinderzimmer in der patriarchalisch-bürgerl. Großfamilie als eine Art „Kinder-Getto" fungierte, um die Kinder von den übrigen W.steilen möglichst fernzuhalten. Heute dagegen ist man darauf bedacht, das Kind die gesamte W. ständig mitbenutzen zu lassen. Die Zunahme technischer Haushaltshilfen macht daher besondere Schutzvorrichtungen für Kinder erforderlich, vor allem gegenüber Gas und Elektrizität.

3. Als *Gestaltungsaufgabe*, als formbares Milieu erfährt das Kind die W. heute am ehesten durch relativ häufigen Wechsel von Möbelstücken, Bildern, Tapeten u. a. Es fragt sich, welcher W.styp erziehungsgemäßer ist: die ganz auf Funktionalität eingerichtete W. oder die, in der es manches „Überflüssige", aber Schöne und „Gemütliche" gibt. Auch die W. ist Moden unterworfen; so folgt z. B. einer Phase des funktionalen Wohnens eine mit Tendenz zu Romantik und Verspieltheit.

4. Wie eine *familiengerechte Wohnung* beschaffen sein soll, ist immer wieder Anlaß zum Streit gewesen. Das Eigenheim mit Garten in ruhiger Lage ist und bleibt zwar Ideal, für viele Familien aber Utopie. N. EHLEN, der Vorkämpfer der familiengerechten W., lehnte selbst das Reiheneigenheim als familienwidrig ab. Richtig ist daran, daß der kindlich-jgdl. Bewegungs- und Freiheitsdrang auch um die W. herum genügend „Spielraum" verlangt. Die heute vorherrschenden W.stypen zwingen das Kind zu einer gefährlichen Gefügigkeit und Passivität, zu einer denaturierten Ruhe u. Stille. – Spielplätze und -gärten inmitten von Häuserblocks mit Etagen-W.en sind insofern nur Notbehelf, als die Umwelt hier die gleiche unkindgemäße „Ruhe und Ordnung" erheischt wie in den Mietshäusern.

5. *Wohnungsgröße und Bildungserfolg* bedingen einander. Als „Bildungsbarriere" wirkt eine W., wenn sie dem Schüler nicht zum Lernen nötige Ruhe und Störungsfreiheit bietet. Schulversagen bei objektiv Begabten ist oft auf wohnungsbedingte Milieuschäden zurückzuführen. Zum erziehungsgünstigen Milieu wird eine W. erst dann, wenn sie, ohne übertrieben pädagogisiert zu sein, durch ihre Atmosphäre (Bücher, Bilder, Musikinstrumente, eigene Räume für Kinder und Jgdl.) zum Lernen, Lesen, Musizieren, Werken usw. anregt, freilich auch zur Geselligkeit und zum Spiel. Da in vielen Etagen-W.en, vor allem bei sozial schwachen Familien, eine sorgfältige Ausführung schulischer Hausaufgaben in der W. nicht möglich ist, sind (wiederum als Notbehelf) ↗Silentien eingerichtet worden.

6. *Erziehung zum Verständnis des Wohnens* ist zwar primär Aufgabe der Familie; jedoch kann auch die Schule hier mitwirken, bes. im Rahmen der lebenskundl. Information sowie in Werken und ↗Kunstunterricht. Hier soll der Schüler nicht nur die Formbarkeit der W. begreifen, sondern zugleich auch die Funktion der W. als Medium der Kultur (als Schutz gegen Witterung und Bedrohung von außen; als Sicherung der Intimsphäre; als Erfahrung von Besitz und Eigentum usw.).

Lit.. N. Ehlen, Das familiengerechte Heim (1950); M. Montessori, Das Kind in der Familie (1954); E. Grassl, Der familiennahe Spielplatz (1965); G. Wurzbacher (Hrsg.), Die Familie als Sozialisationsfaktor (1968).

F. Pöggeler

Wolf, Friedrich August
W., geb. 17. 2. 1759 in Hagenrode bei Nordhausen, gest. 8. 8. 1824 in Marseille, war 1783–1807 Prof. in Halle, ab 1810 an der neugegr. Univ. Berlin. Berühmt wurde er durch seine „Prolegomena ad Homerum" (1795; Neuausg. v. I. Becker 1872; dt. Übers. v. H. Muchau 1908, Nachdr. 1963), durch die er den Anstoß zur wiss. Homerforschung gab. Vor allem entwickelte er das Konzept einer umfassenden *Altertumswissenschaft*, löste sie aus ihrer Stellung als Hilfsdisziplin für Theol. und Jura und erhob sie zur selbständigen und zeitweise dominierenden Wiss. Mit HUMBOLDT, GOETHE und SCHILLER im persönl. Verkehr, sah er im griech. Menschentum das Paradigma für Menschentum schlechthin. Dessen Kenntnis wurde daher *der* Weg zur Menschenbildung. Dennoch lehnte er Griechisch als obligatorisches Unterrichtsfach und Voraussetzung zum Studium ab, weil Zwang keine echte Bildung hervorbringen könne. – Entsprechend der Loslösung der Philologie von der Theol. trat er für eine Trennung von Lehr- und Pfarramt ein. Dem sollte das Hallesche Univ.sseminar dienen, das er nach HEYNEs Göttinger Vorbild einrichtete und das – im Gegensatz zu letzterem – ausschließlich für Philologen, d. h. künftige Gymnasiallehrer, bestimmt war. Jedoch betonte W.s Seminar einseitig die gelehrt-philolog. Schulung unter Vernachlässigung der päd.-method. Ausbildung. – Durch seine Wirkung als Univ.slehrer und einen zahlreichen Schülerkreis hatte W. großen Anteil an der Ausbreitung neuhumanistischen Gedankengutes im Schulwesen.

Werke: Darstellung der Altertumswiss. nach Begriff, Umfang, Zweck u. Wert (1833); Über Erziehung, Schule, Univ. – Consilia scholastica, hrsg. v. W. Körte (1835); Kleine Schr.en, hrsg. v. G. Bernhardy, 2 Bde. (1869).
Lit.: W. Körte, Leben u. Studien F. A. W.s, 2 Tle. (1833); J. F. J. Arnoldt, F. A. W. in seinem Verhältnisse zum Schulwesen u. zur Päd., 2 Bde. (1861–62); O. Kern, F. A. W. (1924); F. A. W., ein Leben in Briefen, hrsg. v. S. Reiter, 3 Bde. (1935, Bibliogr.).

J. Schriewer

Wolf, Hieronymus
W., geb. 13. 8. 1516 in Öttingen (Ries), gest. 8. 10. 1580 in Augsburg, gehört zu den bedeutendsten humanist. Schulreformatoren des 16. Jh. Nach Studium in Tübingen und Wittenberg, wo er wie J. STURM, V. TROTZENDORF und M. NEANDER Schüler PH. MELANCHTHONs war, wurde er 1543 Rektor in Mühlhausen (Thür.), 1545 Konviktserzieher in Nürnberg, 1557 Rektor des St.-Annen-Gymnasiums in Augsburg, das er hervorragend ausbaute und bis zu seinem Tode leitete. W. hat sich bes. für Lektüre der klass. Autoren und für den Mathematikunterricht eingesetzt, sich um Schulausgaben der antiken Schriftsteller verdient gemacht und die Augsburgischen Schulordnungen von 1558 und 1576 verfaßt.

Werke: Isokrates (ed., 1548); Deliberatio de instauratione scholae Augustanae ad S. Annam (1558); Augustani Gymnasii ad S. Annam constitutio ac docendi discendique ratio (1558; beide in: R. Vormbaum [Hrsg.], E. Schulordnungen des 16.–18. Jh., Bd. 1, 1860); Epictetus (ed., 1561); Marcus Tullius Cicero, De officiis (ed., 1563); Demosthenis et Aeschinis Opera (ed., 1572); Selbstbiogr. in: J. J. Reiske, Oratores Graeci, Bd. 8 (1773, dt.: F. Passow, Erinnerungen an ausgezeichnete Philologen des 16. Jh., Tl. 1: W.s Jugendleben, 1830).
Lit.: G. Mezger, Memoria Hieronymi Wolfii (1862); F. Paulsen, Gesch. des gelehrten Unterrichts, Bd. 1 (²1919, Nachdr. 1965); J. Dolch, Lehrplan des Abendlandes (²1965).

A. Reble

Wolgast, Heinrich
Geb. 26.10.1860 in Iversbeck (Holstein), gest. 24. 8. 1920 in Hamburg, gilt W. als Begründer der *Jugendschriftenbewegung*. Mit seinem Buch „Das Elend unserer Jugendliteratur" hat er auf die Reform des Jugendschrifttums gewirkt. Im Dt. Lehrerverein und als Redakteur der „Jugendschriftenwarte" kämpfte er gegen „Schund" und für eine künstlerisch einwandfreie literar. Gestaltung des Jugendbuches (vor allem des Lesebuches). Auf dem internat. Kongreß für Moralpäd. forderte W. Massenauflagen guter Jugendbücher, Flugblattaktionen zur Aufklärung der Eltern und Lehrer und Einsetzung eines Sachverständigengremiums mit Vertretern aller Parteien zur Förderung guter Jugendbücher.

Werke: Das Elend unserer Jugendlit. (1896, ⁷1950); Die Bedeutung der Kunst für die Erziehung (1903); Vom Kinderbuch (1906, ²1925); Ganze Menschen (1910).
Lit.: W. Fronemann, Das Erbe W.s (1927); H. L. Köster, Gesch. der dt. Jugendlit. (⁴1927); W. Scheibe, Die Reformpäd. Bewegung 1900–1932 (1969).

F. Hargasser

Wolke, Christian Heinrich
W., geb. 21. 8. 1741 in Jever (Oldbg.), gest. 4. 1. 1825 in Berlin, gehört zum Kreis des ↗ Philanthropismus. Er war seit 1770 Mitarbeiter J. B. BASEDOWs, wirkte 1773 bis 1784 an dessen Dessauer Philanthropin und leitete es nach dem Abgang Basedows und CAMPEs. Unterrichtlich (Lehrmethode mit Lernspielen), menschlich und organisatorisch hatte er am Erfolg dieses Philanthropins entscheidenden Anteil. Nach Zerwürfnissen mit Basedow gründete und leitete er mit Erfolg

eine Erziehungsanstalt in Petersburg; 1801 kehrte er (aus gesundheitl. Gründen) nach Dtl. zurück. W. setzte sich wie J. H. Campe auch für Jugendlit. und Pflege der dt. Sprache ein und bemühte sich um die Taubstummenerziehung.

Werke: Selbstbiogr., in: J. B. Basedow, Das in Dessau errichtete Philanthropin (1774); Methode naturelle d'instruction par W., 2 vol. (1782–88); Erste Kenntnisse für Kinder, von der Buchstabenkenntnis an bis zur Weltkunde (1783); Buch für Anfänger im Lesen u. Denken (1785); Anweisung, wie Kinder u. Stumme... zum Verstehen und Sprechen... zu bringen sind (1804); Anweisung für Mütter u. Kinderlehrer... (1805); Kurze Erziehungslehre (1805); Schr.en, 6 Bde. (1820); Kinderbibl. zur Belehrung u. Unterhaltung, 7 Bde. (1822); Anleitung für künftige Verfasser v. Kinderschriften (1822).
Lit.: F. F. Nietzold, W. am Philanthropin zu Dessau (1890); ADB, XLIV (1898); A. Pinloche, Gesch. des Philanthropinismus (dt. v. P. Rauschenfels, ²1914).

A. Reble

Wöllnersches Religionsedikt

Das WR. war Ausdruck und Mittel des Kampfes gegen die Aufklärung in Preußen unter Friedrich Wilhelm II. (1786–1797). Dieser ersetzte den Minister v. ZEDLITZ durch den ev. Theologen J. C. WÖLLNER und erließ am 9. 7. 1788 das von Wöllner verfaßte „Edikt, die Religionsverfassung in den preußischen Staaten betreffend". Es sollte den christl. Glauben gegen die „zügellose Freiheit" der Aufklärung durch polizeil. Zwangsmaßnahmen sichern und forderte u. a. von jedem Lehrer das Befolgen und Lehren der unverfälschten Lehre, unter Androhung sofortiger Entlassung. Durch die Anwendungserlasse v. 4. 9. und 16. 12. 1794 wurden geistliche „Examinationskommissionen" eingesetzt, vor denen jeder Lehramtskandidat eine Prüfung über die christl. Lehre ablegen mußte. Dieser Versuch staatlicher Zwangsregulierung, der nicht nur Schulen, sondern auch Univ.en und Kirche betraf, erregte allg. großen Unwillen. Trotzdem wurde das WR. erst 1797 (durch Friedrich Wilhelm III.) aufgehoben.

Lit.: P. Schwartz, Der erste Kulturkampf in Preußen um Kirche u. Schule, 1788–98 (1926); F. Valjavec, Das WR. u. seine geschichtl. Bedeutung, in: Histor. Jb. der Görres-Gesellschaft 72 (1953).

A. Reble

Wörterbuch ↗Rechtschreibung

Wunderberichte ↗Gattungen und Formen biblischer Überlieferung im Religionsunterricht

Wunderglaube, Wunderkritik

W. = Wunder(s), WG. = Wundergeschichte(n)

1. *Begriff und Interpretationsproblem.* W.-glaube und W.kritik sind nicht isoliert darstellbar, weil dialektisch aufeinander bezogen als positive oder negative Einschätzung der W. hinsichtlich ihrer Bedeutung für menschl. Orientierung. Dabei ist das vorausgesetzte W. als Phänomen nicht für sich, sondern nur in WG. faßbar, d. h. in literar. Gebilden, die auslegungsbedürftig sind. Ob und wieweit sie auf histor. Vorkommnisse zurückverweisen, ist in der Regel kaum auszumachen. Selbst wo ein „historischer Kern" sich vermuten ließe, ist er in ein System von Bedeutungen so sehr einbezogen, daß nur die Interpretation dieses Auslegungszusammenhangs ein Verständnis des Gemeinten ermöglicht, nicht aber der ohnehin meist unmögliche Versuch einer histor. Verifikation. – Die WG. berichtet von einem Ereignis, das wegen seines Ausnahmecharakters Verwunderung erregt und als Zeichen für göttl. Handeln aufgefaßt wird. Der im NT vorzugsweise verwendete Begriff ist der des „Zeichens" (griech.: *semeion*), daneben *dynamis* (Machttat), *ergon* (Werk) und *teras* (Wunder). Betroffen-, Überwältigtsein ist die Wirkung des W. auf die Zeugen in der WG. Sobald daraus ein Glaubensargument oder -beweis gebildet wird, missionarisch oder apologetisch, wendet sich die Kritik der Gegner dagegen. Im Wechselspiel von Behauptung und Kritik kommen einige Grundpositionen zustande.

2. *Auslegungsmodelle.* Die wichtigsten Auslegungsmodelle sind in histor. Folge:
(1) Der *naive Supranaturalismus:* Das nicht natürlich erklärbare W. offenbart Gottes Macht als über-natürlich. „Für Gott ist kein Ding unmöglich."
(2) AUGUSTINUS meint, daß Gott sich nicht widersprechen könne, auch nicht in dem W. nicht gegen die Natur, sondern nur gegen die uns bekannte Natur handle. Gott kann durch besondere W. der begrenzten Erkenntnis des Menschen zu Hilfe kommen und ihn auf das verweisen, was in den Heilsplan bes. wichtig ist und was er im Glauben auch verstehen wird.
(3) Die *natürliche Erklärung* wurde 1670 von SPINOZA formuliert und bes. einflußreich im 18. Jh. (REIMARUS, BAHRDT, LESSING). Gott kann sich nicht widersprechen und wird auch dem Menschen nicht den Glauben an Unsinniges zumuten. Also kann in der Natur als Werk Gottes keine Aufhebung der natürl. Abläufe gedacht werden. Philos.-naturwiss. Überlegungen postulieren ferner einen geschlossenen Zusammenhang von Ursachen und Wirkungen in der Natur, ohne Lücke für einen Eingriff von außen. Die Darstellung der WG. muß deshalb (wenn nicht auf Betrug) auf Irrtum beruhen. Die reli.-unaufgeklärte Vorstellungsweise hat einen natürl. Vorgang ungenau aufgefaßt und falsch wiedergegeben. – Diese Konzeption hat bis heute ein relatives Recht, wo der WG. ein „historischer Kern" zugrunde liegen könnte (einfachstes Beispiel: das Manna-W. in der Wüste). Exorzismen und W.-Heilungen sind nach Erkenntnissen der modernen Psychotherapie und Psychoanalyse nicht unmöglich (vgl. Lourdes u. ä.). Die natürl. Erklärung verfehlt jedoch die Intention, den Sinn der WG. als lit. Gattung.
(4) D. F. STRAUSS vermittelt im „Leben Jesu" (1835) die antithet. Positionen des Supranaturalismus und der natürl. Erklärung zum *mythischen Standpunkt:* Eine Aufhebung des kausalen Zusammenhangs „von

außen" kann es nicht geben. Aber die WG. wollen ein wirkl. W., nicht einen natürl. Vorgang schildern. Die Darstellung ist nicht historisch, sondern „mythisch", d. h. einer rel.-bildhaften Denk- und Sprechweise zugehörig, deren Sinn durch Interpretation erst zu erschließen ist. Dafür sind von besonderer Bedeutung die Wiederholungen atl. Motive in den Evangelien (wunderbare Speisung, Heilungen, Totenerweckungen): sie sollen Jesus als Erfüller atl. Verheißungen, als Propheten und neuen Erlöser ausweisen.

(5) Neue Erkenntnisse seit STRAUSS haben die Fruchtbarkeit seines Ansatzes im Prinzip bestätigt, zugleich eine Verfeinerung in der Exegese der Einzel-W. ermöglicht. Religionswiss. und -phänomenologie, form- und redaktionsgeschichtliche Forschungen, dazu Psychol. haben eine Fülle von Vergleichsmaterial und bedeutsamen Phänomenen entdeckt, die ein immer besseres Verständnis der „mythischen Sprache" wie auch der kerygmat. Intentionen erlauben. Das Programm der *Entmythologisierung* (BULTMANN) versucht, alle method. Möglichkeiten einer nichtsupranaturalen Auslegung der bibl. Texte und des darin jeweils vorausgesetzten Gottesbegriffes dienstbar zu machen.

Daraus folgt die Aufgabe einer „existentialen Interpretation", die nach der Entdeckung der eschatolog. Prägung der WG. insbes. die anthropolog. Bedeutung der Vorstellungen vom anbrechenden Gottesreich zu diskutieren hätte.

(6) Parallel dazu hat die Philos. von L. FEUERBACH und E. BLOCH nach dem anthropolog. Sinn der Wunsch- und Hoffnungsmotive in den WG. gefragt und darin die Tendenz auf Veränderung unerträglicher Verhältnisse, Korrektur menschlichen Unglücks und Leidens, Sprengung naturhaft festgelegter Fatalitäten erkennbar gemacht.

3. *Behandlung im Unterricht.* Diese sollte nicht dogmatische Ergebnisse vermitteln, sondern in erster Linie Perspektiven öffnen, die zu einer besseren Erkenntnis unserer Situation im Geflecht rel.-ideologischer Auslegungssysteme verhelfen können. Wo das Niveau historischer Ableitung und Interpretation erreichbar ist, können exemplarische Reihen von W.-Auslegungen dialektisches Denken einüben helfen. Jedenfalls wären die WG. unvoreingenommen als Dokumente früherer Glaubensverkündigung darzustellen, deren Sinn nicht unmittelbar, durch ungeschichtliche Identifikation mit dem Subjekt der damaligen Überzeugung, sondern nur durch Interpretation, durch Übersetzung in humane und verständliche Begriffe angeeignet werden kann. WG. sind bildhafte und vorgreifende Verweisungen auf den Glauben, sie bringen seine „bergeversetzende", d. h. seine wirklichkeitsverändernde und Fatalitäten durchbrechende Kraft zum Ausdruck.

Lit.: D. F. Strauß, Das Leben Jesu (1835; 1969); L. Feuerbach, Das Wesen des Christentums (1841, 1969); R. Bultmann, Die Gesch. der synopt. Tradition (1921, 1964, ⁷1967); –, Zur Frage des W., in: GV I (1933, ⁶1966); E. Liek, Das W. in der Heilkunde (1940, ⁴1951); C. S. Lewis, W. (engl. New York 1947; dt. 1951); G. Mensching, Das W. im Glauben u. Aberglauben der Völker (Leiden 1957); W. Bitter (Hrsg.), Magie u. W. in der Heilkunde (1959); E. Bloch, Das Prinzip Hoffnung (1959); E. Käsemann, Zum Problem der Nichtobjektivierbarkeit (1953), in: Exeget. Versuche I (1960, ³1964/68); –, Art. W. im NT., in: RGG, Bd. VI (¹1962); A. Heising, Die Botschaft der Brotvermehrung (1962); U. Becker – S. Wibbing, WG. (1965); A. Vögtle, Jesu W. einst u. jetzt, in: Bibel u. Leben 2 (1961); –, Art. W. im NT., in: LThK, Bd. 10 (²1965); –, Jesu W. vor dem Hintergrund ihrer Zeit, in: H. J. Schultz (Hrsg.), Kontexte 3 (1966); E. u. M. L. Keller, Der Streit um die W. Kritik u. Auslegung des Übernatürlichen in der Neuzeit (1968, Lit.); H. Halbfas, Fundamentalkatechetik (1968, ³1970, ausf. Lit.); R. Fuller, Die W. Jesu in Exegese u. Verkündigung (1968, ³1969); J. B. Metz, W., in: Sacramentum Mundi, Bd. 4 (1969); A. Suhl (Hrsg.), Der W.begriff im NT., in: Wege der Forschung, Bd. CCXCV, in Vorber. (1971).

E. Keller

Wundt, Wilhelm

W., geb. 16. 8. 1832 in Neckarau, gest. 31. 8. 1920 in Großbothen bei Leipzig, war nach Studien der Medizin in Tübingen, Heidelberg, Berlin (u. a. bei DU BOIS-REYMOND und J. MÜLLER, dem Begründer der experimentellen Physiologie) Privatdozent für Physiologie an der Univ. Heidelberg. Er arbeitete mit HELMHOLTZ im gleichen Labor und entwickelte im Zusammenhang seiner Schrift „Beiträge zur Theorie der Sinneswahrnehmung" (1858) erste psychol. Ansätze, die in ausgearbeiteter Form 1873/74 als „Grundzüge der physiologischen Psychologie" erschienen. Nach Lehrtätigkeit in Zürich (1874 bis 1875) erhielt er 1875 einen Ruf auf einen philos. Lehrstuhl in Leipzig, wo er 1879 das *erste Psychologische Institut* gründete. Zu seinen Schülern zählen Gelehrte aus aller Welt, darunter auch die Mehrzahl der ersten Generation amerikanischer Psychologen.

Das Lebenswerk W.s bezieht Philos. und Physiologie in eine erfahrungswiss. Psychol. ein, deren auf Beobachtung und Experiment gestützte Methodik er begründet. Ausgangspunkt jeder Psychol. ist für ihn die Selbstbeobachtung, die sich zweier Hilfsmittel bedient: des Experiments und der Geschichte. W. zielt auf Bewußtseinsgegebenheiten, deren Elemente er zu analysieren sucht. An die Stelle eines Substanzbegriffs setzt er die Aktualität seelischer Prozesse, die einer psychol. Kausalität folgen. Mit dem Prinzip der „schöpferischen Synthese" psychischer Prozesse verläßt W. die ↗Elementenpsychologie und bezieht übergreifende, ganzheitliche Zusammenhänge in seine Überlegungen ein, deutlich geworden in seiner 10bänd. „Völkerpsychologie" (1900–1920).

Lit.: E. G. Boring, A History of Experimental Psychology (New York ²1950); E. Wundt, W. W.s Werk (1927); W. Wundt, Erlebtes u. Erkanntes (1920).

O. Ewert

Wurmkrankheiten ↗Kinderkrankheiten

Württemberg ↗Baden-Württemberg

Würzburger Schule ↗Denkpsychologie

Wust, Peter
W., geb. 28. 8. 1884 in Rissenthal/Saarland, gest. 3. 4. 1940 in Münster, war nach Studium (1907–1910) der Neuphilologie in Berlin und Straßburg (1914 Promotion bei O. KÜLPE in Bonn) 1921–1930 Gymnasiallehrer in Trier und Köln, 1930–1940 o. Prof. der Philos. an der Univ. Münster/Westf. Seine Bedeutung liegt im Aufbau einer dynamisch-existentiellen Anthropologie, die die augustinisch-franziskan. Tradition aus modernen Fragestellungen heraus schöpferisch fortgestaltet.

Hauptwerke: Die Auferstehung der Metaphysik (1920, ²1963); Naivität u. Pietät (1925); Die Dialektik des Geistes (1928); Ungewißheit u. Wagnis (1937, ⁷1962); Der Mensch u. die Philos., hrsg. v. A. Borgolte (²1947); Im Sinnkreis des Ewigen, hrsg. v. H. Westhoff (1954); Ges.-Ausg.: P. W. – Ges. Werke, hrsg. v. W. Vernekohl, 8 Bde. (1963).
Lit.: A. Leenhouwers, Ungesichertheit u. Wagnis. Die christl. Weisheitslehre P. W.s in ihrer philos. u. existentiellen Deutung (1964); H. Beck, Existenz in Freiheit – Geborgenheit in Ungeborgenheit. Die christl. Existenzphilos. des P. W., in: Wiss. u. Weltbild (1970).

H. Beck

Wychgram, Jakob
W., geb. 1. 9. 1858 in Emden, gest. 14. 11. 1927 in Freiburg i. Br., war Direktor der Höheren Mädchenschule und des Lehrerseminars in Leipzig; ab 1900 in Berlin. Seit 1908 hatte er einflußreiche Stellungen in der Schulaufsicht in Lübeck. W. setzte sich mit Nachdruck für den Ausbau des Mädchenschulwesens, insbes. für die Weiterentwicklung der höheren Mädchenschulen ein. Er gründete die Zschr. „Frauenbildung" (1902–23).

Werke: J. L. Vives, Schr.en über die weibl. Bildung (1883); Vives u. Fénelon (1884); Das weibl. Unterrichtswesen in Frk. (1886); Gesch. des höheren Mädchenschulwesens in Dtl., in: K. A. Schmid, Gesch. der Erziehung, Bd. 5, Abt. 2 (1901); Vorträge u. Aufsätze zum Mädchenschulwesen (1907); Das höhere u. mittlere Unterrichtswesen in Dtl. (1913); (Hrsg.) Hdb des höheren Mädchenschulwesens (1897); Zschr. (Hrsg.) Frauenbildung 1–22 (1902–23); (Hrsg.) Die Kulturaufgaben der Frau, 6 Tle. (1910–12); (Hrsg.) Schr.en zur Frauenbildung, 11 H.e (1921–28).

E. Dauzenroth

Wyneken, Gustav
W., geb. 19. 3. 1875 in Stade, gest. 8. 12. 1964 in Göttingen, war 1900–1906 Mitarbeiter von H. LIETZ und arbeitete 1904–1909 mit P. GEHEEB zusammen. Mit diesem gründete er 1906 die *Freie Schulgemeinde* (FSG) *Wickersdorf* (Thüringer Wald); 1910 wurde er entlassen und war für einige Zeit Wortführer der Jugendbewegung (Hoher Meißner); 1918 Mitarbeiter des preuß. KM; kehrte 1919 für ein J. nach Wickersdorf zurück und lebte seit 1920 als freier Schriftsteller. – W. geht es um die Heranbildung einer „neugearteten Generation", die sich dem *objektiven Geist* verpflichtet fühlt. Er gründete deshalb als Stätte der Jugendkultur, als „Keimzelle einer neuen Gesamtkultur" die FSG (mit Schülerselbstverwaltung und Koedukation). Sie ist „kein Bund von Individuen, sondern hier ist ein neues Individuum höherer Art, das die Einzelnen nur benutzt, um sich an ihnen und durch sie zu entfalten". – Das eigentl. Objekt der Erziehung ist nach W. der Geschlechtstrieb, den es zu transformieren und zum „Eros" zu steigern gilt. Unter „Eros" versteht er die „gleichgeschlechtige Liebe" zwischen Knaben und Erzieher im Sinne der griech. „Paiderastia".

Werke (Ausw.): Schule u. Jugendkultur (1913, ¹³1921); Der Kampf für die Jugend (1919); Der Gedankenkreis der FSG (1913); Eros (1921, ¹⁶./¹⁷. Tsd. 1924); Revolution u. Schule (1924); Weltanschauung (1940).
Lit.: U. Panter, G. W. – Leben u. Werk (1960, ausf. Lit.); E. E. Geißler, Der Gedanke der Jugend bei G. W. (1963).

H. Claußen

X

Xenophon
X. (ca. 426–355 v. Chr.), Schüler des Sokrates, griech. Schriftsteller, war, obwohl Athener von Geburt, Anhänger Spartas; er lehnte die Demokratie ab. Seine bekanntesten Werke sind die „Anabasis", „Hellenika", „Kyropädie" sowie die „Sokratischen Schriften". Die Hauptquelle von X.s päd. Auffassungen bildet die *Kyropädie,* die in erzählender Form die für einen Fürstensohn beste Erziehung und die Amtsführung des Herrschers darstellt. Unter dem starken Eindruck der spartan. Erziehung ist X.s höchstes Bildungsideal die Ausbildung zum Krieger und Staatsbürger. Deshalb hat die körperl. und sittl. Bildung Vorrang vor der ästhetisch-literar. und intellektuellen Erziehung. Maß für Sittlichkeit ist dabei der Staat.

Lit.: E. Scharr, X.s Staats- u. Gesellschaftsideal u. seine Zeit (1919); G. Rudberg, Socrates bei X. (1939); E. Delebecque, Essai sur la vie de X. (Paris 1957).

C. Menze

Y

Yoga

Y. (Sanskrit: ‚yuj' = binden, vereinen, fesseln; vgl. dt.: „Joch") ist ein altind. Übungssystem zur Selbsterziehung, heute auch in der westl. Welt viel beachtet und gepflegt. Durch tägliches Üben von Körper und Geist soll der ganze Mensch erfaßt und in Zucht genommen werden. Auf dem Weg der „Selbstverwirklichung" soll er die Vereinigung mit seinem wahren Wesen erfahren. Der „Atman", das höhere Selbst, soll eins werden mit „Brahman", dem göttlichen Urgrund. Das kleine persönl. Ich muß dahinter zurücktreten.

Es gibt verschiedene Y.zweige. Im Westen ist die Spätform des Hatha-Y. mit den sinnfälligen Körperhaltungen (asanas) und einer besonderen Atemführung (pranayama) am meisten bekannt. Auf dem Achtstufenweg der Raja-Y. (nach den Y.-Sutras des Patánjali, 300 bis 200 v. Chr.) stehen die sittl. Grundforderungen (je 5 Enthaltsamkeiten und Verhaltensweisen im „yama" und „niyama") voran, mit Ahimsha (Gewaltlosigkeit) am Anfang. Ferner gehören geistige Übungsstufen dazu, über das Zurückziehen der Sinne (pratyahara) zur Konzentration (dharana), worin der Übende „auf eins gerichtet" wird (im ekagrata), in die Versenkung (dhyana, auch als Meditation übersetzt), bis zur Einswerdung im „samadhi".

Y. wurde urspr. nur mündlich – vom Guru (geistigen Lehrer) auf den Chela (Schüler) – weitergegeben. Indirekte Quelle ist die Bhagavad-Gita, das Lied des Erhabenen, mit dem Karma-Y. als Weg selbstlosen Handelns, dem Jnana-Y. (auch Gnana-, sprich Dchnana-Y.) in einer Erkenntnis, die verwandelt, und dem Bhakti-Y. in der Gottesliebe. Älteste Quelle, mehr im Sinne des Jnana- und Bhakti-Y., sind die Upanishaden.

Y. ist keine Religion und setzt keinen Gottesglauben voraus. Der Übende soll alles in sich und an sich selbst erfahren, um bis zur Befreiung vom irdischen Verhaftetsein zu gelangen. Die Asanas sind keine Gymnastik, sondern Mittel zur Körperbeherrschung und Beruhigung, die Atemübungen dienen dem Freilegen von Regenerations- und Heilkräften.

Informationsmöglichkeit: Dt. Y.-Institut (6411 Schmalnau, Ebersberger Weg 6); Berufsverband Dt. Y.-Lehrer. *Quellen:* S. Radhakrishnan (Hrsg.), Die Bhagavad-Gita (1958); P. Deussen (Hrsg.), Die Upanishaden (⁴1963). *Lit.:* J. M. Spath, Y. – Wege der Befreiung (1951); J. W. Hauer, Y. Ein indischer Weg zum Selbst (1958); M. Eliade, Y. Unsterblichkeit u. Freiheit (1960); O. A. Isbert, Y. Arbeit am Selbst (1960, ²1968); – u. J. Horbat, Y.-Sadhana, Lehrgang (1961–63); –, Heilkraft im Y. (1964) Iyengar, Licht auf Y., Hdb. (1969).

O. A. Isbert

Z

Zahlbegriff, seine Entwicklung

Z. = Zahl

1. Nach der Vorstellung der sensualistisch-empirist. Psychol. des 19. Jh., die ihren Einfluß bis weit in unser Jh. herein ausgeübt hat, entstehen Z.begriffe in der Art von Klassenbegriffen: Man nimmt verschiedene Mengen derselben Mächtigkeit, z. B. fünf, wahr. Die Wahrnehmungsbilder werden als Vorstellungen gespeichert; sie überlagern sich, und durch einen Abstraktionsvorgang werden unwesentliche Merkmale, wie Art und räumliche Konfiguration der Elemente, ausgeschieden, während das allein wichtige Merkmal, die Mächtigkeit der Menge, hervorgehoben wird und den Z.begriff bildet. Diese Vorstellung ist etwa bei J. KÜHNEL (1916) deutlich spürbar.

2. Wenn überhaupt, dann kann ein solches Modell allenfalls den Erwerb der vier oder fünf ersten natürlichen Z.en oder einfacher Brüche (Halbe, Viertel) beschreiben, die Kinder in der Regel schon mit zur Schule bringen. Bereits J. WITTMANN (1929) betont, „daß es – logisch betrachtet – nur einen Begriff der Kardinalzahl geben kann und daß die einzelnen Kardinalzahlen sechs, sieben usw. sich ... nur durch die mit ihnen be-

zeichnete Mächtigkeit der Mengen ... unterscheiden". Die Erwerbung dieses Begriffs setzt eine reiche Fülle von Erfahrungen im Umgang mit konkreten Mengen voraus; er bedeutet etwas grundlegend anderes als etwa das Aufsagenkönnen der Z.enreihe.

3. Die weitaus wichtigsten und umfangreichsten Untersuchungen zur Entwicklung des Z.-begriffs stammen von J. PIAGET und seinen Mitarbeitern („La genèse du nombre chez l'enfant", 1941). Die (finite natürliche) Z. wird nach PIAGET aus zwei log. Komponenten gebildet: aus den grundlegenden log. Funktionen der Klasseneinschachtelung und der asymmetr. Relationen. Beide Systeme, die Logik der Klassen und die Logik der Relationen, gehen eine Synthese ein und bestimmen so den Z.begriff. Aus dieser Auffassung ergeben sich der kardinale und der ordinale Aspekt der (finiten natürl.) Z.:

„Eine Kardinalzahl ist eine Klasse, deren Elemente aufgefaßt werden als untereinander äquivalente und dennoch unterschiedene ‚Einheiten', deren Differenzen also nur darin bestehen, daß man sie aufreihen, also anordnen kann. Umgekehrt sind die Ordinalzahlen eine Reihe, deren Glieder, obgleich sie aufeinander folgen nach den Ordnungs-Relationen, die ihnen ihre jeweiligen Rangstufen zuweisen, ebenfalls Einheiten sind, die einander äquivalent sind und infolgedessen kardinal zusammengefügt werden können. Die finiten Zahlen sind also zwangsläufig zugleich Kardinal- wie Ordinalzahlen; das ergibt sich aus der Natur der Zahl selbst ..." (PIAGET und SZEMINSKA 1965).

Die beiden für den Z.begriff konstitutiven log. Fähigkeiten, Klasseneinschachtelung und Seriation, entwickeln sich aus tatsächlich ausgeführten Handlungen, die „verinnerlicht" werden. In der dritten Phase der ↗ kognitiven Entwicklung des Kindes, der Phase der konkreten Operationen, die etwa mit 7 J.n beginnt, werden die verinnerlichten Handlungen operativ, d. h. reversibel, beweglich und koordinierungsfähig. Ist dies erfolgt, haben beide Operationen sich als ↗ Gruppierung strukturiert, dann konstituieren sie in gegenseitiger Abhängigkeit und unter bestimmten weiteren Voraussetzungen die Z. als ein neues log. Gebilde.

4. Die Voraussetzungen, die vor Entstehung des Z.begriffs gegeben sein müssen, sind einmal die Mengenkonstanz (Invarianz der Menge gegenüber der Anordnung ihrer Elemente), zum anderen die eindeutige Zuordnung (Stück-für-Stück-Korrespondenz), durch die kardinale Äquivalenz von Mengen ohne Abzählen bestimmt werden kann. Beide Leistungen werden ebenfalls in der Phase der konkreten Operationen möglich. Für ein Kind auf der Stufe der anschaul. Intelligenz ist es nicht selbstverständlich, daß die Z. der Perlen in einem Glas konstant bleibt, wenn man sie in ein anderes Glas umfüllt. Ist das neue Glas höher und dafür schmäler, dann folgt das Kind dieser Stufe seinem opt. Eindruck und glaubt, die Perlen seien mehr geworden, weil die Menge größer aussieht. Erst nach Durchlaufen eines Übergangsstadiums, in dem bald die Wahrnehmung, bald das Denken die Oberhand behält, wird die Menge unabhängig von ihrer Anordnung als konstante Quantität erfaßt. In ähnlicher Weise werden zwei Mengen nach eineindeutiger Zuordnung ihrer Elemente anfangs nur als gleichmächtig erkannt, wenn die Stück-für-Stück-Korrespondenz auch optisch erhalten bleibt. Rückt man etwa von zwei Reihen Bonbons, deren Elemente paarweise nebeneinandergelegt worden waren, eine Reihe zusammen, so daß sie nun kürzer aussieht, dann glaubt das Kind, sie enthalte jetzt weniger Bonbons als die andere Reihe. Erst nach Erreichen der operativen Stufe des Denkens ist das Kind in der Lage, die Veränderung „im Kopf", ohne konkretes Tun, wieder rückgängig zu machen und so zu wissen, daß sich die Mächtigkeit nicht geändert hat. Jetzt sind die Voraussetzungen für die Bildung des Begriffes der (finiten natürlichen) Z. gegeben.

☐ Rechen- und Mathematikunterricht in Grund- und Hauptschule

Lit.: J. Kühnel, Neubau des Rechenunterrichts (1916, [11]1966); J. Piaget - A. Szeminska, Die Entwicklung des Z.begriffs beim Kinde (1965, [2]1969); J. Wittmann, Theorie u. Praxis eines ganzheitl. Unterrichts ([4]1967); J. Laux, Die Bildung des Z.begriffs in den ersten drei Schj. (1969).

V. Weis

Zahnpflege

Z. = Zahn, ZP. = Zahnpflege

1. Zähne dienen der Nahrungszerkleinerung, Sprachbildung und Kosmetik. Wenn sie erkranken, kann es zu Magenbeschwerden, psych. Schäden oder dentogenen Herderkrankungen kommen, oft mit Erwerbsunfähigkeit oder Frühinvalidität verbunden. 98 % der Bevölkerung in der BRD haben ein krankes Gebiß.

Bei der Volksseuche *Karies* (Z.fäule), einer chemisch-bakteriellen Erkrankung, werden im Z. eingelagerte Kalksalze durch Säuren, die organ. Bestandteile durch Bakterien zerstört. Anfänglich schmerzlos, kommt es bei tieferem Vordringen zur Reizung und schmerzhaften Infektion der Pulpa (Z.mark aus Bindegewebe, Nerven und Blutgefäßen im Z.innern). Diese zerfällt später, die Bakterien dringen in den Kieferknochen vor, von wo sie aber mit dem Blutstrom durch den Körper gestreut werden und Herz-, Kreislauf-, Nieren-, Nerven-, Ohren-, Augen- oder rheumatische Erkrankungen auslösen können (Herderkrankungen). Wo grobe Kostformen durch kauinaktive, klebrige Zivilisationskost ersetzt wurden, stieg die Karies an. In der BRD tritt sie heute bei über 90 % der Bevölkerung auf. Schon 1/3 der Dreijährigen hat

kranke Milchzähne, jeder 3. Schulanfänger kranke bleibende Zähne. Zerstörung der Milchgebisse, Fingerlutschen und erbliche Veranlagung verursachen *Stellungsanomalien*, die lange, kostspielige kieferorthopädische Behandlungen erfordern.
Bei *Parodontose* (Z.betterkrankung) verlieren die Zähne durch Z.bettabbau ihren Halt, Z.fleischentzündung, Z.stein und Stellungsanomalien sind die Ursachen, Z.fleischbluten, Mundgeruch und allmähliche Z.lockerung die ersten Symptome.

2. *Vorbeugungsmaßnahmen* sind: kauaktive, mineralstoffhaltige *Ernährung*, zweimal jährlich zahnärztliche *Kontrolluntersuchungen* (Frühbehandlung), Schmelzhärtung durch *Fluoride* und regelmäßige *Zahnpflege*. Zur Entfernung der Beläge auf den Zähnen (Schleim, Speichel, Speisereste und Bakterien) und zur Z.fleischmassage sollten nach Frühstück, Mittagessen und vor dem Schlafengehen die Zähne 2 Min. geputzt werden. Bei Z.putzversuchen ist durch regelmäßige ZP. nach einem J. eine 50%ige Kariesverminderung erzielt worden. Nur richtige Bürsttechnik mit zweckmäßiger Z.bürste (Kurzkopf mit Kunststoffborsten und abgewinkeltem Stiel) ist wirkungsvoll: zuerst mit Schneidezähnen in Abbißstellung die Außen-, dann die Innenflächen senkrecht vom Z.fleisch zum Z., danach die Kauflächen bürsten, beim Spülen Wasser kräftig durch die Z.zwischenräume drücken. Gute Z.pasten, denen man kariesreduzierende oder zahnfleischbehandelnde Stoffe zusetzen kann, steigern den Effekt. Der Gang zum Z.arzt wird dadurch nicht überflüssig.

☐ Schularzt. Schulzahnarzt. Gesundheitserziehung

Lit.: G. Port - H. Euler, Lb. der Z.heilkunde (⁸1951); E. Sonnabend, Mundhygiene zur Vorbeugung (1969); J. Reetz - R. Naujoks, Die kariesprophylakt. Wirkung einer aminfluoridhalt. Zahnpaste, in: DZZ 6 (1970); H. J. Gülzow, Kariesprophylaktisch wirksame Fakten (1970).

H.-G. Wleklinski

Zedlitz, Karl Abraham von ↗ Preußen

Zeigende Lehrform ↗ Lehrformen

Zeiterleben, seine Entwicklung
Z. = Zeit

Z.wahrnehmung und Z.begriffe entwickeln sich viel später als die Raumanschauung (METZGER 1959) und werden – auch beim Erwachsenen – nie sehr genau (HURLOCK 1970). Bis zum Alter von ca. 2½ Jahren lebt das Kind in einem „situativen Querschnittsdasein" (METZGER), es bildet lediglich vorbegriffliche „sensumotorische" Erwartungen aufgrund der täglichen Routinehandlungen aus (PIAGET 1955). Die Entstehung der „Zeitperspektive" (LEWIN, vgl. METZGER) wird in Beziehung gebracht zur Beendigung der frühkindl. Trotzphase (Metzger 1963). – Der Erwerb und die Anwendung von Z.begriffen geht bei allen Kindern in einer relativ uniformen Reihenfolge vor sich. Individuelle Unterschiede im Begriffserwerb sind weniger intelligenzabhängig als milieubedingt (AMES 1946); Art und Zahl der Hinweisreize für die Ausbildung eines Z.begriffssystems hängen etwa mit der häusl. Z.struktur und der Existenz von (z. B. schul.) Z.plänen zusammen (HURLOCK 1970).

Allg. folgen aufeinander: die adäquate Reaktion auf einen „Zeit"-Begriff, die angemessene selbständige Benutzung dieses Wortes und die Fähigkeit zur begriffl. Einordnung dieses Wortes. Zuerst werden gegenwartsbezogene Wörter gelernt („heute" mit etwa 2 J.), dann zukunftsbezogene („morgen" mit 2½ J.), dann vergangenheitsbezogene („gestern" mit 3 J.). BÜHLER (1935) erklärt den Vorrang des „gefühlswichtigen Morgen" mit den häufigen Vertröstungen usw., die das Kind erfährt. Beim Erlernen der Uhrzeit folgen aufeinander: richtige Angabe der Zeit täglicher Aktivitäten, Angaben zur Uhrzeit zuerst in vollen, dann in halben und Viertelstunden, Stellen der Uhr, Erklären der Bedeutung der beiden Uhrzeiger. Eine Durchgliederung längerfristiger Z.dauern schließt sich ebenfalls an individuell Bedeutsames an (bekannt ist: eigenes Alter ab 3 J., nächster Geburtstag ab 4 J., nächste Altersstufe ab 5 J.), aber erst relativ spät werden die abstrahierten Begriffe richtig angegeben (der Monat und die Jahreszeit mit 7 J., das Jahr, die Monate, der Monatstag mit 8 J.) (AMES 1946). Das ist nicht verwunderlich, da die Vorstellungen über die Beziehungen etwa zwischen Tagen und Monat wesentlich durch Zahlvorstellungen vermittelt werden (HURLOCK 1970).

Der Abschluß der Entwicklung der Z.begriffe wird bei 8 J. (PIAGET 1955) bis zu 14 J. (WESLEY 1942) angegeben. Das Verständnis für geschichtl. Zeit soll nicht vor 12 J. erwachen (PISTOR 1940).

PIAGET (1955) behandelt das Z.erleben in den Termini seiner Phasenlehre auf folgende Weise: das Kind in der „sensumotorischen" Phase (bis 2 J.) erlebt, ausgehend von automat. Bewegungssequenzen, die keinen Bezug zu zeitl. Ordnungen in der Außenwelt haben, zunehmend Beziehungen zwischen Wahrnehmungsfolgen und eigenen Tätigkeiten, bis es Ereignisketten seriell geordnet erlebt. Das Z.erleben setzt die Entwicklung von Gegenstandsbegriffen, von Raumerleben und Kausalitätserfahrungen voraus. Dem Erlebnis der Seriation folgt schließlich die begriffl. Einordnung von Sequenzen mit dem Fortschreiten der Sprachentwicklung in der „präoperativen" Phase (bis 7 J.), aber erst in der „operativen" Phase ist das Kind in der Lage, konkrete Z.operationen auszuführen. Dazu müssen sich nämlich zwei zeitliche Begriffssysteme in ihrer Beziehung zueinander herausgebildet haben: das System der Sukzession, also das Erkennen der Reihenfolge, und das System der Dauer, das die Fähigkeit zur Größenschätzung erfordert.

☐ Raumerleben, seine Entwicklung

Lit.: K. Bühler, Abriß der geist. Entwicklung des Kindes (1935, ⁸1967); F. Pistor, How Time Concepts Are Acquired by Children, in: Educational Method (1940); E. B. Wesley, Teaching Social Studies (Boston ²1942); L. B. Ames, The Development of the Sense of Time in the Young Child, in: Journal of Genetic Psychology (1946); J. Piaget - A. Szeminska, Die Entwicklung des Z.begriffs beim Kinde (1955, ²1969); W. Metzger, Die Entwicklung der Erkenntnisprozesse, in: Hdb. der Psychol., Bd. III, hrsg. v. H. Thomae (1959); –, Frühkindl. Trotz (²1963); P. Fraisse, Z.wahrnehmung. Z.schätzung, in: Hdb. der Psychol., Bd. I, 1, hrsg. v. W. Metzger (1966); E. Hurlock, Die Entwicklung des Kindes (1970).

I. Wagner

Zeitgeistforschung und Erziehungswissenschaft

Die Z. als eine besondere Form der Geistesgesch. ist eine vergleichsweise junge Form wiss. Analyse und Bestandsaufnahme. Sie ist zuerst von W. DILTHEY formuliert worden, hat eine prakt. Anwendung in GROETHUYSENs „Entstehung der bürgerlichen Welt- und Lebensanschauung in Frankreich" (1927, 1930) erfahren, ist von J. WACH im theoret. Zugang (1926) erneut als eine Aufgabe der Geistesgesch. bestätigt worden und wurde von H. J. SCHOEPS in der Verbindung mit Religionsgesch. als eine in Dtl. einmalige Univ.sdisziplin (Religions- und Geistesgeschichte) etabliert. In der „Gesellschaft für Geistesgeschichte" ist die Kontroversdiskussion nicht ausgetragen, ob die Geistesgesch. im Sinne von Z. als Disziplin oder Methode zu verstehen sei. H. J. SCHOEPS hat zu beweisen versucht, daß die Geistesgesch. als Z. eine selbständige Disziplin konstituiere. Außerhalb der Erziehungswiss. praktizieren u. a. Geistesgesch. als Z.: K. KUPISCH für die Kirchengesch., W. v. LÖHNEYSEN für die Kunstgesch., H. DIWALD für den Grenzbereich zwischen Philos. und polit. Geistesgesch., K. PFANKUCH für die Philos., F. BOLLE für die Naturwiss.en, insbes. die Biologie, und A. VOIGT für öff. Recht.

In der Erziehungswissenschaft sind Arbeiten auf der Grundlage der Z. vergleichsweise selten. Die Fruchtbarkeit dieses Ansatzes ist aus Arbeiten von F. KREPPEL, K. H. HÖFELE, J. H. KNOLL und H. SCHALLENBERGER abzulesen. Der Z. geht es entgegen üblichen Verfahren weniger um den Nachweis und die Analyse der aus ihrer Zeit herausragenden Pädagogen und vorzuweisenden Erziehungsmaximen, sondern um die Manifestation des für die jeweilige Zeit Typischen, also um die „je gültige" Lebensweise, Selbstdarstellung der je repräsentativen Gesellschaftsschicht. Die Z. versucht daneben zu erkunden, welche Wege und Möglichkeiten in einem polit., kulturpolit. oder sozialen Kulminationspunkt angelegt waren, wodurch sie die „unterlegenen Gruppen" stärker als mit herkömml. Verfahren ins Bewußtsein zu rücken vermag.

Im Blick auf die Erziehungswiss. hat die Z. neben neuartigen Themen aus dem Feld der Selbstdarstellungen von Schule, Schüler, Schulverwaltung auch ein bislang weniger beachtetes Quellenmaterial erschlossen. In der Nachfolge von GROETHUYSENs Verfahren gewinnen Schulansprachen, Schulchroniken, Schulberichte, Schüler- und Lehrertagebücher, Schulzeitschriften, kulturpolitische Gazetten in der Z. als Manifestationen „durchschnittlicher" Meinungen, Gesinnungen und Verhaltensweisen an Gewicht.

Lit.: K. H. Höfele, Selbstverständnis u. Zeitkritik des dt. Bürgertums vor dem 1. Weltkrieg an Hand von Schulprogrammen, in: Zschr. für Religions- u. Geistesgesch. (1956); H. J. Schoeps, Was ist u. was will die Geistesgesch. (1959); Lebendiger Geist, hrsg. v. H. Diwald (1959); H. Schallenberger, Untersuchungen zum Geschichtsbild der Wilhelminischen Ära und der Weimarer Zeit (1964); J. H. Knoll, Staatsbürgerl. Erziehung im 19. Jh., in: Päd. Rsch. (1966); F. Kreppel, Der Lehrer in der Zeitgesch., in: Zeitgeist im Wandel, Bd. 1 (s. u.); Zeitgeist im Wandel, hrsg. v. H. J. Schoeps, Bd. 1 u. 2 (1967–68); K. Schaller - K.-H. Schäfer (Hrsg.), Bildungsmodelle u. Geschichtlichkeit (1967, ausführl. Bibliogr.).

J. H. Knoll

Zeitintervall-Bekräftigung ↗ Bekräftigungspläne

Zeitschriften, pädagogische

Unter diesem Begriff sind sowohl Zschr.en zu fassen, die in päd. Absicht für bestimmte Personengruppen herausgegeben und verfaßt werden (↗ Elternzeitschriften, ↗ Jugendzeitschriften, Schul- bzw. ↗ Schülerzeitschriften) als auch Periodika für Erzieher, Lehrer und Erziehungswissenschaftler. Derartige Veröffentlichungen vermögen dank ihrer raschen Erscheinungsweise den Stand der päd. Forschung laufend wiederzugeben und Anstöße zu weiteren Untersuchungen, aber auch zur prakt. Erprobung zu geben. Dabei ist die fachpäd. Zschr.enliteratur in verschiedene Gruppen zu gliedern:

Einer ersten Gruppe (I.) sind diejenigen Organe zuzuordnen, welche einen vorwiegend *wissenschaftlichen* Charakter haben. In starkem Maße beziehen sie die Problemkreise der päd. Anthropologie, Psychol. und Soziol. in ihre Themenbereiche ein. Ferner widmen sie sich der Didaktik im weitesten Sinne und berücksichtigen zunehmend Aspekte der Curriculumforschung, schließlich bringen sie Beiträge über grundsätzl. Fragen außerschulischer Bildungsbereiche, z. B. der Erwachsenenbildung sowie der Jugendpflege und Jugendfürsorge. – Daneben bilden die Zschr.en, welche *Theorie und Praxis* miteinander zu verbinden suchen, eine weitere Gruppe (II.).

Sie sind vielfach auf bestimmte Schulstufen, Schulformen oder Schulversuche orientiert. – Die vorwiegend oder ausschließlich auf die *Unterrichtspraxis* eingestellten Zschr.en dienen in der Regel der Begründung und Durchdringung einzelner Unterrichtsfächer bzw. Unterrichtsprinzipien (III.). – Eine besondere Akzentuierung weisen die Zschr.en von *Lehrerverbänden* und *pädagogischen Vereinigungen* auf (IV.), die neben päd. Themen Schwergewichte in der Behandlung schul- und standespolitischer Fragen haben. – Die rechtl. Entwicklung des Schul- und Hochschulwesens, ja des gesamten Bildungswesens ist vornehmlich aus den *Gesetz-* und *Verordnungsblättern* der Bundesländer (V.), den Ministerialblättern der Kultusministerien sowie den Amtl. Schulblättern der Regierungsbezirke zu ersehen.

Die im Folgenden gemachten Angaben erheben nicht den Anspruch auf Vollständigkeit.

I. Wissenschaftliche Zeitschriften

Bildung u. Erziehung. Zweimonatsschr. für theoret. u. prakt., internat. u. vergleichende Päd. sowie für päd. Dokumentation, Düsseldorf (Schwann 1934 ff.); Die Dt. Schule, Hannover (Schroedel 1897 ff.); didactica. Vjschr. für Studium u. Weiterbildung der Lehrer aller Schulformen, Wuppertal (Henn 1967 ff.); Internat. Zschr. für Erziehungswiss., Den Haag (Nijhoff 1932 ff.); Paedagogica europea, Amsterdam (Elsevier), Braunschweig (Westermann); Päd. Rsch., Wuppertal (Henn 1947 ff.); Vergleichende Päd., Berlin-Ost (Volk u. Wissen 1965 ff.); Vjschr. für wiss. Päd., Bochum (Kamp 1925 ff.); Zschr. für erziehungswiss. Forschung, Stuttgart (1955 ff.); Zschr. für Päd., Weinheim/Bergstraße (Beltz 1955 ff.).

II. Zeitschriften, die Theorie und Praxis verbinden

1. *Allgemeines:* Allg. Schulanzeiger für die BRD, Freiburg (Herder 1967 ff.); betrifft: erziehung, Weinheim, Berlin, Basel (Beltz 1968 ff.); Blätter für Lehrerfortbildung. Das Seminar, München (Ehrenwirth 1948 ff.); Neue Unterrichtspraxis, Köln (Müller); Neue Wege im Unterricht, Bochum (Kamp); Lebendige Schule, Bad Heilbrunn (Klinkhardt 1947 ff.); Päd. heute, Oberursel (Finken); Päd. Welt, Donauwörth (Auer 1947 ff.); Die Scholle, Ansbach (Prögel 1933 ff.); Die Schulwarte, Villingen a. Neckar (Neckar-Verlag 1948 ff.); Westermanns Päd. Beiträge, Braunschweig (Westermann 1949 ff.); Zeitnahe Schularbeit, Villingen a. N. (Neckar-Verlag 1948 ff.).
2. *Einzelne Schulformen:* – *Grund- und Hauptschule:* Die Grundschule, Braunschweig (Westermann 1967 ff.); Welt der Schule, a. Ausgabe Grundschule, b. Ausgabe Hauptschule, München (Ehrenwirth 1948 ff.); Unterricht heute. Zschr. für a. Hauptschule, b. Grundschule, Stuttgart (Klett 1950 ff.). – *Sonderschulwesen:* Das behinderte Kind, Mülheim/Ruhr (Rehabilitationsverlag 1964 ff.); Heilpäd. Werkblätter, Luzern (Inst. für Heilpäd. 1932 ff.); Die Sprachheilarbeit, Hamburg-Altona (Jürgensen). – *Höhere Schule:* Anregung. Zschr. für die Höhere Schule, München (Bayer. Schulbuchverlag 1955 ff.); Das Studienseminar, Frankfurt a. M. (Diesterweg 1956 ff.). – *Berufsbildendes Schulwesen:* Ausbildung u. Beratung in Land- u. Hauswirtschaft, München (BLV-Verlag 1948 ff.); Berufsbildung, Berlin-Ost (Volk u. Wissen 1947 ff.); Die Gewerbeschule, Karlsruhe (Müller 1896 ff.). – *Hochschulwesen:* Die Dt. Universitätszeitung, vereinigt mit Hochschuldienst. Monatsschr. für die Univ.en u. Hochschulen, Bonn (Raabe 1946 ff.). – *Erwachsenenbildung:* Erwachsenenbildung, Osnabrück (Fromm 1955 ff.); Erwachsenenbildung in Österreich, Fachzschr. für Erwachsenenbildner u. Bibliothekare, Wien (Östr. Bundesverlag 1951 ff.).
3. *Pädagogische und schulorganisatorische Einzelfragen.* Erziehungskunst. Monatsschr. zur Päd. R. Steiners, Stuttgart (Freies Geistesleben 1912 ff.); Fernsehen u. Bildung, München (Internat. Zentralinst. für das Jugend- und Bildungsfernsehen, Bayer. Rundfunk 1967 ff.); Film, Bild, Ton, München (Heering 1948 ff.); Die Ganzheitsschule, Freiburg i. Br. (Herder 1952 ff.); Gesamtschule, Braunschweig (Westermann 1969 ff.); Ganztägige Bildung u. Erziehung, Berlin-Ost (Volk u. Wissen 1963 ff.); Das Gute Jugendbuch, Heiligenhaus (Arbeitskreis: „Das Gute Jugendbuch" 1956 ff.); Die Kath. Freie Schule, Köln (Bischöfl. Zentrale für Ordensschulen u. Internate); Das Kind. Zschr. für Montessoripäd., Wiesbaden (Saaten-Verlag); Kindergarten heute. Zschr. für Erziehung im Vorschulalter, Freiburg i. Br. (Herder 1971 ff.); Polytechn. Bildung u. Erziehung, Berlin-Ost (Volk u. Wissen 1959 ff.); Schul- u. Sportstättenbau. Mitteilungsbl. des Östr. Inst. für Schul- u. Sportstättenbau, Wien (Östr. Inst. für Schul- u. Sportstättenbau); Schulmanagement, Braunschweig (Westermann); Schule u. Psychol., München, Basel (Reinhardt 1954 ff.); Sexualpäd., München, Basel (Reinhardt 1969 ff.); Das Spiel in der Schule. Eine Vjschr. für mus. Erziehung, München (Manz 1960 ff.); Sprechen u. Spuren, Wuppertal (Forschungskreis für die Sprechspur 1950 ff.); Suchtgefahren, Hamburg (Neuland-Verlagsgesellschaft 1955 ff.); Tagesheimschule, Schwalbach (Wochenschau-Verlag 1956 ff.).

III. Zeitschriften im Dienste der Unterrichtspraxis

1. *Geschichte und Politische Bildung:* Gegenwartskunde, Opladen (Leske 1952 ff.); Gesch. in Wiss. u. Unterricht, Stuttgart (Klett 1950 ff.); Gesch.sunterricht u. Staatsbürgerkunde, Berlin-Ost (Volk u. Wissen 1959 ff.); Gesellschaft, Staat, Erziehung, Stuttgart (Klett), Frankfurt a. M. (Diesterweg); Polit. Bildung, Stuttgart (Klett 1956 ff.).
2. *Geographie:* Der Erdkundeunterricht, Stuttgart (Klett 1956 ff.); Geograph. Rdsch., Braunschweig (Westermann); Zschr. für den Erdkundeunterricht, Berlin-Ost (Volk u. Wissen 1949 ff.).
3. *Hauswirtschaft:* Ausbildung u. Beratung in Land- u. Hauswirtschaft, München (BLV 1948 ff.); Hauswirtschaftl. Bildung, Eßlingen (Burgbücherei 1937 ff.).
4. *Kunst- und Werkerziehung:* Bildner. Erziehung, Wuppertal (Henn 1965 ff.); Bildner. Erziehung. Östr. Fachbl. für Kunst- u. Werkerziehung, Wien (Östr. Bundesverlag 1965 ff.); Kunst u. Unterricht, Velber b. Hannover (Friedrich 1968); Kunsterziehung, Berlin-Ost (Volk u. Wissen 1953 ff.); Werkpäd. Hefte, Stuttgart (Frech 1968 ff.).
5. *Leibeserziehung:* Die Leibeserziehung, Schorndorf b. Stuttgart (Hofmann 1952 ff.); Leibesübungen, Frankfurt a. M. (Sport- u. Turnverlag der Herkul G. m. b. H. 1949 ff.); Leibesübungen – Leibeserziehung, Wien (Östr. Bundesverlag für Jugend u. Volk 1947 ff.).
6. *Mathematik:* Der Mathematikunterricht, Stuttgart (Klett 1955 ff.); Praxis der Mathematik, Köln (Aulis 1959 ff.); Der Mathemat. u. Naturwiss. Unterricht, Bonn (Dümmler), Frankfurt a. M. (Hirschgraben).
7. *Musikerziehung:* Musik u. Bildung, Mainz (Schott 1969 ff.); Musikerziehung, Wien (Östr. Bundesverlag 1947/48 ff.).
8. *Naturwissenschaften:* a) *Allgemeines:* Beitr. zum Mathematisch-Naturwiss. Unterricht, Braunschweig (Diesterweg 1959 ff.); Der Mathemat. u. Naturwiss.

Unterricht, Bonn (Dümmler), Frankfurt a. M. (Diesterweg 1948 ff.). – b) *Biologie:* Biologie in der Schule, Berlin-Ost (Volk u. Wissen 1952 ff.); Der Biologieunterricht, Stuttgart (Klett 1967 ff.); Praxis der Naturwiss.en, Tl. II: Biologie, Köln (Aulis 1952 ff.). – c) *Chemie:* Praxis der Naturwiss.en, Tl. III: Chemie, Köln (Aulis 1952 ff.). – d) *Physik:* Praxis der Naturwiss.en, Tl. I: Physik, Köln (Aulis 1952 ff.).
9. *Religionspädagogik:* a) Ev.: Der ev. Erzieher, Frankfurt a. M. (Diesterweg 1949 ff.); Der ev. Religionslehrer an der Berufsschule, Gladbeck (Schriftenmissionsverlag 1953 ff.); Ev. Unterweisung, Dortmund (Crüwell 1946 ff.). – b) *Kath.:* Katechet. Blätter. Kirchl. Jugendarbeit, München, Kempten (Kösel 1875 ff.).
10. *Sprachunterricht:* a) *Allgemeines:* Linguistik u. Didaktik, München (Bayerischer Schulbuchverlag). – b) *Deutschunterricht:* Blätter für den Dt.lehrer, Frankfurt a. M. (Diesterweg 1957 ff.); Dt.unterricht, Berlin-Ost (Volk u. Wissen 1948 ff.); Der Dt.unterricht, Stuttgart (Klett 1949 ff.); Muttersprache, Mannheim, Zürich (Bibliograph. Inst. 1890 ff.); Wirkendes Wort, Düsseldorf (Schwann 1950 ff.). – c) *Alte Sprachen:* Der altsprachl. Unterricht, Stuttgart (Klett 1954 ff.). – d) *Neuere Sprachen:* Englisch. Zschr. für den Englischlehrer, Berlin, Bielefeld (Cornelsen 1964 ff.); Die Neueren Sprachen, Frankfurt a. M. (Diesterweg 1952 ff.); Neusprachl. Mitteilungen aus Wiss. u. Praxis, Berlin (Velhagen & Klasing 1948 ff.); Praxis des neusprachl. Unterrichts, Dortmund (Lensing 1954 ff.).
11. *Wirtschaftslehre:* Dortmunder Hefte zur Wirtschaftslehre, Braunschweig (Westermann).

IV. Verbandszeitschriften (ohne Beilagen und Landesausgaben)

Die Allgemeinbildende Höhere Schule, Wien (Gewerkschaft der öff. Bediensteten); Allg. Dt. Lehrerzeitung (GEW), Essen (Stamm-Verlag 1949); Berufsberatung u. Berufsbildung, Zürich (Zentralsekretariat des Schweizer Verbandes für Berufsberatung u. Lehrlingsfürsorge 1916 ff.); Die Berufsbildende Schule. Zschr. des Dt. Verbandes der Gewerbelehrer, Wolfenbüttel (Heckner 1949 ff.); Berufl. Bildung, Düsseldorf (Dt. Gewerkschaftsbund 1965 ff.); Blätter des Pestalozzi-Fröbel-Verbandes, Heidelberg (Quelle & Meyer 1950 ff.); Der Dt. Lehrer im Ausland (Verband dt. Lehrer im Ausland), München (Hueber 1954 ff.); Dt. Lehrerzeitung (Gewerkschaft Erziehung u. Unterricht), Berlin-Ost (Volk u. Wissen 1949 ff.); Europ. Erziehung. Zschr. des Europ. Erzieherbundes, Sektion Dtl., Darmstadt (Europ. Erzieherbund, Sektion Dtl. 1960 ff.); Die Höhere Schule. Zschr. des Dt. Philologenverbandes, Düsseldorf (Schwann); Forum E. Zschr. des Verbandes Bildung u. Erziehung (vormals: Verband der kath. Lehrerschaft Dtl.s 1948 ff., Bochum (Kamp); Kath. Frauenbildung. Organ des Vereins kath. dt. Lehrerinnen, Paderborn (Schöningh 1887 ff.); Material- u. Nachrichtendienst der Gewerkschaft Erziehung u. Wiss. (MUND), Frankfurt a. M. (GEW 1951 ff.); Die Lebenshilfe, Marburg (Bundesvereinigung Lebenshilfe für das geistig behinderte Kind (1962 ff.); Lehrer u. Schule, Berlin-West (Dt. Lehrerbund 1956 ff.); MitgliederRundbrief des Allgemeinen Fürsorgeerziehungstages, Hannover (AFET 1948 ff.); Mitteilungen des Dt. Germanistenverbandes, Königstein (Dt. Germanistenverband 1954 ff.); Mitteilungen des Hochschulverbandes, Bonn - Bad-Godesberg (Hochschulverband 1950 ff.); Mitteilungen. Arbeitskreis für Hochschuldidaktik. Beil. zu Mitteilungen des Hochschulverbandes, Bonn - Bad Godesberg (Hochschulverband); Mitteilungen u. Nachrichten des Dt. Inst. für Internat. Päd. Forschung. der Gesellschaft zur Förderung Päd. Forschung, Frankfurt a. M. (Dt. Inst. für Internat. Päd. Forsch. 1951 ff.); Mitteilungsblatt des Dt. Altphilologenverbandes, Heidelberg (Winter); Nachrichtendienst des Dt. Vereines für Öff. u. Private Fürsorge 1920 ff.); Moderne Sozialarbeit, Bad Segeberg (Verband Moderne Sozialarbeit); Die Östr. Berufsschule. Zschr. der Berufsschullehrer, Wien (Arbeitsgemeinschaft: Die Östr. Berufsschule 1950 ff.); Östr. Hochschulzeitung, Wien (Notring der Wiss. Verbände Österreichs 1949 ff.); Die Östr. Höhere Schule. Organ der Vereinigung Christl. Lehrer an den Höheren Schulen Österreichs, Wien (Vereinigung Christl. Lehrer an den Höheren Schulen Österreichs 1906); Östr. Päd. Warte, Wien (Kath. Lehrerschaft Österreichs 1906 ff.); Die Östr. VHS., Wien (Verband Östr. VHS.n); Die Realschule. Zschr. für das gesamte mittlere Schulwesen (Verband dt. Realschullehrer), Hannover, Darmstadt (Schroedel), Stuttgart (Klett 1891 ff.); Das Schullandheim. Fachzschr. des Verbandes dt. Schullandheime, Bremen (Krehn 1927 ff.); Die Spur (Bund ev. Lehrer), Berlin-West (Die Spur 1961 ff.); Der Stenografielehrer (Verband dt. Stenographielehrer), Darmstadt (Winkler 1947 ff.); Wir machen mit. Aus dem Leben der Schülermitverwaltung, Buxtehude (Gesellschaft der Freunde der Schülermitverwaltung 1953 ff.); Wirtschaft u. Erziehung. Monatsschr. des Verbandes Dt. Diplom-Handelslehrer. Organ für kaufmänn. Bildungswesen, Wolfenbüttel (Heckner 1949 ff.); Zschr. für Heilpäd. Flensburg (Verband dt. Sonderschulen 1950 ff.).

V. Amts-, Gesetz- und Verordnungsblätter

a) *Allgemeines:* Dt. Verwaltungsbl., Köln (Heymanns 1950 ff.); Die öff. Verwaltung, Stuttgart (Kohlhammer 1948 ff.); Recht der Jugend u. des Bildungswesens. Vereinigt mit Recht u. Wirtschaft der Schule. Zschr. für Jugenderziehung u. Jugendförderung, für Recht u. Verwaltung, Soziol. u. Wirtschaft des Bildungs- u. Unterrichtswesens, Berlin-West (Luchterhand 1953 ff.). – b) *Gesetzessammlungen:* Gemeinsames Ministerialbl. des Bundes, der Länder, u. der Gemeinden, Köln (Heymanns 1950 ff.); Sammelbl. für Rechtsvorschriften des Bundes u. der Länder, Hamburg (Girardet 1950 ff.). – c) *Gesetz- und Verordnungblätter:* Bundesgesetzbl., Tl. 1, Köln (Bundesanzeiger 1949 ff.); Amtsbl. des Saarlandes, Saarbrücken (Regierung des Saarlandes, Staatskanzlei 1945 ff.); Bayer. Gesetz- u. Verordnungsbl., München (Münchener Zeitungsverlag 1938 ff.); Gesetz- u. Verordnungsbl. für Berlin, Berlin (Kulturbuch-Verlag 1945 ff.); Gesetz u. Verordnungsbl. für das Land Hessen, Bad Homburg v. d. H. (Gehlen 1945 ff.); Gesetz- u. Verordnungsbl. für das Land NRW, Ausgabe A., Düsseldorf (Bagel 1946 ff.); Gesetz- u. Verordnungsbl. für das Land Rheinland-Pfalz, Mainz (Staatskanzlei 1947 ff.); Gesetz- u. Verordnungsbl. für Schleswig-Holstein, Kiel (Der Innenminister des Landes Schleswig-Holstein 1947 ff.); Gesetzbl. der Freien u. Hansestadt Bremen, Bremen (Schünemann 1946 ff.); Gesetzbl. für Baden-Württ., Stuttgart (Scheufele 1952 ff.); Hamburgisches Gesetz- u. Verordnungsbl., Tl. 1, Hamburg (Lütcke und Wulff 1946 ff.); Niedersächs. Gesetz- u. Verordnungsbl., Hannover (Schlütersche Buchdruckerei 1947 ff.). d) *Amtsblätter der Kultusministerien:* Amtsbl. des Bayer. Staatsministeriums für Unterricht u. Kultus, München (Pflaum 1946 ff.); Amtsbl. des Hess. Kultusministers. Wiesbaden (Hess. KM 1948 ff.); Amtsbl. des Kultusministeriums des Landes NRW, Düsseldorf (Bagel 1948 ff.); Amtsbl. des Ministeriums für Unterricht u. Kultus von Rheinland-Pfalz, Neuwied (Neuwieder Verlagsgesellschaft 1948 ff.); Bremer Schulbl. (Senator für das Bildungswesen); Dienstbl. des Senats von Berlin, Tl. 3: Wiss. u. Kunst, Schulwesen, Berlin (Senatsverwaltung für Wiss. u. Kunst); Kultus u. Unterricht. Amtsbl. des KM Baden-Württ., Villingen am Neckar (Neckar-Verlag 1946 ff.); Mitteilungsbl. der Schulbehörde der Freien u. Hansestadt Hamburg, Hamburg (Schulbehörde der Freien u. Hansestadt Hamburg); Nachrichtenbl. des KM des Landes Schleswig-Holstein, Kiel (Innenminister u. KM des Landes Schleswig-Holstein); Schulverwaltungsbl. für Niedersachsen, Hannover (Hahn 1949 ff.).

☐ Elternzeitschriften. Jugend- und Kinderzeitschriften. Schülerzeitungen. Schuldruckerei. Gesellschaften, pädagogische. Vereine und Verbände, pädagogische. Lehrer- und Lehrerinnenvereine. Dokumentation, pädagogische

Lit.: O. Buchheit, Die päd. Tagespresse in Dtl. von der Reichsgründung bis zum Weltkrieg 1871-1914, mit Anhang: Gesamtverz. der dt.sprach. päd. Presse 1871-1914 (1939); H. Marx, Die Entstehung u. die Anfänge der päd. Presse im dt. Sprachgebiet. Beitr. zur Geschichtsschreibung des dt. Erziehungswesens im 18. Jh. (Diss. Frankfurt a. M. 1929); G. Preißler, Grundfragen der Päd. in westdt. Zschr.en (²1966).
Bibliogr.: Das päd. Schrifttum. Zusammengestellt u. hrsg. vom Dokumentations- u. Auskunftsdienst im Sekretariat der KMK (1955-65), ab 1966: Bibliogr. Päd. Monatl. Verz., hrsg. v. Dokumentationsring Päd. (1966 ff.); Der Inhalt neuerer päd. Zschr. u. Serien im dt. Sprachgebiet. Gesamtnachweis 1947-1967, bearbeitet v. H. Schmidt u. F. J. Lützenkirchen, 10 Bde. mit jährl. Supplementbänden (1969 ff.).

J. Tymister

Zeitungslektüre in Schule und Familie
Z. = Zeitung(s)

Im Konkurrenzkampf der Medien konnten die Tages- und Wochenzeitungen ihre Position behaupten und sogar ausbauen. Etwa drei Viertel aller Bundesbürger lesen täglich Z. Die Zahl von 1300 bis 1400 Bl.ern in der BRD darf aber nicht darüber hinwegtäuschen, daß nur einige Dutzend Z.en als „opinion leaders" ihre Regionen und Adressaten erreichen. Die übrigen haben die Funktion des Multiplikators der Welt- und Dtl.nachrichten und von Spezialinformationen.

Vor dem Interesse an der Politik rangiert bei der Jugend die Anteilnahme an den Sportereignissen, an Beiträgen, die angenehme Gefühlslagen bewirken, und an naheliegenden Begebenheiten, wie sie der Lokalteil widerspiegelt. Solchen Tatsachen, die in Altersstufenmentalität und sozio-kulturellen Bedingungen begründet sind, hat eine *Pressepädagogik* in Schule und Familie Rechnung zu tragen. Einordnungsgesichtspunkte, die im Blick auf das Angebot über die Auswahl des Lesestoffes entscheiden helfen sollen, sind pressekundlicher Art wie auch unterrichtsfachbezogen. Bes. der ↗Sozialkundeunterricht bietet sich als Ort der Auseinandersetzung im Gespräch über strittige Probleme, offene polit. und gesellschaftl. Fragen an. Die Praxis dieser drei Wege wird erleichtert durch Analysen der Elemente Wort, Bild und Begriff in Presseerzeugnissen, vorwiegend im Deutsch- und Kunstunterricht. Vor dem speziellen Verständnis des Z.fotos, der journalist. Diktion, der Eigenart einzelner führender Z.en und ihrer Gattungszugehörigkeit steht Spartenkenntnis und Unterscheidung zwischen redaktionellem und Anzeigenteil bei der Tages-Z.; hinzu kommt zunächst die inhaltl. Auswertung des kommunalen Umfeldes für die Heimat- und Sozialkunde. Voraussetzung ist die generelle Einführung der regelmäß. Z.-lektüre, bis diese zur Selbstverständlichkeit im Leben des Schülers (etwa vom 12 Lj. an) geworden ist. Die Spannweite der prakt. Z.-kunde reicht von der selektierenden Arbeit mit der Schere für ein illustratives Archiv bis zur Produktion von ↗Schüler- und Schulzeitungen.

Da schon in der Familie die Gefahr einer politisch indifferenten Z.lektüre besteht, darf die Schule sich einer einübenden gesellschaftlich relevanten Stellungnahme zu den Tagesereignissen nicht entziehen. Vor allem ist auf die unterschwelligen Mittel der Meinungsmache und der Massenmanipulation hinzuweisen. Die Eltern selbst können durch Lektüre seriöser Z.en deren größeres kulturelles Gewicht gegenüber der Illustriertenpresse demonstrieren.

☐ Presse. Schülerzeitungen

Lit.: E. Dovifat, Z.lehre (1931, ⁵1967); E. Reuber, Z. in Erzieherhand (1956); W. Engelhard, Die polit. Tages-z.en in einer techn., gesellschaftlich u. wirtschaftlich veränderten Welt (1963); P. Noack - F. Schneider, Die Presse. Wirkung u. Aufgabe der Z. (1963); U. Lepper, Die Tages-Z. im Unterricht (1968, ²1969); H. Schuster - L. Sillner, Die Z. Wie sie uns informiert u. wie sie sich informiert (1968); E. Wasem, Medien der Öffentlichkeit (1969).

E. Wasem

Zeller, Carl August
Z., geb. 15. 8. 1774 in Hohenentringen bei Tübingen, gest. 23. 3. 1840 in Stuttgart; war bis 1803 Pfarrer in Brünn. Nach mehrmaligem Aufenthalt bei PESTALOZZI wirkte er 1809 bis 1811 als Oberschulrat in Königsberg i. Pr. Er erwarb sich Verdienste um die Verbreitung der Pestalozzischen Pädagogik in Württemberg und Preußen. Dabei erfaßte er allerdings nur eine Seite dieser Päd.: die Elementarisierung der Lehrfächer, Betonung der formalen Schulung, Reglementierung der Schuldisziplin, normative Festsetzung der Lehrmethode. Z.s Päd. läßt sich auf das Prinzip der Methode zurückführen. Darin vereinigen sich die Prinzipien der Elementarisierung, Entfaltung, Spontaneität, Gemeinschaft und des aktuellen Bewußtseins.

Werke: Histor. Nachricht von einem Versuch über die Anwendung der pestalozz. Lehrart in VS.n (1804, Neuaufl. 1810); Die Schulmeisterschule (1808, ³1817); Das Ziel der Elementarschule (1809), Lernmittel für den wechselseitigen Unterricht, 8 Bde. (1839-40).
Lit.: E. Feucht, C. A. Z. Ein württ. Pestalozzianer (1928).

J.-G. Klink

Zeltlager
Z. bieten Kindern und Jgdl.n die Möglichkeit, ihre Freizeit naturnahe und gemeinschaftlich im Rahmen jugendpflegerischer Programme zu verbringen. Die Vielfalt der Lagerarten

entspricht unterschiedlichen Zielsetzungen; so gibt es Erholungslager, Sportlager, Schullager, Z. mit religiöser oder weltanschaulicher Prägung, internat. Begegnungslager u. a. Das Z. wird heute zunehmend von attraktiveren Freizeitunterkünften (↗Camping, Feriendörfer, Jugendhotels) verdrängt.
Historisch wurzelt die Institution des Z.s in der ↗Jugendbewegung. Von daher stellt sich die Frage, ob sie noch zeitgemäß ist. Zweifellos läßt sich die alte päd. Ideologie des Z.s nicht mehr aufrechterhalten: Zivilisationsfeindlichkeit, Naturschwärmerei und Gemeinschaftsideologie sind als gefährliche Romantizismen als normative Voraussetzungen der päd. Praxis des Z.s untauglich, weil sich aus ihnen keine Lernhilfen für die Bewältigung gegenwärtiger gesellschaftlicher Aufgaben ableiten lassen. Scheidet die moderne Z.-Päd. diese ideologischen Bestandteile aus und bestimmt sie das Z. als ein Lernfeld mit der Chance zu freien Gesellungen, sozialen Experimenten, zum Engagement, zur Entfaltung vielfältiger Aktivitäten, unbeeinträchtigt von den Restriktionen des Herkunftsmilieus, so kann das Z. eine wichtige Funktion im Sozialisationsprozeß gewinnen.

Lit.: I.-M. Sabath, Z. (1956); L. Knorr, Moderne Z.-gestaltung (1957); H. Hansen, Protokoll aus einem antiautoritären Ferienlager (1970).

K.-H. Wachter

Zen
1. *Der erzieherische Beitrag des Zen-Buddhismus in Japan.* Z. (chines. ch'an), die in China entstandene Meditationsschule des Mahāyāna-Buddhismus, hat die chines. Kultur vielfach bereichert. Nach Japan überpflanzt, durchdrang das Z. alle Gebiete der japan. Kultur durch die sog. „Wege" (japan. dô), das sind Kunstfertigkeiten wie Teezeremonie, Kalligraphie, Dichtung, Blumenstecken oder auch männliche Tüchtigkeiten wie Schwertkampf, Ringen, Bogenschießen. – Das Z. bemühte sich auch um die Jugenderziehung im engeren Sinn. Die mit den Z.-Klöstern vielfach verbundenen Tempelschulen vermittelten breiten Volksschichten die Anfangsgründe des chinesisch-japan. Schulwissens. Die meistens von Z.-Mönchen geleiteten Tempelschulen, in denen die Jugend nicht nur Religion und Moral, sondern auch Lesen und Schreiben lernte, blieben bis zur Landeseröffnung (1868) die einzigen VS.n Japans.
Gegenwärtig erfährt die Erziehungstätigkeit des Z. eine Neubelebung. Die Z.-Meditation wird als Mittel der Menschenbildung benutzt und in größerem Umfang auch Laien, Männern wie Frauen, zugänglich gemacht. An Z.-Kursen beteiligen sich Studenten, Künstler, Sportler und andere, die für ihre Berufszwecke von der Meditation Nutzen erhoffen. Industriebetriebe, Handelsfirmen und Banken veranstalten Z.-Kurse zur Stärkung der Leistungsfähigkeit ihrer Belegschaft.
2. *Die Erziehungswerte im Zen.* In der Z.-Meditation wird das ganzheitl. Leitbild des in den Kosmos hineingefügten und auf diesen bezogenen Menschen angesteuert. Die Z.-Übung erstrebt zunächst die *Integration des Leibes*. Der Hocksitz während der Meditation bedeutet die Ganzgestalt des Menschen vor der Differenzierung seiner Kräfte und Funktionen. Das zugrunde liegende östl. Menschenbild sieht nicht wie das griechisch-abendländische den Menschen aus den Bestandteilen von Leib und Seele zusammengesetzt, sondern erfaßt als Erstgegebenes die Ganzgestalt. Die in die Vielheit zerstreuten Lebenskräfte werden durch die Hockmeditation in die Einheit zurückgeführt. Die Beobachtung der physiolog. Implikationen dieses Vorganges öffnet den Weg zu einem neuen Verständnis des menschl. Körpers. Heute werden wichtige Inhalte dieser östl. Weisheit von westl. Psychologen bestätigt, insbes. die Gesetze des leiblich-seel. Zwischenbereiches. Die *Stille* ist von den Lebensmeistern immer als unabdingbares Erfordernis höherer Menschenbildung erachtet worden. In der Z.-Meditation folgt auf die allseitige Beruhigung des Körpers die Konzentration zuerst der leiblich-seelischen und dann der geist. Funktionen. Das Ziel ist die *Leere*, eine absolute innere Stille. Zu den Erziehungswerten des Z. gehört auch die *asketische Haltung*, die Stärke im Ertragen von Schmerz und der Verzicht auf Sinnengenuß. Das vielstündige Verweilen im Hocksitz, die Beschränkung in Nahrung und Schlaf, Stillschweigen und Wachheit bei unablässiger Bemühung um Konzentration unter Leitung des Meisters, all dies erfordert Anstrengung und dient zuchtvoller Selbstbeherrschung. Die japan. Z.-Meister vertraten stets eine *sittliche Lebensführung*. Die Erleuchtung wurde niemals als legitimer Dispensationsgrund von der Erfüllung der mit dem Naturgesetz übereinstimmenden buddhist. Moral angesehen. Z.-Meister schärfen ihren Jüngern nach dem Erlebnis die Verpflichtung zu weiterer Persönlichkeitsbildung und zum Dienst an der Gemeinschaft ein.

Lit.: D. T. Suzuki, Die große Befreiung. Einführung in den Z.-Buddhismus (1939); H. Dumoulin, Z. Geschichte u. Gestalt (1959); –, Östl. Meditation u. christl. Mystik (1966); H. M. Enomiya-Lassalle, Z. Weg zur Erleuchtung (1960, ²1969); –, Z.-Buddhismus (1966); –, Z. Meditation für Christen (1969); Ph. Kapleau (Hrsg.), The Three Pillars of Z. (Tokyo 1965, dt.: Die drei Pfeiler des Z., 1969).

H. Dumoulin

Zensur ↗ Psychoanalyse

Zensuren, Vorhersagekraft von
Z. stellen eine Gütebezeichnung zur Kennzeichnung von Merkmalen, insbes. von Leistungen, dar.
1. Die Z.skala (Notenstufen) ist als *Schätzskala* von Ordinalskalenniveau anzusehen. Die Z.gebung, d. h. die Einstufung des zu beurteilenden Merkmals auf der Schätzskala, ist von der individuellen Erfahrungsbildung des Urteilenden und seinem Bezugsrahmen, meist der Klassengruppe des Beurteilten, abhängig. Syst. *Einstellungsfehler* des Urteilenden (Halo-Effekt, Tendenz zur Mitte, Milde, Strenge) gehen in die Beurteilung mit ein. Es ist durch eine Reihe umfangreicher Analysen von Z.verteilungen empirisch gut belegt, daß es syst. Unterschiede in der Z.verteilung zwischen Fächern (fachimmanente Urteilsschemata), Schultypen, Schulstufen (Z.mittelwerte sinken in der Oberschule mit steigender Klassenstufe) und Geschlechtern (Mädchen weisen bessere Noten als Jungen auf) gibt. Die angeführten Fehlerquellen bei der Z.gebung wirken sich negativ auf die ↗ Reliabilität der Z. aus. Eine Ausnahme stellt die Z.gebung aufgrund objektiver Leistungsmessung (informelle Tests, ↗ Schulleistungstests) dar. Im dt. Bildungswesen werden Z. bisher zur Steuerung bei der Wahl von Ausbildungswegen und als Eignungsindikatoren für Schul- und Prüfungserfolg, also zu langfristigeren Voraussagen bei individuellen Beurteilungen, herangezogen.
2. Die *Korrelationen* von Z. zwischen verschiedenen Schultypen und zwischen den verschiedenen Schulstufen des Gymnasiums ermutigen nicht unbedingt zu langfristigeren individuellen Voraussagen aufgrund von Z. Die zeitl. Stabilität von Z. ist nur im umgrenzten Ausmaß gewährleistet.

Nach SCHULTZE liegen die Korrelationen zwischen den Grundschul-Z. und den Z. in der Oberschule nach fünf J.n in Deutsch und Rechnen um $r = .30$ (↗ Korrelation). Nach WEINGARDT liegen die Korrelationen zwischen Z. in der Sexta und denen in der Oberprima in Deutsch, Erdkunde zwischen $r = .30$ und .40, in Latein um .50. Die Korrelationen zwischen Z. in der Obersekunda und Oberprima, also bei einem kürzeren Bezugszeitraum und bei vermutlich gleichen Beurteilern, liegen um $r = .70$. ORLIK findet Korrelationen zwischen Z. der mittleren Reife und des Abiturs in 8 Schulfächern im Mittel von $r = .48$.
Nach ORLIK sind Studienfachgruppen deutlich in ihren Reifezeugnisdurchschnittswerten und in ihrem Z.profil voneinander unterschieden.

☐ Leistung. Prüfen. Noten- und Punktbewertung. Zeugnis

Lit.: W. Schultze, Über den Voraussagewert der Auslesekriterien für den Schulerfolg am Gymnasium (1964); E. Weingardt, Korrelation u. Voraussagewert der Zeugnisnoten bei Gymnasiasten (1964); P. Orlik, Krit. Untersuchungen zur Begabtenförderung (1967); L. Tent, Die Auslese von Schülern für weiterführende Schulen (1969).

M. Braun

Zentralabitur ↗ Reifeprüfung

Zentralismus und Föderalismus in Erziehung und Schulverwaltung
1. Der Kampf zwischen Z. und F., der sich durch die ganze dt. Gesch. hindurchzieht, wurde nicht nur auf dem Felde des Staatsaufbaus und Staatsverfassungsrechts ausgetragen, sondern setzt sich auch noch innerhalb des föderativen Aufbaus der BRD fort. Er spielt sich hier vor allem im Rahmen der Zuständigkeitsabgrenzung zwischen Bund und Ländern ab. In dem Maße, als das Erziehungs- und Bildungswesen in den Mittelpunkt gesellschaftlichen und politischen Interesses rückt, wird es auch selbst in dieses Spannungsfeld mit hineingezogen. Während die Zentralisten unter dem Schlagwort von der Einheitlichkeit der Lebensverhältnisse im Bundesgebiet das gesamte Bildungswesen von einer Kommandozentrale aus gelenkt und gesteuert sehen möchten, sehen die Anhänger des F. in diesem ein Struktur- und Regelungssystem, das den Teilen ihre Eigenständigkeit beläßt, wobei die erforderl. bundesstaatl. Einheitlichkeit durch das föderalist. Prinzip der Kooperation und Koordination hergestellt wird.

2. Das dt. Schul- und Erziehungswesen ist in starkem Maße das Ergebnis der staatl. und staatspolit. Entwicklung in Dtl. Seit es eine staatl. Gestaltung und Beeinflussung des Schulwesens gibt, liegt diese bei den dt. Territorialstaaten. Die Reichsgründung von 1871 brachte insofern keine Änderung: Die Bismarcksche Reichsverfassung enthielt keinerlei Bestimmungen über kulturelle und erzieher. Angelegenheiten. Diese blieben in der Obhut der Bundesstaaten. Auch durch die Weimarer Verfassung trat insoweit in der Praxis keine Änderung ein. Sie enthielt zwar in den Art. 143–149 einzelne Grundsätze für ein gemeinsames Schulrecht und räumte in Art. 10 Ziff. 2 dem Reich das Recht ein, Grundsätze für das Schulwesen aufzustellen. Von diesem Recht wurde jedoch kein Gebrauch gemacht. Die Schulhoheit der Länder blieb unangetastet. Nach dem Zusammenbruch des Dritten Reiches, in dem auch die Kulturverwaltung zentralisiert war, gingen die Länder in Ausübung ihrer wiedergewonnenen Hoheitsmacht daran, das Schulwesen wiederaufzubauen, wobei schon sehr bald durch die KMK die Bemühungen um die erforderl. Angleichung einsetzten.

3. Das GG der BRD hat an der bestehenden kulturpolit. Situation nichts geändert. Es hat die ↗ Kulturhoheit der Länder aufrechterhalten und sich auf einige verfassungsrechtl. Normierungen des Schulwesens (Art. 7 GG) beschränkt. Im übrigen gehört das Schul- und Erziehungswesen nach der Zuständigkeitsverteilung des GG eindeutig in den Hoheitsbereich der Länder (Art. 30, 70 ff.).

Der Bund hat auf diesem Gebiet also keine Kompetenzen. Hieran hat sich auch durch die GG-Änderungen v. 12. 5. 1969 nichts geändert. Während dabei dem Bund das Recht eingeräumt wurde, Rahmenvorschriften über „die allgemeinen Grundsätze des Hochschulwesens" zu erlassen, erhielt er für das Schulwesen keine entsprechende Kompetenz. Nach Art. 91 b GG ist lediglich die Möglichkeit gegeben, daß der Bund aufgrund von Vereinbarungen mit den Ländern bei der Bildungsplanung, die im übrigen Aufgabe der Länder bleibt, mitwirkt.

4. Seit Bestehen der BRD ist in ihr ein zentralstaatl. Zug unverkennbar. Die Zentralisierungstendenzen machen ungeachtet der Verfassung vor dem Bildungswesen, das bisher den Eckpfeiler des F. in der BRD ausmachte, nicht halt. Man behauptet, die Länder hätten versagt, macht den Kultur-F. für die sog. Bildungsmisere verantwortlich und erwartet alles Heil von einer zentralen Steuerung des Bildungswesens durch den Bund. Dabei wird jedoch übersehen, daß die bestehenden Schwierigkeiten auf dem Gebiet des Bildungswesens in der Sache selbst und zum großen Teil in den gesellschaftl. und polit. Verhältnissen in der BRD liegen, die auch durch eine Übertragung bildungspolitischer Kompetenzen auf den Bund nicht aus der Welt geschafft würden. Die großen Aufgaben auf dem Gebiete des Erziehungs- und Bildungswesens können sehr wohl auch von einem föderalist. Staatssystem bewältigt werden. Die Länder waren es, die einzeln und gemeinsam das Bildungswesen nach dem totalen Zusammenbruch der zentralist. Staats- und Kulturpolitik wiederaufgebaut haben. Die unterschiedl. polit. Strukturen der Länder ermöglichten dabei in den schwierigen bildungspolit. Fragen unterschiedliche Regelungen nach dem Willen der Bevölkerung, die das historisch Gewachsene und die kulturelle und strukturelle Eigenart der einzelnen Gebiete am besten berücksichtigen und den bestehenden stammesmäßigen und landschaftl. Gegebenheiten am ehesten Rechnung tragen. Eine föderalist. Ordnung des Erziehungswesens im Sinne des Subsidiaritätsprinzips gewährleistet am besten das päd. Wirken der nichtstaatl. Erziehungsträger. Nicht zuletzt begünstigt der Kultur-F. einen fruchtbaren Wettstreit unter den Ländern bei der Suche nach besseren schul- und bildungspolit. Lösungen, erleichtert deren Erprobung und fördert so den Fortschritt. Auf der anderen Seite wurde in den wichtigen Strukturfragen auf dem Wege der Selbstkoordinierung der Länder trotzdem Übereinstimmung erzielt, so daß heute im dt. Schulwesen mehr gemeinsame Regelungen bestehen als zu irgendeinem Zeitpunkt der dt. Gesch., sogar einschließlich der Zeit von 1933 bis 1945. Die Länder haben damit bewiesen, daß sie in der Lage sind, da, wo es not tut, die Einheit sicherzustellen, und dort, wo es möglich ist, die Vielfalt zu lassen und der Freiheit Raum zu geben.

☐ Bundesrepublik Deutschland

L. Huber

Zentralschule

1. *Geschichtliches*. Durch die Einführung der allg. VS.pflicht im 18. und 19. Jh. entstanden vor allem auf dem Lande zahlreiche kleine und kleinste VS.n, deren Notwendigkeit insbesondere durch die dünne Besiedlung und die unzulängl. Verkehrsverbindungen bedingt war.

Die Tatsache, daß das VS.wesen von seinen Anfängen bis ins 20. Jh. fast ausschließlich konfessionell war, vermehrte die Zahl der kleinen, ↗weniggegliederten Schulen erheblich. Mit wachsenden Leistungsanforderungen wurde auch für die VS. die Umorganisation auf der Basis von ↗Jahrgangsklassen unerläßlich, deren Möglichkeit und päd. Wert jedoch nicht unumstritten ist, zumal sie in den jüngsten Reformvorschlägen (↗Strukturplan) zugunsten von Leistungsgruppen wieder aufgelöst werden. In jener Phase der päd. Entwicklung und Erkenntnis, in der die Bedeutung der Jahrgangsklassen und der schul. Leistung (zum Nachteil der Schulerziehung) überschätzt wurden, vollzog sich die Zusammenlegung der kleinen Schulen zu größeren Systemen in Z.n (auch Mittelpunkt-, Dorfgemeinschafts- oder Dörfergemeinschaftsschulen genannt).

2. *Organisatorisches*. Das organisator. Ziel der Zusammenfassung zu Z.n ist die in Jahrgangsklassen voll gegliederte (voll ausgebaute) Schule, der im Idealfall Parallelklassen angestrebt werden. Diese sind vor allem aufgrund der neuesten Schulreformvorstellungen um der besseren Leistung willen notwendig. Nur bei einer großen Zahl von Schülern läßt sich ein differenziertes Bildungsangebot mit einer Vielzahl von Leistungsgruppen durchführen. Der konsequenten Durchführung von Z.n stellen sich vor allem die weiten Fahrwege und die damit verbundenen Kosten entgegen. Transporte in Schulbussen über 20 und mehr Kilometer gelten aber heute vielfach als zumutbar.

3. *Schulpolitisches*. Bei der Einführung der Z. waren vorantreibende und retardierende Kräfte wirksam. Von den ersten wurde vor allem auf die (behauptete und im allg. auch zutreffende) höhere Leistungseffizienz der Z., die angesichts der modernen Leistungsgesellschaft und der Umstrukturierung der Landwirtschaft das Landkind nicht benachteiligen dürfe, hingewiesen. Verschwiegen wurde die mit der Zentralisierung notwendig gegebene und auch intendierte Umwandlung fast aller

ländl. ↗Bekenntnisschulen in ↗Gemeinschaftsschulen. Von den anderen wurde die tatsächl. höhere Leistungsmöglichkeit der Z. unterbewertet, auf die bessere Erziehungsmöglichkeit der kleinen, dem Dorfe nahen und konfessionellen Schule und die beabsichtigte Abschaffung der Bekenntnisschule hingewiesen. Auf dieser Seite standen vor allem kath. Kreise. Ihnen gesellten sich lokale Interessenten zu, die aus lokalpolit. Gründen die Schule ihrem jeweiligen Dorfe erhalten wissen wollten. Die zentralisierungsbejahenden Kräfte haben sich politisch durchgesetzt, so daß weniggegliederte oder gar einklassige Schulen nur noch in organisatorisch anders nicht lösbaren Fällen weiterbestehen bleiben.

4. *Pädagogisches.* Die Zentralisierung dient vor allem dem Ausbau der ↗Volksschuloberstufe zur ↗Hauptschule, die selbst aber in der neuerdings geforderten Konzeption einer ↗Gesamtschule problematisch geworden ist. Sollte diese verwirklicht werden, so sind vor größere Einzugsgebiete mit erheblich weiteren Transportwegen erforderlich. Die Möglichkeiten für bessere unterrichtl. Leistungen werden bei den Z.n heute allg. anerkannt. Vor allem ist eine bessere ↗Differenzierung mit einer Vielzahl von Fachlehrern gewährleistet. Den päd. Nachteilen (Entfremdung von Familie, Dorf, Kirchengemeinde, vom persönlich bekannten Lehrer) stehen Vorteile (neben der Leistung die Weitung des Horizontes, gesteigerte Anpassungsfähigkeit und Durchsetzkraft, Begegnung mit anderen Menschen) gegenüber.

☐ Weniggegliederte Schule

Lit.: Arbeitsgem. Dt. Lehrerverbände, Bremer Plan (1962); K. Bungardt (Hrsg.), Der Bremer Plan im Streit der Meinungen (1962); Dt. Ausschuß für das Erziehungs- u. Bildungswesen, Rahmenplan, in: Gutachten u. Empfehlungen (1966); –, Die VS. auf dem Lande, in: ebd.; K. Mohr, Die Reform der VS. auf dem Lande (1966); G. M. Rückriem, Die Situation der VS. auf dem Lande (1966); Dt. Bildungsrat, Strukturplan für das Bildungswesen (1971).

K. Erlinghagen

Zertifikate in der Erwachsenenbildung
EB. = Erwachsenenbildung

In der von neuhumanist. Bildungstradition beeinflußten und geprägten EB. der Weimarer Republik und nach 1945 bis etwa zu der vom ↗Deutschen Volkshochschulverband hrsg. Programmschrift „Stellung und Aufgabe der Volkshochschule" (1963, 1966) war das Veranstaltungsangebot der EB. nicht auf Prüfungen mit Z.n bezogen. Seit 1966 hat das in der DDR gesetzlich 1965 endgültig festgelegte Prinzip der ↗Erwachsenenqualifizierung auch in den Einrichtungen der EB. in der BRD Zustimmung gefunden. Das bedeutet einen Wandel im Selbstverständnis der EB. Während das Veranstaltungsangebot zuvor weithin von den subjektiven Bildungsbedürfnissen bestimmt war, ist jetzt infolge anthropolog. und technolog. Zwänge das objektive Bildungsinteresse für die Programmgestaltung wichtiger geworden. Die Tendenz zu syst. Lernen in Kursen wird deutlich. 1967/68 sind Modelle für Z.skurse entwickelt und diskutiert worden; die Diskussion wurde auch durch den „Bochumer Plan" gefördert. Zur Zeit werden folgende Z.skurse durchgeführt: Englisch, Französisch, Deutsch für Ausländer, Mathematik, Statistik und elektronische Datenverarbeitung. Ein Nachteil ist, daß die staatl. Rechtsverbindlichkeit der Z. noch nicht sichergestellt ist. Die Resonanz bei Kursleitern und Teilnehmern zeigt, daß mit den Sprachen-Zertifikatskursen eine schon lange empfundene Lücke ausgefüllt wird und daß durch die Zertifikatskurse auch ein neuer Typ von Kursteilnehmern gewonnen werden kann.

Lit.: J. H. Knoll - H. Siebert, EB. – Erwachsenenqualifizierung in der DDR (1968); – u. G. Wodraschke, EB. am Wendepunkt, Bochumer Plan (1967); Bericht der Päd. Arbeitsstelle des DVV, Zum Stand der Entwicklung von Z.skursen (1968).

J. H. Knoll

Zeugenaussagen, kindliche
1. Seit den Forschungen von W. STERN hat man sich immer wieder mit kindl. Z. befaßt, namentlich in der forens. Praxis. Die Frage der *Zuverlässigkeit* der Aussagen von kindl. Zeuginnen bes. in Sittlichkeitsprozessen stand im Vordergrund der Untersuchungen. Die Fragestellung spielt nicht nur im Strafrecht, sondern auch in Erziehung und Heilerziehung eine ausschlaggebende Rolle (bes. bei pubertären Schwierigkeiten). Keinesfalls ist ein Kind oder ein Jgdl. *grundsätzlich* unglaubwürdig. Zu unterscheiden ist zwischen den mehr visuell veranlagten Kindern, die von sich aus leicht bestimmte Erscheinungen in das sinnlich Wahrgenommene projizieren, und den rezeptiv veranlagten, die objektive Sachverhalte deutlicher wahrnehmen.

2. Polizeiliche und gerichtliche *Vernehmungen* von Kindern erfordern besondere Sachkunde und häufig die Hinzuziehung eines Psychologen oder Pädagogen. Der Vernehmende hat sich vor allem vor sog. Suggestivfragen zu hüten und muß erreichen, daß das Kind aus sich herausgeht und möglichst unbefangen erzählt. Das Problem der kindl. Z. in Sittlichkeitsverbrechen hat bisher noch zu keinen prozessualen Veränderungen und Verbesserungen geführt. Zu vermeiden sind wiederholte Aussagen eines Kindes; die Auf-

nahme der Aussage auf einem Tonband ist empfohlen. Ein psychol. Sachverständiger ist auf jeden Fall hinzuzuziehen (vorbildliche Lösung in Israel). Ein erhebl. Teil der sexuell mißbrauchten Kinder erleidet das Trauma nicht durch den sexuellen Kontakt, sondern durch das Bekanntwerden des Sachverhalts mit allen strafrechtl. Konsequenzen und Mehrfachvernehmungen. Das Kind wird dann häufig von Schuldgefühlen betroffen. Sachliche und entlastende Aufarbeitung des Geschehens in therapeutisch geführten Gesprächen ist notwendig.

3. Auch Kinder und Jgdl. haben ein *Zeugnisverweigerungsrecht*, wenn sie gegen Angehörige aussagen sollen. Zu prüfen ist, ob sie die erforderl. Verstandesreife haben, um die Bedeutung des Verweigerungsrechts zu verstehen (in der Regel über 14 J.). Zur Entgegennahme der Aussage des Kindes ist die Zustimmung des gesetzl. Vertreters erforderlich. Aber auch das Kind, dem Reife und Einsichtsfähigkeit fehlen, muß vom Richter belehrt werden, denn selbst bei Zustimmung seines gesetzl. Vertreters hat es noch die eigene Berechtigung zur Verweigerung von Angaben. Ist der gesetzl. Vertreter selbst der Beschuldigte, so ist in der Regel ein Pfleger zu bestellen.

☐ Kinderaussage. Forensische Psychologie

Lit.: W. Stern, Jgdl. Zeugen in Sittlichkeitsprozessen (1926); E. Frey, Die Psychol. der Z. Jgdl., in: Zschr. f. Kinderpsychiatrie (1945–46); W. Bach, Kindl. Zeuginnen in Sittlichkeitsprozessen, in: Psychol. Praxis 21 (1957); E. Müller-Luckmann, Über die Glaubwürdigkeit kindl. Zeugen bei Sittlichkeitsdelikten, in: Beitr. zur Sexualforschung 14 (1959); I. Matthes, Minderjährige Geschädigte als Zeugen in Sittlichkeitsprozessen, hrsg. v. Bundeskriminalamt Wiesbaden (1961); H. Hiltmann, Individuelle u. soziale Faktoren der kindl. Z., in: Jb. für Jugendpsychol. (1962); W. Villinger, Grundsätzl. Erfahrungen zum Thema Begutachtung der Glaubwürdigkeit kindlicher u. jgdl. Zeugen, in: Jb. für Jugendpsychol. (1962); E. Nau, Die Persönlichkeit des jgdl. Zeugen, in: Beitr. zur Sexualforsch. (1965); T. Schönfelder, Die Rolle des Mädchens bei Sexualdelikten, in: ebd. (1968).

W. Becker

Zeugnis, Zensuren

Z. = Zeugnis(se), Ze. = Zensur(en)

1. *Schulzeugnisse*, seit dem 16. Jh. im Gebrauch, fassen Leistungszensuren und Aussagen über das Schulverhalten zusammen.

Sie werden in der BRD gegenwärtig zweimal im J., als Zwischen- und Versetzungs-Z., ausgestellt. Am Ende der Pflichtschulzeit ohne Schulabschluß wird das Abgangs-Z., am Ende einer Schullaufbahn das Abschluß-Z. (z. B. Reife-Z.) ausgegeben. Adressaten des Schul-Z.ses sind in der Regel die Erziehungsberechtigten und die Schüler. Gegenwärtig wird in der BRD bundeseinheitlich ein sechsstufiges Zensurensystem verwendet (1 = sehr gut, 2 = gut, 3 = befriedigend, 4 = ausreichend, 5 = mangelhaft, 6 = ungenügend). Zur Beurteilung des Schulverhaltens, sog. Kopfzensuren für Fleiß, Aufmerksamkeit, Betragen, verwendet man eigene Werte (sehr gut bis befriedigend) oder sonstige Charakteristiken. Richtlinien für die Gestaltung des Sch.-Z.ses werden von den KM erlassen.

Schul-Z. und Ze. haben eine *Orientierungs-* bzw. *Informationsfunktion:* Sie machen Aussagen über Leistungsstand und Verhaltensweise eines Schülers innerhalb eines Klassen- oder Gruppenverbandes; daneben werden ihnen *Anreiz-* oder *Zuchtfunktionen* zugesprochen: Sie sollen durch Lob oder Tadel den Leistungswillen aktivieren und Verhaltensweisen verstärken oder korrigieren. In der Hauptsache sind sie für *Berechtigungen* erforderlich: Sie machen rechtsgültige Aussagen über Qualifikationen bei Zulassungen und dienen damit der Auslese.

3. Da für die den Ze. zugrunde liegende Leistungsmessung noch keine hinlänglich spezifischen, eindeutigen und vergleichbaren Kriterien existieren, bleiben Z. und Ze. trotz redlichen Bemühens weitgehend subjektiv. In die sog. Leistungsmessung und -beurteilung durch Ze. gehen zahlreiche leistungsfremde Faktoren ein. Es ist noch immer in hohem Maße fragwürdig, ob den Z.n und Ze. eine päd. Bedeutung als Anreiz zukommt. Dagegen darf mit Sicherheit angenommen werden, daß sie in der Regel Angst auslösen. Die Bedeutung der durch Abschluß-Z. bescheinigten Qualifikationen wird überschätzt.

4. Die genaue Beschreibung von Lernzielen, ihre Differenzierung und Zuordnung zu Ze.-bereichen und die Entwicklung einer objektiveren Leistungsmessung müssen Voraussetzung werden für Zensierung und Z.erteilung. Es wird zu prüfen sein, ob weiterhin zwei Schul-Z. im J. erforderlich sind und ob sie nicht, wo notwendig, durch eine gezielte Kurzinformation ersetzt werden können. Auf längere Sicht hin werden die alle Einzel-Ze. zusammenfassenden Zwischen-Z. abgelöst werden können von einem Kreditsystem, das auf die einzelnen Lernziele abgestellt ist. Bei Zeugnisformulierung werden die Schüler in zunehmendem Maße einzubeziehen sein.

☐ Leistung. Lernziele. Noten- und Punktbewertung Zensuren, Vorhersagekraft von

Lit.: A. Flitner, Das Schul-Z. im Lichte neuerer Untersuchungen, in: Zschr. f. Päd. (1966); R. Weiss, Ze. u. Z. (1966); W. Dohse, Das Schul-Z. ([2]1967); H. Woelker, Ze. aus dem Computer (1969); J. G. Klink, Ze. u. Z. (1969); K. Ingenkamp, Die Fragwürdigkeit der Ze.-gebung (1970).

J.-G. Klink

Ziegenpeter ↗ Kinderkrankheiten

Ziegler, Theobald

Z., geb. 9. 2. 1846 in Göppingen, gest. 1. 9. 1918 im Feldlazarett Sierenz (Elsaß), war nach Studium der Theol. und Philos. Gymnasiallehrer, 1886–1911 o. Prof. für Philos. und Päd. in Straßburg. Er vertrat eine sozialakzentuierte, im ganzen positivistisch orientierte Philos. und setzte sich päd. für die christl. Simultanschule, für einheitl. Schulorganisation mit allg. Grundschule und für Verbesserung der Lehrerbildung ein. Weite Verbreitung fand bes. in der Gymnasiallehrerschaft seine Gesch. der Pädagogik.

Werke (Ausw.): Lb. der Logik für den Unterricht an Lehranstalten u. zum Selbststudium (1876, ²1881); Gesch. der Ethik, 2 Abt.en (1881–86, ²1892); Die soziale Frage eine sittl. Frage (1891, ⁶1899); Die Fragen der Schulreform (1891); Das Gefühl (1893, ⁵1912); Notwendigkeit u. Berechtigung des Realgymnasiums (1894); Gesch. der Päd. mit bes. Rücksicht auf das Höhere Unterrichtswesen (1895, ⁵1923); Der dt. Student am Ende des 19. Jh. (1895, ¹²1912); Die geistigen u. sozialen Strömungen des 19. Jh. (1899, ⁷1921); Allg. Päd. (1901, ⁴1914); Die Simultanschule (1905).
Lit.: A. Buchenau, Nachruf in den Kantstudien 25 (1919).

A. Reble

Ziller, Tuiskon
Z., geb. 22. 12. 1817 in Wasungen (Meiningen), gest. 20. 4. 1882 in Leipzig, begründete die Hauptrichtung des sog. ↗Herbartianismus. Nach Studium der dt. Sprache, klass. Philologie sowie der Philos. und Psychol. HERBARTs (bei HARTENSTEIN und DROBISCH) war Z. 1842–1847 Gymnasiallehrer in Meiningen. 1853 wurde er Priv.-Doz., 1863 a.o. Prof. an der Univ. Leipzig. Ab 1854 vertrat er auch die Päd. Sein Ziel war, „die Erziehungswissenschaft in ihrem Verhältnis zu den Zwecken der Gesellschaft fortzubilden" durch Umgestaltung der Erziehungspraxis im Sinne der Theorie Herbarts. In dieser Absicht gründete er ein päd. Seminar, 1862 eine Übungsschule für die päd.-prakt. Ausbildung der Studenten (an ihr wirkten u. a. O. WILLMANN und W. REIN), 1866 eine „Bewahranstalt für schulpflichtige, in sittlicher Hinsicht gefährdete Kinder", 1868 den „Verein für wissenschaftliche Pädagogik", der wesentlich zur Verbreitung neuherbartianischer Erziehungsvorstellungen beitrug.
Im Bemühen um „Erkenntnis des Einzelnen" hat Z. seinen urspr. Reformansatz und auch die Päd. Herbarts verkürzt. Den sittl. Zielkomplex des Herbartschen Systems löste er auf in moralisch akzentuierte rel. Direktiven, die er betont individualpäd. auf einen Durchschnittszögling bezog. „Absolutes" Erziehungsziel war ihm das sittl.-rel. Ideal der Persönlichkeit Christi. Zur Lösung des Methodenproblems leitete Z. vom Apperzeptionsmechanismus der Herbartschen Vorstellungspsychol. ein Schema psych. Gesetzmäßigkeiten ab und band daran alle Erziehungsmaßnahmen, um den Erziehungserfolg durch Unterricht „determinierbar" zu machen. Z. hat seine „Fortbildungen" der Päd. Herbarts in der Lehre vom „erziehenden Unterricht" zusammengefaßt. Dazu gehören die betonte *religiöse Sinngebung*, die *Kulturstufentheorie* (kulturhistorisch-genet. Lehrplanaufbau entsprechend dem sog. biogenet. Grundgesetz), der *Konzentrationsgedanke* (Ausrichtung möglichst aller Unterrichtsfächer auf sittlich-rel. Unterrichtsstoffe und unmittelbare Gesinnungsbildung) und das *Formalstufenschema* (Abwandlung der Herbartschen ↗Formalstufen und ihre Anwendung als unterrichtsmethod. Universalschema).

Werke: Einleitung in die allg. Päd. (1856, ²1901); Die Regierung der Kinder (1857); Grundlegung zur Lehre vom erziehenden Unterricht (1865, ³1886); Vorlesungen über allg. Päd. (1876, ³1892); Jb. des Vereins für wiss. Päd. (u. Erläuterungen, hrsg. 1869–81); Allg. philos. Ethik (1880, ²1886).
Lit.: K. Lange, T. Z. (1884); O. W. Beyer, T. Z., in: Enzykl. Hdb. der Päd., hrsg. v. W. Rein, Bd. 10 (1910); Th. Wiget, Die formalen Stufen des Unterrichts (¹¹1914); Z.-Heft, in: Päd. Studien, hrsg. v. M. Schilling (1918); H. Leuking, T. Z. (Diss. Bonn 1930); E. Exner, T. Z.s Grundlegung zur Lehre vom erziehenden Unterricht (1951); B. Schwenk, Das Herbartverständnis der Herbartianer (1963); F. Jacobs, Die rel.-päd. Wende im Herbartianismus (1969); H.-E. Pohl, Die Päd. W. Reins (1971).

H.-E. Pohl

Zinzendorf, Nikolaus Ludwig von ↗Herrnhutisches Erziehungswesen

Zisterzienser
Benediktinischer Reformorden, benannt nach dem Stammkloster Cîteaux (= Cistercium) in Frankreich (Abk.: OCist = Ordo Cisterciensis).

1. *Geschichte.* ROBERT v. MOLESME gründete 1098 Cîteaux, um nach der urspr. Benediktsregel Mönchsleben zu gestalten. Abt STEPHAN HARDING († 1134) gab der für die gesamte kirchl. Ordensentwicklung bedeutungsvolle Verfassung Carta Caritatis (Generalkapitel, Filiation). BERNHARD v. CLAIRVAUX († 1153) ist der große Verbreiter des Ordens.
Die Zisterzienser kolonisierten nach neuen Wirtschaftsprinzipien den dt. Osten, begleitet von der höheren Lebenskultur einer christl. Humanitas, künstlerisch ausgedrückt in der frühen Z.baukunst, die in Dtl. die Gotik vorbereitete: dem Lebensstil entsprechende einfache, turmlose Kirchen. – In Univ.sstädten waren Z.studienkollegien eingerichtet. Einzelne Klöster hatten lateinische Schulen. – Kriege, Kommendenwesen, Glaubensspaltung, Frz. Revolution und Säkularisation zerschlugen den Orden fast ganz.

2. *Gegenwart.* Der Orden zählt heute (1970) 1525 männl. und 1600 weibl. Mitglieder in 12 selbständigen Kongregationen. Die Abteien widmen sich durchweg Erziehungsaufgaben in Schulen und Internaten. Es bestehen *Philos.-Theol. Hochschulen* in Asmara (Äthiopien), Casamari (Italien), Heiligenkreuz (Österreich), Itaporanga (Brasilien); kleine *Seminarien* für den Nachwuchs in Äthiopien,

Vietnam, Brasilien; *Gymnasien* in Dtl. (Marienstatt/Westerw.), Italien (Casamari), Österreich (Mehrerau, Rein, Schlierbach, Stams mit Skisportschule, Wilhering, Zwettl mit Sängerknabenkonvikt), USA (Dallas); *Landwirtschaftsschulen* (Schlierbach, Mehrerau). Von den Frauenklöstern unterhält Seligenthal (Bayern) eine Volksschule, ein Gymnasium, eine Päd. Hochschule, eine Handelsschule; Waldsassen (Bayern) eine Volks- und Mittelschule; Lichtenthal (Baden) ein Gymnasium; Mariengarten (b. Bozen) eine Handelsschule und eine Lehrerbildungsanstalt.

Der heute selbständige Orden der Reformierten Z. (OCR), *Trappisten* genannt, gehört ebenfalls der Z.familie an.

Lit.: L. Lekai - A. Schneider, Gesch. u. Wirken der weißen Mönche, dt. hrsg. v. A. Schneider (1958); Statuta Capitulorum Generalium Ord. Cist., 8 Bde., hrsg. v. J. M. Canivez (Löwen 1933–41); A. Dimier, Recueil de plans d'églises Cisterciennes (Paris 1949). *Zeitschriften:* Cistercienser-Chronik (1889 ff.); Collectanea OCR (Westmalle 1934 ff.) Analecta S. O. Cist. (Rom 1945 ff.).

J. Geibig

Zivilcourage ↗ Mut

Zögling ↗ Pädagogischer Bezug

Zollinger, Max

Schweizer Schulpädagoge, geb. 12. 11. 1886 in Zürich, gest. 14. 3. 1967 in Zürich; ab 1911 am Lehrerseminar in Küsnacht tätig, 1913 am Gymnasium Zürich; 1926 habil. an der Univ. Zürich für Allgemeine Didaktik des Mittelschulunterrichts (= Gymnasialunterrichts); 1930 ao. Prof. für Mittelschulpädagogik (= Gymnasialpäd.). Z. war bemüht, die Aufgabe und Bedeutung des Gymnasiums dahin abzuklären, daß der „Mittelschule" (= Gymnasium) keine eigene Zweckbestimmung zukomme, sondern sie nur als Vorstufe zum Hochschulunterricht zu betrachten sei.

Werke: Das literar. Verständnis des Jgdl.n u. der Bildungswert der Poesie (1926); Hochschulreife. Bestimmung u. Verantwortung der schweizer. Gymnasien (1939); Weltanschauung als Problem des jungen Menschen u. der höheren Schule unserer Zeit (1947); Wiss. als Liebhaberei. Dilettierende Gelehrte u. gelehrte Dilettanten im kulturellen Leben der Stadt Zürich (1950); Univ., Gymnasium und „studium generale", in: Festschr. für H. Fischer (1952).

Lit.: Lex.Päd. III (1952); H. Fischer, Zwei Bücher über die innere Gestalt des schweizer. Gymnasiums, in: Jahresbericht des städtischen Gymnasiums (Biel 1940 bis 1941).

E. Egger

Zoologischer Garten (Zoo)

1. *Begriff und Geschichte.* Ein ZG. ist ein eigens hergerichtetes, meist parkähnliches Gelände, auf dem Tierarten für den öff. Besuch ausgestellt sind.

Nachweislich werden Tiere seit etwa 1500 v. Chr. gehalten. In China wurde 1200 v. Chr. das erste marmorne Tierhaus erbaut; 200 Jahre später ein 400 ha großer Tierpark. Die Römer hielten Tiere in großen Mengen für ihre Schaustellungen in Zirkussen. Nach dem Untergang Roms entstanden Menagerien erst wieder zu Beginn der Neuzeit. Diese Tiergärten wurden für das Volk nicht freigegeben. Sie dienten meist den Herrschern zur Unterhaltung. Tiergärten, die dem Interesse aller Volksschichten dienten, wurden im 19. Jh. geschaffen. Erwähnt seien Berlin (1841), Frankfurt a. M. (1858); Köln (1860), Dresden (1861), Hamburg (1863), Breslau (1865), Leipzig (1878) und Königsberg (1891).

Aufgrund verhaltenspsychol. Erkenntnisse wurden die bis zum Anfang des 20. Jh. üblichen Zwinger durch mit Gräben umfaßte Freigehege bzw. Tierhäuser ersetzt. Die Zuchterfolge, möglichst am Freileben orientierter Wartung, erlauben heute anstelle des Tierfangs den Handel der ZG. untereinander.

2. *Formen.* Vom *Universalzoo,* der sämtliche repräsentative, bes. exotische Tierarten möglichst vollständig erfaßt, lassen sich unterscheiden: der *taxonomisch-selektive* ZG., in dem verwandte Tierarten leben (z. B. Hannover mit 40 Antilopenarten); der *ökologische* ZG., der die Tiergattungen eines bestimmten Lebensraumes beherbergt (z. B. Alpenzoo in Innsbruck); der *Regionalzoo* mit Tieren aus einem bestimmten geograph. Gebiet, meist als Heimattiergarten.

3. *Bedeutung.* ZG. dienen der Volksbildung. Dabei sind die informativen Daten über Gestalt, Lebensgewohnheiten, Verbreitungsgebiet, Ernährung usw. mit der Unterhaltung verbunden, die bei müheloser Befriedigung natürlicher Schaulust entsteht. – Die meisten ZG. kooperieren mit wiss. Instituten oder verfügen über eigene wiss. Mitarbeiter bzw. haben Forschungsaufgaben. Die Ergebnisse der Untersuchungen über Ernährung, Entwicklung und Lebensgewohnheiten sowie im Bereich der Verhaltensphysiologie, Pathologie, Tiermedizin und Parasitologie werden in Zeitschriften veröffentlicht oder auf Tagungen referiert. Schließlich arbeiten ZG. im Rahmen des ↗ Naturschutzes, indem sie sich durch eigene Züchtung für die Erhaltung aussterbender Arten (z. B. Wisent) einsetzen. Nachweislich bewirkt die Abschirmung gegen zivilisator. Störungen des biolog. Gleichgewichts eine längere Lebensdauer und größere Vermehrung als sogar das urspr. Naturmilieu. – Ebenso wie eine ZG.-Schule (z. B. Köln) mit eigenen Fachlehrern bietet auch die im Rahmen des üblichen Unterrichts veranstaltete Exkursion oder der private Zoobesuch – auch schon vor dem schulpflicht. Alter – erzieherische Vorteile. Noch vor der sachl. Wissenserweiterung gewährleistet die direkte Anschauung eine unmittelbare und ganzheitl. Begegnung mit dem Tier und

einen Einblick in die eigentüml. Vielfalt des Lebendigen.

Drohende Ausrottungsgefahr der Tiere läßt in den letzten Jahrzehnten die Forderung nach großen räuml. Schutzgebieten, die in einigen Staaten als Nationalparks bestehen, immer lauter werden. B. GRZIMEK (Frankfurt a. M.) hat sich in allen Ländern der Erde für die Erhaltung der Natur und ihrer Geschöpfe eingesetzt.

Lit.: W. Stricker, Gesch. der Menagerien u. Zool. Gärten (1879); B. Grzimek, Kein Platz für wilde Tiere (1960); – u. D. Backhaus, 100jähr. Zoo, hrsg. v. ZG. der Stadt Frankfurt a. M. (1958); H. Hediger, Mensch u. Tier im Zoo – Tiergartenbiologie (1965); L. Dietrich, Auf Safari in Europa. Meine Streifzüge durch Europas Zool. Gärten (1966); R. Kirchshofer (Hrsg.), Zoolog. Gärten der Welt (1966, Bibliogr.).
Schulbezogenes Schrifttum: Biologie-Unterricht im Zoo, in: ZG. der Stadt Frankfurt a. M., Jahresber. (1961 ff.); H. Wöhler, Im ZG., in: Unsere VS. (1965); A. Wünschmann, Vorschläge für den biolog. Anschauungsunterricht im ZG., in: Der mathemat. u. naturwiss. Unterricht (1965); Hess. Lehrerfortbildungswerk (Hrsg.), Zoobesuch mit Schulklassen. Protokoll des Lehrgangs F 458 vom 13. 11. bis 17. 11. 1967.
Zschr.en: Der ZG., hrsg. v. der Neuen Zoolog. Gesellschaft, Bd. 1-36, NF. (1859-69); Zoonooz, published by San Diego Zoological Society California (San Diego 1926); International Zoo Yearbook, Vol. 1-9, Zoological Society of London (ed.), (1959-69).

G. Glombek, A. Beiler

Zubringeschulen

Z. sind „Außenstellen" voll ausgebauter Gymnasien, zu denen die Schüler übergehen. Sie umfassen 2–5 Jahrgangsstufen (5.–9. Schj.). In ländl. Regionen, deren Schüler sonst auf Internate angewiesen oder Fahrschüler sein müßten, haben sie begabungsfördernde Funktion. Durch Verbesserungen der Regionalstruktur und der schul. Übergänge erübrigen sich heute Z. weithin.

Geschichte. Neben voll ausgebauten Gymnasien gab es früh ‚Lateinschulen', dann ‚Rektoratsschulen' (Name wegen Leitung durch einen akademisch gebildeten Rektor), die die unteren, z. T. auch mittleren Klassen der Gymnasien umfaßten. Ihr Lehrplan entsprach dem ihres Verbindungsgymnasiums, doch sie unterstanden der Aufsicht der Regierungspräsidenten. Daneben gab es Progymnasien, die ebenfalls Zubringefunktionen erfüllten. Die Rektoratsschulen der Weimarer Zeit (1928 in Preußen 173 öffentliche) wurden Progymnasien, Realschulen oder Z. Im J. 1938 wurden Aufgabe und Verwaltung der Z. zusammengefaßt geregelt (RMinBl. Dt. Wiss. 1938, S. 349 f.). Richtlinien, Klassenmeßzahl, Pflichtstundenmaß der Lehrer, Versetzungsbestimmungen der Gymnasien galten auch für sie, obwohl sie nicht zur Reifeprüfung führten. In der Regel erteilten Gymnasiallehrer den Unterricht. Verwaltungsmäßig einem voll ausgebauten Gymnasium zugeordnet, unterstanden sie der Schulaufsicht der (Provinzial-)Schulkollegien.
Nach 1945 wirkte der Erlaß von 1938 faktisch fort. Z. wurden als wohnortnahe Schulen in ländlicher Region geschätzt, doch Isolation und geringe Größe brachten Kritik. 1953 gab es 5 Z. in Schleswig-Holstein, 1 in Niedersachsen, 17 in NRW, je 25 in Hessen und Bayern mit unterschiedl. Rechtsformen. 1971 bestanden z. B. in Schleswig-Holstein noch 1 Z., in NRW keine, aber 8 (meist private) Progymnasien. Die Z. wurden meist aufgelöst oder zu Progymnasien (5.–10. Schj.) ausgebaut.

In der modernen Schulpolitik wurde der Gedanke des „Zubringens" abgelöst vom Konzept der Institutionalisierung späterer Übergänge: Aufbaugymnasium, gymnasiale Aufbaustufen für Realschulabsolventen. Die Einrichtung von Orientierungsstufen (Erprobungs- und Eingangsstufen) auch an Haupt- und Realschulen, die allg. Einführung des Englischen als Anfangssprache, die Hauptschulreform, der Ausbau des Realschulwesens und die verkehrstechn. Verbesserungen erschlossen neue Möglichkeiten.

H.-R. Laurien

Zucht

1. Der *Begriff* Z. kann als „Disziplinierung des Leibes und des Willens im Sinne vorgegebener Aufgaben" (H. H. GROOTHOFF) bezeichnet werden.

Urspr. als päd. Negativmaßnahme verstanden (Zuchtrute Gottes, züchtigen, Zuchthaus), wird sie z. B. bei KANT zur „Befreiung des Willens von dem Despotismus der Begierden", bei HERBART positiv zum Zentralbegriff päd. Aktivität überhaupt. Anschließend an die „Regierung" will sie den Unterricht zur Erziehung ergänzen. Ihr Zweck ist „Charakterstärke der Sittlichkeit". Z. ist auf die Zukunft des jgdl. Charakters bezogen, begleitet als „haltende, bestimmende und regelnde" Z. den gesamten Erziehungsvorgang und mündet in der Selbsterziehung. – Nach SCHLEIERMACHER bewirkt die Z. „eine heilsame Erkenntnis von der Kraft des Willens und eine Ahnung von Freiheit und innerer Ordnung". Auch hier wendet sie sich an das Freiheitsgefühl und führt zur Herrschaft über sich selbst.

2. Heute spricht man nicht mehr von Z., sondern von *Disziplin* bzw. „Disziplinierung". Sie bedeutet eine soziale Qualität im Sinne von Rücksichtnahme, Takt, Selbstbegrenzung. Man spricht von soldat., geschlechtl., schul. Disziplin und meint den Verzicht auf persönl. Willkür und ungehemmte Triebhaftigkeit zugunsten übergeordneter Notwendigkeiten. Solche Askese zielt auf Einordnung in anerkannte Daseinsordnungen. Das gilt in weitem Sinne sowohl für die körperl. Z. (Sportler) wie für die geistige, wie sie KERSCHENSTEINER als „logisches Gewissen" anspricht, und schließlich die moralische. Z. ist immer auf Ordnung bezogen, die als solche heute nicht einfach hingenommen werden können, sondern rational begründet werden müssen. Die an sich selbst gerichtete oder von anderen gestellte Forderung von „Zucht und Haltung" bedarf solcher Rechtfertigung.

3. Für die *Erziehung* ist Z. die Frage nach Mitteln und Wegen, um das „Naturwesen" Kind mit seiner aus dem „Antriebsüberschuß" folgenden „Zuchtbedürftigkeit" (GEHLEN) zu innerer Ordnung zu führen. Formen von

Zwangsautorität scheiden aus. Der Aufbau der Z. schreitet fort über Gewöhnung und steigende Einsicht zu freiem, verantwortl. Tun, wozu nötige Ernstsituationen pädagogisch bereitgestellt werden müssen.

☐ Ordnung, Schuldisziplin. Ungehorsam

Lit.: G. Kerschensteiner, Wesen u. Wert des naturwiss. Unterrichts (1914, ⁶1963); E. Züghart, Disziplinkonflikte in der Schule (1961, ⁴1970); H. H. Groothoff, Bildung, in: Päd. Lex., hrsg. v. H. H. Groothoff u. M. Stallmann (³1965); F. Trost, Erziehungsmittel (1966, ²1967).

H. Netzer

Züchtigung, körperliche ↗ Strafe

Zufallsexperiment ↗ Statistik

Zulliger, Hans
Schweizer. Lehrer und Tiefenpsychologe, geb. 21. 2. 1893 in Mett bei Biel, gest. 18. 10. 1965 in Ittingen bei Bern. Z. wurde im Lehrerseminar mit Psychoanalyse bekannt und erhielt Anregungen durch O. PFISTER und H. RORSCHACH. Als Lehrer in Ittingen verwendete er seine tiefenpsychol. Kenntnisse in der Schulpraxis und als Erziehungsberater. Skeptisch gegenüber der verbalen Analyse bei Kindern, entwickelte er eine Spieltherapie, in welcher sich der Therapeut der „Spielsprache" bedient. Als Hrsg. des Behn-Rorschach-Tests und Autor des Z.-Tests (Formdeuttest, auch als Gruppentest) leistete er auf diagnost. Gebiet wesentliche Beiträge. Er trug insbes. zu einer Differenzierung und Sublimierung der Erziehungsarbeit und der Therapie bei gestörten Kindern und Jgdl.n bei.

Werke (Auswahl): Gelöste Fesseln (1927); Einf. in den Behn-Rorschach-Test (²1952); Bausteine zur Kinderpsychotherapie u. Kindertiefenpsychol. (1957, ³1967); Helfen statt strafen (²1966); Horde, Bande, Gemeinschaft (²1967); Helfende Kräfte im kindlichen Spiel (²1967); Schwierige Kinder (⁴1970).
Lit.: W. Kasser, H. Z. Eine Biogr. u. Würdigung seines Werkes (1963).

H. Bach

Zuneigung ↗ Gefühl

Zunfterziehung
Z. = Zunft, ZE. = Zunfterziehung

Das Z.wesen (die Handwerkerzünfte, aber auch zahlreiche andere städt. Berufe umfassend) entwickelte sich in Europa mit dem Aufblühen der Städte ab ca. 1100, kam als sozialer, wirtschaftlicher und politischer Macht- und Ordnungsfaktor im 15. Jh. zu seiner größten Entfaltung und versank mit der Auflösung der ständischen Gesellschaftsordnung nach der Frz. Revolution, in Dtl. durch die Einführung der Gewerbefreiheit im 19. Jh. Als feste Arbeits- und umfassende Lebensordnung mit der hierarchischen Gliederung nach Meistern, Gesellen und Lehrlingen, mit fixierten Satzungen, eigenem Brauchtum, berufsständischer Gerichtsbarkeit, weitreichenden wirtschaftlichen Kontrollrechten usw. stellten die Z.e, insbes. die Handwerks-Z.e, auch eine entscheidende Erziehungskraft dar, die weit über das Arbeitsleben hinaus wirksam war. Die ZE. vollzog sich in der berufl. Lehrzeit als streng geregelte Meisterlehre durch praktisches Vor-, Mit- und Nachtun und durch berufliche wie auch allg.-sittl. Unterweisung in harter Zucht unter intensiver Miterziehung durch die ganze Hausgemeinschaft des Meisters. Von der Zulassung und der feierlichen Verpflichtung der Lehrlinge bis zu deren „Lossprechung", der Wanderschaft der jungen Handwerksgesellen, dem zu liefernden „Meisterstück" und der endgültigen Aufnahme als Meister in die Z. war vieles in den Z.ordnungen schriftl. genau festgelegt und mit zeremoniellen Prozeduren verbunden.

☐ Handwerkliches Bildungswesen

Lit.: V. Böhmert, Beiträge zur Gesch. des Z.wesens (1862, Nachdr. 1969); C. Neuburg, Z.gerichtsbarkeit u. Z.verfassung in der Zeit vom 13. bis 16. Jh. (1880, Neudr. 1966); F. Keutgen, Ämter u. Z.e. Zur Entstehung des Z.wesens (1903, Neudr. 1965); R. Wissel, Des alten Handwerks Recht u. Gewohnheit, hrsg. v. K. Hahm, 2 Bde. (1929); F. Urbschat, Grundlagen einer Gesch. der Berufserziehung, T. 1 (1936); E. Michel, Sozialgesch. der industriellen Arbeitswelt (²1948); K. Abraham, Der Strukturwandel im Handwerk in der ersten Hälfte des 19. Jh. u. seine Bedeutung für die Berufserziehung (1955); M. Rumpf, Dt. Handwerkerleben u. der Aufstieg der Stadt (1955); W. Wernet, Kurzgefaßte Gesch. des Handwerks in Dtl. (³1959).

A. Reble

Zunftordnung ↗ Handwerkliches Bildungswesen

Zurechnungsfähigkeit
Bei Z. wird dem Straftäter die Tat „zugerechnet". Im dt. Strafgesetzbuch (StGB) regelt § 51 die Z. für den *Jugendlichen* in gleicher Weise wie für den Erwachsenen. Danach liegt *Zurechnungsunfähigkeit* vor, falls der Täter wegen Bewußtseinsstörung, krankhafter Störung der Geistestätigkeit oder Geistesschwäche das Unerlaubte der Tat nicht einsehen oder nicht nach dieser Einsicht handeln konnte. Verminderte Z. liegt vor, wenn „die Fähigkeit, das Unerlaubte der Tat einzusehen oder nach dieser Einsicht zu handeln, z. Z. der Tat aus einem dieser Gründe erheblich vermindert" war. Der Bestimmung der Z. liegt die Vorstellung einer abgestuft einzuschätzenden Schuldhaftigkeit zugrunde. Unkorrekterweise wird öfter des § 3 JGG als „Zurechnungsparagraph" für Jgdl. bezeichnet. Danach ist

zu entscheiden, ob der Jgdl. „z. Z. der Tat nach seiner sittlichen und geistigen Entwicklung reif genug war, das Unrecht der Tat einzusehen und nach dieser Einsicht zu handeln". Hier steht also die Entscheidung im Vordergrund, ob psychische Entwicklungsrückstände einen Ausgleich durch noch einsetzende Reife erhoffen lassen oder ob sich diese Rückstände nicht oder nur mangelhaft ausgleichen werden.

Lit.: P. H. Bresser, Grundlagen u. Grenzen der Begutachtung jgdl. Rechtsbrecher (1965).

H. Harbauer

Zurechtweisung

Z. wird ein Erziehungsakt genannt, der etwas vom Erzieher als falsch Bewertetes auch so kennzeichnet und das Verhalten des Zöglings zu korrigieren sucht: mit einer Geste, einem Wort, einem krit. und führenden ↗Gespräch. Statt des urspr. Weisungscharakters (ähnlich ↗Ermahnung und Erinnerung) stellt der neueste Sprachgebrauch aber oft das Herabsetzende in mancher Z. als wesentlich in den Vordergrund. Die echte Z. will jedoch nicht den Adressaten herabsetzen und einschüchtern, sondern „zurechtsetzen" und auf den Weg bringen. Geschieht die Z. im Gespräch, so gleichen sich die Momente Kritik, Beratung und Hilfe seitens des Erwachsenen, Suchen, Fragen und Sichaussprechen seitens des jungen Menschen miteinander aus: „Einspruch und Zuspruch sollen das Kind in sein Selbst geleiten" (K. SCHALLER).

Lit.: H. Stoffer, Die Echtheit in anthropolog. u. konfliktpsychol. Sicht (1963); H. Henz, Lb. der syst. Päd. (1964, ²1967); O. F. Bollnow, Sprache u. Erziehung (1966); K. Schaller, Studien zur syst. Päd. (1966, ²1969); F. Trost, Die Erziehungsmittel (1966, ²1967); Th. Bucher, Dialog. Erziehung (1968); K. Schaller - H. Gräbenitz, Auctoritas u. Potestas (1968, mit ausf. Bibliogr.).

H. Stoffer

Zuverlässigkeit ↗Reliabilität

Zwang ↗Gewalt ↗Repression

Zwänge

Z. = Zwang(s)

Z. ist eine krankhafte seel. Erscheinung, wobei man Gedanken, Vorstellungen, Handlungen vollziehen muß, von deren Unrichtigkeit, ja Unsinnigkeit man überzeugt ist, bei Unterlassung aber von quälender Angst befallen wird. Typische Formen sind zwanghafte unpassende Gedanken (z. B. obszöne Vorstellungen in der Kirche) und sinnlose Befürchtungen bez. geliebter Personen sowie umständliche, rituelle und häufig vollzogene Handlungen (z. B. Wasch-Z.). Z.denken und Z.handlung sind die Hauptsymptome der meist in der frühen Kindheit (anale Phase) entstandenen *Zwangsneurose*, die in ihren extremen Formen den Patienten arbeits- und völlig genußunfähig macht und auch dessen Umgebung schwer beeinträchtigt. Daneben gibt es den „Zwangscharakter", der durch Ordnungsliebe bis zur Pedanterie, Sparsamkeit bis zum Geiz und Eigenwilligkeit bis zum Eigensinn charakterisiert ist (sog. Analcharakter). Kleinere Z.erscheinungen treten auch in der normalen Entwicklung auf, z. B. magisches Denken („Wenn ich immer auf diesem Strich am Bürgersteig gehe, bekomme ich eine gute Note"). In allen Berufen, in denen Ordnung eine bedeutsame Rolle spielt (auch im Lehrerberuf und überhaupt im päd. Raum) werden zwanghafte Züge leicht überbewertet. – In schweren Fällen von Z.vorstellungen ist die Aufdeckung der zugrunde liegenden Konflikte durch psychotherapeut. Behandlung notwendig.

□ Neurose. Psychotherapie

Lit.: S. Freud, Charakter u. Analerotik (1908); –, Bemerkungen über einen Fall von Z.neurose (1909); H. Zulliger, Der Umgang mit dem kindl. Gewissen (³1968); A. Dührssen, Psychogene Erkrankungen des Kindes- u. Jugendalters (⁷1969); W. J. Schraml, Tiefenpsychol. für Pädagogen u. Sozialpädagogen (³1970).

W. J. Schraml

Zweiter Bildungsweg
A. Aus der Sicht der allg. Erwachsenenbildung

1. *Begriff.* Eine allg. anerkannte Definition des ZB.es gibt es nicht. Alle Versuche, den Begriff zu umschreiben, gehen von der Vorstellung aus, daß im ZB. bei Jgdl.n und Erwachsenen Berufserfahrung und Berufsbewährung vorausgesetzt und Möglichkeiten des berufl. und gesellschaftl. Aufstiegs in allen Stufen angeboten werden. Ferner wird übereinstimmend gefordert, daß im ZB. Berufs- und Lebenserfahrung für den Bildungsprozeß fruchtbar gemacht werden. Eine solche Minimaldefinition erlaubt nicht in jedem Falle eine eindeutige Entscheidung darüber, ob eine Bildungseinrichtung dem Ersten oder ZB. zuzuordnen ist oder keinem von beiden.

2. *Motive.* Man kann mit H. SCHEUERL vier Hauptmotive des ZB.es unterscheiden: a) Das *kulturpolitisch-ökonomische* Motiv: Es geht um die Ausschöpfung, mindestens aber um die stärkere Erfassung von Begabungsreserven, und zwar gerade in Bereichen, in denen dies bisher nicht gelungen ist. – b) Das *soziale* Motiv: Die demokrat. Öffnung des Schulsystems (P. HAMACHER) soll gefördert werden: „Bei gleicher Begabung gleiche Bildungschancen, und zwar auf jeder Stufe." – c) Das *psychologische* Motiv: Den sog. Spätentwicklern muß die Möglichkeit geboten werden, ihren früheren Bildungsgang zu kor-

rigieren. Auch wird es immer Menschen geben, bei denen das theoretische Interesse erst auf dem Wege über die Praxis geweckt wird. – d) Das *bildungstheoretische* Motiv: Es ist das Kernproblem des ZB.es. Es geht um einen neuen, der Welt der Technik, der Großorganisation, der Wirtschaft und Gesellschaft gemäßen ganzheitl. Bildungsbegriff. Vordringlich ist vor allem eine Integration von Berufs- und Allgemeinbildung.
3. *Organisation.* Es gibt eine Fülle von Einrichtungen, die aus den genannten Motiven heraus Zielsetzungen des ZB.es verfolgen, wie ↗Volkshochschulen, ↗Sozialakademien und ↗Sozialseminare, ↗Verwaltungs- und Wirtschaftsakademien, Gewerkschaftsschulen (↗Gewerkschaften), Bildungseinrichtungen der ↗Bundeswehr, betriebsinterne Bildungseinrichtungen u. a. (↗Betriebspäd. ↗Arbeitgeberverbände).
Es ist – unter dem Gesichtspunkt der Bildungsorganisation – zweckmäßig, mit H. HOLZAPFEL nur solche Bildungseinrichtungen zum ZB. zu rechnen, die zu den gleichen (oder vergleichbaren) Abschlüssen (Qualifikationen) führen, die es in parallelen Einrichtungen des Ersten Bildungsweges gibt. Dann ergeben sich vier Bildungseinrichtungen: (1) *Berufsaufbauschule*, (2) *Abendrealschule*, (3) *Institute zur Erlangung der Hochschulreife* (Kollegs), (4) *Abendgymnasien.* (1) und (2) führen zu einem mittleren Abschluß, (3) und (4) vermitteln die allgemeine Hochschulreife.
Die ↗Fachschulreife als Abschluß der ↗Berufsaufbauschule ist dem Realschulabschluß insofern gleichzusetzen, als sie die hinreichende Bedingung für die Zulassung zur Aufnahmeprüfung an einem Kolleg darstellt.
Von den vier Institutionen stehen (1) und (3) in einem Stufenverhältnis. Sie stellen nach der ältesten Konzeption (B. CONRADSEN) den ZB. im engsten Sinne dar.
In den genannten Einrichtungen des ZB.es, insbes. in den ↗Abendgymnasien und Kollegs (↗Institute zur Erlangung der Hochschulreife) haben sich bemerkenswerte Ansätze zu einer speziellen Didaktik und Methodik entwickelt, welche die größere Lernbereitschaft, Einsicht und Lebenskenntnis sowie die Berufserfahrung als bildungsrelevant miteinbeziehen.
Die Höheren Fachschulen, solange sie nicht Fachhochschulen geworden sind, gehören zum ZB. nur für die relativ wenigen Absolventen, die auf der Grundlage der an der Höheren Fachschule abgelegten Abschlußprüfung die fachgebundene oder allgemeine Hochschulreife erwerben. – Der ZB. hat in der BRD eine besondere Förderung erfahren. Im Ausbildungsförderungsgesetz werden bei der Bemessung der Höhe der Leistungen die vier genannten Einrichtungen gleich behandelt.
4. *Wertung und Ausblick.* Der ZB. hat tiefgehende Wirkungen auf das gesamte Bildungswesen ausgeübt. Es blieb nicht bei den wechselseitigen Einflüssen der Einrichtungen des ZB.es aufeinander, wie z. B. der Kollegs auf die Abendgymnasien und umgekehrt. Grundlegende Probleme jeder modernen Bildung wie das Verhältnis zwischen Allgemeinbildung und Fachbildung, Berufsbildung, Fächerbeschränkung (↗Abendgymnasien), exemplarisches Lernen, Einbezug moderner Bildungsgüter, neue Formen der Unterrichtsorganisation wurden im ZB. mit besonderer Intensität reflektiert und eine Lösung der als dringlich erkannten Aufgaben versucht. Dies ist nicht in jeder Beziehung gelungen, insbes. wurde die Integration von Beruf und Bildung kaum überzeugend erreicht. Die Errichtung von ↗Fachhochschulen und ↗Fachoberschulen kann nicht ohne Einfluß auf den ZB. bleiben. Entscheidend ist für die Zukunft auch die Frage, ob sich die ↗Gesamtschule (u. U. mit berufsbezogenen Zügen) durchsetzt oder ob – auf das Ganze gesehen – das dreigestaltige (allgemeinbildende) Schulwesen und davon getrennt das berufsbildende Schulwesen erhalten bleibt. Wie auch die Entwicklung verlaufen mag, als Schulen der Second Chance für Erwachsene werden Institutionen des ZB.es notwendig bleiben; dies gilt insbes. für die Abendgymnasien. Schon werden Vorschläge gemacht, den Einrichtungen des ZB.es (Kollegs in Tages- und Abendform) die Aufgaben eines Fortbildungssystems für Erwachsene zu übertragen (W. SPIES). Das würde zu neuen Organisationsformen zwingen, wie sie in der ↗freien Erwachsenenbildung z. B. der ↗Volkshochschulen seit langem praktiziert werden. Im Zusammenhang damit müßten auch Tendenzen gesehen werden, den ZB. durch Zusammenarbeit mit den Volkshochschulen, ↗Fernunterricht, Formen der ↗Rationalisierung des Unterrichts u. a. weiter auszubauen.

☐ Erwachsenenbildung

Lit.: F. Arlt, Der ZB. (1958); H. Scheuerl, Aufgaben u. Probleme eines ZB.es, in: Zschr. f. Päd., 4. Jhg. (1958); H. D. Ortlieb - R. Dahrendorf, Der ZB. im sozialen u. kulturellen Leben der Gegenwart (1959); H. Belser, ZB. (1960); B. Conradsen, Der ZB., in: Erziehung u. Bildung im Zeitalter der Technik (1960); J. Baumgardt, Der ZB. als bildungstheoret. Problem (1963); H. Holzapfel, Der ZB., in: Begegnung. Zschr. f. Kultur u. Geistesleben, Sondernummer (1964); P. Hamacher, Bildung u. Beruf bei Studierenden des ZB.es (1968); W. Spies, Der ZB. – eine überflüssig gewordene Sache?, in: Päd. Rsch., 24. Jhg. (1970).

L. Müller

B. Aus der Sicht der Wirtschaftspädagogik

1. Zum ZB. gehören alle Lehreinrichtungen, die außerhalb der traditionellen Realschulen und Gymnasien zu einem mittleren Bildungsabschluß oder zur Hochschulreife führen. Da die Teilnehmer sich entweder in Berufsausbildung befinden oder berufstätig sind bzw. waren, überschneidet sich der ZB. mit dem berufl. Bildungsweg, ohne daß sich beide voll decken.

2. Der ZB. ist notwendig, weil bestimmte soziale Schichten und Begabungsrichtungen im traditionellen Bildungssystem zu kurz kommen, Spätentwickler Bildungschancen verpassen und im Beruf erworbene Erfahrungen und Einsichten bildungsträchtig sein können. Menschenbildung ist auch an berufl. Lehrstoffen möglich. Gerade im Industrialismus können aus den Bereichen von Wirtschaft, Technik und Gesellschaft entnommene Lerninhalte zur Daseinserhellung beitragen. Das im Vergleich zum Realschüler und Gymnasiasten meist höhere Lebensalter der Lehrgangsteilnehmer, deren oft größere Erfahrung und Urteilsreife ermöglichen es, die Ziele des ZB.es mit modifizierten Bildungsinhalten anzustreben, die man – soweit sinnvoll – in eine Beziehung zur Berufswelt zu bringen sucht. Es geht daher beim ZB. nicht nur um spezielle institutionelle Formen für den Zugang zur mittleren und höheren Bildung, sondern nicht minder um gewandelte, möglichst lebensnahe Lerninhalte. Soweit man hierbei im Beruf gewonnene Einsichten und Erfahrungen auswertet, aktiviert man das Interesse der Lernenden und verstärkt ihre Motivation.

3. Institutionell führen *Berufsaufbauschulen* und *Berufsfachschulen* (letztere mindestens zweijährig) zu einem mittleren Bildungsabschluß. Die ersteren begleiten entweder die Berufsschule im Teilzeitunterricht oder arbeiten mit Vollzeitunterricht nach Abschluß der Berufsausbildung bzw. in Mischformen. Sie alle haben die ↗Fachschulreife zum Ziel. Die im ZB. zur Hochschulreife führenden Institute setzen einen mittleren Bildungsabschluß voraus. An den *Kollegs* kann man in 2½ J. die allg. Hochschulreife erwerben. Sie betreiben keine Berufsbildung, sondern bauen auf eine solche auf. An den *Ingenieur-* und *Höheren Wirtschaftsfachschulen* findet Berufsbildung statt. Seit 1970 verleihen sie allen Absolventen eine allg. Hochschulreife. An den *Technischen* und *Wirtschaftsgymnasien* kann man in 3. J. eine fachgebundene Hochschulreife erwerben. *Fachoberschulen* erteilen allg. sowie fachbezogenen Unterricht und schließen eine prakt. Ausbildung ein. Sie führen in 2 J. zur ↗Fachhochschulreife.

Lit.: R. Dahrendorf - H. D. Ortlieb, Der ZB. im sozialen u. kulturellen Leben der Gegenwart (1959); G. Schnuer - H. Förster, Der ZB. in den Ländern der BRD (1966); W. Müller, Schule zwischen Illusion u. Versäumnis (1969).

W. Müller

Zwillinge, Zwillingsforschung

I. Biologie der Zwillinge

1. *Begriff, Entstehung, Arten, Häufigkeit.* Unter Z.n versteht man zwei Individuen, die sich gleichzeitig im selben Mutterleib entwickeln bzw. entwickelt haben.

Z. können entstehen: a) durch Befruchtung von 2 gleichzeitig in reifem Zustand vorliegenden Eiern (zweieiige oder dizygote Z. = ZZ); b) durch Zweiteilung eines befruchteten Eis (= Zygote) oder eines frühen Zellhaufen-(= Morula-)Stadiums, in dem noch jede Zelle Omnipotenz besitzt, d. h. die Fähigkeit, alle Teile eines Individuums hervorzubringen (eineiige oder monozygote Z. = EZ). Findet bei EZ die Trennung des Keims nur unvollständig statt, sind die Partner miteinander verwachsen (*siamesische Z.*). Ist die Verwachsung sehr stark, wird das Resultat als ein einziges Individuum empfunden und die teilweise Verdopplung als *Doppelmißbildung* bezeichnet.

Z. kommen beim Menschen durchschnittlich einmal auf 85 Geburten vor. Es bestehen aber erhebliche rassische Unterschiede, die im wesentl. auf den ZZ beruhen. Der Anteil der EZ an den Z.n macht in Europa etwa $1/3$ aus.

2. *Genetische Situation.* Sieht man von sehr seltenen Sonderfällen ab, so besitzen EZ völlig gleiches *Erbgut*; alle Verschiedenheiten zwischen EZ müssen deshalb durch Umwelteinflüsse, die auch vorgeburtlicher Art sein können, bedingt sein. ZZ sind dagegen einzeln geborenen Geschwistern genetisch gleichzusetzen. Aufgrund dessen, daß EZ 100 %, ZZ aber nur durchschnittlich 50 % gemeinsames Erbgut aufweisen, ähneln sich EZ in der Regel erheblich mehr als ZZ, was eine *Eiigkeitsdiagnose* ermöglichen kann.

II. Humangenetische Zwillingsforschung

1. *Methode.* Da das genet. Experiment beim Menschen nicht durchführbar ist, kommt der Z.forschung eine überragende humangenet. Bedeutung zu. Bei EZ kann nämlich die *Variabilität* eines Merkmals, d. h. die Quantität seiner Unterschiedlichkeit in der Bevölkerung, wenigstens ungefähr in einen erbbedingten und umweltbedingten Teil zerlegt werden; denn unter bestimmten Voraussetzungen verhält sich die Variabilität innerhalb Zufallspaaren nicht-verwandter Personen zur Variabilität innerhalb EZ-Paaren wie die Gesamtvariabilität in der betr. Bevölkerung zu ihrem umweltbedingten Anteil. Da die Voraussetzungen (vor allem: repräsentative Stichprobe getrennt aufgewachsener EZ) meist nicht erfüllbar sind, ist die *praktische Forschung* auf Kompromisse angewiesen, wobei

sich 2 Wege anbieten: a) der Vergleich von EZ mit nicht-verwandten Zufallspaaren, wobei die Umweltwirkung unterschätzt wird, weil EZ meistens einen überdurchschnittl. Grad an Umweltgleichheit besitzen; b) der Vergleich von EZ mit ZZ, wobei zwar ein durchschnittlich gleicher Grad an Umweltverschiedenheit vorliegen dürfte, aber der Erbeinfluß unterschätzt wird, weil auch ZZ einen überdurchschnittl. Anteil gemeinsamen Erbguts aufweisen. Das tatsächl. Erbe-Umwelt-Verhältnis ist somit zwischen den Befunden aus beiden method. Wegen zu sehen.

2. *Ergebnisse.* Der *Wachstumsverlauf* erweist sich bei EZ als weitgehend übereinstimmend (konkordant), während bei ZZ häufig ein deutlicher Unterschied (Diskordanz) auftritt. Dies gilt sowohl für das Wachstumstempo als auch für dessen Veränderungen, weshalb bei EZ in der Regel Richtungskonstanz evtl. vorhandener Unterschiede besteht. Auch der Zeitpunkt des Auftretens von *Reifungsmerkmalen* steht unter starkem Einfluß des Erbguts; so übertrifft die durchschnittl. Partnerdifferenz in der Menarche bei ZZ den entsprechenden Mittelwert für EZ um ein Vielfaches.

Die *Konstitution* als relativ überdauerndes, ganzheitliches Gefüge der körperl. und seel. Grundzüge des Individuums ist ebenfalls in beträchtl. Maß erbbedingt; im Somatischen treten erhebliche Unterschiede zwischen EZ überhaupt nur bei hormonellen Störungen eines Partners auf. Die hohe Erbbedingtheit der Konstitution umschließt auch den Sexualbereich, und zwar sowohl im Morphologischen (Ausprägungsgrad der Maskulinität bzw. Femininität) als auch im Psychologischen (z. B. beträchtlich höhere Konkordanz in homosexuellen Neigungen bei EZ als bei ZZ). Auch Dispositionen zu *Krankheiten* sind in erhebl. Maß erbbedingt, und sogar in der *Lebensdauer* stehen sich EZ näher als ZZ. – Relativ gut ist der Erbanteil an der Variabilität einzelner äußerer *Körpermerkmale* bekannt, insbes. wenn diese meßbar sind (Körperhöhe ~ 80%; Breiten- und Umfangsmaße ~ 60–65%; Gewicht ~ 50–55%). Aber auch zu zahlreichen deskriptiven Formmerkmalen des Körpers liegen Z.suntersuchungen vor, die fast durchweg eine maßgebl. Beteiligung des Erbguts belegen.

Von den psychischen Merkmalen wurde die *Intelligenz* am häufigsten untersucht: EZ weisen eine deutlich höhere Konkordanz auf als ZZ; auch bei getrennt aufgewachsenen EZ besteht eine noch recht hohe Partnerkorrelation, die diejenige gemeinsam aufgewachsener ZZ erheblich übertrifft. Eine maßgebl. Beteiligung des Erbguts an der Intelligenz steht damit außer Zweifel. Hierauf kann man zurückführen, daß sich EZ und ZZ auch in der Konkordanz der *Schulleistungen* und Schulleistungstests unterscheiden.

Doch wurde in 2 Untersuchungsserien getrennt aufgewachsener EZ bei diesen eine niedrigere Partnerkorrelation festgestellt als bei gemeinsam aufgewachsenen ZZ; allerdings ist die Korrelation bei getrennt aufgewachsenen EZ höher als bei gemeinsam aufgewachsenen erbverschiedenen Geschwistern. In den Schulleistungen dürfte sich somit zwar die Erbbedingtheit der Intelligenz bemerkbar machen, jedoch in geringerem Grad als Umwelteinflüsse.

Während bezüglich spezieller *Begabungen* und *Wahrnehmungstests* z. T. widersprechende Befunde vorliegen, wurde für mehrere Tests der *Psychomotorik* eine erheblich höhere Partnerkorrelation bei EZ als bei ZZ nachgewiesen. Dies gilt allerdings kaum für die Merkmale der *Handschrift*, in der auch EZ in der Regel eine große Individualität zeigen. Am mimischen und pantomim. *Ausdrucksverhalten* ist dagegen mehreren Zwillingsstudien zufolge eine wesentl. Erbkomponente beteiligt. Auch bezüglich *Charaktereigenschaften* ergeben sich aus der Z.forschung Hinweise auf Beteiligung des Erbguts, wenn auch in Einzelfällen bei manchen Merkmalen erhebliche Diskordanzen auftreten können. Eine beachtl. Rolle spielt das Erbgut bei Schwer- und Frühkriminalität.

Lit.: P. E. Becker (Hrsg.), Humangenetik (1964 ff.); F. Vogel, Lb. der Humangenetik (1961); weitere Lit. ↗Humangenetik.

R. Knußmann

Zwingli, Ulrich (Huldrych)
Schweizer Reformator, geb. 1. 1. 1484 in Wildhaus, gest. 11. 10. 1531 (Schlacht bei Kappel). Nach Schulbesuch in Basel und Bern, und 1498–1506 Studium der freien Künste in Wien und Basel (2 Semester Theol.) war er 1506–18 Leutpriester in Glarus und Einsiedeln, seit 1519 in Zürich. Zunächst von der aristotel. Scholastik, dann vom Humanismus beeinflußt, war Z.s reformatorische Wende Konsequenz seiner Bibelstudien (Paulus), seiner Augustin- und der (oft überbewerteten) Lutherlektüre.

Z.s *pädagogische Schrift* „Quo pacto ingenui adolescentes formandi sint praeceptiones pauculae", 1523 (dt. Übers. „Herr Ulrich Zwingli leerbiechlein, wie man Knaben Christlich unterweysen und erziehen soll...", 1524), bereitet die Schulreform von 1523/25 vor: 1. Die Unterweisung im christl. Glauben ist Grundlage und Ziel jeder wahren Bildung. Sie beginnt (päd.) mit der sichtbaren Schöpfung (Vorsehung) und führt über den Sündenfall zur Erlösung durch Christus. Glaube realisiert sich im Leben. Erziehung ist Teilhabe am Werk Gottes. 2. Grundlage der Selbsterziehung ist ein intensives Studium der Bibel im Urtext. Daher muß Hebräisch und Griechisch gelernt werden (ad fontes! Latein setzt Z. voraus). Christus ist der vollkommenste Lehrer und das größte Vorbild. Locker anknüpfend, behandelt Z. 8 Lebensfragen, u. a. Reden, Essen und Trinken, Geschlechtlichkeit, Kriegsdienst, Studium (Betonung der Sprachen, der Mathematik, der Musik, des Sports). 3. Das Verhalten gegen die Mitmenschen ist an der Hingabe Christi orientiert; daher lebt der Christ nicht sich selber, sondern wird allen alles (1 Kor 9, 22). Er dient mit seinen Gaben der Christenheit, der Allgemeinheit, dem Vaterland und jedem. Das konkretisiert Z. bis hin zur Teilnahme an Volksfesten u. ä. Im „Lehrbüchlein" stehen humanistische und reformatorische Elemente teils nebeneinander, teils sind sie dialektisch verbunden.

1525 wurde Z. „Schulherr". Seine erste Sorge galt dem Theologennachwuchs. Die Lateinschule wurde ausgebaut (Gymnasium) und 1525 die „Prophezei", ein theol. Seminar für Bibelexegese, gegründet (Vorläufer der theol. Fakultät; 1529 Zürcher Bibel). 1531 wurde der sonntägl. Kindergottesdienst eingeführt. Z.s päd. Interesse konzentrierte sich auf die Erwachsenenerziehung und Volksbildung aus dem Evangelium. Seine (Reihen-)Predigten sind lehrhaft, päd. und praktisch ausgerichtet. Volkserzieherisch bedeutsam wurden: die Ehegesetzgebung, die Sittenmandate und die Kirchenzucht. Z. betont den politisch-gesellschaftl. Aspekt christlichen Glaubens und wurde selbst politisch tätig.

Werke: Corp. Reform., Bd. 88–101 (1905 ff.); Hauptschriften, hrsg. v. F. Blanke u. a., 10 Bde. (1940-63); An den jungen Mann (= Lehrbüchlein), hrsg. v. E. G. Rüsch (1957); Auswahl, hrsg. v. E. Künzli (1962).
Lit.: W. Meister, Volksbildung u. Volkserziehung in der Reform. H. Z.s (1939); O. Farner, H. Z., 4 Bde. (1943–60); K. Spillmann, Z. u. die Zürcher Politik gegenüber der Abtei St. Gallen (1965); C. Gestrich, Z. als Theologe (1967); G. W. Locher, H. Z. in neuer Sicht (1969).

R. Hedtke

Zwischenprüfung

Die Z. ist als akademische Prüfung mit Rechtsfolgen eine Zulassungs- und Berechtigungsprüfung für den zweiten Teil des Studiums derjenigen Studierenden, die später das Staatsexamen für das Höhere Lehramt (↗Lehrerbildung) bzw. die ↗Diplomprüfung ablegen. Die beabsichtigte Selektion macht die Z. zu einer wichtigen Schaltstelle im Verteilungsprozeß von Sozialchancen. Um so gravierender sind daher die seit längerer Zeit gegen die Z. erhobenen Einwände.
1. Die Prüfungskonzepte der Ministerialbürokratie zielen z. Z. noch auf eine technolog. Reform des Studiums. Der Ausbau der Z. soll der Harmonisierung der gesetzl. Prüfungsanforderungen und der Verkürzung des Studiums dienen. Bisher zeigte sich jedoch, daß die Z. an der Überlänge der Studienzeiten nichts geändert hat.
2. Die Z. soll feststellen, ob bestimmte Ausbildungsziele erreicht sind. Die in den Prüfungsordnungen angegebenen nicht operationalisierten Lernziele erfüllen im Zusammenhang mit den vorgesehenen diagnost. Instrumenten (mündl. Prüfung, Klausuren usw.) nicht die Kriterien diagnostischer Tests (Objektivität, Validität, Reliabilität).
3. Die Z. führt durch den Selektionsdruck zu einer psychol. Steuerung (Meidung negativer Sanktionen). Weiterhin führt die Z. zu einer curricularen Steuerung, indem sie eine quantitative und qualitative Gliederung des Studiums bedingt. Dabei kommt es zu einem strukturellen Bruch zwischen dem auf vorwiegend rezeptives Lernen abgestellten Grundstudium und dem z. T. selbständige Forschung ermöglichenden Hauptstudium. Zu der notwendigen Steuerung des Lehr- und Lernerfolges trägt die Z. wenig bei. Die Art ihrer Anlage verhindert die notwendige Erfolgskontrolle der didakt. Leistung, der große zeitl. Abstand zwischen Lernprozessen, Prüfungsleistungen und Erfolgsmitteilungen schränkt für die Studierenden die Verstärkungsfunktion der Z. stark ein.
4. Hinsichtlich der Voraussagemöglichkeit des weiteren Studienerfolgs genügt die Z. nicht den Anforderungen eines Meßinstruments. – Es spricht viel dafür, die Z. als generell sperrende Berechtigungsprüfung zu suspendieren und durch eine größere Anzahl studienbegleitender Tests mit intensiver Beratung zu ersetzen.

☐ Prüfen. Prüfungs- und Berechtigungswesen

Lit.: M. Schütz u. a., Prüfung als hochschuldidakt. Problem, in: Blickpunkt Hochschuldidaktik 1 (1969); Forschendes Lernen, Wissenschaftl. Prüfen, in: Schr.en der BAK 5 (1970); E. Guhde, Bibliogr. zur Hochschuldidaktik, in: Hochschuldidakt. Materialien 17 (1970); B. Eckstein, Hochschulprüfungen zwischen Rückmeldung u. Repression, in: Blickpunkt Hochschuldidaktik 13 (1971).

K. Vopel

Zyklothym ↗Persönlichkeitstypen

Zypern

Republik (seit 1960 unabhängig). Fläche: 9521 qkm, Bev. 630 000 (1969), davon 78,8 % Griechen und 17,5 % Türken.
1. Das Schulwesen wird von den beiden Nationalitäten gesondert verwaltet. Das *griechische* untersteht der auf 5 J. gewählten Ge-

meindekammer. Exekutive und Verwaltung werden von einem Administrationsausschuß und der Unterrichtsbehörde wahrgenommen. Schulbeginn ist im Herbst.

2. *Schularten:* 1970 gab es bei den Griechen 9 *Vorschulen* mit ca. 500 Kindern und 553 *Grundschulen* mit ca. 70 000 Schülern. Der Besuch der 6jähr. Grundschule ist obligatorisch. Unterrichtet wird Griechisch, Religion, Gesch., Mathematik (neuerdings in den 5. und 6. Klassen), Englisch, Geographie, Naturwiss., Kunst, Sport, Werken bzw. Hauswirtschaft. Auf dem Lande gibt es die 8jährige Grundschule mit zusätzl. landwirtschaftl. und handwerkl. Fächern. Übergang auf die Berufsfachschulen ist möglich, auf sonstige Sekundarschulen aber nur nach einem Examen. Den Großteil der *Sekundarschulen* bilden die 6jähr. *Gymnasien* (37, ca. 24 000 Schüler und 1000 Lehrer i. J. 1970), deren Oberstufe Lyceum heißt und sich in einen klassischen, naturwiss. und Wirtschafts-Zug teilt. Zu den Gymnasien zählen auch 2 technische Sekundarschulen und 1 Landwirtschaftsgymnasium in Morfu. Daneben gibt es 1 *landwirtschaftliche* und 6 4jährige *technische Berufsschulen* sowie 3 *Handelsberufsschulen* (5jährig). Berufsschulen besuchten 1970 ca. 4200 Schüler. Für Erwachsene gibt es 3jährige Abendkurse an den (techn.) Berufsschulen. Bezüglich der Univ.en ist Z. auf das Ausland angewiesen, es besitzt nur eine *Pädagogische Akademie* für die Ausbildung von Lehrern, die nicht an den Gymnasien unterrichten. – Bei den Griechen ist die obligator. Grundschule kostenlos, für alle anderen Schultypen wird Schulgeld erhoben. Das gesamte Unterrichtsbudget betrug 1967 4,5 Mill. £, das sind 15,4 % des Gesamthaushalts.

3. Das *türkische* Schulwesen ist ähnlich strukturiert wie das griechische. 1961/62 gab es 1 staatl. Kindergarten mit 84 Kindern, 227 Grundschulen mit 16 068 Schülern, 16 Dreijahresgymnasien und 5 Oberstufengymnasien (1763 Schüler), ferner 4 Berufsschulen mit 333 Schülern, 1 Handelsschule und 1 Lehrerseminar (95 Studierende).

Lit.: K. Koullis, Greek Education in Cyprus (Nicosia 1964); Z. E. Georgiades, Z., in: Schulen in Europa, hrsg. v. W. Schultze, Bd. III (1969); Überblick über das zyprische Schulwesen, in: hellenika, H. 21/22 (Bochum 1970/71).

G. Prinzing

PERSONEN- UND SACHREGISTER
ZU ALLEN VIER BÄNDEN

Römische Ziffern geben den Band an, *arabische* die Seitenzahl. Mehrere arabische Ziffern hintereinander beziehen sich jeweils auf den vorher genannten Band. *Fettdruck* markiert den Hauptartikel. *Gedankenstrich* am Zeilenbeginn oder im fortlaufenden Text zeigt Wiederholung des vorhergehenden Stichworts oder seines ersten Teiles an, z. B.: Akademie, – literar., – für Jugendfragen, oder: Altenbildung, –pflegerin; im eingerückten Text bezieht sich der Einzelstrich vor „als", „im", „und" usw. auf das vorhergehende nicht eingerückte Registerwort, das in diesem Fall auch mehrgliedrig oder zweiwortig sein kann. Beispiel: Behinderte Kinder, – als Sorgenkinder, – u. Einschulung. Zwei Striche bedeuten Wiederholung des vorhergehenden Stichworts und des folgenden Wortes, z. B.: Deutsche Gesellschaft für Erziehungswissenschaft, – – für Europäische Erziehung. Die *Abkürzungen* entsprechen dem Abkürzungsverzeichnis und den Hinweisen für den Leser am Beginn des ersten Bandes. Darüber hinaus werden die Artikel (der, die, das) und „zum", „zur" usw. abgekürzt. Flexionsformen werden nicht berücksichtigt.

AAAS-Programm III 308
AA-Labor IV 157
AAC-Labor IV 157
Abaelard, P. III 158
Abbotsholme III 22 108 393
ABC-Büchlein I 464
Abc-Schütz I **1**
Abderhalden, E. II 100
Abegg, E. II 376
Abel, H. I 76 IV 372
Abendgymnasium I **1 f**
Abendschule IV 319
Abenteuerlektüre II 349
Aberdovey III 17
Aberglaube III 463
ABF I 67
Abfragen III 358
Abgewöhnung II 139
Abhängige Variable I 432
Abhängigkeit I **2 f**
Abhärtung III 83 f
Abitur II 404 III 359 403 f
– (I) III 169 388
– (I u. II) III 403 IV 177
– (II) III 389
– internat. III 404
Ablenkbarkeit I 94
Ablenktest II 253
Abneigung II 78
Abnormität I 406 III 226
Abortus II 66
Abraham, K. I 160
Abreaktion III 384 f
Abrüstungstechnik u. Friedensforschung II 33
Abschlußklasse I **3 f**
Abschlußprüfung III 359
Abstraktion I **4** 129 f
Abteilung I 436 445
–konferenz d. Schule III 65
–unterricht I **4 f**
Abulie IV 359
Abwechslung I **5**
Abwehrmechanismus I **5 f** II 470 f III 362 – u. Angst I 47 f III 211 – u. Idealbildung II 267
Abweichung IV 166
Abzählreim II 433
Académie française III 110
– Goncourt III 110
Accademia della Crusca III 110
– dell'Arcadia III 110
– Letteraria Italiana III 110
Acculturation IV 114
Ach, N. I 130 269 334 II 68
achievement-tests IV 34
Achtung I **6 f** 327 f

Ackerson, L. II 302
Acta paedopsychiatrica, Zschr. II 439
adaequatio IV 336
Adams, R. II 114
Adamson, R. III 386
Adaptation I **7**
–niveau I 7 III 226
Adaptive Programmierung III 350
Adelserziehung I **7 f** II 109 241 f
Adelung, J. Ch. I 290
Ad-hoc-Gruppe II 172 III 324
Ad-hoc-Hypothese IV 383
Adjustment I 49
Adler, A. I **8** II 115 277 – u. Geschwisterreihe IV 257 – u. Kindheitserinnerungen II 442 – u. Tiefenpsychol. IV 231
Adler, G. I 201
Adler, M. I 218 IV 117
ADLLV II 135
ADLV III 67
ADNV III 68
Adoleszenz II 336 ff 367 f III 405
Adolf-Hitler-Schulen I 284
Adoption I **8 f**
Adorno, Th. W. I **9** 110 407 II 41 III 259 IV 113 – u. soziale Vorurteile IV 333
Adult Education I **9**
Advent II 443
Adventure Schools III 17
Aebli, H. I 390 II 458 III 49 IV 253
Aethelbert I 27
Aevermann, Fr. III 39
AFET II 51
Affekt II 76
–handlung II 186
Affektive Hemmung II 70
Afghanistan I **9 f**
AfJ I 22
Afrikanische Staaten I **10 ff**
Agazzi, R. I **19**
AGDL II 135
AGEH I 360
AGEJD I 424
Agression I **19** f – u. Friedenserziehung II 32 – u. Friedensforschung II 33 – u. Frustration II 41 – u. Gewalt II 132 u. Liebe III 106 – u. päd. Distanz III 261
Ägidius Romanus I **20** III 478
AGJJ I 69 f
Agrammatismus IV 149 159
Agricola, R. I **20** II 258
Ägypt. Schriftsystem III 483
Aha-Erlebnis III 94

AHD II 230
Ahimsalehre II 54
Aich, P. III 377
Aichhorn, A. I **20** IV 63 309
Ailly, A. E. de II 100
AITA I 40
Akademie I **20 ff**
– kath. II 199
– literar. III 110
– d. Arbeit I 67 IV 103
– d. Wiss. I **21 f**
– d. Wiss. in d. BRD I 275
– d. Wiss. u. d. Literatur III 110
– f. Hauswirtschaft II 197
– f. Jugendfragen I **22**
– f. polit. Bildung II 295
– f. Welthandel e. V. I **22**
– Remscheid f. mus. Bildung u. Medienpäd. II 295
Akademikerverbände, Kath. I **23**
Akademisch I **23 f**
– Berufsberatung I 149 f
– Bonifatiuseinigung I 23
– Grade I 115 309 311 III 118 f 133
– Rat I **23 f**
– Ruderbund (ARB) IV 184
– Seglerverband IV 184
– Sozialer Verein Berlin IV 84
– Turnbund (ATB) IV 184
Akiba Rabbi II 334
Akkomodation I 7
Akroamat. Lehrform III 69
Akt I 24
– päd. III 267
– psychol. IV 64 f
Aktion Sühnezeichen IV 107
Aktionskreis Ehe, Eltern u. Familien I 447
Aktionsquotient IV 152
Aktionszentrum unabhängiger u. sozialistischer Schüler IV 20
Aktivierung I **24**
Aktpsychologie I **24** 215
Aktualgenese I **24 f** II 58
Aktualität als Unterrichtsgrundsatz IV 277
Aktualneurosen III 211
Akust. Typ IV 332
Akzeleration I **25** II 339 417 III 405
Akzidenzien III 243 IV 193
Alacoque, M. M. III 464
Alain, E. A. III 262
Alanus ab Insulis III 380
Albanien I **25 f**
Albee, E. IV 49
Albert, H. III 259 335 380
Albert d. Gr. I **26** 80 314 III 478

415

Albert-Greiner-Gesangsausbildungsstätten IV 86
Albertus-Magnus-Akademie, -Institut, -Verein I 26 II 25
Albertus-Magnus-Blätter I 23
Alembert, D' I 367 III 450
Alexander, F. G. III 371 IV 252
Alexander, S. II 248 III 386
Alexander de Villa Dei I 26 f 315
Alexander v. Hales I 206 II 6
Alexander-von-Humboldt-Stiftung I 27 482
Algebra III 143 f
Algerien I 62 f
Algolagnie III 141 460
Alkalkuliesyndrom III 389
Alkoholmißbrauch u. Jugend IV 309
Alkuin I 27 234 II 400
Allen, D. W. III 351 IV 300
Allgemeinbildende Höhere Schule, d., Zschr. IV 396
Allgemeinbildung I 27 f – im Neuhumanismus I 28 – u. Berufsbildung I 151 – u. Christentum I 248 – u. Enzyklopädismus I 367 – u. Hochschulreife II 246 – u. Schule I 28
Allgemeine Bestimmungen I 28 f II 110
– dt. Burschenschaft II 325 IV 179
– dt. Erziehungsanstalt II 36
– dt. Frauenverein II 10
– dt. Lehrerverein III 67
– dt. Lehrerzeitung II 135 IV 396
– Dt. Lehrerinnenverein I 391 II 10 III 67
– dt. Neuphilologenverband III 68
– Didaktik I 299 f
– Erklärung d. Menschenrechte I 238
– Fürsorge-Erziehungs-Tag II 51 206 IV 285
– dt. Fürsorgeerziehungstag, Rundbrief IV 396
– Hochschulreife II 247
– Landrecht I 30 IV 55
– Pädagogik III 255 ff
– Psychologie I 29 f
– Schulanzeiger f. d. BRD IV 395
– Schulpflicht I 95 255
– Studentenausschuß (ASTA) I 30 441 IV 184
Allport, F. H. IV 127 f
Allport, G. W. I 30 f 198 330 – u. Charakterologie I 238 – u. soziale Verhaltensweisen I 313 – u. soziale Vorurteile IV 334 – u. Typenforschung IV 249
All-Unions-Inst. f. Wiss. u. Techn. Information I 312
Alphabet I 31 III 483 f
Alptraum III 472
Alschuler, R. H. I 176
Alsted, J. H. I 252 IV 204
Alt, R. I 31
Altena, Burg II 357
Altenberg, Haus I 31
Altenbildung I 31 f 448 – in d. Schweiz III 354
–pflegerin IV 106
Altenstein, K. I 32 303
Alter u. Gedächtnis II 70 – u. Gesellschaft I 35 f II 100
Alternativhypothese IV 166
Alternsforschung, Zschr. f. II 100
Altersabstand d. Geschwister II 115
–forschung II 100
–grenze I 35 – d. Lehrers III 279

–psychol. I 363
–seelsorge I 34
–sport IV 145
–stufen d. Erwachsenen I 32 f 363
–stufen d. Glaubensunterweisung I 33 f 195 228 – u. eucharist. Erziehung I 420 – u. geistl. Führung II 43 – u. liturg. Erziehung III 117 f
–stufen im Recht I 34 f
–versorgung d. Lehrer III 279
Ältestes Kind II 115
Altes Testament im Religionsunterricht I 36 f 168 – u. Erziehung II 334 – u. Gottebenbildlichkeit II 149 – u. Gottesbegriff II 150 – u. Hoffnung II 239 f – u. Volk Gottes IV 316 – u. Welt IV 350
Altevogt, R. IV 233
Althamer, A. II 400
Althaus, P. I 419
Althusser, L. IV 176
Altonaer Plan III 343 397 407
Altphilologenverband IV 286
Altphilologenverband, Mitteilungen d. IV 396
Altröm. Erziehung III 446
Altsprachl. Gymnasium II 244
– Unterricht I 38 ff II 159 f III 37 f
– Unterr., d., Zschr. IV 396
AMA I 26
Amalarius I 27
Amateurtheater I 40 III 21
Amaurose IV 68
Ambivalenz IV 231
Ambrosius, Hl. II 399
Ambulante Erziehungsmaßnahmen I 165 397 f
Am-Dulsberg-Schule II 183
American Academy of Arts and Letters III 110
Amerikahäuser III 4 6
Amiliani, H. III 432
Amman, E. I 317
Ammon, F. I 201
Amnesie, retrograde II 71
Am Scheidewege, Zschr. II 378
Amsterdamer Frauenzuchthaus II 22
– Männerzuchthaus II 22
Ämter in d. Schule IV 19
Amthauer, R. II 304
Amtmann, P. IV 49
Amtsautorität I 109
–blätter d. Kultusministerien IV 396
–eid I 302
–pflegschaft III 294
–vormundschaft IV 329
Analcoitus III 270
Anale Phase III 408 IV 79
Analogie I 40 f
Analphabetentum I 41 f – u. Grunderziehung II 167 f
Analyse, sprachl. II 290 f
Analyt. Philosophie I 42 III 157 f 335 454 f
– Psychol. III 363 f
– Statistik IV 166
Anamnese I 42 f 406
Anarchismus I 43 II 315 III 221
Anarcho-Syndikalismus I 43
Anarithmie III 389
Anarthrie III 210 IV
Anastasi, A. I 442
Anatomie d. kindl. Körpers II 417 f
– d. menschl. Körpers III 81
Anaxagoras II 158
Anders, G. II 252
Andersen, H. Chr. III 137

Andersen-Nexö, M. II 242
Anderson, H. H. I 313 407 II 43
Anderson, L. II 290
Andragoge I 387
Andragogik I 43 f
Andreae, J. V. I 44 253 III 458
Andrew, B. I 141
Andronikus III 156
Andry, N. III 249
Aneignungsstufen III 79
Anerkennung I 381 f III 119
Anfangsunterricht I 44 f II 102 f III 459 480 ff – u. Schuldruckerei IV 4 – u. Schulreife IV 47 – u. Schulreifetraining IV 47
– religiöser I 45 f III 415
Angell, J. R. II 48
Anger, H. II 11
Angewandte Psychol. I 46
Angewöhnung II 139
Angst I 46 ff III 306 484 – d. Rauschmittel III 382 – u. Dominanzstreben I 313 – u. Kontaktbedürfnis II 478 – Neurose III 211
Animismus I 332
Animus, Anima I 48 78
Anisometropie IV 68
Anlagen I 125 ff 330 II 257 f
Anlautmethode I 464
Anlernling I 49
Anlernverhältnis II 286
–werkstatt I 49
Anochin, P. K. III 395
Anomalitäten, physiolog. I 406
Anonyme Alkoholiker IV 73
Anpassung I 7 49 f II 474 – u. Erziehung II 121 IV 256 – u. Gesellschaftsnorm III 228 – u. Organisation III 247 – u. Rigidität III 440
–schwierigkeiten I 50
Ansbacher, H. L. u. R. R. II 279
Anschaulichkeit I 50 f IV 337
Anschauung, Intuition I 51 f
–bilder, subjektive I 328 f
–mittel I 70 f 86 ff
–unterricht I 44 f 267 II 209 ff
Anschütz, H. III 19
Anselm v. Canterbury III 478
Ansgar, Hl. III 137
Ansporn (incentive) III 177
Anspruchsniveau I 52
Anstalten f. behind. Kinder I 134
Anstaltsbefragung I 193
–diakonie II 293
–erziehung III 211 ff
Anstand, Anständigkeit I 52 f 443 f II 156
Anstrengungsbereitschaft III 87
Anthropologie I 53 ff 198 ff 354 III 280 f 430 – päd. I 55 f 349 III 259 – philos. I 53 f III 116 303 – theol. I 57 f II 149 – u. Päd. IV 223 f – als Dialogik II 126 – d. päd. Realismus III 386 f – u. Bibel I 57 – u. päd. Antinomie I 58 f – u. Paidologie II 416 f III 271 f – u. Religionspäd. I 57 f III 414 ff – u. Theol. IV 225
Anthroposoph. Gesellschaft IV 168
– Pädagogik IV 341
Antiautoritär II 21 432 f 461 f III 431 f IV 261 ff
Antidepressiva III 299
Antike u. Erziehung I 395
Antinomien u. Antithesen d. Päd. I 58 f 295 f

Antiochenische Schule II 394
Antipathie II 78
Antiphon IV 98
Antiqua-Schrift III 483 f
Antisemitismus I 59 f
Antizipator. Reaktion II 469
Antonescu, G. G. III 454
Antonius v. Padua II 5
Antriebserlebnisse III 176
Antwort u. Frage I 484 f
Anweiler, O. III 259
Apartheid-Idee u. Univ. in Südafrika IV 195 f
APED I 360
Apel, K. O. II 312
Aphasie, motor., sensor. IV 159
Aphasiker IV 150
APO I 102
Apokalyptik III 400
Apophthegmata II 61
Aporti, F. I 60
a posteriori I 350
Apostolatserziehung IV 316
Appell I 60
Apperzeption I 60 f IV 339 – tendenziöse I 317
Appetenz III 176
–-Aversions-Konflikt II 470
Aprent, S. u. J. IV 170
a priori I 350
Aquarien, Terrarien I 61
Arabische Staaten I 61 ff
A-Rationalismus II 315
Arbeit u. Bildung I 77 – u. Erziehung I 70 77 u. Leben I 67 77 f IV 107 – u. Schule I 72 ff – u. Spiel IV 140
–geberverbände, berufl. Bildungswesen d. I 67 f
–nehmerbildung I 66 f
–bücher III 496
–dienst, weibl. III 130
–erzieher I 68
–erziehungsanstalten I 68
–förderungsgesetz I 387 478 IV 363
–formen im Unterr. III 97 f
Arbeitsgemeinschaft I 68 f
– Bayer. Klöster III 347
– d. dt. Werkkunstschulen IV 287
– d. Direktoren d. Inst.e f. Leibeserziehung u. Leibesübungen d. BRD IV 287
– d. ev. Jgd. Dtl. I 424 II 381
– d. Jugendherbergsverbände II 358
– d. Leiter d. Religionspäd. Inst. u. katechet. Ämter II 398
– d. Mütterschulen III 188
– d. Verbände gemeinnütziger Privatschulen in d. BRD IV 287
– dt. Lehrerverbände I 214 III 68
– ev. Erzieher in Dtl. III 68
– ev. Schulbünde III 347 IV 287
– Ev. Schulen f. Sozialarbeit IV 286
– Freier Schulen III 347
– f. ev. Schülerinnen- u. Frauenbibelkreise I 424
– f. Jugendpflege u. Jugendfürsorge – (AGJJ) I 69 f IV 286
– f. Ev. Kinderpflege IV 286
– f. Musikerziehung u. -pflege IV 287
– f. Müttererholung III 187
– f. theol. Erwachsenenbildung I 388
– Heilpäd. d. Ausbildungsstätten f. Heilpäd. u. ev. heilpäd. Heime IV 285

– kath. dt. Frauen II 14
– kath. Katechetikdozenten II 395
– kath. Klöster in Bayern IV 287
– kath. sozialer Bildungswerke IV 107 287
– kath. Verbände f. Entwicklungshilfe I 360
– Musikpäd. Seminare IV 287
– privater Entwicklungsdienste I 360
Arbeitsgestaltung I 72
–gruppe II 172
–gruppe f. empir. Bildungsforschung in d. Gesellschaft IV 171
–haus I 68
–hypothese, psychol. I 433
Arbeitskreis d. Direktoren an dt. Ingenieurschulen IV 286
– d. kath. Akademien IV 287
– dt. Bildungsstätten e. V. II 348 IV 287
– ev. Heimsonderschulen IV 285
– ev. Mädchenheime IV 286
– f. Computer-unterstützten Unterricht I 257
– f. Hochschuldidaktik II 119 230 IV 171
– f. Jugendliteratur IV 286
– f. Schulmusik u. allgemeine Musikpäd. IV 287
– f. Tanz IV 207 326
– Grundschule II 119
– Lernen u. Helfen in Übersee II 119
– päd. Hochschulen II 469
– z. Förderung u. Pflege wiss. Methoden d. Lehrens u. Lernens II 119 IV 171
Arbeitslehre I 70 II 192 IV 361 – u. Technik u. Bildung II 211 – u. Volksschule IV 323 – u. Volksschuloberstufe IV 325
Arbeitslosigkeit II 377
–markt I 153
–mittel I 70 f III 77 465 f IV 213 f
–pädagogik I 77 IV 370 f
–physiologie I 71 f IV 250 f
–psychologie I 72 106 331 162 f 381
–scheu I 68
–schule, Produktionsschule I 72 ff III 441 468 – b. H. Gaudig II 62 f – b. G. Kerschensteiner II 412 – u. entschiedene Schulreformer I 358 – u. Lernschule III 95 – u. Schulgarten IV 23
–schutz I 281 II 345 f
–stellen, päd. I 312
–stelle f. betriebl. Berufsausbildung II 120 297 f
–teilung I 75 f II 284
– u. Berufspäd. I 76 f
– u. Wirtschaftslehre IV 369
–unterricht II 8 III 329 402
–wissenschaft I 71 f
–zeit Jugendl. II 345 f – u. Freizeit II 26
Arbeiterbewegung I 66 f
–bildung I 66 f 197 II 133 ff – konfessionelle I 66 f – u. Tutorial Classes IV 248 – u. Volkshochschule IV 320
–frage u. Sozialpolitik IV 125
–klasse III 353 f
–sekretäre I 67
Arbeiter- und Bauern-Fakultät (ABF) I 67
Arbeiter- u. Studentenstreik in Frankreich III 356

–wohlfahrt IV 104
Archangelus v. Palermo II 6
Archetyp I 48 78 172 II 386 – u. Religion I 48
Archimedes III 143
Archive, päd. I 312
– d. sozialen Demokratie II 34
– dt. Berufsvormünder II 455
– f. Berufsbildung, Zschr. IV 365
– f. Religionspsychol. III 418
– f. Sozialgesch. II 34
Arendt, H. I 418 IV 236
Arensberg, C. M. II 90
Argelander, H. III 363
Argentinien I 78 f III 33 f
Ärger II 78
Argument, d., Zschr. IV 273
Aristophanes IV 94
Aristoteles I 79 f 199 II 15 267 III 198 f – u. Erziehung II 159 – u. Seele IV 64 – u. Thomas v. Aquin IV 229 – u. Vernunft – Verstand IV 305 – u. Wertphilos. IV 353 f – u. Wissenschaftslehre I 375
Arithmetik III 143 f
Armenerziehung I 485
–schulen I 44 II 287
Armut IV 126
Arnauld, A. III 332
Arndt, A. I 138
Arndt, E. M. I 80 II 336
Arneth, M. III 38
Arnheim, R. II 441 III 12
Arnold, F. X. I 80 f 169 II 401
Arnold, M. IV 293
Arnold, M. B. II 77 f
Arnold, Th. I 81 IV 144
Arnold, W. I 126
Aron, R. I 338 II 117
Arrest III 346
artes liberales III 168 IV 99
Artikulation d. Unterr. I 81 f 285
Art nouveau IV 352
Arzat, G. F. III 341
Arzt u. Christ, Zschr. I 23
Asch, S. E. II 474
Aschermann, H. III 411
Asfec II 167
asinus u. Lateinschule III 124
Askese I 82 f
Äsop I 315
Asozialenfürsorge II 72 f
Asperger, H. I 83 105 III 209 369
Assimilation I 7
Assistent, Wiss. I 83 f
Association européenne des enseignants III 68
– Internat. des Sciences de l'Education III 68
– Internat. du Théâtre Amateur I 40
– Internat. du Théâtre pour l'Enfance et la Jeunesse (ASSISTEJ) IV 221
– suisse pour l'aide aux sourds-muets III 352
Assoziation, Assoziationspsychol. I 60 f 84 337 456 f III 94 –, sprachl. u. Lernen III 93
Assoziationsgesetze I 84
Assoziative Hemmung IV 70
Assoziieren, freies III 362
ASTA I 30
Astheniker III 284
Ästhetik I 332 III 298 298 – b. B. Croce I 258 – b. Fr. Schiller III 471

Ästhet. Erziehung I **85**
- Typ III 286
Astigmatismus IV 68
Atatürk IV 245
Ataxie III 210
Atheismus I **85 f** III 221 f
Athetosen III 210
Äthiopien I 10 ff
Athletiker III 284
athletisch-viskös III 285
Atkinson, J. W. II 186 III 87 IV 255
Atlantic College Wales II 309
Atmosphäre, päd. III 261
Atmung, Atmungsfehler I **86** IV 162
Attila II 179
attitude I 334 II 183
Audiometer II 204
Audio-visuelle Unterrichtsmittel I **86 ff** 311 III 77 f 142 IV 22 f 27 235 f - u. Fremdsprachunterr. II 8
- u. Katechese II 396 f - u. Universität IV 267 f
Auditiver Typ III 285
Auer, A. I 419 IV 350
Auer, L. I 233
Aufbauschule I 283 II 243 f - f. Mädchen III 131 - u. Hochschulreife II 247
Aufbaustudium als Lehrerweiterbildung III 64
Aufbauwerke d. Jugend IV 107
Auffassung I 60
Auffassungstypologie III 285
Aufforderung I **88 f**
Aufforderungscharakter I **89**
Aufgabe I **89 f** 334
Aufgabe(item) IV 217
Aufgabendidaktik III 144 f 300
Aufhellung I 90
Aufklärung I **90 ff** 257 - sexuelle IV 82 f - u. Erwachsenenbildung I 385 - u. Gottesbegriff II 150 f - u. Volksschule IV 322
Auflockerung d. Oberstufe I **93 f**
Aufmerksamkeit I 60 f **94 f**
-forschung I 94 f
-typen I **95** III 285
Aufmunterung I 381
Aufnahme, Aufnahmeprüfung I **95 f** III 359
Aufsässigkeit IV 241
Aufsatz, Aufsatzunterr. I 286 f IV 158
Aufsichtspflicht I **96 f** 302
Aufstiegsmobilität u. Erziehung III 170
Auftragsautorität I 109 f
Augenscheinvalidität IV 281
Augér, E. II 400
Augustinus, A. I 37 **97** 172 267 354
- u. polit. Theologie III 327 - u. Welt IV 350
Augustinus Steuchus Eugubinus III 271
aula, Zschr. III 78
Auld, F. II 290
Aurin, K. I 128
Ausbilder II 286
Ausbildung u. Beratung in Land- u. Hauswirtschaft, Zschr. IV 395
Ausbildungsbeihilfen I **408 f**
-berufe I **98** 154 f 385 II 187 286 IV 364 - u. Anlernling I 49 - u. Facharbeiterprüfung I 435
-berufsbild I 150 f
-förderung I 477 ff II 24 ff
-förderungsgesetz I 409 IV 363

-jugenddörfer II 350
-leiter I 161
-meister II 286
-schule u. Studienseminar IV 188
Ausbildungs- u. Erziehungsbeihilfen I **408 f**
Ausdruck I **98 f** III 163 f 274
-kunde I 41 238
-päd. f. Lernbehinderte II 205
-psychologie I **99** 332 II 153 f
-therapie II 205
-verhalten u. Zwillingsforschung iV 410
Ausfall d. Unterrichts I **99**
Ausgangsschrift Sütterlins III 481
Ausländergesetz I 474
-studium in d. BRD I **99 f**
Auslandscaritas I 232
-deutsches Schulwesen I **100**
-pädagogik IV 294
-schulwesen, Verbände IV 286
-studium I **100 f** 276 III 57
Auslese I 124 f
Ausleseverfahren, psychol. IV 218
Auslöser IV 299
Auslöseschema IV 299
Ausreißer I **101**
Ausschuß d. dt. Jugendverbände II 369
- dt. Volksbildungsvereinigungen I 371
- f. d. Auslandsschulwesen d. KM d. Länder IV 286
- f. Statistik d. Bildungswesens I 193
Auswahl-Antwort-System III 350
Auswärtige Schüler I **104** II 61
Auswendiglernen I 68 f III 93
Außenhandelskaufmann, I 22
Außenseiter I **101 f**
Außerparlamentar. Aktion u. Politikunterricht III 321
- Opposition (APO) I **102** III 244
Außerplanmäßige Professoren II 238
-schul. Mädchenbildung III 128 f
-sinnl. Wahrnehmung III 274
Austin, J. L. I 42 IV 151
Australien I **102 ff** III 279
Ausubel, D. P. I 348 II 488 IV 174
Autismus I **104** IV 370
Autodidakt I **105**
Autogenes Training I **105** II 265 IV 200
Autokrat. Erziehungsstil I 407
Automation I 75 **105 ff** III 284 - u. Wirtschaftserziehung IV 373 - d. Päd. I **108 f** - u. Tradition IV 238 - u. Verantwortung IV 283
Autonomismus I 107
Autorität I 265 407 f IV 30 173 - u. Vorurteilsbildung IV 333 f
Autorität I **109 f** 42 82 - u. Freiheit II 21 f III 204 261 f IV 261 f
- u. Spontaneität IV 143 f
Autoritätskonflikte II 472
Autostereotyp IV 128 168 334
Autosuggestion IV 200
Avenarius, R. I 201 III 8
Aversion II 471 III 176
Axiologie IV 354
Axiomat. Systeme III 143 f
Axline, V. M. III 372 IV 141
Ayer, A. J. I 42

BA I 221
Baacke, D. III 331

Baader, F. v. III 221
Babysitter I **111**
Baccalauréat européen III 305
Bacchanten I 443
Bach, H. III 90
Bachelard, R. III 380
Bachmann, C. F. IV 204
Backfischbuch III 349
Backhausen, W. I **111**
Backman, C. W. I 3
Bacon, F. I **111** 199 II 55
Bacon, R. I **111 f**
Baden-Powell, R. III 291
Baden-Württemberg I **112 ff**
Baden-Württemberg, Gesetzblatt f. IV 396
Bader, H. II 400
Badische Schule I 418
Baethge, M. IV 273
Bagehot, W. III 190
Bahnmission I **115** III 215
Bahnsen, J. I 237
Bahrdt, K. F. I **115** III 300
Bahrein I 63
BAJ II 370
BAJAW II 346
BAK I 84
Bakkalaureus I **115**
Bakunin, M. A. I 43
Balbuties IV 159
Balderman, I. I 169 f
Baldwin, A. L. II 457
Baldwin, J. M. II 48
Bales, R. F. II 173 290
Balind, M. III 363
Ballachey, E. L. I 334
Ballauf, Th. I 430 II 168 III 258 345
- u. Charakterbildung I 236 - u. dialogische Bildung I 181 - u. Erziehung z. Sachlichkeit I 266 - u. Spontaneität IV 143
Ballett IV 207
Balthasar, H. U. v. II 178
Bamberger, R. II 348
Bandenkriminalität II 338
Bandenwesen IV 309
Bandura, A. II 41 303 III 93
Bang, R. II 125
Bankakademie I **116**
Bantu-Schulwesen IV 195
Barbe, W. B. II 230
Bar-Hillel, Y. IV 151
Bärmann, F. II 56
Barnard, H. I **116** III 389 IV 289 293
Barop, J. II 36
Bartels, D. IV 374
Bartels, K. II 87
Barth, K. I 419 II 140 III 340 IV 119 f 222
Barth, P. I **116**
Barthes, R. IV 275
Bartholomäus v. Köln II 200
Bartók, B. I 258
Basedow, J. B. I **116 f** 227 367 III 127
Basedows Elementarbuch I 173
basic personality IV 315
Basilius I 97
Basisgruppen als polit. Hochschulgruppen I 441 III 324
Basketballspiel IV 147
Bastian, A. IV 127
Bastian, H. D. II 379 III 411
Battie, W. III 24
Battista, L. I **117**
Bauch, B. I 418
Bauen, Baukasten I **117 f**
Bauer I 427

Bäuerle, Th. II 242
Baugulf, Abt I 27
Bauhaus I **118** III 15 f IV 352
Baukasten I **117 f**
Bäumer, G. I **118** II 10 358 IV 123
Baumgarten, A. G. I 85
Baumgärtner, A. C. I 256
Bauorden, internat. I **118 f**
Baurat III 236
Bayerische Akademie d. schönen Künste III 110
- Gesetz- u. Verordnungsblatt IV 396
- Lehrer- u. Lehrerinnenverband III 68
- Lehrer- u. Lehrerinnenverein II 135
- Sportakademie IV 147
Bayern I **119 ff**
Bayle, P. I 367
Bayley, N. II 302
BDA I 67
BDKJ II 406
Beachtungsneurose III 209
Beamtenanwärter I 35
-bildung I **122 f**
-hochschulen IV 311 f
-recht I 302 310 III 281 f – u. Laufbahnbestimmungen III 38 – u. Lehrerberuf III 60 – u. Pflichtstunden d. Lehrers III 296 – u. Rechtsstellung d. Lehrers III 56
Beat-Musik III 330 f IV 207
Beaupuis, W. de III 332
Beauvoir S. de, I 418
Bebel, A. IV 117
Bechterew, V. M. III 279 396
Beck, J. IV 271
Beckedorff, L. v. I **123**
Becker, C. F. IV 160
Becker, C. H. I **123** III 58 403
Becker, H. II 18 III 23
Becker, O. III 385
Becker, R. III 103
Beckett, S. IV 49
Beckmann, G. II 254
Beda I 142 315
Bedeutungsanalyse II 290
Bedeutungssinn IV 86 f
Bedingte Reaktion II 468
– Reflex II 468 III 395
Bedürfnis III 177 IV 240
Beeinflussung I **123 f** – psych. IV 199 f
Beer, U. II 477
Beers, W. III 363
Befehl I **124**
Begabtenauslese I 126 f
-förderung I **124 f** 182 275 408 f IV 188 f – in d. Einheitsschule I 333 – u. Schülerauslese IV 15 – u. Schullaufbahnberatung IV 33 – u. Sprachschulung I 127
-prüfung I **125**
Begabung I **125 ff** II 229 f – u. Fähigkeiten I 442 f – u. Grenze d. Erziehung II 155
Begabungsförderung in d. Schule I 305 – u. Schulbahnlenkung III 490 f
-forschung I 126 f II 229
-messung I 126
-reserven I **127 f**
-störungen als Lernstörungen III 96
-Test-System II 204
-typologien III 285 f
-wandel I 126 177 f

Begegnung I **128 f**
Begriff, Begriffsbildung I 4 **129 f** 262 f 269, III 93 – philos. I 128 f -psychol. I 130 – u. Kunstunterr. III 15
Behalten II 69
behavioral patterns IV 298
Behaviorismus I 269 II 68 77 III 96 f 395 – u. Wahrnehmung IV 338
Behinderte Kinder I **130 ff** 202 ff II 80 ff 89 202 ff 483 ff III 150 336 f IV 56 – Stiftung f. d. behinderte Kind IV 285 – Vereine u. Verbände IV 285 – als Sorgenkinder IV 99 – als Taubblinde IV 208 – u. Anlernwerkstatt I 49 – u. Berufs-Sonderschule I 155 – u. Einschulung IV 96 – u. Kinderpsychiatrie II 439 f – u. konsekutive Verbildungen IV 284 f – u. Lebenshilfe III 40 f – u. Schularzt III 485 f – u. Sonderkindergarten IV 96 – u. Sonderschulen IV 96 f – u. Sportlehrer IV 248 – u. vorgeburtl. Einflüsse IV 328 f
Behinderte Kind, d., Zschr. IV 395
Behindertenhilfe in d. Schweiz III 352
-pädagogik I 157 f 232 f
Behn, S. III 258
Behn-Eschenburg-Test III 447
Behn-Rohrschach-Test IV 406
Behrendt, R. F. I 359
Behütung I **165 f**
Beichtbüchlein II 400
Beichte I 227 f
Beiler, A. I 199
Beinlich, A. III 110
Beispiel I **135** – päd. IV 328
Beispiel, Zum, Zschr. II 120
Beispielschule IV 307
Beistand IV 329
Beitr. z. Mathemat.-Naturwissenschaftl. Unterr., Zschr. IV 395
Bekenntnisgebundener Unterricht I **135 f** III 47 IV 269
Bekenntnisschule I **136 ff** II 445 III 325
Bekräftigung (reinforcement) I **138 f** III 408 IV 174 299 f
Bekräftigungsgradient, sekundärer II 139 f
-pläne I **139**
Belehrung I **139** III 47 IV 269
Belgien I **139 ff** III 305
Bellarmin I 400
Bell-Lancaster-Methode II 214
Bell u. Lancaster I **141 f**
Belohnung III 119 f
Benedict, R. II 367 III 292
Benedikt Biscop I 142
Benedikt, Hl. I 142 315
Benedikt. v. Nursia IV 261
Benediktiner I **142 f**
Beneke, F. E. I **143**
Bengel, J. A. III 311
Benham, F. C. III 205
Benjamin I 9
Bennholdt, C. G. II 203
Bennholt-Thomsen, C. III 272
Benotung I 287 III 232 f
Bentham, J. II 84
Bentzien, K.-H. III 98
Beobachtung, Beobachtungsmethoden I **143 f** III 93
Beobachtungsheime, Beobachtungsklassen I 144

-lernen II 303
Beratung (sozial)päd. I **144 f** 399
Beratungslehrer III 493 IV 33
-stellen, pädoaudilog. II 81
Bereday, G. Z. F. I **145** IV 295
Bereiter, C. IV 330
Berelson, B. II 290 464
Berg, J. H. van den II 335
Berger, G. I 377
Berger, P. L. III 420
Bergius, R. I 33 365 III 406 IV 334
Bergler, E. IV 385
Bergmann, G. v. I 42
Bergson, H. I **145** 201 378 419 IV 131 258
Bergsträsser, A. III 323
Berichte u. Aufsätze, Zschr. I 422
Berkeley, G. I 90
Berkenkopf, P. IV 121
Berlin I **145 ff**
- Gesetz- u. Verordnungsblatt IV 396
- Berliner Akademie d. Wiss. III 342
- Arbeitskreis u. Didaktiktheorie I 300
- Rahmenpläne III 459
- Richtlinien u. Empfehlungen II 243
- Schule u. Gestalttheorie II 57 128
- Schule u. Kreativität II 487
- Tor-Schule II 183 III 39
Berlin-Kolleg II 298
Berlyne, D. E. I 94
Bernadin v. Siena II 6
Bernberg, J. III 416
Bernfeld, S. II 432
Bernhard v. Clairvaux III 478 IV 261
Bernheim, H. II 30 265
Bernoulli, J. II 46 465
Bernreuter, R. G. IV 219
Bernstein, B. I 286 365 177 II 40 III 259 IV 8 154 155 273
Bertalanffy, L. v. I **147** II 54 IV 204
Berthold-Otto-Schule III 253
Bertuchs Bilderbuch I 173
Beruf u. Alter I 36 – u. Erwachsenenbildung I 387 – u. Erziehung I 76 f – u. Weiterbildung I 320
Berufl. Bildung u. dt. Industrie- u. Handelstag I 278 f
- Bildung, Zschr. IV 396
- Fortbildung d. Erwachsenen IV 361
- Rehabilitation III 400
- Schulen, Verband IV 286
- Umschulung IV 361
Berufsaufbauschulen I **147 f** II 197 IV 409 – landwirtschaftl. III 29
-auffassung d. Lehrers I **148** III 54 f
-ausbildung I 106 151 155 161 II 186 ff – d. Frau II 16 III 128 185 – d. Jugend IV 361 – u. vergleichende Wirtschaftspäd. IV 297
-ausbildungsvertrag I **148**
-ausbildungsvertragsrecht IV 363
-beratung I **148 ff** 331 II 114 IV 11 33 – als Studienberatung IV 186 f – u. Leistungstest IV 218
-beratung u.- bildung, Zschr. IV 396
-bezogenheit d. Päd. Hochschule III 263
-bild I **150 f**
-bildende Schulen III 423 IV 361 ff
-bildende Schule, d., Zschr. II 133 IV 396
-bildendes Schulwesen, Zschr. IV 395

419

Berufsbildung I 3 f **151** 277 – d. Genossenschaften II 98 – u. Allgemeinbildung I 28 – u. Gewerkschaften II 134 f – u. öffentl.-rechtl. Kammern II 387 f – u. Privatschulwesen III 347
– Archiv f., Zschr. IV 365
– Zschr. IV 395
–ausschüsse I 441 – b. d. Kammer IV 364
–forschung, Inst. II 297 f
–gesetz I 148 – **151 f** 478 IV 361 363
–politik, internat. IV 366 f
–werk d. dt. Versicherungswirtschaft I 442
Berufsdifferenzierung u. Arbeitsteilung I 75 f
–eignung I 149 **152**
–erfahrung u. Erwachsenenbildung I 318
–erziehung IV 374
–fachschule I **152** IV 362 f 371 409
– gewerbl. II 187
–findung I 153 II 338
–findungsjahr IV 361
–förderung I 477 ff III 132
–forschung, Berufskunde I **152 f**
–fortbildung I 151 335 441 II 287
–fortbildungswerk d. Dt. Gewerkschaftsbundes II 134
–gemeinschaft kath. Jugendleiterinnen u. Kindergärtnerinnen IV 286
–grundschule I **153** 155
–grundschuljahr IV 374
–interessen I **153 f** –Test I 153 f III 366
–kunde I **152 f**
–mobilität III 170
–oberschule I **154** III 131
–ordnungsmittel I **154 f**
–pädagogik I **76 f** IV 370 f 372
–päd. Inst. IV 371
–psychologie I **72**
–schule I **155** II 286 IV 362 f – gewerbl. II 187 – b. A. Fischer I 472 – b. G. Kerschensteiner II 412 – u. Lernbehinderte III 90 f
–schulpflicht I **155** IV 40
–schulwesen I 277 f IV 362 ff –schulwesen in Nationalsozialismus I 284 –schulwesen in Polen III 318
–Sonderschule I **155 f** III 90
–ständische Ordnung I **156**
–tätigkeit d. Frau I 165 f III 188 – u. Schultheater IV 49 – u. Werkschule IV 353
Berufsverband kath. Fürsorgerinnen IV 285
– kath. Sozialarbeiter – Bundesverband e. V. IV 286
– kath. Sozialarbeiterinnen u. Sozialarbeiter Bundesverband e. V. IV 286
Berufswahl I 149 153 f **156**
–wettkampf d. Dt. Angestellten-Gewerkschaft II 134
Berufung I **156 f** – u. Hochschule II 237
Beruhigungsmittel III 382
Bérulle, P. de IV 93
Beschäftigung IV 171 f
Beschäftigungstherapie II 486 III 249 f
Beschämung u. Demütigung I **157**
Beschel, E. II 203 III 90
Beschränktheit, geistige III 242
Beschreiben IV 158

Beschützende Werkstatt I 4 f **157 f** II 73 III 337
Besinnungstage, religiöse I **158**
Besoldung d. Lehrer I **158 f**
Bestrafung IV 173 f
Besuden, H. II 169 III 390
Bethel I 205
Betrachtung III 149
Betrieb I **159 f** – u. Schule in Berufsausbildung IV 361 f
Betriebl. Berufsausbildung IV 362 363
Betriebs- Berufsschulen II 409
–pädagogik I 159 f **160 ff** IV 370 f – u. Berufsausbildung IV 362
–praxis u. Berufsausbildung II 187
–psychologie I 159 f **162 f**
–soziologie I 159 f II 261
–wirt II 134 III 493 IV 312
betrifft: erziehung, Zschr. IV 395
Betteln IV 309
Betti, E. II 222
Bettnässen I 365 ff
Betzler, E. III 16
Beurlaubung d. Lehrer I **163**
– v. Schülern I 163
Bevorzugung I **163 f**
Bewahrung u. Behütung I **165** f II 74 317 f
Bewährung, Probation I **164 f** II 374 f
–helfer I 164 398 II 375
–hilfe I **165** II 355 f IV 92
–kontrolle IV 281
–zeit im Erwachsenenrecht I 164
–zeit im Jugendrecht I 164
Bewegungsdrang II 439
–gymnastik II 180
–therapie II 205 III 249 f
Bewertungsanalyse II 290
Bewußtheit I 166
Bewußtsein I **166 f** IV 69 73 f
Bewußtseinslage I 166
–schwelle IV 62
–störung I 166 f II 304
Beyer, H. I 118
Beziehung, soziale I **167**
Beziehungslehre, soziolog. III 282
Bezugsgruppe I **167** II 171 f
–system I **167 f**
Bibel, Bibelkritik, Bibelwissenschaft I **168 f** 216 – u. Bild I 174 – u. Gerechtigkeit II 98 – u. Kerygma I 160 f – u. Religionsunterricht I 169 f III 415 421 – u. Sakramentenunterr. III 462 – u. Sexualität IV 77
Bibelunterricht I **169 f** II 62 396 III 206 ff – u. Gebetserziehung II 64 – u. Schulbibel III 494 f
Bibliographie Päd. II 297
– Programmierter Unterr. I 312
– Schulfernsehen I 312
Bibliothek d. päd. Literatur 1800 bis 1820 II 179
– Sprachunterr. I 312
– d. Dt. Museums f. Taubstummenkunde II 297
–plan d. Dt. Büchereiverb. III 26
Bibliothekswesen I 66 **170 ff** IV 165
– kirchl. II 446
– ländl. III 26 f
– Städt. IV 165
– u. Universitäten I 171
Bibl. Theol. IV 223 f
Biddle, B. J. III 444
Biedermann, J. G. III 341

Bierbaum, O. J. II 262
Bierwisch, M. I 288
Biestek, F. I 336
Biester, W. IV 212
Bigham II 69
Biglmaier, F. I 457 III 103
big science I 482
Bild I **172 f** IV 201 f
Bilderbuch I **173 f** I 197
Bilder-Frustrations-Test III 367
– Schrift III 483
– Test II 204
Bildgeschichte I 255 f
–katechese I **174** III 396
Bildnerhochschule I **174 f** III 58
Bildner. Erziehung, Zschr. IV 395
Bildnerisches Gestalten d. Kindes I **175 f** III 440 ff
Bildpädagogik I 15 f 173
Bildsamkeit I **176 ff** 397 – b. Herbart II 217 – u. Grenze d. Erziehung II 155 – u. Plastizität III 312
Bildstelle I 171
Bildung I **179 ff** – allg. u. Erwachsenenbildung I 386 – berufl. Erwachsenenbildung I 386 – dialog. I 180 f 217 – konfessionelle u. Privatschulwesen III 446 f – literar. u. Dt.-Unterricht I 288 f III 111 ff – materiale I 480 t – polit. I 77 f II 109 – polit. u. Dt.-Unterricht I 288 – polit. u. Geschichtsunterr. II 113 – religiöse u. Erziehung III 430 f – soziale IV 103 107 109 – volkstüml. IV 326 – als Umgang IV 255 – d. d. Buch I 216 f – in Dom- u. Klosterschulen I 315 f – u. Anthropologie I 53 ff – u. Aufklärung I 90 – u. Chancengleichheit II 467 – u. Erziehung I 393 – u. Erziehungswiss. I 412 – u. Gesellschaft I 182 – u. Massenmedien I 183 f – u. religiöses Bekenntnis I 249 – u. Sprache IV 155 f – u. Subjektivität IV 192 – u. Technik IV 210 f – u. Wirtschaft I 188 f IV 378 f – u. Wissenschaft IV 380 – u. Vereine IV 292 f – v. Einstellungen I 335
– polit., Zschr. IV 395
– u. Erziehung, Zschr. II 228 IV 395
–arbeit, christl. u. Jugend I 229 – gewerkschaftspolit. II 133
–begriff I 178 f
–beratung IV 33 – u. Schulpsychol. IV 42
–chancen I **181 f** 319 – u. Gesellschaft I 264 277 – u. Schulkindergarten IV 29 – u. Schulpolitik IV 40 – u. Schulpsychol. IV 42 – u. Schulreform IV 45 – u. Sozialpolitik IV 126 – u. Sprachsoziologie IV 154 – u. Stiftung Mitbestimmung IV 171
–defizit I **182 f** 258 f IV 15
–erfolg I **183 f** IV 215
–fernsehen, Studienprogramm im Fernsehen I **183 f** IV 215
–förderung im Vorschulalter II 428
–formen IV 332 f
–forschung, Inst. II 297 f
–forschung u. Bildungsrat I 278 – u. Sozialforschung IV 112 – u. vergleichende Päd. IV 295
–gehalt I **187**
–gut, Bildungswert I **184 f**

–hilfe u. Entwicklungsländer I 361 f
–ideal u. Bildungsziel I **185 ff**
–inhalt, Bildungsgehalt I 28 **187** – d. Hauptschule II 192 – u. Curriculumreform III 72 – u. Konzentration II 478 f
–jugenddörfer II 351
–krise I **187 f**
–notstand im Vorschulalter II 428
–ökologie III 241
–ökonomie I 187 f **188 f** IV 378 f – u. vergleichende Päd. IV 295
–plan III 71
–planung I **189 f** 222 f 277 III 379 IV 14 ff – u. Futurologie II 53 – u. Statistik I 192
–politik I 67 f 182 **190 f** III 4 ff IV 8 f – u. Bildungsökonomie I 188 f – u. Eltern als Erzieher I 340 – u. Jugendpolitik II 366 – u. Schulpolitik IV 40 f – u. Wirtschaftserziehung IV 374 f
–prinzipien III 345
–prozeß, fruchtbarer Moment II 38
–rat I 277 f IV 176 ff
–reform u. Hochschulreform II 232
–roman I **191 f** 459
–statistik I **192 ff**
–stufen I 181 **194 f** – u. Arbeitsmittelformen I 71 – u. Entwicklungspsychologie I 194 f – u. literar. Bildung I 288 f – u. Religionspäd. I 195 – u. Sprachkunde I 287 f – u. Spracherziehung I 285 f
–theorie I 180 f – dialekt.-reflexive I 295 f – b. Hegel II 199 – b. Herder II 221 – b. Kerschensteiner II 412 f – b. K. Schaller I 180 – u. Lehrtheorie III 49 – u. Unterrichtsziel IV 270 f
– u. Erziehungsformen I 195 f
– u. Schulwesen, Vereine u. Verbände IV 286 f
–urlaub I **196** 483
–vereine I **196 f** IV 292
–verwaltung u. Strukturplan IV 177
–werbung I 125
–werke I 385 ff IV 317 f – d. Dt. Angestellten- Gewerkschaft II 134
–wert I **185 f**
–wesen, berufl. I 67 f IV 362 ff – genossenschaftl. II 97 f – im MA. I 280 314 f – um 1930 I 282 – u. Betrieb I 161 – u. polit. Parteien III 324 ff
Bildverständnis des Kindes I **197**
Bilingualismus III 150
Bill, M. I 118
Billigkeit I **368**
Billows, F. I 353
Binet, A. I 358
Binet-Bobertag-Norden-Intelligenztest II 304
Binet-Kramer-Intelligenztest I 304
Binet-Simon-Intelligenztest I 359 II 301 ff IV 218
Binswanger, L. I **198** III 83 363 IV 239
Biograph. Methode I **198** 238
Biologie in d. Schule, Zschr. IV 395
Biologie u. Erziehungswiss. I 414 – u. Ökologie III 241
Biologieunterricht I 61 **198 ff** IV 216 256 – am Gymnasium II 245 – u. Botan. Gärten I 209 f – u. Präparate III 338 – u. Schulgarten IV 23 f
Biologieunterr., d., Zschr. IV 395 f
Biologismus I **201**
Bioplastiken III 338
Birnbaum, F. I 157 II 279
Birren J. E. I 363
Birsănescu, St. III 454
Bischof, H. I 173 II 349
Bischöfl. Hauptstelle f. Schule u. Erziehung IV 287
– Zentrale f. Ordensschulen u. kath. freie (private) Schulen IV 287
Bischofskollegium III 43
Bismarck, O. v. II 260 III 312
bit II 289
Bitschin, K. I **201**
Bitte I **202**
BIT-Test III 366
Bittner, G. I 363 III 258 269 363
Bitzer I 256
Bitzius, A. II 152
BKED III 68
Blair, G. M. III 265
Blankertz, H. I 108 151 438 III 49 258 IV 271 369
Blasche, H. B. II 227
Bläsig, W. II 203
Blätter d. Pestalozzi-Fröbel-Verbandes IV 396
– f. Bühne, Musik, Film u. Literatur IV 221
– f. d. Deutschlehrer IV 396
– f. Lehrerfortbildung IV 395
Blättner, F. I 39 IV 372
Blaues Kreuz II 73
Blecher, W. I 173 II 349
Bleidick, U. II 203 III 89 103
Bleistein, P. IV 203
Bleuler, E. I 104 II 71
Blewett, D. B. II 229
Blickpunkt Schulbuch, Zschr. III 78
Blinddiagnose III 281
Blindenlehrer I 203 – Verbände IV 286
–pädagogik I **202 ff** IV 208
–psychologie I 203 f
–schrift I 203
–schule I 202 f
Blindheit IV 68
BLLV III 68
Bloch, E. I **204** 418 II 240 IV 389
Bloch, H. II 339
Blochmann, E. II 336
Blochmann, K. J. III 289
Blockunterr. IV 279
Blondel, M. I **204 f** 268 II 144
Blonskij, P. P. I **205** III 141 329 IV 50
Bloom, B. S. II 456 f III 49 72 79 194 – u.Intelligenzforschung IV 330 – u. Taxonomie IV 209
Bloomfield, L. I 353
Blöschl, L. IV 174
Blücher, V. Graf II 267
Blues II 331 IV 85
Blüher, H. II 348
Blume, O. I 35 f
Blume, W. III 39
Board of Education III 175
Bobertag, O. IV 34
Bocheński, I. M. III 157
Bochumer Plan I 318
Böckle, F. I 419
Bode, R. II 180
Bodelschwingh, Fr. v. I 205 II 233
Bodenturnen IV 146 247
Boder, D. P. II 290
Bodinus, E. I 253
Bodmer, J. J. III 286 341
Boeke, K. I **205**
Boelitz, O. I **206**
Boethius I **206** 315 II 83 III 280
Bogardus, E. F. IV 128
Böhme, J. I 179
Bohne, G. III 426 IV 222
Bokelmann, H. I 136 438 III 257 259 283 IV 369
Bolivien III 31 ff
Bolk, L, I 54 II 80
Boll, F. I 32 364
Bolle, F. IV 394
Bollnow, O. F. I 53 ff 128 **206** III 257 259 –u. Erzieher I 390 – u. Erziehungsformen IV 169 – u. existentiale Ethik I 418 – u. Gehorsamserziehung IV 262 – u. päd. Atmosphäre II 66 – u. Wagnis IV 335
Bolton, Th. II 69
Bonaventura I **206 f** II 5 143 III 478
Bondy, C. I **207** II 337
Bondy, M. III 374
Bonhoeffer, D. I **207** 415 II 140 IV 350
Bonifatius I **207** 315
Bonifatiuswerk d. dt. Katholiken I **208**
Bonitz, H. I **208** 432 III 403
Bonsels, W. I 192
Bonte, T. I 329
bonum commune II 99
Booth, C. IV 112
Bopp, L. I 427 II 91 III 89 IV 328
Borcherdt, H. H. I 192
Borelli, S. III 354
Borg, W. IV 300
Borinski, F. III 323
Bormann, G. III 420
Bornemann, E. II 42
Bornstein, B. III 362
Borromäusverein I **208** IV 292
Bosco, Don G. I **208 f** III 463
Böse, d. IV 90 f
Boss, M. I 419 III 363 IV 239
Bossuet, J. B. I **209** II 400
Botanikunterr. I 198 ff
Botanische Gärten I **209 f**
Boulard, F. IV 419
Bourbaki, N. III 144
Bourdon, B.
Bourgeoys, M. II 389
Bourne, G. H. IV 130
Bovet, A. I 251
Bovet, L. I 470
Bovet, P. I **210**.
Bower, G. H. I 94
Bowlby, J. III 362
Boyer, A. II 395
Boys Town I 473 II 424 IV 50
Braak, I. IV 49
Bracher, K. D. II 325
Brackbill Y. I 363
Bracken, H. I 131 II 202 f III 89 372 – u. Sprachbehinderung IV 149
Bradley-Terry-Luce-Meßsystem III 155
Bradwardine, T. III 380
Braille, L. I 202
Brainwashing II 155
Brandwein, P. F. III 308

Brant, S. IV 360
Brasilien I 210 f III 35
Brauchtum I 52 f **211 f** III 227 IV 87
Braun, H. I 212
Braunschweigisches Journal II 227
Braunschweig-Kolleg II 298
Brautleutebildung I **326 f** 447
Brecht, B. IV 49
Breitinger, J. J. I 92 III 286
Brekle, H. E. v. III 332
Brélage, M. I 378
Bremen I **212 ff**
- Gesetzblatt IV 396
Bremer Klausel I 214
-Plan I 214 333 II 135 III 388
Brentano, Cl. III 137
Brentano, F. I 24 215 II 263
Brenz, J. I 215 II 400
Brethren Service Commission IV 107
Breuer, J. II 30 405 IV 240
Breyer IV 212
Brezinka, W. III 40 257 258 259 – u. Erziehungswirklichkeit I 410 – u. Erziehungswiss. I 348 IV 227 – u. Schulwandern IV 53 – u. Sexualverhalten IV 81
Brickman, W. W. I 215
Briefgeheimnis, Briefzensur b. Minderjährigen I 215
Briefs, G. I 160 II 156
Briefschule I 463 II 134
Briefwechsel, internat. IV 18
Brim, O. G. III 427
Brinkmann, D. I 287 II 183
Brisson, A. III 464
British Academy III 110
- Council III 4 6
Britsch, G. I 176 II 441 III 14
Broad, C. D. I 42
Broad- Bent, J. B. I 94
Brocher, T. III 363
Brockes, B. H. I 92
Bronfenbrenner, U. IV 88
Brown, J. S. II 41
Brüdergemeine d. Herrnhuter II 224
Bruckner, K. II 349
Brückner, H. IV 83
Brüder v. gemeinsamen Leben II 9
Bruhn, P. III 182
Bruner, J. S. I **216** III 46 f 72 285 459 459
Brunnen, Zschr. II 378
Brunner, A. III 151
Brunner, E. I 419 III 418 IV 222
Brunner, P. III 117
Bruno, Giordano I 201
Bruno v. Würzburg II 400
Bruns, J. H. III 442
Brunswik, E. II 70
Brüsseler Dt. Arbeiterverein III 139
Bryson, L. I 9
Brzoska, H. G. III 290
BSHG I 225
Buber, M. I 128 **216** 265 II 31 – u. dialog. Prinzip I 296 – u. Liebe III 106 f – u. päd. Anthropologie I 56 – u. päd. Distanz III 262 – u. Spontaneität IV 143
Bucer, M. II 400
Buch, Bildung durch d. Buch I **216 f** IV 1 – u. Kinderleseräume II 438
-ausleihe III 85
Buchanan, W. IV 334
Büchel, W. III 385
Bücher, K. I 75

Bucher, Th. II 125
Bücherei, städt. IV 165
Büchereieinkaufszentrale Reutlingen I 224
Büchereiwesen, ev., kath. II 446
Buchführungsunterricht I **217 f**
-gemeinschaft I 218
-programm (Great Book Program) I **218 f**
-schrift III 391 483
-stabenmethode I 457
-stabiermethode I 465
Budde, G. I 219
Buddha III 479
Buddhismus IV 196
Budin, R. III 186
Bugenhagen, J. I 215 III 183 IV 36
Bühler, Ch. I **219** II 376 434 III 110 – u. Lebensphasen I 32 f – u. Spiel IV 138 – u. Spielalter IV 49
Bühler, K. I **219 f** 317 334 II 47 434 – u. Spieltheorie IV 138 – u. Sprachphilos. IV 151 – u. Sprachpsychol. IV 153 f – u. Zeiterleben d. Kindes IV 138
Bühler-Hetzer-Test I 359
Bühler-Schule I 363
Bühnenvolksbund IV 221 292
Bühnenwerkblätter, Zschr. IV 221
Buhr, M. IV 305
Bulgarien I **220 f**
Bulletin du Bié IV 295
Bullinger, H. II 400
Bultmann, R. I 37 247 II 61 III 340 IV 222
Bund Christl. Jugendgruppen III 374
– d. dt. kath. Jugend II 406
– d. Dozenten an Werkkunstschulen IV 287
– d. Freien Waldorfschulen e. V. III 347 IV 287 341
– d. Kinderreichen I 447
– d. Sehbehindertenlehrer IV 286
– dt. Frauenvereine II 11
– dt. Gymnasiallehrer IV 287
– dt.Hochschullehrer IV 286
– dt. Kunsterzieher IV 286
– dt. Pfadfinder III 291
– dt. Studenten IV 184
– dt. Taubstummenlehrer IV 286
– entschied. Schulreformer I 357
– ev. Lehrer III 68
– junger Kath. in Wirtschaft u. Verwaltung II 406
– Kath. Erzieher Dtl. III 68
– kath. Religionslehrervereinigungen IV 287
– Länder-Kommission f. Bildungsplanung IV 40 382
– Neudeutschland-Hochschulring II 406
– Schweiz. Schwerhörigen-Vereine III 352
Bundesamt Christl. Pfadfinderschaft Dtl. I 424
-anstalt f. Arbeit I **221** II 60 429
-anzeiger IV 396
Bundesarbeitsgemeinschaft Aktion Jugendschutz II 370
– ev. Müttterschulen III 188
– f. kath. Erwachsenenbildung I **221** IV 287
– f. kath.-kirchl. Büchereiarbeit II 446
– f. Nichtseßhaftenhilfe II 74

– Hilfe f. Behinderte I 133
– Jugendaufbauwerk II **346**
– kath. Müttterschulen-Familienbildungsstätten III 188 IV 287
– kath. Seminare f. Kindergärtnerinnen u. Jugendleiterinnen IV 286
– z. Förderung haltungsgefährdeter Kinder IV 285
Bundesarbeitskreis f. ländl. Jugend- u. Erwachsenenbild. III 25
-arbeitsstelle Aktion Jugendschutz IV 286
-assistentenkonferenz I 84 II 231
-ausschuß f. Berufsbildung IV 364
– f. Frauensport II 14
– f. gesundheitl. Volksbelehrung II 131
Bundesfachinst. d. Dt. Angestellten-Gewerkschaft f. Organisation u. Automatisierung II 134
-fachschule f. maschinelle Datenverarbeitung II 134
-forschungsanstalten I **221 f**
-gesetzblatt IV 396
-gesundheitsamt II 129
-gremium f. Schulphotographie III 307
Bundesinst. f. Berufsbildungsforschung I 151 II 298
– f. Berufsforschung I 151
Bundesjugendkuratorium II 366
-jugendplan I **222** II 343
-kindergeldgesetz II **428 f**
-konferenz f. Erziehungsberatung IV 285
-ministerium f. Bildung u. Wissenschaft I **222 f**
-ministerium f. Jugend, Familie u. Gesundheit I 223
-prüfstelle f. jugendgefährdende Schriften III 353 f IV 286
-republik Deutschland I **224 f** IV 399 f – u. jugendl. Protestbewegung III 356 – u. Kulturhoheit d. Länder III 4 ff – u. vorschul. Erziehung IV 331
-ring d. Kollegs II 299
– d. landwirtschaftl. Berufsschullehrerverbände IV 287
-sozialhilfegesetz I 133 **225** 478 II 73
Bundesverband d. dt. Industrie II 120
– d. Eltern körpergeschädigter Kinder e. V. IV 285
– d. Fachlehrer IV 286
– d. Lehrer an berufl. Schulen II 133 IV 286
– dt. Leibeserzieher IV 287
– ev. Erziehungseinrichtungen IV 285
Bundesvereinigung d. dt. Arbeitgeberverbände II 120
– ev. Eltern u. Erzieher IV 287
– f. Gesundheitserziehung e. V. 131 IV 285
– Lebenshilfe f. geistig Behinderte e. V. III 41
Bundesvertriebenengesetz I 474
-wehr, Berufsausbildung d. I **225 f** II 292 f III 162 f
-zentrale f. gesundheitl. Aufklärung II 131 IV 285
-zentrale f. polit. Bildung IV 287

Bunge, M. I 42
Bünning, E. II 249
Bunte Kette, d. Zschr. II 378
Burchartz, M. III 14
Burckhardt, J. II 53
Bureau de l'Éducation Populaire I 422
- International d'Éducation II 311 IV 258
Burgdorf III 286
Burgelin, P. III 451
Bürger, M. II 100
Burger, R. I 127
Bürger in Uniform II 292
Bürgerkunde III 320 f
Bürgerl. Gesellschaft I **226 f** - u. Öffentlichkeit III 238
Bürgerrechte III 153 320 ff
-schulen I **227** III 133 387 409
Burke, K. III 394
Bürkli, F. II 395
Burma IV **197**
Bürokratie II 284 III **247 f** 327
Bürokratismus III 247
Burschenbundeskonvent IV 184
Burschenschaften III 336 III 154 IV 179
Burt, C. IV 42
Büsch, J. G. II 183
Busch, W. I 255 II 349
Busche, H. v. d. II 200
Buschschule III 201
Busemann, A. I **227** II 40 65 434 f III 389
Bush, R. III 351
Buss, J. Ch. III 289
Buße, Bußerziehung, Bußsakrament I **227 f** III 462
Bußordnungen, iroschott. II 400
Butenandt, A. III 147
Butzbach, J. I 443 II 200
Buytendijk, F. J. J. I 54 **228 f** IV 49 138

Cäcilientag II 195
Cadbury, C. III 432
Caesarius, J. II 258
Caffarell, Abbé I 447
CAI - Junge Christl. Arbeitnehmer I 229
Calasanza, J. v. I **229 f**
Calderón I 297
Calkins, M. W. IV 73
Calò, G. I **230**
Calvin, J. I **230** III 401
Calvin, P. T. II 400
Calvinist. Katechismen II 400
Camões, L. de I 297
Camp, C. D. III 471
Campanella, T. I 73 253 IV 280
Campbell, N. R. II 312 488
Campe, J. H. I **230 f** II 349 III 256
Campenhausen, A. v. IV 11
Campenhausen, H. Frhr. v. III 51
Camping I **231** II 438
-mission IV 321
Camus, A. I 418 III 222
Canaris, W. I 207
Canisius, P. I **231 f** II 400
Cannabis III 382
Cannan, E. III 205
Cannon, W. B. II 77
Cantril, H. IV 334
Cape Education Commission IV 195
Capito, G. A. II 400
Caplow, T. II 172

Cardauns, H. II 148
Cardijn, J. I 229
Carigiet, A. I 173
Caritas, Zschr. I 232
-Korrespondenz I 232
-verband I **232 f**
-wissenschaft I **233**
Carnap, R. I 42 III 157 IV 382
Carnot, H. II 233
Carpentier, R. I 419
Carr, H. IV 137
Carroll, J. B. I 353
Carroll, L. II 423
carry-over-sport IV 145
Cartellverband d. kath. dt. Studentenverbindungen IV 184
Carter, G. W. II 95
Cartwright, D. P. II 290
Carus, C. C. III 310 IV 215
Casa giocosa I 458
Cäsar I 39
Case History-Methode III 308
Caselmann, Ch. II 315 III 54 258 IV 278
Case Work I 335 f 451 II 73 IV 42 104
Cassianeum I **233 f**
Cassiodor, F. M. A. I **234** 315 II 446 III 478
Cassirer, E. IV 152
Caster, M. van II 395
Castillo, A. de III 238
Castro, F. II 494 III 434
casus conscientiae II 393
Catechismus Romanus II 400
Catholic Workers' College III 432
Cato, M. P. I 315 III 394 446
Cattell, R. B. I 304 330 II 302 III 365 IV 216
Catull I 39
Cauchy, A. L. II 46
Cauer, P. I **234**
CDU/CSU u. Bildungswesen in Dtl. III 325 f
Celtis, K. I 21
Center for Educational Research and Innovation IV 296
Centralausschuß f. d. Innere Mission d. dt. ev. Kirche II 293
Centre National de l'Enseignement Religieux I 397
- of Comparative Education III 274
Centro Catechistico Salesiano II 397
- Nacional I 397
Ceolfrith I 142
Cerebralparese, infantile III 210
-sklerose II 70 f
Ceresole, P. IV 107
Cervantes, M. de I 297
Ceylon I **234 f**
CGD II 133
Chamberlain, H. St. I 264 II 467 III 86 **196** IV 206 407 f
Chantal, J. F. de III 464
Charakterbildung I 82 f **235 ff** II 44 IV 356 - u. Grundsatzsubjekt II 168 - u. Libido III 105
-eigenschaften u. Zwillingsforschung IV 410
-kunde I 304
Charakterologie I **237 f** III 82 284 ff
Charcot, J. M. II 30 IV 240
Charta d. Kindes I **238 f**
- d. Vereinten Nationen IV 258
Charter Act II 274
Chartier, É. III 262
Chatelain, M. F. I 258

Chateau, J. IV 140
Cheiron II 52
Chemieunterr. I **239 f** - am Gymnasium II 245 - u. Präparate III 338
Cherry, C. II 463
Chikagoer Gruppe u. Neoliberalismus III 205
Child, I. L. IV 81
Child Guidance Clinic I 241 398
Children' s University III 275
Chile I **241 f** III 33 35
China I **242 ff**
Chines. Schrift III 483
Chlup, O. I **246**
Choleriker IV 215
Chomsky, N. I 288 353 III 49 IV 151 152
Choral I **247**
Chorea III 211
Chorleiter III 248 IV 86
Chresta, H. I 468
Christ, J. Fr. II 227
Christ u. Straße, Zschr. IV 301
Christentum als Kulturmacht I 247 ff
- u. Bildung I **247 ff** - u. Erziehung I 425 f II 142 f 407 f III 241 f - u. Verzeihung IV 312
Christl. Arbeiterjugend I 229
- Caritas u. Lehrdiakonie III 46
- Demokrat. Union III 325 f
- Erziehung, Erklärung ü. d. 399 II 480 f
- Gemeinschaftsschule als Volksschule IV 322
- Gewerkschaftsbund Dtl. II 133
- Jugenddorfwerk Dtl. II 424 IV 286
- Leben I **249 ff** III 192 f IV 142 f 200 f - als indirekte Verkündigung IV 302 f
- Liebe III 106
- Pfadfinderschaft Dtl. III 291
- Soziale Union III 325 f
- Vereine junger Männer I 424
Christologie u. Anthropologie I 57
- u. Eschatologie III 328
Christozentrik II 208 394 f
Chrodegang v. Metz I 314 III 466
Chromosomenanomalien III 210 f IV 56
Chruščevs Schulreform III 329
Chrysostomus, J. I **251**
Church, J. III 406
Cicero, M. T. I 315 III 394 446
Cinedidattica, Zschr. IV 327
Circuittraining II 179 f IV 146
Circuläre Psychosen III 370
civitas III 327
Claessens, D. III 443 IV 282
Claparède, É. I **251** II 47 77 IV 42
Clemens v. Alexandrien I 97
Clemenz, M. IV 270
Clias, Ph. H. II 13
Coan, R. W. III 365
Coburger Convent IV 184
Codex Iuris Canonici II 445
Codignola, E. I **251** 258
Coelestin v. Wervique II 7
Cohen, H. I 418
Cohn, J. I **251 f** 418
Coleman, J. S. II 339
College-Ausbildung in USA IV 367
Collegium illustre III 441
- Mauritianum III 441
Colomb, J. I **252** II 401
Colonna (Ägidius Romanus) I 20
Combs, A. W. III 444

423

Comenius, J. A. I 199 **252 ff** II 55 169 III 69 – u. Vives IV 314
– Bibliothek II 297
– Inst. I 255
Comic strips I **255 f** II 378
Comité permanent de la correspondance scolaire internationale IV 18
Commission internationale pour la Coopération intellectuelle IV 258
community II 89
– Centres III 191
–development I 361 II 94 167 IV 104
–organization II 94 IV 104
–work II 94
Comparative Education IV 294
– – Society IV 296
– – in Europe II 311 IV 296
Comparative Psychology IV 296
Compayré, J.-G. I **256**
Comprehensive School I 259 II 161 f
Computer u. Kybernetik III 18
–assisted learning II 165
– Lehrsysteme u. Lernplatz I 256
–unterstützter Unterr. (CUU) I **256 f**
Comte, A. II 118 III 334 IV 130
Conant, J. B. I **257** III 308
concomitant learning III 352
Condillac, E. B. de III 450
Condorcet, J.-M. A. de I **257** II 121 III 127 390
Conference of internationally-minded schools III 68
Conrad, K. III 82
Conrad-Martius, H. III 297
Conradsen, B. IV 408
conscientia II 137
Conseil de la Coopération Culturelle I 422
consensus omnium II 138
Constantinescu-Iași, P. III 454
Construct–Validität IV 281
Contergankinder III 249
Contergankinderhilfswerk IV 285
Contryn IV 49
Convent Dt. Korporationsverbände (CDK) IV 184
Cooley, C. H. II 94 171 IV 127
Copei, F. I 144 484 II 38
Cordt, W. K. IV 47
Cornelius, H. II 58
Corpus Christi College II 397
Correll, W. III 98 258 259 350 f
Corti, W. III 424
Corvez, M. I 419
Coser, L. A. II 118 172 471
Costa Rica III 35
Coubertin, P. de II 13 IV 145
Coudreau, F. II 395 397
Counselling teacher III 493
Counts, G. S. I **258**
Cousin, V. I **258** IV 293
Cousinet, R. I **258**
Coustel III 332
Cox, H. IV 231
Cramer, Fr. II 199
creative drama IV 221
Credé, K. S. F. II 66
Crefal II 167
Crescimbeni, J. II 230
Crick I 416
Cristea, I. III 454
Croce, B. I **258** 418
Cronbach L. J. I 292 III 385
Crousaz, J. P. III 450
Crowder, N. A. I 256 III 350 f

Crutchfield R. S. I 332 334 II 474
crystallized-Faktor II 302
Cube, F. v. I 300 III 258 f IV 269
cue II **228**
Cuisenaires Farbstäbe III 390
Cullen, W. III 211
Cultural Anthropology III 3
– lag IV 342
Curle, A. I 361
Curricula, studienbezogene IV 381
Curriculare Validität IV 281
Curriculum I 216 III **71 ff** – u. Religionsunterr. III 422 427 – u. Schulspiel IV 49 – u. Taxonomie v. Lernzielen IV 209 f – u. Unterrichtsreform IV 278
–Elemente III 72
–entwicklung III 99 IV 275
–forschung I 178 187 318 – u. Fachdidaktik I 439
–revision III 71 f 350 IV 177
–Vergleich III 73
Curtius, E. R. I 234
Curzon, Lord II 274
Cusanuswerk I **258 f** II 25
CUU I 256 f
CV I 23
Cyclothymie III 370
Cyrill v. Alexandrien I 231
Cytogenetik III 257
Czerny, A. IV 125

DAA I 271 f
DAAD I 276
Dach, S. I 180
Dahllöf, U. III 72
DAG II 133
Dahmer, I. I 437
Dahrendorf, R. I 127 188 338 III 228 IV 273 – u. soziale Konflikttheorie II 471 f – u. soziale Rolle III 442 – u. sozialer Wandel IV 342
DAJEB I 322
Dalcroze, E., J. II 324 180 III 438
Dallmann, G. III 98
Dalton-Plan I 259 305 III 275
Damascenus, J. I 172
Damaschke, A. III 407
Dänemark I 259 ff
Daniel, Y. II 401
Dante-Alighieri-Gesellschaft III 323 f
Darstellendes Spiel I 261 f 286 III 114 – u. Schule IV 49 f – u. sprachl. Gestalten IV 158 – u. Sprecherziehung IV 162
Darstellungsfunktion IV 153 f
Darwin, Ch. IV 296
Darwin, J. II 48
Daseinsanalyse I 198 III 363 – u. Geschichtlichkeit II 108
–angst I 46 f
–Frage IV 86 f
Datenerhebung, statist. I 193 – u. Sozialforschung IV 113
Datenverarbeitung III 18
Datenverarbeitungskaufmann IV 374
DATSCH I 277
Daumenlutschen I **470**
Daumier, H. I 255
Däumling, A. M. I 332
Dave, R. H. IV 269
David, J. III 198
David v. Augsburg II 6
Davies, D. IV 112
Davis, K. I 453
Dawid, J. W. I 262 III 317

Dawson, Chr. III 6
DCV I 232 f
DDR I 271 ff
Debesse, O. II 339
Debilität III 303 III 242
Décaril, Th. G. III 363
Decroly, O. I **262** 463 III 39 – u. Vorschulerziehung in Belgien I 140
–Methode I 262
DED I 360
Defektologie II 202
Definition I **262 f**
– operationale III 243 f
Definitor. Validität IV 281
Defoe, D. I 8 IV 70
De Geer I 253
Deharbe, J. II 208
Dehmel, P. u. R. II 349
Deiktische Lehrformen III 69
Deinhardt, H. M. II 202
Deiters, H. I **263**
Dekalog I **263 f**
Dekan I 446
De Klerk I 257
Dekodierung III 306
Delatour, S. III 3
Delcuve, J. II 401
Delekat, F. I 415 II 107
Del-Sarte, Fr. II 179
Demagogie III 394
Dementia infantilis, praecox, senilis II 70 III 370
Demeter, A. I. I 264
Demokratie u. Bildung I 338 – u. Elite I 338 – u. Erwachsenenbildung II 18 – u. Erziehung I **264 ff** – u. Establishment I 416 f – u. Öffentlichkeit III 238 – u. sozialer Konflikt II 472
Demokrat. Erziehungsstil IV 30
– Sozialismus IV 117
– Studentenbewegung I 30
Demokratisierung d. Kirche u. Jugend II 380 – d. Schulwesens III 240 f – u. Politikunterr. III 320 ff – u. Verantwortung IV 284
Demolins, E. I **266**
Demolins, J. III 393
Demonstration im Unterricht I **266 f**
– d. Jugend III 356
Demoskopie IV 112
Demosthenes III 394 447
Demut I **267** IV 261
Denk, H. II 325
Denken I **267** IV 304 f – als Problemlösungsverhalten I 269 – u. Kreativität II 487 f – u. Seele IV 65 – u. Urteilen IV 279 f – u. Vorstellen IV 332
Denkentwicklung d. Kindes II 190 f – u. Sprachentwicklung II 40
Denkfaulheit I 456
–ökonomie III 336
–psychologie I 129 f 166 f **268 f** II 68 ff – u. Analogie I 41 – u. Umstrukturierung IV 255
–struktur, psychol. II 177
Denneborg, H. M. II 349
Dennis, W. I 130
Denzel, B. G. I **269 f** III 289 342
Department of Health, Education and Welfare IV 331
Depression III 370
Deprivation II 254 III 4 234 f – kulturelle I 363

Derbolav, J. I 55 128 f 157 416 III 258 – u. allg. Sprachdidaktik I 295 f – u. bildungstheoret. Didaktik I 299 – u. kategoriale Bildung II 404 – u. Persona-Genese III 281
Derkenne, F. II 397
Descartes, R. I 270
Des Gouges, O. II 10
Design-Ausbildung IV 352
Desinfektion III 467
Desirabilität, soziale I 270
Deskriptive Psychol. I 270 f
– Statistik III 366
Deskriptiv-phänomenolog. Päd. III 257 f
Destutt de Tracy II 269
Determination u. Freiheit II 20
Deuchler, G. I 433
Deuschle I 427
Deuteverfahren IV 219
Deutsch, F. II 467
Deutsche Akademie d. Künste III 110
– Akademie f. Sprache u. Dichtung III 110
– Akadem. Austauschdienst I 276 482 460 II 25 IV 180
– Altphilologenverband IV 286
– Angestellten-Akademie (DAA) I 271
– Angestellten-Gewerkschaft II 120 134
– Angestellten-Gewerkschaft-Technikum II 134
– Arbeitsgemeinschaft f. Jugend- u. Eheberatung I 322
– Arbeitskreis f. Schülermitverwaltung IV 19
– Arbeitskreis f. Werkerziehung IV 287
– Archäologisches Inst. I 221
– Ausschuß für das Erziehungs- und Bildungswesen I 276 f 477 III 263 375 f – u. überfachl. Unterr. IV 249
– Ausschuß für Technisches Schulwesen (DATSCH) I 277 282 II 286
– Berufsverband d. Sozialarbeiter u. Sozialpädagogen e. V. IV 286
– Bildungsrat I 224 277 f III 344 f
– Blindenstudienanstalt I 203
– Büchereiverband III 26 IV 165
– Bund II 35 325
– Bundesanstalt f. Vegetationskunde III 199
– Burschenschaft IV 184
– Caritas f. Akademiker II 25
– Caritasverband I 232 f IV 104
– Demokratische Republik (DDR) I 271 ff – u. Jugendverband II 16 – u. polytechn. Bildung III 329 f – u. Schulwesen IV 145
– Dichterakademie III 110
– Diplom-Handelslehrer-Verband II 410
– Entwicklungsdienst (DED) I 360
– Ev. Arbeitsgemeinschaft f. Erwachsenenbildung IV 287
– ev. Frauenarbeit II 14
– Familienverband I 447
– Forschungsgemeinschaft (DFG) I 223 275 f
– französ. Jugendwerk I 222 II 310 IV 16
– Frauenrat II 14
– Germanistenverband IV 286

Deutsche Gesellschaft f. Erziehungswiss. II 119
– – f. europ. Erziehung II 119
– – f. Freilufterziehung u. Schulgesundheitspflege II 119
– – f. gewerbl.-techn. Bildungswesen II 120 IV 365
– – f. Heilpäd. IV 286
– – f. innere Medizin I 482
– – f. Sprachheilpäd. II 119
– – f. Volksbildung IV 219
Deutscher Gewerkschaftsbund II 120 134 f – u. Stiftung Mitbestimmung IV 171
– Gewerkschafts-Bundesschulen II 133
– Gewerkschaftsbund-Technikum II 134
– Gildenschaft IV 184
– Handwerkskammertag (DHKT) I 278
– Hauptstelle gegen d. Suchtgefahren II 73
– Hochschule f. Körperkultur, DDR. IV 147
– Idealismus IV 69
– Industrieinst. II 120 298
– Industrie- und Handelstag (DIHT) I 278 f II 285
Deutsches Inst. f. Berufsbildung II 296
– – f. Bildung u. Wissen II 295
– – f. Fernstudien I 462 II 295 IV 171
– – f. Internat. Päd. Forschung (DIPF) I 279
– – f. medizin. Dokumentation u. Information I 223
– – f. Puppenspiel III 373
– – f. Techn. Arbeiterschulung II 285
– – f. wiss. Päd. I 419
– – z. Förderung d. industriellen Führungsnachwuchses II 120
Deutsch-Israelische Studiengruppen III 324
– Jugend-Gesundheitsdienst IV 285
– Jugendherbergswerk II 357 IV 286
– Jugendhilfetage I 69
– Jugendinst. I 364
– Jugendkraft II 406
– Jugendschriftwerk IV 286
– Katechetenverein II 397 IV 287
– Kinderschutzbund IV 286
– Kommission f. Ingenieurbildung II 120 IV 286
– Lehrerbund IV 287
– Lehrer im Ausl., d., Zschr. IV 396
– Lehrerverein III 67
– Lehrerzeitung IV 396
– Lehrmittel-Verband IV 287
– Montessori-Gesellschaft II 119 III 173
– Müttergenesungswerk III 186
– Nationalkomitee f. Erziehung im frühen Kindesalter IV 286
– Naturschutzring III 199
– Normalschrift III 481
– Oberschule III 343
– Oberschule f. Mädchen III 131
– Ophthalmolog. Gesellschaft (DOG) IV 68
– Päd. Hochschultage II 469
– Päd. Zentralinst. Berlin I 312
– Päd. Zentralinst. in d. DDR II 296
– Parität. Wohlfahrtsverband IV 104

– Pestalozzi-Gesellschaft, Arbeitsgemeinschaften f. päd. Ostforschung II 119
– Pfadfindergemeinschaft St. Georg III 291
– Philologenverband III 67
– Reich I 280 ff
– Rotes Kreuz IV 104
– Sängerschaft IV 184
– Schule f. Volksforschung u. Erwachsenenbildung I 371 II 242
– Schule, d., Zschr. II 135 IV 395
– Singschullehrer- u. Chorleiterseminar IV 86
– Sportbund (DSB) II 13 IV 144 247
– Sporthochschule IV 147
– Sportjugend II 14
– Stenographielehrerverband IV 287
– Studentenschaft IV 179
– Tierschutzbund IV 232
– Turnerbund IV 247
– Universitätszeitung, d. IV 395
Deutscher Verband d. Ausbildungsstätten f. ev. Kinderpflege IV 286
– – d. Gewerbelehrer II 133 III 68
– – Ev. Büchereien II 446
– – f. Jugendbünde entschiedenes Christentum I 424
– – f. d. kaufmänn. Bildungswesen (DV) II 120 IV 365
– – kath. Mädchensozialarbeit III 132 IV 286
– – techn.-wiss. Vereine I 275
Deutscher Verein f. d. Fortbildungswesen I 282
– – f. internat. Jugendarbeit III 132
– – f. öffentl. u. private Fürsorge (DV) I 279
– – f. Volkshygiene II 130
Deutsche Vereinigung f. d. Gesundheitsfürsorge d. Kindesalters IV 285
– – f. Jugendgerichte u. Jugendgerichtshilfe e. V. IV 286
– – f. Kinder- u. Jugendpsychiatrie II 439
Deutsches Verwaltungsblatt IV 396
– Volkshochschulverband (DVV) I 279 IV 287 320
– Wandererdienst II 74 III 215
– Wissenschaftler-Verband IV 184
– Zentrale f. Volksgesundheitspflege IV 285
– Zentralinst. f. Lehrmittel II 296
– Zentralkomitee f. Handfertigkeits-Unterr. u. Hausfleiß I 73
– Zentralstelle f. volkstüml. Büchereiwesen I 273
Deutschlehrer I 289
–unterricht I 285 ff – am Gymnasium II 245 – u. Lesebuch III 99 f – u. polit. Bildung I 288 – u. Sprachkunde IV 161 – u. sprachl. Gestalten, Stilbildung IV 158 f – u. Unterrichtsstil I 290
–unterr., Zschr. IV 396
Deutungsspiel IV 138
Devianz, sexuelle III 377
Devotio moderna I 307 II 9 III 38
Dewey, J. I 42 72 290 ff 418 II 48 – u. chines. Erziehung I 243 – u. Problemlösen III 349 – u. Projektmethode III 352 – u. Schulwesen in USA IV 289
Dewora, V. J. I 292 III 58 229
De Zichy-Thyssen, A. II 35

Dezisionismus I 357
DFG I 275 f
DFJW II 310
DG IV 365
DGB II 133
DHKT I 278
Diagnose, psychol. I **292 f** 304 358 f II 153 f III 447 f – u. bildnerisches Gestalten d. Kindes I 175 f – u. Fragebogen II 41 f – u. Kinderzeichnung II 441 f – u. Testverfahren IV 218 f 222 – u. Versprechungen IV 306 – v. Lernstörungen III 96
Diagnostik, heilpäd. II 203 f
Diagnost. Rechtschreibtest II 204
Dia im Erdkundeunterr. I 372
Diakonie II 293 f III 46
Diakoniewissenschaftl. Institut I 233 III 46
Diakon. Jahr III 46 130 IV 107
– Werk Innere Mission u. Hilfswerk d. EKD II 293 IV 104
Dialekt IV 152
Dialektik I **293 f** – b. Hegel I 294 – b. Sophisten IV 98 f
Dialekt. Materialismus I **294 f** 351
– Theol. IV 222 – u. Päd. IV 222 – u. Religionsunterr. III 426
– reflexive Erziehungswissenschaft I **295 f**
– reflexive Päd. III 258
Dialog, Dialogisches Prinzip I 56 128 f **296 f** 389 f III 282 – u. Liebe III 106 f – u. Philos. I 293 f – u. Sinnfrage IV 86
–Predigten III 340
Dialog. Bildung I 180
– Personalismus III 281
– Prinzip I **296 f** – theolog. I 297 – als anthropolog. Grundeinsicht I 296
Diasporaseelsorge I 208
Diätendozent II 239
Dibelius, M. II 61
Dichotomie d. Denkens I 267 f
Dichter I 297
Dichtung I **297 f** – im Deutschunterr. III 101 111 ff – u. Gattungsbegriffe III 113 – u. literar. Bildung I 288
Dicksche Rollen u. Rechenunterr. III 390
Didacta I **298**
Didactica magna II 169
Didactica, Zschr. IV 395
Didaktik I **298 ff** – allg. u. Schulpäd. IV 38 f – lerntheoret. u. Curriculum III 72 – normat. I 299 – Struktur-Kategorialforschung I 299 – Stufenmodell I 299 – als Dramaturgie d. Unterr. I **301 f** – b. Comenius I 253 – u. Bildungsinhalt I 187 – u. Demonstration i. Unterr. I 266 f – u. d. Elementare I 337 – u. exemplar. Lehre I 426 ff – u. geschichtl. Wirklichkeit I 299 – u. Lernbereitschaft III 92 – u. Spontaneität IV 143 f – u. Unterrichtsforschung IV 279 – u. Unterrichtsmitschau IV 274 f – u. Vereinfachen IV 287 f
Didakt. Analyse IV 287 f
– Material I 117 f 305 III 173
– Reduktion IV 287 f
Didascalicon II 255
Diderot, D. I 367 III 450

Diebstähle v. Kindern u. Jgdl. I 302
Dieckmann, J. I 439
Diehle, A. II 399
Diem, C. II 179 IV 144
Diemer IV 14
Diemer, A. II 86
Dienelt, K. III 123
Dienes, Z. P. II 169 III 390
Dienstanweisung I 302
–eid I **302**
– in Übersee I 360
–Lüge III 124
–unfähigkeit d. Lehrers u. Pensionierung III 279
–wohnung I 303
Dies academicus, Dies universitatis I **303**
Diesterweg, A. I **303 f** II 36 III 58 67 IV 122
Diesterweg, F. A. III 289 342
Diesterweg, M. III 307
Dietenberger, J. I 314 II 400
Dietlein, H. R. III 481
Dietrich, G. IV 359
Dietrich, Th. v. II 391 III 464 IV 273
Dietz, H. IV 262
Differentialdiagnose I 406
–psychol. u. Schüler IV 13
Differentielle Psychol. I **304 f** III 284 ff
– Interessentest III 366
Differenzierung d. Lehrerrolle III **493**
– d. Unterrichts I 93 f **305 f** – u. Rechtschreiben III 392
DIHT I 278 f
Dilthey, W. I 185 270 **306 f** 348 II 86 – u. Päd. Bezug III 267 – u. Strukturpsych. IV 178 – u. Theorie d. Geisteswiss. II 87 – u. Verstehen IV 306 f
Dingler, H. IV 204
DINTA II 285
Dinter, G. F. I **307** III 289
Diodor v. Tharsus II 393
Dionysius d. Kartäuser I 307
Dionysios (II) III 313
Diop, A. I 11
DIPF I 279
Diphterie II 432
Diplomhandelslehrer I **307 f**
–pädagoge I **308** III 259 493 – u. Sozialpäd. IV 124
–prüfungen I **308 f**
Directoire de Pastorale Catéchetique II 398
Direktor IV **34 f**
Dirichlet, J. P. de II 46
DIS III 324
Diskrimination, multiple u. Lernen III 93
Diskussion I **309 f** 394 f III 79
– im Unterricht I 309 f
Diskussionsgruppe II 172
Dispositionen I 125 ff 330 II 257 f
Dissertation I 311
Distanz, soziale II 172 – u. Reflexion III 396
Disziplin u. Schule IV 2 ff
Disziplinarstrafe IV 3
–verfahren I **310**
Disziplinierung IV 405
Dittes, F. I **310 f**
DIT-Test III 366
Diwald, H. II 87 IV 394
Dixon, J. C. IV 73

DJI I 280
DLV III 67
Doderer, H. v. I 192
Doerne, M. III 414 426
Dohmen, G. I 179
Dohrmann, P. II 93
Doktor (Dr.) I **311**
Dokumentarfilm (Kulturfilm) I **311**
Dokumentation, päd. I 311 ff
– z. Jugendforschung u. Jugendarbeit I 280
Dokumentationsleihstellen in d. DDR I 312
–ring I 312
– u. Auskunftsdienst II 228
– u. Auskunftsstelle, I 224 312
Dolch, J. I 348 481 III 69 259
Dollard, J. II 41 215 290 III 190 – u. Lebenslaufforschung I 198
Dollfuß, E. I 156
Dom III 382
Dominanz, Dominanzstreben I 313
Dominici, J. I **313**
Dominikaner I **313 f**
Dominikan. Republik III 35
Dominikus, Hl. I 313
Domschulen III 167
–singschulen III 466
– u. Klosterschulen I **314 ff** II 109 III 245
Donatus, Ä. I **316**
– maior, – minor I 316
Don Bosco III 433
Doose III 210
Doppelempfindung IV 203
Doppelstunde im Unterr. IV 279
Döpp-Vorwald, H. I 56 410 II 44 III 259 269
Dorfbevölkerung II 21 f
–helferin I 452 IV 106
Dörfergemeinschaftsschule IV 400
Dörge, F. W. IV 369
Döring, M. I 433
Dorpater Schule u. Religionspsychol. III 418
Dörpfeld, F. W. I **316** 368 449 481 IV 25
Dorsch, F. III 371
Dörschel, A. IV 372
Dortmunder Hefte z. Wirtschaftslehre IV 396
Dostojewski, F. M. III 221 IV 235
Dottrens, R. A. I **316 f**
Dovifat, E. II 464
Down-Syndrom III 337
Drach, E. I 290
Drake, D. III 386
Dramatik III 113
Dramaturgie u. Didaktik I 301
Dransfeld, H. I **317**
Drechsler, J. I 56 III 259
Dreher, B. I 170 III 421
Dreikurs, R. II 279
Dreissen, J. III 189 421
Dreist, K. A. G. III 289
Dreitzel, H. P. I 338
Dressat I **317** 367 – u. Sprachsoziologie IV 154
Dressur I **317** 418
Drever, J. I 3
Drey, J. S. v. I 80
Drey-Fuchs-Test III 447
Driesch, H. II 80 IV 314
Driesch, J. v. I 175 III 58
Dritter Bildungsweg I **318** 389 IV 319

- Humanismus II 259 260
- Orden I 452
- Welt u. Proletariat III 354
- Wiener Richtung III 122
Drobisch, M. W. I 81 IV 172 178 403
Drogengebrauch III 382 ff
Drogisten-Akademie, Dt. I **318**
Drtina, Fr. I 246 II 387
DSB II 14
DSJ IV 147
DÜ I 360
Dubois, C. IV 315
Duclos, Ch. P. III 450
Ducrey II 114
Duden, K. III 392
Du-Findung II 279
Duhm, E. I 399
Dührssen, A. III 292 372 IV 170
Düker, H. I 329 II 203 IV 218 359
Dumas, G. II 77
Dunant, H. III 448
Duncker, K. I 269 IV 255
Dunin-Borkowski, V. I 318 II 333
Duns Skotus II 6
Dupanloup, F. A. Ph. I **319**
Duplessis, Bruder II 389
Durchlässigkeit I **319**
Dürer, A. III 481
Durkheim, E. I 167 **319** 347 III 419
Durchschnitt, statist. IV 166
Dursch, G. M. I **319** II 407
Düsseldorfer Abkommen II 185 243 IV 307
- Wohnheimplan IV 186
Dutschke, R. III 324
Duttweiler, G. II 97
Du u. d. Buch I 219
Duvergier de Hauranne, J. III 332
Duvoisin, R. I 173 II 349
DV I 279 IV 365
Dvorak, J. IV 49
DVV I 179
Dyade II 172
Dygasinski, A. III 317
Dysarthrie IV 159
Dysgrammatismus IV 149 159
Dyslalie, mechan. IV 159
Dysmelie III 249
Dysphasie IV 149
Dysplast. Körperbau III 285
Dystymie III 20

Eason II 114
Ebbinghaus, H. I 84 **320** II 68 f III 93
Ebeling, G. I 250 427 III 340 418 IV 223
Eberhard, K. IV 309
Ebert, F. IV 117
Ebert, W. III 14 f IV 213
Ebner, F. I 128 **320** 418
Ebner-Eschenbach, M. v. IV 340
Eckartsberg, R. v. IV 314
Ecker-Bibel III 494
Eckhart I 179
Eckstein, L. III 310
Eckstein, M. IV 294
École active I 210 463
- d'Humanité II 80
- de Roches III 393
- des Sciences de l'Éducation IV 42
- Polytechnique II 233
Economo, K. II 472
Edding, F. I 187 189 III 259
Edelstein, W. IV 273
Educandus III 258 267 ff
Éducation nouvelle III 397

- permanente, life-long-learning I **320** f 423 II 5
Education in Europe, Zschr. IV 296
- of exceptional children II 202
Educational Resources Information Center I 312
- technology IV 213
EEG III 210
Effektgesetz I **321**
-theorien III 93
Egen, H. III 13
Eggers, P. II 47
Eggersdorfer, F. X. I **320** 392 480 III 282
Egoismus I **321** f III 203 f
Egozentrismus I **322**
Eheberatung I **322**
-bildung I 447
-krise I **323**
-mündigkeit I 35 326
-recht I **324** f
-scheidung I 324
-scheidungswaisen I **325** f IV 340
-schließung I 324 - Minderjähriger I **326**
-seminar I **326**
-verbote I 324
-vorbereitung, Brautleutebildung I **326** f 447
Ehelicherklärung nichtehel. Kinder I **323** - u. Adoption I 8 f
Ehel. Kind I **323** f
Ehlen, N. IV 386
Ehlert, P. II 199
Ehmer, H. K. III 13
Ehre, Ehrgefühl I **327** f
Ehrenstrafe I 157
Ehrfurcht I **328** II 147 IV 90 f
Ehrenfels, Ch. v. II 57
Ehrhardt, W. E. III 14
Ehrlich, P. II 114
Ehrlichkeit u. Aufrichtigkeit I **328**
Eibl-Eibesfeldt, I. IV 127
Eich, G. IV 49
Eichendorff, J. v. I 192 IV 53
Eichler, W. IV 116
Eichstichprobe IV 218
Eichung IV 218
Eickstedt, E. v. III 377
Eidetik I **328** f II **324** f
Eifersucht III 203
Eiff, A. W. v. IV 78
Eigenfibel I 466
-gruppen II 172
-nutz I 321
-schaften I **329** ff IV 215 f
-sinn IV 241
-tätigkeit im Unterricht I 259 262
Eigler, G. III 258
Eignungsdiagnose I 331
-prüfung III 359
-psychol. I 162 **331** IV 218
-untersuchungen I 149
Einbildungskraft III 298 f
Eindruck, erster I **331** f
Einfachstruktur in Faktorenanalyse I 444
Einfühlung (Empathie) I **332** f
Eingangsprüfungen, psychol. I 177
Einheitsschule I **333** II 101 III 486 IV 307 - b. G. Kerschensteiner II 412 - u. Reichsschulkonferenz III 402
Einklassige Volksschule IV 351
Einkoten I 367

Einnässen I 366
Einschulungsalter I 95 IV 27 - u. Anfangsunterricht I 44 f
Einstein, A. III 380 IV 258
Einstellung I **334** f
Einstellungsfragebogen II 41 f
-skalen III 366
Einstieg I 427
Einwegprogramm III 350
Einwortsatz I **335** II 425 IV 156
Einzelarbeit im Unterr. IV 111
-beobachtung I 271
-einheitl. Typ III 285
-fallarbeit I **335** II 73 IV 42
-handelsfachschulen I **335**
-hilfe, soziale I 144 f 165 **335** f 451
- u. Sozialarbeit IV 104
-pflegschaft III 294
-unterr. IV 111
-vormundschaft IV 329
-wissenschaftl. u. Anthropol. I 54
Einziges Kind, Alleinkind I **336**
Eiselen, E. III 311
Eiselen, W. W. M. IV 195
Eisenberg III 484
Eisenstadt, S. N. II 340
Eisgruber, E. I 173
Eitelkeit I **336** f
Ekkehard (I–IV) I 142 315
Ekphorie II 70
Ekphor. Hemmung II 70
Ektomorphie III 285
Ekuador III 31 ff
elaborated code IV 154
Elektrakomplex III 236
Elektro-akust. Geräte III 306
Elektroencephalogramm III 210
Elektron. Datenverarbeitung IV 374
Elementarbereich III 487 IV 177
-gefühle II 78
-methode d. Erziehung III 288
-schulen IV 321 - staatl. II 168 ff
- als Trivialschule IV 240 f - u. Küsterschulen III 17 - u. röm. Erziehung III 447
-Verfahren f. Lernbehinderte II 205
Elementare, d. I **337** 427 f II 433
Elementarisieren IV **287** f
Elementary and Secondary Educational Act IV 367
Elementenpsychologie I **337** f II 326
eleven-plus-Examen II 161
Elias v. Cortona II 5
Elisabethkonferenzen I 452
Elite I 124 f **338** III 275 - u. päd. Utopie IV 280
Elkind, D. I 363
Ellis, D. O. IV 204
Ellis, N. I 131
Ellwein, Th. I 266 IV 118
Ellwood, C. H. IV 132
Elly-Heuß-Knapp-Stiftung, Dt. Müttergenesungswerk III 187
El Salvador III 35
Eltern I **338** f - als Erzieher I 340 390 - u. Fernsehen I 461
-arbeit u. vorschul. Erziehung IV 330
-beiräte I 283 IV 39
-beratung f. Blinde I 202
-beziehung u. Ehekrise I 323
-bildung I **340** f 343 III 135 f 186 353
-forum, Zschr. I 339
-haus u. Schulschwierigkeiten IV 48

427

-recht I 324 339 **341 ff** 455 IV 44 - u.
Erziehungsenzyklika I 400 - u.
Freie Schule II 19 - u. Schulbahnlenkung III 490 - u. Schule I 358 IV 39
-schulen, Elternseminare I **343**
-sprechstunde I 343 II 63 IV 163
Elternverbände IV 287
-vereinigung f. behinderte Kinder I 132 f
-zeitschriften I 339 **343 f**
Emanzipation I **344 f** - u. Erziehung IV 227 f - u. Erziehungswiss. III 259 - u. Herrschaft II 225 - u. krit. Theorie II 493 - u. Repression III 431 f
Embryopathien IV 329
Emeritierung I **345**
Emerson, R. M. I 3
Emhardt, E. II 396
Émile III 451
Emminghaus, H. II 439
Emotion II 76 ff
Empathie I **332 f**
Empedokles IV 215
Empfängnisverhütung II 67
Empfindungsunterschied IV 62
Empiriokritizismus I 201
Empirisch-analyt. Wissenschaftstheorie I **345 ff** II 118
- Erziehungswissenschaft I **347 ff** 411 f IV 224
- positivist. Päd. III 257
- Psychol. III 364 f
Empir. Validität IV 281
Empirismus I **350** IV 380 - logische I 42 - u. operationale Definition III 243 f
Empir. Verteilung IV 166
Encephalitis III 211 337
Ende, M. II 349
Endogene Psychosen III 370
Endomorphie III 285
Endothymer Grund I **350 f**
Engagement u. Reflexion III 395 f
Engelbert, M. IV 211
Engelmayer, O. II 43
Engels, F. I 294 **351** IV 112
Englische Fräulein III 246
- Krankheit II 430
Englischunterr. I **351 ff**
Englisch, Zschr. f. d. Englischlehrer IV 396
Engramm II 69 f
Enke, W. IV 216
Enkopresis I **365 ff**
Enkulturation IV 133
enkyklios paideía II 158
Enquête III 367
Ens sociale I **354**
Entfaltungstest IV 218
Entfremdung I **354 ff**
Enthusiasmus I **356**
Entkonfessionalisierung d. Päd. Hochschulen III 264
Entlassenenfürsorge II 75 f
Entlassung d. Lehrers I **356**
Entproletarisierung III 354
Entraînement mental I **356 f** III 291
Entscheidung, Entschiedenheit I **357** III 440 f
Entscheidungstheorie u. Statistik IV 167
Entschiedene Schulreformer I **357 f** II 228 III 236
Entschuldigung IV 283

Entwicklung, geistige u. Sprache IV 157 - seel. II 456 ff - u. Muttersprache III 188 f
Entwicklungsalter I 359
-diagnose, psychol. I **358 f** II 41 IV 218 f
-helfer I 359 f
-hilfe I **359 f** - Arbeitskreis Lernen II 119 - u. Bauorden I 118 - u. Sozialpolitik IV 125 - u. Unterernährung d. Weltbevölkerung IV 268
-länder, Päd. d. I 41 f **360 ff** II 167 f - u. Franziskanerorden II 6 - u. Mütterberatung III 186 - u. Unesco IV 259 - u. vergleichende Wirtschaftspäd. IV 297 - u. Volksbildung IV 317 - u. Wirtschaftserziehung IV 376 f
- psychol. I 194 f 362 ff 364 III 143 437 IV 14 - u. Spielalter IV 49
-quotient I 359
-roman I 191 f
-störung III 96 242 IV 309 f
-stufen, seel. I **364 f** III 190 ff 335 ff 367 III 203 405 f - sexuelle IV 79 - u. Geschichtsunterr. II 112 - u. Gewissensbildung II 138 - u. Gottesvorstellung II 151 f - u. literar. Verständnis d. Kindes III 110 - u. Methodik III 160 - u. Naturverständnis III 199 f - u. Zahlenbegriff IV 391 f - u. Zeitbegriff IV 393
-tests I 358 f IV 218 f
Entziehungskur III 383 f
Enuresis, Enkopresis I **365 ff** III 403
Enzensperger, E. II 357
Enzensberger, H. M. II 433
Enzyklika Aeterni Patris III 213 - Casti connubii II 67 - Divini illius magistri I 399 - Divino afflante spiritu I 168 - Humanae vitae II 67 f - Mater et magistra I 156 IV 121 - Mediator Dei II 444 - Pacem in terris IV 121 - Populorum progressio I 156 IV 121 - Quadragesimo anno I 156 IV 121 192 - Rerum novarum IV 121 - Singulari quadam IV 121
Enzyklopädie als röm. Literaturgattung III 446 - b. Comenius I 253
Enzyklopädismus I **367 f**
Enzymopathie IV 56
Épée, Ch. M. Abbé de l' I **368**
Ephebie II 336
Epidiaskop I 87
Epik III 113
Epikie (Billigkeit) I **368**
Epikur II 198
Epilepsie II 440 III 210
Episkop I 87
Epistemologie IV 382
Epochalpsychol. Forschung I 369
Epochenunterricht I **369 f** IV 189
EQ I 359
Equipes Notre Dame I 447
Erasmus, D. v. Rotterdam I **370 f** II 9 258 III 38
Erbbiologie II 257 f
Erben, J. I 287
Erbgut u. Zwillingsforschung IV 409 f
-krankheiten II 430
-sünde IV 201

Erdberg, E. v. II 242
Erdberg, R. v. I **371 f**
Erdkundeunterr. I **371 ff** II 245 III 312
- d., Zschr. IV 395
Ereignisstichprobe I 143
Eremitenschulen I **374**
EREV-Ausschuß f. geschlossene Jugendfürsorge IV 286
Erfahrung, Erfahrungswissenschaft I 350 **374 ff** 376 f IV 383 - u. Erziehung b. J. Dewey I 291 - u. Erziehungswiss. III 259 - u. Reflexion III 395 f - u. Wissenschaft IV 380 - u. Wissenschaftstheorie IV 226 f
Erfassungstyp III 447
Erfolg u. Anspruchsniveau I 52 - u. Leistungsmotivation III 87 - u. Mißerfolg III 87
Erfolgsethik I **377** II 122
Ergänzungsschulen I **383** III 347
Ergonomie I 71 f
Eric-Projekt I 312
Ericson, E. IV 308
Erikson, E. H. II 40 306 339 419 III 258
Erkennen, diskursives, schlußfolgerndes I 51 f - intuitives I 51 f - als Verstehen IV 306 f - b. R. Descartes I 270 - u. Interesse II 55 - u. Wissenschaft IV 380
Erkenntnislogik u. Wissenschaftstheorie I 346
-prinzipien u. Erziehung III 345
-prozeß I 484
-psychol. u. Wissenschaftstheorie I 346
-theorie I 345 ff **377 f** IV 382 - u. Denkpsychol. I 268 f
Erkundungsexperimente I 433
Erlanger Programm f. Mathematikunterr. III 145
Erleben, Erlebnispädagogik I **378 f**
- subjektives u. Einstellung I 334
- u. Massenmedien I 461
-schule I 358
-therapie III 17
-typ III 447
Erlinghagen, K. I 136 II 86 II 259 417 IV 273
Ermahnung I **379 f**
Ermecke, G. IV 121
Ermüdung I **380 f** III 278 466 IV 191
Ermutigung, Ermunterung I **381 f** 397 III 184 - u. Demütigung I 157
Ernährungs-Ing. II 197
Ernesti, J. A. I **381** III 37 458
Ernst d. Fromme I **381** III 435
Erotemat. Lehrformen III 69
Erotik IV 78
Erproben III **357 ff**
Ersatzbefriedigung I **382 f**
-dienst II 489
-erziehung I 212 III 237 IV 310 f
-schule II 19 III 347
- u. Ergänzungsschulen I 383 IV 363
Erskine, J. I 218
Erste-Hilfe-Ausbildung I **383 f** III 448
Erwachsenenberufe I **384 f**
-bildung I 9 43 f 69 **385 ff** III 136 291 432 - berufl. IV 362 - freie II 17 - internat. III 118 - kath. I 23 221 422 - konfessionelle IV 317 - ländl. III 25 f - Methoden d. I

428

356 f 484 II 126 274 III 317 450 – polit. II 34 f III 323 f – religiöse I 387 f II 249 III 430 f – soziale IV 103 107 109 – universitäre IV 75 – Verbände IV 287 – Weltbund f. IV 349 – als allg. wirtschaftl. Erziehung IV 362 – als berufl. Fortbildung IV 362 – als Ehevorbereitung I 326 f – als Lebenshilfe I 40 f – als Volksbildung IV 316 f – d. d. Buch I 218 – im Betrieb I 161 – in d. arab. Staaten I 62 ff – in d. DDR I 388 f – in Entwicklungsländern II 167 f – u. Altenbildung I 32 – u. audio-visuelle Unterrichtsmittel I 86 ff – u. Bildungsvereine I 196 f – u. Bildungsweg I 318 – u. Bildungswerke IV 317 f – u. Demokratie I 264 – u. Elternbildung I 340 f 343 – u. Familienbildung I 447 – u. Fernsehen I 183 f – u. Freizeiterziehung II 28 – u. Haus d. Begegnung II 193 f u. Hohenrodter Bund II 242 – u. Popularisierung III 331 f – u. Sensitivity Training IV 76 – u. Teleclub IV 214 – u. Tele-Funkkolleg IV 214 f u. theolog. Seminare IV 225 f – u. Tutorial Classes IV 248 – u. Universität IV 267 – u. Vereinspäd. IV 292 f – u. vergleichende Päd. IV 295 – u. Volkshochschule IV 319 f – u. Vortragsform IV 332 f – u. Zertifikate IV 401 – u. zweiter Bildungsweg IV 407 f
– Zschr. II 395
– in Österreich, Zschr. IV 395
–katechismus II 143
–qualifizierung I **388 f** IV 401
–seelsorge I 33 f
–unterr. I 2
Erwerbsstreben, Gewinnstreben I **389**
Erwerbstätigkeit d. Frau II 15
Erzählen, Nacherzählen IV 158
– im Religionsunterr. III 424
Erzählformen II 444 f
Erziehen u. Verziehen IV 312 f
Erziehende Redeformen I 381 f **389 f** II 125 f
Erzieher I **390 f** II 428 – als Vorbild IV 328 – u. Beispiel I 135 – u. erster Eindruck I 331 f – u. Erziehungsverhalten I 404 III 54 – u. Führerrolle II 42 – u. Humor II 262 – u. Lehrer III 54 f – u. Selbsterkenntnis IV 70 f
Erzieherberufe IV 105 f 122
–schulen u. Heimerzieher II 213
–tätigkeit u. Erziehungswiss. III 258
–verhalten I 404 III 54 124
Erzieherin I **391 f** II 428 IV 106
Erziehung I **392 ff** – allg. wirtschaftl. IV 362 – berufsbezogen wirtschaftl. IV 371 – christl. I 135 f 425 f II 142 f 407 f III 241 f – europ. I 421 f – internat. IV 17 18 – krit. u. Ungehorsam IV 262 – landwirtschaftl. IV 372 – negative III 202 – normative III 230 – öffentl. I 382 II 48 – polit. I 285 – religiöse II 151 f – soziale I 285 – Theorie u. Praxis in d. IV 227 f – totalitäre IV 236 f – vorbeugende IV 327 f – vorschul. IV 330 f –

wirtschaftl. IV 371 – internat. Vergleich IV 297 f – Zentralismus u. Föderalismus IV 399 f – b. Herbart II 217 f – in d. Bibel I **395 f** – u. Anthropologie I 53 ff – u. Arbeit I 77 – u. Askese I 82 f – u. Aufstiegsmobilität III 170 – u. Bildung I 248 – u. Brauchtum I 211 f – u. darstellendes Spiel I 261 f – u. dialog. Prinzip I 296 – u. Ehrfurcht I 328 – u. Emanzipation IV 227 f – u. Entfremdung I 355 – u. Ganzheitsprinzip II 55 – u. Gerechtigkeit II 99 – u. Gesellschaft II 120 ff IV 227 262 f 378 f – u. Glaube II 91 – u. Glauben b. Comenius I 254 f – u. Kollektiv II 458 f – u. Mode **170 f** IV 220 – u. päd. Utopie IV 280 f – u. Pflege III 292 f – u. Psychoanalyse III 361 ff – u. Religion III 428 f 430 f – u. Schule IV 4 ff 323 – u. Seelsorge IV 65 f – u. sozialer Wandel IV 343 – u. Sozialismus IV 116 f – u. Soziologie IV 384 f – u. Strafe IV 173 f – u. Taufe IV **208 f** – u. Technik IV 211 – u. Totalitarismus IV 236 f – u. Tradition IV 238 – u. Umgang IV 254 f – u. Unesco IV 258 f – u. Verbände IV 286 – u. Vertrauen IV 308 f – u. Wagnis IV 335 – u. Weltanschauung IV 349 – u. Wirtschaft IV 370 ff – u. Wohnung IV 386 f – z. Demokratie I 264 ff – z. Ehrfurcht I 198 – z. Ehrlichkeit I 328 – z. Frieden I **409 f** III 271 – z. Personwerdung III 282 f – z. Sachlichkeit u. Demokratie I 266
– betrifft, Zschr. IV 395
– d., Zschr. III 399
–anstalten, nationalpolit. I 284 – v. Fellenberg I 458
–arbeit u. Lehrdiakonie III 46
–bedingungen III 259
–bedürftigkeit I **396 f**
–beistand(schaft) I **397 f** IV 310
–beratung I 144 f 207 343 **398 f** – Vereine u. Verbände IV 285 – f. praktisch bildbare Kinder III 337 – u. Anamnese I 42 f – u. Individualpsychol. II 279 – u. Kinderfürsorge II 427 – u. Psychagogik III 361
–berechtigte I **399**
–enzyklika I 399 f II 445 – Divini illius magistri II 480 – u. Lehrer III 51
–feld I **400 f**
–formen I 195 f – stetige, unstetige IV 169
–fürsorge I **401**
–gehalt u. Erziehungswiss. III 258
–gemeinschaft I **401 f**
–gespräch u. Jugendstrafvollzug II 375 f
–gewalt I **405**
–heim I **402** – b. Don Bosco I 208
–hilfe I 397 II 212
–ideal I 186
–kunst, Zschr. II 296 IV 395
–lehre I **402 f** – normative III 230 – u. Erziehungswiss. I 348
–mächte I **403**
–maßnahmen, -mittel I **403 f** – u. Erziehungswiss. III 258

–normen u. Erziehungswiss. III 259
–notstand IV 309 ff
–notwendigkeit I 396
–pflicht I **405 f**
–praxis III 255 – u. Methodik III 160 f – u. Umwelt IV 256 f
–psychol. I **404 f**
–recht, -gewalt u. -pflicht I **405 f** – d. Eltern I 341 f – d. Kirche I 342 – d. Staates I 342
–roman I 191 f III 439
–schwierigkeiten I 366 **406** II 93 IV 48 300 – u. Anamnese I 42 f – u. Elternschule I 343
–soziologie IV 131 ff
–stile I 144 313 **406 ff** IV 30 – sozialintegrativer III 276 – d. Naturvölker III 200 – im Unterr. IV 270 278 – u. Charakterbildung I 236 – u. Erziehung z. Demokratie I 265 f – u. Erziehungsmaßnahmen I 404 – u. Forderung I 477 – u. Führung II 43 – u. Gruppenerziehung II 173 – u. Konflikterziehung II 473 – u. Kreativität II 488 – u. Päd. Bezug III 288 – u. Schuldisziplin IV 3 – u. Schwererziehbarenpäd. IV 63 – u. soziale Reversibilität III 434 – u. Totalitarismus IV 237 – u. Umgang IV 255
–theorie b. Fr. D. E. Schleiermacher III 473 f
– u. Ausbildungsbeihilfen I 408 f
– u. Bildungsformen I **195 f**
–verhalten I 404 f
–weisheit I **409 f** III 271
–wirklichkeit I **410** III 265 – b. Dilthey I 306 – u. Erziehungswiss. III 258 – u. Päd. II 128 256 f – u. päd. Antinomie I 58 f
–wissenschaft I **411 ff** II 106 f III 255 f – empir. I 347 ff I 409 – Forschungsmethoden d. I **413 f** – normative III 230 f – vergleichende IV 293 ff – an d. Päd. Hochsch. III 263 – b. Herbart II 217 – b. R. Lochner III 120 – u. Anthropologie I 53 ff – u. Autonomie I 108 f – u. Erziehungswirklichkeit II 87 f – u. histor. Päd. II 105 – u. Kommunikation IV 227 – u. Nachbarwiss. I **414** IV 216 f – u. päd. Fakultät III 262 – u. Päd. Psychol. III 266 – u. philos. Anthropologie I 53 ff – u. Terminologie IV 216 f – u. Theol. IV 224 – u. theol. Anthropologie I 57 f – u. Weltanschauung IV 349 – u. Zeitgeistforschung IV 394
–wissenschaft, internat. Zschr. IV 395
Erziehungswissenschaftl. Forschung, Zschr. f. IV 395
– Hochschule III 60
Erziehungsziel I 186 – b. klass. China I 242 – d. realist. Päd. III 387 – u. Methodik III 160 – u. päd. Antinomie I 58 f
Es II 286
Escalona, S. A. IV 230
Eschatologie II 240 f
ESG III 324
Esmarch, F. v. I 383
ESP II 274
Espe, H. IV 293
Essen, E. I 290

Essen, O. v. III 306
Essig, O. I 358
Eßschwierigkeiten I 416
Establishment I 416 f III 324
Esterhues, J. II 44
Estes, W. K. III 97 IV 174
Estkowski, E. III 317
ESV I 426
Ethik I 417 ff IV 88 – christl. I 249 f
– als Situationsethik IV 93 – u. Autonomie I 107 – u. Tugend IV 243 f
Ethischer Garant III 42
Ethnologie IV 315
Ethnolog. Feldforschung III 200
Ethnozentrismus IV 334
Ethologie IV 299 – u. Ökologie III 241 – u. vergleichende Psychol. IV 296 f
Ettlinger Kreis I 419 f
Ettlinger, M. I 419
Eucharistie, eucharist. Erziehung I 420 III 118 462
Eucken, W. I 219 III 205 IV 369
Eudämonismus I 420 f
EUDISED I 312
Eugenik II 256 257 f 264
Euklid III 143
Euler, L. II 46
Eurhythmie III 438 IV 341
Eurodidac I 298
Europa-Häuser I 422
–Kolleg I 422
–rat, päd. Tätigkeit I 422 f II 53 – u. Berufsbildung IV 366
–Schulen I 422 III 126 305
Europäischer Bildungspaß IV 367
– Bildungs- u. Kulturrat I 422
– Büro f. Erwachsenenbildung I 422
– Erzieherbund I 422 IV 286
– Erziehung I 421 f – u. Kurzschulen III 17 – Zschr. I 422 IV 396
– Föderation für kath. Erwachsenenbildung I 422
– Jugendwerk II 310
– Kulturzentrum I 422
– Lehrmittelmesse I 298
Eusebios v. Nikomedia II 393 f
Evang. Akademien I 423
– Aktionsgemeinsch. f. Familienfragen I 447
– Arbeitsgemeinschaft f. Erwachsenenbildung II 423
– Arbeitskreis f. Freizeit u. Erholung IV 285
– Buchberater, Zschr. II 446
– Bundesarbeitskreis f. Jugendschutz IV 286
– Dt. Bahnhofsmission e. V. I 115
– Diakonie III 46
– Erzieher, d., Zschr. IV 396
– Erziehungs-Verband (EREV) II 50
– Fachverband f. Nichtseßhaftenhilfe II 74
– Frauenarbeit in Dtl. II 14
– Frauenhilfen I 452
– Jugend I 423 f
– Jungmännerwerk I 424
– Katechet. Inst. II 398
– Kirche u. kirchl. Lehramt III 44
– u. Schule III 51 IV 11 f
– Kirchengesangbuch II 103
– kirchl. Hochschulen II 234
– Konferenz f. Gefährdetenhilfe II 74
– Konf. f. Nichtseßhaftenhilfe III 215

– Lehrer- u. Schulgemeindebewegung I 316
– Mädchen-Pfadfinderbund I 424
– Pädagogik I 136 425 f
– Päd., Zschr. I 425
– Reichsverband weibl. Jgd. I 424
– Religionsbuch III 411
– Religionslehrer, d. an d. Berufsschule, Zschr. IV 396
– Religionspäd. I 169 f II 395 f III 413 ff
– Religionsunterr. I 36 f III 424 f – u. Vocatio IV 315
– Sozialehre IV 119 f
– Studentengemeinden III 324 IV 182
– Studienwerk Villigst I 426 II 25
– Theol. u. Religionspsychol. III 418 f
– theol. Fakultäten u. Lizenziat III 118
– Unterweisung, Zschr. IV 396
– Verband d. Mitternachtsmissionen III 132
– weibl. Jgd. Dtl.-Burkardthaus I 424
– Wochen I 423
– Zentralinst. f. Familienberatung I 322
Evergreen III 472
Evidenz IV 337
Evolutionismus u. Religionssoziologie III 419 – u. Soziol. IV 130
Ewald, G. IV 216
Ewert, O. III 19 203 299 IV 46 174
EWG u. Berufsbildung IV 366
EWH III 60
Ewing, A. W. II 253
Ewing, I. R. – Ewing, A.W.G. II 196
Examen III 358 359 ff
Examensangst III 358 360
Exegese u. Katechese III 207
Exeler, A. III 424
Exemplar. Lehre I 337 426 ff 431 II 97 III 349 – u. Enzyklopädismus I 368 – u. Epochalunterricht I 370 – u. Erdkundeunterr. I 373 – u. Experiment im Unterr. I 435 – u. Lehrgang III 70 – u. Mathematikunterr. III 145 – u. Physikunterr. III 307 – u. Religionsunterr. II 443 – u. Vereinfachen IV 287 f
Exerzitien II 475
Exhibitionismus I 429
Existenzanalyse II 123
–minimum I 429
–philos. II 200 III 136 – u. Angst I 46 ff – u. Ethik IV 93 – u. Hoffnung IV 240 – u. Kommunikation II 463 – u. Nihilismus III 222 – u. Päd. I 429 ff II 415
–theol., ev. u. Päd. IV 223
Exkursion, Lehrwanderung, Unterrichtsgang I 431 f
Exmatrikulation II 271 f
Exner, F. I 208 432
Exogene Psychosen III 370
Experiment, psychol. I 432 f – in d. Sozialforschung IV 113 – i. Unterricht I 199 239 IV 308
Experimentalprogramm i. Schulversuchen IV 308
Experimentelle Päd. I 210 433 f II 107 III 236
– Päd., Zschr. III 39
– Psychol. III 369
Exploration III 366

Explorierverhalten I 331
Externat II 307 f
Extinction II 69 468 – experimentelle II 215
Extra Mural Departments IV 248 267
Extra mural work IV 267
Extra-Ordinarius IV 238
Extra Sensory-Perception (ESP) III 274
Extratensiver Typ III 285
Extravertierter Typ III 285
Exüperius v. Prate-De Mollo II 7
Eyferth, H. I 335 407 II 202
Eysenck, H. J. I 304 330 III 212 280 285 IV 216 – u. sittl. Entwicklung IV 88

Faber, H. III 426
Faber, P. I 231
face-to-face-Gruppe I 212
Facharbeiterprüfung I 435 f II 286
–berater I 436
–bereich I 436 II 238
–bildung I 27 f
–didaktik I 436 ff – u. Taxonomie v. Lernzielen IV 210
Fächergruppenassistent u. Schule III 493
–übergreifender Unterr. II 103 IV 249 f
Fachgebundene Hochschulreife II 247 III 404
–gruppe Leibeserziehung an Päd. Hochschulen IV 287
–gruppen-Konferenz III 65
–gruppenlehrer I 439 II 101
–hochschule I 21 439 f II 243 IV 106 122 – f. Hauswirtschaft II 197 – f. Musik II 476 – u. beruf. Fortbildung IV 362 – u. Zweiter Bildungsweg IV 408
–hochschulreife I 440 II 197 247 409
–klassen II 450 f
–konferenz f. Fachlehrer III 65
–lehrer I 440 II 101 – u. Volksschuloberstufe IV 325
–Verband IV 286
–lehrerinst. 440
–oberschule I 440 f II 197 409 – u. Frauenoberschule II 13 – u. Zweiter Bildungsweg IV 408
–oberschulreife II 196
–Oberstudienrat III 236
–schaft I 441
–schule I 21 441 IV 362 f – f. Hauswirtschaft II 197 – f. Sozialberufe IV 106 – f. Wirtschafterinnen II 197 – u. berufl. Fortbildung IV 362
–schulreife I 183 441 II 243 409
–sportlehrer IV 247
–stelle f. Jugendphotographie III 307
– u. Lehrmeister II 287
–unterr. II 71 f – u. fächerübergreifender Unterr. IV 249 f
–verbände, wirtschaftl. (Berufsbildungswesen) I 441 f
–wissenschaftl. Lehrtheorie III 49
–zeitschrift III 341
facts and figures IV 332
Fadrus, V. I 442
Fähigkeit I 442 II 114 301 f III 344
Fähigkeitsgruppierung II 177
Fahrbücherei III 26 IV 165
Fahrende Schüler I 443
Fährmann, Zschr. II 378
Fahrschüler I 104 IV 25

Fair play, Fairneß I **443 f**
faits sociaux IV 131
Faktorenanalyse I 443 **444 f** II 114
  302 494 – u. Primärfähigkeiten
  III 344 – u. Psychopathologie IV
  314 – u. Test IV 219 – u. Typenforschung IV 249
Faktorladung I 444
Faktorwert I 444
Faktorielle Validität IV 281
Fakultäten I **445 f**
Fakultativer Unterr. I 305
Falk, A. I 28 **446**
Falk, J. I **446** III 131 433
Falken, d., sozialist. Jugend IV 117 f
Fallstudie I 271 **446**
Fallsucht II 440
Falsifikation I **446 f**
Faltermaier II 337
Familiarismus IV 121
Familie als Sozialisationsfaktor II
  418 f – u. Alleinkind I 336 – u.
  behinderte Kinder I 132 – u. Erziehung IV 386 – u. Frau II 15
  – u. Gebetserziehung II 64 f – u.
  Gesellschaft I 448 f **453 f** – u. Gesundheitserziehung II 131 – u.
  Glaubensunterweisung II 145 – u.
  Jugendkriminalität II 363 – u.
  Konflikterziehung II 473 – u.
  Schule I **454 f** II 255 IV 39 – u.
  Wirtschaft IV 378 – u. Zeitungslektüre IV 397
Familienbewegung I **447**
–beziehungen im Alter I 35 f
–bezug u. Schulangst III 484
–bildung I 326 f **447 f** III 186
–bund d. dt. Katholiken I 447
–egoismus I **448**
–erziehung I 448 ff – b. M. Luther
  III 125 – u. Geschwisterrolle II
  115 f – u. päd. Distanz III 261
–ferien I **450**
–fürsorge I 322 **450 f**
–fürsorgerin I 451 III 485
–helferin I 452
–lastenausgleich I 339
–päd. I 451
–pflege, Hauspflege I **451 f**
–pflegerin, Hauspflegerin I **452** IV 106
–planung II **67 f**
–recht I 323 f 339 **452 f** III 214
–therapie II 175
Fanatismus I **455 f**
Farbbeachter III 285
Farbentragen IV 184
Farber, M. III 297
Fargues, M. II 401
Faschismus-Skala II 41 f
Fatio, L. II 349
Faulheit I **456**
Faulkner, W. III 165
Faure, E. II 4
Fawcett, B. II 70
FBW I 467
FDJ II 16 f
FDP u. Bildungswesen in Dtl. I 326
FE II 48 ff
Feather, N. T. III 88
FDGB III 68
FEB II 50 f
Fechner, G. T. I 329 **456** II 57 III 369 IV 346
Fechten IV 146

Feder, J. G. H. III 300
Fédération internat. des associations d'instituteurs III 68
  – des communautés d'enfants II 424
  – des organisations de correspondances et d'échanges scolaires
  IV 16
FEECA I 422
Feed-back II 28 114 III 18
FEH II 48 ff
Fehlentwicklung II 439 f
Fehlerkunde, Fehlerverhütung I **456 f** II 485
Fehlgeburt II 66
Feier I 463 f II 444
Feifel, E. II 91 III 417 423
Feigheit IV 207
Feigl, H. I 42 III 386
Feindesliebe IV 312
Feininger, L. I 118
Felbiger, J. I. v. I **457 f** II 400 III 58 229 494
Feld, F. I 160 IV 372
Feldabhängigkeit I 2
–forschung III 367 – päd. III 265 f
–kräfte I 89
–studie, psychol. III 367
–theorie I 400 f **458** II 339
Feldhoff, J. IV 6
Fellenberg, Ph. E. v. I **458** II 318 IV 50
Feltre, V. da I **458**
Fend, H. I 349
Fénelon, F. de Salignac de la Motte I 191 **459** III 130
feral children I 397
Ferel, M. IV 209
Ferguson, A. I 75 II 117
Ferien I **459 f** IV 27
Ferienkurse I **460 f**
Fern- Raum III 381
Fernreize IV 338
Fernsehakademie I 389 – u. Russischunterr. III 455 – u. Universität IV 267 f
Fernsehen u. Bildung, Zschr. II 296 IV 395
Fernsehpäd. I **461**
Fernstudium I **461 f** III 64
Fernunterricht I 271 **462 f** – d. Genossenschaften II 98 – durch Tele-u. Funkkolleg IV 214 f – u. Fernstudium I 461 f
Ferrière, A. I 262 **463** II 8
Fertigkeiten II 186 410 f – u. Übung IV 252
Festinger, L. II 465 471
Fest u. Feier I **463 f**
Fetischismus I **464**
Fetopathien IV 329
Fettsucht II 439
Feudalismus II 270 III 237
Feudel, E. III 438
Feuerbach, A. I 354 III 140
Feuerbach, L. I 56 IV 389
Feyerabend, P. K. I 447
FIAI II 135
Fibel I **464 ff** 466
Fichte, J. G. I 354 **466 f**
Fichte-Gesellschaft IV 317
Fichter, J. H. III 420
Fidanza, Johannes I 206 f
Fiege, H. II 209
field workers II 167
Figurale Nachwirkung I **467**
Figur- Grund I **467**
Fijalkowski, J. IV 227

Fiktionsspiel IV 138
Film, Bild, Ton, Zschr. II 295 IV 395
  – im Unterricht I 311 – u. Jugend I **468 ff** – u. Kommunikation II 464 f
–bewertungsstelle I 224 467
–club IV 214
–kontrolle III 355, 370
–kritik I **467 f**
–kunde, Filmerziehung I **468** II 354 f
Finance, J. de I 419
Finger, F. A. II 210
Fingerlesen I **470**
Fingerlutschen, Daumenlutschen I **470**
Fink, E. III 297
Finke, H. II 148
Finkenschaft IV 179 184
Finnland I **470 ff**
Fintelmann, K. J. III 346
FIOCES IV 16
Fipesco I/II 68
FIPESO II 135
Fippinger, F. IV 273
Firmung, Firmunterr. I **472**
Fischer, A. I 195 f 410 433 **472 f** II 47 III 257 IV 3
Fischer, H. I 173
Fischer, H. II 102
Fischer, K. I 347
Fischer, M. I 71
Fischer, W. III 258
Fisher, R. A. II 289
Fitness-Programm II 180
Fittkau, B. I 407
Flachrücken III 250
Flacks, R. III 356
Flaischlen, C. I 192
Flanagan, E. J. I **473**
Flanders, N. IV 300
Flattich, J. F. III 311
Flavell, J. H. I 363
Flechsig, K.-H. III 351 IV 273
Flechtheim, O. K. II 53
Fleishman II 114 III 95
Fleiß I **473 f**
Flesch, R. II 290
Fleury, C. II 400
Flex, W. II 347
Fliedner, Th. II 427 III 46 IV 122
Fließende u. feste Gehalte III 285
Flimmertest I 380
Flitner, A. I 55 363 III 51 258 f – u. Exemplarlehre I 427 – u. Jugendforschung II 364
Flitner, W. I 176 392 **474 f** III 41 257
  – u. Erziehung I 393 – u. hermeneutisch-pragmat. Päd. II 223 – u.
  Methodenlehre III 160 – u. Unterrichtstheorie IV 269 – u. Volksschule IV 321 f
Flohr, F. I 240
Flor, Ch. II 170 IV 319
Florentini, Th. II 6
Flörke, W. I 240
Floud, J. II 121
Flüchtlingsjugend I **474 f** II 373
fluid-Faktor II 302
Flußdiagramm III 18
Föderalismus I **475 f** – u. Zentralismus in Erziehung u. Schulverwaltung IV 399 f
Foerster, F. W. I **476** – u. Schülerselbstverwaltung IV 19
 – Gesellschaft II 119
Fokaltherapie III 363
Fokken, E. IV 273
Folk- Beat IV 85

431

Folklore u. Volksbildung IV 317
Follow Through Project IV 330
Foppa, K. IV 174 252
Forbin-Janson, Ch. de III 274
Förderklassen I **476,** II 60 III 136
–lehrgänge f. Jgdl. II 383
–schulen I **476 f** II 373 – u. Flüchtlingsjugend I 476 f
–stufe I 178 **477** IV 307 – in Hessen II 226 – u. Grundschule II 170
Forderung I **477**
Förderungsassistent IV 187
–lehrgang II 373
–verbände, wirtschaftl. II 97
–wesen I **477 ff** II 250 f IV 188 f
Forel, A. II 265
Forens. Päd. II 490 f
Forens. Psychol. I **479 f** IV 401 f
Form, d., Zschr. IV 352
Formaldidaktik III 19
Formale Bildung, materiale Bildung I 180 **480 f**
Formalstufen I 81 f **481** II 220
Forman, U. P. II 290
Formbeachter III 285
Formdeuteversuch IV 219
Formen bibl. Überlieferung in Religionsunterr. II **61 f**
Forschung, internat. päd. – Mitteilungen II 120
– u. Lehre in d. Schulpäd. IV 38
– päd. I 279
– päd. Gesellschaft II 120
– psychol. I 293
– wissenschaftl. I 275 f – u. Lehre an d. wiss. Hochschulen I 445 II 231 f III 75
–gemeinschaft Information u. Dokumentation Päd. I 312
–institute, päd. I 255
–methoden I 143 f II 270 – theol. II 61 – d. Erziehungswiss. I **413 f**
–wesen u. wiss. Gesellschaften I **481 ff**
Fortbildung I **483 f** – berufl. I 67 f II 186 ff – betriebl. II 43 f
Forum, Zschr. IV 396
Forumsdiskussion I **484**
FOS II 11 ff
Fourier, Ch. II 46 IV 117
Fox, Ch. J. III 394
Frage d. Kindes II 425 – im Unterricht I **484** – u. Antwort I 484 f
–alter, erstes IV 157 – zweites IV **157**
–bogen II 182 III 366 IV 219
–Zeichen, Zschr. II 295
Franck, F. II 266
Francke, A. H. I **485 f** III 130 256 311 – u. Religionspäd. III 414 – u. Schulgarten IV 23
Francke, W. A. I 76 Franckesche Stiftungen II 31 62 III 273
Frank, A. II 376
Frank, H. I 414 III 18 258 f IV 253
Frank, L. K. IV 219
Franke, Th. IV 372
Franken, A. III 391
Frankfurter Lehrplan III 343 397 407 f
– Reichstag III 378
– Schule II 269 492 IV 273
Frankiewicz, H. IV 213
Frankl, V. E. I **486** III 122
Franklin, B. I 4 I 21
Frankreich II **1 ff** III 304 f 356
Franziskaner II **5 ff**

Franziskanerinnen II 6
Französischunterr. II **7 ff**
Franz v. Assisi II 5
Franz v. Sales II **9** III 463
Fraterherren II **9** III 125
Frau u. Gesellschaft II **14 ff**
– d., Zschr. II 10
Frauenbewegung II **10 f** 14 III 480
– u. Mädchenbildung I 282 III 127
–bildung II 10 f **11** III 128 f
–bildung, Zschr. IV 390
–bildungsverein II 10
–enquête II 11
–fachschule II 196 III 28
–gymnasien III 131
–oberschule (FOS) II **11 ff** III 131
–sport II **13 f**
–verbände II 14
Fraunhofer-Gesellschaft I 223
Freedman, H. I 130
free work I 259
Frege, G. II 46 III 157
Freiburger Schule III 205
Freie Akademie d. Künste III 110
– Bildungserwerb I 105
– Demokrat. Partei Dtl.s III 326
– Dt. Jugend II **16 f**
– dt. Jugend London II 16
– Erwachsenenbildung, I 218 II **17 f**
– Erziehung, Zschr. IV 235
– Raum im Jugendleben II **18**
– Schule II **19 f** 447 f IV 28
– Schulgemeinde II 19 III **22 f** IV 25
– Schulgemeinde Wickersdorf III 22 f IV 390
– Schulwesen I 383 II 19 III 347
– Sprechen im Deutschunterr. I 285
– Unterrichtsgespräch II 127
– Unterrichtseinrichtungen III 347
– Volksbildung, Zschr. IV 348
Freiheit II **20 f** 272 – in d. Erziehung II 18 **21 f** 473 f IV 71 III 204 – in d. Methode III 159 – u. Autorität II 261 ff 327 f – u. Demokratie I 265 – u. Ehrfurcht I 328 – u. Emanzipation I 344 f – u. Erziehung III 357 – u. Gerechtigkeit II 99 – u. Gnade I 247 – u. Kinderläden II 432 f – u. Kommune I 462 f – u. Norm IV 91 – u. Normativität III 229 – u. päd. Bezug III 268 f – u. Pflicht III 295 – u. Reformpäd. III 398 – u. Repression III 431 f – u. Selbständigkeit IV 70 – u. sittl. Erziehung IV 88 ff – u. Sittlichkeit IV 147 IV 91 – u. Tabuverhalten IV 205 – u. Toleranz IV 235 – u. Verwahrlostenpäd. IV 310 – u. Verwöhnen IV 312 f
–strafe II **22 f**
Freiluftschule, Freiluftunterr. II 23 IV 32
Freinet, C. II **24** IV 4
Freise, E. I 318
Freistellen, Stipendienwesen II **24 ff**
Freitätigkeit IV 143
Freiübungen IV 146
Freiwilliger Arbeitsdienst IV 107
– Erziehungshilfe I 383 II **48 ff** IV 310
– Gerichtsbarkeit II **26**
– Selbstkontrolle d. Filmwirtschaft II 355 370

– Soziales Jahr III 130 IV 107
– Soziale Werkdienst IV 107
Freizeit II **26 f** 229 – u. Abwechslung I 5 – u. Jugend in d. Großstadt II 166 – u. Medienpäd. III 142 f
–erziehung II **27 f** 28 438 III 409 – d. Jugend II 376 f IV 53 – u. Leibeserziehung III 83 f – u. Leseerziehung III 100 – u. Sport IV 145 f – u. Tanz IV 207 – u. Wandern IV 344
–sport IV 145
–stätten d. Jugend II **28** 211 356 f 361 382
Fremdbeobachtung I 271
–bestimmung u. industrielle Gesellschaft II 284 f
–gruppen II 172
–sprachenunterr. I 351 ff II **7 ff** 323 f III 455 f IV 136 – an Grund- u. Hauptschulen II **29 f** – u. auditive Unterrichtsmittel I 88 – u. direkte Methode I 352 – u. Gymnasialtypen II 244 f – u. Schulgrammatik I 288 – u. Sprachlabor IV 157 f – u. vermittelnde Methode I 353 II 8 – u. Volksschule I 323
–stereotyp IV 168
Frenzel, F. III 89
Frequenz, Häufigkeit IV 166
Freud, A. I 5 II 267 f III 362 372 – u. Spiel IV 138
Freud, S. I 365 II **30** III 361 f – u Aggression I 19 – u. Denktheorie I 269 – u. Führerrolle II 42 – u. Gefühlstheorie II 77 – u. Geschwisterreihe II 115 – u. Gewissensbildung IV 2 – u. Identifikation II 268 – u. Kindheitserinnerungen II 442 – u. Massenpsychol. III 141 – u. Narzißmus III 194 – u. Neurosenlehre III 211 – u. Ödipuskomplex II 367 – u. Personenlehre II 266 – u. Religionspsychol. III 417 – u. Selbstmord IV 72 f – u. Sexualität IV 78 f – u. sittl. Entwicklung IV 88 – u. Spieltheorie IV 138 – u. Tiefenpsychol. IV 230 f – u. Traumdeutung IV 239
Freude II 78
Freudenberg, Hans I 419
Freudenberg, Hermann I 419
Freudenthal, H. IV 326
Freudianismus II 198
Freund, K. II 250
Freund, L. III 323
Freundeskreis dt. Auslandsschulen IV 286
Freundschaft I 36 II **30 f**
Frey, G. II 169
Freyer, H. II **31** 94
Freyhold, K. F. E. v. I 173
Freytag, G. I 301
Freytag, J. III 419
Frick, O. II **31 f**
Fricke, A. III 390
Friede, Erziehung z. Frieden II **32** III 455 IV 17 18 – u. soziale Gerechtigkeit IV 108 – u. Tapferkeit IV 208
Friedensforschung II **32 f** 53 III 319 IV 315
–päd. II **33 f** 308
–schule III 346

Friedeburg, L. v. I 36 I 160
Friedland, V. IV 241
Friedrich, A. M. I 160
Friedrich, C. J. IV 236
Friedrich d. Gr. I 457 II 34
Friedrich-Ebert-Stiftung e. V. II 25 34
Friedrich-Naumann-Stiftung II **34 f**
Friedrichs, C. D. I 172
Friedrich Wilhelm (I) I 486
Friedrich-Wilhelm-Foerster-Gesellschaft II 119
Fries, Ch. I 353
Fries, E. III 309
Friesen, F. K. II **35** 325 III 311
Frings, M. S. IV 193
Frisch, K. v. I 317
Frisch, M. IV 49
Frischeisen-Köhler, M. II **35** 87
Fritsch, A. III 341
Fritz-Thyssen-Stiftung I 482 II **35**
Fritzsche, G. I 427
Fröbel, F. W. A. I 281 II **35 ff** III 83 229 – u. Kindergarten II 427 – u. Spiel IV 139
Fröbelgaben I 118
Frobenius, L. III 201
Froese, L. I 108 III 259
Fröhlich, C. II 7
Fröhlich, W. I 3
Fromm, E. I 110 II 349 III 363 IV 230
Fromme, W. II 258
Frömmigkeit I 249 f
Frör, K. I 37 169 II 429
Froumund I 315
Fruchtbarer Moment im Bildungsprozeß II **38**
Fruchtbringende Sprachgesellschaft III 110
Frühehe I 326
–geburt II 66
–kindl. Erziehung II 39 f IV 330 f
–kommunion I 420
–lesen I 466 II **38 f**
–phase d. Kindheit II **39 ff** II 418 f – u. Akzeleration I 25 – u. Charakterbildung I 236 – u. Kinderfrage II 425 – u. Nachahmung III 190 – u. Spielzeug IV 142 – u. Trotz IV 241 – u. Unterernährung IV 268 – u. Verlust der Mutter II 182
–reife II **41**
Frustration II **41** 254 IV 251
–Aggressions-Hypothese I 19
–toleranz IV 241
F-Skala II **41 f**
Fuchs, A. 144 III 89
Fuchs, E. III 418 IV 223
Fügen, H. N. III 112
Fühlen II 77 f
Führen u. Wachsenlassen I 291 III 42
Führerkult III 197
–nachwuchs I 284
–rolle II **42** 172
–schein I 35 IV 302
Führung, Führer II **42 f**
– geistl. II **43**
–kräfte (d. Wirtschaft) II **43 f**
–lehre II **44 f**
–mittel II 42 f
–stil I 406 ff II **43** IV 278
Fukuyama, J. III 420
Fulbert v. Chartres II **45**
functional literacy programm II 168
Fundamentale, d. I 426 ff

fundamental education I 361 II 167
Fundamentals of educational planning IV 296
Fundamentalontologie III 243 IV 93
Fundamentalontolog. Päd. III 258
Fundamentaltheol. u. Päd. IV 224
Fünfergruppe II 172
Fünf-Tage-Woche in d. Schule II **45 f**
Funke, G. I 85 II 139
Funkkolleg IV **214 f**
Funktion, Funktionalismus II **46 f**
Funktionale Autorität I 109 f
– Bildung I 180
– u. intentionale Erziehung I 392 II **47** IV 254 f 256 f – in d. Geschwisterreihe II 116 – u. Lebensordnungen III 42
Funktionalismus, psychol. Schule II 48
Funktionseliten I 338
–lust II **47**
–psychol. II **48**
–spiel IV 138
–sprache IV 154
–therapie II 206
Furcht I 46 ff II 78
Furck, C. L. III 85 258
Fürsorge, öffentl. u. private, Nachrichtendienst IV 396
–erziehung, freiwillige Erziehungshilfe I 232 383 II **48 ff** III 191 f – u. Erziehungsfürsorge I 401 – u. Lehrlingsheim III 70 f – u. Verwahrlosung IV 315
–erziehungsbehörde II **50 f**
–tag, Allgemeiner (AFET) II **51**
–verbände, –vereine II **51 f**
–verein f. Mädchen, Frauen u. Kinder IV 14
Fürstenau, P. IV 6
Fürstenberg, F. F. W. Frh. v. II **52** III 419
Fürstenbergsche Schulverordnung III 254
Fürstenerziehung I 7 f 280 II **52** 109
–schulen II **52 f** III 458 IV 189
Furttenbach, J. IV 23
Fußballspiel IV 147
Fußdeformitäten III 250
Füssli, H. H. III 286
Futurologie II **53**

Gabele, P. I 71
Gablentz, O. H. v. d. III 319
Gadamer, H.-G. II 222 IV 152
Gage, N. L. I 349 III 46 IV 272
Gagern, F. E. v. IV 78
Gagné, R. M. I 349 III 72 93 IV 238
Galen III 284
Galilei I 375 f III 158
Gall, F. J. III 310
Gallitzin, Fürstin A. A. v. III 254
Gallwitz, E. II 349
Galton, F. R. I 130
Galura, G. II 208 III 401
Galvanic skin response II 54
Galvan. Hautreaktion (GHR) II **54**
Gamm, H. J. II 32 473 III 272 IV 271
Gammetopathie IV 328
Gammler II 340
Gandhi, M. K. II **54** 275
Gangs II 340
Gans, H. J. II 90
Gansberg, F. I 213 379

Gantt, W. H. III 211
Ganzheit, Ganzheitsprinzip II **54 ff** 248 f – u. Konzentration II 478 f
Ganzheitl. Rechnen II **56**
Ganzheitserziehung a. rhythm. Erziehung III 437 f
–methode, Ganzheitsunterricht II **56 f** – u. Ganzheitspsychol. II 58 – u. Schreibunterr. III 481
–psychol. I 337 II **57 ff** 128 III 12 IV 178
–schule, d., Zschr. IV 395
–unterricht II **56 f**
Ganzschrift III 114
Ganztägige Bildung u. Erziehung, Zschr. IV 395
–tagsschule II **59** IV 205 – u. Fünf-Tage-Woche II 45 – u. Hausaufgabe II 193
–wortmethode I 465 II **59**
Garaudy, R. I 418
García Hoz, V. II **59**
Gardner, R. u. W. IV 233
Garonne, G. II 91
Garret, H. E. II 302
Garten, zoolog. IV 404 f
Gary-Plan III 397
Gastarbeiterkinder II **60** III 132
–hörer II **60 f**
–lehrer II 308
–schulkinder II **61**
Gattegno III 390
Gattungen u. Formen bibl. Überlieferung im Religionsunterr. II **61 f** III 43
Gaude, P. III 86 IV 273
Gaudig, H. I 69 73 484 II **62 f**
Gaulhofer, K. III 83
Gaullismus u. jugendl. Protestbewegung III 356
Gaußsche Kurve IV 166
GDL III 68
Gebärde II **129**
Gebetbuch II 63 f 143
Gebetserziehung II **63 ff** IV 24
Gebilde, soziales II 171 f
Geborgenheit – Entwurzelung II **65 f**
Gebote, Zehn I 263 f
Gebot u. Verbot I 124
Gebsattel, V. v. III 363 IV 78 f
Gebundenes Unterrichtsgespräch II 127
Geburt, Geburtsverletzungen II **66 f** – u. vorgeburtl. Einflüsse IV 328 f
Geburtenförderung II 67 f
–regelung, Familienplanung I 323 II **67 f**
Geburtsanomalien II 67
–aphyxie III 242
–trauma II 39
–verletzungen II 66 f III 242
Geck, A. I 160
Gedächtnis II **68 ff** IV 332
–dimensionen II 70
–hemmungen II 70 – u. Mitübung IV 252 – u. Transfer IV 238
–spanne II 69
–spur II 69 f
–störungen II **70 f**
Gedicht III 113
Gedike, F. I 465 II **71** III 50
Gefächerter Unterr. II **71 f**
Gefährdetenhilfe, Gefährdetenfürsorge II **72 ff** 75 III 214 f 293
Gefährdung II **74 f**
Gefangenenbildung II 75

-erziehung II 375 f 490 f
- u. Entlassenenfürsorge II 75 f
Gefängnisseelsorge b. Jgdl. II 76
Gefügigmachen II 132 f
Gefühl I 46 ff 350 f II 76 ff
Gefühlsganzheitl. Typ III 285
-leben u. Taubheit II 81
-psychol. u. Labilität III 19
Gegenseitiger Unterr. I 141 f
Gegenstandschrift III 483
Gegenwartskunde III 320 f
- Zschr. IV 395
-pädagogik I 347 ff 411 ff II 88 202 ff 223 f - u. Schulpäd. IV 37 ff - u. Sozialpäd. IV 122 ff - u. vergleichende Päd. IV 293 ff - u. Wirtschaftspäd. IV 370 ff
Geheeb, P. II 79 f III 23
Gehemmtheit II 214 f
Gehilfenprüfung II 408 ff III 359
Gehlen, A. I 54 II 80 III 1 316 - u. Sitte IV 87
Gehörlosenpädagogik II 80 ff
Gehörlosigkeit II 80 253
Gehorsam II 82 f IV 89 - als kindl. Tugend IV 262 - u. Autorität I 110 - u. Liebe III 107 - u. Sittlichkeit IV 90 f - u. Ungehorsam IV 261 ff
Geiger, M. III 297
Geiger, Th. II 472 IV 112 130 f 132
Geiler v. Kaysersberg IV 360
Geißler, E. E. I 157 IV 140 IV 262
Geißler, G. III 160 259 262 IV 7 149
Geißler, R., III 112
Geist, Geisteswissenschaft I 376 II 83 ff IV 64 f - u. Leib III 80 f
Geisteskrankheiten II 71 III 369 f
Geistesw. Päd. II 86 ff 223 III 259 267 - als Wertpäd. IV 354
- Psychologie II 88 f
- Typenlehren III 286
Geistig-Behinderten-Pädagogik III 336 f IV 56
Geistl. Leben II 43
- Schulaufsicht I 446 III 489 IV 28
Geistorthopäd. Übungen II 89 IV 359
Gelasius (I) III 327
Gelehrtenschulen I 30 III 36 IV 5
-vereinigungen II 148
Gellert, Chr. F. I 92
Gellius, A. II 260
Geltung IV 354
Geltungsdrang I 321 f
Gemeinde II 89 ff 91
Gemeinde, Christl. III 248 - Parochialprinzip in d. Glaubensunterweisung II 91
-diakonie II 293
-jugendwerk d. Bundes Ev.-Freikirchl. Gemeinden in Dtl. I 424
-kinder IV 340
Gemeinnützige Gesellschaft Gesamtschule II 119
- Tagesheimschule II 119
Gemeinschaft (u. Gesellschaft) II 94 - u. funktionale Erziehung II 47 - u .Gemeinde II 89 f - u. Gerechtigkeit II 99 - u. Individuum II 282 - u. Kirche II 379
Gemeinschaften Christl. Lebens II 406 474 f
- Dt. Lehrerverbände III 68
- heimatvertriebener Erzieher IV 286
Gemeinschaftserziehung II 173 f
-kunde II 245 III 321

-räume d. Schule III 492
-schule I 136 f 205 II 92 f - christl. II 92 - u. Bekenntnisschule I 137 f 283
-schwierige Kinder II 93 IV 63 f
Gemeinwesenarbeit II 94 f III 191 f IV 104
Gemeinwohl II 95 III 238 f IV 108 f 121
Gemelli, A. II 6 95 f
Gemischte Programme III 350
Gemüt II 76 ff
Generalisierung II 96
General-Landschul-Reglement I 457 459 II 96 198 - Schlesiens I 457
Generationsproblem I 35 f II 335 ff 339 f III 355 ff
Genetik, klinische, molekulare II 257
Genetische Methode, Genet. Lehren II 96 f
Genfer Erklärung d. Rechte d. Kindes I 238
- Konvention III 448
Genialität IV 95
Genitalität IV 78
Genital-phallische Phase IV 79
Genmutationen II 257
Genossenschaften II 97
Genossenschaftl. Bildungswesen II 97 f
Gentges, I. III 21 IV 49
Gentile, G. I 418 II 98 321 III 305
Geographen-Verband IV 286
Geographie u. Schulerdkunde I 371
- Zschr. IV 395
Geograph. Rundschau, Zschr. IV 395
Geometrieunterr. III 145 f
Geometr.-opt. Täuschung III 245
Georgens, J. D. II 202
Geräteturnen II 146 247
Gerber, G. IV 385
Gerber, H. III 349
Gerbert v. Aurillac II 45
Gerechtigkeit IV 95 98 ff III 198 f
- soziale IV 108 f
Geriatrie II 100
Gerichtsbarkeit, freiwillige II 26
Germanistenverband IV 286
German Youth Activities II 211
Gernhuber, J. I 406
Gerontologie II 100
Gerson, J. II 100 400 III 125 292
Gerstenmaier, E. II 293
Gerstorfer, W. II 103
Gerüchtbildung II 100 f
Gesamterziehung u. Selbsterziehung IV 71
-hochschule III 264 437 IV 265 -katechumenat II 470
-schule I 179 319 II 101 f - additive II 101 - differenzierte II 101 - gemeinnützige Gesellschaft II 119 - integrierte II 101 - als Waldorfschule IV 340 f - u. allg. Lernziel III 99 - u. Einheitsschule I 333 - u. Fachgruppenlehrer I 439 - u. Schulpflichtverlängerung IV 55 - u. Schülerunterversetzung IV 306 - u. soziale Unterrichtsformen IV 111 - u. Wahlfächer IV 335
-schule, Zschr. IV 395
-unterricht I 44 f II 102 f IV 250 - b. J. Ligthart III 109 - b. B. Otto III 253 f - u. Fachunterr. II 72 - u. Grundschule II 169 - u. Lebensnähe d. Schule III 41

Gesangbuch II 103 f 143 444
Gesangspäd. III 179
Gesangunterr. III 181
Geschenke an Lehrer II 104
Gesch. d. Erziehung, Gesch. d. Päd. II 104 ff
- d. Erziehungswiss. II 106 f
- in Wissenschaft u. Unterr., Zschr. IV 395
Geschichtlichkeit II 107 ff IV 237 f
- d. Erziehung I 299 II 108 f III 348 f - d. Welt II 108 - u. Tugend IV 244
Geschichtslehrer II 113
-unterr. II 109 ff 245 458 - u. synchronist. Tabelle IV 203 f
- u. Staatsbürgerkunde, Zschr. IV 395
-wiss. u. Erziehungswiss. I 415
Geschicklichkeit II 113 f
Geschlechtlichkeit d. Menschen II 418 IV 77 f
Geschlechtserziehung I 199 ff IV 76 ff 82 ff
-klischees u. Mädchenbildung III 128
-krankheiten II 114 f III 293
-rolle u. Kulturanthropologie IV 80
Geschwister, -konstellation, -reihe II 115 f 278 - als Zwillinge IV 409 f
- u. Umweltschaden IV 257
Geschworener I 35
Gesell, A. I 363 II 116 f 302 III 405 f
Geselle II 186 f
Gesellenfortbildung II 188
-prüfung II 187 III 359
-verein II 460
Gesellschaft II 117 ff - berufsbezogene II 120 - industrielle I 105 ff
- päd. II 119 f - pluralist. II 117 III 314 ff - spätkapitalist. II 117 - als Gruppengesellschaft III 315 - dt. Chemiker I 482 - dt. Naturforscher u. Ärzte I 482 - f. christl. Erziehung II 120 - f. Sprechkunde u. Sprecherziehung IV 287 - f. Verbreitung v. Volksbildung III 26 IV 219 - u. Alter I 35 f - u. Anarchismus I 43 - u. Anpassung I 49 f - u. Autonomie I 107 - u. Autorität I 109 f - u. Ehre I 327 - u. Elite I 338 - u. Emanzipation I 344 - u. Erziehung I 397 II 47 120 ff IV 227 262 f 378 f - u. Gemeinde II 90 f - u. Gemeinschaft II 94 - u. Geschlechterrolle II 14 f - u. Herrschaft II 224 f - u. Ideologie II 269 f - u. Institution II 299 f - u. Jugend II 337 f - u. Kind II 418 ff - u. Klasse, soziale II 449 - u. krit. Theorie II 493 - u. Lehrer III 51 f - u. Minderheiten III 165 - u. moral. Aufrüstung III 175 - u. Mündigkeit III 177 - u. Mutterfunktion III 185 - u. Norm II 228 f - u. Rolle IV 129 - u. Schule IV 7 ff 45 - u. Sexualnorm IV 77 - u. Sexualverhalten IV 80 f - u. Solidarität IV 95 - u. sozialer Konflikt II 471 f - u. soziale Rolle III 442 ff - u. soziale Schichtung III 469 f - u. sozialer Wandel IV 341 f - u. Sozialisation II 306 f - u. Sozialpäd. IV 123 f - u. Vaterrolle IV 282 - u. Wirtschaft IV 372 ff

378 f – z. Förderung dt. Schülervertretungen IV 287 – z. Förderung päd. Forschung II 120 – z. Verbreitung v. Volksbildung IV 292 – z. Verbreitung wiss. Kenntnisse I 389
– Staat, Erziehung, Zschr. IV 395
-analyse u. Studentengemeinde IV 182 f
-kritik I 255 f II 117 f III 355 ff
-lehre IV 118
-ordnungen IV 121
-politik IV 126 – u. Sozialforschung IV 111 f – u. Wirtschaftserziehung IV 374 f
-struktur u. Sprache IV 154 f – u. Sozialisation II 307
-tanz IV 207
-theorie b. H. Marcuse III 137 f – b. K. Marx III 139
Gesellungsbedürfnis IV 254
-formen d. Jugend II 340 361
-trieb II 478
Gesetzeskunde III 320 ff
– gegen Schmutz u. Schund I 283
-blätter IV 396
– Vertreter II **122**
Gesetz u. Freiheit d. christl. Lebens I 250
– z. Schutz d. Jugend in d. Öffentlichkeit I 469
Gesinnung II **122 ff** IV 89 – u. Fertigkeiten II 410
-bildung I 235 ff 265
-ethik I 377 IV 244
-unterr. II 123
Gesner, J M. II **124 f** III 37
Gespräch II **125 ff** IV 153 – diagnost. I 42 – als Unterrichtsverfahren I 285 f – in d. Altersbildung I 31 f – in d. Erwachsenenbildung I 386 – in d. Glaubensunterweisung I 33 f – in d. Psychotherapie I 399 III 371 – u. Berufsberatung I 149 – u. Schweigen IV 59 – u. Vortrag IV 332 – u. Zurechtweisung IV 407
-erziehung im Dt.-Unterricht I 285
-formen, intime II 125
Gestalterleben II 57
-gesetze u. Ganzheitserfassen II 58
-psychologie II **127 f** – u. Charakterologie I 330 – u. Denkforschung I 269 – u. Ganzheit II 54 – u. Lerntheorie III 94 97 – u. Willenstheorie III 358
-qualitäten II 58
-rechnen II 56
– u. Strukturpsychol. IV 178
-wandel II 128
Gestalten, schriftsprachl. I 286 f
Geste, Gebärde II **129**
Gesundheitsamt II **129 f** IV 130 – u. Gesundheitsfürsorge III 131 – u. Mütterberatung III 186
-erziehung II **130 f** 264 III 82 f – Vereine u. Verbände IV 285 f – d. Kleinkindes III 467 – u. Humanbiologie II 256 – u. Orthopädie III 249 f – u. Psychohygiene III 363 f – u. Rauschmittel III 383 f – u. Schulhygiene IV 25 ff – u. Schullandheim IV 32 f – u. Schulmöbel IV 35 f – u. Sport IV 145 – u. Sportlehrer IV 248 – u. Sportverletzungen IV 148 f – u. Zahnpflege IV 392 f

-fürsorge II **131 f** 272 III 24 IV 125
– Vereine u. Verbände IV 285 f – u. Ungeziefer IV 264
-hilfe II 437 f 438
-pflege III 186 – u. Schulbau III 491 f
Getzels, J. W. II 229
GEW II 135
Gewalt II **132 f** – elterl. II 132
Gewerbelehrer II **133**
-lehrerin III 63 f
-ordnungsnovelle I 281
-schule II 186 ff III 235 IV 371
-schule, d., Zschr. IV 395
-schulpäd. IV 371
Gewerbliche Berufsschule II 186 ff
– Fortbildungsschule I 282
Gewerbsunzucht III 354 f
Gewerkschaften, Bildungswesen d. II **133 ff**
– Erziehung u. Wiss. II 93 **135** – im DGB IV 68
– u. Einheitsschule I 333
Gewerkschaftl. Studentengemeinden III 324
-jugend II **135 f**
– Unterr. u. Erziehung d. Freien Dt. Gewerkschaftsbundes III 68
Gewissen II **136 ff** IV 2 88 – u. Norm III 227 – u. Sozialisation IV 114 – u. Verantwortung IV 283 f
-bildung II 137 f 191 268 419 IV 89 f
– religiöse I 228 II 137 f – u. Verwahrlosung IV 310
Gewohnheitsstärke II 139
Gewöhnung, Gewohnheit (habit) II **139 f** – u. sittl. Erziehung IV 89 f
Ghini, L. II 216
GHR II 54
Gibson, J. J. I 467
Giel, K. I 390 IV 276
Gierke, A. v. IV 122
Giese, F. III 371
Giese, G. II 199
Giese, H. III 355 IV 79 83
Giesecke, H. I 437 II 377
Gilleman, G. I 419
Ginsberg, M. II 249
Giordano Bruno I 356
Girard, G. II 6
Girard, J. B. I 60 II **140**
Girgensohn, K. III 418
Glaser IV 72
Gläser, J. II 183 III 39 397
Glaser, R. I 257
Glaube, christl. II **140 ff** IV 202 f
– ev. II **140 f** – kath. II **141 f**
– Kurzformeln d. IV 203 – u. christl. Leben I 249 f – u. Erziehung IV 223 f – u. Religion III 428 f – u. Spiritualität IV 142 – u. theol. Weltverständnis IV 350 – u. Unglaube IV 204
Glaubensbücher II **143** 400 ff
-erfahrung II **143 f**
-erziehung II 142 IV 98
-fähigkeit d. Kindes II 145
-formel IV 202
-freiheit II 413
-gespräch I 158 II **144**
-seminare f. Erwachsene IV 225
-unterweisung I 45 f II 402 f – Formen d. III 107 f – f. Jugendliche I 158 – in d. Familie II **145** – u. Gemeinde II 91 – u. Katechismus II 399 ff

-verkündigung III 339 f
-zweifel, Glaubensschwierigkeiten II **145 f**
Glaubwürdigkeit I 479
Glaukom IV 68
Gleichberechtigung I 264 344
Gleichnis II 61 f
Gleim, B. III 127
Gleser, G. C. I 292
Gliederungsfähigkeit IV 46
Glinz, H. I 287 f IV 160
Glock, Ch. J. III 420
Glöckel, O. II **146** IV 269 273
Glücksspiele II **146 f**
Gmeiner, H. II 424
Gnade u. Erziehung II 140 ff – u. Gottebenbildlichkeit II 149
Gnauck-Kühne, E. II 10
G. O. IV 19
Gobineau, J. A. v. III 196
Godesberger Programm d. SPD III 325
Godin, A. II 401
Godwin, W. I 43
Goethe, J. W. v. I 297 II **147** 318 III 310
-Inst. z. Pflege dt. Sprache u. Kultur im Ausland e. V. II **147 f** IV 286
Gogarten, F. I 37 419 II 149 IV 222 350
Goldbeck, E. IV 72
Goldberg, M. L. IV 111
Goldbrunner, J. III 282
Goldene Bulle I 280
– Regel II **148**
Goldmann, R. III 418
Goldscheid II 312
Goldschmidt, D. III 420
Goldstein, K. II 248
Goldszmit, H. II 481
Goliarden I 443
Golitz, T. v. d. IV 112
Gollancz, V. IV 313
Gollwitzer, H. I 419
Gölz, B. II 6
Gonorrhoe II 114
Goodenough, F. L. II 302
Goodman, N. I 42
Göpfert, A. II 139
Gorbunov-Posadov, I. F. IV 235
Gordon, J. E. III 285
Gordonstoun II 181
Gorgias II 317 IV 98
Gorki-Kolonien IV 19 50
Görres, J. IV 318
Görres-Gesellschaft I 23 II **148 f**
Gothaer Schulmethodus I 382 459 III 435 IV 322
Gotische Schrift III 483
Götsch, G. III 16
Gottebenbildlichkeit II **149 f**
Gottesbegriff, Gottesvorstellung I 40 f II 279 **150 ff** – d. Kleinkindes IV 231
-beweise II 152
-beziehung u. Archetyp I 78 – u. Liebe III 107
-dienst u. Gebetserziehung II 65 – u. Kirchenmusik III 248 – u. Sonntagspredigt III 340
-kindschaft IV 209
Gotthelf, J. II **152 f**
Göttinger Schule III 223
Göttler, J. II 107 **153** III 255 258 – u. Religionspäd. III 416
Gottschalch, W. II 340

435

Gottschaldt, K. I 131 IV 216
Gottsched, J. Ch. I 367 III **341**
Götze, C. II 183 III 9 16
Götzel, B. II 401
Gouin, Fr. I 352 II 8
Gouinsche Reihen I 352
Government Organization IV 19
Grabmann, M. III 477
Grabowsky, A. III 323
Gracchen III 394
Graf, A. I 80
Graf, K. III 19
Grammar School II 161
Grammatikunterr. I 287 f IV 160
Grant, D. A. II 70
Graphologie I 99 II **153 f**
Graphometrie II 154
Graser, J. B. II **154** 407
Grass, G. I 192
Gratius, O. II 200
Grauer Star IV 68
Grauert, H. v. II 148
Graumann, C. F. I 52 166 269 330 II 47
Graunt, J. IV 112
Gray, W. S. I 41
Great Book Program I **218 f**
Grebe, P. I 287
Gregor d. Gr. I 247 II **154 f** IV 65
Gregor (XII) I 313
Gregorian. Choral I 247
Gregor v. Nyssa II 394
Gregory, Th. III 205
Greif-Raum III 381
Greinacher, N. III 419
Greiner, A. IV 86
Grellert, V. II 237
Grenzen d. Erziehung II **155 f**
Grenzmoral II **156**
Grenzsituation I 430
Griechenland II **156 ff**
Griech. Erziehung II **158 f** 387 III 373 446 f IV 94 98 f 390
– Schrift III 483
–unterr. II **159 f**
Griese, E. II 124
Griesebach, E. I 391
Griesinger, W. III 24
Grimald I 142
Grimm, J. I 290 II 349 III 137 460
Grimme, A. I 358
Grimme, G. III 411
Grimmelshausen I 191 297
Grimms Märchen III 137
Grisebach, E. I 430 II 155
Groeben, N. III 365
Groethuysen, B. II 87 IV 394
Groffmann, K. J. II 301
Gronau, H. III 443
Groos, K. I 332 IV 49 138
Groote, G. II 9
Groothoff, H. H. I 175 III 106 259 – u. wirtschaftsberufl. Schulpäd. IV 372 f
Gropius, W. I 118
Gropper, J. II 400
Gross, N. III 443
Großbritannien u. Nordirland II **160 ff**
Großeltern als Miterzieher II **165 f**
Grosseteste, R. III 380
Großgruppe u. Schule IV 30
Großstadt II 90 f – u. Jugend II 166 f – u. Nachbarschaftshilfe III 191
Groth IV 369
Group work, social II 173 f

Gruber, A. II 394
Gruehn, W. III 418
Grüger, J. II 396 III 307
Gruhle H. W. I 270 f 332
Grünbaum III 386
Grundausbildungslehrgang II 373
–axiom d. Bildungsprozesses II 412
–erziehung II **167 f** – in Indien II 275
–fähigkeit I 443 444
–funktionsgefüge III 285
–gesamtheit IV 166
–gesetz u. Hochschulrecht II 236 f
–lagenforschung d. Mathematik III 144
–leistungstest IV 46
–rechte d. dt. Volkes III 153
–richtungen, geistige u. Didaktik II 124
–satzsubjekt II **168**
–schule II **168 ff** IV 322 – u. Anfangsunterricht I 44 f II 102 f – u. Fremdsprachenunterr. II 29 f – u. gefächerter Unterr. II 72 – u. Gesamtunterricht II 102 f – u. Heimatkunde II 210 f – u. Physikunterr. III 308 – u. Rechen- u. Math.unterr. IV 389 ff – u. Sachauffassung d. Kindes II 190 f – u. Sachunterr. III 459 f – u. schriftl. Gestaltung I 287 – u. Schuldruckerei IV 4
– Arbeitskreis II 119
– d., Zschr. II 119 IV 395
–schulalter IV 46
–lehrer-Ausbildung III **60**
Grundtvig, N. F. S. I 261 385 II **170** IV 319
Gruner, G. A. I 269
Grüner, G. IV 213 288
Grüner Star IV 68
Grünewald, H. III 482
Gruppe, formelle II 171 – informelle II 171 – soziale I 167 II **170 ff** – unterprivilegierte III 377 – als kommunikativ. Interaktionsgefüge III 268 – als Minderheit III 165 – als soziales System IV 109 – im heilpäd. Heim II 207 – im Unterr. I 69 – u. Außenseiter I 101 f – u. Bevorzugung I 163 f – – u. Führerrolle II 42 – u. Jugend II 381 – u. Klassenraum II 452 – u. Konformität II 474 – u. Meinungsbildung I 123 – u. Normenbildung II 138 – u. Schulklasse IV 30 – u. Schulschwierigkeiten IV 48 – u. Sensitivity Training IV 76 – u. Soziologie d. Erziehung IV 132 – u. Verbände II **175 f** – u. Verhaltens- u. Erwartungsstabilisierung III 357 f
–arbeit I 451 II 173 f – als Bewährungshilfe I 165 – in d. Glaubensunterweisung I 33 f – in d. Lehrerbildung III 59 – u. Schwererziehbarenpäd. IV 64
–bildung II 90 172 f – soziale IV 127 f – d. Jugendl. II 340 – im Gruppenunterr. II 176
–dynamik im Gruppenunterr. II 176 f – u. Gruppentherapie II 174 – u. Schulerziehung IV 7 – u. Schulklasse IV 31 - Soziometrie IV 134
–erzieher II 174
–erziehung, Gruppenpäd. II **173 f**

– im Erziehungsheim I 402 – u. Jugendarbeit II 344 – u. Schulklasse IV 29
–forschung II 172 f III 268
–interessen II 175
–konflikte u. Gesellschaft II 472
–normen II 173 III 226
–päd. II **173 f** III 269 – b. R. Cousinet I 258 – in d. Altenbildung I 31 f – u. Umgang IV 255 – u. Wirtschaftserziehung IV 373
–prozeß u. päd. Bezug III 268 f
–psychotherapie I 332 II 174 f III 372
–struktur II 171
–test II **174** IV 34
–therapie I 399 II **174 f** – u. Heilpäd. II 205
–training u. Konflikterziehung II 473 f
–unterricht II **176 f** IV 31 111 – arbeitsgleicher II 176 – arbeitsteiliger II 176 – im Literaturunterr. III 114 – u. Jenaplan II 332 – u. Partnerschaft III 276 – u. Stillarbeit IV 171 f
–verhalten II 172
–wetterier IV 355
–zusammenhalt II 172
Gruppierung, Leistungsgruppierung II **177 f** – innerschul. II 177 – interschulische II 177
–formen d. Jugend II 380
Grüssbeutel, J. I 465
Gryphius, A. IV 221
Grzimek, B. IV 405
GSG III 324
GSR II 54
Guardini, R. II **178** III 117 374
Guatemala III 31 ff
Guerillakrieg III 434
Guevara, Che III 434
Guggenbühl, J. J. II **178**
Guggenmoos, H. II 349
guidance teacher III 493
Guilford, J. P. I 304 330 II 70 302 487 f IV 216
Gültigkeit IV **281**
Gumpert, Th. v. II 349
Gumplovicz, L. II 201
Gundlach, G. IV 121
Gunkel, H. II 61
Gunning, J. H. III 255
Günther, U. III 181
Günthers, H. F. K. III 196
Gurlitt, L. II **179**
Gürtler III 89
Gurvitsch, G. II 117 IV 132
Gurwitsch, A. III 297
Gusteme IV 176
Gutachten d. dt. Ausschusses f. d. Erziehungs- u. Bildungswesen I 276 f
– u. Studien d. Bildungsrates I 278
Gute, d. IV 90 f
Gute Jugendbuch, d., Zschr. IV 395
Gütekriterien IV 217
Gutenberg, J. I 216
Güterlehre, päd. I 184 f
Gütertrennung in d. Ehe I 324 f
Guthrie, E. R. II 488 III 93
Gutschow, H. II 29
GutsMuths, J. C. F. II **179** III 300
Guttempler-Orden II 73
Guttmann, L. IV 128
Gutzmann, H. II 203
Guyer, W. III 79 IV 253

Gymnasialbildung u. Ordensschulen III 246
Gymnasiale Mittelstufe II 247 f
– Oberstufe I 93 f 287 289 II 248
– u. wissenschaftl. Arbeiten IV 381 – Unterstufe II 247 f
Gymnasiallehrer III 58 f IV 187
–typen I 244 247
Gymnasium II **243 ff** 259 –Aufbauformen III 183 –Außenstellen IV 405 – erziehungswiss. II 13 – f. Frauenbildung II 12 – u. Chemieunterr. I 240 – u. Lehrerstand III 50 – u. Philosophieunterr. III **304 f** – u. Spanischunterr. IV 136
Gymnastik II **179 f** IV 246 f – rhythm. III 83 – u. Blindenpäd. I 203
–lehrer IV 247

Haase, K. IV 123
Haase, O. III 14
Haase's Rechenlatte III 390
Haberler, G. v. III 205
Häberlin, P. II 168 **180** I 378 II 118
Habermas, J. I 53 83 108 378 II 118 III 259
– u. Jugendprotest III 356 – u. Öffentlichkeit III 237 f – u. Sporttheorie IV 145
Habertshof I 423
Habilitation II **180 f** III 66
habit II 139 IV 298
Hachfeld, R. IV 221
Hadorn, E. I 125
Hadow-Bericht III 160
Haeckel, E. I 201 III 81 241
Haecker, Th. I 418
Haffner, P. II 148
Haftpflicht IV **19 f**
Hagemann, W. III 340
Hager, J. G. III 206
Hähn, F. III 341
Hahn, K. II **181** III 17
Hahn, W. IV 74
Hahnen-Fibel I 465
Hähnsche Buchstaben- u. Tabellenmethode I 457
Haigis, E. II 40 IV 138
Hainstein I 423
Haiti III 35
Halbbildung I 105
Halbfas, H. I 170 II 289 423 427
Halbierungs-Methode III 410
Halbtagsschule II 59
Halbwaisenkinder II **181 f** IV 340
Haldane, J. S. II 248
Hall, G. St. I 362 II 48 **182** 338 III 417 II 367 – u. Jugendpsychol.
– u. Selbstwahrnehmung IV 73
– u. Spieltheorie IV 137
Hallesche Anstalten III 342
– Pietismus III 311
– Stiftungen III 311
– Waisenhaus I 486
Hallo, Zschr. II 378
Halluzination IV 337
Halluzinogene III 382
Halt, innerer II **182 f**
Haltung II **183** – u. Eigenschaften I 330
Haltungsfehler b. Kindern u. Jugendl. III 250
Hamacher, P. IV 407
Hamann, J. G. I 201 297 II 107
Hamburg II **183 ff**
Hamburger, F. III 209
Hamburger Abkommen II 29 170 **185** 243 – u. Realschule III 388
– u. Schulorganisation III 487 – u. Schulversuche IV 307 – u. Volksschuloberstufe IV 325
Hamburgsches Gesetz- u. Verordnungsblatt IV 396
Hamburg-Wechsler-Intelligenztest II 304 – f. Kinder II 204
Hammelsbeck, O. I 136 415 III 414 426
Hammurabi III 355
Handarbeitsunterr. IV 200
Handballspiel IV 147
Handelshochschule II **185** IV 372
–kammergesetz IV 363
–lehrlingsschule IV 372
–schule I 152 II 409 409 – höhere II 183
–schulpäd. IV 372
–vorschule IV 371
Händigkeitsproben II 204
Händler, R. III 481
Handlung II **185 f** – motor. u. Geschicklichkeit I 72 ff II 113 f
–formen II 186
–sinn IV 86 f
Handpuppenspiel III 373
–schriftdeutung II 153 f
–werkerfachschule II 188
–werkl. Bildungswesen II **186 ff** IV 406
–werkskammern u. Berufsausbildung II **188**
–werksmeister II 188
–werkslehrling III 71
–werksordnung IV 187 IV 363
Hanebuth, O. IV 247
Hans, N. A. II **188** IV 294
Hansa-Kolleg II 298
Hanselmann, H. I 44 456 II **188 f** III 372
Hansen, W. I 195 365 II 435 IV 46
– u. Frühphase d. Kindheit IV 39
Happe, G. II 49
Harding, St. IV 403
Hare, A. P. II 172
Häring, B. I 419
Harkort, Fr. I 304 II 135
Harlow, H. III 187
Harlow, M. K. IV 296
Harnack, R. I 469
Harnisch, Ch. W. II **189** III 289 342
Harnisch, W. III 311 IV 326
Härringer, K. II 361
Harris, W. T. II **189**
Harrower, M. III 447
Hartenstein, G. IV 172 178 403
Hartlaub, G. F. I 176 III 9
Hartlib, S. I 252
Hartley, D. I 84
Hartmann, E. v. III 385
Hartmann, H. III 362 IV 129 230
Hartmann, J. L. III 341
Hartmann, K.-D. III 326
Hartmann, N. I 377 II 123 **189** IV 204 – u. Wertethik IV 244 – u. Wertphilos. IV 354
Hartnaccius, D. III 341
Hartshorne, H. I 330 IV 174
Has, F. IV 149
Haschisch III 382
Haseloff, O. W. II 27 IV 253
Hata II 114
Hathaway, St. R. III 366 IV 219
Hathumer v. Paderborn III 292
Haug I 427
Haubold, M. I 197
Häufigkeitsverteilung IV 166

Haupt, G. III 356
Hauptimpuls II 273
–lehrer II **190**
Hauptmann, G. IV 318
Hauptphase d. Kindheit II **190 ff** 419 f – u. Akzeleration I 25 – u. Bildungsstufen I 194 f – u. Bildverständnis I 197 – u. Spielzeug IV 142
–schule II **192** 369 III 388 IV 322 – Differenzierung d. I 93 – u. Arbeitslehre I 70 – u. Fremdsprachenunterr. II 29 – u. Math.-unterr. III **389 f**
–schullehrer-Ausbildung III 60
Hausaufgaben II **192 f** III 193 f
Haus d. Begegnung II **193 f**
– d. Gewerkschaftsjugend II 133 f
Hauser, R. III 234
Hausfrieden II 195
–gehilfin II **194**
–haltungsschule IV 196 III 28
–lehrer II **194** III 345 f
–lehrerschule B. Ottos III 253
Hausmann, G. I 66 III 258 259 IV 270
Hausmeister II **194**
–musik II **194 f**
–ordnung II **195**
–pflegeverein I 452
–spracherziehung f. Hörgeschädigte II 81 **196** 251
–unterr. f. kranke Kinder II 486
Hauswirtschaftl. Berufsfachschule II 196 f
– Betriebsleiterin u. Fachberaterin II 197
– Bildung, Zschr. IV 395
– Bildungswesen II **196 f**
– Lehre II 194
Hauswirtschaftsgehilfin II 196
–Ingenieur I 197
–leiterin II 197
–meisterin II 197
Hautwiderstand II 54
Haüy, V. I 202
Haven, H. IV 49
Havighurst, R. J. I 33 363 II 339
Hawley, A. H. II 89
Hawthorne Experimente II 261
Hayek, F. A. III 205
Hazivar, B. III 438
Head Start-Programm IV 330
Hebammenausbildung II **197 f**
–kunst b. Sokrates IV 94
Hebb, D. O. I 77
Hebbel, F. IV 318
Heberer, G. IV 232
Heckel, H. IV 6
Heckel, Th. I 425 III 414 IV 222 273
Hecker, J. J. II 71 96 **198** III 58 387
Heckhausen, H. I 47 III 87 260 IV 46 138 222
Heckschulen IV 360
Hediger, H. IV 233
Hedonismus II **198**
Heer, Fr. III 196
Heese, G. II 203 IV 149
Hegel, G. W. F. I 181 268 I 84 139 189 **198 f** – u. bürgerl. Gesellschaft I 226 f – u. Dialekt I 294
– u. Entfremdung I 354
Hegge II **199** 388
Hegius, A. II **199 f** 258
Heidegger, M. I 268 418 f II **200** – u. Angst I 47 – u. Daseins-

analyse IV 69 - u. Hoffnung II 240 - u. Fundamentalontologie III 243 - u. Nihilismus III 222 - u. Onto-Theo-logie III 157
Heidelberger Schule I 251
Heidenkind, d., Zschr. II 378
Heilserziehung III 372 f IV 141
Heiligenleben im Unterr. II 200 f II! 138
Heilpädagogik I 83 II **201 ff**
Heilpädagogen, Ausbildung d. II 201 III 372 f IV 106 - u. Körperbehinderte II 484 - u. Krankenpäd. II 486 f - u. Neuropathie III 209 f - u. Selbständigkeit IV 70 - u. Sonderschullehrer IV 97 f - u. Sorgenkinder IV 99 - u. Spieltherapie IV 141
Heilpäd., Östr. Arbeitsgemeinschaft f. II 120
- Zschr. II 120
Heilpäd. Heime I 144 II **206 f**
- Werkblätter IV 395
Heilsarmee, d. II 74
Heilsgeschichte II **207 ff**
Heilspiel IV 138
-stättenverein Lenzheim IV 285
- und Pflegeanstalten III 24
- u. Sonderpäd., Verbände IV 286
Heim d. Offenen Tür II 28 **211**
-aufsicht I 402 - staatl. II 211
-erziehung, Heimerzieher II 206 f **211 ff** IV 106 307 f 426 f - u. Hospitalismus II 254
-schulen III 212 f 307 f III 245 f
-sonderschulen II 207
-stattbewegung II 383
-volkshochschulen I 279 II 34 **213** III 432 IV 319
Heimann, P. u. Didaktik I 300 II 464 III 72 74 269 IV 270 - u. Unterrichtsplanung IV 276
Heimat als Bildungsprinzip II 209 f
-kunde, Heimatkundl. Anschauungsunterr. I 199 II **209 ff** - u. Sachunterr. III 459
-prinzip I 199 239
-schule III 27
-vertriebene, Verbände IV 286
Heimpel, H. I 427
Heinemann, F. I 378
Heinen, A. I 385 II 242 IV 107 326
Heinen, J. M. IV 49
Heinicke, S. II 203 **214**
Heinrich, Ch. II 7
Heinrich, J. B. II 148
Heinrichs, H. I 428
Heinstein, M. I 363
Heintel, E. IV 152
Heintz, P. III 377
Heinz-Piest-Inst. f. Handwerkstechnik II 298
Heiss, R. I 237 f 330 II 204 IV 219
Heitger, M. II 268 III 258 417 443 IV 271
Helbaer Plan II 37
Helbing, L. II 258
Helden-Alter III 110
Helding, M. II 400
Helfersystem II 140 **214** IV 19
Hellbrügge, Th. II 203
Hellenist. Erziehung II 159
Heller, Th. II **214** 439 III 89
Hellmer, J. II 338 490
Hellpach, W. I 32 III 286 IV 216
Hellsehen III 274 f
Helm, Cl. II 349

Helmers, H. I 288 437 III 112 f
Helmholtz, H. v. I 221 III 155
Helmreich, E. Chr. III 207
Helson, H. I 7 III 226
Helvet. Gesellschaft II 316
Helwig III 378
Hemmung (inhibition) I 456 II **214 f**
- affektive, proaktive, retroaktive II 70 - differenzierende, externe, interne, konditionierte, protektive II 214 f
Hempel III 95
Hengstenberg, H. E. I 419 III 458
Henlein, K. II 325
Henning, J. W. M. III 289
Henningsen, A. II 213
Hensel, W. III 10 IV 321
Hentig, H. v. I 300 II 103 III 99 258 IV 9 190
Henz, H. I 381 III 258 292
Heraklas II 393
Heranwachsende II **215 f**
Herbarium II **216**
Herbart, J. F. I 43 84 236 II **216 ff**
- u. Apperzeptionstheorie I 60
- u. Bildsamkeit I 176 - u. Erziehungswissenschaft I 108 II 107
- u. Formalstufen I 481 - u. Interessenlehre III 305 f - u. Takt, päd. IV 206 - u. Unterrichtslehre I 81 394 II 55 - u. Wirtschaftslehre IV 372 - u. Zucht IV 405
Herbartianismus II 123 **219 f** IV 322
Herbart-Zillersche Formalstufen I 316
Herber, P. I 317 II 10 **220**
Herder J. G. I 179 II **220 f** III 414 IV 320
Herder-Inst. d. DDR III 6
Heredität II 258
Hergenröther, J. B. II **221**
Hering, H. E. II 68
Hermann, T. I 407
Hermeneutik II **221 ff** IV 380 - theolog. III 44 - als Verstehen IV 306 f - u. Ganzheitsprinzip II 55 - u. Geisteswiss. II 84 - u. Religionsunterr. III 423 427 - u. Unterrichtsforschung IV 272 - u. Verkündigung IV 414
Hermeneutisch-pragmatische Päd. II **223 f** III 257
-spekulative Päd. III 257
Hermine-Albers-Preis I 69
Herodot I 39
Herrad v. Landsberg I 315
Herrenbrück II 429
Herrmann, H. III 16
Herrmann, Th. II 290 IV 249
Herrnhuter Pädagogium III 270
Herrnhutisches Erziehungswesen II **224**
Herrschaft II **224 f**
Hersov II 484
Herstellungsmoment I 432
Herstellungsspiel IV 138
Hertling, G. v. II 148
Herz-Jesu-Univ. Mailand II 6
Hess, R. I 363
Hesse, H. II 318
Hessen II **225 ff** III 61
- Gesetz- u. Verordnungsblatt IV 396
- Kolleg II 298
Hessen, J. I 418 III 192
Hessen (Gessen), S. II 188 **227** IV 193 294

Heterostereotyp IV 128 168 334
Hetzer, H. II 40 III 292 465 - u. Spieltheorie IV 138
Heubner, O. IV 125
Heuer, H. II 29
Heurist. Lehrformen III 69
Heuser, A. II 91
Heusinger, J. H. G. II **227** III 300
Heuss, Th. II 34
Heuss-Akademie II 35
Heuss-Knapp, E. III 187
Heydorn, H. IV 270
Heymans, G. IV 215
Heyne, Ch. G. II **227 f** III 37
Hibernia-Schule III 346
Hicks, G. D. III 238
Hiecke, R. H. I 290
Hieroglyphen III 483
Hieronymus I 316 II **228**
higher level skill II 114
High School IV 335 367
Hilbert, D. III 143 f 157
Hilbig, O. III 19
Hildebrand, A. I 472
Hildebrand, D. v. I 418 III 297 IV 354
Hildebrand, R. I 290
Hildebrandt, R. III 9
Hildegardisverein I 23
Hildegard v. Bingen I 172 315
Hildreth, H. II 230
Hilfe, d., Zschr. I 118
Hilfsschule f. Lernbehinderte III 89
-schulpäd. III 88 ff
-verein f. Jünglinge I 424
-werk Berlin u. Kinderverschickung II 438
-werk d. EKD II 293
Hilgard, E. R. I 349 II 214
Hilker, F. I 358 II **228** IV 294
Hiller, G. G. IV 276
Hiltmann, H. II 204 III 366
Hindemith, P. II 195
Hindernisturnen IV 247
Hinweisreiz(cue) II **228**
Hippel, Th. G. v. II 10 III 127
Hippias IV 98
Hippies II 340 III 355
Hippokrates III 284
Hirn, A. IV 144
Hirnanomalien IV 56
-hautentzündung II 431 III 211
-schäden, frühkindl., perinatale, postnatale, pränatale III 210 - b. Kindern II 440
-tätigkeit d. Kindes II 417 f
Hirsch, G. I 456
Hirscher, J. B. II 208 **228 f** III 401
Hirsch-Weber, W. III 238
Hirzel, M. III 276
Hirzel, S. H. I 92
Histor. Inst. I 221
- Jahrbuch II 148
Historismus III 314 419
Hit IV 472
Hitler, A. I 59 II 11 325 III 196
Hitlerjugend II 369 III 196
Hitpass, J. I 127 182 IV 273
Hitze, F. IV 107 326
Hitzeferien I 99
Hobbes, Th. I 355 II 117
Hobby, Liebhaberei II **229**
Hobbyraum IV 386
Hochbegabung I 426 II **229 f** IV 95
Hochberg I 42
Hochleistungsmotiviertheit II 229
-sport IV 146
Hochschule, Hochschulwesen, Hoch-

schulreform I 21 II 185 **231 ff** III 10 f 59 f IV 265 ff – päpstl. II 5 – theolog. I 315 III 118 f 417 f – Bethel II 233 – d. BRD I 275 – d. DDR I 67 – f. Bildungswiss. III 253 – f. Gestaltung II 233 IV **351 f** – f. Internat. Päd. Forschung II 233 – f. Lehrerbildung III 58 – f. Leibeserziehung IV 147 – f. Musik II 476 – f. Polit. Wiss. II 233 – f. Verwaltungswiss. II **235** – u. Auslandstudium I 100 f – u. Berufung I 156 f – u. Erwachsenenbildung IV 248 – u. Fachbereiche I 436 441 445 f – u. Fernsehen IV 267 f – u. Gasthörer II 60 f – u. Lehrauftrag III 66 – u. Lehrermächtigung III 66 – u. Lehrkörper I 83 f – u. Nationalsozialismus I 284 – röm. Erziehnug III 447 – u. Staat II 232 f – u. Studentenrecht IV 181 f – u. Studium Generale IV 189 f – u. Tutor IV 248 – u. Vorlesungszeit IV 74
-didaktik I 80 II **230 f** – Arbeitskreis f. II 119 – Mitteilungen IV 396
-gemeinde IV 182 f
-gesamtplan I 114
-gesetzgebung, Hochschulrecht II **236 f** III 338
– Informations-System IV 171 Hochschulkundl. Vereinigung II 120
-lehrer I 23 f 156 f II **237 ff** III 349 f
– – Verband IV 286 – u. Beamtenrecht IV 238 f – u. Emeritierung I 345
-organisation III 338 409 f
-planung II 231 f IV 265 -politik IV 265 -präsident III 338
-recht I 345 445 II 180 f **236 f** III 75 – u. Immatrikulation II 271 f – u. Lehrbefugnis III 66
-reform II 230 f 233 – u. Päd. Hochschule III 263 – u. Studentenschaft IV 179 f – u. Westdt. Rektorenkonferenz III 410 – u. Wissenschaftsrat IV 382
-reife II 232 243 ff 246 f III 359 403 f IV 136 – fachgebundene I 440 II 197 IV 408 – Inst. IV 298 f – u. Zweiter Bildungsweg IV 408
-satzung IV 181 f
-statistik d. BRD II 235
-stipendium I 258 f
-studium, berufsorientiertes I 308 f – u. Lateinkenntnisse II 38 – u. Medienverbund IV 267 f
-verband II **239**
-verfassung III 338 409 f
-zeitungen II **183 f**
Hochsprache IV 152
Hodegetik II 44 f
Hodgkin, H. IV 84
Hoeres, W. I 378
Höfele, K. H. IV 394
Höfer, A. I 170 III 495
Hofer, K. I 173
Hofer, M. IV 17
Höffe, W. L. III 101 306
Hoffmann, B. IV 98
Hoffmann E. T. A. I 173 IV 179
Hoffmann, H. III 374
Hoffmann, M. L. IV 88
Hoffnung als Erfolg III 87 f – u. Zukunft (religionspäd.) II **240 f**
Höflichkeit I 52 f

Hofmann, J. v. II 208
Hofmann, W. I 371 II 225 III 89
Hofmannsthal, H. v. I 297
Hofmeistererziehung I 7 f II **241 f** III 441
Hofschule I 27 II 392
Hofstätter, P. R. I 130 331 II 42 70 288
Hogarth, W. I 255
Hoger Katechetisch Inst. Canisianum II 397
Höhenkonzentration I 4
Hohenrodter Bund I 283 386 II **242**
Hohenzollern, J. W. F. v. II **242**
Höhere Berufsfachschule II 243
– Bürgerschule III 235
– Fachschule II 243 – f. Hauswirtschaft II 197 – f. Landwirtschaft, ländl. Hauswirtschaft III 29 – f. Sozialpäd. IV 122 – u. berufl. Fortbildung IV 362
– Frauenfachschule III 131
– Handelsschule II 243 409
– Lehramt III 61 ff
– Schule, d., Zschr. IV 396
– Schule, Zschr. f. d. IV 395
– Schulwesen II **242 ff** III 235 385 388 f – in Preußen III 343 – in Sachsen III 458 f – u. Richertsche Schulreform III 438 – u. röm. Erziehung III 447 – u. Vollanstalt IV 327 – u. wissenschaftl. Arbeiten IV 381
– Wirtschaftsfachschulen II 409 IV 409
Höhlengleichnis III 313
Hohlkreuz III 250
Höhn, E. I 364 II 203 III 259 IV 14
Höhne, E. IV 273
Höke, F. IV 163
Holbach, Baron v. III 450 f
Hölder, O. III 155
Hölderlin I 192 356
Holfelder III 230
Holismus I 400 f II 54 **248 f**
Holl, K. I 230
Holland III 215 ff
Holländ. Katechismus II **249**
Hollenbach, J. M. III 259
Hollitscher, W. III 377
Holmes, B. IV 294
Hölscher, U. I 40
Holst, E. v. III 18
Holstein, H. I 71 III 389
Holt, E. B. III 386
Holtmeier, F. III 262
Holtzman, W. H. IV 447
Holzapfel, H. IV 408
Hölzelsche Bilder I 352
Holzkamp, K. I 332 432 III 365
Holzman, M. S. II 290
Homans, G. C. IV 464 III 282
Homburger, A. I 101 II 203
Homer I 297 II 158
Homogenität IV 217
Homosexualität II **250** III 143 270 f IV 175
Honduras III 35
Hönigswald, R. I 484 II **250** IV 152
Honnefer Modell I 101 478 II **250 f**
Honorarprofessor II 238 III 66
Honorius (III) I 313 II 5
Hooker, R. IV 382
Hopf, S. III 289
Hopmann, K. II 148
Hoppe, F. I 52
Horaz I 39 315

Hörbehindertenpäd. II **251 f** 253 f 484 – u. Gehörlosenpäd. II 80
Hördt, Ph. II 252
Hörfunk II **252 f** IV 215
Hörgeschädigte u. Hausspracherziehung II 196
Hörigkeit IV 70
Horkheimer, M. I 9 II 118 492 III 259 IV 9 131
Hormische Psychol. III 148
Horn, W. II 302
Horney, K. III 363 IV 231 252
Hornstein, W. II 336
Hör-Raum III 381
Horrix, H. III 89
Horrocks IV 406
Horrortrips III 382
Horsley, J. S. III 194
Hör-, Sprech-, Aufnahme-Labor IV 157
Hör-Sprech-Labor IV 157
Hörstörungen II **253 f**
-tests II 253
-training II 254
Hort II 436 IV 124
Hortnerin II 436
Hosemann I 173
Hospitalismus I 397 II 40 182 **254** IV 70 – als Umweltschaden IV 257
Hospitieren II **254 f** III 394
House of corrections Bridewell II 22
Hovland, C. I. II 463 471
Howard-Plan III 397
Howard-Test III 447
Hrabanus Maurus I 142 315 II **255**
HSU III 324
Huber, L. I 119
Hübner, J. III 414 494
Huffmann, G. III 210
Hugo v. St. Victor II **255** III 478
Huhse, K. IV 273
Huizinga, J. IV 138 144
Hull, C. L. II 139 215 **255 f** 265 III 204
Humanbiologie II **256**
Humangenetik II **257 f**
Humanismus, humanist. Schulwesen II **258 ff** – u. Bildungsreform II 453 f – u. Glaubensunterweisung II 400
Humanist. Gymnasium I 282 III 37
– Psychol. I 219 f
– Studentenunion III 324
Humanität, Humanismus II 220 f 259 **260 f** 281
Human-Ökologie III 241
Human Relations II **261**
Humboldt, W. v. I 175 296 480 II **261 f** – u. Mädchenbildung III 127 – u. Sprachphilos. IV 151 – u. Sprachtheorie II 259
-Stiftung II **262**
Hume, D. I 84 90
Humor II **262** IV 385
Hunger, H. IV 83
Hunger-Kaindlstorfer, M. III 103
Hunt, Mc V. IV 330
Hunter, F. II 90
Hurlock, E. IV 393
Husén, T. II **262 f** IV 295
Husserl, E. I 215 II 54 **263** III 296
Husserl-Archiv III 263 III 297
Hutchins, R. M. II **263**
Huth, A. II 339 IV 47
Hutt, W. H. III 205

439

Huxley, Sir J. (Sorel) II **263f** IV 259
Huxley, T. H. I 81
Hyden II 69 f
Hygiene, Hygieneunterr. II **264 f** IV 264
Hygiene-Museum II 131
Hylla, E. I 128 IV 34
Hypermnesie II 265
Hyperopie IV 67
Hypnose II **265** III 361 f IV 200 240
Hypnotherapie II 265
Hypotaxis II 265
Hypothese I 433 434 – u. empir. Erziehungswiss. I 348
Hypothetico- deduktive Methode II **266**
Hypothet. Konstrukte II 477
Hypotonie III 210
Hysterie II 405 III 20

Ich I 166 f II 266 III 361
–Bewußtsein IV 73 f
–Du-Beziehung III 282
–Erleben IV 73 f
–Es-Überich II **266** 267 306 f 419 III 211 362 IV 2 88 – u. Labilität III 19
–Findung II 279
–funktionen u. personeller Oberbau III 283 f
–Ideal II 266 f III 88 IV 74
–stärke IV 358
Ickelsamer, V. I 464 II 266
ICSU I 482
Idealbildung II **266 f** III 192 406 – u. Vorbild IV 328
–typus IV 131
Idealismus II **267 f** – dt. II 198 – philos. u. Päd. II 268
Idee u. Tat, Zschr. II 461
Idenburg, Ph. J. II 268
Identifikation II **268 f** 306 419 – u. Nachfolge III 192 — u. Vaterbild IV 282
Ideologie II **269 f** IV 348 – kommunist. I 294 f – d. Nationalsozialismus III 196 – u. Gesellschaft II 460 – u. krit. Theorie II 493 – u. Rassismus III 377 f – u. Utopie IV 281 – u. Wissenssoziologie IV 133
–kritik II 269 f III 384
Idiographisch II **270**
Idiotie II 303 III 242
Iferten-Heimschule II 286
Ignatius v. Loyola II **270 f** IV 262
Ilarchen II 214
Illusion IV 337
–spiel IV 138
Image II **271**
Imbezillität II 303 III 242
Imitation III **190**
Immatrikulation, Exmatrikulation II **271 f**
Imperativ II **272**
Impfungen I **72 f** III 467
Implikation, log. III 121
Impotenz II 250
Impuls I 484 II **273 f** – Zschr. II 378
–methode IV 333 – in d. Erwachsenenbildung II 274
incentive III 177
Indeterminismus IV 357
Indien II 54 **274 ff**
Indirektes Lehren III 48 f
Individualdiagnose I 292

Individualisierung d. Unterr. I 71 305 IV 275
Individualismus u. Sozialismus IV 114 ff
Individualität II 83 **279 ff**
Individualpäd. II **277** 281
–psychol. I 317 II **277 ff** – u. Einstellung I 334 – u. Minderwertigkeit III 164
–statistik I 193
–test IV 34
Individuationsprozeß II **279** 280
Individuum, Individualität II **279 ff** u. Gemeinschaft II **282** 311 f – u. Gruppe II 171
Indonesien II **282 ff**
Industrial Arts I 74
Industrialisierung u. Arbeitspädagogik I 76 f – u. Arbeitsteilung I 75 f – u. Soziologie IV 130
Industrie u. Eignungspsychol. I 331
Industriegesellschaft II 117 – u. Erziehung II 121 f – u. Fortbildung I 483 – u. Herrschaft II 225 – u. Mobilität II 169 f – u. päd. Berufe III 52
–jugenddörfer II 350 f
–meister II 287
–päd. I 160 f III 466 IV 370 f
–psychol. I 162 f
–schulen II **287** IV 322
–staaten u. unterentwickelte Länder I 359
– u. Handelskammer I 278 II 285 f
– u. Handelskammergesetz IV 364
Industrielles Bildungswesen II **285 ff**
– Gesellschaft II **284 f** IV 342
Infektionskrankheiten II 430 ff
–prophylaxe II 272 f III 467
Inferenzstatistik IV 166
Information II **288** – als Erziehung I 394 f – im Religionsunterr. II **288 f** – u. Friedenserziehung II 32
Informationen f. Mitarbeiter, Zschr. II 135
Informationsblätter d. Bundes Theatergemeinde IV 221
–brief, Zschr. II 119
–dienst u. Arbeitskreis dt. Frauenverbände u. -gruppen gemischter Verbände II 14
–einheit II 289
–freiheit II 465
–theorie II 269 II **289 f** – u. Erziehungswiss. I 414 f – u. Kybernetik III 18 – u. Mathematikwiss. III 144 – u. Phonetik III 306
–zentrum für Fremdsprachenforschung I 312 II 295
Ingarden, R. II 297
Ingenieurausbildung I 439 f II 287 IV 366
–verbände IV 286
–schulen II 287 – f. Landwirtschaft III 29
Ingenkamp, L. IV 273
Ingenkamp, K. IV 34
in-group II 172 – outgroup u. soziale Vorurteile IV 334
Inhaltsanalyse II **290 f** 464 III 176
Inhelder, B. I 363
inhibition II **214 f**
Initialimpuls II 273
Initiationsriten II **291 f** III 201
Inkubationsphase u. Problemlösen II 349
–zeit II 431

Innere Führung II 292 f III 163
– Mission I 446 II **293 f** – u. Jugendfürsorge I 425 – u. Lehrdiakonie III 46 – u. Rettungshaus IV 355
Innovation I 336 II **294** IV 41 277 f – d. Unterr. u. Schulfunk IV 23 – im Schulwesen III 496
Innozenz (III) II 1 5
Innung II 187 188
–werkstätten II 187
Input, schul. IV 6
Inspektion III 489
Inspiration u. Problemlösen III 349
Instanzenweg II **294**
Instinkt I 19 IV 299
Institute, päd. II **295 ff** – in d. DDR II 296 f
– Ali-Bach-Hamba II 35
– Centroamericano de Extensión de la Cultura (ICECU) II 167
– de Humanidades III 249
– for Educational Planning IV 259
– Français III 6
– f. angewandte Sozialwiss. II 298
– f. Arbeitsmarkt – u. Berufsforschung I 153
– f. Arbeitswiss. II 298
– f. Ausbildungsforschung IV 171
– f. Berufserziehung im Handwerk II 297
– f. Bildungsforschung II **297 f**
– f. Bildungsforschung in d. Max-Planck-Gesellschaft II 297
– f. Bildungsplanung u. Studieninformation II 297
– f. Caritaswissenschaft u. christl. Sozialwissenschaft I 233
– f. christl. Gesellschaftslehre I 233
– f. d. Päd. d. Naturwissenschaften IV 171
– f. d. wiss. Film II 295
– f. Erwachsenenbildung I 221
– f. Fernstudium I 255
– f. Film, Bild u. Ton in Wiss. u. Unterricht III 306
– f. Film u. Bild in Wiss. u. Unterr. I 88 II 295
– f. Gymnasialpäd. I 120
– f. Homiletik u. Katechetik II 395
– f. Jugendkunde III 265
– f. Leibeserziehung IV 147
– f. päd. Forschung I 255
– f. Salesian. Forschungen III 464
– f. Schulphotographie III 307
– f. sozialwiss. Forschung II 298
– f. Unternehmungsführung I 318
– f. Unterrichtsmitschau u. didakt. Forschung II 295 IV 271
– f. Vergleichende Erziehungswiss. III 477
– f. Werktechnik u. Werkpäd. II 295 f
– f. Wirtschaftsforschung II 298
– f. wiss. Päd. I 320
– J. J. Rousseau I 251 III 265
– Pédagogique National IV 18
– pour la Coopération intellectuelle IV 258
– Supérieur de Pastorale Catéchétique
– z. Begegnung v. Naturwiss. u. Theol. d. Görres Gesellschaft II 148
– z. Erlangung d. Hochschulreife (Kollegs) II **298 f**
Instituto Pontificio Pio X II 397
Institutum Apostolicum II 6

- Biblicum Franciscanum II 6
- Paedagogicum Franciscanum II 5
- Sociologicum II 6

Institution II **299 f**
Institutserziehung III 336
Instrumentalphilos. Deweys I **291 f**
—unterr. III 180 f.
Integration II **300**
Integrationsideologie u. Nationalismus III 195
—these u. Religionssoziologie III 420
—typologie III 285
intellectence-Typ III 285
intellectus IV 304 f
Intellekt II 301 IV 279
Intellektualismus II **300 f** III 380
Intellektuelle Bildung – Erziehung I 179 ff II 456 f
Intelligenz II **301 ff** – soziale u. Beruf I 331 – u. Faktorenanalyse I 445 – u. Gedächtnis II 70 – u. Problemlösen III 349 – u. Umstrukturierung IV 255
—alter II 304 IV 218
—defekte II **303 f** III 91 f 209 f IV 56
—entwicklung II 457 f – d. Alleinkindes I 336 – d. Kindes I 197 – u. kulturelle Deprivation I 365 – u. psychotherapeut. Entwicklungstheorie III 363 – u. Umwelt II 456 f
—forschung I 269 304 II 487 f – b. Zwillingen IV 410 – u. vorschul. Erziehung IV 330
—leistungsgruppen III 344
—messung II 302 f
—quotient II 304 488 IV 218
—test I 207 320 II 204 302 **304 f** IV 218
Intentionale Erziehung I 392 II **47**
Intentionalität I 24
Interaktion III 282
Interaktionsanalyse II 173 290
Interdisziplinäres Forschungsinst. II 34
Interesse II 55 **305 f**
Interessenfragebögen III 366
Interferenz II 69 215 471 IV 238 252
Interjektionstheorie IV 153
Intermittierende Bekräftigung I 139
Internalisation II 120 268 IV 205
 – d. Normen III 228 – u. Angst I 47 – u. Sozialisation II **306 f**
Internat, Externat II **307 f** 317 f III 246 347
Internat. Abitur III 404
- Arbeitsgemeinschaft Europ. Besucherorganisationen (IATO) IV 318
- Arbeitskreis Sonnenberg IV 286
- Association for Child Psychiatry and Allied Professions II 439
- Bauorden I 118 f
- Bund f. Sozialarbeit – Jugendsozialwerk e. V. IV 286
- Büro gegen d. Alkoholismus II 73
- CAJ I 229
- Christl. Friedensdienst IV 107
- Council for Children's Play (ICCP) IV 141
- Council of Scientific Unions I 482
- Council of Women IV 14
- education IV 294
- Erziehung u. internat. Päd. II **308 ff** – Verbände IV 286 – u. vergleichende Erziehungswissenschaft IV 294
- Erziehungsbüro, Genf I 312 II 311
- Erziehungswissenschaft, Zschr. IV 395
- Falkenbewegung IV 118
- federation of secondary teachers (Fipesco) III 68
- Ferienkurse I 460
- Gemeinschaftsdienste II 309

Internat. Gesellschaft f. Gerontologie II 100
– – f. kaufmänn. Bildungswesen IV 365
– – f. päd. Forschung II 311
– – f. Religionspsychol. III 418
– – f. Suicidprophylaxe IV 72
International Handbook of Adult Education IV 349
- Institute of Educational Planning IV 296
Internationale Jugendarbeit I 118 222 II **309 f**
- Jugendarbeitslager II 309
- Jugendgemeinschaftsdienste IV 107
- Komitee f. Freiluftschulen II 23
- Päd. II **308 f** IV 293 ff
- päd. Dokumentation III 448
- päd. Institute IV 296
- Päd. Forschung, Mitteilungen IV 396
- päd. Studien IV 296
- päd. Vereinigungen II **310 f**
- Playground Association (IPA) IV 141
- Russischlehrer-Verband III 456
- School Examinative Syndicate III 404
- Schulbuchinst. II 296 308
- Schulen II 308 f
- Union d. Familienverbände I 447
- Union of Socialist Youth IV 118
- Univ. f. vergleichende Wiss. III 126
- Vereinigung f. Jugendhilfe II 430
- Versöhnungsbund IV 84
- Wirtschaftserziehung IV 375 ff
- Yearbook of Education IV 296
- Youth Hostel Federation II 357
- Zschr. f. Erziehung IV 259
- Zschr. f. Erziehungswiss. III 172 477 IV 395
- Zentralinst. f. d. Jugend- u. Bildungsfernsehen II 296
- Zivildienst (IZD) IV 107
internationally minded school II 309
interpersonal networks III 268
Interpunktion III 391 f
inter-school grouping II 177
Intersubjektivität II **311 f**
Intervallbekräftigung I 139 – variable I 139
—Skala III 155
Intervenierende Variable II 477
Interview II 312 – psychol. III 366
Intimsprache IV 154
intra-class grouping II 178
Intraindividueller Konflikt II **470 f**
Intraphänomenale Analyse IV 338
intra-school grouping II 177
Introjektion II 268
Introspektion III 366
Introvertiert III 285
Intuition I **51 f**

Invarianzproblem I 444
Inzestverbot II **312**
Inzidentelles Wesen III 94
Ionesco, E. IV 49
Ipsation III 143
IQ II 304
Irak I **63**
Iran II **312 f**
Irland II **313 ff**
Irle, M. I 153 f 334 III 366
Ironie II **315**
Irrationalismus II **315 f**
Irrenrecht IV 268
Irrtumswahrscheinlichkeit IV 166
Isaacs, S. S. II **316**
Iselin, I. II **316** III 300
Isenberg, C. W. I 424
Ishihara, S. IV 218
Isidor v. Sevilla I 315 367
Islam I 62 ff
Island II **316 f**
Isokrates II 159 **317**
Isolierung, Päd. Provinz I 336 II **317 f** 426 IV 256 f 280
Isomorphie II 128
Israel I 395 II **318 ff**
Istituti Italiani di Cultura II 323
Ist- u. Soll-Wert III 18
Itala II 228
Italien II **320 ff** III 305
Italien. Kulturinst. II 323
Italienischunterr. II **323 f**
Itard, J. M. G. I 262
Item (Aufgabe) IV 217
Iteminterkorrelation IV 217
Itemparameter IV 217
Itschner, H. II **324**
Itten, J. I 118 III 14
ius naturale II 198 f
iustitia commutativa, distributiva, legalis, generalis II 99 IV 108
IVJH I 69
Ivo v. Chartres III 38

Jackson, P. W. II 229
Jacob, H. I 204
Jacobs, J. II 69
Jacobs, W. IV 213
Jacobson, L. III 49
Jacobson, W. III 326
Jacoby, G. III 385
Jacotot, J. J. II 59 **324**
Jacques-Dalcroze, E. II **324**
Jadoulle, A. III 109
Jaeger, A. O. II 302 305
Jäger, G. II 183
Jäger, O. I 234 II 110
Jaeger, W. I 38 II 258
Jaeggi, U. I 338 III 239
Jaensch, E. R. I 328 f II **324 f** III 285
Jahn, F. L. II **325** III 83 311 – u. Schulwandern IV 53 – u. volkstüml. Bildung IV 326
Jahr d. Kirche III 130 IV 107
Jahrb. d. dt. Werkbundes IV 352
- f. Jugendpsychiatrie II 439
- f. Psychol. II 148
Jahrgangsklassen II **326** 331 f 450 – u. Versetzung d. Schüler IV 305 f – u. wenigergegliederte Schule IV 351
Jaide, W. I 153
Jais, A. II **326**
James, W. II 77 139 **326 f** III 417
James-Lange-Theorie II 77
Janet, P. II **327**
Jankélévitsch, V. I 418

441

Jannasch, H. W. III 69
Jannsen, K. II 426
Janosch I 173
Janoska-Bendl III 443
Jans, K. W. II 49
Jansenismus u. Port Royal III 332
Japan II **327 ff**
Jarvis, A. M. III 189
Jasnaja Poljana, Zschr. IV 235
Jaspers, K. I 53 270 f 377 418 III **330**
 – u. Grenzsituation IV 207 – u. Weltanschauung IV 348 f – u. Wille IV 357
Jazz II **330 f** III 472
Jean Paul I 192 III **439**
Jean-Walter-Stiftung II 309
Jebb, E. II 430
Jemen I **63**
Jenaplan II **331 f** – u. Lebensgemeinschaftsschule III 39 f – u. Partnerschaft II 276 – u. Projektmethode II 353 – u. Vorhaben IV 329
Jenenser Kreis III 220
Jenner, E. II 272
Jensen, A. III 9
Jeremias, J. III 400
Jersild, A. Th. II **332 f**
Jerusalem, W. II 312
Jervis, G. A. II 303
Jesuiten II 270 f **333 f** – u. Humanismus II 258 – u. österr. Schulwesen III 250
 –päd. u. J. L. Vives IV 314
JGH II 355 f
JHW II 361
Joachimsthalsches Gymnasium II 53
Joachim v. Fiore III 327 f
Jochum, O. IV 86
Jöde, F. II 183 365 III 39 IV 321
Johannes Chrysostomus II 394
Johannes Damascenus I 172
Johannes XXIII. IV 121
Johannes Eriugena III 478
Johannes Gerson III 478
Johannes v. Rupella II 6
Johannes v. Salisbury III 478
Jóhannesson, A. II 129
Johannesson, J. IV 174
Johanneum, Gelehrtenschule II 183
Johnson, W. II 290
John Tracy Clinic II 196
Joint Committees IV 267
Jonas, L. I 53
Joppich, G. III 69
Jordan, P. I 464 II 266
Jordanien I **63**
Jorswieck IV 253
Josef (II) I 92 457
Josefs-Gesellschaft f. Krüppelfürsorge e. V. II 285
Joseph, L. I 141
Joseph v. Calasanza III 292
Jostscher Satz II 69
Journal of Speculative Philosophy II 189
Jud, L. II 400
Juda, A. II 229
Juda Ben Thema II 334
Judentum II **334 f** III 165 400
Jugend, politische Rolle d. III 321
 – u. Beruf, Jugendberufsnot II **377 f** – u. Berufsausbildung IV 361 f – u. Ferienlager IV 397 f – u. Freizeit II 28 211 – u. Gesellschaft II 366 – u. Idealbildung II 266 f – u. Kirche II 371 f **379 f** – u.

Kriegseinsatz I 284 – u. Leibeserziehung IV 147 f – u. Rauschmittel III 383 – u. Theater IV 49 f 181 221 – u. Urlaub III 376 f – u. Verkehrserziehung IV 301 302 – u. Verwahrlosung IV 309 f
 – Zschr. IV 352
–akademien I 222
–alter II **335 ff** 420 III 404 ff – u. Bildungsstufen I 194 f – u. eidet. Phänomene I 329 – u. Idealbildung III 88 – u. Leitbild III 88 – u. Verlust d. Vaters II 182
–amt II **341 ff** III 401 – u. Freiwillige Erziehungshilfe II 49 f – u. Fürsorgeerziehung II 49 f – u. Gesundheitsfürsorge II 132 – u. Pflegeerlaubnis III 294
–arbeit, Jugendförderung II **343 ff**
 – christl. I 229 – internationale I 222 II 309 f IV 16 18 – kath. II 356 – kirchl. II 405 469 f – öffentl. II 365 – sozialist. IV 117 f – d. Salesianer III 463 – u. Ehevorbereitung I 327 – u. Freizeiterziehung IV 27 f
–arbeitsschutz II **345 f** III 71 – u. Gesundheitsfürsorge II 131
–arbeitsschutzgesetz IV 363
–arrest II 346
–arrestvollzug II **375 f**
–aufbauwerk, Bundesarbeitsgemeinschaft II 26 **346**
–ausschüsse II **369**
–austausch, internationaler IV 16 f
–beratung II 346 f
–bericht, 1. u. 2. II 358 f
–berufshilfe II 372 f
–berufsnot II **377 f**
–bewegung II **347 f** III 374 – u. Jugendstil IV 352 – u. musische Erziehung III 182 – u. Schullandheim IV 32 – u. Volkslied IV 321 – u. Volkstanz IV 326
–bibel III 494
–bibliothek u. Stadtbücherei IV 165
–bildung I 447 – ev. I 424 – u. audio-visuelle Unterrichtsmittel I 86 ff – u. Erwachsenenbildung I 385 – u. Großstadt II 166 – u. Volkshochschule IV 319 f
–bildungsstätten II 348 382 383 f 438 f
–buch II **348 ff** III 129 457
–buch, d. gute, Zschr. IV 395
–dorf II **350 f** – Christopherus-Schulen II 350
–erholung, Vereine u. Verbände IV 285
–erholungsfürsorge II **437 f**
–erholungspflege II **438**
–erziehung b. Comenius I 254 – d. Dominikaner I 314 – d. Pallottiner III 273 – polit. II DDR II 17 – u. Ordensschulen III 245
–erziehung, Zschr. IV 396
–ferienwerk II 438
–fernsehen II 351 f
–förderung II **343 ff**
–forschung I 362 II 351 364 III 468 f
 – epochalpsychol. I 369 – vergleichende IV 295 – u. Paidologie III 272
–forschung, Zschr. II 297
–forum I 365
–freizeitgestaltung IV 397 f
–führer II 381

–funk, Jugendfernsehen II 351 f
–fürsorge I 383 II 212 f – **352 f** – rettende III 432 f – b. J. v. Calasanza I 229 f – u. E. J. Flanagan I 473 – u. allg. Fürsorgeerziehungstag II 51 – Vereine u. Verbände IV 285
–gefährdende Schriften u. Veranstaltungen II **353 ff**
–gefährdung u. Großstadt II 166
 – u. Warenautomaten IV 344
–gemeinschaft II 340
–gemeinschaftswerke II 372 f
–gericht II **355**
–gerichtsgesetz II 374
–gerichtshilfe II **355 f**
–gerichtsverfassung II 374
–geschäftsstelle d. Bundes freier ev. Gemeinden in Dtl. I 424
–gesetze I 281 283
–gruppen IV 20
–gruppe London II 16
–gruppenbildung II 337
–gruppenführer II 344
–haus Düsseldorf II 356
–heime, Jugendschulungsheime II 28 **356 f**
–herbergen, Vereine u. Verbände IV 286
–herbergswesen II 28 **357 f**
–hilfe I 69 f II 48 f 341 ff **358 ff** 426 f III 353 – b. Don Bosco I 208 f
 – u. Ehescheidungswaisen I 325 f
 – u. Jugendplan I 222 – u. RJWG III 401 f – u. wirtschaftsberufl. Schulpäd. IV 373
–hilfswerk (JHW) II **361**
–hof II 348
–kammer II 355
–klub II 28 **361**
–kollektiv II 459
–kreis, ev. u. Gebetserziehung II 64
–kriminalität I 302 II 338 **361 ff**
 – u. Ehescheidungswaisen I 325
–kriminalrecht II **374 f**
–kultur IV 390
–kunde (Jugendforschung) II 364
–leiter II 344 IV 122
–leiterin II 364 IV 122
–leiterinnenseminar IV 364
–leseräume II **438 f**
–literatur I 233 III 301
–literatur, Verbände IV 286
–mode III 701
–musikpflege II 195
–musikschule II 365
–organisation II 147 f – kommunistische I 272 f II 16 f – staatl. u. Erziehung IV 237 – d. Pfadfinder III 291 f – v. Kath. Werkvolk I 229
–parlament, Jugendforum II 365
–pfarrämter II 371
–pflege II 343 f
–pfleger II **365 f**
–photopreis III 307
–politik I 222 II **366**
–polizei II **366 f**
–presse III 341 IV 20 f
–psychiatrie I 104 f II **439 f**
–psychol. I 362 f II **367 f** 376
–recht II **368**
–richter II **368 f**
–ringe, Jugendausschüsse II 369
–rotkreuz II **448 f**
–schöffe I 35
–schöffengericht II 355

-schriftbewegung IV 387
-schrifttum II 348 ff
-schule II 369
-schulungsheime II **356 f**
-schutz II 353 ff 370 f – u. Automatenwesen IV 344 – u. Glücksspiele II 146 f – u. Medienpäd. III 142 – u. Spielhallen IV 140
-schutzgesetze I 469 II 370
-seelsorge I 34 II **371 f** 380 470
-sozialarbeit II **372 f** 383 f III 70 f 129 132 – u. V.-Gollancz-Stiftung IV 313
-stil IV 352
-strafe II **373 f** – u. Bewährung I 164
-strafrecht (Jugendkriminalrecht, Jugendstrafverfahrensrecht) II 23 346 355 368 f **374 f** IV 311 – u. Erziehungsbeistand I 398 – u. Heranwachsende II 215 f – u. Schuldfrage IV 2
-strafvollzug, Jugendarrestvollzug II **375 f**
-tagebuch II 376
-tourismus II **376 f** 438 – internat. II 357
- u. Kinderzeitschriften II **378 f** IV 20 f
-unruhen III 355 f
-verband d. DDR II 16
-verbände II 369 **380 ff** IV 101 – religiöse II 371 – u. außerschul. Mädchenbildung III 128 f – u. -politik II 366
-verwahrlosung II 49 362 f IV 309 ff
-volkshochschule II **382**
-wandern IV 344
-weihe II 291 f
-werk d. ev.-method. Kirche I 424
-werkhof u. techn. Elementarbildung IV 212
-wohl, Zschr. I 232
-wohlfahrt II 341 ff
-wohlfahrtsausschuß II 342
-wohlfahrtsgesetz II 48 341 f 353 **382 f** – u. Pflegekindschaft III 293 f – u. Pflegekinderschutz III 294
-wohlfahrtspfleger IV
-wohnheime II 373 **383 f** III 129
-zahnarzt IV 54
-zahnpflege IV 54
-zeitschriften IV 20 f 183
Jugendliche u. Berufswahl I 156 – u. erziehungsfreier Raum II 18 – u. Freizeituntersuchungen II 27 – u. Phantasieleistung III 299 – u. Selbstmord IV 72 f – u. Sittlichkeitsverbrechen IV 92 – u. Suchtgefahr IV 194 f – u. Zurechnungsfähigkeit IV 406
Jugendl. Subkultur u. Großstadt II 166
Jugoslawien II **384 f**
Juhos, B. I 378 447
Jullien, M.-A. IV 293
Jung, C. G. I 48 II **385 f** III 285 418 – u. Tiefenpsychol. IV 231 – u. Traumdeutung IV 239
Jung, W. III 98
Jungarbeiterwohnheime II 383
Junge, F. I 199
Junge, Fr. II **386**
Junge, J. III 378
Jungenbuch II 423
Jungfräulichkeit II **386**

Jungius, J. II 183
Jungk, R. II 53
Junglehrer III 44 f
Jungmann, J. A. 169 II 209 **387**
Jüngstes Kind II 115 ff
Junior Republics IV 19 IV 50
Jürgens IV 213
Jurkowski IV 49
Jussen, H. II 203 IV 97
Justmann, J. IV 111
JWG II 382

Kabisch, R. II 137 III 414
Kabitz, W. III 84
Kade, F. II 11
Kádner, O. II **387**
Kadritzke, U. III 357
Kaestner, P. I 371
Kagan, N. II 306
Kainz, F. I 332 335
Kaiser IV 213
Kaiserl. Gesundheitsamt I 221
Kaiser-Wilhelm-Gesellschaft z. Förderung d. Wiss. e. V. I 482 III 147
Kalar I **64**
Kalkül-Sprache IV 151
- u. Kybernetik III 18 f
Kalokagathie II **387**
Kambodscha IV **197**
Kaminski, G. III 365
Kammern, öffentl.-rechtl. u. Berufsbildung II **387 f**
- d. freien Berufe u. Berufsbildung II 387
Kampfspiel IV 139
Kampmann, Th. II 364 388 401 414
Kanada II **388 f**
Kandel, I. L. II **390** IV 294
Kandinsky, W. I 118
Kanitz, O. F. IV 117
Kanner, L. I 104
Kant, I. I 321 433 II **390 f** – u. ethische Autonomie I 107 – u. Begriffsbildung I 129 – u. Dialektik I 294 – u. Gesinnungsethik II 122 – u. Unsterblichkeit IV 234 – u. Urteilskraft IV 280 – u. Vernunft-Verstand IV 305 – u. Wissenschaftslehre I 376
Kanzler d. Hochschule III 410
Kapitalismus u. Sozialismus IV 115
Kaplan, A. III 335
Kapp, A. I 43
Kapuzinerorden II 5 6 f
Karachi-Plan d. südostasiat. Bildungswesen IV 199
Karaschewski, H. I 427 II 56
Kardinaltugend IV 108 207 f 243
Kardinalzahl IV 392
Kardiner, A. IV 127 315
Karies IV 392
Karl Borromäus II **391 f**
Karl (V) I 231
Karl d. Gr. I 226 II 392 III 292
Karl v. Genua II 6
Karoling. Minuskel III 483
Karow, W. IV 273
Karpowicz, S. III 317
Karsen, F. I 358 III 39
Karsten, A. III 466 IV 255
Kartellverband d. Kath. Arbeitnehmerbewegung Dtl. I 229
- d. kath. dt. Studentenverbindungen I 23
- kath. dt. Stud.vereine I 23 IV 184
Kartograph. Darstellung I 372 f

Karwoche II 443 f
Karwoski, T. F. I 130
Karzer II **392**
Kasperl-Theater III 373
Kästner, E. II 349 423
Kastoun, E. IV 233
Kastrationsangst III 362
-komplex II **392 f**
Kasuistik II **393** IV 91
Katechese II **402 f** – u. Dekalog I 264 – u. Heilsgeschichte II 208 f – u. Heilsmysterien III 189 – u. Hermeneutik II 222 f
Katechet II **402 f**
Katechetenschulen II **393 f**
-verein, dt. II 397
Katechetik II **394 ff** III 414 ff 417
Katechet. Arbeitsmittel II **396 f**
- Blätter, kirchl. Jugendarbeit IV 396
- Feier II **397**
- Inst. II 397 f
- Programme II **398 f**
Katechismus, Katechismusgeschichte II 143 **399 ff** III 254 411 – b. P. Canisius I 232 – u. Religionsunterr. III 494 f
Katechist III 167
Katechumenat, Katechese, Katechet II **402 f**
Kategoriale Bildung I 28 II **403 f** – u. Curriculumforschung III 72
Kategorischer Imperativ II 272 391 **404**
Katharsis II **404 f** III 194 IV 138
Kath. Akademie II **405**
- Akademikerverbände I 23
- Arbeitnehmerbewegung I 229
- Arbeitsgemeinschaft gegen d. Suchtgefahren II 73
- Arbeitsgemeinschaft Jugendschutz IV 286
- Bundesarbeitsgemeinschaft f. Erziehungsberatung IV 285
- Dt. Akademikerschaft, d. I 23
- dt. Frauenbund II 14
- dt. Studenteneinigung IV 182
- Elternschaft Dtl.s IV 287
- Erwachsenenbildung II 405
- Erziehergemeinschaft in Bayern III 68
- Erziehungslehre I 407 f
- Erziehungswiss. II 408
- Frauenbildung, Zschr. IV 396
- Frauenbundes Dtl.s, Zentralverband e. V. II 14
- Freie Schule, d., Zschr. IV 395
- Fürsorge-Verein II 51
- Fürsorge-Verein f. Mädchen, Frauen u. Kinder II 51 III 132 IV 285
- Gedanke, d., Zschr. I 23
- Jugend II 356 **405 f**
- Junge Gemeinde II 406
- Jungmännerverband II 356
- Katechismus d. Bistümer Dtl.s II 401
- Kirche u. Glaubensverkündigung III 43 f – u. Massenmedien IV 258 – u. Schule III 51 IV 9 ff
- Landjugendbewegung Dtl.s II 406
- Lehrerverband III 67
- Mädchensozialarbeit, Dt. Verband I 115
- Männer-Fürsorge-Verein II 51
- Päd. I 135 f II **406 ff**

443

- philos.-theol. Hochschulen II 234
- Religionspäd. II 394 f III **416 f**
- Religionsunterr. I 37 III **420 ff**
- Schulwerk III 346
- Schulwesen IV 9 ff
- Sozialllehre I 156 IV 120 ff
- Theol. u. Religionspsychol. III 417 f
- Theol. Fakultäten III 118 f
- Zentralinst. f. Ehe- u. Familienfragen I 322

Katz, D. II **408**
Katz, E. II 464
Katz, J. IV 152
Katzenberger, L. F. II 70
Kaufmann, F. X. I 35
Kaufmann, H. B. I 37 III 426
Kaufmann, L. II 148
Kaufmannsgehilfenprüfung II 409
Kaufmänn. Berufsaufbauschulen II 409
- Berufsfachschulen II 409
- Berufsschulen II 409
- Bildungswesen II 185 **408 ff**
- Fachschulen II 409
- Fortbildungsschulen IV 372
- Wirtschaftserziehung IV 371 f
Kautz, H. I 160 386
KAV I 23
Kawerau, P. F. Th. III 289
Kawerau, S. I 358
Kawohl, E. IV 157
KDA I 23
Keckermann, B. IV 204
KEG III 68
Kehr, E. II 111
Kehr, K. I 45
Kehrbach, K. II **410** III 174
Keilhacker, M. I 196 401 III 259
Keilschrift III 483
Keipe, W. III 356
Kelber, M. II 174
Kelbert III 19
Keller, G. I 192
Keller, H. II 203
Keller, U. I 154
Keller, W. II 186
Kelley, H. H. II 70
Kellner, L. II **410** III 289
Kemmler, L. IV 46 273
Keniston, K. III 356
Kennedy, W. A. III 119 484
Kenntnisse u. Fertigkeiten II **410 f**
Kentenich, J. III 478
Kentler, H. I 377
Kern, A. I 457 II 56 f III 390 IV 47
Kern, E. II 203
Kernfamilie I 454
-forschungszentren I 482
-pflichtfach I 93 -pflichtfächer am Gymnasium II 245
- u. Kurssystem I 305 IV 275 f 324 f
Kerschensteiner, G. I 69 174 235 II **411 ff** III 258 – u. Bildungsguttheorie I 184 f – u. Erzieher I 390 – u. Ganzwortmethode I 465 – u. Physikunterr. III 307 – u. Schülerselbsverwaltung IV 19
Kerstholt, L. III 406
Kerstiens, L. I 468 III 283
Kerygmatik II 142 **413 f** III 207
Kerygmat. Theologie II 413 f
Kestenberg, L. II 476
Ketteler, E. v. I 319
Ketteler, W. W. Frhr. v. II **414**
Kettenbildung u. Lernen III 93

Keuchhusten II 431
Key, E. II **414 f** III 397
Keynes, J. M. IV 382
KFV II 51
Kibbuz II **320**
Kidd, B. I 201
Kieler Erlaß III 24
Kielholz, P. III 383
Kielhorn, H. II 203 III 89
Kienzle, R. I 175
Kierkegaard, S. A. I 53 248 354 390 II **415** – u. d. Selbst IV 69
Kiessling, A. I 456 f
Kilpatrick, W. H. I 72 II **415 f** III 352
Kind II **416 f** – ehel. I 323 f – nichtehel. III 213 f – u. eidet. Phänomene I 329 – u. Falschaussage III 124 – u. Gesellschaft II 418 ff – u. literar. Verständnis III 110 f – u. Naturverständnis III 199 f – u. Sittlichkeitsverbrechen IV 92
- d., Zschr. f. Montessoripäd. IV 395
Kindchenschema III 184
Kinderarbeit II 345
-arbeitsgesetz I 281
-aussage II **422 f** III 124 IV 401 f
-buch II **423 f**
-buchpreis II 423 f
-buchtag II 423
-dörfer II **424 f**
-erziehung b. Chrysostomus I 251
-erziehung, religiöse III 413
-fehler, d., Zschr. III 265
-fernsehen II **425 f**
-frage II 425
-funk, Kinderfernsehen II 425 f
-fürsorge II **426 f** 430 436
-garten II 36 **427 f** IV 330 – Anfänge 293 – u. Kinderunfallversicherung IV 19 f – u. Psychoanalyse III 363
-garten, -pflege, Vereine u. Verbände IV 286
-gartengesetz von Rheinland-Pfalz III 437
- heute, Zschr. IV 395
-gärtnerin, Erzieher(in) II **428** IV 28 106
-geld II **428 f**
-gottesdienst, Kinderpredigt I 446 II **429 f**
-haus III 173
-heilanstalten II 427
-hilfswerk, internat. II 430
-hort II 436
- in Not, e. V. II 74 III 234
-kollektiv II 459
-krabbelstube II 436
-krankenpflegeschulen II 487
-krankheiten II 272 f **430 ff**
-krippe II 426 436
-läden II **432 f**
-lähmung II 431 IV 56
-lesehallen II 438
-lied, Kinderreim II 433 IV 321
-lüge II 422 f III 124
Kindermann, F. I 92 II 287 **434**
Kindermissionswerk III 274
-pflege III 467
-pflegerin II **434**
-predigt II **429** f.
-psychiatrie I 104 f IV 95
-psychol. I 362 II 116 f **434 f** – Anfänge d. I 362 III 344
-psychotherapie I 241 III 372 – nicht-direktive IV 141

-reim II **433**
-schutz II 345 370 455
-seelsorge I 228 420 472 II 65
-spielplatz II **436** IV 141 f
-sprache I 335 IV 156
-studien, biograph. I 362
-tagesheim II 436
-tagesstätte II **436 f**
-therapie III 363
- u. Jugenderholungsfürsorge II **437 f**
- u. Jugenderholungspflege II **438**
- u. Jugendfürsorge II 455
- u. Jugendleseräume II **438 f**
- u. Jugendlit. II 348 ff III 129
- u. Jugendpflege, Vereine u. Verbände IV 285 f
- u. Jugendpsychiatrie II **439 f** III 242 f 370 IV 300
- u. Jugendschutz, Vereine u. Verbände IV 286
-verschickung II 437 438
-Werkplatz IV 212
-zeichnung II **440 ff** III 16
-zeitschriften II **378 f**
-zimmer IV 386
-zuschlag II 429
Kindheit, Frühphase d. II **39 ff**
- Hauptphase d. II **190 f** – u. Neuropathologie III **210 ff** – u. Neurosen III 208 f – u. Romantik III 445
- Jesu-Verein III 274
-erinnerungen, erste II **442**
Kindl. Entwicklung I 364 f II 39 ff 190 ff
- Körper II 417 f
Kinsey, A. C. I 25
Kinsey-Report IV 79
Kirche als Volk Gottes IV 316
- im Religionsunterr. III 422
- u. Erziehung II 445 f 446 ff 480 f IV 65 f – u. Hochschulen II 232 f IV 182 f – u. Jugend II 379 f – u. Lehrer III 51 f – u. Recht d. Kindes auf Erziehung III 391 – u. Schule II 445 446 ff III 51 f IV 9 ff 27 f – u. Schulrecht IV 44 – u. Staat II 445 f 475 III 51 f
Kirchengeschichte im Religionsunterr. II **442 f**
-jahr II **443 f**
-lied II **444 f** III 107 f – ev. II 103 f
-musikal. Jb. II 148
-ordnungen u. Schulordnungen IV 36
-patronat III 277
-recht, ev. u. Ehe I 324 – kath. u. Ehe I 324 – u. Erziehung II **445 f**
-soziologie III 419
-väter III 393 f
-verträge II 475
Kirchl. Bibliothekswesen I 208 II **446**
- Hochschulen II 234
- Jugendarbeit I 31
- katechet. Seminar u. Religionslehrerausbildung III 412
- Schulwesen II **446 ff**
- Unterr. I 472 II 469 f 478
- Zentrale f. kath. Freie Schulen III 347
Kirk, S. A. II 202 III 389
Kirmsse, M. II 203
Kitsch II **448**
Kittel, H. I 136 II 395 III 51 414 426

Klafki, W. III 258 260 – u. Bildungsguttheorie I 181 185 337 – u. Bildungsinhalt I 187 – u. Curriculumreform II 226 – u. Didaktik I 299 – u. exemplar. Lehre I 427 f – u. gefächerter Unterr. II 72 – u. kategoriale Bildung I 480 – u. Verantwortung IV 284
Klages, L. I 201 237 330 II **448 f**
Klanganalysator III 306
Klasse, soziale II **449 f** III 353 f 470 – u. kirchl. Aktivität III 419
Klasse u. Sozialformen d. Unterr. IV 111
Klassenarbeiten II **450**
–buch IV **35**
–bücherei IV 1
–einteilung II **450 f**
–frequenz II **451**
–gespräch II 127
–kampf-Theorien II 471 f
–konferenz III 65
–lehrer, Klassenleiter II **451 f**
–ordnung IV 29 ff
–raum, Schulraum II **452 f**
–sprecher IV 19
–stärke II 451
–unterr. IV 275 f
–vorsteher II 452
–wanderung IV 53
–zschr. u. Dt.-Unterricht I 287
–zimmer u. Schulhygiene IV 26
Klassische Sprachen I 38 ff
–idealist. Epoche II **453 f**
Klauer, K. J. III 90
Klaus, G. III 18 IV 305
Klauser, T. I 174
Klausnerschulen I 375
Klausur III 359
Klee, P. I 118
Klein, F. III 145
Klein, G. S. III 285
Klein, J. E. I 202
Klein, M. III 362 IV 138 141
Kleinfamilie I 111
–gruppe u. Schule IV 30
–gruppenforschung III 282
Kleinhans I 4
Kleinkind u. Spielplatz IV 140 f – u. Spielzeug IV 142 – u. Bilderbuch I 173 – u. Egozentrismus I 322 – u. Glaubensbuch I 143 – u. Idealbildung II 266 – u. kognitive Entwicklung II 457 f
Kleinkindererziehung b. Fröbel I 37
–päd. IV 330 f
Klemens v. Alexandrien II 393
Klemm, O. II 57
Klens, H. II 406
Klerikerbildung I 314 f
Kley, E. III 150
Kliefoth, Th. II 469
Klingberg, G. II 349
Klingenberg, H. I 31
Klinik u. psychol. Behandlungsmethoden II 454
Klinische Psychodiagnostik II 454
– Psychol. II **454 f**
– Sozialpsychol. II 454
Klippschule I 212 IV 360
Klöckner, K. IV 212
Kloß, M. II 13
Klosterschulen I 314 ff III 167 – württemberg. III 25 – u. Schulgarten IV 23
Klotz, G. R. I 257
KLT-Test IV 218

Klüber, F. IV 108
Klugheit IV 243
Klumker, Ch. J. II **455**
Klumpp, W. II 13
Kluxen, W. III 283
KMK III 8
Knabenliebe III 270 f
Knauber, A. II 444
Knauer, A. III 89
Knebel, H.-J. III 170
Knecht, Fr. J. I 169 III 206
Knie, J. I 202
Knigge, A. IV 255
Knight, F. H. III 205
Knoll, J. H. I 44 III 258 IV 394
know how I 386
Knox, J. II 164
Knübel, H. I 427
Koalitionsbildung u. Gruppe II 172
Kob, J. I 390 III 53 170 IV 6 f 379
Koblank, E. I 398
Koch, E. W. I 25
Koch, F.-J. I 470
Koch, R. III 481
Kochan, D. C. IV 271
Köckeis, E. I 35 f
Köckritz, E. III 411
Kodierung II 290 III 306
Koedukation II **455 f** – u. Chancengleichheit III 128 f – u. Erziehungsenzyklika I 400 – u. Gesamtschule III 131 f – u. höheres Mädchenschulwesen III 131
Koepp, W. III 414
Koffka, K. I 269 II 434 **456** III 305
Kogan, N. II 173
Kognitive Entw. II 302 f 425 **456 ff** – u. Zahlenbegriff IV 392
– Funktionstypologien III 285
– Lerntheorien III 97
– Organisationsforschung I 269
– Prozesse u. Perseveration III 279 f
Kohlberg, L. I 365 IV 88
Köhler, E. IV 175 361
Köhler, W. I 54 269 467 II 128 **458**
Kohlrausch, F. II 110 **458**
Köhne II 183
Kohut, H. III 363
Koinstruktion II 455 f
Kolb, G. III 16
Kolbenheyer, E. G. I 201
Kold, Ch. II 170 213 **458** IV 319
Kollegiale Schulleitung IV 34
Kollegs II 298 f
Kollektivegoismus I 448
–erziehung II **458 f** III 140 f – b. A. S. Makarenko III 134 – d. Kleinkindes II 432 f – durch Sport IV 145 – in Kibbuzim II 320 – in d. Kommunen II 462 f – u. Einzelerziehung IV 236
Kollektivismus II **460**
Kollektivstrafe IV 174
Kollektives Unbewußtes II 386
Koller, O. I 201
Kolonialpäd. II 361
Kölner katechet. Methode III 206
Kolping, A. I 208 II **460**
Kolpingblatt, Zschr. II 461
–familie II **460 f**
–jugend II 406
Kolross, J. II 266
Kolumbien III 31 ff
Kombinate I 213
Komenský-Inst., Prag I 246
Komitee Sicherh. f. d. Kind IV 286

Kommentar-Gespräch II 126
Kommunale Schulen u. Schulaufsicht III 490
Kommunalitätenproblem I 444
Kommunen, Erziehung in II **461 ff**
Kommunikation II 288 311 f **463 ff**
– sprachl. III 306 f
– u. Erziehungswissenschaft IV 227 f
– u. Gruppe III 268 – u. Manipulation III 134 – u. Öffentlichkeit III 238 f – u. Reflexion III 396 – u. Reizüberflutung III 409 – u. Sprecherziehung IV 162 f – u. Tier IV 232 f – u. Wirtschaftserziehung IV 373
–formen III 239
–prozeß II 464 f III 268 f
Kommunikatives Interaktions-Gefüge d. Kindes II 421
Kommunion, Kommunionunterr. I 420
Kommunismus u. Erziehung II **466 f** III 139 ff IV 99 ff 237
Kommunist. Jugendverband IV 101
– – Dtls. II 16
Komparationsforschung, psychol. I 304
Komparative Methode IV 295
Kompensation II 277 f
Kompensator. Erziehung, – Förderung, Kompensator. Unterricht II **467 f** IV 330 331
Komplex II **468**
Komplexqualität II 58 494
Komplexe Psychol. IV 231
Kompromiß IV 234 f
Komsomol IV 101
Konditionierung II **468 f** – operative III 351 – u. Konflikt II 471 – u. Verhaltenstherapie IV 299 f
Konditionsgymnastik IV 146
–training II 180
Konferenz III 65 f
– d. dt. Schulen f. Sozialarbeit IV 286
– d. ev. Schulen f. Heimerziehung IV 286
– d. Laienführerschaft II 406
– d. Päd. Hochschulen II **469** III 264
–ordnungen III 65 f
–recht III 66
Konfessionsschule I 136 ff IV 322
Konfirmation, Konfirmandenunterr. II **469 f**
Konflikt II 30 **470 f** – u. Konformität II 474
–erziehung II 472 f **473 f**
–forschung u. Friedensforschung II 32
Konformität II **474**
Konfuzianismus u. Erziehung I 242
Konfuzius II 327
Kongregationen II 333
– Marian. (Gemeinschaften Christl. Lebens) II **474 f**
König, R. I 49 167 348 II 118 IV 378
– u. Gemeinde-Soziologie II 90
– u. empir. Sozialforschung IV 111
Königsberger Schulplan I 480
Konkordate II 445 **475** III 421
Konkurrenz IV 379
Konrad-Adenauer-Stiftung II **476**
Konsequenz d. Erziehers I 357
Konservator an d. wiss. Hochschulen II 238
Konservatorium II **476 f**

Konsistenzanalyse III 410
Konsonantenalphabet III 483
Konstitution über d. Kirche Lumen gentium II 481
Konstitutionstypen III 82 284 f 310 IV 216
Konstrukte II **477** III 204
Konstruktionsantwort u. programmiertes Lernen III 351
–spiel IV 138
Konstruktivismus I 348
Konstruktvalidität IV 281
Konsul-Doerenkamp-Inst. I 318
Konsumerziehung II 27 f **477 f** III 171 IV 220 – u. Suchtgefahr IV 193 f – u. Werken IV 353
zwang II 285
Kontakt u. Gruppe II 172
–bedürfnis II **478**
–studium I 483 – als Lehrerweiterbildung III 64 – u. Tele-Funkkolleg IV 215
Kontemplation u. Schweigen IV 59
Kontiguitätstheorien u. Lernen III 93
Kontinentale Gruppe u. Neoliberalismus III 205
Kontingenzanalyse II 290
Kontinuierl. Bekräftigung I 139
Kontraste, Zschr. II 378
Kontrolle III 98 f – soziale III 228 f
Kontrollgruppe I 432
–recht d. Opposition III 244
Kontroversvorträge IV 333
Konvention, konventionell IV 238
Konvertitenunterricht I 387 II **478**
Konvikt II 307
Konzentration, psychol. I 94 – durch Unterr. II 219 f – u. Päd. II **478 f**
Konzentrations-Leistungstest IV 218
–wochen IV 189
Konzentr. Kreise II **479 f**
Konzil, Zweites Vatikan. u. Erziehung II 445 f **480 f** – u. Glaubensakt I 249 – u. Liturgie III 117 – u. Liturgiekonstitution II 443 – u. Nachfolge Christi III 193
Kooperation II 170
Koper, R. II 7
Korczak, J. II **481**
Korea II **481 ff**
Korenchevsky, V. II 100
Korff, W. IV 110
Körperbautypen III 284 f
–behindertenpäd. II **483 ff** III 249 f
–behinderungen II 483
–bildung b. GutsMuths II 179
–erscheinungen u. Gefühl II 78
–pflege III 467
–strafe IV 173
Körperl. Entw. II 417 f
– Erziehung u. Nationalsozialismus I 283
– Züchtigung IV 173
Korporation IV 184
Korrektur II **485**
Korrelation, Korrelationskoeffizient II **485 f**
–forschung, psychol. I 304
–rechnung II 494
Korrespondenzunterr. I 463
Korsakowsche Syndrom II 71
Kortlandt, A. II 129
Kortzfleisch, I. v. II 10
Kösener Senioren-Convents-Verband IV 184

Kosmos u. Mensch IV 350
Kosse, W. II 45
Köstel, A. IV 369
Köster, R. III 419
Kostkinder IV 340
Kotarbinski I 42
Köttgens, A. I 175
Kowalski, K. III 14
Krabbelstube II 426
Kraft, V. I 348 378
Krafft-Ebing, R. v. IV 78
Krahl II 492
Kramer-Pollnow-Syndrom III 370
Kramp, W. II 103 III 160 IV 5 f
Krampfgelähmte III 211
Krankendienst, Zschr. I 232
–gymnastik II 249 f
–hausschulen II 486
–päd. II **486 f**
–pflegehelfer(in) II 487
–pflegehilfe-Schulen II 487
–pflegeschulen II **487**
–pflege u. Lehrdiakonie III 46
–schwester II 487
Krankheiten u. Schule IV 25 ff
Krasensky, H. I 160
Krasner, L. III 371
Krathwohl, D. R. IV 269
Kraus, K. III 6
Krause, E. I 160
Kräuterbücher im MA II 216
Kreativität II 229 **487 f** IV 95 255 – durch Werken IV 353 – u. Individualpäd. II 277 – u. Kunsterziehungsbewegung II 8 ff – u. Kunstpsychol. III 12 – u. Kunstunterr. III 13 – u. Mathematikunterr. III 146 – u. päd. Utopie IV 281 – u. Phantasie III 298 – u. Problemlösen III 349 – u. Selbsterziehung IV 71 – u. sprachl. Gestalten IV 159 – u. wirtschaftsberufl. Schulpäd. IV 373
Krebs III 14
Krech, D. I 332 334
Krech, H. IV 149
Kreidephysik III 307
Kreidolf, E. I 173 II 349
Kreisberufsschule III 362
Kreislehrer-Konferenz III 65
Kreisschulinspektor III 489
Kreppel, F. III 707 IV 394
Kretinismus III 242
Kretschmann, J. I 81 II 102 III 353 IV 329
Kretschmer, E. I 95 II **488** III 310 284 f IV 216
Kreuzbund abstinenter Katholiken II 73
Kreuzvalidierung IV 281
Krieck, E. I 392 410 II 47 **488 f**
Kriegsdienstverweigerung II **489 f**
Kriekemans, A. III 14
Kriminalpäd. I 479 f II 75 f **490 f**
Kriminalpolizei-Ausbildung III 328
Kriminelle Verwahrlosung IV 310
Krings, H. I 377
Kris, E. III 12
Kristof, W. III 155
Kritik, Kritizismus III **491 f**
Kritikfähigkeit IV 279 f
Kritischer Kathol., Zschr. III 374
– Rationalismus u. Päd. III 259
– Theorie II 316 **492 f** III 137 f 139 IV 380 – d. Frankfurter Schule u. Päd. III 259 – u. Geisteswiss. II 84 – u. Gesellschaftsbegriff II 118

– u. Humanismus II 260 f – u. Jugendarbeit II 344 – u. Politikunterr. III 321 – u. Positivismus III 335
Krockow, K. v. IV 145
Kroh, O. I 332 II 40 434 **493** – u. Phasen d. Reifezeit III 406 – u. Spielalter IV 49
Kromayer, J. III 458
Kromayer, W. III 378
Kroner, R. I 418
Kronfeld, A. IV 79
Kropf, F. II 333
Kropotkin, P. A. I 43 205 III 329
Krötzsch, W. III 16
Krueger, F. I 238 II 57 f 77 **493 f** III 285
Krug, W. T. I 377
Kruit, J. P. III 419
Krupskaja, N. K. I 205 II 458 **494** III 141 329
Krüsi, H. III 289
Krüss, J. II 349
Kuba II **494 f**
Kubale, S. II 486
Kube, G. III 178
Kubie, L. S. II 488
Kübler, F. III 239
Kuder, K. III 410
Kuhlmann, F. III 481
Kuhn, T. S. III 308
Kühnel, J. I 45 III 389 IV 391
Kulenkampff, C. III 24
Külpe, O. I 220 269 334 IV 390
Kultur III **1 f** – als Erziehungsmacht I 403 – u. Anthropologie I 53 ff – u. Fremdsprachenunterr. II 7
–abteilung d. Auswärtigen Amts (KAA) III **2**
–anthropologie I 54 III **2 ff** – u. Entfremdung I 355 – u. Geschlechtsrolle IV 80 – u. Jugendpsychol. II 367 – u. Tiefenpsychol. IV 230
–austausch III **4**
–film I 311
–föderalismus III 5
–gut I 184 f
–hoheit d. Länder III **4 ff** 488 ff IV 399
–industrie II 27
–institut III **6** – im Ausland II 147
–krise, Kulturkritik III **6** 20 f 29 f – u. Kunsterziehungsbewegung III 8
–morphologie I 201
–pädagogik III **7**
–philos. II 107 IV 144
–politik I 190 f – auswärtige III 4 6 – u. Kultusministerium III 7 – u. Kultusministerkonf. III 8 – u. polit. Parteien III 324 ff
–protestantismus I 248 IV 222
–psychol. III 11 f IV 315
–revolution Rotchinas I 243 ff III 434
–theorie II 219 – b. J. Ortega y Gasset III 249
–zentren im MA. I 315
–zyklentheorie IV 237
Kulturelle Deprivation III 4
Kultusgesetzgebung in Dtl. I 224
–ministerium III **7 f** – als Schulaufsichtsbehörde III 490
–ministerien, Amtsblätter, d. IV 396
–ministerkonferenz I 224 460 III 5 **8** – u. Bildungsrat I 277 – u.

Erwachsenenbildung I 224 – u. Fachoberschule I 440 – u. Fachschaft I 441 – u. internat. Jugendarbeit IV 17 18 – u. ländl. Büchereiwesen III 26 – u. Mathematikunterr. III 145 – u. päd. Austauschdienst III 266 – u. Schulpolitik IV 40 – u. Schulreform I 224
Künkel, F. I 317 II 94 IV 308
Kunowski, F. v. IV 163
Kunst u. Kitsch II 448
Kunst u. Unterr., Zschr. IV 395
–betrachtung III 15 f
–didaktik III 13 14
–erleben III 12
–erziehung III 13 ff 182
–erziehung, Zschr. IV 395
–erziehungsbewegung III **8 ff** – u. Erlebnispäd. I 379 – u. Jugendstil IV 352 – u. Schulreform I 282
–erziehungstage III 9
–Eurhythmie III 438
–geschichte u. Kunstunterr. III 14
–gewerbemuseum III 8
–handwerk III 8
–hochschulen II **234 f** III **10 f**
–märchen III 137
–psychol. III **11 f**
–rätsel III 381
–sprache IV 152
–theorie III 12 14
–u. Volkslied IV 320
– u. Werkerziehung, Verbände IV 286 f
– u. Werkerziehung, Zschr. IV 395
–unterr. III 11 **13 ff** – am Gymnasium II 246
–wart, d., Zschr. III 8
–wiss. u. Kunstunterr. III 14
Künstler. Lehramt III **11**
Künstlertheorie III 12 14
Kunth, G. J. Chr. II 261
Kunz, H. I 19 III 299
Kupisch, K. IV 394
Küppers, W. II 376
Kurator III 410
Kurrende III 466
Kurrentschrift III 480 f
Kursächs. Ordnung III 458
Kursivschrift III 481
Kurzformel d. Glaubens IV 203
–geschichte III **16 f**
–schule II 181 III **17**
–sichtigkeit IV 67
–stunde IV 279
–vortrag IV 333
Kuss, O. III 400
Küsterschulen II 391 III **17 f** IV 321 f
Kustoden d. wiss. Hochschule II 238
Kutner, B. V. I 35
Kuweit **I 64**
KV I 23
Kybernetik I 106 II 289 f III **18** – u. Erziehungswiss. I 414 f – u. Ganzheitsprinzip II 54 – u. Mathematik III 144 – u. Seele IV 65
Kybernet. Päd. II 288 III **18 f** 259 – u. Ethik I 418
Kyrillische Schrift III 483

Laack, F. II 213
Labilität III **19 f**
Laboratorium, psychol. II 182
Lacan, J. IV 176
Lächeln, erstes II 40

Lackner, F. II 414
Lacordaire, H. D. I 314 III **20**
Lada, J. I 173
Lado, R. I 353 II 29
Lagarde, P. de II 260 III **20 f**
Laie (in d. Kirche) IV 316
Laienbildung III 331 f
–spiel I 40 III 10 **21** IV 49
–spiritualität II 474 f
Laissez-faire-Stil I 407 IV 30
Lallen, Lallmonolog IV 155
Lämmermann, H. IV 42
Lämmert, E. I 290
Lamprecht, K. II 110 III 290
Lamszus, W. III 9
Lancaster, J. I 141
Lancelot, C. III 332
Landahl, H. II 183
Land u. Ausbildungsförderung II 24 f – u. Schulrecht IV 43
–arbeiter III 28 f
–arbeiterbrief III 29
–bauschulen III 29
–bevölkerung III **21f** – u. Erwachsenenbildung III 25 f
–erziehungsheim(bewegung), Freie Schulgemeinden I 282 458 463 III **22 f** – u. Koedukation II 455 – u. Naturgemäßheit in d. Erziehung III 198 – u. Schülerselbstverwaltung IV 19 – u. Schullandheim IV 32
–erziehungsheime, Vereinigung IV 287
–examen III **24 f**
–flucht III 21
–frauenschule II 10 III 28
–jugend II 338 III 21 f
–karten I 372
–lehrer III 50
–päd. IV 372
–schule IV 351
–schulreform in Hessen II 225 f
–schule u. Stadtschule III **27 f**
–volkshochschule II 213 III 25
–wirtschaftskammer u. landwirtschaftl. Bildungswesen III 28 f
–wirtschaftslehrer III **29**
–wirtschaftsschule III 29
–wirtschaftsverbände IV 287
Ländl. Bildungswesen III 26 f
– Büchereiwesen I 171 f III **26 f**
– Erwachsenenbildung III 25 f 27
– Hauswirtschaftsschulen III 29
– Seminare III **27**
Landwirtschaftl. Berufsfachschulen III 29
– Berufsschule III 29
– Bildungswesen III **28 f**
– Erziehung IV 372
– Fachschulen III 29
– Gehilfenprüfung III 28
– Hochschulen II 233
– Lehre III 28 f
Länderkunde I 372
Landesberufsschulen, landwirtschaftl. III 29
–jugendamt II 342 f
–jugendring II 369
–krankenhäuser, psychiatr. III 24
–oberbergamt III 490
–polizeischulen III 328
–schulen II 52 f
–schulkonferenz III **24**
–verfassung u. Hochschulrecht II 236

Landgrebe, L. III 297
Landmann, M. III 2 158
Landshut, S. III 238
Lang, A. III 448
Lang, L. IV 273
Langbehn, A. J. III **29 f**
Langbehn, Fr. III 6 182
Lange, C. G. II 77
Lange, F. A. I 337
Lange, H. II 10 III **30**
Lange, K. III 9
Lange, O. I 42
Langen, R. v. I 20
Langer, W. III 421 423
Langermann, J. IV 50
Langermanns Erziehungsstaat IV 19
Langethal, H. II 36
Langeveld, M. J. I 56 195 III **30** 257 272 – u. Erziehungswirklichkeit I 410 – u. Persona-Genese III 281 – u. Schultheorie IV 5 – u. Selbsterkenntnis IV 70 f
Langevin-Wallon-Schulplan II 1
Längsschnittuntersuchung, psychol. III 367
language skills II 29
langue IV 153
Lánsky, M. III 19
Laos IV **197**
La Salle, J. B. de III **31** 495
Lask, E. I 418
Lasswell, H. D. II 464
Lateinamerika III **31 ff**
–schulen III **36 f** 168 342 – in Sachsen III 458 – u. lupus u. asinus III 124
–unterricht III **37 f**
Latein. Ausgangsschrift III 481
– Lehrbücher im MA. I 316
Latente Verwahrlosung IV 309
Latenzphase II 419 III 362 IV 80
Lateranenser Chorherren III **38**
Latinum III **38**
Lattke, H. II 42 f 125
Laubach, F. Ch. I 42
Laufbahnbestimmungen III 38
Lautenbacher, J. IV 86
Lautiermethode I 464 III 102 f
Lautlehre III 306
– spur IV 163
Lauwerys, J. A. III **39**
Lavater, J. K. III 310 IV 216
Lavelle, L. I 418
Lawton, D. IV 273
Laxismus u. Sittengesetz III 440
Lay, E. I 456
Lay, W. A. I 348 433 f III **39**
Lazarsfeld, P. F. II 464 IV 113
Lazarus, M. III 315
learning by discovery IV 331
– by doing I 72 ff 343 II 167 254
– to learn IV 331
Leben, christl. I 249 f
–alter u. Gedächtnis II 70
–beschreibung II 198
–bildung I 31
–formen b. Spranger III 286
–gemeinschaftsschule II 331 III **39 f** 387
–grund I 350 III **40** IV 314
–hilfe III 40 f – f. Geistig-Behinderte I 57 IV 285 – d., Zschr. IV 396 – u. Elternbriefe, Zschr. IV 41 – kreise b. Pestalozzi III 287
–lehre I 262 III **41**
–nähe (d. Schule, d. Unterr.) III **41**

-ordnung III **41 f** 246
-philos. I 145 III **42 f** – b. W. Dilthey I 379 – u. Biologismus I 201 – u. Kulturanthropol. III 3
-praktisch Bildungsfähige I 131
-schule III 39 f
Lebendige Schule, Zschr. IV 395
Le Bon, G. IIII **43** 141 275
Le Bras, G. III 419
Lebret, L.-J., IV 112
Le Corre I 257
Legasthenie III 96 103
Legende III **43** – im NT. II 62
Legien IV 117
Lehmann, A. II 77
Lehmann, R. III 304
Lehr, U. I 33 363 II 339
Lehre IV 361 f
Lehre u. Gespräch II 127
Lehren III **46 ff** 80 – u. Lernen IV 269 ff – Arbeitskreis z. Förderung wiss. Methoden d. II 119
Lehrende an d. dt. Hochschulen II 235
Lehramt, kirchl. III **43 f**
-anwärter III **44 f** III 60
-assessor IV 186
-ausbildung IV 187 f
-prüfung f. Grund- u. Hauptschule III **60** – f. d. Gymnasium III **61 f** – f. d. Realschule III **62 f**
Lehrassistenten-Austausch III 57 266
-auftrag III **66**
-automat III 75 f
-automatentheorie III 19
-beauftragte an d. wiss. Hochschulen II 238
-befähigung III 60 – u. Hochschule II 180
-befugnis u. Hochschule II 180 III 66
-beruf I 148
-buch III **45 f**
-darbietung u. Demonstration im Unterricht I 267
-diakonie III **46**
-einheit III 80 IV 191 271 f – als Unterrichtsstunde IV 278
-ermächtigung, Lehrauftrag III 66
-formen III **68 f** – akromat., deikt., dialog., erotemat., heurist.-katechet., sokrat. III 69 – d. Gruppenunterrichts I 266 – d. Unterr. IV 272 – d. Kleingruppen im Unterricht I 266
-freiheit im Hochschulrecht II 236
-gang III **69 f**
-gespräch III 126 f – arbeitsunterrichtl. I 200
-herr I 148 III 71
-inhalte III 47 – u. Lernstufen III 79
-körper d. wiss. Hochsch. II 237
-meisterkurse II 187
-mittel u. Lernprozesse III 47 – u. Schulbücher, Verbände IV 287
-mittel-Messen I 298
-sammlung III 464
-orden III 245 f
-plan III **71 ff** – u. Biologieunterricht I 199 – u. konzentr. Kreise II 479 f – u. polit. Bildung III 321 – u. Stundentafel IV 190 – u. Überprüfbarkeit I 437 f – u. Unterrichtskonstruktion IV 275
-probe III **74** 394
-programm III 350 f – im Fernsehen I 183 f – u. Verstärkung (reinforcement) III 351
-prozeß u. Lehrformen III 68 f
-schwimmbecken IV 25
-stil u. Lethrtheorie III 49
-stück, Lehrstückkatechismus II 401
-stuhlinhaber d. wiss. Hochsch. II 237
- u. Lernfreiheit III 75 IV 181
- u. Lernmaschine I 256 f III **75 f** 350 f
- u. Lernmittel III 75 f **76 ff** 95 f 312 338 495 f
- u. Lernstufen III **79 f**
- u. Lernverhalten b. Prüfungen III 359
-vereinigung Notre Dame II 389
-verfahren IV 274
-verhalten – Training IV 300
-verhältnisse, gewerbl. II 286
-vertrag III 71
-wanderung I **431 f** – im Biologieunterr. I 200
-werkstätte I 161 II 286 IV 362
-ziele III 47
Lehrer III **50 ff** – Rechtsstellung d. III 55 f 279 – als Erzieher I 391 III 54 – als Leitbild III 54 – im Heimschuldienst II 213 – u. Autorität I 110 – u. Berufsauffassung I 148 – u. Beurlaubung I 163 – u. Erzieher III 54 f – u. Gesellschaft III 52 f – u. Kirche III 51 f – u. Laufbahnbestimmungen III 38 – u. Nebenbeschäftigung III 202 – u. Pensionierung III 279 – u. Schullaufbahnberatung IV 33 – u. Schulrecht IV 44 – u. Sozialherkunft III 53 – u. Sprechstunde III 163 – u. Unterrichtsplanung IV 276 f
-ausbildung II 154 III 394 – u. Päd. III 260 – u. unterrichtl. Verhaltenstraining IV 300
-austausch, internat. III 57
-beruf als soziale Rolle III 52 f 59 – u. Rollenproblematik III 52
-besoldung I **158 f**
-bewegung u. Gewerkschaft II 135
-bibliotheken I 171
-bildung I 174 f III **44 f 57 ff** 260 302 f – akadem. III 58 – Anfänge d. I 374 – einheitl. I 358 – als Selbstbildung III 59 – an Hochschulen I 283 – an Päd. Hochsch. III 264 – b. Diesterweg I 303 – b. A. H. Francke I 485 – f. Realschullehrer III 388 – in China I 245 f – in Preußen III 342 – u. Aufklärung I 92 – u. dt. Ausschuß f. d. Erziehungs- u. Bildungswesen I 276 f – u. Hospitation II 254 f – u. Künstl. Lehramt III 11 – u. Lehrprobe III 74 – u. Mentor III 155 – u. Nationalsozialismus I 284 – u. Normalschule III 229 f – u. päd. Fakultät III 262 – u. polit. Bildung III 323 – u. Referendariat III 394 – u. Reichsschulkonferenz III 402 – u. Religionsunterr. III 412 – u. Schulfernsehen IV 22 – u. Schulpäd. IV 37 ff – u. Schulpraxis IV 41 – u. Sonderschule IV 97 f – u. Sozialpraktikum IV 41 127 – u. Strukturplan IV 177 – u. Studienseminar IV 187 f – u. Volksschullehrer IV 324 – u. Wahlfächer IV 336 – Wahlpflichtfächer IV 336
-bildungsanstalt III 58
-bücherei IV 1
-bund, dt. IV 287
-dienstwohnung I 303
-fortbildung III 59 III 74 – religionspäd. III 412 f – Blätter, f. IV 395
-frage I 484
-funk IV 23
-funktion u. Unterrichtsmedien III 77
-gruppe u. Stundentafel IV 191
-konferenz III **65 f** – direktoriale, kollegiale III 66 – u. Schulleiter IV 34
-rat u. Lehrerkonferenz III 66 – Schüleraktivität im Unterr. III 69
-Schüler-Gegenstand III 69 IV 272
-Schüler-Interaktion I 407
-Relation u. programmierter Unterr. III 351
-verhalten I 407 II 282 III 97 267 f IV 30 – u. päd. Takt IV 207
-seminare III 50 – Anfänge III 58 – Kursächs. III 458
-stand – Geschichte III 50 f
-team IV 210
-typen III 54
- u. Lehrerinnenvereine II 135 III **67 f** – internat. III 68 – in d. DDR III 68 – u. Bildungspolitik I 191 – u. Schule, Zschr. III 396
-verhalten I 332 III 74 – b. Ryans I 407 – u. polit. Bildung III 322
-versammlung, erste, allg. dt. III 67
-vertretung III 283 IV 309
-vortrag I 200
-weiterbildung III 58 59 64 74
-zeitschriften IV 396
-zeitung, allg. dt. IV 395
-zünfte III 50
Lehrerin III **64 ff**
Lehrerinnenstand u. Frauenbewegung II 10
-zeitschrift II 220
Lehrling I 148
-ausbildung II 285 f IV 366
-heim III **70 f**
-recht III **71**
-rolle III 187 III 71
-vergütung III 71
-wart II 188
-wesen IV 361
-wohnheim II 373 383
Leib, Leiblichkeit III **80 ff** IV 82 ff – u. Geist III 80 f – u. Seele III 82 369 IV 64 f
Leibeserzieher IV 247
-erziehung III **82 ff** IV 144 ff – u. Gymnasium II 246 – u. Philanthropismus III 301 – u. rhythm. Erziehung III 438 – u. Turnen IV 246 f
-erziehung, d., Zschr. IV 395
-erziehungsverbände IV 287
-übungen III 82 ff
-übungen, Zschr. IV 395
-übungen, Leibeserziehung, Zschr. IV 395
Leibniz, G. W. I 60 II 46 III **84 f** 369 IV 304
Leichtathletik IV 146
Leicht-Minderbegabte III 90

Leihbücherei III 85
Leipziger genet. Ganzheitspsychol. II 57
- Schule u. Kunstpsychol. III 11 f
- Wochenblatt f. Kinder II 378
Leiser-Eggert, A. III 109
Leistung, Leistungsbeurteilung in d. Schule III **85 ff** - u. Anspruchsniveau I 52 - u. Dt. Unterricht I 287 - u. Prüfung III 359 - u. Schule IV 17 - u. Sonderschule III 90 - u. Überforderung IV 250 f - u. Wettstreit IV 354 f - u. Zensuren IV 399 402
-druck u. Prüfungssituation III 358
-grenze IV 251
-gruppierung II **177 f** - im Unterricht I 305 - u. Gesamtschule II 101
-kontrolle II 485
-kurse I 93 305
-messung III 366
-motivation I 473 III **87 f** 92
-nachweis als Staatsprüfung IV 165 - u. Prüfungen III 359 ff
-situation u. Risiko III 441
-sport IV 145
-steigerung u. Hausaufgabe II 193
-test I 126 IV 218
-theorie u. Motivation III 87
-therapie II 205
Leitbild III **88** 192 - geschichtliches I 186 - u. Comic strips I 256 - u. Familienerziehung I 449 f - u. Sozialisationsprozeß d. Geschlechter III 128
Leiterkonvent d. Ev. Heimvolkshochschulen Dtl.s IV 287
Leiterkreis d. Ev. Akademien in Dtl. IV 287
- d. kath. Akademien II 405
Leitfach im Epochenunterricht I 370
Lektionsmethode III 79
Lektor an d. wiss. Hochsch. II 238
Lektüre III 112 ff
Lemayr, Ch. IV 108
Lemberg, E. III 321
Lempp III 210
Lenartz, W. I 105
Lengerke, A. v. IV 112
Lenin, U. W. I. II 494 III 140 IV 99
Lenné, H. III 144
Lenski, G. III 420
Leo d. Gr. I 231
Leo (X) II 5
Leo (XIII) II 5 260
Leonard v. Porto Maurizio II 6
Le Play, F. I 266 IV 112
Lepp, I. I 419
Leptosom-schizothym III 284 285
Lerche, P. III 349
Lernen III **92 ff** - intentionales, inzidentelles III 94 - schul. III 94 f IV 252 f - soziales IV 111 - durch Tun I 72 ff III 93 291 - nach d. Projektmethode III 352 f - nach Gestaltgesetzen III 94 - u. Gedächtnis II 69 f - u. Helfen in Übersee I 360 - u. Konditionierung II 468 f - u. Korrektur II 485 - u. Lehren III 47 - u. Reiz III 408 - u. Vergessen II 214 f
Lernangebot III 149 f
-behindertenpädagogik III **88 ff** 389
-behindertenpsychol. III **91 f**
-behindertenschule II 484 - u. Berufs-Sonderschule I 155

-bereitschaft III **92** IV 253
-effektivität im Anfangsunterr. I 41 f
-elemente, Anordnung III 69 f
-erfolg u. Informationstheorie II 290 - u. Lernbereitschaft III 92
-forschung III 93 f
-hilfen III 75 ff
-inhalte III 94 f - u. Curriculum III 72 f
-leistung u. Psychopharmaka III 200
-maschinen III 75 f
-mittel III **76 ff**
-mittelfreiheit IV **25**
-motivation III 177 - u. Notendruck IV 306 - u. vorschul. Erziehung IV 331
-organisation I 305 462 f IV 275 f
-phänomen III 297
-platz im programmierten Unterricht I 257
-programm u. Arbeitsmittel I 71
-prozeß I 484 - u. Curriculumforschung III 72 f - u. Frustration II 41 - u. Gedächtnis II 69 - u. kybernet. Päd. III 18 f - u. Lernschritte II 95 - u. Lernziel III 98 - u. Lesenlernen III 101 f - u. Medienverbund III 148 f - u. Unterrichtsstunde IV 279
-psychol. I 138 f II 48 IV 13 f - behaviorist. u. Motivation III 176 - u. Betrieb I 162 - u. didakt. Forschung I 349 - u. Kunstunterr. III 15 - u. Lob, Tadel III 119 - u. Nachnahmung III 190
-reife u. Lernerfolg III 92
-schritte u. Lernbereitschaft III 92
-schule III **95** - u. Schulmathematik III 144 f
-schwierigkeiten u. Elternhaus IV 48 - u. Schule IV 48
-sequenz IV 272
-spiele III **95 f**
-störungen III **96** 103
-stufen III **79 f**
-theorie I 320 III 46 f 93 **96 f** - u. Analogie II 41 - u. Intelligenzentwicklung II 303 - u. Generalisierung II 96 - u. Lernstufen III 79 - u. Neobehaviorismus III 204 f - u. Unterrichtsziel IV 270
-therapie in d. Heilpäd. II 205 f
-übertragung IV 238
- Arbeitsformen im Unterr. III **97 f**
-versuch III 95
-voraussetzungen III 248
-ziele, Lernzielkontrolle III **98 f** IV 209 f - d. Religionsunterr. IV 422 f - u. Curriculum III 71 - u. Lehrgang III 69 f - u. Lernstufen III 79 f - u. Lehrtheorie III 49 - u. Methodik III 160 f - u. Unterrichtsplanung IV 276
-zielkontrolle II **98 f** 360 - u. Schulbuch III 496 - u. Unterr. IV 269
-zielstufen III 99
Lersch, Ph. I 330 350 III **99** - u. Charakterologie I 237 - u. Minderwertigkeit III 164 - u. noetischer Habitus IV 279 - u. Persönlichkeitsforschung III 284 - u. Willenshandlung IV 358
Lesbische Liebe II 250
Lesebuch I 464 ff III **99 f** 495 - im Dt.-Unterricht I 289
-druckspiele IV 4

-erziehung I 218 285 ff II 348 ff 378 423 f 438 f III 100 f 444 f - u. Comic strips I 256 - u. Schulbüchereii IV 1
-lehre u. Sprecherziehung III **101**
-lehrmethoden I 464 f - analyt.-synthet. III 102
-lernprogramme III 103 IV 330
Lesemann, G. II 89 203 III 89
Lesemappen u. Werbung III 104
Lesenlernen III **101 ff** 103 - u. Bilderbuch I 173 - u. Ganzwortmethode II 59
Le Senne, R. I 238 418 IV 215
Lesetest II 204
- u. Rechtschreibschwäche, Päd. d. I 286 III **103 f**
- u. Schreibschulen III 50
-zirkel III **104**
Lesniewski I 42
Lessing, G. E. I 301 III **104** IV 235
Lettmayr, O. II 203 IV 149
Leuba, J. H. III 418
Leuenberger, R. III 426
levelers-Typ III 285
Leventhal-Sills III 484
Levin, H. IV 139
Levinas, E. I 418
Levine, S. I 363
Levi-Strauss, C. I 323 II 312 III **105** IV 93 129 - u. Struktur IV 176
Levy, M. J. IV 129
Lewin, K. I 89 313 II 171 f 186 III **105** IV 113 - u. Denkforschung I 269 - u. Erziehungsstile I 407 IV 30 - u. Feldtheorie I 458 - u. Jugendpsychol. II 339 - u. Konflikttheorie II 470 f - u. Schichtenlehre III 469 - u. Sensitivity Training IV 76
lex naturalis moralis III 198
Libanon I **64**
Liberaler Studentenbund III 324
Liberalismus II 270 IV 115
liberal studies IV 248
Liberius, Papst II 228
Libido III **105** 106 362 - Fixierung III 105 - Regression III 105
Libyen I **64**
Lichtbildreihe als Unterrichtsmaterial I 87 f
Lichtenstein, E. II 364 III 259 269 292 IV 5 378
Lichtenstein-Rother, I. I 72 II 72 103 III 86 459
Lichtwark, A. II 183 III 8 105 f
Lichtwarkschule III 183
Liebe III **106 f** - mitmenschl. IV 312 - u. Archetypus I 48 - u. christl. Leben I 249 f - u. Sexualethik IV 76 f
Liebel, M. II 344
Lieber, J.-H. II 87
Liebknecht, W. IV 117
Liebrucks, B. IV 152
Liedkatechese III **107 f**
Lienert, G. A. II 302 IV 218
Lienhard u. Gertrud IV 286
Liepmann, M. I 207
Lietz, H. II 79 181 III **108**
Lietzsche Landerziehungsheime III 22
Life-long-learning I **320 f** 386 - d. Lehrerberufes III 59 - u. Unesco IV 259
lifetime-sport IV 145

Ligthart, J. III **108 f**
Likert, R. IV 128
Likert-Technik II 41
Liliencron, D. v. II 349
Lilienfeld, P. v. I 201
Lilly, J. C. IV 233
Linde, E. II 107
Linde, H. IV 144
Lindemann, K. III 210
Linden, J. II 401
Lindgren, A. II 349
Lindner, G. A. I 370 III **109**
Lindworsky, J. IV 358
Lineare Programme III 350
Lingesleben, O. IV 105
Linguistik IV 152 f
– u. Didaktik, Zschr. IV 396
Linke, W. III 259
Linkshändigkeit III **109 f**
Linné, C. v. I 199 II 216
Linton, R. III 443 IV 127
Lioba, Hl. I 315
Lionni, L. I 173 II 349
Lippe-Detmold, P. Fürstin II 427
Lipps, H. IV 152
Lipps, Th. I 332 472 II 58
Lipset, S. M. III 170
Lispeln IV 159
Litauischer Schulplan II 259
Literar. Akademien III **110**
– Erziehung III 113 f **114 f** 444 f –
u. Medienpäd. III 142
– Formen III 16 f
– Interesse u. Verständnis d. Kindes III **110 f** 137
Literatur im Dt.-Unterricht I 289 III 100 **111** ff 234
–didaktik III 111 f
–päd., Literar. Erziehung III **114 f** 129 348 432
–preise III 110
–soziologie u. Lit.didaktik III 111
–unterr. III 112 f – im Dt.-Unterricht I 287 – u. Lesebuch III 100 – u. Schultheater IV 49 f
–wiss. u. Literaturdidaktik III 111
Litt, Th. I 73 418 III 42 **116 f** 258
– u. Bildungslehre I 181 – u. Dialektiktheorie I 413
Liturgie II 397 III **117 f** – ev. – Gesangbuch II 103 – u. Choral I 247 – u. Kirchenjahr II 443 f – u. Kirchenlied II 444 f – u. Religionsunterr. III 421 – u. Sakramentalien II 463 – u. Sakramente III 189
Liveright, A. A. III **118**
Livius I 39
Lizenziat III **118 f**
Lob u. Tadel III **119 f**
Loch, W. I 56 389 f 390 II 126
Lochner, R. I 348 402 III **120** 257
Locke, J. I 176 362 III **120 f**
Loeffler, L. II 27
Logik III **121 f** – formale I 377 – materiale I 377 – d. Quantoren III 121 f – u. Denkpsychol. I 268 f – u. Empirismus I 350
Logische Blöcke III 390
Logistik III 122
Logopädie IV 149 ff
Logotherapie III **122 f**
Lohfink, N. I 264
Lohmann, J. IV 152
Löhneysen, W. v. IV 394
Lombado, R. G. III **123**

London school of economics III 205
Long, L. I 130
Lope de Vega I 297
Lorenz, D. III 349
Lorenz, K. I 19 83 411 III 272 IV 127 208 299
Lorenz, P. I 439
Lorenzen, H. III 458
Lorenzen, P. II 312 III 158
Lorenzer, A. III 362
Lorinser, K. J. I 459
Lormen IV 208
Löschung (extinction) II 468
Lottig, W. II 183 III 39
Lotz, J. B. I 378
Lotze, H. I 418
Lotze, R. H. III 354
Lovejoy, A. O. III 386
Löwenfeld, M. IV 138
Lowenfeld, M. IV 219
Lowenfeld, V. I 175 f III 12
Löwenstein, K. IV 117
Löwith, K. I 53 II 125
LSD III 324
Lüben, A. I 199
Luchins, A. S. III 440 IV 255
Lückentest I 320
Lückert, H.-R. I 363
Luckmann, Th. III 420
Ludewig, J. P. v. III 341
Ludovici, K. G. I 386
Ludwig, F. J. IV 204
Lüer, G. II 303
Lues II 114
Luft u. Lüftung IV 26
Lugard I 11
Lüge III **123 f**
Lügendetektor I 479
Luisenvereine I 452
Lukács, G. v. I 9 418 III **124**
Lukas-Gilden III 10
Lukian II 393 f
Lullismus III 376
Lullus, Raimundus III 376
Lumen Vitae II 397
Lunačarskij, A. v. III 141 IV 99
Lungenerkrankungen II 432
Lupus III **124**
Luserke, M. III 10 23 IV 49
Lust, sexuelle IV 77
Lustprinzip III 105
Luther, M. I 249 449 II 140 III **124 f** – u. d. Bibel I 168 – u. P. Canisius I 232 – u. Gehorsamerziehung d. Schule IV 262 – u. Gottesbegriff II 150 – u. Katechismusgesch. II 400 – u. Katechismuslehre IV 119 f
Luthers Katechismus II **401 f**
Lütkens, Ch. II 122 IV 8
Lutz, A. III 285
Lutz, E. J. IV 49
Luxemburg III **126 f**
Lynd, R. S. – Lynd, H. M. II 90
Lynn, R. I 94
Lyrik III 113
Lysaught, J. P. III 350

Macé, M. II 1
Mach, E. I 84 II 57 III 307 336
Machiavelli, N. I 377
Machiavellismus II 122
Machlup, F. III 205
Macht II 132 ff
–elite I 338
Mackinnon, D. W. III 12
Macmurray, J. I 419

Mädchenbildung II 9 12 III **127 ff**
– im MA. I 315 – im Nationalsozialismus I 284 – u. Ehevorbereitung I 327 – u. Privatschulwesen III 346
–buch II 349 423 III **129**
–erziehung I 459 – b. Hieronymus II 228 – b. Luther III 125 – im MA III 167 – in d. arabischen Staaten I 62 ff
–gymnasium III 130 f – sozialwiss. II 13
–handel III **132**
–heime III **129 f**
–lyzeen III 388
–pflichtjahr III **130**
–schulreform III 127
–schulwesen, höheres II 11 ff III **130 ff** – in Preußen III 343 – um 1900 I 282 – um 1930 I 283
–schutz III **132**
–sozialarbeit II 373
Mäeutik IV 94
Magee, B. II 250
Mager, K. III **132 f**
Mager, K. W. E. I 227
Mager, R. F. IV 270
Magister III **133**
Maheu, R. IV 259
Mahling, D. I 425
Mahnung I 380
Mahrenholz, Chr. II 103
Maine, H. S. II 90
Maintenon, Fr. d'Aubigné, Marquise de III 130 **133 f**
Mainzer Studienstufe III 437
Makarenko, A. S. II 458 f III **134** 141 – u. päd. Utopie IV 280 – u. Schulstaat IV 50
Malaysia IV **197 f**
Maletzke, G. II 463 464
Malinowski, B. II 121 III 236 419 IV 193
Malisch, K. I 466
Mallet I 424
Malraux, A. III 12
Malting House II 316
Mandelbaum, M. II 249
Mandelentzündung II 432
Mandler, G. I 48
Manipulation III **134 f** – u. Freizeit II 27 – u. Masse III 141 f
Mann, H. III 389 III **135** IV 289 293
Mann, Th. I 192 IV 318
Mannesbildung III **135 f**
Mannheim, K. IV 133 IV 384
Mannheimer, K. II 439
Mannheimer Schulsystem I 476 III
Manpower Development and Training Act IV 367
Mansbridge, A. II 311 III **136** IV 349
Mao-Tse-Tung I 245 II 432 III 434
Maphaes Vegius III 38
Marbe, K. I 269 334
Marburger Jugendparlament II 351
– Neukantianismus III 197
– Schule I 418 II 35
Marc, A. I 419
Marcel, G. I 418 II 240 III **136 f**
March, A. II 46
Märchen III **137** 445 f
–alter III 110
–motive im AT II 61
Marcks, G. I 118
Marcuse, H. I 418 472 492 III **137 f** 314

Maréchal, J. I 378 III 418
Marenholtz-Bülow, B. v. II 36 III 480
Marginalexistenzen III **376 f**
Maria, Marienfeste, Marienverehrung II 475 III **138**
Mariana, J. de II 333
Maria Theresia I 92 457
Marihuana III 382
Marionetten III 373
Maritain, J. I 419
Markert IV 270
Marktforschung IV 112
Marktwirtschaft, freie IV 369 – soziale IV 378 f
Marokko I **64**
Marperger, P. J. I 386 II 185
Marquard, O. I 53
Marrero, V. III 249
Marrou, H.-I. III **138**
Marschall, B. IV 258
Marsh, A. v. III 380
Martian Capella I 315
Martin, H. G. I 407
Marty, A. I 215
Marvin, W. T. III 386
Marx, K. I 294 354 II 117 III **139** – u. Arbeitsteilung I 75 – u. bürgerl. Gesellschaft I 226 f – u. d. Selbst IV 69 – u. Ideologiebegriff II 269 – u. Sozialbewegung IV 116
Marxismus u. Erziehung II 494 III **139 ff** – u. Menschenrechte III 153
März, F. III 258 IV 262
Maschka, G. IV 149
Masern II 431
Maskus, R. III 389
Maslow, A. H. I 220
Masochismus III **141**
Masse III **141 f**
Massengesellsch. u. Mode III 170
–kommunikation II 464 f III 340 ff
–medien I 255 f 387 – als Kommunikationsmedien III 142 f – als Unterrichtsmedien III 78 – u. Bildung I 183 f – u. Dt. Unterricht I 290 – u. Erziehung (Medienpäd.) III **142 f** – u. Erziehung I 467 II 252 f 351 f 452 f IV 21 f – u. Friedenspäd. II 34 – u. Jugendl. II 338 – u. Kommunikation II 464 – u. Kommunikationsforschung II 464 f – u. literar. Bildung III 112 – u. öffentl. Meinung III 238 f – u. Reizüberflutung III 409
–mensch III 141
–presse III 341
–psychol. III 43
–sport IV 145
–zeitalter III 141
Massermann, J. H. III 211
Maßgaben d. Erziehung III **345**
Maßigkeit IV 243
Master of Arts o. Science III 133
Masturbation III **143**
Materiale Bildung I **480 f**
Materialismus I 294 f
Material- u. Nachrichtendienst d. Gewerkschaft Erziehung u. Wiss. (MUND) II 135 IV 396
Mathematico-deduktive Methode II 266
Mathematik, Neue III 144 f – u. Funktionsbegriff II 46

– Praxis, d., Zschr. IV 395
–unterricht III **143 ff** – am Gymnasium II 245 – an Grund u. Hauptschule III 389 f
–unterr., d., Zschr. IV 395
Mathemat. Logik III 143
–naturwiss. Gymnasium II 244
–Naturwissenschaftl. Unterr., Beitr. z. IV 395
– u. Naturwissenschaftl. Unterr., d., Zschr. IV 395
Mathew, Th. II 6
Matthäus v. Bassi II 5
Matthes, J. III 420
Matura III 403 f 405 f
Maudsley Personality Inventory III 366
Maul, A. II 13
Maunz, Th. III 75
Maurer, W. I 59
Maus, H. IV 112
Mausbach, J. I 419
Mauthner, F. IV 385
Max-Planck-Gesellschaft z. Förderung d. Wiss. e. V. (MPG) I 223 f III **147 f**
–Inst. III 147 f – f. Arbeitspsychologie II 298
Max-Traeger-Stiftung II 135
May, M. A. I 330 IV 174
Mayer, H. II 395
Mayer, K. I 457
Mayntz, R. II 90
Mayo, E. II 261
Mazzarello, M. III 463
Mazzi, E. II 401
McDougall, W. III **148** 365
McFarlane, J. W. III 408
McKeachie, W. J. III 79
McKeen Catell, J. II 48
McKinley J. Ch. III 366 IV 219
Mead, G. H. III 443 IV 127
Mead, M. II 367 III 128 292 355
Mechanisierung II 284
Median IV 166
Medienforschung u. päd. Instit. III 78
–pädagogik III 112 **142 f**
–verbund III **148 f** IV 23 215 – u. Hochschulstudium IV 267 f – u. Religionsunterr. III 423
–wahl u. Unterr. IV 270
Mediothek I 171 f
Meditation II 65 III **149** – u. Schweigen IV 59 – u. Zen-Buddhismus IV 398
Medizin. Akademien II **235**
– Hochschulen II **235**
– Rehabilitation III 400
Medizin u. Anamnese I 42 f – u. Erziehungswiss. I 415
Medley, D. M. I 143
Mednick I 130
Meehl, P. E. I 292
Mehrdarbietung III **149 f**
Mehrfach behinderte Kinder III **150**
Mehrgardt, O. IV 212
Mehrsprachigkeit III **150**
Mehrzweckraum III **150 f**
Meidinger, J. v. II 8
Meierotto, J. H. L. II 71
Meili, R. II 302 IV 218
Meinecke, R. III 195
Meinecke, U. III 411
Meinertz, F. III 476
Meinong, A. III 386

Meinung, öffentl. Meinungsbildung I 123 III 237 f 340 IV 168 – u. Einstellung I 334 – u. Gespräch II 125
–forschung III 238 f IV 112 128
Meinwerk-Inst. III 132
Meissner, K. I 69 III 98
Meißnerformel II 347
Meister, R. I 348 III 7 **151** 258
Meisterbildung, industrielle u. handwerkl. IV 362
–lehre II 48
–prüfung II 188 III 359
Melancholiker IV 215
Melanchthon, P. H. II 258 III **151 f** 458
Menarche-Alter III 406
Mendelsche Gesetze II 257
Mendelssohn, M. I 90
Mengenbegriff IV 391 f
–erleben III **152**
–lehre II 56 III 143 146 – u. Grundschule II 169
Menges, W. III 419
Meningitis II 431 III 211
Mennonite Voluntary Service IV 107
Mens Academica III **152 f**
Mensch als Ebenbild Gottes I 297 – als ens sociale I 354 – u. Explorierverhalten I 331 – u. Geschichtlichkeit II 108 f – u. Gesellschaft I 49 f 75 f – u. Gott I 85 f – u. Kosmos IV 350 – u. Kultur III 1 f 3 – u. Technik IV 370 ff – u. Tier IV 232 ff 296 299
Menschenkunde I 54 II 257 f
–liebe III 300 f
–rechte III **153** 198 f
–würde III **153 f** 226
Mensendieck, B. II 179
Mensur III **154**
Mental hygiene III **363 f**
Mentor in d. Lehrerbildung III **154 f** III 394
Menze, C. I 403 411 III 259
Meraner Vorschläge z. Schulmathematik III 145
Mercier, D. F. III 305
Merici, A. IV 279
Meringer, R. I 457
Meritentafeln III 133
Merkfähigkeit II 69 f
Merkzeichen-Schrift III 483
Merleau-Ponty, M. I 418 III 297
Mermier, P. III 463
Merrill, F. E. III 442
Merton, R. K. II 46 III 444 IV 129 334
Merz, G. III 426 IV 222
Meskalin III 382
Mesnerschulen III 17 f
Mesomorphie III 285
Messer, A. I 269
Messerschmid IV 118
Meßfehler III 155
Messner, J. IV 108
Messner, R. IV 276
Messung in d. Psychol. III 86 f **155 f** 369 410 IV 166 f
Metaphysik I 350 III **156 f**
Metaphys. Idealismus II 267
Metasprache u. Objektsprache I 346 III **157 f** IV 115
Methode II 266 III **158 ff** IV 383
– deskriptive d. Psychol. I 270 f
– franzõs. d. Taubstummenbil-

dung I 368 – sozialpäd. I 232 – u. Wissenschaft IV 380
Methodenbezogene Lehrtheorie III 49
Methodenmonismus III 159
Methodik III **160 f** – d. sozialen Einzelhilfe I 336
Metz, J. B. III 328 IV 264 350
Metzger, W. I 167 197 433 457 II 128 IV 393
Meumann, E. I 95 197 348 III **161** IV 253 – u. experimentelle Päd. I 433 f
Meusel, H. IV 247
Mexiko III **161 f**
Meyer II 311
Meyer, A. III 363
Meyer, E. I 428 IV 14
Meyer, H. I 118
Meyer-Abich, A. II 249
Meyer-Denkmann, G. III 181
Meyers, H. II 441 III 14
Meysenburg, M. v. I 256
Mezger, M. III 424
Michael, G. II 129
Michel, E. I 69 II 126 III 276
Michels, R. III 275
Michon, J. H. II 153
Michotte IV 339
Microteaching IV 300
Middendorf, W. II 36
Middleton, R. IV 378
Mierke, K. II 203 III 364 IV 358
Mieskes, H. III 259
Mietzel IV 273
Mikat, P. I 318 II 148
Mikroprojektor I 87
Milde, V. E. I 60 III **162**
Milde in d. Erziehung I 407
Miles, M. B. IV 273
Milieu u. Erziehung IV 256 f – u. Jugendkriminalität II 363
Militär. Erziehung – Ausbildung III **162 f**
Militärpsychol. Schwedens II 262 f
Mill, J. St. I 84 II 84
Miller, N. E. II 215 III 190
Mills, C. W. I 338
Miltenberger Ring IV 184
Mimik I 98 f III **163 f** 274
Mindener Schulordnung II 96
Minder, R. III 100 IV 273
Minderbegabung III 242 f
Minderheiten I 59 III **164 ff** 190 f
–recht III 244
–schulen III 347
Minderjährige, Rechtsstellung, d. I 34 f – u. Eheschließung I 326 – u. Vormundschaft IV 329
–wertigkeitserlebnis, -gefühl, -komplex II 277 f III **164**
Ministerialblatt d. Bundes, gemeinsames IV 396
Ministerpräsidentenkonferenz I 277
Minkowski-Metriken III 156
Minnesota Multiphasic Personality Inventory III 366
Minoritäten (Minderheiten) III **164 ff** IV 333 f
Minutengedächtnis II 71
Mirbt, R. III 21 IV 49
Misch, G. II 87
Misereor I 360
Mises, L. v. III 205
Missalschrift III 484
Mißbildung II 430

Mißerfolg u. Erfolg III 87 III 441
missio canonica III 51 III **166** 412
Mission, Missionsschulen, Missionskatechetik III **166 f** – u. Katechumenat II 403
–förderung III 274
–jünglingsverein I 424
–katechetik III **166 f**
–päd. I 361
–schulen III **166 f**
Missionare d. hl. Franz v. Sales III 463 f
Missionar. Wort, d., Zschr. IV 321
Mißtrauen IV 308 f
Mitbestimmungsrecht IV 18 f
Miterzieher II 47
Mitglieder-Rundbrief d. Allg. dt. Fürsorgeerziehungstages IV 396
Mitlaufende Validität IV 281
Mitmenschlichkeit IV 283 f
Mitscherlich, A. I 19 83 II 340 IV 145 – u. Arbeitsbild d. Vaters IV 282 – u. Vorurteile IV 333
Mitteilungen d. Arbeitskreises f. Hochschuldidaktik, Zschr. II 119 IV 396
– d. dt. Altphilologenverbandes IV 396
– d. dt. Germanistenverbandes IV 396
– d. Europarates I 423
– d. Hochschulverbandes IV 396
– u. Nachrichten d. Dt. Inst. f. Internat. Päd. Forschung u. d. Gesellschaft z. Förderung päd. Forschung IV 396
Mittelalterl. Päd. II 255 III **167 f** 477 f IV 313
Mittelbau, differenzierender I 477 – u. Hochschulen III 238 f
–ohrentzündung II 432
–punktschulen II 192 IV 400
–schule III 388 – im Nationalsozialismus I 284
–schulwesen I 28 f III 409
–standsgesellschaft u. Volkshochschule IV 320
–wert IV 166 – in d. Bildungsstatistik I 193
Mittenecker, E. I 334 III 366
Mitter, W. III 460
Mittermaier, R. I 133
Mittlere Reife III **168 f** IV 215
– Schulen III 388
Mit-Verantwortung, Erziehung z. IV 283
Mitzel, H. E. I 143
MMPI-Test III 366 IV 219
MMQ-Test IV 219
Mobilität, soziale III **169 f** IV 374 – d. industriellen Gesellschaft II 285 – u. Schulung IV 52
Möbius, K. A. II 386
Möbus, G. II 292
Modellkindergarten IV 331
–schule IV 308
Mode u. Erziehung III **170 f** IV 220
Moderne Kunst III 330
– Nationalökonomie I 226 f
– Sozialarbeit, Zschr. IV 396
Moeller, B. III 49
Moers, M. I 33
Möhler, J. A. I 80
Moholy-Nagy, L. I 118
Mohrhof, S. I 468
Molar, Molekular III 204

Moles, A. A. II 69
Mollenhauer, K. I 49 f 438 II 340 III 258 259 IV 270 – u. Konflikterziehung II 472 – u. päd. Selbstrolle III 443 – u. Sozialpäd. IV 123
Möller, Chr. III 72
Möller, H. I 337 427 III 13 f 149 f
Molt, E. I 370
Moltmann, J. III 328 IV 350
Monadenlehre III 85
Monatsschrift f. kath. Lehrerinnen II 220
Mondo e Ragazzi, Zschr. IV 327
Mongol. Volksrepublik III **171 f**
Mongolismus III 337 IV 328
Monismus u. Holismus II 249
Monitor I 141 II 214
Mönnichs, Th. II 401
Monotonie I 380 III 466
Monroe, P. III **172**
Montagu, A. I 363
Montague, W. P. III 386
Montaigne, M. E. S. de I 371 III **172 f**
Montaigne, il, Zschr. IV 327
Montalta, E. I 130 II 203 III 90
Montespan, Fr. A. de III 133
Montesquieu, Ch. I 90
Montessori, M. – Montessori-Erziehung I 262 II 427 III **173 f** 292 397 – u. Dalton-Plan I 259 – u. Spontaneität IV 143 – u. Übung IV 254
–Gesellschaft, dt. II 119
–Material I 118 II 427
–Schulen II 19 III **173 f**
–Vereinigung III 173
Monumenta Germaniae Paedagogica II 410 III 174
Moor, P. II 182 f 203 III 90 **174 f** – u. Spiel IV 140 – u. Willensschwäche IV 359
Moore, G. E. I 42
Moore, W. E. II 46
Moralpädagogik IV 88 ff
–theol. IV 224
–philos. I 417 ff
Moral. Aufrüstung III **175**
–Wochenschriften III 341
Morant, Sir R. L. III **175**
More, Th. III 401
Moreau de Tours II 439
Moreno, J. L. II 173 f III **175** 443 – u. Schulklasse IV 31 – u. Schwererziehbarenpäd. IV 64 – u. Sozialforschung IV 134
Morgan, C. D. IV 222
Morgan, C. L. II 248
Morgen, Zschr. II 378
Morgenstern, I. V. I 192
Morgenstern, O. IV 139
Morhof, D. I 290
Moritz, K. Ph. II 336
Moritz v. Sachsen II 52
Morpheme IV 153
Morris, C. IV 151
Morris, G. S. I 42
Morton, Fr. IV 112
Mosca, G. I 338 III 275
Moser, A. III 362
Möser, J. II 107 III **176** IV 281
Moss, F. A. II 306
Mosterts, K. I 31
Motivbildung IV 358
Motiv-Konflikt II 470

Motivation I 89 III **176 f** – u. Handlung II 186 – u. Leistung III 119 f – u. Neugierde III 208 – u. Risikobereitschaft III 441 – u. Steuerung IV 357 – u. themat. Apperzeptionstest IV 222 – u. Übungsbereitschaft IV 253 – u. Willensschwäche IV 359
Motorischer Typ III 285 IV 332
Mounier, E. I 238 418
Mowrer, O. H. II 268 III 20 212 IV 298
MPG III 147 f
MPI-Test III 366
Muche, G. I 118
Muchow, M. I 369
Mücke, R. II 93
Müdigkeitsgefühl I 380
Mühle, G. II 441 IV 216
Mühlmann, W. E. III 3
Müller, G. E. I 337 456 II 68 f
Müller, H. IV 117
Müller, J. II 444 IV 339 389
Müller, J. P. II 179
Müller, L. I 424
Müller, M. IV 385
Müller, P. III 104
Müller, R. G. E. II 93 203
Müller-Armack, A. III 205 IV 379
Müller-Schöll, A. IV 107
Müllges, U. III 259
Multibasisblöcke III 390
multi media approach III 350
Multi-Media-System I 183 III 77 148 IV 215
Mumps II 431
München-Kolleg II 298
Münchner katechet. Methode II 394 401 III 206
MUND II 135
Mundart I 285 IV 151
Mündigkeit III **177** 321 IV 70 284
Münker, W. II 357
Münsterberg, H. I 46 418 III 370 f
Muralt, J. v. III 289
Murdock, G. P. I 453
Murmellius, J. II 200 III **177 f**
Murray, H. A. I 60 IV 222
Musik u. Bildung, Zschr. IV 395 – u. Show III 330
–didaktik III 180 f
–erziehung II 365 476 III 179 – u. Liedpflege IV 320 f – u. Sing-Out IV 85 f – u. Singschule IV 86
–erziehung, Verbände IV 287
–erziehung, Zschr. IV 395
–hochschulen II **234** III **178 f**
–pädagogik III 178 **179 f**
–pflege II 194 f
–schulen II 476
–unterricht III **180 ff** – am Gymnasium II 246 – u. Blindenpäd. I 203 – u. Kunsterziehungsbewegung III 10 – u. Privatlehrer III 346 – u. Schlager III 472 – u. Schulfunk IV 22
Musikal. Erleben d. Kindes III **178**
Musikalitätstypen, lineare, polare III 285
Musische Bildung I 261 f III 182 f – d. Jugend I 222
– Erziehung III 13 ff III **182 f** 437 f IV 49 f
– Gymnasium III **183**
– techn. Erziehung u. Sehbehindertenpäd. IV 67

Mut II 78 III **183 f** IV 207 f
Mutationsforschung II 257
Muth, J. I 77
Muthesius K. I 370 IV 352
Mutianus Rufus II 200
Mutismus III **184** 370
Mutter, Mütterlichkeit I 391 III **184 f** – u. nichtehel. Kind III 214
Mütterberatung III **186**
–bildung III **186** 188 – u. Mannesbildung III 135 f
Mutter-Deprivation II 254 III 370
Müttererholung, Müttergenesungswerk III **186 f** 353
–genesungsheim III 186
Mutter-Kind-Beziehung I 363 II 419 III 185 **187** 268 – b. Pestalozzi III 287 – u. Enuresis I 366 – u. Kinderpflege II 467
Mutterlosigkeit II 181 f
Mütterschule III **188**
Mutterschutz III **188**
–sprache III **188 f** IV 160
–sprache, Zschr. IV 396
–sprachschule IV 322
–tag III **189** – u. Vaterbild IV 282
–waise IV 339 f
Myopie IV 67
Myrdal, G. III 165
Mystagog. Katechese III **189**
Mytheme IV 176
Mythos im AT II 61

Nachahmung (Imitation) III **190**
Nachbarschaftsheime II 28 III **190 f** – u. Gemeinwesenarbeit II 95
–hilfe III **191**
–werk (NbW) II 74 III **191 f**
Nachbesinnung IV 276
Nachentscheidungskonflikt IV 471
Nachfolge III **192** – Christi I 249 f III **192 f** – b. Comenius I 253 f im päd. Bezug IV 328
Nachhilfeunterr. III **193 f**
Nachrichtendienst d. Dt. Vereins f. Öffentl. u. Private Fürsorge IV 396
–sitzen IV 3
Nächstenliebe III 106 IV 312
Nachtruhe III 467
Nachwuchsbedarf I 189
Nadel, S. F. IV 129
Nadelarbeitsunterr. IV **220 f**
Näf, J. K. III 289
Naffin, P. II 253
Nagel, E. I 411
Nägeli, H. G. III 289
Nahreize IV 338
Namenbüchlein I 464
Napoleon II 1
Narkoanalyse III **194**
Narkolepsie III 472
Narly, C. III 454
Narzißmus I 322
Näseln IV 149
Naß, G. II 490
Nastainczyk, W. III 417 420 f IV 203
Nation III **194 f** – u. Volk IV 315 – u. volkstüml. Bildung IV 326
Nationalbewußtsein III 194 f
–gefühl III 194 f
–staat III 196
–tänze IV 325
–vereinigung Ev. Jünglingsbünde Dtl. I 424

Nationale Erziehungskommission ir Polen III 317
Nationalismus III **195 f** – u. Einheitsschule I 333 – u. Patriotismus III 277
Nationalsozialismus III **196 f** – u bürgerl. Gesellschaft I 227 – u Erziehung I 283 f – u. Ev. Jgd. 424 – u. Frauenbewegung II 11 - u. Jugendbewegung II 348 – u Leibeserziehung III 83
Nationalsozialist. Dt. Studentenbund IV 184
– – Lehrerbund III 67
native speakers IV 157
Natorp, B. C. L. III 58 342
Natorp, P. I 411 418 II 97 III **197** - u. Sozialpäd. IV 123 – u. Willensbildung IV 356
Natter, Ch. R. III 16
Natur u. Geist II 83
Naturformen d. Erziehung I 361 – d. Poesie I 297
Naturgemäßheit in Erziehung u. Unterr. III **197 f** 202 f III 300 f
–kundeunterr. I 198 ff
–lehre I 239 ff III 308
–philosophie I 201
–recht III **198 f**
–schutz, Umweltschutz III **199** – als Tierschutz IV 232 – u. Landschaftspflege-Verein III 199 – u. Zoo IV 404
–schutzreservate IV 232
–verständnis, kindl. III **199 f**
–völker, in Erziehung u. Bildung III **200 f** – u. Initiationsriten II 291 f
–wissenschaftl. Grundlagenforschung u. Inst. III 147 f
– Sammlungen III 465
–wissenschaft u. Geisteswiss. I 376 II 84
Natürl. Strafe IV 173
Naumann, F. I 118 II 34 III 407 IV 352
Nausea, F. II 400
Neander (Neumann), M. III **202** IV 387
Nebenämter, Nebenbeschäftigung d. Lehrers III **202**
–einkünfte d. Lehrers III **202**
Nebenius IV 371
Negt, O. II 492 IV 320
Neergard, K. v. II 249
Negative Erziehung III **202 f**
– Phase III **203**
– Transfer IV 238
Neid I 267 III **203 f**
Neill, A. S. II 432 III **204**
Neisser, A. II 114
Nell-Breuning, O. v. IV 108 120 f 279
Nelson, L. I 378
Neo-Analyse II 279 IV 252
–behaviorismus III **204 f**
–empirismus III 335
–Humboldtismus IV 152
–liberalismus III **205 f**
–marxismus u. Ordnungsbegriff III 246
–positivismus III **334 ff** – u. krit. Theorie II 493
–psychoanalyse III 363 IV 231
Neri, Ph. III **206**
Nestwärme III 467
Neubert, W. I 379 III 9

Neue Erziehung, d., Zschr. I 358
- Mathematik III 145 f
Neuendorff, E. II 325
Neuenzeit, P. III 421
Neue Ordnung, d., Zschr. I 26
Neuere Sprachen, d., Zschr. IV 396
Neue Staffette, Zschr. II 378
- Testament im Religionsunterr. I 168 III **206 ff** – u. Gottebenbildlichkeit II 149 – u. Gottesbegriff II 150 – u. Hoffnung II 240 – u. Menschenwürde III 154 – u. Reich-Gottes-Lehre III 400 – u. Volk Gottes IV 316 – u. Welt IV 350
- Unterrichtspraxis, Zschr. III 395
- Wege im Unterr., Zschr. IV 395
Neugeborenen-Hörtest II 253
Neugier III **208**
Neuhof-Erziehungsheim III 286
Neu-Humanismus II 258 f 261 III 342
– – päd. I 381
Neukantianismus II 107 III 385
Neumann, J. v. IV 139
Neumann, K. III 374
Neumann (Neander), M. III **202**
Neumann, O. IV 145
Neuntes Schuljahr IV 55 324 f
Neuphilologenverband III 68
Neuroleptika III 299
Neuropathie III **208 ff** – b. Kindern II 440 – u. Eßschwierigkeiten I 416
Neuropathologie d. Kindesalters III **210 f**
Neuro-Psychopharmakologie III 299 f
Neurosen III 208 ff **211 f** – u. Abwehrmechanismus I 5 f – u. Angst I 47 f – u. Konflikt II 471 – u. Labilität III 20 – u. Libido III 105 – u. Mutismus III 184 – u. Narkoanalyse III 194 – u. Psychohygiene III 364 – u. Schuldwahn IV 2 – u. Selbstmord IV 72 – u. Sexualität III 362 – u. Trauma IV 240 – u. Zwänge IV 407
Neurot. Fehlhaltungen u. Verwahrlosung IV 310
- Hemmung II 215
- Störungen I 406
Neuscholastik III 213
Neuseeland III **212 f**
Neusprachl. Gymnasium II 244
- Mitteilungen aus Wiss. u. Praxis IV 396
- Unterr. I 351 ff II 7 ff 323 f III 455 f IV 136
Neusüss, A. IV 281
Neuthomismus III **213**
New Education Fellowship II 310 331 III 275 349
Newman, J. H. III **213**
Newton, G. I 363
Nicaragua IV 366
Nicetas v. Remesiana II 399
Nicht direktive Methode I 407 III 371 372 – u. Spieltherapie IV 141
–ehel. Kind III **213 f** IV 340 – u. Vormundschaft IV 329
-intermittierende Bekräftigung I 139
-seßhaftenhilfe II 73 f III **214 f**
-vollanstalten IV 327
Nicolovius, G. H. L. III **215** 289 342
Niebergall, F. I 36
Niederer, J. III 286 289 311
Niederhöffer, A. II 339
Niederlande III **215 ff**
Niedersachsen III **218 ff**

Niedersächs. Bund f. freie Erwachsenenbildung e. V. III 25
- Gesetz- u. Verordnungsblatt IV 396
Niederwimmer, K. III 419
Niemeier, G. I 137 III 51
Niemeyer, A. H. III **220**
Niemeyer, W. III 103
Niesky Pädagogium III 270
Niethammer, Fr. I. II 258 III **220 f**
Nietzsche, Fr. W. I 267 II 347 III **221** 222
Nihilismus II 315 III **221 f**
Nickel, H. I 4
Nikolaus v. Kues I 253 258 II 46 III 477
Nikotin u. Jugend IV 194
Nimkoff, M. F. IV 378
Nink, C. I 419 III 385
Nipkow, K. E. III 416 IV 11
Nitschke, A. I 47 415 III 292 IV 308
Niveautest IV 218
Nivellierung III 470
Noack, B. II 349
Noah, H. IV 294
Nobel, A. III 222
Nobelpreis III **222**
Nohl, H. I 55 185 III **223** 257 – u. Didaktik I 299 – u. Gesinnung II 124 – u. Päd. als Menschenkunde II 87 f – u. Päd. Bezug III 267 – u. Schulturnen IV 247 – u. Sozialpäd. IV 123 – u. Verantwortung IV 284
Nominaldefinition I 263
-skala III 155
Nomologische Hypothese I 345
Nomothetisch III 270
Nongraded School I 259
Nonkonformismus II 472
Noolog. Päd. I 219
Nopitsch, A. III 187
Norbert v. Xanten III 337
Nordamerika IV 288 ff
Nordirland II **164 f**
Nordkorea IV 482 f
Nordrhein-Westfalen III **223 ff**
Gesetz- u. Verordnungsblatt IV 396 – u. Gastarbeiterkinder IV 60 – u. Grund- u. Hauptschullehrerausbildung III 61 – u. Realschullehrerausbildung III 62
Nord-Vietnam IV **198**
Norm, Normalität III **226**
Norm, Normativität III 404 III **226 ff** IV 88 – funktionale, ideale, statistische II 226 – soziale I 49 f – u. Freiheit IV 91 – u. Internationalisierung IV 131 – u. Pluralismus III 316 – u. Pragmatismus III 336 – u. Sitte IV 87 – u. soziale Vorurteile IV 333 f – u. Sozialisation IV 114 – u. Tabu IV 205
Normalverteilung IV 166
-schule III **229 f** – als Lehrerbildung III 58
-wortmethode I 465 II 59 III 102
Norman, D. A. I 130
Normative Erziehung III 230
- Erziehungslehre III 230
- Erziehungswiss. III 230 f
- Päd. III 41 f **230 f**
Normativität III **226 ff** – u. Sexualverhalten IV 80 f
Normativ-systemat. Lehrtheorie III 48 f

Normen päd. Handelns I 186 III 345
-lehre, päd. I 185 ff
-lernen II 138
Normierung IV 218
Northemann, W. II 103 IV 249
Norwegen III **231 f**
Noten u. Punktbewertung III **232 f** IV 399 402
Notgemeinschaft d. Dt. Wissenschaft I 275
Nothelfergemeinschaft d. Freunde IV 107
Nötigung II 132 f
Notker (III) I 142 315 III **233**
- d. Stammler I 142 315
Not-Lüge III 123 f
Notunterkünfte, Kinder in III 234 f
Novalis I 192 II 35
Novelle III **234**
Nullhypothese I 433 IV 166
-transfer IV 238
Numerus clausus II 231 ff
Nunn, Sir P. III **234** 386
Nunnally, J. C. II 290
Nyel, A. III 31
Nyssen, F. IV 273

Obdachlosenfürsorge III 74 III 4 215 – u. Gemeinwesenarbeit II 95
-siedlungen, Kinder in III **234 f** IV 257
Oberhausen-Kolleg II 298
Oberländer, G. I 173
Oberlin, J. Fr. II 293 427 III **235**
Oberlyzeum III 131
-präsidium IV 31
-realschule III **235**
Oberschall, A. IV 112
Oberschulamt III 490
-schulen III 242 f III 130 f 235 – techn. Zweiges (OTZ) III 388
-schulkollegium in Preußen III 342
-schullehrer III **235**
-schulrat IV 43
-studiendirektor III **235 f**
-studienrat III **236** IV 187
Objektivismus IV 380
Objektivität u. Aussage im Fragebogen I 270
Objekt- u. Metasprache I 346 III **157 f**
Oblaten d. hl. Franz v. Sales III 464
Oblatinnen III 464
Obraszow, S. v. IV 49
Odenbach, K. IV 253
Odenwaldschule III 19 III 23 346
Ödipuskomplex III 30 312 III **236** IV 79
OECD I 223 IV 366
Ökumen. Theol. IV 224
Oerter, R. II 435 IV 14
Oestreich, P. I 72 III 39 **236** IV 50 117
Oetinger, F. III 320 458
Oetinger, F. C. III 276 311
Oevermann, U. I 127 177 II 40 III 259 IV 8 154 273
Offenbacher Schrift III 481
Offenbarung u. Bildung I 247 ff – u. Kerygmatik II 413 f
Offene Schultür II 255
- Tür II 211
Offenheit III **236 f**
Offenherzigkeit III 237
Öffentlichkeit III **237 ff** – d. Schul-

unterr. u. d. Schule III **239 ff** IV 19 f 25 29 51 – u. Sprache IV 155
Öffentl. Bücherei I 171 f IV 165
– Erziehung III **237**
– Gewalt III 237 f
– Meinung III 238 f
– Schulwesen in USA III 135 – u. Freies Schulwesen I 383
– Verwaltung, d., Zschr. IV 396
Office of Child Development IV 331
Officium Catechisticum III **241**
Offik IV 49
Offner, M. I 456
off the job II 44
Ogburn, J. II 53
Ogburn, W. F. IV 341 f 378
Ohnesorg, B. III 324
Ohser, E. I 256
Ökolampad, J. III 151
Ökologie III **241**
Ökonomie d. Lehrens u. Lernens I 188 f III 379 – u. Bildung I 271 ff
Ökonom. Typ III 286
Oktoberkinder IV 102
Ökumen. Diakonie II 293 f
– Erziehung III **241 f** IV 24 304
– Rat I 423
– Schule II 92
Ökumenismus III 241 – Dekret II 481
Oligophrenien II 304 III **242 f** IV 56
Olivier, L. H. F. III 300
Ollenhauer, E. IV 117
Onanie III 143
Ontogenet. Grundgesetz III 81
Ontologie III **243**
open air schools II 23
Open-door-System III 24
Operationale Definition III **243 f**
Operationalisieren v. Lehr- u. Lernzielen IV 209 f
Operationalismus III 244
Operatives Konditionieren II 468
Opiumgesetz III 383
Opposition III **244**
Optimismus, päd. II 155
Optische Täuschung III **244 f**
Oraison, M. I 419
Orale Phase IV 79
Oral-Raum III 381
Orbis pictus I 173 254
Orden d. Heimsuchung Mariens II 9
Ordensdirektorenvereinigung IV 287
–erziehung u. Gehorsam IV 261 f
–schulen III **245 f**
–schulverbände IV 287
Ordinarius II 237 f
Ordnung, Erziehung z. III **246 f** IV 405 f
Ordnung d. Berufserziehung, internat. IV 377
Ordo-Liberalismus III 205
Orffsches Instrumentarium III 178
Organisation d. afrikan. Einheit I 475
– f. wirtschaftl. Zusammenarbeit u. Entwicklung (OECD) I 223 IV 376 f
– u. Bürokratie III **247 f**
– for Economic Cooperation and Development (OECD) IV 296
Organismisches Denken I 147
Organistendienst II 391 III **248**

Organminderwertigkeit III 164
Oriens Christianus, Zschr. II 148
Oriental. Inst. d. Görres-Gesellschaft II 148
Orientierendes Lernen I 428
Orientierungsreaktion III **248**
–stufe IV 15
origence-Typ III 285
Origines I 267 II 393 f
Orlik, P. IV 399
Ortega y Gasset, J. III 141 **248 f** IV 93
Orthmann, W. IV 150
Orthographie III 392 f
Orthopädie II 202 III **249 f**
Ortlieb, H. D. IV 369
Oscar I 143
Oseretzki, N. J. II 204
Osgood, C.E. I 130 II 290
Ostendorf, J. III 397 473
Oster, H. I 207
Ostern II 443
Österreich III **250 ff** – u. Philosophieunterr. im Gymnasium III 305 – u. polytechn. Lehrgang III 329 – u. Pro Juventute III 353
Östr. Arbeitsgemeinschaft f. Heilpäd. II 120
– Berufserziehung, d., Zschr. IV 396
– Hochschulzeitung IV 396
– Höhere Schule, d., Zschr. IV 396
– Päd. Warte, Zschr. IV 396
– Volkshochschule, d., Zschr. IV 396
Ostforschung, päd. – dt. Pestalozzi-Gesellschaft II 119
Ostpäd.-Veröff. II 119
OStR III 236
Otfried v. Weissenburg I 297
Otloh I 315
Ott IV 369
Ott, R. I 175
Otto Truchsess v. Waldburg I 231
Otto, B. I 81 II 19 III **253 f** – u. Gesamtunterricht II 102
Otto, G. I 415 427 III 13 ff 411 426 IV 209 211 f 270
Otto, L. II 10
Otto-Peters, L. III 127
Outcalt I 255
outgroup II 172
Output, schul. IV 6
Outward Bound School II 181 III 17
overachievement III 86
Overberg, B. H. II 52 III 58 229 **254**
Overheadprojektor I 87
overprotection III 185
Ovid I 39
Ovsiankina, M. II 186
Owen, R. II 97 427 III **254** IV 117
Oxenstierna I 252
Oxford-Bewegung III 213

Pache, O. I 282 IV 371
PAD III 266 IV 16
Pädagoge, Pädagogin I 390 f II 364 428 III 50 ff 64 f IV 122
Paedagogia europea, Zschr. IV 395
Paedagogia perennis III 271 282 f
Pädagogicum III **302 f**
Pädagogie III **255**
Pädagogik III **255 ff** – geisteswissenschaftl. als Wertpäd. IV 354 – histor. u. systemat. Erziehungswiss. II 105 – prospektive II 53 – als Erfahrungswiss. I 347 ff – als Geisteswiss. II 85 – als philos. Wiss. I 348 – als Studienfach III 259 f – als Unterrichtsfach III 259 – b. B. Otto III 253 – d. Reflexivität u. Demokratie I 265 – d. Romantik III 445 f – d. Jugendalters II 339 f – d. Laissez-faire u. Demokratie I 265 – d. Nationalsozialismus III 196 f – u. Arbeitspluralismus III 315 – u. Ethik I 418 – u. Existenzphilos. I 429 ff – u. Ganzheitsprinzip II 55 – u. Gesch. d. Erziehung II 104 ff – u. Gesch. d. Erziehungswiss. II 106 f – u. Gesinnungsbildung II 123 f – u. Phänomenologie III 297 f – u. Philos. III 303 f – u. Politik IV 164 – u. Positivismus III 335 – u. Presse III 341 – u. Religionssoziologie III 420 – u. Soziologie II 120 ff IV 131 ff – u. Terminologie IV 216 f – u. Theol. III 428 IV 65 f **222 ff** 224 f – v. Kinde aus III 397 f – u. Lebensphilos. III 42 – u. Odenwaldschule III 23 – u. Päd. Psychol. III 265
– Zschr. f. I 31 IV 395
– heute, Zschr. IV 395
– wiss. Vjschr. IV 395
Päd. Akademien III 58 403
– Anthropologie I **55 f**
– Antinomien I 58 f 306
– Arbeitsstelle d. Dt. Volkshochschulverbandes III 296
– Arbeitsstelle in Wiesbaden II 228
– Archive I 312
– Assistent, Mitarbeiter III 493
– Atmosphäre III **261**
– Auskunftsstelle I 312
– Auslandsstelle IV 16
– Austauschdienst III **266** IV 16
– Beiträge, Zschr. IV 395
– Bezug I 390 III 261 f **266 ff** 282 – u. Erziehungsmaßnahmen I 404 – u. Gehorsam III 262 – u. Grenzen d. Erziehung II 155 – u. päd. Takt IV 207 – u. Verantwortung IV 283 f – u. Versprechungen IV 306 – u. Vertrauen IV 308
– Bibliographie I 312
– Bibliotheken I 171 f
– Buchtypen I 217
– Distanz III **261 f** 267
– Dokumentation I **311 ff** – internat. I 312 – in d. BRD I 312 – in d. DDR I 312 – in d. Sowjetunion I 312 – in d. USA I 312 f – u. vergleichende Erziehungswissenschaft IV 295 f
– Eurhythmie III 438
– Fachzeitschrift, Anfänge III 341
– Fakultät III **262**
– Feld III 261
– Forschung I 413 f
– Forschungsarbeiten, Dokumentation I 312
– Hermeneutik I 348
– Hochschulen II 235 III 60 **262 ff** – als wiss. Hochsch. III 264 – u. Studienangebot I 308
– Informationszentren I 171
– Inst. II 295 ff IV 259
– Kernstudium III 260
– Lehrbücher III 45 f
– Liebe III 107
– Mitarbeiter u. Schule III 493

- Normensystem III 227 f
- Praxis III 255
- Provinz II **317 f** III 23 f 261 – u. Umwelt IV 256 f
- Psychologie I 333 ff III **265 f**
- Psychol. Studien, Zschr. III 265
- Revue III 133
- Rundschau IV 395
- Selbstrolle III 443
- Seminar u. Päd. Forschungsinst. d. Bundes d. Freien Waldorfschulen II 296
- Situation III **269 f**
- Soziologie III **270** IV 132
- Takt III 267 IV 206 f
- Tatsachenforschung I 349 III 290
- Technologie III 159
- Terminologie IV 216 f
- Utopie IV 280 f
- Verbandszschr. III 341 f
- Vereine u. Verbände IV 285 ff
- Vereinigung, internat. II 310 f
- vergleichende, Zschr. IV 395
- Verhältnis III 266 ff
- Welt, Zschr. I 233 IV 395
- wissenschaftl. Zschr. IV 395
- Zeitschriften IV **394 ff**
- Zentralbibliothek I 171 II 296 f
- Zentrum III 296

Pädagogium III **270**
Padberg, R. II 91
Päderastie II 250 III **270 f**
Pädiatrie, soziale IV 125
Pädologie II 364 III 271 f
Pädophilie III 271 IV 175
Paideia I 195 f II 158 f III 313 – u. alétheia II 158 – u. Röm. Erziehung III 446
Paidologie II 364 420 III **271 f**
Paish, F. W. III 205
Pakistan III **272 f**
Palágyi, M. IV 314
Pallat, L. III **273**
Pallottiner, Pallottinerinnen III **273 f**
Palmer, Ch. I 425 III 230
Panamá III 35
Panlogismus III 380
Pansophie I 253
Pantainos, Hl. II 393
Pantheismus I 201
Pantomimik I 99 III **274**
Papez, J. W. II 77
Paplauskas-Ramunas, A. III **274**
Päpstl. Missionswerk d. Kinder in Dtl. (PMK) III **274**
Paradoxe Intention III 123
Paradoxie u. Witz IV 385
Paraguay III 35
Paralleltest III 410
Parapsychol. III **274 f**
Pareto, V. I 338 II 269 III **275** IV 129
Pariser Nationalversammlung u. Menschenrechte III 153
Park, R. E. II 90
Parker, F. W. IV 289
Parkhurst, H. I 72 259 III **275**
Parlamentar. Opposition III 244
Parochialprinzip II 91
–schule III 292
Parodontose IV 393
parole IV 152
Parole et Mission, Zschr. IV 321
Parreren, C. F. von II 29 III 101
Parsch, P. III 38
Parsons, T. I 167 II 171 471 III **275 f**

– u. Solidarität IV 95 – u. Sozialstruktur IV 129
Partei u. Presse III 340
Parteisoziologie, polit. III 327
Partialtriebe III 460
Partielle Korrelation II 486
Partnerarbeit IV 110 f
Partnerschaft II 31 III **276** – u. Erziehung IV 63 – u. Wettstreit IV 355
Partnerübung IV 254
Partner-Unterr. IV 111
Pascal, B. I 172 II 107 III **276 f**
Pascal, J. III 332
Passow, A. H. IV 111
Pastoralkonstitution Gaudium et spes II 480
Pate, Patenschaft IV 208 f
Patriotismus III **277**
Patronat III **277**
Patronatsherren III **277**
pattern drills I 353 II 323 III 227
pattern variable IV 129
Paul, H. I 127 f
Paul (VI) IV 121
Pauli-Test I 128
Paulmann, Chr. III 39
Paulsen, Fr. II 223 III **278** 304
Paulsen, W. II 183
Paulus, Hl. II 137
Paulus Diaconus II 392
Paulus, Zschr. IV 321
Paul v. Saló II 6
Pause III **278** IV 26
Pausenhof d. Schule III 492 IV 25
Pavillonschulen IV 26
Pavor nocturnus III 209 472
Pawlow, I. P. I 269 II 468 III 93 **278 f** 395 – u. Hemmungsarten, neurophysiolog. II 214 f
Pawlowscher Hundeversuch III 278
Pawlow-Schule u. Neurosenlehre III 211 f
Pearson, Ch. H. II 279
PEC III 291
Peck, R. I 33
Pedagogische Studiën, Zschr. II 268
Peil, R. I 135 III 416
Peirce, C. S. II 312 III 336 IV 151
Penisfixierung III 143
Pennock II 261
Pensionierung d. Lehrer III **279**
Peraldus I 314
Perikles III **394**
Periodik in d. Entwicklung III 437
Perky, C. III 299
Perlmann, H. I 335 f
Permanent Conference of the allied Ministries for Education IV 258
Perpinà, P. J. II 333
Perquin, N. C. A. I 415 III 257
Perrault, J. II 423
Perry, R. B. III 386
Perseveration III **279 f**
Persien III 312 f
Persius, A. F. III 178
Person, Personalismus III **280 f** IV 69
Persona-Genese III **281**
Personalakten III **281 f**
Personale Beziehung III **282**
– Päd. III 258 **282 f**
Personalisation III 86 99
Personalismus III **280 f**
Personalität u. päd. Norm III **282 f**
Personalrat u. Schulen III 283
–vertretung III **283**

Personeller Oberbau I 350 III **283 f**
Persönlichkeit III 284
Persönlichkeitsapperzeption u. Einfühlung I 332 –bildung II 7
Fremdsprachunterr. II 7
–fragebogen I 270 III 366
–Interessen-Test III 366
–pädagogik I 219
–psychologie I 237 f 333 ff III **284** ff IV 13 f – u. deskriptive Methode I 271 – u. Eigenschaften I 329 f – u. Labilität III 19 – u. Phantasie III 299
–recht u. Minderjährigen I 215
–störung als Lernstörung III 96
–test IV 218
–theorie I 330 III **284**
–typen III **284 ff** IV 215 f 249
–zerfall I 381
Perspektivpäd. II 53
Perú III 35
Perversion III 141 IV 79
Perzeption I 60 IV 339
Pesch, H. IV 121
Pessimismus, päd. II 155 f
Pestalozzi, J. H. I 181 259 362 III 83 **286 ff** – u. Elementarbildung I 337 – u. päd. Bezug III 267 – u. Schulleben IV 33 – u. Strafpäd. IV 173 – u. Volksbildung IV 317
Pestalozzianer III **289 f**
Pestalozzidorf II 424
–Forschung IV 84
–Fröbel-Haus III 480
–Fröbel-Verband IV 286
–Gesellschaft, dt.-päd. Ostforschung II 119
–Knabenschule III 311
Peter Abaelard III 478
Peter d. Gr. IV 99
Peters, H. I 174 II 148
Peters, K. II 490
Peters, U. IV 204
Peters, W. II 203
Petersen, E. M. IV 273
Petersen, P. I 49 III 106 255 257 **290 f** – u. Erziehungswirklichkeit I 410 – u. Führungslehre d. Unterr. II 44 f – u. Jenaplan II 331 f – u. Schulgemeinde IV 25
Petrarca II 258
Petrescu, I. C. III 454
Petrus Aureoli III 380
Petrus Lombardus III 478
Petsch, R. I 301
Pettenkofer, M. v. II 264
Petty, W. I 73 IV 112
Petzelt, A. I 365 II 168 III 258 283 **291** – u. Präventivpäd. IV 327
Peuckert, E. W. III 461
Peuple et Culture (PEC) III **291**
Pewsner, M. S. III 389
Peyote-Kult III 383
Pfadfinder III **291 f**
–gesetz III 291
–innenbewegung III 291
Pfaffenberger I 4
Pfähler, G. I 95 III 285
Pfänder, A. I 334 418 III 296 IV 354
– u. Willenstheorie III 357
Pfankuch, K. IV 394
Pfannenstiel, E. III 10
Pfanzagl, J. III 155
Pfarrgemeinde II 91
–schulen III 167 f **292** IV 321
Pfaundler, M. v. IV 125
Pfeffer, F. I 347

Pfefferkorn, J. III 433
Pfeil, E. III 65
Pfennig, R. I 176 II 441 III 13
Pfister, M. IV 219
Pfister, O. III 419 IV 406
Pflanzensammlung II 216
Pflege III **292 f**
–amt III **293**
–kind, Pflegekindschaft I 8 f III 214 **293 f**
–kinderschutz III **294**
Pfleger II 103 III 294
Pflegevorschulen II 373
Pflegschaft III **294**
Pflicht III **294 f**
–ethik I 417
–fächer u. Stundentafel IV 191
–stunden d. Lehrers III **295 f**
Pfliegler, J. II 142
Pfliegler, M. III **296**
Pflug, J. II 400
PGR II 54
Phallische Phase II 392 f III 236 IV 79 –ödipale Phase III 362
Phänomenologie III **296 ff** – philos. II 263 – d. Lehrens III **47 f** – u. Erfahrung I 376 – u. Erkenntnistheorie I 377 – u. Erziehungswiss. I 413
Phantasie III **298 f**
Phantastik III 299
Pharmakologie III 299 f
Pharmakopsychiatrie III 299 f
Pharmakopsychol. III **299 f**
Phasengemäßheit d. Unterr. u. d. Erziehung III **300**
Phenix III 72
Phenylketonurie II 257 III 210 IV 56
Philanthropen I 92 230 f II 124 f – u. Schulgarten IV 23 – u. Sexualpäd. IV 82
Philanthropen-Zschr. II 227
Philanthropine II 179 III 300 464
Philanthropismus (Philanthropinismus) III **300 f**
Philippinen III **301 f**
Philolaos III 380
Philologe IV 187
Philologenverband, dt. III 67
philosophia perennis III 271
Philosophicum, Pädagogicum III **302 f**
Philosophie, analyt. u. Erkenntnistheorie I 377 – d. Negritude I 11 – u. Enthusiasmus I 356 – u. Erziehungswiss. I 412 415 f – u. Funktionalismus II 46 – u. Ganzheitsprinzip II 54 – u. Päd. III **303 f** – u. Phänomenologie III 296 f – u. Positivismus III 334 f
Philosophieunterr. am Gymnasium III **304 f**
Philosoph. Anthropologie I 53 ff
– Idealismus II 267 f
– Jb. II 148
–theol. Hochschulen II 233 **234**
Phi-Phänomen III **305**
Phlegmatiker IV 215
Phobie III **306**
Phonem III 306 IV 153 176
Phonetik III **306** IV 162 f
Phonologie III 306
Phonometrie III 306
Photographie im Unterr. III **306 f**
Phylogenetik u. menschl. Körperbau III 81
Physikal.-Techn. Reichsanstalt I 221

Physikunterricht I 239 II 245 III **307 ff**
Physiognomik I 98 f III **309 f**
Physiognom. Erleben I 332
Physiologie d. kindl. Körpers II 417 f
Piaget, J. I 197 363 365 III **310** – u. Adaptation I 7 – u. Gruppierung II 177 – u. kognitive Entwicklung d. Kleinkindes II 457 – u. Lerntheorie III 94 – u. Rechendidaktik III 390 – u. Reversibilität III 434 – u. sittl. Entwicklung IV 88 – u. Zahlenbegriffsentwicklung IV 392 – u. Zeitbegriff d. Kindes IV 393
Piaristen I 229
Piatti, C. I 173
Picard, M. II 94 252
Pichler, W. II 401
Picht, G. I 69 127 187 II 53
Pickel, A. III 407
Pico della Mirandola I 53
Pieper, A. IV 107 326
Pieper, J. II 94 III **310** 478
Pierce, J. D. IV 289
Pietismus III **310 f** – u. Erziehung II 224 – u. preuß. Schulwesen III 342 – u. Reich-Gottes-Lehre III 401
Pikkel I 45
Piktographie III 483
Pilzecker, A. I 456 II 71
Pinel III 24
Pinna-Reflex III 344
Pionierorganisation II 17 IV 102
Piper, O. I 378
Pirogol, N. I. IV 280
Pistor, F. IV 393
PI-Test III 366
Pitkin, W. B. III 386
Pitt, W. d. J. III 394
Pius (X.) IV 121
Pius (XI.) IV 121
Pius (XII.) II 444
Piscator, J. I 252
pl, Zschr. III 78
Placebo-Effekt III 372
Plamann, J. E. III 289 **311 f**
Plamannsche Anstalt II 325
Plan, Zschr. IV 352
Planetarium, Tellurium III **312**
Planwirtschaft IV 378 f
Plastizität III **312**
Platon I 264 293 II 267 III **312 f** – u. Egoismus I 321 – u. Erziehung II 159 – u. Sophisten IV 98 – u. Vernunft-Verstand IV 305 – u. Wissenschaftslehre I 375
Platter, Th. I 443
Pleßner, H. I 54 f III **313 f** IV 144
Plinius I 199
Plauen, E. O. I 256
Plötz, K. II 8
Plügge, H. II 66 III 83
Pluralismus, Pluralist. Gesellschaft II 249 III **314 ff** IV 133
Plutarch III **316 f**
PMA III 344
PMK III 274
Pocci, F. v. I 173 II 349
Pocken II 272
Podiumsdiskussion III 317
Poe, E. A. III 16
Poffenberger, A. T. IV 219
Pöggeler, F. I 44 69 II 166 274 III 438

Poiesis III 339
Poignant, R. IV 295
Poincaré, H. II 488
Polaritätsprofil III 366
Polen III **317 ff**
Polin, R. I 418
Poliomyelitis II 431
polis III 327
Politik als Wiss. III **319 f** – u. Erziehungswiss. I 415 – u. Establishment I 416 f – u. Friedensforschung II 33 – u. Hochschule I 30 – u. Päd. IV 164 – u. päd. Utopie IV 280 f – u. polit. Soziologie III 327 – u. Sprache IV 155
Polit. Arbeitskreis Oberschulen, PAO IV 20
– Bildung I 264 ff II 309 III 319 **320 ff** – als Sexualerziehung IV 83 – b. Th. Litt III 116 – d. Jugend I 222 – in d. Erwachsenenbildung III **323 f** – in d. Hauptschule II 192 – in Geschichte u. Schule III **320 ff** – u. Erdkundeunterricht I 372 – u. Rechtskunde III 393 – u. Schule IV 3 – u. Schulfunk IV 22 – u. Schulkritik IV 32 – u. Schülerselbstverwaltung IV 19 – u. Sozialkunde IV 118 f
– Bildung, Verband IV 287
– Bildung, Zschr. IV 395
– Erziehung d. Jugend II 365 – d. Studenten in China I 245 – in Schule u. Demokratie I 264 – u. soziale Dienste IV 108
– Hochschulgruppen III **324**
– Päd. IV 236 f
– Parteien u. Bildungswesen III **324 ff**
– Psychol. III **326**
– Soziologie III **326 f** – b. V. Pareto III 275
– Theol. III **327 f** – u. Päd. IV 224 – u. Reich-Gottes-Lehre III 401
– Theol. u. Studentengemeinde IV 182
– Typ III 286
– Unterricht III 320 ff IV 118
– Urteil u. Wissenskanon I 265 f
– Weltkunde als überfachl. Unterr. IV 250
Politisierung d. Öffentlichkeit III 355 ff – d. Unterr. im Nationalsozialismus I 283 f
Polizei-Inst. Hiltrup III 328 f
–schulwesen III **328 f**
Pollock, F. I 106
Poltern IV 149 159
Polybios III 446
Polyglottismus III 150
Polytechnikum Wien II 233
Polytechn. Bildung I 72 ff 274 III 140 f **329 f** IV 99 f 211 – b. Engels I 351 – in Bulgarien I 220 – in Polen III 317 ff
– Bildung u. Erziehung, Zschr. IV 395
– Lehrgang in Österreich III 251
– Schulen III 329
Pombal, S. J. de III 333
Ponce de León II 81
Pongide IV 232
Pönologie II 490 IV 172 ff
Pontificium Athenaeum II 5
Pop-Art III **330**
Popitz, H. I 160 II 306 III 443
Popmusik II 331 III **330 f** 472

457

Popp, W. III 459
Pöppel, K. G. III 258
Popper, K. R. I 345 376 446 II 118 III 259 **331** IV 383
Popplow, U. II 325
Popularisierung III **331 f**
poular music III 330
Population IV 166 217
Populationsgenetik II 257
Pornographie II 353 f
Porta, J. B. III 310
Portmann, A. I 54 198 II 39 III 272 **332**
Port-Royal III **332 f**
Portugal III **333 f**
Portugies. Inst. d. Görres-Gesell. II 148
Porzig, W. I 287
Posch, P. IV 6
Positiver Transfer IV 238
Positivismus, Neopositivismus II 83 III **334 ff** 385 IV 380
Possevino, A. II 333
Posthypnose IV 200
Posthypnot. Auftrag II 265
Postmann, L. II 100 III 285
Potenz IV 64
Pouget, R. II 400
Pour l'Ère Nouvelle, Zschr. I 463
Prädikatorenlogik III 122
Praedica verbum, Zschr. I 233
Präfekt III **336**
Pragmatismus III **336** 352 f
Prägung IV 299
Prakke, H. III 340
Präkognition III 274 f
Praktisch-Bildbaren-Päd. (Geistig-Behinderten-Päd.) III **336 f**
Praktische Theol. IV 224
Prämonstratenser Chorherren III **337 f**
Präparate I 200 III **338**
Präsidialverfassung III **338** 409 f
Pratt, J. B. III 386
Präventivpäd. I 165 f IV 327 f
Praxis d. Kinderpsychol. u. -psychiatrie, Zschr. II 439
- d. Mathematik, Zschr. IV 395
- d. Naturwissenschaften, Zschr. IV 396
- d. neusprachl. Unterr., Zschr. IV 396
- u. Theorie III **339** IV 227 f
Predigt III **339 f**
Preibusch, W. IV 273
preschool-education-Programme IV 330
Presse III **340 ff** - in Schule u. Familie IV 397
Pressey, S. L. III 75 350
Pretzel II 135
Preusker, K. III 26
Preuss, J. W. III 289
Preußen III **342 f** 399
Preuß. Akad. d. Wiss. III 84
- Jugendpflege-Erlaß II 343
- Schulreform II 261 III 438 - u Philosophieunterr. III 304
- Regulativ ü. d. Beschäftigung jgdl. Arbeiter in Fabriken II 370
- Schulwesen I 30
Preußler, O. II 349 423
Preyer, W. T. I 362 II 434 III **344**
Preyer-Reflex III 343
Priesterbildung I 97
Príhoda, V. I 246 III **344**
Primarbereich III 487 f IV 177

Primärfähigkeiten (Primary Mental Abilities) II 302 III **344**
-gruppe II 171 IV 30
Primarschule II 169 f IV 321 - in Großbritannien II 164 f
-stufe, Sekundarstufe III **344 f** IV 190
Primäre Identifikation II 268
- Triebe IV 240
Primary Mental Abilities III **344**
Primate IV 232
Primitivpubertät u. Schule II 369
Prinzenerziehung II 52
Prinzhorn, H. III 469
Prinzipien u. Maßgaben d. Erziehung III **345**
Priscian I 38 315
Privatdozent II 181 238
Privates Hilfswerk III 352
Privatlehrer II 194 III **345 f** 348
-recht u. Hausordnung II 195
-schulrecht II 194 III 347
-schulwesen III 19 III 245 f **346 ff**
- u. öffentl. Schule III 346 - u. Schulaufsicht III 490
-schulwesen, Verbände IV 287
-unterr. III **348**
Proaktive Hemmung II 70
Probabilismus, sittl. III **440**
Probejahr d. Lehrers IV 187 f
Problemi della pedagogia, i, Zschr. IV 327
Problemgeschichte III **348 f**
-kind I 406
-lösen III 79 93 **349**
-orientierter Religionsunterr. III 426 f - Unterr. in Physik III 309
Probst, E. II 422
Prodikos IV 98
Produktionsschule I **72 ff** IV 50
-unterr. in d. Sowjetunion III 329
Produktives Denken I 269 II 487 III **349**
Produkt-Moment-Korrelation II 486
Profane Literatur u. Dt.-Unterricht I 288
Professor III **349 f**
Prognose u. Wissenschaftstheorie I 345
Programmierter Unterr. I 218 256 f III 75 f **350 ff** - u. kybernet. Päd. III 19 - u. Lernplatz I 256 f - u. Partnerschaft III 276 - u. Sprachlabor IV 157 f
- Unterr., Bibliographie I 312
Programmierung, intrinsinische I 256 - lineare I 256
Progressive Education I 72 II 390
- Association II 310
Progymnasium II 242 IV 327
Pro Helvetia III 4
Pröhle, H. II 325
Pro Infirmis III 352 IV 62
Project Head Start IV 330
Projektmethode I 72 III **352 f** IV 329 - u. Lebensnähe d. Schule III 41 - u. Wirtschaftslehre IV 369
Projekt-Plan III 397
Projektion I 5 6
Projektionsapparat I 87
Projektive Tests III 367 IV 219
Pro Juventute II 419 424 III **353** IV 62
Proletariat III **353 f**
Promotionsordnung I 311
Prorektor III 409
Proschek II 179
Pro Senectute III **354**
Prosper v. Martigné II 6

Prostitution IV 175 - jugendl. III **354 f** IV 309 - gastl., gewerbsmäßige, religiöse III **354 f**
Protagoras IV 98
Protestant. Päd. I **425 f**
- Schulwesen u. Humanismus II 258
Protestbewegungen III **434 f** - jugendl. III 324 **355 ff** - student. IV 180
Proudhon, P. J. I 43
Provinzialschulkollegien, preuß. IV 31
Provos II 340
Prozentrangnormen IV 218
Prudentius, A. C. I 315 III **357**
Prüfen, Erproben III **357 ff** 359 ff
Prüfungsfrage I 485
-situation III 360
- u. Berechtigungswesen III 168 f **359 ff** IV 164 f 411
Prügelstrafe IV 173
Pseudodebilität II 304
Pseudo-Dionysios II 144
Psilocybin III 382
Psychagogik III **361**
Psychische Ersatzbefriedigung I 302
- Hygiene III **363 f**
- Krankheit u. Unterbringungsrecht IV 268
- Störungen b. Kindern II 440
Psychoanalyse (u. Erziehung) II 279 III **361 ff** 371 447 IV 220 f - u. Abwehrmechanismus I 5 f - u. Angst I 48 - u. Animus, Anima I 48 - u. Denktheorie I 269 - u. Fetischismus I 464 - u. Gefühlslehre II 77 - u. Initiationsriten II 292 - u. Kommunenerziehung II 461 ff - u. Personbereiche II 266 - u. Minderwertigkeit III 164 - u. Motivation III 176 - u. Narkoanalyse III 194 - u. Religionspsychol. III 418 f - u. sittl. Entwicklung IV 88 - u. Spiel IV 138 - u. Trauma IV 240 - u. Übertragung IV 252 - u. Vaterbild IV 282
-diagnostik I 292 f - u. Anamnese I 42 f - u. Test I 293 - u. Themat. Apperzeptionstest IV 222
-drama II 205 - Morenos II 175
-dynamisch Behinderte II 131
-gene Psychosen III 370
-genet. Grundgesetz II 182
-gnostik I 46
-graphie I 304
-hygiene II 264 437 - (Mental hygiene) III **363 f** - f. Kinder u. Jugendl. II 439 f
-kinese III 274 f
-linguistik IV 153 f
Psychologie III **364 ff** - analyt. I 78 - angewandte I 46 - experimentelle I 84 - gerichtl. I 479 f - Messungen, m. d. IV 74 166 f 217 ff 222 - Methoden, d. 485 f III 155 f 366 f 368 IV 128 - vergleichende IV 296 f - als Unterrichtsfach III **367 f** - d. Blinden I 203 f - d. Jugendalters II 338 f - d. Lehrens III **46 f** - d. Lehrers u. Erziehers III 53 - d. Neugeborenen I 363 - d. Politischen III 326 - d. schwer behinderten Kinder I 131 f - d. Sexualität IV 78 f - d. Strafe IV 174 f - d. vorgeburtl. Periode I 363 - u. Einzel-

hilfe I 336 - u. Erziehungswiss. I 414 - u. ihre Teilgebiete III 365 - u. Päd. Psychol. III 266 - u. Rollenbegriff III 444 - u. Tiefenpsychol. IV **230 f**
Psychol. Typenlehren III 285 IV 249 - Untersuchung b. Berufsberatung I 149
Psychologismus III **368**
-metrie III **368**
-neurosen III 211
-pathie III **368 f** - autistische I 83 - b. Kindern II 440
-pathologie u. Fanatismus I 455 - u. Vitalität IV 314 - u. Willensstörung IV 358 f
-pharmaka III 299
-pharmakologie III 299 f
-phonetik III 306
-physik I 456 II 128 III **369** - u. Elementenpsychol. I 338
-physiologie I 24
Psychophys. Parallelismus III **369**
Psychosen III **369 f** 472 - u. auffällige Verhaltensweisen IV 300
Psychosexuelle Entwicklung IV 78 ff
-somatik III 82 363 **370**
-somimetika III 299
-technik I 46 III **370 f**
-therapie II 404 f III 361 **371 f** IV 230 f - u. behinderte Kinder I 131 f - u. Heilerziehung III **372 f** - u. Hypnose II 265 - u. Kindheitsentwicklung III 362 - u. Logotherapie III 122 f - u. Psychopathie III 369 - u. Seelsorge III 231 f - u. Spiel IV 141 - u. Traumdeutung IV 239
Psychot. Erkrankungen u. Körperbau III 284 f
Pubertas praecox II 41
Pubertät III 405 f - b. Mädchen III 203 - u. Selbsterziehung IV 71
public schools in Großbritannien II 162 - u. Schülerselbstverwaltung IV 19 - u. Sport IV 144
Publizität I 217
Pufendorf, S. III 316
Puppenspiel III **373** IV 139 162
Puppentheatersammlung III 373
Pursuit Rotor II 114
Pyknisch-zyklothym III 284 f
Pylorospasmus III 209
Pythagoras III 143 373 380
Pythagoreische Päd. III **373**

Quadrivium I 315 III 168 IV 5
Quasi-Bedürfnisse II 186 III 177
-Experiment I 432
-Invarianzen I 346
Querschnittsuntersuchung, psycholog. III 367
Questionnaire III 366
Quick, H. III 378
Quickborn III **374** 449 - Arbeitskreis III 374
Quick-Check-Audiometer II 204
Quine, W. V. I 42
Quinet, Ch. A. II 401
Quintilian III **374 f** 446

Raab, K. II 401
Raasch, R. III 321
Raatz III 89
Rabanus Maurus II **255**
Rabelais, F. III 375
Rachitis II 430

Rachmann, S. III 212
Racine J. B. III 332
Rad, G. v. I 37 IV 77
Radl, H. II 203
Radnitzky, G. I 42
Radonvilliers, Abbé de II 59
Rahmenplan I 276 III **375 f** - f. d. Glaubensunterweisung II 399 420 f - f. d. kath. Religionsunterr. an d. Gymnasien d. BRD II 399 - u. Grundschule II 169 - u. Realschule III 388 - u. Schulversuche IV 307
Rahner, H. II 393 414
Rahner, K. I 57 378 III 340 IV 202 - u. Glaubensgemeinde IV 316 - u. Kurzformeln d. Glaubens IV 203
Raiffeisen II 97
Raikes, R. II 371
Raimundus Lullus I 253 III **376**
Rákóczi, S. I 253
Ramsauer, J. III 290
Randpersönlichkeit III 377
-phänomene, soziale (Marginalexistenzen) III **376 f** IV 330
Rang, M. I 58 II 395 III 259 411 IV 273 - u. Religionspäd. III 414 426
Rangkorrelation II 486
Ranschburg, P. I 456
Ranschburgsche Hemmung II 70
Ranwez, P. II 65
Rapaport, D. III 361 f
Rapoport, A. IV 139
Rasch, G. III 156
Rasse, Rassismus III **377 f** IV 125
Rat f. Formentwicklung dt. Erzeugnisse in Industrie u. Handwerk IV 352
Ratichius (Ratke), W. III **378**
Ratingskala III 155
Ratingverfahren III 368
ratio IV 304 f
Rationalisierung in Schule u. Unterr. III **378 f**
Rationalisierungskuratorium d. dt. Wirtschaft II 120
Rationalismus II 300 f III **379 f** IV 305 380
Rationalist. Päd. I 91 f
Rationalität u. Demokratie I 265 - u. industrielle Gesellschaft II 285
Ratke, W. I 108 199 333 III **380**
Ratpert I 142
Ratsbibliothek IV 165
Rätsel III **380 f**
Ratsschulen III 36
Ratzinger, J. I 136
Rauhes Haus II 183 III 433 IV 355
Raum u. Zeit IV 393
Raumer, K. G. v. III **381**
Raumer, R. v. III 392
Raumerleben, seine Entwicklung III **381 f**
-forschung IV 130
Rauschenberger, H. III 415
Rauschgifte III **382 ff**
-kriminalität III 383
-kult III 383
Rauschmittel, Rauschgifte III **382 ff** IV 194 - u. Jugend IV 309
Raven-Matrizen II 204
Read, H. I 175
readiness-Test III 92
Reafferenzprinzip III 18
Reaktion (Response) II 139 f 468 f III **384 f** 408 f

Reaktionseinstellung (response set) III **385**
-generalisierung II 96
-stil III 385
Realdefinition I 263
Realgymnasium III **385**
Realismus, krit. III **385 f**
- päd. III **386 f**
Realschule III 235 **387 ff** 473 - in Preußen III 342 - in Schleswig-Holstein III 476 - u. Chemieunterr. I 239 f - u. Ordensschulen III 246 - u. Pietismus III 311
Realschule, d., Zschr. IV 396
Realschullehrer III 51 262 f 388
RCDS III 324
Reble, A. III 259
Recheis, K. II 349
Rechenbuch III 440
-schwäche, Päd. d. III **389**
- u. Mägdleinschulen III 50
- u. Mathematikunterr. in Grund- u. Hauptschule III **389 f** IV 391 f
Recht d. Jugend u. d. Bildungswesens, Zschr. III 375
- (d. Kindes) auf Erziehung u. Bildung I 400 II 480 III **390 f** IV 12 f - u. Elternrecht I 341
Rechtschreibreform III 392
-schwäche I 286 III **103 f** IV 4
-tests III 392
Rechtschreibung, Rechtschreibunterr. III **391 ff** - in d. Grundschule I 286
Rechtserziehung III 393
-händigkeit III 109
-kunde III **393**
-stellung d. Kindes u. Jugendl. II 368
-strafe IV 172
-wiss. u. Erziehungswiss. I 415 - u. Kriminalpäd. II 490 f
Redakteurverband Dt. Studentenzeitschriften IV 183
Reddie, C. III 108 **393**
Reddies, H. IV 375
Redeformen, edukative, kognitive I 389
Redekunst III 374 f **394**
Reding, M. I 419
Reduktion, phänomenolog. III 296
Redundanz II 289
Reese, W. III 39
Referatsreihe IV 333
Referendar, Referendariat III 45 74 **394 f** IV 187 f
Reflex III 278 f **395** - bedingter I 317
Reflexion u. Denken I 268 - u. Engagement III **395 f** - u. Kunstunterr. III 15
Reflexologie III **396** - u. Denkpsychol. I 269
Reformanstalten III **396 f**
-gymnasium III 397
-katechetik III 416
-pädagogik I 281 III **397 ff** - u. Gesamtunterr. II 102 - u. Katechismus II 401 - u. Kunsterziehungsbeweg. III 8 ff - u. Landerziehungsheim III 23 - u. mus. Erziehung III 182 - u. Naturgemäßh. in d. Erziehung III 198 - u. preuß. Schulwesen III 343 - u. Schullandheim IV 32 f - u. Schulmathematik III 145 - u. Schulversuche IV 307 - u. Schulwohnstube IV 54 - u. Strafe IV 173 - u. VS. IV 322

-realgymnasium III 397
Reformation u. Erziehung I 230 III 124 f 151 f IV 410 f
Regelkreis III 18
-lernen III 93
Regierungspräsidenten d. Schulen III 490
Regression III 194 – u. Abwehrmechanismus I 16 – u. päd. Distanz III 261
Regularkanoniker III 38
Regulative III **399**
Rehabilitation II 73 III **399 f** – Behinderter I 157 f – f. Blinde I 203 – f. Sprachbehinderte IV 150 – jgdl. Straffälliger II 373 f
Rehabilitationseinrichtungen f. Kinder II 486
Rehm, W. III 363
Rehwald, E. IV 359
Reich, W. II **432** 76 IV 83 230
Reich-Gottes-Auswahlbibel III 494
Reich-Gottes-Lehre II 208 f III **400 f** IV 302 f
Reichenbach, H. III 386 IV 382
Reichmann, E. II 32 IV 334
Reichsakademie f. Leibesübungen IV 147
-anstalt f. Film u. Bild in Wiss. u. Unterr. I 88
-arbeitsdienst (RAD) III 130 IV 107
-ausschuß d. dt. Jugendverbände II 369
-bund dt. Schullandheime e. V. IV 32
-erziehungsministerium I 284
-gesundheitsamt II 129
-grundschulgesetz II 169
-jugendwohlfahrtsgesetz (RJWG) II 48 341 III **401 f** – u. Pflegekindschaft III 293 – u. Recht d. Kindes auf Erziehung III 391
-schulkommission I 281
-schulkonferenz III **402** – u. entschiedene Schulreformer I 358 – u. Schülerselbstverwaltung IV 19
-schulpflichtgesetz I 284
-stelle f. Unterrichtsfilm III 306
Reichwein, A. III 353 **403** IV 33 50 329
Reife, biolog. IV 136 – päd. IV 136
Reifekurven IV 405
-profile III 405
-prüfung III **403 f** IV 327
-zeit I 25 194 f III **405 ff**
Reifungsriten II 291 f
-tempo IV 405
Reimarus I 168
Rein, W. I 45 481 II 44 III 290 **407**
Reinach, A. III 296
Reinartz II 204
Reinforcement I **138 f**
Reinhardt, K. III 343 **407 f**
Reinhold, K. L. I 377
Reininger, R. I 419
Reinlichkeitserziehung I 366 III **408**
Reisen u. Wandern IV **343 f**
Reiz (Stimulus) II 228 468 f 477 III **408** – u. Wahrnehmung IV 338
-generalisierung I 96
-schwelle II 369 IV 62
-überflutung III **409**
Rektor d. Schule IV 34 f
Rektoratsschulen III **409**
-verfassung III **409 f**
Rektorenkonferenz, Westdeutsche (WRK) I 224 441 III **410**

Relation u. Substanz III 280
Relativismus III 314
Reliabilität (Zuverlässigkeit) III **410 f** IV 34 217
Reliabilitätskoeffizient III 410
Religion u. Erziehung III **428 f** – u. Glaube II 140 f – u. Sozialität IV 63 f
-buch II 143 396 III **411**
-edikt, Wölnersches IV 388
-freiheit II 481 IV 235
-lehrer III 166 **411 ff** – Verbände IV 287
-mündigkeit III **413**
-pädagogik II 141 ff 288 f III **412 f 413 ff** 420 ff – ev. I 247 f II 63 f – kath. I 248 f II 64 f – u. Sexualpäd. IV 83 – u. Spiritualität IV 142 f – u. Sünde IV 200 f – u. Symbol IV 202 – u. Taufe IV 208 f – u. Tiefenpsychol. IV **231 f** – u. Unglaube IV 264
-päd., Zschr. IV 396
-philosophie I 204 f
-psychologie III **417 ff**
-soziologie III **419 f** – u. Erziehung III 429 – u. Religionsunterr. III 420 f
-unterricht IV 400 ff III **420 ff** – ev. IV 315 – ev. u. kath. I 36 f – als Information II 288 f – als Lehrfach I 214 – am Gymnasium IV 245 – u. Bild I 174 – u. Eschatologie II 241 – u. Glaube II 141 – u. Heiligenleben II 201 – u. katechet. Hermeneutik II 222 f – u. Kirchengeschichte II 442 f – u. Legende III 43 – u. Liedkatechese III 107 f – u. NT III 206 ff – u. Ökumenismus III 242 – u. Reich-Gottes-Lehre III 401 – u. Sakramente III 462 – u. Schulaufsicht III 490 – u. Schulbibel III 494 f – u. Schulgebet IV 24 – u. Sonntagsheiligung IV 98 – u. Verkündigung IV 303 f – u. Volksschullehrer III 412
Religiöse Bildung u. Erziehung III **430 f** IV 65 f 225 f
– Erlebnis I 378
– Erziehung d. Kindes I 34 – d. Kindes u. Familienrecht I 339 – d. Kleinkindes I 228 – d. Jugendlichen I 228 – in d. Familie I 228 – u. Vorschulalter IV 231
– Gemeinschaften III 245 f
– Toleranz IV 235
– Typ III 286
Rembrandt III 30
Remplein, H. I 195 364
Renan, E. III 195
Rendschmidt, F. III 289
Rendtorff, H. IV 469
Rendtorff, T. III 328 419
Rennaissance-Humanismus II 258
Rensch, B. II 129 IV 233
Repräsentative Öffentlichkeit III 237
Repression III **431 f** – u. Sexualpäd. IV 82 – u. Strafe IV 173
Repressive Toleranz III 314
repressor-Typ III 285
Reproduktion II 69
Reproduktive Hemmung II 70
Resewitz, Abt I 227
Residential Colleges III 432
Resozialisierung I 68 II 75 f 490 f

u. Bewährung I 164 – u. Gefangenenbildung II 75
Response III **384 f** – set III **385**
Rest, W. III 258 272
Restorff, H. v. I 168
Retardierung IV 136
Retest-Methode III 410
Retroaktive Hemmung II 70 215
Rettig, W. IV 35
Rettungshausbewegung I 402 II 212 III **432 f**
Reuchlin, J. II 258 III **433 f**
Reue I 227 f
Revers, W. J. I 350 III 284
Reversibilität III **434 f**
Révész, G. II 129 229 408 III 178
Revolution III **434 f**
Reyerson, E. II 389
Reyher, A. I 382 III **435** 458
Rezeptionsspiel IV 138
Rhabanus Maurus II **255**
Rheinfelder, H. III 280
Rhein. Kinderfreund, Zschr. II 378
Rheinland-Pfalz III **435 ff** – Gesetz- u. Verordnungsblatt IV 396
Rhenius III 378
Rhetorik III 394 IV 98
Rhine, J. B. III 275
Rhöndorfer Modell II 25
Rhythm and Blues III 330
Rhythmik in d. Entwicklung III **437**
Rhythmische Erziehung III **437 f**
– Gymnastik II 180
– Musikerziehung II 324
Richardson, S. III 410
Richard v. St. Viktor III 280
Richelieu, A. J. III 110
Richert, H. III 304 **438 f**
Richertsche Schulreform II 7 110 III 438 – u. Reifeprüfung III 403
Richter, H. E. IV 230
Richter, H. P. II 349
Richter, J. III 8
Richter, J. B. III 446
Richter, J. P. Fr. (Jean Paul) III **439**
Richter, L. I 173
Rickert, H. I 251 418
Ricœur, P. III 297
Riebeecks, Jan IV 195
Riedel, J. I 76 160 III 19
Riedel, K. II 252
Riehl, A. III 385
Riehl, W. H. v. III 64 **439** IV 130
Riemann, H. II 46
Riese, A. III 78 389 **440**
Riesman, D. I 50 338 II 27
Rigidität III 280 **440**
Rigorismus III **440**
Rigorosum I 311
Riha, K. I 255
Rikkert, H. IV 354
Ring Christl. Demokrat. Studenten III 324
– d. Abendgym. in d. BRD I 2
– d. Abendgym. in NRW I 2
– d. Kollegs III 299
– d. dt. Pfadfinderbünde III 291
– d. dt. Pfadfinderinnenbünde III 292
– kath. dt. Burschenschaften IV 184
Ringel, E. IV 72
Ringelnatz, J. II 349
Rintelen, J. v. I 418
Ripalda, J. M. de II 400
Risiko III **440 f**
Ritterakademien II 109 III **441**
-erziehung I 7 f III 167
Ritzel, W. III 259

Rivalität IV 354 f
Rivers, W. M. I 353
Rivius, J. II 52
RJWG III 401 f
Röbbelen, I. I 405
Robert v. Molesme IV 403
Robin, P. III 329 **441 f**
Robinson, J. A. T. I 419
Robinsohn, S. B. III 71 257 495 IV 271 – u. internat. Erziehung IV 294 f – u. Schultheater IV 50
Robinson-Alter III 110
Rocheblave-Spenlé, A.-M. III 442 f
Rochow, Fr. E. v. I 92 289 III 58 **442** IV 322
Rock' n' Roll III 330
Roeder, P.-M. IV 8 273
Roehrig II 114
Roemer, G. A. III 447
Rössel, Fr. III 89
Rogers, A. K. III 386
Rogers, C. R. II 43 III 371 IV 76
Rohan, H. Herzog v. III 238
Rohe, L. M. van d. I 118
Rohracher, H. I 334
Röhrs, H. II 311 III 259
Roland, N. III 31
Rôle-Taking III 443
Rolff, H. IV 8
Rolle III **442 ff** – polit. d. Frau II 16 – soziale III 228 f 276 470 – d. Elternseins I 340 – u. Anpassung I 49 f – u. Familienerziehung I 449 – u. Person III 280 – u. Sozialpsychol. IV 127 f
Rollendiskordanz III 444
–erwartung u. Jgdl. II 367
–erziehung u. Wirtschaftserziehung IV 373
–gespräch II 126
–identifikation II 306
–konflikt III 444
–spiel II 175 IV 138
–theorie III 442 ff
–träger III 443
Roman, Romanlektüre III 113 **444 f**
Romantik III **445 f**
Rombach, H. II 46 III 283 IV 204
Röm. Erziehung II 336 III **446 f**
– Quartalschrift II 148
– Inst. d. Görres-Gesellschaft II 148
– latein. Schrift III 483
Rommerskirchen, J. II 406
Röpke, W. III 205 IV 378
Rorer, L. G. III 385
Rorschach, H. III 285 **447**
Rorschach-Test I 381 III **447 f**
Rosegger, P. II 349
Roselló, P. III **448**
Rosenberg, A. III 196
Rosenberger III 309
Rosenkranz, K. II 199
Rosenkreuzer I 44
Rosenmayr, L. I 35 f II 27 336
Rosenstock, E. I 43 69 160 IV 107
Rosenstock-Huessy, E. I 418 II 242 IV 81
Rosensträter, H. III 65
Rosenthal, R. I 332 III 49
Rosenzweig, F. I 296 III **448**
Rosenzweig, S. III 367
Rösler, A. IV 149
Rosow, I. I 36
Ross, E. A. IV 127
Rosselló, P. IV 294
Roswitha v. Gandersheim I 315
Rotation I 444

Rote Falken IV 117
Röteln II 431 IV 329 -Embryopathie III 242
Rotes Kreuz, Jugendrotkreuz III **448 f**
Rote Zelle III 324 357
Roth, B. III 471
Roth, H. I 126 348 III 257 259 265 IV 111 – u. exemplar. Lehre I 428 – u. Fachdidaktik I 437 – u. Lernschritte IV 270 – u. Lerntheorie III 79 98 IV 274 – u. päd. Anthropologie I 55 f – u. Schultheorie IV 6 – u. Übung IV 253
Rothacker, E. I 54 237 III **449**
Rothe, K. C. II 203 IV 150
Rothenfels, Burg III **449**
Rothenfelser Hochschulring III 374
– Kreis III 374
– Ring III 374
Rother, I. I 70 II 72 103 III 86 459
Rothstein, H. III 83
Rotten, E. I 358 II 310 III **449 f**
Rotter, G. II 357
Röttger, K. III 16
Rotunda-Schrift III 484
Rougement, D. de I 418
Round Table Discussion III 317 **450**
Rousseau, J. J. I 191 II 31 III 300 **450 ff** – u. Gewöhnung II 139 – u. negative Erziehung III 202 f – u. Spontaneität IV 143 – u. Strafpäd. IV 173
Rousseau-Inst. III 448
Rowntree, B. S. IV 112
Royce, J. II 312
Rozeboom, W. W. III 386
Rubin, E. IV 339
Rubin, E. J. II 349
Rückkoppelung II 114 IV 252
Rücklin, Fr. IV 371
Rückmeldung (feedback) III 18
Rückriem, G. M. III 258
Rücksichtslosigkeit I 322
Kude, A. II 210
Rudern IV 146
Rudert, J. II 439
Rudert, R. I 398
Rudin, J. I 455
Ruf, W. IV 183
Ruhegehalt d. Lehrers III 279
Rühle, O. II 279
Ruler, A. v. I 37
Rumänien III **452 ff**
Rumpf, H. III 496
Rundbrief f. kath. Ingenieure I 23
Rundfunk II 252 f
Rundrücken III 250
Runenschrift, german. III 483
Runge, G. W. III 289
Runze, G. IV 385
Ruppert, J. P. IV 63
Ruprecht, E. I 128
Ruskin, J. III 6
Ruskin College III 432
Rüssel, A. IV 138
Russel, B. I 418 III 234 III **454 f**
Russischunterr. III **455 f**
Rußland IV **99 ff**
Ruysbroeck, J. van III 38
Ryans, D. I 407
Ryle, G I 42

Saarbrücker Rahmenvereinbarung II 243 III 404
Saarland III **456 f**

Sabbat-Heiligung IV 98
Sacchini, F. II 333
sacerdotium ac imperium III 327
Sachbuch III **457** IV 1
Sachkompetenz u. Autorität I 109
Sachkunde III 459 f
Sachlichkeit III **458** – u. Hauptphase d. Kindheit II 190
Sachrechnen III 390
Sachunterricht I 297 f III 79 **459 f**
Sachverständigenbefragung II 126
Sachwitz IV 385
Sacher-Masoch, L. v. III 141
Sachs, H. IV 318
Sachsen III **458 f** IV 230
Sächs. Fürstenschulen II 52
Sackij, S. T. III **467 f**
Sade, D. A. F. Marquis de III 460
Sadismus III **460**
Sadler, Sir M. E. III **460**
Saganer Methode I 457
Sage II 61 III **460 f**
Sailer, J. M. II 208 III **461**
Saint-Simon, C. H. Graf v. IV 117
Sakrament, Sakramentenunterr. III 189 **462 f** IV 208 f – u. liturg. Erziehung III 118
Sakramentalien III **463**
Säkularisierungsthese u. Religionssoziologie III 418 f
Salber, W. II 215
Salem, Schloß II 181
Sales Chappius, M. de III 464
Salesianer III **463 f**
Salesianerinnen III 464
Salisbury, W. II 337
Salle, J. B. de la III 31
Sallust I 39
Sallwürk, E. v. I 481 IV 356
Salomon, R. III 455
Salzburger Hochschulwochen I 23'
Salzmann, Chr. G. I 92 199 II 21 III 414 **464 f** – u. Spontaneität IV 143 – u. Vereinfachen IV 288
Sammelblatt f. Rechtsvorschriften d. Bundes u. d. Länder IV 396
Sammeln III **465**
Sammlungen III **465 f**
Sander, F. I 24 f II 58 III 285 IV 361
Sanderson, F. W. III **466**
Sandkasten I 372
Sandler, J. III 362
Sandow II 179
Sänger, A. IV 141
Sängerschulen III **466**
Sanguiniker IV 215
Sanitätsdienst I 383 f
St. Hildegardis-Verein II 25
–Michaels-Bund III 446
–Nikolai-Schule II 183
Santayana, G. III 386
Sapir, E. IV 152
Saporta, S. III 290
Sapphismus II 250
Sarason, S. B. I 48
Sarbin, T. R. IV 73
Sartre, P. I 107 418 III 222 297 – u. Sittlichkeit IV 93
Sättigung, psych. III **466**
Sauberkeitserziehung III 408 467
Saudi Arabien I **64 f**
Sauer, G. IV 281
Sauer, H. II 29
Sauer, K. IV 281
Säuglingsfürsorge II 427
– Taufe IV 208
– u. Kinderpflege III 186 **467** IV 268

Saussure, F. de IV 153
Savonarola III 401
Sceno-Test IV 138 219
Schaal, H. I 430
Schaarschmidt, I. I 179
Schachtschabel, H. G. I 106
Schadens-Lüge III 124
Schadow, W. I 410
Schaefer I 407
Schäfer, W. II 242 III 14
Schaeffle I 201
Schaff, A. I 418
Schafpocken II 431
Schallempfindungsstörung II 253
Schallenberger, H. IV 394
Schaller, J. IV 137
Schaller, K. I 50 77 108 480 III 258
 – u. Bildsamkeit I 176 – u. Bildungstheorie I 180 f – u. päd. Anthropologie I 55 f – u. Sachlichkeit III 458 – u. Zurechtweisung IV 407
Schallmayer, W. I 201
Schallplatte im Unterr. I 88
Schallschutz u. Schulbau III 492
Scharfenberg, Schulfarm III 39
Scharlach II 431
Scharmann, D. L. II 27
Scharmann, Th. II 338 IV 374
Scharnberg I 239
Scharrelmann, H. I 213 379 III 39
Schaudinn, F. R. II 114
Schausammlung u. Schule III 466
Schazki (Sackij), S. T. III 467 f
Scheffczyk, L. III 283
Scheffer, G. IV 343
Scheffler, G. IV 97
Scheibe, W. IV 308
Scheibert, C. G. IV 33
Scheibner, O. I 72 f 433 III 468 –
 u. Schwererziehbarenpäd. IV 64
Scheidungsgründe I 323
 –waisen IV 340
Scheler, M. I 418 III 106 297 314 468 IV 133 – u. Sexualität IV 79
 – u. Suggestion IV 199 – u. Wertphilos. IV 354
Scheller, E. III 407
Schelling, Fr. W. I 90 II 35
Schelsky, H. II 15 94 121 III 468 f IV 6 – u. Charakterbildung I 236
 – u. Jugendalter II 339 – u. Sexualität IV 81
Schema IV 299
Schenk-Danzinger, L. I 124 II 47 254
Schenkendorff, E. v. I 73
Scheppler, L. II 427
Scherer, G. IV 76 78
Scherz-Lüge III 123
Scheuch, E. II 312
Scheuerl, H. I 427 f III 258 260 – u. Spieltheorie IV 139 f
Scheuermannsche Krankheit III 250
Scheuner, U. II 475
Schichtenlehre I 237 350 III 40 283 f 469 – seel. IV 304 – u. Willenstheorie IV 357 f
Schichtung, soziale II 449 III 469 ff
 – u. Familienerziehung I 450 – u. polit. Bildung III 322 – u. Schule IV 8 – u. Sprache IV 154 – u. Volkshochschule IV 320
Schiefele, H. III 259
Schielen IV 68
Schietzel, C. III 309 IV 213 326
Schillebeeckx, E. III 328

Schiller, F. C. S. I 201 418 III 336
Schiller, Fr. v. I 85 III 440 471
Schilling, H. III 417
Schilling, O. I 419
Schirach, B. v. III 196
Schirrmann, R. II 357
Schizophrenie I 104 f III 370
Schlaf, Schlafstörungen III 209 471 f
 –dauer III 472
 –mittel III 382
 –theorien III 471 f
Schlagen IV 173 f
Schlager III 331 472
Schlederer, F. III 123
Schlee, E. III 343 472 f
Schlegel, Fr. I 38 356
Schleiermacher, Fr. D. E. I 378 II 10 123 III 292 473 ff – u. Bildungstheorie II 86 – u. Erziehungswiss. II 107 – u. Päd. als Kunstlehre II 86 f – u. Päd. Bezug III 267 – u. Päd. u. Theol. IV 222 – u. Religionspäd. III 414 – u. Schulpäd. IV 37 – u. Strafpäd. IV 173 – u. Zucht IV 405
Schlemmer, O. I 118
Schleswig-Holstein III 475 f – Gesetz- u. Verordnungsblatt IV 396
Schlette, H. R. IV 202
Schlick, M. I 418 II 46
Schliebe-Lippert, E. III 110
Schlieper, F. I 76 IV 372
Schlosser, F. Chr. I 92
Schlünz, F. III 39
Schlüsselkinder III 476 f
Schlüsselreiz IV 299
Schmähl, O. II 203
Schmalenbach, H. II 94
Schmalfilm im Unterr. I 87
Schmeil, O. I 199
Schmerzmittel III 382
Schmid, Chr. v. II 208
Schmid, J. III 289
Schmid, K. A. III 477
Schmid, V. III 363
Schmidkunz, H. III 230
Schmidt, A. II 10
Schmidt, G. I 37
Schmidt, G. IV 83
Schmidt, K. L. II 61
Schmidt, L. II 104
Schmidt, M. I. II 394
Schmidt, W. III 207
Schmidtke, H. I 380
Schmierer, J. III 357
Schmitt, C. III 323
Schmitz, E. IV 273
Schmoller, G. I 75 II 10 III 407
Schneider, Fr. II 47 III 172 477 IV 294
Schneider, G. III 411
Schneider, K. III 368 IV 314 359
Schnelligkeitstest IV 218
Schnepfenthal III 464
Schnulze III 472
Schocktherapie III 371
Schoeck, H. III 3
Schoeps H. J. III 3 IV 394
Schöffe I 35
Schofield, M. IV 83
schola palatina II 392
Scholar IV 179
Scholastik III 477 f
Scholl, R. III 285
Scholle, d. Zschr. IV 395
Schöllgen, W. I 419
Schomburg, B. II 357

Schomburg, E. II 203
Schönbach, P. III 378
Schönberger, F. II 486
Schöneberg, H. III 269
Schönschreiben III 480 ff
Schönstattwerk III 273 478 f
School and Society, Zschr. II 390
School Cities IV 50
Schoonberg, J. A. M. IV 203
Schopenhauer, A. I 321 III 479
Schöpferisches Denken I 331 II 487 f
Schorb, O. I 70 296 II 38 274
Schottland II 164
Schrader, H. Chr. W. III 480
Schrader-Breymann, H. II 364 427 III 480
Schraml, W. J. III 363
Schramm, H. II 463
Schreber, D. G. II 436
Schreiberziehung III 480 ff
 – Lesefibeln I 465
 –lesemethode II 266
 –leseschwäche III 103
 –schulen Karl. d. Gr. III 483
 –unterr. III 480 ff
Schreiner, H. II 107
Schrift, Schriftsysteme III 483 f
 –pflege I 287 III 482 f
 –psychol. I 153 f
 –sprache IV 152
 –systeme III 483 f
Schröder, E. II 131
Schröder, W. II 325
Schuld, Schuldgefühl, Schuldwahn IV 2 173 200 406 f
Schule IV 4 ff – Aufnahme in d. I 95 III 485 – frühchristl. II 393 f
 – weniggegliederte IV 351 – u. Stillarbeit IV 171 f – als Ganztagsschule III 86 – als Tagesheimschule IV 205 f – f. Körperbehinderte II 484 – u. audio-visuelle Unterrichtsmittel I 86 ff – u. Betrieb in Berufsausbildung IV 361 f – u. Bildsamkeit I 177 f – u. Bildungsinhalt I 178 – u. Charakterbildung I 236 – u. Demokratie IV 25 – u. Eignungspsychol. I 331 – u. Elternsprechstunde I 343 – u. Erziehung z. Technik IV 211 – u. Erziehungsenzyklika I 400 – u. Fernsehen I 461 – u. Gesellschaft I 72 ff 7 ff – u. Gesundheitserziehung II 264 f – u. Jugendhilfe II 360 – u. Kirche IV 9 ff 24 – u. Klassenarbeiten II 450 – u. Konferenzen III 65 f – u. Konflikterziehung II 473 – u. Kunsterziehungsbewegung III 9 – u. Leistungsbeurteilung III 85 f IV 17 – u. Musikpäd. III 180 f – u. Öffentlichkeit IV 38 43 f – u. polit. Bildung IV 18 f – u. Polizei IV 21 – u. Presse III 341 f – u. Produktion I 72 ff – u. Religionspäd. III 414 ff – u. Schulerziehung IV 4 ff – u. Schwerpunktbildung IV 335 – u. Sexualerziehung IV 82 – u. Sozialpädiatrie IV 125 – u. soziale Position IV 121 f – u. Soziologie d. Erziehung IV 133 – u. Staat I 190 f IV 45 – u. Technik I 73 ff – u. Totalitarismus IV 237 – u. Unterrichtsorganisation IV 275 f – u. Volkslied IV 321 – u. vorschul. Erziehung IV 330 f
 – u. Wahlfächer, -kurse IV 335 f

– u. Wirtschaft I 67 f IV 378 f – u. Wissenssoziologie IV 384 f – u Zeitungslektüre IV 397
– dt., d., Zschr. IV 395
– lebendige, Zschr. IV 395
– Welt d., Zschr. IV 395
– u. Psychol., Zschr. IV 395
Schulabschlüsse III 359
–akten III **484**
–alter I 95 f IV 46 f
–amt III 490 IV 42 f
–andacht IV 24
–anfang I 44 f IV 46 f
–anfängerklasse IV 30
–angst III **484 f**
–anzeiger, Zschr. IV 395
–arbeit, zeitnahe, Zschr. IV 395
–arbeitskreis IV 85
–arten u. Lehrerinnen im Beruf III 65
–arzt III **485 f** IV 25 ff
–assistent III 493
–audiometrie II 254
–aufbau, Schulorganisation III **486 ff** IV 190 323 ff – u. Strukturplan IV 176 ff
–aufsicht, Schulaufsichtsbehörden III **488 ff** – geistl. III 17 51 – staatl. u. Schulrat IV 42 f – u. Fachberater I 436 – u. Lehrprobe III 74 – u. Schulverwaltung IV 52
–aufsichtsbehörde IV 31 363
– u. Privatschulwesen III 347 348
–ausflug I 431 f
–bau, Schulbauplanung II 452 III **491 ff** – u. Mehrzweckraum III 150 f
–inst. d. Länder II 296
–bahnlenkung III **490 f**
–berufe III **493 f** IV 33 42 – u. Volksschule IV 324 – u. Volksschuloberstufe IV 325
–besuchsliste IV 35
–bibel III **494 f**
–bibliothek I 171 IV 1
–brüder III 31 292 **495**
–buch III 457 **495 f** – u. Friedenspäd. II 34
–bücher, Verbände IV 287
–bücherei I 171 III 492 IV **1**
–buchinst., internat. II 296
–bühne IV 49
–chronik IV **1 f** 20
–didaktik I 300 IV 48
–disziplin, –ordnung IV **2 ff**
–drucker, d., Zschr. IV 4
–druckerei IV **4** IV 20 f
–einrichtung III 492
–elternvertretung IV 44
–entlassung IV **12**
–erziehung u. Gruppendynamik IV 7 – u. Schulreform IV 45
–fächer-Ausbildung an d. Päd. Hochschule III 263
–fähigkeit IV 46
–fernsehen IV **21 f** 27 – Bibliographie I 312
–fest, Schulfeier I 463 f
–film I 87
–form IV 5 ff – integrierte II 300
–formenlehrer III 58
–funk IV **22 f**
–garten IV **23 f** 25
–gebäude III 492
–gebet, Schulgottesdienst IV **24**
–gelände III 492
–geld u. Lernmittelfreiheit II 24

IV **24 f** –gemeinde IV **25** 50 – freie III 22 f – u. Lebensgemeinschaftsschule III 39 f
–gemeindeschule IV 25
–geographie I 371
–gesetze IV 36 f
–gesetzgebung IV **43 f**
–gestühl IV 35
–gesundheitslehre IV 25 ff
–gesundheitspflege, dt. Gesellschaft f. II 119
–gottesdienst IV **24**
–grammatik IV 160
–haus III 492
–hausmeister II 194
–hof III 491
–hygiene III 83 f 485 f IV **25 ff** 54 – u. Pause III 278 – u. Vitalität IV 314 – u. Waldschule IV 341
–ideal, kath. I 135 f
–internes Fernsehen IV **27**
–jahr, Schuljahresbeginn IV **27**
–jugendberater III 493 IV 33 42
–kampf I 190 f 400 IV **27 f**
–katechese IV 398 f 400
–kind II 190 f IV 46 f
–kindform II 128
–kindergarten IV **28 f** 330 – u. Schulreife IV 47
–kindergartentherapie III 363
–klasse IV **29 ff**
–klassentherapie III 363
–kollegium IV **31 f**
–kritik IV **32**
–küche III 492
–landheim IV **32 f** – Verband d. IV 287 – d., Zschr. IV 396
–laufbahnberatung, Schullaufbahnberater III 493 IV 33 42 – u. Schulleistungstest IV 34
–leben IV **33 f** – u. polit. Bildung III 322
–leistung III 86 – u. Noten III 233
–leistungstest II 204 IV **34** – lernbehinderter Kinder II 204
–leiter (Direktor, Rektor) IV **34 f**
–leiter-Konferenz III 65
–leitung, direktoriale, kollegiale III 65 f IV 34
–listen, Klassenbuch IV **35**
—management IV **35** – Zschr. IV 395
–mathematik, traditionelle III 144
–meister III 50 f
–messe IV 24
–mitarbeiter III 493
–möbel IV 26 **35 f** 344
–möbelindustrie, e. V. IV 35
–müdigkeit I 456
–mutismus III 184
–ordnungen I 215 382 II 96 III 342 IV **2 ff 36 f** – allg. f. Österr. III 250 f – d. Volksschule IV 322 – Friedrichs d. Gr. II 34 – u. Mädchenbildung III 130 – u. Normalschule IV 229 f
–organisation III **486 ff** – als Leistungsgruppierung II 177 f – als Rationalisierung III 379 – u. Lehrerberuf III 58 f
–pädagogik IV **37 ff** – wirtschaftsberufl. IV 372 f – u. Lehren III 48 ff – u. Päd. Hochsch. III 263
–patronat III 277
–pflege, Schulpflegschaft IV **39**
–pflicht IV **39 f** – allg. u. Volksschule IV 323 – u. Schulreife IV

47 – u. Schulversäumnis IV 52
–pflichtverlängerung IV 55
–pforta II 52 III 458
–phobiker u. Schulschwänzer III 484
–photographie III 306 f
–pläne I 259 276 f 318
–politik I 341 IV **40 f**
–polizei IV 21
–praktika III 263 IV **41** 187 f
–praxis u. Lehrerbildung IV 38
–psychologie III 485 493 IV **42**
–publikum u. Mitentscheid. III 240
Schulisches Lernen III 94 f IV 252 f
Schulenberg, W. IV 6
Schulrat III 490 IV **42 f**
–räte-Konferenz III 65
–raum I **452 f** IV 26
–recht I 99 II 104 III 65 f 488 ff IV 2 ff 34 f – Schulgesetzgebung IV **43 f** – u. Elternrecht I 342 – u. Schüler IV 12 ff
–reform IV **44 ff** 307 f – preußische I 206 – in Frankreich II 24 – u. Landeskonferenz III 24 – u Team-Teaching IV 210
–reformpläne I 214 f
–reglement IV 37
–reife I 95 II 190 IV **46 f** 136 – u. Schulkindergarten IV 28 f
–reifetests IV 47 218
–reifetraining IV **47 f**
–reisen IV 344
–sammlungen III 465
–schwänzen IV 48
–schwestern III 65
–schwierigkeiten I 406 III 96 184 484 f IV **48 f** 359
–seelsorge IV 66
–sonderturnen III 82
–spiel, Schultheater IV **49 f** 221
–sport III 82 83 f 146
–staat IV **50**
–statistik I 193 – f. d. wirtschaftsberufl. Bildungswesen IV 364 f
–strafen IV 2 f
–streik IV 13 **50 f**
–struktur u. Schulversuch IV 308
–stufen IV **190**
–stufenlehrer III 58
–tafel IV 344
–theater IV **49 f**
–theorie IV 5 f
–träger IV **51** – u. Bekenntnisschule I 138 – u. Schulverwaltung IV 52
–turnen III 83 f IV 247 – d. Mädchen III 13
–turngarten IV 247
– u. Bildungswesen, Vereine u. Verbände IV 287
– u. Erziehungsorden III 245 f
– u. Sportstättenbau, Zschr. IV 395
–vereine IV 286 f
–versagen I 406 IV 48 309
–versäumnis IV **52**
–versuch I 413 f IV **307 f**
–verwaltung IV 294 IV 51 **52 f** – Zentralismus u. Föderalismus IV 399 f
–wandern IV **53**
–warte, d., Zschr. IV 395
–wechsel IV 255
–weg IV 25 **53 f**
–wesen, kirchl. II 446 ff – röm. III 447 – Vereinheitlichung II 185 – wirtschaftsberufl. IV 362 f
–wirklichkeit I 410 – u. Schulbau III 491

-wohnstube IV 54
-zahnarzt IV 54 393
-zeitverlängerung IV 55
-zeugnis IV 402
-zwang I 30 IV 39 f
Schüler IV 12 ff - auswärtige I 104 II 61
-Verband IV 287
-aktivitäten im Physikunterr. III 309 - u. genet. Methode II 97
-arbeit, kollektive II 176
-auslese IV 14 ff 17 399
-austausch II 308 III 266 IV 181 - internat. IV 16 f 18
-beobachtungsbogen IV 17
-beurlaubung I 163
-beurteilung I 96 III 232 f 358 IV 17 399 402
-bibelkreis I 424
-briefwechsel IV 18
-bücherei IV 1
-einzelkorrespondenz IV 18
-frage I 484
-funk IV 23
-gericht IV 50
-gespräch II 126 f
-gottesdienst III 118
-gruppen IV 20
-gruppenkorrespondenz IV 18
-heime II 307
-korrespondenz IV 16 - internat. IV 18
-kunde IV 14
- Lehreraktivität im Unterr. III 69
- Linkshändigkeit III 109
-leistung III 85 ff
-lotsendienst IV 18
-mitverantwortung III 276 IV 18 f
-mitverwaltung IV 18 f - Zschr. IV 396 - u. Landerziehungsheime III 22 f
-parlament IV 50
-recht IV 44
-selbstkontrolle II 485
-selbstmord IV 72 f
-selbstverwaltung IV 4 13 18 f 25 - u. Gruppenunterr. IV 31 - u. Schulstaat IV 50
-übungen, Schülerarbeit IV 176 f
-unfallversicherung, Haftpflicht IV 19 f
-verbindungen IV 20
-vereinigungen IV 19 20
-versetzung IV 251 f 305 f
-vertretung III 240 f
-vortrag I 200
-werkstätten I 44
-zeitschriften I 287 II 378 f
-zeitung IV 1 4 13 20 f
Schulung IV 51 f
Schultz, J. H. I 105
Schultze, W. IV 295 399
Schultz-Hencke, H. I 456 III 363 - u. Tiefenpsychol. IV 231 - u. Traumdeutung IV 239
Schulz, H. III 402 IV 117
Schulz, W. I 299 III 72 74 IV 6 270 - u. Didaktik I 300 - u. Unterrichtsforschung IV 273 - u. Unterrichtsplanung IV 276
Schulze, A. IV 149
Schulze, G. E. IV 204
Schulze, J. I 38 II 199 III 37 403 IV 54 f
Schulze-Delitzsch, H. II 97
Schummel, J. G. I 231

Schuppius, J. B. IV 55 f
Schürholz, F. I 160 386
Schuster, H. II 401 IV 203
Schütz, A. III 297
Schutzengel, Zschr. II 378
Schutzgemeinschaft Dt. Wald III 199
- Dt. Wild IV 232
Schwab, J. J. III 308
Schwabacher-Schrift III 484
Schwachsinn II 303 f III 242 f IV 56
Schwalbach, Arbeitsstätte f. Gruppenpäd. II 173
Schwangerschaftsberatung II 131
-unterbrechung II 67 f
Schwänzen IV 48 309
Schwarz, R. I 409 III 259
Schwarzafrika I 10 ff
Schwarzburgbund IV 184
Schweden IV 56 ff - u. Curriculumforschung III 72 - u. Philosophieunterr. im Gymnasium III 305
Schweigen IV 59 f
Schweitzer, A. III 42
Schweiz IV 60 ff
Schweizer. Arbeitsgemeinschaft f. Invalidenhilfe III 352
- Arbeitsgemeinschaft f. Logopädie III 352
- Arbeitsgemeinschaft z. Eingliederung Behinderter IV 62
- Hilfsgesellschaft f. Geistesschwache III 352 IV 62
- Hilfsverband f. Schwererziehbare III 352
- Liga gegen Epilepsie III 352
- Verband f. Taubstummen- u Gehörlosenhilfe III 352
- Verband v. Werkstätten f. Behinderte III 352
- Vereinigung f. Erwachsenenbildung IV 62
- Zschr. f. Jugendhilfe III 353
- Zentralverein f. d. Blindenwesen III 352
Schwelle (psychol.) IV 62
Schwellenaudiometrie II 253
Schwerdtfeger, K. III 14
Schwererziehbarenpäd. I 131 II 93 IV 63 f - u. Verwahrlosung IV 310
-erziehbarkeit IV 63
-hörigkeit II 253
Schwidder, W. I 367
Schwiete I 130
Schwimmen IV 146
Schwind, M. v. I 173
Schwungturnen IV 247
Science - A Process Approach III 308
- Curriculum Improvement Study (SCIS) III 308
Scipio Aemilianus III 446
SCIS-Programm d. Physikunterr. III 308 f
screen education I 468
Scuola serena III 123
SDS III 324
Searle, J. R. IV 151
Sears, R. R. II 471 IV 139 174
Sebag, L. IV 176
Sečenov, I. M. III 278
Seckler I 428
Secord, P. F. I 3
Secrétariat international des enseignants secondaires catholiques de Pax Romana (SIESC) III 68
Sedulius I 315

Seeberg, A. II 399
SEECA I 388
Seele IV 64 f 69 - u. Leib III 82 369 - u. Unsterblichkeit IV 234
Seelsorge u. Erziehung IV 65 f 303 - u. Jgdl. im Gefängnis II 76 - u. Psychotherapie IV 231 f - u. Volksmission IV 321
Seelig, G. F. IV 273
Seemann, J. I 457
Seewald, R. II 396
Segler, H. III 181
Segnungen III 463
Séguin, P. I 262
Sehbehindertenpäd. I 131 IV 66 f 68
-behindertenschulen IV 66
-behinderung IV 66
-erziehung IV 67
-Raum III 381
-störungen (einschl. Blindheit) IV 67 f
Seidel, R. I 72 73 IV 117
Seif, L. III 184 IV 359
Seiffert, H. I 108
Seiler, J. II 152
Sein, Seinslehre III 243 - u. Sinn IV 86 f
Seinskategorien III 243
Seitelberger, F. III 210
Seitz, F. II 103
Sekundäranalyse IV 113
Sekundarbereich III 487 IV 177
Sekundäre Identifikation II 268
Sekundärgruppe II 171 - u. Sozialisation II 419 f
-sprache IV 154
Sekundarstufe II 242 344 f IV 176 - (I) III 388 - (I, II) IV 177 190 - u. Schuldruckerei IV 4
Selbst IV 69 71 - als Wille IV 357 - u. Rolle III 444
Selbständigkeit III 177 IV 69 f
-beobachtung in d. Psychol. I 271 - u. Denkpsychol. I 269
-besinnung u. Freizeit II 27
-bestimmung I 107
-bild IV 74
-bildung I 105 - durch d. Buch I 217 - u. Arbeitsmittel II 71 - u. Lehr- u. Lernmittel III 77 f
-erhaltung u. Egoismus I 321
-erkenntnis IV 70 f 73 f
-erziehung I 194 392 IV 70 71 - durch Yoga IV 391 - u. Selbsterkenntnis IV 71
-gefühl IV 74
-liebe I 322
-mord IV 72 f
-mordversuch IV 73
-reflexion III 339 IV 73 f
-sucht I 322
-tätigkeit IV 143 f - d. Schülers u. Epochalunterricht I 370
-verantwortung u. Charakterbildung I 236
-verwaltung I 30 IV 19 25
-verwaltungsrecht d. wiss. Hochschulen II 236
-wahrnehmung III 366 - Selbstreflexion IV 73 f 338
-wertgefühl I 336 f IV 74 353
self fulfilling prophecy III 128
self instructed materials III 77
Sellars, R. W. III 386
Sellin, H. I 70 IV 212
Selz, O. I 167 269
Semantik III 157 f IV 152 f

Semantisches Differential III 366
Semester, Trimester, Studienjahr IV **74 f**
Seminar, d., Zschr. IV 395
- f. Lehrer III 61 IV 187 f - u. Präfekt III 336
- Konferenz III 65
-kurse f. Erwachsene IV **75**
-übungsschule f. Lehrerbildung III 58
Seminarium praeceptorum II 31
Semiologie IV 151
Semiotik IV 151
Semler, Ch. I 486 III 387 IV **75**
Semon, R. II 68
Senator f. Schul- u. Bildungswesen III 490
Sendak, M. I 173
Seneca II 52 198 IV **75 f**
Senftle, A. II 7
Sengelmann, H. M. II 203
Senghor, L. I 11
Sensitivity Training I 332 IV **76**
Sensitiver Typ III 285
Sensor. Perseveration III 279 f 280
Sensualismus III 121
Septembergesellschaft II 120 135
Seraph. Liebeswerk e. V. II 7 IV 285
service social IV 104
set I 334
Seth, A. III 386
Setting I 305 II 178
Settlements III 191
Settlement-Bewegung III 191
Seuchenlehre II 264
Seume, G. IV 53
Sextro, H. Ph. II 287
Sexualerziehung IV 78
-ethik IV **76 f** 78 83 f
Sexualität II 250 III 270 f IV **77 ff**
– b. S. Freud III 105 – u. Erziehung III 143 – u. Prostitution III 354 f
Sexualpädagogik IV **82 f** – u. Kinderläden II 433 – u. Kommunenerziehung II 461 ff – u. Philanthropismus III 301
-päd., Zschr. IV 395
-pathologie IV 78
-strafrecht IV 92
Sexuelle Aufklärung IV 82 ff
- Perversionen I 429 III 141 460
- Reifezeit III 405 f IV 78 f
Seyfert, R. I 72 194 IV 326 371
Sganzini, C. IV 60 **84**
Shaftesbury, A. I 90 356
Shakespeare W. I 297
Shanas, E. I 35
Shannon, C. E. II 289
Shannon, Cl. IV 356
shaping III 94 IV 298
sharpeners-Typ III 285
Shaull, R. IV 350
SHB III 324
Sheldon, W. H. I 304 III 285
Sherif, M. I 130 II 172
Sherif, M. u. C. W. III 444
Shields, J. III 212
Shock, N. W. II 100
Short Story III 16
Shubik, M. IV 139
Sicard I 368
Sickinger, A. III 136
Siedentop, W. I 199
Siegmund-Schultze, Fr. III 191 IV **84**
Sielmann, H. IV 233
Siemens, W. v. I 221
Siemsen, A. I 358 IV 117

SIESC III 68
Siewerth, G. I 397 III 272 IV **84 f**
Sigismund Evenius I 382
Sigmatismus IV 159
Signal-Codes IV 151
-entdeckungstheorie III 369
-lernen IV 93
Signifikanz IV 113 166
Signum, Zschr. IV 321
Silbenspur IV 163
Silcher, Fr. IV 321
Silentium IV **85**
Simmel, G. I 167 II 471 IV **85** – u. Schulpäd. IV 37
Simon, Th. IV 218
Simons, H. C. III 205
Simpson, G. II 248
Simultanimpfung II 272
-schule II 92 IV 322
Singapur IV **198**
Sing-Out IV **85 f**
Singschule IV **86**
Singschullehrer IV 86
Sinn, Sinnfrage III 122 f IV **86 f** – in d. Päd. III 303 f – u. Wissenschaftstheorie IV 383
Sinnesempfindungen IV 338
-physiologie IV 338
Sinnfreie Silben II 69
Sinnlautverfahren I 464 f
Sinnlichkeit IV 79
Sinnverstehender Lese-Test II 204
Sismondi, J. Ch. L. Sismonde de III 353
Sitte I 52 f III 227 IV 77 **87**
Sittengesetz III 440 – u. Dekalog I 264 – u. Naturrecht III 198
Sittlichkeit I 327 f II 137 f 272 393 IV 89 f **90 ff** 93 243 f – b. Sokrates IV 94 – Erziehung z. II 122 ff – u. Epikie I 368 – u. Pflicht III 294 f – u. Sünde IV 200 f – u. Verantwortung IV 283 f – u. Wertphilos. IV 354
-ordnung II 99
-regel II 148
-verbrechen an u. von Kindern u. Jugendl. IV **92**
Sittl. Entwicklung IV **88**
- Erziehung IV **88 ff**
Situationsethik IV 91 **92 f**
Sitzbuckel III 250
Sitzenbleiberelend IV 306
Sixtl, F. III 155
Sixtus (V) II 5
Sjoberg, G. II 89
Skalen III 155 f
Skalometrie III 369
Skiffle III˙330
skill II 113
Skinner, B. F. I 256 390 III 94 204 f 350 IV **93** – u. Strafe IV 174
Skolimowsky, H. I 42
Skowronek, H. IV 157
Skrofulose II 432
Sleight, W. G. II 70
Slotta, G. I 337
Smedslund, J. I 363
Smelser, N. J. III 170
Smith, A. I 75 II 117
Smith, K. U. II 114
Smuts, J. Chr. II 248
SMV IV 18
SMW IV 18
Snellen-Sehtafeln II 204
Snethlage, B. M. III 311
Sobrietas Gemeinschaft II 73

social casework IV 104
- Change IV 341
- Control III 357
- groupwork IV 104
- Studies-Curricula III 460
- work IV 104
Socialist Educational International IV 118
Socíalizee-Verhältnis III 266 ff
Société d'échanges internationaux des enfants et des jeunes gens pour l'étude des langues étrangères IV 16
- romande pour la lutte contre les effets de la surdité III 352
Society for Psychical Research III 274
Sodhi, K. S. IV 334
Soester Programm d. Zentrumspartei III 325
Soiron, Th. II 91
Sokolov, E. N. III 395
Sokrates I 309 375 III 303 IV **94**
Sokratische Ironie II 315
Soldatenversorgungsgesetz I 226
Solidarismus IV 121
Solidarität, Solidaritätsprinzip IV **94 f** 121
Sölle, D. III 328 IV 203
Soll-Wert u. Kybernetik III 18
Solon I 364 III 355
Somatogene Störungen als Lernstörung III 96
Sombart IV 144
Somnambulismus II 265 III 472
Somnolenz II 265
Sonderbegabung IV **95**
Sonderhäuser Verband akadem.-musikal. Verbindung IV 184
Sonderkindergarten II 483 f III 337 IV **96**
-klassen f. Lese- u. Rechtschreibschwäche III 103
-pädagogik II **201 ff** III 88 ff 372 389 – u. Jugendhilfe II 360 – u. Selbständigkeit IV 70 – u. Sprechspurunterr. IV 163
-päd., Verbände IV 286
-schulen III 337 IV **96 f** – Aufnahme in d. I 95 f – Bildungsplan I 113 – f. Lernbehinderte III 89 f – f. Lese- u. Rechtschreibschwäche III 103 – f. Sprachbehinderte IV 150 – u. Schularzt III 485 – u. Schuldruckerei IV 4 – u. Schulkindergarten IV 28
-schulen, Verband dt. II 120
-schulklassen III 90
-schullehrer IV **97 f** 150 – Ausbildung III 63
-schulwesen, Zschr. f. IV 395
-sorge I 131
-unterr. III 348
Sone-Skala III 369
Sonnenschein, C. IV 107 185 326
Sonntagsheiligung IV **98**
-schule, d. Zschr. II 378
-schulen, gewerbl. IV 371
Sonntag, L. I 363
Sophisten II 158 f IV 94 **98 f**
Sorgenkinder IV **99**
Sorokin, P. A. III 170
SOS Kinderdorf I 83 II 424
Soul IV 85
Sowjetunion IV **99 ff** – u. polytechn. Bildung III 329 f
Sowjet. Erziehung in d. Mongol.

Volksrepublik III 172 – in Korea II 482 f – in d. DDR I 271 ff
Soyaux, A. F. III 311
Sozialakademien II 134 233 IV **103**
– amt II 132 III 293
–arbeit, Sozialhilfe II 94 f IV **103 ff**
– katalyt. III 234 – u. Einzelhilfe I 335 – u. Gruppenerziehung II 173 – u. Jugendarbeit u. V. Gollancz-Stiftung IV 313 – u. Jugendhilfe II 360
–arbeit, moderne, Zschr. IV 396
–arbeiter II 365 IV 105 f – als Bewährungshelfer I 165 – u. Einzelhilfe I 336
–arbeiter, Vereine u. Verbände IV 286
–berufe III 46 IV **105 f** – u. Sozialpraktikum IV 127
–bewegung IV 116
–bezug d. Alleinkindes I 336
–darwinismus I 201
–demokrat. Hochschulbund III 324
– Partei Dtl.s III 325
–dienst kath. Frauen II 14 III 132
– kath. Männer II 74
–Enzyklika IV 121
–ethik II 156 393 IV 95 108 f 109 f **119 ff**
–formen d. Unterr. IV 110 f 270 272
–forschung II 312 III 367 IV 130
– empir. IV 111 ff – u. öffentl. Meinung III 238
–forschungsstelle Univ. Münster II 298
–geographie IV 130
–gesch. II 21 111
–hilfe I 225 451 IV **103 ff** 126 – f. behinderte Kinder I 133 f – u. Rechtsanspruch I 225 – u. Regelsätze I 225
–hilfe-Träger II 51
–hygiene II 264 IV 257
–integratives Verhalten I 313
–kunde IV **118 f** –kundeunterr. III 320 – am Gymnasium II 245 – u. Rechtskunde III 393 – u. Zeitungslektüre IV 397
–lehren IV **119 ff** – kath. I 156 IV 120 ff 124 ff 192 f
–leistungen IV 125 f 126
–Lernen u. Schulklasse IV 29 ff – u. Schullandheim IV 32 f – u. Schulleben IV 33 f
–metaphysik IV 121
–ökologie II 90
–ökonomie u. Familie I 453
–ontologie IV 110
–pädagoge III 364 365 IV 106 **122** 124 – u. Schulkindergarten IV 28
–pädagogen, Vereine u. Verbände IV 286
–pädagogik II 173 f IV **122 ff** – christl. I 446 – kath. II 460 f – u. Anpassung I 49 – u. Kapuzinerorden II 6 f – u. Pietismus III 311 – u. Salesianer II 463 – u. Sozialberufe IV 105 f – u. Wirtschaftserziehung IV 373
–pädiatrie IV **125**
–pfleger. Berufe IV 106
–philos., christl. I 354 IV 121
–planung IV 126
–politik IV **125 ff** – u. Jugendpolitik II 366
–praktikum IV **127** – d. Lehrer IV 41
–psychologie II 170 ff 172 f IV **127** –
u. Betrieb I 162 f – u. Einfühlung I 332 – u. Einstellung I 334 – u. Einzelhilfe I 336 – u. Kommunikation II 463 f – u. Schüler IV 14
–reform IV 126 – b. R. Owen III 254 – b. F. E. v. Rochow III 442 – u. Entproletarisierung III 354
–schichten u. Sozialisation II 307
–schulen u. Psychologieunterr. III 367
–sekretär IV 103
–status d. Hausfrau II 15
–struktur IV **128 ff** – d. Betriebes I 159 f
–theologie IV 110
–verhalten IV 95
–versicherung IV 126
–waisen IV 340
–wiss. u. empir.-analyt. Wissenschaftstheorie I 346 – u. Erziehungswiss. III 259 – u. Schule III 493
Soziale Arbeitsgemeinschaft Berlin-Ost III 191 IV 84
– Aufstieg III 170
– Bildung IV 103 107 109 – f. Erwachsene IV **107**
– Demokratie I 264
– Desirabilität I **270**
– Dienste d. Jugend IV **107 f**
– Distanz II 172 IV 128
– Entwicklung IV 113 f
– Frage IV 125
– Gerechtigkeit IV **108 f** IV 110
– Gruppenarbeit IV 104
– Konflikt II **471 f** IV 342
– Lernen IV 111 – u. Schulstaat IV 50
– Norm III 228 f
– Rehabilitation III 400
– Reife II 3
– Rolle III 229 442
– Schichtung III 469 f – u. Sprachfähigkeit I 286
– Seminare IV **109**
– Sicherheit IV 126 130
– Status III 442 f
– System IV **109**
– Typ III 286
– Wandel IV 131 341 ff
Sozialisation I 453 II 418 f IV **113 f**
– primäre, sekundäre II 306 – als allg. Lernziel III 99 – d. Jugendlichen II 337 f – u. Angst I 47 – u. Gespräch II 126 – u. Gewissensbildung II 138 – u. Internalisation II 306 f – u. Jugendarbeit II 244 – u. Jugendkriminalität II 363 – u. Kindergarten II 428 – u. Lernen durch Beobachtung III 93 – u. Rolle III 443 – u. Solidarität IV 94 f – u. Jugend. IV 124 – u. Sozialstruktur IV 129 – u. soziale Vorurteile IV 334 – u. Unterr. IV 269 – u. Vaterrolle IV 282
–prozeß I 2 II 228 f
Sozialismus IV **114 ff** – marxist. II 270 – u. Anarchie I 43 – u. Erziehung II 466 f IV **116 f** – u. sozialist. Gesellschaft IV 116
Sozialistisch IV 114
– Dt. Studentenbund III 324
– Erziehung in Polen III 317 ff
– Internationale IV 116
– Jugend (Die Falken) IV **117 f**
– Leistungsschule II 274
– Päd. u. polytechn. Bildg. III 329 f

Sozialität u. Schwererziehbarenpäd. IV 63
Soziodrama II 175 III 175
–gramm II 173 III 366 IV 134
–graphie IV 111 **130**
–linguistik I 286 IV 152
Soziologie IV **130 f** – päd. III 270 – d. Erziehung II 120 ff III 270 IV **131 ff** 384 f – d. Politik III 326 f – d. Sprache IV 154 f – u. Erziehungswiss. I 415 – u. Gemeindestruktur II 90 f – u. Gesellschaftsbegriff II 118 – u. Ideologiekritik IV 384 – u. Päd. II 120 ff III 443 IV 131 ff – u. Positivismus III 335
Soziologismus IV 130
–matrix IV 134
–metrie IV **134**
–pathologie IV 194
Spaemann, H. III 417
Spanien IV **134 ff** – u. Philosophieunterr. im Gymnasium III 305
Span. Inst. d. Görres-Gesellschaft II 148
Spanischunterr. IV **136**
Spann, O. I 418
Spanuth, K. III 416
Sparta II 158 336
Spartakusbund III 324
Spastiker III 210
Spätreife IV **136 f**
Spaulding, E. G. III 386
SPD III 325
Spearman, C. E. I 304 445 II 301 f 494 III 410
Specht, M. III 346
Speck, J. III 258 283
Speckter, O. I 173
speech habits I 353
Spehr, W. IV 314
Spencer, H. I 75 201 II 118 IV **137** – u. Spieltheorie IV 137
Spendu, J. II 394
Spener, J. Ph. I 485 III 311 IV **137**
Spengler, O. I 201
Spezialbildung I 27 f
Spiegelberg, H. III 297
Spiel, O. III 279
Spiel IV **137 ff** – d. Kindes II 419 – u. Arbeit IV 140 – u. Funktionslust II 47 – u. Leibeserziehung III 83 – u. Lernen III 95 f – u. Reformpäd. III 398 – u. Schule I 44 – u. Schwererziehbarenpäd. IV 64
–alter IV 49
–audiometrie II 253
–hallen IV **140**
– in d. Schule, d., Zschr. IV 395
–material b. Fröbel II 37
–nachmittage III 84
–päd. I 205
–platz IV **140 f** – u. Gesellschaft II 436
–platzbewegung IV 141
–theorie IV 137 f –therapie II 205 III 372 IV **141** – als Sprachtherapie IV 149 – b. Fröbel II 37 – b. Fr. Schiller III 471
–verhalten d. Kleinkindes II 40
–zentrum IV 141
–zeug IV **142**
Spieler, J. II 203
Spies, W. II 408
Spiess, A. II 13 III 83 IV 247
Spinoza, B. III 369
Spiritual II 331

Spiritualität IV 142 f
Spitz, R. I 363 II 254 III 258 272
Splettstösser, B. II 196
Spontaneität IV 143 f – u. Bildung
 I 248 – u. Gehorsam IV 263
Sport III 82 ff IV 144 ff 246 f – u.
 Charakterbildung I 236
–erkrankungen IV 148 f
–formen IV 146 f
–gelände d. Schule III 492
–hochschulen II 233 235 IV 147
–jugend, Deutsche (DSJ) IV 147 f
–lehrer IV 147 247 f
–nachmittage III 84
–philologe IV 247
–schäden IV 148 f
–spiele IV 146 f
–verletzungen, -schäden u. -erkrankungen IV 148 f
Sprache III 157 f 188 f IV 151 ff –
 egozentr. I 322 – Päd. d. u.
 Rechtschreibunterr. III 392 f – sozialisierte I 322 – als Kommunikation I 285 – im Religionsunterr.
 III 424 – u. Bildung IV 155 f – u.
 Dialog I 296 – u. Dichtung I
 297 f – u. Leistung I 127
–analyse u. Interpretation II 222
–analyt. Philos. IV 153
–audiometrie II 253
–barrieren IV 154 158
–beginn IV 156
–behindertenpäd. I 131 IV 149 ff 162
–betrachtung IV 155
–bildung IV 155 f – b. Gehörlosen
 II 81 – b. Erasmus I 370 f
–didaktik, allg. b. Derbolav I 295 f
–entwicklung I 363 II 40 425 IV
 156 f – u. Hörstörungen II 253 –
 u. Taubheit II 81
–entwicklungsbehinderung IV 159
–entwicklungsverzögerung IV 159
–fähigkeit u. soziale Schichtung I
 286
–förderung als vorschul. Erziehung
 IV 330 – d. Kleinkindes I 197
–forschung I 287
–geschädigtenpäd. IV 149 ff
–gesellschaften, dt. III 110
–gestaltung, schriftl. im Dt.-Unterr
 I 286 f
–heilartikel, Zschr. II 119 IV 395
–heilheime IV 150
–heilkindergarten IV 150
–heilkunde IV 150 159 f
–heilpäd. IV 149 ff
–heilpäd., dt. Gesellschaft f. II 119
–kritik IV 156
–kunde IV 160 f – im Dt.-Unterr. I
 287 f
–labor IV 157 f – im Fremdsprachenunterr. II 8
–lehre IV 160 – im Dt.-Unterr. I
 287 f
Sprachlosigkeit IV 149
–niveau IV 155
–philosophie I 42 IV 151 f
–problem d. Religionsunterr. III
 423 f
–psychol. IV 153 f – u. Lerntheorie
 III 94
–schicht IV 152
–sonderpäd. IV 149 ff
–soziologie IV 154 f
–stil IV 151
–störungen III 184
–taub II 80

–therapeut IV 150
–therapie IV 149 f
– u. Stimmstörungen IV 159 f 162
–unterr., Sprachkunde IV 160 f –
 moderner IV 136 – u. Schulfunk
 IV 22 – u. Tonband IV 235 f
–unterr., Bibliographie I 312
–unterr., Zschr. IV 396
–wandel IV 153
–wissenschaft IV 152 f
–witz IV 385
Sprachl. Gestalten, Stilbildung IV
 158 f
Spranger, E. I 195 337 II 87 III 58
 258 IV 161 f – u. d. Elementare
 I 427 – u. d. Erzieher I 390 – u.
 Idealbildung II 266 f – u. Lehrerbildung I 174 f – u. Lehrertypen
 IV 278 – u. Psychol. d. Jugendalters II 338 f – u. Strukturpsychol. IV 178 – u. Verantwortlichkeit IV 283 f – u. Verstehen
 IV 307
Sprechen, nachgestaltendes IV 162
– u. Spuren, Zschr. IV 395
Sprechbildung III 306
–erzieher IV 163
–erziehung I 285 f III 394 IV 162 f
 – im Dt.-Unterr. I 285 – u. Atmung I 86 – u. darstellendes
 Spiel I 286 – u. Leselehre IV 101
 u. Sprachentwicklung IV 155 f –
 u. sprachl. Gestalten IV 158 f – u.
 Tonband I 286
–erziehung, Gesellschaft f. IV 287
–kunde IV 162 f
–spur IV 163
–störungen IV 159
–stunden d. Lehrers IV 163
–wissenschaft IV 162 f
Spreckelsen, K. III 459
Spreen, O. IV 219
Sprenger, J. III 103
Sprichwort IV 163 f
Spur (trace) II 69 f
Spur, d., Zschr. IV 396
Spyri, J. II 423
S-R-Formel III 408 409
S-R-Lernen III 93
Staabs, G. IV 138
Staat als Nation III 195 – u. bürgerl.
 Gesellschaft I 226 f – u. Elternrecht I 339 341 383 405 – u. Erziehung III 237 IV 236 f – u. Erziehungsenzyklika I 400 – u. Gesellschaft III 315 – u. Jugend II
 366 – u. Kirche III 445 f 475 III 51 f
 – u. Menschenrechte III 153 – u.
 Privatschulwesen III 347 – u.
 Schulrecht IV 43 f – u. Schulreform IV 45
–bürgerl. Erziehung II 412 III 320 ff
–examen IV 164 f
–gewalt II 132
–inst. f. Bildungsforschung u. -planung II 297
–inst. f. Gymnasialpäd. II 296
–inst. f. Unterrichtsmitschau u. didaktische Forschung I 119
–päd. IV 164
–prüfungen IV 164 f
–wesen u. Bürokratie III 247 f
Stachel, G. III 421 429
Stachowiak, H. I 378 III 19
Stäcker, K. H. II 290 304
Stadtbibliothek IV 165

–randerholung II 438
–schule u. Landschule III 27 f
Städt. Büchereiwesen IV 165
Staël, G. de IV 166
Staguhn, K. III 13 f
Stahl, E. L. I 180
Stählin, W. II 348 371
Stalin J. III 329
Stallmann, M. I 170 427 II 442 III
 414 426 IV 223
Stammeln IV 149 159
Stammer, O. I 338
Stammgruppensystem u. Unterr. II
 332
Standardnormen IV 218
Ständewesen III 470
Ständisches Polytechn. Inst. Prag II
 233
Stanford-Binet-Test II 204
Stange, E. II 469
Stanzer Brief III 286
Stapfer, Ph. A. II 140
Starbuck, E. D. III 418
Statistik I 193 IV 166 f 217 f – u.
 Sozialforschung IV 113
Stebbins, G. II 179
Steenberghen, F. van III 385
Steffens, H. III 342
Steger II 103
Stegmüller, W. I 378 III 158
Stegreifspiel IV 167
Stehlen IV 309
Stein, E. I 405 II 225 III 297 IV 39
Stein, K. Reichsfreiherr, v. u. z. IV
 167
Stein, L. v. II 121 284
Stein, M. II 91
Stein, R. I 398
Steinbach, D. III 111
Steinbeis, F. IV 371
Steinberg, W. I 204
Steinbrecher, W. II 93
Steinbuch, K. I 106 III 177
Steinbüchel, Th. I 419
Steinecke, F. I 199
Steiner, R. I 370 IV 168 307 – u.
 Freie Waldorfschule IV 341
Steiner Maccia, E. I 348
Steinmetz, P. IV 319
Steinmetz, S. R. IV 130
Steinthal, H. IV 315
Steinwede, D. I 170
Steinweg, J. III 46
Stekel, W. III 371
Stelzenberger, J. I 419
Stenderhoff, F. I 380
Stengelmann IV 273
Stenger, H. II 146
Stenographielehrer, d., Zschr. IV
 396
Stenographielehrerverband IV 287
Stenzel, A. IV 53
Stephani, H. I 464 III 481 IV 50 168
Stephenson, W. I 304
Stereotyp IV 128 168 334
Stern, E. I 176 IV 167
Stern, W. L. I 197 330 III 370 IV 169
 – u. forens. Psychol. I 479 – u.
 Jugendforschung I 362 – u. Kinderpsychol. II 434 – u. Spieltheorie IV 137 f – u. Sprachentwicklung IV 156 – u. Übung IV
 252
Sternberger, D. III 323
Sternwarte III 312
Stetige u. unstetige Formen d. Erziehung IV 169

Stetter II 103
Stevens, S. S. III 155 369
Stevenson, Cl. I 42
Stichprobe IV 166
-probenerhebung I 193
-probenraum IV 166
Stiefelternschaft IV 169 f
-kind IV **169 f**
Stieger, K. IV 64
Stieglitz, H. II 401
Stiehl, A. W. F. III 399 IV 170
Stiehl, F. I 304 II 110
Stifter, A. I 192 IV **170** 255
Stifterverband f. d. dt. Wiss. I 482 IV **107 f**
Stiftung f. Begabtenförderung im Handwerk II 188
- Mitbestimmung d. dt. Gewerkschaftsbundes II 25 IV **171**
- Volkswagenwerk I 482 IV **171**
Stigler, G. III 205
Stil, Stilistik IV 158 f
Stilbildung IV **158 f** – im Dt.-Unterricht I 286 f
Stillen III 467
Stillbeschäftigung, Stillarbeit IV **171 f**
Stiller, G. I 173
Stimmbüchlein I 464
-störungen IV **159 f**
Stimulanzien III 299
Stimulus III **408**
Stipendienwesen I 477 ff II **24 ff** IV 180 f
Stippel, F. III 271 282
Stirner, M. I 43
Stock, H. III 414 IV 223
Stöcker II 469
Stöcker, G. II 325
Stöcker, K. IV 326
Stoian, St. III 454
Stolle, U. III 356
Stolurow, L. M. I 256
Stolz, A. IV **172**
Stone, L. J. III 406
Storch, K. IV 261
Storm, TH. II 349
Stott D. H. I 363
Stottern IV 149 159
Stoy, K. V. I 481 II 44 III 407 290 IV **172**
Straaten, W. van I 118
Strabo, W. I 315
Strafe IV 88 **172 ff**
Strafarten IV 173 f
-aussetzung I 165
-recht II 48 – u. Gewalt II 132
-rechtsreformgesetz II 22 f
-tat u. Zurechnungsfähigkeit IV 406 f
-zwang I 302 IV 2
Strasser, St. I 409 III 257
Stratmann III 213
Stratz, C. H. I 365 II 39 128
Strauch, B. II 400 III 494
Straus, E. III 83 IV 307
Strauß, D. F. IV 388 f
Strawson, P. F. I 42
Streaming I 305 II 177
Strebel, G. IV 46
Strebungen I 350 f
Strecker, G. II 11
Strehler, B. III 374
Streib, G. F. I 35
Streicher, M. III 83
Streit-Gespräch II 126
Streß I 381 IV 251

468

Streunen IV 309
Streuung IV 166
Strichjungen IV **175**
Strnadel I 173
Strobel, A. I 4
Strong, C. A. III 386
Struktur III 246 f IV **175** f 204 – d. Persönlichkeit III 284
-analyse IV 175
-anthropol. IV 176
-mathematik III 144
-ontologie IV 176
-päd. IV 176
-plan f. d. Bildungswesen II 242 IV **176 ff** – u. Lehrerbildung IV 41 – u. Mädchenbildung III 131 – u. Realschule III 388 – u. Schulorganisation IV 487 f – u. Schulstufen IV 190 — u. Schulversuche IV 307 f – u. Volksschule IV 323 – u. Volksschuloberstufe IV 325 – u. Wissenschaftsrat IV 382
-psychologie IV **178**
-theorie u. Ganzheitsprinzip II 54
-theoret. Lehrtheorie III 49
Strukturalismus IV 175 f
Strukturell-funktionale Theorie u. Gesellschaftsbegriff II 118
Strümpell, L. v. II 439 III 89 IV **178 f**
Strunz, K. IV 249
Struwwelpeter IV **179** – Alter III 110
Strzelewicz, W. I 110 II 27 IV 334
Stuart, J. IV 267
Student, Studentenschaft IV **179 f** – f. Berlin – Student f. Europa II 438 – u. außerparlamentar. Opposition III 324 – u. Fachschaft I 441
Studentenarbeitsvermittlung IV 185
-ausschuß, allgemeiner I 30
-austausch IV **180 f**
-bewegung u. krit. Theorie II 492
-bühnen IV **181**
-gemeinden IV **182 f**
-heim IV 185 f
-hilfe I 477 ff II 24 f 250 f IV 184 f
-Krankenversorgung IV 185
-recht IV **181 f**
-revolte III 356
-schaft IV **179 f** – Verband d. IV 284
-seelsorge, Studentengemeinde IV **182 f**
- u. Arbeiterstreik in Frankreich III 356
- u. Hochschulzeitungen IV **183 f**
- u. Schülerherbergen II 357
-verbindungen IV **184** f – schlagende III 154
-werk IV 179 **184 f** – u. Mensa III 152 – u. Studentenwohnheime IV 186
-wohnheime I 222 IV **185 f**
Studienassessor IV **186**
-beratung IV **186 f**
-direktor IV 186
-elemente-Anordnung III 69 f
-förderung I 408 f 477 ff II 24 f 251 – u. Stiftungen IV 170 f – u. Studentenwerk IV 185
-gesellschaft f. ev. Unterweisung IV 287
-jahr IV **74**
-kolleg I 100
-pakete (kits) als Unterrichtsmedien III 148
-rat IV 186 **187**

-referendar III 394
-schule I 277
-seminar III 394 IV **187 f** – u. Lehramtsanwärter III 44 f
-seminar, d., Zschr. IV 395
-stiftung d. dt. Volkes II 25 IV **188 f**
-tag IV **189**
-wochen IV 189
Studium franciscanum biblicum II 6
- Generale IV **189 f**
- in Lateinamerika III 34 – u. dies academicus I 303 – u. Tele-Funkkolleg IV 215
Stufenabitur III 403
-ausbildung II 286
-folge, psychol. I 364 f
-Konferenz f. Lehrer III 65
-lehrer I 439 IV 324 – u. Schulstufen IV **190** – u. Wahlfachstudium IV 336
-schule II 101 f 190
Stuhlmanns Präparationen im Zeichenunterr. III 16
Stührmann, H. IV 212
Stummheit IV 159 f
Stumpf, C. I 215 III 385
Stundenplan, Stundentafel IV **190 ff** – u. Wahlfächer IV 355 f
Sturm, H. IV 212
Sturm, J. II 450 IV 36 **192**
Sturm, K. F. II 252
Sturm- u. Drang-Bewegung u. Romantik III 445
Stutte, H. I 398 II 203 IV 309
Stuttgarter Empfehlungen II 243
Stützsilben u. Wortbild b. Lesenlernen III 102 f
Stuve, J. I 231 III 300
Suárez, F. I 253 III 199
Subjektivität IV **192**
Subkulturen d. Jugendl. II 340
Sublimierung I 6 III 362
Subsidiarität(sprinzip) IV 121 **192 f**
Substanz III 157 243 IV **193** – u. Relation III 280
-elite I 338
Suchodolski, B. IV **193**
Sucht, Suchtgefahren III 299 f 382 fi IV **193 f f**
-gefahren, Zschr. IV 395
-krankenhilfe II 73
Suci, G. J. II 290
Südafrika IV **195 f**
Sudan I 65
Süddt. Schule d. Kunsterziehung III 14
Südjemenit. Volksrepublik I 65
Südkorea II 481 f
-ostasien IV **196 ff**
-Vietnam IV **198 f**
Suggestibilität IV 200
Suggestion II 265 IV **199 f**
Suggestivfrage IV 401
-therapie III 209
Suggestor IV 199
Suicid IV 72
Suleiman, Sultan IV 244
Sul'gin, V. N. III 329
Sullivan, H. S. III 371 IV 252
Süllwold, F. I 269
Sully, J. III 16
Sulzer, J. G. IV **200**
Summerhill IV 204
Sumner, W. G. II 172
Sunday-School II 371
Sünde (religionspäd.) IV **200 f**
Suppes, P. III 155

Surén, H. II 179
Sütterlin, L. III 481
Süvern, J. W. III 342 IV **201**
Swets, J. A. III 369
Symbol I 40 IV **201 f** – u. Liturgie III 117
–spiel IV 138
Symbolum IV **202 f**
Sympathie II 78
Symptome, neuropathol. I 470
Symptomzentrierte Psychotherapien III 372
Synästhesie IV **203**
Synchronismus IV **203 f**
Synoptik IV 204
Syntax I 26 f IV 152
synteresis II 137
Synthet. Methode d. Lesenlernens III 102
Syphilis II 114
Syrien I **65**
System, Systematik IV **204 f** – u. Ganzheitsprinzip II 54
systems approach III 350
Szabo, Th. IV 233
Szeminska, A. IV 392
Szilasi W. I 377
Szondi, L. IV 219

Tabu I 52 IV **205**
Tacitus I 39
Tadel III **119 f**
Tafel IV 344
Tagebuch II 376
Tagesheimschule IV 26 **205 f** IV 327
– gemeinnützige Gesellschaft II 119
– Zschr. II 120 IV 395
Tagesschule IV 205
Tagore, R. IV **206**
Taine H. I 362
Takt, päd. IV **206 f**
Talent IV 95
Talmudschule II 334
Tamm, H. III 103
Tannenbaum, P. H. II 290
Tanner J. M. I 365 III 406
Tanzen, Tanzunterr. IV 146 **207** 325 f
Tapferkeit IV **207 f**
Tardieau, J. IV 49
Tarski, A. I 42 III 157
Tartler, R. I 35
Tast-Raum III 381
TAT-Test III 367 IV 219 222
Tatian III 206
Tatsachenforschung I 348 f
Taubblinden-Päd. IV **208**
Taube III 293
Taubheit II 80 f 253
–stummbildung I 368
–stummenlehrer-Verband IV 286
–stummenunterr. II 154
–stummheit II 80
Taufe III 462 – u. Erziehung IV **208 f**
Tauler, J. I 231
Tausch, R. I 313 265 – u. A. II 43 III 372 434 IV 141 273 – u. Erziehungspsychol. I 404 – u. Erziehungsstil I 407
Taxonomie u. Lernzielen I 437 III 72 IV **209 f** 276 f
Taylor, A. J. I 48
Taylor, W. L. II 290
Teachers College III 311
teaching skills IV 300
Team II 171 – im heilpäd. Heim II 207 – u. Erziehungsberatung I 398

– Teaching II 240 IV **210**
Technik u. Bildung IV **210 f** IV 353
– u. Physik II 309 – u. Symbol IV 202 – u. Wirtschaftserziehung IV 373 f – u. Wirtschaftsethik IV 369
Techniker II 287 IV 366
–schulen II 287
Techn. Elementarerziehung IV **211 f**
Techn. Hochschulen u. techn. Univ II 233 **234**
– Mitarbeiter u. Schule III 493
– Oberschule III 388
Techn. Werken IV 211 f **212 f** 353
Technokratie u. Repression III 432
Technologie d. Schule u. d. Unterr. IV **213 f**
Teenager II 337 ff IV 386
Teilhabe, ontolog. I 40 f
Teilhard de Chardin, P. II 379 IV **214**
Teilzeitschule IV 327 362 f
–schulpflicht IV 40
Teilziele d. Erziehung I 186
Teleclub IV **214**
Telefonseelsorge u. Selbstmord IV 72
Telekinese III 274
–kolleg, Funkkolleg I 183 f IV **214 f**
Telemannstraße-Schule II 183
Télémaque I 459
Teleologie u. Erziehungswiss. I 306
Telepathie III 274 f
Tellurium III **312**
Temperament IV **215 f** – seel. u. Körperbau III 285
Tenbruck, F. II 166 337 III 443
Ten Have, T. T. I 44
Tepp, M. II 183 III 39
Terakoya-Schulen II 327
Terman, L. M. II 229 301
Terman-Lückert-Test II 304
Terminologie, päd. IV **216 f**
Terrarien I **61**
Tertullian III 280
Tesarek IV 117
Teschner, M. III 247
Teschner, W. P. III 86 IV 273
Tests IV **218 f** 222 – u. Psychodiagnostik I 293 – u. psycholog. Diagnose I 293 – u. Validität IV 281
–batterie f. geistig behinderte Kinder II 204
–endform IV 217
–Item III 385
–konstruktion IV **217 f**
–psychol. I 443 II 204 III 410
–vorform IV 217
Testament I 35
Tews, J. II 169 IV **219 f**
Textilarbeit IV 220
–gestalten, Nadelarbeitsunterr. IV **220 f**
–unterr. IV 220
–werken IV 220
Textinterpretation II 222
Textura-Schrift III 484
Thaer, A. II 233
Thailand IV **199**
Thales v. Milet I 172
Theater u. darstellendes Spiel I 261
– u. Jugend IV 181 **221** 318
–gemeinden, Bund d. IV **221**
–Rundschau, Zschr. IV 221
–tanz IV 207
Thekla, Hl. I 315
Thelemann, H.-M. III 411

Themat. Apperzeptionstest (TAT) III 367 IV **222**
Themistokles III 394
The New Era, Zchr. II 310
Theoderich d. Gr. I 234
Theodor v. Mopsuestia II 394
Theodosius III 357
Theodulf v. Orleans II 392 III 292
theologia civilis, naturalis, supranaturalis III 327 – politiké III 327 f
Theologie IV **222 ff** – dialekt. u. Päd. IV 222 – ev. u. Päd. I 425 – heilsgeschichtl. II 208 f – als Glaubenswiss. u. Päd. IV 223 f u. Anthropologie IV 225 – u. Erziehungswiss. I 415 – u. Päd. III 414 ff 428 f IV 65 f **222 ff**
– u. Kirche, Zschr. II 104
Theolog. Anthropol. I **57 f**
– Seminare in d. Erwachsenenbildung IV **225 f**
– Studium u. Religionslehrerausbildung III 412
Theophrast III 284
Theorie, Theoriebildung IV **226 f**
– kritische III 137 f 139 – u. Wissenschaftstheorie IV 383 – u. Praxis III 339 – in d. Erziehung IV **227 f** – in d. Päd. I 108 IV 37 – im Religionsunterr. III 423
Theoret. Typ III 286
Therapie III 361 ff 372 f – v. Lernstörungen III 96
Therapieklassen in d. Verhaltenstherapie IV 300
Theunissen, M. II 312 III 280
Thielicke, Th. I 419
Thieme, W. II 236 IV 181
Thiersch, Fr. W. IV **228** 293
Thiersch, H. IV 7 324
Thils, G. IV 350
Thomae, A. I 2
Thomae, H. I 33 330 362 f – u. Charakterologie I 238 – u. Jugendalter II 339 – u. Lebenslaufforschung I 198 – u. Persönlichkeitsforschung III 284 – u. Reaktionsbildung I 6 – u. Willenstheorie IV 358
Thomas, E. J. III 444
Thomas, G. I. II 230
Thomas, K. IV 72
Thomas, W. IV 95
Thomas, W. I. III 269
Thomasius, Chr. I 289 III 341 IV **228 f** 347
Thomas Morus I 73
Thomas v. Aquin I 26 II 15 III 310 IV **229** – u. analogia entis I 40 – u. Askese I 82 – u. Naturrecht III 198 – u. d. Seiende III 243 – u. Situationsethik IV 93 – u. Tapferkeit IV 207
Thomas v. Kempen II 9 III 38 193
Thomè, A. II 91
Thompson, D'A. W. II 248
Thomsen, H. II 203
Thora II 334
Thorbecke, J. R. III 216
Thorndike, E. I 39 41 320 IV **229 f**
Thukydides I 39
Thüringen IV **230**
Thurneysen, E. IV 222
Thurstone, L. L. I 304 445 II 488 III 344 IV 128 218
Thyen, H. III 496
Thyssen, A. II 35

Thyssen, J. III 385
Tieck, L. I 192 IV 318
Tiedemann, D. I 362
Tiefenpsychol. IV 230 ff – u. Animus, Anima I 48 – u. Charakterologie I 236 f – u. Minderwertigkeit III 164 – u. Psychagogik III 361 – u. Religion u. Erziehung III 429 – u. Trauma IV 239 f – u. Typenlehre III 285
Tier u. Mensch IV 232 ff 296 299
–ärztl. Hochschulen II 235
–psychol. u. Anthropologie I 53 ff
–schutz IV 232
–seele IV 65
–sprache IV 151
Tiling, M. v. II 107 III 426
Tillich, P. II 137 149 III 418
Tillmann, F. I 419
Tillo v. Antwerpen II 7
Tilmann, K. II 65
Tiloh-Süd-Schule II 183
Timpler, C. IV 204
Titchener, E. B. II 77
Tobler, G. III 289 f
Töchterschulen III 130
Tod-Sünde IV 201
– u. Unsterblichkeit IV 234
Todt, E. I 154 III 366
Toen, A. IV 221
Toleranz IV 234 f – Erziehung z. II 32 – religiöse IV 264
Tolman, E. C. II 477 III 97 204 IV 298
Tolstoj, L. N. I 205 IV 235
Toman, W. II 115 III 366 IV 358
Tonband IV 235 f – u. literar. Bildung I 289 – u. Unterrichtsgespräch I 286
Tonbildreihe I 87
Tonfilm I 87 (b)
Tonhöhenschreiber III 306
Tönnies, F. II 94 171 IV 112
Tonsillitis II 432
Top, Zschr. II 378
Topitsch, E. IV 273
Torgerson, S. W. I 335
Tornow, K. III 89
Totalerhebungen I 193
Totalitarismus u. Erziehung IV 236 f
Totgeburt II 66
Tourismus I 231
Towsend, P. I 35
Toynbee, A. J. I 50 201 IV 93 237
Trabasso, T. I 94
Trachtenberg, J. I 59
Tradition IV 237 f
Trägheit I 456
Tramer, M. II 439
Tranquilizer III 299
Transfer IV 238 359 –leistung III 360
Transinformation II 289
Transzendentalien III 243
Transzendental-krit. Päd. III 258
–philosophie, neuscholast. u. Erkenntnistheorie I 378
–theologie I 378
Trapp, E. Chr. II 107 III 300 IV 139 238 f
Trappisten IV 404
Trauer II 78
Traum, Traumdeutung I 48 II 279 IV 239
Traumanalyse u. Symbol IV 202
Traxel, W. I 329
Treffermethode II 69
Treitschke, H. v. II 260

Trentowski, B. F. III 317
Triade II 172
trial and error I 317 III 93
Tribadie II 250
Trieb(theorie) I 19 IV 240 – sexueller IV 79 – u. Askese I 82 f – u. Ich-Zensur III 362 – u. strukturierte Psyche b. S. Freud III 362
–angst III 306
–reduktion II 468
–verbrecher IV 92
Triebold, K. II 23
Trierer Normalschule III 229
Trigonometrie III 144 ff
Trillhaas, W. I 419
Trimester IV 74
Tripper II 114
Triviale Validität IV 281
Trivial-Lit. im Dt.-Unterr. III 112 f
Trivialschulen IV 240 f
Trivium I 27 315 II 158 III 168 IV 5 240 f
Trnka, J. I 173
Troeltsch, E. II 137 III 419
Troika-System d. Hochschule III 409
Trojan, F. III 306
Troll, M. I 45
Trost, F. II 43
Trotz, Trotzalter IV 241 – erstes II 40 – u. Umwelt I 365
Trotzenburg IV 272
Trotzendorf (Trozendorf), V. IV 36 241
Trubetzkoy, N. S. III 306 IV 175
Tsai Yüan-Pei I 242
Tschechoslowak. Sozialist. Republik (CSSR) IV 242 f
Tschiffeli, J. R. III 286
Tuberkulose b. Kindern II 432
–hilfe II 132
Tuberöse Sklerose III 242
Tübinger Beiträge z. Fernstudium II 295
– – z. polit. Bildung II 295
– Schule II 228
Tuchel, K. IV 212
Tuchelt, A. I 398
Tugend IV 243 f – demokrat. Erziehung I 236
Tugendreich, G. IV 125
Tumlirz, O. I 365 II 364
Tunesien I 65
Turgenjew, I. III 221
Türk, W. v. III 290
Türkei IV 244 ff
Turnen IV 246 f
Turnhalle u. Schulhygiene IV 25
Turn- u. Sportlehrer IV 147 247 f
–unterr. u. Schulhygiene IV 26
–Wanderungen IV 344
Tutiorismus III 440
Tütken, H. III 71
Tutor I 141 II 174 III 440 IV 248
Tutorial Classes III 136 IV 248 267
Tutorial-Sessional-Classes IV 75
Tutzinger Maturitätskatalog III 404
Twen II 337
Typus, Typusforschung IV 249
Typenlehren, psychol. I 304 III 284 ff

Überbehütung III 185
–betriebl. Ausbildungsmaßnahmen II 187 286
–fachl. Unterr. IV 249 f 272
–forderung IV 250 f
–gangsklassen f. Gastarbeiterkinder II 60

–gangsstufe I 96
Überhorst, H. II 325
Überich II 266 IV 2 88 358
–kompensation II 278
–lastung IV 251
–lernen IV 254
–lieferung IV 237 f
–müdung u. Schulhygiene IV 26
–sättigung, psych. III 466
–sichtstafeln IV 203 f
–springen v. Klassen IV 251 f
–tragung IV 252 – u. Psychoanalyse III 362
–tragungsanalyse IV 252
–tragungsneurose III 211 IV 252
Übung IV 238 252 ff
–bereitschaft IV 253
–effekt IV 253
–erfolg IV 252
–hilfen IV 253 f
–motivation IV 253
–schule IV 307
–werkstätte II 187 286
UCR II 468
UCS II 468
UdSSR IV 99 ff
Udy, S. J. IV 128
Uexküll, J. v. I 54 419 IV 256
Ufer, Ch. II 123
Uffrecht, B. III 23
Uhsadel, W. IV 209
UIOF I 447
Ulbricht, G. IV 239
Ulich, H. G. R. IV 254 294
Ullmann, L. P. III 371
Ulmenhof I 423
Ulpian II 98
Umec III 68
Umgang IV 254 f
–formen I 52 f
–sprache IV 152
Umgebungswahrnehmung IV 338
Umschulung I 151 387 IV 52 255 – berufl. IV 361 375 – u. Heimvolkshochschule II 213
Umstrukturierung IV 255
Umwelt IV 255 ff
–hygiene II 264 IV 257
–schäden IV 257 f
–schutz III 199 IV 256
–störung als Lernstörung III 96
–verschmutzung III 199
Unabhängige Variable I 432
Unamuno y Jugo, M. de III 248 IV 258
Una-Sancta-Bewegung III 241
Unbedingtheit im Jugendalter II 335
Unbestimmte Verurteilung II 373
Unbewußtes I 78 II 266 IV 252
unconditioned reaction II 468
– stimulus II 468
Unda IV 258
Underachievement III 86
Undeutsch, U. I 127 479 II 339 III 405 – u. Unterrichtsforschung IV 273
Unehel. Kind III 213 f
Unehelichenrecht III 213 f
Unehrlichkeit III 123 f
UNESCO I 312 II 30 53 263 311 IV 258 f – u. Bildungsplanung I 189 f – u. Entwicklungsländer I 41 f – u. Grunderziehung II 167 f – u. Politikwiss. III 319
–Inst. f. Päd. I 312 IV 259 296
Unfallverhütung IV 19 f
Ungarn IV 260 f

Ungehorsam IV **261** ff
Ungelernte II 286
Ungeziefer IV **264**
Unglaube (religionspäd.) IV **264 f**
UNICEF II 430
Union Europ. Pädopsychiater II 439
- f. magnet. Studien I 482
- Internationale des Théâtres Universitaires (uitu) IV 181
- mondiale des enseignants catholiques III 68
- westdt. Studentenbühnen IV 181
Unitas IV 184
- Verband Wiss. Kath. Studentenvereinigungen II 406
United Nations Educational, Scientific and Cultural Organization IV **258 f**
- Nations International Children's Emergency Fund II 430
- States Information Service III 4
Universalmethode II 324
Universität IV **265 ff** - in d. BRD II **233 f** - im MA III 168 - u. Fachbereiche I 436 - u. jugendl. Protestbewegung III 356 - u. ma. Gerichtsbarkeit II 392 - u. Päd. Hochschule III 263 f - u. Techn. Hochschule II 233
-ausdehnung IV 248 **267**
-dozenten II 238 f
-fernsehen IV **267 f**
-päd. II 230 f
-reform in Preußen III 342 - b. J. Ortega y Gasset III 249
-zeitung, dt., d. IV 395
Universities' Council for Adult Education IV 267
Unlust II 78
UNO u. Menschenrechte III 153
Unselbständigkeit IV 69 f
Unsicherheit im Jugendalter II 335
Unsittlichkeit IV 91
Unsterblichkeit IV 234
Unterbringungsrecht IV **268**
- Jugendl. IV 311
Unterernährung IV **268**
Unterhaltspflicht IV **269**
Unterricht IV **269** ff - analyt. I 82
- erziehender b. Herbart II 218
- fächerübergreifender II 103 - fakultativer I 305 - ganzheitl. I 44 f
- kirchl. u. Gebetserziehung IV 64
- naturwiss. u. Experiment I 434 f
- Photographie III 306 f - programmierter III 350 f - Sozialformen d. IV 110 f - synthet. I 82
- überfachl. IV 249 f - u. Anschaulichkeit I 50 f - u. Arbeitsmittel IV 213 f - u. dialog. Prinzip I 296 f - u. Erleben I 379 - u. Erziehung I 393 f - u. Führungslehre II 44 f - u. Ganzheitsprinzip II 55 - u. Gespräch II 126 f - u. Gesprächsformen II 127 - u. Impuls II 273 f - u. Information II 288 - u. Interessenlehre II 305 f - u. Lehr- u. Arbeitsformen III 97 f - u. Lehren III 47 - u. Schulfernsehen IV 21 f - u. Tradition IV 238 - u. Verhaltenstraining IV 300
- heute, Zschr. IV 395
- Neue Wege im, Zschr. IV 395
-analyse u. Lehrprobe III 74
-besprechungen II 255
-besuche II 254 f

-differenzierung I 305
-dokumentation IV **271**
-einheit IV **271 f** 276
-tächer, Gefächerter Unterr. III 48 f
-film I 200
-fläche III 492
-formen IV **272** - d. Volkshochschule IV 320
-forschung I 349 IV 271 **272 ff** - u. -mitschau IV 274 f
-funk IV 23
-gang I **431 f**
-gespräch I 309 f II 126 f - freies II 127 - gebundenes II 127 - b. B. Otto III 253 f - u. Didaktik I 301 - u. Tonband I 286
-handlung u. Didaktik I 301
-individualisierung durch Computerunterstützten Unterricht I 257
-konstruktion IV **275**
-konzentration II 219 f
-lehre I 403 IV **274**
-medien III 76 ff 148 f IV 21 f 272 - u. Lehrerfunktion III 77 - u. Lernstufen III 80
-methoden I 71 481 II 96 f 56 f III 79 f IV **274** - b. Jacotot II 324 in Dom- u. Klosterschulen I 315
-mitschau IV **274 f**
-mittel, audiovisuelle IV 235 f - im Biologieunterr. I 200
-modelle, Unterrichtskonstruktion IV **275**
-organisation I 4 f II 326 331 450 f IV 272 **275 f** - durch Team-Teachings IV 210 - u. Lehrformen III 68 f - u. Mannheimer Schulsystem III 136 - u. Rationalisierung II 379 - u. Religionsunterr. III 423 u. Stundenplan IV 191
-planung (Vorbereitung u. Nachbesinnung d. Lehrers) IV **276 f** - u. Curriculum IV 71 ff
-praxis, Zschr. IV 395
-praxis, Neue, Zschr. IV 395
-prinzipien IV **277** - u. Erziehung III 345
-prozeß IV 273
-raum-Gestaltung III 492
-reform IV **277 f**
-situation, päd. III 269
-spiel IV 49 - als Stegreifspiel IV IV 30 **278** - im Dt.-Unterricht I 290
-stoff u. Dienstanweisung d. Lehrers III 302
-stufen b. Herbart II 218 f
-stunde, Unterrichtszeit IV **278 f** - u. -einheit IV 271
-theorien I 298 ff IV 275
-verfahren b. Dörpfeld I 316
-verlauf u. Dokumentation V 271
-verlauf u. Ermüdung I 381
-weise, epochale I 370
-wissenschaft IV **279**
-zeit IV 190 f 278 f
-ziele u. Überprüfbarkeit I 437 f
Unterscheidungsalter III 413
-lernen I 94
Unterschicht, soziale u. vorschul. Erziehung IV 330 f
Unterschiedsschwelle IV 62
Unterweisen u. Lehren III 47
Up with People IV 85 f
Urania I 389
Uranismus II 250
Urbantschitsch, V. I 328

Urchristentum u. **Katechismus** II 399
- u. Katechumenat II 402 f
Urlaub II 26
Urlaubssport IV 145
Ursulinen IV **279**
Urteil, sittl. IV 88
Urteilskraft IV **279 f**
USA IV 288 ff
Uschinskij (Ušinskij), K. D. IV **280** 293
Utitz E. I 270 f
Utopie, päd. IV **280 f** - u. Wissenssoziologie IV 384
UV I 23

Vaganten I 443
Vaihinger, H. I 418
Valenz I 89
Validität (Gültigkeit) IV 217 **281** - u. Intelligenztest II 305 - u. Schulleistung IV 34
Validitätskoeffizient IV 281
-kriterium IV 281
Van Breda, H. L. III 297
Vanderberg, S. G. II 229
Var-Ägypten I **65 f**
Variabilität b. Zwillingsforschung IV 409
Variabilitätsparameter IV 166
Variable, intervenierende II 477 - u. psychol. Experiment I 432 - u. Verhalten IV 298
Variable Intervallbekräftigung I 139
Varianz IV 166
Variationsforschung, psychol. I 304
Varillon, F. IV 203
Varizellen II 431
Varnhagen, R. II 11
Varro, M. T. III 327 446
Vater, Vaterschaft, Väterlichkeit IV **282 f** -Kind-Beziehung I 407 IV 282 u. nichteheliches Kind III 214 - Waise IV 339 f
-landsliebe III 277
Vaterlosigkeit II 182
Vaterschaft IV **282**
vds IV 284
Vegetative Dystonie III 20
Veitstanz III 211
Velde, H. van de IV 352
Venezuela III 31 ff
venia legendi IV 180 f
Verachtung I 6
Veränderliche, statist. IV 166
Veranlagung II 257
Verantwortlichkeit, strafrechtl. I 35
- u. Demokratie I 265
Verantwortung IV 89 f **283 f** - u. Tradition IV 238
-ethik II 122
-gefühl u. Ehrgefühl I 327 f
Verantwortl. Elternschaft II 67 f
Verband d. ev. Anstalten f. Körperbehinderte IV 285
- d. dt. Italienisch-Lehrer II 323
- d. dt. Schullandheime IV 33
- d. Deutschen Volksbühnen-Vereine IV 318
- d. Dozenten an dt. Ingenieurschulen IV 286
- d. Geschichtslehrer Dtl.s III 68
- d. Jugend- u. Volksmusikschulen II 365
- d. kath. caritativen Erziehungsheime Dtl.s e. V. IV 285
- d. Kath. Elternschaft Dtl.s I 339
- d. kath. Lehrerschaft Dtl.s III 68

- d. Lehrerinnen f. landwirtschaftl. Berufs- u. Fachschulen IV 287
- d. Schulbuchverlage IV 287
- d. Vereine Dt. Studenten IV 184
- d. wiss. kath. Studentenvereine Unitas I 23 IV 184
- Dt. Biologen e. V. III 68
- dt. Blindenlehrer IV 286
- Dt. Diplom-Handelslehrer III 68
- Dt. Ev. Heilerziehungs-, Heil- u. Pflegeanstalten IV 285
- dt. ev. Lehrer- u. Lehrerinnenvereine III 67
- dt. Gewerbeschulmänner II 133
- dt. Heilstätten f. Alkoholsüchtige II 73
- dt. Hochschulen II 239
- Dt. Lehrer im Ausland III 68
- dt. Leibeserzieher an d. höheren Schulen IV 287
- dt. Musikerzieher u. konzertierender Künstler IV 287
- dt. Musikschulen II 365 IV 287
- Dt. Privatschulen III 347 IV 287
- Dt. Realschullehrer III 68
- dt. Schulgeographen IV 286
- dt. Schullandheime IV 287
- dt. Schulmusikerzieher IV 287
- dt. Sonderschulen II 120
- dt. Studentenschaften II 231 IV 179 **284**
- dt. Studentenwerke IV 179
- dt. Vereine z. Förderung u. Betreuung spastisch gelähmter Kinder e. V. IV 285
- dt. Wirtschaftsdozenten IV 287
- ev. Kinderpflegerinnen IV 286
- ev. Sozialpädagogen e. V. IV 286
- kath. Anstalten f. Körperbehinderte in Dtl. IV 285
- kath. caritativer Erziehungsheime e. V. II 50
- kath. Einrichtungen d. Heim- u. Heilpäd. e. V. IV 285
- kath. Einrichtungen f. Jugenderholungs- u. -heilfürsorge IV 285
- kath. Land-VHS.n I 221 IV 287
- techn.-wiss. Vereine I 482
Verbände u. Gruppe II 175 f
Verbildungen, konsekutive IV **284 f**
Verbot I 124
Verbrechertum II 361 ff
Verdrängung I 5 f II 215 III 362
Verein d. Bibliothekare an d. öffentl. Büchereien IV 165
- d. Freundinnen Junger Mädchen III 132
- d. Lehrlinge u. jugendl. Arbeiter Berlins II 336
- kath. dt. Lehrerinnen II 14 III 68
- kath. Lehrerinnen Dtl.s II 10
Vereine u. Verbände, päd. IV **285 ff**
Vereinspäd. IV **292 f**
-pflegschaft III 294
Vereinfachen, Elementarisieren IV **287 f**
Vereinigte Arab. Republik I **65 f**
Vereinigte Staaten v. Amerika IV **288 ff** - u. Berufsbildung IV 367 f - u. jugendl. Protestbewegung III 355 - u. Vorschulerziehung IV 330
Vereinigung d. aus d. Sowjetzone verdrängten Lehrer u. Beamten IV 286
- Dt. Landerziehungsheime III 347 IV 287

- ev. Kinderpflegeverbände IV 286
- kath. Einrichtungen f. geistig Behinderte IV 285
Vererbung u. Begabung I 125
Verfassungsrecht u. Elternrecht I 341
-treue u. Lehrfreiheit II 75
Verfrühung IV **293**
Vergebung IV **312**
Vergessen II 69 f
Vergesellschaftung II 118 - u. Erziehung II 121
Vergil I 297 315
Vergleichende Entwicklungspsychol. I 363
- Erziehungswiss. I 360 III 259 448 460 IV **293 ff** - u. Friedenspäd. II 34 - u. Naturvölker III 200 f
- Erziehungswiss., Vereinigungen II 310 f
- Pädagogik II 188 227 308 f IV 293
- Päd., Berlin-Ost, Zschr. IV 395
- Psychologie IV **296 f**
- Verhaltensforschung IV 299
- Wirtschaftspäd. IV **297 f** 376 f
Vergleichmethoden, psychol. III 368
Vergote, A. III 418
Verhalten III 384 f IV **298 f**
Verhaltensänderung u. psycholog. Diagnose I 292 f
-bedingungen I 330 334
-beobachtung III 366
-beurteilungskalen III 366
-forschung IV 232 ff **299** - u. Abhängigkeit I 2 f - u. Askese I 82 f - u. Dressur I 317 - u. Friedenspäd. II 34 - u. Motivation III 176
-gewohnheiten IV 298
-klassen IV 298
-messung III 366
-modifikation IV 298
-muster II 268 III 227 IV 298 - soziale I 52 f
-sicherung III 443
-stabilisierung d. Gruppe III 357
-störungen b. Jugendlichen I 144 - b. Kindern I 144 - u. Geborgenheit II 66
-therapie III 371 IV 141 **299 f** - in d. Heilpäd. II 205 f - u. Phobie III 306
-training, unterrichtl. IV **300**
-vorhersage IV 298
-weisen, auffällige IV 99 284 f **300** - soziale I 313 334 f - u. Lernerfolg IV 78
Verhey, S. II 7
Verinnerlichung III 149
Verkaufstraining u. Psychologieunterr. III 367
Verkehrserziehung IV 18 **302**
-ethik IV **300 f**
-psychologie IV **301 f**
-sicherheit u. Psychopharmaka III 299
-sprache IV 152 - internat. I 351
-unterr. u. Verkehrserziehung IV 302
Verkündigung II 414 - indirekte IV **302 f** - u. Unterr. IV **303 f**
Verkündigungsdienst III 166
-diskussion III 340
-theol. III 339 f
Vermassung III 141
Vermeidungsgradient II 471
Vermittlungsgruppe u. Vorschulerziehung II 428

Vermögenspsychol. IV **304**
Vernadsky, W. J. II 248 f
Vernon P. E. II 302
Vernunft I 51 II 300 f - u. Verstand I 267 f IV 279 f **304 f**
Veröffentlichte Meinung u. Konformitätsdruck III 239
Verordnungsblätter IV 396
Versagung II 41
Verschiebung I 6
Versehrtensport IV 145
Versetzung d. Schüler IV **305 f**
Versöhnung IV **312**
Versprechungen IV **306**
Verstand I 51 f II 300 f - u. Vernunft IV 279 f 304 f
Verstärkung I 138 f III 408 IV 174 - negative, positive u. Lernerfolg III 94 - u. Leistung III 119 f
-muster, positive IV 299
Verstehen IV **306 f** - psychol. Einfühlung I 332 - u. geisteswiss. Psychol. II 88 - u. Struktur IV 175 f
Verstehende Psychol. I 270 f II 88
Versuch u. Irrtum III 93
Versuchsgruppe im psychol. Experiment I 432
-kontrolle u. Schulversuche IV 308
-person I 432
-schule, Schulversuch IV **307 f** - in Hamburg II 183
Verteilungsfunktion IV 166
Vertragsküsten: Trucial-Oman-Staaten I **66**
Vertrauen IV 63 **308 f**
Vertretung IV 309
Verwahrlosung I 406 IV **309 ff** - u. Ausreißer I 101 - u. Waisenpflege IV 340
Verwahrlostenexperimente u. Psychoanalyse III 363
Verwahrung Jugendlicher IV **311**
Verwaltungsakademien IV **311 f**
-assistenz u. Schule II 493
- u. Wirtschaftsakademie IV 311
-wirtschaft IV 369
Verwöhnung IV 185 IV 70 312 f
Verzeihung, Vergebung, Versöhnung IV **312**
Verziehen u. Erziehen IV **312 f**
Verzweiflung II 78
Verzweigte Programme III 350
Vetter, A. I 238 III 299
Vico, A. I 258
Victor-Gollancz-Stiftung II 25 IV **313**
Vielseitigkeit b. Herbart II 218
Vierkandt, A. II 171
Vierteljahresschrift d. Friedrich-Ebert-Stiftung II 34
- f. wiss. Päd. IV 395
Vietor, W. I 352
Vigilanz I 94 - u. Orientierungsreaktion III 248
Villaume, P. III 300 IV **313**
Villigst I 426
Vilsmeier, F. II 102
Vincentius, P. IV 36
VINITI I 312
Vinzenz v. Beauvais I 314 III 478 IV **313**
Vinzenz v. Paul I 232 IV **314**
Virchow, R. IV 112
Vischer, F. Th. I 332 II 260
Vischer, L. I 37 II 469
Visitantinnen III 464

viskös III 285
visuelle Phänomene u. opt. Täuschung III 244 f
- Typ II 285 IV 332
Vitalismus IV 314
Vitalität IV **314**
Vitalmut III 183 f
Vitoria, F. de III 199
Vittorino da Feltre I 458 II 321
Vivarium II 446
Vives, J. L. II 10 III 387 IV **314 f**
VkdL III 68
Vliegenthart, W. E. II 203
Vocatio III 412 IV **315**
Vocational Act Amendments IV 367
- Education IV 367
- Education Act IV 367
Voegelin, E. III 323
Vögtle, A. II 399
Voigt, A. IV 394
Voigt, G. II 258
Vokation III 51 412
Volk III 194 f IV 315 - u. Nation III 195 - Bildung durch Volksbildung IV 317 - Gottes IV **315** f 350
-bildung I 385 II 242 III 25 f 331 f IV **316 f** - Kath. IV 326 - b. Rochow III 442 - b. Pestalozzi III 287 - durch d. Buch I 217 - durch Leibeserziehung III 83 - u. Aufklärung I 92 - u. Romantik III 446
-bildungsarchiv I 371
-bildungsbewegung IV 219 f
-bildungswerk IV **317 f**
-buch IV **318 f**
-bücherei I 170 f III 26 f IV 165
-bühnenbewegung IV **318**
-erziehung IV 326
-heim Hamburg III 191
-hochschulen II 170 213 IV **318 ff**
- in Dänmark I 261 - u. d. Buchprogramm I 219
-hochschulverbände I 279 IV 287
-kultur u. Volksbildung IV 317
-kunde III 439
-lied IV **320 f**
-literatur I 233
-märchen III 137
-mission IV 321 - ev. II 294
-musik IV 86
-presse III 341
-rätsel III 380 f
-schule I 30 IV **321 ff** - Differenzierung d. I 93 - kath. II 242 - als Heimatschule II 210 - im Mittelalter III 292 - im Nationalsozialismus I 284 - u. Aufklärung I 92 - u. Chemieunterr. I 239 - u. Lehrerstand III 50 f - u. Pietismus III 311 - u. volkstüml. Bildung IV 326
Volksschullehrer(in) IV **324** - als Fachlehrer III 59 -Ausbildung I 58 f 262 f -Austausch III 266 - u. Organistendienst III 248
-lehrerin III 64 ff
-oberstufe II 192 369 IV 323 - Reform d. IV **324 f** - u. Zentralschule IV 401
-pflicht I 34 IV 55
-reform in Preußen III 342
Volkssport IV 145
-tanz IV 207 **325 f**
Volkstum, Volkstüml. Bildung IV **326**
-verein f. d. kath. Dtl. I 67 IV 292 **326 f**

Volkelt, H. I 175 II 441 434
Volkelt, J. I 332 IV 345
Völkercharakterologie IV 315
-kunde IV 315 - im Erdkundeunterricht I 372
-psychol. IV 315
-recht u. Naturrecht III 199
-verständigung II 308 IV 17 18
Vollanstalt IV **327**
-jährigkeit I 35
-waise IV 339
-zeitschule IV **327** 362 f
-zeit-Schulpflicht IV 39
Volleyballspiel IV 147
Volpicelli, L. IV **327**
Voltaire I 90 II 7 117
Voluntarismus III 479
Vondel, J. van den I 297
Voran, Zschr. II 378
Vorbereitung d. Lehrers IV 276 f
Vorbeugende Erziehung IV **327 f**
Vorbild III 42 IV **328** - u. Charakterbildung I 236 - u. Jugendl. II 340 - u. Nachahmung III 190 - u. religiöse Erziehung II 201 -Nachfolge III 192
Vordenkender Vortrag IV 333
Vorgeburtl. Einflüsse IV 328 f
Vorhaben (Projekt) IV **329** - u. Übungsbereitschaft IV 253 -Unterr. IV 250
Vorhersagende Validität IV 281
Vorklassen IV 28 f 330 f - u. Schulreife IV 136
Vorländer, K. I 418
Vorlese-Wettbewerb II 424
Vorlesung, akadem. IV 332
Vorlesungsfreier Hochschultag I 303
-gericht II 51
Vormundschaft, Vormundschaftsgericht II 51 122 IV **329** - u. Gefährdetenfürsorge II 73 - u. Pflegschaft III 294
Vorort-Soziologie II 90 f
Vorsatzbildung IV 358
Vorschulerziehung I 363 II 38 427 f
- religiöse I 45 f - f. Blinde I 202
- u. Anfangsunterricht I 44 f - u. Anschaulichkeit I 50 f - u. Begabungsförderung I 124 f IV 15 - u. Bildungschancen I 182 - u. Lernspiele III 95 f - u. Mengenspielen III 152 - u. Musikpäd. III 180 - u. Schuldruckerei IV 4 - u. Sexualpäd. IV 82 - u. Spiel IV 139 - u. Spielzeug IV 142 - u. Sprachentwicklung IV 157 - u. Verfrühung IV 293
-erziehung, Vereine u. Verbände IV 286
- Erziehung IV 28 f **330 ff**
-kind-Fibel I 466
Vorständeverband d. Ev. Jungfrauenvereine Dtl. I 424
Vorstellung IV 332 - u. eidet. Bilder I 329 - u. Phantasie III 298 f - u. Wahrnehmung IV 337
-bilder u. Gefühlserziehung II 79
-Perseveration III 280
-typen IV 332
Vortrag als Bildungsform IV **332 f**
-formen IV 333
Vorurteil IV 168 - soziale I 59 f IV **333 f**
Vries, J. de III 385
Vulgata II 228 399

Waage, G. IV 73
Wach, J. IV 394
Wachsenlassen III 116
Wachstum u. Reifezeit III 405
-beschleunigung I 25
-faulheit I 456
-skalen III 405
Wackernagel, Ph. I 290 III 100
Waelhens, A. de III 297
Wagemann, A. II 287
Wagenschein, M. I 390 II 97 III 258
- u. exemplar. Lehre I 427 - u Physikunterr. III 307 f
Wagner, R. III 221
Wagner, U. III 440
Wagnis III 17 IV **335**
Wahlalter III 321
-berechtigung I 35
-fächer, Wahlkurse in d. Schule IV 191 **335 f** - in d. Lehrerbildung IV **336**
-freiheit d. Unterrichtsfächer I 93
-pflichtfach I 93 200 240 IV 335 - am Gymnasium 245 f
-pflichtkurs IV 335
Wählerpsychol. III 326
-soziologie III 327
Wahrhaftigkeit IV 337
Wahrheit IV **336 f** - u. Zweckmäßigkeit III 336
-begriff u Semantik III 157 f
-gehalt d. Wissenschaftstheorie I 346
Wahrnehmung IV 337 ff - u. eidet. Bilder I 329 - u. Raumerleben III 381 f
-lehre u. opt. Täuschung III 244 f
-leistung u. Phantasie III 298 f
-psychol. I 467
-qualität IV 339
-typologie III 285
Wahrscheinlichkeitstheorie u. Informationstheorie II 289 - u. Zufallsexperiment IV 166
Waisenpflege IV **339 f**
Waitz, Th. IV 394
Walach, M. A. II 173
Walahfrid Strabo IV **340**
Walbert, H. IV 221
Wald, A. IV 167
Waldorfschulen II 19 - Freie IV **340 f** - u. Epochenunterricht I 370 - u. Kunstunterr. III 14 - u. rhythm. Erziehung III 438
Waldfogel, S. III 484
Waldschule II 23 IV **341**
Walhalla, Zschr. IV 20
Wallach, H. I 467
Wallas, G. III 349
Wallraf, R. J. IV 121
Walter, K. IV 47
Walter-Raymond-Stiftung II 120
Walters, E. I 363
Walters, R. H. II 41
Walther, E. H. IV 218
Walther v. d. Vogelweide I 297
Walz, U. IV 278
Wandbilder I 200
Wandel, sozialer III 169 f IV 131 **341 ff** - u. Sprachsoziologie IV 154 - u. Wissenssoziologie IV 384
Wander, K. F. W. II 135 III 58 IV **343**
Wandererfürsorge II 72
Wanderhaushaltungsschulen III 28
Wandern u. Reisen IV **343**
Wandervogel II 179 347

Wandkarten I 372
-tafel I 372 IV **344**
Warburton, F. W. III 265
Ward, J. II 312
Ward, L. F. IV 132
Wardwell, E. IV 139
Warenautomaten IV **344**
warming up II 69
Warner, Th. III 180
Warner, W. L. II 90
Wartburgfest IV 179
Wartburg-Kartell, ev. akadem. Verbindungen IV 184
Wartegg-Test I 238
Wartenburg, Y. v. II 108 III 280
Wasa, G. IV 56
Wasem, E. III 259
Washburne, C. W. I 72 IV **344 f**
Wassermann, J. I 192
Wasserpocken II 431
Wasserschutzpolizei III 328
Watson, J. B. I 130 269 IV **345** – u. Verhaltensbegriff IV 298
Watson, Th. J. II 251
Watt, H. J. I 130 269
WCOTP II 135
W. E. A. IV 267
Weber, A. I 53
Weber, E. II 26 f 107 III 9 IV **345**
Weber, E. H. III 369 IV 346
Weber, F. I 169 II 91
Weber, H. I 317 IV **345**
Weber, L. M. IV 78
Weber, M. I 167 II 94 122 224 IV **345 f** – u. bürokrat. Organisation III 247 – u. Solidarität IV 95 – u. Soziologie IV 131
Weber-Fechnersches Gesetz I 456 IV **346**
Wechsler-Skalen II 304
Weckmittel III 382
Wedekind, F. IV 318
Wegenast, K. I 169 195 427
Wegener, H. II 203 III 89 90
Wege z. Menschen, Zschr. III 419
Wehrli, J. J. I 458 IV **346**
Wehrpflicht I 35 II 489
-psychol. IV **346 f**
Weierstrass, K. II 46
Weigel, E. II 427 IV **347**
Weigl, F. I 72
Weihen III 463
Weihenstephan – Brauereifakultät I 121
Weihnachtskreis, religiös. II 443
Weiller, K. I. III 351
Weimarer Republik u. dt. Schulwesen I 282 f
– Schulordnung III 458
– Verfassung u. Grundschule II 169
– Verfassung u. Schulrecht IV 43
Weimer, H. I 456
Wein, H. III 316
Weinert, F. I 404 III 265 482 IV 13
Weingardt, E. IV 399
Weinheimer Senioren-Convent IV 184
Weininger, O. IV 385
Weinschenk, C. II 70 203
Weinstock, H. I 427 IV **347**
Weise, Chr. IV 221 **347**
Weisgerber, L. I 287 295 II 7 IV 152 **347** – u. Schulgrammatik IV 160
Weismantel, L. IV 212
Weiß, C. IV 31
Weiss, R. I 127 128
Weisse Ch. F. I 92 II 349

Weissmann, A. E. III 19
Weiterbildung I 385 ff 483 f III 487 f
– u. Strukturplan IV 177
Weithase, I. III 101
Weitsch, E. III 398 IV 320 333 **347 f**
Weitsichtigkeit IV 67
Weizsäcker, C.-Fr. v. II 53 IV **348**
Weizsäcker, V. v. II 242 III 363 IV **348**
Welch, L. I 130
Welford, A. I. I 35
Wellek, A. I 238 330 III 178 – u. Erkenntnisakte IV 307 – u. Phantasie III 299 – u. Schichtenlehre III 469 – u. Typenlehre III 285 – u. Witz IV 385
Wellendorff, F. IV 273
Wells, H. G. IV **348**
Welsh, G. III 285
Welt d. Schule, Zschr. IV 395
Welt u. Mensch IV 350 – u. Umwelt IV 256
-anschauung IV **348 f**
-anschauungsschule, nationalsozialist. I 283
-anschauungstypologie III 286
-anschaul. Pluralismus III 315
Weltbund d. päd. Vereinigungen II 311
– d. Pfadfinderinnen III 292
– f. Erneuerung d. Erziehung II 310
– dt.-sprachige Sektion IV 286
– f. Erwachsenenbildung II 311 IV **349**
– gegen d. Alkoholismus II 73
– z. Erneuerung d. Erziehung I 463
Welterziehungsbewegung II 311 III 397
-gesundheitsorganisation IV 268
-kinderhilfswerk II 430
-konferenz d. Pfadfinder III 292
-literatur u. Erwachsenenbildung I 218 f
-organisation f. Erziehung im frühen Kindesalter (OMEP) IV 141
-Test IV 138 219
-vereinigung d. kath. Jugend II 382
-verständnis, theol. IV **350**
Weltl. Schule II 92
Weltner, K. II 289 f III 19 IV 213
Weigel, E. II 427 IV **347**
Wendekreisschule IV 183 III 39
Wendeler, J. III 312
Weniger, E. I 69 108 427 II 72 III 257 IV 284 **351** – u. Bildungsguttheorie I 185 – u. Didaktik I 178 299 – u. Gesinnung II 410 f – u. polit. Bildung III 323 f
Weniggegliederte Schule III 27 f IV **351** – u. Stillarbeit IV 171 f
Wenke, H. III 259
Wenzl, A. II 229 III 385 IV 216
Werber, J. A. II 84
Werbung II 271 III 104 – u. öffentl. Meinung III 239 – u. Wirtschaftsethik IV 369
Werdende Zeitalter, d., Zschr. II 310
Werk, d., Zschr. IV 352
– u. Zeit, Zschr. IV 352
Werken IV **353** – künstler. III 13 f IV 212 f 353
-berufsschule IV **352**
-betrachtung IV 353 – im Kunstunterr. III 15
-bund u. Jugendstil IV 352

-erziehung u. Schwererziehbarenpäd. IV 64
-päd. IV 211
-päd. Hefte IV 395
-schule IV **353** 362
-unterr. III 13 f – an d. Hauptschule I 70 – u. techn. Bildung IV 212
Werner, C. A. I 44 69 484
Werner, H. I 131 332 363 III 440
Werner, J. A. L. II 13
Wernic, H. III 317
Wernigeroder Jagdkorporationen Senioren Convent IV 184
– Schwarzer Verband IV 184
Wert, Wertphilos., Wertpäd. IV **353 f** – u. Sittlichkeit IV 91
-arten IV 353
-erziehung d. Kindes II 191
-ethik IV 244
-freiheit u. Wissenschaftstheorie I 346
-gefühl IV 354
-haltung II 268
-horizont IV 76
-päd. III 258 IV **353 f**
-philos. IV 353 f
-philos. Päd. III **258**
-typologie IV 354
-urteile u. Gefühlserziehung II 78 f
Wertheimer, M. I 269 330 III 305 349 IV 255 **354**
Werthmann, L. I 232
Wesensschau III 296
Wesley, E. P. IV 393
Wessels, B. IV 212
Wessenberg, I. H. K. v. IV **354** 371
Westdt. Rektorenkonferenz I 275 309
Wettbewerb IV 355
-eifer, Wettstreit IV **354 f**
-kampf IV 354 – u. Übungsbereitschaft IV 253
-spiel IV 355
-streit IV **354 f**
Wetzel, P. IV 204
Wewetzer, K. H. IV 302
Wexberg, E. II 94
Weyand, A. III 419
Weygandt, W. III 89
Weyl, H. II 46
White, M. G. IV 385
Whitehead, A. N. II 248 III 234
WHO II 100
Wholwill, J. F. I 130
Whorff, B. L. IV 152
Wibbing, S. II 399
Wichern, J. H. I 402 446 II 183 212 IV **355**
Wichmann, O. III 149 f
Wickersdorf, Freie Schulgemeinde IV 390
Wickram, J. I 181 IV 318
Widersetzlichkeit IV 261 f
Widmaier, H. P. IV 375
Wieck, H. H. II 304
Wied, H. v., Erzbischof I 231
Wiedererkennen, Methoden d. II 69 f
Wiederholung II 69 IV 253
Wieland, Ch. M. I 192
Wiemann IV 213
Wiener, N. II 289 III 18 IV 204 **356**
Wiener Kreis u. Neopositivismus III 334 f
– d. Psychol. I 219
– Schule u. Neoliberalismus III 205
Wiesbadener Empfehlungen III 392
– Plan I 214

Wiese, L. IV **356**
Wiese u. Kaiserswaldau, L. v. I 167 448 III 282 IV **356**
Wiese, W. II **429**
Wiesendanger, W. II 490
Wiget, H. Th. IV **356**
Wilamowitz-Moellendorff, U. v. I 38
Wilberg, J. Fr. I 303
Wild, J. III 385
Wilde, K. IV 219
Wilde-Intelligenztest II 305
Wildenow, E. I 209
Wilderspin, F. II 427
Wiley, C. H. IV **289**
Wilhelm, Th. I 428 f II 72 III 259 379 IV 5 – u. Schuldidaktik I 300 – u. Sozialpäd. IV **123**
Wilhelm Meister II 147 318
Wilhelm v. Ockham III 478
Wilhelm v. Tournai III 478
Wilkening, F. IV 212 f
Wilkens, E. III 26
Wilker, K. II 310
Wilkón, J. I 173
Willam, F. M. II **401**
Willcutt, H. C. III 119
Wille u. Intellekt II 301 – u. sittl. Erziehung IV 89
Willensbildung IV **356 f** 358 – d. Kindes IV 241
–entschluß IV **358**
–freiheit IV 357
–handlung IV 358
Willenlosigkeit IV 359
–psychol. IV **357 f**
–schwäche IV **358 f**
–störung IV 358
–theorien IV 357 f
–ziele u. Charakterbildung I 236
Williams, C. M. III 350
Willis, F. N. II 129
Willmann, O. I 185 320 347 409 IV 132 **359 f** – u. Bildungsguttheorie I 184 – u. paedagogia perennis III 271
Willmann-Inst. IV **360**
Wimpfeling, J. I 21 IV **360**
Winckelmann, J. J. I 38 II 227
Windelband, W. I 418 II 270 III 348 IV 354
Windpocken II 431
Wingolfsbund IV 184
Winkelschulen IV **360 f**
Winkler, Ch. I 285 290 III 101 394
Winnefeld, Fr. I 348 III 265 273 IV **361**
Winnetka-Plan III 397 IV 345
Winnicott, D. W. IV 230
Winter, A. II **394**
Winter, K. I 173 II 349
Wintersport IV 145
Wir-Findung II 279
Wirkendes Wort, Zschr. IV 396
Wir machen mit, Zschr. IV 396
Wirtschaft u. Bildung IV 378 f – u. Bildungsökonomie I 189 – u. Familie IV 378 – u. Führungskräfte II 43 f – u. Genossenschaft II 97 – u. Gesellschaft IV **378 f**
– u. Erziehung, Zschr. II 410 IV 396
–akademie IV 311
– berufl. Bildungswesen II 408 ff IV **361 ff**
– berufl. Schulen u. Lehrerausbildung III 63 f
– berufl. Schulpäd. IV 372 f
–dozenten-Verband IV 287
–erziehung IV **370 ff**, internat. IV 376 f
–ethik IV **368 f**
–gymnasium II 409 IV 369
–lehre IV **369 f** 372 – Dortmunder Blätter IV 396
–leiterin II 197
–oberschule IV 372 – f. Mädchen III 131
–pädagogik I 15 f 151 – Wirtschaftserziehung IV **370 ff** – vergleichende IV 297 f – u. Zweiter Bildungsweg IV **409**
–politik IV 369 u. internat. Wirtschaftserziehung IV 377 u. -erziehung IV 374 f –schulen IV 372
–wiss. u. Erziehungswiss. I 415 – u. Neoliberalismus III 205
Wirtschafterin, staatl. geprüfte II 197
Wirtschaftl. Erziehung IV 362
Wisdom, A. John D. I 42
Wißbegierde III 208
Wissenschaft IV **380**
–didaktik II 230 f
–förderung u. Stifterverband IV 170 f
–freiheit II 236 III 75
–lehre b. Aristoteles I 375 – b. Galilei I 375 f – b. Kant I 376 – b. Platon I 375 – b. R. Popper I 376
–orientierung IV 381
–politik I 482
–rat I 224 277 IV **381 f** – u. Bundesforschung I 221 – u. Fachschaft I 441
–theorie I 348 III 339 IV 226 f 380 **382 f** – empir.-analyt. I 345 ff – b. Th. Litt III 116 – b. K. R. Popper III 331 – d. Pädagogik I 108 f – u. Erziehungswiss. III 259 – u. Kybernetik III 19 – u. Methodenbegriff III 159 – u. Päd. II 86 f – u. System IV 204
Wissenschaftlichkeit d. Lehrerbildung III 59
Wissenschaftl. Arbeiten in d. gymnasialen Oberstufe IV 381
– Rat II 238 IV **380 f**
Wissenssoziologie IV **384 f** u. Ideologie II 269 – u. Soziologie d. Erziehung IV 133
Witkin, H. A. I 2 363 III 285
Witmer, E. II 248
Witt I 427
Witte, W. I 168 II 203
Wittenborn, J. R. III 408
Wittgenstein, L. IV 151 IV **385**
Wittgenstein, R. I 42 II 282
Wittmann, J. I 45 II 57 III 389 IV 391 – u. Mengenlehre II 56
Witz IV **385 f**
Witzel, G. III 494
Woche d. Wiss. II 135
Wochenschrift f. Menschenbildung III 289
–zeitungen, erste III 341
Wocke F. M. I 427 III 459
Wohlfahrtspflege I 279 II 293 f IV 103 ff
–pfleger IV 105 f
–verbände, freie I 232
Wohlstand II 477 IV 125 f 378 f
Wohnform d. Landbevölkerung III 22
Wohnung u. Erziehung IV **386 f**
Woitschach, M. IV 139

Wölber, H. O. III 419
Wolf, F. A. I 38 III 37 IV **387**
Wolf, H. IV 36 IV **387**
Wolff, Ch. I 90 289 III 156 IV 304
Wolff, H.-J. IV 265
Wolff, J. Ch. II **183**
Wolff, P. H. III 363
Wolffheim, N. II 427 432
Wolfgang, Hl. I 315
Wolfram v. Eschenbach I 191
Wolgast, H. II 349 423 III 182 IV **387**
Wolke, Chr. H. III 300 IV **387 f**
Wolker, L. I 31 II 406
Wollen IV 357
Wöllner, J. C. IV **388**
Wöllnersches Religionsedikt IV **388**
Wollstonecraft, M. II 10 III 127
Wolpe, Z. II 215 III 211 372
Woodrow, H. II 70
Woodworth, R. S. I 130 II 68 488 IV 219
Workers' Educational Association III 136 IV 267 292 349
World Assembly of Youth II 381 f
– Association for Adult Education II 311
– confederation of organizations of the teaching profession III 68
– Federation of Educational Associations II 311
– Health Organisation II 100 130
– Survey of Education IV 296
–view IV 349
Worms I 201
Worpsweder Künstlerkreis III 30
Worringer, W. I 332
Wort u. Antwort, Zschr. I 26
–artanalyse II 290
–bild-Schrift III 483
–kunstwerk u. Dichtung I 297 f
–schatztest f. Schulanfänger II 204
–spur IV 163
–witz IV 385
Wörterbuch III 392
WRK III 410
Wuchslenkung u. Orthopädie III 250
Wulf, M. de III 478
Wulff, O. III 16
Wunderberichte II 61 f
–gesch. im NT. II 62
–glaube, Wunderkritik IV **388 f**
Wunderle, G. III 418
Wunderlich, Chr. III 210
Wundt, W. I 84 II 129 III 298 f 417 IV **389** – u. Apperzeption I 60 – u. Sozialpsychol. IV 127 – u. Spieltheorie IV 137 – u. Willenstheorie IV 357
Wurm, T. II 293
Wurzbacher, G. III 258 419 443
Würzburger Schule I 220 269 III 418 IV 357
Wust, P. II 144 III 310 IV 238 **390**
Wut II 78
Wychgram, J. IV **390**
Wyneken, G. II 79 347 III 22 f IV **390** – u. Freie Schulgemeinde IV 25

Xenophon I 39 IV 94 **390**

Yarrow, L. J. I 363 365
Yates, A. J. III 371 484
Yearbook of Education II 188
Yerkes, R. M. I 363
Yinger, J. M. III 420
YMCA II 382

Yoga IV **391**
Young, A., (d. Ä. u. d. J.) IV 112
Young, M. IV 273
Young Men's Christian Association II 371
- Women's Christian Association II 371

Zábranský, A. I 173
Zacharias, Th. II 396
Zahlbegriff, seine Entwicklung IV **391 f**
Zahlenbilder III 390
Zählschwäche III 389
Zahn, F. L. I 36 316
Zahnpflege IV **392 f**
Zapf, W. I 338
Zedlitz, K. A. I 92 III 342
Zeichenlinguistik IV 153
Zeichenunterr. III 16
Zeichnung im Biologieunterricht I 200
Zeidler, K. II 183
Zeigarnik, B. II 186
Zeigarnik-Effekt II 186
Zeigende Lehrformen III 69
Zeiterleben, s. Entwicklung IV **393 f**
-geistforschung u. Erziehungswissenschaft IV **394**
-intervall- Bekräftigung I 139
-nahe Schularbeit, Zschr. IV 395
-reihen in d. Bildungsstatistik I 193
-schriften III 340 f - päd. I 312 IV **394 ff** - d. Studenten u. Hochschulen IV 183 f - f. d. Erdkundeunterr. IV 395 - f. d. Höhere Schule IV 395 - f. erziehungswissenschaftl. Forschung IV 395 - f. Gesch. d. Erziehung u. d. Unterr. III 174 - f. Heilpäd. IV 396 - f. Kinderforschung III 265 - f. Kinderpsychiatrie II 439 - f. Päd. IV 395 - f. päd. Psychol. III 265 - f. päd. Psychol. u. experimentelle Päd. I 433 - f. Verkehrssicherheit IV 301
-stichprobe (Olson 1929) I 143
Zeitungslektüre in Schule u. Familie IV 397
-unterr. III 341
-wesen III 239 340 f
Zeller, C. A. IV **397**
Zeller, Chr. H. I 402 II 293 III 433
Zeller, K. A. I 269 f III 289 342
Zeller, W. II 128 190 IV 46
Zeltlager IV **397 f**
Zen IV **398**
Zengg I 443

Zenon I 43 293
Zensur III 362 IV **402** - Vorhersagekraft von IV 399
Zentralabitur III 404
- Arbeitsgemeinschaft d. industriellen u. gewerbl. Arbeiter u. Arbeitnehmer Dtl. I 69
-berufsschule IV 362
-blatt f. Verkehrsmedizin, Verkehrspsychol. u. angrenzende Gebiete IV 301
Zentralinst. f. Erziehung u. Unterr. III 265
- f. Jugendforschung II 297
- f. Weiterbildung d. Lehrer, Erzieher u. Schulfunktionäre II 296
Zentralnervensystem II 78
-schule IV **400 f**
Zentralstelle f. ausländ. Bildungswesen Bonn I 224
- f. Buch- u. Büchereiarbeit in d. EKD II 446
- f. Volkswohlfahrt I 371
Zentralverband dt. Arbeiterkolonien III 215
- kath. Frauen- u. Müttergemeinschaften II 14
- kath. Kindergärten u. Kinderhorte Dtl.s IV 286
Zentralwohlfahrtsstelle d. Juden IV 104
Zentrale f. private Fürsorge II 455
Zentralismus u. Föderalismus in Erziehung u. Schulverwaltung IV **399 f**
Zentrumspartei u. Soester Programm III 325
Zerrener, K. Ch. 9 I 141
Zertifikate in d. Erwachsenenbildung IV **401**
Zetkin, C. IV 117
Zeugenaussage, kindl. II 422 f IV **401 f**
Zeugnis, Zensuren IV 399 **402**
Zeune, A. I 202
Zezschwitz, G. v. III 206
Ziegenpeter II 431
Ziegler, H. E. I 201
Ziegler III 38
Ziegler, Th. IV **402 f**
Zielinski, J. III 258
Zifreund, W. III 258 IV 277 278
Ziller, T. I 81 481 II 123 IV **403** - u. Erziehung I 392
Zillig, P. II 123
Ziman, J. II 312 III 308
Zimbardo, Ph. III 135
Zimmer, J. IV 278

Zimmermann, K. W. II 204
Zimnik, R. I 173
Zink, J. IV 203
Zinnes, J. L. III 155
Zinzendorf, N. L. v. II 224 371
Zinzendorf-Schulen II 224
Zisterzienser IV **403 f**
Zivilcourage III 184
Zivilisation u. Angst I 47 - u. Anstand I 52 f - u. Kulturkrise III 6
Znaniecki F. I 334 IV 113
Zöchbauer, F. I 468
Zölibat II 386
Zollinger, M. IV **404**
Zoolog. Garten (Zoo) IV **404 f**
Zoologieunterr. I 198 ff
Z-Test IV 406
Zuber, H. I 323
Zubringerschulen IV 327 **405**
Zucht IV **405 f**
Züchtigung, körperl. IV 173
Zufällige Veränderliche IV 166
Zufallsexperiment IV 166
Zugewinngemeinschaft in d. Ehe I 324
Zukunft u. Hoffnung, religionspäd. II 240 f
Zulassungsprüfung III 259
Zulliger, H. III 372 447 IV **406** - u. Spieltherapie IV 141 - u. Umweltschäden IV 257
Zuneigung II 78
Zunfterziehung IV **406**
-ordnung II 186
Zürcher Bibel IV 411
Zurechnungsfähigkeit IV **406 f**
Zurechtweisung IV **407**
Zutt, F. IV 79
Zuverlässigkeit III **410 f**
Zwang II 82 IV **407**
Zwangsgenossenschaft II 97
-neurose IV 407
-pensionierung d. Lehrers III 279
Zweckgymnastik II 180
Zweiter Bildungsweg I 2 f 125 147 f 441 II 298 f 373 IV **407 f**
- in Baden-Württemberg I 154 - in Bayern I 154 - u. Gesellschaftspolitik IV 375
Zwillinge, Zwillingsforschung IV **409 f**
Zwingli, U. (Huldrych) IV **410 f**
Zwinglian. Katechismen II 400
Zwirner, E. u. K. III 306
Zwischenprüfung IV 411
Zypern IV **411 f**

E. Andresen-Nicolussi

EINE GRUNDBIBLIOTHEK FÜR DEN PÄDAGOGEN

bilden zusammen mit dem vorliegenden Lexikon der Pädagogik 3 neuentwickelte Informationswerke aus dem Lexikonverlag Herder:

- DER NEUE HERDER in 6 Bänden mit Atlasband

- WISSEN IM ÜBERBLICK in 8 Bänden

- LEXIKON DER PSYCHOLOGIE in 3 Bänden

„Die Bildauswahl ist vielseitig, aktuell und instruktiv. Die Textgestaltung ist knapp, klar, treffend und informativ. Eine ausgezeichnete Drucktechnik und die Verwendung von erstklassigem Papier erfreuen stets von neuem bei der Verwendung des NEUEN HERDER."

Hamburger Lehrerzeitung

WISSEN IM ÜBERBLICK

Die Natur · Das Leben · Der Mensch · Die Technik · Die Weltgeschichte · Die moderne Gesellschaft · Die Literatur · Die Kunst

Ein entscheidender Fortschritt in der Lexikographie. Das neuartige Themenwerk, das jedes Stichwort-Lexikon ergänzt:

8 großformatige Themenbände repräsentieren in über 1500 Kapiteln, nach Fachbereichen gegliedert, das Wissen unserer Zeit. Informationszentren jedes Kapitels sind neuentwickelte Thementafeln, die in Kombinationen von Grafik, Fotografie, Tabellen und Diagrammen auf neuartige Weise auch verwickelte Zusammenhänge unmittelbar einsichtig machen. Namhafte Wissenschaftler als Autoren garantieren die wissenschaftlich zuverlässige und dem modernen Forschungsstand entsprechende Information. Aufgrund seiner konsequent didaktischen Konzeption ist Wissen im Überblick nicht nur eine wertvolle Hilfe bei der Unterrichtsvorbereitung, sondern auch ein universales Arbeitsmittel für das unterrichtsbegleitende Lernen der Kinder.

„Dem Lehrer, dem Fachlehrer wie dem Klassenlehrer, bietet schon der erste Band eine solche Fülle von Materialien und Daten, von didaktischen Einfällen und methodischen Raffinessen, daß man sich nur wünschen kann, er möge bald in vielen Lehrer- und Schulbüchereien stehen."

Kultus und Unterricht, Stuttgart

Arnold / Eysenck / Meili

LEXIKON DER PSYCHOLOGIE

300 bestausgewiesene Autoren aus 22 Nationen informieren in 277 Haupt- und Rahmenartikeln sowie in 4400 Informationsartikeln wissenschaftlich zuverlässig über alle Teil- und Grenzgebiete der modernen Psychologie.

„Wichtiger noch als für den Fachwissenschaftler erscheint es für Studierende und Praktiker, vor allem auch für die Vertreter benachbarter Wissenschaften, in unserem Zusammenhang also ganz besonders für Pädagogen jeglicher Observanz... Es bietet einen informativen, zugleich mit Erfolg auf Übersichtlichkeit angelegten Einstieg in die moderne Psychologie und alle wichtigen angrenzenden Bereiche und selbstverständlich über den Einstieg hinaus gut dosierten und vernünftig akzentuierten Überblick über einen besonders für den Pädagogen wichtigen Wissensbereich. Daß dieses Werk allen Studierenden und Praktikern der Pädagogik zugänglich gemacht wird, ist darum sehr zu wünschen."

Hessischer Rundfunk, Frankfurt